1. 本书是教育部人文社会科学重点研究基地华中师范大学中国农村研究院 2016 年基地重大项目"作为政策和理论依据的深度中国农村调查与研究"（16JJD810004）的成果之一。

2. 本书是华中师范大学中国农村研究院"2015 版中国农村调查"的成果之一。

国家出版基金项目

NATIONAL PUBLICATION FOUNDATION

天津市重点出版扶持项目

中国农村调查

（总第34卷·家户类第3卷·大家户第1卷）

徐勇 邓大才 主编

天津出版传媒集团

天津人民出版社

图书在版编目（CIP）数据

中国农村调查. 总第 34 卷, 家户类. 第 3 卷, 大家户.
第 1 卷 / 徐勇, 邓大才主编. —— 天津 : 天津人民出版社,
2020.12
ISBN 978-7-201-16803-6

Ⅰ. ①中… Ⅱ. ①徐… ②邓… Ⅲ. ①农村调查–研
究报告–中国 Ⅳ. ①F32

中国版本图书馆 CIP 数据核字(2020)第 233625 号

中国农村调查（总第 34 卷·家户类第 3 卷·大家户第 1 卷）
ZHONGGUO NONGCUN DIAOCHA

出 版	天津人民出版社
出 版 人	刘 庆
地 址	天津市和平区西康路 35 号康岳大厦
邮政编码	300051
邮购电话	(022)23332469
电子信箱	reader@tjrmcbs.com

策划编辑	王 琤
责任编辑	郑 玥
特约编辑	王 倩
装帧设计	汤 磊

印 刷	北京虎彩文化传播有限公司
经 销	新华书店
开 本	787 毫米×1092 毫米 1/16
印 张	42.25
插 页	6
字 数	1000 千字
版次印次	2020 年 12 月第 1 版 2020 年 12 月第 1 次印刷
定 价	750.00 元

总　序

　　2015 年是华中师范大学中国农村研究院历史上的关键一年。在这一年,本院不仅成为完全独立建制的研究机构,更重要的是进一步明确了目标,特别是进行了学术整合,构建了一个全新的调查研究计划。这一计划的内容包括多个方面,其中,中国农村调查是基础性工程。从 2015 年开始出版的《中国农村调查》便是其主要成果。

　　学术研究是一个代际接力、不断提升的过程。农村调查是本院的立院之本、兴院之基。本院的农村调查经历了三个阶段。

　　第一阶段主要是基于项目调查基础上的个案调查(1985—2005 年)。

　　20 世纪 70 年代末 80 年代初开启的中国改革开放,起始于农村改革。延续二十多年的人民公社体制废除后,农村的生产功能由家庭所承担,社会管理功能则成为一个新的问题。这一问题引起我院学者的关注。1928 年出生的张厚安先生是中国政治学恢复以后较早从事政治学研究的学者之一,他与当时其他政治学学者不同,他比较早地关注农村政治问题,并承担了农村基层政权方面的国家研究课题。与此同时,本校其他学者也承担了有关农村政治研究的课题。1988 年,这些学者建立起以张厚安先生为主任的农村基层政权研究中心,由此形成了一个自由结合的学术共同体。

　　作为一个学术共同体,农村基层政权研究中心有其独特的研究宗旨和方法。在学术共同体建立之初,张厚安先生就提出了"三个面向,理论务农"的宗旨。"三个面向"是指面向社会、面向基层、面向农村,"理论务农"是指立足于农村改革实践、服务于农村改革实践。这一宗旨对于政治学学者是一个全新的使命。政治学研究政治价值、政治制度与政治行为。传统政治学更多研究的是国家制度和国家统治,以文本为主要研究素材。"三个面向"的宗旨,必然要求方法的改变,这就是进行实地调查。自学术共同体形成开始,实地调查便成为我们的主要研究方法。

　　自 20 世纪 80 年代中期始,以张厚安先生为领头人的学者就开始进行农村调查。最初是走向农村,进行全国性的广泛调查,主要是面上了解。1995 年,在原农村基层政权研究中心的基础上,成立了农村问题研究中心,由张厚安先生担任主任,由 1955 年出生的中年学者徐勇教授担任常务副主任。新中心的研究重点仍然是基层政权与村民自治,但领域有所扩大,并将研究方法凝练为"实际、实证、实验",更加强调"实"。这种务实的方法引起了学术界的关注,并注入国际学术界的一些研究理念和方法。我们的农村调查由面上的了解走向个案调查。当时,年届七旬的张厚安先生带领队伍参与村庄个案调查,其代表作是《中国农村村级治理——22 个村的调查与比较》。这一项目在全国东、中、西三个地区选择了 6 个重点村和 18 个对照村进行个案调查,参与调查人员数十人,并形成了一个由全国相关人员参与的学术调查研究团队。

　　第二阶段主要是基于机构调查基础上的全面调查(2005—2015 年)。

　　1999 年,教育部为推动人文社会科学研究,启动了教育部人文社会科学研究重点基地建设。当年,华中师范大学农村问题研究中心更名为 "华中师范大学中国农村问题研究中心",由徐勇教授担任主任。2000 年,中心成为首批教育部人文社会科学重点研究基地。在基地成立之前,以张厚安教授为首的研究人员是一个没有体制性资源保障、纯因个人兴趣而结合的学术共同体,有人坚持下来,也有人离开。成为教育部研究基地以后,中心仍然坚持调查这一基本方法,并试图体制化。其主要进展是在全国选择了二十多家机构作为调研基地,为全国性调查提供相应的保障,并建立相互合作关系。

作为教育部重点基地,中心是一个有一定资源保障的学术共同体,有固定的编制人员,也有固定的项目经费,条件大为改善,但也产生了新的问题。这就是农村调查根据个人承担的研究项目而开展。这不仅会导致研究人员过分关注项目资源分配,更重要的是易造成调查研究的"碎片化"和"片断化",难以形成整体性和持续性的调查。同时,研究人员也会因为理念和风格的不同而产生分歧,造成体制性的学术共同体动荡。为了改变调查研究项目体制引起的"碎片化"倾向,2005年,徐勇教授重新规划了基地的发展,提出"百村观察计划",计划在全国选择一百多个村进行为期10年、20年、30年甚至更长时间的调查和跟踪观察。目标是像建立气象观测点一样,能够及时有效地长期观测农村的基本状况及变化走向。这一计划得到时任华中师范大学社会科学研究处处长石挺先生的鼎力支持。2006年,计划得以试行,主要由刘金海副教授具体负责。最初的试点调查村只有6个,后有所扩展。2008年,在试点基础上,由邓大才教授主持,全面落实计划,调查团队通过严格的抽样,确定了二百多个村和三千多个农户的调查样本。

"百村观察"是一项大规模和持续性的调查工程,需要更多人的参与。同时它又是一项公共性的基础工程,人们对其认识有所不同。因为它要求改变项目体制造成的调查"碎片化"和研究"个体化"的工作模式,为此,学术共同体再次出现了有人退出、有人坚持、有人加入的变化。

2009年正式启动的"百村观察计划",取得了超出预想的成绩:一是从2009年开始,我们每年都要对样本村和户进行调查,调查内容和形式逐步完善,并形成相对稳定的调查体系。除了暑假定点调查以外,还扩展到寒假专题调查。每年参与调查的人员达五百人左右,并出版《中国农村调查》等系列著作。二是因为调查的规模大,可以进行充分的分析,并在此基础上形成调查报告,提供给决策部门,由此也形成了"顶天立地"的理念。"顶天"就是为决策部门服务,"立地"就是立足于实地调查。这一收获,使中心得以在教育部第二次基地评估中成为优秀基地,并于2010年更名为华中师范大学中国农村研究院,由徐勇教授担任院长,邓大才教授担任执行院长。三是形成了一支专门的调查队伍并体制化。起初的调查者有相当一部分是没有受过严格专业训练的志愿者。为了提高调查质量,自2012年起,研究院将原来分别归于导师名下指导的研究生进行整合,举办"重点基地班"。基地班以提高学生的调查研究能力为导向,实行开放式教学、阶梯性培养、自主性管理,形成社会大生产培养模式,改变了过往一个老师带三五个学生的小作坊培养方式。至此,农村调查完全由受到专门调查和学术训练的人员承担,走向了专业化道路。四是资料数据库得以建立并大大扩展。过往的调查因为是项目式调查,所以资料难以统一保管和使用。2006年,我们启动了中国农村数据库建设。随着"百村观察计划"的正式实施,大量数据需要录入,并收集到许多第一手资料,资料数据库得以迅速扩展。

第三阶段主要是基于历史使命基础上的深度调查(2015年至今)。

农村调查的深入和相应工作的扩展,势必与以行政方式组织科研的现行大学体制发生碰撞。但是已经有一个良好开端的调查不可停止。适逢中国的智库建设时机,2015年,华中师范大学中国农村研究院成为完全独立建制的研究机构，由 1970 年出生的邓大才教授担任行政负责人。

中国农村研究院独立建制，并不是简单地成为一个独立的研究机构，而是克服体制障碍，进一步改变学术"碎片化"倾向，加强整合，提升调查和研究水平，目标是在高等学校中建设适应国家需要的智库。实现这一目标有五大支撑点：一是大学术，以政治学为主，多学科参与，协同研究；二是大服务，继续坚持"顶天立地"的宗旨，全面提高服务决策的能力，争取成为有影响力的决策咨询机构；三是大调查，在原有"百村观察计划"的基础上构建内容更加丰富的农村调查体系，争取成为世界农村调查重镇；四是大数据，收集和扩充农村资料和数据，争取拥有最丰富的农村资料数据库；五是大平台，将全校、全省、全国，乃至全球的农村研究学者吸引并参与到农村研究院的工作中来，争取成为世界性的调查研究平台。这显然是一个完全不同于以往的宏大计划，也标志着中国农村研究院的全新起步。

独立建制后的中国农村研究院仍然将农村调查作为自己的基础性工作，且成为体制性保障的工作。除了"百村观察计划"的持续推进以外，我们重新设计了 2015 版的农村调查体系。这一体系包括"一主三辅"："一主"即以长期延续并重新设计的"中国农村调查"为主体；"三辅"包括"满铁农村调查"翻译、"俄国农村调查"翻译和团队到海外农村进行实地调查的"海外农村调查"，目的是完善农村调查体系，并为中国农村调查研究提供借鉴。

现代化是一个由传统农业社会向现代工业社会转变的过程，这一转变是从农村开始的。农村和农民成为现代化的起点，并规划着现代化的路径。19 世纪后期，处于历史大转变时期的俄国，数千人参与对俄国农村调查，持续时间长达四十多年。20 世纪上半叶，日本在对华扩张中，以南满洲铁道株式会社为依托开展对中国农村的大规模调查，持续时间长达四十多年，形成著名的"满铁调查"。进入 21 世纪，中国作为一个世界农业文明最为发达的大国，正在以超出想象的速度向现代工业文明迈进。中国需要也应有能够超越前人的大规模农村调查。"2015 版的中国农村调查"正是基于这一历史背景设计的。

"2015 版的中国农村调查"超越了以往的项目或者机构调查体制，而具有更为宏大的历史使命：一是政策目的。智库理所当然要出思想，但"思想"除了源自思考以外，更要源自于可供分析的实地调查。过往的调查虽然也是实地调查，但难以对调查进行系统化的分析，并根据调查提出有预见性的结论。在这方面，19 世纪的俄国农村调查有其长处。"2015 版的中国农村调查"将重视实地调查的可分析性和可预测性，以此提高决策服务的成效。二是学术目的。调查主要在于知道"是什么"或者"发生了什么"，是事实的描述。但是这些事实为什么发生？其中存在什么关联？这是过往调查关注比较少的，以至于大量的调查难以进行深度的学术开发，学术研究主要依靠的还是规范方法，实地调查难以为学术研究提供必要的基础，由此会大大制约调查的影响力。"2015 版的中国农村调查"特别重视实地调查的深度学术开发性，调查中包含着学术目的，并可以通过调查提炼学术思想，使其作为一种有实地调查支撑的学术思想也可以间接影响决策。为此，"2015 版的中国农村调查"在设计时，除了关注"是什么"以外，也特别重视"为什么"，试图对中国农村社会的底色及其变迁进行类似于生物学"基因测序"的调查。三是历史传承目的。在现代化进程中，传统农村正在迅速消逝。"留得住乡愁"需要对"乡愁"予以记录和保存。20 世纪以来，中国农村发生了太多的变化，中国农民经历了太多的起伏，农民的历史构成了国家历史不可或缺的部分。"2015 版的中国农村调查"因此特别关注历史的传承。

基于以上三个目的，"2015版的中国农村调查"由四个部分构成：

其一，口述调查。主要是通过当事人的口述，记录20世纪上半期以来农村的变化及其对当事人命运的影响。其主体是农民个人。在历史上，他们是微不足道的，尽管是历史的创造者，但没有哪部历史记载他们的状况与命运。进入20世纪以后，这些微不足道的人物成为"政治人物"，尽管还是"小人物"，但他们是大历史的折射。通过他们自己的讲述，我们可以更加充分地了解历史的真实和细节，也可以更好地"以史为鉴"。口述史调查关注的是大历史下的个人行为。

其二，家户调查。主要是以家户为单位的调查，了解中国农村家户制度的基本特性及其变迁。中国在历史上创造了世界上最为灿烂的农业文明，必然有其基本组织制度为支撑。但长期以来，人们只知道世界上有成型的农村庄园制、部落制和村社制，而没有多少人了解研究中国自己的农村基本组织制度。20世纪以来受革命和现代化思维的影响，人们对传统一味否定，更忽视对中国农村传统制度的科学研究，以至于我们在否定自己传统的同时引进和借鉴的体制并不一定更为高明，使得中国农村变迁还得在一定程度上向传统回归。实际上，中国有自己特有的农村基本组织制度，这就是延续上千年的家户制度。家户调查关注的是家户制度的原型及其变迁，目的是了解和寻求影响中国农业社会变迁的基因和特性。

其三，村庄调查。主要是以村庄为单位的调查，了解不同类型的村庄形态及其变迁实态。农村社会是由一个个村庄构成的。与海洋文明、游牧文明相比，农业文明的社会联系更为丰富，"关系"在中国农村社会形成及其演变中居于重要地位。中国在某种意义上说是一个"关系国家"，但是作为一个历史悠久、人口众多、地域辽阔、文明多样的大国，关系格局在不同的地方有不同的表现，由此形成不同类型的村庄。国家政策要"因地制宜"，必须了解各个"地"的属性和差异。村庄调查以"关系"为核心，注重分区域的类型调查，通过不同区域的村庄形态和变迁的调查，了解和回答在国家"无为而治"的传统条件下，一个超大的农业社会是如何通过自我治理实现持续运转的；了解和回答在国家深度介入的现代条件下，农业社会是如何反应和变化的。

其四，专题调查。主要是以特定的专题为单位的调查，了解选定的专题领域的状况及其变化。如果说前三类调查是基本调查的话，专题调查则是专门性调查，针对某一个专题领域，从不同角度进行广泛深入的调查，以期获得对某一个专门领域的全面认识和把握。

"2015版的中国农村调查"是一项世纪性的大型工程，它是原有基础的延续，也是当下正在从事、未来需要长期接续的事业。这一事业已有数千人参与，特别是有若干人在其中发挥了关键性作用，当下和未来将有更多的人参与。历史将会记录下他们的功绩，他们的名字将与我们的事业同辉！

2016年6月，教育部公布了对人文社会科学重点研究基地的评审结果，我院排名全国第一，并再获优秀。这既是对过往的高度肯定，也是对进一步发展的有力鞭策。为此，本院再次明确自己的目标，这就是建设全球顶级农村调查机构、顶级农村资料数据机构，并在此基础上，形成自己的学术领域和学术风格，而达到这一目标，需要一代又一代人攻坚克难、不懈努力！

徐　勇

2015年7月15日初序

2016年7月15日补记

凡　例

　　作为教育部人文社会科学重点研究基地，华中师范大学中国农村研究院历来重视农村调查与研究，《中国农村调查·家户类》是基地新版"中国农村调查"项目的重要成果，在付梓之际，特作以下说明：

　　1. 根据徐勇教授提出的"中国家户制度学说"，家户制度是中国的本源型传统和基础性制度，并在此基础上形成独特的中国农村发展道路。本项目旨在通过传统时期的家户调查揭示和挖掘这一本源型传统和基础性制度。

　　2. 在家户对象的选取上，本项目以 1949 年以前的完整家户为调查对象，并根据人口规模进行分类。其中，7 口人及以下为小家户，8 至 13 口人为中等家户，14 口人及以上为大家户。本项目所调查的家户，分布在全国绝大多数的省份，具有广泛的代表性。每一位调查员在调查之前均受过严格的学术培训，每个家户的调查时间在 15 天以上。

　　3. 每一篇家户调查报告分为"家户的由来与特性、经济、社会、文化、治理"五章，重点围绕家户的"特性、特色、关系与层次"开展调查和写作。同时，在每篇报告的后面附有调查员的调研小记、日记等，供读者了解整个调查的进展与历程。

　　4. 在报告写作中，"市县名、乡镇名、村庄名、家户名、人物名、部门单位"等均为实名。报告中出现的照片、人名、数据等信息，均得到了访谈对象或数据提供者口头或书面授权。另外，写作中引用的档案材料、政府部门提供的资料、历史材料等均标注出处。

　　5. 本项调查主要通过老人口述获取信息、数据，因而报告中的数据可能不甚精准，其中土地面积、粮食计量单位也实难统一，仅供参考，请各位读者、学者在引用、使用的过程中酌情处理。

　　6. 在考察家户变迁时，调查有时会涉及土地改革、"文化大革命"等内容，但是调查者均怀揣学术研究之心，从家户的变迁与发展的历史视角去调查和写作，力求客观、真实地反映中国家户形态。

　　7. 在出版方面，项目组组建了审稿与编辑小组，严格审查、校审每一篇家户调查报告，并从中遴选出优秀的报告，集结成卷出版。

　　8.《中国农村调查·家户类》的重点在于传统形态的调查，是一项抢救历史的学术工程。由于时间仓促，其中不免有错漏，也希望海内外学术界、读书界提出批评、建议，帮助我们提高这套丛书的质量。

《中国农村调查》编辑组

目　录

16

第一篇

团结共生：长兄当家的中户传承

——甘中北米塬村张氏家户调查

报告撰写：刘安宁[*]

受访对象：张克举

---

[*] 刘安宁(1994—)，女，甘肃白银人，华中师范大学中国农村研究院2016级硕士研究生。

导　语

　　米塬村在 1947 年[①]以前隶属甘肃省会宁县[②]管辖,位于偏远的山区,复杂的地形条件加之干旱的气候导致村庄生产力一直较为落后,村民多以种地为主,间养数量不等的羊群维持生活。村庄面积虽然较为辽阔,但因所处位置较为封闭偏僻,全村人口仅几百人之多。张家在明代时由祖先从外地逃荒至米塬村定居,之后家户渐渐得到繁衍和扩张。虽然张家家境在张廷栋之后逐渐败落,但庞大的家庭分支和人口数量,以及团结和睦的家风传统一直维持和促进着家户的稳定与发展。

　　1947 年以前张家共计十九口人,是村子里少有的四世同堂的大家庭。老一辈有张廷栋,张国义是张廷栋的长子,也是张家的当家人,其同辈中有张国泰夫妇以及张国安夫妇六人;子辈中张国义家有张克举、张克俊兄弟及各自的妻子四人,姐妹四人,张国泰和张国安家各有一个儿子,孙辈中张克俊育有两个儿子。

　　张家的家庭情况在村中属于中等水平,土地多是继承而来,但受到地理环境的影响,也仅够维持家户的日常生活。张家自有土地 240 亩,因为土地质量差、收益低,在张国义当家期间,向邻村的一户人家租种了约四十亩的土地。张家祖辈都是地地道道以地为生的农民家庭,除了种地以外家户没有别的手工业或副业,唯一可以补贴家用的就是家中饲养的五六十只羊。

　　在文化方面虽然张家人口众多,经济状况在村中也属一般家庭,但家户一直都很注重教育,但凡家中有能力都要将子孙送入学校读书。家户秉承和延续着长兄当家的历史传承,1947 年以前由张国义担任家长。张家一直倡导和延续着“以和为贵”的家户传统,因此不管是家庭内部还是对外打交道都将“和”字铭记心中,家户历来从未有和村民们发生争执或产生争端的事例,在维护村庄公共安全方面贡献着自身的力量。

---

　　① 米塬村于 1947 年解放,但考虑到家户的特色及整体因素,本文选择以 1947 年作为访谈的截止时间。因张家直至 1954 年才分家,分家时间较晚,而张家老一辈人口张廷栋于 1947 年去世,在此之前家中人口结构完整,且未分家,四代十九口人共同生活。

　　② 会宁县:隶属于甘肃省白银市,位于甘肃省中部、白银市南端,总面积 6439 平方千米,辖 22 个乡、6 个镇,境内有汉、回、东乡、撒拉等 7 个民族分布。

第一章　家户的由来与特性

自明代落户米塬村以来，经过不断的繁衍和壮大，绵延四百余年的张氏家户历经几十代，至 1947 年张家共拥有十九口人，四世同堂。张家土地众多，每年饲养几十只羊，属农牧兼顾的家庭，虽然家户在历史发展的路途中渐渐衰落，家庭状况也仅够勉强维持一家生活，但团结和睦的家户氛围以及注重教育的优良品质是维持和支撑家户继续发展与壮大的必要条件。作为一个人口较多的中等家庭，张家秉承"以和为贵"的家户传统，沿袭长兄当家的历史约定，发挥着家户自身的特色和作用。

一、家户迁徙与定居

（一）明代搬迁落户至米塬

张家祖上落户米塬村有两种传说，其一，张家祖上是在明代时期搬迁至现今居住的米塬村。明代曾为了调节军事政治或经济诸方面的失衡而进行了大规模的移民。米塬村地形开阔，地理区位属偏远地区，最早在这里落户的不乏一些军人及生意人。由于要驻守故而有部分军人士兵慢慢在此安家，而随着人烟逐渐增多，一些往来的商人也随之落户，这大抵属一部分搬迁者。张家祖上的搬迁历史就与这次明代的官制移民有关，据传张家最初的祖先就是随军迁徙的军士，后来定居于米塬而衍生出张氏一族。

其二，张家最初的祖先据传是给大户张占①家放马的一个不知名的小孩子，由于不知自己的出身，便跟随主家的姓氏，此后随着该张姓孩子的独立和自身家族的繁衍扩张渐渐形成了之后米塬村张姓家族的规模。张家落户米塬村已四百多年，祖辈历来依靠田地和放牧牲畜为生，家族产业到后期也渐渐形成一定的累积，虽不至大富大贵，但在米塬村还是具有一定的基础和地位。据传张家祖上家境较为殷实，后因自然灾害等原因家道逐渐衰败，在村中属于中等家户，虽不至生活无忧，也足以温饱自给。

（二）百年几十代的家户传承

张家从明代始就一直定居米塬村，至 1947 年已繁衍约二十几代人，家族分支庞大，远近相加约十几支支脉。张家的辈分延续大致包括有成帮思廷、国克宗百志等，如会宁升

---

① 明朝有一个叫张占的人，在米塬村拥有很大的家业，从关川一直到米塬村一带辽阔的区域都属于他的地盘，其所拥有的牛羊马匹数不胜数，在当地及周边算是很有名的富裕人家。

3

阳①、皮袋湾、米塬、陈家湾②、常塬③等地的张姓人士也大都属同一祖先的后代。张家在村中有一处专门的土地作为家族坟地，这块坟地中所葬的人大概有四代之久，主要埋葬的是张思连及以上几代的长者。张家还有一片属于祖坟的所在地，离这块坟地不远，在隔了大概有两个山头的一片坡地上，最初张家的祖先都是葬在那里，清末年间因为大雨导致坟地大片地被冲毁，所以才重新请风水先生另外找寻一处较好的地方。因年代较远，祖坟也渐渐破败，不过每年清明等祭奠祖先的时节，张家子孙都会去祖坟处烧纸祭拜。

（三）天灾人祸导致家道日渐中落

张家遭遇过较大的变故主要为一些天灾，1920 年 12 月甘肃省发生了 20 世纪中国最大的一次地震——海原大地震④，处于大山深处的米塬村同样不可避免地遭受到了此次特大灾难的波及，大多数房屋倒塌，农田被毁，张家也遭受到了很大的创伤，家业受到很大的影响。又至 1928 年甘肃榆中大旱，随后导致 1929 年的大饥荒，甘肃全省有县六十四个有五十八个县受灾，灾民达两百五十万，仅仅兰州的灾民就达十一万。全省先后有一百四十余万人死于饥饿，有六十万人死于瘟疫，有三十万人死于兵匪之手。有六万人口的定西县，灾难过后只剩下了三千人。面对如此严峻的情况，米塬村人民也难逃此劫，在饿得走投无路的情况下，村里大部分人都外出到宁夏中卫逃荒，张家虽然有部分存粮，但恶劣的生存条件难免会对家庭造成较大的冲击，张国义的母亲在此期间也不幸去世，张国义大叔一家因饥荒有六口人死去。

饥荒过后没几年，张国义不幸被国民党征兵选中，所谓的征兵不过是在半夜偷偷将人抓走，关押在会宁县的班房里，其实是为了好让家人进行赎买，是一种变相收款的手段。被抓的人不仅没有人身自由，还会受到严刑拷打的虐待，张国义的一处肋骨被人打断。为了减免这次服役，让张国义少受些苦，张家凑集家中钱财，花钱买了一个外村人进行顶替，谁知途中此人竟然逃跑，张家不仅损失了大半家财还未能解救张国义，无奈之下只能再次举尽家产又借以外债凑钱交给负责征兵的官员，如此才赎回张国义。经此一事，张家不仅花光所有的家产，家长张国义的身体也受到很大的摧残，家庭情况险至入不敷出的境地。

二、家户基本情况

（一）十九口人的大家庭

1947 年以前张家共有十九口人，四世同堂。老一辈有张廷栋一人，其下为当家人张国义夫妇及张国泰和张国安夫妇六人；再以下张国义家有张克举、张克俊夫妇四人及家中姐妹四人，张克俊育有两个儿子；张国泰和张国安家各有一个儿子。

---

① 升阳：若笠乡辖行政村之一。若笠乡 1947 年以前归属会宁县管辖，现位于甘肃省靖远县城西南部，距县城 47 千米，地处靖远、会宁、榆中三县交汇地带。境内山大沟深，信息闭塞，交通不便。若笠乡现辖 11 个行政村（牛庄、曹岘、中塬、四岘、郭湾、若笠、周杨、皮袋湾、升阳、双合、米塬）。

② 陈家湾：位于靖远县若笠乡，位于甘肃省中部地区，在甘肃省会兰州市东北部约 110 千米处。

③ 常塬：所属大芦乡，位于甘肃省白银市靖远县南部，东接高湾乡，西接若笠乡，南与会宁县搭界，北与乌兰镇毗邻，俗称靖远南川，总面积 375 平方千米，辖 9 村 56 社。

④ 海原大地震：震级达到 8.5，强烈的震动持续了十几分钟，当时没有任何一次地震的波及范围可以和海原地震相提并论，1921 年 3 月 2 日的《中国民报》刊登了一则报道："年甘肃大地震中，靖远、中卫、金积等县在黄河两岸之居民，当地地震较剧时，或河水崩溢，庐舍为墟，或浮家浮宅，沉溺于水，其状极惨。"

表 1-1　1947 年张家家户情况数据表

家庭基本情况	数据
家庭人口数	19
劳动力数	8
男性劳动力	4
家庭代际数	4
家内夫妻数	5
老人数	1
儿童数	8
其他非亲属成员数	0

(二)四代共生的成员结构

张家共有十九口人,四代人一起住在张家宅院中,老一辈有张廷栋,家中有三对中年夫妻、两对青年夫妻,有八个小孩子,大多属于半劳动力。张国义是张家的当家人,小时候读过几年私塾,有一定的文化,在家里很有威信。张国泰和张国安与张国义年龄相差较大,1947年以前两家分别有一个儿子。张克俊为张国义长子,1947年已结婚并育有两个孩子;张克举为张国义次子,于1947年结婚。张家人口较多,生活仅够自给自足,没有收养过孩子,也没有雇用过管家、保姆、丫鬟、长工等,平时都是自家人一起干活,农忙时也没有雇过短工,只是与村内的亲朋等进行换工。

表 1-2　1947 年前张家家庭成员情况表

成员序号	姓名	家庭身份	性别	年龄	婚姻状况	宗教信仰	健康状况
1	张廷栋	父亲	男	68	已婚	道教	中
2	张国义	当家人	男	50	已婚	道教	良
3	孙克兰	妻子	女	48	童养媳	道教	良
4	张克俊	大儿子	男	30	已婚	道教	优
5	马爱英	大儿媳	女	28	已婚	道教	优
6	张宗福	大孙子	男	12	未婚	道教	优
7	张宗禄	二孙子	男	9	未婚	道教	优
8	张克举	二儿子	男	20	已婚	道教	优
9	赵普兰	二儿媳	女	18	已婚	道教	优
10	张调儿	大女儿	女	18	已婚	道教	优
11	张梅儿	二女儿	女	17	已婚	道教	优
12	张转转	三女儿	女	15	未婚	道教	优
13	张克淑	四女儿	女	12	未婚	道教	优
14	张国泰	二弟	男	35	已婚	道教	优
15	常氏	二弟媳	女	32	已婚	道教	良
16	张克科	二弟长子	男	15	未婚	道教	优
17	张国安	三弟	男	32	已婚	道教	优
18	邓子兰	三弟媳	女	30	已婚	道教	优
19	张克昌	三弟长子	男	13	未婚	道教	优

张廷栋

├── 张国义　孙克兰
├── 张国泰　常氏
└── 张国安　邓子兰

张国义　孙克兰 的子女：
- （男）张克俊　马爱英
- （男）张克举　赵普兰
- （女）张调儿
- （女）张梅儿
- （女）张转转
- （女）张克淑

张国泰　常氏：张克科（男）

张国安　邓子兰：张克昌（男）

张克俊　马爱英 的子女：
- 张宗福（男）
- 张宗禄（男）

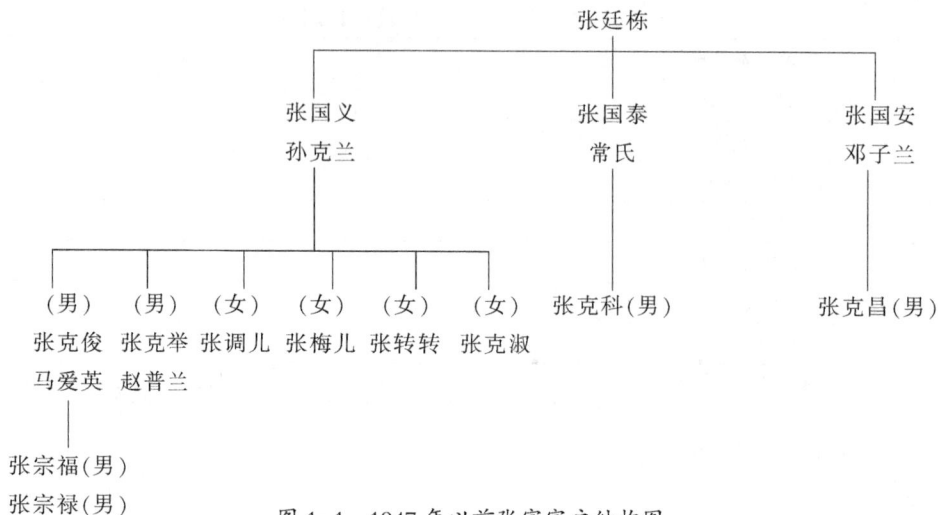

图 1-1　1947 年以前张家家户结构图

（三）建于村东的张家堡子

1947 年以前,张家居住在米塬村的东部位置,选择在此处修建宅院,是因为村子东面地形较为开阔,且张家历来居住于此,在此处占有比较大的一片区域,再加之地理位置较为优越,院墙南部及西部是村子的大路,北边及南边有人居住,东边有村子修建的排水沟环绕而过,不仅出行方便,同时便利的取水和排水条件也形成了天然的保护屏障。

张家房屋在空间上体现为两院式结构,最中心是家户的核心院落,北面正中是上房,家中长者居住于此;左右两边各是一个耳房①,对于这样的布局当时有"二牛抬杠"的说法;西面有两间西房;西南角是一个碾房,里面有石磨等工具用来碾粮食;东面是灶房,古时对灶神的说法是"东出太阳,司命灶君之位",因此灶房的修建一般都在东边;东南角有一个窑洞建造的高房,所谓高房即将窑洞分为两层,上面一层既可以住人,又可作为储存粮食等的屋子。对于高房的修建当地有"东出主,贵人起丈"的说法,因此东边建造一个高房寓意着家中会出贵人。而与高房相对的西边是碾房,是为白虎,自古就有"左青龙,右白虎"的说法,因此东面的房屋修建得比较高也是为了压住西边的白虎。南面和北面上房相对的是院落的大门,大门的两边又分布有两个小房间。在院落的中央还有一个直径约一米、高半米的"中宫",中宫是用土建造的一个祭祀土神的小台子,平时逢年过节家中都会在中宫烧纸焚香,以祈求土神保佑一家平安顺遂。中心院落的外围又修建一圈较高的寨墙,将院落牢牢地保护在寨墙中间,同时寨墙圈起来的范围又是一处大的院落。寨墙南部和中心院落正门相对的方向又是一道总的大门,由此可以通往墙外村庄的大路;在寨墙院内的东南角又建有三个门房和两孔窑洞,旁边是羊圈,羊圈最外面还有一处称为"羊房"的小屋子,平日里放羊的人就住在这里便于饲养和看护羊群。寨墙院内的西南角是驴圈,而在北边种了一些树,还有几小块地,用来种植一些蔬菜瓜果等,田地周围分布着厕所、草房等建筑。在整个张家"堡子"的外围,又有一圈比较低的土墙将张家宅院与周围的人家及排水渠等相隔开来。

---

① 耳房:汉族建筑中主房屋旁边加盖的小房屋,正房的两侧还各有一间或两间进深、高度都偏小的房间,如同挂在正房两侧的两只耳朵,故称耳房。在米塬村耳房的结构还被称为"二牛抬杠"。

张家大大小小的房屋相加有近二十间,其中北房属于正房,主要由家中最长者居住,张廷栋住在北房,是为对长者的孝顺和尊敬。上房两边的耳房各有两间,分别由张国义及张国泰一家居住,因为张国泰和张国安家各自只有一个孩子,且岁数较小,所以一个房间也够一家人居住,张国安一家住在西房。张国义在1947年以前共有两个儿子四个女儿,由于张克举和张克俊已经结婚,所以各自住在南门旁边的小房中,张克举的四个姐妹则住在剩余的房间。最初张家的房屋只有中心院落这一处,外围的寨墙只是起到保护院落的作用,因以前经常闹土匪,所以家境好一点的人家就会修筑较高的院墙用来防止土匪的抢掠。之后随着1920年地震的破坏,以及之后家中人口的不断增多,才在寨墙里面又简单地修建了几间窑洞和门房。

张家寨墙地理位置优越,大门外是村子的主要干道,寨墙西边有一条小路与村中大路相通,北面和东面与道路相接,是村里的排水渠,也可以称作防洪渠,主要用于排水和引水。张家寨墙内有好几口水井,平时所需生活用水从墙外的水渠中获得,寨墙内部以北的区域还种植一些树木及几块田地依靠背后的水渠可以随时进行灌溉。张家周围的交通和生活条件都非常便利,邻居主要在其宅院的北部和南部,以村中大路和排水渠作为天然的分界线。张家周边的邻居大都属同一本家,多为一个祖先的张家亲房,关系都较好,平时相互间也经常来往。

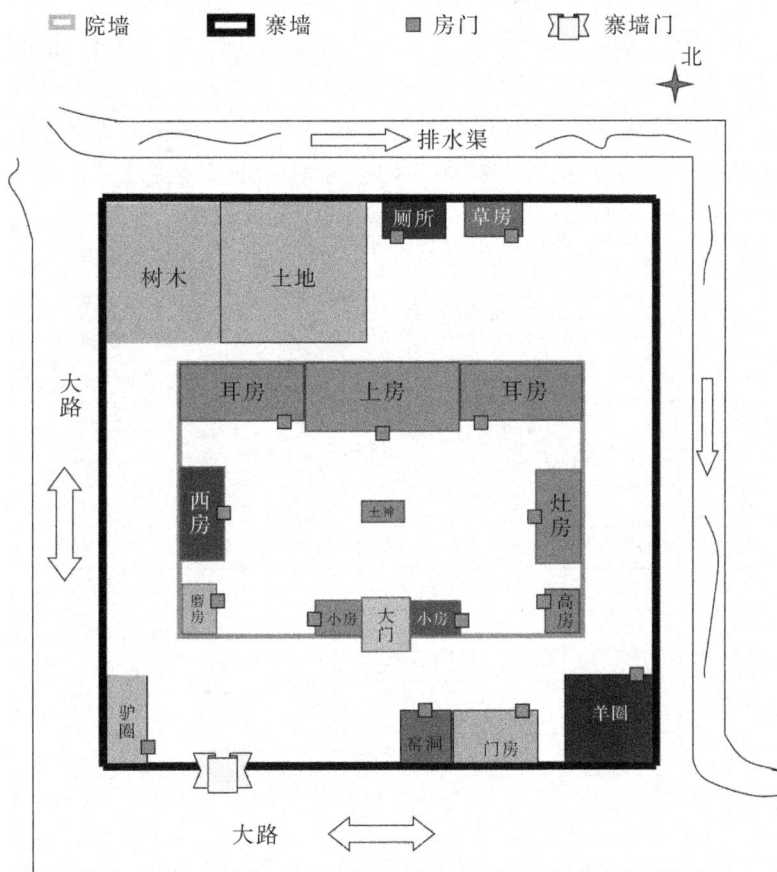

图1-2 1947年以前张家家户房屋结构图

(四)以地为生

米塬村地处山区,崎岖的地形和贫瘠的土地导致生产效率极为低下,张家大部分土地靠祖辈开荒获得,历来依靠种地为生,村中居民没有其他谋生手段,唯一可以补贴家用的途径是每家饲养少量的山羊,因此山区大多属于农牧兼顾家庭。在农民的意识中只有土地代表着财富,所以张家祖上积累了较多的土地。在1947年以前张家一共拥有土地约280亩,这些土地中有240亩属于张家自有,还有40亩是租种邻村一个大户人家的土地。张家是一个拥有十九口人的大家户,家里近十口人的劳动力也有能力租种一些土地。

虽然两百多亩土地看起来是一笔不小的财富,但米塬村属于干旱地区,山区缺乏水源,平日取水只能依靠降雨维持,因此土地都比较贫瘠,缺乏灌溉导致土地产量也微不足道,若是雨水较好,一亩地也最多仅有几十斤的收入;再加之山上的土地每年耕种都得至少留出三分之一用来作为铺地①。除土地外,张家还有六十多只羊,在山区几乎每家都会饲养一些羊来补贴家用,条件好一些的养得多,条件差的至少也有五六只,老庄村大户有三百多只羊,并且专门雇用三个羊倌放羊。张家分别有两头骡子和驴,是家里耕作主要使用的牲畜,除此之外还有一头牛用来驮运家里的粮食和重物。每年家中还会养十几只鸡、两三头猪,鸡和猪是逢年过节改善家庭伙食的主要食物,有时鸡蛋攒得多一点,家里的妇女也会在走街串巷的货郎担那里兑换一些针头线脑之类的日常用品。

张家的劳动力主要为当家人张国义及其兄弟夫妇,家里的小孩子较多,也可算作半个劳力,1947年以前种地收入比较微薄,一斗麦子大概能卖二十个铜板,粮食除家户一年消耗外大概能剩余五六十斗,张家依靠养羊每年大概能有十几个银元的收入,加之粮食等收入,一年总共能有二三十银元的收入。对于这个大家庭来说,要维持一年的生活,这些收入还有些捉襟见肘,困难时期家户也会同关系较好的亲戚或朋友借钱以渡过难关。

表1-3　1947年以前张家家计状况表格

土地占有与经营情况	土地自有面积	240亩		租入土地面积	40
	土地耕作面积	180②亩		租出土地面积	0
生产资料情况	大型农具	碾子、耕栌			
	牲畜情况	羊50头、驴2头、骡2头、牛1头、猪2头、鸡15只			
雇工情况	雇工类型	长工		短工	其他
	雇工人数	0		0	0

	农作物收入					其他收入	
收入	农作物名称	耕作面积	亩产(斤)	单价	收入金额(折算)	收入来源	收入金额
	小麦	60	60	不详	不详	羊	每年约15银元
	谷子	30	80	不详	不详		
	糜子	30	60	不详	不详		
	洋芋	40	200	不详	不详	收入共计	
	胡麻	20	80	不详	不详	不详	

---

① 铺地即为休耕地,张家自有土地加租种土地共280亩,每年休耕约一百亩土地,以便保留土地养分,提高产量。
② 每年轮耕土地约一百亩,实际耕种180亩。

支出	食物消费	衣服鞋帽	燃料	肥料	租金	
	自给自足	不详	0	0	不详	
	赋税	雇工支出	医疗	其他	支出共计	
	不详	0	不详	不详	不详	
结余情况	结余0元		资金借贷	借入金额		15 银元
				借出金额		0

(五)重视教育的家户传统

1947年以前,张家祖辈一直是面朝黄土背朝天的农民,不过张家家族中有每家至少得有一个读书人的传统。张国义家读书人也较多,家里祖辈没有出过乡长、保甲长及会首等,跟官府之间也没有打过交道,家里的老少人口都很本分,忠厚朴实。因张家从祖上起读书人多,因此在村中具有较高的威信和地位,与村民相处融洽,在远近村落都较有名气,深得大家的信服,平时村子有什么大事或是谁家有重要的事情都会请张家的长辈前去商量或作为中间人进行调停。

(六)家户基本特点与特性

1.长兄当家

1947年以前,家中有四代人,因张廷栋年事已高,家里的大小事务皆由张国义管理,张国义受过几年私塾教育,做事稳重又识大体,在村中算是较有本事的人,又因是张廷栋的长子,自古就有长兄如父的观念,因此张国义作为当家人也是理所当然,不管是处理外部事务还是家中事务都由张国义一手操持,无内外当家之分,平时家户都是自给自足,也没有管家。

2.中等家庭

米塬村由于受到地形条件及自然条件的限制,规模不是很大,大概有六十多户人家,人口约四百余人,在附近算是稍微大一些的村落。离米塬村不远处有一个叫作大塬的村子,整个村中不足十户人家,人口不到一百人。1947年以前,人们的意识中主要以财产来划定大户、小户。张家从经济条件来讲张家家境在村中只能算作中等家庭,每年的收入也仅能够维持一大家人的生活,到年底不仅没有结余,有时还需要跟别人借钱以渡过危机。

大户人家不仅人口少,家里还有大量的土地、牲畜和钱财。米塬村有一户发财人家仅土地就拥有六百多亩,还饲养着一大群羊,而家中人口不足十人,但是他们却占有着村中很大一部分的财富,平时家人不需要亲自干活,家里不仅雇用长工,还有专门放羊的人,田里的一切活动都依靠雇工来解决,家里还有专门的管家操持家中大小事务。这户人家的土地有一大半都租给了村中无地少地的贫穷人家,每年靠地租的收入都足够一家近一年的开销。至于小户家庭为村内生活最为困难的人家,这些家庭不仅拥有较少的田地,还缺乏必要的劳动力和牲畜等条件。村里有一户从别的村庄搬迁过来的邻居属于典型的小户家庭,他们家只有父母两个劳动力,但有五个小孩子,最大的还不到十岁,由于从外村搬迁到此地,家中没有田地只能租种地主的土地,因此在农忙时节经常会到揭不开锅的地步,逢年过节张家都会给这户人家送去一点吃的东西作为接济。

3.落户四百余年

从时间上来讲,张家祖祖辈辈也算见证了整个村子的兴衰变迁,张家自明代万历年间落户米塬村,到 1947 年也有将近四百多年的光景。若从年份上判断张家,理所当然属于村中的老户,而搬迁时间在一年到十年间的家户都只能算作新户。虽然在 1947 年以前张家家境渐渐衰落到村中一般水平,但祖辈流传下的威信依然在村中有很大的影响。一方面,张家人口众多,这也体现在张家整个家族的基础上,毕竟几百年的繁衍要形成一个规模较大的家族并非难事;另一方面,张家家族一直很团结,整个家族在村中几乎没有闹过矛盾与纠纷,这是深得大家信服的一点;再加之张家祖上到近代出了许多读书人,且多为教书先生,村子里有什么重大的事情都会同张家的主事人商量,或是谁家做红白喜事会邀请张家家族中有威望的读书人执笔写字等。

第二章　家户经济制度

由于米塬村位于山区，恶劣的自然条件和干旱少雨的气候导致家户生产力极为低下。1947 年以前，张家自有土地 240 亩，后在张国义当家期间又租种 40 亩，一家人居住在同一个大院中，共有二十来间房屋，分布呈两院三进式结构。张家牲畜、农具众多，生活资料多自制，虽然家户年有余粮，但也偶需借贷，经济状况在村中属于一般水平，在家长的支配领导及成员的共同努力下依然足以维持温饱。张家始终坚持以家户整体利益为先，分配和交换以家庭为核心，支持并拥护家长的决定，共同维持家户的生存与发展。

一、家户产权

（一）家户土地产权

1.拥有旱田两百余亩

1947 年以前，张家共有土地 280 亩，其中有 40 亩属于租种的田地。因为米塬村地处山区，土地全部为比较贫瘠的旱地，无水田，平时村民的生活用水基本靠降雨补给。田地包括土质稍好的山间梯田及土质较差的沟地和坡地。梯田大概有一百亩左右，剩余的土地多为位于山脚的坡地和洼地，这些土地离家较远，且道路崎岖，土壤缺少养分，属于较为贫瘠的土地。山区的土地附近没有沟渠、河流，只有下雨才能有一点山间汇聚的雨水用于灌溉。山里的人们会在各个田地附近挖一些小的沟渠和出水口，以便能够有效地收集雨水，缓解庄稼缺水的状况。张家的土地主要分布在四个区域，其中梯田位于村头即村子以西方位，据说张家祖上最早居住在村西位置，所以选择在此处开荒洼地。张家租种的土地位于村东，是离家大概五里路的碱子沟[①]；还有一百多亩地较为分散，大致在村东和南部的山上。

2.土地承袭祖上

张家大部分土地从祖辈继承而来，自有土地 240 亩，其中有近一百亩梯田，全部是祖辈通过开荒扩地，用老一辈人的辛勤和汗水一锄头一铁锹挖出来的。之所以挖梯田也是根据山区特有的地貌做出的改进和选择——既能节约土地，又便于雨水的收集和土地的耕种。山地坡度较大，水土流失也较为严重，以梯田的形式耕种不仅可以较好地利用土质较肥沃的地方，而且还能将土地有效地集中在一个区域，提高耕种效率。

3.土地产权归属家户

（1）土地为家户成员所有

张家的土地属于全家人共有，未分家时家户成员共同居住，一起吃饭，家庭成员处于同

---

① 碱子沟：米塬村一处地名，村中田地多分布此处。

11

等的地位,土地不属于某个人或是某个小家庭独有,但不同性别的家庭成员存在差异,男性相比女性拥有更多的所有权。张家自有土地两百余亩,其中40亩属于租种,在张家看来这40亩土地不能算作家户的资产,所有权仍归原主所有,家户只具有暂时的使用权。张国义担任当家人期间具有较高的权威,家里大小事务由其做主并定夺,家长可以做主支配家户的土地,无论在何种情况下,家长都有这种权利。张家租种邻村大户家40亩的土地是在当家人张国义的决定下租来的。家长的权利不仅体现在关于土地的问题上,而且包含家中一切事务,家户每一件事都需要当家人亲力亲为。张国义的两个弟弟十分遵从大哥的决定,他们虽为家中的主要劳动力,但并无怨言,勤勤恳恳,共同为这个大家庭贡献自己的力量。

（2）家庭部分成员拥有土地

虽然家户成员都会参与劳动,但从严格意义上来说并不是每个人都拥有支配土地和管理土地的权利,即只是部分家庭成员有份。一般情况下家户的男性都有份,嫁入的媳妇跟随自己的丈夫有份,而家里的女儿,无论出嫁与否都没有份。在张家,拥有土地的成员包括老一辈张廷栋;当家人张国义夫妇及其两个兄弟夫妇;其下的夫妻和家户的男性成员。除此之外其他成员只能在家里享受所得的成果,并不具备支配土地的权利。对于不同类型的土地,家庭成员的产权权利也不一样,只有当家人才享有全部的权利,其他成员不具有直接行使权。若是家中男性有人外出求学或是打工,这样的情况依然有份,张国义的次子张克举在1947年以前一直上学,很少参加家里的土地劳动,但仍然具有土地的所有权。

（3）土地统归家户所有

1947年以前张家还未分家,家户成员都认为土地财产属于全家人共有。张国义当家期间统一管理家户事务,没有将土地分配到个人,家长在家中拥有较高的地位,理所当然地在土地产权上比其他家庭成员拥有更多的权利,他可以决定土地的租让买卖,而其他成员就没有这个权利。相对于个人而言,土地属于全家对于维持家户的稳定和团结更加有利,若是将土地分配到个人,则会导致家户的分离,形成自私自利的观念。而张家历来团结,家户成员也从来没想过要脱离家庭。

4.墨守沿袭的边界划分

（1）以山脚埂中心作为土地的边界

米塬村位于山区,主要土地类型分为梯田、较平坦的坡地、较崎岖的沟地等。其中梯田由于地势落差大,主要分布在山上,自然而然地以山脚为界。坡地和沟地等相邻的土地则以地的尽头边缘为界,主要分界线为地埂的中心。土地的边界是双方当家人共同商量的结果,以两家土地相接的边缘为界限,双方各让出同等部分修筑田埂,以此作为土地的分界,若遇到田埂损坏等情况则各自修筑位于自己田地的那部分田埂。这样订立的方式是村庄约定俗成的规则,每个家庭都会遵守,不会出现随意越过他人土地边界而侵犯他人田地的行为。

（2）约定俗成的边界认同

只有家户成员才有耕作使用土地的权利,外人及本家的亲戚在不经过当家人同意的前提下都不能使用。土地的继承只能是家中的男性及其配偶,家里的小孩子如果是男孩就有继承的权利,如果是女孩则没有继承权。已经分家的成员要使用土地必须跟当家人商量,若当家人同意才能具有使用权,反之不具有继承权。除了小孩子,其他的家庭成员对于自家的土地都有比较清晰的心理认同,每个人都知道家里的所有财产属于家户所有。家庭成员从小参与家户劳动,对于家中土地的分布位置、亩数多少及与四邻的分界都十分了解。张国义次子张克举在1947年以前一直在外读书,但他依然能很清楚地了解家户的土地情况。如果出现家中土地被他人侵占的情况,家户是不能容忍的,若有这样的事情发生则会由当家人出面处理。家户土地的经营权归家长所有,张国义做当家人时家里大小事务都由其决定。每年土地的播种及种植也由家长定夺,不过张国义也会和家户其他成员商量,听从家人的意见。外人不能干涉家户的土地经营,村庄同样无权干涉。分家后的父母及兄弟也不能干涉家户土地的经营权和收益权,除非遇到一些举足轻重的大事,家户才有可能会和已分家的兄弟等共同进行协商。

5.家长的权威不可撼动

（1）家长为土地的实际支配者

家户关于土地买卖、租佃、置换、典当等活动全部由家长出面处理或解决,如果家中遇到当家人不在的情况,则由家中剩余的男性共同商量决定。1947年以前,张国义作为当家人,家中一切土地的安排及租佃都由其一手负责。在张家未分家时家中所有的土地都属于家户共有,不存在以小家庭为单位的土地或是私房地。虽然张国泰和张国安也是家中的主要劳动力,但都很服从当家人张国义的决定,家里的人都团结一心,没有人认为应该将土地划分为私人所有。

（2）家长在土地买卖中起决定性作用

米塬村历来买卖土地的流程大体相差不大,土地买卖需要双方当家人就土地的质量、方位等进行协商,达成各自满意的价钱。熟识的人之间不需要中间人,只要双方意见一致就可以达成,若关系不熟则需由中间人在其中代为传达。有关中间人的找寻,若是卖家主动出卖土地,则由卖家一方通过中间人寻找合适的买家;反之,若是买方需要买地,则通过中间人寻找合适的卖家。双方就一切事宜达成一致后,卖家还需起草相应的地契交予买家,至此,整个土地的买卖程序才算全部完成。土地买卖只需家长做主,不需要告知或请示四邻、家族、保甲长等。若是要出卖自家的土地一般会有优先次序,范围从本家到自己的亲戚再到村里及至外村。遇到要决定的重大事务,如果当家人不在,则由家里的其他男性商量做主。张家在没分家以前家里没有属于个人或小家庭的土地,都是家户共有。

（3）家长在土地租佃中起决定作用

张国义当家期间租种了邻村大户人家40亩的土地,在农村土地是家庭和财富的象征。张国义一直是一个比较有主见的人,他做当家人期间家里及村子里的人都很信服他的为人。听说邻村大户在米塬村有几亩土地要出租,而且土地的质量及位置也还可以,张国义就动了想租种的心思。他做这个决定比较突然,也没有和家里人商量,而是直接去邻村找人进行协商,这家人也比较好说话,况且两个村子离得不是很远,双方多多少少也打过交道,对各自的情况都比较了解,所以在确定以后当场就谈好了租种的事宜。

1947年以前土地的租金以粮食的形式进行交付,普遍以三七或二八的分成进行结算,即租种土地收成的百分之三交给佃主,余下收成归租户所有。张家按照三七开的分成交给佃主粮食,交租时间按照双方定的契约,大体是在每年的十一月份左右,这时所有的粮食都已收归,也处于农闲时节。交租由张国义和两个兄弟通过自家牲畜将租子送往佃主家。逢年过节不需要给佃主家拜年或是送礼,不过若是收成较好,地主家有时还会少收几斗粮食;若是遇到干旱时节，收成不好，佃主家虽不会减免租金，但也会适当放宽交租的时间，不会强行逼着收租。由于每家都有属于自己土地分布的区域，况且土地也有质量好坏之分，各自家中大部分的土地都不会离家太远，因此很少出现土地置换的行为，至于典当更是闻所未闻。

6.家户其他人员协助家长决策

家中有关土地的大小事务都由当家人主持和负责，家里的成年男性和女性可以相应地提出意见，但不能起决定性作用。家长可以擅自决定和支配家中事务，如果当家人不在则可以由家中年龄较长的男性商量做主。如果家中只有女性则由较长者代为处理，但不能做决定，重要的事情还是要等到当家人归来才可以。张家租种土地的一切事宜由家长张国义一手决定，而家中其他成员也都会服从当家人的决定，不会有人反对。除家长之外的家庭成员处于遵从和执行的地位，但家庭中的男性可以提出意见。家长在家户中拥有一定的地位和权威，但张国义并不是一个完全不听家人意见或性格非常严厉的人。张家历来团结和睦，张国义作为几兄弟中的老大从小就肩负起家庭的重担，因此在家人眼中，他做任何事都可以得到整个家庭的支持和拥护，所以家长擅自决定家中事务也不会遭到其他人的反对。

7.土地边界的影响及侵占情况

（1）树根越界

村里侵占土地的情况还是偶有发生的，田地之间产生的摩擦有时也是因为一些微乎其微的小事，还不至于上升到恶意侵占的程度。米源村地处山区，一般在较为平坦地区的坡地和沟地为了防止水土流失，每户人家都会在各自的田间地头栽种一些耐旱的灌木或是果树以加固土地。这些草木的根部为了吸收水分会在地下一直探索，时间久了难免会将根系等越到别家的土地，这样就会影响土地的养分，同时错综的根也会阻碍作物的生长。此类事件在村中时有发生，但大家都是乡里乡亲，等到树木长大到影响庄稼的时候各家都会将长大的树木砍掉。张家也发生过类似事件，但没有因此产生摩擦，都是通过私下协商解决，再者而言这样的事件在当地也不会被算作侵占土地的大事。等到树木长到适合砍伐的时节，双方当家人会选个时间由两家共同出力砍伐树木，这类事件也不需要告知保甲长。

（2）边界侵占

村子里出现私自占用土地的情况，发生在一个本家的两兄弟之间，占用的原因是在分家的时候有一个人觉得不公平，想要为自己多讨一些土地和财产。而这种事主要表现为妯娌间不和的情况居多，异姓直接占用别家土地的情况几乎是不存在的。但也不排除有素质低下的地邻，如果两户人家的田地没有一个特别显眼的地界，有的人可能会在犁地的时候故意占用半犁宽邻家的地，这种事在张克举家就发生过。村里有户是有名的贪得无厌、十分爱占小便宜的家庭，他们家正好有一块地和张家相邻，几年间足足赖走了张克举家近半米宽的土地。这家人不仅以这种方式占用过张克举家的地，还占用过别人家与该家相邻的土地。对于这样的情况，大多数人采取息事宁人的态度，不会刻意纠缠。有些人不愿吃亏，曾经与那家人在地头上理论过，但也是空磨嘴皮，人家就是个无赖，地界本来就不明显，何况更没有确凿的证据。除了在地界不明显的地方恶意侵占，也有在地界特别明显的情况下占用的，这种情况出现在梯田地界。在下方的一方恶意挖倒两家的高低地界，以扩充自己家的地。以上这些情况也只是极少的现象，只有那些素质特别低下的人才会做，并不是普遍现象，绝大多数人都能安守本分,种好自己的"一亩三分地"。如果家长和别人家打算有土地之间的交易事件,当家人不仅要慎重思考,还要和家里的长辈及兄弟商量探讨,如果家户较小,当家人也完全可以自行决定。

8.外界对家户产权的认可与保护

（1）村民皆认同张家的产权

其他村民承认张克举对自家土地的所有、耕作、收益的权利,一般情况下同属一个村子的人都互相知晓各家土地的大致方位及归属权,任意占用别人家土地的情况也只是偶尔发生。村子里关于土地的使用和耕种有一种无形的默契,下地不需要通知周围的人自己要去哪块地里干活或是说明具体的位置。毕竟一个村子就这么几十户人家,大家祖祖辈辈都居住在这里,每家有多少土地、在什么方位或谁家发生什么事了基本上村子里的人都很了解。张克举家也没有出现过和别人置换土地或买卖土地的情况,家中土地都是家户共有,没有属于小家庭的私房地。

（2）亲友提供支持与保护

一般情况下,家族对各自家庭土地的所有、耕作、收益的权利都是承认的,也能很清楚地知道各家有哪些土地及土地的大概情况,不会随意侵占别家的土地,但偶尔也会有一些贪图便宜的人会侵占别人家的东西,将之据为己有,不过这样的事情也是个案,张家历来相处较为融洽,家族内部也很团结。家族中如果有成员要买卖、租用或是置换别家的土地,双方当家人必须商量,不能强行买卖、租用、置换。

（3）村庄及政府确保产权明晰

张家所在的米塬村承认各家土地的所有、耕作、收益权利,村中每家拥有多少土地都会进行登记,在国民党及之前的时期各家的土地每年都要缴纳一定的税款,所以登记土地也是征税的必要前提。保甲长收税时会带着登记册,所以能很清楚地知道每家有多少土地,但保甲长也只是来收税,不会随意侵占他人的土地。米塬村在解放前属于会宁县管辖,因为村子里的土地都需要登记在册,所以政府部门都有备案。又因米塬村离县乡政府较远,属于山区,没有什么值得开发的资源,所以一直没发生过被上级政府随意侵占土地的现象,张克举也没有听到过类似的事件。

（二）家户房屋产权

1.两进四合式院落

1947 年以前,张家房屋的宅基地面积接近两百平方米,在村中属于较好的建筑,房屋的建筑面积达到 150 平方米,建筑材料为土木结构,院墙和地基全部用泥土打造,只有房梁和门窗使用木头建造。因为所需材料大部分为家户自有,所以盖房子的成本也相对较低。张家宅院是在张廷栋时期修建的,张廷栋最初分家时家中只有六口人,所以宅院建造之初还不具备现在的规模,只有中心院落一处宅院,房间最初也只有五六间,一直到后来随着孩子们渐渐长大,家庭人口不断增多,张家宅院才不断处于扩大的状态,到张国义当家期间张家人口达到十九人之多,属于四代共居家庭,家中房屋也增至二十余间。张家堡子的建筑布局为四合院形式,属于两进院落,最中间是家户居住的中心院落,大部分住房位于中心院落内,主房屋走向分布按坐北朝南的方向布局,主屋也被称为"上房""北房",主要居住的是家中年纪最长者;主屋两侧为两间"耳房",当时有"执牛耳"的说法,因此在主屋两侧建深度和高度相同的两间小房屋不仅有对称的美感,还能起到特定的作用,耳房一般居住的都是小辈,有的人家耳房也用来作为放置粮食、家具等的房间。

1947年以前,张家主屋居住的是张廷栋,左右两边的耳房住的是张国义及张国泰一家。因为张国泰和张国安各自只有一个孩子,且岁数较小,所以一个房间也够一家人居住;张国安家住在位于中心院落内的西房。张国义在1947年以前共有两个儿子四个女儿,由于张克举和张克俊已经结婚,所以各自住在南门旁边的小房中,四个女儿则住在剩余的房间。院落的西南角是碾房,东边是灶房,古时对灶神的说法是"东出太阳,司命灶君之位",因此灶房的修建一般都在东边。东南角有一个用窑洞建造的高房,所谓高房即将窑洞分为两层,上面一层住人,下面一层可储存粮食。对于高房的修建有"东出主,贵人起丈"的说法,因此东边建造一个高房寓意着家中会出贵人。与高房相对的西边是碾房,是为"白虎",自古就有"左青龙,右白虎"的说法,因此东面的房屋修建得比较高也是为了压住西边的"白虎"。南边与北边上房相对的是院落的大门,大门的两边又分布有两个小房间。在院落的中央还有一个直径约一米、高半米的"中宫",中宫是用土建造的一个祭祀土神的小台子,平时逢年过节家里都会在中宫烧纸焚香,以祈求土神保佑一家平安顺遂。

中心院落的外围又修建了一圈较高的寨墙,将院落牢牢地保护在寨墙中间,同时寨墙圈起来的范围又是一处大的院落。寨墙南部和中心院落正门相对的方向是一道总的大门,由此可以通往墙外村庄的大路;在寨墙院内的东南角又建有三个门房和两孔窑洞,旁边是羊圈,羊圈最外面还有一处称为"羊房"的小屋子,平日里放羊的人就住在这里,便于饲养和看护羊群。寨墙院内的西南角是驴圈,而在北边方向种了一些树,还有几小块地,用来种植一些蔬菜瓜果等,田地周围分布着厕所、草房等建筑。在整个张家堡子的外围有一圈比较低的土墙将张家宅院与周围的人家、排水渠等相隔开来。

2.承袭祖产

张家是继承张廷栋时期所修建的房屋,不属于祖屋,为张廷栋分家后建造的房屋,张家宅院在1947年以前已存在近五十多年光景,张廷栋分家后用家中积累的钱财建造了最初的张家堡子。宅院建造之初只有中心院落一处宅院,房间最初也只有五六间,到张国义当家时期张家人口达到十九人之多,房屋也增至二十余间。

修建房屋的主要材料是泥土和木头,而这些材料大部分家中都自有,地处山区的天然优势使得取土易如反掌,有些贫穷人家盖不起房屋会直接寻找一处开阔的山坡挖窑洞居住。每个家庭在房前屋后都会栽种一定的树木,以便建造房屋时使用。张廷栋年轻时学过一点木工手艺,因此盖房子都是依靠自己及本家的兄弟和村中亲友。因建造房屋需的材料多为家户自有,所以所需花费也较少。除了必要的土木材料以外,为了加固屋顶防止漏雨,需要购买一些砖瓦,等房屋建成以后还要举行上梁仪式,即邀请村中主要人家吃酒以示答谢,村中来的人也不需要专门带贺礼,条件好的或是较为亲近的会带一些礼物等表示祝贺。

3.家户共有

（1）家户共享

在张家成员看来,只要没有分家,家庭的所有财产都属于家户共有。房屋也一样,同样是属于全家人共有,家长只是家户的管理者,房屋不能属于家长一个人或是某个人所有。虽然张家这样一个大家户中还有几个小家庭,但在没有分家以前,各个小家庭只拥有各自居住的房屋,也就是只享有对家户房屋的使用权,而不具有所有权。家长虽然具有所有权,但房屋等财产属于家户共同所有,家长不能随意处置。张家的房屋没有出现过和别人共有的情况,1947年以前农民的生活普遍较为贫困,有些人家经常不能解决温饱,房屋更是没有空闲。若是家中有亲友来访则需要找亲朋邻居借宿,张家偶尔会借宿给周围的邻居等人家,但没有和别人共享过房屋的情况。

（2）部分人有份

家里的房屋从严格意义上讲并不是人人都有份,张家拥有房屋产权的人包括老一辈张廷栋、当家人张国义及张国泰、张国安、张克俊以及张克举夫妇,张克俊有两个儿子虽然年龄还小但也是有份的。剩下的家中成员中已出嫁和未出嫁的女儿只拥有房屋的居住权,但不具有所有权。未成年的儿童中只有家中的男孩有份儿,已经分家的家户成员在房屋上是没有份儿的,若是有入赘的女婿,则女儿和女婿也会拥有相应的房屋产权。

（3）家户产权共有

只要没分家张家人就认为房屋是属于全家人所有,张国义作为当家人做事较为分明,没有将房屋的所有权分配到个人。如果分了会显得生分,不利于全家人的团结,同时分散的产权也会导致人心的涣散,不利于家户的团结和发展。张国义当家时作为长兄,一己承担家庭的重担,家户成员对其都较为信服。虽然只有当家人可以在房屋产权上拥有比他人大的权利,但张国义不会只为自己着想,他做任何事都会考虑整个家庭的利益,为了家户能够更加团结与和睦而努力。

4.村中边界产权明了清晰

（1）大路为边,流水为界

张家寨墙外围在北部和南部方向都分布有人家。西面有一处低矮的山沟,与张家寨墙隔着一条排水渠,主要生长着一些杂草果树类的植物。东边是靠近山脚的大片土地。张家选择建造房屋的地理位置比较优越,从西到东绕围墙北部而过的一条排水渠可以作为张家的天然屏障,将房屋与周围住户及地形隔离开来,房屋以北与周围邻居就是以此排水渠为界。这条排水渠是村中众人在一条小溪流的基础之上开凿建立的沟渠,主要用来收集山中稀有的泉水及天上的降水,主要用作村中食用的水源补给。排水渠大概宽度有近两米,贯穿村中而过,是米塬村民赖以生存的重要补给水源。张家和南部四邻以墙外的大路为界,也就是村子的主干道路,这样的地理位置不仅方便出行,还与四邻之间形成了天然的地理分界。

（2）产权明晰,无人破界

因为张家周围的排水渠和大路属于村庄公共财产,因此与周围的人家都没有发生过任何房屋边界纠纷的事例,更不会发生越过边界侵占他人财产的行为。房屋归各自家户成员使用,外人不能随意居住,若是经过家长的同意,外人可以借宿,但不会享有房屋的产权。家中的每个家庭成员对自家所拥有的房屋都具有清晰的心理认同,全家老少任何一人都能很明白地了解自家房屋的实际情况,对于自家房屋和周围邻居的分界也有较为清楚的认识。

家庭成员不仅了解房屋的产权界限,对于家户内部的产权边界也有较为清楚的认识。家户内的成员都有各自居住的房屋,除了自己小家庭的成员以外,家中其他人不能随意出入。一般情况下,小辈成员进入长辈房间需要先喊一声,表示恭敬,在得到回应以后才可以进入。公公一般不会进入媳妇的房间,婆婆可以进入但前提是需要确认屋内有人。家中的男孩子不能随意出入哥哥嫂嫂的房间,女孩子在经过允许后可以进入。媳妇进入公婆房间也要先喊一声才能够进入。妯娌之间在家中男人不在时可以随意串门,若有男性在家则会在房屋里间聊天。一般情况下家庭成员都是在一起吃大锅饭,有什么事吃饭时大家会互相商量讨论,很少出现在他人房间里随意出入的情况,每个家庭成员在这方面都会遵守一定的约束。

5.家长具有房屋产权的支配权

1947年以前男性的地位普遍高于女性,虽然也有女性作为当家人的情况,但这毕竟只占少数。而男性家长在外代表家户的权威和管理权,张家在张国义作为当家人时期,家中大小事务由他全权代表和管理。对于各个小家庭所居住的房间,家长具有支配权,因为所有的房屋在没有分家以前都属于家户共有,而只有家长拥有支配的权利。一般情况下,家中若是有长者去世,逝者生前居住的房间要空置大概近半年的时间才可以重新入住。若有嫁娶则需专门清出一间比较好的屋子作为新房,待新婚夫妻洞房第二天才会入住到分配给他们的房间。张家娶新媳妇会将西房收拾出来作为新婚夫妇第一天过夜的房屋,屋子在结婚前三天就要收拾出来,好好打扫一番,换好新的床单被褥,再贴上大红的喜字用来迎接新娘子。村中的传统大多如此,迎娶新人时一般都要挑选家中较独立又比较好的屋子作为新房,等喜事过后新婚夫妇会到分配的专门的房间居住。

张家没有祖屋,家中的房屋在张廷栋时期修建,房屋自建成后因人口的不断增多又陆续在院内修建新屋。1947年以前建造房屋不需要过多复杂的工序,土生土长的农村人各个都是盖房的好手。男性在修建房屋中起主要作用,家长负责安排具体的事项,负责购买材料,联系帮工。村子里有人要盖新房,附近亲朋好友有空闲时间的都会主动前去帮忙,人员的分工安排由家长进行协调。盖房子时每个人都有各自负责的部分,大工负责打地基、起围墙,小工帮忙提水倒土等,妇女可以做小工,也要打下手、烧水做饭。张家房屋的主要事宜由当家人进行管理,一般情况下当家人可以独自决定房屋的买卖、拆除、修缮、重建等,但因张家人口众多,遇到这样的事件家长还是会和家中的男性商量决定。张家房屋因为人口不断增多,每隔几年都会进行一次修缮和建造。盖房子时家中每个人都会出力,男性负责基本的建造;女性一般做小工,帮忙铲土或是做一些力所能及的事。家庭之外的人不能干涉,属于家户内部的事件由家庭内部自行解决处理,别人也没有干涉的权利。

6.其他成员具有房屋的使用权

在修建房屋的过程中,家长起主要的决定作用,其他成员可以相应提出意见,家户房屋修建过程中张国泰和张国安主要负责做大工,修筑地基、搭建房屋等。张克俊是张国义的长子,在家中相当于二把手的地位,平时协助张国义处理家户事务。除家长之外,家里的其他家庭成员只具有房屋的使用权,具体的支配只能由家长决定,其他成员可以就家户房屋的事宜向家长提出意见。1947年张克举结婚,在此之前家里提前准备好了给他单独居住的房屋,是位于院落南门旁边的一处小屋。张克俊早已成家,并且已经有两个孩子,较大的孩子都已将近十岁。张克俊住在南门旁的另一间屋内,这个房子相对张克举的屋子稍微小一些,一家人居住有些稍显拥挤,张克举就提议在新婚过后将自己的屋子跟大哥的互换,毕竟他刚成家而且之后就要去乡镇工作,也不常在家,后来跟父亲商量之后就将屋子让给了大哥居住。家里人都可以提出自己的意见,大家相处也不会产生什么摩擦,都很融洽,互相维持着家户一直以来团结和睦的氛围。

7.家户土地无侵占

作为村中延续较为久远的家庭,张家和村民历来相处友好,加之家户内部也出了不少读书人,在村中地位相对较高。在1947以前很多人没有能力,也没有意识培养自家孩子读书,但张家自祖上起就较为重视教育,张家家境旧时在村中较好,后来到张国义这一代虽然家境渐渐中落,但在村子里积累的人脉和威信依然维持着家户历来的地位和稳定。家里和周围的四邻也是很多年的老邻居,互相之间从来没有发生过什么矛盾或纠纷。村子里其他村民承认张家房屋的所有权,从来没有人随意侵占家里的房屋。若是谁家有什么事都会主动来找张家的人商量,毕竟大家都是一个村子里的人,也不会觉得生分。家族内部历来比较团结,各个家庭能很清楚地了解各家的具体情况,所以都承认家户的产权,遇到重大的事也会提供保护与支持。1947年以前村庄有保甲长负责统计各家的土地及房屋等财产,但不会随意侵占,只是定期收取一定的税款。政府也不会随意侵占百姓的财产,相反还会提供一定的保护,有时候村子里发生一些财产纠纷的事件双方还会去乡公所打官司以寻求解决。

(三)生产资料产权

1.家户农具多自制

1947年以前,农村的社会生产力还较为落后,几乎所有的农业生产都只能依靠人力和畜力才能完成。米塬村又远离城镇,一方面干旱的山区地形不仅不便于开展农业生产,常年少雨的气候也难以发展畜牧业,百姓们只能尽量多开发山区的荒地,争取耕种较多的土地,积攒生活所需的粮食;另一方面闭塞的地理位置使得村民们很难接收到外界的消息,大多时间都是过着一种自给自足的田园生活。因此,村子里的生产力发展较慢,生产工具也比较落后,村子里最大的农具是一些耕地的犁、耙以及磨等,这些农具村民大多可以自行制作打磨,无须在外购买。除此之外是一些比较简单的铲子、铁锹、锄头等家户必需的农具,这些农具每家至少都有三四种,制作起来也相对较为简单。

家里的农具大部分是家户自制的,稍微大一些的农具,如耕地用的耕铲①、犁②,这些需要依靠家里的男性自行制作。张廷栋年轻时学了些做木工活的手艺,所以家里盖房子、做木工大部分靠家户的男性劳力完成。不过有些农具为铁制品,家户只能做一些配套的木头把手、支架等。这些活儿也不是什么难事,对于自给自足的庄稼人来说,找一根比较结实的木头,通过削皮、刨光等工序,不出两个钟头就能做好几个简单的农具。铁器的部分需要找专门打铁的人进行焊接或是去集市上购买。

家里的农具有一个专门放置的地方,张家进寨墙的大门右边是羊圈,在羊房旁边用木头柴草搭了一个简易的棚子,这里就是放农具的地方。农具属于全家人共有,大家一起为整个家庭干活,不分你我。张家农忙时节和周围的几户本家及邻居一起换工,因此牲畜和农具几家共用,不过在干完活以后各家会将自家的农具等带回,只有干活时才会一起使用。

2.家户牲畜皆自养

因为处于山区只能依靠降雨作为生存用水,耕地全部为旱地及林地、草地,贫瘠的土壤导致作物产量低下。虽然每亩地的收成没有多少,但积少成多也能维持各家生活,再加之每

---

① 耕铲:一种耕种农具,为铁制,顶端有把手,中部用于放置种子,下端为孔状,用于播种。
② 犁:犁地农具,需搭配耕牛等牲畜使用。

家都发展畜牧业,多多少少喂养一些牲畜,因此村民的生活也能够安居乐业、温饱自足。张家在1947年以前有两头毛驴、两头骡子,后来还在邻村买了一头老黄牛作为家里的主要脚力。至于交通工具在村子里更是没有,以前只有逢年过节或是家中有红事、白事等重大事件才会去远离村庄几十千米外的乡镇兑换粮食或采买东西。村子里没有车,出行全靠步行,很少有人骑着骡马等牲畜,牲畜主要用来驮运粮食。以前种庄稼没有过多的肥料,只能依靠收集一点牲畜等的粪便,家里的小孩子在闲暇之时都要拿着竹筐和背篓去村间地头拾粪,背篓、竹筐等需要在远离村子几十里外的集市购买,这些东西一般农家人都比较珍惜,也相对耐用,家里有人去集市顺带买回来,每个价值约一两个铜板,可以用好几年。

家里面除了这些农具大多自己制作以外,牲畜多为继承和繁衍而来。张家的四头驴和骡子为张廷栋分家时就继承来的,除此之外还得到了30只羊,后来到张克举那个年代渐渐繁衍至六十多只,只有一头牛是在1947年以前从外村买回来的。家里的条件在以前还不错,驴和骡子主要用来耕地,所以在当家人做主之下就买了一头牛用来驮运粮食和重物等。所有的农具、牲畜等属于家户共有,一些基本的生活资料也比较齐全。到耕种和收割的农忙时节,依靠自家4头牲畜是不够的,因为家中田产较多,只依靠自家的劳力和畜力比较困难。1947年以前,米源村三家四户会自发组织起来进行换工,一般是和住得近的亲朋邻居搭伙,所以牲畜大部分为几家共同使用,这是大家在慢慢交往中逐渐形成的传统。

3.生产资料为家户成员所有

(1)生产资料家户共有

在张家人的眼中,家户的共同性高于一切,没有人存在一些自私的想法和念头。张家毕竟是一个有着十九口人的大家庭,家中的农具、牲畜等相对比较多,牲畜有专门分工饲养的人:家里的骡子、驴由张国泰负责喂养,牛由张克俊负责喂养,而六十多只羊则主要由张国安家喂养。喂养牲畜所需要的饲料等是全家人一起准备的,夏秋季节趁着田间劳作的空闲时间家人都会割一些青草用来喂羊,牛、骡子等一般在家中喂养,但由于数量较多,春夏时节主要由张国安负责在山上放养。到秋冬季节天寒地冻,山上也会荒凉一片,没什么可以用来放牧,所以冬天饲养牲畜所用的草料需要提早准备,将夏秋收割粮食以后剩余的秸秆储存备用,同时,每年还需要专门种几亩苜蓿等草料,用来储备冬季牲畜的饲料。所有的草料收集好以后会全部堆放在家中寨墙后方的草房中,这些活儿由家中几位主要男性来负责,每个人各司其职,都有自己负责的部分,没人有任何怨言,在每个人看来他们所做的一切都是为了更好地维持整个家庭的生活。牲畜等的所有权归整个家户所有,但可以受家长的统一支配,家中只有家长有自行决定牲畜等的贩卖或借用他人的权利。

(2)生产资料部分成员所有

家里的生产资料除了嫁进来的媳妇带过来的嫁妆属于私有外,其他的财产都属于家户共有。不过并不是所有的成员都有份儿,一般情况下,家里的成年男性及其配偶拥有家户财产的所有权,嫁出去的女儿和没有嫁出去的女儿都是没有份儿的。已经分家的兄弟有自己的家庭,因此不具有家户生产资料的所有权,家中的管家、保姆、长工、丫鬟等非家庭成员也是没有份儿的。

(3)家户整体性高于一切

在家里的成员看来,家户的生产资料属于全家人共有,就算是家长也不会认为属于个人,家长只不过作为家户的管理人,理所当然要对整个家庭负责,他虽然对家户生产资料等具有一定的支配权,但也不能据为己有。张克举认为,在没有分家前就应该保持整个家户的统一和团结,所以不应该将生产资料分到个人。家长虽然在权利上高于家户的其他成员,但在张克举看来这是理所应当的,毕竟这样一个大家庭如果没有人管理肯定会一团糟,而且自古就有长子持家的传统,张国泰及之后的张克俊作为当家人大家都没有什么意见,要维持一个家户的团结与稳定,每个人都要心往一处使才可以。

4.家长具有实际支配生产资料的权利

家长作为家户代表和管理人,在生产资料的购买、维修、借用等活动中具有实际支配者的地位。张家在张国义作为当家人时期,所有的事务都由其做主,张廷栋去世前,张国义早早地就准备好了相关事宜:头两年张国义就依靠家中积攒的一些钱做了一副棺材。在农村家中老人还健在时都会提早准备好棺木及寿衣等,棺木也称为"活寿",目的是祈求长者身体健康,多延续几年寿命。这些事情是张国义做主操办的,因为张家一直未分家,张国义的两个兄弟也很赞成大哥的决定。

5.其他成员与家长共同协商

在生产资料的购买、维修、借用等活动中,除家长起主要的支配作用之外,其他家庭成员不能够起决定作用,但可以相应提出自己的意见,家长也会和大家商量,共同决定。1947年以前妇女的地位较为低下,在农村年轻一辈的媳妇不允许上桌和长辈一起吃饭,在张家虽然规矩不严,不过年轻媳妇和长辈也是不同桌吃饭的,毕竟张家人口多,吃饭时需要分开进行。张国义几兄弟和张廷栋在灶房吃,其他人盛好饭会端回自己的屋子吃,吃完后将碗筷拿回灶房由各家媳妇共同负责收拾。家长有重大事情和几个兄弟一起商讨,小孩子和家里的女性们可以听但不能发表什么意见。如果家长不在,遇到村里的乡亲来家中借用农具牲畜等,小孩子和年轻媳妇是不能做主的,若是借用一些零星小物件,家长不在可以做主,这类小事件也无须经过家长的同意。

6.农具侵占属偶尔个案

（1）故意侵占,疏远不计较

家里也会偶尔出现被外人侵占生产资料的情况,张家在村里地位相对较高,和村民之间的关系也较好。因为张廷栋木工活做得比较好,因此家里的农具相对较多,质量也较高。而在村中,谁家缺少农具或牲畜有多余,家庭之间都会互相借用。但村里也不乏有喜欢斤斤计较、时常会贪点小便宜之类的家庭。有一次这家人借了张家的一把铁锹,用了好久都没有归还,后来张国义找他家人询问,结果人家一口否认说没有借过,还说是张家无凭无据地诬陷他。因为张国义为人较为和善,也不想因一个小小的农具闹得全村人尽皆知,知道这户人家的为人以后也就没有跟他们纠缠,以后也没有再将农具借给这样的家庭使用。

（2）强行侵占,家户品质不予认同

出现侵占主要是因为那家人的品性较差,爱占小便宜,张家觉得只是一个铁锹也不至于闹得太难看,毕竟大家乡里乡亲,而且家里农具也不差这一件,所以就没有追究。而这户家庭也是因为女主人品质不好,再加之她的行为也没有给张家造成什么大的损失,张家一直提倡以"和"与他人相处,因此家里对这件小事并没有放在心上,只是"吃一堑长一智",对于这样的家庭也不需要和其刻意维持较好的关系。村子里也有寡妇家庭,不过这个寡妇虽然丈夫不在了,但孩子也快成家了,再加之家里还有其他长辈帮忙照料,因此并没有出现其他人随意欺负这家人的情况。村子里偶尔有那么几家与他人相处得不融洽,但大部分都比较好相处,互相之间也很少发生矛盾。

（3）了解实情,家户未刻意追究

出现生产资料被侵占的事件,了解真实情况后家人也都能够容忍,因为也不是什么重大的事情。当初那户人家来借铁锹,张家虽然知道他们家在村子里门风不太好,但也看在熟识的份儿上借给了他家。谁知道后来这家人真的没有归还,但张家历来主张多一事不如少一事,所以就没有过多追究,也没有人再去找他家理论,村民们知道了也觉得没有必要,大家后来几乎就不怎么和那家人交往了。发生类似侵占他人生产资料的事情一般都是私下自己解决,保甲长不管这类事件。

7.外界认可家户的生产资料产权

（1）其他村民认可与尊重

村子里的人虽然不知道各家拥有多少具体的生产资料,但每家有几头牲畜、多少房屋等大致都有一定的了解。村子一直就这么几十户人家,也不是较大的村落,大家又相对住得比较集中,所以村民对各家的生产资料产权互相都认可,谁家缺什么东西都会跟对方打声招呼,要借用会和双方当事人商量,除了偶尔有那么一两家贪小便宜会随意侵占他人的农具等,其他村民相处得都比较好,没有强行买卖、租用、置换他人财产的行为。

（2）家族认可并参与保护

张家整个家族较为团结,对各个家庭拥有多少产权比较了解,也各自承认,家庭之间不会随意侵占他人的财产。张家直到1953年才分家,分家时家族里其他的长辈也来做了见证人,家里的几个叔伯也没有发生争吵或是分歧,每家都很配合,没有出现互相侵占生产资料的情况,家族里的人也都帮忙进行财产等的估计和分配。

（3）村庄及政府的产权界定

村子里对每家大致的人口及拥有土地状况会进行登记,虽然保甲长对每家拥有多少生产资料不是很了解,但他们不会随意侵占,在张廷栋的印象中有些保甲长特别坏,他们来收税,如果谁家困难没有银钱,不仅对其家人随意打骂,而且还冲进屋子里将粮食等搜刮一空。不过在米源村保甲长们虽然也来收税款,但不会随意侵占他人的生产资料。米源村处于山区,虽然村子距离当地县乡政府较远,但官府依然还是承认各家的生产资料产权,不会随意侵占村民的生产资料。

（四）生活资料产权

1.村庄晒场共用、水井合力开凿

1947年以前,张国义自家的晒场位于寨墙内东边的空地上,面积大概有一百平方米左右,位置比较零散,驴圈和羊圈旁边的空地较大,主要用作家户日常粮食晾晒的场地。除了自家的小面积晒场,在村庄中部和村西方位分别有一个大晒场,这两个晒场属于村庄公共晒场。张克举家离中心晒场最近,晒场在很早以前就有了,是村民们为了方便晒放粮食而共同修建的。中部这个晒场面积大约有三百平方米,农忙时节晒场发挥的作用最大,也是最容易产生矛盾和纠纷的时节,因为空地问题、石碾问题或是合伙不均等问题,每年在收获季总会发生一些摩擦和小纠纷。因此,张家大部分时间将粮食分批运往家里的空地,尽量将公共晒

场提供给更多空地较小的农户使用。晒场上有好几个石碾也是修建晒场时大家共同出资制造的,石碾是庄稼人必不可少的收获工具,碾粮食时先将庄稼平铺在晒场上形成一个大圈,然后就用牲口拉着碾子慢慢地一圈圈在从粮食的秸秆上进行碾压,周而复始。

张家有三口水井,其中两口在张廷栋时期打造,另外一口水井是在张国义当家时挖的。村中水井需靠人力挖凿,挖井时亲友搭伙帮忙,这属于义务劳动,不需要家户支付报酬。水井挖成以后,需要从最底部开始用细沙掺杂些许洋灰①在水井的表面抹平井壁,以防止所蓄水渗漏,最后在井口上箍个小口,用于日常取水,也是为了防止人们打水时不慎掉入井里。事实上,村里的井不是真正意义上的水井,因为米源海拔较高,又是干旱的山区,很少有地下水,就算有也在较深的地底,因此米源的水井也称为"水窖",平时村民吃住用水大多依靠雨水。

2.生活资料多为家户自制、少量需购买

1947年以前农民的吃食不甚精良,大多勉强维持温饱,食用油是家户自产的胡麻或是由菜籽榨制而成,醋、盐之类的需要购买,不过多是一些简单的食用辅料,没有特别多调料,故花钱不多。农闲时节人们还会用土方法做酱,张国义的妻子比较贤惠能干,张家吃的酱是其用黄豆发酵做成的。食用醋因制作烦琐家户需要购买,张国义每次去镇子兑换粮食或卖羊皮会顺带买一些生活和食用用品,包括醋、粗盐等,置办这些生活品没有固定的时间,一年约为一至二次,如果哪天家里没醋而去趟镇子又无其他事情,那么家里会临时跟亲友借一些用来维持。

类似石碾、石磨这样的生产用具大多是祖上就有的,张克举家有一个石磨、一个石碾,是张廷栋请村子里会做石碾的匠人制作的。家里的板凳、桌子也足够,张廷栋自身会点木匠活儿,家里的很多生活用品都是自己打造的,木材的来源也是自家种的树。其他的生产农具,如犁、耙等的金属部分需要购买,木质部分自制。床上用品如褥子、席子、被子等,有些是上代人用过的,有些是家里娶亲时媳妇娘家送的嫁妆。张国义长子张克俊娶媳妇时,由于妻子娘家家境不错,陪嫁了三四床被褥,在当时来说算是最好的嫁妆了,被子里是纯棉花的,很厚实,被套也很华丽,除此还带了许多布料,并给家里的老人做了一身衣服。

3.除私有财产外整体为家户所有

(1)家户共有

家里的生活资料从桌椅板凳、油盐酱醋到被褥等属于家户共同所有,在没有分家以前家户是以整个家庭为前提存在的,所有的东西属于家户共有。板凳和桌椅这些并不是每家都足够的,在米源村大部分家庭在炕上吃饭,一般只有男性和家里的长者有上炕的权利,吃饭时在正屋的炕上摆一个小方桌,家中长辈和男性围坐在小饭桌的四周,女性大多在地上或厨房吃,有的家户缺少足够的桌椅,吃饭要么蹲坐在地上,要么在门槛上坐着吃。桌椅板凳可以和村民们借用,不过这种情况一般发生在某家有红白喜事的时候,但也只是借用,并不是共同所有。

(2)部分成员拥有

家里的生活资料由全家人共同使用,只有当女孩子嫁出去之后才不再属于女儿所有。

---

① 洋灰:细磨成粉末状,加入适量水后,可成为塑性浆体,既能在空气中硬化,又能在水中硬化,并能将砂、石等材料牢固地胶结在一起的水硬性胶凝材料,通称为水泥。

但女孩子出嫁时家里会准备一部分嫁妆,嫁妆是属于女孩子自己的东西。未成年的儿童按理说也有使用生活资料的权利,但由于不懂事,这些事都是由大人安排。对生活资料具有所有权的成员具体来说为家中的成年男性及配偶,已经分家了的人不在一起生活也不具有该权利。

(3)家户团结无私心

对家户成员来说,大部分的生活资料归大家庭共同所有,但有少量东西只归个人所属。相对于其他人来说,家长对生产资料有更多的支配权利,家里所有的生活资料几乎都归家长分配,这也是所谓的当家做主,同时也有利于家庭的团结。张国义当家期间没有将生活资料等分给个人所有,如此更利于整个家庭的团结与和睦。

4.家长具有实际支配权

家长在生活资料所有权中起实际支配作用。一般情况下,对于家中的生活资料,每个人不用经过家长的同意就可以使用,因为家中的主要生活资料服务于农业生产,家人都盼望农业丰收。如果生活资料不用于正常的农业生产,使用者就需要和家长商量。比如要用牛去集镇驮运一些购买的生活用品,需要告知家长,除非特殊情况,一般家长知情后都会允许。再比如耕地的犁或耙坏了,需要拿到集镇上找修理的师傅维修,也要通过家长的同意,但这种事大多由家长自己完成。如果家长不在家,且修理这件事对当前的农业生产没有较大影响,应该等到家长回来再作决定。如果维修的事比较要紧,家中的其他人也可以做主去修理,事后再告诉家长。

5.其他成员从属协助家长

对于家中的生产资料的用度,家人们在应用过程中会根据不同的情况做出相应的判断,比如家中的农具短缺或是损坏,需要由家长决定找人维修或是重新购置。若是自家的牲口不足以维持农业生产,其他家户成员不仅不能擅自购买,就连家长也得通过较长时间的思考、考察和商议才能作出决定。决定要买后,还要经过较长时间的考察、问价,才能买一头牲口。对于家中的小事件,比如家里缺了食用醋或粗盐,由较年长的女性即可决定是否采买,张家诸如此类的事件并不完全是家长专制,事无巨细,有些小事其他成员就可做主。在生活用品的借用上,如果有人来家里借东西,需要向家长说明情况,由家长做主是否外借,孩子们没有权利。如果要从别人家借东西,一般是家长做决定,然后或者亲自去借,或者打发孩子去借。可以打发孩子们去借的,一定是不太重要的物品,比如像铲子等农具。对于钱财或牲口的借用,必须是大人或家长亲自去借,除家长外的其他人有权提出建议或意见。

6.村中的边界侵占

(1)家户不合理的侵占

张家的生活资料没有出现过被外人占用的情况。但村里不乏其他侵占的情况,有户王姓人家,院落相比他的邻居较为狭窄,邻居家的院子后面有个小菜园,经常种一些瓜果蔬菜,菜园后面是一条路,以此与王家相隔。有一年王家感到自家院子太小,不方便晾晒和收集粮食,便想着占用一些邻居的路面作为自家的晒场,但这样路就会变窄,于是王家私自将邻居家园子的一部分区域扩充成路面,因为这件事两家大动干戈,后来还是经村子里的人调解才得以解决。再有,有户人家,家里有兄弟五个,老二和老三家的房屋正好建在一处,老三家在老二房屋的后面,他家屋外的空地也相对较小,而老二家的院子前面有一个很宽敞的晒场,刚好老二家要重新修盖自家的房屋,老三就提出让老二家把新房子的院落往前挪一些位置,可以使他家的区域宽敞一些,无奈老二的妻子不同意,兄弟两家就为这事闹得满城风雨,两个女人之间还动手打了起来,这件事最终也没能很好解决,兄弟两家也造成了很深的误解和矛盾。

（2）为了家户利益而侵占

上面讲到的侵占他人生活资料的情况因为双方都互不相让,总想让自己多获得一些利益。有的人家明明是两兄弟也会因为一些好处而大打出手,互不相让。第一家侵占他人菜园的就是邻里之间关系相处得不好,双方互不体谅,遇到问题也不好好协商,只为自己的私利考虑。村子里其他人家几乎很少发生此类的矛盾与冲突,张家家户虽然较大,人口也较多,但家里也没发生过这样的侵占事件。

（3）各有立场,基于家户团结

张家家户一直践行团结互助的良好品质,家户成员几乎没有发生过互相侵占及对立的事件,同时,与村民们相处也是一样,张家在村子中一直具有较高的威信,也没有发生过被别人侵占的情况。上述讲到的侵占事件之所以会发生,是因为每个家户都是一个整体的存在,各自的家人都站在各自的立场,互不相让,不过总有一家处于强势的一方,也总有一家处于吃亏的境地,村子里的人对每家是什么样的人品会有个大致的了解。遇到这类事件,大家在背地里还是会有个公正的说法,但一般除非两家人将事情闹得比较大,周围的邻居及村子里比较有威信的人会来主持公道,否则其他一些争争吵吵的琐事大家也会选择置之不理的态度。

7. 外界认可家户产权

（1）其他村民认可家户生活资料产权

村民们自然而然地承认每一个家庭的生活资料产权,虽然村内也有因侵占其他产权而发生的矛盾和纠纷,但在总体上村民都互相尊重和承认家户的产权。若是两个家户之间发生交易买卖,必须和对方提前进行协商和探讨,双方达成一致意见之后才能买卖。有一年,张家畜力不够,家人经过商议决定买一头牛来驮运粮食,正好邻村有一家人有卖牛的意愿,两家人协商了好几次,才最终完成买卖。

（2）村内侵占实例

同一个家族,虽然属同姓,但各家有各家的日子,各有各的生活资料,原则上讲互相也无权干涉家户间的产权。但出于亲缘之间的关系,大都能够做到互相帮衬和关心,张家历来就很团结,家族中也没有发生过互相侵占事件。但在村中偶尔也有因同族间不和而导致恶意占用对方生活资料的情况。村里有户人家一直勤勤恳恳、本本分分,生活也经营得比较好。他有一个弟弟,因自身较为懒惰,日子过得比较贫穷,经常借用哥哥家的生活用品,有借无还的情况更是时有发生。后来哥哥家里来人要拿回家里的药罐,但弟弟家人却一直说没有拿来过。可笑的是,有一次哥哥去村里一户人家串门,恰好碰见这家人用一个药罐在熬药,而这个药罐和自己家里借给其弟弟的那个很是相像,于是他就随口问了一句,结果那家人说,这是你兄弟家的。哥哥听了以后很生气,回去狠狠地批评了弟弟,并表明以后不会再纵容弟弟的懒惰,也不会再随意接济弟弟。

村里也发生过恶意占用甚至偷盗别人家生活资料的现象。有一个年纪较大的妇女,虽然六十多岁,但身板很硬朗,她有一个很不好的行为习惯,就是经常偷盗别人家的财物,偷盗的东西从钱财到牲口的草料,甚至连牲畜的粪便都要偷,以用作自家燃料。这个妇女经常在晚上吃完饭以后就背着背篓或提着袋子去别人家串门到很晚,等大家都睡了她就会偷一些村里人的草料等。1947年以前牲口是生产劳动的主要出力者,而草料对牲口来说又是很重要的维持体力的保障,这个妇女之所以连草料也偷,是因为她的丈夫去世较早,儿子也因为在外做工常年不在家,家里就她和儿媳妇及几个小孙子,没有什么主要的劳动力,因此才会经常偷一些草料粪便之类的东西。村子里的人知道以后也没有过多的追究,大家还是十分体谅这家人的处境。

还有一个关于偷盗别人家财物的事例。有个叫作王聋子的人,其实他并没有完全聋,只是耳朵不好使,所以大家就叫他王聋子。王聋子和村里一户人关系非常好,因两家都比较贫穷,双方还以结拜兄弟自称,两户人之间经常走动,王聋子对结拜大哥家里的情况很熟悉,知道他家的柜子里有半袋面粉就动了偷回家的心思。晚上,等大哥家人都睡着以后他就偷偷进屋子,打开柜子偷走了面粉,王聋子偷了面粉,怕大哥怀疑到他头上,还自作聪明在回家的路上有意将面粉撒向另一户人家的门口。第二天,大哥发现了这件事情,跟着面粉的印记一路寻来,发现到那户人家门口面粉印没了。但大哥深知这户人家品行端正,断定是聋子弟弟干的,也没客气,去他家掀开柜子,果真发现了自家的面粉。之后,他把这个聋子弟弟带到家里,叫了几个村里的人,让他立了个字据,大体内容是:从今以后保证大哥家的任何物品不再丢失,如若丢失,王聋子甘愿负责。从此以后,大哥家的扫把、笤帚、铁锹、铲子等之前丢过的物品再也没有无缘无故地丢失过。

(3)村庄及政府认可家户产权

村庄和官府对村民的生活资料也是承认的,毕竟每家的大致财产会进行登记,村里及政府也不会随意侵占,如果有的家庭因为一些互相侵占的事件闹得不可开交也会向政府寻求解决。

二、家户经营

(一)生产资料

1.劳力较少需换工

(1)劳力构成

1947年以前,张克举家主要有八个劳动力,分别是张国义夫妇、张国泰夫妇、张国安夫妇及张克俊夫妇。张廷栋于1947年去世,张克举大多时间一直在外面读书,直到1947年才从靖远县第一中学毕业回家,之后被分配到会宁县郭城区的粮站工作。他平时只有在放假期间才能回家帮家里干活,因此家里的劳动力就上述八个人。这八个劳动力都要参加家里的劳动,不论是地里的还是家里的,他们平时干活都十分自觉,对庄稼人来说,参加劳动是生存的基本条件,是维持家户生活最重要的前提。且不说大人,儿童劳动也是很正常的事。张家日常的劳动分配情况没有那么严格,不会规定某个人一定要参加生产,妇女怀孕或哺乳期间不用参加劳动,家里的孩子也会经常参加一些力所能及的劳动,比如锄草、割草、放羊等。

1947年以前,小孩子到十岁左右就可以参加劳动,虽然不是主要劳动力,但依然是大人们很好的帮手。当然,小孩子没有大人的强壮体力,但可以做一些不太费体力的活儿。实际上,这些不太费体力的活儿对小孩子来说也是一种磨炼,磨炼了农村孩子吃苦耐劳的精神。张家的小孩子从小参加劳动,农忙时节,大人们不到天亮就去地里干活,西北地区的秋天早上六点钟天才能亮,但太阳出来就会使农作物变得干燥,成熟的粮食也会因此受到损坏,所以人们凌晨三四点就已经在地里干活儿了,这说起来一点也不夸张。以前没有农用车,只有驴车,而驴车也只有在把粮食从地里拉回家的时候才能用。没有特殊情况,有劳动能力的家人都要参加劳动,除非有不得已的事,比如生病或是妇女怀孕等。事实上,生病如果不是很严重,例如感冒,这对以前的庄稼人来讲都不算病,大部分人照样下地干活儿。家户以外的人不会主动帮着劳动,只有互相换工的家户之间会相互帮忙。

（2）劳力缺乏,通过换工来解决

1947年以前,张家土地较多,依靠八个主要的劳动力并不能够维持家户的正常生产,农忙时会和邻里亲友一起搭伙干活、换工。张家的主要搭伙人有一户邻居,其他为本家族的人,总共有四户,总人数大约有二十人,这样换工干活效率比较高,劳动力也较为充足。张家在张廷栋时期情况比较好,家户自身劳动力不足时也有能力请工干活,请工也无须考虑用人优先顺序,只要是村子里打工的人,赶上谁就请谁,请工费用有粮食和现金支付两种手段。对于换工,也没有过多特别的讲究,不会提前通知换工者,大都是临时有事顺便打个招呼。换工的时间都是在农忙时节,且换工是相互的,因为几家人关系好才会一起搭伙干活,故不需要给换工的人提供报酬。家庭情况好一些的在农忙时也会雇工,一般是短工,雇用对象大都是村子里家庭情况比较差、需要一些贴补的人。

1947年以前,家里一般不会请帮工,只有遇到红白喜事才会请。张家在1947年前共请过两次工,一次是张克举奶奶去世的时候,大约是一九三几年,另一次是1947年张廷栋去世。请帮工需要由家长和家中的一干人等进行协商,张家请工主要针对丧事能否顺利举办,除了要请一些做饭的妇女,还需要有抬棺材的人。事实上,一般的小村庄谁家有红白喜事,各家的村民都要去帮忙。如果是白事,人死了后有几个人拿着锣鼓,转遍村庄,告示村里的人们这家有人去世了,大家都去帮忙。办丧事时会请一个专门主管整体事务的人,在米塬将其称为"大总理",大总理会给各个帮忙的村民分配具体的工作:女人们主要帮着厨子处理酒席的准备工作,男性有负责扎灵堂、做纸花的,也有帮助处理家户事务的。给逝者打造坟墓的人,会按照家里的情况给一定的报酬,具体钱数差别较大,按各家的经济情况而定,打造坟墓的人不会计较,大多视之为一种习俗,而不是赚钱的手段。如果是喜事,就不会有敲锣打鼓告示村里人了,因为在米塬若是哪家有喜事一般都会提前一两个月在村里发喜饼等进行通知。

2.张家土地多自有

1947年以前,张家自有的土地为240亩。虽然家户拥有的土地数量比较多,但因为米塬村的土地以旱地和山地为主,土质比较贫瘠,且每年家户还要留出一部分作为铺地。在这样的情况下,山区的每亩地每年平均收粮食也仅为四十至五十斤不等。张国义当家期间还租了40亩邻村大户家的地,以获得更多维持家庭温饱的收成。租种土地不需要特别的讲究,张国义是在听说邻村有地意欲出租之后便前往与之商议,双方商定好以后当场就确定好了租种一事,并签订字据,上面写着张国义租种该家土地40亩,租期为三年,租金按三七开,即十分之三的收成归佃主,十分之七归张家所有。租金的收缴没有具体的价格,只是按粮食收成进行分成,所有租种的事情由张国义一手做主。虽然张家租的地就在本村,但佃主是隔壁村里的,租地也不需要考虑先后次序,也不用给佃主送礼、拜年或干活等巴结一下,租地前会写好租地时长,不会提前或自由退佃。

3.农用牲畜换工家庭共同使用

1947年以前,张家有两头骡子、两头驴、一头牛。张家这样的土地大户,这个数目的牲口一点都不为多。但由于劳动时要和几家人一起换工,牲口和农具会集中在一起使用,集中劳动力和生产资料也大大提高了生产效率。牲口没有合养的情况,每家的牲畜各自喂养,大家只是共同合用。张克举家的一头牛,主要是用来在家中驮运粮食的,因为米塬村大部分土地是山地,坡度较陡,耕牛体型庞大,不如骡马耕作的效率高。换工时打好粮食后就会用张家的牛进行驮运。村里有的家户牲畜较少,偶尔也会到张家借用,张家也会借给他们,村里人口本来也不多,大概四十户人家,况且大家都比较熟悉,在张家看来乡亲之间本就该互相帮助,团结和睦。张家将牲畜等借给村子里的人是不求回报的,不过大部分人也不会白白贪图别人的好意,借用时长一般是半天,当天借的当天就会归还,借用者也会给张家一些人情礼物,比如自家种的蔬菜水果等,也会补偿一些草料给借用的牲口吃,草料一般是粮食的麦秆等,以这种方式表示谢意,这是一种人情。经常借用的大多是一起换工的农户家庭,家里实在贫穷的,没有牲口,借了人家的牲口,会适当以人工的形式进行偿还,也就是帮那家干一些活儿。

4.家户常用农具多自制

张家的农具主要有耕犁、锄头、铁锹、铲子等,几乎每家的农具类型都一样,农具的木制部分自家就可以做,金属部分需要购买,因为家户没有打铁的工具和原料,而这些还需要一定的手艺才能制作出来。常用的简易农具家户都会自己制作,因为家户购买力有限,购买来源也比较稀缺,农具也会互借互用,或是几家集中起来使用。借用农具的形式也跟借用牲口差不多,不需要补偿,互相帮助是共有的需求,像铲子、铁锹等比较简单的农具基本上每家都有好几把, 也相对够用。但像是犁、耙等稍大一点的农具并不是每家都能够拥有的。所以1947年以前村里的农业生产大多都是三五家自成一组互相换工进行耕种。张克举家和两户本家及一户邻居共四家人一起换工耕种。他们几家在张国义做当家人开始就一起合作,一直持续了近十年。每次一起干活时农具、牲畜等都为几家共用,也不用提前商量,这些是约定俗成的。干完农活以后各自都会将自家的农具等带回保管。如果发生了农具损坏等情况,较为简单的农具由自家负责,如果是犁、耙等农具则由几家人共同承担修理。

(二)生产过程

1.农业耕作分工明确

(1)劳动力各有分工,男女有别

村民的主要生活方式历来是农业耕种,张家也不例外。但除了种地以外,张家还养着六十多只羊,这些羊也是生活的一个辅助来源。卖羊皮的钱是补贴家用的主要来源,同时,羊肉较为便宜,也是家户改善生活的主要食物。家中的妇女也是以耕作为主,农闲时会做一些针线活,给家里的人们缝缝补补,做一些吃穿用度的准备工作。家中男女共同干的活儿就是田地里的劳动,除此之外家户分工也较为明确,喂驴是由张国泰负责的,养羊由张国安负责。家务活一般是女人做,比如做饭、打扫屋子等,家里的小孩子也会帮着放羊,给牲畜割草等。成年男性承担较重的体力活,女性也承担,但没有男性体质强壮,做的多是一些琐碎的事,这种

28

生活方式颇符合传统中国男耕女织的形式。

家里的老人由于上了年纪，身体状况不是很好，没有多余的体力帮家里做体力活，闲暇时间就和村里的其他老人坐着聊聊天。地里的重活儿如犁地、耙地一般需要家中的男人使唤牲口来完成。张克俊年轻力壮，又吃苦耐劳，是家中的第二代当家人，他干农活的技术特别好，所以地里的这些需要驾驭牲口完成的活儿大多是由他来做的。而地里锄草、粮食的晾晒等活儿，妇女做得比较多。粮食碾压等活儿需要驾驭牲口，也多由男性来做，妇女帮着做辅助工作，比如粮食碾压完成后，把草料落成堆，用簸箕和筛子等器物将粮食处理干净。干活儿没有明确的分工，也不存在不服从安排的情况，都是自家的活儿，需要大家齐心协力完成。

（2）家长安排农业耕种

山区地里种植的农作物无非是小麦、玉米、谷子、糜子、洋芋等，种植时间各类作物稍有差别，但都是在春天耕种。各类作物种植量多少也不一，一般情况下，麦子是种得最多的作物，占地一百五十亩的村民，种麦子至少达六十至七十亩。张家每年需要种植的土地有近两百亩，如何合理安排这些土地的耕种则是当家人最为关心的事情。张家一年种植的麦子至少有七十亩。因为麦子是主要的解决温饱的粮食，至于其他作物的种植量，也没有定数，总之亩数不相上下。除了麦子以外，张家还会种植三四十亩的洋芋，洋芋不仅供家人食用，到冬天也是家中牲畜的主要食材。冬天山上一片荒凉，没有草类存活，家里的羊也不能放养，只能依靠家中囤积的干草，干草不仅缺少营养，同时也不够支撑牲畜一个冬天的口粮，洋芋含有丰富的淀粉，是冬天的关键食物。张克举还记得每到冬天家中都要拿炭盆取暖，回忆起每次在炭盆里埋几个洋芋大家围着一起吃就觉得很满足。除了麦子和洋芋以外，家里每年还会种大概二三十亩的糜谷和草料，糜谷主要用来做饭吃，草料是用来喂养牲畜的，所有的这些种植安排主要由家长和家中男性共同商议来决定。

（3）耕种过程各有分工

耕种的过程大概是入冬之前犁地一次，开春前又犁地一次，等待天气转暖，就到了播种的最佳时节。由于山区全部为旱地，无水源灌溉，只能依靠天然降雨，经过一个冬天的积淀，土地在深厚的雪水灌溉下具有了足够的水分，耕种可以直接进行。耕种过程包括播种、锄草、种麦、收麦、种秋、收秋、看青、平整晒场、收集粪便等环节，各类作物的种植方式大同小异。犁地一般由家中的男性来完成，女性辅助播种、平地等工作，男女搭配共同完成犁地的整体任务。家里的老人由于年事已高，无力参加劳动，家中其他男性也都有各自的任务。张克俊是家里主要的劳动力，也是家户主要的负责人，大部分农业生产安排由他制定和决策，不过也没有什么特定的生产安排，所有农业的生产方式大同小异，加之多年的劳动经验，每个庄稼人对农事生产也是轻车熟路，只需要按照以往的生产惯例进行简单调整。若家中当家的不在，妇女、老人或年龄稍长的孩子也都可以做主安排生产劳动，毕竟农业生产不需要很多的脑力劳动，主要还是一把体力活儿，无论怎么安排，干完活儿是最终的目的。

在不同的生产环节中，每个人的分工是不同的。一般来说犁地、耙地需要一定的技术，因为这两项活儿必须要跟牲畜一起配合完成。张家主要由张克俊和张国泰及张国安负责犁地，地里的杂草太多会影响粮食的生长，一般一个月左右就会锄一次草，锄完的草不能扔掉，要全部收集起来带回家喂牲畜。春天和秋天是下种和收割的主要时节，种麦、收麦几家一起换工，男人和女人没有什么特定的分工，都是一起干。只有秋收以后晾晒粮食的分工会有区别，

29

一般情况下平整晒场都由男性来完成,因为晾晒面积大,也需要一定的技巧,太少太多都不可以。等到将收获的谷物在场上晾干之后就由牲口赶得较好的男性负责碾场。碾完还需要扬场,也就是等有风的时候将谷物和秸秆的残渣一起扬到空中,因为秸秆等的残渣较轻,被风吹走以后比较重的粮食就会与之分离,从而收获干净的粮食。扬场一般也由男性来完成,因为这项工作需要较好的体力。有时候因为风力等原因落下的粮食并不全都是干净的,里面多少都会混杂一些秸秆的渣子,接下来家里的女人们就该上场了,一般都是几户人家一起合作,女人们拿着借来的几个簸箕、筛子等将扬过的粮食用筛子再筛一遍,这样才能收拾干净。之后再将粮食晾晒几日,最终收好放入各自的粮仓,如此才算完成最终的收获。米塬村每户村民的土地都不少,虽然亩产不高,但百来亩的田地总和还是一个不小的数目,因此每到收获的季节,村子里忙忙碌碌的景象一直能持续一个月有余方才结束。

2.家畜饲养各司其职

1947年以前,张家有着较为明确的分工,张国泰负责养驴,张国安负责养羊,喂养的任务多由男性完成,当然也不一定一直都是这样的安排,若是喂养的人有事,家户中任何人都可以喂养。对于驴骡的饲养,若不放牧,则一日不定时给草料槽里添加干草,干草一般是麦子、玉米等粮食的秸秆。如果地里的生产劳动不是很忙,家人有空就会去山上给驴骡拔一些嫩草来吃,有时甚至会牵着驴骡去山上放牧。驴骡冬季每日饮水一次,一次半桶到一桶不等,夏季一日饮水两次。羊几乎每日都要放牧,无论春夏秋冬。除天气极端恶劣,比如大雪天气,羊就圈在羊圈,饲以草料。羊的饮水与驴骡不同,将水倒进饮水槽里,羊渴了就喝,槽中一直都有充足的水供羊饮用。牛的喂养与驴骡略同,饲养者也不具体指定某人,但形成的习惯一般是由张克举的母亲喂养。

张家每年养两头猪,一般情况下由张克俊的妻子喂养。猪的主要食物为麦麸,条件好点的会将一定量的玉米面和麦麸和起来,用水拌均匀倒在猪食槽中,家里农闲时也会在山上拔一些猪喜欢吃的草喂养。由于猪吃的食物中有水分,故很少饮水,只有在夏季温度较高的条件下给猪食槽倒些水给猪降温。差不多每年开春,家中就会买两个小猪仔,然后找个阉割的人将猪阉了,一直喂养到腊月,家里就会杀了过年。一般情况下猪都是供自家吃肉的,不会变卖,若是变卖成钱,就交由当家人保管,补贴家用。家里比较喜欢养骡子,因为骡子力气大,有利于耕种,很大程度上减轻了劳动强度。牛、驴、骡除了耕种,还会用来驮运牲畜、粮食等。如果牲畜病死了,会找一些亲朋好友帮忙剥皮割肉,自家留着吃,或者将肉卖给别人,自己换点钱。除牲口和猪外,家里也会养羊,张家养着六十多只羊和十几只鸡,鸡主要是用来下蛋,只有当鸡老了或家里有喜庆的事才会杀鸡来改善伙食。

3.家中无特定手工业与副业

张克举是家中读书最多的人,毕业后就去了会宁县的粮站上班,也成了所谓的公家人。张家就属张廷栋年轻时学了点做木工的手艺,不过不是真正意义上的木匠,手艺活儿也不是祖上传下来的,只是自己感兴趣跟村里一个木匠学习的,也只会做一些简单的木活而已。张国义由于长期帮父亲打下手,因此也会做些简单的木活。这些手艺比较简单,不需要经过特殊训练和学习,耳濡目染,经常实践,自然就会一些了。家里的女孩子没有专门从事哪个副业的,并不会接受一些培训或学习,只是从小简单做些针线活儿,缝缝补补,是妇女们一贯的手艺。当然,这缝缝补补的针线活儿并不是女性的专利,男孩子随便缝补个东西也是有的,毕竟缝补不需要很高的技术。

4.简单木工活的传承

张家也没有什么特别的手艺,张廷栋的木工活做得比较好,也是一般农村人都会的一些基本生存手段。张廷栋小的时候还读过几年私塾,他的木工手艺是跟村子里的一个木匠学的。年轻的时候家里的条件比较好,张廷栋不需要小小年纪就帮家里干活,因此他经常在村子里到处玩,村里有一个木匠,因为木工活做得很好,在附近几个村都比较有名声,张廷栋就经常跑去木匠家里看他做木工,慢慢地也看着学会了不少东西。不过,张廷栋也只是给自家或是本家的兄弟们做一些木活,并没有将此作为一门赚钱的手艺,分家后家里屋子大部分由张廷栋负责建造。张国义也帮着父亲做了不少木工活,所以他也算是稍微继承了一些父亲的本领。像木工这一类的手艺一般是不会传给女儿的,毕竟女孩子不能经常抛头露面,况且女性主要在家中做一些缝缝补补的活儿。但手艺也没有规定只能传给长子,家里的男性只要是感兴趣想学习的都可以。

5.女性很少外出

在米塬村,外出的情况比较少,大都为本本分分的农民,以种地为职业,更何况多数家户家境贫寒,外出的想法几乎没有,女性外出的情况就更少了。女孩子长到快出嫁的年龄基本上都是不出门的,要么在家里做些家务针线之类的活儿,要么在地里帮父母干干农活儿。米塬村的集市离村子较远,去集镇还得步行,一趟来回就要三四个小时,所以不是必要的情况,男性都很少去,女性几乎一年也去不了一次。遇到卖粮食这样的必要事情,家里的男性会赶着牲口,驮着粮食去集镇卖。张克举是在参加工作前结的婚,工作后并没有把妻子带到他工作的地方去,因为工作是个人性质的,加之妻子又没有知识,没有工作可以分配,反而在家里可以帮着做些农活儿。张克举本人也没有能力把妻子带走,并且也没有想过要带走,他也只有周末才能够回家一次。

(三)生产结果

1.收成仅够维持家户温饱

米塬村的农作物都是一年一熟,也就是说一年只有秋季一季的收成。小麦亩产最高可达六十斤,张家小麦的种植面积有六十到七十亩,小麦价钱为五斤一个铜板;谷子种有三十亩,产量较高,每亩大约七十斤;糜子、洋芋、胡麻等均种植二十至四十亩不等,洋芋每亩可收入四百斤,糜子、胡麻三四十斤。影响收成的主要因素是降雨量,看天气是否干旱,或有没有遇上冰雹等自然灾害。因米塬属于干旱地区,降雨多,收成自然好些;降雨少,再勤恳劳作,粮食收成也得不到提高。在农作物的整个成长过程中,只有等到快成熟的时候才能判断是否会有好收成。当然,老者们都有一些迷信的经验,在冬季或开春等时候,通过一些特殊的自然现象来判断年收成怎么样,这些大多都只是经验之谈。比如瑞雪兆丰年,就是说冬季有大雪,来年肯定是丰收年;如果夏天不下几场大暴雨,那来年的收成肯定是不行了。不同年份收成基本上差不多,只要降雨量相差不是很悬殊,且没有自然灾害。米塬村是一个十年九旱的山区,很多年才能遇到一次算得上是大丰收的时节。1935年正逢庄稼快收割的时节,村里下了一场大冰雹,最大的有鸡蛋大小,庄稼因此全军覆没,几乎没有一丝收成。张家幸好有前几年结余的少量粮食才勉强度过这次劫难,但村里有很多人家还是受到了很大的冲击,一些人无法维持生活不得已选择外出乞讨。

31

家里所有人都很关心每年的收成情况，毕竟在农民们的意识中生活的唯一动力是能够吃饱穿暖，在没有能力追求更高的理想时，温饱才是首要的目标。尤其人口较多的家户，有一大家子人要养活，每日辛苦的劳作也是围绕着收成来展开的，年龄长一些的孩子们也懂得收成的重要性。1947年以前，家户都可以达到基本的温饱，遇到收成不好的一年也有不能满足的，这些家庭就会跟别人家借一些粮食，等来年再归还。如果收入有剩余，经济条件好点的年景，家户也会适当变卖些粮食换钱，经济状况吃紧的年景就会将粮食屯起来，以防遭遇饥荒。家户的收益属于全家人共同所有，由家长保管。

2.农牧兼营的微薄收入

张家除了几头耕地的骡子、牛、驴等牲畜外，每年还会养两头猪、十几只鸡，还有一群羊（大约六十只左右）。养两头猪主要是用于自家吃肉，十几只鸡既可以供家里人吃鸡蛋，同时积攒的鸡蛋也可以用作家中妇女小孩换取东西的零花钱。至于羊，数量太多难以放养，太少又不划算，所以维持在六十只左右是最合理的。1946年，张廷栋年纪大了身体也不好，整日卧病在床，这一年家里比平时多养了两头猪和十几只鸡，也是为办丧事提前进行的准备，自家办酒席也比较划算。家里养这些家禽和家畜能满足一家子人的供求，养得太多则没有精力或能力，比如猪头数太多可能导致没有充足的饲料来喂养。家里的鸡和猪是不卖钱的，只有羊才用于出售，不过1947年以前羊肉不值钱，一般都是卖羊皮，一张大羊的羊皮大概不到一元钱。鸡蛋有时是村子里有外来的货郎担挑卖东西，主要由家里的媳妇们换些针头线脑之类的东西，这些不需要向家长汇报征得家长的同意。

3.无手工业收入

张家没有什么具体的手工和副业，只有张廷栋年轻的时候学了点木工活儿。当然，这木工的手艺也不是祖上传下来的，只是张廷栋自己感兴趣而学习的，但也只是在家户内部做一些比较简单的木活儿。有时候村子里的人也会请张廷栋帮忙做一些简单的农具，但张廷栋也不会收钱，他不以做木工活儿为生，有的人过意不去会将自家的蔬菜瓜果送一些给家里。家里除了张廷栋还有这点手艺之外，再也没有什么别的手艺了。

三、家户分配

（一）分配主体

1.分配以家户为核心

张家在分配时，以家户为分配主体，没有家族分配和村庄分配，事实上耕作模式是各家干各家的，家里的收成归家户成员共同所有，且家户内部不讲求具体的分配，一个家户的人吃饱穿暖是大家的共同愿望，分配显得太见外，不符合家户团结一致的作风。张家没有按照人均分配的制度，人人吃穿用度没有具体的指标或限定。张家没有分家时家中四代人共同居住在一起，家里也没有常住的亲戚或丫鬟等，故也没有其他分配。家族和村庄都是不参与分配的，虽然1947年以前村庄由保甲长管理，但他们只是起到象征性的作用，实际的职业就是替国家征收税款，对村庄整体的管理事务并没有起到多大的作用。但在家里没有分家以前也没有实行具体的分配，因为家户成员平时都是一起吃住，不会分开，所以家里的财产都是由家长统一管理，要说到分配无非也就是给每个小家庭分一些生活必需品，比如布料、煤油等，村庄和国家不介入家户分配。

2.家户整体性是首要遵守前提

在没有分家以前,家庭成员的分配以所在家户为基本单位,当时分配的范围也比较局限,粮食是不用分配的,因为都是吃"大锅饭",所以能分配到的东西也就是一些生活上所需的东西,例如给每个小家庭分一些布料用来做些衣服和鞋袜等,有时候也会分一点煤油,毕竟张家也是个大家户,整个家庭的消费开支一年下来也不是个小数目,所以张国义作为当家人真的是很用心地在管理整个家户的生活。煤油也不是天天都能点得起,1947年以前,庄稼人吃完饭没有什么别的娱乐活动,所以天一黑早早地就上炕睡觉了,煤油基本要省着到逢年过节的时候才能用。已分家的兄弟不能参与家户的分配,但如果有单独吃住的父母,那么每家子女就要给父母一定的粮食等生活必需品,所以父母是参与家户的分配的。

3.其他成员从属商议

如果当家人不在,那么大多时间由当家人的配偶代为管理家户平常的事务。若是比较重要但不是紧急的事,还是要等当家人回家后商议。若是紧急的事,家户其他人也可酌情自行决断。张家在张国义不在期间,村里有红白喜事需要随礼,对于这样的常规事情,张国义的妻子就可以做主,按照往常惯例,随从一定的礼钱即可。若是家中老年人得了大病,这样的事需要和家中叔伯们商量决定解决的方法。家中的孩子们都比较听大人的话,一来孩子们年龄小,对家庭事务没有掌控能力;二来与外界打交道的机会也不常见,故一般不参与家庭分配的商讨。

虽然家长在整个家庭中起到支配和主导的作用,但其他成员还是能够相应地发表自己的意见和主张,张国义作为家长不会事事独断专行,他们兄弟之间互相也很团结,有些事情家长觉得对整个家庭有利,也会自己作决定。例如,张家租种的几十亩地是张国义自己做主租来的,他没有和家里的兄弟们商量,但家里人都是赞成的,毕竟租种土地的本意也是为了整个家庭能够生活得更好。但家庭真有什么重要的事情,家长一定要和家里的男人们商量才能作出决定。在张廷栋去世的时候,张国义更是里里外外都要操持,特别辛苦,所以有些事情家里的其他成员也都会主动替家长分担,当家人有什么事也都会和大家一起商量。

4.家户无小家庭分配

大家庭没有那么"见外"和"不团结"的分配,小家庭就更不用说了,几乎所有家庭消费都是整个家户共同的消费,而且这种共同消费百分之九十以上是为了解决温饱问题,亦即消费自己地里产出的粮食,很少消费在其他生活需求方面。比如家里要添一头牲口,就是属于大家的共同消费。而张克举读书消费,勉强可看作个人的消费,但家庭二字的意义就在于家人之间没有那么多的限定。在家户,这样的必要消费都是属于集体的、共有的,不分你我。

(二)分配对象为本家户成员

1.成员分配

张家在1947年以前是村内人口较多的大家户,家户成员平时所有的生活都在一起,不存在以小家庭为单位的分配现象,唯一可以归纳为分配的无非是在具体的生活资料方面,每个小家庭所需的桌椅、凳子及制作衣服的布料等需要分配。家户若是有新的成员加入,例如娶媳妇或是添了小孩子就需要重新分配家户的物资,包括给新人收拾单独的房屋,购置新的生活用品等,这些都需要家长进行统计和规划。家户分配也没有特定的期限和规则,张家人口较多,平时能够维持一家的基本生活已属不易,因此分配也只是在家户遇到特殊情况时才有。至于普通的义务分配则在每年过年期间由家长购买并进行分配,分配时不需要亲戚、朋友和邻居等的参与,更不需要得到村里人的认可。

2.分配物为家户收入

分配的财物均为本家的收入,家户之外没有收入来源。事实上,家里的财物不会按照一定的标准分给各家庭成员,而是由家长统一保管,作为家中的共同财物,无论是出于家庭整体的需要,还是个人的需求,都会根据实际情况核定支出。比如一家有好几个兄弟的,老大已经结婚了,到老二结婚时,家里的财物就都会拿出来给老二准备娶媳妇,而不是由老二或老二和父母想办法,即家户并没有个人财产,都是以家庭为单位的共同财产。

3.成员部分享有分配权

家户进行分配时都会考虑所有成员的需求,针对个人分配的情况也有,不过都是基于特殊情况下的考虑,例如张家每年都会给家里的最长者提供较好的生活条件,包括置办衣物或是单独做一些改善生活的食物。家中有结婚的人会为其准备必要的生活资料等。而一般情况下家庭成员都是享有分配权的,包括爷爷辈、叔伯辈、兄弟姐妹辈,有时候还包括儿子辈。除非是大家庭已明确分家了,就各有各的财产,互相独立。但已经出嫁的女儿是没有分配权的,儿童中如果是男孩子就具有分配权,女孩子在未出嫁以前也具有家户内部的分配权。

(三)分配类型

1.租税收缴情况

农业收成主要是各类粮食的收入,羊的收入属于次要,因为羊肉不值钱,能够出售的大多是羊羔蹄子和羊皮,张家养羊的数量也不是很多,依靠羊皮等的收入勉强能够补贴一些家用。1947年以前都是要交地租的,在国民党时期保甲长每年都会来收租,有时候一年还会收好几次。纳税是以整体的收成为基础,土地较多的纳税相对也多,每年一次的收款基本在秋收过后快到年底之前的一段时间,保甲长会一家一家挨着收,收的时候以现钱为主,有的人家拿不出那么多的现金就会用粮食代替,张家每次缴税大抵得交十个银元左右,这对于当时的庄稼人来说真是一笔很大的负担,有的人家辛苦一年都攒不了几个钱。有时收税没有钱还会找别人借钱来交税,收税的人不会考虑家庭会不会有剩余,纳税的这些事情全部由家长负责。如果家长发现家里的收成或是钱财不够用来上交税款,就要和家里人进行商量,如果家中的女眷家里条件较好,还要请这家小家庭出面在女方的娘家借一些现金用来交税。如果当家人不在,其他人是做不了主的,若是家长专门将事情嘱咐给家中的某一人,那么由此人来处理就可以。女性一般是不参与对外的这些类似于公共性的事务的。

除了交租偶尔还会抓兵,张国义在30年代被县城来征兵的人给强行抓走了,为了不让张国义当兵,张家变卖家产,又跟人借债花费了好多钱才将人赎出来。在此期间,张国义还被他们吊在房顶上打,受了很多苦,背上一处肋骨都被打断了。还有一种交租的方式属于租种别人的土地而交的,收租的人也不管收成好坏,等到收租时交不出来的人家还会挨打。租子也有可以不用交的情况,即减免。减免的情况是歇地,即虽然租了某家的地,但今年这块地没种,就不交租,租种佃主家的地有二八开和三七开的形式,如果这块地今年收成一百斤粮食,那么就要交给佃主家二十斤或是三十斤的租子。若遇到灾荒年间,租金就形同虚设,人都要饿死了,收租的人也不会来收,收也无济于事。

2.手工业及副业收入分配

张廷栋在世时会一些木工活,但家里不以此为生,他只是年轻时对这些比较感兴趣,自己跟着村里的木匠学的,有时也会帮村子里的人做一些简单的农具、桌椅等,帮别人做农具是不收取报酬的,原料工具都是别人准备好的,只需要简单加工就可以。不过,找张廷栋做木工的人也不好意思白让他干活,隔三差五会将自家的蔬菜瓜果等送一些给张廷栋。张家唯一可以算作是副业的是家里六十几只的羊,这些羊是在张廷栋时期慢慢繁衍而来的。养羊主要是靠卖羊皮来获得收入,羊肉是不怎么值钱的,若是卖的羊多会将羊肉一并卖了增加点收入,若卖得少就将肉留下来供自家享用。养羊一年也没有太多的收益,也就十几个银元,这些钱都是归家长管理和支配的。虽然张家的羊主要由张国安负责喂养,但卖羊的收入都要交给家长,所得收入不会分给家人,由家长统一管理和支配。

3.少有分配

家中的收入都是用于家户的整体消费,大体不进行分配,粮食和钱财由家长负责管理,因为家户吃饭都在一起,所以粮食不需要再进行分配。而一般情况下,如果家庭没有统一采买布料等生活必需品,就会在年底给每个小家庭分配大概十几元的钱,如果某年家庭收入不好就不进行分配。其他可以分配的东西主要还是一些生活必需品,比如用于点灯的煤油等,其他零花钱也不统一分配,谁家有需要跟家长说明就可,家长觉得可行也都会同意。

(四)家长是分配的主体

1.家长为家户分配的实际支配者

家长是家中一切财物的实际支配者,作为家户的管理者,家长不仅要维持家户的稳定,还要尽可能为家户征得一定的利益。由于家户平时没有固定的收入来源,再加之家户人口较多,平时的花费也不是小数,因此张家基本上没有固定的财务分配,只有在收成较好的年份家长才会给每个小家庭分配一点钱或是衣物。

2.私房钱归所有者支配

家里有私房钱的人一般都是刚嫁进来的媳妇,这些钱属于媳妇自身所有,不需要交给当家人。张克举结婚时妻子的娘家给了妻子五十块的私房钱,还有一些被子、枕头、衣服等嫁妆,她嫁过来的时候也将此告诉了张克举,张克举知道后当时也询问了父亲要如何处理,但父亲告诉他是他媳妇的就留给人家自己花,不需要交给家户。这些钱后来就由他妻子留着作为添置家里生活必需品的钱财。

1947年以前米源村整体上没有关于嫁妆田的说法,唯一听说过有嫁妆田的是张克举同一村庄中一户姓杨的人家。杨家属于较晚搬到米源村的家户,1947年以前杨家只有六口人,分别是夫妻二人及其老父亲,还有一个儿子和两个女儿。嫁妆田就是给儿子娶媳妇的时候从媳妇娘家带过来的土地。因为媳妇是邻村老庄人,杨家和媳妇家是表亲关系。由于杨家家境较差,土地只有刚来落户时买的八亩地,因山区都是旱地产量较低,八亩地对于维持一个家庭的生活还是有些捉襟见肘。后来娶媳妇的时候因亲家家境比较好,两个村庄又离得近,因此媳妇家里将位于米源村旁的六亩土地当作嫁妆田赠予杨家。这六亩土地属于媳妇和杨家共有,虽说土地是赠予杨家,但双方并没有签订任何纸质契约,只是口头上作出的许诺,以女儿彩礼的形式赠送给杨家。土地陪嫁过来以后所有的耕种及管理全部由杨家支配,所得收入归杨家统一使用,杨家儿子及父亲可以决定土地的支配,媳妇同样具有使用和支配的权利。

3.衣物分配由家长做主

家中的衣物分配都是家长说了算,其他成员没有经济能力,更没有自己买衣服的权利。因为家户较为贫穷,只有到冬天才会略微添置些衣物,冬天的衣服主要用羊毛、羊皮等材料,而这些也是家户自有的物品,不需要额外购买,同时也节省了一大笔开支。衣服是由家里的女眷们制作,家中的男性在闲暇时节也会帮忙捻羊毛或是洗干净羊皮待用。老人的衣服一两年做一次,需要专门去集市买一些舒适的布料,这些事情都是由家长负责的,买回来以后一般由年轻媳妇们一起做。张家并不是每年都会添置衣服,收成好的一年会由家长统一购置一些布料分给各家的女眷,由她们负责给自己的家庭缝制衣物,女眷们在闲暇时都会聚在一起缝制衣服。有时候收成不好,家里就不会统一购置布料,若是哪个小家庭添了小孩,需要添置衣服,一般都是小家庭自己出钱,大多都是依靠女方从娘家带过来的嫁妆钱自行购买,因为嫁妆不需要交给家户,属于私人所有,所以平时也没有什么花钱的机会,遇到这样的情况,其他家庭也不会有什么意见,也不需要征得家长和其他人的同意。如果家里老人的衣服破了需要缝补,都是由媳妇负责。

4.家户同居共食

家中食物没有具体的分配方法,按家户不同人口的饭量做饭,农忙时节家里的大人都会下地劳作,家里总得留一个人负责整理家务、看家和做饭。而留在家里的人主要是有小孩子的年轻媳妇,做饭时没有特定的标准和要求,庄稼人吃饭以填饱肚子为主,平时没有什么新鲜蔬菜或是肉类可用于食用,大多时节都是依靠山上的野菜及过年期间腌制的臊子等生活。吃的饭也很简单,收成好的年份还能经常吃几顿面条或是白面馒头,收成一般时只能吃些面糊糊或是玉米面等粗粮。吃饭时偶尔会给家里的老人做一些较好的饭菜,其他家庭成员都是同等对待,不会因为哪个人吃得多而提要求,也不会因为哪个人饭量少而给他额外补偿。

5.零花钱分配根据收成好坏决定

张家平时没有特定的零花钱分配,只有家户收成较好的年份家长在过年时会给每个小家庭分配十几元的钱作为零花钱。家里的小孩子嘴馋偶尔想吃个糖等,可以跟母亲要一个鸡蛋去货郎担那里换,鸡蛋同样具有流通属性,可代替货币换取物品。这时候鸡蛋就可以看作是小孩子的零花钱了,这些零花钱是由大人做主的,原则上讲不经大人同意,小孩子不许私自拿鸡蛋去换东西。淘气的小孩有时也会趁大人不在家偷偷拿鸡蛋换东西,但事实上家中养几只鸡、每天下几个蛋大人心里都是有数的,所以类似张家这样家教较严的家庭,偷鸡蛋的事也不太可能发生。张克举在外读书,吃饭主要是带自家干粮或粮食,零花钱也是为数不多的生活费。家户中如果哪户小家庭需要用钱,只要是家长觉得合理都会允许,但要提前跟家长商量,征得家长的同意。

(五)家庭成员在分配中的地位

1.其他成员以家户为重

其他成员在家庭分配中没有主动提出要求的习惯,都是以家长的安排为主。家庭成员互相之间都很团结,没有人会优先考虑自己的私人利益,家户在分配时也没有固定的要求或是其他明确的规则。虽然说由家长当家做主,但实际上家长也不会完全专制,在张廷栋未去世以前,张国义作为家长还会经常向父亲请教家户的分配和管理等问题,同时家中有重大事情也会和其他的家庭成员共同协商,提出对策。因为家里比较贫穷,对于衣物、食物等实在没什么好分配的,因而也不会产生分配上的矛盾。家庭很少分配私房钱,家里的财务都是由家长统一管理,其他小家庭除非有急用,一般情况下也不会向家长索要私房钱,不管是当家人还是家户的其他成员,都要为整个家户考虑。

2.其他成员配合家长

家户进行衣物分配也是每隔一两年才会有的安排,每次由家长统一购置布料等交由各家的女眷进行缝制。作为一家之主,家长对家里的事情事无巨细,其他家庭成员也都很配合,不会随意使用家中的钱财,有的小家庭觉得自家的衣物等够用还会主动向家长提出少花费。张家这些事情都是由张国义来处理,如果家长不在就由家长的妻子或是长子根据家户具体情况代为分配,家户的其他成员不会斤斤计较,每个人都十分支持和理解家长的决定,并没有人因此闹出矛盾或是产生纠纷,家户一直比较团结。

3.家户无特定分配及要求

平时吃饭都是整个家户一起,不会进行单独的食物分配,吃什么饭也不需要由家长或全家商量,全部由做饭的人自行负责。家里吃饭没有特定的规矩,因为张家人口较多,没有那么多的桌椅和板凳供使用,每次吃饭都是家中的长辈和男性坐在炕上吃,小辈及女性坐在凳子上吃。家里一年基本不会有零花钱的分配,只有在收成较好的年份,家户才会偶尔给各个小家庭十几元的零花钱。毕竟要养活一个有十九口人的大家户,一年能坚持到头不至于忍饥挨饿都实属不易,哪里能剩余一些零花钱,有时家里还需要从外借钱来维持家庭的生存。偶尔家里的小孩子看见村里有货郎担向家人讨要鸡蛋兑换一点糖果等零食,但这也是极少的情况。

(六)分配统筹

1.分配保持收支平衡

家户分配偶尔也会有一定的不公平性,例如在给小孩子的零花钱方面,分配一般来讲会有一定的偏心,会优先考虑家中男孩子的需求,这种偏心也是基于自古以来重男轻女的思想而导致的结果。女孩子们从小被灌输的思想是三从四德,长期的习惯她们也早都习以为常。但张家总体上分配的前提是考虑全家人的共同需要,保证家户每个人都要获得最基本的关心与保护。分配的支出与家户的资产是呈正比的,有多少粮食都要精打细算,不能出现超支或是粮食不够的现象。若遇灾荒年间,全家人的吃穿用度都要减缩,所以家户每年的收支都要保持一定的平衡。

2.消费以粮食为主

家户消费都是共同参与,而在所有的产品中,粮食处于最主要和最基础的地位。如果家庭消费与地租赋税产生冲突,那么需要优先支付地租才可以。1947年以前,地租的收取是强制性的,保甲长的主要职责也是收取租税,他们不会看在人情或是收成不好的情面上而减免赋税,征税是强制性的,必须按照规定遵守。自家产品如私房钱、衣物、食物、零花钱的分配具有一定的次序。家户所有的财产都是共同使用,但只有粮食是分配考虑的优先要素。对于家户来说,要维持整个家庭的和谐与生活,必须首要保证成员的温饱,所以在没有其他分配的前提下,一定要保证粮食的充足。张家主要进行粮食和衣物的分配,私房钱和零花钱基本没有,粮食也是吃饭时对每个人吃多吃少会有一定的区分,但不会分配给每一个小家庭。衣物隔一两年才进行一次分配,由家长统一购买布料或棉花等分配给家户成员。1947年以前,家户的衣物大多靠家庭中的女性自行制作。如果遇到收成不好的一年,家庭维持温饱都有困难,就不会考虑购买衣物之类的事情。

3.分配平等,以长者为先

家户如何进行合理的分配是考验家长管理能力的一大事项,合理的分配是保证家户顺利发展和生存的前提,而家户分配总要遵循一定的规则和制度。张家在分配时考虑的是家户整体的环境,大体遵循家户平等的原则。但也会考虑到一些特殊群体的利益。一般来说,老人、病人、孕妇、小孩就属于家户的特殊群体,他们处于一定的弱势地位,因此家户有对其承担保护的义务和责任。对这些群体进行分配就会优先考虑,并在分量上对其进行照顾。张家每次吃饭最先盛给家里的长者,其次才是按照辈分和年龄的次序依次进行。吃饭对小孩子没有什么特别的规矩要求,吃不饱也可以随时添饭。至于当家人在分配时并没有什么特权,反之,遇到家庭较为困难的时节,家户分配要先照顾老人和小孩。而当家人总是第一个主动作出让步和照顾别人的人,家长宁可自己少吃点东西也要保障全家人不至于挨饿,张国义做当家人的时候在这方面一直是以身作则。

(七)分配结果

1.地租分配不可避免

在1947年以前的农村,家户收入每年都会有部分属于地租赋税。保甲制时期的赋税征收对于靠天吃饭的农民来说是家庭最主要的负担。张克举1947年以前经常在外读书,但他听张廷栋讲过,以前村子里的保甲长每次来收款都是不达目的誓不罢休。村子里有些人家比较贫穷,根本交不起税款,但保甲长根本不会顾及这些人的死活,有时交不起的人还会被他们虐待打骂。以前村子里的小孩子看到保甲长来收款全都吓得躲在家中不敢出来,还会编一些歌谣来讽刺。地租赋税在家庭分配中占据一定的比重,虽不至于占据大比重,但一定是逼迫农民最主要的事。除此之外,在所有的分配中食物是最重要的一项,食物分配是家户分配中最主要也是比重最大的分配内容。毕竟在山区,粮食就是唯一的生存资料,除了粮食外家户也没有什么别的副业可以发展,村民更是没有什么别的休闲方式,衣物和零花钱只会偶尔进行分配,就算是衣物很大程度也是家户自给。农村妇女最主要的一项生存技能就是纺棉花织布,家里每年采购一些棉花或粗布,由家中成员自行制作衣物,也为家户省去了较大的一笔开销。

2.家长掌管分配内容

家户所有的事务由家长决定和支配,对于其他家庭成员来说,家长就是一个家户最主要的代表和支撑,家长的话具有绝对的权威,所有成员对家长是毫无保留地相信和服从。对于已有的分配结果,家庭成员也不会有反对意见。已经成家的儿子可以就相关问题发表自己的意见和看法,张家在1947年前的当家人是张国义,后来张国义身体欠佳,家中大部分事情都由张克俊负责,不过不论是谁做家长,作决定的时候都会考虑家户成员的愿望和需求,并不是真正的独断专行。

3.分配结果岁岁如一

张家每年的分配结果几乎都是一样的,只有当家庭遇到特殊情况或是遇到灾荒时节才会相应作出调整。家户平时的分配主要以粮食和租税为主,吃饭时也会保证家户每个成员都能吃饱。但若是灾荒年间,粮食收成都是问题,更别提能确保家人平安生活了。在困难时期尽量考虑的是老人和小孩的需要,其他家庭成员只能维持基本的生存所需。税款是家户每年特定要支出的花费,这个是家户不能避免的,一方面家户不仅要按时支付租种地主土地产生的地租,另一方面还要为保甲长收取税款留有余地,这对家户来说具有不小的压力。所有的这些安排和调整都是由家长负责的,至于其他方面的分配,诸如零花钱,只能按照家户不同年份的收成和收入进行分配,但也只是偶尔才会有,在分配方面无较大改动,每年大致保持一定的平衡。

四、家户消费

(一)家户消费及自足程度

1.勉强度日的中等之家

1947年以前,按每人每年四百斤粮食消费来计算,张家每年都要消费近八千斤的粮食,折合成钱数,大约为一百来个银元。虽然按照张家人口情况在村中绝对算大户人家,但从经济层面考量,家户的收入仅能勉强维持家庭生活,在村里也只能属于中等或一般水平。米塬村的食物主要以小麦、洋芋、小米等杂粮为主,很少有一直吃白面的家庭。家里生产的粮食几乎都会被家庭消费,也不需要从外面额外购买。家中很久才能吃一次鸡蛋,肉只有在逢年过节才能吃到,在以前鸡蛋可以作为货币使用,家里也不舍得吃。因为养鸡比较费饲料,所以每年家里只会养十来只,不会多养。

张家在1947年以前大概种了有一百多亩的土地,按照平均每亩土地六十斤的收成,一年大概会收将近一万斤的粮食。虽然这个数字看起来是个不小的数目,但张克举家由于家户人口众多,再加之家中还有牲畜需要喂养,因此每年的粮食产量基本刚够整个家庭的开销。有时候遇到气候不好的一年,家庭收入也会相应减少,有时不得已还会找人借一些银钱以渡过艰难时期。一般情况下,张家借钱会找家庭状况较好的本家兄弟或是亲戚,再次之是家中女眷的娘家。在当时的年月,大家共同艰难地维持生活,但亲朋好友之间还是会尽量互相帮衬,一起渡过难关。

2.自给自足维持家户生活

张家养活众多人口依靠家户自身生产的粮食,在1947年前张家每年消费的粮食大致有八千斤左右,这样看来也是一个不小的数目。张家虽然拥有两百多亩的土地,但每年还要留出三分之一的土地进行休耕,加之山区的土地质量较差,又缺乏水源的灌溉,家户一年的收成仅勉强能够维持家户的消费。而家户仅在吃饭上消费的粮食就占到全部收成的百分之八十,这些粮食全部属于自产自销。除了粮食,家里也没什么别的副业和手工业用来额外赚钱,所以家中生活全部都依靠粮食来维持。张家毕竟是个延续百年的大家户,就算遇到饥荒或是困难,依靠旧时的积累和庞大的家族支撑还是能够勉强度日。但是村子里一些比较贫困的小家庭就没有这样幸运了,在暴发一些较大灾难时,他们要么忍饥挨饿,要么举家逃荒,生活很是悲惨。

村子有一年发生了比较严重的旱灾,一户人家被迫逃荒。这家除了一个3岁大的孩子还有一个刚刚满月的婴儿,因为吃不上饭,母亲也没有足够的奶水哺乳,孩子的母亲实在看不下去幼小的婴儿整天饿得哇哇直哭,于是就外出逃荒,后来走到靖远县城她实在没有能力继续带着孩子,就将孩子遗弃在街上一户人家的门口,孩子的母亲自己一路乞讨到了银川。银川有塞上小江南之称,生活条件较好,这位母亲后来又在银川组建新的家庭,跟原来的家人都断了联系。留在米塬村的家人后来也渡过了难关,等到家里的男孩长大,他也了解了母亲当年离家的事情,知道自己还有一个弟弟流落在外,就决定一定要寻回丢失的这段亲情。功夫不负有心人,历经几年时间的打探和奔波,他终于找到了自己的弟弟,两个人那时候已是不惑之年,双方也终于得以相认。因心中放不下母亲,他们又双双前往银川,历经艰难母子得以团圆。

3.家户粮食多自产自销

张家在1947年以前每年消费的食物大概有八千斤左右,因为家中人口众多,土地所生产粮食大部分用于自家消费。每年张家都会耕种一百多亩的土地,但因米塬村地处山区,常年干旱少雨,粮食不能得到很好的生长,一亩地只能收几十斤的粮食。因为家中土地质量差,要维持十九口人的生存还有些困难,因此张国义做当家人时又租种了地主家四十亩的土地。平时家里吃饭主要以杂粮为主,经常吃的有糜面、谷子等,小麦做的细面隔三差五才能吃一顿,家里的馍馍是用糜面和细面掺杂在一起做的。自家的粮食足够维持生活,但肉、蛋、菜等食物并不是经常都能吃到,由于缺水,家里都种不了什么菜,只能吃一些山上的野菜,例如苦苦菜、黄花菜等。家户每年会养十几只鸡,但鸡蛋平时是舍不得吃的,只有家中的老人或是孕妇坐月子偶尔才能吃得上,鸡蛋在平时要积攒下来换取东西。肉更是吃不上的,只能等到过年家里才会杀猪、羊等用来改善生活。遇到灾荒年间家里的粮食不够吃还是会找一些家境好的人家借钱或借粮,不过这些事情主要都由家长负责处理。

4.衣物消费隔年采购

衣物消费对于家户来说不是必须要的花费,一般家里隔一两年才会做衣服,而做衣服的消费只占很少的部分,大部分由家中会纺线织布的女性完成。冬天闲暇时节买一些棉花或针头线脑,家中的妇女们经常三五个盘腿坐在炕头,边拉家常,边带孩子,在一起纳鞋底儿、做衣物,对于妇女们来说,冬天是她们最放松也是最休闲的季节。张家养了六十多只羊,因此家人冬天的衣物都是用羊毛纺线做成的,又保暖又舒适。家里的衣物很少购买,也不会向外界借衣物,但家户在衣服消费时依然还是很节约。张国义有一件羊皮大衣穿了一辈子,到他去世时衣服都还保留着。贫穷的庄稼人从小经历的艰苦生活让他们懂得了勤俭节约,对于地地道道的老百姓来说这就是他们祖祖辈辈的道德品质。

5.房屋自足无剩余

张家的房子大大小小加起来有二十余间,因为家中人口较多,房屋也是随着家户的不断繁衍而逐渐修建的。家里最初的房子是在张廷栋时期建造的,张廷栋刚分家时家里较为宽裕,也分得了一部分资产,因此盖了一个比较结实的院墙。刚开始家中只有六口人,房子也就五六间,等到张克举这一辈,张家已经发展到十九口人,房屋也慢慢增至二十余间。张家的房屋是根据家户人口修建的,并无多余,加之有些房间是用来放置杂物和粮食的,因此往往是一个小家庭几口人住一间屋子,所以提不上与别人同住或是将房子租出。

6.生病多靠流传偏方解决

1947年以前,家里有人生病,如果是平常的头疼脑热都会用民间流传的偏方自行解决。

一般来说,一些基础的药材在农村都有,比如甘草、麻黄等是清热解毒的良好药材。至于一些比较严重的疾病,村里会请乡土医生进行诊治,以前的农村医疗条件很差,没有多少药物可以选择,得病后还是会经常用各种土方法,大多通过吃中药治疗,西药很少而且价钱也比较昂贵,一般人家生病也负担不起。如果是更严重的病需要去县里的医院,米塬村距离县城较远,况且都为山路,因此家里有人生病会选择通过吃中药缓解。

7.必不可少的人情花费

1947年以前的生活虽然较为贫穷,但人情往来依然是必不可少的,逢年过节拜访亲朋好友或村里办红白喜事都要随礼。不过因为大家都没什么钱,礼钱也很少,大部分都是用别的东西代替,大家对互相的交往看得很重,实则也是表达一种象征或传统。只有结婚才随礼钱,大多只是几毛钱而已。办丧事大多不随礼钱。小孩子过满月带"马蹄儿",是农村一种用面蒸的饼,或者是带一块布料、小孩子的衣物鞋袜等。以前办酒席吃得也比较简单,大多是一些平常不常吃的肉类或豆腐、蔬菜等食物。办酒席花费也相对较少,很多东西为家户自有。以前娶媳妇,新衣服需要买好布料家户自己做,很少买现成的衣服。嫁女儿的一方办得比较简单,只是亲戚朋友们来简单道个喜。娶媳妇的一方要郑重一些,虽然简陋,但该有的仪式都有。娶媳妇或办葬礼的支出相对较大,大部分家庭要通过借账以维持生活。在张家看来,家里再穷,人情往来也不能断,穷点也无非就是比别人家寒酸些。但家户并不会因为家庭原因影响成员的发展,张克举每年的学费、生活费大约有七八个银元,由于张克举家大人多,孩子少,所以家里能供得起他读书,没有因为贫穷而导致辍学,但家里的女孩子一般都不读书。

8.红白喜事随礼属于必要花费

一般情况下,家庭不发生重大变故是没有什么花费的,但红白喜事也不是常事,张家男性较多,每次家中办喜事也是一笔不小的花费。娶亲时男方的礼金支出需要几十上百的花费,再加上送一些必要的布料、吃食等,加起来是家庭的一大笔开支。等到新娘子过门还得在村子办酒席请一些街坊四邻吃饭庆贺一番。丧葬花费比起办婚事就要少很多。张家在1947年以前主要办了两次丧事,分别是张廷栋夫妇。张廷栋在1947年去世,家里在其去世前就已经准备好了寿衣棺木。这些都由家庭成员制作,需要的木材等都是家户自有,因此也没有多大的花费。只有办葬礼的时候需要买一些蜡烛、纸钱等,还要杀猪羊用来犒劳帮忙处理丧事的乡亲,这些花费在家庭可以承担的范围内。不过,张克举结婚家里还是借了几十块的外债,后来等到他参加工作有了国家发的工资也慢慢进行了偿还。

9.历来重视教育

1947年前,家里每年在教育方面也得有十几斗麦子的开销。张家祖上开始就有做私塾先生的人,因此家族内部的读书人也比较多,有尊师敬道的良好传统。张廷栋读过几年私塾,历来对孩子们的教育较为重视,只要家户有能力都会尽量供养孩子们读书。张家除了张克举在县城读初中以外,张克俊及其两个叔叔的儿子也在村子里读小学,孩子们一年的学费以粮食的形式进行计算,加起来大致每年有四五十斗粮食的花费。在村子里读书所需花费不大,只需要交一点点学费,因张克举在外读书还需要住宿、吃饭的开销,因此读书花费他占据得比较多,但家里并没有因此让他辍学,反而一直供养其到毕业。

10.消费多为自产自销

家户消费主要以食物为主,除此之外的其他消费每年大概只占到家户总体消费的百分之二十左右。其他消费一般包括购买零用的必需品或是亲朋好友间偶尔的借用等。其他家庭成员对家户整体的花费是不进行统计和计算的,也不会计划如何进行分配及消费,这些都由家长来负责。因为张家家户较大,家户消费占据较大的比重,因此家长会尽可能为家户争取较大的利益,尽管张家自有的土地达两百余亩,但张国义当家期间还是租种了四十亩的土地。在山区生存较为困难,低下的产量和落后的生产力使得人们没有其他的追求,唯一的愿望就是维持家户的基本生存,因此几乎所有的生活资料都会为家户整体成员的生活而考虑。

11.粮食消费占比最大

家里每年在粮食、食物、衣物、医疗、教育、人情等方面的消费中,粮食花费是占据首要位置的开销,占比最大。张家是一个拥有十九口人的大家户,按每人每年消费四百斤粮食计算,张家一年消费的粮食近八千斤。这还只是基于家户正常消费的考虑,若是遇到家户办红白喜事等情况还会更多。虽然张家拥有土地较多,但较低的产量依然只能够刚好维持一家的温饱。除了粮食消费外,其次是教育、医疗等的花费。因为家里一直比较重视家庭的教育,因此粮食中有一部分是属于家户教育的花销,衣物、人情则次之,毕竟家中衣物多自产,而人情方面的开销只是偶尔才有,占比不大。

(二)家户消费主体与单元

1.家户承担所有消费

家户消费都是基于整个家庭成员的考虑,家族、村庄只承担相应的管理事务,不会承担家户的日常消费。只有村庄遭遇重大灾难,或是家户遇到较大的困难,家族和村庄才会给予一定程度的帮助。张国义被抓兵那次,张家家族内都尽可能帮助筹集钱财等赎人,村庄里一些关系较好的家户也是尽力帮助张家渡过难关。这些帮助对于张家无异于雪中送炭,这也是基于张家一直以来与人友好相处及家族团结和睦的最好回报。米塬村村庄面积较小,人口也不多,封闭的环境造就了村民们朴实的性格,除一些个别家庭比较自私以外,大部分家户都是睦邻友好,维护着村庄的和谐与稳定。

2.消费考虑家户整体因素

家中在粮食、食物、衣物、住房、人情、红白喜事、教育、医疗等一切方面的日常消费都归本家户承担。总体来说,粮食消费最多,占据总消费的百分之七十以上,其他消费的比例达到百分之二三十。1947年以前,米塬村由于地理位置和自然条件的限制,村庄生产力较为落后,农民都是靠天吃饭,生活较为贫穷。自然偏僻的山村受到外界关注相对也较少,虽然米塬村也是每年都要给国家上交一定的赋税,但这是必须履行的义务,村庄并不会承担进一步维持农户生存的责任。张家依靠家户的团结与努力能够承担家户人口的消费,家户经济虽为村庄一般水平,但也足够维持温饱及日常生活。1947年以前,村子发生了好几次天灾,但还是依靠村子和村民进行自救,所有的生产及消费都得靠各个家户自行解决。

(三)一切消费均由家长主导

1.家长的首要权威性

家长作为家户的首要管理者和支配者,对外代表的是家户的重要权威及地位。张家一直具有长子当家的传统,张国义做当家人期间兢兢业业,为家户的稳定及生活做出了较大的贡献,算起来他也是张家的第一代家长,平时很有能力且说一不二。1947 年以前,国民党在各个地区有摊派到每家征兵的名额,张国义被强行抓兵,但实际上也是向每家征收一定钱财的手段。张家为了将其赎回,举尽家中的钱财,先后两次花了好几百元才将张国义赎回。而张国义回来后身心都受到较大的伤害,不仅落得一身伤痛,还因此使得家庭一贫如洗。要强的他觉得很是自责,所以身体养好之后一直很努力地为家庭打拼,希望能让家庭生活变得好一些。张国义养伤的一段时间,家中事务由其长子张克俊管理,张克俊虽然没有父亲强势,但为人谦和,和村子里的人相处得都比较好。这也是为什么在张国义被抓走的一段时间他能很快将父亲赎回来的原因,张克俊作为张家第二代家长,在他担任家长期间有重大事务还是要和张国义商量,只有一些家常小事才能自己做主。

2.家长做主的决策支配

在粮食、食物、教育、医疗等的消费中,家长起到绝对支配的作用,家户田地的耕作分配和人员分工是每年耕种时最主要的环节,而这些事务的安排都必须经家长仔细思考和斟酌以后才能决定。家户有关食物及教育等的消费都是家长主导,家长还需根据每年家户的收成进行粮食的分配,毕竟粮食是支撑家户生存的首要前提,而家户教育的一大部分支出也是依靠粮食进行支付。在衣物、人情、红白喜事等方面的消费可以根据实际情况由家户人员做主,家长也会与大家进行探讨,但家户的消费安排无须告知四邻、家族、保甲长等,若当家人不在,家中其他大人如当家人的妻子或是家户长辈都可以做主。

(四)不同家庭成员在消费中的地位

1.其他成员从属提议

不同家庭成员在粮食、食物、衣物、住房、人情、红白喜事、教育、医疗等所有消费中充当建议人的角色。家长作为家户的管理者具有一定的权威,张家也是沿袭家长当家这样的传统,凡是有关家户生存或是对外的事件需要家长做主决定。不过,张家并不是一味的家长专制,有些事情家长会作出个人判断,但总体而言家长也会就事论事,与家户成员进行协商,毕竟在没有分家时家中人口较多,况且家长作的决定也是为整个家户考虑,因此其他家庭成员也不会有所拘束,有意见或是想法都可以和家长进行探讨,共同为维护家户的团结与稳定而努力。

2.消费男女有序

各种消费无明显先后或优先顺序,与是否为男性或女性当家无关。只有在实际教育中,男孩优先于女孩,这是一种既定的传统,很少有人认为这是对女性的歧视。张家并不是一个很多规矩的家庭,一般情况下家里的人互相平等,并不会有什么差别对待。而在家户消费者中除遇到特殊情况,例如发生灾害家中收成不多,或是家里有怀孕的、坐月子的情况会考虑特殊照顾小孩、妇女等。张家历来读书人也比较多,对小孩子的教育比较重视,只要家户有能力就会将小孩子送入学校,没有能力家中识字的长辈也会经常给小孩子们讲四书五经,讲优良的美德故事。张家的小孩子们平时也不会出去随意捣乱,很有家教。家户分配主要由家长决定和安排,没有人有什么不同的看法,有什么需求和意见不管家中男女老少都可以向家长讲明,如觉得能够办到,当家人也会尽量满足大家。

五、家户借贷

（一）借贷单位

1.借贷

张家借钱以家户为单位，借钱也主要是用于家户整体的开销。一般以个人为单位进行借钱都是家庭人口比较少的情况，借钱也只是用于自身花销。与张家同村有一户人家，因为儿子吸烟赌钱，自己偷偷借了地主家的高利贷，之后因为没钱偿还将家里的房屋土地都用来抵债了。张家借的最多的一笔钱是在张国义被抓兵时期，前前后后借了几百元，虽然是为了赎回张国义的欠债，但全家人并没有任何怨言，虽然家户还未分家，但张国义的两个兄弟和家户成员一起尽自己的所能在村子内外找人借钱。之后，家户也是团结一致，共同努力偿还了所欠的钱款。

2.家庭借贷由家户偿还

以家庭为单位统一借贷主要是遇到红白喜事的情况，张家在张国义被抓兵回来后的一年，为了给张克俊娶媳妇又不得已和亲戚借了一笔钱，在这之前欠的钱还有大部分未偿还，但因张克俊到了娶亲的年纪，且与女方也是在一年前就订好了嫁娶的事宜。因张国义此前落下病痛，身体还未完全恢复，所以张克俊的婚事是张国泰和张国安一手操持的，他们也是竭力帮忙，家户缺少办喜事的钱财，张克俊的两位婶婶分别从自己的娘家借了一些钱用来操办婚事。虽然女方家也知道张家此前遭受的劫难，也向张家减免了一定数量的礼金，但给新媳妇收拾住所、置办衣物是少不了的习俗，也是一笔不小的花费。家户借贷时不需要告知或请示四邻等，但红白喜事要通知村子里的人，好让大家都来吃酒，沾沾喜气。家户内的小家庭也可以单独借贷，张克俊结婚就是由两个婶婶以她们的名义从各自娘家借的钱，而这样的情况就需要整个家户进行偿还。但如果小家庭以自己的名义借钱用于自身的消费，这样就不能由整个家庭来偿还欠款，须由小家庭自己偿还。不过一般情况下是不会出现这样的情况的，只要家户没有分家，那么家庭成员的消费都是一起的，除非家里有人偷偷赌博或是吃大烟才会以个人的名义在外借债。

3.家户无个人借贷

张家没有出现过个人单独借债的情况，村子里偶尔会有单独借债的，要不就是吸大烟，要不就是赌博所欠。而这种状况下的借贷行为是偷偷摸摸在背地里进行的。村子里有一户人家的儿子因为抽大烟染上了烟瘾，但因没钱就将家里的土地及房屋抵押向地主家借了高利贷，结果后来没有能力偿还被地主将家里的地全都收走了。他家本就十几亩的土地，在村子里属于最为贫困的家庭，结果还沾染上如此的恶习，最后搞得一家妻离子散。张家一直以来家教较为严格，因为家户有重视教育的优良传统，从小就会给家里的小孩子们传授为人正直、与人为善的品德，因此张家家户内部不仅团结和睦，在外与人交往时更是深受大家的尊重。

（二）借贷主体

1.家长在借贷中的支配地位

关于借钱的事项以家长作为实际的支配者，如果家长不在家，一般情况下都会有默认的代理家长。在借贷中，可以由家长委托家庭成员进行借贷，可以是家中的男性也可以是女性，但借条的署名需写家长的名字。不过,这些必须是在家长知晓和同意的前提下才可以,成员不能私自作决定。大家庭借贷的责任人理所当然由家长担任,其他家庭成员主要起到配合和拥护的作用,家户借贷既然以全家的名义进行,那么每一个家户成员都有偿还的义务。加之自古就有父债子还的道理,就算家里有人以个人的名义进行了借贷,那家里人也要想办法进行偿还。小家庭借贷若是在家户中产生,如果是用到正当渠道的消费也是家户一起承担。在借贷中,家长主要起决定作用,会由家长出面决定向哪家借贷,而家长可以委托家里的任意成员前去借款,但这要以家长的名义进行。其他成员和家长一起面对,需要出人出力的时候也要积极配合,帮家长建言献策,贡献自己的力量,毕竟家户每一次的借贷行为都是为维持整个家庭生活而作的决定。

2.家长不在由长子当家

张家如果出现当家人不在的情况,会由代理家长掌管家庭事务,张克俊在张国义不在期间可以自行做主。如果事情比较重大还是需要和家里的长辈共同商量决定。只有在家中男性不在的情况下才能由较有资历的女性做主。张国义之后,张家逐渐由张克俊当家,张克俊是张国义的长子,虽然家中还有两个叔叔,但自古就有长子当家的传统,因此两位叔叔也很支持他行使管理家户的权利。张家在张国义被抓兵的那段时间,家中的借贷行为全部由张克俊一己承担,之后偿还欠款都是整个家庭一起努力还钱,不会分得那么清楚。借贷是以家户的名义进行的行为,按理说每一个家庭成员都有责任,但家中的老人和小孩不是主要的劳动力,没有偿还的能力,因此借贷责任主要由家中的成年夫妇们承担,男性的责任要重于女性。

(三)借贷过程

1.因抓兵导致的借贷

1947年以前,家里借钱是常有的事,张家借得最多的一次是在一九三几年,国民党经常会派人来村里征兵,其实是为了多跟每家要一些钱粮。张国义就被抓到了会宁县,还被关押到了班房里,那些人明确地表示,不让张国义去当兵也可以但必须再找一个人来顶替。张国义被抓走以后家里没了主心骨,张克俊作为张国义的长子义不容辞地承担了家庭的责任。他用两天时间变卖了家里的一些粮食、牲畜等,很不容易地凑够了两百元钱。之后,打听到邻村有个小伙愿意顶替张国义去当兵,但需要给他家两百元,张克俊赶紧将钱送到那家人的手中,本以为张国义会顺利回来,结果等了两天都没动静,张克俊只能亲自前往县城一探究竟,谁知道张国义依然被关押着,而且几天时间就被虐待得不成样子。这些人竟然将张国义双手捆起来在房顶吊着,而且还进行拷打。后来,经过询问得知他花钱买的那个小伙竟然拿了钱带着家人偷偷跑了。这对张家来说简直是晴天霹雳。但张国义还是得尽快想办法救出来,经过协商,征兵的人要求再交出一百五十元就将张国义放回去。张克俊只能赶紧回家又倾尽家中所有财产,还跟村子里的人借了近一百元才将父亲接回来。这一次经历将张家的生活打入低谷,张国义经此一难身体也受到了很大的创伤,一处肋骨都被打断了,一直到1947年前夕,张家所欠的大笔钱财才慢慢得以偿还。而在此期间家里因为大大小小的事情还向亲戚朋友等借了不少钱,村子里有能力的人也都尽量帮忙。

2.家长为实际支配者

如果是跟亲朋好友或是比较熟识的人借钱就不需要抵押,关系好也不需要请证人作担保。借贷时需要抵押的情况大多属于以个人形式进行的借贷行为,抵押主要以房屋、土地为主,在农村最主要的生存资料无非也就是这两样。借钱如果比较多是需要打借条的,只有跟关系比较好的人或是在借钱不多的情况下才可以不用打借条。米塬村在1947年以前将借条称之为欠条,借钱时由借钱一方拟好欠条,主要内容大致为某某于某年某月某日欠谁多少钱,规定于多长时间内还清,最后还要写上借款人的姓名。一般借钱事宜由家长来负责,但家长可以委托别人前去,如果是家长去需要家长署名,但委托人签名时得写家长的名字。

3.大笔钱财需见证人作保

如果是跟自己的本家或是亲戚朋友借钱,在双方比较可靠和放心的前提下不需要保人。而借钱较多或是跟不熟识的人借钱需要找一个双方都认识的中间人。找中间人需要由借钱一方来负责,借钱是双方家户的事情,所以不需要摆酒席,毕竟借钱是因为家户自身困难,所以也不会额外再进行其他的花费,米塬村在1947年以前也没有这样的规定。张家借钱最多的一次是在张国义被抓兵的时候,家里前后借了几百元的外债,其中一大部分是和自己的亲朋好友所借,因此没有请中间人,也没有写欠条。但还有一部分是和村子里的人借用,这些都需要在中间人的担保下才能够完成,同时还需要仔细写好欠条交由双方共同保管。

4.平常借债不需利息

家户偶尔缺少现金或临时跟邻居或亲友借钱不需要利息,只是约定好归还的时间就可以。遇到缺少油盐酱醋等生活必需品的情况,也会和邻居等借一点钱来购买,这样少量的借用是不需要利息的,日后家户有钱随时便可进行归还。但如果是和地主家借贷,不仅需要利息,而且还是高利贷。米塬村附近村子里有一个地主对农民的剥削极尽所能,他家有很多的土地基本全部租给无地少地的农民,一般情况下别的地主租金都是按照土地收入进行三七开,可这个地主全部按照二八的比例进行收租。家里也雇用了不少长工和短工,他们不仅吃住条件差,还经常被克扣工钱。而借了地主钱的家户,利息会按照季度和年限进行增加,这些由地主自己规定,目的是为了多剥削穷人的钱财,为自己积累财富。

(四)还贷情况

1.还贷主要由家长负责

借款时大多会确定一个归还的期限,到时需要借款人亲自去还。如遇特殊情况也可以根据实际作出一定的延缓,如果家里有钱不用几天就可以还,但如果家庭困难一时拿不出多少钱,那么隔几年才能还清的情况也是有的,这种情况主要是和一些比较熟识的人才可以。如果是跟一些大户借的钱,那么必须在规定的时间内偿还。一般是在秋天粮食收完,到十一月份左右的时间偿还。不仅是借了钱的需要还,租种了大户家土地的农户也需要在这段时间交租金。还款时要按照和佃主签订的借条履行义务,规定一次还清的必须一次性偿还,如果没有能力一次性偿还的会进行分批偿还。和别的家户借的钱一般是不能用粮食代替的,但和佃主借的钱款则可以用粮食代替,不过只能以小麦进行替换。所有的还款行为都以家长为主要负责人和沟通人,其他成员不能擅自决定。

2.借钱可用他物进行赔偿

借钱还不上的情况还是会发生的,如果发生这样的事可以由双方当家人进行协商,若是借钱一方实在有困难,不能一时还得了欠款,可以用粮食代替现金进行偿还。粮食的多寡对于家户来讲意味着财富和生活质量的好坏,在米塬村没有用"以工贷补"的方式偿还借款的情况,借钱时都会写欠条,大多时间都得按照欠条上规定的时间进行偿还。以地抵债的情况只有跟地主借钱时才有可能发生,偿还不了才会将土地抵押给地主,抵押后的土地若在规定时间内不能还款,则由地主将抵押土地收回,且不能返还。

3.家户借债共同承担

自古就有父债子还的说法和传统,父亲借了债,儿子理所当然应该承担归还的责任和义务。如果家里有儿子则由儿子来承担,如果家里没有孩子,妻子也没有能力偿还,一般情况下是将房屋田地进行抵押。借款人如果跟被借款家庭熟识且双方一直关系较好,则免除借贷的情况还是有的。张家因为张国义被抓兵一事和家族其他家户借了一些钱,但是没有规定具体偿还的期限,虽然也是一笔不小的数目,但家族内部了解张家的具体情况,其他家户在经济不太紧张的前提下不会逼迫张家早日还钱,由此也可以看出张家家族一直以来的互助与团结。

4.家长去世,长子当家

家长去世后遗留下的债务由家庭剩余成员来进行偿还。一般情况下,长子接替成为家户的当家人,至于家户之前的欠款,不论是谁作为欠债人都需要由家户整体来负责承担。已经分家的兄弟债务由自身所在的小家庭分担,其他兄弟没有替他偿还的义务。家长去世以后若是子孙不成器的,在这样的情况下债主可以由村中明白人作出评断,决定有没有权利拿走欠债人的其他财产进行抵押。若是欠债人没有后人,则债主可以直接收回欠债家户的产业归自己所有。

六、家户交换

(一)交换单位

1.家户交换多发生于普通借用之间

家里和别的家户之间还是会发生交换行为,乡亲们之间无非是为柴米油盐酱醋茶的生活琐事而打交道,若是哪家缺少必要的生活资料,都会跟街坊邻居进行借用,农具的使用也是一样,大部分家庭都比较贫困,因此村里都是互相借用农具来完成生产。而一般的生活资料等的借用由家中女性前去,关于农具等则大多由男性借用。去集市是家长或家里的长辈们前往,小孩子和妇女是没有条件前往的,因为米塆村离乡镇较远,离它最近的集市也是位于十几里之外的大芦乡,去的时候只能步行,光是走下山就得花费好几个时辰。所以只有到变卖粮食或是交粮食时,家里的男性才会用牲畜驮着粮食下山,回来再顺带换些钱买一些生活必需品。

2.小家庭交换无特定规矩

小家庭的成员在没有分家以前还是可以进行经济交换的。张家对于家户成员的活动没有太多的规矩和约束,家户成员不需要什么事情都要向家长请示,得到家长的同意。如果家长不在,家里需要什么东西要和别的家户借用或者是互换,家中任何成员都可以自行前去。当家人不在,则由代理家长处理家户事务,张国义不在期间,张家的代理家长就是张克俊,但张克俊不会自行决断,有事还是会主动与家中的其他成员商量和探讨。

3.家户无个人交换行为

张家家户中个人不能进行独立的经济交换,因为在没有分家以前,家户所有的行为及活动都具有统一性和整体性,所有的人都居住在同一个大家庭中,消费行为都在一起,所以也不会产生个人的独立开支,个人如果有需要经济交换的事情必须和家长商量,向家长请示,如果家长同意才可以单独交换。虽然家长可以以个人的名义进行经济交换,但张家一直较为团结,家长也只会基于家户整体的利益来考虑交换行为。

(二)交换主体

1.当家人为交换主体

在家庭的经济交换中,家长是实际的操纵者和支配者。虽然张国义当家也并不是事无巨细,但关于一些较大的经济及生活问题必须是当家人起主要的决定作用。家里的其他生活琐事,例如照料老人的生活起居和日常生活资料等的借用,还是可以由其他家庭成员来解决和决定,张克俊结婚以后,张国义慢慢减少了很多有关家户的管理,家户的诸多事务渐渐交由张克俊管理。总体而言,家户的交换行为还是以家长为首要的主体和代表人。

2.家长不在由代理人处理

在家长有事或不在的情况下,家中事务的管理都是由其他长辈或是代理家长负责。一般情况下,张家由张克俊来负责处理家户的事务,张克俊作为张国义的长子也自然而然地承担起管理家户的责任。家长外出都会将重要的事务安排给家里放心的代理人,虽然家里的钱财等都是由家长保管,但家长出门都会提前告知妻子或是家户较为信任的成员,如果有需要进行经济交换就由代理人和家户其他成员共同商量决定。

3.其他成员从属提议

家长在家里起主导和首要的作用,其他成员在地位上跟家长没有多大的区别,只是和家长在权利层面上有偏差。在家户中,除家长之外的家庭成员共同发挥各自的作用,维护家户整体的发展和团结。在家户的经济交换过程中,家长负责提前进行沟通和商议,作出具体的安排,但家户成员并不是坐享其成,为了维护家户的整体利益与和谐稳定,每个成员都会尽自己的能力积极参与,和家长探讨。当家人不在时家户也不会无人管理,张家的男性较多,家中还有长辈可以做主,因此都可以共同协商。

(三)交换客体

1.家长及男性可常去集市

家里的粮食和食用油等生活必需品是不需要购买的,张廷栋夫妇在世的时候家里会自己酿制酱来食用,张克举的母亲嫁过来之后也学会了这个手艺,平时家长及家中男性们去集市回来也会偶尔买些棉花、盐醋等生活资料。由于山里距离乡镇路途遥远,当家人一年也只能出去两三次,大多是出去卖羊皮换取钱财,有时也卖些粮食换点钱。去集市是只有当家人和家里的男性才有的机会,小孩子是没有机会去的,妇女在以前都不怎么抛头露面,所以也是去不了集市的。1947年以前,米塬村到最近的集市只能走着去,因为都是山路,所以比较难走,也很耗费时间,加之没有马车等交通工具,赶集需要在凌晨四五点就出发,这样才能赶在天黑之前回家。除了家长及家中其他长辈外,其他家庭成员不能单独去集市。

2.去集市换粮由家中男性做主

米塬村没有粮食行,家里进行粮食交换都是去集市,家户每次换粮由张克俊负责,张国义因为有病,不宜出远门,所以家里外出的事宜全部交给张克俊和张国泰及张国安这几个主要的劳动力。因为家里的粮食够家户自身的花销,所以不需要额外购买。卖粮食也大约是在每年的十月份左右,那时所有的庄稼都会收拾妥当,家中也比较空闲,除了留下家中一年的口粮以外,其他的粮食都会运往集市卖了换钱。卖粮食时需要用家里的牲畜将粮食驮运到贩卖的集市,由于前往集市路途遥远,加之山路崎岖危险,因此只能由男性来负责。

3.家户女性多与流动商贩进行交换

妇女和小孩们不能外出去集市,但村子里每年都有从外地来的流动商贩贩卖商品,可与他们进行交换。经常来米塬村的据说是从山西和河南来的商贩,当地都将之称为"货郎担"①。他们每年都会来一两次,商贩们拉着一头小毛驴,毛驴的背上担着两个筐,里面装满了各种针头线脑和哄小孩的小玩意儿等。这些东西其实都是给村子里的家庭妇女们准备的,毕竟女人的地位普遍比较低,他们不能像男人一样经常抛头露面,所以女人们需要的针头线脑、绣花的样子等只能通过货郎担来买到。小贩到村口的大柳树下把东西都摆开,村子里爱凑热闹的男女老少前去围着一堆东西挑挑拣拣、说说笑笑,看到有的妇女抱孩子,货郎担手里还会拿个拨浪鼓在那里又摇又唱。每次货郎担前来,家里的姐妹和婶婶们有空也都会去凑凑热闹,顺带买一些各自需要的东西。买这些东西不需要经过家长的同意,毕竟这些不是家里的必需品,听见货郎担来到村里,家长还会给几元钱让家里的女眷及孩子买自己需要的东西。

4.米塬村无特定"人市"

因为米塬村没有集市,所以不存在什么管理部门。1947年以前的集市都是附近的村民拿着自家的东西等进行叫卖,且集市没有管理部门,谁想卖东西只需要早早去给自己占一个位子就可以,并没有一些较为正式和严格的规定。张家所在的村镇没有人市,哪家需要招工就会放出消息,村子里有类似媒人这样的中间人会在雇工和招工的人之间进行沟通,一个村子就这么大点地方,谁家有什么消息很快就会传遍整个村子,因此打工的人知道消息以后也会主动去招工的人家里进行询问,其中具体的事项会由当家人与其进行沟通。

(四)交换过程

1.交换遵循货比三家的原则

在集市进行交换或置办物品需要货比三家,毕竟集市上的商品比较杂乱,很多又都是农户将自家的产品拿来售卖,因此好坏价钱都不一样,这样就需要多看多对比才能找到质量又好价格又便宜,最终还能令自己满意的货物。张家能够去集市的成员主要是当家人和男性,张国义作为当家人,做事踏实认真,因此每次去集市买一些生活必需品时,他总会细心地多进行对比及商量,尽量选择物美价廉的商品,为家户节省开支。

2.交换多与熟人之间进行

大部分的交换行为发生在熟人之间,有时候家户缺少某件东西或者一些生活用品就会向周边的邻居及亲友询问,然后用家里多余的粮食及其他物品来换取,这在村子里都是常有的事。有一年,张国义一个本家兄弟家里没有种土豆,后来他用家里的高粱和张家换了几百斤土豆。关于物品的交换一般都是双方当家人进行商量和协商,若是平时妇女之间换置生活用品等不需要告知家长,家长负责处理较大的事务,以确保家户的稳定和团结为前提。

3.卖羊靠家长与经纪人沟通

经纪是中间人,他也会直接参与交换。1947年以前,村子里卖羊皮有专门收皮子的人前来收取。这些人都是外地人,以回民居多,每次收羊的贩子到各地做生意都会在身边带一个中间人,也就是经纪人,中间人大多是附近村子里的人,他们经常帮外地的商贩联系各村需

---

① 货郎担:货郎挑的杂货担,亦指货郎,主要指卖小百货之货郎。

要贩卖牲畜的人家,等商贩来直接带到家户中进行协商。商贩每次来都是两三个人一起,主要以外地的回民为主,商贩们都是用牲畜拉两个木头板车用来运送货物。在米塬村一年会来两三次左右,每次都是和家里的当家人及长辈们交涉,妇女和小孩子不参与其中,也没有作决定的权利。

4.过斗过秤家庭成员均可完成

交换以贩卖粮食为例,在集市进行交易的时候,需要卖家自己将粮食倒在专门称重的斗里,这项工作不一定非要当家人来完成,任何一个同行的家户成员都可以做这项工作。不过称重以后的价钱商定等由家长来负责,其他成员只是帮助家长进行粮食的搬运及出售。因为家长是家户最主要的代表,每次去集市都是家长与商家进行接触,因此双方之间已经具有约定及熟识的基础,家长商量价钱也比较得心应手,更是能为家户争得最大利益。

5.赊账基于信任的基础之上

在集市买卖商品大多情况下是不能够赊账的,毕竟到集市进行交易的都是来自不同地方的人,况且大家每年也没有几次可以出门的机会,如果赊账,就没有偿还的期限及确定性了。再加之集市都是一些流动的商贩,经营地点及人物并不固定,也没有办法赊账。能够赊账的情况是基于商贩和买方的信任基础之上的,只有双方关系达到绝对的信任时才会发生。张家去集市买卖粮食一直都在同一店铺,多年的交易使得双方建立了深厚的友谊,因此张家若是有人在这家店里买了东西但一时没钱支付,老板都会赊账,也不会确定偿还的期限。张家家风一直较好,与人交往也很有诚信,只要家户有人去集市都会及时偿还所欠货款,偿还时没必要由家长归还,家户成员均可以。

第三章 家户社会制度

家户作为一个小的单元,拥有其内部自身的整合和控制功能,每个成员依据各自的权利与义务共同维持着家户的团结与稳定。1947年以前,张家有五对夫妇,虽然家户历来重视教育,家风也较为开明,但长幼尊卑、重男轻女的传统观念依然深深地影响着家户的婚配及生育。张家虽然人口较多,但家庭氛围一直比较融洽,成员间也很团结,家户无论是内部相处还是对外交往都秉承以和为贵的优良作风与传统,在村中具有较高的威望和地位。

一、家户婚配

(一)家户婚姻情况
1.家户拥有五对夫妇

张家在1947年以前一共有五对夫妇:中年夫妻包括张国义、张国泰及张国安三对夫妇,年轻一辈的有张克俊和张克举夫妇。张家在米塬村属于长居此地的大家户,除了已婚的人,家里还有八个小孩子,分别是四个男孩和四个女儿,到适婚年龄的人都结婚了,没有光棍。在米塬村没有同姓通婚的情况,但1947年以前村子里近亲结婚也是常有的事,张国义的大弟媳便是自己姑母的女儿,因此张国泰夫妇属于近亲结婚,而张国义的妻子也是以童养媳的身份嫁入张家的。

2.米塬村内不通婚

米塬村不允许村内通婚,因为村子比较小,只有几十户人家,仅几百口人,且大多是本家亲戚之类的关系,所以大家尽量避免村内通婚,都是在整个县城范围内的乡村之间联姻。自古男女之间结亲就有门当户对的传统,因此村子里有打算结婚的男女青年都会提前请媒人在一两年内进行寻找,而大多是家庭情况相差不多的人家。这种联姻方式与村庄发展和当时的社会发展程度有关,毕竟农村都比较贫困,大户人家也是和有钱人通婚,因此普通农民会找门当户对的人通婚,很少有大户和小户通婚的情况,只有大户人家的家长比较开明,在没有必须门当户对的观念这样的前提下才会有与小户通婚的可能。小户人家和大户及中户人家通婚的情况还是比较多的,毕竟小户人家家庭条件较差,没有那么多精力抚养较多的孩子,尤其是女孩子本身就被认为要早早出嫁他人,早点嫁人不仅能为家里换一些彩礼钱,还会给家里多留一个人的口粮。而小户人家的女儿和中户大户通婚总能获得较多的彩礼钱,因此小户人家都希望自己的女儿能嫁到条件好的人家。

(二)婚前准备
1.家长做主请媒人提亲

1947年以前,家庭成员到适婚年龄都由家长负责提亲并主持婚礼事宜,家长作决定也不需要征得儿子的同意，但寻找合适的结婚对象时家长会向四邻或是家族内的人询问和打听。等儿子到了适婚年龄，家长会提前找媒人或是亲友寻找附近村庄未出嫁的女孩子，如果有合适的人选就会让媒婆将男方的生辰八字交给女方进行配对。双方同意以后由家长碰面商量订婚事宜，一般会提前半年左右的时间将亲事定下来，订婚时男方要拿点心和酒作为礼品，女方在出嫁前才会收到彩礼。四世同堂的家户也由当家人来决定，张家1947年以前四世同堂，婚事由张国义做主决定。

2.婚姻遵循一定标准

1947年以前，张家娶媳妇的标准与村子里大部分家户的要求相同，总体而言是女方家庭要是清白人家，没有人沾染恶习，女方要看着顺眼、大气，最主要的是懂事、会操持家务。这些要求也是男女婚嫁最基本的条件，而未出嫁以前，女孩子们从小就是家户里做家务的得力帮手，基本的条件都能具备。张国义次子张克举在19岁结婚，结婚前家里对女方的要求是不能比男方大，对长相没有太高的要求，只要看着大气、顺眼就可以，至于操持家务这些是不用刻意要求的，因为1947年以前几乎每家的姑娘从小就大门不出，二门不迈，学会了很多家务及女红。名声德行这些需要托媒人提前打听，看女方家里是否清白，有没有抽大烟或赌博的人，如果有这样的人家里也是不太满意的。身体状况的要求是不能有什么疾病，张家最看重的就是女方家里的人品。毕竟张家一直待人和善，长辈都是读过几年书的人，因此女方家里虽说不能要求是受过教育的家庭，但至少也要为人正派，人品较好。

3.遵从父母之命

1947年以前，男女婚姻主要听从家中长辈安排，张国义从小就说定了童养媳，其子张克举虽然是家里读书最多的人，但男女结亲都凭借父母之命、媒妁之言，而且以前的教育也是以德育为主，虽然上初中也学习了数学等知识，但最主要的传统观念依然根深蒂固。张克举结婚时没有什么过多的想法，还是听父母的安排。在他看来，结婚是为了给家里传宗接代，家庭的和睦与幸福也就是个人的幸福。至于爱情，张克举认为生活是要慢慢过日子，没有经历生活的酸甜苦辣也不是爱情，结婚既是为家庭，也是为自己，毕竟一个家庭乃至家族的兴旺都是由家庭众多的人口决定的。

大户之间通婚会考虑到维护家庭的稳定和人员关系一方面，米塬村有近亲结婚的家庭还是很正常的，张国泰夫妇就属于近亲结婚，是在张廷栋时期定下的亲事。张国泰的妻子是张廷栋妹妹的女儿，因为两家离得不远，也经常走动，再加之两个人年纪相仿，两家人就有了结亲的打算，说起来两人也是从小定的娃娃亲。女方小的时候经常由母亲带着到张家串门玩耍，和张国泰也属于青梅竹马，两个人从小经常在一起玩。后来长大了女孩子虽然不能经常抛头露面，但之前定的亲事一直作数。

4.无自由恋爱

1947年以前，农村几乎没有自由恋爱的情况。以前的思想和观念都比较封建，男孩子和女孩子到十几岁就不能在一起玩耍了，对女孩子的规矩相对来讲比较多，女孩子的名声在结婚以前是很重要的，更甚者还会影响以后的婚嫁。由于男女亲事由父母做主，只有偶尔比较大胆的女孩子才敢主动和男孩子交流玩耍，也不怕什么不好的言语。张家所在的村子里有一户姓杨的人家,他家有三个孩子,一个男孩儿,两个女儿,男孩子是家里的老大。这家的二女儿也就比张克举小两岁左右,小的时候村子里的孩子们一起玩,她总是和一帮男孩子混在一起,经常跟着男孩子掏鸟蛋、捅马蜂窝、摘榆钱儿,甚至还会和别的男孩子打架,从小就是个胆子大、不安分的人。后来,张克举听家里人讲过她结婚的事情,觉得这个女孩子算是村子里唯一一个敢顶撞父母、最有个性的女子。

听说该女孩子在 15 岁的时候她家里把她许配给了邻村一户人家,据说那户人家家里条件很好,光羊就有两百多只,还有好几百亩土地,家里还雇着长工干活。但这个女孩儿被许给了这家的大儿子,远近的村邻都知道这家大儿子一直有病,常年卧病在床,所以都快三十岁了也一直没人愿意将女儿嫁过去。而杨家之所以作这个决定是因为家里的大儿子已经到了结婚的年龄,但家里条件实在太差,已经问好了媳妇但因为一直凑不够彩礼钱女方要退亲,所以才不得已收了那家的钱,相当于是卖了女儿才凑到了儿子的彩礼钱。杨家家长瞒着女儿偷偷收了钱,等到女儿知道这件事情时已经快到出嫁的日子了。这个女孩子知道了事情的经过非常气愤,说什么也不嫁给那户人家,还跟父母讲如果逼她出嫁她宁可去死。听说她在家三天没有吃饭,以死相逼,家里实在没办法只得退了这门亲事,卖了家里唯一的一头牛作为儿子娶媳妇的彩礼钱。

5.聘礼随家户情况而定

1947 年以前,对于结婚的聘礼没有什么成文的规定,嫁娶双方依据家户自身条件协商确定,礼金最多有几百块的,少的几十块的也有。张家家户成员结婚时的彩礼也是各不相同的。张国义结婚没有彩礼钱的开销,因为他的妻子是以童养媳的身份来到张家,从十几岁就一直在家里了。张国泰和张国安结婚因为还有张廷栋时期积累下来的财富,家庭还有些积蓄,所以彩礼钱有一百多块,除了礼金以外还要给女方购买一些布匹,还要打一对银镯子和银耳环作为聘礼,耳环等都是张廷栋时期积攒和继承下来的东西,以前张家家庭条件还可以,聘礼相对也较为丰富。等到张克俊结婚时,家境已经很一般,又因为张国义被抓兵而导致家里一贫如洗,所以张克俊结婚时家里已经拿不出多少钱了,而且那时又欠了不少外债,张克俊结婚时只凑到了几十块钱的礼金。后来,张克俊的母亲又把她唯一珍藏的一对耳环拿出来作为聘礼,同时留下的还有一对手镯,这个是留给张克举结婚的时候用的。不过较为幸运的是,张克俊妻子的父亲和张克举父亲是旧识,他听说了发生在张家的事情,主动减少了彩礼钱,还给女儿陪嫁了不少嫁妆。

到张克举时家里的条件相对张克俊结婚时已经好了很多,不过也是东拼西凑才凑了一百元钱作为彩礼钱。虽然家里不同人的彩礼不一样,但也没有人有任何意见和看法。因为大家都生活在一起,所有的事情需要共同来面对,不存在互相不满意的情况。家里女儿结婚只需要陪嫁一些基本的生活资料,比如两床被子、几双鞋袜等。女孩子的嫁妆是女孩子和母亲早早就准备好的,没有什么不同。男女订婚以后两家少有走动,不过若是之后有什么节日,定亲的男方需要带着礼物去女方家里拜访。一般情况下,在订婚以后是不会有毁婚的情况的,除非发生像上面章节提到的杨家姑娘悔婚的事件。大户、中户、小户在聘礼的多少和讲究程度等方面还是会有差别,像张家和米源村家庭比较贫困的一般家庭,聘礼都是女方提出以后双方稍稍还还价就直接确定了。但大户家庭必须挑一个好日子先核定男女双方的生辰八字,合适以后由媒人询问要求等注意事项,聘礼男方会直接确定,一般都是以双数的形式呈现。

(三)婚配过程

1.家长在婚配中起支配作用

婚配过程不需要由谁特意制定,在农村专门有一套结婚的流程,米塬村整个结婚的程序都要先经媒人寻找合适的对象,然后双方家长商量定亲并确定结婚的日期,之后到结婚那一天由新郎的兄弟及村庄适合的年轻人,必须是和新娘属相相配的人去将新娘接到新郎家中。米塬村的规矩是新郎本人不去新娘家接亲,而新娘来的时候父母也不送,送新娘的也是她的兄弟还有叔叔们。举行婚礼的仪式也比较简单,需要拜天地、拜父母及夫妻对拜,之后女方就被送入房间等待,由男方的姐妹作陪,而男方要出去陪酒、宴请亲友。1947年以前的农村酒席都比较简单,大多都是一些家常小菜,所需材料也为家庭自产,不需要额外购买,以前没有婚帖,也没有其他特别的讲究。

2.其他成员从旁协助

在婚礼过程中,家长和其他家庭成员所处的地位还是会有所差别,一般情况下由家长负责招呼家里的宾客、管理婚礼事宜;家中的女性需要负责酒席的操办和准备,同时还要招待前来贺喜的女眷。家庭的分工会有比较明确的安排,张克举结婚时张克俊已经是家里的当家人,所以张克举的婚事大部分是由大哥主持操办的。其他家庭成员也是各自有需要负责和帮忙的部分,家户作为一个整体的单元,任何事情都需要集合所有成员的力量才能共同完成。

(四)婚配原则

1.成员结婚先后有序

家里结婚有比较严格的长幼次序,但大多针对男性而言,女孩子则没有长幼的特定约束,若是妹妹先找到婆家则先举办亲事,姐姐也不会有任何怨言。而对于张家这样四世同堂的家庭来说,家庭人口规模对家庭成员的婚姻状况还是会产生一定程度的影响。张家属于子女较多、人口较多的家庭,张国义的两个弟弟张国安和张国泰比其长子张克俊大不了几岁,所以等到张国安结婚时,张克俊也快到了娶亲的年纪,但在农村一般情况下叔侄如果年纪相仿则长一辈的人先结婚,所以张国安结婚两年后张克俊才结的婚。结婚主要还是根据孩子的年纪进行考虑,到了结婚的年龄,家长会早早地找媒人寻找合适的对象。而这种事也是需要花费一些时间的,找好后还得给男女双方合八字,最终确定以后才会约定结婚的时间。小户家庭也没什么特别的禁忌和规律,家户小的人家最盼望的是家里的女儿能有个好去处,家庭条件越好家长会越满意和开心。家中有新人结婚时,要为新人装饰一间喜庆的屋子作为新婚夫妇的婚房,结婚后很长一段时间新人就住这间屋子。若是以后又有要结婚的家庭成员,但只有这个房子比较新,那么之前结婚的夫妻就要搬到别的房子去住,将较新的房屋留给新人作为婚房。

2.结婚花费与家户经济条件相关

婚礼所需的花费大部分支出在彩礼钱和嫁妆方面。以张克举为例,他结婚时给女方家的彩礼钱是一百块钱左右,另外还有他母亲保存了几十年的一对银镯子,在当时来说能有这样的彩礼已经是比较丰厚的了。况且张克举结婚时并不只是依靠家户自身的经济条件,彩礼钱中有一部分依然是通过借债才能得以支付。米塬村处于山区,历代以来都是一种与世隔绝的状态,村子里除了一户地主家家境较好以外,其他大部分家庭都是一穷二白的庄稼人,一年到头也没有什么存款,至于首饰,如果不是家境较好家户更是没有。村子里很多人家在婚丧嫁娶方面都是要依靠互相借钱才能顺利举办。只有一些大户人家家境比较好,也比较爱讲排场才会花费较多,婚礼也要操办得比寻常人家大。

(五)其他婚配形式

1.童养媳

(1)家境无力抚养做童养媳

张国义的妻子孙克兰是以童养媳的身份嫁入张家的,孙克兰是会宁郭城[1]人,离米塬村有十几千米的路程。因为张国义的二婶来自郭城驿镇,孙家和张国义二婶家算亲戚关系。孙克兰的家庭非常困难,据说在1947年以前家里靠给村中的大户人家做长工来维持生活。听说张家情况还比较好,于是托亲戚和张家进行了交流,张国义的父亲也同意了这件事,孙克兰13岁时被送到张家做了童养媳。

(2)家户做主安排

童养媳要送到婆家的年纪不分大小,有的女孩子在六七岁、七八岁时就被送到丈夫家里,有的到十几岁才被送到,张国义的妻子到张家时已经13岁了。1947年以前,男的一般在16岁左右就会结婚,女的也一样,16岁以前到男方家里生活的都算是童养媳。童养媳到家里的生活和家户其他成员一样,没有什么差别,家里养童养媳需要经过当家人的同意才可以。收养童养媳不需要文书,女方家里直接将女孩子带到男方家中,双方父母进行商定,男方家里也会经常和女方家走动,提供生活接济与帮助。

(3)娶童养媳的花费安排

娶童养媳时会给对方家庭一些粮食或是钱财,但女方也不会主动开口向男方家索要,毕竟将孩子送出去做童养媳也是为了减轻家庭的负担。孙克兰来到张家时,张廷栋给了其母亲家里十几斗的粮食,相当于作为彩礼。童养媳进门不需要通告全村,也不用办酒席,只是到男女结婚的时候再向四邻简单告知,一些关系好的亲友一起吃顿饭,也不用大肆操办。对于不同家庭条件的人来说,娶养童养媳的花费及安排是没有多大区别的,毕竟童养媳一直在家户生活,婚嫁时候到了也不需要回到娘家待嫁,只是挑一个好日子随意请几个熟识的人吃个饭,不用举办典礼。

2.改嫁

(1)外因导致的改嫁

在米塬村,改嫁没有其他别的称呼,张家没有改嫁的人,不过米塬村还是有过这样的例子。有一年,村里发生了很严重的干旱,很多人因为吃不上饭,无法维持生活,不得已只能出去逃荒要饭。有一户人的妻子刚生完孩子没有多久,因为缺少粮食,母亲吃不上饭也没有奶水喂养孩子,在孩子三个月的时候实在没有办法,她就抱着小孩和村子里其他逃荒的人去了外地。后来,由于在路上和家人走散,她就将孩子遗弃在逃荒途中,自己一路乞讨去了银

---

[1] 郭城:地名。郭城驿镇位于靖远县南部、会宁县北部,距离靖远黄河36千米,距离会宁县城75千米。属于黄河灌溉区,是现会县宁北部经济与文化交流中心。

川市①,之后一直没有回来,据说她后来直接留在那边,又重新改嫁他人了。这个例子不能完全算作是改嫁的标准,在米塬村改嫁全凭女方自愿,改嫁大多属于寡妇家庭,如果女的还比较年轻,女方的娘家也会帮忙找寻合适的人家。男方家里不会因此将人扣留,不过在男方生的孩子如果是男孩儿,女方是不能带走的,改嫁的时候必须征得男方家人的同意才可以。

（2）寡妇可改嫁

改嫁大多都是女方或其家人提出的,一般也只有寡妇才能够改嫁,改嫁须由男方家庭的当家人做主。如果家里有长辈需听从长辈的意见,如果家里丈夫去世了,无人主事,由女方做主即可。如果本村有适合组建家庭的未婚男性则不需要媒人介绍,一个村子总会有打听的人,双方自然可以联系上。如果本村没有而需要嫁到别的村,就需要媒人从中牵线。改嫁的时候不需要写契约,直接组建家庭即可。1947年以前,结婚的时候都没有结婚证,所以并没有签订契约等的意识和传统。

（3）家户改嫁的差异

改嫁时所有的安排都由男方做主,不需要举办特别的庆典,只是宴请本家的亲戚一起吃个饭,作为重新建立家庭的见证人。女方改嫁需要告知家族成员知晓,但不用特意请示保甲长,只需要改嫁后再重新登记姓名就可以。大户人家的寡妇是不太容易改嫁的,一是大户人家讲究和规矩比较多,就算丈夫去世了,但家户还是可以给寡妇提供必要的生活;二是大户人家家境较好,平常百姓都会有一种高攀不起的感觉,因此很少有人会打听大户人家的寡妇是否愿意改嫁。而中户、小户家庭的寡妇迫于生活压力,大多希望重组家庭,毕竟一个寡妇来养活一个家庭是一件很辛苦的事情,同时也会招惹较多的是非和闲言碎语。

3.邻村杨家入赘的例子

（1）传统入赘的形式

入赘在米塬村称为招上门女婿,指男方到女方家入户、孩子随母姓的一种婚姻形式。入赘的婚姻形式能够得以存续的原因主要有两个:一是女方家里无男丁,需要劳动力来代替女儿完成养老接代的任务;二是男子家贫而无力娶妻,只能以身为质到女家完婚。赘婚有改为妻姓与不改姓两种形式,男婚女嫁和入赘是两种不同的婚姻形式,但殊途同归,结果还是两个人生活在一起,共同的目的是为了孩子好。不过,受传统观念和社会价值观的影响,两者之间仍然存在差异。从某种程度上来说,入赘婚姻中的男人可能要比男婚女嫁婚姻中的男人承受更大的压力,付出更多的努力。因为一般来说,入赘婚姻是受到一些客观因素的影响,双方家庭存在不平等关系,为达到平衡而采取的婚姻形式,因此这与男婚女嫁的婚姻形式相比存在一定的特殊性,需要双方家人达成谅解,克服困难。而其中,入赘男人承担着更大的责任,另外,入赘婚姻中的男人入赘到女方家庭生活,他要适应的就不止是妻子一人,还有妻子的家人,因此要付出更多。

（2）杨家无子招赘

米塬村的邻村有一户姓杨的人家,他家有上百亩的土地,还有不少的牲畜,在村子里算是中等偏上的人家,家庭条件还算可以。杨家有三个女儿,一直没有男孩,大的两个女儿早已出嫁。为了不让家庭出现无后且无人养老的局面,家里就给最小的女儿找了一个上门女婿。

---

① 银川市:简称"银",是宁夏回族自治区的首府,地处中国西北地区宁夏平原中部,西倚贺兰山,东临黄河。

当时,这个女婿也是孤苦无依,听说是个孤儿,从河南一路逃荒到了此处。后来到箬笠乡就被一个打铁的师傅收留,帮他干活,也算给他一口饭吃。等这个男的到了成婚的年纪,张师傅就放出话来想给他寻找一门亲事。杨家在村子里也是消息比较灵通的家户,打听到了这个消息后就找了附近一个媒人前去说和。后来,这件事就这么定了下来,杨家给打铁的师傅一些粮食和银钱,招这个小伙做了上门女婿。因为女婿也学了一门手艺,杨家对他也很满意,村子里的人不仅没有看不起,反而一个个都很羡慕。

（3）入赘的安排及过程

像杨家女婿无父无母这样的情况,结婚时只能跟收留他的师傅商量,师傅征得他的同意后也就做主安排了这件事。入赘不需要写契约,双方在口头上商量好就可以。入赘的婚礼由女方这边安排,一般是到结婚的时候通知街坊四邻,所有的婚礼花费与安排都是女方负责,仪式相较于正常婚配比较简单,没有过多的其他流程,只是简单地拜天地和敬酒。入赘的具体情况还得看家户的条件和水平,家庭条件不一样的家户在招赘的条件和婚礼的举办上都会有所差别。一般情况下,富裕家庭就会准备得较为仔细和隆重,而一般家庭则没有过多的要求,仪式等也较为简单。

(六)婚配终止

1.休妻

休妻的原因大都是因为妻子不守礼法、不注重礼仪,毕竟以前对女人的定位就是相夫教子,而休妻的其他原因跟生育、品行作风、是否孝顺公婆都有很大的关系。休妻大多由丈夫提出,不需要向保甲长请示。当时的女性地位比较低下,如果丈夫执意休妻也是没有办法。如果有儿子要休妻,那么公婆就会出面进行解决。如果丈夫是当家人坚持休妻是没有办法改变的。休妻的程序只是男方写一份休书交给女方。如果是女方的过错导致的休妻则不会给报酬,如果是男方执意休妻而女方无什么过错,那么男方需要给女方提供一定数额的报酬。写休书不需要请人,只在家户内部解决。休妻多由丈夫来做主决定,小户几乎很少发生休妻行为。

2.丧夫守寡

张克举所在的村子有一个妇女在四十多岁时丈夫不慎跌落山崖摔死了,所以不幸成了寡妇,但因她两个儿子都已成婚,家里也不需要过多操劳,所以一直没有考虑过再嫁的事情,毕竟四十多岁的年纪已经比较大了,1947年以前这个年纪的人大多都抱孙子了,而且这样大的年纪如果改嫁会被村子里的人所取笑。若是刚结婚不久就丧夫的年轻妇女,如果没有孩子就可以回到娘家,还可以再寻一门亲事改嫁。如果有孩子,回娘家或选择改嫁必须听由丈夫家庭做主。如果生了孩子以后守寡的妇女,年纪较轻且娘家有主事人,可以不用留在夫家。如果年纪较大,觉得也不能再改嫁的妇女就会留在夫家,抚养孩子长大,分家的时候还是会相应分到财产。张家老一辈中张廷栋的妻子去世较早,张廷栋老年处于鳏居状态,张家为四世同堂的家庭,家户较大,张廷栋老年时得到很好的照顾,子孙都孝顺,因家中儿孙众多再加之年事已高,因此也没有再续弦的念头。

二、家户生育

(一)生育基本情况

1.张家生育概况

1947年以前,张家祖辈包括张廷栋,共育有三个儿子、五个女儿。儿子包括张国义及张国泰和张国安,五个女儿当时均已出嫁。张国义一共生育六个孩子,包括张克俊和张克举两个儿子及张梅儿等四个女儿。1947年以前,张家还未分家,所以张国义三兄弟一直住在一起。张国泰和张国安两家各有一个儿子。张克俊与两位叔叔年纪相差不大,叔叔都已结婚并生有两个儿子。张家的家庭人口情况在村子算是较多的家户,因为张克举家住在山区,交通及医疗条件相对比较落后。大户人家在生育之前都会请专门的产婆提前住在家中,以便于帮助孕妇生产,一般家庭的人家只能请村子里有经验的妇女帮助生育。在张国义及下一辈中没有发生子女夭折的情况,但在其父张廷栋时期,由于医疗条件及思想观念的落后村里还是会有这样的事情发生。那时,生孩子有时还会把女人的头发抓着吊起来,因为生育方法的落后导致妇女经常会发生大出血的情况。张国义母亲年轻时就有两个孩子夭折,小孩子夭折不能下葬,只能火化,也不需要举办任何仪式。

2.未婚先孕鲜有发生

1947年以前,人们的观念都比较保守和封建,女孩子长到十几岁就不能和男孩子有过多的接触,如果发生了未婚先孕的行为,在那个年代是要被人所不齿的。村子里的人会对女方指指点点、说三道四,认为女的不守妇道、家风不正等,更甚者会导致整个家庭乃至于家族蒙羞,在大家面前抬不起头来。一般情况下,发生这样的事情女方的家长会找到男孩子的父亲,双方进行协商,最终为女儿讨得一些权益。张家对孩子们的约束相对较为严格,因此张家整个家族都没有发生过此类事情。

(二)生育目的与态度

1.传宗接代的家户传承

1947年以前,生育最主要的目的是传宗接代。中国自古就有"不孝有三、无后为大"的观念和说法,而在偏僻的山村地区这样的想法更甚,毕竟山村处于边缘地区,受封建正统思想的洗礼更为浓厚。张家作为村子里延续较久的大家户,之所以能形成这样的地位莫不在于良好家风的教导和传承及人丁兴旺的家户特色。为此,要维持这种家族优势,最重要的一点就是保证家庭人口的充足和强大,而一个家庭男性的多少则代表了其力量和实力的多寡。没有儿子的家庭会处于弱势地位,甚至会被其他人看不起,张国义的本家有一个兄弟最开始生了好几个孩子都是女孩儿,导致孩子的母亲在家里没有地位,还要遭受丈夫和婆家的谩骂,后来生了男孩,母亲的地位才有所提高。

2.重男轻女的观念

村民在子女生育上还是更倾向于生男孩,因为传统观念告诉大家最重要的一点就是女孩生来就是嫁人的,她不会为这个家庭的兴旺和繁荣做出多少贡献。而男孩不同,男性一直就代表着力量和实力,最主要的一点就是承担着传宗接代的历史重任。每一个农村家庭都肩负着振兴和繁衍家族的使命,因此无论如何家户都要生出男孩。

3.不同情况的生育态度

张家对未婚先孕的行为也持有批判的观点,加之家里人从小就接受的传统教育,很是注重礼仪德行的教化,因此发生这样的事,也会觉得是败坏门风的不好的事情。家里人结婚一般都是在 16 岁至 20 岁之间的年纪,往往结婚后一两年就会有孩子。在以前,这个年龄段是结婚的普遍年纪,并不会觉得是早婚早育。在生孩子这方面,张家基本上倾向于多生,毕竟张家一直是个大家户,人口也比较多,慢慢也就形成了多生的习惯。一来是家庭人口多会觉得更有保障,更有威慑力;二来家里面土地比较多,依靠自家的劳动完全可以负担家户的生活消费。而往往家中人口较多、男丁较多的家庭在村中会更有威信,家户地位也比较高。

4.不同家户的生育观念

对于生育观念,不同的家庭还是会有一定的差别,对于张家这种人口较多的大家户来讲,生育较多的孩子对家庭不会产生较大的压力,反而会助推家庭更加的强大。而对于一些小家户和较为贫困的家庭,他们的生活本来就不易,如果生育太多的孩子不仅会加重家庭的负担,而且也不利于孩子的成长。因此,相对于大家户来讲,小家户一般不会生育太多的孩子,更多会考虑家户的负担程度及抚养能力。

(三)生育过程

1.顺其自然

张家在 1947 年以前一共有七个孩子。张国义次子张克举在 1947 年底才结婚,所以还没有孩子。家里的夫妻生小孩都是顺其自然,生多生少由夫妻双方决定。不过,由于重男轻女的观念根深蒂固,因此家户都希望第一胎生出来的是男孩儿,如果接连生的都是女孩儿,那么夫妻双方在家庭中乃至于整个村子里都会觉得抬不起头来。张国义一共有六个孩子,包括两个儿子和四个女儿,在农村这样的人口规模只能算作正常家庭,大部分家户都会生养五六个孩子,只要有能力抚养,生育多少都是顺其自然,家户对此没有过多的限制。

2.孕期由家户提供照顾

怀孕的妇女不会一直在家中休息,若是身体状况较为稳定,依然需要干一些力所能及的活儿,不过不用像平时一样那么辛苦和卖力。张克举母亲在怀孕期间也会去地里干活儿,一直到月份比较大才不用去。不过,就算是待在家里也总会做一些琐碎的事情,为家人缝缝补补做一些针线活儿或是做鞋袜等。孕妇月份不太大时不需要有专门的人伺候,都是自己照顾自己。吃饭的话,孕妇和家庭其他人也没有什么不同,只是在坐月子期间才会有一些额外的照顾,例如会熬一些小米粥或是隔几天吃一个鸡蛋等。米源村的孕妇生产没有专门的产婆,都是请村子里比较有经验的妇女前来帮助。因为都是一个村子里的人,住得也不是很分散,所以谁家有孕妇要生产会马上前去请人来帮忙。请人的时候不用特地派家长前去,随便打发一个家里的孩子去请就可以。生产完以后家里会给助产的妇女一些粮食或糖等礼品作为答谢。

3.生育待遇

没有分家以前家户所有的花费都由大家庭来承担。孕妇产后需要坐月子,坐月子一般都会持续一个月左右。这段时间孕妇由家户其他女眷轮流照顾,在饮食上会对孕妇进行额外的照顾。但毕竟是在农村,每家的生活条件都不是很好,月子期间最好吃的就是每天熬一点小米粥,再吃一个鸡蛋,以及白面馍馍,这对于当时的条件来讲已经是比较好的待遇了。在生育过程的不同环节,不同类型的家庭会有差异。大户人家家庭条件较好,不仅怀孕期间不需要干活,还会提前请好产婆在家中待产,月子期间孕妇还经常有肉吃、有肉汤喝。而中户、小户的人家家庭条件较差,不会有这么好的待遇,孕妇怀孕期间还要操持家中的事务,月子期间也不能得到很好的照顾。

(四)生育仪式

1.头胎过满月、办酒席

若是增添了新成员,只有家里的第一胎才会举办比较正式的仪式,一般来讲也就是过满月。第一胎不管是男孩还是女孩都要举办满月酒,但是男孩子的满月酒比女孩子更受家庭的重视。过满月要宴请村子里的宾客,但大多请的是经常走动、关系比较好的亲友,酒席相对也会比较简单,不会大肆操办。请宾客由孩子的父亲负责,邀请亲戚也只是告知近亲,远亲不用刻意通告。请客时不用送礼物,来的宾客都需要带些基本的礼物等。米塬村过满月的讲究是带一种叫作马蹄莲的蒸馍,形状为长条的,做的时候需将面做成不同的花样叠放在一起,并用姜黄上色,裹上薄荷叶晒干后的渣,当地人也只有在过喜事时才会做这样的馍馍。除此之外,有的人也会带鸡蛋、红枣、花生或是一些送给小孩子玩耍的玩具等。

2.满月酒的美好祝愿

古时汉族人认为婴儿满月便过了一关,为祝福小孩顺利过关,人们往往举行满月礼以示祝贺。在米塬村,小孩满月请亲友吃饭,属民间喜庆宴席之一。宾客来一般是带鸡蛋和一种米塬村称为"马蹄莲"的馍馍,因为这种馍馍做的是马蹄莲的形状而得名。举办满月酒也是为了庆祝孩子渡过难关,祝愿新生儿健康成长,同时也是期待家户能够平平安安、顺利发展,以达到家户圆满的美好期待。

3.家户承担仪式费用

分家以前生育举办仪式等的费用由家户共同负担,收得的份子钱归家户共同所有,如果是单独送给小孩子的玩具和衣物则不需要交给家长,由孩子所在的小家庭保管。在生育仪式上,不同类型的家庭有一定程度的差异。大家户家庭条件较好,举办的仪式也相对较大,来宾们的贺礼也相对较多。而中户和小户家庭没有那么好的家庭条件,举办的规模也相对较小。有的家户家庭条件较差,没有能力举办满月酒,只在自己家户范围内庆贺,全家人聚在一起吃一顿稍好些的饭菜也是一种寄托。

(五)孩子起名

1.大名长辈起、小名父母起

如果家里的长者在世,则新生儿的名字由长者起。张国义的父亲张廷栋读过不少书,具有一定的文化水平,平时在家也会经常对孙辈讲述各种历史故事。张廷栋是在1947年去世的,因此在这之前张家孩子的名字都由张廷栋起。由于不清楚是男孩还是女孩,所以名字需要等孩子出生以后再起,孩子的大名也就是学名要按照家族规定的辈分来起,每个孩子都有一个小名,一般由孩子的父母来起。

2.名字沿袭家户规定

张国义的名字是父亲张廷栋起的,因为张廷栋以前读过几年私塾,也有一定的文化积累,因此起名字也有一定的讲究。张家起名字只需要想最后一个字,因为中间的一个字是从祖上开始就定好的。张国义一辈中间是一个国字,将国与名字相结合往往寄予一种向往国泰民安、生活安定的寄托与希望。其下张克举这一辈中间是克字,而张廷栋为孙子起克举之名就是希望孙子能够一举成名,就像古时文人中举一样能有所成就。再一辈中间是宗字,张国义的长孙张宗福比次子小不到十岁,宗代表着家族、宗族,而福表示福气和平安,所以起名字的时候都是一些具有象征意义的美好的字眼,用来寄托对家庭和个人的祝愿和祝福。

3.不同家庭差异不大

在给孩子起名的时候,不同类型的家庭大体相同,没有很大的差异。不过,像张克举家这样一直比较注重教育的家户,整个家族相对较有文化,因此起名字的时候往往会多思考,找一些美好的字眼。一般比较贫穷或是没有读过书的家庭起名字相对比较随意,也没有那么多的讲究。在农村有个说法就是孩子的小名要起得比较低贱,这样有益于孩子的成长,所以农村地区的小孩叫猫蛋、狗蛋的也不稀奇。

三、家户分家与继承

(一)分家①

1.分家的影响因素

(1)分家的原因

在米塬村,分家为家户的大事,主要由家长提出,家中的妇女也可以提出分家的要求,不过只能在自己的小家庭讲,分家属于家户头等大事,这样的事情是由男性来负责和主导的。分家的原因无外乎以下几类:要么因家户人口过多,成员结构复杂不利于家户的管理,因此要分家;要么因为家中长辈去世,兄弟之间想各自独立,拥有自己的财产;再有的情况还包括兄弟或是姐娌之间不和等原因,分家以后会拥有更多的权利和自由,不会产生过多束缚。

(2)外力影响导致分家

外部成员对家庭分家有一定的外力作用和影响。张家分家的原因一是因为家户人口实在太多,单是吃饭都较难解决,每次做饭需要保证十几口人的饭量,至少要两个妇女合力才能完成。而随着人口的增多,家里的粮食也不能很好地维持整个家户的生活。二是张家之所以决定分家在很大程度上是受到了社会整体环境的影响,因为那时正准备互助小组的组建,而张克举家在1953年由于人口实在太多,生产队里也建议张家分家,从而更好地进行管理和安排生产任务。

(3)分家的考虑因素

在村子里张家是唯一一户家户最大的家庭。而村里因为农业生产安排需要成立互助小组,张家人口过于庞大,不能够进行较好的互助与合作,所以大家对张家的分家都比较支持。在分家的原因上,不同类型的家庭相对有所差异,大家庭分家会考虑较多的因素,小家庭在分家时相对比较自由。因为大家庭最主要的是要保持和维护家庭的稳定与团结。所以一个大家庭往往在发展得比较团结和比较好时不希望分家,因为一分家就会打破原有的良好局面,分开的小家庭因为劳动力和生产资料的减少,自己奋斗也较为困难。

---

① 因张家直到1953年才分家,而报告的考察时间为1947年以前,因此关于分家的部分内容皆以村庄惯性的形式展现。

2.家户成员均有获得家产的资格

（1）分家以小家庭为单元

只有家庭内部的成员才具有分得家产的资格，但也不是所有的家户成员都有资格分得家产，家里的女孩子严格来讲是不具有继承权的，因为女儿是要嫁人的，所以不给女孩分配家产。分家是以小家庭为单位进行分配，所得的资产由小家庭自行支配，家庭外部成员没有分配的资格。家庭成员中，拥有分家资格的范围包括已经成家的夫妻和成年的男性，家里的小孩子和未出嫁的女孩子都包含在小家庭的范围内。因为分家是以小家庭为单位进行，不会具体分配到个人，所以分家时不在家的儿子依然算在分配范围以内，还是按照其所在的家庭进行分配。女儿未出嫁不能单独分配家产，也算在所在小家庭内，之后由小家庭进行具体的定夺。孙子、亡父的孙子或其母亲可以分得家产，过继来的儿子、干儿子、妾生的儿子、改嫁带来的儿子等都能分到相应所属资产。

（2）不同规模的家户分家

不同类型和人口规模的家庭在分家资格上具有一定的差异性。大户家庭为了维持家庭的发展基本由家长做主，而大户家庭一般都会等到家中子女长大才会选择进行分家，就像张家这样一些三世同堂、四世同堂的大家庭，因为家户人口太多导致无法维持家户统一的生产生活，因此才选择进行分家。而小户家庭因为人少，分家也只局限于在兄弟之间，因此家里有人提议且条件允许就会进行分家。

3.家族成员为分家作证

见证人由家长安排和邀请，大家户分家是要请见证人的，一般情况下分家会找本家族的长辈作为见证人。张家分家是在1953年，因为队里正在准备组建互助组，由于张家家户太大，不利于互助组的成立和组建，也不便于进行管理，因此在队里干部及其他村民的帮助和见证下共同促成了张家的分家。见证人会帮助家里一起统计所有的资产，然后根据家户人口和小家庭的规模进行合理的分配并进行资产的登记。分完家以后见证人没有别的什么任务，也不需要承担责任。其他家庭成员不能安排见证人，分家的事情都是由家长负责。在分家见证人上，不同类型的家庭没有多大的差异，大多是以本家族成员为主。

4.分家由家长做主

分家由家长做主，家长若不在也会提前安排好分家的具体事项，由家庭其他成员负责执行。分家是一项比较细致和复杂的工作，因此在分家之前需要所有的家户成员共同进行核对与分配，其他成员对家长除了配合外更多的是帮助，如果家长去世了，则由长子及家中其他男性代理执行。分家时针对家庭利益，其他家庭成员可以提出相应意见，发表自己的看法。家庭外部成员可以以见证人的名义参与家户分家，帮助家户核对家庭资产，同时对成员进行分配，并对家户的分配过程起监督作用。无论是大户家庭还是一般家庭，在分家的决定和流程上大致都是一样的程序。

5.契约由家户成员共同签订

分家时在见证人的监督下会很清楚地统计好家户所有的资产，由家户成员及见证人共同根据家户各个家庭进行合理的分配，最终会给每个小家庭的负责人写一个条约，包括每个小家庭分到的财产数目及确定的分配内容，最后由家户成员确认无误后摁上自己的手印。所谓的分家单就是一个家户分家的收据和凭证。分家单由请来的证人写，内容包括每个家庭具体分到的东西及财产,不用具体署名。契约只给各个小家庭留一份自己保存,家庭外部成员没有干预家户分家的权利,他们顶多是发挥一个监督和协助的作用,不同类型和人口规模的家庭在分家契约上没有较大差异。张家分家时由生产队的干部作为见证人帮助起草和统计分家单的事宜,分配较为公正与合理,再加之张家家户一直以来较为团结,因此没有人对分配结果存在不满或抱怨的情绪。

6.村庄对家户分家的支持与认可

张家分家时除了生产队的干部和一些村民作为见证人,还专门邀请了本家族的长辈作为见证人。不过在分家的事宜上不需要召开家族会议,见证人只是起到维护和监督的作用。由于张家的家谱在很久以前就遗失了,之后一直没有重新修订,因此到张家分家时家族相比之前已壮大不少。分家是在1953年进行的,还是由于队里要组建互助组,因张家家户太大、人口太多而影响互助组的建立,所以才在队里领导的组织下进行的分家,这自然是得到了村庄的认可。分家以后需要在村里重新进行户籍和人口的登记,所以政府对分家也是支持的。

(二)家户继承

1.以男性优先

对于家户财产,只有家户内部的成员才具有继承的资格,外部成员不属于家庭的一分子,不参与家庭生活,所以没有资格继承家产。就像张克举,虽然他结婚后也一直在外面工作,但分家时他依然有资格继承属于他的那份家产,因为他本身就是这个家庭的一分子。在当地家庭成员中,拥有继承资格的成员包括家户内的夫妻和男孩子,但入赘别家做了上门女婿的儿子就不具有本家户的继承权。抱养给别人的儿子同样,因为他已不属于本户家庭,也不承担家户的消费,所以不具有继承权。未成家的儿子根据父亲所在的小家庭进行分配,女儿不具有继承权,如果女儿没有外嫁到别的地方,而是被招了上门女婿,在这样的情况下就具有家户继承权,也能够分到家产。过继来的儿子、干儿子、妾生的儿子、改嫁带来的儿子都是可以分到家产的,如果是女孩子就不能分到。

不同的继承人继承权有一定的差异,一般长子、长孙或是家长为家庭付出最多,相应分到的东西也稍微好一些。娶妾家庭正妻所生的儿子在地位和财产继承上比妾生的地位相对要高。不同的继承人继承权的优先次序都是保证儿子为第一位,没有儿子,优先轮到女儿。没有儿女的家庭,财产由家长指定继承人继承。一般都是转送给本家的侄子或是关系较好的朋友家。

2.子孙继承由家户决定

继承条件由当家人决定,只要是家户的男性就具有继承的权利,除当家人之外的其他家庭成员大部分都具有继承的条件,但其他人只是负责协助和帮助家长管理家户事务。如果当家人去世,则由家里本家的长辈及兄弟负责照料家户的分家情况。在有儿子的情况下,其他家庭成员可以指定其他的继承人,因为属于自己那份的家产是可以由自己支配的。家庭外部成员对家户继承不会起较大的作用,分家是家户内部的事情,虽然会邀请本家族的成员作为见证人,但不能起到领导和支配作用,只是协助家户进行财产的清点和汇总并进行监督。

3.继承内容以土地房屋为主

当地的主要继承内容包括家产及土地还有必要的生活资料等。张家所在的村子在1947年以前由于生产力较为落后,农民生活水平相对较低,家户并没有过多的财产可用于分配和继承。除了土地及房屋外,家户成员可以继承的其他财产只有牲畜,除此之外基本没有其他财产。如果家里只有一个儿子,则直接由儿子继承;如果家里有多个儿子,则需在分家的时候清点家户所有的财产并根据家庭成员进行合理的分配。

4.继承权的确立与调处

继承权的确定由家长来做主,张家决定家户重大决策事宜的权利由家长来负责,家里的成员对家长的决定都很遵从,不过家里有重大的事务,家长也都会和家户其他成员进行协商。在张家没有订立遗嘱的情况,毕竟1947年以前大家的生活都不是很好,像张家这样条件的家户都没有这样的习俗。在继承的资格、条件及做主上,张家所在的村庄并不存在以家户不同类型为基础的差别。不论是大户人家还是中小户家庭都是一样的情况,1947年以前所有的家庭都由家长做主,继承也是以子孙优先。

四、家户过继与抱养

(一)过继

1.无子需过继

(1)无子需过继

在米塬村,一般在家里没有儿子或者儿子意外去世这样的情况下才会选择为家户过继一个儿子。张克举的三叔张国安就过继给了他的二爷张廷相做儿子,在当地的说法是"顶门"。因为张廷相只有一个儿子,结果这个儿子染上了肺炎,后来病情恶化,又加之当地交通落后、医疗水平更是低下,随着病情的加重不幸去世。虽然张廷相已经有了孙子,但在当地来讲他儿子这里就空了,所以需要侄子以儿子的名义进行填补,张廷相几兄弟商量之后就决定让张国安来顶门。张国安也只是名义上的过继,因为他此时已经成家,所以不需要在张廷相家生活,个人的一切生活都没有被打乱,也没有产生别的影响。但若是从小过继到别的家庭就需要以儿子的身份在家户中成长生活,尽到为人子的义务。在当地还有一种无子的情况,那就是如果家户只生有女儿这样的情况也是需要过继的,此时的过继就需要从家族中抱养一个男孩儿,以家户儿子的身份从小抚养其长大。

(2)承袭孝道传统的选择

一般来说,选择过继行为是承袭孝道的一种传统,中国自古就讲"不孝有三,无后为大",而过继的原因也是因为家户没有儿子或儿子意外提前死亡,如此导致家户没有继承人或是继承的代际产生断裂和空缺。一般情况下,选择过继的对象是兄弟家庭或者堂兄弟家庭,过继的范围必须是同一个家族的家户,简而言之就是同姓之人。如果兄弟没有儿子,其他兄弟必须将自己的其中一个儿子过继给兄弟,毕竟同为一个大家庭,而且又有如此深厚的血缘关系,所以大部分的过继都是以自家兄弟的儿子为主要对象,其次才会选择堂兄弟家庭。

(3)家户的过继态度

张家将张克举的三叔张国安过继给张廷栋的弟弟张廷相作为儿子,以此来顶替他亲生儿子去世的空缺。这样做也是承担家族的义务,对于家户成员来说,每个人作为整个家庭和家族的一分子,当家族有需要,各个家户一般都会尽力做自己力所能及的事。过继的目的也不是为了继承家业,其实单纯的就是为香火延续,因为只有没有儿子的家庭才会进行过继。张家对过继行为很是理解和赞同,因为这在当地是一个大家都认可的行为和方式,没有人会觉得这个有违礼法。

2.过继从家族开始由大而小

过继具有一定的次序:一般会优先过继亲兄弟的儿子,如果亲兄弟没有或只有一个儿子才会考虑过继同族堂兄弟的儿子,过继的前提必须是同姓。一般情况下,这样的次序不会被打乱,有侄子就过继侄子,没有侄子就从堂兄弟家里选择成员过继。如果是在有几个儿子的情况下,出继也具有一定次序和规则,一般是过继年纪比较小的儿子。因为老大将成为家庭当家人,如果过继老大,就会影响原先家庭的管理和生活,年龄小的儿子就不用顾及这么多,也不会对本来的家户产生其他的影响。

3.出继由家族协商决定

（1）由出继者父母决定

过继时,对于该事件的讨论和商量由过继家庭的长辈和出继家庭的父母进行商量,可以由家族其他长辈参与共同决定。这种事情属于家庭内部的私事,不需要跟村庄管理者打报告。在米塬村,过继以"过继一半"的情况为主。因为过继只是名义上让这个人去给另外一家顶替儿子的空缺。但实际上,他还是在原来的家庭生活,继续承担在原来家庭中的责任。这种形式在当地是墨守成规的规定,不需要成员间商量。

（2）出继无特定形式

因为出继是在自己的本家兄弟之间进行,也只是在形式上进行出继。所以只需要双方家庭进行一个简单的仪式,不需要入继家庭给钱或什么东西。在米塬村,出继和过继行为是双方兄弟家庭进行简单的手续交接。一般首先要去当地的庙里询问吉凶,所以在出继时也是出继人和对方家庭的家长一起到庙里问卜一个适合过继的具体日期,随后进行简单的家户过继就可以,也不需要签订契约。出继和过继在自己的家族或本家内进行,所以不需要有人介绍,因为家族内部的成员及人口情况每个家庭都比较清楚和了解,双方家长自己家族内部的长辈在一起商量即可。

（3）出继关乎两个家庭的交往

过继的时候虽然会考虑出继者的意愿,但总体还是家户的决策大于个人,一般情况下出继者本人也不会反对,毕竟对于个人和家庭来说并不会产生什么损失或影响,只是名义上对家族内失去儿子家庭的长辈的一种安慰。家长不在家的情况下,其他家庭成员不能自己决定出继的事情,必须和家长沟通,由家长定夺。一般关于家户的管理及服务等方面家长起到了必要的决定作用,所以出继的事情也是如此。入继和出继都是一样的过程和程序,毕竟出继和入继是关于两个家庭的事情,所以入继时也需要双方家长提前进行沟通,对整个情况有个大致的把握和方向,然后需要和家族中的长辈等进行商量,明确细则。

4.无回继事例

米塬村在过继时一般不会出现回继的情况,因为考虑过继这件事情本来是为了解决一方家庭缺少儿子的情况,所以已经过继的子孙是不能再回继的,而且村子里也没有发生过类似这样的事例。在过继的资格、条件、次序等方面,不同类型的家庭有其自身的特殊性和独立性。对于张家这种家户较大、人口相对较多的家庭来说,过继时会由家长和家族长辈共同决定该由谁进行过继。而小户家庭或是少子女的人家进行过继也是按照每个家庭的实际情况来进行定夺。

5.外界对家户过继的认可与保护

家族认可家户过继,当时张国义的三弟张国安过继给他的二爷张廷相做儿子。因为张廷相只有一个儿子,后来不幸去世了。虽然张廷相已经有了孙子,但从当地来讲他儿子这里就空了, 所以需要侄子以儿子的名义进行填补,张廷相几兄弟商量之后就决定让张国安来顶门。而张国安也只是名义上过继出去,其他一切生活都没有被打乱,也没有产生别的影响。过继是家族一起商定的结果,所以都会认可。村庄和政府对于家户过继不会产生影响,过继是比较私人的一件事情,所以只需要自身家户内部解决就可以。而张家所在的地区,过继只是名义上的一种讲究,也不会牵扯政府层面一些关于人口登记和收税等方面的事。

(二)抱养情况

1.无子需抱养

(1)抱养因人而异

一般情况下,张家所在的地方有抱养的行为是因为家里没有儿子,或者只有一个儿子但存在身体缺陷等状况。比较偏远的山村地区受传统观念影响较为强烈,重男轻女的思想一直盘踞在每个人的脑海中,所以子嗣对于家户传承来说必不可少。有的家户将孩子抱养给他人是因为自己男孩较多,由于家庭生活困难无法养育较多的人口,所以才会将孩子送出去,一来可以相对减轻家庭的负担,二来一般抱养的家庭条件都较为富裕,孩子去了也不会吃苦,反而还能过上更好的生活;再者,抱养的家庭还会因此给家户支付一定的钱物,用来改善生活。还有一类情况就是在自己的家族内抱养孩子,如果两兄弟其中一个没有儿子,那么家户就会商量将兄弟的儿子过继一个给对方。这样的情况也可以不用是在兄弟之间,在亲戚范围内也可以抱养。

(2)抱养的主要目的是延续香火

家户之所以会抱养,前提是因为家中没有子嗣,抱养也是为了延续家户的香火。张家所在的村子有一户人家因为妻子无法生育,所以从别的村抱养了一个男孩儿,这个男孩儿在出生时比较可怜,那一年他的亲生父亲因为生病不幸去世,他母亲和他又是孤儿寡母,家里也没有别的亲属,所以母亲就将孩子送了人,自己回娘家去了。孩子之所以被送走是因为母亲过门没多久就发生了这样的事,再加之丈夫家没有可以生存的依靠,孩子母亲的年纪也比较小,所以就将孩子送人自己后来改嫁了。

2.邻村孩子被抱养的概况

(1)邻村孩子丧父被抱养

上面讲到村子里抱养的那个小孩是邻村一户人家的孩子。孩子本来的家庭家境较为贫苦,据说这个男孩的父亲是从别的地方逃兵才来的这里,他以前是个外地人,家里的人因为打仗都去世了,一路逃到了张家所在的地区,后来慢慢安了家,还娶了媳妇,谁承想孩子刚半岁他就生了病,后来越来越严重,自己抛下孤儿寡母走了。他家的条件在村里算是比较贫苦的,就几间茅屋,不到十亩的土地。后来,孩子的母亲实在没有能力一个人带着孩子生活,刚好张克举村里这户人家没有男孩儿,就将孩子抱过来抚养。

（2）抱养家庭缺少子嗣

抱养孩子的家庭条件在村子里属于一般的中等家庭,大概就三口人,包括夫妻两个和一个老母亲,这家人已经是分了家的,分家时得到了四五十亩土地,对于一个三口之家来讲,这样的条件已经算是不错的了。由于当家人的妻子不能生养,所以家里才打算抱养一个孩子抚养。当家人的父亲去世得较早,虽然家里还有两个兄弟,但是兄弟家的孩子都比较大了,也不好直接过继来自己抚养。刚好后来听说邻村有一个寡妇带着一个男孩想要送给别的家庭抚养,所以就将孩子抱了回来。

（3）抱养无特定程序

抱养时首先会在自己家族范围内进行考虑,如果家族内有合适的对象就会优先向自己的兄弟等家庭提出抱养。若是家族内条件不是很满足,就会在别的村子打听和寻求。如果是托人专门找这样能够抱养孩子的家庭,就要给予介绍人一定的报酬。如果是在自己家户内部则不需要什么程序,只是召集家族内的主要成员共同商量,作出决定就可以。

3.家族合力决定抱养事宜

（1）家族之间商讨决定

抱养主要由家长决定,家长要和其他的家庭成员及家族内的重要成员共同商讨才可以决定。毕竟这是一件很受重视的事情,对于传统的农民来说,养儿防老是延续家族繁衍和继承家业的必要前提。如果家里没有儿子,整个家族的人都会帮忙,包括出谋划策或是寻找合适的抱养对象。抱养不需要请示村庄管理者,这样的事情属于家户内部的私事,外人不会干涉。

（2）抱养情况因人而异

抱养的具体形式由家族成员共同商讨决定。但大部分是听孩子父母的决定。不过对于孩子自身来说,抱养会在婴儿或是记忆发育成熟之前的时期进行,孩子不能提出自主的意见。需要抱养时,孩子的父母先和自家家族商量,如果可行才会寻找合适的抱养对象。抱养是否给钱物需要根据不同的情况来决定,如果抱养的家庭是自己的家族成员或是本家兄弟,就不需要支付一定的钱财或是实物。如果是外地有意将孩子送出的家庭,这样的情况需要两家协商,支付一定的钱或物,而商量具体事宜的权利一般都只有双方的当家人具有。

（3）家族外抱养需中人[①]介绍

张家所在的地方在抱养孩子时不需要签订契约,只要双方协商一致,自然将孩子抱养回来抚养,也没有人会反悔或是因此生出事端。如果抱养是在家族内进行不需要寻找中人,如果是从外地抱养需要中人进行打听,寻找适合抱养的家庭。中人都是和家户熟识的人,而且消息要比较灵通,张家所在的地方,村子里专门有做媒的人,也是往来各个村庄最紧密的人,这样的人对各处的消息掌握得较好,因此如果知道村子里有有意向抱养孩子的家庭,就会帮忙留意。家长也会提前和中人进行沟通,给中人讲述自己的要求等,方便打听。如果最后事情

---

① 中人:中间人,介绍人,当地俗称中人。

办妥,家户会给中人相应的报酬,给钱或是粮食之类的物品。

（4）抱幼不抱长

抱养孩子会有一定的次序,一般情况会抱养比较小的孩子,这样孩子的记忆未发育完全,也不会跟抱养家庭产生陌生感和排斥感,而长子一来年岁较大,二来自古的传统是有长子继承家业,所以长子是不外送的。孩子在被抱养时没有反对的权利,抱养由家长做主。被抱养的孩子年纪都很小,还不具备自我意识,因此由家长进行商量和决定,就算家庭里的其他孩子知道这件事情也没有阻止的权利。在家长不在家的情况下,其他家庭成员在家长的决定下可以决定抱养,这对家户来说也是一件不小的事情,因此如果家长不在,其他家户成员都要与家长联系,征求家长的意见,遵从家长的决定来处理。

4.抱养需双方家庭提前商定

抱养一段时间以后,如果抱养孩子的家庭不满意,也是不能反悔的,因为决定抱养之前双方都会提前了解清楚各自的要求,所以不会出现不满意的情况。而一旦决定抱养,双方一切程序都完结,更不能反悔。在抱养问题上,不同类型的家庭会有一定的差异。如果是地主或是有钱的大家庭会纳妾而不是抱养,毕竟抱养也只是家庭没有儿子时才会进行的选择,家里有纳妾的条件自然更好,这样就在心理上更加满足,生出来的是自己的亲生骨肉,有着和家族一脉相承的血缘。而抱养的孩子在家户的心理认同上肯定不会很满足,毕竟这样的决定也是情非得已而为之。三世同堂、四世同堂的大家庭与一般的小家庭之间没有什么不同,主要都是由自身的家庭情况来决定。

5.外界对抱养的支持及认可

家族对家户的抱养很认可,毕竟同为一个家族,所有的家族成员都希望各自的家人能够开心圆满。如果家庭决定要抱养,整个家族都会支持并提供帮助。张克举家所在村子抱养孩子的家庭是在家户成员的帮助之下才寻找到了合适的抱养对象。家户对抱养的孩子不会区别对待,完全当自家孩子进行抚养,修订家谱时也会在上面呈现,家族会对其提供保护,免受伤害。村庄对家户的抱养行为也是认可的,一旦家户有抱养的孩子就会将其作为亲生孩子进行抚养,所以在进行人口登记或是村庄管理时也会将之纳入家户成员范围。政府不会对抱养一类的事强加干涉,只要双方家庭私下协商一致,不是违法犯罪的事情政府都不会阻止。

（三）买卖孩子

1.家户困难时的买卖状况

（1）为了延续香火而买

买孩子的原因大多是因为家户没有孩子或者缺少男孩,而自古以来家户能够传承和繁衍的首要前提是保证男丁的延续。因此,每个家庭生孩子最希望得到的是男孩,如果家户没有男孩,家业就没办法继承,香火就无法得以延续。张家对于买孩子还是持赞同的看法,当然这只局限在1947年以前的时期,一般情况下之所以会买孩主要还是因为家庭里没有儿子。家里有男孩儿就不会再买孩子,但如果家中只有女孩子,也还是希望能抱养一个男孩子。如果家里都是男孩儿,有条件的人家还会抱养一个女孩儿,在以前女孩子总没有男孩子那么高的地位,所以条件不好的家庭经常会有将自己的女孩儿送出去的情况。

（2）子女较多,迫于生计压力而卖

卖掉孩子的家庭大部分因为家里人口较多,生活困难,没有办法养活较多的人口,所以才会决定将孩子卖出去以缓解家庭的压力。有的家庭因为地域等的关系双方家长有交集,在互相较为熟识的基础上将孩子送给他人,这样的情况对双方家庭都比较有利,将孩子送出去的家庭也不用担心孩子以后会受苦,而收养孩子的家庭也会经常对孩子原本的家庭提供帮助。独子的家庭是不会把孩子卖给别人的,只有遇到前面讲到的幼年丧父的家庭,家中只剩孤儿寡母,母亲实在没有能力抚养孩子长大才会将孩子卖给别人。

2.买卖孩子的家庭概况

(1)家庭无力抚养而卖

选择卖孩子的家庭多因为家里人口较多,子女也较多,而家中土地较少,家庭生活较为困难,所以才会决定将孩子卖给他人,只有这样才能在保证家户其他成员维持温饱不至于挨饿的前提下还能够为家户获得一笔收入。张家所在的村里,那户抱养孩子的家庭实际上是相当于从邻村买回了孩子,孩子的原生家庭很贫困,因为父亲生病去世,母亲一人无力抚养才决定将孩子卖给他人。

(2)缺少子嗣无人继承而买

张家所知的买孩子的那户人家之所以从外村买孩子是因为男方的妻子不能生养,但他家也是一个一般家庭,仅够维持自家生活,没有能力娶个小妾,所以就打听到了外村符合条件的家户,买了一个孩子回来。由于米源村处于大山深处,村庄地理位置较为偏僻,深受封建观念的影响,因此家里没有孩子会导致家户没有地位,被村子里的人看不起。后来,家户有了这个买回来的孩子全家人都很高兴,觉得家户在村中的地位都有了提升。

(3)买卖以外村为主要范围

买卖孩子主要还是以外村为主,这样对家户心理的接受程度和孩子长大以后的归属都比较好。买孩子优先考虑的是孩子的身体状况,孩子所在的家庭成员身体要健康,没有什么疾病,没有不良的风气,这样的家庭会优先考虑。买卖孩子的程序是先由中间人打听合适的家庭,然后由中间人传递信息,商量一个双方较为满意的价格,在此期间双方家户成员一般是不见面的。一切程序都由中间人从中调解和协商。孩子买回来以后家户就会全心将其看作家户成员来抚养,不会区别对待。

3.买卖孩子的过程及决策

(1)家长决定,成员配合

买卖孩子的决定大多都是由家长来决定的。选择卖出的孩子都比较小,还没有形成自我认知,因此也不会考虑孩子的意见,孩子自身是没有选择权的。毕竟要卖掉自己的孩子,若不是迫于生计,家长也不会选择作这样的决定。所以家户成员会一起进行协商,不过最终都是由家长来决定。买卖孩子没有什么特别的形式,若是双方的条件都比较符合,达成共识以后就可以作决定,至于具体的形式需要双方进行协调。为了避免以后出现其他因素的干扰,双方之间所有的程序都是靠中间人进行协调,实在有必要也只是双方当家人见面协商。

(2)买卖完成签订契约

买卖孩子就已经相当于是一笔交易了,所以买方需要支付一定的钱或物品,至于什么形式的支付需要卖方提出要求,所得的收入最终会纳入家户,作为家户的开支。买卖孩子需要签订契约,在张家所在的地方,这种契约叫作"单条",即简单地在一个小纸条上写上将孩子卖给谁家,之后不会索要等之类的话语,最后由双方签上名字并摁上手印,不署名也可以,但必须摁手印。一般单条需要两份,双方家庭各一份,这些程序都是由中间人从中进行联系的。

（3）卖家相邀,中人牵线

买卖孩子一般选择的范围是在外村,毕竟买回来的孩子要当作自己的亲生骨肉来抚养,因此家户双方都不希望这件事在孩子长大成人以后造成家庭的困扰。因此,买卖孩子需要中间人从中牵线协调,双方家户成员是不碰面协商的。介绍人为需要买孩子的家庭进行寻找,张家所在村庄的那户人家找的是村子里有名的一个专门做媒或主持婚丧嫁娶事宜的中人。因为他经常去各个村,消息也较为灵通,所以这家人买回来的孩子就是这个中人寻找并从中协商的。据说,买孩子的这家人在事成之后给这个中人一笔钱作为报酬,还请他吃了一顿饭。

（4）幼者为先,家长决定

买卖孩子有一定的次序,不能买卖长子,因为长子作为家里的老大,长大以后是继承家业的主要人选,再者长子的年龄与幼子相差较大,因此不会选择买卖长子。卖掉的孩子往往是一两岁甚至更小,还不具有独立的思考和人格,因此买卖孩子时不会考虑孩子的意愿,孩子也不能决定自己的去处,所有的手续都由家长定夺。在家长不在家的情况下,其他成员要根据家长的决定执行,不会越过家长的决定随意处理。

4.手续完成以后双方不能反悔

双方家庭决定买卖孩子前就会了解清楚对方家庭的具体情况,所以在手续完成以后都不会出现反悔的情况。买卖孩子也不是一个小的决定,双方家户决定之前都会深思熟虑,与各自的家庭成员进行商讨。在买卖孩子问题上,不同类型的家庭根据自身的家庭情况还是会有些许差异:大户人家会尽量选择家庭情况稍微较好、家教比较好的家庭。一些较为一般或贫困的家庭就不会考虑得如此细致,大多看的是卖方的价格和要求等层面。

5.家族认可并保护买来的孩子

家族认可买回来的孩子,也会将孩子在家谱上呈现。买回来的孩子会被当作家庭成员来进行抚养,因此家族内部都一视同仁不会区别对待,孩子也不会被他人瞧不起,如果孩子被欺负,家族也会提供相应的庇护。村庄对于买回来的孩子也是认可的,毕竟村庄的管理人员不会对各家的情况都了解得完全清楚,如果需要买孩子只是家族内部的成员较为清楚,为了保护孩子能够完全融入家户并确保其健康成长,家族内不会对这样的事大肆宣扬,反而会进行一定的保密,所以在村庄层面,孩子都是被当作家户自己的孩子进行登记和管理。1947年以前,关于买卖孩子政府并没有明确的规定和限制,所以在政府层面,孩子就是家户自身的成员,也会受到和其他人同样平等的对待。

五、家户赡养

（一）赡养单位

1.家户提供成员的赡养

赡养老人是家户内部的事务,张廷栋夫妇年老时和张家所有成员共同居住在一起。而且在张家人看来,家户之所以能够取得较好的发展,在村子里拥有较高的社会地位,多是从家里的长辈那里继承而来的。张家的宅院最初也是由张廷栋进行修建,之后随着家庭人口的增多才得以扩建。因此,家里对两位老人都很是尊敬,尤其是张国义,他不仅是张廷栋的长子,更是张家的当家人,在家户中一直以身作则,孝顺长辈。外人对于家户的赡养是没有权利进行干涉的,毕竟这样的事情属于家户内部的私事,别人也不好插手。

2.家户成员皆承担赡养责任

张家的家户成员都需要承担赡养长辈的责任。张廷栋一直和家户成员共同生活在一起,直到1947年去世,在这期间家户成员都以晚辈的身份尽到了自己孝道的责任。张家在1953年才开始分家,在这之前家里是一个拥有十九口人的大家户,所以承担赡养职责都是一代接一代进行。虽然小孩子没有较多的劳动能力,也不能为家户创造财富,但在家里还是可以用别的方式赡养老人,尽自己的一份力。张克举小时候经常和爷爷奶奶住在一起,晚上还会给长辈们捶背洗脚。家长平时也会教导家户中的小孩子要孝顺老人,要友爱团结,张家在这一方面一直做得比较好。嫁出去的女儿依然要承担具体的赡养责任,虽然只是逢年过节会带来一点礼物以尽孝心,但若是家中老人生病或是去世举办丧事,嫁出去的女儿也要出钱出力,尽到责任。

(二)赡养主体

1.独子家庭由儿子赡养

如果家里的老人只有一个孩子,则只能由该孩子负责赡养。张家所在村子有一户家庭因为妻子不能生育,所以才选择从外村买回来一个男孩作为家户的继承者。家户选择抱养孩子的原因一方面是因为没有人延续家业,进行继承;同时还有一个更重要的原因就是家户老人日后无人赡养。因为家庭只有这一个孩子,以后夫妻两个人的赡养问题也都是由该孩子承担。所以对独子家庭来说,其所承担的压力也相对较大,赡养任务更重。但若是家户所在的家族整体较为团结,那么家族还是会提供一定的帮助。

2.多子家庭多为长幼赡养

多子家庭赡养老人需根据家户情况而言,如果老人有多个孩子,并且成年后已分家,在这样的情况下需要家户成员共同探讨和协商,决定老人由哪个儿子进行赡养。一般情况下,在米塬村若是老人有多个儿子,那么由长子或是幼子提供赡养的情况比较多。因为长子分家前是家户的当家人,理所当然会多承担家户的责任,而对幼子来说,因为接受父母庇佑和关爱的时间最多,等到幼子长大,其所承担的压力相对较小,因此父母也会由幼子的家庭负责赡养。像张家没有分家时,赡养老人的职责由家户共同承担。

3.无子家庭以自行赡养为主

在只有女儿的情况下,女儿不能将父母接到夫家赡养,只能定期提供一定的生活帮助,尽到赡养的职责。女儿毕竟是嫁出去的人,她也没有更大的权利决定父母的赡养,至多会经常探望或是提供帮助,主要的赡养还是需要老人自行担负。如果是没有孩子的孤寡老人,则只能由自己赡养,若是老人所在的家族较为团结,那么家族也会提供一定的赡养。

(三)赡养形式

1.家户团结下的共同赡养

张家老人的养老方式采取的是儿子共同赡养的形式。毕竟张克举爷爷张廷栋在没有去世之前,张家还未分家,家户成员共同居住在一起。张克举的父亲张国义作为家里的家长,主要的事务都是由家长进行决定和分配,所以张国义承担了主要的赡养职责,其他家庭成员也是尽自己的所能互相配合,共同维持家户的团结。

2.当家人为实际支配者

家庭具体的赡养方式由家长进行安排,主要事项也由家长做主决定,家户采取何种赡养方式不需要告知或请示四邻、家族、保甲长,这样的事属于家户内部的私事,不需要征得别人的同意。张国义本身是一个正直孝顺的人,他每天都会为家里的老人准备好洗漱所用的水,平时也会经常嘘寒问暖,关心老人的身体,家户成员在其带领下也都做得比较好。在赡养中,除家长之外的家庭成员也依然要承担家户的赡养职责,虽然家户主要事务由家长支配和管理,但其他人员作为家户的一分子,还是要与家长进行协商,配合家长的决定。

3.不同类型的家庭赡养各有差异

在家户赡养的形式上,不同类型的家庭根据家庭具体情况各有不同。像张家这样的四世同堂家庭,家户人口较多且未分家,这样的家庭能在一起生活和维持较长的时间主要原因就在于家户内部的团结与稳定。张克举家的所有成员都要承担赡养的责任,大家有什么事情会共同处理,各自尽自己的义务和责任,听从家长的支配。小户家庭和无子的家庭只能由家里唯一的儿子或是老人自己承担赡养的职责。

(四)养老钱粮

1.赡养职责主要由家庭承担

在张家所在的地方,如果一家有较多的儿子,分家时家里的老人一般会跟随小儿子居住,由小儿子承担具体的赡养责任。最初分家时会从每个兄弟的财产中拿出来一部分作为老人的养老钱粮,主要由家长决定,而能作为家长的往往是家里的老大,因此在家长的主持下各个兄弟之间都会得到较好的协调与组织。分家以后不需要按一定的时期交付养老钱粮,老人在哪家居住就由其负责赡养。在承担养老钱粮的过程中,只有家户分家才会由每一个小家庭单独拿出来一部分钱财或物品作为养老钱粮,关于这些财务的具体分配主要由家长来协调,但其他家庭成员可以根据自己的情况进行协商,提出意见。

2.不同家庭差异不大

在养老钱粮上,不同类型的家庭会根据自身家庭情况来安排和决定赡养的分配。张家分家时因为家户较大,作为四世同堂的家庭,需要在家户成员的共同协商之下才能解决。至于养老钱粮,因为家中长辈较多,因此没有分配专门的养老钱粮,只是根据各自分出的小家庭将家户财产进行均分。

(五)治病与送终

1.老人生病子女均需出力

若是家里老人生病,没有分家的家庭需要家户成员共同承担照顾老人的责任。未分家以前的家户财产都由家长掌管,因此老人的看病抓药都需家长负责,其他成员要协助家长,采取照料老人的生活起居或是给老人煎药等形式尽自己的一份力量。如果已经分家,则需要老人的子女共同出钱出力照顾老人。出嫁的女儿若是不能回家探望,需要托人带一些补品或是钱物用以慰问。如果离得较近,女儿需要在娘家待一段时间专门照顾老人。

2.照顾方式由家长定夺

家长是家户的实际支配者,老人生病的治疗方式需要家长定夺。张克举的爷爷张廷栋在去世前两年身体已渐渐虚弱,大多数时间卧病在床,不能走动,张克举的父亲张国义作为家户的当家人,也是经常请大夫到家中进行诊断,但由于当地的医疗条件较为落后,加之张廷栋年岁已高,最终还是没能好转。家里主要照顾张廷栋的人是张国义夫妇和张克俊夫妇,其他家庭成员在张国义比较忙或是外出时也会主动承担照顾的职责。除家长之外的其他家庭成员在治病照顾中虽然不能起到主导的作用,但依然协助家长开展家户工作,做好各自的分内之事。

3.儿子均摊老人丧葬花费

老人去世后,丧葬的花费由各个儿子共同承担。对于张克举家来说,因为张廷栋去世时家户还未分家,而家里的财产由张国义掌管,所以张廷栋去世的丧葬花费是家户共同承担的。在葬礼中,长子和长孙是灵位前主要披麻戴孝的人,长子不仅要协调处理整个丧葬事宜,还要尽职尽责做好守灵的事情。其他儿子要和长子一样招呼亲友宾客,协助长子处理丧葬具体事务。出嫁的女儿和未出嫁的女儿扮演的是哭丧和守灵的角色,这些具体的职责和流程是家户所在地的特定风俗,不需要向谁进行请示。

(六)外界对家户赡养的认可与保护

1.家族保护

家族对家户赡养为认可的态度,如果家户中有儿子不愿意承担赡养责任,家族中的长辈会对其进行教育和批评,如果成员屡教不改就会被家族成员看不起,也不会有人愿意和其来往。当赡养出现问题或纠纷时,家族会出面处置和协调,若是遇到因分家或赡养问题出现纠纷的情况,家户就会请家族中较有威望的人进行协调。

2.村庄、政府不干涉

村庄和政府对家户赡养是一种不干涉的方式,如果有儿子不愿意承担赡养责任,这样的人在村里会被大家看不起,但由于当时村庄管理不甚严格,保甲长也不会经常在村里,只有收税的时候才会来,因此关于村庄的一些纠纷等都是由家族内部自行解决,或是请村中较有名望的人进行调停。

六、家户内部交往

(一)父子关系

1.权利义务关系

(1)承担抚养职责

作为父亲在孩子长大成人之前需要承担养育和培养的责任,等到孩子长大以后还要负责给儿子娶媳妇,帮女儿找婆家。父亲的责任就在于此,他需要确保家户的稳定与和谐,保证家庭成员的幸福安康与平安。父亲对于儿子更重要的是一种引导和教育,不是随意地役使。张家的家长或是其他长辈不会随意打骂和役使孩子,毕竟家庭里的长辈们很多都是读过书、懂得道理的人。尽管张克举的父亲张国义没有读过书,但身在这样的家庭多少都会受到好的影响。张廷栋以前读过书,从小就教育子孙为人要正直善良,所以张家的人在村子里都有较高的威望,不会随意惹事,深得大家的敬重。

(2)对父权的服从

父亲的话儿子一般都是无条件服从的。不过如果遇到父亲做得不对的情况,儿子也可以向父亲提出自己的见解和看法。在张家,当家人不会一味地只按照自己的想法一意孤行,还是会和家户其他人员进行商量,寻求意见。如果父亲做了错事,儿子不会批评,这样在别人看来是以下犯上,没有礼法。而在张克举看来,他的父亲就是一个好父亲,尽管脾气有点冷峻,但为人光明磊落,做事也很有魄力,在家里从来不会随便乱发脾气,对长辈孝顺,对小辈和善,这样的父亲就是一个好父亲。而好儿子就应该不惹是生非,不随意捣蛋,不抽大烟不赌博,可以好好孝顺父母家人,这样的儿子就是好儿子。

(3)父子关系

在权利义务关系上,不同类型和人口规模家庭的父子关系没有什么特定的差异,主要的区别在于各自家户的背景或是受教育水平。如果家里自古就是读书人比较多,整个家户的门风和家教历来较好,这样的父子关系不会太差,因为父亲知道怎样用自己的学识教导孩子,培养和引导孩子成长。张家就属于这样的家庭,家长在良好家风的影响下和孩子总能相处得比较好。

2.日常交往关系

张家整个家庭氛围相对轻松,不过张国义是家里比较严肃的长辈,平时很少和孩子之间互相开玩笑;张国义的两个弟弟脾气更温和一些,经常和小辈们一起开玩笑,过年过节还会一起打牌喝酒等。家长在小辈的心里多少都有点敬畏感,小的时候也会害怕自己的父亲,因为男孩子小时候终归比较调皮,一不小心打碎个什么东西之类的难免会遭父亲或母亲的批评。但如果不是什么大的事,父亲也不会动手打人。在日常交往关系上,不同类型和人口规模家庭的父子关系跟家户大小没有多大关系,主要还是与家户内部的环境有关。张家是一个四世同堂的家庭,家里的父子交往还是比较轻松的,没有很多的规矩,也不会限制孩子的日常行为。

3.冲突关系及调适

张家父子之间一直相处得较为融洽,也从来没有发生过什么冲突或矛盾。至于村子里其他家户,冲突还是会有的,例如村子里一户人家的儿子成家后染上了吸烟赌博的恶习,为此他的父亲经常对他大打出手,恶语相向,但是儿子依然不知悔改,还因此败光了家业,父亲也在一再的打击之下不幸病故。这就是一个因为父子冲突导致的家破人亡的事例,虽然他们家族里其他的长辈也进行过劝诫,但总体上没有起到多大的作用。

(二)婆媳关系

1.家户婆媳关系融洽

婆婆对于媳妇的主要责任是要教会媳妇操持家务的能力。在张家坐月子的媳妇一般都是由同辈的媳妇来照顾。因为张家分家时间比较晚,家里在1947年以前有五对夫妻,只有第一个媳妇进门后坐月子由婆婆来照顾,之后若是兄弟辈之间有媳妇坐月子的则由同辈的媳妇来照顾。媳妇嫁过来以后婆婆会慢慢将家务交由媳妇来做,教导媳妇一些持家的道理和注意事项。张家的婆媳关系一直比较融洽,婆婆不会随意看不惯或是打骂媳妇。张克举的媳妇嫁进来以后,因为丈夫去外面工作经常不在家,母亲反而对他的媳妇更加照顾。

2.婆媳交往轻松无拘束

张家平时没有太多的规矩,婆婆和媳妇之间相处得也较为融洽。农闲时节,家里的女眷们都会聚集在一起做针线、拉家常。张克举的二婶是一个性格开朗,有点大大咧咧的人,她在家里经常和几个妯娌及年轻媳妇说说村子里的趣事、开开玩笑之类的。张家家里的气氛一直比较轻松活跃,媳妇和婆婆之间没有很分明的等级关系。

3.偶尔的小冲突

张家婆媳之间一直相处得比较融洽,但毕竟是这样多人口的大家庭,所以偶尔也会因为一些事情有些争吵和摩擦,不过这在家庭交往的过程中慢慢会淡化。就算是有冲突也是偶尔发生几次,有时候媳妇干活不小心摔个碗或砸个碟的,做婆婆的少不了要数落几句。不过,这些事大家不会真正放在心上,主要还是希望媳妇干活能够更加细心,为整个家庭的利益考虑。偶尔的争吵也是因为一些琐事,不需要通过家长进行解决,婆媳之间聊几句也就过去了,不会有其他的矛盾,至于一些较大的婆媳冲突在张家是没有发生过的。

(三)夫妻关系

1.夫妻之间相互尊重

张家的男人大部分都读过几年书,对一些人情世故及为人处世的道理也懂得较多,因此张家的丈夫们从来不会随意地打骂和役使自己的妻子,都知道要承担起一个当家人的责任,凡事以家庭为重,听取妻子的意见,做好保护和供养家庭的职责。妻子生病丈夫理所当然地要确保妻子的身体健康,不能只把妻子当作家户传宗接代的工具,而要尊重妻子的意愿和想法,凡事与妻子商量。妻子也会尽好自己的本分职责,管理好家庭内部的事务,照顾好丈夫和家庭成员的生活起居,有事情主动和丈夫商量,不会随意互相打骂。

2.夫妻之间相敬如宾

在张家,夫妻之间相处得比较融洽,因为家里读书人较多,因此家户没有许多严格的等级或规矩,夫妻之间的相处也没有很多限制,平时在一起也会开开玩笑、聊聊天。张克举结婚以后就外出工作了,等到他每次回家都会和妻子聊一聊外面的所见所闻,给妻子和孩子讲一些自己读书时听到的故事,或是戏文里的经典桥段。在妻子看来,丈夫就是家户中与自己最亲近的人,因此有什么事情都是夫妻之间进行商量。

3.矛盾偶有发生

村子里夫妻之间因为一些观点不同或是见解相异难免会发生一些争吵,有时程度较为严重,动手的情况也是会发生的。在张家,夫妻之间也会因为一些小事偶尔吵吵嘴,不过打架动手的情况是没有的,一般的小事夫妻双方吵几句,等冷静下来自然也就没什么了。毕竟夫妻之间自古就有床头吵架床尾和的说法,有时争吵得较为激烈惊动了家户里的其他人,家长和其他的长辈都会前来进行调解。有一次,张国义的弟弟张国安夫妇之间因为妻子提议从娘家借钱买个立柜的事情发生了激烈的争吵,张国安认为没有必要花这个钱,而妻子认为张国安是不想自己独自买,毕竟那时家户还没有分家,认为丈夫只想着张家而不为她考虑。后来一气之下回了娘家,不过女方的娘家人也都比较开明,认为孩子这样做不对,后来主动让大舅哥将她送了回来,也化解了张国安夫妇之间的矛盾。

(四)兄弟关系

1.兄长承担教导的职责

常言道长兄为父,张家这个四世同堂的大家庭中至少有三代兄弟,张国义在他这一辈兄弟中年龄最大,成年后作为张家的家长,自然肩负起照顾家庭、照顾兄弟的职责。张国义不仅要照顾一家老小,还要操持弟弟们的婚事,并教导兄弟担负起家庭的责任,助其成家立业。张国义在兄弟中具有较高的权威,再加之作为家中的家长更是具有一定的发言权,弟弟们对兄长也很尊敬,凡事也会与兄长沟通交流,听从兄长的安排。

2.兄弟之间互相扶持

兄弟之间的相处虽然不会显得异常亲密,但确实是最团结的力量。张家整个家户都很团结,因此兄弟之间关系也很融洽,虽然张家是张克举的父亲张国义做当家人,但张国义的两个弟弟从来不会因为张国义有较大的权利而生出嫌隙,反而会共同帮助大哥好好维持家户的生活,兄弟之间经常会一起谈论有关家庭及各地的消息,闲暇时间还会一起喝喝酒、聊聊天,张国义也不会拿出一副大哥的姿态随意教训和役使弟弟,弟弟也不会和兄长保持距离,都是一家人,有什么就会主动告知对方,相处也较为随意。

(五)妯娌关系

1.嫂子对弟媳的引导和帮助

嫂子因为先嫁进来,对家里的事情较为了解,因此嫂子要承担的责任是尽快让弟媳熟悉家户的情况,并且融入到家户中来。弟媳进门后做嫂子的自然会轻松许多,可以将自己负责的事情分一些给弟媳,减轻自己的负担。不过在张家,除了张克举的三嫂有点小心眼、爱贪小便宜外,其他的媳妇们都比较识大体,不会随意招惹是非。弟媳如果怀孕,做嫂子的要承担照顾的义务,一直到其出月子。平时干活嫂子也会帮着弟媳,毕竟都是在一个家庭里生活的人,所有人都是为了整个家庭的和谐与团结而努力。

2.妯娌之间相处和谐

家户中平时妯娌之间的关系较为融洽,洗衣做饭或是去田地干活妯娌之间会结伴同行,在一起也会经常聊天开玩笑。弟媳和嫂子之间没有严格的界限,互相之间有什么事情都会商量,做嫂子的也不会端着架子。在日常交往关系上,不同类型和人口规模家庭的妯娌关系还得根据各自的家户状况才能作出具体的评判,张家的妯娌关系一直相处得较为和谐。

3.冲突微乎其微

张家妯娌之间发生冲突的情况很少,分家以前整个家户居住在一起,又加之在当家人的管理之下所有的家庭成员都很团结,所以妯娌之间相处也不会产生什么大的矛盾或是摩擦。张家在1947年以前主要是张克举的父亲做当家人,而父亲又很有原则,因此在管理家户上一直做得很好。妯娌之间有时因为给各自家庭的人做衣服或鞋子之类的事偶尔会有点意见,但这也是在自己的小家庭之间埋怨一下,不会放大到家庭的层面。一般有这样的小摩擦,其他家庭成员知道的话也会主动退让或是寻求解决办法。总之,大家都会为整个家庭的和睦着想。

(六)爷孙关系

张廷栋是家中最年长的长辈,1947年以前有八个孙辈,张家爷孙关系融洽,张廷栋在孙子们小时候就经常对其进行教导,通过讲述家户发展及其所知道的故事等,将为人处事的道理和准则教给下一代。而家里的小孩子从小在长辈的教导下也懂得孝顺和感恩,张克举和张克俊小时候会主动给爷爷洗脚,吃饭时也会帮忙盛饭等。

七、家户外部交往

(一)日常交往及权利义务

1.朋友关系融洽

朋友之间也要承担相应的责任和义务。小到日常生活的柴米油盐酱醋茶,大到红白喜事,都需要在邻里及亲友的帮助下才能解决。张家所在的村子只有几十户人家,平时谁家有喜事或难处,只要有时间或是有能力的都会去帮忙。张国义的父亲张廷栋去世举办白事,村子里关系好的人家都是主动前来帮助操办丧事。遇到村子里有人家办红白喜事一类的事情,家里的长辈都要去帮忙,女的去厨房忙锅灶的事,男的帮忙接待宾客等。

2.邻里交往密切

张家在村子里的地位一直较高,毕竟张家分支较多,人口庞大,同时张家读书人较多,在传统时期读书人大多都会受到大家的尊敬,所以张家和邻居之间的相处也很融洽。干活时是和邻居及本家的兄弟一起换工,家里缺农具或是做饭没柴火都会跟邻居借,邻居也是这样,大家一来二去慢慢建立起密不可分的良好关系。家户与四邻及亲友之间互相交往都是平等的,不会存在一方惧怕另一方的情况。

3.亲戚互帮互助

村子里张家的亲戚较多,本家的人也不少,大家历来也较为团结,若是谁家办红白事或是盖房子,大家都会前去帮忙。张克举结婚时彩礼钱不够,因此在亲戚处借了几十块钱,与关系好的亲戚之间借钱也不需要签订契约,也不用找中人,大家平时遇到难处互相都会帮一把。

4.主佃身份有别

张家在张国义做家长期间租种了邻村一个大户人家的土地,但是双方之间除了租种关系以外也没有别的交集,平时也不常来往,只是到规定的时间将租子交还即可。

(二)对外冲突及调适

1.家户是对外的单元

家户是对外冲突的单元,主要负责人为家长或是代理家长,张国义被抓兵的那段时间,家里由其长子张克俊作为代理家长。毕竟,张克俊经常帮着父亲处理家庭的事务,相较于两位叔叔,解决起来会更加方便。所以家里在那段时间都是其他成员之间互相分工配合,张克俊主要去外面进行交涉,张国泰、张国安及张克举在家里筹集钱财,所有的家户成员都是积极配合,拧成一股绳,尽自己的所能解决家户的困难。

2.家户利益至上

在家户和外界发生冲突的情况下,所有的家户成员都是坚定地团结在一起,以家户的利益为重,尽各自的所能化解冲突,维持家户的团结与稳定。处理冲突的主要负责人是家户的当家人,如果当家人不在,则由家里较有能力的人担任代理家长进行处理。若是有关家户整体利益的重大事件,则会由家族出面共同解决。张克举父亲张国义出事时,家族也是尽最大的能力帮助张家渡过难关。

3.对外冲突主要由家长出面处置

若是邻里街坊或是亲朋好友之间发生冲突,家长也会出面进行调解。村子里两户人家有一次因为一家盖房子占了邻居几尺地的事情大打出手,动静闹得有些大,因为张家和这两家关系都不错,后来张克举的父亲和两位叔叔一同前去帮助两家化解纠纷,最终在人们的劝说下,两家事情得到了很好的解决。

4.冲突衍生的情况鲜有发生

张家一直与人为善,和村子里的街坊邻居们都相处得较好,没有发生过什么大的矛盾或冲突。只有一次因为一户人家的女主人一直都爱贪小便宜,将张家的一个农具借走以后故意推托没有归还,张家认为因为这样一件小事和别人撕破脸也不好看,因此就没有继续再要,只是以后和这家关系变淡而没有深交。村子里其他因为两家之间个人矛盾最终演化为家户矛盾的事也是有的。张家所在的村子有两个年轻人之前关系很好,经常一起做工搭伙给别人盖房子挣钱,后来其中一个人偷偷在外面接了几次活儿没有告诉自己的同伴,两个人因此产生了矛盾,导致两家之间不再来往。

第四章　家户文化制度

　　家户文化从一定层面上反映和折射出了一个家户的发展特色及治理方式。张家历来有尊师重道的传统，从祖上起就出了不少的读书人。良好的道德品质离不开知识的熏陶和引导，同时，崇尚教育的家户传承也为家户赢得了更多的尊重与信服。除教育以外，团结友爱的家风和村庄流传坚守的信仰传统在维护家户治理及家户发展中也有很强的引导作用。米塬村的民俗文化及宗教信仰有着自身的特色，尊崇道教的庙宇文化对于维护传统时期的村庄公共治理和实现家户自治的统一都具有重要的促进作用。

一、家户教育

(一)教育概况

　　1947年以前，张家的教育水平在村子里算是比较高的一户。张克举的爷爷张廷栋小时候读过几年私塾，因此家户一直有接受教育的良好传统。在张家一般都是男孩子读书，女孩子在1947年以前都没有读过书。那时的观念就是如此，女孩子自小都需要在家里学习并操持家务，等到了适婚年龄就会嫁出去，不过张廷栋在子孙们小的时候还是会经常教给他们一些知识和道理。张克举的父亲张国义因为是家里的老大，从记事起就承担了比较多的家庭责任，因此也没有读书，不过两个叔叔还是念了几年书。张克举的大哥张克俊小时候由爷爷张廷栋在家里教他读书认字，因此没有去学校。只有张克举因幼时较为聪明，所以一直读到初中毕业。张克举两个叔叔张国泰及张国安的儿子也在村子里读了几年的小学。张克举读小学的时候都十岁了，等他初中毕业也十七八岁了。在1947年以前，初中毕业就算是最高的学历了，而且毕业以后都是直接安排工作。张克举毕业后在家里待了一年就结婚了，之后就被分配到会宁县郭城镇的粮站当会计。张家除张克举以外其他孩子都读了几年小学，掌握了一些最基本的知识，因为村子里的人读书都比较晚，读完书再帮家里干几年活就可以准备成家立业了。

(二)私塾教育

　　张克举的爷爷张廷栋小时候在私塾读过几年书。张廷栋小的时候家里比较富裕，家中的几个兄弟都去私塾受过教育。以前上学不用特意交一定的钱用作学费，给老师几斗麦子就可以。张廷栋那个年代村子里还没有小学，私塾是村里一个老先生自己开的。因为米塬村面积较小，村子也不太大，所以步行去私塾也只是几分钟的路程。私塾的学习内容一般为三字经、弟子规等。遇到节日的时候家里都会准备一些小礼物送给老师，过年时也会请老师到家里吃一顿饭。在私塾读书一天最多为四个小时左右，为上午和下午各两个小时。

(三)学校教育

等到张克举上学时村子里已经有小学了,上学所需的花费一年大概是四五块左右,对于家户来说也可以负担得起。张家的孩子从小基本都是读了书的,只有女孩子因为村子里没有要求其读书的传统,所以在家以做家务为主。上学与否还是会遵从孩子的意愿,张克举三叔张国安家的孩子读了几天书就不想再去学校了,家里也没有强迫他。张家送孩子读书的目的就是希望能够多学点知识,再加之张家历来读书人较多,对孩子的教育也比较上心,因此家户有能力都会供养孩子读书。

(四)家户教育

因为张廷栋小时候接受过几年私塾教育,也是识字的人,其所懂得的知识和道理也比较多,家里的小孩子没上学之前张廷栋经常用一些耳熟能详的故事教孩子们做人的道理。女孩子的教育大多由母亲负责,小的时候父亲和爷爷也会经常叮嘱女孩儿应该注意的方面,长大以后由母亲承担进一步的教育和指点。爷爷和父亲除了教会男孩子成长的道理以外还会教给他们一些生活技能,例如干农活、做农具的方法和技术等。女孩子主要是向母亲学习如何做家务和做女红之类的能力。

(五)家教与人格形成

家庭教育对于孩子的成长起到重要的引导和启蒙作用,父母亲及其他家人的思维方式和性格在孩子的成长过程中会产生很大的影响。张家的氛围一直比较轻松融洽,毕竟张家自古所出的读书人比较多,因此家人的脾气都比较温和。孩子们从小都是受到家长的教诲,父母从小也是经常教导孩子们做人做事的道理,张家一直倡导以和为贵,家和万事兴,不管是和家族里的人打交道还是和村民们打交道都是坦诚以对,在村中威望较高。

(六)家教与劳动技能

家里除了教小孩子学习知识和道理外,也会教授一些劳动技能,男孩子长大成人要跟着长辈们去地里劳动或是放养牲畜,也会学着制作一些简单的农具工具等。女孩子大多跟着母亲学习整理家务的能力,包括洗衣做饭、缝缝补补、绣花绣鞋等。长辈的农耕知识和经验是自己在生产生活中慢慢总结和积累出来的,在农村,孩子在慢慢长大的过程中是在家庭的影响下逐渐习得一些基本的生存技能的。张家没有特定的手艺,张克举的爷爷张廷栋以前自己感兴趣,跟着村子里的一个木匠学过一段时间的木工活。但是他学习的目的不是为了以此谋生,给别人做木活挣钱,只是因为喜欢,掌握一些生活技能而已。后来,张廷栋也将自己学会的东西教给他的孩子们,让他们掌握更多的生活技能。

二、家户意识

(一)自家人意识

1.自家人之间的交往

在张克举看来,自家人就是关系比较亲密,可以毫无保留地在困难时期互相帮助的亲戚、族人。张克举不会将自家人只限定于是小家庭的成员,叔叔伯伯及姑姑舅舅等关系亲密的亲戚都算是自家人。无论互相之间住得多远,还是经常在外不常联系,亲戚之间的感情并不会因为距离而产生隔阂,张家在逢年过节时亲友之间都会互相走动,谁家有什么困难大家都会互帮互助。

2.外人及其交往

外人一般指的都是除亲戚族人之外的没有血缘关系的人，自家人与外人之间的区分主要是一种家户的心理边界和认同。虽然邻居及乡亲们与家户不具有血缘关系,但长期的交往早就将各自的生活连结在了一起,张家平时干活都是和邻居一起换工,两家关系一直很好,交往也有如亲人般。除此之外,张家与村子里的其他家户一直相处得都比较好,邻里之间有困难大家都会主动帮忙。

(二)家户一体意识

1.家户相互扶持

张家在没有分家时,兄弟之间都是一起为家户的稳定与繁荣而共同努力,不管是兄弟之间还是妯娌之间都没有发生过什么大的矛盾和纠纷,虽然自张国义父亲张廷栋以后,家里的生活不比以前,但老人一直教导家户要以和为贵,一家人就要好好相处,不生事端。因此,从张国义这一代开始一直到之后家户分家,整个家庭一直将此作为警示,团结互助地生活在一起。若不是因为之后成立互助组,家户人口庞大不利于分组不得不分家,张家这个大家庭可能还会一直延续下去。

2.家和人兴的家户目标

既然是共同生活在一个家户之中,所有的家庭成员就必须为整个家庭的团结与富裕而共同努力。不过张家一直比较低调,从来不会想着与其他富裕的家庭进行攀比,而是踏踏实实做好自己家庭分内的事情。至于光耀门楣的想法,每个家庭肯定都希望自己的家庭能有一个可以光宗耀祖的人物。不过,家里从来不会用这些想法对孩子进行灌输。虽然张克举是家里公认的最聪明也是读书最多的小孩,但家里也没有给他设定一个能够"光耀门楣"的宏伟目标。尽管张克举之后有了一份算是比较体面的工作,但家里也没有为之炫耀或是大肆宣扬,家户最终的目的就是希望整个家庭能够和顺平安。

(三)家户至上意识

1.家户整体高于一切

在张克举看来,家户整体对于个人来讲具有不可替代的作用。个人存在的意义只有在家庭的关怀下才能够完整，在没有分家之前，家户中的成员作决定都会以家庭为前提进行考虑。张家的媳妇们也都很明事理,有时候有人回娘家带回来一些吃的或是新奇的东西不会留给自己的小家庭单独享用,而是会分给家户所有的成员。张克举工作以后挣的工资都是全部上交给家长作为家户统一使用的财产。

2.个体与整体之间相互权衡

当家庭的利益与个人的利益发生冲突时,家庭不会要求个人牺牲自己的利益,遇到这样的情况家户成员会一起商量寻求解决的办法。整个家户是一个团结的整体,不会让个人承担较大的压力,有什么事会一起面对。如果家庭条件不允许,家长希望读书的人回家帮忙干活儿,在这样的情况下个人会放弃读书的机会,毕竟主要的决定还是要以整个家户为基础,张家在有能力的情况下会尽量供养小孩子读书,除非是有人不愿意读书而选择放弃。

(四)家户积德意识

1.家中长辈的影响

张家的老人就是张克举的爷爷张廷栋,一直是一个比较热心又善良的老人,再加之张廷栋小时候接受过几年私塾教育,长大以后家里条件较好,也读了不少书,看了不少戏。因此,张廷栋平时讲话就喜欢引经据典,教会子孙们做人的道理。村子里的男女老少在闲暇时间都喜欢聚在村头的大柳树下,一边纳凉一边听张廷栋和其他老人讲书里及戏文里的故事。从张廷栋的讲述中张克举从小就知道了关云长的义薄云天,知道了窦娥的无尽冤屈等。

2.积善成德的意识传承

张廷栋也会经常教育小辈要有行善积德的意识,不做祸事,为人正直。不论是在张家家族还是在整个村子中,张廷栋都具有一定的威望,凡是家族或是村子里有什么重大的事情都会邀请张家的人参加。张廷栋的言行举止对于家里子孙的成长无形中有一种潜移默化的影响,子孙们小的时候由张廷栋进行启蒙教育,并且贯穿在家户成员平时生活的点点滴滴之中。

三、家户习俗

(一)节庆习俗概况
1.米塬春节之特色
(1)过节的准备

张家所在的地方过春节最早从腊月二十三开始算,腊月二十三是小年,在米塬村每年这一天就预示着年味开始的时节。晚上庙里的社火队会敲锣打鼓到每一家征收份钱,用于资助庙堂举办活动等。份钱是每家自愿捐献,没钱的家户可以捐赠一些米面粮油用来代替。社火队巡游的目的不仅仅是征收份钱,也是和家户成员一起送灶王爷,在农村灶王爷具有很高的地位,是家户供奉用于保护五谷丰登、丰衣足食的神。从腊月二十三这一天开始就要准备过春节的工作了,对于村子里的人来说,辛勤一整年只有在过春节的时候才能真正好好地放松享受一番。过年前的准备从最初的打扫开始,大扫除有专门的时间,必须是在腊月二十三以前,因为腊月二十三是小年,打扫时村子里会有专门的阴阳,阴阳是负责占卜吉凶、诵经问卦的人,他们会提前看几个适合大扫除的日子,村子里就在这几天集中打扫。以前因为家里条件不好,没有过多的钱置办年货,再加之离集市比较远,所以几乎没有条件置办年货。贴春联在大年三十早上,张克举的爷爷张廷栋在世时家里的春联都由他负责书写,村子里一些人也会带一点小礼物请张廷栋帮忙写春联。1947年以前,过年以家户为单位进行,或是家族聚在一起,外人是能和家户一起过年的。

(2)过年需提前祭祖

过年之前每家都需要祭祖,时间也是在腊月,当地的讲究是在过年之前要给去世的祖先们烧些纸钱表达祝福和问候,在普天同庆的时节祭拜祖先不仅是表达对逝者的追思,也是家户希望得到祖先的保佑,是对家户当前及未来生活的一种美好期待。因为以前的生活比较艰苦,家里也没什么水果糕点之类的祭品,所以只是蒸几个鸡蛋,然后带些自制的纸钱进行祭拜。祭祖的时候是家族的男丁一起前往,主要有几个家庭的当家人,祭拜的时候每到一个坟头需要跪下来烧些纸钱,然后撒一点切碎的鸡蛋。成年女性是不能参加祭拜的,只有家里未成年的女孩子可以在祖先的坟头祭拜,已成年和结婚的妇女只能够在家中祭拜。祭拜是在祖坟处,所以不需要家族一起吃饭,若是家中去世不久的长者,头七之后还会举办一次较大的祭奠,有的家户会在一年以后或是三年以后办宴席、请宾客,目的是为了换孝。米塬村的讲究是家里有长者去世,同一个家族的都会戴孝,戴孝时间以家户换孝为期,戴孝期间家户成员不能结婚,同时别人举办喜事也不能前往随礼。

（3）春节走亲有规定

走亲戚的时候虽然没有特定的规矩和顺序,但家户都会逐渐形成一种约定俗成的规定。在张家一般都是大年初三允许媳妇们带着女婿孩子回娘家拜年。媳妇回娘家时需要提前准备好家里要吃的食物等,家户允许媳妇在娘家多待几天,但往往也不能超过五天。因为张家的媳妇比较多,因此必须错开时间回娘家,保证有人留守看家和做饭。家里的男性若是拜年会先去舅舅家里,小孩子们在成年以前是不外出走亲戚的,因为出行没有马车,都需要靠步行,加之亲戚之间都相隔较远,出行只能走山路,所以走亲都是家长们有空才去。

（4）年三十吃年夜饭

年夜饭是在大年三十晚上吃,主要是家户内部的家庭成员聚在一起吃一顿团圆饭,有的家族人口较少也会几家人聚在一起吃,像张家因为家户较大,所以只是本家户的人在一起。年夜饭比起平时要丰盛很多,在米塬村规定大年三十晚上要吃臊子面,当地也叫作长面,寓意家户人口能够身体健康,生活长长久久。除了主食以外,还会准备一些菜或肉类,因为过年在冬季,家里没有什么新鲜蔬菜,去集市也买不到。所以蔬菜是自家冬天腌制的酸菜,酸菜需要提前一个月用自己种的白菜腌制,再有就是家户过冬囤积的土豆和萝卜。过年每家都会杀猪,猪肉大部分要腌制成腊子保留起来,只剩余一小部分用于过年期间吃,年三十晚上家里人最期待的就是煮好的满满的一大盆猪肉,毕竟穷苦人家平时吃饭没有什么荤腥儿,都是等过年才能大饱口福。除了猪肉外,养羊的家庭也会杀一只羊,冬天吃羊肉萝卜汤最好不过了,除此之外家户还会用土豆面粉等配一些肉类,自己做一点丸子之类的吃食用于改善伙食。

（5）年夜饭后在村内拜年

米塬村拜年都是在大年三十晚上吃过年夜饭以后的时间进行。吃过饭以后女眷们都留在家里收拾家务或者做针线、拉家常,男人们就带着一些小孩子出去拜年,拜年一般是去有长者的家里,先从自己本姓氏的家族开始,而后去村子里其他高寿的老人家拜年。拜年时由家族的老大拿一瓶白酒,去哪家拜年就敬一杯酒给老人,往往拜年的队伍到最后都会有几十人之多。除了敬酒以外,到家户第一件事是对着家户祖先的牌位下跪磕头,起身后还需作揖并往香炉里添香。添香由拜年的带头人来完成,带头人一般是家族里年纪最大的家长。拜年也不需要额外带礼物,小孩子们跟着拜年还会收到一些压岁钱或者平时不常吃的糖果等零食。

（6）过年闹社火、过庙会

张家所在的地方过年期间偶尔会有一些爱唱戏的人组织起来一起唱唱戏,或者是耍一些简单的社火。村子里有专门的社火队,是村民自发组织的,因为以前比较贫穷,社火的质量也不高,没有专门的队伍,只是过年期间由一些年轻人自发组织着热闹一下,伴随着敲锣打鼓走一走场子。1947年以前,村子里还没有扑克牌,只有一些老一辈的人偶尔会玩一种纸牌,在当地称为"掀牛",这个牌是长条状的,里面是一些水浒传里的人物,玩法就是凑一定的点数。除了这些以外,村里还有在庙上敬神的活动,每年正月初八就会组织全村过庙会,祈求神仙保佑。

2.元宵节吃猪头、捏灯盏

以前的说法是小年大十五,元宵节也是过年期间的一个重要节日。过十五的时候,家里会煮猪头肉来吃。古代猪头是祭奠祖先、供奉上天的供品,平时猪头是不能随便吃的,一般农户人家辛辛苦苦忙了一年,到腊月二十三过小年时才杀猪宰羊,从这一天起就开始改善伙食了,每天饭菜都要见点肉,除夕夜全家吃团圆饭,等到正月一过,年也过了,节也过了,腊月杀的猪肉基本上都吃光了,最后只剩下一个猪头,所以猪头会留到正月十五的时候才吃。除了吃猪头肉,元宵节的时候小孩子们会捏灯盏,用荞麦面和成面团,每个小孩子拿一小方块,在中间捏一个小坑,然后倒入几滴清油,再放入用羊毛捻成的引子,等到晚上每个小孩子将自己的灯盏点着,比谁的灯更亮,其实也是小孩子之间玩耍的一个游戏。灯着完以后孩子们会把自己的那一小块面团吃掉,一来是油比较珍贵,二来也是教导小孩子不能浪费粮食。

3.清明节烧纸钱、拜祖坟

清明节主要是祭奠祖先的节日,在这之前家里早早都会准备好要烧的纸钱,但是真正祭拜的时间在清明节的前两三天就要完成,纸钱需要提前买好纸由家户自己制作。1947年以前基本都是使用麻纸,纸质较粗,也比较便宜,质量好的平常百姓家里也买不起。做纸钱时需要将纸裁成长条状,有专门印制纸钱的印章,约大人手掌大小,是用木头制成的,下面刻好了纸钱的形状及内容。印制时需要用红色的颜料配水才能拓印。祭拜祖先由家长带领家里的男性和小孩子前往坟地,祭拜的物品主要是带一些炒好的鸡蛋和纸钱,给祖先们供奉及烧纸跪拜。除了这些流程以外,如果遇到有闰月的那一年还要专门给祖先的坟头添些新土,重新进行修缮。

4.端午节吃甜醅、插柳枝

端午节家里会做一种叫作酒醅的食物,做的时候先将麦子或是莜麦洗干净,然后加入酒曲进行烹煮,煮好以后放凉就可以食用。夏天吃甜醅,酸酸甜甜的口感又解暑又好吃。每到端午节,家里的小孩子们都眼巴巴地盼着能吃到好吃的甜醅。因为制作甜醅比较费时间,也要耗费较多的麦子,因此家里只有到过端午的时候才会做一些解解馋。除了吃,过节的时候家家户户都会将门前屋后的柳树折一枝插在门口,据说有消灾避邪的功效。除此之外,家里的妇女们会用一些花线给小孩子们做一些花花绳戴在手上和脚上。因为农村经常有蛇出没,戴花绳也是希望能够祛除厄运,保佑家人平安。除了花绳,妇女们还会做一些好看的荷包给小孩子们戴,至于大人则不需要过多的讲究。

5.中秋节吃月饼、聚团圆

中秋节是家家户户团圆的节日,过节时没有什么特定的仪式,因为家里穷,没有什么好吃的东西,妇女们一大早就会做月饼。月饼的做法也很简单,用粗面做几层薄薄的面饼,在每一层之间涂上一点点白糖,有蜂蜜的家庭还可以放一点点蜂蜜,然后将饼一层层叠在一起,蒸熟后便是成形的月饼。中秋节正值收获的时节,张家屋子后面还种了两棵苹果树,十五晚上还会将成熟的苹果切成好看的形状,在院子里放一个桌子将瓜果月饼等摆在上面献给月亮,等月亮"享用"之后全家人才一起享用。

6.结婚时的讲究

(1)着"梳衣"、合属相

1947年以前,米塬村娶媳妇有一定的习俗,村子里有一套专门的"梳衣",是为新娘子结婚时准备的特定的嫁衣,这件衣服整个村子里只有一件,保存在社火队里,谁家娶媳妇就轮流借着使用,外村的人也可以借用。"梳衣"是一套红色的衣裙,衣服前后各挂有一面镜子,名曰"照妖镜",寓意是为了保平安。娶亲的人会根据新娘子的属相选定一个相合的人作为押马的人,押马的人对性别没有具体要求。新娘上轿的时候押马的人需要拿一把梳子在新娘子的头上象征性地梳一下,表明梳走不好的事务,寓意大吉大利。同时,男方家里要派出兄弟姐妹,一般为八人左右前去接亲,人数必须是双数,也是寄予美好的祝福和愿望。新娘子被接到丈夫家以后需要放鞭炮,下轿或下马的时候新娘的脚不能落地,需要新郎抱着跨过门槛,象征新娘子已经是嫁进夫家的人了。随后由主持婚礼的人引导新娘子和新郎拜天地,给长辈敬酒。仪式完成以后新娘子被送入新房,由新郎家的女眷作陪,新郎需要和亲友一同吃饭庆贺。米塬村嫁女儿的时候没有什么特别的习俗,女儿的嫁妆会相应地根据家庭情况准备一些衣服财物。女儿出嫁的时候父母不能相送,会由家户其他的成员护送,一般会根据属相相合情况选择家族合适的人将女儿送往夫家,人数同样为双数,以六人或八人为主。

（2）婚后问安、做试手饭

婚礼后第二天,新媳妇要主动向婆婆或是嫂子询问应该注意的事项及该做的事情,早上起来要先给家里的长辈问安,随后向公婆问安,哥哥嫂嫂如果遇见就打招呼,同辈之间不需要刻意前去打招呼。嫁过来第二天,新媳妇必须做一顿"试手饭",即向公公婆婆展示自己做饭的手艺。新媳妇做饭婆家人不能打下手,需要独自完成,这不仅是家户对新媳妇能力的一种考察,同时也是展示新媳妇家教是否良好的一个方面。媳妇进门三天后要回门,回门时一大早媳妇的娘家会派一个人过来接,如果家里离得近在晚上就会送回来,如果离得远住两天才会送回来。如果娶亲是在邻近过年的时候举办,则在过年时由新媳妇和丈夫一同带着礼物回门。

7.举办丧事有规定

（1）落地抬埋遵循时间规定

老年人去世以后举办葬礼有规定的程序和流程:第一步是请"房下"落草,所谓的"房下"是指村子里前来帮忙的人,落草是将老人从炕上抬下来放在草席上,然后由阴阳先生选择一个适合下葬的好日子,埋葬的时间一般在去世以后的三到五天以内,时间确定以后需要开始准备后续的事宜,从老人去世到下葬,每天白天到晚上都必须有子孙守灵,同时每天晚上还要专门找几个村子里的人作为伴灵,即陪伴家人进行守灵。去世后的第三天需要"领羊",当地的风俗是老人的每个子女都要买一头羊,在老人下葬前专门举行一个领羊的仪式,即将所有的羊都赶在院子里集中在一处,然后由大总理即负责主持仪式的人一一宣布是谁的羊,如果宣布以后羊抖一下,就说明老人已经接受,也表明老人没有什么放不下的,孩子们也都很孝顺。第四天属于开悼的环节,这一天会摆宴席招待亲友,由于以前大部分家户比较贫穷,宴席吃的大多都是酸汤面,家境稍微好一些的会杀两只羊招待客人,在每个客人碗里放两块羊肉,来一点羊汤,已经算是很丰盛的宴席了。第五天是葬礼的最后仪式——下葬,下葬时需要由长子长孙在队伍最前面带领众子孙亲友送葬。米塬村下葬有一个高抬深埋的讲究,即需要选择八个身强体壮的人高高地抬着棺材一直到早就选择好的坟地,随后由子孙挖好墓穴埋葬,墓穴尽量要挖得深一些,以表示更加尊重和孝顺逝者。

（2）非正常死亡成员的丧事

若是家户有非正常死亡的成员,还需根据实际情况进行定夺。如果是因意外等去世的成年人,去世以后家里会先请阴阳先生讲一讲禁忌,确定亡灵以后能够顺利安好,同时也是为其祷告,选择一个适合下葬的日期,埋葬的程序相较去世长者要略为简单,会省略"领羊"的环节,直接办完丧事就可以下葬,与正常埋葬时的风俗相同,没有其他的特殊环节。若是十六岁以下的小孩子,埋葬时就没有仪式之类的讲究了,小孩子死亡不用举办葬礼,不过依然需要阴阳先生进行祷告,随后找一处地方进行埋葬或是火化。

(二)家户习俗单元

1.过节以家庭为单元

张家过年过节以家庭为单元进行庆贺。1947年以前,张家还未分家,过节的时候家里十九口人聚在一起,很是热闹。有家的人在各自的家庭过节,没有家的人,例如常年给地主做工的人在过节期间也会得到一些比较好的招待,这些人聚在一起吃一顿好饭也算是过节了。过年期间可以随意在村子里走动,但大年三十这一天是不可以去别人家里随意串门的,除非是拜年的时间,但也只能是男性和小孩子外出拜年,妇女是不能外出的。嫁出去的女儿在大年三十这天是绝对不允许回娘家过年的。万一媳妇有事回娘家但在年三十的时候赶不回来,这样的情况也是不能在娘家过夜的,娘家会将女儿安排在村子里其他人家过一晚,不过这也是极个别的情况。年三十以后基本没有其他的约束,只要有时间随时都可以去自己想去的地方。

2.过节需吃团圆饭

张家这样的大家户在过年的时候所有人聚在一起吃饭,年三十那天家里的男人们及小孩子可以随意去村子里串门聊天,但是女眷们必须在家里准备一天的吃穿用度。年夜饭往往是一顿臊子面,同时准备一些自家腌制的酸菜、咸菜,再用冬天储备的萝卜、土豆等炒一大碟子猪肉,这些平时一年都吃不到几次的饭菜就等着在过年时才能好好享受,也是一次改善全家生活的好机会。1947年以前,因为村里每家的生活条件都不是很好,也没有能力互相宴请,因此过年的时候亲戚们只是互相走动聊聊天,不会刻意轮流吃饭。

(三)节庆仪式及家长的支配地位

1.春节的多样风俗

春节的仪式根据不同的日子所代表的习俗也不同,大年三十全家人要聚在一起吃年夜饭,年夜饭是一年到头吃到的最丰盛的一顿饭,有白面做的臊子面及猪肉、丸子,还有各种菜类。吃完饭以后在家长的带领下男孩子们外出给村子里高寿的长者们拜年。大年初一全村的人还要在社火队的带领下敲锣打鼓一同出行,出行的时候会有指定的方位,一般在早上进行。全村的人无论男女老少在这一天都会穿着最新的衣服,跟着社火队浩浩荡荡地在村子里出行走动,到达指定的方位会跪拜神仙,叩首并祈求保佑。大年初三以后是走亲戚的主要时节,家里的人会相约去不同的亲戚家里拜年,家户的媳妇们此时也可以带着丈夫及孩子回娘家拜年。

2.家长在过节中的地位

在所有的节庆活动中,家长都具有支配和管理的地位。春节期间的对外活动都只能由家长出面代表和主持,虽然吃年夜饭及宰杀牲畜由家户其他成员完成,但拜年及祭拜祖先这些对外和比较正式的活动需要在家长的带领下才可以。过庙会时征收份钱也只能由家长征收,因为家长管理家户的财物,其他人没有私自使用的权利。家户举办婚丧嫁娶等事宜也是家长出面请人帮忙或是主持大局,若是家长不在则会提前指定一名家户的代理家长,张家在张国义外出期间家户事务都由长子张克俊负责。

四、家户信仰

(一)家户宗教信仰

1.家户信教

1947年前,张家所在的地区信仰的是道教,当时几乎每个村子里都会有供奉的庙宇和神仙,所以这是从祖先一直流传下来的信仰。信奉宗教是整个家庭的事情,没有人能够单独信奉别的教派。村子里若有人生病或是娶亲生孩子会去庙里祈祷,保佑家庭平安,身体安康。所以在村子里,建庙宇由大家一起出钱出力,也是为了保佑一方安宁。米塬村主要祭拜的大多是地方神或者一些神话故事中的英雄人物或为民有利的人物塑像。受到村庄传统风俗的影响,张家一直都信仰宗教,且宗教融入到生活的每个部分中。家户成员都信仰宗教,虽然有的人不会经常去庙里祭拜神仙,但在心里都会有一个统一的信仰认同。

2.增强村庄的认同与团结

宗教对于家户来说不仅起到了庇佑和寄托信仰的作用,同时也加强了家户与村庄的交流和融合,促进了村庄氛围更加融洽与团结。米塬村祭拜的神仙较为繁杂,不同的神仙各有其不同的庇护作用,若是家庭之间发生过矛盾纠纷就可以在庙里拜祭神先以寻求解决的办法,乃至于进行调解。如果是有家庭成员生病,则会在专门负责治病疗疾的神仙那里寻求平安,每次问神都需要专门负责请神的人将神仙从天上请到人间,若是神仙显灵则会针对病情开出相应的药方。无论是家户还是村庄的大小事务都会有不同的地方神予以庇佑和解决,因此信仰宗教对家户的团结和村庄的稳定都具有良好的促进作用。

3.家户信仰具有一体性

(1)家长的宗教信仰

家长作为家户的代理人与管理者,在宗教信仰方面自然而然与家户保持一致,不仅是整个张家信仰道教,米塬村及周边的村庄都具有共同的信仰,在当地信仰宗教属于一直流传下来的风俗和传统。不同的村庄会修建各种庙宇和寺观用来祭拜神仙。家长与其他成员不同的方面表现为家长是家户与村庄宗教进行对话的主要代表。村庄的庙宇新建或是修缮需要向每家征收一定的资金,而只有家长才有决定和支配家户财产的权利,因此庙宇的管理人都是直接与家长进行商讨和交流。

(2)家户成员与家长意识形态的一致性

家户所有的成员在宗教信仰方面是一样的,共同信仰道教。张家所在的村子从祖上繁衍下来一直信奉道教,这是整个村庄的信仰传统,也不会有人打破这个传统。加之村子位于山区,所处的地方较为封闭和偏僻,也没有外来的宗教可以渗入和传播。家长和家户成员从小就被这种信仰影响和熏陶着,因此家户整体甚至整个村子都具有共同的信仰。其他成员虽然不是家户对外的主要代表,但是依然可以信奉宗教并参加宗教活动。在米塬村某些神位的祭拜对男女的要求不同,所有庙宇都允许男性祭拜,但部分庙宇不允许女性进入,除此之外在其他方面都是相同的。

(二)家神信仰及祭祀

1.家户长期供奉的神位

1947年前,张家在家里一直供奉的神位有灶神、财神等,在农村与村民生活息息相关的神仙当属灶神。村子里每家每户都会在厨房供奉一个香炉,有的人家较为富裕还会专门供奉一个神龛,一般的家庭在灶头摆一个香炉或是在墙上贴一张黄纸剪的符纸。祭拜灶神的目的在于保佑家户五谷丰登、丰衣足食,不至于忍饥挨饿。财神也是家户主要祭拜的神仙之一,因为张家在张廷栋之前一直较为富裕,虽然比不上一些乡绅家族,但依然在村中具有较大的影响力。祭拜财神是家户一直以来的传统,也是为了确保家户能够财源广进、生活富裕。虽然到张国义作为当家人时家户经济已经逐渐衰落,但依然保留和继承了祭拜财神的传统。每年过年之前家长都需要提前去集市采购一些商品,祭拜财神还需要买一张年画挂在正屋的厅堂。

2.保佑家户和顺安康

家户长期供奉灶神的目的是为了保佑家户的平安与家庭的丰收。灶神不仅管理家户的琐碎事务,同时也掌管家户的收成和生活。除了供奉灶神,张家还在院子中央修建了一处中宫供奉土神。灶神供奉在厨房主要起到保佑家户衣食无忧的作用,而供奉土神则是祈求家户的稳定与和谐。平时供奉灶神和土神没有特定的要求,只是逢年过节才会按时在早上和晚上烧香烧纸进行跪拜,执行的人都是家里的家长或是年纪较长的男性长辈,女性和小孩子一般不能独自跪拜。至于供奉财神,其意义是祈祷家户生活富裕,财神供奉在家户的主屋中,主要由居住在主屋的长辈平日烧香祭拜。

3.家长主持祭拜仪式

家户神位的祭拜主要由家长和家中的男性负责,女性只能够负责祭拜厨房供奉的灶神,其他的神位不能由女性来祭拜,张家院子中央的土神只能由家长来祭拜,若是家长不在,则会指定一位代理人替其跪拜。厨房里的灶神在平时都是由最后打扫的人点一炷香,过年过节期间需由家长亲自进行祭拜,祭拜的时候需要先洗干净手,然后点香、烧黄纸,最后行跪拜礼。除了灶神以外,家里还在屋子正中的空地修建一个中宫,用来供奉土神。1947年以前,村子里较大的家户都会供奉一个土神保佑家户的平安。

(三)始终如一的虔诚信仰

1.对祖先敬重感恩

张国义的父亲张廷栋在家里孩子们小的时候经常会讲述祖先如何定居及发展的事情,因此家里人对于张家的祖先是谁、从哪里来、怎么来等都是了解的。祖先对张家来说意味着继承与恩德,张家的百亩土地就是依靠一代代先辈积累和扩展而来的,因此家里对祖先很敬重,祖先的辛劳和朴实的品质也影响着每一代后人。家户在逢年过节都会给祖先烧些纸钱用以祭拜,张家没有堂屋和家庙、祠堂等,老人去世以后也不会经常供奉牌位,只有过年才会将去世老人的遗像摆放在主屋正中的桌子上进行祭拜。张家的祖坟分布于村子远处的山里,有一大片山头都是张家祖坟所在地、每逢有闰月的那一年家户都会对祖坟进行修缮,修缮的时候也不会产生什么大的花费。因为北方地区流行土葬,修缮坟地也只是多添一些土,修补老鼠打的洞和被雨水冲刷破败的地方。因埋葬年代不同,坟地自然而然地会形成一定的顺序差异,但也没有其他额外的讲究。张家在以前是有家谱的,但是在民国十八年的时候因为村子发生饥荒,大部分人都外出逃荒,家谱也因此在途中遗失。以前张家在修订家谱的时候没有太多的禁忌,只要是家中的人口,不管男女老少都可以在家谱上呈现。张家很重视道德品行的教育,张廷栋经常会给子孙们讲三字经等教导孩子们要有善心、要孝顺。

2.祭祖保佑家户平安

祭拜祖先的目的是希望祖先能够保佑后代过得平安健康,保佑家庭能够兴旺发达。同时,对祖先的祭拜也是感恩和怀念逝去的亲人们。家户在平时是不需要祭拜祖先的,只有逢年过节才会在祖先的坟上烧些纸钱来祭拜。家户中若有长辈去世,过年时需要将长辈的遗像供奉在主屋的正中由子孙祭拜,也是表达对逝去亲人的怀念。祭拜时以家长和家户的男性为代表,每天早晚都需要进行跪拜并焚香,祭拜时也会说一些祝福祖先的话,保佑祖先在异世过得安稳舒服,同时也会祈求祖先保佑后代健康平安、生活幸福。

祭拜祖坟一年会举办两次,一次是清明节之前,家族需要集合各个家户的男性一同前往祖坟进行祭拜,祭拜时需要子孙等携带纸钱或是祭祀用品,同时还要对祖坟进行修缮,以求得祖宗的保佑。祭祀活动都是家中年长的男性参与筹划,女性不参加。另一种家族活动是过年期间的集体拜年,大年三十晚上吃过年夜饭后家中的小辈会出发前往家族中各位长者处拜年,拜年都是男性参与,女性中只有小孩子才能够一同前往。

祭拜由家长牵头,需要筹款的话每家都会按照需求量均分,不按人口分。比如要给共同的祖先办一场周年祭祀活动,那么按照逝者的后代进行均分,这种情况的筹款以每个小家庭为单位进行收集。家族如果有读书人,家里比较贫苦,家族中其他家庭会出于本家族的团聚考虑,给予一定的帮衬,这是人之常情。如果求学成功,不会刻意回来祭祖,这种做法在张克举看来太招摇,本质上不是祭祖,而是炫耀。

3.女性不去坟间祭拜

家长在祭拜祖先时主要负责支配和统筹人员及准备的具体事宜,祭拜祖先需要的开支都是家长来进行定夺,家户的经济大权掌握在家长的手中,因此家长在祭拜中起到主要的支配作用。家户中的女性在祭拜祖先时是不能去坟地的,不过仅限于已经结婚的女性,小孩子是可以祭拜的,一般是跟着家长们给祖先磕头,并在坟上撒一些祭品等。小孩子去坟地祭拜先祖一定要紧随家长的行动进行,不能随意打闹,如果不愿意祭拜或是随意嬉戏打闹则会受到家长的批评,因为这样的行为是对祖先的不敬重。

(四)庙宇信仰及祭祀

1.庙宇众多坐拥十方山场

1947年以前,张家所在的地方建有较多的庙宇,当时庙宇所在的山称为"佛金山",统称为"十方山场",是管理方圆几个村庄庙宇的整体机构。村子里供奉的最大神位是释迦牟尼,佛像高约三米,坐于莲花宝座之上,在大佛的两边还坐有十八罗汉。由于以前缺少物资,所建的庙宇样式等相对较为简单,很多庙都是直接在山里挖一个窑洞就可以用来供奉神位。除此之外,山场里祭拜的神像还有观音菩萨,观音菩萨是一尊站立的佛像,两边还有两个童儿,观音殿的主要功能是保佑村庄风调雨顺、百姓生活安康。三官殿里面供奉的是天官、地官和水官,这三官分别代表尧舜禹,用来祈求丰收。还有用于求子的三娘娘殿和子孙宫,三位娘娘中最小的三娘娘位于正中的位置,手里拿着活板用来记录;二娘娘怀里抱着衣服包裹,主要是送子;大娘娘光着脚主要代表接生的含义。在当时各个神庙都具有不同的功能,这些大神大将多由生活中的真实人物演化而来,他们都是为民做好事的人,所以才会受到大家的祭拜和敬仰。三娘娘殿的对面是灵官殿,主要供奉的是赵灵官和王灵官,这两个神是武将,主要作用是保护对面的娘娘殿。山场里还有孤魂殿,是阎王爷十殿元君的庙宇。当时的说法为方圆去世的人死后都会来孤魂殿报到,接受元君的管理。孤魂殿的下方是关爷殿,对关爷的简介是汉封侯、晋封王、清封为皇,意思是关爷一直分封了两千多年才有之后的地位。除了以上的神庙外,村子里还有众多方神庙,里面供奉有九天圣母、紫方爷、金龙爷及马王爷等,方神的主要作用是保佑村庄安定、百姓安康及庄稼丰收。

1947年以前,家户成员只有逛庙会或是过年才会去山场的庙里拜神。山场平时专门有一个负责打扫和压香的人,因为每个庙里每天晚上都需要上香,因此会专门选定一个虔诚的人守夜上香,压香的人会从几个村庄中选人轮流担任。十方山场掌管的是周围几个村庄的庙,因此每年要选出一个大会长来管理庙宇的事项。大会长担任的年限较久,大概每隔五六年才会换一次,除了大会长还会选出四到五个轮年会长,一年一换,协助大会长开展工作。

2.男性任意祭拜无约束

去庙里拜神对男女有一定的约束,男性可以去山场里的任意庙宇进行祭拜,且不受约束。女性只能去子孙宫、三娘娘殿这种专门用于求子问卜的神仙处祭拜。祭拜的单位一般以个人为主,除了对妇女有一定的限制以外,对老人、小孩没有什么禁忌。平时祭拜不需要带贡品,只有过年或是逛庙会时每家需要筹集一定的贡品。村子里有关修建庙宇或是举办庙会等的活动都属于公共性的活动,因此都需要每个家户提供一定的人力和财力支持。米塬村有一年需要修缮山场里的所有庙宇,所需的钱财和劳动力是村子里的人自发捐赠和组织的。因为米塬村的山场较大,包括附近村庄的好几个方神庙,因此除了本地的人力支持外,周围村庄也都会提供支持和帮助。村庄宗教信仰产生的强大动力及其所具有的深厚影响力不容忽视。

五、家户娱乐

(一)结交朋友

1.家户成员交朋友的要求

张家的家庭成员基本上都有各自的朋友,不过交往的范围大多也仅限于所在的村庄,因此朋友也是能够经常接触到并且互相了解的人。家户中的男性和村中年纪相仿的同性交往较多,从整体上来讲,张家联系最紧密的是周围的邻居和本家的兄弟,因为几家人不仅住得近,平时也会一起搭伙干活,自然接触最多,彼此之间也很了解。男性之间的朋友都是经常在一起干活,能够有所接触的人。女性则是和村子中能聊得来、互相可以探讨做手工的妇女们接触最多。1947年以前,村庄较为封建和保守,妇女们平时除了去地里干活或是在家做手工以外是不能随意外出的。妇女一般情况下不和男性交往,否则会被认为不守妇道,被村子里的人说闲话。只有一些性格比较外向、胆子较大的妇女才敢和村子里的男性开玩笑,但相比之下与村外的男性交往得也不多。

2.家户对成员交朋友的态度

家户对于家庭成员交朋友没有特别的限制,朋友之间在农闲时也经常互相串门,逢年过节关系好的还会互相带一些食物酒水进行分享。张国义作为家户的当家人是家里对外的直接代表,为人正直,又具有一定的知识,因此深受大家的敬重。因为家户所有的事都需要张国义亲力亲为,因此张国义不仅在村中拥有好几个一起干活并且说得来的朋友,而且在平时与外界交往的过程中也交了几个真心实意的朋友。例如集市粮铺的老板,因为张家经常在他家买卖粮食,故而结交了比较深厚的友谊。与此同时,张家在与他人交往方面还是会有一定界限的,为人必须正直清白,没有吸烟赌博等恶习,这样的人才是朋友应该具有的品质。对于家户其他成员交朋友,因为都是一个村子经常会打交道的人,因此家户也都认可并支持。

(二)打牌

1.长者的休闲娱乐方式

1947年以前,村子里没有扑克牌,但是有一种叫作"牛筋"的牌,这个牌是长条状的,里面是一些水浒传里的人物,玩法就是凑一定的点数。在米塬村,这个牌的打法还有一个名字叫作"掀牛"。以前家里比较穷也没有过多空闲时间用来打牌,只有过年的时候村子里一些年纪大的老者才会聚在一起玩一会儿牌,长辈们玩牌是不需要赢钱的,只是一种在一起娱乐的方式。玩牌没有时间限定,只要有时间任何时候都可以,不过玩牌互相不用管饭,都是在各自的家里吃。年轻人之间几乎没有什么娱乐活动,农闲时就窝在炕上和朋友家人聊聊天等。男性在逢年过节会一起喝酒划拳,而女性会围在一起拉家常、做针线活儿或是准备各类吃食。

2.发生纠纷的事件

村子里大部分男性都不会赌钱,因为以前较为贫穷,家户也没有什么现金积累,平时的花费用度都成问题,更不用提还有闲钱用于赌钱了。但偶尔有那么一两个年轻人因为好吃懒做会沾染上赌钱及抽大烟的恶习,张家所在的村庄有一户人的儿子因为赌钱耗尽了家财,后来偷偷将家户的土地房屋抵押给地主借了高利贷,因为还不上欠款被地主没收了家产,家里的父亲被气得一命呜呼,最终落得家破人亡的境地。张家家教相对较为严格,在孩子们小的时候家长会经常讲一些良好的道德及行为准则作为约束,也会用村子里一些不好的事件作为反面教材教育家户成员。张家在有能力的前提下都会尽量供养家户的小孩子读书,以传承家户历代好学与团结的优良传统。

(三)串门聊天

1.串门多在关系较好的家户间进行

1947年前,家里的男女老少有时间都可以串门,家户对于家庭成员的交往不会有所限制。一般情况下,大家都是去和自己关系比较好、经常在一起说话聊天的人家里串门。串门是不留在别人家吃饭的,除非主人执意邀请才会留下吃饭。男人们出去串门大多是聊一些庄稼和家户遇到的困境等话题。张克举因大多时间都在外读书,因此平时的思想及眼界都较为开阔,他的朋友也大多是读过书的人,朋友们之间互相探讨的话题也不仅仅局限于家户的一些琐碎小事,而是会相应地探讨所学的知识并且针砭时弊。妇女们在一起无非就是交流做手工的经验、谈谈村中的八卦事件等,妇女因为要做的家务及事情较多,平时很少有机会接触到家户以外的朋友。因此,妇女的朋友大多都是周边的邻居和本家族年龄相仿、兴趣相投的人。家户对小孩子的交往会有所要求,张家对孩子们结交朋友的限制为没有恶习、具有良好的习惯、互相能够有所促进的。

2.串门需保证家户有人留守

家人出去串门必须要保证有人留在家中看门,因为张家家户大,媳妇也多,因此不管是谁外出串门家里总会有人留守。张家家庭内部的关系一直较为和谐,也没有因家庭琐事发生过什么矛盾。虽然家户媳妇较多,但并不会因为串门而引发矛盾,一般经常串门的女性都是家里的长辈,年轻媳妇大多需要在家看孩子或是做家务,没有过多串门的机会。由于年轻媳妇嫁进来时间有限,结交范围也较为狭窄,因此还没有过多的朋友,平时聊天的人也多为妯娌或是婆家的姐妹。

(四)逛庙会

1.正月初八逛庙会

1947 年以前,村子里每年都会举办一次较大的庙会,因为村子庙宇的山场是周围好几个村庄共同祭拜的场所,因此每年正月初八几个村庄都要由之前选出的会长共同组织举办庙会。庙会通过几个村子共同筹集一定的钱粮,家户自愿捐赠数额不等的财物用来支持庙会的筹建。举办庙会时会长们会提前购买一定的花纸等对山场进行装饰。米塬村的庙会持续三天左右的时间,这几天不仅临近村庄的人们会前来逛庙会,有些居住较远的人也会慕名前来求神拜祭。除了求神祭拜,庙会期间还会组织社火表演,包括舞狮子和唱戏等。米塬村还有村民自发组织的社火队,社火队逛庙会期间的花费由庙会提供,因此也属于村庄公共性消费。

2.男女老少皆欢愉

逛庙会对男女没有限制,只要想参加的人都可以来一起热闹。参加庙会时大多都是以小家庭为单位或者是和亲戚朋友一起。家中的男性在逛庙会期间大多都有任务,需要在庙里帮忙和组织,张家在村子里具有较高的地位,每次逛庙会都会提供帮助。因为张家读书人多,会长就会安排张家人负责有关文字及写作的事情,同时问神时也需要有人识得神仙写的字,这件事当时就由张国义来负责。家户成员在庙会中被委以重任也是家户值得高兴的事情,体现了村庄对家户的认可与尊重。

第五章 家户治理制度

家户治理是家户权利的主要展现和家户繁衍的轨迹表征。张家一直坚持以"长子当家"为主的治理传统,当家人是家户的首要管理者和发言人。常言道,没有规矩不成方圆,张家延续几百年之久不仅在于家户强有力的繁衍扩张能力,更重要的是家户一直遵守的行为准则。虽然张家内部没有形成一套世代流传并严格遵守的家规家法,但家户的规矩是内化于心的日常规范,是基于平时点滴生活并随着祖辈言传身教而遗留下来的行为准则。张家历来倡导"和"字为先,家户教育首先从良好的品行教养开始,始终与亲友相交为善,在维护村庄公共安全与秩序稳定方面发挥出应有的作用。

一、家长当家

(一)家长的选择

1.家长的产生及认同

1947 年以前,由张克举父亲张国义当家,张国义是张廷栋的长子,自古就有长子为父、长子当家的传统。张家也不例外,当家人都是一代传一代,由长子继承而来。能够成为家户当家人除了与传统的继承习惯有关外,还与当家人的能力有关,除非长子智力有问题或身体不健全,才会传给别的儿子。家长在当地没有特殊的称呼,经常被称作掌柜的或户主。张克举对家长,也就是他的父亲十分信任,家里的其他成员也都承认张国义作为当家人的权利。成为当家人,与家庭的其他成员没有本质上的区别待遇,不需要在门牌上写上掌柜的名字。一般情况下是不用特意告知别人家里谁是家长,只要是同一个村子里的人大家基本上都是知晓的,若是有外人前来拜访也都会提前打听清楚谁为家长。

2.女性当家很少见

1947 年以前,家户主要由男性担任当家人,女性也是可以当家的,女性当家的情况较为少见,都是因为家户发生一些事件,在没有男性或男性没有能力持家时女性才会成为家户的当家人。在米塬村一般情况是丈夫离世,或丈夫因重大疾病等不可抗拒的因素失去当家能力,有时候也跟能力和个性等有关,因为有的男人天生性格懦弱,配偶又比较要强,这时候女人会出头露面、当家做主。

(二)家长的权利

1.家户赋予家长当家的权利

张国义当家的权利是家庭成员给予的,而不是祖先赋予的,因为家长并不是一个特别神圣的称谓,家长也会进行更替。有的家户因为家长自身的因素不能为家户的管理及发展带来利益,这种情况下家户会考虑是否继续认其为当家人。家户成员也有权利要求家长为整个家户考虑,争得利益,带领家户发展得更好。家长管理家中所有事务,也并不是一定要他作所有最后的决定,只是大家习惯性地以家长为核心,所有家庭事务都需要家庭成员的积极参与。

2.重大事务家户共同商量

张家的收入主要来源于农业,而这些财产是属于家户所共有的。家里的财产不会刻意分配,都是按需使用。家庭成员若外出打工,挣的钱都会交给家长,由其支配。家中没有什么贵重物品,为数不多的现金、地契等会锁在柜子里由家长保管。家庭成员平时没有零花钱,家中所有的消费支出全部依靠家户为数不多的积蓄。聘礼、彩礼由家长安排,对于媳妇的嫁妆家长没有权利支配,这是属于媳妇的私有财产,家长不仅不会处理和分配,还会鼓励媳妇要保存好自己的嫁妆,不要随意送给别人。因为嫁妆是比较有意义的一种象征物,这是不成文的传统或规则,在张家人看来,嫁妆属于私人财产,别人不能随意使用。有关土地买卖、租佃等重大事情,家中的年轻妇女不能参与讨论,但张国义的妻子可以参与,家庭相对还是较为民主和公平的。家里的粮食储存在粮仓,由家长具体管理,不经大家商量决定,是不能私自卖出的。家里吃饭时不需要提前商量,由家户负责做饭的人自行决定,大体的吃饭习惯一般是中午一顿糁饭,晚上一顿面食。农忙时节饭菜会适当吃得好一些,这样才能保持充足的体力,保证农耕的有效进行。

3.制衣及劳动的分配规定

家中新衣服的制作没有特定的时间规律,通常是在冬季由于衣服破旧不能御寒时才会添置新衣。张家人口较多,不能每个人都做新衣,因此只是买一些布料、棉花由家户自行制作几件或对旧衣进行缝补。1947年以前,农民生活的第一要义是追求温饱,穿衣服的主要目的是为了抵御严寒,不会追求衣服是否美观。以前布料大多为单一的黑色或深色,且款式比较单一,人口较多的家庭,一件衣服可能会好几个人轮流换着穿。张家所有人的衣物添置主要由张国义夫妇商议并按家户需求决定。家中劳动有明确分工,由家长按照实际情况合理调配。农忙时节家中凡是有劳动能力的成员都要去地里干活儿,男性是主要的劳动力,负责庄稼的具体耕种,妇女和小孩儿劳动力较弱,主要做一些力所能及的事情,例如锄地或是帮助大人放羊等。张克举的爷爷张廷栋1947年去世,平时家中需有人留守照看老人和做家务,留守的人主要是家中怀孕的媳妇或是不能干重活的人。张廷栋年纪大了不能经常随意走动,就在家里或是村头晒晒太阳、和村里其他老人聊聊天等。年纪尚小的孩子在农忙时也会去地里帮忙做一些不费力气的活儿,比如捡麦穗、胡麻穗等,或给家里的牲畜如牛、驴、骡、猪等割草,冬天还会去田间捡柴或牲畜的干粪便作为燃料。

4.婚丧嫁娶由家长做主

家中娶媳妇或是嫁女儿,具体定夺由父母做主,但婚丧嫁娶的主要流程或手续则由家长负责。为女儿寻找婆家需要通过媒人前往说和,所有流程女儿是不能参与的,只有在双方家庭确定以后男方需到女方家里下聘礼,这时新人才有机会见面,大部分男女在婚前基本是不会见面的。如果出现当家人与当事人父母对结婚意见相左的事情,是否结婚要视具体情况而定。若是父母对儿媳不满,给儿子压力,这种情况很可能会导致离婚,因为在家长制度下,儿女都要遵从父母的意见。不过这种情况也不是绝对的,有个性鲜明、敢于挑战传统的人若是对婚事不满意,当事人还是可以反对的。米塬村有一个女孩子因被父母许配给一个常年有病的人而以绝食相逼,最终捍卫了自己的尊严,拒绝了这门亲事。

家庭祭祀由当家人带头做主。如果是大家庭,一般是长子带头行礼,其他男丁都要参加,祭祀妇女和女孩是不能参加的,传统以来的要求就是这样,认为女子属阴,会影响祭祀的结果。如果当家人在过世前有未完成的遗愿会立下遗嘱,但至于后代是否遵照完成,具体要看遗嘱难度和后代们的能力,以及看后代是否孝顺。若是后代认为逝者过于固执,快离世的时候头脑已经不清晰了,立的遗嘱太离谱或没必要则不会执行。但孝顺的后代会觉得这是逝者唯一的愿望,是生前的最后一桩心事,比较神圣,一定要帮其实现。

5.对外交往需经家长的同意

村庄有会议、投票等事宜都是由当家人参加。如果当家人因客观原因无法参加,对于不太重要的会议也不作要求,若是事情比较重要则由妻子或家户其他已成年且思想较为成熟的家庭成员代为参加,张家在这种情况下主要由张国义的长子张克俊代为参加。家中有人要外出打工都需经过家长的同意,打工所挣的钱大部分会交给家长用来补贴家用,少部分会交由打工者所在的小家庭自行支配。张家对于孩子外出打工不会过多限制,张克举的一个堂弟张克科成年以后去县城做工挣钱,家里也支持他的决定,挣的钱主要由其自己保管用于之后娶亲。

6.家庭成员的监督

家长能力不强,做一些有损家庭财物的事情,比如私自跟外界借债长期不还,且用于自己私事而不用于家庭公共事务,其他成员肯定会反对,情节较为严重的还会导致家庭更换家长。如果家长瞒着家里人做了不该做的事情,且家长的意见与其他家庭成员的意见有分歧,一次两次大家会选择原谅,次数多了也会激化矛盾,家长的权威也会受到挑战。若是家长对家庭成员不一视同仁,对其中几个孩子有所偏爱,肯定会引起其他孩子的不满,但只要不是过分的偏爱,就不会激发大的矛盾。假如哪户家中的家长吸食鸦片或是沾染赌博,抑或做违法的事导致家庭衰败,这个家就断然不能让他继续当下去了,家庭成员会重新选择更加靠谱的当家人。因为这样的家长已经失去了威信,负责任的家庭成员会主动承担起家庭的重担。如果事态非常严重,比如该当家人还执迷不悟,并且强势要求自己当家,家里其他成员也许会请来族中乃至村里有威望的人进行鉴证,强制取消他的当家权。

7.家户代理情况

一个家庭的家长过世,如果后辈全是女儿,则将家产分给女儿们继承。虽说养儿防老,儿子是传承香火的代表,但若没儿子,女儿也是可以当家或继承家长的事业的。家长若是年纪较大无力操持管理家庭的具体事务,则会将该项权利交由儿子,但在名义上父亲依然是家长,不过具体的当家可以让自己的儿子去做。张家的第一位家长为张国义,他在整个家户中具有较高的威信,深得其他成员的信服。但自从经历了一次抓兵事件,张国义的身体受到创伤,之后做当家人也有些力不从心,因此长子张克俊就成了家户的第二任家长。张克俊做家长期间依然会听从父亲的意见,将自己摆在一个代理人的位置上。

(三)家长的责任

1.家长管理事无巨细

家中的很多事情都需要家长作决定,最主要表现为农业方面,例如粮食下种、收割等田地的生产安排。如何安排耕作亩数及种类是关乎家户生存的重要决定,具体而言包括种多少亩小麦、多少亩玉米,分别种在哪些地里,哪些地需要休耕等。家中的日常事务大多是由妇女安排,比如一日三餐吃什么饭、家户牲畜等的饲养。家里吃穿用度等的衡量和分配由家长做主,如果家庭缺少粮食需要和别人家借,则由家长出面进行。家庭衣物虽然采购的频率比较低,但也要经过家长的同意。

家里的孩子由于不懂事,在外面犯了错误,如果别人追究责任,需由家长出面赔礼道歉,但具体的教育则由孩子的父母进行。和村子里的人交往都是低头不见抬头见,因此张家历来重视与人和善,家户的小孩子也几乎从来没有惹是生非的。偶尔的矛盾也都是小孩子之间的小打小闹,一般也不会有人太过于计较,何况自家孩子犯错,别人家要是找上门,也是出于对自己家庭维护的私心,双方家庭互相说几句好话也不会发生争执。如果自家的孩子在外面受了欺负,如果不是很严重,只是孩子们之间的调皮捣蛋,家长也会碍于情面,不会过多计较,在张家人看来孩子之间的打打闹闹很正常,不应该为了这些事伤了大人间的和气。

2.家长应当具有的品质

张克举认为,一个合格的家长,一定是能够把家里家外的一切事务处理得很妥当,即便是在很恶劣的条件下,也作出最好的、最明智的决策,把损失降到最小。

家长如果生性软弱或先天生理不足,比如有精神病或者残疾,是断然不能胜任家长的身份的。如果四肢健全,但有很多不良嗜好,比如赌博、酗酒等,又很霸道、专制,家里人拗不过他,这种情况只可能发展到这个家庭实在撑不住局面时,其他家庭成员才会找公证人做主,更换家长。一个家中一般来说只有一个家长,张家的当家人以张国义为代表,其他成员都认可家长的能力,也会协助家长,遇事共同商讨,并不是由家长一人独断专行。

(四)家长的更替

1.根据家庭实际情况更替

一个家户的家长更替应当根据家户实际情况作出选择。如果当家人出远门务工长期不在家,这个家理所当然会有人操持,一般为当家人的配偶代为管理家户事务。家庭内部的事务都比较容易,处理较为简单。如果是家庭对外交往,当家人自己因不识字或经历太少而不懂得处理,可能会找同族的长辈或长兄帮忙出主意。当家人生病或者因身体其他原因无法照料家庭,家里的其他成员都会帮忙料理里里外外的事务。若当家人去世,一般由长子接替当家。但若是年轻而亡,则由配偶接替当家。至于接替的顺序,不是特殊情况的话,都是由家户的长子继承。如果家里情况复杂,当家人在临去世时会立遗嘱或口头告知家户成员新的当家人选,即把担子明确地托付给家中某一成员。新当家人不一定是男性,如果家庭全是女儿而没有男丁,按照一般的习俗,小女儿不出嫁,会招一个上门女婿作为家户当家人。

2.权力的转移与交接

若是家户的当家人发生变更,家长的权力也理所当然随之交替,但家长权力的更迭不需要拟写书面材料等加以证明,是自然而然地移交,家里的钥匙及一切贵重物品也归新的当家人管理,包括地契、房契、家谱等都会交由新的当家人保管。邻居们对新家长在称谓上不会立马发生变化,而是渐渐地改称以前的当家人为老当家的或老掌柜的。村上的花名册会在适当的时机把家户原当家人的姓名改为新当家人的。老人立了新当家人后,也会有意识地告知自己现在不当家了,老人在世时家中的土地产权等家户大事依然由其做主,儿子买卖土地必须和父亲商量,听从父亲的意见和看法。

二、家长不当家

(一)兄弟当家

1.兄弟当家的情况

张克举家最初由张克举父亲张国义当家,张国义是三兄弟中的老大。在传统时期有长子当家的传统,因此张家也是沿袭和继承长子当家。若是家长因为身体原因或其他原因不能继续担任当家人,则可以由兄弟当家,个中缘由大体两种:一种是因为哥哥自身能力不足,弟弟比较聪明能干,哥哥也信任弟弟能够当好这个家,给家里带来幸福,这也是多数情况。另一种是极端情况,父母偏向弟弟,把当家人位置留给了弟弟,哥哥拗不过,不过这种情况是较为少见的。

2.兄弟当家的家户管理

只要是当家人,家里的各种事务都需要由其负责和管理,即使是弟弟当家,也可以批评哥哥的不当行为和举止。财务的管理权不管是在什么情况下都属于当家人,并且具有实际支配权。所谓当家,通俗地讲就是管钱的,当然谁是管钱的谁就是当家人。如果当家人不管理家庭事务,那他就不是当家的了,真正管理家庭事务的人才是当家人。家中买卖、租赁、典当土地、签契约时毫无疑问需要写家长的名字。家里如果有晚辈结婚,此时结婚证书上不需要写家户家长的名字而是写其父母的姓名。家长不当家时,若是自己的儿子成年有能力就会由长子当家;若是自己孩子较小,则由兄弟中能力较强且大家认可的人当家。

(二)妻子当家

1.妻子代理当家的情况

若是家长因为身体原因或其他原因不能继续担任当家人,则可以由妻子代理当家,主要有以下两种情况:第一种是家长的长子年纪较小,不能够承担管理家户的重任,此时需要由家长的妻子代替家长成为家户新的管理者。第二种情况为家户是分家后的小家庭,家长不当家时只能由妻子代为管理家户事务。

2.妻子当家的权利

张家自古以来都是沿袭男性当家的传统,张国义的妻子就是一个普通的农村妇女,平时本本分分协助丈夫操持家户。在家长不在的情况下,妻子也可以代替其当家,张国义有事都是委托长子张克俊和妻子料理家务。遇到村里或者国家的公共事务,一般需要家户的男性出面参加,这类事务由张克俊代理,张国义的妻子主要负责处理家户内部的事情。如村里有红白喜事时,当家人的妻子需要代表家人去帮忙,遇到紧急情况也能够做主去别人家中借钱。对于土地出租、买卖,妻子不能够做主,必须和其他家庭成员共同商量或是待家长回家再作定夺。

(三)长子当家

张家的家长一直沿袭长子当家的传统,最初家户的当家人是张国义,后来因为发生了其被抓兵的事件,导致张国义的身体在那期间受到一定的损害,所以他回来以后没几年家里就让其长子张克俊担任新的家长。长子当家的一切原则几乎与父亲当家一样,只是由于张国义毕竟是长辈,生活阅历各方面都比孩子丰富,所以会经常给当家的孩子一些建议。张克俊也会出于对父亲的尊重,很多重大事情,比如借款、买卖田地等都会当面请教父亲,甚至请父亲裁夺并拿主意。

（四）其他人当家

张克举家一直由家长当家,很少出现有人代理的情况。但如果出现家长年老无法继续管理家户或是长子常年在外,这种情况一般由家户其他成员当家,其他人当家时拥有的权力与家长当家相同。若是因资历尚浅或是经验不足,则家长在作决定时不能按自己的想法行事,凡事要与其他成员共同协商,不得私自拿定主意。其他成员如何表现,具体要看其为人的性格和管理具体事务的手段。

三、家户决策

（一）决策的主体

1.家长为家户管理的主体

家里大小事务全部由家长作为决策的主体。但就张家来看,家户中大大小小的事情不可能都由家长一手做主,有的蝇头小事或家庭所有成员都轻车熟路的事不用向家长请教。家中事务概由家长决策,这是从原则上来讲。但日常生活琐事不必件件都询问家长,这样的话会影响家庭日常的运转效率。比如家户牲畜的喂养或是家务的人员安排,这些事情是家户一直形成的惯例,有专门负责的成员。如果家长出远门,家中他平时要亲自处理的事会特意跟某一成员交代该怎么做,这个成员一般是家长的配偶或是能力较强的男性,张家的代理家长都是由张国义的长子张克俊担任。张克俊从小受父亲影响,为人做事稳重识大体,虽然他与两位叔叔张国泰及张国安岁数相差不多,但两位叔叔也都支持他管理家户事务,不会产生不赞同的想法。

2.存在争议时的解决

并不是家长的任何决策家庭成员都得接受,若是对家户不利的决定或是引发家户争议的决策,其他家庭成员也会发表自己的见解和看法,与家长一起商量,找出一个折中的、大家都能接受的办法。若是家长比较专制,小家户因为人口较少也无力反抗,只能听从家长的安排。但像张家这样的大家户,家庭成员较多,对于家长不合理的安排会予以反对,最终也会得到合理的解决。不过张家一直以来较为团结,很少出现家长专制的情况,唯一一次是在没有和家庭其他成员商量的前提下自己做主租种了地主的土地,但这对于家户来说也是一件有益的事情,因此家户成员都十分支持家长的决定。

3.家户协商的情况

家里需要商量的事务大多包括一些有关家庭生活的常规事项,比如家户在每年耕种时节如何安排粮食的生产、种多少亩粮食、分别种什么等。也有一些非常规的事项,例如家里是否要买家庭经济承受能力以外的商品。对于经济能力较好的家庭,这种事在大家的商量下会得出肯定的结论,但像张家这样人口较多、压力较大的家庭还是会产生一定的争议。张克举的三叔张国安有一年想买一个立柜,虽然他可以在自己小家庭内部想办法购买,但考虑到家户整体的经济情况,在家长的建议及沟通下便放弃了这个决定。在农村,尤其在那样落后的年代,家里的每一分钱都要花在点子上,若是有人随意挥霍,最终只能让家户生活陷入困境。因此,家户成员都会适时对家长提出建议,为家长出谋划策。

（二）决策的事务

从原则上来讲,家中事务概由家长决策。但在日常生活中,家户的琐碎事务不必件件都询问家长,如果这样的话也会影响家庭运转的效率。例如牲口的草料是否要添置,完全可凭平日负责给牲口割草的成员自己决断。家长需要决策的事务一般都是有关家户利益及发展的重要事务。例如土地的租佃及租金的交纳,张国义做家长时就私下为家户决定租种了地主四十亩的土地。家户的财政及管理权利都由家长掌握,而也只有家长才能够独自作出决断,其他成员可适时提出自己的建议及看法。

四、家户保护

（一）社会庇护

1.家长为家户的首要代表

如果与别人发生矛盾的成员是家户的小孩子,且事情发展到不得不调解的地步,家长都会了解情况并出面说明。若是家户有错,家长需要代替孩子的父母道歉,若给别人家造成经济损失而被要求赔偿,家长也会作出相应补偿。当然也有自私、不懂教育孩子的家长在这种情况下还与对方发生争执,不过这也是属于少数极端情况。张家一直以来与村子里的亲朋好友相处和睦,且经常教育孩子要注意言行,不能惹是生非。因此,若是家中有此类事件发生,自家孩子有错家里也不会纵容包庇。如果是家中的大人,比如家长的妻子与人发生矛盾,丈夫会视情况作出决定,妻子有错会道歉,但若是妻子被冤枉家长也会讨得一定的说法。

若是家中有人犯错,必须由家长决定如何处理或是否处罚,张家无论是家户大小,对外交往都很有礼貌,几乎没有与人发生过矛盾,更没有出现被家长惩罚的情况。张克举的兄弟姐妹较多,若是弟妹小时犯错则成年的大哥会相应地进行教导,不过多为口头的劝解。家人受到欺负,是否要讨回公道,也要视具体情况而定。如果事态较为严重,产生的影响较为恶劣,那么一定要去讨回公道,至少要对方给个说法。但如果是普通的小孩子之间打闹嬉戏,大人也会遵循多一事不如少一事的做法不去找事,明智的家长大多都是教育自己孩子,或告诉孩子不要与欺负他的人交往。

2.家户整体利益高于个人

对于张家来说,维护家户整体的利益与团结是一个大家庭首要的目标。家里若是发生对家户声誉有影响的事件,家长会告知家人不要随意张扬,要维护家庭整体的面子。在外人眼里,一个家庭是否和谐关乎家户名声的好坏,这同样也是影响家户之间交往的重要因素。如果一家人三天两头闹矛盾,或家里有一些难以见人的丑事,可想而知也没有人愿意与这样的家庭交往,毕竟大家都相信近朱者赤、近墨者黑的说法,生怕给自个儿带来不好的影响。

（二）情感支持

1.家庭提供基本的情感慰藉

张家的家庭成员在外面受了委屈,家里首先会了解具体情况而后对其进行安慰或是劝解。家长一般会劝说自己的孩子凡事要忍让,注意收敛自己的脾气和性格,大事化小小事化了。如果出嫁的女儿在婆家受了委屈,娘家人不会主动去接女儿回家,一般都是女儿自己跑回来。如果女儿确实没什么错误,婆家过段时间会有人主动来接媳妇回家。若是女婿前来,家里的长辈会出面说些好话,教导夫妻之间应当和睦相处,同时在女婿面前也会批评自家女儿的不是,让女婿多担待,回去好好过日子。如果确实是因为女婿或是其家人对女儿不好,家户也会为女儿提供一定的保护,会根据具体情况为女儿撑腰,为其讨回公道。

2.家户为成员提供保护

至于对孩子的期望,望子成龙是每个家长的正常心理。张克举听村里的老人讲张家在清朝还出过秀才,因此家户对于读书受教育比寻常人家更为重视。张克举是家里读书最有天赋的人,受到的器重也最高,在外读书时期还经常会有零花钱使用,这对于普通的老百姓来说可是不易享受到的待遇。不过对此,家户其他成员也没有人嫉妒或是反对,毕竟家里有一个读书好的人是家户共同骄傲的事情。但如果家里有孩子外出打工,在外面混得不好,家长也会为减轻孩子的压力让其回家。家是每一个家庭成员的根基所在,张家的团结氛围更是庇佑家户发展壮大的必要基础。

(三)防备天灾

1.灾害导致的创伤

米塬村最常见的天灾有旱灾、涝灾、雹灾等,1944年米塬村发生了一次大的雹灾,在农历八月十四和八月十六晚上,两场大的冰雹把所有的秋田一扫而光,秋天主要为玉米、高粱及籽瓜等,有的冰雹如鸡蛋般大小,本是成熟的季节,结果那一年导致村子里所有的家户几乎都颗粒无收,甚至连冬季牲畜的草料都没有留下。不过,幸好当时还有已经收获的夏田,包括小麦、扁豆、豌豆等,才使乡亲们勉强维持了一年的生计。除了雹灾以外,旱灾也是米塬村最频发的天灾,所谓十年九旱,形容这里最贴切不过了。因为米塬村处于山区,没有固定的水源进行灌溉,村民的生活用水大多依靠雨水及雪水补给,因此若遇到降水少的年份,村子里又会经历比较艰难的时期。

2.家户应对灾害的态度及方式

因为米塬村的地理位置和时常发生灾害的区位特色,村子的家户每年收获粮食以后都会储存一部分作为应对灾害的口粮和筹码。例如1944年发生在村子里的一次比较严重的雹灾,这场灾害几乎导致村庄的秋田一无所获。好在灾害之前已经收获了夏田,而每个家户还会留有上一年的存粮,因此家户在应对一般的灾害时都能安全地维持下去。但若是发生较为严重的旱灾,有时候好几年都没有什么降水,如此不仅庄稼没有收获,村子里的饮用水都会成为问题。很久以前村子里就发生过这样的事情,张家当时家庭条件还较为富裕,灾害发生时家人都是团结一心,共同渡过。除了平时吃饭会比较节俭以外,家里人还尽量去外面寻找可以食用的野菜等缓解压力,为家户节省粮食。村子里发生灾害时也会进行祭拜,以家户的家长为代表共同前往庙里烧香拜神以寻求神仙保佑和庇护。若是天灾则要在地方神的庙里进行祭拜,保佑地方平安渡过灾难。

3.逃荒事例

如果遇到了大灾难,除了外逃也就没有别的可以躲避灾难的途径了,特别是1919年,因为米塬村发生大的旱灾,导致民不聊生,村里大批人都外出去逃饥荒了。逃荒时家中的土地就无人看管,等荒灾过了,家户剩余成员才会回来继续耕种。外出逃荒的一般是年轻力壮的人,家中年迈体衰的老人因为没有长途行走的能力会留守家里依靠剩余的一点粮草为生,生死则听天由命。米塬村有个叫张清源的人,他母亲逃荒的时候带着一个出生不久的孩子,走到半道由于坚持不了了,就把孩子送给了县城的一户人家。结果这家人由于家庭困难也无法抚养孩子,于是又将孩子送给了另一个亲戚,这家亲戚条件还可以,就拉扯大了这个孩子。张家因为积攒的粮食相对较多,再加之家户成员都比较团结,大家齐心协力共同应对了这次灾难。虽然张克举家没有外出逃荒的经历,但张家家族中还是有外出逃荒的人,逃荒的主要目的是乞讨,为自己要口饭吃,因此房契等不会随身携带,这些东西带着也没有什么用。

4.家户的团结与坚持

发生灾害时维持生计是家户首先要解决的问题,张家人口众多,灾害时每一粒粮食都显得尤为重要。家户不仅要节省个人口粮,还要尽量保证牲畜不至于饿死。由于家中人口较多,每次吃饭都会耗费不少的粮食,发生灾害时家里不会吃面食,只能依靠喝面汤来维持。虽然平时吃不饱,但家户依然保持着团结与稳定,共同渡过每一次难关。当家人在这个时期必须合理地分配并确保家户的稳定,张国义每次吃饭都会少吃一点,为家里的老人和孩子留出充足的食物,实在饿得慌家长还会组织家庭成员外出寻找野菜等进行充饥。发生严重灾害的时候,面对生命的威胁,村子里会经常组织烧香拜神,特别是旱灾时求雨最为常见。求雨时每家都要出一个人,一般情况下都为各家户的家长,拜神时需要每个人手中持香虔诚地跪拜,至少需要持续四五天左右。1947年以前,没有灾难救助,只有后来共产党来了才有了救济款和救济粮等。

(四)防备盗匪

1.个别盗匪的抢掠

1947年以前,张克举所在的村子也出现过土匪抢劫的现象,不过只发生过为数不多的几次,土匪是一两个人,对村子没有造成什么损失。张克举听家里人讲过临近米源的村子以前出过两个兄弟,专门抢掠他人的财物。他们两个还有绰号,分别是大瞎子和二瞎子,是周围有名的恶棍。村里有户人家是制酱的,制酱那间屋子很黑,两兄弟有一天晚上去偷盗,进到这间屋子啥都看不见,只摸到东西,黏乎乎的,以为是大烟,就把这两坛子酱抱走了,第二天走到路上休息,发现是酱,气得直接将坛子打碎了。有些土匪也会为了偷盗值钱的东西而伤害村民。

2.家户的防备

张克举家没有被盗贼偷窃过,因为家中经济状况一般,也没有什么粮食。再加之1947年以前米源村地理位置较为偏僻,村子整体较为贫困,也没什么值得抢掠的。张家在张廷栋时期家户经济条件还较为富裕,因此最初修建房屋时在外围修筑了一圈高约两米的寨墙,也是为了防止匪患的抢掠。村里的地主有很多粮食,但也没有听说被偷盗过,因为地主家修筑了很高的堡子,门口有恶狗看守,因此没有人敢随意靠近。

(五)其他保护

张克举家的家庭状况在村子里属于中等水平,毕竟家户经历了一些天灾人祸,使得家户负债较多,再加之张家分家较晚,二十余口人居住在一起也是很大的家庭负担。遇到灾荒时节,村子里不免还是会有乞丐来家里乞讨,遇到这种情况,家户一般都会适量给乞丐一点吃的。张家一直与人和善,乞丐来乞讨也不会给他们脸色看,毕竟大家生活都不容易,能帮到别人也是教育子孙的一个方法。有时候村里也有人会来借粮食,这属于正常现象,大家都会互相帮忙。

五、家规家法

张克举家没有成文的家规家法等,普通的农村家户都没有这一类的讲究。普通的平民百姓过日子都艰难,没有人会在意甚至制定和遵守这些。张克举家对下一代的教育比较重视,虽然不会有强制性的家规家法,但基本做人的道理家长会一直教导孩子们。张家的后代多多少少都接受了一定程度的教育,家庭成员相比普通村民识字多一些。米塬村整体上很少能见到有家规的家庭或家族,有家谱的家户都没有多少。

(一)默认家规及主要内容

1.做饭及吃饭规矩

默认的家规在张家还是有一定体现的。例如吃饭时先由家里老者动筷,不过这种属于通常的礼仪,普通家庭也都会遵守。张克举家日常饭食由张克举的母亲及家里的媳妇们负责,因为张家人口较多,做饭也比较费时间,家里的女性有空都会一起做饭,吃完饭以后由媳妇们轮流收拾。家里平时吃饭用炕桌,女性也可以上桌吃饭,只是不坐正方,正方是留给家里的老人的。吃饭时长辈们会教导孩子们不要糟蹋粮食,不要剩饭。如果某顿饭做多了,不会倒掉或喂给家中的牲畜,而是留着下顿再吃。

农忙时候的伙食反而比农闲的时候要好一些,因为农民需要更多的体力,这时候就会做一些平时不常吃的饭食,比如臊子面、油饼、甜馍馍等。张克举家里每年会饲养一群羊,所以偶尔会有羊羔肉来补营养。夏天吃饭都是在院子里,因为天气比较闷热,再加之厨房较小,不能容纳所有的成员。农忙主要是在秋季,家里会有送饭的习惯,因为秋季日头逐渐变短,白天可劳动的时间不充足,为了能够多干一些活,大家伙儿经常不用回家,专门在家留人送饭。对于张克举家来说,由于土地亩数比较多,收割时特别紧张,所以在农忙时会雇用几个短工,中午不回家,张国义每天耕地后会先回家吃饭,吃完以后会把大家的伙食带到地里,干活儿的人们就在地里吃午饭。

2.家户座次规矩

平时家中的座位次序没有特定的讲究。但若有亲戚朋友来访,会有男左女右、左上右下的讲究。尤其是在红白喜事时,如果一桌酒席上有年长的人,一定要重视座位的安排次序,这是礼仪的体现,更传达了一个村子良好的风俗和风气。在米塬村一般讲究北方为上位,屋子里面朝着门口的方向为上位。安置酒席的桌子有席口,即上菜的地方,也是上位。张家的家长经常会告诉孩子遵守一些公共的准则和秩序。如果去某家吃酒席,自己吃完了,但酒席上的其他人还没有吃完,那么不得擅自离开酒席,以表示自己对同桌人的尊重。对于贵宾,上位很多时候是留给他们的,就拿白事来说,男逝者的姑舅亲,或女逝者的娘家人必须受到最高的尊重,主持白事的大总理必须安排村子里有代表性的村民陪侍姑舅亲或娘家人说话,而其他亲戚是不能陪同的,这表示村里人对办白事这家人的尊重。俗话说,"喜客没真的,姑舅没假的",意思就是喜事上谁都可以庆祝热闹,而丧事就应该庄重,因为人们只认姑舅或娘家人,这是逝者最亲近的人,即使逝者比自己姑舅或娘家人的辈分大,姑舅和娘家人也是可以受礼的,逝者的孝子们要给这些亲戚行礼。

家中若办理只有亲戚们参加的酒席,座位的排列次序是按辈分来的。客人主要是街坊邻居时,不分关系好坏顺序以年龄为参照。但如果街坊四邻中的人有他们自己的辈分,他们会自己调整座次,威望较高的人需在上座。如果红白喜事请来村里有管事的人,则东家不用理会这些人如何安排次序,只由他们自行落座。因为作为东家来说,自个儿反而不好给他们排次序,他们会有下级对上级的尊敬,这个机会留给下级尊敬上级。家中如果盖好房屋也会请木匠、砖匠等来参加酒席,他们的顺序也比较自由,不用特意抬举。家里来了亲戚,若连续逗留几天,每次吃饭就不用特意讲究,都是家常便饭,没有过多的礼数。

3.酒席的准备及举办

米塬村以前虽然整体上不是很富裕,但在红白喜事时还是会准备一些较为可口的饭菜肉酒等,夏春季节多以韭菜、萝卜、土豆为主,土豆是自家生产的,成本较低,至于肉类多少要看家庭的实际经济条件,当然富人家吃得比较丰盛,穷人家相对简单一些。有一户人家比较富有,主人的爷爷过世后,在家里停灵五天,这五天内顿顿给客人吃羊肉,总共杀了几十只羊。以前红白喜事需要请掌勺的人,也就是厨师,厨师做饭的锅灶会安置在院子里。酒水也是比较讲究的,因为喝酒有很多礼仪,有些过程或手续不敬酒是不能完成的。比如结婚时来的娘家人,男方必须给娘家人敬酒,但那时候的酒是散酒,按斤数卖,不是瓶装的,也没有啤酒,白酒大多是高粱酒,小麦酒很少。酒在当时还是比较珍贵的,一般只有在逢年过节时才会适当买一些。在办酒席时也是不得不敬酒时才喝酒。米塬村方圆几十里只有郭城有一处地方酿酒,每当要办酒席时家户会拉着毛驴驮一些酒,喝酒时也需要讲一些简单的祝酒词。

4.宾客的接待

红白喜事来的客人主要是由主事的大总理接待,他会安排专门的接客者招待来访的客人。一般需要两个专门负责登记送礼金的人,一个人登记姓名,另一个人负责数钱和收礼。大总理会有一个名单,上面安排了所有人应做的事情。事情结束后家户会给大总理适当的礼物以表示感谢,有时是两瓶酒,有时是两条烟。亲戚来了有专门陪同的人,喜事的亲戚是由亲戚们互相陪同,白事的亲戚,尤其是逝者的姑舅亲或娘家人必须安排村里声望较好的人来陪同。如果来的亲戚们有男有女,则亲戚们可以互相坐,不用男女分开。正式开席后,一般是先上酒碟,接着再上酒,大总理会让代劳的人给亲戚敬酒。按道理讲,代劳的人要给同桌每个人敬酒,以表示东家对亲戚们的尊重,但同一桌的长辈喝了一盅酒后为了不让代劳人太累,就会代表桌上的人拦下其他敬酒,敬完酒以后就开始享用酒席了。这是红白事的一般礼仪。

如果是白事,姑舅或娘家人一般会在这个场合为自己逝去的亲人讲个公道话,当代劳人给他们敬酒时,他们首先会进行搪塞,比如说身体不舒服等话表示不愿喝酒。这时候大总理一般会明白这是他们有话要讲,就会说姑舅有话请当面说出,一定照办。姑舅这时候会当面说一些逝者的优秀品质,并可能会含蓄批评逝者的后人不孝等。当然这只是一种习俗,并不一定是逝者后人真的对逝者不敬。然后,大总理会代表孝子们向姑舅或娘家人道歉,并请亲戚们多多担待。全程孝子们只是跪在逝者周围,一句话都不说,用眼泪表示忏悔。贵客来了在吃的方面肯定要做得丰盛一些,以表示敬意,喜事的时候臊子面称为下马面,是最好的饭了,但如果有十几年未见过面的亲戚,一般会给他做肉菜类,而且样数也较多。

5.房屋及其分布特色

张家的宅院在村中算是比较好的,俗称"张家堡子",是在张廷栋时期修建的。"张家堡子"位于米塬村的东北方向,村子东面区域位置较为优越,地形相对较为宽阔平坦;同时宅院位于村子中部较为中心的位置,一方面既方便出行,通往村中的各个地方距离都比较近,另一方面邻近村中唯一的排水渠,拥有便利的交通和取水条件。据说选址时张廷栋专门请外村懂风水的先生好好地考察了一番,风水先生说张家这块地比较好,能旺子孙兴旺发达。山区的房子都是土木结构,家境一般的人家直接在开阔地带挖几孔窑洞就可以安家落户。家境好的家庭则会盖一处院落,第一步要先打好地基,然后用泥土制成一块块的方砖垒成围墙,房顶用木头来搭建。张家建造宅院基本都靠本家的兄弟及村中的亲友帮助,房子断断续续建造了约半年时间才完工。因为农村盖房子大多都是在农闲时期抽空盖,大家来帮忙也是无偿的,有时间就来。在张廷栋时期张家共建成拥有十几间房的大宅院,房间外围用泥土围了一圈高约两米的寨墙。此后到张克举这一代,因家中人口较多,房屋也增至二十余间,同时在寨墙外部又建造了一圈低矮的围墙用于隔开大路及水沟。

张家家大户大,大大小小的房屋相加有近二十间,家户房屋在空间上体现为两院三进式结构,最中心是家户的核心院落,院落正北坐落着上房,上房一般是家中长者居住的地方,也是家户的主屋所在。上房的左右两边各是一个耳房,分别由张国义及张国泰一家居住。院落西边有两间屋子,张国安一家住在西房。西南角是一个碾房,里面有石磨等工具用来碾粮食。东边是灶房,平时一大家子烧火做饭的地方就在这里。东南角有一个窑洞式的高房,所谓高房即将窑洞分为两层,上面一层既可以住人,又可作为储存粮食等的屋子。对于高房的修建当时有"东出主,贵人起丈"的说法,因此东边建造一个高房寓意着家中会出贵人。与高房相对的是西边的碾房,为白虎,自古就有"左青龙,右白虎"的说法,因此东面的房屋修建得比较高也是为了压住西边的白虎。

南边和北边上房相对的是院落的大门,大门的两边又分布有两个小房间,张国义在1947年以前共有两个儿子四个女儿,由于张克举和张克俊已经结婚,所以各自住在南门旁边的小房中。张克举的四个姐妹则住在剩余的房间。寨墙南部和中心院落正门相对的方向又是一道总的大门,由此可以通往墙外村庄的大路;在寨墙院内的东南角又建有三个门房和两孔窑洞,旁边是羊圈,羊圈最外面还有一处称为"羊房"的小屋子,平日里放羊的人就住在这里,便于饲养和看护羊群。寨墙院内的西南角是驴圈,而在北边种了一些树,还有几小块地,用来种植一些蔬菜瓜果等,田地周围分布着厕所、草房等。在整个"张家堡子"的外围又有一圈比较低的土墙将张家宅院与周围的人家、排水渠等相隔开来。

6.房屋出入及睡觉规矩

家户晚上睡觉时间无特定讲究,但1947年以前村庄没有什么娱乐活动,再加之照明都是使用煤油灯,为了节省照明的开支都是天黑以后就上床睡觉,早上起床也是鸡叫就起,一般情况下家户中老年人和家长是起得最早的人,只有小孩子才可以睡懒觉,其他人都要早早起床去地里劳动。若是家户中有结婚的成员,需要提前为其收拾一间新房。在张家新房都是轮流居住的,如果某一个家庭成员的房屋被用作新房,需要去家户其他房屋暂住几天。家户成员进出居室等有一定的讲究,一般情况下男性不能随意进出家户其他成员的房屋。如果要找人需在房屋外面喊话,张家的男性商讨事情都是在长者居住的北房进行。女性可以互相串门,不过大多要在男性不在的情况下才可以。媳妇进入公婆的房间也要提前在外喊话,经同意后才可以进屋。

7.制衣洗衣由女性负责

家中衣服的缝制及清洗由女眷负责,已婚男子的衣物由妻子负责缝制,未婚则由母亲或自家姐妹负责。张廷栋夫妇在世时的衣物由张克举的母亲负责清洗,等到张克俊结婚后由张克俊的妻子负责。家里清洗衣物一般要做到男女分开,女人的衣物不与家中其他成员放在一起洗,特别是贴身衣物,一定要与家中其他人员分开,而且要到外面去洗,不能在屋子里洗。天气寒冷的时候家中其他成员衣服可在房屋里面洗,夏天则多在外面靠近水窖的院子里清洗。晾衣服是在院中搓一条比较结实的麻绳,将衣服晾在院中绳子上。

(二)家庭禁忌

家庭禁忌大多是村里人共有的一些认识,多为一些不成文的习惯,比如大年初七不能吃大蒜,大年三十晚上不能吃得太饱,也不能挨饿,据说大年三十晚上的饭量决定一整年的饭量,因此大家都是吃饱为止。在丧葬方面,家中有人去世以后,前两天家中送殡的男成员都要剃头,不一定剃成光头,但之后一百天之内不能剃头;女人不能泼脏水,如果有生活脏水要由家中男性处理。

六、奖励惩罚

(一)对家庭成员的奖励

家中成员在一个锅里吃饭不分表现好坏。张家没有特定的奖励手段,所有的成员都共同生活在一起,家户的事务每个人都会参与,因此不存在某个人突出的情况。家户中公认的做事最多、奉献最大的只有家长,但家长也是基于自身的职责所在,不会被认为有需要奖励的方面。家户只有在教育小孩子时才会采取一定的奖励措施,不过这也只是在各自小家庭内部进行,家户整体上不会对此有较多的要求。

(二)对家庭成员的惩罚

如果家里有孩子确实调皮经常惹事,家长会严厉惩罚,即采用打骂的方式。以前打骂孩子很正常,属于正常的管教。小孩子如果偷东西,在父亲已经去世的前提下,母亲就会替父亲实行管教。如果是遇到偏心的爷爷奶奶,很可能会包容甚至纵容。媳妇若犯错,一般情况是因为和婆婆闹矛盾,严重一些的丈夫会对媳妇动手。这在农村都是很常见的事情。家庭的惩罚只针对家庭内部成员,对家庭以外的成员无权干涉。

七、村庄公共事务

(一)家长为参与主体

村里一切会议如果需要各家庭出代表参加必须是家长。如果家长因故不能参加,或者向村里说明情况,或者家中其他成员代为参加,也可以包括家中的女性成员。而女性也只有在万不得已的情况下才会参加村里的会议,这是不会遭到非议的。村里的公共会议村民都可以旁听,但真正提出建议或意见的人很少,毕竟绝大多数人大多抱着看热闹的心态。村里开征税会议会提前通知各家庭,家中没有土地的理应不用去,但规定每家需要有人参加,因此没有土地的人也会去。米源村的集体活动主要是大年初一的出行,这也是自发组织的,不需要村里的管事人发动,出行也是村庄的一个传统风俗,意在迎接新一年的到来,寄托美好的期望。

（二）筹资

村里有修桥、修路、打井或修庙等事情时，大家会积极配合。如果实在有经济困难的家庭，可以提供劳动力顶替征收的钱款，也可以宽限几天等凑够再交。当家人不在家，女性可以说明情况，等当家人回家补交所需费用。大部分家户对于筹款和出劳动力都十分支持，只要是有利于村里发展和村民生活的好事或政策大家都会积极参与。出力者可以是家中任何成员，不分性别，只要有劳动能力即可。

（三）筹劳

筹劳是相对容易的一件事，一般而言村庄若是有公共事务，每家都需要出一个劳力。若是村中要征收村费、治理灾害等，属于强制性的征收，因此没有人敢反对，大家会积极参与，村民们也会跟着政策走，不会产生过多的阻碍。除此之外，能够收钱的情况很少，若是维护村庄安全，例如修路建庙等大家都会无偿提供人力支持，也没有人有什么怨言。

八、国家事务

（一）纳税

1.纳税以家户为单位

纳税以家户为单位进行，纳税时按照土地面积的大小进行计算，同时也会考虑收成的好坏，不同年景纳税款多少不同，例如灾荒年间会适当减少或是减免，至于具体的数目也是不确定的，收成好的时节一亩地十斤八斤的税款也是有的，收成不好就算要收也没有可上交的粮食。1947年以前，主要交的是粮食税，交粮食的时候需要家户自行运往山下的郭城镇，大概在每年的上半年上交。

2.家长为缴税主体

每年收税时由保甲长前往村庄通知，家户对外的代表一般都是家长。因此，家长收到消息后需要筹集所需的粮食，并且安排家户成员共同前往指定的地点交税。张家负责交税的人往往是张克举的父亲张国义和两个叔叔张国泰及张国安，以前没有马车之类的工具，交税只能用家里的牲畜驮着步行运过去，因为路途遥远，每次外出交税都会耗费至少一天的时间。

3.纳税的过程

在收成较好的年岁，张家都会按时纳税。出现不纳税的情况都是对整个村子整体而言的，假如遇到灾荒年间，村子整体收成不好，家户温饱都很成问题，更别提还要纳税了。这样的情况保甲长也不会强行征收，而是会相应的作出宽限。但若在平时，村里也难免会有一些贫苦的家庭不能按时交税，不过保甲长可不会作出通融，有时候还会大打出手，对家庭大肆搜刮，看能否搜出什么别的东西顶替，百姓都是敢怒不敢言。

（二）征兵

张国义在国民党统治时期被列入了征兵的名单，后来被抓到了会宁县，还被关押到了班房里。关押他的那些人明确表示，如果不希望家里有人当兵也可以，但必须再找一个人来顶替。张国义走了以后家里没了主心骨，张克俊作为张国义的长子义不容辞地承担了家庭的责任。他用两天时间变卖了家里的一些粮食、牲畜等，凑了一些钱财。随后打听到邻村有个小伙子愿意顶替张国义去当兵，但需要给他家两百元，张克俊赶紧将钱送到那家人的手中买了这个小伙子顶替父亲，本以为张国义会顺利回来，结果等了两天都没动静，张克俊只能前往县城一探究竟,没想到父亲依然被关押着,而且几天时间就被虐待得不成样子。这些人竟然可恶地将张国义的双手捆起来在房顶吊着,而且还进行拷打,当时张克俊看着很是心酸。后来经过询问得知他花钱买的那个小伙子竟然拿了钱带着家人偷偷跑了。这对张家来说简直是晴天霹雳,但还是得尽快想办法将人救出来,经过协商,关押张国义的人要求再交一百五十元就将人放回去,张克俊只能赶紧回家倾尽家中所有财产,还跟村子里的人借了近一百元才将父亲接回来。这一次经历就将张家的生活打入低谷,张国义经此一难身体也受到了很大的创伤,一处肋骨都被他们打断了。除了征兵以外,在张家所在的地方没有发生过抓壮丁和摊派劳役这样的事。

调查小记

2016 年 7 月 8 日

结束了在陇南的问卷调查，回到家休息了几天我便开启了本次调研的第二项内容——家户调查。由于调查的家户就在自己家乡，环境比较熟悉，人情、风俗、语言等也充分了解，因此也就增添了一份自信与把握。此次访谈对象是早已托亲戚找好的张克举老人，出发前夕不禁对此次调查充满期待。

张克举老人住在白银市靖远县刘川乡，与我的老家大芦乡只有两个小时的车程。由于要采访的老人已过耄耋之年，加之此次采访时间较长、内容较多，老人要配合我的工作长达十几个小时，一次性问完这么多问题对老人身体伤害太大，更何况随着时间的拖延老人的反应能力也会降低，反而影响采访效率。为了提高访谈效率，减轻老人的劳累程度，我在家中认真研读了调研提纲，构思了采访流程，并将提纲中的一些术语转换成老人容易理解的方言，在提纲中作了标记，并将提纲问题分为好几个阶段，每个阶段采访一两个小时就停止，以便提高受访老人的作答效率。同时，我提前联系了受访者张克举的家人，表明此次的调研目的，老人的家人也十分配合。

今天先到达为我联系老人的姐夫家，张克举老人是姐夫的三爷爷，有这层关系也让我少了一些纠结与胆怯。不过，听姐夫说他三爷爷当了一辈子干部，为人刚正不阿，经常批评他看不惯的事情，让我提前作好心理准备，我趁机也多了解了一些老人的性格和喜好，希望明天能够通过老人的"考察"顺利完成第一阶段的任务。

2016 年 7 月 9 日

早上在姐夫家吃过早饭，我迫不及待地催姐夫开车带我前往张克举老人家。开车十几分钟我来到老人家，带着为老人准备的茶叶等礼品，满怀期待地见到了张克举老人，看见老人的第一眼心里就觉得"这个老头不简单"，老人虽然八十多岁了，但看着很有精气神，高个子，还留着白胡子，眼神透着一股审视。我诚恳地对老人进行了自我介绍并表明此次的来意，初打交道让我很惊讶也感到为难的是张克举老人的"倔强"。张克举是读过书的，当过很长时间干部，颇知晓文史知识。看过我要采访的问题，起初有点"不屑"，他说这些问题没有太多意义，把以前的那些事记录下来并不能解决当今社会的弊端。说实在的，张克举老人家的确颇有见识，但难免有些固执，认准的想法不会轻易改变，他有老一辈革命家的典型优良品质：性子直，敢于揭露社会问题。据他自己说，他年轻时就是所谓的"愤青"，如今老了，脾气难改，不过在我看来，这样的老人也着实有些可爱，我也很愿意和他进行交流。

老人起初不愿意配合我的工作,让我十分着急,因为找这样一个符合条件又有知识的老人的确不容易。但我并没有表现出慌乱,而是顺着他的想法,听他的一些"牢骚"。他批评了现在的年轻人浮躁、拜金,全然没有古人的品质,批评现在的学生身在福中不知福,不懂得上进,没有远大抱负。的确,他也说到了点子上,我感同身受,自愧不如,对他的批评教育我虚心接受,并表示感谢张老的教导。慢慢地,张老也和我有了共同语言。他问了我很多历史和文学常识,也经常抛出一些问题考我,我对自己不知道的问题并没有掩饰,虚心向老人请教,并将问题延伸,反问他对历史事件的看法和感悟,不知不觉中与我的问题大纲重叠在一起,最终很愉快地完成了这次采访。

2016 年 7 月 15 日

在刘川乡的家户调研花费了一周多的时间。我得到了受访者完整全面的叙述,完成了自己的调研任务。当然更有意义的是在与老人的聊天中,我了解了过去这里的风土人情、生活生产方式及发展历程,也似乎见证了张克举老人家平凡而又不平凡的人生经历,感触良多。俗话说,老人吃过的盐比后生吃过的饭还多,的确如此。我清醒地认识到自身的不足,作为受过高等教育的"90 后",在这些老一辈人的身上有学不完的品质。看到自己的不足,能够汲取先辈的优良品德,正是我们这代人急切的需求。

致 谢

从暑假开始就与这户人家结缘,我很庆幸自己找到了一个明白老人,经过最初的寻找和访问,历时几个月的写作和修改,终于实现了第一份家户报告的定稿。看到十几万字的成果,回想一路走来的点点滴滴,心中感慨良多。作为中农院的一分子能有幸参加学院组织的调查,解封一段埋藏在历史与记忆中的家户故事,非常感谢学院给予的机会与支持,同时报告的完成也离不开学院老师辛勤的指导与鼓励,在此致谢徐勇老师、邓大才老师和黄振华老师,还要感谢朱露师姐、张航师兄及何婷同学的修改与指导,更感谢张克举与张宗福两位老人的讲述及家人的支持。成功是一段路程的节点而非终点,心怀感恩,时刻在路上!

第二篇

以文兴农:学董①当家的殷实之家
——永济市南苏村邓氏家户调查

报告撰写:于国萍*
受访对象:邓崇文

---

① 学董:指当时村庄与学校的联络人,负责学校的大小事宜。

* 于国萍(1993—   ),女,山西永济人,华中师范大学中国农村研究院 2016 级硕士研究生。

导　语

　　南苏村是山西省永济市栲栳镇下辖的一个村庄,由南苏上村和南苏下村两个村落组成①,位于永济市西南方向,东临卫村及北苏,西有大片的滩地。1947 年以前,南苏村有四大姓氏,分别是邓姓、于姓、李姓以及赵姓,四大姓氏成员占据全村人口的 70% 以上。李姓、于姓及赵姓主要居住在坡上(南苏上村),邓姓主要居住在南苏村坡下的旧址处。

　　1947 年以前,邓家当家人为邓永兴,全家四代同堂,共有二十四口人,农忙时节雇用两名长工,长工在邓家干活的年时有限,在此不计入家庭人口数内。邓家经济状况较好,在全村处于中等偏上水平,每年丰衣足食,拥有土地一百四十亩。土地为邓家祖先遗留而来,为邓家成员共同拥有,此外还有六头牲口、大型农具马车两辆。邓家房屋较多,共有院落三座,房屋三十余间,房屋产权为全家人共有,被外界认可,外人不能对本家户所有的房屋进行侵占,而在家户内部,当家人具有对所有房屋的支配权,每个小家都有属于自己的房间,各个房间的使用权被家户内部成员认可,在后辈子嗣分家中,房屋便是最重要的财产,房屋分配不均匀,则极易引起家庭矛盾。邓永兴为村庄中的"学董",负责打理学校的各种事务,包括学校教员的选任以及教员工资的支付,是村庄中少有的文化人,交友广泛,声誉远扬。在当家人的支持下,邓家所有男孩均要接受教育,受教育程度较村中其他家户高出很多。

　　在邓家内部,当家人邓永兴的任何指令家中的晚辈都必须遵从,不能有任何形式的违背,出于礼节,邓永兴会把家里的大事向家中长辈汇报,听取长辈的意见或者建议,同辈兄弟可以向当家人提出建议,当家庭成员的意见与当家人相冲突时,要以当家人的意愿为主。邓家儿女的婚姻均为包办婚姻,儿女没有任何发言权,从为儿女择偶、探客到订彩礼、订婚期,均由当家人决定和操办,儿女没有反抗与插手的权利,因而包办婚姻在当地也称为"布袋买猫"。邓家在 1947 年一分为二,把原来的二十多口人的大家庭分成了两家,在1947 年以前,当地村庄公共事务极少,诸如修路、修桥、修庙等事宜均是以家户为单位进行的,除了征粮纳款以外,邓家与村庄的联系极少。南苏村位于黄河三角洲地区,农民在得到大面积滩地的同时也面临着频繁的水灾,当发生自然灾害时,邓家也是以家户为单位进行抵抗与防御,村庄不提供救济措施。

---

① 现今,南苏村共有 6 个村组,其中 1 组、2 组、3 组位于原南苏村旧址处,4 组、5 组及 6 组是三门峡水库移民,居于坡上。

第一章　家户的由来与特性

邓家的祖籍为河南南阳,后逃荒至山西永济,在南苏村一带安家落户、繁衍生息,很快成为当地一大盛姓。邓家从定居山西南苏之时起,至今已繁衍四代子孙,分家前同居共灶者共二十四人,以当家人邓永兴为中心,共同劳作、共同生活。邓家经济情况良好,百余亩土地,三座院落,三十余间房,为当地名副其实的殷实家庭,声名远扬。

一、家户迁徙与定居

邓家逃荒讨饭流浪迁至山西永济时,先是居住于山西南部运城地区村落中废弃的祠堂中,后逐渐落地生根于南苏村,经过数年发展,成为南苏村的一大旺姓,后代子嗣众多,家门兴旺。

1.祖地南阳,迁至山西

邓姓发源于今河南省境内,早期主要是以河南省为其繁衍的中心,在东晋时期,南阳邓氏不断外迁,有南至湖南、湖北者,也有西至山西、甘肃者,后中原邓氏大举外迁,其首先迁入的地方是今山东高密县一带。至今,邓姓的子孙在北方已落籍于山东、河北、陕西、山西、甘肃、安徽等地;在南方已迁居到今江苏、湖南、四川等地。然而,邓姓人最集中的地方仍然是中原地区的河南。邓家祖籍河南南阳,因灾荒外出讨饭,流浪到山西永济,后定居于南苏村,具体情况因年代久远,无从考察。

2.邓氏的主要源流

邓家祖上便为河南南阳人,后迁移至此并定居,具体的迁移过程老人并不知晓。邓姓之人,无论分处天南地北,皆以"南阳"的堂名传家,这正表明了宗于河南世系的意思。据《邓氏家谱》载,由祖地南阳发展的这支邓姓,已有114代传人,邓氏在繁衍发展的过程中,也吸收过外族外姓的成员。从邓氏族谱得知,邓氏由"南阳"逐渐迁移,播迁至南方各地,尤其是今福建、广东、贵州、浙江等地,经过了一个较长的时间,不仅时间较早,而且繁衍旺盛,很快成了当地盛姓。

二、四世同堂的殷实家庭

1947年以前,邓家四代同堂,共二十余口人,邓永兴为当家人,掌管邓家的大小事宜,再加上邓永兴是村庄的"学董",对外交际广泛,为人善良慷慨,在当地小有名气。

1.广裕堂前四世同堂

邓家在1947年之前共24人,以当家人邓永兴为中心,父辈1人、同辈10人、子辈7人、孙辈6人。除了24名家庭成员之外,邓家还雇用了两名长工与邓家共同生活,因而邓家人口在严格意义上有 26 人[1]。邓家成员的具体情况如下:父辈仅母亲张氏一人,年过八旬,已无劳动能力,偶尔会帮家里的媳妇纺线,但张氏在家里辈分最高、年龄最大,地位也最高。同辈十人,分别为排行第三的当家人邓永兴,排行第二的邓永禄及妻子郭瑞香、排行第四的邓永庆及其妻子景黑女、排行第五的邓永康及其妻子陈祠花和排行第六的邓永泰及其妻子于爱枝。子辈七人,分别为老大邓云生夫妻、老二邓雨生夫妻和老三邓崇斌、老四邓崇文,以及姑娘邓林英。其中,邓云生和邓雨生并非邓家血脉,而是母亲张氏认养的两个孩子,自小便跟随邓永兴一起生活[2],虽为子辈后代,但年过五旬,也算是家里的老人,并无劳动能力,邓崇文、邓崇斌及邓林英三人均为学生。孙辈共六人,分别为邓有平及其妻子刘云香、邓彦平及其妻子王月茹和邓鹏飞、邓淑氏,但邓彦平上学时恰逢日本人到学校抓兵,被日本人抓走当了劳力。

在同辈十人中,邓永兴排第三,是家里的家长,在当地称为"掌柜的",对内管理家里的财务及大小事情,对外的身份是村庄"学董",管理村里的学校,在当地农村小有名气。在分家之前,邓永康入伍参加解放军,与同村的于保安、于宏远等人参加中国共产党的地下工作;邓永泰经商,在棉行经销棉花,经商地为太原,从事棉行生意,并不经常回家。家里的家务主要由几个媳妇,即郭瑞香、王桂花、景黑女、陈祠花、于爱枝操办,负责一家老小的生活起居。邓家晚辈对父亲兄弟的称呼不尽相同,比父亲大的哥哥及其媳妇称之为"爸妈",比如家里的大哥大嫂、邓永禄郭瑞香,四个孩子对其称呼为大爸、大妈、二爸、二妈;比父亲小的弟弟及其媳妇,称之为"爹娘",比如说家里的四弟邓永庆、四弟媳景黑女、五弟邓永康、五弟媳陈祠花,四个孩子分别称之为四爹四婶娘、五爹五婶娘。以当家人邓永兴为核心、1947 年邓家第一次分家为时间点,家庭成员具体的情况如 2-1 表所示:

表 2-1　1947 年邓家家庭成员基本情况表[3]

成员序号	姓名	家庭身份	性别	年龄	婚姻状况	健康状况
1	张氏	老母亲	女	75 岁	续弦	一般
2	邓永禄	二哥	男	55 岁	已婚	良好
3	郭瑞香	二嫂	女	52 岁	已婚	良好
4	邓永兴	当家人	男	49 岁	续弦	良好
5	王桂花	老伴	女	36 岁	续弦	良好
6	邓永庆	四弟	男	39 岁	已婚	良好
7	景黑女	四弟媳	女	42 岁	已婚	良好
8	邓永康	五弟	男	34 岁	已婚	良好
9	陈祠花	五弟媳	女	35 岁	已婚	良好
10	邓永泰	六弟	男	31 岁	已婚	良好
11	于爱枝	六弟媳	女	28 岁	已婚	良好
12	邓云生	大儿子	男	约 50 岁	已婚	一般
13	孙秀凤	大儿媳	女	约 45 岁	已婚	良好

---

[1] 邓家虽雇用了两名长工,但长工在邓家干活的年时有限,因而未计入家庭人口数内。
[2] 在当地传统中,年迈的母亲将一个子嗣交由另外一个子嗣抚养,或者将一个子嗣挂在另一个子嗣的名下,为当地特殊的风俗。邓云生与邓雨生虽年龄长于邓永兴,但其母亲将其挂给了邓永兴,因而在名义上仍属于邓永兴的子嗣后人。
[3] 张氏的长子,邓永兴的大哥邓某(名字不详)在邓家(分家—1947 年)这个阶段已去世,故在此家庭成员表中未体现。

114

成员序号	姓名	家庭身份	性别	年龄	婚姻状况	健康状况
14	邓雨生	二儿子	男	约50岁	已婚	一般
15	邓氏	二儿媳	女	约50岁	已婚	良好
16	邓崇斌	三儿子	男	约16岁	未婚	良好
17	邓崇文	四儿子	男	约14岁	未婚	良好
18	邓林英	女儿	女	约12岁	未婚	良好
19	邓有平	大侄子	男	约26岁	已婚	良好
20	刘云香	大侄子媳	女	约25岁	已婚	良好
21	邓彦平	二侄子	男	约24岁	已婚	良好
22	王月茹	二侄子媳	女	约24岁	已婚	良好
23	邓鹏飞	三侄子	男	约16岁	未婚	良好
24	邓淑氏	侄女	女	约15岁	未婚	良好

堂号是家族门户的代称,是家族文化重要的组成部分。邓家堂号为"广裕堂",为邓家祖先命名,有着"富裕安康,财源广进"的寓意,一直被邓家后辈所沿用,在邓家分家时,"广裕堂"的堂号被当家人邓永兴继承,挂在上房正中间①。图2-1是邓家中堂上的"广裕堂先祖之神位",在此牌位上的邓家成员按照辈分排列,第一排为邓家第一代母亲张氏牌位,第二排、第三排为邓家第二代成员,第四排为邓家第四代成员,以此类推。

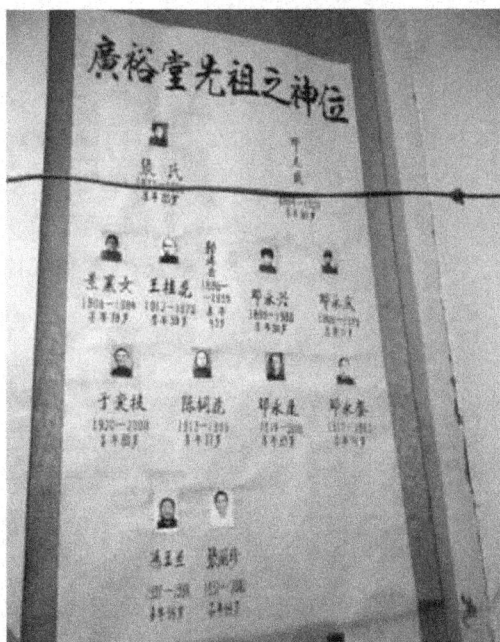

图2-1 邓家堂号"广裕堂"

---

① 1960年,邓家再次分家,堂号由邓崇文继承。

第一代：

邓光盛：1864年—1929年，分家时已经去世，享年65岁

张氏：1873年—1958年，第一次分家75岁，享年85岁

第二代：

四儿媳：1906年—1984年，第一次分家42岁，享年78岁

王桂花：1912年—1970年，第一次分家36岁，享年59岁

郭瑞香：1896年—1939年，第一次分家52岁，享年43岁

邓永兴：1899年—1988年，第一次分家49岁，享年90岁

邓永庆：1909年—1979年，第一次分家39岁，享年71岁

于爱枝：1920年—2000年，第一次分家28岁，享年80岁

陈祠花：1913年—1990年，第一次分家35岁，享年77岁

邓永康：1914年—2000年，第一次分家34岁，享年85岁

邓永泰：1917年—1995年，第一次分家31岁，享年76岁

冯玉兰：1937年—1991年，第一次分家11岁，享年54岁

张丽珍：1937年—2000年，第一次分家11岁，享年64岁

图2-2 邓家家庭成员简介

2.男女分工明确

邓家以农业种植为主，祖辈成员大多数是从事农业生产，除了“地地道道的农民”，邓家也有家庭成员从事其他职业，比如邓永康是中国共产党地下工作者，邓永泰为棉花经销商。根据家里“活”的不同性质，家庭成员的分工也不同：一是男人是家里主要的劳力，负责农业耕作以及修建房屋等体力活；二是家里的女人不下地干活，农活主要是由家里的男人来完成，家里的几个嫂子和弟媳主要负责一家人的吃穿，洗衣做饭扫院子，照顾家里的老人和孩子。三是家里的孩子要上学，邓家当家人是当地的“学董”，是村里少有的文化人，对家里孩子的教育也格外重视，因而在邓家，当家人邓永兴、邓永庆、邓云生、邓雨生以及邓有平是家里主要的劳动力，邓崇斌、邓崇文、邓林英、邓彦平和邓鹏飞是学生。分家前24口人同吃同住，土地改革运动后不久邓家分家，原来的大家庭分为两个小家庭，分家后自己家有14人。

表2-2 1947年邓家家户情况表

家户基本情况	数据
家庭人口数	24
劳动力	12
男性劳动力数	5
家庭代际数	4
家内夫妻数	8
老人数量	3
学生数量	5
其他非亲属成员数	0

3.院内主次分明

邓家共有三座坐北朝南的矩形院落,三座院子并排坐落于东西胡同之间,中间为主院,两边为偏院,共有十五间厢房、九间门房、三间上房、三间敞房,一共三十间房子,三座院子的门都开在南边。其中二十四口人的居住房占用了一个半院,占用了十五间房。三个院子的布局均为标准的北方四合院,第一个院子里有十间厢房,门房东西两排,每排五间,三间门房,一间厨房,三座院子只此一间厨房,家里的所有媳妇都在这里做饭,到饭点时全家人也都会来到厨房吃饭;第二个院子,即西边院子,有五间厢房,有三间门房,东边为两间"敞房";第三座院子,即东边院,有三间门房,两间马房,养着家里的牲口;一间敞房,此"敞房"并非"厂房",在1947年以前的"敞房"是用来堆放家中杂物的。每座院子之间用墙隔开,三座院子中间不相通,三座院子正南方为一条马路,为公家所有,最东边最西边均为田地,无邻居,最北面通过后院可直接通往本家大麦场。邓家的"四合院"并不是严格意义上的四合院[①],其院落为长方形,东西两侧院子的大门也不位于正中间。如果家里人少,当家人也会选择盖"三合院",不盖门房,只盖两排厢房以及一排上房,但无论是非严格意义上的四合院还是"三合院"都很难逃脱传统的文化精神和等级观念的影响。邓家院落虽然是三座院落并列坐落,但每座院子四壁都有墙壁,"外面的人看不到院里",形成了一个独立的家户单元,家里女人的活动都在院子里,与外界相通的唯一渠道就是大门。家里的男人都外出干活时,家里的女人便会把门掩上,家里的小孩子就在院子里玩耍。四面的围墙使四合院具有很强的私密性,关起门来每家每户自成天地;院内四面房门都开向院落。如图2-3所示:

本家大麦场

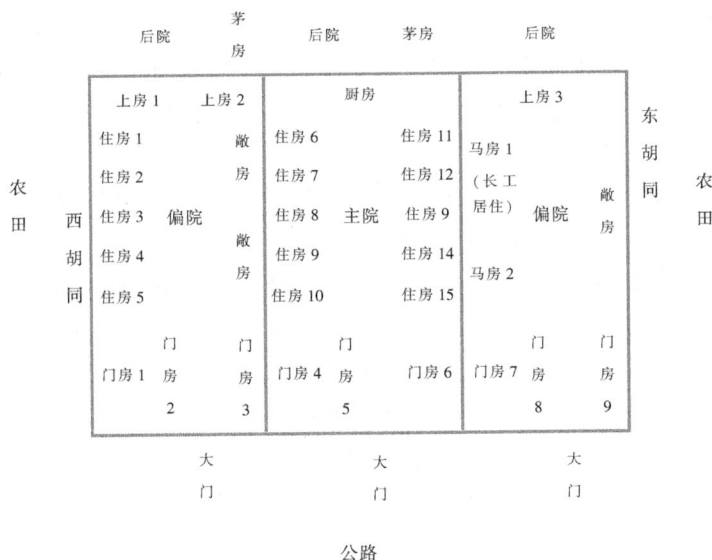

图 2-3　邓家的房屋布局草图

---

① 产生于中国封建时代的四合院是规规矩矩的正方形院落,院子的大门开在正中间。

南苏村的院落都是四合院,即由东、西、南、北四面房子围合起来形成的内院式住宅。邓家三座院子都是由上一代当家人主持修建盖而来的,构造均为四合院形,在四合院内居住也是有讲究的:在三座院子之间,中间是主院,家里的当家人、长辈以及年龄大的老人居住在主院;两边为偏院,常为家里的晚辈居住。在每座院子内,上房、门房以及厢房的分配也是有讲究的,一般情况下都是"长辈住上房,晚辈住厢房"。四合院的房屋布局是既定的,对家庭成员的居住安排也有严格规定,反映出传统大家庭中"长幼有序"的要求。布局上一般是上房高于厢房,面积也比厢房大,住房安排上一般是家长住在上房,晚辈住在厢房,一家老少,从上到下,什么辈分的人住什么样的房,一切都是按规矩来。这种安排不仅突出了家长的地位,而且有助于家族内部的秩序。

在邓家,"家里的年长者、辈分高者住正院,家里年龄小、辈分低的住偏院",没有可争议的。比如家里的大家长就要住正房,家里的其他上了岁数的老人住的也是正院,邓云生、邓雨生在家里虽然是"年龄大辈分小",住的就是正院;母亲张氏是家里的长辈,住的是正院上房。后来家里的老人不在了,就是二哥邓永禄住在正院上房,二哥邓永禄不在后就是邓永庆和邓永康住在正院上房,而家里的晚辈也可以根据辈分及年龄状况居住在正院厢房。家里的院子也不种花不种草,家里的院子就是干干净净的,所有的物品基本上都在固定的地方放置,几个媳妇每天早上起床之后就会打扫院子,院子里什么也不放,家里的男人下工回来摆放在院子里的东西家里的媳妇也会及时收纳。

邓家家庭成员相对分散地居住在三座院子里,每座院子里的成员几点起床没有硬性规定,一般都是家里的几个媳妇先起床,起床之后打扫卫生做饭。媳妇之间的起床顺序也没有要求,先起床的儿媳妇给婆婆打洗脸水、倒尿盆。家里的男人农忙的时候就起早点,农忙的时候都是家里的当家人先起床,然后叫醒家里其他男人起床去地里干活。前天晚上,当家人会给家庭成员"布置任务":第二天需要浇哪块地,需要锄哪块地。家里的小孩子起床也是没有规定的,家里的大人起床之后,几个媳妇就会到房间里把自己的小孩叫醒,不会太早叫醒孩子,小孩子在家什么也干不了,但也不会任由其睡懒觉,否则家里的长辈会有意见,认为没有教好小孩。

邓家院子都是坐北朝南的,盖房子也有讲究,需要看风水,盖房子的时候会请风水先生看,之后必须严格遵照风水先生给出的意见执行。如果家里有老人,家里的老人会督促儿孙晚辈按照风水先生的说法去做,否则会被认为对家庭不好,如果在修建房屋的过程中有人意外受伤或者死亡,将被视为"不好的事情",会请风水先生再看一下,以帮助自家躲过灾祸。邓家的房子是邓家老太爷修建的,自此就再也没有修建过。当家人邓永兴偶尔会主持进行修缮,但没有拆除重建,修缮也是和点泥巴,把墙皮脱落的地方用泥土再糊上,或者房顶漏水的时候在房顶盖上茅草或者砖瓦。修建房屋的次数很少,在整个村落里新建房屋的情况也很少。

邻居之间的墙都是公共界墙,界墙占用两家各半米的地方,对于相处和睦的邻居,不管谁翻盖新房,两家都会协商解决公共界墙的事情,但是对于结仇太深、怨气太重的邻里之间,恐怕就不会那么容易了。两家房屋"背靠背"修建时,两家也会共同修建公墙,如果两家一起修建,公墙则由两家共同承担,如果有一家先盖,则一方需要协助另一方完成公墙的修建。一堵界墙有3尺厚,界墙中心为两边院落的边界,两边各占一尺五,互不侵占,修建公墙的费用由两家共同平摊,如果邻家中有一方不愿意出力出钱或者想方设法地侵占对方的院地,都会引起邻里矛盾,如果因为界墙问题和邻居闹翻,之后子子孙孙就会陷入"冷战"状态。

邓家是三座院子并排修建,周围都是田地,没有左右邻家或者前后邻家,也不存在"界墙之争"与界墙的修建均摊问题。在邓家如果新人结婚,肯定会有婚房,当家人肯定会安排好,邓永泰和邓永泰媳妇是最后结婚的,结婚时当家人特意把正院的厢房腾出来作为邓永泰及其媳妇的婚房,后来只要家里有新人结婚,当家人都会把家里的厢房腾出来让给新人住。

4.百亩良田丰衣足食

邓家有140亩土地,土地全部都是老祖宗留下来的,这是各家各户土地最主要的来源,除了逃荒居住在村南庙里的人没有土地以外,每家每户多多少少都有土地。在1947年以前邓家土地足够,没有买卖土地的行为,但邓家所在的村子有买卖行为。买地的存在两种"极端":一种是家大地多的大户人家,在自给自足的前提下有多余的钱财或者粮食购买土地,要么增加收入,要么扩大自家影响力。另一种是逃荒而来的讨饭人,这些人没有土地没有房屋,通过做长工维持生计,进而积攒了一定的钱粮购买土地以安家落户。家户之间买卖地的时候村里有个"管事人",若想买地或者想卖地时都可通过管事人。买卖土地时对户口没有限制,只要有相应的经济能力,不是本村人也可以购买。邓家家计情况如表2-3所示:

表2-3　1947年以前邓家的家计状况表

土地占有与经营情况	土地自有面积	140亩	租入土地面积	0
	土地耕作面积	140亩	租出土地面积	0
生产资料情况	大型农具	犁1个、车2辆		
	牲畜情况	6头牛		
雇工情况	雇工类型	长工	短工	其他
	雇工人数	2	0	0

5."学董"当家,名声远扬

邓家人除了当农民,还兼有其他身份,当家人邓永兴就是"学董"。所谓"学董",即协助学校解决办学过程中出现的各种问题,包括招聘老师、筹集办学资金等的"中间人",是学校和村落之间的桥梁。在1947年以前,学校不是国家公办,而是由学校所在的村落负责,老师的工资为所在村落筹集发放,可以是粮食也可以是金钱,都由当地村民共同筹集发放。老师的伙食为每个学生轮流负责,一家管一顿,刚开始是学生负责给老师带饭,后来为老师去学生家里吃。"学董"主要负责学校的大小事宜,学校资金短缺时"学董"还要想办法帮助学校解决,或者学校有什么事情的时候直接联系"学董","学董"联系村里帮着想办法。此外,"学董"要负责学校老师的聘用,在每年冬至的那天,"学董"会请学校的老师在一起吃个饭,吃完饭会决定明年到底还要不要留用,吃完饭之后如果"学董"开口说了明年要继续教书,则该老师可以继续留任,如果"学董"在吃完饭之后什么都没说,则该老师过年之后就不用再来了。每个村的"学董"虽然负责学校的相关事务,但"学董"不在学校里面任职,邓家当家人是"学董",但平时是在家里从事农业劳作,只有学校有事情他才会出面解决。

五弟邓永康从事地下工作。刚开始的时候,共产党员为了人身安全往往会隐瞒自己的真实身份,或者商人或者给别人做小工,村民称之为地下工作者。在当地,地下工作者的数量很少,一个村子最多有两三个,除了邓家的邓永康,村里的于红元老人在1947年以前也是搞地下工作的。在1947年以前,韩村①就是一个小行政单位,相当于公社、乡镇。邓永康先在韩村当副村长,表面上看着是给国民党干工作,实际上是给中国共产党搞地下工作,主要工作就是团结改造国民党的一些干部。后来韩村的村长翟开发,受邓永康的感染,内心也不断向党组织靠拢,虽然是村长,但没有干过伤害老百姓的坏事。"1947年以后这个人一下就感觉到了,凡是干坏事的人中国共产党都把他们处理了","说处理就处理了,1947年以后对作恶多端的就是处理了,对人民没有什么罪恶的就宽大处理了"。

六弟邓永泰从事棉花销售。家里的收入除了种地,其他的收入主要是邓永泰卖棉花、卖碱所得。邓永泰在太原做棉花生意,刚开始只是给一家棉花经销行当小工,后来邓永泰能独当一面的时候就入了股份,不管每年赚多赚少,邓永泰都会把赚的钱往家里交,当家人邓永兴考虑邓永泰一人在外,有时候就会把零头退给邓永泰,让邓永泰自己用。挣了钱一般是要上交给当家人,由当家人安排的,虽然邓永泰不会私藏,但邓永泰挣的钱不是每次都会交给当家人。有一年,邓永泰挣的钱就没有上交当家人,而是回家的时候牵了一头大骡子,乡里乡亲的都很羡慕。邓永泰从事棉花经销,但邓家不会从邓永泰那里拿棉花而是自己种植,家里的几个媳妇做衣服用的棉花都是自家种植的。衣服也只是给自家家庭成员穿,不进行任何形式的售卖。

---

① 南苏村的邻村。

第二章　家户经济制度

邓家土地有 140 亩,牲口 6 头,每年的粮食产量足以支撑一家人的生活。邓家共有三座院落,自东向西排列,中间为主院,两侧为偏院,全家人按照年龄以及辈分分别入住主院以及偏院。无论是土地还是房屋,均为全家人共同拥有,共同经营使用,由当家人统一支配和使用,其他家庭成员没有超越当家人的权利对家庭共有财产进行买卖或者交换。邓家经济宽裕、鲜有借款。

一、家户产权

邓家土地房屋为祖辈传承,拥有土地百余亩,房屋三十余间,均为家庭成员所共有,全家人都可以使用,当家人拥有支配权。邓家房屋的修建与修缮均由当家人做主,后人未进行过新房屋的建设,仅对原有的房屋进行"垫墙补根";在日常生活中,当家人带领家庭成员共同耕作,共享劳动成果,家户土地与邻里之间以地标为界,互不侵犯、互不干涉,相互尊重彼此的权益。

(一)家户土地产权

邓家土地富足,每年的粮食产量足以支撑全家人的生活需求,在少有的土地买卖、土地租赁中,当家人具有至高无上的决定权,其他家庭成员没有权利对家庭共有财产进行支配;而在家户土地边界中,各家各户土地边界明确,家庭成员维护家户产权意识坚定,家户权益不可侵犯。

1.继承土地百余亩

村里大多数家户土地来源有三种途径,即土地继承、土地租赁以及土地买卖。其中,土地继承是最常见的渠道,其次为土地租赁与土地继承,买卖土地的相对较少。邓家的 140 亩地全部都是邓家老祖宗留下来的,"爷爷将土地传给儿子,儿子再传给孙子",代代相传。土地继承时,只要是家里的直系后代,无论排名大小都有权利继承,但只要不分家,土地即为全家共有,当家人支配家里的劳力进行耕种,如若分家,土地也会随之分配。除了直系后代,外姓人、出嫁的闺女均无权利继承。在当地,出嫁的闺女相当于"别人家的人",无论年龄大小,都没有权利继承娘家的财产,但上门女婿是个例外。上门女婿被认为是"招来的人",其扮演的角色与儿子相同,在家里的位置也相当于一个儿子,故其有权利以儿子的身份继承财产。

"田地比较多,自己种不过来的时候就放包给别人,让别人去种。"当某一家户土地多而劳动力不足时便会把多余的土地转给少地无地的农民耕种,人们称之为"包地",把土地承包出去,叫"发包",租地的人叫"承包"。租金便是粮食,根据不同地块,租赁土地的租金也不相同。发包人把土地租出去之后,每年就靠收租子生活。而"承包方"租种土地,就得交粮食,叫"交租子"。发包方把土地发包出去,如果遇到天灾时粮食减产严重,考虑到承包人自己都收不上粮食的特殊情况,发包方也会减租,但如果发包方看重个人利益,便无论什么情况都不会减少租子,这时无地少地的农民也只能欠债。土地租赁的对象不一定是自家亲戚,只要是有劳力有牲口,就可以去租赁土地。租赁土地时只要双方达成一致即可,不需要经过别人的同意,包括村长在内的其他人是不能干涉的。邓家自家的土地自己耕种,属于自给自足型,不租别人的地也不租地给别人,家里每年没有租子,没有包过别人的地,别人也没有包过自家的地。

在 1947 年以前土地买卖的流程较为复杂:首先要自行寻找买地或者卖地的主家,不管是想买地还是想卖地,都"急不得",而且要靠"碰",买主"碰"卖主,卖主"碰"买主的过程都是一个慢慢打听的过程,一般买卖的范围都是在自己村落里,一方面买主与卖主之间"知根知底",另一方面便于耕种,别的村里土地离得太远,不方便耕种。其次,请一个"管事人",这需要买卖双方自行寻找,管事人多为村长,买卖双方就价格、时间等进行协商,双方达成一致后请管事人签字,签字之后就不能反悔了。买卖土地时,由卖地的人做主,双方当事人和中间人坐在一起吃吃喝喝,吃好之后就土地进行商议,然后把商议的内容以文字的形式写下来作为凭据,字据一式两份,买主与卖主各持一份。邓家从祖上继承了百余亩土地,足够家里开支,没有买进,当家人邓永兴持家有道也没有卖出的情况。

2.土地买卖与地约转移

在 1947 年以前,土地买卖较为困难,一是要有钱,买家要"买的起";二是要有权,买家要"买得下",而往往买家要面对的情况是"买不起""买不下"。当地一亩地的价格不一,远一点的要两石粮食左右,近一点的要三石粮食,价格较贵的土地多分布在村庄周围,耕种方便,时常是买家多而卖家少,而远一点的土地虽然卖家多,但"输在距离",耕种起来不方便,买家不想买。在村庄中,想买土地的人常常面临着这样一个困境:近的地买不起,远的地不想要。然而,不管是三石粮食还是两石粮食,都不是一件容易的事。买地还得"有权",买卖双方需要经过"管事人"的签字,但管事人多为村长担任,如若跟村长关系不好,村长不会签字,双方的买卖诉求将无法达成,所以需要有一定的权利,跟村长处好关系。各家各户所有的土地都有"地约","地约"是经过县政府审批的,在买卖土地的交易双方达成协定后,便要相约去政府办理"地约"转移手续,将卖家名下的土地转移到买家名下,也称为"公证",只有经过'公证',土地买卖才算是完成。

3.土地家户共有

邓家的土地为家庭私有,并且每个家庭成员都有份,全家人在当家人的带领下一起经营,所有人都没有分家的意识,自家的东西也不会进行分割,但对"自己家的"和"别人家的"却有着清晰的判断与认识,家里有多少土地、家户所有土地的位置以及土地的边界,邓家家庭成员都有一个明确的认识,"你家的土地就是你家的",没有人可以侵占。当家人邓永兴即便是有权利对家庭财产进行售卖,也是以户为单位进行,代表的是一个家而非单个人,家庭成员个人没有权利对邓家共有土地进行买卖。邓家土地为自家所有,全家人都有使用权,共同拥有,在自家内部不划分土地,只要不分家,土地就是全家共有,男女老少都有份,"种地干活的时候就是那片土地,家里人再多也是那些土地",家里派劳动力出去耕作。

4."地畔"作界

　　各家各户之间的土地有着清晰明确的界限,虽然在家庭内部不进行划分,但对外而言,各家成员对自家的土地财产有着清晰的判断,在家庭财产受到侵占时,各家成员也会据理力争,不会有丝毫的退让。家户土地之间的界限是"地畔"——一条由土堆建在两家之间的"直线",是两家共同修建的,以"地畔"的中心为界线,"一边是你的,一边是我的,一边一家的",互不侵犯,修建"地畔"之前,大家会测量好自家土地的面积,然后修建"地畔",修建好之后,会在"地畔"中间用铁棍打个窟窿,在窟窿洞里注入白石灰,用水壶灌点水后凝固,这便是两家的界标。

　　邓家人把自己的土地界限看得格外重要,"土地为自家所有,他人不得侵犯,""地畔"两边相邻的邻家要丈量好自己的土地,地畔修建好之后不能超越界限,侵占别人的土地。土地为全家共有,家庭成员对土地的界限也有明确的判断,坡上有多少地,坡下有多少地,黄河滩有多少地,尤其是经常种地的男性劳动力,对每块地的界限都有清晰的把握,绝对不允许自家土地被侵犯。村里任何人也不敢明目张胆地直接占用别家的土地,只能通过"拱地畔"的形式一点一点占便宜。"地畔"作为家户土地之间的界标,也往往是引发矛盾的"根源",人们经常会因为"地畔"的偏移吵架闹矛盾、打架甚至打官司。在"地畔"偏移或者自家土地被侵占后往往通过两条途径解决:一是自己协商解决。邓家在坡上的土地"地畔",就经常被邻家一点一点地侵占,邻家在犁地的时候都会往自家土地这边多犁一点,一年多犁一绳,十年便是一丈宽,时间久了地畔会整体偏到自己家来,自家土地被侵占之后心里自会别扭,当家人就会跟左邻右舍约好时间,重新丈量土地,重修地畔。二是通过中间人协商解决,中间人可以是村里有声望的人,也可能是政府部门。一般情况下,当双方因为"地畔"问题争执不下,为了避免双方吵架,就会请一个中间人在中间"说话"。中间人一般请"户脑"①,村长一般不愿意管这种事,但矛盾难以调解,双方就会打官司闹到县政府,由政府派人组织调解,重新丈量土地,重新修建地畔。村里最爱"拱地畔"的人是锁子爹,锁子爹在修整自己土地的时候经常紧贴"地畔",把土地往"地畔"上翻,种地的时候把庄稼种到地畔上,时间长了自己土地的面积便会扩大,隔壁的张家为维护自己的土地展开"反击",直接拔掉靠近地畔的一行玉米苗,锁子他爹因为内心亏虚,也不敢声张。

　　村里也会有不怀好意想占用别家土地的,只能自行协商解决。村里没人愿意管,包括村长在内的其他人都不愿意管,如果双方协调不下去找村长,村长也会推辞:"我最近没有时间,你去找别人帮忙协调"能管这事的也只有"户脑"。侵占土地的方式除了"拱地畔",还有利用牲口,牲口耕种时速度的快慢,牲口脚掌的大小,都会影响到自家土地的面积。牲口耕地犁地时跑得越快或者牲口的脚掌越大,距离"地畔"的距离越近,带飞起来的土也就越多,落在邻家土地里的土也就越多,地畔也随之会往邻家偏移。

5.一家之主买卖支配

　　邓家土地的买卖、土地租赁都是当家人说了算,家长是当家人,是一家之主,在土地的支配中具有绝对的话语权。但家长买卖土地肯定也会和家里的老人商量或者和自己的兄弟商量。地里面种什么,种多少都是当家人决定。邓家当家人也经常会和兄弟商量着来,兄弟的意

---

　　① "户脑":当地方言,指的同一姓氏的大家长,地位高、权威大。

见当家人也会听取,但不会和邻居商量,村里的其他人没有权利干涉主家的决定,当家人对自家的土地具有绝对的决定权。地里收下的庄稼也全部都是自家的,"种麦子收麦子,种谷子的就收谷子,自己种的就收自己的",别人不能管也不能侵犯。一般情况下,虽然种什么都不用跟邻居商量,但种树却是个例外,树木的成长需要较大的地力,会牵连到周边土地,使周边土地没有后劲,地力不足,进而使庄稼减产少产,这时候主家需要给左邻右舍的土地主人"打个招呼",但左邻右舍的态度仍然不会影响到主家的决定。村里种树的少,但主家要种树,便会为两边邻家多留一些空白土地,以防影响到别家土地的耕种,但随着树木的生长,也避免不了左邻右舍的抱怨。

(二)家户房屋产权

邓家房屋为继承所得,全家人按照长幼顺序"居有其屋",房屋边界明确,家户房屋之间"共同的灰线"神圣而不可侵犯,若房屋产权意识不强烈则有可能让别人占到便宜,会有苦难言。

1.房屋修建之垫墙补根

邓家的土房子都是自家的老祖宗留下来的,后人没有修盖过新房子,但会不定时对自家的房子进行维修,以免房子漏水或者出现其他问题,当家人时常和邓永庆、邓永康一起修缮或者"垫墙根"。邓家进行房屋修缮时,男劳力充当主力军,家里的女人也会忙前忙后,做一些力所能及的事情。修缮房屋时仅靠一人之力无法完成,往往需要以家户为单位集合全家人的力量,挑土和泥、垫墙补根,这时左邻右舍也会搭把手。村庄的房子都是土房子,砖房很少,墙也都是土墙,"一砖到底"的情况更是少之又少。当地的有钱人家用砖对墙根进行垫补就算是建房,穷人家的土墙会被雨水冲刷成"倒三角"的形状,但没钱修补只能住着。家户院子的大小并没有统一的标准,有钱有权的大户人家院子就大,土地多房子也多,没钱没权的小农户家的院子就小,在院子里盖上两三间房子能过就行,邓家家里人多,有三座院子,三十间房屋,房屋数量多,在当地属于大户人家。房屋布局也都是四合院,有钱的大户人家会多盖几间房子,两排房子面对面,没钱的小户人家只能在院子里盖上两三间房子。

2.房屋边界之灰线

邓家三座院落并列,左右邻家均是自家人,院落之间有公墙隔开,但不存在任何意义上的墙界之争。一般而言,房屋边界即为公墙,公墙为两家共有,由两家共同修建,一般情况下有两尺四宽,在土墙的中间有一条线叫作灰线,那便是两家房屋的边界,灰线这边是一家,灰线那边是一家,灰线为维护家户财产的边界,同样神圣不可侵越。家户之间测量院子的单位为"绳",不是尺,滚上一绳是多少钱,如若邻家占用了自家的院子,则需要支付相应的金钱。各家各户的院子也有院子证,当地称为院契,院契上清楚明了地注明自家院子的大小长宽,左右邻家以及后院紧靠的农户、前面面对的巷道名称。

邓家房屋也是全家共同所有,不属于个人所有,但在院子里每对夫妻都有属于自己的房子,家里的女儿嫁出去后便没有使用房屋的权利。邓家的每个家庭成员对自家房屋都有清晰的认识,没有卖房子的情况也没有向别人买过房子。但有一些逃荒过来的人没地方住,会借住在村里热心肠的村民多余的院子里,这种情况是不用支付租金的。自家老祖宗或者家里的老人居住的房屋叫作祖屋,祖屋由于年代久远,往往为院子里最破旧的一间,祖屋的房梁都是用了几十年的,房子由于破旧会有很多东西掉下来。邓家院子里也有自己的祖屋,在邓家后人的印象里,自从邓家老太爷修建房屋之后,家里老人居住的房屋条件跟其他房屋一样,并没有特意划定出祖屋。

3.房屋侵占

遇到房屋被侵占的时候,村里也没有人出面协调,都不愿意"惹人",所以被侵占的人要么自行找人解决,要么就是吃哑巴亏。房屋侵占的情况最容易发生在女性当家的家庭中,如果女性当家,就会受到欺负,不止是旁人欺负,自家人也会欺负,房屋被侵犯的情况会比较频繁。村里受欺负的女性当家的情况便是李俊忠家。李俊忠出生后不久,其父便去世了,母亲一边当家一边抚养着五个孩子,日子过得相当贫苦,在一次县里组织填写"院契"的时候,俊忠的二叔就劝说母亲不用填写马棚的地方,只填写人居住的地方即可,母亲信以为真便只填写了实际居住面积而未填写马棚面积,其二叔在填写时便把俊忠家马棚算作自家的财产加以填写,使自己成了马棚的合法拥有者,当母亲意识到自家失去马棚再找二叔理论为时已晚,由于拿不出马棚属于自家所有的证据,且"院契"已成定局,不再修改,李俊忠家只能是默默吞下苦果。

4.家长支配家户房屋

邓家房屋的修建、翻新以及租赁都是家里的家长说了算,家里的女人基本上不插手,当家人做决定也会跟家里的老母亲商量,但决定权仍然在当家人手里。家里所有的成员,不管男女,尤其是成年或者记事之后对自家院子四面的界限都有明确的了解,各家各户的院子可以卖,但是家长说了算,其他家庭成员没有权利决定房屋的买卖。

邓家全家二十四口人居住在三座院子里,居住相对分散,但全家人都得听当家人的安排,无论是居住在正院还是偏院,上房还是厢房,都得听从当家人的安排,当家人会根据每个人在家里的年龄辈分安排每个人的住房,也不会有人提出不同意见。当家人的住房一直是正院,家里有长辈当家人就居住在厢房或者门房,邓家的当家人一直居住在正院的门房,即便是母亲去世之后,当家人也一直居住在门房,一是搬来搬去麻烦,二是虽然母亲去世,但仍然有长兄,为了尊重长兄,当家人主动提出一直居住在门房,而让长兄居住在上房。

5.家户房屋之全家共有

在邓家,家里的房子归邓家共同所有,不存在"归家里某个成员所有"的说法,每个家庭成员都有居住的权利,但在说法上家庭内部每间房子的使用权是有归属的,比如邓永康居住的房间使用权就是邓永康小家所有,家里其他成员也会说"邓永康的房间",诸如此类的还有"大哥的房间""邓永禄的房间",一是为了判别某间房屋的使用权,二是为了定位,家庭成员在长时间的生活中对每间房子的定位表述就是"谁的房间",通过此类表述家庭成员可以准确地找到某间房间。对外而言,邓家的三座院子为该户所有,对邓家以外的成员而言,谁家的房子就是"谁屋的",是这一家共同的,比如对外而言,邓家房子既可以说是"三哥屋的",也可以说是"四哥屋的",并不是说这个房了属于谁,每个人都有住的地方就行,所有人都没有分家的意识,也没有所有权意识,"但你住的房子就是你家的",家里个人没有权利对房屋等家庭共有的财产进行买卖,在1947年以前都是大家庭,人们没有分家意识,也不想分家。

(三)生产资料产权

种地离不开包括牲口在内的各种各样的生产资料,邓家牲口产权归家户所有,家户之间的生产资料可以互借使用但要如期归还。粪便作为重要的"农料资源",往往会被使用到土地生产中,以实现物尽其用。

1.生产资料之牲畜

邓家在 1947 年以前有六个牲口,是拥有牲口数量较多的家庭,家里牲畜还有牛、鸡和蜜蜂,鸡是老母亲闲的时候养的,用来自己吃鸡蛋和肉,蜜蜂就是养来吃蜂蜜的,不进行售卖。当地村民种地用牛的比较多,也有驴、马,有时候也用骡子。牲口就是用来种地的,即便这些牲畜死了人们都舍不得埋掉,老死的牲畜都是煮了吃肉,如果是病死的那就不能吃,只能埋掉。家里牲口的粪就是家里土地所有的"肥料",家里粪便的来源除了定期从茅厕清理出来的,还有一部分来源于马棚的牲口粪。邓永兴当家时,邓家的牲畜喂养以及打扫都是长工的活,长工就是专门看管牲畜的,每天打扫牲畜的圈舍,隔一段时间就将攒下了粪便挑到田里去。粪便对每家而言都比较"珍贵",是自己家地里的肥料,因而每家积攒的粪便都会用在自家地里,没有人家卖粪的,在自己家都不够用的情况下很少会有人卖的。

2.出粪施田

邓家茅厕就有两个,修建在西侧院和正院的后院里,后院会有后门,家里人上厕所的时候把后门从里面用木条扣上,家里的厕所土地肥料的重要来源,茅厕是没有茅坑的,都是旱厕,用两块砖"搭建"而成,上厕所的时候可以蹲在砖头上解决,在茅厕的旁边会有一堆土,上完厕所之后需要用铁锨铲一堆土覆盖在粪便上,然后再把排泄物与土一并铲起扔到粪堆上,粪堆积攒一段时间后会拉到地里,当地人称之为"出粪",邓家积攒的粪便都拉到自己家的地里,也有着"肥水不流外人田"的寓意。当地大户人家会在厕所里修建茅坑,而所谓的茅坑是在茅厕里挖个坑,在坑里放上石瓮,将粪便积攒在石瓮里并定期清理、拉到地里当肥料使用,后来茅厕越建越大,在当地人看来,茅厕越大,家里就会越干净,因此在粪便积攒一段时间之后人们会把粪便用担子一桶一桶担出去,有拉粪车的家庭便会使用拉粪车,没有拉粪车的家庭每过一段时间,当家人就会请一辆拉粪车来将自己家茅厕的粪便拉到自己家的地里去,节省了很大一部分人力物力。邓家的三座院子里,前两个院子里都有茅厕,第三座院子里不住人,因而没有修建茅厕,而在前两座院子里,第一座院子的粪便最多,一是第一座院子里居住的人比较多,家里的一多半人包括老母亲都居住在第一座院子里,二是因为家里只有一个厨房,每次吃饭的时候全家人都要聚集在第一座院子里,人口多,对茅厕的需求也比较频繁。

3.农具产权

各家各户的农具归家户所有,"是谁家的就是谁的",为家庭所有成员共有,其他成员可以使用,但没有权利决定农具的处置与购买,由家长统一支配。邓家农具缺乏时主要通过两种途径解决:一是由当家人出面购买,相应的花销由家长承担;二是农具借用,这算在村庄中比较常见的一种方式。包括大车在内的各种农具都可以借用,种地用的农具也可以借,比如种麦子的时候没有耧可以借别人的使一使;碾场的时候没有耧锄也可以借一借别人的,农具都能借,但借农具一般是向熟识的家去借,关系一般或者不太好的不借,那时候人情厚,"你来我往,有借有还",借农具不一定是当家人去借,彼此关系都很好,家里谁去都可以。

(四)生活资料产权

当地流传着一句俗语:"七分院子八分场",邓家拥有自己的麦场,麦场所有权归自家所有,当家人对自家麦场拥有管理权以及支配权。在日常的生活资料方面,邓家有着"大件公有,小件私有"的特点,家户内部公私分明,使用时长幼有序,主次分明。

1.七分院,八分场

邓家有自己的晒场,即麦场,在当地简称为"场","场"一般都不大,一般为七八分地那么大,"场"并不是家家户户都有,大户人家会有自家独立的"场",小户人家便会联合在一起共同使用一个"场",每年的收秋之季,是晒场最热闹的时候,邓家晒场在自家后院,通过后院的小门即可到达,用于粮食的脱皮、晾晒。除了家庭晒场,重要的生活资料还有"磨","磨"就是用来磨平地里的大块土块,磨地的时候就是用牲口拉着"磨",人在上面左右摇晃,压碎地里的土块,使土地更为平整,只要家里有牲口有劳力,家里就有"磨",一个"磨"大概就是两三块钱,家家户户都有。邓家的土地数量多,共有三个"磨",当家人把三个"磨"均置放在麦场上,有人借"磨"的时候从麦场上带走即可,麦场上忙碌后的人们也会选择坐在"磨"上短暂休息。

2.生活资料之公私分明

对于家里的生活资料,邓家有着"大件公有,小件私有"的特点。比如家里共同的桌椅板凳,属于大件物品,则为全家共同使用,而小家私有的洗漱用品,则为小件物品,为该房间的主人私人拥有。邓家的桌椅板凳比较齐全,桌子就是不到半米高的四方桌子,比较矮,吃饭的时候家里人就会围着小桌坐下,凳子就是长凳、小板凳、圈椅,按"条"算,每家每户都有一两条长凳子,小凳子的材质多为木制,四条腿,圈椅也称为"老爷椅",数量不多,大多是家里的老人长辈才会坐圈椅。邓家生活中的柴米油盐通过两种方式获得,即自给自足和购买。家里的食用油即为自给自足型,大多是自己压的棉花油,每年邓家都会种上一些棉花专门用来压油。食用盐则是购买而来,一般由当家人出面购买,购买的盐是块盐,按斤买卖,一斤盐就是两三毛钱,盐买回来之后家里的媳妇会将盐块磨成粉面状然后食用。"小件私有"大多数是指每个房间里的小家所拥有的私人用品,包括洗漱用品、媳妇陪嫁过来的嫁妆以及日常穿戴衣物。

邓家所有的公共物品,家里老小成员、男女成员都能用。在长久的生活中,邓家公共物品的使用也形成了一种默认的规则,当晚辈与长辈使用发生冲突时,如母亲与儿子都同时使用,出于尊重礼貌,按照长幼顺序,会先让长辈使用,像洗脸盆等小物件则每小家房里都有,小家用小家的。家里的雇工则有他们使用的一套物件,在物品不全的时候也可使用主家的,使用时需要给主家"打个招呼",得到主家人允许后即可使用。邓家的洗脸盆都是铁盆、铜盆,没有木盆,铜盆算是比较好的洗脸盆,老年人使用的大多数都是铁盆,邓家使用铜盆的情况有两种,一是年轻人或者新媳妇都会使用铜盆,媳妇出嫁的时候娘家会给陪嫁铜盆,还会陪嫁盆架,盆架那时候不多,只有新媳妇的房间里才会有,邓永康媳妇和邓永泰媳妇嫁过来的时候娘家陪了铜盆做嫁妆;二是家里比较富裕的、光景过的比较好会使用铜盆,经济条件一般还有比较节俭的老人都会使用铁盆。村中经济拮据的小户家庭则是一家有一个洗脸盆,洗脸盆放在院子里,谁使用就自己去拿,如若家里有新媳妇,娘家会陪嫁铜盆,新媳妇则在自己的房间里使用铜盆,如若全家人共同使用一个盆,会让老人先洗,老人洗完之后年龄小的才能洗,水脏之后接下来洗脸的人会去换水,然后再继续洗。邓家经济条件情况良好,因而每个小家都有自己小家的脸盆,放在自己房间里,自己用自己的,使用时也不会有什么冲突。

3.家长支配,其他成员服从

邓家在生活资料的使用和支配中,当家人邓永兴负责日常的支配与使用,其他家庭成员服从命令,按照当家人的意愿进行劳作。比如邓家麦场的所有权归家户所有,当家人有权利在麦场上进行任何活动甚至是修建房屋,其他人均不能干涉。邓家晒场忙碌的时候家里的女人以及邻居也会过来帮忙,秋忙之后也会有邻居来邓家借用晒场,当家人不使用的时候也会把晒场借给左邻右舍的邻居使用,借用的使用完毕之后也会进行清扫,清扫之后即可离开。邓永兴不在家的时候,家里的其他成员不能擅自将家里的东西借给他人,如果家里的女人将麦场借给他人使用的话,当家人知情之后也不会怪罪,但当对方没有按时归还而耽误了自身的使用时,当家人也会发火,但不会当着外人的面责备家人,而是回到家里之后再责骂,因而在当家人不在家时,家里的其他成员一般不会将自家的东西外借,而会以“当家人不在”为由拒绝对方。

二、家户经营

邓家有长工两人,当家人每天会为包括长工在内的男劳力分派农活。邓家牲口数量充足,头骨①6头,当家人有权利将牲口暂借给他人使用,其他家庭成员在未征得当家人同意时不得擅自将牲口借给他人使用。邓家人口众多,但男女分工明确,“男人干男人活,女人干女人活”,每年的粮食产量不高,但因为土地多,也能满足一家人的需求。

(一)生产资料

邓家良田百亩,男劳力有限,因而在农忙时会雇用两名长工加以辅助,长工在获取粮食报酬的同时听从当家人指派分配;邓家头骨六头,数量充足,当家人在条件允许的情况下会将其借给他人使用,借用无需支付酬金。

1.长工的选择与雇佣

邓家母亲和几个媳妇在1947年以前都不下地干活,地里面的活全都是靠着男人来做,这种情况一直持续到1947年后,劳力不足时女人们才下地干活。在1947年以前,家里的女人只做“女人活”,包括磨面粉、纺花织布、做饭、带孩子等家务活。相比较而言,“女人活”要比“男人活”轻松很多,女人不干活就意味着家里的男劳力不够用,就需要雇用长工“补充”劳动力。邓家几个媳妇不下地干活,当主要劳动力不够时,就雇佣了两个长工,一个叫“随儿”,一个叫“孙儿”,一年四季都住在邓家,帮助当家人和几个弟弟干活。邓家雇工的相关情况有以下方面:

邓家土地百余亩,在当地算是地比较多的,每年农忙的时候家里的劳力忙不过来,这时候很多熟识的人便会给邓家介绍短工。家里的邓永泰媳妇总想把自己的远房亲戚介绍过来,但当家人每次都会拒绝,在当家人眼里,雇用长工是不会考虑亲戚的,因为亲戚“不好使唤”,而且使唤起来面子上也过不去,亲戚做长工在犯错时不能打骂,否则会引起本家与亲戚家相互之间的矛盾冲突,所以大家雇佣长工一般情况下是不会考虑本家亲戚的。当家人在给邓永泰媳妇讲清这个道理后,邓永泰媳妇就再也没有提过这件事情。除了自己亲戚不考虑雇用,“本村的”及“外村的”也会有所差别。本村长工距离家比较近,这就不可避免长工会常“回家看看”,这样一来就耽搁了很多给家里干活的时间,如果约束他们不让回家也会影响乡邻的感情,本家在村里面也会受到人的议论,因此雇佣本村的长工是一件比较麻烦的事情。但若

---

① 头骨:多指牛等牲口,当地方言。

长工品行较为乖巧且易于管教,在雇用的时候也会给予考虑。然而邓家雇用长工时当家人及家里人会到处打听"其他地方的",一是远处的长工工钱便宜,一般都是自己家的地太少,不够养活家里人,家里面相当贫苦且无法生存才来外地讨口饭吃的,因此工钱相较于当地人更为便宜。比如当地的长工工钱是八石粮食,偏远地区的长工工钱就是六石或者七石粮食;二是长工距离远可以避免一系列的麻烦,老人家里使用的两个长工都是"托人打听"的,家里的两个长工"随儿"和"孙儿",都是河南人而不是山西当地人;三是河南那边的人干活都肯"下苦工",干起活来很卖力,相对于当地人,他们干出来的活更让人满意一些,因此综合来看,在雇用长工的时候外地人肯定比本地人好很多。

邓家在雇用长工的时候,最先会考虑到长工的年龄状况,年轻的长工身体状况较好,很少生病、力气大且灵活,会被优先考虑雇用,最佳的长工年龄为二十岁左右。邓家的两个长工都是二十来岁的小伙子,都是生活条件较为拮据,家里没有土地或者地很少,无法维持生计,因此才年纪轻轻出来当长工,靠给别人家卖苦力来生存,另外在确定雇佣关系的时候不需要通过其家里人,长工的家人跟主家没有什么关系。邓家雇用长工"随儿"和"孙儿"的时候,他们的家里人从未露过面,有什么事情当家人会跟两个长工直接沟通。邓家没有请过短工,家里只有这两个长工,当家人带着长工一起干活,长工的日常劳作也没有专门管教的人,都是当家人在管理。在对主家的称呼方面,邓家雇用的两个长工年龄都是二十来岁,首先,长工对家里的父辈叫"叔叔婶婶",比如说邓家三哥三嫂,就被长工称呼为"三叔三婶";与长工年龄相仿或者年龄幼于长工的就直呼其名,比如长工比四子邓崇文的年龄大,则可直呼其姓名。其次,邓家对长工的称呼也不尽相同,家里的长辈或者年龄相仿的直呼姓名,晚辈则称呼长工为哥哥,家里对长工的态度相对来说较为尊重。最后,其他人对长工的称呼方面,主家的邻居对长工没有特定的称谓,比较为熟识的村民一般都是叫他们的小名"随儿"或者"孙儿";其不太熟识的村民则不会以姓名来进行称呼,对自家长工的称呼就是伙计,对别人家的就称为"谁家雇的伙计"。在邓家,家里的老母亲以及几个媳妇都会把长工当作自己的孩子看待,家里的晚辈对长工也较为尊重。

在干活劳作方面,邓家长工有两个职责,一是干农活,二是喂养牲口。因为邓家农活繁忙,所以长工们就是跟着邓家的男人们白天去地里干活,晚上回来喂养牲口。干农活时,当家人或者三弟在前一天晚上会提前给长工们说第二天要干的活,以便让长工早起准备。长工去地里干活多为当家人相陪或者三弟邓永庆带队,家里的男性劳动力会和长工一起干活。喂养牲口则为长工全权负责,给牲口割草、给牲口圈垫土、打扫卫生,以及晚上给牲口添加食料都属于长工的职责,当家人或者四弟邓永庆偶尔会帮忙干一些活或者是给长工一些指示。邓家的邓云生、邓雨生以及四儿子都可以充当劳力,家里所有的劳动力都会陪着长工一起干活,没有出现过让长工单独一个人干地里活的情况。

当地有一句口头语叫作"吃过腊八饭,长工就滚蛋"。在每年的腊八前后,邓家当家人会约长工吃一顿"散伙饭",其目的一是为了支付长工该年的劳动报酬,二是决定次年是否继续留用长工,如果对长工不满意则可辞退长工,而长工也可表示次年是否愿意继续在本家干活,若长工或本家有一方有意中断雇佣关系,双方则一拍两散,长工即可收拾行李离开,离开后的长工不再返回探望主家,双方的"合伙关系"便终止;若双方都有意维持合作关系,则会达成口头协议,就次年的劳动报酬、次年的开工时间等通过协商来达成一致意见。相对于"腊八下工"，即过了腊八节长工就可以离开东家回家过年，长工上工时间较为随意，一般约定俗成的是"过了年"即可，正月初六、正月十五都可以。邓家与两位长工的合作关系维持了四年，长工的上工时间主家不做硬性规定，长工根据自己的实际情况到达即可，一般为正月初五初六左右。当地村落的一般情况都是过了腊八节，长工就都回家了，而过了年之后主家再次邀请，长工就来，主家不主动邀请长工，则视为放弃双方合作关系。腊八节后长工回家过年，因为长工一般都是外地的人，所以长工在过年的时候不会给主家拜年，如果雇工为本村人，与东家住的相距较近，雇工则可以根据自己的实际情况探望主家，但是这都是由长工和东家的关系来决定的，没有绝对的要求。因为邓家的两个长工都为外省的，距离较远，过年的时候自然没法给东家拜年。如果双方解除了雇佣关系，则双方就不会再来往了，即使主家有什么红白大事长工也是不回来的，因为长工大部分都是外地的，离开之后就很难再返回主家。如若长工是本地的，跟主家认识且关系较为密切，就有可能继续往来。

2.家户土地自给程度

1947 年以前，村里面存在土地买卖的情况，一些有钱有权的大户会经常在村里面买地或者是盖房子，以此让自己家族的基业更大更稳。而村里面也有很多的穷人，当家里面无法维持生计时，也只能通过卖地的方式来换口粮食，土地都是用粮食来进行买卖的。这样就导致有钱人的地越来越多，而穷人的土地越来越少，直至没有土地的时候只能通过给地多的财主做工来养活自己。买卖土地都是私人的事情，不需要跟村里的保长、甲长打招呼，买卖双方的家长来进行商议决定，最终的结果只要家长及家里的长辈同意即可。

邓家有一百四十多亩的土地，完全可以满足一家人的生活且仍有存粮，因此也就没有买卖过土地。但是据说有一次，邓家太爷爷看中一块地打算买下来，正跟卖家沟通好准备交接买卖手续的时候，村里面有另一户比较贫穷的家户，因为家里实在是没地种，就特别想买这块地来谋求生计，虽然这块地在村中算是比较好的地，但是邓家还是把这块地让给了那户人家，也正是因为这件事，邓家在村中的威望相比以前提高了很多。

3."头骨"的借与还

1947 年以前，邓家家里共有 6 头"头骨"，"头骨"的数量在村里面也算是比较多的，完全可以满足家中平时农活的需求，即使是农忙的时候也基本够用。"头骨"在村民之间是可以借用的，而村里面好多人由于贫困家中都没有"头骨"，因为邓家牲口多且在村中的人缘很好，所以经常会有人来邓家借用"头骨"。邓家人善心慈，只要有村民开口说要借"头骨"，而家中也恰好有闲置的"头骨"，当家人大多数情况下都会借给村民，很少会让村民空手而归，而且借用的人也不需要支付报酬。村里面都是讲人情的，借用一次就是一次的人情。正是由于邓家的慷慨，出于"有借有还，再借不难"的想法，村民往往借用一下就尽快还回来了。

除了靠借用的方式调剂外，还有的家户是通过合养的方式来解决牲口问题，两家轮流共同喂养，到了需要使用"头骨"的时候，两家再轮流使用。但在后人看来，"合伙养没办法使用"。大家共用肯定会在饲养、使用等方面出现争执和意见，因为这样很难在分配时做到公平。而如果有一家因为不公平而计较，两家就很有可能因为一头"头骨"产生矛盾。

4.家户农具自给程度

在邓家，包括大车在内的各种农具都具备，是村庄中少有的农具齐全者之一，一般无需借用。但当全家劳力一起去劳作时，农具偶尔也会出现短缺的情况，这时当家人会去左邻右舍借用,借用的家庭都是和当家人关系比较好的,一般都可以借下;除了去别人家借,也经常有人来邓家借用,邓永兴基本上不会让来借农具的人空手而归,当外人借用与自家使用发生冲突时,邓永兴都是尽量调节自家的使用时间,先借给别人用。

(二)生产过程

农业耕种需要把握好劳作节点,邓家男女劳力分工明确,"男人地里,女人屋里",男人需要从事田间地头的农业劳作,女人则会在家里做好辅助工作,家里的男孩子到了一定年纪也会被当家人带到地里进行农业劳作。在农忙之际,当家人会分配协调好每项农活,全家人在当家人的统领下有条不紊地进行农业生产。

1.农业劳作之男女搭配

地里面的农活主要包括种地、锄地、浇地、以及庄稼成熟时收庄稼等。邓家地里面的农活都是家里的男人干,家里的男性一旦到了十二三岁的时候就算是家中的劳力了,就必须下地干活。1947年以前,邓家的男劳力主要就是当家人邓永兴、邓永庆、邓云生、邓雨生、大侄子及家里的两个长工。村里面的小家户因为家中劳力人少,因此干活是没人安排的,但邓家算是村中的大家大户,家中的劳力也比较多,因此一般都是邓家的家长来安排农活,之后带着家中其他男性劳动力去地里干活。家里的女人一般都不会去地里干活,"不是女人不想去地里,而是女人脚小,走不快,大部分农活都干不了",因此家中的女人只能干一些家里的"女人活",包括家中的洗衣、做饭、照看孩子、纺线织布、给家里的人做衣服。有的时候也会干一些地里面比较轻松的活,如农忙的时候下地摘棉花,不过大多数情况下都是不用下地的,而是在家等着男劳力将棉花收回家。邓家没有拉车或其他的农用车,只能靠男人挑回去,然后交给家里的女人把棉花壳去除,把棉花摘出来。

种麦子的时候最重要的一项任务就是"收磨土地"。收磨土地是一项体力活,这时邓家男劳力便会在当家人的带领下一起出去劳作,收磨土地的时间大概就是在七月份的时候,等到下雨之后就要用耙和磨把地里的土块打碎,邓家的一百四十亩土地都是靠家里的男劳力一点点的完成,任务繁重而多,这时候也是家里牲口使用最频繁的阶段。如果家里没有牲口又借不到,就只能靠家里的男性劳动力。邓家的牲口较多,收磨土地会牵着牲口一起来干活。同样,在干活之前当家人也会进行分工:远一些的黄河滩地主要是邓永兴、邓永庆完成;邓云生、邓雨生辈分小,但是年龄比当家人还要大,因此近一些的坡上地就是邓云生、邓雨生完成,土地连片的沟口土地则是全家男人一起去干。

收磨土地一两天之后就是"浆地上粪",也就是给地施肥,当家人会带着家里的两个长工把马房里的粪堆分别拉到每块土地边上,然后由邓永庆、邓云生、邓雨生以及大侄子一起将牲口粪撒开。邓家自己家里的牲口充足,每次在犁地的头一天晚上,都会让牲口多吃点好料,保证第二天能干一天的活。犁完几遍地之后,就等着下雨便把种子种上,种地的时候也会使用牲口,因为家里的土地较多,每次种地的时候家里的男性劳动力忙不过来,永康媳妇和永泰媳妇也会到地里帮忙,干一些比较轻松的活。比如去地里帮忙牵着牛,男人跟在牛后面洒种子。每到了种地的时候,地里充满着"拉、拽、拉、拽"的吆喝声。种地时男人女人得配合好,该拉的时候拉,该拽的时候拽,如果配合不默契,经常会出现父子或者是两口子因为拽、拉的问题吵架,甚至打起来。一次,一个外地人路过黄河滩地,听见一对夫妻一直在地里喊"拽、拉、拽、拉"的声音,便以为是夫妻吵架,就跑回村里叫人去劝架,后来才知道那只是夫妻之间的"正常的劳动沟通"。邓永康媳妇和邓永泰媳妇算是比较年轻的,有时候当家人邓永兴及邓永庆会觉得两位媳妇"笨手笨脚",干的活很多时候达不到该有的标准,经常让人不满意。因此,只要家里的男劳力够使,就不会邓永康媳妇和邓永泰媳妇二人出来干活。

2.农业生产之耕种任务

邓家种庄稼非常讲究时间,所以一般到了相应的时间就要赶着把相应的活给干完。在当地有着"七月犁地不带磨,不如在家闲坐"的说法,七月底八月初正是种地的时候,在这个时候各家各户最忙,桨地、拉粪上粪、收磨土地、用"头骨"犁地这些活都需要在七月底完成,邓家土地较多,劳力相对来说比较少。农忙的时候,男人起早贪黑地干活,能干的小娃娃也要去干。除了年纪大的老人,全家男女都会很忙,每年到了这个时候,做生意的邓永康也会回来帮忙,邓崇文和几个孩子放学或者放假后也会被当家人带到地里干活。女人们最主要的任务就是做好后勤工作,每天做好饭,等到中午再用篮子给男人们提到地里面吃。到八月开始种地,八月底就种得差不多了,邓家在八月底基本上就可以种完地了,这是在六头牲口帮忙的情况下。有的人家里没有牲口,只能等到九月份别人家使用完牲口后借用别人家的牲口。邓家在八月底自己家种完之后,经常会有人前来借牲口,邓家也都会把牲口借给村民使用。

因为当地的雨水较少,所以种完地之后一项非常重要的任务便是浇地,浇地就是九月、十月的任务。浇地是从家里面的井里挑水到地里面浇,浇地也算是一件"大事",浇水是否到位直接影响到最后庄稼的收成,但是浇地大多数情况下就只会浇坡下的地,坡上的地很少会浇,一是坡上地势较高,不好打井;二是水资源短缺,人吃的水尚且不够,更何况是浇地。浇地就是用辘轳到井里一桶一桶地吊水,以"扭管"为计量单位,一"扭管"就是两桶水,水桶都是木质的。浇水这件活是件费事费力的活,浇上一两分地基本上得用一上午的时间,浇完几亩地最少也得四五天的时间,如果家里有个十几亩的地至少得用七天的时间。在1947年以前,村里总共有八口井,这些井不是公家的,都是私人所拥有的。打井需要较高的成本,打一口井大概需要三五百元,一般人家就打不起井,家里的地多而且有钱的就打口井自己用,地少也没有钱的就没有井。邓氏家里地多,也有自家的井,没有井的可以向有井的大户人家借用,在别人不用的时候去借用一下, 借用也不用掏钱,但只能是在井主人家不用的时候才可以去借,如果人家还要用那是借不到的。浇水这件事虽然听着简单,但是还是有很多技术性的活,一是因为水少地多,一口水井很难满足所有的地,因此浇地的时候只要地面浸湿就打住,对浇地人的判断能力有很高的要求;二是技术,不是所有的人都会用辘轳从井里挑水,如果自己家不会就得在邻居们有空的时候请邻居帮忙。邓家会用辘轳的只有当家人邓永兴和邓永庆,因为邓永禄年纪大、体力不支,其余人又比较年轻,他们不会用辘轳,所以家里最适合的操作辘轳的就是邓永兴和邓永庆;三是要有充足的人力,浇地的时候是一块地浇完后再浇另一块地,一亩地需要浇上两三天,家里地多则需要更多的时间。每年邓家在浇水的时候,老人小孩是"全上阵",有时人不够还需要请别人帮忙或者雇用一些短工。邓家主要是当家人及邓永庆负责用辘轳把水搅上来,长工"孙儿"和"随儿"以及过来帮忙的侄子负责往地里挑水,二哥邓永禄则负责把年轻劳动力挑过来的水倒在地里, 当二哥邓永禄体力不支无法胜任的时候,两个长工则负责"抬水、浇水"两项工作。

当家人及邓永庆带领着长工去地里干活的时候,家里的老母亲及年长的邓云生、邓雨生不用干活,家务活也不用做,就是在门口坐坐,老人也没有什么事干,就是坐在一起聊聊天,老母亲偶尔会帮助几个媳妇纺线或者做一些力所能及的家务,家里的几个媳妇年轻而且能干,都会抢着把母亲手里的活干了。而稍微大一点的男孩子会被家长弄到地里学习种地,年龄比较小的孩子就跟随母亲呆在家里,"那时候的孩子也不到处乱跑,有事没事都会跟在母亲身后边,所以母子关系比较好"。

3.农业生产之耕种时节

邓家土地主要是种植大麦、小麦、棉花、豌豆等物,农作物的种植需要把握好时间段。棉花要在清明左右种植,当地有着"清明前后,点瓜种豆"的说法;七月份"收磨土地",八月种小麦,之后就种大麦①、豆类,种豆子的首要目的是为了养地,为了让土地来年更有劲便会"轮耕",种豆子不费地劲,可以达到让土地休息的目的。而这些时间段的把握都是由当家人一人操心,到什么时候种什么也都是当家人说了算,种地的时候女人不去地里,摘棉花的时候女人会帮忙摘。

农忙时劳动力吃饭的途径有以下两种:一是送饭到地里。这种吃饭的方式也得分情况来决定,如果是浇地的活,家里的男人就不能回来吃饭,家里就得派永康媳妇或者永泰媳妇去送饭,送饭的时候家里多会派出年轻的小伙子或者年轻的媳妇去,没有交通工具,送饭的人不管远近也只能靠步行。送饭时家里人会用瓦罐装饭,用篮子装几块馒头,家里的家常菜也会稍微带一点。一般干一些轻松的活的时候就不会送饭到地里面,男人们干完活到了吃饭的点他们就会自己回来吃。二是男性自己派人回来取饭,家里女人不给送到地里去,地里干活的人派"孙儿"或者"随儿"给大家拿饭,吃完饭以后晚上再把碗筷用篮子提回来,由家里的女人们给收拾洗刷。邓家家里经常吃的菜就是萝卜、白菜还有韭菜,农忙的时候邓永兴也会用自家的粮食换取一些豆腐给家里改善改善伙食。

4.庄稼看护之看青老人

在庄稼成长的阶段,家家户户没有专门看青的人,但是村上有一个共同的"看青老人",看青的是年纪大的人,比较闲,没事的时候去村里的庄稼地里跑跑转转,"看青老人"也因此得名。看青老人是村里请的,主要职责就是晚上巡夜,看护庄稼,村里每年会给看青老人出工钱,工钱就是一石或者两石粮食,粮食不多但活也轻。看青老人都是本村比较利落的老人,但是看青人不住在地里,也不会一晚上都在地里转悠,就是每天定点定时到地里转一圈看庄稼,之后就又回家休息了。

除了看青老人,还有一种情况是就是自己看自己家的庄稼。村里的大户人家地多,担心自己庄稼的就会自己出钱请别人看青,地少的家庭也会出人去看,大都是自己家里的人。晚上小偷偷庄稼时看见人就赶紧躲。邓家的当家人每天晚上吃完饭之后就会在自家地里"溜达",不着急睡就会溜达远一点,两个长工如果不睡觉,当家人也会让他们出去"溜达"。

家里面的劳力除了地里面的农活以外,想要挣钱还可以给别人"停活"。"停活"的意思就相当于打工,"停活"最多的就是打铁做笼盖、木匠等,这就算是手艺活,靠着自身的手艺可以额外取得一些收入,如果自己家里没有手艺,也就没有办法去给别人"停活"。

---

① 大麦是给牲口做饲料用的。

(三)生产结果

1.粮食产量与自给程度

邓家的农作物产量都不高,麦子好的时候一次可以收两石,豆子的产量比麦子低,好的产量一次可以收一石,不好的情况,比如天旱的时候豆子的产量就很低。种豆子是为了"倒差地"①,让地休耕。棉花每次也种的不多,最多每次种两三亩,种棉花是为了织布做衣服,棉花籽是用来榨油的,就算是用油,家里人也舍不得用多少,最后会把"多余"的棉籽油转卖给别人。过去的土地比较"荒芜",没有一点野草,也没有柴火,就算长出来一点,也会被人们挖回家,晒干然后吃掉。种地没有农药,庄稼很容易被虫子侵犯,尤其是棉花。邓家有一次家里总共就种了两亩棉花,结果被"腻虫"侵犯,所有的棉花杆上都密密麻麻地粘着腻虫,那时候家里没有农药,只能用一些土方法,比如用席子拉,把席子反过来,齐齐的拉着席子走一遍,之后席子上就会密密麻麻地粘满了虫子。对邓家而言,尽管每年粮食产量不高,但也达到了自给自足的水平。

2.地多粪少产量低

当地的农作物大部分都是一年一茬,回茬地很少,而每年种什么、种多少当家人也会和家里人坐在一起说说,大家都会商量着来,但最终还是当家人说了算,其他家庭成员都不能干涉家长的决定。在邓家,当家人决定种什么的时候也会象征性地给老母亲"打个招呼",让老母亲知道家里的所有大事情,如果老母亲提出不同意见,当家人也会参考老母亲的意见。在当家人眼里"老母亲的年龄大、又是家里唯一的长辈,说的话都很有道理"。当时的地都"薄"②,一年只能种一次庄稼,种的茬数多了地的后劲不足也长不出东西,产量低是有原因的:一是没有肥料,主要是靠牲畜、人粪这些有机肥,而家里"地多粪少",邓家所有的牲口粪加上人粪也供应不了百十余亩土地的需求量,在施粪的时候当家人只能选择性地施,大部分都是离家近的或者坡下地。二是庄稼的种子不好,当年的种子就是前一年的收成,吃一半,留一半,来年再种,产量一年不如一年,种子时间长了,也不更新换代,产量自然就下降了。

三、家户分配

邓家人口众多,儿孙晚辈成婚之后均建立了自己的小家,当家人将棉花等必需品分配给每个小家,各个小家在分得一定数量的棉花之后则会为小家成员制作衣物。当家人负责一家人日常生活中的大小开销,为每个家庭成员分配零花钱的次数较少,偶尔会在逢年过节时进行分配,各个小家无须承担任何形式的开销,因而并不存在私房钱。

(一)少有的零花钱

邓家零花钱的分配次数很少,其原因主要有两点:一方面家里基本上没什么钱,一大家子花钱的地方都很少,种庄稼吃粮食,种棉花做衣服,基本上很少与钱打交道。另一方面每个小家庭没有直接花钱的地方,家里的开销都由当家人直接支付,每个小房间有什么需要都给向家人反应,当家人会解决,实在需要钱的时候当家人会给钱,但那种情况并不常见。邓永兴当家的时候,四子邓崇文都还在上学,也不需要零花钱,但过年的时候当家人还是会给一些

---

① 倒差地:当地方言,指轮耕。
② 地薄:当地方言,指土地后劲不足,营养不良。

零花钱,这些钱得来源主要有两个渠道:一是过年的时候邓永泰经商带回来的钱,邓永泰把带回来的钱会全部上交给当家人,由当家人支配。二是家里卖棉花或者卖粮食的钱,这些钱都由当家人掌管,到过年的时候,当家人便会给大家每个房间发一些零用钱。

(二)小家小门的粮棉分配

邓家那时候全家二十四口人生活在一起,到过年的时候,当家人或者老母亲也会给每个房间分一些东西。一是分棉花,棉花是必须分配的,每个房间的穿戴都靠分的这些棉花,上衣、裤子还有袜子都由每个房间的女人自己做。棉花的分配按照房间的人数分配,房间有孩子的、人多的就多分点棉花,房间里的人少就少分点,大部分情况就是小房间里有两个人就分两斤,小房间里有三个人就分三斤棉花。二是小吃之类的,比如说是花生,邓家的老母亲是长辈,老母亲在家里拥有很高的地位,家里人多亲戚也多,前来探望老母亲的人也很多,家里收下的东西,比如说是吃的。都会放在老母亲房间里,而邓永康媳妇、邓永泰媳妇作为"新媳妇",刚嫁过来时有点"理缺",地位比较低,这时候家里的老母亲就会给邓永康媳妇、邓永泰媳妇的房间拿点东西,不是每个房间都有。家里的老母亲可以根据自己的意愿进行分配,一般都会分给有新媳妇的房间或者有小孩的房间,其他分不到小吃的都是家里的大人,也不会有什么意见。

(三)统一开销私钱少

邓家小家成员基本上没什么私房钱,即便是有也是当家人给的零花钱积攒下来的,没有私房钱的原因主要有两点:一是自己也赚不了什么钱,除了当家人给的零花钱以外,没有其他"金钱"收入。二是没有使用钱的地方,家里人过年的时候不买衣服,做衣服的棉花也是分下来的,分完棉花之后自己小家顾自己小家,每个房间的女人就负责给各自房间的家人做衣服,不会买,最多过年的时候买点染布的染料,给自己做的衣服染上色,衣服破了的话也是自己补。

四、家户消费

邓家大部分消费均能自给自足,在自家无法满足的情况下,则会通过赶集的方式获取。外出购买主要是当家人负责,也可以是当家人指派的其他家庭成员;在邓家的日常生活中,若有家庭成员生病,当家人也会请朗中为其治病,所有的花销均为当家人承担。

(一)家户自给程度

就粮食自给程度而言,邓家家大地多,每年的粮食足以支撑全家人共同生活,当粮食种类缺乏或者数量不足时,则会通过赶集和换粮的方式获得;在衣物自给程度上,邓家家庭成员多,对衣物的需求量也较高,而所有的衣物都是邓家自制的,自制的时候遵循"每个女人负责自己小家的衣物",很少外出购买衣物,即便是外出购买,也是为家里的孩子购买,家里的大人一般不买;邓家房屋为其先辈建成,世代流传,基本上可以满足后人的需求,后人只是对房屋进行修补;过去医疗水平有限,大家生病的时候不会去看医生,而是听从家里老人的建议使用偏方,偏方基本上可以解决一般性的头疼脑热。

(二)家长决定消费

在所有消费中,邓家的粮食消费占比最小,而其他消费诸如看病消费、衣物消费、住房消费、红白喜事消费、教育消费等,所有的花销均以户为单位进行,由当家人决定。

1.看病消费

邓家成员生病后,由当家人为病人请郎中,而请郎中的所有花销均由家庭承担。但在没有医院而且郎中医疗水平有限的情况下,得了大病便只能备受煎熬而别无他法。当家人有时会找村里的老人讨要一些"偏方",家中的女人对病人也会尽心照顾。病人的饮食比平时要好一点,但一般的头疼脑热不算是生病,挨挨就过去了,只有得大病的时候饮食才会稍加改善。邓家病人改善伙食主要体现为给病人加个鸡蛋,对于农民来说鸡蛋是最好的"补品"。给病人加餐一般是当家人说了算,几个媳妇按照当家人的要求做饭,有时家里的几个媳妇也会主动询问当家人是否"煮鸡蛋补一补",当家人多会说"能行"。当家人一般不会太小气,基本上日常的要求也都会满足。偶尔家里的女人做饭时也会问问病人想吃什么,想吃什么家里就做什么,也算是对病人的一种"照顾"。

2.衣物消费

邓家每年收棉之后,当家人邓永兴会根据每个房间的人数给每个房间分配棉花,然后由每个房间的女人负责制作,而在纺线织布的过程中所需要的工具都由当家人直接购买,没有其他花销。织布完成之后,各个房间的女人会按照每个人的体型做衣服,而在制衣过程中唯一的开销便是染色,大多数都是黑色或者灰色,颜料的购买可以是家长到集市上购买,也可以由家里的女人在巷道里小货郎处购买,价格不贵,小家一般情况下是可以支付的。邓家虽然大多数衣物靠自制完成,但也会有少数是通过购买而来的,购买大多数是在一年一次的庙会之际或者春节前夕。邓家不论男女,不论老少都可以一起赶庙会,在庙会上为孩子们购置一些衣服,衣物花费可以是由当家人承担,也可以由各个小家自行承担,而小家承担的费用来自于日常零花钱或者私房钱的累积。

3.住房消费

邓永兴当家期间对房屋进行过修缮,但并没有对房屋进行翻建。房屋修缮时,左邻右舍都会来帮忙,主要是帮忙"垫补房根",邓家也不用支付任何人力费用。修缮时所用的原料,包括沙土以及麦积则由自家准备,沙土在村南的沟里拉土,麦积则为小麦收割之后的麦秆,从邓家地里拉回来即可,不用支付任何费用。当时住房花钱的人很少,各家各户的房屋都为祖辈传承,晚辈根据经济条件进行修缮但不会花太多钱,而讨饭流浪至此的外地人,要么住在村里的破庙或者祠堂里,通过给主家看管祠堂或者打扫寺庙周围的卫生以换取一席居住之地,要么就是住在其他村民破败荒废的旧院子里。如果主家人和善,会让对方看管院子,打扫日常卫生,不用支付任何费用;如果主家人追求利益的话也会收取一定金额的租金,金额一般也不会太大,一年支付几块钱租金也很正常。

4.红白喜事消费

邓家在当地人脉广泛,红白喜事消费自然也避免不了。"红事叫,白事到"也是邓永兴的一贯作风,无论是本村村民还是外村村民家里的喜事,只要对方出面邀请,邓永庆一定会到场庆贺;至于周边熟人家的丧事,无论对方是否邀请,只要邓永兴听说了之后就一定会奔丧,邓家也因此一直拥有着较好的邻里关系。邓永兴代表邓家出席喜事时也会带上礼钱,给对方家庭"随礼",礼物的轻重是根据双方的熟识程度,如果双方家庭交情深,这时候礼物便会重一些,比如买一张画,请别人写几个字或者带上"几件活"①;如果双方家庭仅仅为一般的熟识,没有过多的交情,礼金自然也就轻些,最常见的便是三五个人给对方合买一张画,总价值为一毛或者两毛。

结婚花销由当家人承担,主要有三方面:一是彩礼,结婚的时候男方需要给女方支付彩礼,一般都是几石粮食或者直接支付现金。虽然大部分彩礼的数量都是男方家庭根据实际情况给,但邓家一贯的作风就是"女方提",不管多多少少,当家人在能力范围内都会接受,女方家庭也不会太过分,要的太多也会遭受非议。二是设席请客,结婚的时候需要邀请亲戚朋友来自己家,酒席的花费也是一笔不小的花销,一般的酒席都是四个碟子,没有盘子,碟子吃完之后就没有菜了,邓家当家人经常叮嘱"帮忙的"多放点菜,吃完之后家里还有就再加上。三是一些琐碎的花销,比如说是烟、酒、炮等,烟酒都很少,吃烟的是有钱人,比较讲究,情况一般的家庭就是给你端个盘子,把一盒20根分开,一个桌子给摆8根,八个人一人一根,不多放,抽完了就抽完了,不会再去添加。没钱的人家"过事",特别是没有纸烟的时候,就准备个旱烟袋,一家准备三四个旱烟袋,抽烟的人给一个旱烟袋,"你抽几口抽饱了,就把旱烟袋给第二个人,第二个人再抽,第二人抽完了再给第三个人",抽的就是大烟袋,抽烟用的烟筒都是自己带的烟筒。家庭情况好一点的,会给客人准备水烟袋,水烟袋里装上末状的烟粉,客人们用小小的烟锅在那抽,也是一个人不抽了给别人抽,别人不抽了再换个人,给一个烟袋就行了,每个人是抽不了多少的,过一场事弄上一块半块的烟就够了,花不了几个钱。酒的摆放就是一个桌一瓶酒,喝完就没有了。这三方面的花销都是由主家自己承担,谁当家谁掏钱,老祖父当家,就是老祖父出钱为父辈娶媳妇,晚辈结婚的时候就是父亲来支付相关费用。

5.教育消费

邓永兴作为当地的学董,算是当地为数不多的文化人,对自家孩子的教育十分看中,因此邓家每年的教育消费不少。邓家几个孩子上学最主要的开销包括以下两个方面:一是日常的学习开销,包括学习用品的购买花费以及其他开销,这方面开销视各家孩子数量的多少而定,孩子数量多的家庭教育开销就大,孩子数量少的家庭开销自然也就少;二是"轮流管教员的饭",凡是在当地学校读书识字的学生,都要轮流给学校教员做饭,以冲抵孩子的学费,管教员饭的家庭以户为单位而不是以孩子数量为单位,一家一天,无论该家有几个孩子在学校读书,家庭都要承担学校教员一天的伙食。

(三)家庭成员服从家长决定

除了上集买东西,村子里还经常有卖货的小货郎以及专门剃头的,走街串巷,村民平时的生活需求就能满足。邓家在当地算是"大户人家",基本的生活需要都能自足,像粮食和做衣服用的棉花都能够自给自足,不需要购买,就算是过年需要的物品,也是当家人去集市上购买,购买的物品也不多,过年所需要的礼品都是家里的几个媳妇坐在一起蒸一锅白馒头,捏成各式各样的"花卷"。走亲戚带的礼物就是馒头,红白喜丧事送的也都是馒头。过年送礼都是当家人说了算。买东西都得用钱,上集花销由当家人直接支付,如果是在自家巷子里买的东西,几毛钱的东西就由小家自己出,如果钱比较多就要等当家人来支付,当家人不在的时候就只能等下次再买。

---

① "活",指床单、被罩、衣物等,一般家里的女人制作出来的穿戴用品都称为"活"。

五、家户借贷

邓家土地充足,年有余粮,在粮食减产或者粮食不足的情况下,家户之间也会相互借粮,借粮一般由各家各户的当家人出面,归还时也由当家人出面或者由当家人指派的成员归还,归还的同时需要支付相应的利息,如若不能按时归还,则要为其充当长工以抵消债务。

(一)借贷单位

家户借贷包括粮食借贷以及钱财借贷。邓家钱财借贷的情况没有,但作为土地大户,时有村民前来借粮,当家人在力所能及的范围内帮助他人且不收取任何"利息";借贷情况通常以家户为单位进行,由当家人出面进行借贷,借贷之后需要如期归还。

1.家户借贷之粮食借贷

邓家没有向别人借过钱,借钱的时候都是找那些关系好的,关系好的可以减免利息,关系不好的人家不愿意借给穷人,即便是愿意借,也会开出高额利息。放粮食就有了高利贷,比如借粮食时"借一斗还两斗",还的时候就有一斗的利息,借钱方需要连本带利一起支付。放粮的利息很高,有的大户人家专门"倒腾"粮食以收取利息,把利息作为一项重要的收入来源,放利息的对象也大多是当地不熟识的村民或者关系一般的人,关系不好向人家借是要高利贷的,"你借钱,放高利还要比一般的利息高"。邓家每年都会有余粮,但是当家人从来不会向借粮者索要高额利息,只要是来家里借粮的人,当家人邓永兴会直接把对方带到粮囤旁边,让其自己用袋子装粮食,需要多少装多少,装一次不够可以装两次,称重的时候都是马马虎虎称一下,有时候索性让对方自己带回家称重,归还的时间也不加限制,对方家庭有粮时再还回来就行,从未上门催还粮食,即便是在恰逢灾害粮食减产严重,邓家粮食少量短缺的情况下,当家人也不会向借粮者讨还粮食。

2.家户内部借贷

在邓家的家庭内部也有借钱的情况,都是自己家人相互之间借,如邓永庆向邓永康借钱,邓云生向邓雨生借钱,家里人借钱不需要利息,也不需要抵押什么东西,就是这人手头紧张了到那个人手上借一点,借了之后肯定是要还的,俗话说:"亲兄弟明算账"。分家前邓永兴当家,管理家中所有的钱财,凡是家中有需要用钱的地方当家人都会出面解决,因而邓家父子之间、兄弟之间借钱的情况比较少,但只要是借都得还。家户之间借完钱,一般都是自家有了就主动还给对方,有时候也看关系,关系特别好的人家也能主动找你要。如果借完钱之后还不上,可以给主家打工,用劳力来抵消自己的欠款,在家庭内如借钱还不上,不存在用劳力抵消的可能性;也可以用东西做抵押,有的人家借钱还不上,便把房子给了人家,自己居住在村中破庙里。

各家各户的钱都很少,花钱消费的地方也不多,除了家里有红白喜事需要钱以外,很少借钱,即便是借钱也都是借三五块钱,借钱的金额很小,借百八十块的情况很少见。也有的人家借不到钱,主要有以下几种情况:一是一般人家不可能一下子拿出那么多钱,除了大户人家有存款之外,普通家户是没有多少金钱的。二是借钱的时候对方也"分人",如果是家里什么都没有,借了还不起的就很难借到钱,没人愿意借。如果借钱者和对方是亲戚或者互识的关系,双方之间都有一定的了解,那么借钱就相对容易些。总体而言,借钱的情况很少,就算是家里娶媳妇也不借钱,各家各户都是根据自己的实际情况设办酒席,"有钱就办得好点,没钱就办得差点"。邓家家庭条件好,没有向别人借过钱,但有其他人来家里借,当家人人好心软,别人借钱的时候也是能借就借,借了之后也不催还,到后面实在还不了也就不了了之。不管去谁家借钱,借钱的时候也都是找当家人借钱,当家人管钱管事、能做主,普通家庭成员个人手里是没有钱的,也不能擅自做主。在钱少粮少的年代,能借到钱的基本上都是自家亲戚或者关系比较好的朋友,一般交情的人都是借不到钱的,借钱的时候也有人"好面儿",表面上答应的特别爽快,可到真正上门借钱的时候,就找各种理由推诿或者回避,有的则是说到做到,有钱就借,没钱就说没钱。

(二)当家人出面有字有据

借钱的时候都是当家人出去借钱,如果家里的女人能说会道,就会让家里的女人先去"谈",跟主家商量借钱事宜,主家同意之后,便由自己的当家人去"拿",不论何种情况,最终出面的都是当家人。借钱的时候会写借条,借条是双方借贷关系的"证据",具有法律效应,如果借款方不还钱或者"耍赖不认账",主家会凭借借条将对方告到法院。写借条的时候亲戚不写,其他人都要写,要写清楚借了多少钱、归还时间,借款方需要按照借条上的日期归还。一般是自己在借不到钱的时候会寻求"中间人",中间人一般是跟主家比较熟识、有一定的偿还能力的人,借款方通过中间人借到的钱需要按期归还,如果不能归还,主家便会找中间人,要求其归还。来邓家借钱的人都不需要通过中间人,当家人也不打借条,从不催还。

(三)人情借贷与自觉归还

来邓家借钱一般不需要准备礼物,借钱的对象基本上都是亲戚朋友,无需礼物。借钱时家里的女人心里过意不去,就会叫家里的男人给邓家带上几个鸡蛋。借钱的时候首先会考虑自家的亲戚,包括媳妇的娘家以及姑爹娘舅。亲戚之间借钱凭借的是"血缘亲情",对方不好意思"拒绝",多多少少都会拿上一些,如果亲戚"拒绝",则会被家庭成员认为"不顾念亲情"。还钱的时候是谁借谁还,一般都是当家人出面借钱、当家人出面还钱;邓家分家晚,家庭成员最初也没有分家的意思,一大家人同财共灶,因而债务均由当家人想办法归还,在分家之前,也不会把债务分割到弟兄几个头上。家庭借债之后,如果有欠条,一定要按照欠条上的约定时间归还,一下子还不完就可以一点一点还,但要和对方"商量",主家同意之后便可以分次归还,但基本上借了就得还上,还不上到别人那儿借点也得还上,还钱的时候也要靠"自觉性",借钱方要"营心"[①],借了多少、什么时间归还心里都要有谱,如果没有归还,主家也会上门索要,这时候如果双方面子上都过不去也会产生矛盾,甚至"闹决裂"。当地也有父债子还的做法,基本上以家庭为单位借的就要以家庭为单位进行归还,这一代当家人不在了,就是下一个当家的人还,"父亲不在了就是儿子归还"。

在集市上买东西,如果碰到熟人或者关系特别好的就会便宜一点,关系一般的"熟人"就会坑你一把,把一些质量不好的东西或者高于其他商家的价格卖给熟人,忽悠熟人的事情在集市上经常见到,大家也都尽量不在熟人那里购买东西。"熟人"也不尽是忽悠,如若想赊账,能碰到熟人就好说话了,在没有熟人的情况下,在集市上买东西是很难赊账的。

---

① 营心:当地方言,指要上心,放在心头上的事情。

139

(四)借粮还钱与借粮还粮

除了借钱,最多的还是借粮食,借粮食的情况比较普遍,小户人家经常面临着粮食不够吃的情况,这时候大多数都是硬抗,如果抗不过去就只能借。借粮食的归还方式有两种:一是借粮还钱,借粮食的时候一般都是用粮食折钱,假如借了一百斤粮食,就会折合钱来还。这种情况在大家户不会发生,大家户一般不借钱,家里的粮食也够吃的,就是小一点的家借。二是借粮还粮,借一袋还两袋,借粗粮还细粮,中间的差额作为利息,借粮的对象一般是大户人家,如若对方心善,便可以借一袋还一袋,不用追还利息,如若对方仗势欺人,而穷苦百姓有求于他,便只能承受高额利息连本带利一起还。邓家土地较为富足,每年的粮食除了日常的生活供给,还有余粮,从未向别人借过粮食,但有好多村民粮食不够的时候会来邓家借粮,当家人心善,从不催还。

六、家户交换

尽管邓家土地资源丰富,年有余粮,但在家庭内部或者外部仍然存在着家户交换的情况。交换的方式可以是当家人亲自出面,也可以由当家人指派,交换过程遵循"一手交钱一手交货"的原则,很少有赊账欠账的情况。

(一)家长代表与指派

邓家家里主要的消费就是赶集,赶集也叫上集。当地有两个集市:一个是栲栳集市,一个是文学集市,两个集市的远近差不多,一个在东边一个在南边,集市上的商品种类齐全,但粮食一类的偏多,小麦、小米、玉米、豆子这些在集市上占据了重要地位。而在粮食同行之间存在着换粮的做法,比如"我的小麦多,你的小米多,咱俩换",换粮的时候直接将自家的粮食按照行情折合成金钱进行交换,是一种物物交换的形式,在交换的过程中不必使用金钱。

代表邓家上集消费或者换粮的主要有两类:一是当家人直接代表。二是由当家人指派的其他家庭成员代表。若是当家人去赶集,家庭成员需要购买的东西都需要给当家人汇报,当家人应允之后便会帮忙购买,当家人不同意的话也不会直接拒绝,而是赶集回来之后告知"忘记购买"。若是当家人指派的其他家庭成员为代表去赶集,当家人会和家庭成员商议所要购买的物品和价格,并将所要购买的物品嘱咐给家庭代表,委托其前去购买,当家人也会给其一定的赶集费用,费用往往会多于自己的预算,家庭代表赶集回来剩下的钱需要上交给当家人。在邓家,就算是当家人也不见得会去几次,一般要去赶集的情况都比较少。赶集没有交通工具,集市又很远,只能是步行好几十里路,因此当家人赶集时很少带上其他家庭成员,其他人也不需要去。

(二)交换单位

邓家的家户交换包括两类,一是自家人之间的内部交换,二是在家庭外部进行的家户交换。家户内部的交换多指自家人之间的"借用",多为日常生活中所需要的小物品,无需任何抵押或者费用,只是基于血缘关系间的无偿交换。家户外部的交换多为户与户之间的交换,邓家粮食年年都有存粮,邻居粮食不够会带着豆类来交换,交换时则需根据的市场价格折合成相应的数量进行等价交换,但一般情况下关系好的邻居也会等量换等量,吃亏一方也不会斤斤计较。

(三)交换主体

邓家完成家户交换的主体主要是当家人。以邓家人外出"挑粮食"①为例,"挑粮食"的时候去哪个集市,卖多少都是当家人说了算。"挑粮食"的时候需要当家人把粮食装好,用担子挑到集市上,集市上都有粮食市场,可以供买主和卖主自行交易。如果挑的粮食数量不多,买卖双方谈妥进行交易即可,如果挑的粮食数量多,就要到有"斗"的地方称粮食,在当地称为"过斗"②,"过斗"的时候买卖双以及粮行的人都在场,以免出现缺斤短两的现象。在邓家,家户交换除了当家人直接前往以外,当家人也可能会指派家里其他劳力去集市,"当家人让谁去谁就去",不是说谁想去就能去,一切都要服从当家人的指挥,当家人往往会挑选成年之后而且有一定处事能力的成员前往,比如邓永庆。总体而言,包括挑粮食在内的家户交换都是在经济条件富足的家庭中,富足的家庭才有能力挑粮食,普通小家小户粮食不够吃也不会去卖粮食,粮食短缺时也是"硬抗"。

(四)一手交钱一手交货

邓家土地充足,每年都有余粮,当家人要么会把余粮存起来,要么就会拉到集市上卖,把粮食买卖的情况称为"挑粮食"。"挑粮食"有专门的粮行市场,卖粮食的或者买粮食的都可以去粮食市场。粮食买卖也有垄断的情况,大家把多余的粮食都拉到粮食市场售卖的时候,有人把所有要卖的粮食全部收购再由自己卖出,自己垄断市场,使市场上卖粮食的仅此一家,便可以无限提高价钱,想卖多少钱就卖多少,在没有其他卖家竞争的时候获取暴利,也不会有市场的人管。邓家和流动商贩打交道时则没有过多规定,当家人在家的时候可由当家人出面做主,当家人不在家的时候则由家里的成年人做主,男人女人都可以出面代表。

(五)交换过程

在邓家,无论是当家人代表家庭与集市打交道,还是其他家庭成员代表,都没有出现过赊账欠账的情况,家庭代表外出时,当家人都分配一定数量的钱财,金额大小不等,但不会空手前往。在进行家户交换的时候,如果金额不够,家庭代表则会放弃,等到下一集或者凑够钱之后再行购买,如果交换双方相互熟识,卖主便会让买主先把东西带回去,然后抽空将钱补上即可。一般情况下,家户交换过程中不能赊账,"一手交钱一手交货",再加上买卖双方大多都不认识,不会赊账的,有能力赊账的肯定跟卖家关系也好,赊账的情况也不会有人管。

---

① 挑粮食:当地方言,指卖粮食或者买粮食。
② 过斗:当地方言,称重。

第三章　家户社会制度

邓家后辈众多,儿孙晚辈的婚姻之事均由当家人决定,成家之后,儿孙仍然要服从当家人的安排,儿媳妇在家需要服从丈夫、伺候公婆,为夫家生儿育女,受养儿防老观念的影响,如果不能为婆家生出"顶门头"的儿子,则要受到婆婆与丈夫的冷眼对待。邓家分家时,家产由几个儿子均分,家里的女儿不能继承家产,女人日常的活动范围仅限于自己家中,而对外交往事宜均由当家人出面。

一、家户婚配

邓家婚姻大多是包办婚姻,讲的是父母之命、媒妁之言。所谓包办婚姻,就是由媒人提亲,父母做主给孩子们定对象,新婚男女在结婚当天,男人掀起盖在女人头上的红布时,双方才知道自己的伴侣是谁、长什么样、脾气秉性如何,无论自己是否愿意接受对方都要和这个人过上一辈子。

(一)婚姻包办之设席探客

邓家后辈中男性子嗣众多,到邓家第一次分家的时候,大多家庭成员都已完婚。包括邓永禄、邓永庆、邓永康、邓永泰、邓云生、邓雨生,家中婚姻均是当家人包办,其他家庭成员均需要服从当家人的安排。邓家每位男性子嗣结婚时,无论是谁当家,当家人都会摆席请客,当地把请客称之为"设席探客"。"设席探客"时,邓家会把自己的亲戚请到家里来做客,宴席较为简单,结婚请客的酒席是"上碟子",每个桌子上碟子数量有限,菜样数也不多,一场宴席下来总共也用不了多少菜。而在邓家六弟邓永泰结婚的时候,当家人邓永兴总是要求把碟子盛满,如果吃完了再加菜。邓家六弟邓永泰结婚晚,六弟媳是家里最年轻的媳妇,他们结婚的时候是邓永兴当家,邓永兴在当地的声望很高,街坊邻居都很尊重他,邓永泰结婚的时候,亲戚朋友、巷里乡亲来了好多人,邓永兴为了减轻亲戚朋友的压力统一"不收礼",来的亲戚朋友都可以在自家吃饭,但不用携带任何礼物。六弟媳作为邓家结婚最晚的,结婚的第二天是不用在家做饭的,因为是家里的"新媳妇",刚过门的新媳妇前几天都不用做饭,结婚的第二天要回门①。另一方面是邓家媳妇比较多,做饭的人比较多,不用新媳妇做饭,如果因为特殊情况没人做饭了,新媳妇才会动手做,但邓家有几位年龄比较大的媳妇,这些人把活都干了,还轮不到新媳妇做。

(二)家长当家与媒人牵线

结婚在当地叫"过事"②,"过事"之前男方女方都不认识,只有经过介绍,两个人见面之后

---

① 回门:回娘家,当地新媳妇回门的时间为结婚后的第二天。
② 过事:当地方言,指当家人为家里的男性后辈举办婚事。

才认识。邓家子女的婚姻都是家长包办的,家长说了算,假如家里的孩子到年纪了,家长就会给孩子"物色"对象,张罗着给孩子"过事"。邓家所有成员的婚姻都是包办婚姻,"老子决定儿子的婚姻","邓家先人①当家时,决定子辈儿女的婚姻;邓永兴当家时,同样能决定子辈儿女的婚姻",邓家子女的结婚对象、结婚时间、和谁结婚都是家长说了算,孩子们自己不能做主,也不能提出什么不同的意见,家长的话就是命令。

以邓崇文为例,邓崇文高小毕业之后被当家人安排在邻村学校当教员,邓崇文结婚的时候是当家人邓永兴全权做主的,当家人和亲家双方把事情都商量好,离结婚剩下两天的时候,当家人让别人稍话给四子邓崇文:"叫你回家,娶媳妇",而在两天之前邓崇文什么都不知道,根本不知道啥时候结婚。邓崇文和第一个媳妇结婚之前是见过的,双方都认识,但不是自由恋爱,也是经过中间人介绍,然后两个人见面,见了面之后才熟识的,在结婚之前,四儿子邓崇文也去媳妇娘家跑了几趟,这在村庄中算是情况好的了,很多人在结婚前是没有和对方见过面的。

邓家无论哪个成员结婚,都要通过媒人"牵线搭桥"。以邓崇文结婚为例,邓崇文结婚的时候中间人是个叫于华的人,于华他爸是媳妇的娘家舅舅,第一个媳妇是王溪,于华姑是媳妇她妈,通过这层关系,于华就作为中间人介绍四子邓崇文和媳妇认识,但邓崇文的第一个媳妇去世早,就续弦娶了第二个。第二个媳妇同样是经过中间人介绍之后认识的,"见面以后就谈谈心里话,看愿意不愿意,愿意了家里就给办事,不愿意就算了"。邓崇文前后娶了两个媳妇,第一个媳妇在去世之后就续弦再娶了第二个媳妇,第二个媳妇的娘家是任阳,离当地挺远的,距离永济有三四十里路,嫁到邓家之后,只有逢年过节才会回去。

村中两个人结婚都需要中间人来牵线,即便是双方都认识,也需要请一个中间人走流程,行使必要的礼节。但双方都认识的情况下中间人谁当都行,男人女人都可以,"前提是两边人都认识",能从中间说上话的都可以当中间人。过去也有"媒婆",就是专门从中间给别人撮合亲事的人,多是一些能说得上话的、热心肠的人,中间人也不一定全是女的,男的女的都行,但女性居多。在刚开始的时候,如果女媒婆撮合成了一桩婚事,等到双方结婚的时候,媒人就以"媒婆"的身份出席,后来女媒婆就不再出席双方的结婚酒席,全部由自己的丈夫代替,自己不能出面,女媒婆把所有的事情都说好了之后,让自己的丈夫出头,"让外人看来是男的说的事,做得了主的那种,其实都是女的办的"。

(三)婚配过程

邓家儿女为父母包办婚姻,婚配过程大致包括"牵线择偶、家长换帖、送彩礼定日子"等步骤,在每一个步骤中,当家人扮演着决策人的角色,家里的长辈兄弟则会在旁辅助。

1.包办下的择偶标准

父母包办婚姻下的择偶标准大都不统一,邓家当家人往往考虑以下几点:一是对方的年龄,与自家孩子的年龄是否合适。一般情况下都是男孩的年龄大于女孩,女孩的年龄大于男孩的情况很少见,即便是女孩的年龄大于男孩,年龄差也不过三五岁。二是"是否利落",这是当家人最看中的因素,也是对一个女孩最好的评价。在当家人眼里,"利落"的女孩会干事,可以很好地辅助家里的男人、伺候老人,在当家人眼里,只要对方年龄适合、能干、利落就是一

---

① 先人:当地方言,指家中过世的长辈。

143

个不错的儿媳人选。三是对方父母的人品,当地流传着一句俗语:"龙生龙,凤生凤,老鼠生儿会打洞",也形象地说明了这一点。如果父母品行不端正,将在很大程度上影响孩子的婚姻,如果对方父母是当家人多年相交的好朋友,双方都知根知底,则孩子被包办成婚的概率也比较大。若双方家庭距离遥远,女方父母也会四处打听男方父母的为人,男方父母也会打听女方父母的为人,一般情况下,"被打听到的人"也是"添好话不添坏话",如果受托人是亲戚朋友,也会如实讲述对方父母的人品。

2.换帖与悔帖

定亲在当地被称为"换帖","换帖"的主角是双方父母及其家庭成员,而不是结婚的当事人。"换帖和年轻人没关系,是两家大人的事情",换帖是媒人和双方家长设的一个简单酒席,目的是商量子女的婚事。从常规意义上来说,"换帖"之前婚事已经商量的差不多了,"换帖"只是对子女婚事进行最后的敲定。"换帖"在当地大范围的"时兴",参与"换帖"的人由刚开始的双方家长逐渐演变为双方亲戚,"换帖"也有了"订婚"的寓意,并且男女双方都要"换帖",男方家庭"换帖"时,女方及女方亲属就要来男方家里;女方家庭"换帖",男方及男方亲属就会到女方家庭去。"换帖"在当地也称为"相院子",一方家庭成员到另一方家里拜访,两家家庭成员互相到对方的院子里参观拜访。订婚之后男女双方不走动也不见面,只有在逢年过节的时候,男方会带上"礼馍"探望女方父母,有的顾忌"男女双方结婚前见面不好",男方登门拜访时女孩要躲起来偷偷看夫婿。

"换帖"之后也有"悔帖"的,也就相当于"悔婚",但数量较少,大多数女人是"嫁鸡随鸡,嫁狗随狗"。双方父母"换帖"之后,如果男女双方不愿意,或者双方家庭出现了难以调和的矛盾,就会有一方提出"悔帖"。悔婚也需要看情况,"最重要的是得看男女双方中的哪一方提出的",如果是女方悔婚,也就是说女方家庭提出的,就需要把男方家庭的"彩礼"退还给男方,或者是粮食或者是金钱,女方家庭需要如数退还,男方家庭仍然要用这笔钱娶媳妇;如果是男方家庭先提出的悔婚,这时候女方家庭不需要退还相关的"彩礼",有的女方父母心软便会把彩礼退回,但在当地,"男方悔婚,是男方不愿意要人家了,不是人家不干了,那你没有理由要人家退钱了"。

邓家女儿出嫁,不管家里谁当家,只要其父母同意即可。如果父母和当家人不是同一人,对于儿女婚事,当家人还是要尊重其父母的意见;如果孩子的父母同意,当家人也会表态支持,如果孩子的父母不愿意,当家人会出面拒绝。邓家没有出现过离婚的情况,也没有办理离婚的地方。两个人如果过不下去,男人可以直接休掉妻子,没有流程也不用去登记信息,被休掉的媳妇带上自己的衣物离开夫家即可,也不存在任何财产的瓜分,所有的财产都是夫家的,被休掉的媳妇也不能带走自己的孩子,如果婆家不愿意要,媳妇愿意抚养,则可以一起带走。休妻的事情属于夫妻的"房中事",当家人不能插手干预,家里的老人也比较"稀罕"媳妇,娶媳妇并不简单,很多小家小户是娶不起媳妇的,所以老人也不会插手夫妻之间的事情,更不会挑事,让夫妻不和睦,只要夫妻能过下去,老人一般不会有多大的意见。如果家里的儿子数量多,家庭经济拮据,父母没有能力给每个儿子娶媳妇,只能给其中一个儿子娶媳妇,其他的一拖再拖直到经济状况改善,有的也会打一辈子的光棍。如果是有钱有权的大户人家,对媳妇十分不满意,也会挑三拣四挑拨离间,鼓动自己儿子与儿媳离婚,如果儿子不休妻,索性就张罗着娶个二房。

3.家户婚配之彩礼

南苏村自存在以来就有男方在婚姻约定初步达成时向女方赠送聘金、聘礼的习俗,这种聘金、聘礼俗称"彩礼"。男女双方达成婚约后,男方须送给女方一部分财物,俗称"下聘礼",以此表示男方的诚意,同时也有一种预约占有的意思,"你收了我家的聘礼,就是我家的人"。

邓家男子娶媳妇也会支付一定数量的聘礼。邓永兴当家时,给自己的兄弟或者儿子娶媳妇的时候也支付了一定数量的聘礼。具体给对方多少彩礼,都是由当家人说了算。有的当家人会根据家庭经济状况来决定彩礼的多少,只支付一定数量的彩礼,如果对方不接受就算了。但邓家给几个儿子娶媳妇的彩礼数量都是女方家庭提出的,女方说要多少就给多少,不跟对方家庭讨价还价,这也是双方家庭关系和睦的重要原因。"只要娃娃乖,多支付一点彩礼没关系"。无论是邓家哪个成员结婚,彩礼都是粮食,差别就在于粮食的多少,但实际上并没有多大差距。

关于彩礼的数量,当地没有特定的"行情",各家各户家庭条件不一样,所能给付的彩礼多少也不一样,但总体来说,彩礼不多。如果双方家庭就彩礼问题不能达成一致,媒婆就会在中间说和,如果能说成,婚事就成了,如果不能说妥当,双方也会一拍两散。双方家庭就彩礼数量达成一致后,男方则需要支付约定好的数量,彩礼一般都不给钱而给粮食,双方家庭要商定给几石粮食,达成一致就可以。村里有一户家庭,经济条件一般,当家人却十分"好面子",为了不"丢面",彩礼与女方家庭商定的十分高,拿彩礼的时候拿不出那么多粮食,只能承诺来年粮食丰收之后再补全彩礼,女方家庭即使不愿意但也没办法,但女方嫁过来之后,彩礼的事就再也没被提及过,补全彩礼的事情也就不了了之。邓家当家人总会按时按数支付女方彩礼,从不拖欠或者是缺斤少两。邓永兴当家时,家里有几个儿子都要结婚,邓崇文和邓崇斌年龄相当,两人相差两岁,结婚也是前后脚,即便是在短时间内要支付双份彩礼的情况下,当家人也没有拖欠过对方的粮食,"女方说多少就是多少,没有想办法凑"。

(四)婚配原则

邓家儿女子嗣众多,婚嫁顺序的参考因素包括年龄、健康状况等,往往遵循"长者优先"的原则,而婚礼过程中所有的大小花销,均由家户承担。

1.结婚先后次序

在邓家,家庭成员的结婚次序最重要的参考标准就是年龄,家里谁年龄大谁就先结婚,一般都是家里的兄长结完婚,然后才能轮到家里年龄比较小的弟弟;女孩出嫁也一样,谁的年龄大谁就先嫁,姐姐的婚事定下来了才能考虑弟弟妹妹的婚事。除了年龄这个重要的参考因素,当家人的意见也是个关键因素,当家人会提前考虑给孩子"过事",年龄大的在前面,年龄小的会放在后面。如果长兄残疾或者因其他情况而难以找到合适的对象,当家人也会优先给二儿子娶媳妇。如果家里的儿子比较多,当家人会"心里有数",会在儿子十几岁的时候,给孩子"物色"好儿媳妇,等孩子年龄到了就会找中间人说和。在邓家,不管是家里的男孩还是女孩,在结婚前都没跟结婚对象见过面,尤其是女孩,"嫁给瘸子就是瘸子,嫁给拐子就是拐子",即便是换帖之后也不能想着和女婿在外面晃,否则会被村里人视为"毛毛渣渣,不稳重"。当地还有一种情况就是"替婚",白天结婚的是一个人,晚上入洞房的却是另外一个人,"替婚"的情况很多,大多数发生在家里有残疾,或者瘸的,或者拐的,或者有其他生理缺陷的男人身上,就先让其他健康的儿子或者亲戚朋友替代,等媳妇娶过门了就成定局了,只能好好跟人家过日子了。村里有个村民满脸麻子,大家也都叫他"麻子",麻子娶媳妇便是一个典型的例子:麻子和他媳妇之前不认识,让别人说和之后,两家当家人同意让两个娃娃结婚,结婚之前双方一次面都没见过。"当地时兴"①的便是结婚之前不见面的做法,换帖、设席探客都是由双方当家人决定,结婚当天,麻子妈就让巷道里的一个年轻小伙去迎亲,小伙子脸上白白净净,看着也体面,晚上入洞房的时候,媳妇才发现不对劲,白天是一个人,晚上却又换了一个人,不过已经拜堂成亲,已经是别人家的人了。对女孩子而言,进了洞房就是这家的人了,不管是啥都得认命,没有反抗的余地。

2.结婚花销家户承担

邓家人口众多,经两代当家人操办结婚的人数不下十人,邓家父亲声望极高,邓永兴为当家人时又为"学董",影响力也极大,邓家人结婚场场热闹非凡,而结婚中所有的花费均由家户承担,花多少、怎么花以及花在哪都是当家人说了算,其他家庭成员没有权利反抗,但是在结婚的过程中,其他家庭成员可以向当家人"申请"。比如在婚前希望置办的东西,可以通过申请的方式得到,因为家里举办的是喜事,如果家庭成员的请求合理,当家人一般也不会拒绝家人的请求。

(五)其他婚配形式

在当地,续弦、改嫁、入赘以及童养媳的情况屡见不鲜。邓家为典型的"续弦家庭",有着"男人寿命长、女人寿命短"的怪象,家中续弦妻子较多。

1.续弦家庭

在当地,如果第一个老婆去世,男方再结一次婚,娶第二个媳妇的情况就是续弦,丧妻称之为断弦,再娶为续弦。邓家"续弦"的情况较多,有着"男人寿命长,女人寿命短"的怪象,邓家多位女性都是续弦而来。在邓家第一代人中,邓家母亲张氏是续弦来的,其为邓永庆、邓永康、邓永泰的生母;在邓家第二代人中,媳妇王桂花、景黑女是续弦,邓永庆的第一个对象虽未过门但在"换帖"之后去世;在邓家第三代人中,邓家的几个儿媳妇都是续弦的,包括孙秀凤、二儿媳邓氏也是续弦的。

具体而言,邓家母亲张氏并不是当家人邓永兴以及二哥邓永禄的亲生母亲,当家人邓永兴的亲生母亲在生下邓永兴不久就生病去世了,父亲后来娶了张氏,生下了邓永庆、邓永康、邓永泰三个儿子;邓永兴当家之后,第一个妻子在生下四个儿子之后也去世了,后来邓永兴续弦再娶,娶了第二任妻子王桂花,第二任妻子来自河南,家境贫寒而且家里兄弟姐妹众多,为了生计只能远嫁到山西,嫁入之后虽然平时与其他媳妇一样在家里做家务,但始终不是邓家"能说的上话的人",也经常被家里其他人看不起甚至是欺负;邓永庆与第一个媳妇是"定亲",双方当家人已经见过面、换过贴,在换帖的那天双方家庭也敲定了结婚日期,但是还没结婚,那个女孩就去世了,后来又另外娶了一个,但邓永庆续弦的第二个媳妇跟第一个媳妇还是亲戚关系,即便是第一个媳妇过世,但双方家庭依旧保持着"亲家关系",所以对方亲家又做了中间人,把自家的另外一个女孩介绍给了邓永庆,双方家庭并未因为第一个媳妇去世而产生过多的隔阂,依旧维持着良好的关系;邓家二子邓雨生为邓家母亲认养的一个儿子,

---

① 时兴:当地方言,指的是村庄中对某一事情流行的普遍做法。

年龄偏大,在其第一个媳妇去世之后,邓家母亲张氏也张罗着为邓雨生续弦,邓雨生的第一任媳妇也是在生下一个小孩子之后去世了,后来又续弦娶了一个;家里的邓云生也是续弦的,但第一个媳妇去世之前并未生下孩子;四子邓崇文的老伴也是第二个媳妇,第一任妻子去世的时候,留下了两个孩子,第二任妻子过来后没有生孩子,四子邓崇文与第二任妻子刚开始谁也不认识谁,第二任妻子的娘家在开张,离当地有几十里路,第二任妻子是别人给介绍的。

在邓家,续弦过来的女人如果有孩子,可以带着过来,邓家也不会拒绝,如果不想带就不带了,带过来的孩子就是邓家养,当家人邓永兴的第二任妻子王桂花为河南人,嫁入邓家之前有过一段婚史而且有一个女儿和一个儿子,因为对方家境贫寒而且经常动手殴打她,她在难以忍受的情况下带着儿女离开对方,之后儿子因为疾病夭折,女儿跟着也是饥一顿饱一顿,改嫁的时候没有把女儿带过来,而是选择把女儿"屯着"给别人做了童养媳。在女儿八九岁的时候就和人家定亲成了别人家里的童养媳,吃住在对方家里,到了一定的年龄就会和对方家里的男孩结婚。邓家续弦的情况多,中间人再给邓家说和的时候邓家也不反对有婚史有孩子的对象,但没有人把孩子带过来。邓永庆是续弦,但其媳妇按照当地的说法还属于初婚,是第一次结婚,只不过对于男人来说是第二次结婚,对于女方来说是第一次,是闺女嫁过来的不算续弦。孙秀凤是从内蒙古过来的,相比从河南过来的地位低下的王桂花,孙秀凤性格积极强势,她过来的时候也没有带孩子,孩子留给男方家庭了,在家里也算是能说的上话的人。在邓家,对结婚双方来讲,不管是初婚还是再婚,续弦之后对女方的待遇都算是新媳妇的待遇,续弦按理来说都应该设酒席,邓家也会为每位媳妇设席请客,区别就在于续弦的酒席比初婚的酒席"薄",宴请的对象也只是家里的亲戚,不再惊动街坊邻居。邓家对续弦过来的几个兄弟媳妇及儿媳妇都是同样的待遇。在邓家,虽然家里续弦的情况多,但是家里没有离婚这种情况,家里的男人也不会随意殴打女人或者虐待女人。

2.屯着的姑娘

所谓"屯着的姑娘",即童养媳,就是从小被人抱养,长大成年后就要成为对方家里的儿媳妇。大多数是因为家庭经济拮据,没有充足的财力抚养女孩,就会把女儿寄养在别的比较富足的家庭里当童养媳。童养媳会在对方家里和其他兄弟姐妹一起长大,关系亲密,这种环境下形成的家庭关系较为和谐,半路分家的情况并不多见。邓家也有童养媳,当家人邓永兴的第二任妻子王桂花从河南嫁过来之前就把女儿"屯养"在其他家庭里。她认为孩子年龄太小没办法安置,跟着自己也受罪,就放在人家家里"屯着",给别人做了童养媳,但是没有结婚,等长大以后到结婚年龄方可成婚。养童养媳在当地被称为"屯着","屯着"就是童养这两个字在当地土话中的谐音。

邓家虽然不反对带着孩子过来,但她也没带过来,主要有两种原因:一是邓家家大人多,声望高,家里的媳妇都是当地人,大多都是不错的家庭,而外来的媳妇很少;二是家庭歧视,有很多逃荒至此的河南人,居住在村里的寺庙中,以讨饭为生,有的也会做出一些小偷小摸的行为,当地村民对河南人的印象也不甚良好,当家人第二任妻子过来之后也受到了很多歧视,邓永禄、郭瑞香以及几个弟弟都看不起这个外来的媳妇,三嫂在邓家也没有任何发言权,再带个孩子就更难过了,所以当家人的第二任妻子带不起孩子,"一个外地人,在这里没有亲戚朋友没有依靠,谁想欺负就欺负了",所以不敢带过来,带过来以后就受歧视,所以她就把年龄小小的女儿给人家做童养媳了。

当家人邓永兴在家排老三,由于邓永兴是当家人,家里人都称当家人的老伴王桂花为三嫂,三嫂嫁入邓家之后成为邓家几个儿子的继母,那时候四子邓崇文七岁,是邓家年龄最小的孩子,三嫂把自己的女儿送走的时候大概就是八九岁的样子,比四子邓崇文年龄大两岁,与对方家庭定了亲之后一直到十八岁才结婚。三嫂女儿寄养的那个家里条件也不是很好,但是对方父亲有手艺,开了一家皮坊,弄一些牲口皮做一些活绳,然后卖给别人赚一些钱。三嫂在她嫁过来之前把女儿送给皮坊主了,皮坊主还给三嫂支付了一些费用,但是不多,三嫂嫁到这来以后,女儿也不来这边看她,双方也不来往。一直到邓家第一次分家,三嫂在家里有一定的话语权之后,一直在别人家做童养媳的女儿才来看望她。给人家当童养媳,人家也没有写文书之类的,"人都不在,要那个文书也没有什么用"。童养媳吃喝穿戴都在人家家里,三嫂女儿寄养的家庭也没有女孩,因此对方家庭也很看重她,把她当自己女儿看待,女儿在对方家里也不算受委屈,后来对方家庭生了一个妹妹,即使这样对她都挺好。三嫂女儿九岁过去的时候就直接改口叫对方的家长为爸爸妈妈,不叫公婆,三嫂也舍不得,抚养九年的孩子叫了她九年的妈,但三嫂身不由己,自己没有条件也没有能力可以独立抚养。童养媳在某种程度上就相当于给了人家了,如果童养媳去世也在人家那里埋,或者在沟里随便找个地方作为墓地,送养家庭无权干涉。童养媳"屯在"对方家庭之后,对方家庭有权利要求给孩子改名换姓,尤其是送养过来的孩子年龄小,三嫂的女儿给对方家庭做了童养媳之后,名字还是原来的名字,姓也不改,就是她原来的姓,这也算是对方家庭比较人性化的一个举动。

3.后嫁

改嫁,就是女人离了婚或者被丈夫休掉之后再嫁一家,在当地也叫"后嫁"。邓家女孩比较少,没有后嫁的姑娘,整个邓家就三个女儿:当家人邓永兴的两个女儿和邓永庆的一个女儿,邓家这三个女孩出嫁之后过得都还算是不错的,没有改嫁的情况。

1947年以前,女孩离婚之后只能有一条路,就是回自己娘家。回到娘家之后再寻找第二个婆家,只要是被男人休了就得离开原来的婆家,就不再算是人家家里的人了。当地还有个讲究,离了婚的女孩子就算是回娘家之后,也不能在其娘家过年,离过婚的女人被认为"会给娘家带来不好的事情",过年的时候就不能在家里住。所以每逢过年,离过婚的姑娘只能在外面随便找个地方住,过了年之后才能回家,即便是娘家父母同意女儿在家过年,哥嫂或者弟媳也会介意。

在当地改嫁并不是件风光的事情,有很多女人改嫁的时候都是悄悄地改嫁了,不请客,也不通知亲戚朋友,情况好一点的会和几个重要的亲戚吃一顿饭,情况一般的就悄悄地嫁了。有时改嫁也会按头婚的习俗举行:如果双方都离过婚,有过一段婚姻的,两家人不设席宴请,在一起简单地吃个饭,彩礼也由双方当家人协商,一般少于头婚的彩礼;如果男女双方只有一方有过婚姻,便可以按照头婚办。比如女方离过婚,但是男方没有离婚且是头婚,就得按照正规的办,或者是男方离过婚有过一段婚姻,但娶了个没有结过婚的女孩,这也要按正规的办,该给女方多少彩礼就给人家多少,彩礼金额不能少给,该设席请客就请客,结婚程序也不能简化。相比之下,如果双方都是再婚的,程序就较为简化。

女方改嫁的事和之前的婆家没有任何关系,改嫁大多数是因为被前一个男人休掉或者过不到一块才改嫁的,所以改嫁后基本上就断了联系,女方跟之前婆家的大小事情都无关。二婚时也有彩礼,不过少了很多,也是给粮食,但是只象征性地给一些,跟头婚的待遇不同。

在当地,改嫁的情况主要有以下几种:一是男人休掉了家里的女人。村里有个叫刚娃的,媳妇利落能干,刚娃能说会道,家里没有人能说得过他,他的父母年纪大了拿他没办法,刚娃经常在外面勾勾搭搭,后来和村里另外一个女人好上了,就休掉了第一个老婆,那个媳妇直接回了娘家选了改嫁,嫁的人家还不错。二是家里的男人不务正业、经常殴打辱骂女人。家里的女人活干得不好也会挨打,男人在外面不干活、整天晃荡,回家后就打媳妇,媳妇受不了就走了,回娘家之后再也不回去,一段时间之后便选择改嫁。村里还有一户人家叫李崇,李崇儿子去世之后,儿媳选择了改嫁,把孙子给李崇丢下,"这算是李家后人了,留了个后,人家这一代也算是有人了"。儿媳偶尔会回来看望儿子,"这家里的大门向你敞开,你想来就来,想看孩子就看孩子来",但李家的大小事情儿媳妇一律不管。

4.上门女婿

入赘的情况很少,邓家世世辈辈都有儿子"顶门头",没有入赘过外姓的上门女婿。一方面,孩子的数量不受限制,家里怎么着都会生出个儿子来,没有儿子的就会一直生,直到生出儿子为止,所以入赘的情况很少。另一方面,村里流传的是:"一门有子,十门不缺",就是只要家里的兄弟几个有一个生了儿子,也就是这个大家庭只要有一个儿子,这个姓氏就算是有后人了,就不需要招上门女婿,在村民的心里,上门女婿毕竟是外人。只要是上门女婿,入赘之后就得改姓,女婿入赘后在女方家庭是要充当儿子的角色"顶门头",姓氏自然也是跟着女方姓,如果女方父母思想开明、不介意男方姓氏的问题,招过来的女婿就不一定得改姓了,可以改也可以不改,但是生的孩子肯定要跟女方姓,过来的女婿愿意改姓的就改,不愿意改的不改也行。女婿在女方家里的地位"看起来是低,实际上人家都不低",女方家庭没有儿子就把上门女婿当亲儿子看,不当亲儿子"光景"①就不好过,家里的关系就处不好,那关系就融洽不了。上门女婿入赘到女方家里后,男方父母那边就不管了,因为这就相当于把儿子"嫁"出去了,招出去的儿子,以后在男方家庭只是扮演着女儿的角色。

入赘就是当地所说的"上门女婿"。在当地,上门女婿被称为"招的人",就是招过来的上门女婿,招来的女婿就得把女方的父母叫作爸妈,招上门女婿的情况一般都是女方这边有两个女儿或者是只有一个女儿,对方家里有两个以上小伙子而且家里比较拮据,这种情况下男方才倒插门。村里有一种情况:男方家庭只有两个人,一个母亲和一个男孩,家庭经济条件不好,母亲无力支付娶媳妇时的高额彩礼,没办法给儿子娶媳妇,只能选择给别人做上门女婿,经过别人说和以后,跟当地的一家只有女儿和父亲的家庭结婚,又因为女方家庭有爸没妈,男方家庭有妈没爸,乡亲又撮合男方妈和女方爸也在一起,男方妈又嫁给了女方爸,两家人就又亲上加亲变成了一家人。这样一来,两家人的两场事合并为一场事,大人和孩子一起把婚事给办,但办这场事的时候就是两个老人给儿女办婚礼,宴请双方的亲戚朋友。这场事的钱肯定也是女方家庭这边掏钱,也不存在什么彩礼,实际上也没有花多少钱。

5.家户婚配之坐门招夫

丈夫去世后,如果去世的丈夫是夫家唯一的后人,守寡的妻子可以选择另外招一个女婿,此时则是以女儿的身份另外招一个女婿,还是在原来的夫家,生下孩子还是夫家的姓氏,算是给夫家留下一个后人;如果守寡的女人与去世的丈夫有了儿子,女的不想儿子到别人家

---

① 光景:当地方言,指日子。

受委屈,就会选择再招一个男人,给儿子找个后爸,再成立一个小家庭。村里比较典型的例子是一个叫素云的女人,她嫁给了当地的黑娃,黑娃是家里的独子,两人育有一子,但没过几年黑娃就得脑瘤去世,留下素云一个女人,家里的公公婆婆年龄太大,就找人劝素云留下来,如果素云一走,而且带走孩子,这个家就没了。素云后来为了给黑娃留点香火,也可怜年迈的公婆就没有改嫁,招了一个外地的女婿,叫袁军,这个女婿来自河南,年龄比素云年龄小,两个人就养着前夫的父母以及孩子。其实在黑娃死后,素云完全可以走,那时候不管有没有孩子,都可以跟这边断了关系,孩子想带走就带走,不想带走,就给原来的夫家留下,没人管这些,都看这个女的愿意不愿意,但素云最后还是留了下来。

(六)婚配终止

受"男尊女卑"传统观念的影响,家户内部男人的地位远高于女人的地位。女人地位低下,在丈夫不满写出休书之际,女人只能净身出户;但若是丧夫守寡的情况,女人可以选择性地改嫁,有一定的自主权。

1.休妻

1947年以前,人们思想观念保守,村庄中有着男尊女卑的传统,不存在离婚的情况下,休妻便是常见之事。在"嫁鸡随鸡,嫁狗随狗"思想的影响下,女人的思想更是保守,嫁过来以后就"生是这家人,死是这家鬼",女人很少提出要离婚,也没有提出离婚的权利,一切都是由男人这一家人决定,"人家要这个女人,女人就可以好好生活",如果人家男人不愿意要了,人家一纸休书:"我不要你了,你回你家",就可以把女人休掉,也不办什么离婚手续。虽然结婚由政府管,结婚需要在政府登记,由政府发结婚证,邓家几兄弟结婚的时候都在当地政府进行了登记,但离婚政府不管,算是"家务事",离婚也没有离婚证。如果是男的"看不起这个女人,或者人家想另娶小媳妇,嫌这个女人是累赘,不愿意要这个女人,就可以把女人打发回去",男人具有绝对的话语权,可以以任何一个理由对家里的女人进行指责,以各种借口将家里的女人赶回娘家。

休妻的情况不怎么普遍。一是普通家庭娶个媳妇算是家里的大事,也算是一笔大的花销,当家人也算是竭尽所能,很难负担娶第二个媳妇的花销;二是一般家庭都是为了过日子,女人在家里的地位比男人低,即便是男人动手打了女人,一般女人都会选择忍,而男人休了女人,对双方家庭而言都是一件丢人的事,双方也会各执一词,互相指责对方家庭的不是,极力挽回颜面,所以很少出现男人不讲道理将女人随便休掉的情况,除非是男人跟女人实在是过不下去了,就把这个女人休掉,一旦女人被休掉,地位就很被动了,"人家男的说要你就要你,男的说不要你就不要你了"。在当地女人受"在家从父,嫁后从夫,夫死从子"的观念影响,要一直遵从男人的意志。没有当家做主的时候,做女儿的时候,要听从父亲的话,父亲可以决定女儿的教育,长大之后可以决定女儿嫁什么样的夫家,"父亲叫干啥就干啥,说一不二",在家境拮据的情况下甚至可以决定女儿的买卖;女人出嫁以后,随从丈夫,不管丈夫有本事没本事,女人都得听从丈夫的,丈夫叫干啥就干啥,有的男人不成器或者乱喝乱赌,在没有办法还债的情况下将自己的老婆卖给了对方做抵押;丈夫死了以后,家里长大了的儿子成为新的当家人,女人又要一切听从当家人安排,女人就没有家庭地位可言,"就算女人当了妈也做不了主,还得从儿子"。

男人休妻的时候,被休掉的女人拿着休书离开夫家即可,什么东西都不能带走,所有的东西都属于夫家,被休掉的女人不能带走任何财产,走的时候只能带走自己的衣物,有的好一点,女人可以带走娘家陪给自己的嫁妆,夫家家里的其他东西都不能带走。村里刚娃休掉自己媳妇的时候,那天都不让吃饭,让媳妇直接回自己的房间收拾收拾,把自己平时穿的用的带走,家里的其他房间都不让进,"哪样都不能带走",走的时候夫家也不会送,家里女人自己走就行,要么就是走到村路口让娘家人来接。

休妻的时候,家里的家长也会插手管,但不一定能管住,能管住就从中间说说好话,劝夫妻俩好好过日子,"管不住就没有办法了,人家两口子实在过不下去",作为父母也没有什么办法。休妻的一般都是有钱人家,有钱的那些人家才会那么欺负人,才会想着把这个媳妇休掉再娶一个,没有钱的时候家里娶媳妇都难,舍不得把自己的媳妇休掉。女人地位很低,没有任何权利可言,很多女人嫁到夫家几十年,男人说休就休了,到头来什么也带不走,家里就没有一样东西是属于"女人"的。村里也不管"休妻"这种家务事,毕竟这是人家的私事,一切都是由家里的男人说了算,不管是男人错还是女人错,对不对都是男人有理,女人的衣服有的时候都没机会回家拿,让女人走女人就得走,女人被夫家休了之后就得回娘家,然后再想办法改嫁,大多数被休掉的女人都改嫁了。女人被休掉之后,没有孩子的情况下女人可以直接离开,如果有孩子而且男方家庭愿意要,女人则不能带走,而如果有多个子女,女人一般可以带着女孩离开,男孩则要留到夫家"顶门头",如果家里有老人,一般老人是不允许女人带走男孩的。女人被休掉之后,双方家庭基本上没有什么联系了,即便是夫家同意女人偶尔回来看孩子,时间久了女人也不会回来,双方各自抚养一个孩子,直到孩子成家立业,孩子才会回来拜访。

邓家两代当家人声望很高,通情达理,当家人一般不介入夫妻生活或者日常的争吵,出现大的争吵时当家人也会从中间劝和,劝说小两口认真过日子,但当家人也不允许家里的儿孙晚辈暴力殴打女人,或者随意休掉女人。在邓家,邓永兴成为新的当家人时,他对待家里的老人十分尊敬,即便是继母,当家人待她也十分尊敬,家里的大事情也会讲给老人听,甚至听从她的一些建议,每逢过年,必定吩咐家里的媳妇给老人做新衣服,日常生活中老人如果在饭桌上吃饭,一定坐的是上位,如果不愿意在饭桌上吃饭,家里的媳妇也会给老人端到房间里去,家里的孩子跟老人的关系也十分好,经常去老人的房间玩耍,其他家庭成员在当家人的影响下也十分尊重老人。

2.守寡

丧夫,指的就是女性在结了婚之后,丈夫去世这种情况。村里也有丧夫的情况,大多数是家里的男人因病去世,而家里的媳妇年纪轻轻就守了寡,一般情况下,家里的男人死了之后,家里守寡的女人可以根据自己的意愿选择改嫁,女的愿意改嫁就可以改嫁,改嫁之后也可以跟原来的夫家脱离关系,但守寡女人的去留一般要考虑以下几点因素:一是守寡女人的年龄,如果丈夫去世早,守寡的媳妇年龄小,这时候便会考虑去留问题,如果守寡的女人年龄较大,大部分的女人会选择留下来。二是守寡家庭的子嗣问题,如果家里的男人去世之后没有留下儿子,而且夫家兄弟好几个,女人就可以潇潇洒洒地改嫁了,改嫁之后跟这边没有关系,如果有儿子,女人可以把这个儿子带走也可以不带走,女人也需要和家里的大人①商量好孩

---

① 大人,当地方言,指家里的长辈。

151

子的抚养问题。

女人守寡之后，如果选择改嫁也分两种情况：一是和原来的婆家关系比较好，改嫁的时候并没有和婆家把关系闹僵，只要儿媳妇还愿意来，随时可以过来看望自己的孩子；二是和自己的婆家把关系闹僵了，媳妇一改嫁就和这边断了关系，再也不来往。

二、家户生育

邓家家庭人口众多，关系复杂，受"多子多福，养儿防老"观念的影响，儿孙晚辈众多，各个小家均有儿子为其"顶门头"，即便是没有儿子，小家之间也会抱养或者过继，而不能让自己小家"断后"。

（一）生育基本情况

邓家子嗣众多，邓永庆与邓永泰无儿无女，分别选择了过继与抱养儿女为其"小家门"延续香火。当地为儿女起名采取"撞名"的做法，邓家当家人为"学董"，有一定的文化修养，儿女的名字则由当家人来起。

张氏为邓永兴父亲的第二任妻子，父亲与第一任妻子育有两子，邓永禄、邓永兴均是其前妻所生，第一任妻子去世后，邓家父亲续弦再娶，也就是现在的母亲张氏，并生下邓永庆、邓永康和邓永泰。邓家共有兄弟六人，大哥年迈逝世早，除此之外还有五子：邓永禄、邓永兴、邓永庆、邓永康、邓永泰。邓永兴为第二代当家人，育两子一女，但在结婚前几年一直没有孩子，就抱养了两个儿子，母亲张氏把邓云生、邓雨生挂在邓永兴的名下，因而邓永兴共育有子女五人，包括儿子邓云生、邓雨生、三儿子邓崇斌、四儿子邓崇文及女儿邓林英；邓云生、邓雨生并非亲生，为邓永兴认养的两个孩子，自小便一起生活，年龄近百，虽为晚辈子嗣，但也算是家里的老人，并无劳动能力。

（二）生育目的与态度

邓家后代子嗣众多，一方面是为了延续邓家香火，让邓家后继有人，另一方面是为了养老，在村中老人的思想中，"兄弟面①越多越好"，众兄弟相互扶持、相互照顾，有利于家户兴旺。

1.多子多福

村庄中家家户户、男男女女都希望生儿子，主要有两方面的原因：一是强烈的传宗接代与养儿防老观念，男子较为适合从事体力劳动，而儿子娶媳妇后，可以在老年人丧失劳动力时，由儿媳来照顾和赡养；二是村庄中有强烈的"断子绝孙"的舆论压力。村里有一个村民叫樊劳，家里有好多个女儿却没有儿子，"生一个是女儿，生一个是女儿"，最后要了七八个女儿之后终于生了一个儿子，父妻俩才放弃继续生养，"生了儿子后，这才停住了，要不是这个小子，后头还要继续要了"，由于家庭生活拮据，生的孩子太多，一家人吃了上顿没下顿，没办法，他把两个女儿送给了别人，即便如此，樊劳一家也希望生出一个儿子来。

1947 年以前，村庄中对孩子的数量没有限制，只要家里经济条件能维持一家老小的基本生活，生几个都可以。在当地，孩子数量最多的家庭大概有十个孩子，一家人居住在南苏上村，孩子的名字就是"大宝、二宝、三宝……一直到九宝"，九宝不是老九，还有个姐姐，加在一

---

① 兄弟面：地方方言，也称为"弟兄面"，指家里的亲兄亲弟。

起,那个家里就是十个孩子。村庄中家里有七八个孩子的都算是正常的家庭,九宝家那算是个特殊情况,九宝父亲先后娶了两个媳妇,第一任媳妇去世之后,九宝他爹又再娶了一个,相当于娶了两个媳妇一共生养了十个孩子,十个孩子同父异母。此外,九宝家的孩子并不是全部都存活下来了,有两个孩子在出生不久就夭折了,大宝、小宝、三宝、四宝、五宝、六宝都健在,七宝、八宝夭折了,大宝小宝这是一个妈的,三宝到八宝还有一个女儿,这八个孩子是一个母亲的。

家里有七八个孩子都算是正常,如果家里有十个孩子,家里也犯愁,吃饭的人多,干活的人少,全家人省吃俭用,日子过得较为紧巴。九宝家土地也不多,没有足够的经济基础抚养众多孩子,也会经常来邓家借粮食,只要家里有余粮,邓永兴也会帮助九宝一家,家里的几个女人也经常把多余的菜叶子送给九宝一家。相比较而言,过去的孩子也好养活,养孩子的成本也比较低,有饭吃就长大了,"过去那娃娃随便养活了,有吃有喝就行了"。

2.家户生育之早婚早育

村庄中早婚早育的情况比较普遍,女孩子结婚早,生孩子也早,邓家三个女孩的出嫁年龄都在十五岁左右,一般生孩子的年纪都是十五六岁,当地的说法是:"十一留头十二嫁,十三怀里抱娃娃"。意思就是,女孩子出嫁年龄早,可以在十一岁的时候留长头,在十二岁头发长长之后就可以出嫁,在十三岁的时候就可以抱上自己的孩子了,而"财富家娶妈,穷人家嫁娘",意思就是女孩子结婚早,年纪轻轻就当了母亲,有的财富家经济条件好,会多娶几个媳妇,娶的媳妇年纪很小,跟财富家的儿子年龄相仿,而一般嫁给财富家的女孩子都是家里很穷的,财富家能多提供一些粮食,就把女孩子嫁给财富家当小老婆。

3.备受非议的未婚生育

邓家的三个女儿没有接受过学校教育,但平时当家人对家里女孩要求较为严格,平时女孩也不能在外面晃荡,只能是帮助家里的女人干一些力所能及的家务活。在日常的生活中,邓家家教较为严格,不允许女孩跟男孩玩耍,即便是不上学也不能随意出门,所以没有出现过未婚先孕的情况。当地对未婚先孕的女子较为排斥,尤其是家里思想较为保守的老人,很难接受未婚先孕的女孩,这种情况也比较少见,一旦未婚先孕,很少有人家愿意要这个女人了,而愿意娶已经怀孕的女孩无非是两种情况:一是家里穷,没有足够的经济能力娶到合适的媳妇,不得已才会要未婚先孕的女子。当地排斥未婚先孕的主要原因就是老人认为孩子不是自己的儿子亲生的,这在思想上难以接受,而愿意接受女孩及未出生的孩子,也是向家庭经济状况妥协的结果。第二种情况是自己的男孩为其孩子的亲生父亲,大多数家庭遇到这种情况都是隐瞒消息,然后迅速的为孩子举办婚礼,但即便是这样,未婚先孕的女孩仍然要接受自家人的指指点点,多多少少都会被扣上不检点的帽子,男孩也要接受家人的责骂。

(三)孕期照顾

各家各户生多少孩子都由自己决定,有的是为了多生儿个儿子养老,有的则是因为没有避孕措施身不由己。怀孕之后的媳妇很少干活,女人基本上都是不用干地里活,一个媳妇怀孕,家里的其他女人会帮忙干活,怀孕之后大家都很害羞,男人女人都不想让别人知道自己家有了孩子。生孩子的时候有接生婆,每个村里都有年龄大的老婆婆,家里的孕妇快生的时候,家里人就赶紧去请产婆,请产婆一般不花钱,都是自己村里的人,但若接生顺利主家会送给产婆一些礼物。孕妇生完孩子也要坐月子,坐月子期间也不下地干活,家里的家务由其他人分担,坐月子的时候,基本上就是天天坐在床上,由家里的婶婶、婆婆来照顾月子中的媳妇。邓家女人都不用下地干活,都是男人干活,家里的媳妇比较多,若有一个女性怀孕,那就不用干什么家务活,家里的其他几个媳妇就会把活都干了。

(四)生育仪式

在邓家,孩子满月的时候,为了庆祝新生儿的出生,当家人会为每一个刚刚出生的孩子举办满月酒,邀请自家的亲戚朋友来自己家做客,设席欢庆。但在当地,不是每个孩子的出生都会像邓家一样庆祝,主要原因是大部分家庭都承担不起满月酒的开销,那时候一个家里要生七八个孩子,"光景"不好的就没办法过满月,能办得起的办、办不起的就不可能给每个孩子都办满月酒。在经济条件受限、不能为每个出生的孩子举办满月酒的情况下,就会给第一个孩子办满月或者是生的第一个男孩、第一个女孩会办满月酒,总共举办两场满月酒,生下的后面几个孩子就不办了,家里生七八个孩子的只是给老大办,男孩办一个女孩办一个,就是谁出生在前头谁有满月,排在后头的就没有,男孩女孩的满月酒都一样,也是请客,情况好的会把本家亲戚一起请来,情况不好的就只请娘家客人,"本家亲戚都是自家人,就不讲究那么多了"。家里情况好的就不再是只请娘家亲戚了,街坊邻居只要来,主家就一样招待,有的村里生了孩子会"闹喜庆","闹喜庆"也是家庭情况比较好的办,一般的家庭主要解决吃饭问题,难以负担"闹喜庆"的花销。邓家给刚出生的孩子办满月酒的时候,每个媳妇的娘家人来也要带东西带礼物,包括给娃娃带穿戴,娘家的礼就是给小娃带衣服或者其他一些零碎的"活",包括孩子用的小碗筷、小被褥等,带过来的碎"活"数量也没有限制,娘家人可以根据自己的实际情况给孩子带,经济松快的就多准备一些,经济紧张的就少带一些,没有严格的规定也没有特定的"行情"。

(五)起名撞名

邓家兄弟的名字都是当家人起的,邓家老父亲当家的时候负责给邓永兴六兄弟起名字,统一起"永"字为中字,包括邓永禄、邓永兴、邓永庆、邓永康、邓永泰,而"禄、兴、庆、康、泰"有着"家庭富裕、兴旺、喜庆、平安康泰"的寓意;邓永兴当家的时候任"学董"一职,有一定的文化内涵,则负责给家里的下一辈起名字,起名字的时候当家人说是啥就是啥,家里其他人也没什么意见,起小名当家人则不负责,一般由家里的老人或者孩子的父母说了算,邓云生邓雨生为认养的孩子,名字取"云、雨"二子,以"生"字结尾。

孩子的名字一般都是自己家里人起,起名人不是当家人的其他家庭成员也可以,一般都是家里有文化的人起名字,当家人有权威没文化也会请其他人来请,如果家里的女人有文化也可以为家里的孩子请名字。孩子的名字一般都是有美好寓意的名字,但也根据各家各户的经济实际情况分为两种:一种是家庭经济较为拮据的而且家里没有识字的人,孩子的名字也较为随意,比如"猫蛋、狗蛋、尿罐、屎缸子",对这些家庭而言,孩子的名字只是个代号,在孩子数量多的情况下只要能做出区分即可,没有过多的讲究。另外一种情况是家庭经济富裕或者家庭成员相对有文化,这时候起名字就要讲究,不能与家里长辈撞名,代际之间的名字要有所区别,同辈之间的名字又要有所联系,如果家里有一些格外讲究的老人,当家人还会请人为孩子合八字、起名字,都是找那个算卦的,专门起名的,希望给孩子取一个好的名字。村庄里有一个中户人家为于姓,当家人于红元是当地起名字的"名人",家里每一个孩子的名字都有一个好的寓意,比如根据"国家栋梁之材",则为家里的孩子起名为"于国栋、于国梁、于

154

国材",于家第一辈的名字中都有个源字,包括"于红源、于汇源、于九源",然后到第二辈就是绪字辈,包括"于绪春、于绪昌、于绪录、于绪宽";第三辈就是国字辈,包括"于国相、于国才、于国勇",第四辈是佳字辈,包括"于佳晨、于佳瑶、于佳星"。

在当地,除了自己家人给孩子起名字,可以给孩子起名字的还有"出门第一人"。过去有"撞名"习惯,比如一个家庭生下孩子,家里人没有给起名,到出满月这一天,家里的奶奶就要把新出生的孩子抱出去,出了门以后碰见的第一个人,不管是男人还是女人,就让这个人给起名,不论对方起的名字家里人是否满意都要采用,起名之后,家里的孩子还得认对方为干爹或者干妈,这种做法在当地较为普遍,称为"撞名"。"撞名"的时候也有讲究:一是对方必须为成年人,出门第一个人如果撞到是个小孩子,那便"不作数",需要继续"撞人",直到碰到大人为止,然后请对方为自己家的孩子起名字,不管对方是否相识,相识算是运气好的,不相识也要给对方说好话让对方同意,"撞名"的做法较为普遍,也算是一件喜庆的事情,无论相识与否,对方都会很乐意为新生儿起个名字,如果对方拒绝,那么家里人只能继续寻找。二是即便是"撞名"也要有讲究,最大的忌讳是孩子的名字里不能有跟自家人名字重复的字,尤其是不能跟家里的长辈或者老人同字,跟同辈兄弟姐妹名字同字则无关紧要,如果跟家里的长辈或者老人的名字有重复的字则视为不吉祥,对家庭不好,也不利于小孩子的成长。三是"出门第一人"为自家孩子起名字之后,孩子必须认对方为干爹或者干妈,即便是不认识的人也要认在对方名下,算是对对方起名字的一种报答。干爹或者干妈这个角色在孩子的成长过程中并不是十分重要的,对方可以经常来看望孩子,也可以偶尔来一次或者不来,但孩子长大之后都必须孝敬干爹或者干妈。

三、家户分家与继承

随着家庭经济负担的增加与家庭人员的增长,邓家在1947年与1960年进行了两次分家,先后成立若干小家,分家由家里的姑爹娘舅主持,家里的儿子均有权利继承家产,外嫁的女儿则无继承权利。

(一)家户分家情况

邓家人口众多,家庭矛盾错综复杂,在"家难当"的形势下,当家人便会主持分家,分家按照"血缘远近"分为若干门户,依照"众子均分"的原则进行财产分割,以分家单作为分家凭据,减少家庭矛盾。

1.分家的缘由

邓家先后经历了三次分家,每次分家缘由均不相同。第一次是邓家爷爷及其弟弟分家,主要原因是家庭人口过多,每个支系下的直系后代已超过三代,直系后代之间并没有直接的血缘关系,再加上在一起生活的经济压力而选择分家,分成了两家,邓家爷爷一家,弟弟一家,各家有各家的院子与田地,小家之内的亲情关系也更加紧密。第二次分家是当家人邓永兴将邓云生分家出去,分家之际邓云生已成家立业,而且育有两子,而邓雨生的三儿子、四儿子仍未成家,邓永兴分家的直接动机是为了给邓雨生腾出房间,以便结婚生子使用,索性就将大哥一家分出去成立他们自己的小家。后来在邓雨生三儿子、四儿子分别成家立业之后,几个儿子都有自己的想法而且可以独自带着各自的小家生活,为了生活方便进行了分家。

第一次分家是在1947年,把原来的24口人的大家庭分成了两大家,当家人分别是邓永兴和邓云生,各自负责管理自己的小家。1947年第一次分家是按照家里的老辈分分的家,按照最高辈分的长辈分的,是邓家爷爷和另一个爷爷两大支人进行的分家,分家之后家里的房子也分了,房间是分开的,自己小家住自己小家的房子。分家的主要原因包括以下几点:一是产生了家庭矛盾,难以调和,全家人被迫分家,尤其是家里妯娌多,妯娌间的矛盾甚至会上升为主要矛盾,天天吵架,没有办法和睦相处,这时候只能通过分家的方式解决家庭矛盾。二是家难当,人口少好养活,人口多不能均摊,粮食分不均匀,尤其是家里粮食短缺的情况,不能保证每个人都能吃饱的时候就分家,让小家小户自保。

邓家分家划分财产,一般情况下是按照均分的原则,几个儿子平分家产,"人人都有份,人人都一样",有的时候也会考虑各个小家的人口,比如孩子多的可能就会多分一间房子。分家的时候只要是儿子都能分到,家里的女孩子以及媳妇不能分,家里的儿子不论年纪大小,不论是否结婚,不管是否在家,都会分到家产。如果是家里的女人改嫁带过来的儿子也有权利继承,只要是这家的人就都有权利。邓家前后几次分家,都是给家里成婚且可以带领自己小家独立生活的儿子分家,家里的几个外嫁的女儿则没有权利分到家产。分家的见证人一般都是娘舅或者表叔,由其主持分家,解决分家中的矛盾。见证人在分家前,都会和当家人提前见面商量好,把分家的相关事宜敲定,然后由见证人主持分家。分家的时候当家人就不再出面,一切由见证人决定,但实际上是当家人做主,见证人只是办事人,但不会明说,以免让家里人觉得不公平。

2.分家凭据之分家单

分家的时候有分家单,尤其是大家大户,分家单就相当于字据,各个小家的人都要在分家单上签字,之后一切物品的分配都以分家单为据,家里除了各个小家房间里的私有物品以外,其他物品都要被分配。分家的时候,除了自己小房间的私人东西或者媳妇的嫁妆以外,家里的房子、土地、粮食、瓦瓮①都要分,分家的时候村里的干部不管,但是会请自己家里的舅舅来帮忙,如果没有舅舅,就请自己的表叔来主持。邓家分家的时候也有分家单,不管谁家分家都会有分家单,在分家单上边清楚地写了谁家分了什么,分到哪些房子、哪些地,每个小家的管事人都会签字,每个家庭留一份凭据。

在邓家后人的印象里,分家单上主要包括以下内容:一是老人的赡养问题。邓家在1947年第一次分家的时候,邓家老母亲张氏还在,张氏是邓永兴的继母,父亲去世之后继母便由邓永兴一家照料,分家的时候便把老母亲分给邓永兴来照顾,邓永兴为当家人,家里的老人理应由当家的做出安排,在没有人接手时,当家人需要自行承担照料老人的责任。分家的时候没有养老地、养老房、养老粮,谁家的老人就由谁家养,赡养老人还有一种情况:由几个儿子轮流来照顾,但邓家老人并没有由子嗣轮流抚养,邓家母亲一直由当家人赡养着,母亲去世以后当家人才组织第二次分家。二是生活资料的归属问题。分家以后就是自己家做自己家的饭,自己种自己的地,做饭的灶也是自己盘②,邓家分家的时候祖宗牌位和家谱就没有了,只有中堂的堂号,也由当家人邓永兴来继承。三是房屋的分配,邓家分家的最大原则就是保

---

① 瓦瓮:当地方言,指的由水泥做成各种"缸",包括水缸、粮缸,统称为"瓮"。
② 盘灶:过去的灶为泥土垒砌而成,在当地称为"盘灶"。

持平均,家里有三座院子,包括两座住人的大院子和一座敞房,家里的儿子基本上都分到了,第一次分家是太爷爷给邓家两位爷爷分家,爷爷这家人一座,另外一家一座,一人一边。第一次分家的时候,把敞房分给了邓家爷爷,爷爷去世之后分给了下一代当家人,后来便由抚养老人的子嗣继承敞房,敞房最先是分给母亲张氏的,在邓家第一次分家的时候将敞房分给邓永兴。分家就是按家门来进行的,女儿嫁出去了就分不到了,"嫁出去的女儿就是别人家的人,在别人家里可以分到房子,但在娘家是分不到东西的"。

邓家分家的时候,最重要的考虑因素还有家人之间的"服"际关系,"三服"之内为血缘较近的自家人,"五服"之外为远自家,一般情况下,出了"三服"之后,分家便会按照"家门"来分,自家人分为叔辈自家和远自家,叔辈自家就是指父亲的兄弟及其家人都是自家人。远自家人指的是没有直接血缘关系的兄弟们,是隔了一辈人,外人一般指的是外姓人。如果没有分家,一家人肯定会相互扶持、相互帮助,也有很多这种情况:"男人没话,女人奸诈",碰到这种情况家里的矛盾就比较多,分家就比较麻烦;家里和睦,家务活女人们都会抢着干,外面的男人比较能干,尊重家里的老人,这种情况就是家里和睦的。分家的时候,如果家里有残疾人,若家里没有矛盾,兄弟姐妹会照看着残疾的家人,如果家里有矛盾,家里的残疾人就比较可怜了。

(二)家户继承情况

邓家的家庭财产均由邓家男性晚辈继承,符合当地村庄"子承家业"的一惯传统;家里的女儿则被视为"泼出去的水",没有权利继承娘家财产,有着"女出外乡,家是另当"的说法。

1.子承父业

在邓家,家里的财产都由儿子继承,而且儿子有直接的继承权,不管几个儿子,几个儿子都是有继承权的,分家的时候就把家里的财产分成几份,即便是有的儿子没成年,也有继承权。女儿出嫁之后即为对方家里的人,没有权利继承娘家的财产。邓家未成年的儿子一样具有继承权,当家人再给邓云生结婚定亲的时候,对未婚的小儿子心理也有一个准确的判断,结婚的彩礼是多少、婚后的房子是哪几间,即使没有成婚,当家人也会考虑这些因素,在家产方面给每个儿子均摊,确保每个儿子都能娶到媳妇以及分到田地或者房屋。

过继、上门女婿以及不孝顺的儿女同样具有继承权:一是过继,过继过来的儿子也有继承权,"过继过来的儿子也是儿子",而且一般情况下,过继都是兄弟之间的过继,过继之后仍然具有血缘关系,因而同样具有继承权。二是倒插门的上门女婿也一样,上门女婿同样扮演着儿子的角色,有的甚至要改名换姓,生的孩子也要随女方姓氏,在女方家里认祖归宗。三是不孝儿子同样具有继承权,"儿女不孝顺,反正人家是你的儿子",无论何种情况、无论孝顺与否,只要是家里的儿子,就得把东西给人家留下,儿子再不好也不能被剥夺继承权。在村里,因为继承而闹矛盾或者兄弟反目的这种情况肯定是有,在涉及分家产的事情上,每个人都会站在自己利益的立场上考虑问题,往日的亲情不复存在。在利益面前,多多少少都会有些不均匀,只要有利益就会有纠纷,为了减少这种矛盾的发生,很多当家人都会提前"安排",所有的晚辈都要听长辈的,"分下啥就是啥",还是当家人做主。

在当地,继承权一般都是自己亲生孩子的,虽然过继的儿子也有继承权,但有亲生的孩子就不会存在过继儿子的情况,有亲生儿子也不会招上门女婿。财产由人家儿子继承,如果儿子女儿都没有,那就抱养或者过继,"这一家子总要有后人",也不存在家里财产没有继承人的情况。

2.女出外乡,家是另当

邓家所有的儿子不论大小都有继承权,嫁出去的女儿没有继承权。女孩出嫁之后不能分到娘家的财产,当地的说法就是:"儿子是地里的,女儿是柜里的",女孩嫁出去之后就是"亲戚"而不再是"自家人"了,家里的土地和房子只能是自己家里的儿子继承。清明节给家里祖宗上坟的也是男孩子,家里的女孩以及嫁出去的闺女是不能去给祖先上坟的。女孩出嫁之后,娘家大大小小的事情都没有权利再管了,当地俗语说"女出外乡,家是另当",说的也就是这个意思。继承的儿子或者其他具有继承权的人继承家业不需要请证人,如果涉及分家产,可能会需要一个中间人来说话,以减少继承者之间的矛盾,如果家里就只有一个继承人,就不要请什么证人,顺其自然、子承父业,只是改朝换代,"那一代不在了就轮到下一代继承",大人不在了就由家里的孩子继承财产。

四、家户过继与抱养

邓家邓永庆与邓永泰均无子嗣,邓家叔父将一个儿子过继给邓永庆,邓永泰则选择抱养一儿一女,无论是过继还是抱养,都需要一个"中间人"搭桥,双方家庭进行双向选择,抱养或者过继的孩子年龄都较小,过继一般发生在自家人之间,而抱养的孩子可以是自家的也可以是外家的,过继或者抱养的孩子则会担任"顶门头"的角色,同样具有继承家庭财产的权利。

(一)一门有子,十门不缺

村庄中家里只有女儿的家庭很少,当地有句俗语"一门有子,十门不缺",即使家里没有儿子,只要自家的兄弟有儿子,就相当于自己家也有后了。而如果兄弟家有好几个儿子,就会把一个儿子过继给自己家。如果一家没有儿子,而自家兄弟的儿子较多,人家把一个儿子给你,那个孩子就成了自家的儿子,这便为过继。过继的时候,自家兄弟的孩子也行,不是自家兄弟也行,邻居的也行,"你娃娃多,不愿意要了,给人家;人家没有娃娃,想要也能行"。只要是家庭双方,一家愿意给,一家愿意要,两家可以达成协议即可,但一般情况下的过继都是在自家家庭内部进行的。在邓家,一个叔父生儿子比较早,而邓永庆膝下没有一个儿女,自家的叔父就把邓云生过继给邓永庆,这就被称作过继,"自家内部过继的都是亲的,也没有什么舍不得的",即便是自己把儿子过继给自家兄弟了,一大家人还在一起生活,每天仍然可以看到孩子,还是自己的亲兄弟抚养,过继之后一大家人仍然在一起生活了好久,两家关系处理得一直都很好。1947年以后,邓永庆又生下了个儿子,但仍然要负责给过继来的儿子娶妻生子。邓家的叔父把孩子过继给邓永庆是在1947年以前,过继来的孩子不管是谁养,都还是这一家子,还都在一起。

当地过继的一般都是亲兄弟的儿子,大部分是这种情况,也有不是一家人的情况,这边儿子多压力大养不了,那边没有儿子却又想要儿子,这边就给那边一个。过继的时候,没有任何的程序或者仪式,"双方家庭协定之后直接就抱走了"。过继孩子一方面算是帮孩子的亲生父母减轻负担,另一方面在过继家庭"顶门头",充当后代的角色,所以对双方而言都有好处,过继的时候一般都是直接抱过去给人家,把人给了过继的家庭,有心的家庭会给孩子的生父生母带些什么东西或者结门亲,儿子过继给对方之后两边还要来往。过继中最重要的角色是当家人,必须是双方当家人都点头之后才能过继,一旦有一方的当家人不点头,过继便无法进行,过继那就是两边人商量好,两边都同意,家长也同意,像是"这边不同意给,那边再想要,都要不过去",所以两边都同意才能过继。

除了当家人,过继中还有一个重要角色便是"中间人"。一般情况下都是这边的家庭没有儿子,希望过继一个儿子,那边家庭经济压力大、无力抚养,又想送出去一个儿子,这时就要由一个"中间人"来为双方家庭说和,再通过说和完成过继。比如村里有个名叫建忠的人,他的第四个弟弟过继到临汾,临汾那边有一个老人没有儿子,到处寻找中间人给他找儿子,最后到永济这边找了一个中间人,正好这个中间人也认识建忠,就把建忠的四弟过继给了对方家庭。建忠刚开始把四弟给到临汾那边后,那边家庭提出的要求就是不能和亲生父母来往,建忠作为哥哥可以前去探望,但不能与其亲生父母来往,后来孩子长大了,两家才开始来往。

邓家叔父把儿子过继给邓永庆之后,对邓永庆而言,家里多了个新儿子,但不摆酒席,把儿子过继给的那户当家人要给钱(一般情况下都给钱,但也分情况),因为是自家人,叔父没有收任何金钱和礼物。过继之后孩子就得管养父养母叫爸妈,姓氏肯定也是跟着对方家庭的姓。过继之后,如果离得近还能来往,如果离得远,也就再也不来往。一般都是过继的家庭不愿意来往,要是来往便会担心这孩子长大以后,依旧和亲生父母亲,"连他亲爸亲妈亲,不连这边亲",如果是自家内部的过继就另当别论了,所以很多家庭不愿意来往。如果不愿意来往,对生父生母也不用尽养老送终的责任,对原生家庭也没有什么责任。儿子一旦过继,就算是过继家庭真正意义上的后人,需要担负这儿子应该担负的责任。过继过来的儿子能进祠堂拜祖先,去世之后也能进祖坟。村庄里也有回继的情况,大部分给人家就是人家的,跟这边就没啥关系。也有这种情况,过继给人家,后来人家生了亲儿子,又把过继的儿子送回来了。"人家生下亲的了,过继的儿子再怎么也比不上人家亲的亲"。有的人家就继续养着过继的儿子,有的又叫人给回继过来,回继的时候孩子的亲生父母肯定还是愿意要的。

(二)抱儿养女的概况

邓永泰无儿无女,便选择抱养了一儿一女,抱养儿女需要中间人牵线搭桥,以赠送新衣服作为抱养礼物,邓家抱养之后为孩子更名换姓,却仍然与对方家庭保持着联系。

1.抱养概况

当地抱养的情况比较普遍,抱养家庭一般是有能力抚养,但由于某种原因导致无法生育,家里无儿无女,希望拥有一个孩子来"顶门头",为家里的老人养老送终。送养的家庭一般是家庭经济条件不好,儿女众多,抚养经济压力大而不得不把孩子送给他人来减轻经济压力的。抱养也要掏钱,掏也都少量的,都是送养的人家养活不了了,把孩子给别人养活以减轻压力,所以只是象征性地收一些钱。

邓家也有抱养的情况,邓永泰无儿无女,抱养了一儿一女,抱养的儿子是永济市北王村的,对方家庭也较为拮据,抱养的儿子在4岁的时候才学会走路。抱养孩子的时候,也有中间介绍人,抱养的儿子是村里丁红元介绍的,邓家的家庭条件在村中算是比较好的,村里好几家都想把孩子送给邓永泰,于红元和抱养孩子的姨夫关系很好,就做了中间人,儿子的亲生父母养活不起这些孩子,就着急把孩子送出去,对方家庭就主动找过来了,儿子抱养过来后一直跟亲生父母保持着联系,并认亲生母亲为"老妈"[①]。在儿子每次生日的时候,老妈就会"送牛圈",

———————————
① 老妈:当地话语,指被抱养孩子的亲生母亲。

送牛圈在当地指在儿子过生日时给儿子的生日礼物,牛圈是用面做成一个圆圈、蒸熟,这个圆圈的大小跟孩子的头部大小相似,头越大,牛圈就做的越大,头部小,牛圈就可以做得小一点。在孩子生日时,老妈就会蒸好牛圈去看望孩子,在孩子生日的当天上午把牛圈套在孩子的头上,边套边说"孩子,孩子,快快长大"或者其他的祝福语,未满十二岁的孩子每年都有牛圈,还有在逢年过节的时候,邓永泰和媳妇会抱着儿子去看望他的老妈。

邓永泰抱养的女儿是张营镇姚家行的,女儿抱养过来的时候只有五个月大,对方家里有三儿三女,因家庭经济拮据无力抚养,便把最小的女儿送给邓永泰抚养。抱养的中间人是对门的老太太,她也没有女儿,她就抱养了一个女儿,抱养之后她的亲戚就告诉她说"哪儿还有女儿",她就介绍给六弟媳于爱枝。抱养女儿的时候,邓永泰没给对方家庭掏钱也没有送礼,但给对方家长做了两套衣服,父亲一套,母亲一套,然后再蒸个牛圈给对方家庭送过去。抱养女儿的时候,对方家庭说:"孩子抱走后,就不要来往了",但邓家老母亲张氏坚持要和对方家庭保持联系,说是抱养过来的孩子属于"欠娃",多个人拉扯孩子会比较顺利,有个老妈会对孩子好点,就与对方家庭结了门亲。每年"看麦耙"①的时候会带着女儿拜访对方家庭。

2.抱养年龄

邓永泰和于爱枝抱养的儿子是 3 岁,抱养的女儿还是个婴儿,儿子抱养过来的时候已经"三响"了,过了两个生日整整两岁了,抱养的时候还不会爬。对方家庭的孩子比较多,养活不了这些孩子,每天还要忙着干活,就把这个孩子扔在家里饥一顿饱一顿的,父母每天干完活才有空回来喂养这个孩子,孩子吃得也不好,大人吃啥这个孩子就得吃啥。抱养女儿的时候,是六弟媳于爱枝去抱养的,介绍人是对门的老太太,那时候邓永泰媳妇和这个老太太的关系好,这个老太太就骑着自行车带着于爱枝去"相孩子",去的时候并没有带礼物,想着能相中再送礼,相不中就算了。后来于爱枝去了,坐在炕边,把这个孩子抱起来的时候,这个孩子就在她的腿上跳起来一蹦一蹦的,很精神,也招人喜欢,六弟媳于爱枝就毫不犹豫地把这个女孩抱回家了。把孩子抱回来之后,才准备东西给对方家庭送过去。那时候女儿才五个月大,到第二年六月份的时候女儿就会走路了,那时候就是一岁。

邓永泰抱养之前与对方家庭并不熟识,后来托人打听,通过介绍人才认识。孩子抱养过来就相当于结了一门亲,为了不让孩子长大之后抱怨,邓永泰与妻子一直不反对孩子见亲生父母。邓永泰抱养的儿子中间还"跑了"一次,就是沿着水渠回了他亲生父母家,到天黑的时候邓永泰见他还不回来,就到学校找老师,老师说他一天都没来上学。后来邻居告诉邓永泰,这孩子拿着一个红薯朝着南方去了。邓永泰去对方家庭找孩子的时候,亲生母亲让孩子回去,而且不讲道理,还破口大骂。心力交瘁之际,邓永泰决定不要这个孩子了。第二次,邓永泰和姐夫去对方家庭的时候,对方父亲比较明智,让邓永泰把孩子带了回来。在六弟媳于爱枝看来,自己和两个孩子的亲生父母一直保持着良好的关系,女儿每次去看望老妈的时候,对方母亲都一直教育女儿要懂事孝顺,要对自己的养父母好,会一直在中间"说好话",但儿子每次回去看望老妈的时候只会告状,对方母亲也不懂人情、不讲道理,其实要不是邓永泰领养了这个孩子,这个孩子恐怕都活不到现在。

---

① 看麦耙:指的是每年的麦子收了之后去探亲,蒸一些白馒头作为礼物,带上礼物和亲戚们坐在一起说说今年的收成情况"。

3.抱养流程

抱养一般都不给钱,对方家庭无力抚养,这也算是减轻了对方家庭的负担,抱养孩子的时候只是象征性地给对方家里带点礼品,比如给些粮食、衣服、鸡蛋等。抱养的流程跟"相亲"有点像,中间人介绍之后,就带着邓永泰过去"相孩子",邓永泰看到养子的时候,这个孩子就在"灶门"边上玩耍,"灶门"就是灶火底下开的洞口,有着通风旺火的作用,这个小孩子很安静地坐在那儿玩。其他的小孩子都打打闹闹,几个月大的孩子都在闹腾,但这个孩子很安静,瘦瘦小小的,穿的衣服还是"粗布棉子",全身脏兮兮地不会走路。邓永泰认为这个孩子很乖,就抱养回来了,直到四岁这个孩子才学会了走路。当时,邓永泰让这个孩子坐在自行车的"大杆"上,把他带了回来。事后六弟媳于爱枝常常回忆道,她第一次见到这个孩子的时候,这个孩子很小,"他的屁股蛋就是大手拇指的指头面那么大,尾巴骨上的阙只有小手指头大"。孩子太瘦了,过去的小板凳,就是四个腿的木头小板凳,翻过来放就可以把这个孩子放进去,这就可以当孩子的"轿子",孩子领回来后大多是由家里的老母亲照顾,老母亲每次喂这个孩子吃饭的时候,就把小木凳翻过来把他放进去。

抱养小孩之后,自然是跟着本家姓邓。抱养的时候,儿子女儿都有名字,儿子名就叫"家",当家人为这个孩子添了一个字,就叫"创家";女儿的名字就是叫"芳芳",抱养在腊月,当家人邓永兴也为其添了一个字,就叫"拉芳","拉"字与"腊"字同音。六弟媳于爱枝没孩子,又特别喜欢孩子,两个孩子虽然是抱养的,但就跟亲生的没区别,俗话说:"生娘不如养娘亲",家里的长辈都把这两个孩子特别当事,把孩子当作亲生的来养。

4."麦耙"节的问候

在当地,"看麦耙"就像是专门走亲戚的节日,每年"看麦耙"的时候,邓永泰都会带着女儿回老妈家,六弟媳于爱枝就会和对方母亲聊天,两个人会说说女儿最近的生活状况,在家里过得怎么样,女儿的老妈会很热情地炸油饼招待,六弟媳于爱枝吃完之后就会带着女儿回来。邓永泰和于爱枝待孩子都很好,有很多人抱养孩子后,害怕孩子跟生父生母亲近,而不跟养父母亲亲近,所以就不跟对方家庭有任何往来,但邓永泰每年都带着孩子去看望他们的生父生母,两个家庭来往得跟亲戚一样。相比养女的乖巧懂事,养子性格较为叛逆。有一次,邓永泰媳妇和养子吃完饭之后,自己着急干活,就让养子把院子扫一扫,扫完之后再去学校,时间紧张就放学回来扫,结果养子因为打扫了院子而上学迟到,放学后就没回家而直接回到了他的生父生母那里。六弟媳于爱枝干完活之后看见孩子还没回来,就到处找,最后邻居告诉邓永泰,养子朝着生母那个家的方向走了,后来就把邓永泰叫回来和当家人一起去找养子。养子就在生父生母那里告状,六弟媳于爱枝和儿子的亲生母亲大吵了一架,最后对方没有让孩子跟着回来。第二次是当家人和邓永泰去对方家里说话,六弟媳于爱枝铁了心,不想再要这个让自己伤透心的养子,可邓永泰最后还是把在这个养子带了回来。为此,邓永泰和媳妇还吵架了,好在孩子还是带回来了,"光景"还是要继续往下过。

(三)卖儿卖女的缘由

邓家人口众多,但没有出现过买卖孩子的情况,家里的女人生下的孩子,不管是儿子还是女儿,都由自己抚养,如果是男孩,到了一定年龄,当家人也会安排孩子去上学,没有出现过卖孩子的情况。但卖孩子的情况在当地是存在的,如果家里太穷,光景过不下去,当家人就会把孩子卖给当地的其他人家,运气好的会把孩子卖到富裕人家,运气不好就把孩子卖给大户人家做"童男童女",给大户人家去世的老人家陪葬,大户人家的陵墓前会站着两个小孩,就是所谓的"童男童女",当逝者埋葬的时候就会让童男童女喝下水泥,把脚上钉上钉子,孩子失去知觉后就定在墓口,当孩子的亲生父母知道孩子不在时,为时已晚。村庄还有养儿院,如果家里的孩子多,养不活,就可以把孩子送到养儿院里,谁没有孩子或者想领养孩子可以到养儿院进行领养。村里有的家庭穷,养活不了那么多的孩子,就把孩子卖给能养得起的人家,把孩子卖出去之后,就跟这边断了关系,大部分就不让孩子跟生父生母见面了,等孩子大了,才让孩子去看看生父生母。

五、家户赡养情况

正如俗语"养儿防老"所言,老人年迈之后由自家的儿子照料,男性在家户赡养中承担着主要责任,女性起着辅助作用。

(一)赡养单位

村庄里老人的赡养以家户为单位,"谁家的老人谁养",若家户未进行分家,家里的老人则由该家庭成员共同赡养,若家户已经分家,老人则由几个小家共同赡养,但与老人同住的儿女担负着主要照料责任。抱养的儿子以及上门女婿充当着家庭的"门头"角色,同样担负着赡养老人的责任。

(二)儿子养父母

当地老人的养老都是靠家里的晚辈,邓氏家庭也不例外,老母亲的赡养就是由当家人和几个兄弟共同赡养。但由于邓永兴是当家人,管理着家里的大小事宜,所以老母亲的赡养也是由邓永兴负主要责任。过去的大家小户都比较尊重老人,家里的老人地位都比较高,老人说什么就是什么,虐待老人的情况并不多,虽然家里是邓永兴当家,但碰到大事情的时候他也会向家里的老母亲请示,如果老母亲不同意,当家人也要听取意见。

(三)共同赡养老母亲

家户赡养形式包括共同赡养以及轮流赡养,共同赡养即由老人的几个儿子共同赡养,一般未分家的家户赡养形式都是共同赡养,轮流赡养多发生在分家后,由分家之后的几个儿子分别承担一定时期的老人照料工作。邓家老母亲的养老并不是轮流赡养,都是当家人及其兄弟几人共同抚养。老母亲在世的时候不愿意分家,家里人也都没有分家的想法,只要老人还在,家里的晚辈就要赡养老人。分家的时候也要听取家里老母亲的意愿,老母亲不愿意分家,家是分不了的,只有在老人逝世之后,兄弟几个才可以讨论分家事宜。

(四)养老钱粮

如果老人健在而且愿意分家,老人也会分到自己的"口粮田",赡养老人的儿子就会多分到一些土地,多的部分相当于老人的养老田,养老田比一般人的口粮田要多,除了"口粮田",负责赡养老人的儿子在分家时也会都分到一些家产,再加上孩子都孝顺,也都愿意赡养老人。老母亲就是由家里的儿子、儿媳妇伺候,如果老人有女儿,女儿会帮着照顾,如果老人没有女儿,吃喝拉撒就都靠儿子照顾。邓家老母亲去世前,邓家并未进行分家,当家人邓永兴担负着赡养老人的主要责任,养老钱粮自然也是由邓永兴承担。在未进行分家的情况下,不存在众儿轮流赡养或者均摊的问题,因而也不会因赡养老人而出现家庭矛盾。

（五）治病与送终

受"养儿防老"思想的影响,各家各户均由自家的男性儿孙晚辈赡养,女儿则起辅助性作用。在邓家,家里老人由家里的几个媳妇照料,外嫁的女儿逢年过节时会回来探望,如果家里的长辈生病的话,女儿也会回到娘家住上几天伺候父母,但日常老人的生活起居以及看病,由家里的儿子及媳妇照顾。老人生病的花费也由儿子承担,但儿子经济压力大、女儿经济相对宽裕的话,女儿也会拿钱给父母看病,如果女儿家的经济压力也大的话,女儿可以不掏钱,但一般都会选择在娘家住上几天。家里老人去世的时候,儿子跟女儿也需要承担不一样的责任。

（六）外界认可的家户赡养

各家各户的老人均以家户为单位进行赡养,大部分的老人都能得到很好的照料,但如果家里的儿孙晚辈不孝顺,外人也不能插手,只能是好意的"劝说",同样的,外嫁的女儿也没有权利插手父母的养老事宜。村庄里有一户叫李伟的人家,李伟的母亲早逝,父亲独自抚养姐弟三人,两个姐姐均已出嫁。李伟沉默寡言,媳妇却刁蛮任性,对八十岁的父亲也不孝顺,不与老人同桌吃饭,要求老人自立自理,邻居实在看不过眼的时候也会劝说,但李伟媳妇没有丝毫的更改,四周邻居见劝说无效,也不再插手李家家事,两个女儿心疼父亲,上门理论,则会被李伟媳妇反问"为何不自己赡养",两个女儿因自家经济条件一般,无法承担,也无可奈何,只能是私下给父亲送一些饭菜,除此之外别无他法。

六、家户内部交往

邓家家庭成员众多,关系错综复杂。在以当家人为核心的家庭关系中,首先,父亲具有至高无上的权力,儿子必须服从父亲;其次,媳妇必须听从婆婆、孝顺婆婆,婆婆有权力教育媳妇;再次,妻子必须服从于丈夫,不能反抗丈夫的任何指令;最后,在妯娌关系中,年长的嫂子地位更高,有权力指派年轻的弟媳。

（一）子从父令

在邓家,无论是第二代还是第三代,家里的儿孙晚辈成家后的事情父亲还是会管,"大人总归是大人",年龄小的时候父亲会教育,该结婚的时候父亲会给儿子物色对象,孩子成家之后也要听从父亲的安排,所以在家户父子关系中,父亲扮演的角色是发号施令,而儿子的角色则是服从。当家人邓永兴是一个很有权威的人,几个孩子的教育、婚姻都是邓永兴管的,结婚的事情也是由当家人一手操办的,在儿子的生活中扮演着"绝对"的角色;作为儿子也一样,"长辈就是长辈,长辈说的话要听",儿子也要为父亲养老送终,父亲给安排的事情,"该干啥就去干啥,叫干啥就干啥",不能反抗,所以邓家晚辈对父亲一直都是恭恭敬敬的,不存在父子矛盾。在过去,人都比较简单,家里的人都会服从管教,在父子之间更是如此,儿子要服从父亲的管教,家里的大小事情都是父亲管,家务事也是父亲说了算,"家里的事父亲一下子就管到老了",邓家分家前是父亲当家管事,分家后变成小家的时候就四五口人,家里还是父亲拿事,儿孙晚辈听从安排即可。

（二）家婆至上

婆媳矛盾是家庭矛盾的主要体现,婆媳关系处理得好,则一家人和和睦睦;婆媳关系处理得不好,则家庭分崩离析,甚至不欢而散。在邓家,家里基本上没有婆媳矛盾,邓家有四个媳妇、一个婆婆,媳妇们都很顺从、恭敬,很孝顺地伺候婆婆,六弟媳于爱枝年龄最小,年轻又没有孩子(后来抱养了孩子),老母亲的衣服基本上都由她洗,六弟媳每天会在其他媳妇之前起床去给婆婆倒尿盆、打洗脸水,几个媳妇吃饭前也是先问候婆婆,到老母亲生日的时候,几个媳妇也会忙前忙后地张罗。家里的人比较多,妯娌之间都会认为最先起床的那个媳妇比较勤快,先起床的媳妇需要给婆婆烧炕、倒尿盆、烧热水,会被家里人看作勤快的媳妇。家里六弟媳最年轻能干,一开始没有孩子没有负担,最会照顾婆婆。村庄里的姑娘也都渴望嫁到大户人家,日子过得轻松,娘家人也可以跟着享福。刚过门的新媳妇,刚嫁过来的前几天,什么也不用做,早上不用早起,也不做饭。但在大部分的老人看来,新媳妇嫁过来就应该是伺候人的,给家里做饭、洗衣服、做活的,否则婆婆有权力教育新媳妇。

邓家家大业大,人口也多,老母亲作为众多儿媳的婆婆,权威大,对儿媳也较为严格。一般情况下,婆婆的批评教育儿媳都会接受,很少有儿媳会和婆婆发生正面冲突。邓家续弦的三儿媳王桂花为河南人,性情迟缓,刚过来的时候语言不通,沉默寡言,很多生活习性婆婆也都看不习惯,经常会要求三儿媳把没有打扫干净的院子再扫一遍,大家吃完饭之后三儿媳要迅速去厨房收拾打扫,否则会受到婆婆的指责。在邓家,三儿媳几乎没有受过新媳妇的待遇,即便如此,三儿媳也不敢顶撞婆婆或者违逆婆婆的意愿。过年家里的几个媳妇也回娘家,但是得向老母亲"告假",提前得和老母亲打招呼,老母亲允许就能去,老母亲不准就不能去,在娘家待的时间长短也得是老母亲说了算。

(三)妻从夫令

在邓家,丈夫的地位要高于妻子,妻子在做好家务的同时还要照顾好自己的丈夫,如果妻子的做法引起丈夫的不满,丈夫也会指责甚至打骂妻子,即便是家里的丈夫动手打了妻子,家里的长辈也不会插手,甚至视为"正常的现象",而女人也不会反抗,在女人的眼里"嫁鸡随鸡,嫁狗随狗",自己嫁过来之后就是要伺候这一家老小。邓家睡觉的时候一般是家里的男人和老人先睡,女人一般睡得比较晚,女人晚上回房之后还要干活,要给自己的男人纺线织布做衣服、纳鞋底做鞋子,袜子被单,经常要干到半夜才能去睡觉。而早上,妻子则要早起打扫院子,给丈夫打洗脸水、做饭,如果妻子在男人起床之后才起床,则会被认为是懒女人,家里的长辈也不会允许这样的事情发生。

夫妻之间的称呼不叫名字,都是用儿女的名字,比如叫家里的老头子就是用儿子的姓名,叫老伴儿就是用女儿的姓名,邓家当家人与老伴之间的称呼仍然是使用孩子的名字。

(四)长嫂比母

邓家第二代或者第三代兄弟众多,媳妇众多,自然也避免不了妯娌矛盾,但在长时期的生活中,邓家媳妇之间也形成了一种规定,那便是"顶班"。为了减少家庭矛盾,妯娌之间也是有"顶班"制度的,新媳妇来了老媳妇就不做了,只要媳妇过门超过十天,就要接手家里的家务活,新媳妇就成了"主力军",老媳妇则是搭把手。新媳妇接手家务活的标志则是"破十"或者"破八",新媳妇过门十天之内在婆家不用干活,十天之后需要返回娘家居住八天或者十天,当地称之为"破八"或者"破十",新媳妇返回娘家的时候,需要跟婆婆商量,在娘家停十天或者八天,具体时间都由婆婆说了算,如果婆家同意,可以"八顶十"。"破八"或者"破十"的时候,是需要娘家人出面去婆家请女儿,请的时候需要牵着家里的牲口,在牲口身上套上拉车将刚嫁出去的女儿拉回家。新媳妇回娘家的时候需要带上"活"或者包袱,嫁到别人家里就是人家的人了,就要"干活",给自己的丈夫做衣服或者纳鞋底,走的时候要向婆婆告别,婆婆同意后即可离开。

从娘家"破八"或者"破十"回来后,新媳妇就要承担起家里的大小家务活,老媳妇或者年龄大的媳妇就可以退下了。做饭的时候老人不做饭,只要年龄超过五十岁或者家里已经娶了儿媳的女性,都算是"老人",都不用做饭,是家里的儿媳妇做饭;如果家里还没有给儿子娶媳妇,但是自己有弟媳妇,那就是弟媳妇做饭,自己则可以退居二线当帮手。邓家母亲作为家里的长辈,并不做饭,家里的几个儿媳妇都比较年轻,做饭的时候大家一起合作,几个媳妇眼里都比较"见活",这个媳妇在切菜,另外一个就去烧火,厨房里的活没有明确的分工,做什么也不规定,想吃什么就做什么,都比较穷,饭菜花样比较少,做饭比较简单,很快就可以把饭菜做好。

(五)其他关系

邓家是有二十四口人的大家庭,大家都在一起生活,涉及婆媳关系、妯娌关系、兄弟关系,与各种家庭关系相伴随的便是各种家庭矛盾。当家人邓永兴当过村长,当过"学董",比较会"来事",总体而言,家里人关系都处挺好,基本没有什么矛盾,也没有欺负、瞧不起这些事情,妯娌之间相处都很好。唯一不太好的事情是王桂花会被欺负,四子邓崇文四岁的时候亲生母亲去世,后来邓永兴续弦娶了王桂花,王桂花是河南外来人,邓永庆就有点看不起外来的,有时候会欺负王桂花,会嫌弃王桂花干活动作缓慢,会对王桂花的一些行为指指点点甚至动了手脚,比如在王桂花打翻洗脸水之后怒踹了王桂花一脚,王桂花受了委屈只能默默忍受,后来当家人知道之后很生气,好几天都不理邓永庆,但是经过家人调解邓永兴最终原谅了邓永庆。

七、家户外部交往

尽管各家各户具有较强的独立性,但生活在村庄这个小社会中,家家户户避免不了与外界的交往,邓家在对外交往中,本着"相互尊重,互不侵犯"的态度,为人和善友好,得到村民的一致称赞。

(一)对外权利,相互尊重

在家户外部交往中,家户之间因为房屋边界产生的矛盾时常发生,但邻里之间要做到"相互尊重,相互制约"。一方面,邻里修建的房屋都必须"一般"①高,左边的房子比右边自己家的房子高一点,两家就会产生矛盾。人们心里总是想着自家的房子稍微高一点会给自家带来好运气,都希望自家的房子比邻居的高一点,这时候邻里双方必须相互尊重而且相互制约,一旦有一方破坏了双方之间无形的规矩,双方家庭便会因此爆发矛盾。另一方面,公墙的修建也是邻里矛盾爆发的导火线,共用一堵公墙的时候,费用如何分摊以及公墙修建的尺寸等,都会使昔日热情的邻里产生矛盾。

除了邻里权责,邓家的对外权利还包括朋友权责、地邻权责、主雇权责等内容。首先,邓家当家人历来对外交往广泛,邓永兴为"学董",交往朋友涉及本村以及外村的,在与朋友的交往中,邓永兴一直本着"不贪不占"的态度,只要朋友有需要,邓永兴一定会出面帮忙;在与地邻交往中,邓家人一直以地畔为地邻边界,不越位不错位,当家人经常嘱咐耕作中的家庭

---

① 一般:当地名言,在文章中指"同样高"。

成员"不要踩毁地畔",如果不小心将地畔踩毁,要及时修复。

邓家在主雇关系上,家里的男劳力都是起大作用的"劳动主力",只有劳力不足、干不过来的情况下才会雇长工,邓家人一直保持着善良的态度,从不苛责长工。邓家的几个女人也不会使唤长工干家里的家务活,也没有说像使用下人一样对待他们。邓家长工的工作量也不算特别的重,长工的辛苦之处在于晚上主家的人休息之后他们并不能休息,还要喂养牲口,白天吃饭、干活,主家人都跟长工一模一样。在主家能种多少地没有确切的数字,都是跟主家的人一起干活,主家的人做多少活长工就得做多少。在长工干活请假的方面,邓家被雇佣的长工允许请假,如果长工家里有事也可以给当家人请假,当家人同意后即可离开,但考虑到土地生产每天都需要人去干活,长工请假要避免两人同时请假,两个人请假必须是岔开的,邓家两个长工同时请假的情况没有发生过,当其中一个人请假时,另外一个长工会和家里其他的劳动力一起加班加点地干活,所以家里面的活一般也不会被耽搁。邓家当家人是明事理之人,长工离开后只要不误工,就不会扣发粮食,如果误了工,则会根据天数相应扣除一些粮食;如果长工生病,当家人也会支付相应的医疗费。

(二)对外关系友好

邓家院子并排,住在主院、偏院的都是自家人,家庭内部关系很好,大小事情均由当家人安排做主,因而并不存在邻里矛盾,但邓永兴身份特殊,邓家家户外部交往关系较为广泛,主要体现在以下五个方面:

1.邻里难得"不愉快"

邓家在处理邻里关系时,一直本着退让或者吃亏是福的态度,在与邻居发生利益冲突时,能让就让,尽量不与对方闹出"不愉快"。在邓家后人的印象里,每年秋收之后邓永兴都会主持家人在麦场对粮食进行晾晒,晾晒的时候左邻右舍都会来邓家麦场进行帮忙,而在其他邻里农忙的时候,当家人也会让家庭成员前去帮忙。邓永兴也会让家里的女人把打扫工具带出来供大家使用,每次使用之后都会少一样工具,"不是笤帚就是簸箕",轮流丢失,后来张氏老母亲无意中发现自己丢失的打扫工具都在对门家的院子里,即便如此,为了维持对方家庭的面子,老母亲仍告诫家人不能前去索回,让自家成员下次及时收回即可,邓家也一直与四邻保持着良好的关系。

2.村户关系良好

邓家与同村村民的关系良好。邓永兴当家时,经济宽裕,邓家便创办了"邓氏学堂",这是村里唯一一所私塾学堂,但凡是同村的小孩子只要愿意来识字,都可以来邓氏学堂进行学习,家长不需要为孩子支付任何费用。本村很多当家人便带上礼物找上门来,都被邓永兴一一回绝,"让娃尽管来就行,不要这些",为表示感谢,村民在农忙之后都会来邓家和邓永兴"聊聊天"。除了与本村村民的关系良好以外,邓家与外村的一些村民也维持着良好的关系,邓永兴为"学董",这就避免不了与外村的来往,在邓家后人的印象里,邓永兴与周边村庄的"学董"关系都很好,外村朋友的红白喜事都会请邓永兴参加,邓永兴也从不回绝,能到的一定会到,即便是有事缠身到不了,也会抽时间向对方解释。

3.地邻和谐

邓家拥有百余亩田地,在日常的耕作中也从未侵占地邻的土地,一直与四邻保持着良好的关系。在日常的耕作中,如果恰逢邻居也在地里干活,双方就会在地里边干活边聊天,互相取乐,如果碰到邻居有需要帮助的地方,邓家也会及时伸出援助之手。除此之外,邓家与地邻之间在农业耕种中也会相互提醒,比如邓永庆带领两个长工到地里锄地,发现邻居家地里同样长满了草而且没有人清理,邓永兴一行人在回去之后也会提醒地邻锄草,否则影响庄稼长势。同样的,如果地邻去地里之后,回来也会向告知邓家地里庄稼最近的长势.

4.亲戚往来多

邓家与亲戚之间的关系一直良好,尤其是体现在与邓家亲家的关系,邓家后辈子嗣众多,"续弦"情况多,因而邓家亲家的数量也较多,无论是第一任妻子还是第二任妻子,邓家都会与对方家庭保持良好的关系。邓家邓云生、邓崇斌、邓崇文都是续弦,即便是有了新的妻子,每到逢年过节的时候当家人也会督促孩子去拜访对方家庭,只要对方家庭有需要,邓家能帮就尽量帮忙。邓崇斌的第一任妻子没有过门便去世,这时候对方亲家又转做"中间人",将自家的另外一个女儿嫁给邓家,并且双方家庭一直保持着良好的关系。

5.主佃友好

邓家雇用了两名长工,与长工也保持着和睦的友好关系。在长工的待遇方面,邓家家人为人和善,没有亏待过长工,家里的几个媳妇都把长工当自家的孩子看待,对长工们都非常好。邓家给长工的报酬不用给钱,只给粮食,家里的小孩子从小就没有见过家里有钱,都不知道钱从哪里来,只知道获取钱的途径只有两条:一是卖一些粮食,二是卖一些棉花,但是也不会拿到钱,要么是卖棉花人家给点粮食,给家里补给粮食吃;要么是卖粮食人家给点棉花,纺纱织布做衣服。

邓家雇佣一个长工是一年给七石或者八石粮食。一般情况下当家人会在年底或者秋收后支付长工的酬劳,但是如果长工家里出了什么事情急需用钱的时候,在家里有余粮的情况下当家人可以允许长工预支。两个长工在邓家与其家庭成员同吃同住,长工住的房子是邓家的东偏院,位于马房内,马房包括牲口圈和长工住房。长工住房条件比较差,住房和马房相距不远,住房的床就是石头砌起来的土炕,土炕上面再铺上一层单子,外加一床被子。长工使用的基本生活用品都是由邓家提供。在吃饭的方面长工和大家吃的都是一样的,邓家和长工的饭是同一个锅煮出来的,邓家吃什么,长工就跟着吃什么。但是长工不能和家中的男人们同桌吃饭,一般情况下家里的男人们围着小桌吃饭,屋内人也就是媳妇们是在厨房吃饭,负责给大家盛饭,而长工是在马房吃饭,吃饭时长工们在厨房盛好饭端到马房吃,但是也没有什么桌子可以趴着吃,都是端着碗蹲在墙脚吃。但是长工在家中的待遇和主家的人还是有些区别,比如长工不过生日,家里都是只给上了年纪的老母亲以及小孩子过生日,长工的生日不会有人过问。

(三)对外冲突及调适

如若邻里双方产生矛盾,双方会自行协商解决,矛盾大、协商不成,会请德高望重的中间人来调解,一般威望高的人都是有文化、有说服力的人,都比较信服他。村里的于红元老人就经常充当"中间人"的角色,老人是中国共产党地下工作者,见多识广,气度大也特别会说,村里的大小矛盾,甚至家里的矛盾都会请老人出面帮忙协商解决。调解不会有书面文字,没有要求必须出个文件来记录都是中间人和双方当家人口头上来说和说和就行了,大家一般都信服,调解之后的关系即使回不到原来那么好,也差不多。村民会为了房屋边界,还有债务方面的问题,尤其是房屋边界的问题计较得比较厉害。人们对房屋边界很看重,多一分少一分大家互不相让,就会产生矛盾。邓家的三座院子连在一起,左右都是自己家的人,三座院子左边是巷道,右边是田地,没有外人,也没有邻居矛盾,离自己最近的一户人家是对门,和对门家的关系处的比较好,没有直接的利益矛盾。

第四章 家户文化制度

邓家当家人邓永兴是"学董",负责管理村庄学校的大小事务,对家里孩子的教育水平与质量也比较重视,家里的男孩到了应该学习的年龄都会被当家人送到学校里接受教育。邓家女孩不能读书,但当家人对女孩的教育仍然也很严格,女孩一般要在家里学习纺线织布。在节庆之际,所有的节庆习俗均是在当家人的带领下以家户为单位进行,成员范围也仅限于自家人,外嫁的女儿则相当于"外人"。邓家举办丧事时,仍然以当家人为核心,儿子女儿扮演着不同的角色,长子邓云生与邓雨生的责任也不尽相同。

一、家户教育

(一)家户教育概况

在邓家,所有的男孩子到了一定年龄都会被当家人送到学校去读书识字,包括邓崇斌、邓崇文,三侄子邓鹏飞,即便是在家里,当家人也要求孩子每天写日记打算盘,而家里的女孩则不用上学,需要在家里学习纺线织布以及做简单的家务活。除了学校教育之外,邓家曾为自家的子嗣建立起一座私塾学堂,自家的孩子都必须在学堂里学习,其他村的孩子也可以来,当家人不收取任何费用。与同村其他家户相比,邓家的教育水平算是比较高的,一是家庭经济状况较好,当家人邓永兴不会要求家里的孩子辍学回家充当劳力,为家庭减轻负担,只要家里的男孩子愿意上学,邓永兴就会全力支持。二是邓家家庭氛围好,当家人邓永兴为当地的学董,常年与学校教员打交道,思想开明先进,对家里孩子的教育也格外重视,除了日常的学校学习,当家人在家里对孩子也会严格要求,督促孩子形成良好的学习习惯。

(二)学校教育

邓家的男孩子上学都较晚,一般能去上学的年龄都在十几岁,上学的时候也是直接上小学,并没有幼儿园,刚上学时也不分高年级和低年级,所有的学生都在一起识字念书。学校教员的教学模式就是不给上课,教员在上课前会准备几个字片,每个字片上只写一个字,一上午一直不停地念这几个字,学生在学校就是认字念字,一念就是一上午或者一天,教员不需要给学生上课。在当地上学被称作"坐学"。村民对学校教员好坏的判断标准只有一个:"教员能坐到学校,把娃娃看住,不打不闹",能识几个字就是好教员。村庄学校教员的数量有限,一般一个学校就一个教员或者两个教员。一个学校就只有十几个娃娃,数量多的就是二十几个娃娃,从认字开始到一年级、二年级、三年级、四年级,就只有这一个教员代课。在当地村民看来,只有十几个娃娃,要太多教员其实也是对资源的一种浪费,那时候雇用教员是村里来掏钱,国家不对农村教育拨款,雇用的教员人数多,村里开支就过大,负担不起,一个学校顶多雇两个教员。是村里的"学董"负责出面请教员。教员也有好坏之分,"一年到头教得不好的教

169

员有时候想干人家还不愿意要，人家有权利另请，工作比较上心，教得好、愿意干的，人家村里也愿意要，那就能继续干"。

每年的冬至这一天就是"定教员"的时候，冬至这一天"学董"会设一桌酒席，把学校的几个教员请到跟前，吃过饭之后，"学董"会和教员商量明年的事情，只要"学董"设酒席宴请的教员，这就说明还在保持联系，明年还会继续要这个教员。到冬至那一天，人家"学董"不说话，也不设席宴请，就说明对这位教员不太满意，这个教员明年就不用再来了。教员生活也没有保障，"人家请你你就来，不请你就算了"。教员的工资就是村庄给掏点粮食，无所谓什么工资，村庄学董在聘用教员之前会和教员商量好一年粮食的数量，分批发放，不是按月发。

（三）私塾教育

村庄里也有私塾教育，南苏村的私塾由邓家太爷爷创办，创办地点为邓家祠堂。创办初衷是为了让自家儿孙晚辈读书识字，便请了教书先生来家里教学。每年邓家都会给教书先生支付三石左右的粮食作为报酬。私塾学堂创办之后，当家人会要求家里的男孩子都要学习识字，家里的女孩子也可以旁听，但对女孩子没有严格要求。村里想来读书的孩子就来，当家人不会收取任何费用，很多街坊邻居会带着礼物来邓家感谢，但都被当家人一一回绝。有了学校之后私塾便停办了，由于邓家有创办私塾教育的传统，邓家当家人直接当了村里的"学董"，村庄里的学生便在学校里接受教育。在邓家后人看来，那时候当"学董"的条件有两个：一是家庭经济条件较好，有足够的经济能力扶持学校的创办，过去的私塾教育多半是家里比较富裕的家庭为教育自家的孩子，就自己办个私塾，其他家的孩子们过来上学也不掏钱。"当学董其实是一个赔本生意，就是谁家有钱谁当，都是往里面贴钱的"，如果家庭经济条件有限，便没有多余的财力支持学校的创办。二是眼光较为长远，看重教育的发展，也为下一代的教育着想。邓永兴担任村庄学董后，经常鼓励村民将自家孩子送到学校接受教育。

（四）教育的家户单位

邓家的条件在村庄中处于中上游水平，家里能上学的基本上都上学了，但基本上都是家里的男孩子去上学，女孩子则留在家里跟着家里的女人学着干女人活。邓家的三个女孩都没有去上过学。家长管男孩子的方式就是送到学校接受教育，所以人们普遍认为上学的男孩比较听话；家里的女孩都不去上学，女孩的教育主要来源于家庭，家里的女人会负责教女孩，主要是做一些简单的家务活或者纺线，日常生活中也会对女孩看管得严格一些，不允许女孩子随便在外面晃荡。

在村庄中，教育多以家户为单位进行，当家人具有绝对的支配权，主要体现在以下三个方面：一是家里的孩子是否可以去学校识字由当家人决定，家庭经济条件好而且当家人思想较为开明，便会允许家里的男孩子去学校念书识字，如果家庭劳力有限而且经济条件一般，便会让孩子回家辅助大人干活。二是家户教育消费由当家人决定，当家人可以以"家里没钱"为由拒绝让孩子接受教育，孩子只能服从而不能反抗。三是家里的孩子与家户息息相关，如果孩子教育得好，则会被认为是当家人教育得好，是家门的荣光，当家人也会因此自豪；如果家里孩子教育得不好，则会被认为给家庭抹了黑，当家人"脸上没光"，对孩子也会越发的严格。

（五）家教与人格形成

家教与人格的形成具有重要关系，正如当地俗语所言："龙生龙，凤生凤，老鼠的孩子会打洞"，意思就是，如果家教严格而且积极向上，其孩子也必将积极乐观，如果家里的长辈喜爱酗酒赌博，孩子也会受其影响。邓永兴为村庄里的学童，对家里的孩子要求极高，即便在四子邓崇文退学之后，邓永兴仍然对其严格要求。邓崇文每天都要练习算盘，并写出一篇生活日记，邓永兴每天晚上都会检查，如果没有按时完成，则会受到当家人的严厉批评。因而四子邓崇文养成了写日记的好习惯，即便在成家立业之后，邓崇文也坚持写日记。村庄中当时有一户叫文忠的人，其父亲嗜酒如命，整天都处于醉熏熏的状态而且经常殴打文忠母亲，由于父亲不务正业，文忠一家人经常吃了上顿没下顿，在此种家庭环境下长大的文忠不受管教，性格叛逆，经常对父亲动手辱骂，在其娶妻生子之后仍然改不了本性，由于经常殴打妻子，妻子带着孩子离家出走，再也没有回来过。

（六）家教与劳动技能

邓家的男孩子到了一定年龄会被当家人送到学校读书。家里的男孩子一方面可以上学，另一方面只要个头可以够着犁，就会被家长带到地里学习地里活。虽然邓永兴支持男孩子上学，但家里的男孩子也必须到地里干活，在邓崇斌、邓崇文放学后或者其他闲暇时间，都必须跟着家里的男人去地里干活，"重活干不了就干轻活"，干一些诸如拔草、捡柴之类的轻活，农活也会随着孩子年龄的增长而变重，邓崇斌和邓崇文在十五六岁就要独立承担一些重活，包括锄地、浇水、上粪。

在邓家，家里的女孩从五六岁的时候就开始跟着家里人学习纺线，只要女孩子的个头可以够着纺线车就要开始学习，在六七岁的时候就开始帮助家里的女人干家务活，轻一点的活如扫地倒水，年龄大一点则需要纺线织布，学习做饭、做衣服纳鞋底等，这些被视为最基本的"女人活"都要在女孩出嫁之前学会，女孩子在出嫁的时候各种家务活都要会干，如果不会干，就会被夫家婆婆骂"你以前都是放鱼的吗"，意思就是责备媳妇啥也不会干，小的时候什么也没好好学。家里的女孩子在十三四岁的年龄当家人就开始为女儿寻找婆家，碰到合适的人家就会把女儿许配给对方。如果家里的女孩子在出嫁前没有学会基本的女人活，则会被婆家视为懒惰，女孩的娘家也会因此丢面子，因而各家各户在家里的女孩子稍有劳动力的时候就开始教孩子干活，以免被未来的婆家看不起，因而在当地有着"女娃纺线，男娃种地"的传统。

二、家户意识

无论是生产生活还是学习，家户是人们所有行为的单元，因而在长久的生活中，家庭成员形成了一系列的家户意识，包括自家人意识、家户一体意识、家户至上意识以及家户积德意识，这些意识是家庭成员在长久的生活中形成的，以一种无形的形式影响着人们的行动与判断。

（一）自家人意识

在邓家，判断是否是自家人的标准有两个：一是血缘关系，有着直系血亲的都为自家人，而没有任何血缘关系的即为外人。二是长期共同生活在一起，除了具有血缘关系，长期生活在一起的几个媳妇以及抱养的儿女、上门女婿都算是自家人，家里招来的上门女婿虽然与女方家庭没有任何血缘关系，但由于承担着家里老人的养老责任，同样也会被认为是自家人。但长工是个例外，长工虽然会在邓家长期生活，但具有一定的时期限度，超过这个时期之后长工便会离开，而且长工与邓家并无任何血缘关系，因此并不算是自家人。此外，如果祖先是一家人，经历过数次分家且血缘关系超过五服的即为远亲，家庭成员互称对方为自家人，但彼此距离疏远。由于分家次数频繁,时间久远,邓家的远亲分散在各地,平日里来往也少,只有在春节之际才会相互拜访,有时碍于距离遥远双方便不再来往,便会选择"断亲"。

(二)家户一体意识

在日常的生活中,无论分家前后,邓家兄弟之间也会相互扶持相互帮助。邓家的家户一体意识主要体现在以下几个方面:一是大帮小,即年龄大的哥哥会帮助年龄小的弟弟,如果家里的父母年迈,没有足够的能力给年龄小的儿子成家,这时已经成家立业的长兄则要担负起为家弟娶妻的任务,如果外嫁的姐姐家庭条件好,也会帮助未成家的弟弟;二是强帮弱,如果兄弟几人均已成家立业,但有的家庭经济状况良好,有的家庭经济拮据,这时经济条件好的就会帮助经济条件不好的,或粮食或钱财。

(三)家户至上意识

邓家家庭经济条件较好,当家人能力强,家庭成员有着自己固定的任务,或者贩卖棉花,或者外出当兵,当家人也不会强制家庭成员为家里做出各种形式的牺牲。但各家各户在长期的生活中,形成了一种潜移默化的家户至上意识。主要体现在个人利益、小家利益与大家利益之间的冲突协调:一是当个人利益与大家利益发生冲突时,需要以大家利益为主而牺牲个人利益。村庄中最常见的一种情况便是为了劳作而让孩子放弃读书,很多孩子辍学并不是因为不想念书甚至也不是因为家庭经济条件不允许,而是当家人会以"地里活忙不过来"为由,让家里有劳动能力的男孩子回家种地,充当劳力减轻家庭负担。二是小家利益与大家利益发生冲突时,需要以大家利益为主而牺牲小家利益。在村庄中最常见的便是,当家庭恰逢旱灾或者水灾的时候,当家人会要求小家拿出各个小家的积蓄帮助家庭渡过难关,各个小家的女人也不会拒绝,把自己的嫁妆或者日常积攒下来的私房钱交给当家人。

(四)家户积德意识

当地有"积德"的说法,在村里最大的体现就是不占便宜,如果为人厚道,乐于吃亏,就有"积德"的寓意,如果为人奸诈狡猾,就会被认为"无德"。在家户积德意识上,邓家老母亲张氏始终认为"善有善报,恶有恶报",因而经常教育家中晚辈不能做坏事,当家人也要求家庭成员在外与人打交道时不能占便宜,"吃亏是福"。而邓家在日常生活与交往中,本着不贪不占的态度;在老人赡养中,也本着尊敬老人,孝敬老人的态度,当家人也会经常提醒家庭成员"人在做,天在看",不能做坏事,否则会遭到报应。

村庄中当时有一户人家叫做李俊忠,年幼丧父,母亲一人独自带着三个孩子,家庭无主要劳动力,日子过得捉襟见肘,李家的亲戚见俊忠家过得可怜,也会时常接济俊忠兄弟几人,而俊忠的亲二叔不但对几个孩子不闻不问,甚至还"趁火打劫",欺负俊忠母亲没有文化,悄悄地将俊忠家的马棚登记在自己家的名下,然后占为己有,等俊忠母亲意识到的时候也无能为力。俊忠二叔的行为就被认为是无德之举,备受村人指责。村里还有一家人叫赵立德,家里地多,劳动力也充足,光景过得相当不错。而他的邻居是个哑巴,家境贫寒,经常帮助立德家干活赚取少量的工费维持生活,有一次立德家房顶漏水,叫哑巴帮他给房顶糊泥巴,结果哑巴从房顶上掉下来摔死了,立德家没有进行任何的赔偿,只是把人拖到地里埋了,大家都觉得哑巴死得太亏,抱怨立德家干事太没有人性,甚至有的村民认为,立德家"会遭到报应",以后几年,立德家接连出事。

三、家户习俗情况

南苏村在逢年过节有着各种各样的节庆习俗，邓家在各种节庆之日则会以家庭为单位进行庆祝，各家各户之间为相互独立的小团体。邓家在走亲戚时，走里不走外，赶早不赶晚，拜长不拜幼；而在举办丧事之时，家里的男人、女人分别承担着不同的角色与责任。

(一)节庆习俗

邓家的节庆习俗是以家户为单元，以"三服"作为亲戚拜访范围，形成了"走里不走外、断远不断近、赶早不赶晚"的家户惯例，在所有的习俗庆祝中，当家人仍然扮演着决策者的角色，全家人在当家人的统筹下共同庆祝。

1.年节仪式

春节是当地最为传统也是最为重要的节日，备受各家各户重视，邓家也如此。在春节来临之际，在外的儿女都要赶回家过年，家里的女人也会提前好几个月筹备年货以及打扫房屋。以春节为例，邓家在春节之际的惯例有以下几方面：

(1)年节仪式之团圆饭

在邓家，过年的时候家家户户都要吃年夜饭，年夜饭象征着家人团聚，因而在当地也被称为"团圆饭"。邓家每年的团圆饭就是自家人聚在一起，外出的邓永康、邓永泰也会及时赶回来，团圆饭没有其他的亲戚朋友参与，即便是停留在娘家的女儿在这一天也要回到婆家，各家吃各家的。邓家年夜饭是由家里的几个媳妇一起完成的，是一年里最好的一顿饭，媳妇们自然就会多弄几个菜，包括白馍和少量的肉菜。在邓家后人的印象里，在1947年以前有白面馍馍，平时是根本吃不到的，只有过年的时候才会吃到。经济条件好的家庭能吃上蒸的白面馍馍，经济条件拮据的家庭即便是在过年的时候吃的也是玉米面馍，很多情况下过年都是将就着过。邓家平常很少吃白面馒头，家里的几个媳妇平常也舍不得吃，都会等到过年的时候才会舍得蒸上白馍馍。邓家也会买年货，买的年货是要摆"茶盘"的，样数不多，主要是花生、瓜子、枣、糖块等。

除夕的时候年就已经开始了，家里的几个媳妇要开始忙着请祖先、蒸枣糕、垒灶山，过年前那天晚上就开始敬神了，家里会把祖先桌摆到上门中间，摆上祭祀用品，然后在院子里放鞭炮，意思就是把"祖先从地里面接回来了"，到天明的时候会举行祭神的活动。邓家过年提前好几天就开始准备蒸枣馍，馍馍上面衔个枣捏成各式各样的花样，"那时就讲究吃枣馍了、蒸枣糕"，在灶火跟前把那个面垒起来，垒的像一个山，那就叫"灶山"，象征着财富。家里的媳妇如果能捏出各种样式的花馍馍，则会被婆婆赞扬心灵手巧。吃完年夜饭就是要熬百岁，邓家老母亲都比较讲究，除夕当天如果晚睡，可以让自己长命百岁，熬百岁其实也就是干坐着聊聊天，没有什么娱乐活动，也不放炮，一大家子吃完饭就坐着聊一会儿，然后回到自己的小家房间里面，爹妈和小孩坐着说说闲话，基本上熬到十二点就可以了。到十二点辞旧迎新的时候，有的家庭会点响鞭炮以示庆祝，在敬神的时候、天刚亮的时候也会放炮。

(2)节庆仪式之拜年流程

邓家过春节的时候比较讲究，有着一整套完整的流程。大年初一开始拜年，拜年的顺序是：先给邓家本家亲戚拜年，然后才是街坊邻居，拜年的时候所有的成员都能去，邓家的女儿、媳妇都能去，不管男人还是女人，但是拜年也有一定的讲究：

晚辈亲戚需要给自家长辈拜年,但家里的长辈不用给晚辈拜年。每逢春节,邓家的老母亲肯定就不出去给别人拜年,老母亲是家里的长辈,也没有其他长兄长嫂,家里的晚辈亲戚都会过来给老母亲拜年,但是老母亲去世之后,二哥二嫂便成为了家里的长辈,即使邓永禄与三哥、四哥等兄弟为平辈,但家里老母亲过世之后,按照年龄,二哥即上升为家里的长辈。拜年的时候都是先祭拜祖先,然后再拜长辈,晚辈拜祖先、拜长辈的仪式都是磕头,长辈拜年就不再磕头了,只是在对方家里坐一会儿,有的长辈会去祖先桌前叩拜,有的到对方家里喝点水就算是拜过年了。拜年的时候磕头不能少,晚辈要给家里的长辈磕头,家里年龄小的弟弟还得给哥哥磕头。

邓家拜年的主要对象刚开始只是自家亲戚,远房亲戚以及本村的街坊邻居一般是不拜年的,邓家儿子邓崇文与邓崇斌小时候只是给家里的老母亲张氏、邓永禄、郭瑞香、邓永庆、邓永康等长辈拜年,对门、邻居的街坊都不拜年,一般情况下也不去村长家拜年,但是村长会来家里看望邓家当家人,因为当家人之前当过村长、"学董",算是老村长,在村子里有一定的威望和地位,晚辈村长便会前来探望自己的前辈。邓家有两名雇工,家里雇用的长工也不用去给主家拜年,过年的时候家里的两个长工已经回家了,因为两个长工家离住家比较远,过年的时候就不会返回探望主家,走亲戚都是到自己本姓亲戚家里去,表亲也会走。

邓家在正月初二的时候开始走亲戚,初二的时候先去各个媳妇的娘家,娘家亲戚优先,包括大嫂郭瑞香的娘家亲戚以及其他几个弟媳妇的娘家亲戚。邓永兴续弦再娶的第二个媳妇,其娘家在河南,因为路途比较遥远,所以每年过年的时候不会回去探望娘家亲戚。正月初三的时候去"奶奶家",包括父亲的母亲及母亲的母亲,只要没有出三服,家里的晚辈都需要拜访长辈。走亲戚除了过年,像中秋、清明节、端午节这些比较小的节日都会探望自家亲戚,探望的时候可以是当家人亲自去,也可以由当家人指派家庭成员去,但一般指派的都是家里的男人,女人很少出门拜访亲戚。邓家过年走亲戚大约持续十五天左右,从正月初二开始,一直到正月十七,家家户户的祖宗桌也会一直摆到正月十七。1947年以前,过年从除夕开始计算,习惯就是除夕晚上。在很多地方还会过腊月二十三,腊月二十三就是小年,而当地没有过小年的习惯,但村庄中有的老人受其他地方民俗的影响,在每年的腊月二十三还是会进行祭拜。当地最主要还是过大年,家家户户都得过,过大年就必须得祭祖、烧纸。

大年初一拜年的亲戚是自家屋的,没分家的时候就是拜访爷爷的兄弟,分家后就是拜访父亲的兄弟,这些都是自己的家里人,关系都比较近。初二就开始出门走亲戚,初二儿媳妇要回娘家,女婿需要拜见岳母,到丈母娘家的时候也必须带礼物,礼物就是馍馍,礼都是一模一样的,不管去谁家走亲戚,出门走亲戚都是拿一摞馍馍。拜年的时候也讲究礼尚往来,"亲戚到咱们这来,咱们就必须得到人家那边去",礼馍也是在逢年过节的时候家里的女人才会蒸,平时都吃不到,除此之外再没有什么可以拿的东西。过年的时候就是给自己的亲戚拜年,基本上不去给朋友拜年,朋友之间就是几个人坐在一起聊聊天,不需要带礼品。

(3)拜年仪式之叩拜

邓家拜年的仪式就是磕头,那时候家里有一个"祖宗桌","祖宗桌"就是一个方桌,桌上摆着"献食"①,比如说核桃、花生、柿子等等,墙中间挂着"神字画"。拜年之际,邓家所有来访

---

① 献食:为祭祀用的食物,大多为水果或者其他干果类。

的亲戚都需要在"祖宗桌"前磕头,邓家的家庭成员去别人家拜年也是要在别人的"祖宗桌"前磕头,一般情况下就是磕一个头。给别人拜年的时候小孩子会"偷懒":小孩子们会趁着主人不在的时候迅速跑到"祖宗桌"前,高喊"给您磕头啦",实则并没有下跪,这时候主人会客气的回答道"不用不用",在主人从房间内走出来的时候小孩们则会说已经磕过头了,实则一个都没有磕。拜年磕头的数量每个家庭的要求都不一样,可以是一个也可以是三个,邓家每个晚辈向长辈磕一个就行。

邓家过年的时候还要贴对联,贴对联是当地过年的老传统,一般由当家人来贴。在1947年以前就有对联,各家各户的对联都是自己家写的,自己家有人会写字就自己写,家里没有人识字就请其他人代写,村里就只有一两个人会写对联,如果不会写就要麻烦别人帮忙写。家家户户都要贴对联,例外情况就是家里有人去世则不能贴对联,比如说家里刚刚有人去世,去世的头一年,过第一个年的时候家里就不能贴对联,初五以前不出门,第二年贴黄对联,第三年贴蓝对联,第四年贴红对联,过了一个完整的三年才能继续贴红对联。南苏村各家各户如果有老人去世,之后对联都是要分黄蓝的;在周边的其他村庄中对联的红黄蓝三种颜色的区分不是特别清晰,很多村民是家里老人去世的前三年不贴对联,什么颜色的都不贴,过了三年就可以贴上红色对联。邓家老父亲去世的第一年邓家就没有贴对联,而在第二年、第三年也分别贴了黄对联和蓝对联。邓家几个孩子小的时候,当家人对孩子们的要求比较严格,邓家四子邓崇文在十三四岁的时候就在自己家里开始写对联,村庄里谁家有个红白喜事也会邀请四子邓崇文过去写对联。邓家当家人在当地算是"有文化的人",接受过教育,对孩子的学习上要求也严格,四子邓崇文在上高小①的时候虽然休学了,但是每天晚上回来要学会打算盘,每天得坚持写日记,即便是不上学了,当家人也还是那么要求孩子,还是要每天写日记,学打算盘。

(4)断远不断近的断亲顺序

邓家拜年的范围就是家庭三代以内的成员,比如说拜访姑亲,若姑姑、姑父都健在,肯定逢年过节都要去拜访,如果姑姑及姑父双方都去世了,姑家亲戚基本上就不用来往了,如果住得近、平时往来也多,就可以继续来往,如果住得远,日常也没有多少往来就可以"断亲",这个关系就算是"断了"。一般情况下,每逢过年之际,邓永兴需要拜访二哥邓永禄和二嫂郭瑞香,邓永兴的几个孩子,邓崇斌、邓崇文的儿子也需要拜访自己的二爸邓永禄二妈郭瑞香,孙子一辈人逢年过节也要拜年,但到第四辈人时则不用拜访,当地的说法为"出了三服",三辈以后虽为同家族之人,但已然没有直系的血缘关系,如果平日里没有太多的联系与往来,大多数都会选择"断亲"。在整个村庄中,大多数家庭在家庭人员"出了三服"以后便会陆陆续续地断亲,邓家当家人格外看重亲情,在村庄中属于断亲较晚的,即使是出了三服,当家人依然每年上门拜访,只要对方仍然"笑脸相迎",当家人都会每年定时拜访。在面对不得不断亲的人时,当家人也会选择当"被断亲"的角色,比如邓家老祖父的兄弟的子嗣后代,当家人每年都会前去拜访,在前几年的时候对方亲戚也会回访,过了几年之后便变成了单项拜访:邓永兴每年都会登门造访,但对方连续几年都不回访,且在邓永兴拜访的时候态度极为平淡,后来在邓家母亲张氏的反对下,邓家选择断亲。

---

① 高小相当于现在的初中。

175

（5）成双成对的拜年礼品

邓家给亲戚拜年也需要带礼品过去，礼品多为自己家蒸的馒头，俗称"礼馍"，过年蒸的礼馍都会有各种各样的"样式"，邓家几个媳妇蒸礼馍的时候也会刻意在礼馍上捏出各种花纹，有着吉祥如意的寓意。如果是家里的几个媳妇给娘家拜年，就是拿"角子"，角子就是把白馒头捏出棱角，然后用木梳印出不同的花纹；如果是娘家人给出嫁的女儿送礼，就送"花卷"。礼品的数量一般为两个馒头，在特殊情况下，比如客人要在主家吃饭时，主家会留下四个馒头。客人外出走亲戚时，出门携带的礼品多为双数，有着"好事成双"的寓意。

一般情况下邓永兴出门访亲的时候会携带十六或者十二个礼馍，最少也得是八个，无论当天拜访亲戚的数量有多少，邓永兴携带的礼馍数量很少，少于八个，拜访亲戚时，客人会把礼袋递给主家，主家会留下两个馒头作为礼品，而对于其他剩余的"礼馍"，则返还给客人。在邓家长辈眼里，一是如果携带的礼馍数量为单数的话，则会被对方家庭是为不吉利，因而邓永兴出门携带的礼馍数量必须为双数；二是如果出门拜访亲戚带的礼馍数量少的话，则会被认为家里比较"寒碜"，外出拜访亲戚时会把礼馍袋子交给对方家庭的女主人，女主人一般会留下两个，但这样一来女主人对礼馍袋中的数量就较为清楚了，数量较少的话送礼者脸上也"没光"。

（6）适当有度的拜年时间

走亲戚的时间早上、中午都可以，但却不能是下午，邓家走亲戚多是早上去，都是吃过早饭之后再去，选择在早上出发有两个意图：一是不用赶时间，家里有马车就赶着马车去，如果没有，只能步行或者让有马车的家庭捎自己一程。如果家里没有马车而又出发得晚，很可能就在天黑之前回不来了；二是早上出发，早早地给亲戚拜年，才能让对方感觉到自己对对方的重视，如果下午或者晚上才过去，多半会让亲戚觉得自己不重视。如果需要在亲戚家吃饭，走的时候可以留两个礼馍，也可以留四个礼馍。大部分出门走亲戚的都是一走一天，午饭都是需要在亲戚家里吃，不吃饭一天是坚持不下来。走亲戚的时候，如果不在这家吃饭那就放两个馒头，如果在这家亲戚家里吃饭就放四个馒头，等吃完饭之后，别人掏馒头的时候才"掏礼"。临走的时候放馒头，放四个馒头，当别人来拜访自家时也是一样的程序，要是吃饭就放四个馒头，不吃就放两个馒头。

（7）过年禁忌

邓家过年的时候也有些禁忌：一是除夕晚上睡觉不能"吭气"，家里的几个小娃早上起来不能哭也不能说话，在邓家长辈眼里，小孩子如果哭，是会把"年"召唤过来的，这是不好的事情。"年"是个吃人的东西，过年的时候一听见小孩子哭就要过来吃小孩子。不让孩子说话，是因为人们是把"年"想象成一个很厉害的角色，人得防着它，即便小娃半夜起来也不叫说话，大年初一早上家里的几个媳妇叫娃起床都是拍醒而不是叫，如果声音大的话同样会招"年"过来，给家庭带来不好的东西。二是烧背篓，烧背篓就是在过年的时候弄些干草、柴火一点，这就算是烧背篓了，要么就是放鞭炮，点响鞭炮弄出响声。烧背篓、放鞭炮的目的就相当于是把"年"吓跑了，用烟火光或者鞭炮响声就可以把它熏走，这便是过年了。三是大年初一要吃饺子，邓家媳妇在这一天都会早起做饺子，初一吃完饺子以后拜年，但有钱的吃饺子，没钱的则吃不起饺子。四是初一到初五，这段时期要"聚财"，不能把家里的东西倒掉，包括日常的生活垃圾以及脏水，除夕下午家里的男人会帮忙把水缸添得满满的，这叫"添财"，过了年以后每天都要给水缸里添水,比如初一做饭、喝水,水缸水不满了就要添,下午还要添满,意思是"财不能少,用一些添一些",而初一到初五用过的脏水不能往院子里倒,要往桶里倒,把脏水积攒在一起,到初五这一天一同倒掉,初五在当地也叫"破五",这一天把所有的垃圾都集中到一起,在垃圾堆上面堆个炮,炮一点,听到"砰"一声响之后,这就叫"破五"了,这时候家里的媳妇就可以清扫垃圾了。

2.其他仪式:"闹热闹"的热闹

过年的时候村里基本上没有集体活动,但每年正月十五,当家人邓永兴会同意村民在学校里面搭个戏台唱三天戏,在当地称为"闹热闹"。每逢正月十五,当地村民会聚在一起"闹热闹",南苏村的"热闹"在方圆几里都是出了名的,尤其是东半村和西半村两边的"斗争",闹热闹的时候,东半村不服西半村,西半村也不服东半村,两边就斗起来了,东半村弄一场热闹,到西半村跑一圈,西头后面也有一波追着过来,再到东半村来闹一波,过来看热闹的村民就会跟着热闹队两边跑,平日里很少出门的女人在闹热闹的时候也会出来看热闹,家里的小孩子也可以在这一天尽情玩闹。闹热闹的人一方面由自己村庄的村民自愿参加,一方面是村庄请周边的能人来参加。

"闹热闹"之前是"闹戏",闹戏就是唱戏,戏唱的好得话周围村的人都到这儿来看戏,都聚集在本村。"闹戏"是村里人自发组织的,闹戏的资金也由大家共同出钱凑,那时候有钱的就多出点钱,没钱的就少出,具体每个人掏多少钱也没人有非常明确具体的规定,也没有人去专门计较。过年的时候几个人高兴了就搭起戏台热闹热闹,有时候唱戏时其他没有出钱的村民心里觉得过不去了,唱戏那天就端上一盘花生等送到戏台以表示感谢,除此之外也没有其他报酬。在正月的十四、十五和十六这三天,村里尤其是爱好戏曲的就会聚在一起搭个戏台,图个开心快乐,自发地就开戏,闹戏的时候谁都能参加,基本上闹戏的时候全村人都在一起,自己村的可以来听,外村的也可以来,人多还更加热闹。除了闹戏以外,还有社火、踩拐子、耍龙灯、耍狮子等一些比较好玩的活动。

除了正月十五,当地人还会过中秋,邓家中秋的时候要吃月饼,邓家的月饼是几个媳妇在自己家里做出来的,月饼制作很简单,有的时候是卷个心,有的时候是包个糖,然后捏成扁扁的形状,里边的心儿就是馅儿,馅儿的制作也很简单。中秋也是一个很重要的节日,邓家老母亲十分看重,每逢中秋家里的老母亲就会要求几个媳妇做月饼,过中秋的时候家里的晚辈同样也需要去探望家里的亲戚。

如果亲戚家里有红白喜事,走亲戚也得拿礼物,但不像平常那样,而是所有的亲戚都会聚集在同一天,也就是"办事"的那一天,既是探望亲戚也可以给亲戚帮忙,谁家有事就都到哪家去,"你家有事情就都到你家去"。如果家里有结婚或者其他喜事,亲戚来的时候也要上礼,但上礼不是上礼金,而是准备的一些"活",扯一些布,做成手帕、袜子、鞋子等等,这些东西就是的"活",但亲戚来都不直接上钱,上的礼都是自家能够做出来的,很少有去买的,如果亲戚家有喜事,家里的女人便会早早准备。除了逢年过节或者亲戚家里有红白喜事外,一般情况下都不走亲戚。红白喜事请的主要都是朋友,自家的亲戚不用请,到时候人家自己就过来了,大部分都是请朋友,条件好一点的人家就会派一个人打一个灯笼在巷里跑,边走边喊"谁家过事了,请帮忙的了",就是到巷子里跑一圈,这么一喊叫,听见的街坊邻居愿意帮忙的就来,不愿意帮忙的就不来了,有的家户会委托给自家的年轻小伙子,一家一家的跑着告诉大家家里有事,就不再到巷子里喊了,就是有人喊叫也没人理了,别人都会认为在巷子里那么一喊太随意了,觉得不够重视自己。

(二)家户丧葬习俗

家户丧葬算是家庭大事,家里如果有老人去世,其他家庭成员一方面要忍受痛失亲人的悲伤,另一方面也要有条不紊地料理后事,而在逝者后事的料理中,家庭成员在年长者的指导下有着明确的分工与合作,分工主要体现在长子邓云生与次子邓雨生扮演的角色不同,儿子与女儿承担的责任不同,"本家人"与"自家人"的责任不同等众多方面,而合作主要体现在家户丧葬以家户为单位,所有的丧葬费用也由该家户承担等,以邓家爷爷去世为例:

1.家户丧葬之备活备衣

邓家爷爷刚刚去世的时候,当家人就会指派家里年龄大的儿媳妇出去请街坊邻居过来给死者穿衣服,一般都为长媳妇出去"叫人"①,叫一些胆子比较大,敢靠近死者的人或者有经验的老人,然后为逝者穿上衣服、裤子、袜子和鞋子,最后还要带上帽子。当地人认为老人去世的时候不能死在床上,只能死在纸板上,将死者穿戴完毕之后需要将快断气的老人放在纸板上,放在纸板上的这段期间,当家人需要找到村庄里的木匠为其准备棺材,逝者断气后,需要将其"扶坐"在椅子上并用绳子捆绑住,以防逝者尸体从椅子上滑落下来。这时候邓家晚辈子孙需要守在逝者身边"点纸",象征着老人已经去世,升天离去了。邓家爷爷去世后穿的衣物都是老人儿女提前准备好的,也有一些没有准备好的,就需要临时准备,在当地,人刚去世的时候,要在家里放三四天,当家人会请阴阳先生"看看",算出逝者下葬的最佳日期,一般是三四天之后下葬。

邓家爷爷去世之后,当家人会请来帮忙的人将去世老爷子的尸体放进"活"里,当地把棺材称为"活",去世后有"活"就将死者放进活里,没有"活"就先放在纸板上。邓家当家人提早就为家里的老人做了"活",因而在老人去世之后就直接把逝者放进"活"里。过去没有冰棺,只能将逝者放在纸板上,如若恰逢炎热天气,也就避免不了死者的尸体腐烂流脓,这时候主家人会用帐子将死者尸体围起来,帮忙的人、抬灵的人都不太愿意靠近死者,主家人也不得不给帮忙的人磕头作揖,请求街坊邻居一起帮忙将死者下葬。

2.家户丧葬之报丧布丝

报丧在当地称为"布丝",邓家有人去世后,当家人会请关系比较好的邻居挨家挨户的给自己的亲戚"布丝",给自己的各位亲戚报丧,"布丝"的人一般是主家的街坊邻居,不是逝者本家人,家里有人去世后家里所有的人都有了"号",戴号的人需要头戴白色头巾、穿白色裤子,在老人下葬之前不能进出其他人家里,有事情就得在门口喊,把别人叫出来,不能进到别人家里,被"布丝"的人是主家的亲戚,但不给街坊邻居报丧,"布丝人"不能进亲戚的家门,一般都是在其门口大喊"谁谁去世了,三四天后埋",等到屋里的亲戚有回应了之后即可离开,"布丝人"需要挨家挨户对村里村外的亲戚都全部告知一遍。

3.男人跪拜,女人哭丧

邓家老爷子去世之后会有人过来吊丧,男人女人都会过来吊丧,但男人女人吊丧的方式

---

① 为逝者更衣也很有讲究,更衣者并不是逝者的儿子或者女儿为其穿戴,一般是请村里有经验的老人为逝者穿戴,在老人快要断气的时候其儿子就会到巷子里"叫人"。

不一样,一般是女人去灵牌前哭一下,男人鞠躬或者磕头,而此时灵前的孝子们需要点头示意还一下礼。办丧事时当家人邓永兴不会主动请街坊邻居前来参加葬礼,当地的说法就是"红事叫,白事到",家里有了丧事,别人会不请自来。前来邓家吊丧的人主要是被"布丝"过的亲戚,还有平时走的近的街坊邻居,但大部分都是亲戚,街坊邻居来的一般是女性,男性很少来,女性亲戚前来吊丧的时候也会带着自己的孩子一起来。吊丧就是跪在灵前"哭丧",哭丧的主要是女性亲戚,男性亲戚不参与哭丧,他们会在逝者灵前点几根蜡烛并磕头跪拜。

4.邻里帮忙"三过彩门"

邓家老爷子去世之后当家人首先请阴阳先生到坟地"粘草","粘草"之后会决定死者在家放三天还是四天,然后当家人定好死者埋葬的日期,会请邻居给自己的亲戚"布丝",如果在家放三天,第二天就会请帮忙的人;如果在家放四天,会等到第三天才去请帮忙的人。当家人不用给街坊邻居报丧,街坊邻居知道之后就会自己过去。"粘草"主要是请阴阳先生看死者埋葬在哪里比较合适,有祖坟阴阳先生也需要看一下,决定死者埋放在东南西北哪个具体的方位,如果没有祖坟,主家就需要修建"新坟",也会请阴阳先生看风水,定方位,并在地里搭建"彩门","彩门"就由红色绳子或者红色布条、两根长棍子组成,搭建"彩门"时把两根长棍插在地里,做成大门的形状,把红绳子缠绕在两根长棍上面,死者的灵柩必须"三过彩门",过一次"彩门"退回来,再进一次再退回来,要"撞"三次门,三撞"彩门"之后才能下葬。

5.众人抬灵,检验主家德行

逝者下葬的时候没有灵车,邓家死者灵柩下葬都是靠人力,一般是需要十六个年轻人帮忙抬灵,抬灵人不是专门请的,都是自己的邻居、亲朋好友,下葬时会在死者的棺材下面放上两根钢管,分成两排,一排八个人,有的灵柩材质轻,抬灵的人数就减少了一半,只需要八个人。安葬死者时,十六个抬灵人需要带上铁锹,将死者的棺材放入墓穴,将墓穴的洞口封住后,十六个人需要合力用铁锹挖土将棺材埋住,过程比较耗费时间和人力,后来有了铲车,逝者下葬的时候就会借用铲车挖土。抬灵其实是检验主家人品的一种标准,主家人品好可以非常容易的凑够十六个抬灵人,帮助主家将死者顺利地安葬,主家人品不好,平时跟邻里相处时斤斤计较,就很难凑够十六个抬灵人,人品不好的主家请的"帮忙"人会把逝者的棺材抬放在门口,不愿意帮其送到地里,这时主家人意识到场面悲凉的时候,就会跪在邻居门口"哭熄火",请求邻居帮忙来安葬死者,邓家老爷子在世的时候人善心慈,去世之后很多人自愿过来帮忙抬灵。抬灵和抬轿的情况是一样的,当地的说法是"人的一生需要坐两回轿子,嫁的时候做一次红轿子,死的时候坐一次蓝轿子",结婚抬轿需要八个人,下葬的时候需要十六个人,人去世后需要在棺材上罩上蓝色的罩子,就是当地人所说的"蓝轿子"。

逝者的墓穴需要请专门的打墓人挖建,请的打墓人多为本村人,当家人不需要支付费用,关系近的人家就自己来帮忙,关系不近就跟别人送点小礼品,一瓶酒或者一盒烟,请别人来帮忙打墓,后来就要给打墓人掏钱。那时候办白事,多是人情来往,如果你帮别人,轮到你家别人也会过来帮忙,如果拒绝别人的帮忙请求,到时候磕头作揖也没有人会帮你。打墓人的职责包括去世老人墓穴的挖建、老人下葬前棺材的封口、老人下葬后墓穴口的封堵工作等等。

6.儿孙守孝之"灵前坐草"

邓家老爷子去世之后戴孝的都是邓家的儿孙晚辈,儿子、女儿、媳妇、孙子孙女都要戴孝

179

守孝,在逝者下葬之前,不管是白天还是黑夜,儿孙都要守在逝者灵前表达孝心,吃饭的时候也不可以离开,在灵柜的旁边摆上一张桌子,儿女吃饭就在那里吃,不能端到其他地方吃饭。守孝的时候男性晚辈"一头"①,女性晚辈一头,男性晚辈要守在逝者的头部这边,女性晚辈要守在脚部那边,两边都会铺上干草或者麦秆,称为"坐草",灵柩前方放着一张桌子,桌子上放着隐身镂或者相片,没有相片就放着死者的牌位,早先都有灵牌,隐身楼就是阴阳先生写的××之位,这就是灵牌。

儿子和女儿在守孝时期的禁忌:一是守孝期间,儿子不能剃头,女儿不能剪头发、不能洗头发,而且儿孙晚辈在逝者未满百天的时候,不能在家里洗脚。二是守孝的时候,不能在家里进行炸、烤、蒸、剁等,比如烤白馍、蒸馒头、炸饼子或者剁馅等活动。三是儿孙晚辈不允许穿红色的衣物,逝者去世一个礼拜之内都必须穿白色的裤子,即便出门的时候也得穿白色的裤子。四是逝者去世后家里人要穿白色糊纸鞋,糊纸鞋脱掉之后还要穿上毛口鞋,毛口鞋穿完之后又要穿白色鞋子,要穿够整整三年,当地人认为糊纸鞋之后不穿白色鞋子或者白色鞋子没有穿够三年的,逝去的老人脸上会脱皮。五是守孝的人在逝者下葬之前不能离开自己的家庭,也不能随意进出旁人的家庭,如果你缺东西,想借东西就站在人家门口喊叫,把别人叫到家门口说话,但不能进到别人家里,逝者下葬之后才能进出其他人的家里。

7.家户丧葬之儿孙角色

邓家老爷子出殡的时候儿子和孙子都要拉哭棍,邓云生要拉粗一点的哭棍,长度一般为一两米长,一般用的就是"锄耙",锄耙要用白纸糊住,腰里系一根像手指头一般粗的麻绳,麻绳也要用白纸糊住,就是"披麻戴孝",其他儿子拉细一点的哭棍。拉哭棍、系麻绳是为了很好地辨别出逝者的直系晚辈。出殡的时候孙辈还要"打幡",打幡的就是逝者的孙子,只能是男孩打,女孩不能打,只能是"里孙子"打,"外孙子"不能打,如果没有亲孙子,就是儿子打或者侄孙打也行,反正是不能由外姓人来完成这件事。以前有抬棺的习俗,抬棺的一般都是年轻人,由好几班人轮流换着来抬。如果去世的老人有继子,跟亲生儿子是一样的流程,全部都是一模一样的。

8.封棺下葬,入土为安

封棺在当地的说法是钉"封口",去世的人放进去以后要封棺材。一般都是懂木匠活的人来进行封棺,用长钉将棺材钉死。邓家老人去世之后,封口的时间一般是在下葬之前,下葬前要在死者棺材里放上麻钱、衣物、祭祀用品,然后给死者"洗脸",洗脸的时候就是做一个样子、一个形式,老人的儿孙晚辈用毛巾沾上酒精,在逝者的脸周围沾一沾灰,也并不是真的给死者洗脸,否则会把逝者的脸皮洗掉,洗完脸之后撒上五谷杂粮,比如小麦、豆子、谷子之类的,寓意着逝者在另外一个世界也不会缺衣少穿,最后一步就是封口。将逝者埋到地里之后就没有事了,帮忙的人就可以自己回自己家,近亲则会返回主家陪主人说说话,缓和一下悲伤的情绪。后来就是把逝者埋了之后,帮忙的人也需要回到主家,帮助主人一起收拾收拾东西。

9.周年祭日之女儿"献面"

除了办周年,当家人还会给邓家老爷子办头七、三七、五七、七七、五十、百日这种活动,

---

① "一头":当地方言,指"一个方向",男人女人各守在一个方向。

不管是大小祭祀日,女儿都是要求必须到场的。祭祀的酒席都是儿子来摆设的,女儿嫁出去之后就不再对父母履行养老送终的责任,父母去世之后女儿也只承担少部分的费用,父母的"江山"自然也会给儿子而不会给女儿。"过去过得比较细,三天也得过",过三天的时候就是女儿"献面","献面"在当地有帮助死者升天的寓意,当地也称为"上望乡台"。"上望乡台"是很受当地人重视的一种仪式,上望乡台需要在逝者的灵牌前放一把椅子,摆上四碗菜、两壶酒,希望逝去的老人"吃饱吃好再上路",椅子上挂着逝者的一件衣服,然后在椅子上放一把梯子,梯子上放上为逝者糊好的白鞋子,这时女性晚辈开始哭泣,男性晚辈点上香,在椅子前面撒上两盅酒,帮助逝者升天,"上望乡台"的寓意就是帮助去世的老人辨别自己的儿子与女儿,披麻戴孝的都是自己的儿女,穿的红红绿绿的站在旁边看的都是旁人。过周年就是在一周年、三周年、五周年、十周年时举行祭祀活动。十周年就是立墓碑,如果两个老人都去世了,就会一起立碑,十周年是比较隆重的一种活动,主家会摆酒席再次宴请自己的亲戚。

10.掌柜承担丧葬花费

邓家老人去世的时候后事一般都由儿子料理,葬礼所需要的费用自然也由儿子负担,若只有一个儿子,则由这个儿子全权料理,若有多个儿子且儿子均已分家,则由儿子平摊。邓家老母亲去世后是当家人邓永兴主要负责料理后事,那时候还没有分家,葬礼费用就由当家人负责,不存在儿子分摊的说法。在丧事中儿子和女儿扮演的角色不太一样,就是儿子主事,女儿协助,儿子操办丧事、摆设酒席,女儿则负责老人的寿衣、棺椁这些。假如老人生病,看病花钱主要是儿子来承担,女儿有钱会多帮扶一点,女儿经济拮据则会承担少部分的费用。

11.祖坟祖地的排列次序

邓家拥有自己的祖坟,祖坟的排列、位置、规模以及祖坟的修建都有自己的讲究:

一是祖坟的排列。邓家祖坟的坟地不是一字排开,一字是横排把它们并列起来了,当地是按照辈分来排列的,最前边一排是老人,儿子死了往后续,也就是放在第二排,孙子死了再往后续,第三排、第四排,以此类推。家里的女人也是按照辈分来排列的,夫妻两个挨着不分开,按照辈分一排一排排开。在1947年以前,村庄中祖祖辈辈的人都是埋在一起的,以家户为单位。邓家祖坟排列也如此,之前是一大家子的祖坟都是在一起的,后来开始分成小家,就不再集中到祖坟上面去了。祖坟的坟地一般都是在本村,就分布在周围的沟里或者自家的地里。在当地,祖坟是叫祖坟,但它并没有特别大,而且葬的人也不多,邓家的祖坟里有邓家爷爷奶奶、爸爸妈妈,其他的还有几个人,但是邓家后人已经记不清究竟是谁了。祖坟大概就是两代人,到后头基本上就分成小家了,各家是各家的,埋葬的时候不埋葬在一起。

二是祖坟的位置。祖坟没有规定特定的地方,当地实行土葬,大部分都在沟里埋着或者自家地里埋着,沟里的坟地虽然比较多,但是也不能乱埋,每个巷道都有自己的地方,这个巷道与其他巷道不能在一起,否则就乱七八糟的。埋人还是得埋到自己巷道的坟地里,不能埋到其他巷道的坟地里,不然就会产生一定的冲突。进祖坟的条件是,"家里人"都可以往祖坟里埋,"家里人"包括:一是过继的儿子。过继的儿子也能往祖坟里埋,只要过继到人家就属于这个家里的人,这样就能埋到祖坟里;二是招过来的女婿。招过来的女婿都跟着女方家里姓,也算是一家子人;三是抱养的儿子,如果是从别人家抱养到自己家的就算"家里人",就可以埋进祖坟,如果是人家抱养走的就不算,从家里抱养出去的就不再是一家子人;四是直系的本姓儿孙去世后可以直接埋进祖坟。

不能进祖坟的情况:一是女儿女婿。女儿嫁出去之后就属于本家的"亲戚",不再算是自己家里人,女儿跟女婿是一家子,女婿则是外姓人,是别人家的人。二是过世的孩子。小孩子夭折不能进祖坟,当地对早逝孩子的处理办法就是扔了或者随便埋掉,孩子不在了,要么就是随便挖一个坑埋,要么就拿一个褥子一裹扔掉,稍微大一点的孩子都进不了祖坟,太小的更进不了祖坟,坟里就不会有他的位置,前面的老人都在那儿埋着,压根没有孩子的位置。

三是祖坟的规模。邓家祖坟里其实就没有多少坟,就只有七八个坟堆,坟的周围还都是土地。邓家祖坟共占地十四亩,十四亩地都是邓家的庄稼地,坟在那中间只占了"一窝窝",坟地原则上比邓家房子要往外扩展那么一点,但是也没有多么大,因为在自己家里的土地上,对坟地的面积就不做太多的要求,按照辈分一排一排往后埋就可以。

四是立碑与立碑花费。邓家老人去世后,后辈会选择给去世的老人立碑,刚开始并不存在立碑这个做法,1935年左右立碑逐渐兴起了之后,在当地立碑的情况也就越来越多了。邓家的老人去世后,家里人并没有给两位老人立碑,原因有三点:一是祖坟的位置在沟里的半坡上,地理位置太陡峭,石碑压根没有办法放上去。二是在邓家后人看来,立碑多指在陵园里立碑,他的目的是为了识别哪一个是自己家的坟,为了防止认错祖坟才要立碑,而邓家的祖坟地理位置特殊,周围只有自己家的祖坟,没有其他人的存在,识别程度是很高的,可以确保自己家的后代不会跑错坟地,更不会跑到别人的坟地里认错了祖先,所以在这种情况下是无需立碑的。三是人少,祖坟也不多,一家与一家之间的距离比较遥远,有立碑的说法但实行的人并不多,但是后来各家各户有钱的后代都愿意彰显自己的孝心,立碑的做法才开始流行起来。村里最早立碑的大概是于红元,他是最早给他家老人立碑的,这个人是村里的书记,还去延安开过会,思想比较先进而且在村子里的影响力也比较大,他先给他家老人立碑了,后面大家就都学着样子开始给自家的祖坟立碑,立碑的情况才越来越多。给自己家老人立碑时,遵循"谁的老人谁负责"的原则,一般都是儿子掏钱,如果有一个儿子,那么就是这个儿子承担全部的费用;如果有两个儿子,就是一个儿子来负责一个老人,比如说大儿子负责为老父亲养老送终,小儿子就负责为老母亲养老送终;如果是好几个儿子,就由几个儿子平均分摊。立碑起到了一种辨别的作用,就是那么一个标志,就是为了方便找到自己家的祖坟,不至于走错。墓碑上的名字是全家晚辈子嗣都有,儿子、孙子、重孙的名字都在上面刻着,像儿媳妇的名字以及家里女儿的名字是不在上面的。

五是祖坟的修理。邓家也会定期对祖坟修缮一下,修缮祖坟大多在清明时节进行,每年清明节借扫墓之机,后人会携带上锹子、铁楸等工具,在给祖先烧纸叩拜之后,为祖坟锄草、添土。当地为土葬,逝者下葬之后会建立"坟堆",祖坟因为时间久远,坟堆上的土会逐渐滑落下来,如若不加以修缮,"坟堆"会逐渐变小,后人如若不上心则会被认为不尊重祖先。祖坟修缮往往包括烧纸、锄草、添土、打扫卫生等,属于常规性的小修小补,修缮时也无需支付任何修缮费用,如若产生修缮费用,均由后人自行垫付。邓家祖坟都是建在沟里或者自己家种的地里,自己家的祖坟肯定就是自己的,所有权归家户,其他人没有权利进行干涉。

(三)家户婚嫁习俗

邓家举办婚宴的时候会"请帮忙"的,仅凭一家人的力量很难完成"一场事",如果自家人数量多,自家人便会一起来帮忙,自家人不多就完全凭靠"帮忙的","帮忙的"都是自家的亲戚和一些住得近、关系比较好的邻居,过来帮忙的人也不会请太多,当家人会请自己平时交往中比较靠谱的几个人把事办了，请帮忙的主要是请赶车的、厨房洗刷的、厨师，总共七八个人就足够，赶车的就是套个轿车，和新郎官一起去迎接新媳妇，一般都是家里的兄长或者堂兄，但必须是自家人；厨房里洗涮的多是女人，多为自家的嫂子、媳妇和其他亲戚。厨师也得请，酒席做菜就得请人家厨师，那时候一个厨师就把所有的事办了，场面不大，十几席就把事办了，亲戚朋友、街坊邻居都过来，一般情况下一次酒席就可以办完。

被"请到"过去帮忙的人一般都不会拒绝，一是喜事，大家有事没事都去凑凑喜、沾沾喜气，二是邻居之间的人情，"过事"的当家人会记住过来帮忙处理的邻居，等到对方有事的时候也会帮忙。邓家结婚没有"总管"，谁家的事情就是谁当总管，比如邓家老祖父当家时父亲结婚，就是老祖父当总管；父亲当家时儿子结婚，就是父亲当总管，谁家的事情就是谁自己负责，没有专门的总管。邓家"过事"时请帮忙除了赶车的、厨子、还有账房，账房就是亲戚朋友过来了，带的礼品当家人要派一个人记账，随礼随钱的人很少，负责记账的把每位客人带的东西记下来，以便主人"还礼"，随钱的很少，礼物也轻，比如四子邓崇文结婚的时候，邓崇文的朋友们会合伙给老人送个礼物，一般就是四五个人共同买一张画，画上写着四五个人的名字，一张画的价格大概就是一毛或者两毛钱，这就算是礼物了。邓家兄弟结婚的时候不发婚贴，当地没有发婚贴的习俗，当地也没有这个东西，结婚都是派人去"请"，"请"的对象主要是自家亲戚和对方娘家的亲戚朋友，再请当家人处的好的几个朋友，请邻居的情况特别少，外村人除了亲戚，其他人很少。

四、家户信仰

南苏村没有与宗教相关的文化传统，因而极少有村民信教，在邓家，所有的家庭成员均无宗教信仰，每逢家庭祭拜，祭拜对象也是家里的祖先长辈或者是家里请回来的神仙。

(一)家神信仰及祭祀

邓家家庭成员均无宗教信仰，但祭祀中会祭拜家神，家神包括财神、门神、灶神，门神通常是贴在院子门口守护大门的神，门神有钟馗、秦琼等人，邓家长辈会要求"门神必须贴到门跟前"，有"防门，防止小鬼"的意思。财神像一般就是关公像，没有固定的贴放位置，可以贴在墙上，也可以"供"起来放在祖先桌上，邓家往年都会把关公塑像用个纸板或者纸盒放置，供在家里的祖先桌上；财神画像也没有固定的贴放位置，"哪里都能贴"，没有严格的规定，邓家过年的时候会贴好几个。灶神就是贴在"伙房"[①]的，无论分家与否，灶神也是家家户户都得贴的，未分家之前以大家户为单位贴放，分家之后在各自的小家内也要贴放，灶神贴画就是按照灶神的样子来印的，基本上没有什么变化和改动。家里的门神、财神、灶神贴在墙上后是要祭拜的，把这些神敬起来也是需要祭拜的，但不是每个人都会拜财神，有的拜，有的就不拜，四子邓崇文与妻子每月的初一、十五都会祭拜财神，烧香磕头绝对不含糊，一次都不会落下，很有讲究。在邓家老母亲看来，拜财神可以保佑自己家庭富裕，"不拜神就没有财"。四子邓崇文从记事开始就拜财神，敬神已然是家里的一种祭拜习惯，而邓家则一直将此传统的习惯延续下来。拜神主要是拜财神，门神不拜，在当家人看来，门神的主要职责是看管家门的，做的"苦力活"。

---

① 伙房：厨房的意思，为当地方言，也称灶房。

除此以外,邓家设有"祖先桌",老母亲会要求几个媳妇给祖先桌上面摆好多献食,柿子、花生、糖块都有,祭祖开始后要祭拜天神、地神、饲养神、马王爷、土地爷、灶王爷、天地爷还有祖宗等等。祭拜天、地、神就是把祖先桌设在自家院子的正中央,然后摆上献食,是供应天地的意思;饲养神是为了保佑家里的牲口,喂养牲口的家里都会祭拜饲养神,过去的饲养神有的就是写一个马王爷牌,有的就是在集市上买一个娃娃骑着马的图像,把这些画像贴在马房里,设上祖先桌、摆好献食,祭拜饲养神;在伙房里还有灶王爷,老人们都认为灶王爷"上天言好事,下界保平安"。每年的腊月二十三,就是小年的时候要送灶火爷上天,正如当地俗语"腊月二十三,灶王爷上天",在这一天一献,意思就是让灶王爷吃饱吃好,然后送他上天汇报工作去。

(二)祖先信仰及祭祀

南苏村有两个祠堂:于家祠堂和邓家祠堂,这些祠堂都是家族成员自己盖起来的,过年的时候各家各户的家庭成员去祠堂里面给自家的祖先"献"点东西,在平日里,祠堂里面也住着人,多半是当地的流浪汉或者无家可归之人,后来四子邓崇文为了盖房子,就把邓家祠堂的那块地给占了。于家祠堂后来就变成了药铺,空余的房间也用来饲养家禽。于家祠堂和邓家祠堂都不大,相比较而言,于家祠堂可能要大一点,还像一个大一点的四合院。邓家祠堂不大,就只有一个厢房一个大门。如果同姓的家户比较多,就盖祠堂,大家一起凑钱盖的,有钱的出钱,没钱的出力,祠堂一般都是供先人的地方,一代代供起来,祠堂修建之后也是会请专门的人来管理,负责日常的卫生清洁工作。在邓家,每到过年的时候当家人都会去拜祖先,没有人组织,有祠堂的去祠堂里拜,没有的就在家里的神桌上面祭拜,当家的人先拜,后面家里人跟着拜。

(三)庙宇信仰及祭祀

除了在家里进行祭拜,有的家人还会去庙里祭拜,南苏村也建有寺庙,庙里拜神就不是当家人组织,以前的人都不拜神,只是极个别的人信奉神灵,自己去庙里拜一拜,邓家大多情况下都是在家里进行祭拜,邓家老母亲张氏有时也会去庙里烧香拜佛,祈求保佑全家平安,但也没有固定的时间。除了拜神,村庄的大户人家还讲究在自己家门口放"石狮",门框两侧放置一对小石狮子,不一定高大气派,但却雕刻得十分精美,看守宅门,邓家放置它们的本意是避邪驱恶,守门看户。在门前放置石狮子还有两种说法:一是说它是吉祥之物,所以将一对活泼可爱的小石狮子放在门前,是一种喜庆活泼有余的象征;二是有的门墩儿上呈卧姿一大一小两只狮子,狮谐音"世",大狮子小狮子取"世世同居"之意,且小狮子卧于大狮子胸前,又有"父慈子孝""和谐美满"之意。

五、家户娱乐

在1947年之前,家户娱乐形式单一,邓家的男人平日里忙于农活,农闲的时候则会去串门聊天,家里的女人忙于家务活,老人则会去打牌娱乐。逛庙会是全家人外出的重要节日,在庙会的举办期间,全家人不论男女老少都可以参加,这也是邓家为数不多的娱乐活动。

(一)结交朋友

邓家在当地算是大户家庭,影响力大,当家人邓永兴是"学董",人脉较广,在平时里结交很多朋友,在农闲的时候会在一起聊聊天、串串门,全家人都有自己的朋友,当家人不会过多干涉,家庭成员可以根据自己的性格、爱好结交朋友,朋友的数量也因个人性格不同而不同。以邓家四子为例。四子邓崇文性格内向,不善于交际、朋友数量也不多,七八岁的时候被当家人送到学校接受教育,毕业之后在村里学校当起了教员,受众多因素影响,四子教书地点连续更换了好几个,认识很多人,但因为地点更换频繁没有什么厚交,都是一般的关系,另一方面是因为邓崇文不善于交往,在一个村里的学校待几年教了几年的书,没什么特殊情况也不会和当地的老百姓打交道,再加上不怎么爱说话,不喜欢和人打交道,所以邓崇文的朋友很少。如果性格开朗外向,善于言谈则会交上众多好友。村里有位叫邓占兰的老人,曾和邓家四子邓崇文一同当教员,善于交往,结交广泛,下至当地村里的农民老人上至学校的教员学童,邓占兰和他们都很熟,没事的时候别人也喜欢找他聊天,一是因为邓占兰老人健谈,一见面就和人一起聊天,聊得热火朝天,聊得次数多了关系自然也就越来越近。相比之下邓崇文就不爱说话,跟其他人坐一块儿聊天聊得时间长,会有一点不耐烦。二是跟个人的性格有一定关系,邓崇文性格比较内向,自己朋友的数量也少。

邓家当家人不会限制成员去结交朋友,但当时朋友的数量普遍不多,主要原因有以下方面:一是家庭所有劳力都要干农活,很少有空闲的时间,农民每天匆匆上工,回来的时候都在自家休息,只有在下雨天的时候才能聚在一起,在农忙的时候如果家里的年轻人一天都在外面,当家人肯定会叫回去批评一顿。二是娱乐活动不多,农闲的时候大部分都是几个关系好的能处得来的坐在一起聊天,没有其他娱乐活动。三是人们的主观意愿不强烈,身强体壮的是家里最主要的劳动力,都是要回家干活的、种地的,另外人们那时候也不想出去,对外面也没有多大的渴望与兴趣。

在1947年以前也有朋友,朋友什么时候都有,交朋友有关系好的,也有关系一般的,对朋友没有多么明确的定义,关系好的就是总在一起,常来常往的,有事都会互相通知、互相帮忙,没有什么具体的定义,就是和谁在一起处的时间长,有感情关系自然就好了,热热闹闹地就处成朋友了。当家人邓永兴在村子里的威望比较高,相好的自然也比较多一点,但朋友相处也不是天天见面,天天聚在一起聊天,过去的人活动范围都比较小。过去以家户为生产、生活单位,活动的成员范围大部分也是自家的家庭成员,就是交朋友也说不上来是怎么交的,毕竟朋友和朋友之间都不那么亲近,基本上全部是自己顾自己,自己过自己的,接触得也不怎么多。那时候小娃娃不会去管大人的事情,参与得少,自然也就不理解大人的事情,在当时的情况下,小孩子也不被允许去插手大人的事情,小孩子不当家,说话没有什么分量,在家里不管事。

(二)打牌玩乐

打牌是家户娱乐方式之一,农闲或者是下雨天村民们会聚在一起打牌玩乐,打牌的主体大多数是家里的老年人,家里的年轻人一般都要忙于农活,没有时间打牌。邓家老母亲的喜好便是打牌,没事的时候老母亲便会约上自己的朋友聚在牌场,之前没有专门的牌场,但老母亲经常和朋友约在同一地点打牌,时间久了便形成了牌场,大多数的牌场都是某个院子的胡同,一张低腿小桌子和几把椅子,也称为"牌摊",人们边聊天边打牌取乐。打牌仅仅是家户娱乐的方式之一,受很多人喜欢但也只是一种消遣方式,人们不会过度沉迷,也不会因为打牌而倾家荡产。打牌的时候也会玩钱,但这样的情况很少,一是因为打牌的主体都是老年人,老年人没有多余的钱用于打牌,二是即便是玩钱也是一分一毛地玩,金额很小,如果金额过大也会被人们视为赌博,当地没有赌博的情况,老母亲和朋友打牌也仅仅是娱乐。打牌的时候都是本村人打,村里的牌场就只有一个。打牌的主体虽然是老人,但年轻人是允许打牌的,男的女的都能打,但年轻的男女因为要忙于干活,没有多余的时间,干不完是不会出来玩这些的,闲的时候打一会儿就可以,年轻人出来玩牌时间长了当家人就会过来找人,让抓紧时间回家干活,不准在打牌上浪费时间和精力,除非是在下雨天或者农闲的时候,男人女人都可以打牌取乐。邓家打牌的只有家里的老母亲,当家人不打牌也不会打,当家人的娱乐方式便是和自己的朋友在一起聊天,邓家孩子的娱乐活动就是耍铜钱,几个小孩子聚在一起,拿上几个铜钱扔着玩耍或者在门口掷骰子。

村里有一个叫于红元的老人,他对纸牌的喜爱在当地是出了名的,他手里起码都有几副扑克准备着,随时和大家打牌,对于他这种沉迷,家里的老人和女人都管不了他,他老伴也和他吵了很多次,但仍然没有什么用,有一次他在牌场打扑克打的时间长了没回去,他的一个孩子生病了而且病得还不轻,他老伴在家很着急,他一直不回去,老伴就过去找他,找他的时候他正在打牌,玩在兴头上,他老伴说话他也不理,后来两个人就吵开了,吵得还挺凶,于红元就喊叫说:"我妈妈都管不了我,你有什么资格来管我?"于红元是自家的当家人,在家里的地位又很高,没人可以管得了他,经常为了打牌不去地里,家里的女人生气却也没有什么办法。打牌的主要是村里的老人,主要原因有两方面:一是家里的老人没有事情干,年龄大了不用去地里干农活,女的老了之后家务活由自家的媳妇操持,闲的没事就聚在一起玩玩,消磨时间。二是老人们聚在一起时间过得也快,心情愉悦,对身体健康也有好处。"一直没事干在家也很无聊,撑个牌摊,自己高兴,一起玩的人也高兴"。

(三)串门聊天

在 1947 年以前,乡里乡亲流行串门,串门就是在村子里相熟的邻居家里坐下来随意聊天,对一些事情发表自己的观点或者意见,大家在某一个地方聚集,这样时间长了就会形成一种习惯,到了大家不忙的时候,会聚在那个固定的地方。大人小孩都可以串着逛,一般串门的时候都是会选择闲了没活干的时候,因为干活的时候比较累,没有时间和精力去串门,也不会考虑那些和自己不怎么相关的事情。在邓家,一般出去串门的就是家里的男人和老母亲,女人串门少,家里的几个媳妇闲了会在一起聊天,聊天的内容都是日常生活中简简单单的事情,随便说一说笑一笑,女人们聊天的内容不会涉及太深太远的东西,家里的女人偶尔出去都是坐一小会儿就会赶紧回来忙家里的事情,家里的事情比较烦琐,需要细心操持。家里的小孩子就不限制了,到处跑着玩,家教严格的家庭也会把孩子留在家里识字,邓家的几个小孩放学回来就要写自己的作业,当家人还要求小孩子每天写日记,写完之后才可以出去玩耍,但女孩子不能,女孩子由家里的几个媳妇带着,年纪很小的时候就帮着家里干一些简单的家务活。

(四)逛庙赶会

邓家每年赶会的时候谁都可以去参加,很少出门的女人在庙会的时候可以出去赶庙会,上庙会之前,如果没有与当家人同行,当家人则会为赶庙会的女人发一些钱,家里的几个媳妇也会把平日里想买的东西一起买了,在邓家后人的印象里,"赶会其实是一件很有意思很好玩的事情,会见到很多人"。赶会时可能会碰到许多村子里相熟的人,大家一路上有说有笑的。在每年赶会的前几日,家里就会提前做好准备,去套个牛车,大大小小的全部都去赶会,赶会就比较热闹，邓家的几个媳妇每年也就这个时候才可以出去，其他时间都不出去，一般都在家待着。过年的时候家里的花销大家不用平摊，家里需要的东西都是当家人统一来置办好，当家人负责整个家庭的一切安排，其他人就都不用操心这些事情。

（五）其他娱乐活动

家户娱乐活动比较少，邓家就是几个小年轻聚在一起，也没有什么特别大的活动，就是打牌、掷骰子、打麻将等。掷骰子就是拿三个骰子，然后拿一个碗，把骰子往碗里一放，看落的那个点数来判断输赢，会提前说好落多少点是赢，落多少点是输，输赢都是由那个点数来决定的。大家打牌掷骰子也没有一个特定的点，就是在大家聚起来的时候比较方便，一群人就聚集在一起，玩一玩、乐一乐。村南头的安邦家就是经常有人在那里打牌，打牌的基本上都是老头老太太，村里的于红元老人打牌打得非常好，大家都叫他"打牌皮"。安邦家就是个牌场，一吃完饭没啥事了那几个老奶奶就集中到一起耍纸牌，像扑克一样差不多，都是开心一下图个乐子。村里经常有几个老头老太太在那里打牌，年轻的是掷骰子，小娃娃是玩铜钱、滚铜钱，长溜子。"长溜子"就是几个小孩，一个人拿一个麻钱，给那摆一溜，打住最高的那个，这一溜铜钱就是你的，打住最后一个，就只能收这一个，小孩子就玩这个，因为这些比较简单，孩子比较小，在他们眼里也就显得格外好玩。

第五章 家户治理制度

邓家当家人的当选与更替并无明确的规定，但在长期的生活中形成了一种潜移默化的"惯习"，当家人为"是传男不传女、传长不传幼、传强不传弱"，当家人拥有绝对的财产管理权、劳动分配权、制衣分配权以及对外交往权。在遇到自然灾害时，当家人也要担负起全家人"吃饱饭"的责任。邓家并无成文的家规家法，但在长久的生活中邓家形成了一种无形的"规定"，即默认的家规家法，包括吃饭、座位、请客、请示以及其他默认的规矩，这些无形的家规约束着所有的邓家成员：长幼有序、男女有别、上下不同。在村庄公共事务以及国家事务方面，邓家均由当家人出面参与，其他家庭成员在当家人的统领下发挥着辅助性作用。

一、家长当家

家长当家是南苏村最常见的形式，当家人既是名义上的家庭统领者，也是实际的家庭掌权人，要成为邓家当家人应满足三个条件：男性、能力强、年龄大，而家里的晚辈只有具备相应的条件，有能力带领整个家庭时方可当选。邓永兴当选邓家当家人就是因为满足这三种条件，因此是家中最合适的人选。

（一）家长选择，三重因素

邓家的当家人是邓永兴，邓家里外都是一人当家，不分外当家和内当家。除了家里的老母亲、二哥邓永禄、二嫂郭瑞香对当家的直呼姓名，当家人的平辈兄弟姐妹都称呼当家人为"三哥"；晚辈称呼当家人为"三爸"；在对外交往中，年龄长于或者相当于本家当家人年龄时，则直呼其名，年龄小于当家人时称呼其为"三哥"。当家人不是选举的，并无真正意义上的选举仪式，而是遵循"自然而然"的原则，决定当家人时会考虑一系列的因素，被选为当家人的条件包括：

1.性别因素

1947年以前，南苏村家户中的当家人均为男性，不存在女人当家的说法，所以邓家考虑当家人选时通常会直接排除家里的女人。在当地，如果是女人当家，在很大程度上会被人看不起，认为"家里的男人不行，才让女人当家"，如果是丈夫不幸去世，女人不得不当家的情况，也会被邻居"欺负"。村里女人当家的少，大多都是男性当家，女性当家在当地被称为"五牛驾驭"，家里的男性撑不起局面、做不成事，只能靠家里女人的意思，在当地，只要家里有男人，女性基本上不能当家，假如家里有兄弟两个人，老大是当家的，老大去世之后便是老二当家，大嫂子是不能当家的。女人当家的少但并不是没有，如村西头的李俊忠家就是女人当家，他家里只有父母亲和他们弟兄五个人，后来他们的父亲去世，那时候他哥哥11岁，他7岁，他弟弟只有3岁，家里没有能主事的男人，只能是他的母亲当家。

2.个人能力

如果家里是小门小户或者只有一个儿子,"自然而然"地就能选出当家人,但如果是像邓氏这样的大户人家,选择当家人时对个人能力虽然无明文规定,但家里人决定当家人时也会考虑到当家人的处事能力。1947年以前的当家人需要带领整个家庭增加经济收入,解决家里的温饱等各种需求。邓家在推选当家人时,二哥邓永禄年龄过长,无法做出决策,因此适合当候选人的只有老三邓永兴和老四邓永庆两人,与邓永庆相比,邓永兴当过村长、"学童",不仅在本家得到一家老小的尊重,在整个村里都享有较高的声望,能力更强,因此更适合作为"当家人"。

3.长幼顺序

如果家里有多个儿子,长幼顺序便是最重要的原则,在弟兄两个处事能力相当的情况下,年长的便为当家人。在考虑按照长幼顺序当家时,以下几种情况当家人则不能按照长幼顺序选取当家人:一是年龄问题,如邓永禄虽然年龄长于其他子嗣,但其年龄过大,已经丧失领导全家的能力,这时只能选取其他子嗣来接班;二是身体健康问题,在长子符合继承当家人位置的年龄前提下,如果其身体健康不佳,一样无法正常继承当家人职位。村庄中有一户农民叫李小虎,李小虎为李家当家人,但其为李家的次子,小虎的长兄虽与其年龄相仿,但其智商不够,年近四十依旧单身,李家在选取当家人的时候便直接越过长子而让次子李小虎当家。

如果当家人是老大,老大不能掌事,就会按照长幼次序让老二当当家人,而不会让老三或者其他人当家,否则会引起家庭矛盾。如果家里有老人或者其他长辈,不管当家人是谁,都要听取上一辈老人的意见,重要的事情还都要经过老人的同意。如果没有老人,兄弟几个没有矛盾的可以不分家继续生活,如果有家庭矛盾就会分家。如果当家人年龄大了,一是更换当家人,让儿子接老人的位置,新当家人也要以老人的意愿为主,大小事情都要跟老当家人商量。二是家里的老人不在了,其兄弟是优选当家人。当地的俗语是"没有哥就有弟,没有父就有子",说的就是当家人的更替顺序,如果当家人老了或着不在了,当家人的兄弟会优先于当家人的儿子,儿子会优先于家里的女人。

(二)当家长的权力

邓永兴作为当家人,具有绝对的权力,家里的大小事情当家人都会管,其他家庭成员碰到事也都会说:"不用管,有当家的"。在财产分配方面,家长对家庭共有的财产具有绝对的支配权,财产支配的"时间、地点、金额、对象"等都是家长说了算,其他家庭成员听令服从,也不会有太大的意见。受家户经济条件的限制,家长很少给家庭成员分配零花钱,在家长"包办包买"的情况下,家庭成员即使是拿到钱也不会花,也没有什么要买的东西,家里的粮食都由家长出面置办,小家小门拿到钱也"花不出去"。每逢过年的时候,邓氏家长会给各个家庭成员发压岁钱,金额在3~5元,压岁钱是家庭成员仅能拿到的为数不多的零花钱,即使是拿到零花钱,家庭成员大多数的处理办法就是把钱攒起来,也不花,能用到零花钱的地方就是给孩子买拨浪鼓、小发饰以及染衣服用的"颜料"。

1.财产管理权

邓家的财产都由当家人管理,包括粮食、棉花、金钱及家里的值钱家当。其他家庭成员对钱也没有概念,家里的钱只有当家人一人掌管,邓家可以获得金钱的渠道一是六弟在外经商的劳务收入,二是熬碱,滩里的地可以熬碱,碱是日常的食用碱,卖碱是家里一项主要的经济收入。既便如此,每年邓家的金钱收入也不多,一般都由是当家人直接掌管。平时家里人也不出去赶集,一年只是在当地有庙会的时候,卖一点粮食换点钱,家里人才出去赶个庙会,其他时候家里的老老少少都是在家里待着。当家人的权力也有受限的情况:比如各个小家媳妇的嫁妆,当家人虽然拥有绝对的财产管理权,但对媳妇的嫁妆没有管理权,哪个媳妇陪嫁的就归哪个媳妇,嫁妆陪嫁过来就放到她的房间,当家人不做过多干涉。

2.劳动分配权

邓家的主要劳力为家里的几个男人和雇用的两个长工,家里的女人不外出干活,每次外出劳动时,"谁去干、怎么干、干多少"都是由当家人决定的,当家人在前一天晚上会对第二天的活进行分配,如果活多则家里的几个男人一起去,如果活少,当家人会让邓永庆带着两个长工一起去, 一些零散的活索性就让两个长工自己去,因此当家人在前一天晚上都会分配好,第二天被安置活的就要早起去干活。总体而言,农活并不是很多,当地的田地大部分都是每年一茬,回茬地很少,"土地都没有营养,一年只种一次,要不然后劲不足"。很多情况下田地都无需经营打理,靠天吃饭,种地的活也不是很重,种地的时候主要是靠牲畜、人粪,种地的种子就是去年的收成,吃一半留一半,以备来年再种,但产量也一年不如一年。大部分人家都是小户人家,种什么掌柜的说了算,像邓氏这种大户人家,有时候大家也会商量着来,但是主要还是以掌柜的意见为主。在农忙的时候家里的掌柜都下地干活,有时候家里的孩子放学之后也都跟着长辈下地。

3.制衣分配权

当家人的责任很重,地里活和家里活都得管。家里的衣服都不是买的,而是家里的女人手工制作,因此当家人收下棉花后会一个房间一个房间分,"这个房间的大人小孩有多少,那个房间有多少,然后给每个小家分棉花",自己小家拿到棉花后自己负责给自己的小家织布做衣服。那时候大家户生活在一起,到过年的时候当家人也会给每个房间分一些东西,比如棉花是必须分配的,每个房间的穿戴都靠这些棉花,上衣、裤子还有袜子都是每个房间的女人自己做,棉花的分配按照房间的人数分配,房间有孩子的、人多的就多分点棉花,房间里的人少就少分点。大部分情况就是小房间里有两个人就分两斤,小房间里有三个人就分三斤棉花。衣服都是每个房间的女人自己做的,家里老人的衣服也是儿媳妇做。家里的婆婆一般不需要做衣服,在给自己孩子娶媳妇之前,婆婆都会给自己攒一些布或者衣服,因此婆婆的衣服相对富足。

4.对外交往权

邓家的对外交往都是当家人出面,其他家人都不出面,当家人是一个家庭的关键,好的当家人可以打理好整个家庭的大小事情,若当家人不管事,可能会影响整个家庭的状况,女人不能作为当家人,受封建社会的思想束缚,过去的女人不能出人头地。但是当家人邓永兴做决定时也会和家里人商量,但是邓家老母亲年龄大了,邓永康、邓永泰不在家,要商量只能跟邓永庆商量,邓永庆没文化,说话处事过于偏激,所以很多事情都是当家人一个人做决定。当家人对家里的事情具有绝对的决定权,大小事情都是当家的说了算,全家上下必须服从,当意见不同或者发生分歧时,当家人可以采纳家人的意见,也可以拒绝,一切以当家人的决定为准。村庄里也有当家人不做主,其他人做主的情况,如当家人没有主见只是挂个名,其他的事情都由自己的媳妇决定,这样时间长了矛盾便会爆发,一家人不欢而散。邓家当家人掌握实际权利,不管事情大小都得管,当家人出远门前,都会把家里的事情安置好后再走,当家人不在家,家里人做不了主的时候,都会等着当家人回来了再行处理。

(三)当家长的更替

邓家第一次分家后,原来的一大家分为两个小家,一家是邓永兴当家,另外一家是邓永禄当家。小家产生新的当家人时并无任何仪式,只是原本的当家人不再参与小家的决策行为,新的当家人自觉承担当家人的责任,"分家单一确定,你的是你的,我的是我的,就不再掺合了",原来的当家人在分家后对分开的小家就"大撒手",对小家内的大小事情都不再插手。如果当家人生病或者发生其他事情,就按照长辈次序轮流当家。家里也没有男主外女主内的思想,大小事情都是当家人"一手甩"。对当家人邓永兴而言,刚分家的时候一是感觉压力变小,分家之后老人这边只有十四口人,吃饭的人不那么多了,家里女人做饭时也不用准备24个人的,家庭经济压力变小;二是心理上也有变化,"自己家就是自己的这个小家",自己所做的决定对其他小家的成员没有任何约束力。

二、家长不当家

邓永兴既是邓家当家人,也是南苏村学校内外连接的"桥梁",双重身份使邓永兴不能出远门,即便是出去办事,在晚上也会回到家里,故邓家并不存在严格意义上的"其他人当家"。如果当家人白天有事外出时,会给家里人安排好,并将一些劳作事宜嘱咐给邓永庆,四弟邓永庆为家长代理人,白天会带着家里的男劳力正常外出劳作,一些农业耕种上的问题邓永庆也会及时解决。但即便是邓永庆会带领大家外出耕种劳作,碰到大事情时仍然没有决定权,需要等到回家之后向邓永兴报告,由邓永兴做决定。如果有人找上门时,家里的女人会告知对方"掌柜的不在家,等他回来再说"。邓永兴在邓家的当家人地位没有人可以动摇,时间久之,四邻八舍都知道邓家为邓永兴全权做主,有事找上门时便会询问"掌柜的是否在家",如果被告知不在家时,对方则会选择时间再来拜访。

邓永兴有事外出时,邓永庆为邓家暂时的代理当家人,在这期间,如果邓永庆犯错误或者没有将家里的事情处理好,邓永兴也会发火责骂。在邓家后人的印象里,有一次邓永兴外出,嘱咐邓永庆按时将征集的两石粮食送给学校教员,邓永庆心眼小,认为不应该给一个教员那么多粮食,便私自扣除了一部分,没过几天学校教员便找上门来讨说法,邓永兴知道后大发雷霆,要求邓永庆补齐粮食并登门道歉,并在很长一段时间内不与邓永庆说话,后来在家里长辈的劝说下,两人才重归于好,从此以后,邓永庆再也不敢擅作主张。

三、家户决策

邓家的大小事情都是当家人邓永兴说了算,当家人的话对家庭成员而言便是命令,家庭成员只能服从而不能反抗,家长做决定时,其他家庭成员没有说"多余话"的权利。邓永兴外出时,农业劳作的事情会交给四弟邓永庆,而家庭内部的女人活,六弟媳年轻而且能干,当家人则会嘱托六弟媳干好家里的女人活,六弟媳年龄最小,干活时则会与家里的长嫂商量,一般情况下,女人也无须和当家人商量或者汇报,也没有因此出现过家庭不合。

但是邓家碰到大事情的时候,当家人也会和家庭成员协商,比如为家里的孩子娶媳妇,邓永兴会将家里说的上话的人召集在一起商讨,尤其是结婚当事人的父母,当家人一定会与其商讨并达成一致,在征求其父母同意的前提下,当家人再出面为孩子准备婚礼,如果当家人与其父母意见不一的话,最终还是以当家人的意见为主,其父母也会抱怨:"人家是当家人,人家说了算",因而为了避免家庭矛盾,邓永兴一般都会与其父母达成一致。

四、家户保护

当地水涝灾害频发,村庄公共职能缺失,家户发挥着重要的角色,在受到水灾、旱灾或者是虫灾的威胁时,村民均是以家户为单位进行自救,当家人既要带领全家躲避灾害,保证家庭成员的生命安全,还要采取措施自救,减少粮食损失,确保一家人能吃上饭。如若碰上盗匪,也是以家户为单位进行抵御,村庄则不会采取任何的防护措施。

(一)应对自然灾害

当地村庄的基础设施不完善,家户经常面对着各种灾害的挑战。

1.灾害种类

(1)水旱灾害

南苏村位于山西省西南端,秦晋豫黄河金三角,濒临黄河的地理位置为南苏村提供了大面积的黄河滩地,虽然为农田灌溉提供了充足的水源,但也使两岸村落水灾频发。当家人邓永兴自己经历过多次黄河水患,小时候黄河涨水频繁,最严重的一次是黄河水淹掉了村庄的一半,大片的农田被水淹没。而农民在黄河滩地种地,"有种无收"的情况较多,常常是农民辛辛苦苦耕种,地里的庄稼也长得很好,黄河水一过,农民颗粒无收。这段时期也是当家人"睡不着"的时候,如果自家的土地分散,坡上有地、坡下也有地,坡下黄河滩地被淹之后只会造成部分损失,全家人的口粮田还可以保留;如果自家的土地全部聚集在坡下,黄河水一过,那么家庭就面临着绝收的可能,这一年颗粒无收,全家人口粮便没有了着落。邓家的140亩地均分散分布,坡上占据了土地的大部分,坡下只有几亩土地是用来种棉花的,黄河发水的时候只会影响棉花的收成,家里的粮食还是有保证的。若家中棉花地遭灾年末家里的棉花不够用的时候,当家人会去集市买一些棉花,对自家的影响不是很大。如果碰到水灾或者是其他灾害,粮食的产量会大大减少,这时候家里人只能通过节衣缩食维持日常生活。当地碰到水灾的情况比较多,每逢黄河发水,都会淹掉黄河滩上的大片农田,但农民也不会因此绝收,因为黄河频繁发水,农民只是在黄河滩上种一些豆类其他庄稼比如玉米、小麦往往种在地势较高的坡上。

黄河涨水会"挑点",比如说在早饭之后、午饭之后、晚饭之后,大部分时间都是人们正在吃饭,就听大家喊"水来了水来了",在午夜发水的时候并不多,在黄河发水的高峰时,几乎一天一次。人们在黄河滩地种的农作物多为黑豆,花生,谷子、棉花和少量的西瓜,水漫过农田时,所有的农作物都被卷入泥土,对邓家而言,印象最深的是在水里"捞西瓜",河水淹没西瓜地时,大大小小的西瓜会随着水漂起来,家里人会全力捞西瓜,可只要"历经水灾的西瓜",即使被人捞出来,也会在五天之内坏掉。为了减少水灾的危害,人们会减少在黄河滩地种植粮食的数量,大家会在黄河滩地种上一亩半亩的棉花,种上一点谷子或者花生,把粮食种在地势较高的地方。

濒临黄河的地理位置使当地旱灾的情况不多,即使是遇上旱灾,不过是收的比较少了,但也不至于像水患那样"颗粒无收"。

（2）虫灾

虫灾多为蝗虫灾害，谷子成熟之际，会引来大量的蝗虫，而"蝗虫灾害"发生时，蝗虫满天飞，遮天蔽日，蝗虫一过，庄稼就被吃光了，虫灾对庄稼的破坏程度不亚于水灾。邓家如果遇上灾害，主家颗粒无收或者是粮食产量大幅度减少，并不影响主家对长工工资的支付，给长工的粮食也不会减少，能雇佣长工的家庭都是大户家庭，土地多，水灾对大户家庭的影响并不大，如果是小户家庭，土地少全部集中在坡下的，水灾的影响可能就比较大。过去水灾、旱灾、虫灾随时都可能发生，为了预防灾害，一方面，家里都会有"储备粮食"，如果遇上灾害，倒不至于家里没有吃的，只是过得紧张一点；另一方面，农民会下意识地把土地分为多块，分别分布在黄河水淹没不到的坡上地，坡下地、黄河滩地。邓家家里有一百四十多亩地，指的就是坡上面黄河水淹没不到的土地，不包括黄河滩里的地，在水患发生时，即使黄河滩里的地颗粒无收，可坡上面的地还会有一定收成。

2.求神拜佛保佑风调雨顺

遇到灾害，大家会去庙里烧香，求神拜佛来保佑风调雨顺，前去烧香拜佛的多为老人，村里有老庙，每逢灾害或者秋收在即，包括当家人邓永兴在内的老人们都会去烧香祈求平安。1949年以前遇到灾害的时候政府不会对村民进行救济，大家都是靠自己家的那点存粮，有点存粮的家庭能够将就着吃，没有存粮的就没有办法生活了。遇到灾害的时候当地村落没有逃荒出去的，倒是有不少外面逃荒来这里的，虽然也会遭遇各种灾害，但跟河南等地相比属于"富裕地区"，那些逃荒到这里的大部分都是河南人和山东人，属于黄河流域的，那时候是黄河水位高于地面，经常遭遇水灾，人们为了活命都会出来要饭吃。

（二）躲避盗匪

村庄里也会有盗匪出现，但在邓家五服以内没有出现过被盗匪偷盗的现象。村庄中即便是出现此类情况，各家各户也是以家户为单位进行防御抵抗，如果被偷后家里还有余粮，那便紧巴巴地熬过，如果家里没有多少余粮，则只能认命，可谓"叫天天不应，叫地地不灵"，要么是东家凑西家借，要么是出去给别人做长工，如果有比较富裕的亲戚援助，就算是比较幸运的了，但无论如何，村庄中都不会有任何的防备措施。

邓家三座院子相邻，而且每座院子里都有人居住，因而没有遭遇过小偷偷东西的情况。小偷偷东西主要偷两样，一是钱，小偷会到家里的炕上或者抽屉里找钱，主要就是银元。村庄里很多老人都会把自己积攒下来的钱压在自己炕头的席子底下，时间长了便成了众所周知的秘密，只要家里没人，小偷一偷一个准，很多老人索性把银元埋在土地，小偷来家里偷东西翻箱倒柜也很难找到。二是粮食，过去缺粮，大家又都吃不饱，没吃的了小偷就会去别人家里偷粮食吃，还有的会去地里偷，偷粮食的时候小偷都是带上一个袋子，袋子不大，装满就走，能装多少装多少。小偷偷东西的时候，如果没被发现，就可以顺利些，偷的东西也能带回去，被偷的人也只能自认倒霉，勒紧裤腰带过日子并看护好剩下的粮食；而如果被发现，挨打是避免不了的，被偷的人会叫上自己的巷道邻居把小偷打一顿，打轻打重都没有人管，有的以前被偷过的家户也借此机会殴打小偷撒气，在这种情况下小偷能保住命就不错了。有的小偷被发现之后立刻给主人下跪，并讲述自己家有多难有多不容易，如果主家生有怜悯之心的话也可能放过小偷。

村里的一个叫专银的人偷了兴业家的东西就被抓住了，后来兴业家就叫了很多人把专银暴打了一顿，村里的一半人都过去了，拦都拦不住。过去的小偷更多的是"明贼"，"明贼"是在白天的时候将自己的脸蒙上，拿一些武器去威胁，要求对方拿出钱财或者粮食，也相当于抢劫，过去人们胆子小，碰到这种情况就会告诉对方钱在哪儿，粮食在哪儿，而村里是不会管的，没人管也没人知道，被抢的人家可以保命已经算是万幸了。那时候人们为了生存，即使是看见贼进了某一家也不会声张，怕贼返回来报复，惹祸上身。

村庄中大户的经济条件远远好于小户人家，也存在着一家都是老弱病残的情况，但村庄中不会有任何的扶助措施，小户人家只能是卖房卖地越来越穷，家里能干活的都出去给大户人家当长工进而维持一家老小的生活，如果家里没有能干活的劳动力，便只能是拖家带口出去讨饭，如果同一家族的成员有经济条件比较好的，也会给予适当的帮助，如果没有亲戚的扶持就只能听天由命了。

五、家规家法

对邓家而言，邓家支系后辈繁衍众多，在南苏村落户以后，只要分家，便是"自己小家管理自己的小家"，每个小家的当家人可以制定自己家庭内部的规矩，每个小家有每个小家的规矩，可以是成文的，也可以是在潜移默化的生活中形成的，但对于整个家族而言，并没有特定的族规。

邓家没有成文的家规家法，在邓家家庭成员眼里，当家人说的就是家规，当家人的规定就是家法，"当家人就是家里的天"，过去人口众多的大家族肯定有家规家法，大家族人口众多，情况也相对复杂，没有家规难以控制。过去的家法对女性更严格一些，不让家里的女人出去玩，不让逛集市，家法不是写在白纸黑字上，而是长时间以来形成的一种规矩。房间进出也有规矩，各个房间属于小家庭的私人空间，其他人都不能随意进出，尤其是家里的男性，包括公公不能进儿媳房间，哥哥不能进弟媳的房间，弟弟不能进哥嫂的房间，即使是一起吃饭的家里人也不互相串门，但房间门平时不上锁，不会出现丢东西的情况，唯有小孩子可以进出各个房间，在每个房间都可以玩耍。

（一）默认家规

邓家家庭成员在长久的生活中形成了"长幼有序、上下不同、男女有别"的家规，主要体现在吃饭规矩、座位规矩、请示规矩以及请客规矩等诸多方面，家规为邓家长期生活中形成的各种规则，家庭成员同样不可违背。

1.吃饭规矩之男女有别

邓家过去虽然没有明文规定的家规家法，但长时间生活在一起的一大家人已经形成了很多"默认家规"。一是吃饭的规矩，吃饭的时候是家里的老人先吃，端给老人以后家里的晚辈才能吃，吃饭的时候家里的男人上桌子吃饭，家里的女人就在厨房吃。邓家吃饭的时候则是老母亲和家里的男人在桌子上吃，几个媳妇就是在厨房里随便找个地方吃，小孩子就不限制，可以端着饭碗乱跑。在当地，家里的老人去世之后，家里年龄较大的媳妇在某种程度上就"晋升"为长辈了，就可以和家里的男性一起在桌子上吃，吃饭的过程中也会给在座的男人添饭、端水。大家吃的都一样，没有什么特殊的，吃的主菜都是家常菜，过去邓家的地里都会种上一些韭菜，韭菜熟的时候就割韭菜回来凉拌着吃，没有韭菜吃的时候就吃咸菜，因为家里人多,每年冬天,几个媳妇都会腌上好几瓮的咸菜,冬天没有菜吃的时候就吃咸菜,咸菜可以吃上很长时间,菜都比较少,做的时候也很少,也基本上不买菜,炒菜的情况是极少的,炒菜的时候就是滴上几滴油,一般情况下都不舍得吃炒菜。过去盛菜没有盘子,就是用小碟盛菜,家里人多,每次的菜就是两个小碟子或者三个小碟子,主食早上就是粥,玉米粥或者大米粥,中午有时会做面条,晚上的时候经常不吃饭。

邓家六弟媳于爱枝是家里最年轻的媳妇,生活节俭,即便是家庭经济拮据的时候也不会轻易向别人开口,性格倔强好强。有一年邓家受灾情况严重,粮食产量极低,六弟媳为了不让家人担心粮食问题,隔三差五给家里人做一些细面条吃,每个人都盛一大碗,自己则偷偷地在碗底埋上一个窝窝头,窝窝头上覆盖着一层面条,为了不让家里人担心,也不让外人看不起。

邓家经常吃的菜就是萝卜、白菜还有韭菜,偶尔会吃一次豆腐,吃豆腐的情况也很少。生病时的饮食比平时要好一点,只有在得大病的时候饮食才会稍加改善。改善就是给病人加个鸡蛋,过去家里都会养几只鸡,鸡下的蛋也是最好的"补品",平时家里人都很"稀罕",不舍得吃鸡蛋,而是积攒起来,当家里有病人或者是要去看望病人的时候才会拿出来。给病人加餐一般是当家人说了算,家里做饭的女人不能做决定,几个媳妇依旧按照规矩做饭即可,只有当家人提出给病人煮鸡蛋补一补,家里的女人才能把鸡蛋拿出来。不过家里的女人做饭时也会问问病人想吃什么,想吃什么家里当天就做什么,也算是对病人的一种"照顾"。

2.座位规矩之长幼有序

邓家以前家里有二十四个人,吃饭的时候女人在伙房吃饭,男人在外面桌子上吃,家里的老母亲在饭桌上一直坐上座,尤其是当有客人的时候,规定长辈必须坐哪里,晚辈必须坐哪里,如果没有客人或者"外人",老母亲也经常会把座位让给家里人,说"没外人、不讲究"。家里的男人出去干活的时候,几个媳妇就会把饭送到老母亲的房间,四子邓崇文小的时候也会端着饭去老母亲房间和老母亲一起吃饭。吃饭女人不能上桌吃饭也并非绝对,家庭人口数量少的话女人也可以上桌吃饭,那时候的桌子就是坐八个人的八仙桌,没有规定说谁能坐太师椅、谁不能坐,家中成员都能坐,没有限制,座位也没有主次之分,但是家里人多,还是要立一些规矩。

邓家宴请客人时特别注意上下、长幼之分,区分一个桌子的上座的方法就是看桌子的木纹,右边就是上位,剩下的就随便坐,将上位安置好就可以。排座位时有两种排法:一是按照年龄排座位,年长者坐上位,年龄小的坐在下位。邓家人口多,支系复杂,亲戚拜访时没有按年龄来排座位的说法,有的晚辈的年龄比长辈还大,邓家的几个侄子年龄都比邓家儿子本身大。二是按辈分来排座位,过去讲究"父子不同席",如果父亲坐在这个席上,儿子就不能坐在这个席上了。假如说奶奶的娘家来了就得坐在上位,家里对这些比较讲究,会有专人安排,晚辈坐哪儿长辈坐哪儿,在邓家就是当家人邓永兴或者邓永庆出面安排,安排之前也会和老母亲商量,这边一般不请财富家或者村长,要是村长拜访的话,也是坐在一般的位置,不会刻意为村长安排上位。

3.起床规矩之早起儿媳

邓家家庭成员比较多,起床的时候几个媳妇都想"最先起床",妯娌之间都会认为最先起床的那个媳妇比较勤快,先起床的媳妇需要给婆婆烧炕、倒尿盆、烧热水,会被家里人看作勤快的媳妇。家里六弟媳最年轻能干,没有孩子,起床的时候大多数是六弟媳先起床,给家里的老母亲倒尿盆、洗脸,如果六弟媳没有起来,这些活其他几个媳妇就会去干。老母亲也比较偏爱六弟媳,不想让其他媳妇对于爱枝有意见,老母亲如果起床起得早,就会去"上厕所",经过六弟媳房间的时候会加重脚步,走出"噔噔噔"的声音,提醒于爱枝要起床了。家里的人起床后的活也不一样:一是家里的女人,起床后要给老母亲烧炕、倒尿盆、烧热水,还要扫院子打扫卫生,然后做饭。二是男人也有男人活,男人起床之后就要"上地"了,即去地里干活了,商量着今天是犁地还是锄地。三是家里的老人起床之后就是闲坐,家里不需要老人干活,老人算是家里比较清闲的人,有时候家里的老母亲闲坐不住也会帮着家里的几个媳妇缝衣服、纳鞋底,还有的老人会帮着纺线。晚上睡觉的时候家里的男人和老人先睡,女人一般睡得比较晚,女人晚上回房之后还要干活,给自己的男人纺线织布做衣服、纳鞋底做鞋子,袜子被单,经常干活要干到半夜才能去睡觉。

4.请客规矩

邓家请客时既有特殊的座位安排,也有特殊的请客情况,邓家会设席请客的情况主要有以下几种:

一是上工酒。长工上工下工时,主家并不会特意摆酒席请长工,但在腊八节时,家里的几个媳妇会多做几个菜,家里人和长工一起吃,腊八节之后,长工可以跟主家商量着返乡过年,商定日期后离开即可。开工时主家也不会摆酒席招待长工,年后长工返回主家,返家后跟着主家干活即可,没有开工酒。

二是土地买卖。土地买卖的时间根据卖家的实际情况而定,若经济条件可以负担得起,买卖双方以及中间人会坐一桌子,由"卖家"做东,如若卖家经济条件一般,也会邀请买方以及中间人做客但不请客,只是坐在一起商量一下土地买卖的相关事宜。

三是盖房上梁封顶。盖房子多靠"人情",需请人帮忙,木匠和泥匠是要支付工钱,剩下的土工什么的都不掏钱,请人帮忙时多请的是街坊邻居,不请亲戚,别人帮忙时,主家会管饭,但房子盖成上梁封顶时不会请客,盖房子请的是瓦匠、泥匠,不会请他们吃饭,在"立木"①的时候会请或者"瓦房子"的时候也会请他们,但最后落成的时候不请他们。

四是祝寿,邓家只有家里的老人会过生日,其他的大人小孩都不过生日,家庭经济条件不错的大户人家会为家里的老人举办寿宴,家里的亲戚都会过来给老人祝寿,祝寿会请客,都是自己的亲戚,但邻居不来。邓家当家人会为家里的老母亲庆祝生日,在老母亲生日那天,家里的邓永康及外出做生意的六弟邓永泰都会回家一起与老人吃饭。

五是结婚请客,结婚请客是必须的,刚开始是四个碟子,吃完就了不再上菜,后来经济条件好一点的时候就是四个盘子、四个碟子,也不再加菜,四个碟子是用来喝酒,结婚也主要是请亲戚,街坊邻居也会来帮忙。四子邓崇文结婚那天街坊邻居主要来了四个女人,她们主要是在厨房里帮忙。定亲的时候没有酒席,以前是父母包办婚姻就没有订婚席,男女结婚前都不见面,只有双方的媒人从中间协调,定亲也就是两个媒人之间的谈话,家庭经济条件比较好的男方会请客,请女方的亲戚朋友,但女方不请客。

六是家里孩子满月。满月酒的时候也需要请客,在当地称为"探客",都是比较亲的亲戚,

---

① 立木:称为"立柱",过去农村盖房子时的架构,架构建成之后用泥土做墙面。

也不请朋友,就是对方娘家那边来的亲戚,基本上家里生了小孩都会做个满月酒,只是规模不同,有的亲戚少,人家自己几个人吃一顿饭就过去了,街坊邻居可能都不知道,有的亲戚多,来的人多了街坊邻居就知道了。但满月酒是家家都会办的。

七是葬礼。邓家爷爷去世的时候因为威望较高,葬礼的规模比较大:葬礼前后一共杀了八头猪,葬礼结束后给每位来参加葬礼的亲戚朋友一人一个银元,此种规模的请客轰动一时。过去请客吃饭的时候都不用下帖,白事也不下帖,但是存在"布丝","布丝"就是安排几个人发白头巾,去挨家挨户发白头巾的时候顺便跟各个亲戚说一下就行了。无论何种情况,请客的东家不一定都是财富家财主,像小户人家有时候也请客,自己看自己的实际情况。请客的东家会根据关系的远近确定被请客的对象,关系好的请,关系不好的则不请,不管是村长还是其他干部,主家拥有完全的主动权,判断标准就是跟自己关系的远近。不管是大户人家还是小家庭,请客也只是请跟自己"对劲"的几个朋友,不可能大范围的请客。

5.请客酒席

邓家请客时都要置办酒席,酒席用的场地或者桌椅板凳都由当家人出面解决:

一是酒席用的桌椅板凳。过去请客酒席用的东西都是凑的借的,桌椅板凳、锅碗瓢盆都能借,邓家请客办事的时候,都是帮忙的街坊邻居给人家凑,一家借一个桌子或者几把板凳,凑来的桌椅板凳都不一样,没有圆桌子就借个方桌子,没有大桌子就借个小桌子,一点都不讲究,碗碟盘子也是各式各样的,用完之后主家又给别人送回去。

二是举办酒席的场地。请客酒席的场地,就在自己家的院子里,过去请客的规模都小,人也不多,一些大的场面总共也只能坐一二十桌,一次坐不完就分两次,两次基本上就差不多,在自己家的院子里就可以完成。

三是酒席。办事请客的时候,每张桌子上的菜都是一样的,不分主桌次桌,标准都是一样的。每桌有四个碟子一壶酒,放菜的碟子很小,摆上四个小碟子,基本上都是四个小菜,肉菜很少,四个盘子一会儿就清空了,来访的宾客不可能吃太饱,办一次酒席总共就那一盆,两三斤的肉就可以办两次酒席。一个桌子上就一壶酒,但当家人会多准备几瓶酒,吃完饭之后谁还想喝酒他就留下来能继续喝。吃饭的时候规定了上多少菜才能开始吃饭,上齐了才能吃,菜上齐之后桌上年龄大的先动筷,小辈们才能跟着吃,"酒席的规模没有规定必须是个什么样子的,有钱的办得好一点,没钱办得稍微差一点,这也没样但好赖也要办"。

6.贵客与陪客

邓家举办酒席也都有贵客和陪客,陪客一般就是说来的人对主家而言比较重要,吃席的时候不能把人家一个人放在那,就需要家里出人去作陪,吃饭的时候倒水或者让菜,让对方感觉到自己被重视。贵客一般是指在社会上有地位的人来家里做客,当家人为了凸显其地位,就把他当贵客。来了之后给他安排一个比较好的位子,干净一点的位子,当家人要陪着对方聊天吃饭。比如说结婚,对方来的"新亲"都要按照贵客的待遇,请相同身份的人作陪,陪客就是娘家来谁这边就让谁去陪,假如娘家来的是舅舅,这边也需要舅舅来陪对方的舅舅;如果对方来的是姑姑,这边也需要姑姑前往陪同。"媒人"就相当于贵客了,举办酒席的时候就是把媒人安排一下,然后姑夫、舅舅陪着媒人,就相当于"陪客"。"过事"的时候,一个桌子上都会安排一个村里的人陪客,就这个人专门倒酒、分筷子、让菜。

7.设席请客之上下位

邓家无论在何种情况下设席请客,都会根据客人身份安排上位与下位。同一张席桌上根据座位方向的不同而分为上位和下位,比较尊贵的或者年长的客人需要坐在上位,一般成员或者年龄比较幼小的要坐在下位。在邓家,上下位的区别在于:上位是椅子,下位是板凳。区分上下位的判断标准则是根据自家院子的方向来确定,当地人认为"东为上位",假如院子坐北朝南,那么东边的座位即为上位,西边的座位为下位;假如大门朝北,西边的座位为上位,东边的座位则为下位。

对邓家而言,几个儿媳娘家来的舅舅、姑姑这些就属于"新亲",是需要坐在上位的,普通的亲戚朋友以及过来帮忙的街坊邻居就可以坐在下位。一般的情况下就是长辈或者有身份的人坐在上位,晚辈或者小孩子就坐在下位,过去的人就比较尊重长辈,坐在同一酒席桌上都是先让长辈吃饭,先给长辈敬酒。

8.离席的"封子"

邓家如果是刚结婚的新媳妇,吃完饭之后需要给送嫁的娘家人端茶,这时候娘家人会给新娘"封子",里面装的都是一块或者两块钱。但送嫁前来的基本上是新媳妇的至亲,比如自家的姑爹娘舅,这些新亲来的时候都会提前准备好红包,在新娘与新郎为这些亲戚端送茶水的时候,亲戚会将红包发给新人,有着"认新亲"的寓意。一般情况下,女方送嫁的人都不会太多,女方 亲戚离席的时候还会去给主人说一声,主人会把客人送到门口,如果主人没有将新亲送出门口,则会被对方认为不够重视自己,从而心里产生隔阂。

(二)生产禁忌

邓家的所有耕种任务以及耕种时间均由当家人来分配,当家人会根据耕种经验或者当地传统、结合自家的实际情况给家里的男劳力分配任务,家庭成员不能擅自做主进行农业耕种。在生产上,当家人在分配任务时主要考虑以下几点因素:一是耕种时间,当地的农作物为一年两茬,"什么时候种麦,什么时候种秋",当家人都要很好的拿捏,"种早种晚庄稼都长不好";二是根据自家的实际情况,"坡上地是旱地,一种就不用管了",而对于坡下地,除了在适当的时节进行耕种以外,还要浇地、锄草,浇地对邓家而言也是一件大事情,需要家里的所有男劳力齐心协力完成。

(三)生活禁忌

邓家一大家子人洗衣服的时候都是各个小家负责小家的,每个房间的女人负责洗漱自己房间的衣物,总体而言,洗衣服也比较少,就是夏天的衣服洗得比较勤,都是自己洗自己的。洗衣服的主要是家里年轻的媳妇,过去人们都尊重老人,老人在家里的地位比较高,老人的衣服都是年轻的媳妇洗,公公的衣服也是儿媳妇洗。邓家老母亲的衣服是六弟媳洗的,因为她比较年轻,也没有孩子,相对来说比较轻松,所以每次洗衣服的时候就会捎带着把老母亲的衣服洗了。

家里几个媳妇洗衣服的途径有两条:一是在井里挑水,一桶一桶地挑水,可以挑水回家洗,也可以在井的周围找一片空地洗,比较费劲,一般都是由家里年轻的五弟媳或者六弟媳完成,两个媳妇也经常相约一起去挑水洗衣服。二是在村里的"池坡"洗,村里的"池坡"是一个大水池,位于村西头巷口,全村的水都汇集到这里,大部分情况下,邓家的几个儿媳妇都会把衣服带到"池坡"里洗,池坡里的水经过发酵变的很清澈,洗衣服的女人们会用一些石头或者砖头块搓洗,没有洗衣粉,洗衣服时会使用"皂角","皂角"树与槐树很像,如同月亮形状的,用皂角洗衣服可以洗得很干净,后来有了碱水,大家就不再使用皂角。

(四)其他规矩:长辈尊、主家贵

除了请示请客等方面的规定,邓家在内部劳务分配上也行成了一种无形惯性,如小家的衣物由小家自己洗,公婆衣物由儿媳轮流换洗,家里的媳妇在完成日常的家务活之外,还要完成各自居住院落的打扫工作。

1.长幼有序老少有别

邓家在日常的洗漱生活中有各个小房间的"私人水盆",也有全家人都可以使用的"公共脸盆",一般家里几个媳妇洗漱都是在自己房间里使用自己的盆,家里男人们从地里干活回来则会使用公共脸盆洗漱。洗脸如果家里用的是公共脸盆,家里老小、男女都能用,当晚辈与长辈使用冲突时,出于尊重,会先让长辈使用,像洗脸盆等小物件则每小家房里都有,小家用小家的,每个房间都有这些小物件。家里的雇工则有他们使用的一套物件,在物品不全的时候也可使用主家的,使用时需要给主家"打个招呼",得到主家人允许后即可使用。邓家的洗脸盆都是铁盆、铜盆。铜盆算是家里比较好的洗脸盆,老年人使用的大多数都是铁盆而不是铜盆,邓家使用铜盆的情况有两种,一是年轻人或者新媳妇都会使用铜盆,媳妇出嫁的时候娘家会给陪上铜盆,还会陪上盆架,盆架数量不多,只有新媳妇的房间里才会有。二是村庄中家里比较富裕的、光景过得比较好的家庭会使用铜盆,经济条件一般还有比较节俭的老人都会使用铁盆。过去大部分都是一家有一个洗脸盆,洗脸盆放在院子里,谁使用就自己去拿,如若家里有新媳妇,娘家会陪送铜盆,新媳妇则在自己的房间里使用铜盆,如若全家人共同使用一个盆则会让老人先洗,老人洗完之后年龄小的才能洗,水脏之后接下来的洗脸人会去换水,然后再继续洗。邓家的情况算是比较好的,因而每个小家都有自己小家的脸盆,放在自己房间里,自己用自己的,使用时也不会有什么冲突。二是洗澡,受条件限制,人们基本上都不洗澡,人们也没有"洗澡"的概念,村里面也没有公共的澡堂,年轻的媳妇洗脚也会关上门窗,生怕别人看见,老人都是不洗澡只洗脸的,基本上都是皮肤黝黑,夏天天气炎热的时候也是只给小孩洗,大人不洗。

2.院落的打扫规矩

邓家扫房扫院都是家里几个媳妇的事情,除了扫房扫院子,媳妇还要给婆婆烧水、倒尿盆。邓家扫地的时候也有笤帚和簸箕,并且扫地工具都有固定的地点,家里的女人每次使用之后要放回原地,以便他人使用。邓家过去的笤帚都是自制,制作时使用"迷尖头"制作而成,"迷尖头"比较软,可以把地上的灰土打扫干净,每年当家人邓永兴都会在自家地畔子上种上几棵迷尖头,到了夏天,当家人会把成熟的迷尖头割下来带回家,晒干,将迷尖头上的小穗粒在石头上磕掉,磕不掉的会用手搓掉,只留下细软的迷尖秆,将几棵迷尖秆捆在一起制成笤帚。簸箕没有铁的,过去是木质的,用铁钉将几块木板拼凑在一起制作而成。邓家有三座院子,每个院子都配有笤帚和簸箕,打扫模式就是自己扫自己的院子,居住在这个院子里的媳妇就要打扫该院子的卫生,居住在隔壁院子里的媳妇就要打扫隔壁院子里的卫生,而居住在马棚里的长工则需要打扫马棚的卫生。

(五)奖励与惩罚

在邓家的日常生活中,家庭成员如果触犯了家规,也会受到相应的惩罚。具体的惩罚分为以下几种情况：一是家里小孩子触犯家规，这时候当家人则会采取打骂的形式，"棍棒底下出孝子"，邓家的每个孩子如果犯错误都会受到当家人的棒打，但是当家人以打骂的形式教育自家孩子时也会有自己的分寸。二是如果家里的成年人触犯家规的话，当家人则会采取批评、责骂或者警告的形式，邓永兴当家期间为当地学校的学董，在家里人犯错的时候更倾向于讲道理的方式。

邓家对家庭成员没有特定的奖励方式，当家人往往会以"乖不乖"的标准来评价每一个家庭成员，如果该成员服从当家人的命令而且"比较听话"，则会被当家人认为比较乖，当家人也会经常表扬；如果家庭成员属于调皮捣蛋型的，经常顶撞当家人，则会被人为不乖，当家人也不愿意经常在别人面前提起，即便是被提起，也觉得脸上没光彩。

六、家族公共事务

邓家在分家之后，所有的家族活动均是以各自小家为单位，很少有家族公共事务。邓家唯一的家族公共活动便是清明祭祀。在这一天，邓家所有的子嗣后代都要聚集在邓家祠堂，对家里的祖先进行祭拜，而在这样的家族活动之前，各个小家的当家人也会相聚在一起讨论祭祀事宜，家里的其他成原则上无需参与，祭祀费用也是以小家为单位进行均摊。祭祀活动的参与主体为邓姓子嗣后辈，但大多数事宜的决策则由几个小家的家长共同商讨，然后各个小家在当家人的带领下一同参加。在祭祀这一天，几个小家的当家人也会商量着选出一名主持人，主持人大多是家里有能力的长者，各个小家也会极力配合。

七、村庄公共事务

1947年以前，运城地区动荡不安，村庄公共事务极少，包括修路修桥修庙在内的大多数活动都是以家户为单位进行，如打井淘井则是由村民自发形成小团体进行。在自然灾害面前，村庄也并无任何防护措施，邓家当家人则会组织家里的男人一同抵御。

（一）公共事务

1.村务会议

1947年以前，南苏村基本上没有村务会议，村庄的日常工作也没有人负责，村长的职能只是收粮食，平时家里的大小事情以及村庄的公共事务村长不会插手，村长过去的最主要的作用就是"征粮"，哪个地方需要粮食了，国家就会分给每个村子"任务粮"，村长就会挨家挨户地告诉村民要把粮食交到哪里。那时候村长也会存在"私心"，对平时为人处世比较好或者是家庭经济比较拮据的家户，村长就会偷偷减少一部分粮食，而对平时为人处事不好的或者是家庭经济比较富足的家庭，村长就会多收一些粮食，该收八斤粮食人家会收十斤。邓家当家人威信、高声誉好，征粮的时候无论当年的收成如何，邓家当家人都会如数把粮食上交到指定地点，从来不拖欠或者为难征粮者，村长征收邓家粮食的时候也不会私自扣减或者增加。

村庄当时也有选举，村长便为村民选举而来，1947年以前村务会议极少，但在选举的时候村里也会"象征性"的开会，开会的主要内容便是选出村长，一般情况下女人不参加选举，如果当家人不在家，那只能由女人代替当家人参加选举，过去大家都不愿意当村长，但村民在选举中也会选择自己信得过的人来担任。选举的时候一家出一个代表，代表一个家庭来投票选举村长。邓永兴在当地德高望重,能当上村长就是村民选的。

2.修桥、修路、修庙

邓家没有修过桥或者路,过去村里基本上不修路修桥,村民走的路只有土路,修庙也是由村中有威望的人发起,到村民那里"化布施",由村里的热心村民集资修庙。后来的黄河发水频繁,县政府出资修了桥,这也是"第一次政府出资",由县政府直接出钱,不经过村里,用于引黄灌溉,村里每年都会组织村民修理水渠,但县级政府也会下派专人管理,例如每年放水都是上面专门派人来,每年都有人过来管,平日里也有人检查,就是怕有人偷水,水底下沉的淤泥也是属于国家管理的,普通的老百姓也处理不了,这都是需要有专门的挖掘机去挖的。

3.打井淘井家户共担

邓家拥有自己的浇地水井,1947年以前井都是私人的,自家使用自家的水井,打井也由自家完成,不算是村庄公共事务。但是邓家和其他村民一样,共同使用村庄的吃水井,吃水井需要定期清理。过去村里吃水都靠"吃水井",当水井的水眼堵住,村民吃水便会变得困难,这就要不定期的清理水井,也就是"淘井",基本上是一年或者更长的时间淘一次井,淘井需要聘请专业的淘井人,通常以一个巷道为单位,自己巷道负责自己巷道的,淘井时需要每户出一个男性劳动力协助专业淘井人。邓家当家人曾亲身参与过淘井,就是专业的淘井人下到井里去,其他的男性劳动力不停地在上面抽水,把井里的水抽干,然后淘井人把井里的柴火、砖头块和其他的垃圾清理出来。一般需要淘井的时候都是那种水眼比较旺盛的吃水井,浇地用的井不淘,当吃水井被垃圾堵住了水,村民便会凑钱请专业的"渭南人"过来淘井,渭南是陕西的一个小地方,那里的人们擅长淘井,所以人们淘井的时候就会请"渭南人",淘井的费用就会由人们平摊,基本上是一个巷道的人一起平摊。淘井的事基本上就是由家里的男性劳动力完成,淘井属于体力活,女人干不了,淘井的时候需要几个男人在上面不停地转着辘轳,以免让水位过高、阻碍淘井。淘井的钱是由大家一起出,按户计算,一般都是家里的当家人出面管这事,需要劳力时就是家里哪个男人闲着就让他去,不一定是当家人去。

4.治理灾害

当地村庄经常发水,发水的时候村里没有人管,即便是每个村庄都有村长,但村长只负责征粮,其他事情都不管,在南苏村周边的几个村庄里没有明确的村长,大家都不愿意出风头,但村里会有一个"管事人",如果没有明确说谁是村长,就由村里的管事人出面。过去黄河发水大都在半夜,半夜就会听到黄河水哗啦啦的声音,人们便迅速起来转移东西,如果水势过猛,很多来不及转移的东西就会被冲走,笤帚、篮子、担子都会被带走,有一次发水四子邓崇文试图捞起来一个担子,但水势过猛,几个年轻的小伙来帮忙,几个人拽着担子游到了太吕村[①],结果还没拽上来,在一个拐角处,他们试图让一个强壮的男人坐在上面压住担子,结果还没坐上去,水势突然涨高,担子瞬间被冲无影无踪,幸好人还没来得及坐上去,每每回忆这件事情,四子邓崇文心里还有些后怕。

(二)筹资筹劳

土地是家户私有,但村庄的路是公家的,路是很窄的土路,干旱时漫天黄土,下雨时泥泞

---

① 太吕村与南苏村为同一乡镇,两村之间相距3里地。

不平,路面不宽,大约为 0.5 米,只能容下一辆拉车单向行驶,那时候大家也会因为路的宽窄而闹矛盾,路西的人家想把路往东扩宽,路东的人家又想把路向西扩宽,大家都不愿意让步。修路时存在两种情况:如果修建巷道里的路,一是自家修理自家门口的一小段,"每天打扫时顺手填平",二是由巷道里的一家带动,几户合作共同修理。田野间的小路没有人修理,谁家的车被卡住不能走了,拿铁铲铲土垫上,没有专人看护管理或者修建。

过去修路修桥都不"起"钱,过去的路都是土路,没人会出钱修路,土路都是坑坑洼洼的,一般情况下也没有修路人,村里不会请专门的人来修路。"起"钱的情况不多,最多也就是十块八块,巷道里也有家庭拿不出这些钱,这种情况就是自己家去借,或者给人家说自己没有钱,缓两天再交但不能不交,否则会被大家在背后议论指责,所以也不存在不交钱的特殊情况。"起"钱的事情一般都是当家人出面,家里的老母亲及家里的几个媳妇插不上话,有时候当家人会跟邓永庆商量,最后的决定权都在当家人手上,邓永庆没有文化、心眼比较小,每次碰到"起"钱的情况就会在家里嘟囔,当家人会跟他讨论、讲道理,并按时把钱交上。修庙的时候会"化布话",从村民家里讨要点粮食,要不下钱,修庙用的钱都是用粮食换成的。"化布话"就是在这个家凑一点,在那个家凑一点,主人给多少都行,家里粮食多就多给一点,粮食不够就少给一点,家家户户没有硬性规定,然后把从每家凑的粮食换成钱,然后就修庙。筹劳的情况比较少,家户与村庄之间并没有多大的关系,筹劳的情况在 1947 年以前并不常见。

八、国家事务

当地公共事务极少,过去的路也是土路不用修,村里很少有人愿意管理公共事务,都是以家户为单位自己过自己的。"种地纳粮、天经地义",税是所有种地农民必须缴纳的,即便是在收成欠缺的情况下,农民也要想办法进行缴纳,不能拖欠。

(一)种地纳粮,天经地义

1947 年以前,有交税纳税的情况,纳税每家都一样,像村里筹集公款,就是从村民手里拿的,有些小家小户家里穷就拿不出来,就得从大户人家手里借,纳税也是同样的情况,没有就得找大户人家借,以前纳税就是交粮,交粮的时候给村里交,大部分都是在自己村里就能交,交粮的时候也规定了日期,但没有谁是按时交粮纳税的,村民都是"逼得不行了才交",很少有人愿意主动交,被动纳粮的主要原因是都没有吃的,农民自己的生活都维持不了,没有多余的钱可以交,过去每个村都有"粮点",每次交粮食都是村长来挨家挨户通知,要求每家每户在规定的时间内将粮食交到粮点,只要人家通知,就必须去交公粮,很多人也交不起,就算是借粮食也得交上,家里没有粮食只能"受"着,粮站会做好记录,当上面催的时候就会和粮点核对,找出没有交公粮的张三或者李四,然后催交。交粮食一般都是当家人去交,交完之后会在粮站做好记录,当家人不在家也得交,家里就再出一个人去交公粮,比如邓家当家人不在家的时候,就是邓永庆去交公粮。

(二)征兵

1947 年以前,征兵并没有严格的形式或者是渠道,甚至"抓兵或者抓壮丁",逃兵、"雇人当兵"的情况时有发生,邓家被征兵时,邓家邓永康应征参军。

1.家户征兵有苦不敢言

过去存在"征兵"的情况,征兵的时候不是每家每户都得出人,也会考虑诸多因素,一是家庭人口,谁家人多就必须出一个人去当兵,如若家里只有一个男性劳动力,便不会被通知出人。二是婚姻,会优先考虑未结婚的人,结婚的人要养家糊口,上要养老下要养小。三是考虑在家里的地位,家长及主要劳动力是不会外出当兵的,会考虑家里的其他男性。村长对每家每户的人口都摸得很清楚,征兵的时候会先通知当家人,由当家人决定家里谁去,邓家也被征过兵,当家人派出去的是自己邓永康,邓永康思想先进,自己也愿意去,但五媳妇不愿意让邓永康外出,邓永康当兵走的那一天,五媳妇舍不得,和老母亲一直在哭,还抱怨"一大锅油只有我们这么一个油花子",但没多久邓永康就转入地下工作。当兵也有代替的,巷道里李向阳的姥爷就是雇别人去当兵,费用支付了五石粮食,但只有一年的时间就放回来了,一年的时间给了别人五石粮食,远远超出一个长工一年的工钱,向阳姥爷也是有苦说不出来,也不能找别人要回来。也有逃兵,逃兵的情况大多数发生在半路上,从半路上偷偷溜回来,溜回来的会偷偷的在外面躲几天,然后再回家,当部队发现有逃兵时,也会联系县里,如果找不到该人躲到哪里,事情也就不了了之。邓永康当兵的时候每个月都有六块钱的酬劳,士兵们都会用来买一些最基本的生活用品,当兵之前也会进行"验兵",每位士兵都需要进行体检,在验兵通过之后才能正事加入部队。

2.抽抓男丁,三丁抽二

邓家本没有经历过抓壮丁,但村庄以前经历过这种情况。抓壮丁的时候是三丁抽二,意思就是如果家里有三个及以上的劳力数量的话,会有被抽走两个当做壮丁。抓壮丁的时候一般都是抓男的,把这些人集合在一起打仗。壮丁的年龄一般都是十八九、二十岁的小伙子,年龄太大太小都不行,邓家其他家庭成员在家里没有被抓去,但是日本侵略的时候把邓家二侄子从学校抓去当兵了,当时二侄子还在学校里读书,日本人来了就直接从学校就拉走了。二侄子上着学,学生年龄也大,身体强壮一些,抓兵的时候也不通知家人,家里人也不可能提前知道,日本人不会直接去家里抓,学校没人敢拦,后来学校给家里说家里才知道。日本人抓兵的时候不会考虑被抓人的意愿,"日本人在的时候只要不杀人就算仁义的",根本不会和村民讲理。抓壮丁的时候也一样,家里人不可能提前知道,抓壮丁没有固定的时间,不是在特定的时候从家户口抽取壮丁,而是撞见了说抓就抓,防也没法防。

抓壮丁是强制性的,被"看"上的人不能躲不能逃,不管家里有几个人,只要被看上一定就逃不了。抓壮丁一般情况下不能找人代替,大部分也不能用钱赎回来,是一种比较强制性的行为,如果有钱的大户人家成员被抓走以后,当家人就会通过各种关系"买卖壮丁"。买卖壮丁的情况在当地称为"雇人当兵",买卖壮丁的情况大多发生在大户家庭,按人要兵,大户人家有钱,就雇人替家里的人当兵,比如说是替财主上战场,财主替其养活家里的人,按照约定每年支付一定数额的粮食或者钱财,被雇佣的都是家里没有钱的。如果是小户家庭的人被抓走之后也只能认命,邓永庆的表姐夫就是被抓走了,那时候表姐已经生了一个女儿,表姐夫被抓走之后,家里没有了"顶梁柱",只有表姐和公婆以及年幼的女儿,家里人除了痛惜以外也没有办法,十年之后女儿去世,表姐没有了盼头便改嫁了。

除了抓壮丁,当时的日本兵也会随意抓人,那个时候南苏村的县政府在蒲州,距离南苏村有一定的距离,"日本鬼子到村里来想干啥就干啥,想抢粮食就抢粮食,想抓人就抓人,县政府也来不及通知与阻止"。日本人抓人的时候没有什么条件标准,看上哪个抓哪个,也不管其穷富,大户人家也一样抓,富人被抓走了有钱的就能赎回来,有时候抓大户人家的人就是为了要钱,把人抓了以后大户人家就得想办法送钱,把粮食或者钱送来之后对方就把人给放了。小户人家没有钱没有粮,要钱也拿不出来,穷人就没有办法只能认命。人被抓走以后就送上战场了,在战场上子弹不长眼睛,上了战场的都有可能回不来,半路上也有人不断出逃,有些人逃跑就被抓回去了,而侥幸逃脱的人也是偷偷的回来,不敢光明正大的在村里晃悠。

附　录

1.报告中出现的亲属称谓,普通话与永济话的对比

词语	永济话	词语	永济话
爷爷	祖父	父亲的大哥	大爸爸
父亲的兄弟	爹爹	父亲的大嫂	大妈
父亲的弟媳	婶娘	当家人	掌柜的
父亲的妹妹	姑娘	舅舅	娘舅
姑父	姑爹	妻子	老伴

2.出现的一些地方性俗语和谚语

学童	过事儿	盘灶	头骨
男人活	招来的人	坐草	倒差地
化布什	挑粮食(卖粮食)	顶门头	屯着(童养媳)
女人活	拱地畔	立木	伙房
生产经商类			
七分场八分院		吃过喇叭饭,长工就滚蛋	
一砖到底		七月犁地不带磨,不如在家闲坐	
清明前后,点瓜种豆		借一斗还两斗,借粗粮还细粮	
生活类			
一门有子,十门不缺		三过彩门	
种地纳粮,天经地义		长兄比父,老嫂比母	
腊月二十三,灶王爷上天		布袋买猫	
红事叫,白事到		收了我家礼,就是我家人	

调查小记

　　2017 年是笔者进入中农院、进入田野课堂的第二年,在这不长不短的时间里已完成三次学院的常规调研,时间越久,越发能体会到"脚踏实地"的真正含义。在 2017 年寒假,有幸参与了学院第一次家户调查,在此次家户调研中,有幸访问到南苏村邓崇文老先生,邓老 82 岁,第一次访谈历时 13 天,通过深入访谈,了解了邓家 1947 以前的经济、社会、文化和治理情况;2017 年 3 月返校后,与受访老人进行过 8 次电话回访,后听邓奶奶描述,邓爷爷每次接到我的电话都很激动,"和你打电话,他手舞足蹈,怕给你讲不清楚";2017 年 5 月返回调查村庄,进行为期一周的补充调查,在此感谢受访者邓崇文老先生的全力配合。

　　受访者所在的南苏村为山西省永济市栲栳镇下辖的一个村庄,具体建村时间不详,村名来由不详。南苏村曾经出土过石镰石斧并存有古代的大墓穴数座,由此推断该村的建村历史悠久。全村共有 6 个村组,1 组、2 组、3 组位于原南苏村旧址处,4 组、5 组及 6 组因三门峡水库移民,搬迁至坡上。南苏村位于永济市西南方向,距永济市 15 千米左右,临卫村及北苏,西有大片的滩地。现有户籍人口 367 户、1600 人,总土地面积 5000 亩,其中国家分配耕地面积 2000 亩,黄河滩地 3000 余亩。全村主要有四大姓氏:邓姓、于姓、李姓以及赵姓,邓姓家族主要居住在南苏村旧址,李姓、于姓以及赵姓居住在坡上。

　　邓崇文老先生生于 1935 年,高小毕业之后在长干村学校当教员,数十年内辗转多个学校之间,但始终都没有离开过农村。老先生 1951 年结婚,先后娶了两任妻子,第一任妻子在 1991 年去世,1992 年老人娶了第二任妻子,两个妻子先后为老人生了一个儿子和三个女儿,孩子中儿子是老大,两个女儿都小,老人的妹妹邓林英很想要个女儿但生不出女儿,邓崇文就把最小的女儿给了妹妹抚养,家里就剩下一个儿子两个女儿。邓家先后经历了三次分家,无论哪一次分家,老先生都是亲身经历者,对各位当家人的行为作风印象极其深刻,在采访中老先生也是极力回想往事,还原往事,因为父亲邓永兴身为"学董",自己从小接受严格的教育,至今老人仍然有每天写日记的习惯。邓家太爷爷育有两子,即邓家爷爷及其弟弟共兄弟两人,因而第一次分家也就分成了两家。第二次分家则是当家人邓永兴把自己的儿子邓云生分出去,最后一次分家再把三个儿子分别分出去。

　　一流的报告必然需要一流的团队,感谢团队的核心中国农村研究院的徐勇教授与邓大才教授,调查中的每一阶段都离不开两位教授的指引;也感谢黄振华老师带领的审核团队在报告撰写、思路矫正以及后期的统稿修改方面进行的耐心指导和细心帮助。时隔数十月,邓崇文老先生已经柱起拐杖,往昔调研情景仍然历历在目。至今,寒假第一次家户试调查历经两次实地回访补充,数十次修改完善,呈此报告,望邓家往事以此方式留存。

第三篇

合内拒外：杨屋下杨家的依附与发展
——赣南长庆村杨氏家户调查

报告撰写：杨　琪[*]
受访对象：杨人德

————————
[*] 杨琪(1994—)，女，江西赣州人，华中师范大学中国农村研究院 2016 级硕士研究生。

导　语

　　江西省赣州市崇义县长庆村位于赣南山区,1949 年以前,长庆村是典型的小山村,有五十多户,近一千人口,各家户人口数量不一。村庄内主要有三大姓氏,分别是杨姓、王姓和张姓,其中,杨姓家族的人口最多,集中聚居在围屋之中,简称"杨屋"。

　　三姓家族中以杨家势力最大、最为团结、向心力最足,杨屋中的所有杨姓后嗣都是基祖玉纯公的后代,杨氏家族内部以辈分定关系,高辈分的子叔①享有高度权威,随着生产能力的提高,拥有知识和劳动技能的子叔逐渐受到尊重,但是高辈分子叔仍然有很强的话语权。

　　杨屋成员具有高度宗族依附性,在同宗同源的前提下,杨屋内部居住的所有杨氏子孙互为叔侄,关系亲密。杨屋的固定财产如房屋、田地,只能由杨屋的子孙继承使用,不能抵押或者出卖给外姓,若单个家户绝后,其固定财产只能送给杨屋内部子叔。外姓人不得干涉杨屋内部事务,进出杨屋也需要得到高辈分子叔许可,杨屋的公共生活基本上能够做到自给自足,因此甚少需要和外姓打交道。

　　受访者杨人德为杨姓九十八世子孙,1949 年以前,家里四代同堂。杨政平为家长,政平生子美柏、美松,美柏先后生下的五个孩子都早早夭亡。美松夫妇在 1920 年前后过世,其独子人春便在政平的安排下过继到美柏家做长子。1924 年美柏妻黄氏生下人德,1933 年黄氏过世。1935 年王氏带着儿子张忠豪嫁到杨家,张忠豪便作了美柏的三儿子。1940 年以后,政平家的第四代子孙出生,到了 1945 年,政平逐渐让美柏管理家庭事务。美柏当家之后,大多数事务还是需要和政平一起商量。

　　杨家主业务农,家长政平副业堪舆,曾经在麻坑村拜师学艺,堪舆定位的技艺在长庆村乃至整个过埠镇小有名气,时常有大户人家请去看风水。政平的大子美柏一共娶过三个妻子,嫡妻黄氏在 1933 年因病过世,其间,娶罗氏小妾,后送回,黄氏过世之后娶了带子寡居的王氏过门。杨家大孙人春是美松独子,聪明勤恳,以种地为生,深得政平器重;二孙人德身体虚弱,不能过度劳累,读过几年私塾之后被送去学医,此后在家干农活顺便行医;三孙张忠豪文化程度最低,主要种地,喜欢打鱼。邓氏和廖氏分别是大孙和二孙的媳妇,在杨屋并称为"双花",两位孙媳妇能干漂亮,罗氏是张忠豪的媳妇,也十分老实能干,但性格软弱。

　　政平家在杨屋经济条件为中等偏上水平,家里劳动力个个扎实能干,还会找副业,家庭成员性格包容,与杨屋子叔之间关系亲密,在杨屋中名声很好。

---

　　① 宗族内男性成员的统称。

208

第一章 家户的由来与特性

长庆杨屋成员为玉纯公后代,杨家祖上从金坑乡迁入长庆村,数代人经过辛勤劳作,充分改善了周围的水土,长庆村也逐渐成为宜居之地。为节约建设成本和保护家族成员,杨屋子叔共同建造了四角围屋,简称"杨屋"。此后,长庆村杨姓子叔世代在杨屋内部居住生活。杨家为杨屋内部的中等家户,有自己的小厨房、卧房,和杨屋其他子叔们情感亲密、联系频繁。

一、家户的迁徙与定居

(一)基祖玉纯,智斗土匪

据可考文献记载,长庆杨屋的基祖为杨氏第九十世子孙,玉纯公。康熙年间,基祖玉纯公从上犹县营前镇横坑子杨屋迁居过来,停留在头渡水附近,部分杨姓子孙迁居到五土岭,而玉纯公三子文儒在长庆村定居来。

长庆村在宣统年间为未开发的"野地",无人管理,文儒公当时在杨屋旧址的"富贵竹林"开荒。长庆村墩心地带山野林多,草木丰茂,多为土匪草莽集聚地区。因为竹林全部是野生的毛竹、黄竹,文儒公当年的拓荒行为得到了土匪头子"镰刀头"的默许。"镰刀头"说:"管他们营前佬来这里做屋,这么多蛇虫野生,迟早要死,等他们自生自灭!"文儒公把竹林开辟好之后,在老屋旧址搭建了茅草屋,就此生活下来。

"富贵竹林"在文儒公的开垦下,逐渐有一定的经济价值,可以进行生产,"镰刀头"去世后,土匪余部想要夺回文儒公所占用的土地。文儒公求助于自己的好友,来自思顺乡的何阳明,阳明其父当年因听闻王阳明的事迹,为子取名为阳明。何阳明才思敏捷,到了过埠镇,假扮成打铁的老汉,穿着破烂的衣服来到长庆村墩心地带,偷偷上山。山上有很多土匪布置下来的炮筒,何阳明用河里的泥巴、沙子堵住炮筒,这样炮筒便哑火了。过埠衙门原本就想剿灭山里的土匪,镇里衙役接到何阳明报信之后,从县里面借了更多的衙役过来,挺进长庆村的山里,土匪不知道自己的炮筒被"搞鬼"了,打斗的时候便处于下风,全部落网。自此,长庆村的匪患除去,文儒公得到县衙的承认,开始在长庆村墩心地区定居。

(二)杨屋子叔共同繁衍生息

文儒公之妻刘氏诞下五子,分别是仕才、仕通、仕辉、仕玉、仕贵;仕贵娶妻饶氏,生子兴禄;兴禄娶妻何氏,生子昌发、昌洪、昌才;昌才娶妻刘氏,生子生发、新发、瑞发;新发娶妻姚氏,生子政平、政东、政纪;政平娶妻钟氏,生子美柏、美松;美松娶妻刘氏,生子人春,美柏娶妻黄氏,生子人德,后过继美松之子人春,再娶妻王氏,带来继子张忠豪;人德生子心光,心敏,继子人春生子心明、心勇、心力。此为1949年以前长庆村杨氏子弟的代际更替关系,其中杨氏九十八世孙人德,为本次家户制度调查的主要受访对象,其兄人春帮助补充。

从文儒公起,长庆村的杨氏成员集中居住在"富贵竹林"的原址,开始不断建造简易的围屋,村里人称之为"屋场"。"屋场"的墙壁用两块大木板夹起来,不断往木板之间敲入黄泥和糯米混合物,靠人力夯实而成,待混合的泥土风干后,有很高的坚硬度,且不会被雨水冲蚀。大约在九十四世昌才公时期,屋场正式成型,此后甚少改动。

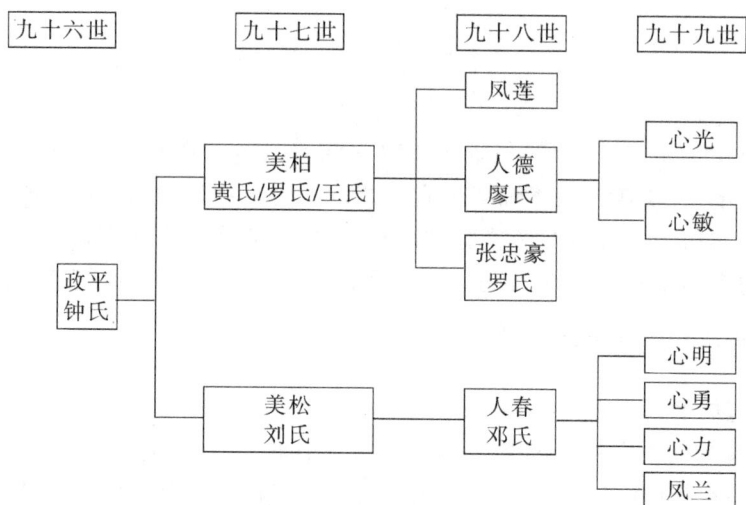

图 3-1　1949 年以前杨政平家的家户结构图

二、家户的基本情况

(一)四世同堂

杨政平育有两子,大儿子美柏出生于 1885 年,1903 年结婚,娶妻黄氏。婚后一年黄氏育子人守,人守在八个月的时候发烧病亡;婚后三年再育女美娇,美娇在两个月的时候病亡;1909 年黄氏育女小妹, 小妹在三岁时溺亡;1914 年育子人光,人光在一个月时发烧不治身亡;1919 年美柏育子人念,其出生三天后病亡。政平二子美松 1920 年染病身亡,留下尚在襁褓的人春和其母刘氏,刘氏感叹其夫早亡,思念过度,于 1921 年染病去世,人春过继到美柏门下。政平感叹自家人丁不旺,二子早亡,长子无所出,孙辈只有二子的遗孤人春,1922 便让美柏再娶了罗氏。罗氏入门时候不到二十岁,是崇义县城人,因罗氏懒惰好吃,1923 年美柏和罗氏退婚,罗氏回到县城,后嫁给了王姓屠夫。

1924 年,黄氏生下人德,人德胎里弱,身体很不好,政平担心人德会早夭,对其十分疼爱,不让干活,到了八岁送到私塾和人春一起读书。1932 年,美柏妻黄氏病亡。1933 年,政平为了照顾孙辈,让美柏娶妻王氏。王氏之前是张家的媳妇,后其夫亡,带着两岁的幼子张忠豪改嫁杨屋。美柏将三子人春、张忠豪视为己出,一起抚养。1940 年,美柏为人春娶妻邓氏,1943 年为人德娶妻廖氏, 同年邓氏生子心明,1945 年邓氏生子心勇,1946 年邓氏生女凤莲,同年廖氏生子心光,1948 年邓氏生子心力,同年廖氏生子心敏,张忠豪娶妻罗氏。

表 3-1　杨家家庭基本情况数据表

家庭基本情况	数据
家庭人口数	15
劳动力数	8
男性劳动力	4
家庭代际数	4
家内夫妻数	4
老人数量	1
儿童数量	6
其他非亲属成员数	0

(二)勤恳开源以改善生活

从政平开始,杨家便一直推崇读书。政平为新发长子,读过几年私塾,被村里、乡里人称为"先生",早年政平会在过埠镇上摆摊,帮助别人写状词,或者写字,收取一定的报酬,有一定积蓄。晚年政平开始专心研究堪舆文化,家里有很多堪舆秘术书籍,许多县城人也会慕名来请他看风水,故其生活一直比较宽裕。美柏是地道的农民,经营四亩水田和两亩多的旱地,杨家当时在村里面是土地比较多的人家,基本上不需要租种别人家里的土地。农闲之余美柏会帮助当时村里面的大官人杨集成家里撑排子①,挣一点零用钱。美松主要从事农业生产,有时候会捕鱼去过埠街上卖,那时候鱼子都是按照篓子卖的,美松和刘氏去世之后,其家产被政平收回,用以支持美柏家的生活。杨家女性主要在家中主持家务和下地干活,极少到市场上去抛头露面。人春是孙辈中的老大,种地很厉害,为人老实能干,经常被杨集成喊去帮忙插秧割稻子,可以换到一些粮食,有时候也可以拿到花边②。二孙人德身体比较弱,到了十二岁才开始干一些农活,且都是不怎么花费力气的,政平说:"二麻子身体不好,割禾会纳到腰。"③十三岁的时候,二孙人德被送去学医,六年后出师娶妻,一边在村里干农活,一边当赤脚医生,有一定的经济收入,但是不太稳定。三孙张忠豪年龄最小,最调皮,读了两年书便去过埠码头帮人卸货,还为自己买了一块手表,被政平打了一顿,说他:"有钱没地方花!"政平的曾孙子们在 1949 年以前还是小弱年龄,都还在父母的关爱之下,没有干活。总体而言,政平和忠豪各算家里的半个劳动力,美柏夫妇、人春夫妇、人德夫妇为家里的主要劳动力,劳动力共计 8 人。

表 3-2　1948 年杨家家庭成员基本信息表

序号	家庭关系	姓名	性别	当时年龄	婚姻状况	健康状况	参与社会组织情况	备注
1	家长	杨政平	男	81	丧偶	良好	无	
2	妻子	钟氏	女	——	已婚	良好	无	59 岁过世
3	长子	杨美柏	男	63	已婚	良好	无	
4	儿媳	黄氏	女	——	已婚	差	无	46 岁过世

① 划竹排运送木头,长庆村的水道直通过埠水库,撑着竹排可以在赣州市内运送木头。
② 花边:银元。
③ 此处为方言,二麻子本来是形容女孩,政平怕人德养不活,故称之为二麻子,本句话的大意为,人德不要去种田,会折断腰。

序号	家庭关系	姓名	性别	当时年龄	婚姻状况	健康状况	参与社会组织情况	备注
5	儿媳	王氏	女	30	已婚	优	无	
6	儿媳	罗氏	女	——	离婚	优	无	嫁进杨家一年被休
7	二子	杨美松	男	——	已婚	差	无	30 岁过世
8	儿媳	刘氏	女	——	已婚	差	无	27 岁过世
9	长孙	杨人春	男	28	已婚	优	无	
10	长孙媳	邓氏	女	26	已婚	优	无	
11	二孙	杨人德	男	24	已婚	良好	无	
12	二孙媳	廖桂香	女	19	已婚	优	无	
13	三孙	张忠豪	男	19	已婚	优	无	
14	三孙媳	罗美芹	女	17	已婚	优	无	
15	长曾孙	杨心明	男	8	未婚	优	无	
16	二曾孙	杨心勇	男	4	未婚	优	无	
17	三曾孙	杨心光	男	2	未婚	优	无	
18	四曾孙	杨凤兰	女	2	未婚	优	无	
19	五曾孙	杨心力	男	1	未婚	优	无	
20	六曾孙	杨心敏	男	1	未婚	优	无	

(三)杨家为中等家户

政平在杨家屋场算是比较有威望的子叔,主要源于其掌握的堪舆知识。1949 年以前长庆村的保长是张家的大官人张慈飞,张慈飞住在杨屋的下坎头上,因为写状词很厉害,被国民党重用。张慈飞觉得自己家里的老屋面前有山,挡住了自己的运势,就要改门,当时请了政平去帮忙看,政平帮助张慈飞家里定了大门的朝向和改门的日子,后来张慈飞一直对政平都算客气。过埠街上也有人专门到杨屋请政平帮忙看"地"[①]。

表 3-3　1949 年以前杨家家计状况表

土地占有与经营情况	土地自有面积	4 亩	租入土地面积	0
	土地耕作面积	4 亩	租出土地面积	0
生产资料情况	大型农具	犁耙、风车		
	牲畜情况	黄牛		
雇工情况	雇工类型	长工	短工	其他( )
	雇工人数	0	0	0

---

① 坟地。

	农作物收入					其他收入	
	农作物名称	耕作面积	产量	单价	收入金额(折算)	收入来源	收入金额
收入	水稻	4亩	400—500斤/亩	不详	不详	无	0
	蔬菜	不详	不详	不详	不详	无	0
						收入共计	
						不详	
支出	食物消费	衣服鞋帽		燃料	肥料	租金	
	不详	不详		不详	不详	不详	
	赋税	雇工支出		医疗	其他	支出共计	
	不详	不详		不详	不详	不详	
结余情况	结余——元			资金借贷	借入金额	不详	
					借出金额	不详	

1949年以前的过埠镇居民十分信奉风水说,大家对风水先生也非常尊重。其次,杨屋屋场内的子叔们都是同宗而出,政平出生于19世纪80年代,是杨家的九十六世孙,由于新发公传下来的一支血脉走得比较慢,所以政平家的字辈较大,另外,杨屋屋场按照字辈排列子叔的地位,因此政平作为长辈也比较受到尊重。再就是政平家里的青年人比较活络,不会被同屋的人看轻。

杨政平家在杨屋中算是中等家户,美字辈的人丁比较稀薄,规模不大,但是到了心字辈,杨家儿子多了起来,家户也逐渐壮大。长庆村总共有三个姓,分别是杨姓、王姓和张姓,杨姓的人最多,加上共同居住在杨屋,所以势力最大,另外两姓不会前来干扰。再就是王姓,分散居住在蛇形岗,也简称"王屋",王屋的人生活水平差距较大,出现了较多没田、没土的农民。其三便是张姓,张姓人居住要更加分散一些,但是出了大官人张慈飞,张慈飞家大业大,人也胆大,所以很被国民党看好,张慈飞是长庆村的保长。

(四)同居"关西新围"

杨氏宗族聚居的地区属于赣南特色的"关西新围",与传统的客家围屋的圆形构造不同,"关西新围"多为矩形建筑,杨氏"屋场"呈长方形,长约150米,宽约120米,占地面积约为28亩。屋场有上下两个大门,东北、西北、东南、西南四个小门,平时大门多关闭,居民从小门进出。西北门出去是水塔;东北门上通小道出"屋场",能够走到官道上去,道路比较曲折隐蔽;西南门通向稻田、牲畜棚、厕所,西南面为墩心片区的耕地集中区;东南门通向水塘、菜园和一片柿子林。屋场中间有三纵三横巷道,可以随意穿梭,三纵为:上巷道、中坪(为一大块空地)、下巷道(檐头);三横为:左侧小厅堂、中间大厅堂、右侧小厅堂。值得注意的是,在三纵的巷道上,上巷道是没有采光的,完全封闭在屋场内部,上巷道两侧为卧房,上卧房开小窗可以利用屋场外的光线,下卧房开小窗可利用中坪的光线。

杨屋平面示意图①

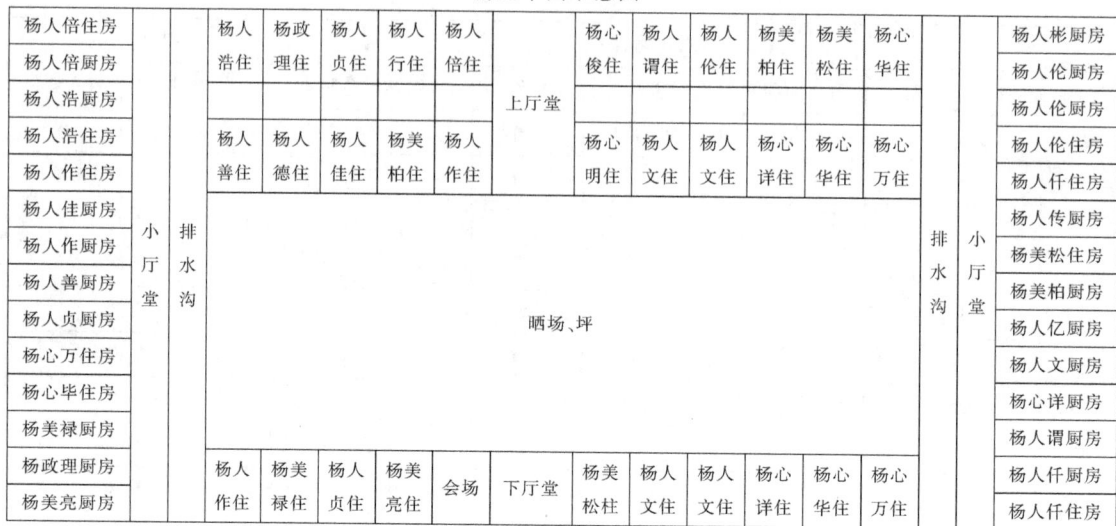

杨人倍住房		杨人浩住	杨政理住	杨人贞住	杨人行住	杨人倍住	上厅堂	杨心俊住	杨人谓住	杨人伦住	杨美柏住	杨美松住	杨心华住			杨人彬厨房
杨人倍厨房																杨人伦厨房
杨人浩厨房																杨人伦厨房
杨人浩住房		杨人善住	杨人德住	杨人佳住	杨美柏住	杨人作住		杨心明住	杨人文住	杨人文住	杨心详住	杨心华住	杨心万住			杨人伦住房
杨人作住房																杨人仟住房
杨人佳厨房																杨人传厨房
杨人作厨房	小厅堂	排水沟												排水沟	小厅堂	杨美松住房
杨人善厨房					晒场、坪											杨美柏厨房
杨人贞厨房																杨人亿厨房
杨心万住房																杨人文厨房
杨心毕住房																杨心详厨房
杨美禄厨房																杨人谓厨房
杨政理厨房		杨人作住	杨美禄住	杨人贞住	杨美亮住	会场	下厅堂	杨美松柱	杨人文住	杨人文住	杨心详住	杨心华住	杨心万住			杨人仟厨房
杨美亮厨房																杨人仟住房

杨美柏厨房结构示意图

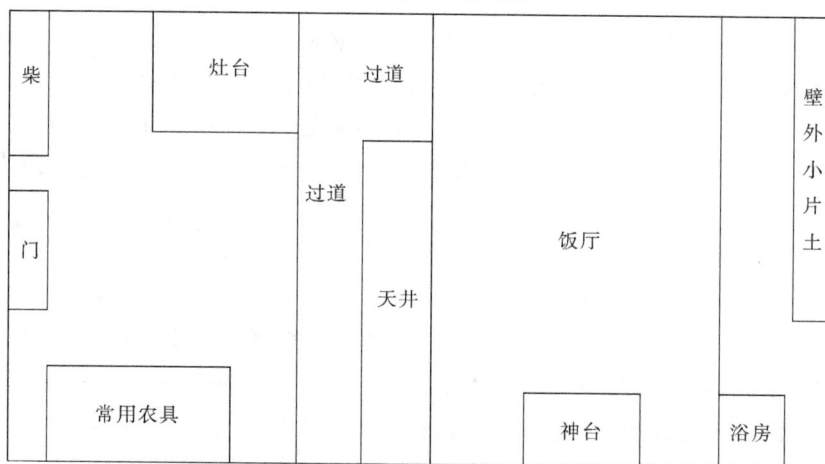

柴	灶台	过道		壁外小片土
门	过道	天井	饭厅	
常用农具			神台	浴房

图 3-2　1949 年杨屋宅基地分布图

杨氏屋场为两层土木结构,第一层围屋有 61 间,做生活区域;第二层有 33 间,为仓库区,供宗族成员堆放生产工具和粮食。政平家的厨房在屋场右侧第八间,厨房为三进样式,前厅为厨房,可在里面烧火做饭和堆放柴火,中厅为采光厅,挖凿有矩形天井,用以承接雨水和养鱼。中厅还设有"私间",所谓"私间",是在房子顶部搭建一个小的隔间,"私间"搭建要求要有一定的楼间距,相当于再做一个小楼层,但是不修建楼梯,只留下一个半米见宽的孔洞,家庭成员搬一个竹制或者是木制的楼梯便可上楼,下来之后把楼梯撤走。"私间"可以用来堆放生产工具,也可以做卧室用,客人通常可以睡在私间。里厅便是餐厅,里面设有小堂位,供奉先辈。

---

① 杨屋内部住房是分散打乱的,表中一人有多间房是正常现象,一个家长可以有多个厨房与住房。

第二章　家户经济制度

杨家有四亩水田,近两亩旱地,水田分散分布在长庆村五处,水土条件各有不同,旱地则集中分布在杨屋周围。杨家人以务农为主业,家庭成员以堪舆、捕鱼、行医为副业补贴家用,小辈们偶尔上大户人家做短工、牛头①,帮助家庭减轻负担。杨屋内部成员经常进行劳动力交换,以缓解生产压力,杨家成年劳动力充足,生产生活顺风顺水。杨政平作为家长掌握家庭财产,负责分配,杨家一年收入尚可,小有结余,生活无甚压力。

一、家户产权

(一)家户的土地产权

1.土地祖传,有四亩水田

杨家的土地主要为祖传,取得家里长辈口头约定即可在支族内部进行土地变动。从文儒公开始,杨屋子孙在杨屋的东南、西南两个方向开垦土地,长庆村多平缓的丘陵地形,所以耕地呈现梯田的形态。政平家的土地分布比较零散,在横龙塆有三分地,立子排有五分土地,息草窝有三分地,乌石坦有五分地,下排有八分地,后美松去世,其土地过给美柏,分别是蛇形岗八分地,大门下四分地,下排四分地,杨家统共便有四亩水田。其中蛇形岗和立子排的土地比较肥沃,其余地方的土地质量比较一般。下排的土地距离杨屋较远,农业生产比较费时费力。

长庆村内不能随意开荒,村庄中的土地都有明确的权属,自己只对本家的土地拥有随意使用权利。比如把自己家里的水田改造成为旱地,或者把旱地改造成为水田,但有一个前提,不能影响周围人的生产活动。

2.梯田的边界约定

长庆村的耕地呈阶梯状条带型分布,以蛇形岗的梯田为例,梯田在山谷之中,从蛇形岗的嘴形部发源出一条河竣,水往下流,杨屋的先民以水竣为轴心在此修建了梯田。梯田层层排列下来,本段只能占用本段的梯田,上段与下段的连接处没有田埂,故不会产生边界纠纷,因此准确来说梯田没有四个边界。梯田的另一特点是边缘的不规则性,无法明显地区分出明显边界,加之一层梯田只会在同一水平面内对耕地进行左右切割,不会前后切割,因此梯田最多只有两个边界(靠近河边的除外)。

梯田的边界界定只能靠约定完成:

①上段与下段梯田的边界直接接壤,不修建田埂;②本段梯田内,与两边梯田不接壤的,边界自由处置;③本段梯田内,与两边梯田接壤的,本丘田最外侧的田埂归自己所有,接壤部

---

① 牛头:放牛娃。

分,按照约定统一占用左边或者占用右边;④如果接壤处田埂不规则,被周围的田完全包裹,可以约定一家使用一半田埂。

值得注意的是,赣南传统的梯田农业中,田埂不仅仅承担着区分边界的作用,还有重要的生产价值。田埂一般一尺见宽,农民会在田埂上种植豆子、豆角、花生等作物,作物种植不影响平时的田间活动。

3.梯田的灌溉规矩

田埂定下来之后,农户之间要约定好过水坵的权责归属。蛇形岗的梯田灌溉依靠从山谷中自然发源流淌出的水源,梯田中间杨屋成员集体开挖了引水大沟渠,如果要引水到具体的每一丘田上面,就要修建过水坵。过水坵是沿着梯田一侧的一条水沟,上游的水经过水坵流过耕地,又流淌到下游的耕地中,农田中的水量要由庄稼人自主关注。

农田如果处于比较干旱的状态,农户就要从上游放水下来,有时候过水坵的水量偏小,可以把自家田边上的过水坵堵住,不让其流向下游,并且直接在上游的田埂上挖一个洞,将上游的水引入自家的农田中,但这个过程一般要经过上丘田的主人的允许,而且不可以把上丘田的水放干。等到水量合适时候,就要疏通自己过水坵,并帮助上丘田堵住田埂,通常这个过程会耗费一定时间,庄稼人可以选择待在原地等待,也可以去干点别的农活。过水坵在灌溉中起到至关重要的作用,所以在耕地分配之初就有规定,必须在自己的田埂周边修水坵,一是方便自己灌溉,二是不能断了下游的农田的水路。

4.家长对土地有所有权

政平在孙儿们成家之前一直都享有绝对权威,家里的大事都由政平决定,等到孙儿们逐渐成人,美柏才开始接手家长的权力。美柏和美松成家之后,政平将土地分成两个部分,兄弟俩一家负责耕种一部分,但是收割的粮食得堆放在一起,大家也是同灶而食。美松早亡,政平便和美松妻刘氏商量,将所有的土地都给了美柏,刘氏和大家一起干活,耕种土地。

后来政平年纪大了,力不从心,便把家里的部分事情逐渐交给美柏,但是美柏在大事上还是要听从政平的意思。政平仍然是家中一把手,美柏是二把手,人德、人春辈一直在1949年以前都没有取得过家长地位。家里的女人一般不会过问家庭大事,政平的妻子钟氏在世的时候,在家里面的女性成员中享有很高权威,但是"男人的事情就是男人的事情,女人不要懂",这是1949年以前杨屋女性的美德。

5.同宗对外保护土地,心祥认母重归祖屋

长庆村的保长张慈飞家有很多土地,他的土地主要来自于张家。因为张家人居住分散,内部也不是很团结,自家的土地有很多卖给了外人。杨屋在1949年以前则没有明显的土地买卖行为,杨屋的土地都是宗族内部的子叔所有,几乎不流转给外人。

杨屋出来的大官人杨集成很早就到过埠镇上居住了,传说他的财富在赣州城都很有名气,但其长子好赌烂酒,经常挥霍家里的钱财,后来还染上了鸦片毒瘾,坐在龙床上面抽鸦片烟,引得杨集成十分恼怒。由此,杨集成也十分厌恶长孙杨心祥,觉得都是自己上辈子造孽才有这样的后代,大儿子一家人就是讨债鬼。杨心祥成家后便一直住在杨屋边上的棚子里,尽管传说杨集成有赣州各个地方零零散散有好几百亩土地,但杨心祥只拿到了老爹①的二分土

---

① 老爹:爷爷。

216

地,生活十分艰难,杨屋子叔也不能给予太多帮助,一是不敢和大官人杨集成作对,二是杨心祥本来应该不在杨屋生活的,现在回来名不正言不顺。

王屋的地痞王赵洋家里有很多土地,大多数都是强行从王姓的人手中夺来,或者是在隔壁村庄用不正当手段取得,王赵洋想要杨心祥的两分地,因为那两分地都在河边,如果占了地,就可以到杨屋这一段的河里面捞鱼子。杨屋的子叔们当然知道王赵洋的小心思,尽管杨心祥在杨屋中人单影支,也不是很讨喜,为了杨屋的共同利益,大家还是需要一致对外。

美字辈的子叔之间商量,决定帮助杨心祥"认母",因为杨心祥的爷爷杨集成已经不管他了,其生父早已去世,生母改嫁他人,如果要得到杨屋的庇护,只有认一位杨屋家婆做母亲。这个小的认母仪式由政平算好日子之后,由生发家(字辈最大)的人牵头让杨心祥拜了寡居的家婆罗氏为母亲,这样杨心祥又算是杨屋里面的人了。杨心祥的土地有杨家人撑腰,王赵洋就没有再去打那二分地的主意。

6.官府间接管理农民

在1949年前的一段时间,官府已经比较少管农民的事情了,官府与农民之间的接触主要就是交粮,交粮了之后,除非有人闹事死了人,或者有人直接去官府呈状子,官府才会管农村的事宜。官府也不会管农民谁家有几亩地,只要收粮食的时候能收得够数就行,这些便是保长的事情。保长就住在农村,对这些事情都很了解,如果交不齐粮食,官府直接问责保长,所以保长在收粮的时候都会去外面请打手过来,但在老人们的记忆中,长庆村并没有出现过激烈的冲突。

村民的土地,一般都是自己协调流转,亲戚之间的转送过继一般不会立字据,找到老人做一下证明就好。如果是给外姓的人,则要立下字据,请先生白纸黑字写下来,里面不仅规定了土地的范围和边界,还会罗列清楚土地上面的一切双方认可的规则,比如说蛇形岗的土地,每丘田都要明确过水坎的归属。

(二)家户房屋产权

1.杨家房屋由家族分配

政平家正厅在杨屋右边的第八间,从东北门进去直走,正对着杨屋的大休闲空地处,约莫90平方米。地面是用泥巴和糯米混合压实制成,总体比较平滑。杨家正厅大门分为左右两扇,上面贴郁垒神荼,通常是尉迟恭和秦琼,大门上有一尺高的绊子,防止鸡鸭进门,门框上插着几个竹筒,其中一个专门用来敬奉神灵,竹筒里面插香烛,积累着很厚的香灰,农民有时候会用香灰来止血。

正厅三进,前厅用来烧火,有专门堆放柴火的地方,媳妇在灶台上烧火做饭;中厅比较简单,有过道和天井,通常会在天井养鱼,要是早上割了红薯叶子,也会放在天井里面养着,到了下午剁碎喂猪;中厅过道上面的楼板上一般有暗格,上面有小房间;后厅就是正厅,通常和中厅之间会用屏风隔开,后厅里面摆着八角饭桌或者圆桌,平常可以打下来,便是一张四角方桌做饭桌,年节时候全部打开招待亲友。围屋右边的后厅后面有"壁背",壁背是围屋的最外围,由大量堆砌在山壁的石块形成,壁背和围屋间留有七尺左右的空隙,沿着石壁有两尺见宽的岩土,可以种小葱、蒜、八角茴香等香料。壁背上一般还会种植鲜花,这一点还是比较特殊,壁背上的土地由家里的女性自由支配,男性不会过问,家里的女儿可以在壁背上种指甲花,这是1949年以前长庆村的女性经常用来染指甲的花朵。壁背的过道里要么有井,要么

217

有从山上引流下来的水,杨政平家壁背的水是从山上用竹子引流下来的,引到一口大水缸里面,水缸边上就是搭建的木棚,作为洗澡间。

杨屋的主要建筑材料是泥土和木材,围屋的顶上覆盖有青瓦,用以遮阳和避雨,只要有瓦檐的地方都有水沟,厅中的天井可以承接雨水,沟道里面的雨水直接排放到外面的菜地或者稻田里面。自家的屋子顶上的瓦片由自己家负责管理,通常2~3年就要请人检瓦一次,将屋顶上面破损的瓦片换掉,歪了的瓦片摆正。

杨屋第一层的生活区域内,所有的厨厅都是没有窗户的,只能从前门进入,依靠前后门和中厅通风。而三排住宿区中,都向朝阳的地方开了小窗,围屋的小窗一般呈菱形或者圆形,一间屋子只允许开一个窗户,杨屋的窗户直径统一,为0.7尺,皆为菱形,视觉上会比较像一个孔洞,只取其最基础的通光效果,房间内床要避开窗户摆放。人不在房间的时候,窗户要用木板插起来,睡觉的时候可以关窗也可以开窗。尽管卧室呈现出比较密封的状态,但是围屋下十分凉爽,即使是三伏天气,夜晚也是要盖着被子。白天,杨屋的人要去围屋外面粪缸①上厕所,晚上的时候,围屋的四个小门会关闭,用大木棍抵住,大家在自己的卧室内上厕所,里面会放置木桶,一般三四天就要去倒尿,如果解了大便,第二日凌晨就要去粪缸倒粪,还要去河边把便桶刷干净,所以杨家不提倡晚上解大便。

2.家长拥有房屋所有权

家长拥有屋子的所有权,并且在家庭中有绝对的权威。杨屋的房子在文儒公时候就分好了归属,之后的多次分配,都是依靠每家的大家长直接指定,大家长只能够由男性充当,没有特殊情况,嫡长子能够继承大家长的地位。子女们在没有结婚之前,兄弟一般和兄弟一起居住,姐妹和姐妹一起居住。美柏和美松没有结婚之前,两兄弟都住在杨屋南面的卧房里面。待美柏说好了亲事之后,美松就搬到中厅的隔间里面去睡了。

家里的女子没有出嫁之前准确来说都是家里的客人,按照传统的说法就是,女子在出嫁之前在父母家里干活,都是报答父母的给命之恩,等到出嫁了,才是开始自己的生活。父母将女儿养到12岁,是尽为人父母的职责,如果将女儿养到十六七②岁,就是父母对自己的恩情。当然,在实际情况下父母基本上都会养育自己的女儿到出嫁,这里还是有很多感情成分。

杨家的房屋只有家长和儿子有份,女儿们在出嫁前有住的地方,但是出嫁之后一般不会在娘家居住,除非有多余的房间也是只能偶尔住,不能长住。政平对人春、人德、张忠豪都比较看重,没有轻视哪个孙子,1949年以前虽然没有分家,但是在他们结婚时候都给了房子住。孙辈们知道,房子是政平说了算,就算政平不在家,美柏也能管着家里的事情,这些规矩大家都遵守。没有规矩,不成方圆,这些是祖训,1949年以前是这样,以后也会这样一直传下去。杨家的人都比较和气,一方面是客家人的性格使然,二就是一直都有大家长、大叔公在管事,所以杨家内部比较团结,杨屋这边也比较少的人敢招惹。

3.杨家房子边界模糊

杨家的房屋非本代人修建,而是从祖先处继承而来,杨屋内部构造复杂,杨姓子叔各家之间的厨房和卧室分布分散。杨屋的内部空地基本为公共场所,只有厨房正对的一部分小厅

---

① 搭建的棚子,用于解手,虽然没有缸的形状,但一直称为粪缸。
② 16岁即达到宜嫁年龄。

堂才是子叔家的专属空地,但是这样的空地也充当过道使用,各家子叔都能从空地上经过。屋场内部的大晒场没有规定属权,各家也没有专属的使用区间,都是依靠杨屋成员内部的商议调节,因为晒谷坪足够大,采光条件无差别,因而极少发生矛盾。杨屋的外延中,北面、南面、西面修建有公共过道,全屋人员共同使用,再往外便是田土等生产场所,有明晰的属权。东面依靠着崖壁,其与杨屋的缝隙中,修建有排水沟,也是杨屋的公共财产。

杨家的厨房与杨人亿的厨房相邻,共同使用墙壁;杨家的卧房分散在杨屋起居室的各处,也有众多邻居。杨家本小家的可移动财产都是放置在自家的房间内部,固定财产则按照杨屋的固定规律继承。一直到1949年之后,杨屋子叔沿着杨屋外壁建房子,才有逐渐清晰的房屋边界。

4.杨家房屋无法典当

于杨家而言,房屋的典当基本上没有意义。首先,所有的子叔都有自己的居所,平均每户家庭都有四个以上房间,如房间不够,也可在厨厅的三个间架隔板,修暗格。老人们可以和孙辈住在一个房间,兄弟姐妹在幼年时候也可以住在一个房间合床睡或者分床睡,等到女儿们都出嫁了,家里的房子也会空下来。实在不行,在围屋西边的壁外连着楼道处,还修建了一个两层的土楼,土楼藏在很多牛棚后面,一般做粮仓用,也可做卧房,共有22间,每户至少能分到有1间,在1949年之前基本没有人去那边住过。

第二个不典当房子的原因,是杨屋的居住场所比较封闭。杨屋不会接受外来的住户,非杨屋的杨姓子叔在没有人邀请的情况下不能居住在杨屋,即使受到邀请也不能长住,外姓的人员更是不能随便住进来。即使是距离最近的张姓农户,也住在离杨屋入口大约150米的直线距离之外。杨屋的入口十分复杂,正入口只有一个,从官道上下来约莫要走一刻钟才能到达,如果没人带路的话基本找不到。后门的入口从河边上来,需要穿过很多水田才能找到。长庆杨屋可以说是一个名片,到了过埠镇,也可以直接说自己是长庆杨屋的人。

房子虽然不能典当,但可以送给杨屋内部的子叔。比如杨集成到过埠街上居住以后,家里的祖屋就送给了子叔们,卧房也给血缘关系比较亲近的子叔一起分了。尽管杨心祥是杨集成的嫡孙,其刚刚回到杨屋的时候,只在杨屋外面搭了一个木棚子,也亏得认了"母亲",才能保住他的木棚子,最后"母亲"给了他一个卧房,他才可以和"母亲"家里一起吃饭。后来杨心祥母亲家里分家了,他便把木棚子拆了,在杨屋的北面挨着围屋的一面墙体直接修建一个泥巴房子。当时临近1949年,杨屋内部人口增长起来,有一定的住房压力,杨心祥的做法就给围屋做了一个功能的延伸,后来有人挨着杨心祥家里的墙又修了新的房子。

(三)生产资料产权

1.农具、牲口种类丰富

1949年以前,长庆村的农业生产已经到了十分精细、复杂的程度,除了大型农具犁耙不是每个家庭都有,镰刀、草刀、锄头、镰铲、耙子等工具,都是每家每户必备。一般人家会养殖牛和猪,有的人家里的大牛死了没有小牛补充,经济不允许便要等上几年去抓牛,抓来的新牛都是小牛,养一年才会教其耕地。杨家没有运输工具,但是有各种各样的篮子、筐子、簸箕、竹垫、磨篮。家庭成员出门基本上靠步行,要运输大量工具的话,可以撑排子,杨屋子叔中,打鱼的几户都有排子,可以借排子。

镰刀、锄头上面的铁器部分都是去市场上买的现成的,由铁匠制造,村民要去过埠街上买回来。杨政平家里买的铁器,一部分是政平用自己看风水的收入购置的,一部分是美柏、美松帮助官人家里干活,得到的钱财去市场上购置的。铁器的使用时间都很长,如果钝了、不好用了,就自己拿着去河边磨,钝得厉害就磨久一点。锄头上面要上一根木头,用松了锄头会直接掉下来,用多了木头可能会弯曲折断,这种小问题都是自己解决,跑到自己家里的山上面去砍一根树枝,自己坐在田里面或者家里面削好,修理好就行了。这类农具,一个家庭里面会有很多把,政平家里面有三把锄头、两把镰铲,还有四把禾刀专门割稻子,都打磨得十分锋利。杨家的小辈小时候很喜欢去河边磨刀,磨得锋利了就在河边砍几段竹子,回来和兄弟们一起打架玩。禾刀一般给家里最强壮的劳动力使用,美柏、美松夫妇一起用四把禾刀。

牛作为十分珍贵且必须的牲畜,通常畜养在专门的牛棚里面,杨屋所有的牛棚都修建在围屋的西南角落。每家的牛分开养在不同的牛棚,如果有人家里分家了,有两头牛,就会在原来的牛棚里面修建一堵墙,把两头牛区别开。也可以另外再修建牛棚,不少村民为了方面管理会直接把牛棚修建开。每户厕所也是单独修建的,一般厕所构造中前面是木板,中间用栏杆区分开,里侧养猪,猪圈的上面会放置干稻草。子叔们可以随意进入某一间厕所解手,但是村民为了蓄肥,往往选择在自家修建的厕所里如厕。

牛和猪是重要的牲畜通常会得到精心的饲养,杨家的小孩在不能够饲田①之前,基本上都要去放牛,每日下午三点钟左右就要带着牛去外面吃草,一直到太阳要落山的时候,才把牛关进牛圈,还要在地上铺上干草给牛睡觉用。喂猪的时间也主要是傍晚,家里的媳妇下午开始剁猪菜,煮熟了再给猪吃,这样猪才能长得壮、贴膘。

2.家产属于家长,杨屋的"儿子多"

生产工具、牲畜,都是归家长所有,其余的成员可以使用农具、牲畜,还有保养农具、牲畜的义务,但是不分享所有权。所有权的使用情况比较少,因为在家庭里面,一般不会说某头牛是哪个人的,只有实际涉及收益时才会诉诸所有权。家中的农具不会出售,都是自己使用,禾刀之类的专业性生产工具可以外借。比如杨家的表亲杨人彬家要割稻子,他本来全家去割需要四天,想要三天割完,就要借人借刀,杨人彬可以直接去政平家里请美柏帮忙割稻子②,美柏自己就会带着一张刀过去,其间,人彬家里喊美柏去吃早饭和午饭,如果美柏不去,可以给美柏两升米,让美柏带回家。这种帮助还有一部分礼尚往来的性质,等到政平家里要割稻子的时候,政平也可以去人彬家里叫人,只要两家割稻子的时间不会冲突即可。

牲畜的使用稍微复杂一点,1949年以前政平家里是有牛的,本来是一头母牛,后来母牛怀孕了,生了一头小牛,小牛和母牛养在一起。耕地拉着老牛出去,犁耙可以和子叔家里借用,通常都是美柏和美松去耕地,兄弟俩吃饭时候说一下,谁去就行了。用了犁耙之后,就要把牛借给别人家里用一天,作为交换。偶尔有子叔家里没有牛的,有些田一丘③面积才一分、两分,直接自己去挖了就好了,用牛反而不方便,大一点的田就要往别人家里借牛。借牛要提前几天说好,免得两家人的生产安排产生冲突,给双方都一定的缓冲时间。杨屋的所有的子叔都知道牛棚里面的牛是谁家的,没有人会弄错,借牛的人第二天一大早(通常在太阳还没有出来之前就会自己去牵牛)把牛牵到田里面干活,等到太阳快升到最高时候就会把牛牵进

---

① 饲田:种田,主要指插秧和割稻子。
② 家长杨政平年事已高,可以插秧或者管理田间,不适合割稻子这样耗费体力巨大的农活。
③ "丘"和"块"的意思类似,一块完整的田即是"一丘田"。

牛棚里。农民都知道要爱惜牛,大中午如果还让牛在外面干活,牛不仅会过度劳累,还有可能因为中暑而消瘦,过度疲劳而死亡,所以等到温度升高了,就要把牛赶着回去,回程有时候还会带着牛去河边上喝水。等到下午太阳稍微阴一点之后,借牛的人就要帮忙放牛了,带着牛去水草好的地方吃草,吃饱了再关回去。回到杨屋之后和主人说一声,自己已经帮忙放好牛了,通常会给两升米作为谢礼,主人家一般会说一些客套话,但是还是会把米收下。如果不给米,借用的人就会说,下次你家要干活的时候,和我们家说一声,我们来帮忙。

有时候也会有要好的外姓人来借牛,外姓人不一定清楚杨屋的牛放在哪里,需要主人家里的人带着去牵牛,不一定要当家人去,只要说好了,直接叫小孩去也是可以的。异姓人用牛的流程和杨屋内部的人是一样的,还牛的时候,会直接给大米,而比较少用劳动力交换。

杨屋内部不会通婚,女儿会嫁出杨屋,传统时期,女儿嫁得离娘家太近,被认为不好,会冲掉娘家的福气,好比杨屋的女性,起码要嫁出去到王屋这样的距离[①],会被认为比较合适一些。代代传下来,杨屋内部主要以男性为主,女性一部分为外姓嫁过来的,在杨屋当家庭的主母、媳妇,她们要维护夫家的利益,另一部分是杨屋未成年的女儿们,她们不管事。所以外面的人说杨屋的"儿子多",1949 年以前,一个宗族家庭的儿子多,就证明家庭劳动力强壮,外面的人就不敢进犯。

(四)生活资料产权
1.杨屋中厅为公共晒场

杨屋的大厅堂正对出去,是一大片公共空地,差不多长有 60 米,宽 40 米,可做休闲空地,也可以做晒场使用。晒场为硬质砂石平地,平时坪上有散养的鸡,杨屋散养的鸡身上会有标记,主妇用红水染鸡的羽毛,或者给鸡剪毛,等到晚上要圈起来的时候有益于分辨。晒场平时可以干各种农活,也有儿童在晒场上玩耍,等到水稻收割的时候,大坪上面会插满篱笆,把散养的鸡分隔开,以免鸡啄食稻谷,或者鸡在稻谷上面排便。

大坪和下卧室的连接处有伸出的屋檐,下面可以堆放柴火,杨屋大部分人的垫搭都斜靠在那里,还有一部分人的放在大厅堂边上。垫搭是竹片编织的席子,一头一尾有竹骨,方便堆卷,垫搭通常为自己制作,杨屋的主妇都有制作垫搭的手艺,是一种比较简单的十字形状编织技术。要制作垫搭的时候,杨家的大儿媳王氏去山上砍竹子,待到第二天竹子稍微阴干,就可以用禾刀破"篾"[②]。制作垫搭的竹篾要等长,选定长度之后将竹子一破到底,这种技术运用起来十分具有观赏性,一禾刀沿着竹子下去,就滑落一根扁平光滑的竹片,竹片有一定的数量之后就开始编织,此类工作往往一人就可以完成,但是比较耗时,制作一个垫搭需要耗费 3~5 天的人工,较为烦琐,所以也可以委托杨屋中的老人帮忙制作垫搭,做好之后需要交付 10 升稻谷。垫搭的主要功能是晒稻谷、花生,将收割的稻谷或者一粒粒的花生(带壳)用耘耙[③]平铺在垫搭上面,使作物能够充分与空气阳光接触,达到通风干燥的效果。每家每户都有自己的垫搭,垫搭的竹骨上写着家长的字辈和名,比如杨政平家的垫搭写的是"政平",方便大家区分。

---

① 大约两千米距离。
② 竹片。
③ 劳动工具。

由于大家插秧时间不同,不同的农田水热的状况不一样,收割总会有时间差,因此中间的大晒场完全可以满足所有子叔的晒谷要求。水稻收割回来之后,首先是要脱粒,稻子割下来之后会在晒谷场堆放几天,这几天要派一个家里的细伢子[①]偶尔看一下谷堆,免得被鸟啄去太多,等到稻谷的水分少一点,便开始用风车脱粒,也可以用棒子去捶打。1949年以前的水稻品种比较难靠捶打脱粒,所以会用到风车,杨家老小全上阵,帮忙把稻谷脱下来。脱粒的稻谷用箩筐装好之后,就要去晒谷场上面铺垫搭,用耘耙把稻子推平晒谷。晒谷时候每两三小时要翻过来一次,让下面的稻谷也能够得到充分干燥,政平经常让细伢子看着谷子,长辈则出去干活。在家里看谷子的小孩,可以和别的孩子玩耍,有的也被安排了一些剁猪菜的农活。

杨屋对晒谷这件事情还是比较看重的,看谷子要时刻关注天气情况,如果发现天空飘雨,晒谷坪上面有谷子,有人便会绕着晒谷坪跑一圈大声喊"落水了!落水了!收谷!"垫搭上写着主人家的名字,可以喊主人家里的人收谷子。如果喊不到人,子叔们家里的人只要不是很忙,都会帮助收谷子,将谷子直接扫进箩筐,把垫搭卷起,放到大厅里面。但是农民极少出现这样的状况,稻谷是一年的粮食,是重中之重,没有人会犯这样的低级错误,晒谷时候家里往往会留人,无论老小。1949年以前,土地里面的粮食产量十分低,如果稻谷进水太多发霉了,就是一年的损失,极有可能会饿死人,不能拿这样的事情当儿戏,"自己家里的谷子都看不好,就是脑子都不清楚的。"

2.井河溪涧提供充沛水源

赣南地区地下水丰富,长庆村村民全部沿河而居,平时生产取水十分方便。村民的饮用水部分来自山石壁里冒出的泉水,部分来自地下水。

张屋人分散居住在杨屋的东北面,张屋的媳妇朱冬英1945年嫁来墈心片的时候,住在其老房子里。朱冬英婆家的老房子是青砖瓦房,洗澡间在房子后侧的角落里面刚好有一处自流泉,泉水直接从石头缝隙中冒出,当初修建房子就是要利用那一处自流泉。朱冬英家里直接用自流泉烧水、煮饭、洗澡,平时泉眼要用大石头压住,让泉水缓缓流出来,不然会四处外溢。朱冬英家的大厅早年经常返潮,特别是夏天连续下暴雨之后,地下水直接渗透出来,房子的地面很可能是湿漉漉的,严重时候还得拿着勺子从客厅里面舀水出去。这个地理现象估计是连通器的一个效应,朱冬英家底下的土地有空层,而且有细的水道直接通向河里,下大雨的时候河巴涨水,朱冬英家里的地面就有可能会渗水。当时长庆村的很多土房子建造之时,不会打地基,直接在主墙部分插木桩,所以也没有发现地下的构造如此特殊。

杨家厅堂的水源来自山里的石壁,政平之前的先人上山发现了水源,便到河背砍伐了大量毛竹,从中间破开成两半,再把竹子中间的隔膜全部打通做管道使用。杨家先人带着镰刀和破好的竹子把山上的泉水从杨屋外面的石壁上探下来,其间很多地方为了维持竹子的稳定,都支架小木桩固定。泉水从水摊过来之后,接入杨家壁外的大缸之中,因为水从山路上过来,有时候会有树叶泥沙掉落在内,所以要在大缸沉降一段时间,等到水清澈之后才会作为生活用水使用。到下雨天,水会变得十分浑浊,等到雨停,杨家的人便要主动去看水,沿着水摊一路走上去,清除水摊里面的泥土,加固好木桩。

杨屋中也有人家使用井水,人春帮人挖过井。需要挖井的人家会请师傅看水,确定哪处

---

① 儿童。

有水,就打井下去,挖到了水之后人便上来,师傅会安置好打水的水泵,并在水井边上筑很多青砖围栏,防止家里的小孩掉进井里。每次抽水的时候,需要先倒两大瓢水下去引水,过一会儿水才能抽上来,长庆村打水取来的水都是用以洗衣服,饮用水则从石壁上下来。

3.生产辅助型资料自给自足

杨家里的磨是前人制作留下的,磨①一般为石头制品,每家每户常备,可以请人制作,也可以自己制作。磨在赣南农村是比较常用的生产辅助工具,稻谷去壳、薯子磨粉都会用到石磨。

石磨的使用期很长,除了木质的推手有时候可能要置换,一个石磨用几十年、上百年没有问题。年成不济之时,田中收割的稻子往往会不够食用,部分人家就需要去山上挖木薯,作为平时的粮食补充。木薯的质地比较硬,食用前要切成一片一片在河里面浸泡软,且木薯含有一定的毒性,浸泡过程中可以去毒。浸泡收上来之后,媳妇会把木薯块晒干,以便于储存。等到要食用的时候,用石磨将木薯磨成粉,做成米果吃,或者和米饭、番薯丝混合在一起食用,以增强饱腹感。

碾米的工具除了石磨之外就是风车,风车在农村属于十分大型的生产工具,杨家的风车是政平在过埠街上请人制作的,当初杨政平用帮别人家看风水的报酬,再用了一箩加上一斗稻谷换来风车,之后自己划排子运送回村。风车的主要作用是帮助去除稻谷上面的稻壳,一箩筐的稻谷只要车②一个上午就能去掉壳,工作效率很高。杨屋中有人会借用杨家的风车车谷子,车完一天会给一升白米作为报酬。

厨房的主要调料是盐巴,基本上没有酱油,醋也少有,1949年以前,杨家人基本上没有吃过酱油和醋。盐巴要去过埠街上购买,是很重要又比较稀缺的商品,头渡水③有人家就是专门贩盐巴的,他们从广东、赣州等地运了盐巴回来,送到崇义县城或者过埠镇上贩卖。1949年以前的盐巴都是粗盐,一块一块的,卖家为了能够多挣钱,有时候会在盐巴里面掺沙子或者干草。买回来之后要把干草、沙子挑出去才能食用。

杨家的食用油为自产,1949年以前崇义县的主要油料作物为茶籽,老乡的话是"木子"。木子是自然生长在赣南山区的油料树木,崇义县属于山区,农村里面每家每户都有自己的山,有些山上的木子树多一点,有些少一点,要让木子树产量上去便需要农户好好进行管理。其中重要的工作就是铲山、除杂草,此项工作十分耗时费力,杨家经常派家里的一个长辈带着几个小辈去铲山,铲山没有很大的技术含量,只要有蛮力即可。秋季是木子成熟的季节,杨家人将其摘下,带到炼油的地方榨油、做油饼,榨的油作为食用油使用,榨油剩下的废渣便是油饼,油饼又叫茶枯,是重要的清洁工具。农村的妇女、女童,都是用茶枯来清洗头发。茶枯送回来的时候被压成饼状,因此又叫茶饼,使用的时候敲下合适的量,用锤子碾碎,浸泡在水中,然后把混合着茶枯碎末的茶枯水烧开,便可以用来洗头。杨政平的孙媳妇廖氏,年轻的时候留着两把辫子乌黑油亮,便是得益于茶枯的滋养。

杨家的饭桌是请人打制的,这种木桌只要油上得好,不被白蚁蛀掉,就能够使用很长的时间。杨政平做儿子时是家里的老大,在和老二政东分家时,政平可以继承更多的农田和祖屋,所以就把原来的饭桌让给了政东,政平家后来用的饭桌便为新添置的。打桌子的木头要

---

① 赣南地区的石磨比较小,家用石磨直径寸余,部分人家会放置比较大的石磨,实用效果不佳。
② 车:动词,即用风车为稻谷去壳。动词,即用风车为稻谷去壳。
③ 地名。

自己提供给木匠师傅,请木匠师傅来家里打桌子,要提供饭菜,等到桌子做好了,工匠师傅会按照桌子的大小还有花纹的精致程度收不同的报酬,一般需要支付花边或者稻谷。凳子则分很多种,第一种是长凳,长凳放置在饭桌前,一条凳子上坐两个成年人,儿童不上桌吃饭,长凳多请人制作,在购置桌子的时候就会附带做好长凳;矮凳,通常是农民自己制作用来干农活、折菜、洗衣服、劈柴的时候使用;竹椅,讲究一点的人家会制作竹椅,也属于矮凳的范畴,适合年纪较大的老人使用,因为竹椅后面有靠背,坐起来比较舒适;躺椅,杨家有一张躺椅(又称摇床),这是一种比较精巧的竹木制品,主要的受力点都是用硬质的木头打造,与身体接触的部分则是竹片联接成,后面有一根承力的皮带固定住竹片。杨家的躺椅主要归政平使用,政平年纪大了,比较少干农活,中午不回房间就直接在躺椅上面休息,"我爹爹①吃了饭走几步,就躺倒摇床上面去,有时候还自己卷一个土烟,一摇一摇的,很生动"。人德幼年的时候经常逗笑大人。

4.杨家人手艺灵巧,可补贴家用

政平会很多灵巧的手艺,竹篮做的很好,用方言说就是"篾匠",可以做很多与竹子相关的农业生产辅助工具。比如说洗锅的扫子,把竹子片成许多细枝,按照顺序绑在一起,用麻绳编织起来,一把扫子就做好了,扫子可以把锅、砧板清理得十分干净。再就是制作簸箕和竹筐,这两个是农业生产中用到的主要容器,竹筐用来盛放稻谷,簸箕用来放番薯、萝卜、木薯,每家每户都会有多个竹制品,杨政平的竹篾做得十分漂亮耐用,但当时的集市上很少竹制品的买卖,家家户户会自己制作。

杨家的媳妇廖氏扫把做得很好,会制作两个种类,第一种是竹子扎就的扫把,一根成熟的毛竹可以做七八个扫把;第二种是棕树做的扫把,这种就是比较高档的扫把了,大官人家里比较多使用,因为棕树比较柔软,做出的扫把适合清理比较平的地面。廖氏的棕树扫把做得扎实漂亮,曾经帮王屋的王赵洋家里做过棕树扫把,王赵洋送了一小篓子鱼虾还有三升稻谷作为报酬。

重要的生产工具,诸如牲畜,禾刀镰铲之类,要经过家里的已婚男性的许可才能外借,家庭成员可以帮助拿生产工具或者帮助回收;普通的生产工具,比如一根扁担,只要简单告诉家庭成员即可借出去。但凡涉及生产工具的买卖,只有经过家长的允许才可以进行处置。

生产工具在长庆村属于比较重要,又不是极其重要的物品,每家每户在从事生产的过程中都会使用到。因此,每家每户都会有生产工具。即使是最贫穷的佃农,家里面都有禾刀、镰铲等特定的生产资料,因为这是农民的安身立命之本,有没有是一回事,质量好不好就是另一回事了。

头渡水的农户发生过小的农具纷争。头渡水朱昌发的细孙来杨屋和王屋中段的河边上放牛,因为整个长庆村没有划分牛吃草的地域,不嫌麻烦可以到处放牛,只要不吃别人的稻子和菜就行。朱昌发的细孙看到水边的石头上面有一把禾刀,应该是别人落下的,但是细孙年纪小不懂事,就觉得是别人不要了,放牛回来的时候带着禾刀回家了,插在柴火堆里面。傍晚的时候就有王屋的人上头渡水讨要禾刀,据王屋的人说,当时看到朱昌发的细孙捡了什么东西回家,应该就是禾刀,丢了禾刀的那户王姓人家偏要说是朱家的人偷了禾刀。朱家在长

_____
① 即爷爷。

庆村属于小姓，总共就七八户，知道情况之后，便觉得是王屋人仗着人多，就要欺负小姓。于是朱家人便和王屋来的几个人吵起来了，差点要打架，双方各不让步，最终不欢而散。第二天，有在下面饲田的杨屋老人和张屋老人就说，看到了朱昌发家里的细孙拿镰刀，人家就是不懂事，不是偷的，这才缓和了双方的矛盾。朱家人和王屋的人因此便合不来，幸好住得比较远，打交道的机会少，之后朱家人不会去王屋家那边放牛吃草，王屋的人也不会去朱家人处放牛。

村里农户间、姓氏之间的矛盾政府都不会干涉，也管不了，只有死了人才会有人去报官，其他时候都是任由村民自己解决。长庆村的大官人们也不会去插手这样的矛盾，免得"得不到利，还沾了一身骚"。

二、家户经营

（一）生产资料

1.劳动力多，正值壮年

1949 年以前，农村没有"老年人不能劳动"的概念，基本上农村人都是一辈子劳作，即使年纪大了，腿脚不方便了，都还是做一些力所能及的农活，如果老人家里的生活比较困难，一直到其浑身不能动弹了，都还要种田、割稻子。政平是家里的爹爹，在 1949 年以前还是算半个劳动力，美柏夫妇是杨家的强壮劳动力，美松夫妇在没有去世之前也是家里的劳动力，但是走得比较早，就不算在其中了，人春夫妇、人德夫妇为家里的主要劳动力，张忠豪年纪比较小一点，算是半个劳动力，所以杨家总体来说应该是八个劳动力，男姓劳动力要多一点。

杨家的主要农活是美柏夫妻，人春、人德夫妇在干，孙辈的兄弟俩是家里比较新鲜的劳动力，年纪轻轻，身体素质十分过劲[1]，但是农业生产讲究很多技巧，尤其是在种田、饲田方面，因此在技能上孙辈兄弟还比不上美柏夫妻。家里的农活是万万懈怠不得的，公鸡四点多的时候就会打鸣，美柏天还没有亮就会起身，走到河边的田里面去看水，因为很多农户晚上的时候会给自己的稻田蓄水，美柏怕他们忘记了疏通，放干了自己田里面的水，所以在土地没有升温之前就要到田里面去看水，这就要求早早起床，天还没有亮就得确定好田里的水量。农忙之余，美柏偶尔会从县城里面贩一些布匹，或者一些生活小用具到过埠街上做一点小买卖，有时候也会从村里带一点鱼子去街上，没有人买就拿回来烤干。

美柏十分勤劳地从事各种生产活动，其妻子黄氏也是一位十分辛勤的妇女，除了农活做得很好之外，家务也做得十分干净利索。因为黄氏频频丧子，美柏便娶了罗氏作为小妾，罗氏总是喜欢在家里装病，不愿意下地去干活，吃东西的时候也不懂得斯文，是典型好吃懒做的妇女，罗氏不讨政平、美柏的欢心，后来美柏便写了休书，让罗氏回自己的娘家去了。

黄氏在罗氏走了之后便生下了人德，美柏夫妇都十分心疼儿子，在杨家即使是过继过来的人春，小时候也没有怎么吃苦，人德更是受到宠爱。兄弟俩小的时候一起上学，只需要下午的时候帮助放牛、剁猪菜，偶尔收拾一下菜地就行。在 1932 年黄氏病亡，美柏娶了王氏，王氏带着张忠豪一起改嫁过来，张忠豪便也被送去一起读书。老大人春 1949 年以前[2]读到了初小

---

[1] 即十分有力量。

[2] 1949 年以后还读书过，读到了初中二年级。

五年级,老二人德也读到了五年级,老三张忠豪不喜欢读书,学会了认读几个字,勉强能算数就不读书了。之后,三兄弟都开始干农活,人春十分聪明,是继美柏之后,杨家质量最高的劳动力,人春的媳妇邓氏虽然有点小气,但是干活十分漂亮,力气大又能吃苦。人德身体弱一点,干活很一般,其妻子廖氏是个很要强的女人,一个抵俩。张中豪一直到临近1949年才结婚,夫妻俩中规中矩。

2.中等家庭,偶做短工

杨政平家生活条件在长庆村算是中等水平,人口适中,劳动力结构偏年轻化。家里总共有四亩土地,乍一听似乎很少,但是对于赣南小山区的农家来说,四亩水田并不算少,勤恳的人家一年可种植三季水稻,产量十分可观,至少维持生活是没有什么难度的。杨政平家比较追求单季的产量,因此种植两季水稻,一季早稻和一季中稻,从阴历三月份到阴历六月份,再从阴历六月份到阴历十月份,便完成了两季水稻的种植,但一年的生产不可能就这样轻易停歇,水稻收割完之后还要种荸荠、薯子,总是有着干不完的农活和做不尽的生产活动。

杨家的稻田较为分散,插秧时候要妥善安排,其中蛇形岗的土地最多,距离较近,往往是美柏夫妇承包种植;人春和人德则去横龙坳、立子排两地饲田,此两处土地比较肥沃,也比较容易操作。家里的田四天左右可以饲完,之后的功夫①,只要有人轮流去做便好。这时候家里的剩余劳动力要去种菜,也可在农忙的时候去帮大官人家饲田,挣一点零花钱或者粮食。

杨家的小辈要放牛,人德小的时候跟着人春一起去放牛,后来人德年纪大一点了,可以独自放牛,人春就去帮王家的人放牛以补充家用。王赵洋家里面养了两头水牛和三头母牛,有时候母牛还会带着牛犊子,因此王家时常都会需要请村里的牛头子放牛。牛头子一般是十二三岁的小男孩,因为请童工可以少支付报酬,而且小男孩比较怯生,方便管理。王赵洋家里牛多,通常需要请两个牛头子放牛,人春给王赵洋家当过两年的牛头子,放牛的时候主人家要包晚饭,每月还可以得到10升稻谷,报酬还算不错。

人春和人德长大之后,有时候会被村里的其他人家请去饲田、割稻子,这些都是实打实的体力技术活,兄弟俩一大早便会去雇主家里吃饭,人春去王家做事的时候,总会比平时多吃一些,因为王家的人有钱且吝啬,人春便要吃够本钱,好在人春干活干得好,大家都愿意请。干活用的禾刀都是自己家里带过去的,主人家要包早、中饭,干活比较晚了就要吃晚饭,每天每个劳动力要给两升米作为报酬。有时候杨屋内部也会请人干活,但是亲归亲,还是要明算账,干活的报酬一分不少、不能拖欠,否则就坏了规矩,自家人不敢给自家人帮忙了,因为吃亏。

再就是换工,杨屋内部换工现象很频繁,子叔家干活劳动力不够,就可以在杨屋问一圈,了解清楚各自的情况,马上便可以找到劳动力。换工的特点就是不用给钱给粮食,直接换人,男的换男的,女的换女的,因为都是同宗亲戚,大家不会偷懒,再就是农民本身干活也不喜欢偷懒,偷懒会落下口舌,以后别人不愿意和自己打交道。换工也是自己带工具,吃饭比较随意,如果自己被请的时候吃了饭,换别人来干活的时候也要请吃饭,保持一样的待遇。换工的时候,农户较多考虑距离自己家近的人,方便安排;请工限制不大,报酬固定,从过埠街走八里路来长庆村干活也是可以的,但是工作量要有保证,不能以自己家距离远为

---

① 农活。

借口迟到或者早退。

大官人家里的雇工情况较多,杨集成家里雇两个牛头子在过埠水库边上放牛,都是从过埠镇边农户家挑选。因为集成仙①家里土多、地多,要专门的仓库来堆放农产品,集成家还雇了一个长工帮助管仓库,管仓库的长工要帮忙做田里面的农活,每天还要担一担水帮忙喂猪。

中等条件人家里不会轻易雇工,家里的活多的时候,会发动男女老少全部下地干活,除非是真的要抢时间,才会按天来请短工,做完最紧张的一部分便不再请工。1949 年以前的农户家中祖母、四十岁以上的妇女有裹脚,其余女性则没有裹脚,所以青壮年的女人也可以下地干活,部分女性甚至比男人还强壮。在大官人家里,或者是中上等生活水平的家庭,妇女也都要参与田间的劳动。

3.租借土地交三成粮食利息

大官人家有时候会将土地出租给别人,但是多数是自己种,有些大户人家怕租出去别人种不好,浪费了自己的土地,还有的大户人家认为卖粮食得到的报酬要比土地出租更高一些,因此喜欢屯粮食,以显示自己的家底雄厚。土地出租需要签订契约,要找到会写字的乡下先生写契约书,先生会收取一定谢礼。租用土地的农民,一担谷田②要还三箩稻谷,和大官人家里的分成比例是 7:3,租佃户占七成,另外三成支付给大官人,作为土地租种的报酬。

租种土地往往要通过中间人进行协商,中间人有一定文化,可以认字,会到大官人家里去"问",假如这家里的土地有愿意出租的,就会把想要租种土地的农户的家庭状况说一下,前提是要保障此农户是讲信用的,不好赌博,到时候要能兑现一亩地三箩稻谷的租金。之后大官人便会告诉中间人是哪一块土地要出租,有什么的注意事项,不可以侵犯了别人家的利益,如果农户也觉得合适就可以写契约,双方画押,不会写字的农户就把自己的手掌印上去,表示同意。想要租种土地的农户本身处于劣势,因此即使大官人给的土地中一担谷田的产量不足一担,也只能默默忍受,收获的时候给出三箩租金。但是如果土地实在过于贫瘠,中间人就可以发话了:"官人我们还是要讲点人情,你给的土这么差,人家饭都不用吃了,相当于给你白干了一年",这时候也是可以酌情减少租金的。正常情况下三箩米是一定要的,如果农民勤勤恳恳,可以让一担谷田的产量超过一担谷,达到十二三箩,大官人不会干涉,也只是收取三箩的租金,会说:"那个人运气好,天生就是要吃那么多的。"③

租种土地之后,农户要履行土地上的附带义务,比如说挖通过水坺,帮助牢固水渠。大官人家里的事情则不需要去过问,官人家里的农活只要他自己的家人和他们家里的雇工、长工去管,与租佃户无关。农户也不需要逢年过节去给官人家里送礼,除非是自己本身和大户人家中有交情,可以作为友好关系去送礼物,讲究礼尚往来,给官人家里送了两升米,到时候他们也会返回来。佃户和官人家里都不能随意退佃,土地的租佃是契约上面约定好了的,不可以随意变化,除非双方私下里达成了和解。另一点是佃户不可以将租佃来的土地转给别人,佃户只能在土地上进行耕作,不能转租处理,如果被官人家的人发现,可以收回土地,并且要求佃户支付一担谷田三升米的违约赔偿。

进入农历十月中旬,水稻基本都已经晒干,官人家就会来人专门收稻子。有时候会遇到

---

① 集成仙,过埠镇人对杨集成的称呼。
② 一亩稻田的产量平均为五担,"担"为容器,一担谷田即五分之一亩。
③ 意思是:老天赏他饭吃。

佃户交不上租金的现象,请中间人去说情,租金可以延迟交。按照规矩一担谷田需上交三箩稻谷,延期交租租金便会增加,如果延期半年,一担谷田就要收租四箩稻谷,如果延期一年,一担谷田就要交六箩稻谷。最长的延期时间为一年,超过一年的,佃户家里就要派一个劳动力给官人家里做工,每一天的工按照两升稻谷计算,还要扣除中午吃的饭,一直到还清欠下的稻谷才可以回家。这对农户而言是巨大的损失,因为给官人家里干活偿还租金,劳动量十分大,不仅要饲田,还要帮助照顾牲口、做家务活,官人家里给了什么活,就要干什么。农户都尽量不会把租金拖欠到一年之外。

(二)生产过程

1.精耕细作的水田种植

1949 年以前长庆村的村民全部是以农为生,大官人杨集成也是以商育农,农业生产是农民的安身立命之本。杨家主要从事农业生产,副业上杨政平会堪舆,杨美柏会做一点小生意,张忠豪有时候去街上卖鱼,但总体来说,农业生产是杨家的头等大事。家里强壮的男人、妇女是生产主力,儿童和老人要做一些力所能及的农活。男人主要做土地里面的农活,比如饲田、种地,女性除了饲田之外,还要种小菜,如果女性的活太多,也可以叫家里的孩子去种菜,男人则不种菜。

(1)犁地:一人一牛,干粪匀田

清明节前后,赣南地区就会进入雨季,待农田经过了雨水的滋润变软之后就可以犁地了。杨家的土地大多分散,一个地方派一个强壮劳动力一个上午即可完成犁地工作,蛇形岗的土地多一点,需要一天的时间,立子排是靠近河边的三分田,与杨屋西南角的牛栏很近,犁地花费时间很少。家里用来犁地的都是水牛牯①,十分强壮,脾气也极其暴躁。妇女和未成年儿童都不会犁地,等儿子到了成家年纪时候,就要让儿子学会犁地。

犁地的时候,杨美柏提前一天会把牛牵出来喂饱,晚上再喂干草,第二天一大早,先把牛牵出来系到田坎上的一棵李子树上。用铲子把牛棚里面积累的厚厚一层牛粪铲一部分出来,其中不少还是夹杂着稻草的。美柏把粪装到田里面,开始抛粪,因为牛粪大多数都是半干的,所以抛起来很容易,把牛粪差不多均匀地抛在田里之后,就可以把牛解下来,装上牛蹶子,绑上犁耙,开始犁地。牛都是要经过训练才会犁地的,杨美柏是教牛好手,他带着牛犁四五天,牛就会懂得跟着人走。等到土地犁松了,牛粪和土地都混匀了,犁田差不多结束。如果到了中午还没有犁田完,这一天也不会犁田了,一是人要休息,二是牛也要休息,要不然人和牛都会累坏生病。

女性不犁田,到了犁田的时候,杨家的男性会比较辛苦一点。政平身子骨没有壮年时候硬朗了,不能一个人犁田,张忠豪年纪小,便跟着一起去犁田,通常爷孙俩一人拉一段。人德、人春俩兄弟都要犁田,但是人春比较照顾人德,自己的做完了,还会去帮人德犁田,兄弟俩感情很好,长辈们看在眼里,便不会说什么。犁田比较辛苦,中午饭便吃得好一点,政平会叫王氏②多煮点饭,有时候还会在饭里面放一点猪油,这样吃得更饱,也更有力气。

---

① 强壮的公水牛。
② 黄氏已经去世,这是美柏的第三位妻子王氏,张忠豪的生母。

（2）插秧：灌水保肥，全家上阵

田犁好了，放置几天，让土壤充分接触到空气，可以杀死牛粪里面带着的一些虫卵，有一些人家还会在田中焚烧杂树或者蕨类干草，一方面给田土补充营养，另一方面使用焚烧产生的灰水给田土除虫。春季插秧时节总是会有很多雨水，但是这些雨水往往不够，准备插秧之前，杨家用一种叫作"耙"的工具将犁好的田土整平，之后开始灌水。把田边上的过水坵的出口堵住，把田里面的出水口堵住，水便会慢慢灌起来，这时候和杨屋里的人说一下自己什么时候要插秧，免得大家发生用水冲突。

1949 年以前的水稻秧苗需要用自己的种子培育，杨家在上一年晒谷的时候就会选出几支好的稻穗，把果实多、质量好的专门拿出来，晒干后用布袋子装着，临近清明节，便开始发稻子。王氏把留下的稻种子浸泡在大缸里面，让他们充分吸饱水分，两天左右捞出，沥干水分保持湿润。之后将其放在簸箕里面，覆盖上稻草，每隔 12 个小时左右浇水一次，等待水稻发芽，种子冒出白色便说明水稻开始生根。用温水晒在水稻上面可以催芽，等到出芽之后，择一个晴天，就可以将水稻移植到秧田里面了。

水稻在秧田里面生长一个月左右，就可以移植到水田里面。杨家插秧都是一大早出发，争取在十点左右把秧苗全部插好，免得田里面的水晒得太热了，秧苗种下去很难适应。插秧的时候要捏住水稻的根部，用右手抖一下，然后拇指发力，将水稻按进泥土里面。水稻种植的间距在 10~15 厘米，即把拇指和食指张开的一捺[①]距离，插完前面一株之后再插后面的，保持水稻间距的均匀。刚刚插下去的水稻会比较蔫，不用担心，等秧苗的根部扎实了，就会自己长正。

插秧时候全家人都到田里帮忙，杨家的妇女尤其辛苦，不仅要干活，做完工夫回去了还要做饭吃。王氏看到田里面的功夫快要干完了，就会喊邓氏或者廖氏回家去烧火，顺便把几个空的簸箕提回去。插秧的当天可以不用劈柴，烧之前劈好的柴，因为实在太劳累了，但是也只能休息一天，第二天一大早家里的主妇还是要起来干活。

（3）除草、灌溉：天天看水，有草即拔

赣南地区的水稻普遍种植两季或以上，水稻种植的重要特点是需水量极大，必须保证稻田里面有水。蛇形岗处的稻田基本上都是通过水坵直接流水灌溉。下文介绍河背梯田的灌水方法。河背的梯田在竹林下面，没有溪涧直接流出来，但是在靠近河岸的地方利用河巴里面水流的落差进行灌溉，还是种植了三层左右梯田。

长庆村河道整体的走势向下，河岸的高度也不断降低。上游的河巴上面修建有拦水坝，是文儒公的后人为了抬高水位，投入了大量木桩和装着砂石的麻袋建成的。水坝上面修筑了简易河水沟渠，用木头和竹子探水一直到附近的农田上面，到农历九十月份都能保证沟渠里面有水。河背的田便靠过水坵从沟渠中引水，在水稻种植下去的时候，每家每户都会挖开自己的田埂，让水流进去，储存到一定的量，再把田埂堵住，以此蓄水。由于水渠从每家每户的过水坵上流过，所以能保证水田得到充分的灌溉。水田中的水量则需要人为进行控制，如果任其漫灌，水田里面的水蓄得太多，也会把稻子淹死，因此需要农户每天来检查稻田中的水量，从河边过的时候去看一道，下午看一道，第二天早上看一道，农民心里面便有个底儿。

[①] 一指长度。

229

除草有很多方法，在耕耘之前，农民先把田里面的杂草全部挖出，踩扁之后按进土里，匀田的时候将牛粪和杂草混匀翻过来，经过几天的脱水，大多数杂草都会死掉。之后进行水田漫灌，插秧之前，水田要灌水浸泡几天，很多草种也会死掉。在水稻种植过程中，水田起码要保持一寸高的水量，也可以防止杂草的生长。水稻生长过程中如果发现有杂草，只能人工拔草，将草拔起来丢在田里面就行。田埂是重要的走道，也是豆子、花生、豆角之类农作物的种植区域，所以也要做好除草工作。

（4）收割：磨刀霍霍，杨屋比赛

长庆村人砍一节竹筒，在竹筒的侧面挖一个矩形的凹槽，便将禾刀插在里面，竹筒两边打孔，系上麻绳，就可以把刀挂在腰间，双手得以空出来，方便干农活。杨家人在收割稻谷之前要先磨刀，壁外的水缸边上放着磨刀石，禾刀相较于砍柴的镰刀轻便许多，因为割稻子要操作快，这种刀每到收割季节都要重新磨。磨刀是个技术活，不能磨得太薄了，收割的时候会卷刀刃，也不能磨得太钝了，割不动，所以磨得一把好刀，干起活来能够事半功倍。

水稻接近收获，田里面要放干水，不然割稻子时手在水中浸泡太久会不灵活，还会破溃。先抓住一小撮水稻在根部一撮左右的地方割断，握在左手里面，然后再抓住六七把稻子"唰"得一刀割下去，用刚刚割下的小撮水稻稍微绑紧，一把水稻便割好了。禾刀十分锋利，往往一下就能割一大把，生手要注意自己的手，免得禾刀带上来的时候将自己划伤，在水里面容易发炎。熟手割稻子十分迅速，能听到有节奏的"唰唰"声，但农民一直弯着腰低着头，很容易疲劳，所以割稻子一天下来往往会腰酸背痛。杨屋的青年后生在收割的时候喜欢比赛，杨人春和人德两兄弟常在自家田里比赛，一人从一头开始，看谁的速度快一点，往往都是人春厉害一些。子叔兄弟之间也常常比较，一人在这边家里的田上割稻子，一人在另一边的田上割，看谁割得快、割得好。

农业竞赛在杨屋是一项娱乐活动，兄弟之间打赌，谁输了就去河里面捞一桶鱼，或者帮自己割一分地的稻子。家长不会限制这些游戏，会认为这是年轻后生有活力、感情好的象征，杨屋向来十分注重兄弟之间的团结。有时候妇女也能从割稻子的比赛中得到好评，妇女不会像男生一样说出口要打赌比赛，而是直接割了，大家一目了然能看出来谁家的媳妇比较厉害。

人德身体比较弱，但其妻子廖氏在村里面则是女性名人，一提到"廖麻"，大家都要竖起手指。廖氏年轻时生得高大肥壮，身高大约165厘米，体重用称庄稼的大秤量过，大概有个130~140斤。廖氏娘家比较开明，送其读过几年书，所以说话特别厉害，做事也风风火火。廖氏受到村里人喜欢的主要原因，还是农活干的好，村里面的一些叔公直言："廖麻当的一个男子！"这是对女性十分高的评价。廖氏壮年时候在田里面干活，丝毫不落下风，有时候还比男子还雄，杨家的谷子人德挑不动，廖麻130斤不在话下，一口气不用停挑到杨屋去，因此大家都说："人德有福气，老婆讨得好！"

割下来的稻穗往往需要在田里面晾晒几天，等到稻穗晒干，再挑到晒谷坪打稻子。挑稻子是个技术活，一担大概有120~130斤，中间横着一根扁担，用肩膀挑起来。这个活杨美柏和杨人春干得比较多一点，因为120斤的稻谷一上身很容易闪到腰，在农村闪到腰就是了不得的大事了，所以农村人都很注意劳动过程中对自己腰部和膝关节的保护。稻谷要送到杨屋里面统一脱粒，杨美柏担着稻谷从田里面出来，田间的道路全部是一尺宽左右的田埂，田埂上种了很多豆子,没有种地经验的人即使空手从田埂上走过,闪避豆子也需要很仔细,不能快走,在担着重物的时候,稻子会挡住视线,几乎等于盲走,一不小心就会掉下田埂,田埂下面往往是下一丘梯田,高差有时候达到半米,容易扭伤,因此担着重物走需要很好的平衡能力。从梯田里面走出来之后就上了正道,还是要走一段时间才能到达晒谷坪。

2.旱地种杂粮作补充

水田是水稻种植的场所,但是农村不仅有水田还有旱地。旱地作为水稻种植的重要补充,可以种植红薯、薯子、花生。旱地的开辟比较随意,只要在自己家里的土地上即可,但是考虑到土地的使用价值,农民不会到处开荒浪费资源,比如农户每家都会有的木子山,就不适合开荒,因为木子山基本上都是红壤混合砂石壤,保水能力差,土地养分贫瘠且土质坚硬,不好翻土,在这上面种菜费时费力,又没有什么收获。

杨家在河背的梯田上有好几丘荒地,比较分散,加起来也不到一亩土地,皆为杨家人自己开辟。河边上的土地取水方便,且河背是毛竹林,土壤的质量还可以。杨家河背的地一般用来种植番薯,通常是家里的妇女去管理,王氏有时候会带着人春、人德、张忠豪去种番薯,后来人春、人德娶了媳妇,种番薯就是媳妇的事情。待到前一年的老番薯发芽,媳妇在家里把番薯藤剪成段,留下带着茎秆的,下午太阳阴影下来时就要去种番薯,邓氏和廖氏通常会分工,一人负责一小块菜地。种番薯不用提前去挖地,要种植的时候直接去挖地即可,铲松了一列土,就可以种一列番薯下去,全部种好后,到河巴里面提两桶水上来,浇透红薯秆便完成了。几天过后挑选一个清早,去给种好的红薯浇尿,但不能直接舀尿浇红薯,从厕所里面舀起来的粪水浓度很高,要兑水才能浇灌,不然会把幼苗烧死。

旱地里面通常种的蔬菜是红皮菜①、豆角、萝卜、圆茄子、树椒②、荠菜、南瓜、冬瓜等土品种,种子都是自留或者是问杨屋的子叔们家里要的。比较好种植的是茄子、豆角、南瓜,这几个品种家家户户都有;有的人家里面会扦插一些红皮菜,只要有水就能长势喜人;荠菜多是野生,媳妇去山里面挖一点回来种在自己的菜园里面,以后便有了种子;树椒也比较容易活,但是需要比较多的肥料,所以也只是种几颗,作为一下补充。

春、夏、秋三个季节比较适合作物生长,杨家不会当季就把菜地里面的菜吃完,而是节省着吃,把大多数吃不完的青菜晒成杂菜干,还有豆角干、茄子干、南瓜干等各种干菜,等农田作物少一点的时候拿出来吃。地里面种的红薯和萝卜,一部分不加盐剁碎了喂猪,还有一部分是家里的人自己吃,冬天每日都要吃杂粮,人德不喜欢吃萝卜、红薯,因为实在吃得太多、吃怕了。

3.把牛、猪当成宝贝

杨家有两头牛,都是母牛,一头大的老牛,一头小一点的牛,水牛虽然比较强壮,但难管理,所以杨家一开始就没有饲养水牛,母牛也可以用来耕田,只是效率低一些,于杨家而言已经足够。牛棚就建在杨家的水田边上,那处刚好有一块延伸出来的田坎,大概有八平方米,政平就和美柏一起用泥巴糊了一个牛栏墙壳,用木头搭建好房顶,再在地面披上一层一层的稻草,就是牛栏了。牛栏地面上要铺很多的干稻草,牛晚上在上面睡觉才能舒服。牛棚的上部分

---

① 紫背天葵。
② 秋葵。

会修建一个小的阁楼，没有楼梯，需要自己搬一个梯子才能上去，阁楼里面储存着大量稻杆，政平自己事先准备好的棺材也放在里面。

牛的饲养总体而言比较简单，就是需要天天管理，通常都是家里的小辈在放牛，若媳妇刚刚进门，也会让媳妇放牛，之后都是让小孩子放，放牛花费的时间比较长，大人还有很多功夫要做，小孩子可以边玩边放，比较划算。杨家的牛栏边上插着一根竹子，牛栏门上横着插着四根手臂粗的棍子，把棍子取下来，靠在牛栏上面，牵起牛绳子，就可以把牛拉出来了。长庆村的山坡比较多，牛十分灵活，人在后面赶一下它们便知道爬坡。细伢子把牛赶出来，就可以到处找地方放牛。王屋下面的大片水库滩涂是公共的放牛区，那里原本是水库区，后来水量减少露出大片裸露的滩涂，水草十分丰茂，人德通常赶着牛去那边吃草。

牛身上容易生牛虻，这种吸血的昆虫，会让牛变得很瘦弱，人德放牛的时候就要看看牛的额头、耳朵后面、脖子褶皱处、屁股上面，有没有黑色的或者灰色的小疙瘩。如果有的话，就要用竹鞭用力抽这些部位，或者用一根棍子打牛虻咬着的皮肤，皮肤肿胀之后牛虻便会掉下来，然后把牛虻在路上踩扁。如果发现牛身上的牛虻比较多，就得赶着牛去河里面，跑到有水潭的地方，让牛洗澡，牛下水之后，身上有东西，就会在水里面打滚，滚上河泥利用河底的碎石清理身上的寄生虫。夏季每几天就要带牛去洗一次澡，强壮的水牛从河边过，他们会自己下水洗澡。人带牛去洗澡的时候自己也要下水，看着牛不让乱走，因为长庆这边的河直接注入过埠水库，在河道中水流的速度不均匀，部分会形成漩涡，不看着牛洗澡，牛可能会在漩涡中摔倒，站不起来淹死在水里，长庆村的人对河里面的状况都很熟悉，看着牛可以预防发生意外。

杨家有一个大的厕所，是政平年轻搭建的，靠着背墙圈出一部分就是猪栏，搭建了很多木板，猪的粪便也可以掉落在厕所里面。人也在木板的缝隙中上厕所，由于整个厕所比较封闭，在粪便发酵的过程中会产生沼气还有其他气体，所以厕所的味道比较大。厕所里的粪水多用来种菜、种番薯。

4.人德被派去学医

杨家子息不盛，在杨人德出生之前，美柏的子嗣皆早夭，一方面是当时的医疗技术不好，新生儿感染了疾病很容易死亡，另一方面是黄氏的身体虚弱，怀的孩子身体也不强壮，抵抗力较弱。杨人德出生之后，政平和美柏夫妇一直很喜欢这个孩子，当时老大人春年纪也很小，杨家的长辈将这两个孩保护得很好，舍不得他们做重活。人春到了 10 岁，才开始逐渐做一些农活，12 岁的时候给大官人家当放牛娃，也是比较轻松的活。人德身体不好，所以干的活也不重，多数都是跟着母亲去地里面干活，田里面的活都不会让去干。

大门①有一位比较有名的土医生何先卿，何医生祖上一直都有采药材的习惯，熟知很多药理知识，等到何先卿那一代的时候，名声都传到了长庆村这边，不少村民走到大门去求医。何先生没有福气，娶了一个老婆，但是没有给他生孩子，他也没有责怪老婆或者娶小老婆，就一直这样过日子。政平是过埠镇有名的风水先生，曾经帮过何先生家里算风水，政平把自己的孙子人德带到何先生家里面，求何先生教人德学医。何先生看到人德文文弱弱的，又想着自己没有后代，年纪大了，医术没有人继承，就答应了政平。人德拜了何先生做"良母"，两家

---

① 地名。

232

约定人德在何先生那里当五年学徒才可以自立门户，人德学成出来之后，也要每年带着猪肉、大米、饼子去看良母，等到良母死后，要为良母送终，过节的时候要烧纸送节。

从此人德开始了学医的生活，上午去学堂读书，下午的时候去良母那里，回来再干一点农活，后来人德不读书了，便大多数时间都要去良母那里学习草药的知识，良母知无不言。五年之后人德学成了医术，但是良母说，学医是要对人命负责，不可以随便行医，所以人德也只是在做农活之余把行医当成副业，长庆村村民时常会来杨家找人德看病。村民对人德的医术都比较信服，觉得何先生教得好。

人德22岁的时候，何先生去世了，人德给何先生守孝。何先生的妻子就说，何先生去世之前说，如果人德讲良心，给他跪，就把自己的医书全部传给人德，如果人德不跪他，那些医书、药材就直接放进自己的棺材里面，和自己一起入土。人德果然守住了自己的承诺，在何先生死后，还一直帮助照顾何先生的妻子，逢年过节送礼，后来何先生妻子去世，也是人德帮助入土。

5.张忠豪织网捕鱼

杨政平的侄子杨美禄是长庆村少数专门靠捕鱼为生的农民，杨美禄住在杨屋西面，家里时常都是一股鱼子的味道，因为美禄每隔几天都要去河里面收鱼子，家里厨房的大锅上面也天天烤着鱼子，有很浓的鱼味。张忠豪小的时候，总是跟着美禄去河边，坐他的排子，美禄就说："你天天跟着我玩，我就教你抓鱼子！"

长庆村杨屋正对过去的那一段河是杨屋人的，因为河边上的很多山都是大官人杨集成家的，所以张屋和王屋的人都不在这一段捕鱼。美禄在河边砍了很多的竹子插到地上做了围栏，为防止下雨天屋子进水，美禄搭建了屋顶，铺上厚厚的稻杆，后又在地面上垫了数尺高的大竹叶，踩上去松松软软，下雨天也不会进水，一个小的卧室便建了起来，美禄要装篓子①的时候就会睡在棚子里面。美禄的儿子杨人中和张忠豪玩得很好，两个人经常都睡在棚子里面。

等到张忠豪成人(16岁)之后，就可以自己去河里面抓鱼子了，张忠豪一般不会去杨屋门口的河里面放鱼子，而是直接走3千米去过埠镇边上的水库里弄。水库里面的鱼子很多，但是水很深，放篓子危险一点，那一片也算是无主之地，官府不会管，叫"老天给饭"。张忠豪求政平帮自己编了六个竹篓，缝隙大概是小指头宽，这样捞起来的大鱼多一点，编织得太稀疏了就网不住鱼子。农历逢三、五、九为草市，忠豪在五、九的时候可能会去上街，提前两天在水里面放好篓子，逢街那天三点钟就起来，带着秤砣和扁担，四点把鱼子收上来，带到市场上面去卖。那时候的钱币不是很稳定，大家都不那么喜欢用钱，忠豪去上街不会带着钱，用鱼子换米，有时候能够换两箩米，就可以买一点零用，买一块糕回去吃，买多了黄氏就会骂他花溜麻②，意思就是存不住钱，有点就想着花掉。米担回家里以后，放在粮仓里面，杨家的人共同食用。

在农村，手艺活、医术、捕鱼的技巧大多数是靠经验代代相传，且不断改善。农村里面也很尊重这些手艺人，觉得这是自己的能耐，但是传不传出去，全部要靠运气，所以村里人也不

---

① 收渔网。
② 败家的人。

会去争这些。手艺的继承者也要承担手艺传承的任务,一般是直接传给家人,如果遇到外家人,有眼缘的也可以传出去,继承者就要承担一定的义务,类似于"一日为师,终身为父",要尊重将技术传承给自己的人。

(三)生产结果

1.稻田一季追肥三次,全家齐心协力上阵

1949年以前,长庆村没有出现过比较严重的旱灾、水灾或者虫灾,农作物的收成较为稳定。尽管赣南地区水热条件能够达到一年种植三季水稻,但是种植三季十分辛苦且不如两季水稻质量好,还会影响其他作物的生长,所以杨屋人都选择种植两季水稻。

水稻种植需充分施肥,水稻成长期间没有肥力直不起来,但是也不能过度,因为如果肥力太强劲,就会把水稻烧死。传统的水稻种子抗伏倒能力不强,长到后期容易被果实压弯,风一吹便直接倒在田里面,如果果实没有完全灌浆好,水稻便会大大减产。第二次大量施肥的时候,水稻到了分蘖期,这时候水稻会分裂出许多小枝,需要很多营养,杨家人往水田里面倒入大量的牛粪,给水田喂足肥。第三次施肥比第二次还要猛一些,便是水稻抽穗的时候,不仅要大量的肥料,还需要投入一定量的草木灰,以减少病虫害。杨家妇女从山上摘一堆蕨类,或用来沤肥,或用火烧了取灰。

水稻种植的另一重要因素便是水分,在种植的过程中,田里面的水要保持在一寸以上。抽穗期间需水量比较大,这几天家里的劳动力会早晚轮流到田间看水,保持田里面的水一直充沛。之后便可以省心一点,每天派人例行去看水,水不够的时候就想办法引水过去,这需要经验控制。

因为水稻是最重要的粮食作物,所以杨家人投入的精力也就最多,男性劳动力尤其辛苦。如果田里面发生了病虫害,就要及时除虫,在水田里面倒入大量草木灰,增强禾苗的抗虫能力,或者直接靠人去田里面除虫。还有一个比较战略性的除虫方法,事先在自家旱地里面种植一小块烟叶地,发现田里面有一点虫的时候,就在田里面焚烧晒干的烟叶,大多数禾虫会在烟叶燃烧的烟雾中死亡。杨家常年种植很小一块地的烟叶,是专门给政平做卷烟用的,偶尔也会用作除虫。廖氏制烟叶很在行,烟叶收割之后,用火烤干,或者在太阳下晒干,等到烟叶变黄便用木板压实,一捆一捆保存。人德的医书里面也会放置几片烟叶,有很好的防虫效果。

一亩田地的收成在400斤到500斤之间,杨家里水田一般一季收获1800斤左右稻谷,一年下来大概在3400斤,按照0.65左右的出米比例,一年出大米约2200斤。劳动力的饭量往往十分惊人,杨家的后生[1]好像怎么都吃不饱,一顿饭吃一斤米[2]完全不在话下。那时候的饭菜没有油水,配菜一般就两个,要吃很多饭才有饱腹感,加之种地匀田的运动量大,体力消耗很多,所以总是要吃很多的饭。家里的女人稍微吃得少一点,媳妇邓氏为平均水平饭量,一顿大概六两米,媳妇廖氏人高马大,比较能吃,需要八两米。

早上烧火做饭时候要用到一个篮子,舀接近三升半的米,大约是七斤,媳妇一起床就养米[3],切好番薯丝,烧好火之后把水烧开,把这三升半米倒进大锅里面,一直搅拌,煮出白色的

---

① 青年人。
② 相当于两斤米饭。
③ 浸泡。

米汁,用竹篓子把半熟的米捞起来,把米汁倒进木盆里面。之后再烧水,把番薯丝和半熟的米混合在一起焖熟,这便是一天的粮食了。吃午饭时还要把饭加热,还有可能炒几个热菜下饭,农家不会吃冷饭,容易闹肚子。总体来说,一年的水稻加上番薯收成足够饱腹。

番薯虽然好种,但不能当主粮。首先,番薯不好保存,新鲜的红薯在冬天顶多放四个月,一旦开始烂,整个番薯马上都是苦的,不能吃,晒红薯干则太麻烦,晒一担两担还好,如果要晒一年吃的,全家人都可以不用干活了,全村找地方晒红薯干;其次,红薯难消化,吃多了容易胀气,对于消化不良的人来说,胀气多了身体就会虚弱;再次,红薯里面的糖分、水分都比较多,虽然能够吃得饱,但是做主食的话很容易吃腻;最后,传统的饮食结构中,大米就是主食,大家普遍认为吃大米有力气,干活才有劲。

2.家长支配所有收入

粮食生长得好不好,是人命关天的大事,不仅家长要关注,家里的老老小小都要为家庭生产付出努力,无需刻意规定。长庆村无论是杨屋、王屋、张屋都坚信勤恳是美德,尽管村里面还是出现了个别的懒汉,但是大部分村民都是勤劳能做的。

在国民政府时期,农户粮食收获之后要定期向衙门①送粮,一般来说一亩田送两箩左右稻谷就行。杨家有四亩田,所以要送八箩左右的稻谷到衙门去,大约为八十斤。衙门不收湿的稻谷,农户要等到所有的稻谷晒干,把空心的、干瘪的稻谷整理出来,才能送到衙门去。衙门有专门的管事人检验稻谷质量,在稻谷面上抓一把,看稻子好不好,再伸进手去,翻出几把看一下有没有晒干,是否饱满,达到要求的就可以留下来,没有达到要求的会被退回,要求重新交粮。因为交粮要自己主动把家里该上交的稻谷担到衙门,农民为了省事都不会糊弄。

交粮后剩余的粮食自行分配,杨人德家3400斤左右稻谷可以出稻糠1000余斤,这些稻糠都会被家里的孩子磨成粉,一部分混合在猪菜里面给猪食用,另一部分就是用来喂鸡鸭。杨家一年只养猪两条,因为猪的食量很大,还要吃番薯和萝卜,养多了自己吃的粮食就不够了。农历十一月份通常会杀猪,猪肉分成两片,一片送到集市上面换钱,购置年节需要的东西,另一片留给自己家里。杀猪当日杨家会吃新鲜肉,剩下的猪肉就做成腊肉,为此后一年的猪肉主要来源,只有在少数情况下会去过埠街上购买新鲜猪肉。

杨屋的子叔们家里养鸡的比较多,养鸭子的比较少,养鸡的时候,喂米糠和一些菜叶就行,养殖鸭子需要的场地较大,水鸭子比较难伺候,光吃菜叶和米糠长不大,还需要有荤腥,才能长得壮。杨家经常叫小辈去喂鸭子,人德到河里面、稻田里面、水潭里面寻找福寿螺,捡一簸箕,用石头锤开外壳,取出螺肉,剁碎了均匀和在米糠里,喂给鸭子吃,这样鸭子才能长得大,才会多生蛋。喂养的鸡鸭一部分自己吃,一部分拿到市场上面去交换一点东西;鸡蛋、鸭蛋一部分自己食用或者送人,另一部分用以来年孵小鸡。

家中的大型牲畜牛、猪,主要由家长处置,小型禽类由媳妇处置就好。媳妇要听家婆的,家婆和公公说要杀鸡了,就可以杀鸡,但是怎么吃,是炖汤还是白斩,要听婆婆的,做好之后大家都可以吃,家里男孩子多的时候,鸡要斩碎,尤其是鸡腿要剁成小块,这样大家不会抢食。

家庭的手工业和副业的收入主要由家长在支配,在没有分家之前,家庭成员默认家里的钱全由家长支配。尽管家里的子女有了挣钱的能力,儿子仍然需要把挣来的钱交给母亲,媳

---

① 一直到1949年以前,过埠镇人都称乡公所为衙门。

妇则将钱交给丈夫,最后都要把钱放到当家人的手上,由当家人统一管钱。有一种情况例外,就是当家人上面还有老父亲的时候,老父亲自己挣的零花钱都是自己处理,当家人还要给老父亲零用钱。人德和人春小的时候,不敢问美柏要零花①,便经常去问政平要零花买吃的,政平一般不给钱,会直接给吃的。

三、家户分配

(一)分配主体

1.复杂地形成为三姓分割的自然屏障

长庆村居民都沿河而居,一方面是为方便取水,另一方面河的周围地势较平缓,更容易开垦耕地。从村庄发端头渡水一直到长庆村的尾部老屋场,长庆村有三大姓,分别是张姓、杨姓和王姓,头渡水到五土岭为张姓的聚居区,五土岭到蛇形岗为杨姓聚居区,蛇形岗到老屋场为王姓聚居区。五土岭段的河巴边上有一个小型深水潭,蛇形岗是河巴暂时放缓的一个蛇形冲击口,往下游缓慢进入过埠水库,两个地方自然形成了姓氏分割的屏障。

长庆村原本是个十足的野地,玉纯公一系的杨姓子孙,从金坑乡沿着河过来定居在了现在杨屋的位置。之后迁居过来的是王姓人家,他们从关田乡过来,大概在文儒公时期,王姓人来到长庆村定居,那时候已经有杨屋,规模尚且较小,王姓人便选在杨屋下游的蛇形岗定居下来。王屋的人刚刚来到蛇形岗的时候,正值春天,蛇形岗附近还没有涨水,露出了很多浅的河床,因为河里面土好、肥料多,上面的草长得很丰茂,王屋的人在那里放牛,觉得是个好地方,从此就在蛇形岗下住。而张姓人则直接是从元田村移下来的,元田村就在长庆村的上游,现在还有部分张姓,因为长庆村那时候土地更多,也没什么人管着,张姓的人便自主移居了过来。那时候的官府觉得这边都是野地,默许便村民住在里面,只要村民不打架,不闹事就行。

住得久了,三个姓氏的人口便繁衍了起来,这才划分了界限。但是界限不是死的,杨屋的人照样可以去蛇形岗以下放牛,王屋的人也可以来杨屋河边上洗菜,只要不干涉别的姓氏间的私事和生产方面的问题即可。随着时间的推移,三姓之间偶尔会通婚,关系就慢慢复杂了,但是长庆村这边的惯例,只有娶媳妇,没有倒插门之说,倒插门的人会一辈子抬不起头,而嫁出去的妹子,就是男方家里的人了,于娘家而言算是比较亲密的客人。

村庄的资源,大致上会按照三个姓氏分配,没有一个凌驾于三姓之上的权威,三姓直接按照惯例进行分配,这个分配的排他性不算强。除了明显界定范围的几个分界线,长庆其他野地上的资源都是先到先得,比如说野山里面的竹笋、蘑菇类,谁捡了就是谁的。长庆村的所有家长,都知道这个村庄内哪些是野地,哪些是有归属的土地,因此只要家长带着去,就不会弄错。"那时候长庆村顶多就一百余户人,靠土吃饭的人,哪家的东西都搞不清楚,就瞎火②了。"

2.家长主导分配

杨屋这个大家庭内部形成很多小家,家庭的功能主要在小家内部展现,分家之后会形成

---

① 零花:即零用钱。
② 瞎火:形容一个人没用。

单独的小家,但是在没有分家之前,即使一个家庭内有多对夫妻,依然要服从家长的分配。这种服从一方面依靠惯例维持,另一方面是赣南山区家庭的可移动财产较少,大多都是固定财产,精耕细作的稻作农业以大量劳动力的付出为前提,只有在一个人口较多的家庭中,才能最大限度地维持、改善生活,因此大家都会服从家长的分配,以获得生活来源。在家长获得大量的、不可置疑的权威的同时,家长还要肩负整个家庭的兴衰,需要强烈的责任心和一定的计划能力,家长的这种品质在世代的传承中得以固定,这也是宗族家庭的奇妙之处。

除非穷得实在揭不开锅,家里的男孩子都要送去私塾至少学会算数,而女孩子在这方面则是可有可无的,如果家长真的很宠爱女孩并送去上学,会受到家族其他成员的非议。因此,男孩子在智力上总是被认为优于女孩,而只有会算数的人,才可以成为家长,因为家长掌管所有财产。

杨屋的家庭下一代一般至少会有两兄弟,因此会面临分家的问题。等到大家长认为兄弟们已经有了自立门户的能力,或者是兄弟之间出现了不可调和的矛盾,硬是要分家,就可以提出他们分家。大哥往往能够分到更多的财产,因为他们承担着赡养父母的责任,但这并不意味着分出去的兄弟可以不赡养父母,过年过节还是要给父母送去大量的礼物。也有的家庭兄弟之间分家后,大哥也会和父母分家,这时候,兄弟之间的财产会进行均匀分配,父母会自留比较容易耕种的土地,因为他们年老体衰。如果大哥和父母住在一起,大家长已经成为了大哥,父亲虽然不做家长,但是他余威尚存。家里的媳妇必须要伺候公公和婆婆,有好吃的先要留给公公,之后是丈夫,再是婆婆。

王屋的王先长是王赵洋家里的长工,长工可以住在大官人家里,因为王先长家里近,便回到自己家里住。长工可以在官人家里吃饭,但不上桌,如果官人家里的帮工多,就会有一张专门的桌子给帮工的人吃饭用,桌子摆放在厨房外面的坪上,不入厅堂。如果官人家里帮工不多,长工、丫头就只能够拿一个木头墩子坐在厨房外面吃。比较苛刻的人家,长工吃的粮食还要从一年的报酬里面扣出去,王先长等人在主人家吃的饭是单独煮的,里面多数是番薯丝,舍不得放进太多的米。主人家里面有好吃的,一般不会叫长工和丫头们吃,毕竟人多了,自己能吃的就少了。王先长的主人家菜园里面有一棵珍珠李树,结一种青红青红,只有鹌鹑蛋大的小李子,味道比较酸甜,因为王赵洋吃不得酸的东西,会牙齿软,那棵李子树又十分高产,至少能结一担,王赵洋就说:"我看是菩萨觉得我日子过得好,不让吃这个李子,要我分给你们了。"所以王先长到李子收获的季节,往往能够拿整整一箩李子回去,叫老婆晒干,放进一点相思叶子,味道也蛮好。

(二)分配对象

分配集中在家庭成员内部,一些不易保存的吃食则会及时分给亲友。比如家里的木子山,春天的时候会结茶耳、茶泡,这些都是细伢子的零嘴,本姓的细伢子成群结伴摘取,家里的人不管,也不会计较是谁家的茶树。夏天的时候桃子、李子等土品种,长了很多,比较酸涩,家里的大人没有时间去摘,细伢子也会自己去上山摘,可以随便分掉。要摘别人家里的桃、李,就要带上别人家的细伢子一同前去。但是柿子、泡柑①、橘子、杨梅,这一类的果树就不可以随便乱摘了,这些算是珍贵品种,可以拿到集市上去换东西,也可以拿着去做客。

---

① 柚子,区别于当今市场上的品种,泡柑的皮很厚,肉十分细腻,酸度极大。

家里的"大人"有一定的财产处置权。0~6岁的儿童,统一被称为细伢崽子,长辈在使用这个代词的时候,不会区分性别,这个年龄孩子普遍被认为是什么都不懂,也没有实际的劳动能力。6~12岁的儿童,男孩被称为赖崽子,女孩被称为妹崽子,这个阶段的儿童已经开始读书,家长会赋予很强的性别意识,此阶段的男孩不会和女孩一起玩耍,女孩开始在家里从事家务活。在长庆村,16岁就算是成年了,到了可以嫁娶的年龄,青年男子被称为后生,青年女子被称为妹子,但只有成家的人,才能被称为"大人"。成为"大人"之后,孩子们挣来的钱仍然要完完全全上交给母亲,最终保存在家长手里。儿子们即使是组建了自己的家庭,也不能做到自己自足,还需要父亲的帮忙,作为报酬,就要上交自己的积蓄,听从父亲的命令。儿子有了独立的能力,才会要求分家,这时候,自己就成为新的家长,可以完全支配家里的财产。

叔叔伯伯在儿子辈成年之前会和兄弟分家,但是子辈仍然要承认叔叔伯伯的权威。父亲不在场,叔叔伯伯的意见基本上相当于半个父亲。杨家的孙辈懂事的时候,美松已经不在了,美柏没有其他的兄弟,因此杨家的小辈没有怎么受到叔叔伯伯的约束。

政平辈分高,即使不当家长,依然具有权威,只要政平说不愿意,美柏的决定就很难得到执行,因为其他的子叔会发难,说政平都说了不行,你美柏不听老子讲的话,小心天打雷劈。如果政平去世了,美柏就要请自己的伯伯过来讨论大事,如果伯伯不在了,则请叔叔,如果叔叔也去世了,就直接在杨屋里面请字辈最大、头脑最清醒的长辈,他们的话语十分公道,会经过许多杨屋子叔的讨论。子叔们一致通过的事情,便等于板上钉钉了。

(三)分配类型

衙门与农民的生活接触比较少,在过埠镇上,农村小事都让保长管着,有的保长家里有土铳,村民不敢造事。土匪张南洋进入崇义县时,衙门的人带着枪来过长庆村进行搜捕,但是没有进入村民家中。总体而言,衙门和村庄的交集主要在上粮,抓壮丁时也有短暂的交集。政平在过埠镇上有一定影响力,其儿子美松早亡,衙门便不怎么为难。

1949年以前,长庆村民认为交粮是天经地义的事情。衙役的口粮就是从老百姓上的粮食里面给出去的,老百姓不交粮食,衙役们便没得吃,衙役没得吃,村庄匪患便无人管。村民们都认可上粮,但衙役们有时候做人太苛刻,上粮要求高,不交便让保长催,保长也很无奈,别人不交就要自己垫,所以经常做事很恐克①。保长有自己的苦,但张慈飞不同,张慈飞当保长,有时候就不把村民当人看,以为自己是了不起的大官,私下有村民就说,张慈飞离开了衙门,没有人给他火铳了,看他还敢不敢这么狂。

但是杨屋这边还好,毕竟杨屋出了一个赣南地区都小有名气的大官人,其中有一个有意思的传说。众人皆知杨集成的大儿子好赌、好喝酒,但杨集成自己也曾经是酒徒,杨集成在陡水水库②和别人赌博,用一个量米的竹筒,一次舀一筒花生③,输了就数花生,有几个花生就给几个"花边",陡水水库那边有不少人都欠着杨集成家里的土地。

保长张慈飞是杨集成的晚辈,和杨集成打交道过,所以对杨集成家里的人有一点忌惮,杨屋子叔全部聚居在一起,火铳厉害,还是杨屋的鸟枪和锄头厉害很难说,所以张慈飞对杨屋的态度总体而言比较温和。再者,杨屋的人比较要面子,不喜欢惹事,早早就会将粮食上交。

---

① 恐克:为人苛刻,做事绝情。
② 在上犹县境内。
③ 花生夹,带壳。

农户需要安排自己家里的人去过埠街交粮食,路程约有三刻钟,有时粮食重量大,山路不好,走走停停需要一个钟头。上街交粮食的时候,可以带着几捆柴火去街上的伙店,如果中午还没有处理完事情,可以在伙店换饭吃,三捆柴①火交给伙店,伙店就可帮着热饭。杨家人一般都不会在伙店吃饭,觉得不划算。

(四)家长在分配中的地位

1.粮、油、地、钱全归家长

杨政平编织的磨篮有时候会拿到过埠街上去,不过他不是坐在哪个地方卖,而是从长庆村出发,路过王屋时会喊一声:"磨篮!"如果有人要买,就会回应他"来这里!"政平便担着磨篮过去,主人家里拿东西过来换,如果农户刚好要去杨屋,就可以不把东西给政平,直接送到政平家里即可。到了镇上面之后,政平就担着他的竹制品,从各个家门口走过去,喊着"磨篮",有需要的自然会来买,有的在路上看到他了,就带着他去自己家里,拿了东西交换。这个过程很快,杨政平不会在过埠镇上待得太久,走了两圈便回。多出来的竹制品存在家里,下次带到集市去卖,或者等附近居民来买。杨政平卖竹制品的钱属于"老人钱",全部由自己支配,用来抽烟、喝酒,再就是买一点零嘴。

张忠豪打鱼子挣的钱归家庭所有,因为忠豪打鱼子的时候,家里的工作由兄弟姐妹帮他分担,所以这些钱属于大家。张忠豪虽然比较捣蛋,但钱财上的事情不敢骗家人,他卖鱼子能拿多少钱,换多少东西回来,家长都有数,或者去上街了的子叔会知道,因此忠豪不敢,也不会撒谎。

人德在"良母"那里学医的时候,逢年过节,杨家长辈都要安排带着猪肉、大米去"良母"家,有时候还准备一壶茶籽油或者猪油。送油在农村就算是大礼了,一壶油至少能吃两个月,平时农民自己吃饭的时候舍不得放油,油属于奢侈消费。尽管大部分人家都有木子山,可是那个年代到处都比较贫瘠,管理技术也不好,一户人家年均产二十斤茶籽油,这些油水很珍贵,做大事的时候,需要大量使用这些油,过年的年货用油也多,因此平时使用量十分少。人德学成之后,每年依然要给"良母"家里送节,节礼从家庭财产中支出。家里的其他孩子不会说闲话,要是质疑家长,不仅会被家长所讨厌,还会遭到母亲的责骂,其他的子叔也会觉得此后生没规矩。人德后来能够行医挣钱了,在没分家之前,自己挣来的报酬全部都归家庭所有,由家长支配。

家里的财产无非是粮、钱、油、地,这些都是可转移的,固定财产如房子,由祖先文儒公传下来,只给杨屋子叔们使用,外人不可以使用,外人想要杨屋的房子,就是"闻骚",即只能看看,不能实际占有。杨屋人口增长起来的时候,有的子叔也住在杨屋外面了,依着杨屋的围墙建新房,表示不脱离杨屋。细伢子不管家里的事情,他们什么都不懂,细伢子插嘴也是没规矩的表现。涉及钱的问题,都要家长出面,因为家里的女人、细伢子,大多不认得钱,只有家长能去处理钱财事务。

2.杨家成员年年可置办新衣

杨家的生活条件虽然很一般,但是政平和美柏会及时给家里的成员添衣物。添衣物在秋天割了稻子晒谷的时候。裁缝要到过埠镇上面去请,那边的师傅手艺更好。政平直接到过埠

---

① 多为杂树,量很少。

街上去,把裁缝请到家里面。裁缝给家里的成员逐一量好尺寸,用一个小本子记录好,再回到过埠街上。政平跟着一起去街上买布,男性所穿的多是青色的、黑色的的土布,女性不会穿黑色的布料,会选择一些浅色的,但也几乎不怎么穿颜色鲜艳的。政平会照顾到家里的成员的不同性别,购买不同颜色的布匹,家里面有女童的时候,也购买过花布。有一年政平给孙女凤莲订了的做夹袄花布,凤莲那时候才刚刚会跑会跳,穿着花布衣服十分好看。

杨家每人每年都可以添置两套衣服,一套夏天穿,一套冬天穿,杨家媳妇懂事,常常只要一套新衣。送给裁缝之后等一个月,新衣服才会制作好,政平把裁缝从过埠街上请来家里吃饭,还要把三斤猪肉、三笋大米,加上两封饼子送到裁缝家里去,以表示自己的感谢之意。

村里面没有种植棉花的传统,整个赣南地区都没有种植棉花的传统,妇女普遍不会纺纱织布。市场上流通的土布也不是单纯用棉花制作的,因为棉布对于农民来说不划算,棉质的布虽然比较舒服,但是容易破,再加上农村的劳动经常要浸泡在水里,棉布很容易腐朽,所以村民普遍不喜欢棉布。种植棉花也没有任何经济效益,偶尔有人种一分地的棉花,都是用来做被子的,即把棉花摘下来,送到过埠街上面请人弹一床被子,有的人家不讲究的,请裁缝做一个被套,自己把棉花塞进去就是一床被子。

"麻"是农村每个家庭的必备农产品,妇女们把一种叫作"麻"的植物的根茎带回家,浸泡在脚盆或者水池、水沟里面,几天后,麻身上的果肉会腐烂,妇女们就把麻的茎秆搓揉起来,将多根搓在一起就成了麻绳。比较细的麻可以用来织麻布,不过这种麻布和市场上的麻布十分不同,空隙很大,可以用来装稻子,也可以用来装红薯。粗一点的麻韧性很好,浸泡了桐油之后,可以用来做麻绳。农民干活的时候会穿一种木头制作的夹脚趾凉鞋,即一块木板,上面的系带全部都是用麻绳做的,系带断了就自己换一根。

3.爷爷可支配部分零钱

家里的零钱都是爹爹(爷爷)给,爹爹手上的零花钱,来源有二:一部分是爹爹自己挣的零钱,另一部分是父亲孝敬爹爹的。爹爹要用零花钱喝酒、买烟叶来抽,有时候还会去过埠街上面买一点瓜子,炒糖泡等零食。政平是一个老顽童,身高大约173厘米,在当时的长庆村,算是十分高大的老年人[①]。政平很喜欢喝酒,经常都会叫小辈去街上买酒。人德跟着人春一起去买酒,回来的时候,顺便用多余的钱买一桶瓜子,大约在一升左右。政平就会说:"崽头,你们晓得骗我的酒钱。"张忠豪那时候还小,不让跟着上街,就等着两个大哥回来分吃的。

逢年过节时候,长辈给小辈零用钱,家里面的孩子一直到16岁都会有压岁钱,等到结婚了、成家了,便开始给家里的小辈发压岁钱。孩子们收到零用钱,藏在自己的枕头下面,很舍不得拿出来用。

家里没有事情做的时候,家长不会干涉细伢子的玩闹行为。过埠街上常年有人收购山椒子,是一种可以用来做跌打损伤药品的药材。长庆村有许多野生山椒子,价值不是很高,大人不会专门去摘,家里的细伢子没事做了,就去山上面摘山椒子枝,带到过埠街上去交换。集市上专门有摊子收山椒子,一麻袋换一竹筒吃食,一般是瓜子,运气好还有云片[②],但是云片不给多,一麻袋最多换二十片,一天就可以吃完。人春和人德喜欢换瓜子,整整一升,省着点吃

---

① 长庆村是典型的南方村庄,人均身高较低,能够长到170厘米的就可以称"高大"。
② 芋头炸制的零食。

可以吃三天,每个人抓一把到口袋里面,出去放牛的时候边走边吃。晚上洗澡的时候一定要把瓜子掏出来,要不然王氏就会骂:"把有盐的东西装在口袋里面,衣服给老鼠吃掉了,就等着打赤膊"。

家里的媳妇也会有一点零花,都是自己省下来的,一般是买一些女人用的东西。因为农村妇女经常要到山上面去砍柴,直接把柴火放在肩膀上,头发会很脏。大多数媳妇都会戴着头巾上山砍柴,虽然妇女穿得太招摇不好,但是头巾可以有各种鲜艳的款式,1949年以前长庆村流行红色的、紫色的头巾。头巾和媳妇专门使用的那把柴刀放在一起,由于使用很频繁,会坏掉、破掉,这时候是允许妇女去街上购买头巾的,不过不是随时都可以上街,通常是在过年过节的那段时间,和杨屋的其他媳妇一起去街上买,在卖布的店子里面就会有头巾。

(五)家庭成员在分配中的地位

1.成员可对家长决定提出隐晦建议

在杨家,只有家长可以有分配权,成年家庭成员可以提出自己的部分意见,未成年的一般不可以表达自己的诉求,这是没规矩的表现,母亲问起来,可以和母亲说,母亲觉得合理的再告诉父亲,再由父亲决定是否要告知家长。但是在钱、土地这两样东西上,只有家长有发言权,长辈可以建议,小辈只能服从。

在杨屋,从来就没有出过女性当家人,女性没有文化、没有知识,不过问男人管的事情是女性的基本美德。女人只能在房间里和丈夫讨论家里的事情,如果丈夫过世了,可以和儿子在客厅里讨论,媳妇要么回避,要么坐在一边,不可以插嘴。

厨房的事情和后院的事情,媳妇说了算。杀鸡、杀鸭子之前和家里的老人说一声,有时候老人很节省,就会说,杀来干嘛,又不是过年过节,吃什么头牲①。政平一直都比较喜欢吃吃喝喝,所以王氏、邓氏、廖氏问他的时候,他一般就会说,反正都是你们养的,要吃就吃。家里的小辈自然希望能够大鱼大肉,王氏有时候会故意开玩笑,说人德你这么瘦,你去和你爹爹说,我们来杀鸡吃,人德胆子小,通常不敢答应,张忠豪年龄小,一听到要吃鸡,就要说要吃比子②。有一次王氏开了玩笑,张忠豪不懂事,以为是真的,中午吃饭的时候不上桌,就在边上的凳子上闹,要吃比比,要吃比比,王氏便把张忠豪抱出去,说要把他丢到天井里面,结果张忠豪还是说要吃比比。政平就说,细伢子这么多,天天吃斋,自己都想吃荤腥了,美柏想想也是个道理,第二天早上就喊王氏去杀了一只不会生蛋的老鸡婆。王氏一大早起来杀鸡炖鸡,早饭便把鸡端上来,政平给张忠豪夹了个鸡脚,问张忠豪,这个比比你要不要,结果张忠豪不敢说话,以为王氏会打他,想吃又不敢说,看到其他人都有鸡吃,就哭起来了,王氏就骂他"簸箕提子③,不上道,有吃的不敢吃!"

2.媳妇嫁妆自行支配

女性嫁过来,娘家会给一定的打发④,富裕一点的娘家直接会给花边,放在女儿的嫁妆里面,那时候的花边十分值钱,一块花边就可以换一担大米。媳妇会将自己的一部分嫁妆交给婆家,剩下的部分给自己零花,即使婆家遇到困难也很少拿出来,除非真的过不下去,才会动

---

① 即荤腥。
② 儿童语:肉类。
③ 骂人的话,无实际意义。
④ 陪嫁的嫁妆。

用嫁妆。

杨家的媳妇，除了美柏的嫡妻家底比较厚实，带有一些陪嫁之外，黄氏和邓氏家里都比较穷困。女儿嫁妆少，并不是丢脸的事情，在农村属于正常的范畴。家里的媳妇重在懂规矩、不多去过问男人的事情，并能够将家里的活干得很好。

衣物、食物在能力所及的情况下，政平都会让家里的人用好一点的，政平自己的解释是，时代都变化了，该享受的就是要享受一下的，不知道这"天"会变成什么样子。政平在家里花费过最大的一笔钱是买了一块西洋的怀表，那是政平年轻的时候，陪着王赵洋的阿公去赣州城买的。因为阿公说，带着政平去城里面长长见识，他们从过埠镇水库坐了一天半的船到了赣州。政平早就听说过有西洋钟表这种东西，但是自己没有亲眼见过，最后在赣州市的外贸店里用六块银元买到了西洋怀表。据说买回来之后，政平一直不敢和钟氏说，怕钟氏会去吊颈①，这实在是很大的一笔钱，六块银元在当时甚至可以买头水牛。政平的怀表一直就藏在房间的拖箱里面，后来还是被钟氏发现了，钟氏果然就说自己老公败家，自己的命苦，老公是个"花溜麻"。但后来这件事也没有怎么样，那时候政平家里的条件还好，买了一块怀表还是能够继续过下去的。杨家人都知道政平表面是农民，但是心里一直自认为是读书人，觉得自己应该吃皇粮。越发到了老年，政平就更加看开了，看到美柏和黄氏做功夫比青年人都更勤快，就会说："做得要死了，你们俩又不是没饭吃，有时候也要歇克子②"。当孙子们问他要瓜子的时候，政平也比较大方，也会给一点零花，让孙儿们去玩。

杨家的孙媳妇廖氏虽然身为女子，但是丝毫不输给男子，在处事上，有一点男子的风格。心光、心敏是廖氏所出，心敏有时候会问廖氏闹零花，廖氏不会直接给钱，就和心敏说："崽，阿母哪里有钱，你要零花你跟着你伯伯家里的阿力哥去揣。"③心敏就跟着阿力去捡田螺，但是那时候大家要吃田螺都是自己去摸，只有县城的人家，没有水才会收田螺。阿力和心敏没有零花，回来不高兴，廖氏就说："好了你们两个细伢子，没这么少吃的，饿死鬼一样"。廖氏便把阿力的田螺用脚盆养起来，差不多四五天，吐干净沙子，叫阿力带着心敏去山上挖野葱子，再去问杨屋的人家讨八角，回来就给细伢子炒了一大锅田螺，放了一大把朝天椒，把这一群细伢子辣得过到瘾了。

杨屋里面的细伢子从小就被灌输的理念是，想要零花，就要自己去挣、活络思维、多想办法，总归能够满足自己的一些小想法。政平很喜欢美柏的大女儿凤莲，凤莲七岁时候，就会自己搬着墩头，问出门干活的王氏什么时候要烧火，虽然还不会劈柴，但是凤莲小小年纪就懂得要在天黑之前烧好一锅家里人用的洗澡水。凤莲懂事较早，张忠豪小一点，不听话的时候凤莲就说："老弟，你不帮我，我下次就不给你莲子吃。"张忠豪果真不帮，结果凤莲就去装了半篓子山椒子，向杨屋里大一点的细伢子换了莲蓬，坐在张忠豪面前吃，张忠豪想要，凤莲不给。凤莲年纪更大，力气也大，张忠豪打不过，又吃不到，只好自己哭。政平便说，凤莲很刁，能够制得住小的。

---

① 以上吊的方式表示自己的不满。
② 休息片刻。
③ 即让心敏跟着阿力去想办法。

(六)分配统筹

做家长最重要的是"一碗水端平",杨屋的人认为细伢子过了六岁,就基本上懂事了,一旦家长有偏心,都会看出来,心里面会不愉快,所以家长为了整个大家庭的和睦,就必须要照顾到大部分人的感受。一般情况下,家长要么偏心老大,要么偏心老幺,偏心老幺的情况多一些,因为家长觉得老幺的年龄小,会格外疼爱。杨家的情况比较特殊,人春是早亡的美松的独子,人德是美柏的独子,张忠豪是黄氏带来的,于情于理,政平应该要更加疼爱人春,因为人春无父无母十分可怜,但是人德是美柏四十来岁才得来的孩子,其生母黄氏也早早去身[①]了,也十分可怜,再看看张忠豪,虽然不是自己家里的骨肉,但是其母王氏改嫁过来什么都不要,还帮杨家带孩子做事情,功劳很大。手心手背都是肉,政平干脆就同等对待了,都将其当成自己的亲孙子。美柏这边也是这样,人德是自己生的,十分疼爱,人春是大哥的遗子,更是要加倍呵护,再加上张忠豪,都是自己家的孩子,根本就不偏心了。

由于家里的粮食是需要缴税的,所有粮食一收上来,第一件事就是交粮,免得生事,反正交粮食是早晚的事情,没有办法躲避过去。家里的吃穿用度基本上够用,也没有出现过难以取舍的局面。一个家里面那么多人,家里的大人身体变化比较小,可以穿以前的旧衣服,小孩子就捡着哥哥、姐姐们的旧衣服穿,实在没有衣服穿的小孩,就穿大人的衣服,能够遮羞就好了,讲究不了那么多。

在年景不好的时候,稻田的收获少一点,上完粮之后,自己吃的东西就少了。但是也饿不死,这就是住在山区的好处,总是可以从山上挖下来东西吃。年成好的时候,家里面也不会直接吃白米饭,而是习惯性地在米饭里面加入番薯丝,这样就可以省下大米。杨家的规矩,每年至少有三担稻谷是不能动的,即使剩余的粮食很少了,也不能去吃,实在不行就在饭里面加上大量的红薯丝,或者到山上挖木薯,做米果吃。这三担稻谷是救命的粮食,因为三担稻谷大约可以吃一个月,平时多多做工,加上杂粮的补充,可以撑好一段时间。以祖先多年的经验,长庆村从来没有出现过连续两季稻谷颗粒无收的状况,只要撑得过一季就不会饿死,就是吃野菜也要撑过去。家里的老大人[②]在粮食少的时候会稍微少吃一点,因为他们的劳动比较低效,消耗也比较少,但是家长和壮年劳动力,就是吃红薯也要吃饱,他们劳动不了,家里的顶梁柱就倒了。细伢子也少吃一点,但是不会饿着他们,大家一起节衣缩食。

(七)分配结果

粮食的五分之一用来上税,村里面又有上缴"五一粮"的说法,农村一年种植两季水稻,只需要上缴一季度,"五一粮"就是按照一季度收获的五分之一来计算的。剩下的粮食自己留着,杨家每年会留下 300 斤粮食作储备之用,平时的粮食放在杨屋二楼的粮仓里面。粮仓的地面和门都是木板制作的,没有安装窗户,据说是为了防止老鼠从窗户处爬进来。粮仓的采光需要靠屋顶的瓦片,屋顶有两片瓦片是空的,上面蒙着一层厚厚的油纸,雨水不能落下来,光线倒是可以透过油纸照射到粮仓里面。粮仓的顶上有很多超过一尺粗的木质横梁,上面有麻绳紧紧地系在房梁上,挂着拇指粗的铁钩。为防止老鼠啃噬粮食,那些要做种的、比较要紧的作物,用簸箕装好,挂在铁钩上。粮仓地面上铺着一层油纸用以防止水汽,再铺一层紧密的

---

① 过世。
② 老人。

木板,四周用木板垒起来,成为一个框,便用来存粮食,粮仓里面有很多老鼠夹,防止老鼠偷吃。杨屋里面不少子叔家里都养了猫,猫喜欢到处钻,会到二楼抓老鼠。家庭成员不会天天上粮仓,一周两三次就够了,主要是检查粮仓的保存状况,看看粮食需不需要拿出来晾晒,或者看看是不是有鼠患。杨家有一个装满大米的缸子放在媳妇房间或者厨厅隔间,下米的时候媳妇就用米筒去量,之后用一块扎实的油饼盖住米缸,老鼠就咬不动了。

杨屋的子叔从客居过来,就一直沿袭着传统习俗,分配习惯也是代际相传。杨屋的子女从小受到的教育就是要尊重长辈,服从长辈,杨屋辈分观念十分严格,做功夫的时候见到比自己辈分大的子叔,都要放下锄头来问好,跟大辈分的人走路碰面了得让道,让子叔先走。政平当家时候,规矩很重要,晚辈们已经可以开始偶尔说一下自己的看法,但是绝对不能和自己的长辈对话①。在对家里的财产进行分配时,要听从长辈指示,后来对晚辈们的管教没有这么严格,家里成婚了的男子可以对家长的分配提出建议。

家庭分配会根据实际情况进行调整。假如当年水稻收成不是很好,主食中的米就会相应减少,放进去的红薯丝就会增加。当年财物收入比较少,新制作的衣物就没有这么讲究,布料、花色不那么看重,只要能穿就行。

四、家户消费

(一)家户消费及自足程度

1.粮食衣物负担轻

杨家粮食都是自己生产,每年种植两季,粮食总量能够维持在 3000 斤以上,粮食基本上能够保持自给自足,略微有余。杨家粮食储量在杨屋内部属于正常水平,大家每年都是会留下几百斤粮食作为保底的救命粮,很少有人家会借别人的粮食。杨心祥刚刚在长庆村住下来的时候,因为他的土地少,家里的大人不管他,借过杨屋不少人家里的粮食,最后认了"母亲",杨心祥得到了母亲的两分地,自己也去河边开过几分地,慢慢地也够用了。

衣物可以不断传承,哥哥穿了的给弟弟穿,姐姐穿过了的给妹妹穿,破旧的衣物不会随意丢弃,裁碎了可以用来做鞋底。由于赣南地区的农民普遍不会纺织、家庭不织布,所以家里面的媳妇都不会自己做衣服,需要做衣服就得请裁缝。村里面也有借衣服的状况,比如说给别人家里做主位②,觉得自己的衣服不够漂亮,有可能会借用兄弟的衣服穿一下,村民不会以此为耻。条件没有这么好的人家,平日里衣着就不会那么光鲜,但是一定会很整洁,因为一家人的衣服是否整洁,就喻示着这家的媳妇是否勤劳。在农村,可以没有钱,可以没有吃穿,但是一定不能懒惰,这是种田人的大忌讳。杨屋的人都秉持这个家训,在外面一定要"妥帖",即使去种田,也不能直接把衣物沾进泥土里,一方面是会弄得脏,二是会减短衣物的使用寿命,村民把裤脚卷起来,弄脏了就要在河里面自己先简单冲洗干净,然后才拿着自己的镰刀、锄头回家。

2.住房压力甚小

长庆村的杨氏子孙全部都居住在杨屋内部,先辈在修建住房时候就考虑到了后面子弟

---

① 此处对话的意思类似于顶嘴。
② 到别人家里主持事情。

的发展,所以修出了很多空房,这些空房当初都是有主的,随着这些人家庭的壮大,住房也慢慢得以使用,杨屋的房子内部大多可以自行建造阁楼,房间数量比较充足。另外,杨屋出嫁的女儿在家里不保留房间,只要女儿嫁出去,儿子和儿媳们便会有地方住,至少能够做到一个小家有一个房间使用。房间是依照家长的分配来使用的,家长一般住在上房,檐头的房子归新婚夫妇居住,房子的使用可以根据需要进行调整。

杨心祥认母前在杨屋的西边做了棚子,利用杨屋的一面外墙,用木棍支撑起外壁,上面盖了很多稻草遮蔽雨水,后来杨心祥在"母亲"处分到了一间房子,在杨屋内部居住下来。作为回报,杨心祥承担了赡养"母亲"的义务,帮助"母亲"度过晚年,还给母亲送终。

杨屋的人口多起来后[①],杨屋内部不够住了,许多子叔开始学习杨心祥,靠着杨屋的一面外墙建房,一方面是表示自己永远不会脱离杨屋,另一方面是靠着一面墙就可以节约一面墙的建筑成本。子叔们沿着杨屋西面的外墙开始修建房子,款式还是和原来的杨屋保持一致,按照杨屋里面的沟渠继续往外延伸。此后,杨屋西北面的小门就不会经常关闭着了,因为要让子叔们进出。

3.杨家有医疗资源

人德拜"良母"最大的益处就是学习了医术,"良母"的医术皆为祖传,那时候会医术的人很少,"良母"家长辈懂一点医术,经常都会去采药贩卖,到了"良母"这一辈,医术就比较精了。人德拜"良母"学医,经常跟着师傅去山上挖野药材,自己逐渐也能够辨认药材。"良母"去世之后,其家的药箱、还有各种炒好了的药材都过继到了人德这边。

农民从事体力劳动,身体素质往往较好,小病小痛不容易得,平时要是不小心感冒发烧,都是喝一点凉茶,或者自己挖一点草药吃一吃了事,生了了不得的大病,才会去请郎中来家里看病。郎中看病需要的报酬比较高,三升米是最低标准,如果是生了比较难治好的病,不仅要支付看病的钱、抓药的钱,还需要送郎中打发,一般是提着猪肉到郎中家里面去表示感谢,有时候还要带着鸡蛋、饼子。

杨家就不需要这么麻烦,小病小痛都是问人德要一点草药熬来喝。杨屋内部子叔有时候会请人德看病,没有看大病的,那时候就是有大病,人德的医术也是治不好。人德虽然会帮忙看病,但在家里的主要工作还是干农活,庄稼人以种庄稼为主业,要是因为沉迷于医术就不干农活了,就会被说成是不顾正业。

4.杨屋内部人情亲密

亲戚分两边,一边是男方家里的,另一边就是女方家里的。在长庆村,以男方家里的亲戚为主,女性出嫁之后,丈夫的家人就是自己的本家,娘家则是客家,女性要以男方家里的亲戚为主,娘家只会和父母、舅舅、兄弟姐妹打交道,其他亲戚交往都比较少了。

长庆村所有的杨姓子叔都是住在一起的,亲戚们抬头不见低头见,平时没有做客的说法,因为长期共同生活,所以处理好子叔之间的关系十分重要。杨屋内部就是一个小小的共同体,只有大家一起团结协作,才能延续这个共同体的力量,一致对外。

普通的节日,子叔之间不会互相走动,有时送一点东西做人情,比如,端午节,可以把自己摘好的粽叶送给子叔家,这样子叔家里就不用专门去河边摘粽叶,或者在烧灰水的时候多

---

① 在 1949 年之后。

烧一点,多出来的舀给子叔家里,这样就做了一个小小的人情。平时的小人情点滴积累,杨屋内部的情感也是这样一点点维系起来的。

过年的时候,分了家的兄弟一般要先去大哥家里做客,然后再去别的兄弟家里做客。其他的子叔也会互相上门吃饭,不是特别亲热的,也会互相邀请,如果不来,送菜也是可以的。

红白喜事在杨屋是一个很复杂的文化,杨屋每代都有权威最高的子叔,但不是作为族长而存在,这样的子叔字辈高、有文化、会写字,能力让大家信服。家里的晚辈喊其为"阿公""阿叔""大哥",酒席上,"阿公"要坐在最高位置,然后才是家里面的主人坐。

(二)家户消费主体与单元

1.衣食住行,家户统一负担

家庭是最基本的生产单位,子叔们虽共同居住在杨屋内部,但在生活上大家相互独立。杨屋内部成员如有无法解决的问题,可以请子叔们帮忙做决定。在一些家庭的大事上,自己无法决定的,也可以请子叔们一起过来商量一下、拿主意。

长庆村的主要粮食作物为水稻,最大的粮食替代品是红薯,农户家会用大量的旱地种植红薯。红薯种植比较耗水,家庭成员经常要用木桶担着水去旱地里面浇红薯,不然红薯会干枯死亡。红薯的产量很好,1949年以前有好几个红薯品种,最常见是一种橙红色、水分很大的红薯,这一种十分甜,一口下去全部都是水,但是农民不是很喜欢这种红薯,不抵饱①。比较受欢迎的是一种白色的品种,此种红薯甜度适中,淀粉含量很高,吃了之后比较有饱腹感。红薯藤的嫩叶子可以掐来炒着吃,其余部分大把大把地拿去喂猪,根部的红薯一部分为人吃,另一部分拿去喂猪。

红薯收获之时,王氏会专门洗一筐红薯,切片之后蒸熟,制成红薯干,放在家中的坛子里面,这便是杨家人的重要零食了。人德小时候跟着去挖地,回来王氏就给一大把红薯干,那时候人德年纪小,手也很小,一大把红薯干,一下子就把双手塞满了,人德和人春一人一半,装在裤口袋里面,一边玩一边吃。

农民十分爱惜衣服,新衣服要过年过节时才可穿着,不见客人的时候都是穿着老衣服,干活的时候则穿着比较破烂的衣服。家中的媳妇穿着长裤长袖,脚上踩一双草鞋,带着自己的劳动工具便可以去干活。有的男子汉夏天打着赤膊去田里面干活,把自己的外衣放在树上搭着,等活干完了,就带着锄头去河边洗脚、刷草鞋,如果裤脚太脏了,还会把裤脚整理干净,才会穿上自己的外衣离开。

细伢子出去玩把衣服弄烂了,回家后是要挨打的,王氏会骂:"哪里有这么多衣服给你穿,你以后就打赤膊出去,不要花掉了家里的衣服",然后王氏就用废旧的布料把家里的衣服补起来,王氏的针线活做得比较好,针脚都在衣服的背面,不仔细看不知道衣服烂了洞。1949年以前,村民大多春夏季节有两套衣服,秋冬季节有两套衣服,那会儿的人时刻在外面干活,身体素质好,跑来跑去也不觉得冷。冬天张忠豪和王氏一起去种薯子,天上都下冰花了,王氏只穿一件卫生衣,里面搭一件夏天的衬衫,张忠豪则穿一件卫生衣和一件单衣。冬天极少有人穿棉袄,皮袄就更没有了,家里的老年人不干活,比较怕冷,条件好一点的就会穿薄薄的夹袄,然后手里拿着一个火笼取暖。大官人家里的老人穿夹袄,但他们家里的媳妇还有细伢子

---

① 饱腹感不足。

都不会穿袄子,也不会用火笼。

长庆村村民的出行方式主要有两种,一种是步行,还有一种是撑排子①,长庆村河流直入过埠水库,可通向上犹、南康县,一直到赣州市,十分方便。杨家大多数活动都集中在过埠镇,较少用到排子。杨家人去过埠街,或者金坑那边,都是走路,到远一点的地方,比如崇义县城,也只是拿着一个布袋子,里面带上一点吃的,便出发做事,做完即回。

2.嫁娶喜事多,人情支出大

1949 年以前,杨屋的子叔们在结婚、做寿、丧葬情况下都会做酒,其他庆祝活动则在屋子内部小小办一下,比如生儿子,一般会吃饭庆祝,但规模不大,不用特别请厨师过来。结婚是最大的酒席,全部杨屋的妇女都要出动,不仅仅是吃饭、喝酒席,还要帮助主人家里备菜、洗菜、炒菜、蒸饭;杨屋内部的男人基本上也要出动,帮助选日子、写礼簿,不会写字的帮忙准备桌子、凳子,到吃酒席的时候,帮忙上菜。办一回喜事,需要整个杨屋共同出动。

邓氏娘家比较贫困,有六个女儿,邓氏出嫁可以说是为了帮助娘家减轻负担,所以邓氏有一半是送出去的意思,政平说白要邓家的女儿也不好意思,所以还是给了礼金过去。邓氏嫁进来时候,政平请裁缝帮助邓氏做了三身新衣服,一身出嫁时候穿,两身是平时穿,衣服做好后,直接用箱子送到邓氏家。待邓氏出嫁,政平又让送了九个花边、两匹花布、三匹青布,还有一小缸茶籽油等礼品,约二十斤,三块油饼,一担脱了壳的大米,还有三十六个鸡蛋,风风光光娶邓氏进门。

子叔家娶媳妇,关系亲密的,如伯伯家,比较像样的礼物是备一个篮子,底下铺块花布②,上面放上两块花边,再铺一层花布,上面放炒好的花生、米花,再放一封米饼。不放花生、米饼的,可以在布上面铺上八个鸡蛋,这些鸡蛋要用洋红③染红送过去。如果是普通子叔家里娶媳妇,可不用带花布,按照自己的实际能力送上一块花边,不能送花边的就送十六个鸡蛋,也是大吉大利的意思。女儿出嫁的,杨屋的子叔们基本上可以不用送礼,如果是自己的直系亲戚家里有女儿出嫁,舅舅就要给出嫁的侄女送嫁,还要送上舅舅家里出钱制作的银镯子,此后,侄女在婆婆家里遇到事情,就要靠自己的亲生父亲或者舅舅出面。

(三)家长在消费中的地位

崇义县城本就是穷山恶水之地,也没有太多的人口居住,长庆村根本就没有发生过战事,村民有时听闻外面局势紧张,但村庄内部无甚变化。衙门的人有时候会抓壮丁出去,有的村民逃跑回来了,有的便死在外面没有回来。

源于本能的忧患意识,大家害怕有一天会没有东西吃,所以平时吃饭都是尽可能地多放红薯丝、薯子丝。杨家粮仓一直备着米,家里人觉得存储的米不够,还会去山上挖木薯,大家都觉得节俭是理所应当的事情。

杨家粮仓的钥匙有三把,一把在政平手上,一把在美柏手上,还有一把就在王氏手上。政平把粮仓的钥匙放在卧室门背后,平时没事情根本就不会去粮仓。家里娶媳妇后,邓氏和廖氏轮流做饭,政平就直接把粮仓的钥匙给了邓氏。后来王氏也觉得媳妇比较可靠,就把自己的钥匙给了廖氏。两个媳妇都很会当家,总是往饭里面放很多的番薯丝。有一次政平吃饭,看

---

① 划竹排。
② 只需要很小一块。
③ 一种红色染料。

到一盆饭黄灿灿的,便问邓氏"邓麻啊,我们家的粮仓里面是不是快没有谷子了,怎么全部都是吃番薯?"邓麻就说,在娘家的时候,经常会觉得没饭吃,就习惯了很节省。后来煮饭的时候,媳妇还是放很多番薯丝,但会给政平少一点番薯丝,政平也就不说什么了。

杨家的住房由家长统一安排,政平住的房间在杨屋的上居所,木门上有一个很高的门槛,可以防止老鼠、鸡鸭跑进来。房间里面是木头的老床,刚开始人春和政平睡在一起,后来人德也搬过来,兄弟俩就打一个地铺。张忠豪过来后,也要睡在政平的房间,王氏便把地铺铺得宽了一点。美柏和王氏睡一个房间,家里的姐妹们也睡在一个房间里。因为美松家里的房间也全部归过来了,所以杨家有空房,安排很宽松。后来人春结婚,娶了邓氏,人德和张忠豪就睡在檐头的房间里。

(四)家庭成员在消费中的地位

1.主母有一定分配权

政平养育了美松和美柏,在两兄弟成家之后,也没有给兄弟俩造成过负担,还一直扶持着两兄弟的家庭,所以政平受到家里人的尊敬。在钱财方面,美柏需要定期孝敬政平零花钱;在食物方面,美柏不能干涉政平买零花钱,吃饭的时候也要把一些好菜留给政平,但是政平很爱自己的孙子,常让要三兄弟吃多一点;在住房选择上,美柏和王氏也主要是调剂其他成员的房间,不会打政平房间的主意。长辈在家庭的消费结构中有很大的自主性,家里的晚辈对长辈的行为表示十足的尊重。

媳妇在家里的地位较低,要听主母安排,有服侍家里老爹的义务,老爹年纪比较大的,媳妇早上得去扶老爹起床,还要帮助老爹倒好洗脸水,把毛巾放好,等老爹去洗脸。媳妇在家务活动上有一定的主动权,如果只是吃一点小鱼小虾,直接做即可,要吃头牲,则需要得到主母或者公公的指示。家里的果树结的水果,是给细伢子吃,还是晒成干,由媳妇自己决定。钱财方面,媳妇完全没有话语权,有的媳妇甚至不知道家里的钱放在哪里,老公不会把钱交给媳妇,在老公没有当家之前,所挣得钱都要交给主母。

主母在家里拥有一定的财产处置权,家禽的饲养,生的蛋是孵小鸡、送人,还是吃掉,由主母决定,家长也是有权处理的,只是比较少过问这些"妇女"的事情。在长庆村,有的人家生了孩子会办姜酒,这种酒席只有妇女、儿童、老人参加,姜酒被认为有邪气,男劳动力去不得。姜酒所送的礼品由主母操持,家长默许,因为农村的酒席都是按照规矩来的,送多少东西往往约定俗成。主母还可以安排细伢子的卧室,家里的孩子没有成婚之前,几兄弟或者几姐妹都住在一个房间里面,要成婚的时候,主母和家长一起商量定婚房,然后安置好其他的子女。

如果家长过世了,爹爹还可以做事的话,可以由爹爹暂时担任当家人,如果爹爹身体不好,家里的兄弟要互相接济寡妇和孩子们。寡妇把房子给兄弟家里,就要一起吃饭,要兄弟家承担赡养的义务。如果兄弟太苛刻,寡妇不愿意在本家住,可以去求娘家舅舅,舅舅就会向寡妇的父亲求情。寡妇的父亲松口,寡妇便可以住在舅舅家,帮助舅舅家里干活,在舅舅家里吃饭。

2.家庭成员习惯听从安排

家庭的其他成员并不是完全不能过问家事,只是习惯性由家长做主,不会去思考这些事情,也就默认了一切都听从家长的指挥。主母基本上为裹脚妇女,头发长、见识短,胆子也比较小,很多妇女不愿意管家事,觉得这是男人的事,妇女潜意识中便认为自己是家庭里面的弱者。但是在管理媳妇上面又是另一回事情,主母管着媳妇,是要让她们守规矩,而这种规矩又是为了维持家庭稳定而存在的,所以媳妇懂不懂事,关系到家庭是否和谐。

男主外、女主内,男人管着大事、女人管着小事,长庆村的妇女从小就受到这样的教育。同样的,家里的细伢子受到的教育就是,大人有大人的事情,小孩子管不得,所以小孩子只要听大人的话就好,不能随便发表自己的意见和建议,这是懂规矩的表现,也是大家都要遵守的道理。家里的新婚夫妇,知道自己还是处于受到父母庇护的阶段,所以要听从父母的话,等到父母年纪大了,就要学会赡养父母,这也是农村世代相传的道理。

五、家户借贷

(一)借贷单位

1.不喜借贷

长庆村的村民不喜欢借钱,其一是大家都同样困难,其二是借钱都是要还的,干脆不借。由此可见,长庆村村民之间的生活差距不大,且村民大多数对自己的生产预期比较乐观,所以借贷情况发生得很少。

借钱借物以大家庭为单位,家庭生活遇到困难,成员普遍有感觉,看到家里的饭菜越来越寡淡,老人就会问媳妇,是不是没有米吃了?家长根据实际情况征求老人意见,是不是要问子叔家里借一点米,之后和家里的主妇说,我们家里没有米了,可能要去向子叔家里借米。借粮食过程中,男性不出面,主妇找子叔家的主妇,说自己家里面谷子有点不够了,问能不能借一点。被借的妇女就会问家里的主人借不借,多数是会借出去的,如果条件不允许,便会直言自己谷子不多,借不出来,然后直接给三升米,不收任何利息,只要求第二年过年之前归还,杨屋的人都讲究在过年之前要清掉债务。

双方达成协议即产生借贷关系,有时候是简单的口头协议,涉及大额度财产时,要请辈分高的子叔作见证。借贷双方写一个简单的契约,表明某某借了某某多少东西,利息为多少,在什么期限之内一定会归还,如果逾期会如何处罚,见证人是谁,罗列清楚后契约就算立好了。杨屋从未发生过违约现象,毕竟杨屋都是一家人,还没有到撕破脸皮的绝境。

2.杨集成帮助杨屋人

在过埠街上居住的杨集成,底子十分雄厚,杨屋子叔实在过不下去的时候可找杨集成。杨集成有钱是大善人,但是他的老婆十分厉害。杨屋的家长可以去过埠街上借粮食,敲杨集成家里的门,如果遇到他老婆,就会被骂,说是懒汉子,就知道依靠杨集成来吃吃喝喝,不让进门。如果杨集成在家,至少可以借到六箩谷子,杨集成家的规矩是按照时兴[①]收息,即三成谷子利息,借出去的是什么质量的,还回来就是什么质量,集成家专门有管家会把具体情况记录在册。杨集成家里不借钱,集成仙说,怕大家不还钱自己就吃亏了,所以只借谷。

大家里面的小家不是借贷单位,小家依附在大家中,衣食住行都要听从大家的安排,家长说了怎么分配就如何分配。小家的主要功能是生育,以此壮大家人口,延续后代。小家要服从大家的决定,小家没有自己的财产,也没有专属于自己的劳动工具,如果小家不服从,家长

---

① 最普遍的情况。

有权利惩罚小家的成员。

(二)借贷主体

家里的借贷主体是家长,家长按照实际需要安排借贷活动,如果是借一些价值不大的东西,可让主妇出面,这样比较好说话;如果是借用价值比较高的东西,家长一般需要亲自出马。家庭成员受到家长的委托去执行借贷程序时,要签上家长的名字,后面再签上受委托的家庭成员的名字,契约到期时,债务人家会找家长归还所亏欠的物品。

当家人不在家,家庭成员不会随意出去借钱借物,实有需要就请老爹出面。普通物品不需要写下字据,比较贵重的东西,签下老爹的名字即可。因为不到万不得已的情况,也是不会出去借东西的,所以老爹签字了,就表示默认了字据上面的权利与义务,家长回来之后,会有计划地安排归还。

(三)借贷责任

借贷的主要责任人是家长,尽管责任书上面签署的是家长的名字,需要归还的时候,就不仅仅是家长一个人的责任,而是一个家庭的责任。例如,杨家借了杨美清家一担谷子,约定次年农历十月初一还,到期时政平恰好外出,其外出之前定要和家里交代,大概何时,要准备好一担加上三箩米,还给美清家,或者政平直接准备好,叫家人按时送过去。农历九月底,美清家便会提醒杨家,该还米了,杨家人就要把米给美清家里送过去。如果在借贷期间,家长去世了,新的家长会继承家庭债务,组织家庭成员归还。

在家庭中,所有的财产:土地、劳动工具、房屋都是归当家人所有,所以家庭成员的劳动所得理应属于当家人。当家人不需要经过家庭成员的同意便可处置家庭财产,当家人以家庭财产为抵押产生债务时,便由家庭成员一起归还。债务没有辈分或者性别的差异,家里未出嫁的女儿,和家里的儿子、媳妇们一起,无差别承担家里的债务,举全家之力共同还债。

(四)借贷过程

借钱的时候需要打借条,一般无需抵押,要是有可以抵押的东西的话,也没有人家里会借钱,就是什么东西都没有,才会选择借钱。由家长安排借贷过程,有时候会请杨屋的高辈分的子叔做证人,到了需要归还的时候,子叔们就会做证明。

在杨屋内部的借贷,通常是年长的子叔担任见证人。子叔并非随便就会做证明人,借贷方找到有权威的子叔,和子叔们一起进行讨论可行性,分析到期是否能够偿还。如果觉得借贷方无法偿还这样的债务,子叔们就会说,不支持这样的借贷。如果需要到外姓人家去借钱,就需要找到担保人,这样的担保人,通常是自己的兄弟,或者是自己的亲叔叔、伯伯,亲戚并非随意担任担保人,也是要经过深思熟虑,认为借钱的人家到时候能够还得上,才会去帮忙当担保人。

杨屋内部借小东西不会要利息,借的米比较少,时间比较短的时候,也不会要利息,如果借的比较多了,需要立下字据了,便会产生一定利息。杨屋内部的利息就是长庆村的平均利息,不会多也不会少。到外姓人家的去借,也是平均利息,遇到比较小气的人家可能会比外面的利息高一点,比如说一般借一担谷子利息为三箩,有的人家里面要三箩半的利息,没有办法的时候,也会有人去借。

（五）还贷情况

1.有借有还才能有来有往

欠了别家的东西，都要借家自己上门去还，东家如果到自己家里来要，就是催债了。别人借了钱给自己，还要亲自上门取回来，下一次就不会再把钱借给自己，大家知道这家人借了钱，还要东家亲自上门去取，名声便不好了。借的粮食要一次性还清，通常有一年以上的期限，除去利息太高的情况，于农村人而言，只要认真耕耘，完全可以还清。

借了别人家里的什么，到时候就要还一样的，尤其是粮食。比如说借了别人家里一担粮食，如果想还一担红薯，是万万不可的，反过来，如果借了一担红薯，回头想要还一担谷子，这种情况极少，别人家里也会不好意思收下。

杨集成还未发家之前曾过了一段苦日子，那时候杨集成家里的田少、土少，有时候粮食不够吃，杨集成的母亲带着杨集成去舅舅家里做客，舅舅给了一担粮食，让集成从罗洞①担着回杨屋，只要在路上不停下休息，这一担谷子就算是舅公做的人情。杨集成那时候也就是二十出头的后生，虽然已经成家了，但是还不能在家里当家。集成知道即使不能一次性将谷子担回家里，舅公也是会给粮食的。集成要面子，就说一定担回去，还让舅公家里的蛮子②同他一起去回杨屋，果然一路未停，这一担粮食舅公便送给了集成家。

后来舅公家里也遇到了困难，向杨集成借粮食，这时候杨集成已经非常富有，集成就对堂弟说，叫舅公过来担粮食，以前我家没吃的，你们给一担，这一次我也送一担，就叫舅公自己来取。杨集成的母亲就劝杨集成说，舅公都是老头子了，做这样的事情会有雷劈，集成就让母亲别着急，舅公不会吃亏。果然舅公就来了家里面，把粮食挑了回去，倒进谷仓的时候一看，箩底下居然有一个红布包，包了很多层，捆成长长的一条，打开一看，里面是十个花边。这下舅公就知道了，集成要让他自己去担回来，自己就会去谷仓倒粮食，花边不会让别人拿去，怪不得说自己不会吃亏。这桩事情在长庆村传为美谈，杨集成的好名声也慢慢积累起来。

2.欠债不还钱，做工抵债

运气不好，天灾人祸频发，借家到期还不上钱或粮食，可以提着东西去东家说情，为表情义，借家去河里面捞一篓鱼子，到东家说，自己实在是因为天灾人祸还不上，不是自己想赖账，东家看到实际情况，可以适当延期。但如果东家是大官人，就没有这么简单了，官人家延期，就要增加利息，本来一年还三箩利息的就要增加到三箩半，说不定还要还四箩，最多也就延期一年，如果还是还不上，那就要去做工抵债。

以工抵债的要帮助东家做田里的农活，还要干家务活，借家也不会在东家吃饭，因为吃了饭还要从抵押的工钱里面扣掉，这就无形中延长了自己干活以抵押债务的时间。按照一个人工一天三升米计算，借用三箩米就要在东家干十一天，前十天还自己欠下的谷子，再加上一天是对自己违约的偿还。如果借的粮食多，需要偿还的粮食就会多，做的工也会多起来，有的人借了三担谷子，还不上就要做一个月的工抵押，家里的农活没人做，压力很大。出去做工的劳动力晚上回来，和家里的人一起补白天没有干完的农活，十分辛苦。有的东家比较过分，总是让人在农忙的时候来做工，这样的工作量十分大，再加上天气热，会十分辛苦，借家自己家的工

---

① 地名。
② 小儿子。

251

做不完,还要过来帮助这边做工,十分吃亏,但是他自己没有还掉粮食,也是没有办法的事情。

没有还清债务之前不会分家,因为债务不是很好分割,大家都会说自己这边分到财产不好,债务应该少承担一些,双方不肯吃亏,容易闹起来。与其造成兄弟俩的打闹不合,不如在分家之前先使用公共的家产偿还债务。

六、家户交换

(一)交换单位

家庭进行经济交换,由家长安排,无需告知四邻、家族或者保长。市场上面的交易很自由,只要在逢街①时带着自己需要交换的物品去过埠街上即可。杨屋的家庭中,一般情况下只有男性可以去集市上摆摊子,女性如果有需要交换的物品,可把东西带给家人或者子叔,让看看集市上有没有人需要。妇女偶尔也可以去街上买东西,但是不能打摆子②一样逛街,而是想清楚自己去买什么,事情做完之后就马上回来干活。

集市上一般没有蔬菜贩卖,这些东西人人家里都有。有的家庭人口多,会有农户直接送菜上门去,大户人家有固定的送菜小农,定期送蔬菜过去,统一算月账或者年账。集市上较多的产品是:私盐、编织品、铁器,还有鸡鸭鹅、猪肉、鱼子,极少有牛肉。长庆村在河边这一段的水流速度比较缓慢,也有一些深潭,所以鱼类资源丰富,很多子叔家里的后生③会去捞鱼子,偶尔带着几篓鱼子去街上换点东西,或者直接去大户人家,问要不要鱼子。个人在交换行为上面有一定的独立性,只要不影响家里的农活,也不过度浪费家里的资源,自己获得的一些额外物品都可拿到市场上面去交易。

(二)交换主体

小额度的交换所得在家里算是小打小闹,大多数交易会直接兑换物品,所以得到的零钱很少,零钱上交给主母保管即可,不需要特别的记账。这些钱放在零钱箱子里,方面取出来使用。如果是比较大型的交换,家长会把钱藏起来锁好,家长对这些财物的使用都能做到心里有数,家庭的其他成员不予过问。

杨家由王氏直接管理零钱柜子,比如去街上买一把镰刀,可以向王氏请示。因为王氏不识字,也不会计算,上街买东西的时候,美柏会直接告诉王氏要买什么,到时候给多少钱,一次给王氏交代不能超过三件事情,要不然王氏就会记不住。杨家小辈和王氏开玩笑,说其上街会被人骗到赣州去,王氏就会骂:"我没读书也送你们三兄弟去认字了,要不然你们连自己的名字都认不得。"

(三)交换客体

1.过埠草市,一旬三次

过埠圩距离杨屋大约有八里地,全部都是山路,去逢圩沿着河边走,到了蛇形岗的时候,沿着水库边上的大道走过去,路程比较崎岖,弯弯道道比较多。逢圩主要是靠步行,很少时间会撑着排子过去。杨家的铁器还有大件物品一般是由美柏和王氏去集市上购置,王氏是女性,去的机会比较少。家里其他成员去集市上的时间也不多,媳妇一般都不会去,儿子们可能

---

① 逢街:草市。
② 漫无目的地走来走去。
③ 年轻人。

会去集市上卖东西。

要逢圩的前一天,杨家会准备好去圩上交换的物品,然后带着麻袋子或者扁担去上街。上街那天媳妇要四点左右起身,烧好火、烧滚水,然后洗米、淘米、喂鸡,五点之前,就要去喊爹爹起来吃饭。公公婆婆不用喊,自己会起来。要上街的家庭成员最多不超过五点一刻就要走,因为上街就要赶早,六点之前要到圩上。草市虽然几天一次,但是散的很快,在九点左右,草市上面的人就散的差不多了。因此农民上街都会赶早,越早越好,在街上自己要交换的东西处理好之后就直接回家,这样还可以继续干农活。

集市上的部分产品,比如铁器、布匹价格变化不大,但是头牲之类的变化比较大,猪肉价格圩圩不同,大多数人都去了圩上才知道东西的价格。知道大概的行情之后,大家会根据自己的东西的质量,给自己定下一个交换价格,有的人觉得自己的东西好,即使圩上的平均价格很低,他们不愿意吃亏,也会不降价。有些物品直接可以送到大户人家去,大户人家里面厨房师傅会出来说价钱,厨房师傅买的多,经验多,不容易吃亏。

2.杨家偶尔上集市进行交换

过埠街上没有粮食商行,如果要大规模地买卖粮食,可以直接到大户人家去交换,那时候的大户人家都是有文化的,所以要叫大官人。有的大官人比较讲事理,收购价格就是平均水平,有的大户人家的当家人很抠门,会把别人送来的好东西故意说低一个档次,这样就可以少支付一点钱。急着要去卖东西的农户便只好吃亏,因为有的东西,下一次上街估计就不是这个价钱了,农民不想承担这个风险。

长庆村的上片五土岭,有几户张姓的人家,生的儿子比较多,家里的劳动力够用,但不想去大户人家做工,张家兄弟便一起做起了贩盐的小生意。张家几兄弟一起贩盐,从长庆村出发走到过埠镇,再走到崇义县城,便到了吃午饭的时间,几兄弟会自带大米和一点下饭的腌菜,给路边的伙店一点零花钱,就可以吃上热饭。吃了热饭后休息一下便继续出发,去大余县。崇义县到大余县的山路十分险峻,基本上在山林、密林之中,道路弯弯曲曲、异常隐蔽,加之长期没人经过,道路两旁杂草横生,路人难以前行。前去贩盐之人,人手要常备一把小镰刀,悬挂在腰上,要用这镰刀开路。贩盐的路线从大余县的梅岭过去,一直到广东的南雄,那处有很多大盐贩,张家三叔侄一次担两担盐回家,其中两个人担着盐,另一个则要担着生活用品,如吃饭的钵子、干粮等基本的工具,三个人轮流担盐,就可以边走边休息,且不会影响速度。贩盐十分辛苦,一来一回最少需要十天,有时候天气不好导致路途泥泞,便难以行走,在路上耽误几天,半个月才得以回家。连续十几天担着东西,吃的伙食也差,虽然很能挣钱,但是大部分村民都受不了这样的苦,杨政平本想让张忠豪跟着一起去贩盐,知道情况后便不了了之。

回到过埠以后,张家人会计算好时间,花费一两天时间处理好盐巴便去逢圩卖盐。张荣瑶家里会在盐巴中放一点沙子,可以部分增加盐的重量,有客人来买盐就说,你的盐里面沙子这么多,我怎么吃?张荣瑶家里辩解道,这个没有办法,从南雄过来的时候,就是这个样子了,我们又不能去帮你挑干净,买家只好吃亏买回去。其实没有去掉沙子的盐并不会影响食用,比较勤快的媳妇,会把买回家的盐巴装在一个盆子里面,日头好的时候,便坐在大坪上挑沙子,有的更讲究的会兑水,真正的盐溶于水,残渣过滤掉后在太阳底下晾晒,几天便干了,媳妇再把盐巴用刀片刮下来存储在罐子里。杨家会去张荣瑶家买盐,和圩上的价格一样,但是人德和张荣瑶关系很铁,荣瑶便会去自家里的厨房挖盐,这里面的盐便没有兑进去沙子,全部都是成块的好盐。

3.衙门不介入圩市

过埠圩有超过百年的历史,集市上的交易为自发自愿行为。衙门不会规定产品的价格,由农民自己商量决定。如果圩上有人闹事,打了人或者伤了人,衙门的人才会出来维持秩序,正常时候衙门的人也常来圩上进行交易。

1949年以前,过埠镇全镇的人口不足两万,农户家中劳动力自给自足,村民多在自家土地上面劳作,圩上没有人才交易市场。农事活动繁琐,需要大量的劳动力,自己家里极少存在可以去市场上公开竞价的剩余劳动力。如果家里有闲人,农户会主动上大户人家求事情做,其中做短工的比较多,即农忙的时候,帮助大户人家做一个农忙季,按农忙季结算,这样的工作比较自由,可以兼顾雇主家和自己家的生产活动。杨家没有人去给大官人家做过工,只有家中小辈十几岁的时候会去做牛头子换点粮食。

(四)交换过程

杨家的剩余产品,一部分是拿到集市上去交换,也有的直接可以在村里面交换。偶尔会有外姓人来杨家买竹编制品,杨家会收取几升大米作为报酬,农村人人家里都有一个量米的米筒,一筒下去就是一升,买家会把米用筒子量好倒入杨家的米缸之中,如果需要的物品的较多,买家则把箩或者扁担先过称,再装满大米过称,把足够的报酬支付给杨家。村里面习惯是只能多不能少,买卖中宁愿自己吃一点亏、多给一点,都不能缺斤少两。

去他人家里买东西,卖家会有人来过称给买家看,虽然并非每人家里都有秤砣,但是每个家庭至少有一个人知道如何使用秤砣。进行交易之时,卖家如果没有秤砣,可找亲戚借一个,之后在买家眼前称给买家看,买家通常也是派一个懂得看称的人去买东西。长庆村的村民都相互认识,不易出现缺斤少两的现象,这是关乎一个家庭名声的事情,一旦传出去,大家会因为害怕吃亏而不敢去那户人家买东西。

第三章　家户社会制度

　　杨家人丁不旺,美松夫妇病亡,政平安排人春过继到美柏名下;美柏为生育孩子娶妾罗氏,罗氏好吃懒惰,政平便出面将其送回娘家;美柏嫡妻黄氏病亡,政平再安排美柏娶寡妇王氏,王氏带着儿子张忠豪一起嫁入杨家。从人字辈子孙开始,杨家的人口才慢慢繁衍起来。政平作为家长主导着杨家内部的婚姻、生育、继承、赡养、交往各方面的社会关系,杨家内部长幼秩序严格,晚辈无条件服从长辈,儿子听老子的、媳妇听公婆的,长带幼、幼哺老,以家长为中心进行社会交往。

一、家户婚配

(一)家户婚姻情况

1.同姓不婚

　　政平的妻子钟氏为思顺乡人,是政平母亲的娘家人介绍过来的,那时候婚姻全由父母安排。钟氏育有两个儿子,分别为美柏和美松,育有三个女儿,不知名字,小名分别叫大麻、二麻、蛮麻,全部都嫁出了长庆村,钟氏在五十九岁时候过世。美松和美柏的妻子都是金坑人,两兄弟娶妻那段时间长庆村的杨氏子叔和金坑乡的杨氏子叔联系频繁,杨屋好几个子叔都娶了金坑人做老婆。金坑乡距离长庆村也不算太远,走路大概需要四个小时,1945年,金坑乡新修了到过埠镇的道路,长庆村到金坑乡更加方便,彼时刘氏、黄氏都已经去世,没有享到那条路的福气。后来美松再娶的王氏为五土岭的人,王氏走到娘家只要两刻钟,但王氏一年只去两次娘家,一次是带着孩子去过节,还有一次便是过年之后去做客。长庆村村民娶媳妇的主要范围都是在过埠镇内,有时候会娶思顺乡的媳妇,因为过埠街过去走十几里路程就是思顺乡,两个乡镇交往频繁,有嫁娶的传统。

　　杨屋子孙内绝对不允许同姓结婚,首先长庆村的杨屋都是玉纯公的后代,在婚姻地理圈内的金坑杨氏是玉纯公的老祖所在,也都是同一支杨姓血脉。因此,杨屋内所有的媳妇都为异姓,其中以王姓、张姓居多,主要来自金坑乡和思顺乡。

　　崇义县内有一个不成文的习俗,即不赞成同家姐妹嫁给同家兄弟。案例如下,关田乡一对何姓姐妹嫁给了一对张姓兄弟,其中姐姐嫁给了弟弟,妹妹嫁给了哥哥,大家便说乱了套。这个故事传遍了崇义县,大家拿这对兄弟和姐妹的故事当笑话看待,说他们的父母也是十分不懂事。这两对夫妇的亲戚也多加指责,最后双方的父母发生了一些矛盾,原本大家不议论,这两对夫妇凑合着也就这样过了,但是周围村民的风言风语太多,导致衙门也知晓此事,衙役说他们败坏风俗,丢了关田镇的面子,最后这两对夫妇被迫离散。事后这对姐妹改嫁到上犹县,这对兄弟也重新娶了老婆,但还是有村民时不时会拿出这件事情来笑说关田人不懂礼数。后来大家为了避嫌,就有了同一家的媳妇不能是亲生姐妹的不成文规定,更有的村民开玩笑说,一家姐妹嫁过去做同一家人媳妇,是"亲上加亲",专门给别人家里生媳妇了[①]。

2.先长后幼,男高女低

嫁娶关系中普遍要求男方的条件好一点,虽然嫁出去的女儿就是泼出去的水,但是大多数父母都希望自己的女儿能够嫁给好人家,也算是父母对女儿的一种情感。换一种思路来说,男方家里的条件好一些,女方家收到的彩礼也更多,姑爷也可以多给家里帮忙。总体而言,婚姻关系中还是门当户对的多,大户人家一般不会娶小户人家的女儿,因为娶了小户人家,老是要帮助丈人家里很吃亏,因此娶中户人家女儿的情况多一些。

杨集成家里的大媳妇在长庆村是个特例,杨集成不喜欢大儿子,其能力不足又好赌好吃懒做,只会花家里的钱,杨集成便给大儿子讨了一个佃户的女儿做老婆。按照农村彩礼的等级,佃户嫁女儿只收取一定稻谷和少量银钱,杨集成心软,给儿媳做了几身新衣服,还给了亲家五块花边。这位佃户家的女儿嫁到杨集成家做媳妇后生了三个孩子,老大就是杨心祥。杨集成对大儿子一家十分不喜欢,后来大儿子抽鸦片过量猝死,杨集成恨心[②],就说再也不要见到大儿子家里的人。大儿媳本想带着孩子回杨屋居住,后被娘家说动改嫁到思顺去,留下杨心祥在杨屋,之后心祥在杨屋认了"母亲"。

杨家儿子娶媳妇,要按照顺序来,先是给老大讨老婆,由父母帮忙选人,然后新人婚前见面一次,双方不至于讨厌就算成了。家里越是小的,结婚的日子就越晚,如果遇到有合适的,父母也满意,弟弟也可以和哥哥同时间结婚,但是不允许弟弟比哥哥早结婚。家中女儿出嫁时间也是按照顺序来,可以不用考虑儿子们是否已经结婚,女儿出嫁的时间比较早,16岁就可以嫁人,有的婆婆家里面需要提前考察媳妇,15岁就会让女方上门干活,等到16岁再结婚。

(二)婚前准备

1.亲友介绍适龄者

女子到了十六岁,便是书上说的二八芳龄,可以开始准备嫁人了。凤莲是政平的大孙女,杨家对其尤其偏爱,凤莲到十六虚岁的时候(实则15岁),在田里做完农活就会摘很多麻回家,浸泡在水盆里。吃了晚饭凤莲便坐在壁外搓麻,政平就问凤莲搓这么多麻绳作甚,凤莲说是给自己做嫁妆。政平心里面就有点苦,带了[③]凤莲便十几年,凤莲这么好的孙女自己都舍不得嫁出去。王氏便劝说政平,你舍不得凤莲嫁出去,留她在家里干一辈子活,她以后没有自己的儿子,看会不会怪死你!政平尽管舍不得,还是要帮助凤莲考虑婚事。凤莲在杨屋的名声很好,很多子叔都会帮助凤莲去问有没有合适的男子,张屋、王屋也会来人问情况,政平舍不得凤莲嫁到张屋、王屋,后来给凤莲找了金坑乡一户有三个兄弟的农家,将凤莲配给老大。

人春娶媳妇时候凤莲已经嫁出三四年了,人春长得很像美松,人很高大,又比较帅气,很多媒人主动来问情况,人春比较不好意思,就让政平和黄氏帮忙看,有条件差不多的人春便去见面看能不能有缘分。政平和美柏都比较中意蛇形岗的邓氏,便让人春去看一看,人春之前便与邓氏相识,但没有说过话,人春看过后对邓氏不是特别满意,觉得邓氏个子矮小与自己不相配。王氏便劝说人春,邓氏虽然不高大,但是为人勤恳、温柔体贴,以后会是个好媳妇,

---

① 指媳妇的娘家人专门给别人家里生媳妇,有嘲笑之意。
② 心中恼怒。
③ 养育。

人春这才答应下来。

人德的媳妇是杨家千挑万选出来的,因为人德自己本身气势不够,太强势的老婆会压着他,太软弱的老婆又不能帮他持家,所以杨家找媳妇颇费了一番功夫。这也因此导致了后来邓氏、廖氏之间的一些不合,邓氏觉得自己在杨家不够受到重视便会挤兑廖氏,廖氏又觉得王氏偏袒邓氏,两人私下里有一些矛盾。

2.媳妇标准:勤劳懂事,端正顺眼

勤劳、懂事,是一个好媳妇的重要标准。首先是勤劳,农村的妇女都要干很多的农活,除了操持好家务活,媳妇白天还和大家一样要去地里干活,所以娶进门的媳妇一定要勤劳、能吃苦,不然这么多的活便干不完了。公公婆婆的年纪大了以后,很多农活都会做不来,需要媳妇的服侍,因此媳妇的勤恳显得十分重要。农村妇女大多数不识字,没文化、不会算数,这些都没有关系,不影响公公婆婆对媳妇的评价,重点是媳妇要懂事。懂事体现在几个方面,首先,要懂礼数,农村社会有许多的礼数,1949 年以前,妇女都受到很多礼数的约束,女儿在娘家的时候就会被教好,要怎么服侍公公婆婆、要怎么伺候老公,因为有些公公婆婆会因为媳妇的礼数不到位把媳妇赶回娘家,这样的媳妇很难再出嫁。其次,媳妇不能太过表达自己的意见,公公婆婆的吩咐,没听懂的可以问,但不能什么都问;公公婆婆说话,不可以回嘴,不赞同的也要去做,除非身体不舒服,才可以去请示婆婆自己是否可以慢点做,或者明天再做。

媳妇只要很懂事、很勤快,相貌如何无所谓,只要不是长得看不下去,在公公婆婆那边都能通过。虽然说婚姻是"父母之命,媒妁之言",但是父母还是会征求儿子的意愿,儿子和媳妇在婚前会有一次见面的机会,可以坐在一起吃茶,双方父母在茶桌上做介绍,新人玩①一会之后回家。回家后儿子就可以和母亲说自己的意见,如果不满意,母亲会问原因,只要不是什么不能忍的问题,母亲都会尽量劝儿子说,某某还是很好的,你阿爹和我都觉得很不错。如果儿子实在觉得未来的媳妇太丑,自己难以忍受,可以对父亲说自己的确不喜欢,觉得外貌看不上眼,难以日日相对,父母会再帮忙看。

3.姑爷标准:勤劳吃苦,灵活大方

嫁女儿也是父母需要十分操心的事情,父母会帮助女儿问哪家的儿子比较好,如果双方家长都有意愿,女方就会详细地问男方的情况。女方通常通过男方家里的亲戚来了解情况,问一下村里面的熟人,看看男方有没有赌博等不良嗜好,如果大家的评价都还可以,女方家长看男方的言行举止也不猥琐,就会考虑双方见面。先是男方的父母来看女方,觉得合适的话,第二次就会带着礼物来女方家里让新人见面。这时候女方和女方的父母可以通过见面评价男方的品行,女方的家长会和男方说话,稍微聊一下各种问题,看看男的懂不懂干活,有时候男方为了表现一下,会自己担着礼品过来,这样一看就知道男的是很能吃苦的。中午在女方家里吃饭,男方家里要提着头牲过去,吃饭的时候女儿不会上桌,双方的家长在桌子上说说话,看一下男方的言行举止。下午男方就会回去,女方家里会对男方做出评价。

人德去廖氏家里见面的时候,特意穿上了张忠豪送的毛衣,那个年头没有几个农民家里有毛衣穿,人德的毛衣是张忠豪卖鱼的钱积攒起来的,平时根本舍不得穿。因为张忠豪知道人德要讨老婆,就说二哥要穿漂亮一点,便叫人去崇义县带毛衣,为此黄氏还有点不高兴,说

---

① 相互见面的意思。

张忠豪自己不攒着买东西,给人德买毛衣穿,讨回的老婆都是人德的。

廖氏"看人家"①之后,晚上在后院里面洗衣服,母亲就过来问她觉得后生怎么样。廖氏在家里比较受宠,胆子也大,便说觉得一般,廖氏自己身体高大、强壮,人德身体单薄、弱不禁风,廖氏便认为人德配不上自己,委婉地对母亲说觉得人德长得一般,个子不够高大。母亲就说,人德家里土地比较多,人德是美柏嫡亲的儿子,到时候家里的东西会分得最多;再就是人德家里那边位置好,嫁过去之后,廖氏父亲撑着排子下过埠街之时便可以到人德家里休息过夜。廖氏听到就不高兴了,对母亲说,你们就是贪图便宜要把我卖了!"看人家"期间,廖氏的大哥也在场,大哥见廖氏顶撞母亲,就过来劝,说人德来看人穿的是毛衣,上面还有套上去的领子,说明杨家家境不错,廖氏嫁过去不会吃亏。廖氏娘家成员都觉得杨家条件、家庭氛围都很好,劝说廖氏一定要嫁过去。

廖氏的父亲态度比较强硬,对廖氏说,你不去这家,我也就不给你找人家了,这么好的你不要,我们家里也养不起你了。廖氏听出来父亲十分不高兴,心中愧疚,觉得自己很蠢,有好的人家不去,廖氏怕父亲会赶自己出门,思前想后,认为杨家的确是个很好的选择,也就答应了下来。

4.生儿育女为婚姻重要目的

结婚生子,是杨家人的必然轨迹。家里的小辈年龄到了,就要听从父母的安排,娶一个媳妇回家,帮家里做农活、生孩子。结婚的主要目的是为了服务家庭,没有婚姻,家庭永远不会产生新的人口,父母、家中的小辈都会逐渐老去,土地需要人耕种、房屋需要人维修,只有新的人口才能够延续家庭。与此同时,儿子们给父母养老送终,代代延续,所以人到了一定年纪就要结婚生子。

杨屋人绝对不能说"爱情",长辈们不知道恋爱是什么词语,1949年以前只要谈及爱情,就是不要脸的体现,长辈会骂晚辈在外面不学好,听到的什么东西!爱情在农村、在农民口中是可耻的词语,稍微有点礼数的人都知道这种词句犹如洪水猛兽,不能提及。婚嫁必须要通过父母的同意,父母就是小辈人生规划的重要人物。

1949年以前,未婚嫁的男女之间是不怎么接触的,男女同走一条路,男的走前面,女的走后面,如果是正对上面,女人要靠边,等男人先过去才可以行走。杨家小辈中的男子,除去自己的亲生姐妹和亲戚家里的姐妹,基本上没有和别的妹子说过话。小辈们胆子小,不好意思和别人说话,也没有产生过对哪个妹子的感情,虽然有美丑的意识,但是不能盯着别人看,否则会被说成是浪荡子,所以男孩子即使是对有好感的妹子,也不会太多接触。

爱情是不可言说之物,自由恋爱更是不敢想、不敢为。但是也有一个例外,那时候崇义县外面在打战,村里人听说有的农村女孩子嫁给了兵,这些兵是处各地游走的,也就无所谓什么"父母之命"了。长庆村的家庭都不赞同把自己的女儿嫁给兵,因为这样十分不保险,在外面打仗的,万一死掉了,自己家里十天半个月都不知道。自由恋爱在农村基本上不存在,没有父母的支持,日子根本就过不下去,两个人自由恋爱了,哪里来的土地,哪里有房子去住?因此,大家都是要听从父母的意见,找一个称心如意的老婆,和自己去生儿育女,共度一生。

---

① 即杨家带着人德来廖氏家里看廖氏。

5.嫁妆聘礼具有灵活性

杨家给儿子娶媳妇的时候,需要准备聘礼,聘礼送多少和儿子在家里的地位,还有媳妇娘家的情况有关系。杨家娶邓氏的时候,排场不是很大,一是在娶邓氏的时候,政平家里经济不是特别活络;二是邓氏的家里面比较贫苦,邓氏娘家有六个女儿,邓氏是老大,邓氏的父母就想着快点把邓氏送出去,家里面的日子才能轻松一些。所以双亲商量的聘礼也不多,就是个平均水平,邓氏也没有意见,便定了下来。人春本人对邓氏不是很满意,人春人高马大、五官帅气,说话也十分响亮,在哪里都受到好评。邓氏虽然长得还算漂亮,但人春觉得邓氏不大气、身材矮小,说话尖声细语。杨家长辈都认为邓氏很不错,邓氏也没有什么严重的毛病,人春挨不过家长的意思,便选择妥协,娶了邓氏。

廖氏嫁过来的时候,美柏送上了很丰厚的嫁妆。廖氏家里是两兄弟、三姐妹,廖氏为家里的老三,深得父母宠爱,廖氏名声也很好,其父亲还送廖氏去读了几年的私塾,所以廖氏认字,也会算数,十分刁①。廖氏刚开始看不上人德,杨家觉得廖氏做媳妇很好,多加了不少聘礼,不仅送了花布、油盐、大米,还帮廖氏打了几个有高有低的柜子,新制了几身衣服,一身是出嫁时候穿,两身春夏穿,两身秋冬穿。廖氏的父亲给廖氏做了箱子用以装衣服,还给廖氏打了银耳环和手镯,其娘家送的嫁妆十分丰厚。

廖氏的聘礼明显比邓氏的好很多,邓氏心里就有一些不高兴,觉得婆家偏心,不看重自己。邓氏跑到王氏那里去哭诉,说自己家里穷,嫁过来做牛做马都得不到重视,廖氏以后肯定要踩到自己头上。黄氏就说,你是家里的大媳妇,得让着一点廖氏,廖氏进门之后,还是和你一起伺候公婆的,你比廖氏大,廖氏要听你的。有了王氏撑腰,邓氏的心里才好受了一点。

(三)婚配过程

1.抬轿子迎新娘

新人的八字在说媒之前便要算好,待双方家长和新人见面之后,就着手请堪舆师傅看日子准备成亲了。政平对堪舆颇有研究,但是在自己家里的事情上,还是要请外面的师傅过来,因为堪舆之术有忌讳,自己家里的事情自己算不准,要请外人。邓氏嫁过来的时候,请的堪舆师傅何先生是政平的好友,何先生看了几个好日子,最后选了农历十一月,那时天气比较冷,家里的农事也少一些,适合放下时间来办酒席。

杨屋的人娶媳妇不需要送喜帖,因为杨屋里面的人都居住在一起,杨家要娶邓氏确定下来,政平就派美柏逐个通知子叔们,自己家里哪个时候娶媳妇进门。一些到过埠街上去居住的子叔,也不用写喜帖通知,都是美柏自己去上街,然后挨家挨户口头通知到位。

等到嫁娶的那天早上,新郎官就要穿好衣服,一般是穿着一件黑色的新郎袍子,头戴黑色圆顶帽子或者窄帽檐帽子,讲究一点的人家,新郎官还会在帽子边缘上插一朵染红的纸花。新郎官和家官②带着几个子叔一起到新娘子家中去接新娘,新娘早早就换好了裙子,在床上坐着等婆家过来。

大户人家里面会制作轿子,杨屋也有几个子叔家里有新娘轿子,需要娶媳妇的人家会提前借好轿子。新娘要由新郎官背着走到轿子面前,由于双脚不能沾地,轿子边上会摆放一张

---

① 机智。
② 公公。

凳子,新娘就踩着凳子坐进轿子,轿子正面有一扇门,新娘子在轿中坐好,便可以把门阀穿起,这样轿子抬着走动之时就不会四处摇晃,新娘也可以在里面好好休息。接新娘子最好不要遇到下雨天,长庆村到处都是山路,如果遇到雨水天气,路面打滑,很多路就会走不了,如果雨水过大,新娘便要自己下轿子走路,或者跟着大家一起打路面①。

新娘子接到杨屋之后,新郎官的亲兄弟把新娘子背下来,然后披上红盖头,打一个油纸伞进房间,新娘的娘家送嫁人会一起进去,陪新娘说话,帮助缓解紧张情绪。一直到快要吃饭的时候,新娘子才从房间里面出来准备拜堂成亲。拜堂过后,新郎官取下新娘子的红盖头,夫妻俩就开始给每一桌的食客敬酒,一直到全部敬酒结束之后,新郎和新娘方可上桌吃饭。

2.摆酒席共同庆祝

媳妇嫁进杨家,要在杨屋的大坪上摆酒席,所有的杨屋子叔都会参加。邓氏嫁进杨家之时摆了八桌酒席,秀招的娘家曾经在大户人家中当过掌勺师傅,秀招从小便跟着母亲学习做饭,小有名气,嫁到杨屋来后,杨屋的大小酒席都会请秀招掌勺。掌勺之前秀招会写一个菜单,让主人家里提前将原材料准备好,其中蔬菜可以在杨屋子叔家中换,部分香料则要去市场买,比如八角、桂皮、沙姜、砂仁、草果,此类香料在日常做饭时较少使用到,等到做酒席之时,便要写了单子去市场上购买。秀招帮忙在喜宴上掌勺,杨家要送上一个好事篮子,篮子里面会放鸡蛋,还有杀猪特意留开的半片猪头。

娶老婆的时候,杨家也要杀猪,杨屋杀猪都是请杨心官的父亲杨人佩主刀。因为养猪的味道很大,猪场附近臭气熏天,杨屋附近空地也不宽敞,人佩就在蛇形岗附近自家的山脚下修了三栋茅草屋,专门用来养猪,猪圈的规模维持在十头猪以上,人佩有时候也会睡在猪圈边上。猪圈附近山路十分难走,没有熟人带路难以找到,人佩养猪之处还养了三条狗,十分凶狠,一听到有生人来,马上便要上来撕咬,有一条叫"黑狗"的凶横异常,即便是熟人都难以靠近,但每每政平过去之时,"黑狗"都十分亲近,大家便说政平为人名声好,恶狗不敢欺。杨家要杀猪了,就请人佩家里的人过来牵猪,把猪带到人佩猪棚附近去宰杀,那里临近水源,方便清理。邓氏摆酒席之时杀了一头猪,没有全部都做酒吃掉,还专门分了一个猪腿让邓氏娘家人带回去做腊猪肉。

做酒原材料备好,便提前一天切菜,此时杨屋子叔们家中年轻的媳妇全体出动到主人家厨房帮忙切菜,主人家热闹非凡,厨房、壁外全是忙碌的妇女。头牲等需要蒸制的食物都会事先做好,装进碗头扣好形状,摆放进厨子里面;素菜多为现炒,开宴之时才会下锅。做酒的前一天晚上杨屋里面就要开始吃饭,一桌只上五个菜,一般是两碗萝卜丝,两碗时令青菜炒荤腥,再一碗就是南瓜。第二天早上也要来主人家吃早饭,和前天晚上的菜色基本上是一样的。中午便是酒席的正餐,正餐至少要有九个菜,讲究的人家是十二菜一汤,邓氏结婚的时候是九个碗头,每个桌子上面都有猪肉、鸡肉、鱼肉三种荤腥,十分像样。因为邓氏是家里的大媳妇,政平还特意叮嘱秀招,让每桌上面都要上一碗红烧肉,底下垫腌菜干,红烧肉在酒席上是非常大的菜了,因为会用到不少的猪肉和酱油,那时候的酱油只有集市上面才能买到,是很珍贵的调味料。

---

① 拿着农具清理道路。

等到廖氏嫁过来的时候,排场还要大一点。廖氏的父母还有哥哥们都过来庆祝喜事,廖氏的父亲很喜欢打猎,廖氏出嫁,其父亲特意送了一个麂子腿过来,到了杨屋就取了麂子的肉,烧菌子干吃,就连秀招都说,自己只有在娘家才吃过那么甜的菌子。原来这些菌子是廖氏的妹妹提前去山里捡来晒干了,给姐姐出嫁的时候用的。廖氏的父亲还说,蛮莲①都晓得阿姐出嫁要送东西,我自己肯定也要送礼,就去山里面打麂子,故意没有打死,养在了牛栏里面,等到阿桂②要出嫁,就杀了送一条腿子过来。廖氏的父亲蛮体贴廖氏,廖氏的母亲不大高兴,说女儿嫁出去,哪里顾得到娘家,就你一个劲在往外贴,廖氏的父亲就说,女儿也是心肝也是肉。廖氏听了眼泪哗哗直流,说自己都舍不得嫁出去了。

(四)婚配原则

婚配的顺序都是要按照年龄来的,老大最早结婚,弟弟的媳妇都是要叫哥哥的媳妇做大嫂或者大姐,如果哥哥更晚一点结婚,辈分就乱套了。姐妹们也都按照这个规矩来,姐姐先出嫁,之后才是妹妹出嫁。但是家里的女儿可以比儿子更早结婚,妹子成熟的时间要早一点,那时候二十岁还没有结婚的女儿,就会被人嫌弃,说是嫁不出去的了,但是如果儿子二十岁还没有娶媳妇,就没有这么着急,可以一直拖到二十五岁,如果男子三十岁还没找到媳妇,就会被人说成是单身汉,可能以后也找不到媳妇了。

杨屋里面有一个单身汉叫老万③,老万年轻的时候,其父母还是帮忙找过媳妇的,老万就说自己不喜欢,想找一个比自己聪明的媳妇,老万母亲就说老万很蠢,找到的媳妇比自己聪明,自己以后肯定是要吃亏的,老万偏偏不信。老万不急着找老婆,便给过埠街上的大户人家做长工,也去过唐江码头帮人卸货,几年之后老万回来了,一直在家里干活,也不找媳妇。久而久之,老万找媳妇的事情就这样不了了之了,老万成了长庆村的单身汉,其经常带着杨屋的小辈出去玩,后来杨屋里人字辈的青年都有孩子了,老万还是没有讨老婆。老万其人吃苦踏实,但三十多岁都没有老婆,村里面就传出了各种风言风语,这样更是没有妹子敢嫁,他便单身了一辈子。

农村结婚的花费都差不了太多,送衣服、送米这些都是一定的,其他的礼金则因人而异,有的人家给的多一些,有的人家给的少一些,看家庭的经济状况而定。杨家娶媳妇,给的礼品在村里面算是中上等水平,因为政平和美柏都比较会持家,家里的条件还算可以,娶媳妇什么的不能丢了面子,所以排场都还可以。

兄弟还没有娶完媳妇的时候一般都是不分家的,因为没有娶媳妇的兄弟如果要分家的话,就要把娶媳妇的嫁妆全部分出去,这样很难计算,容易搞不清楚,而且兄弟都还不是很成熟,分家出去之后,也很难立足。杨屋的子叔们在父亲没有去世之前,基本上都是不分家的,直到父亲去世,家里没有一个统一的权威了,才开始分家。杨家分家的时间比较晚,一直到了1957年左右才开始分家,杨家三兄弟之间关系一直很好,分家之后美柏和人德家里住在一起,黄氏和人春住在一起,因为都在杨屋内部,兄弟之间的关系也基本上是比较和谐的,张忠

---

① 廖氏家的老五。
② 廖氏小名。
③ 具体名字不知。

豪家住在河背①,不承担赡养老人的义务,但和两位哥哥的关系也很融洽。

(五)其他婚配形式

1.杨家娶罗氏小妾

黄氏一直无所出,人春是家里的一根独苗,政平见不得家里绝后,说要是人春有什么"不好听的"②,家里就没人了。美柏下田去干活,政平看到黄氏在天井边上放鱼草,就和黄氏说,阿红③啊,我们家里面运气不好,带不大细伢子,我很看得起你,你为杨家生了好多寒毛④,我们家也不是很富,就想问一下你,去给美柏再找一个,你还是在我们家里,你觉得妥不妥?家里没有孩子也是黄氏心中的大结,听到爹爹这样说,黄氏虽然很伤心,但是也没有办法,起码爹爹还和自己商量,别的家里估计就会退婚了,黄氏就说听美柏的。

美柏一直也想要小孩子,政平这样建议,是有一点伤黄氏的心,美柏就和黄氏说,我们两个夫妻一场,你为这个家贡献很多,我不想和你退婚,还是认你是杨家的人,但是我们杨家还得要传下去,爹爹也说了去相⑤一个。黄氏知道美柏的确有娶小老婆的意思,也就不再言语,默许了。杨屋的其他子叔也都默认杨家再娶一个小妾,免得杨家这一支血脉绝后。

政平说明了自己家的情况后,委托杨屋亲戚去帮美柏物色一个小妾。崇义那边有一个卖猪的罗家,他们家三女儿十九岁了,还没有出嫁,政平当时都有一点担心妹子会不好。政平带着美柏一起过去,罗家的人很热情,美柏觉得罗氏样子也还算可以,就说成了。小老婆婆进门还是要坐着花轿,罗家在崇义县边上的渔梁镇上,距离过埠镇有十几千米,接亲时候,罗氏在轿子里面坐得好苦,便下轿子走了很长一段路,到了过埠街,又坐上了轿子,然后就一直到了杨屋,和美柏一起参加酒席。

2.童养媳屡见不鲜

邓氏算是运气比较好的,娘家的女儿这么多也没有被送走,有的农户家里面比较艰苦的,养不了这么多的女儿,就会把家里的女儿送出去做童养媳。

保长张慈飞家里就有童养媳,是思顺乡的何家的人送过来的,何家人生了四个女儿之后,把三女儿送出来做童养媳,其余的孩子都自己抚养。何家人说,只求把自己的女儿带大,给饭吃就行了,其他的他们都不要,以后自己的女儿不认自己也行。何氏六岁的时候就到了张慈飞家里面,张慈飞的老婆刘氏对何氏还算不错,给何氏做了新衣服,因为何氏的身体瘦弱,刘氏专门去给何氏打了细的米粉,每天晚上何氏就吃米粉煮菜。张家一直到何氏长得好一点了,才让何氏开始干活,刘氏经常带着何氏去山里面打猪菜,用簸箕挑着回来。

何氏在张慈飞家里干活干到十五岁,就嫁给了张慈飞的小儿子张茂发。张茂发是个歪眼,看东西的时候总是一只眼睛上、一只眼睛下。算命先生说,张茂发从娘胎里出生,本来要转向出来,但那时候刚好有一只老鼠从刘氏房间的门梁上跑过去,张茂发去看那只老鼠,眼睛就歪了。张茂发小的时候就被人笑话是歪眼子,有的人又说张茂发是看到了不干净的东西,所以眼睛才会歪掉。张慈飞就和刘氏说,张茂发以后怕是找不到媳妇了,干脆给他带一个

---

① 张忠豪因不是杨家血脉,不方便住在杨屋,杨家觉得对其有所亏欠,故不要张忠豪赡养两位老人。
② 发生意外。
③ 黄氏小名,政平和美柏都是这样叫黄氏。
④ 音,即婴儿。
⑤ 娶妾。

媳妇。刘氏觉得有理，便开始四处打听有没有人家女儿多，可以帮忙带着，以后就给张茂发当老婆。何氏的父亲听到了这件事情，就回去和妻子商量，因为家庭的状况实在不容乐观，便答应了下来。

何氏慢慢长大的过程中，也逐渐知道了以后张茂发就是自己的丈夫，但从来不敢和张茂发讲话。刘氏虽然对何氏很好，但是更护着张茂发，张茂发智力一般，刘氏便处处看着张茂发，怕他在外面吃亏。待到何氏满了十五岁，刘氏就对何氏说，阿香①，你们家里不要你，是我们张家把你养大的，我也不要你报答我，以后你都是会出嫁的，你就留给我们茂发当媳妇，我们家里也好，不会亏待你。何氏虽然不喜欢，但是张家对她有养育之恩，除了张家，别家也不会娶她，何氏就答应了嫁给张茂发。

张家摆了酒席，给何氏做了新衣服，尽管何氏基本上从懂事开始就住在张慈飞家里，没有回过娘家，但在何氏出嫁的时候，张慈飞还是派人给何氏的娘家送去了两担谷子和几匹花布，算是明媒正娶何氏进门，大家都说张家这件事情做得很有人情味。

3.黄氏去世，杨家再娶王氏

黄氏去世的时候，人德还不到十岁，年龄尚幼，惊觉母亲过世十分伤心，但整个人还是比较懵懂。人春那时候已经懂事了，虽知黄氏不是自己的亲生母亲，但从小也将自己当成亲生孩子一样对待，黄氏去世，人春就觉得自己可能命里面就是没有母亲的。人春去和政平说，自己的命不好，亲生母亲刘氏死了，黄氏也可能是被自己冲死的。政平心里也好苦，看到人春这么痛心，安慰说，是黄氏没有好命，注定享不到子孙福气，之前是生了带不大，一定要带大孩子，自己就要拿命去换。

杨屋的子叔们来找政平，说黄氏也去了，政平就一个儿子美柏还在，下面有人春和人德，还有一个不懂事的凤莲，这样日子根本就过不下去，哪个人家里面连个做饭的媳妇都没有，这样行不通。政平就说，之前找了罗氏，大家都看到了，那种样子，还要我们老的来做功夫养她，还不如不娶媳妇了。

在河边杀猪的人佩就说，张家那边张光殷得病去世了，他老婆王氏带着小儿子直接回了娘家，其他的孩子则留在张家，听说是因为张家的大嫂太恶，王氏在张家过不下去。政平就问美柏要不要看看王氏，美柏说自己家里也不怎么样，看看合不合适就行了。人佩便帮忙联系了王氏家里人，王家看到自己女儿说不定还有改嫁的希望，十分热情地接待了政平和美柏，人佩作为搭线人，也带着自己的老婆一起过去，政平在客厅问王氏娘家的情况，人佩的老婆则进房间和王氏说体己话，之后这门亲事便顺利定下来了。因为王氏还带着儿子，王氏的家里也就不要多少聘礼，只拿了两百斤稻谷，说杨家给王氏做两身新衣服即可。

1949 年以前，农村还是比较看低改嫁的妇女，王氏是改嫁的，不坐着花轿进杨屋，到了杨屋后，送嫁的娘家哥哥和弟弟也都是从杨屋的东南门进入。杨家则直接请人佩老婆过来炒菜，在杨家大厅里宴请了几位杨屋长辈、王氏的兄弟吃饭，王氏这就算嫁进了杨屋。王氏嫁进来之后，美柏换了一个卧房，因为王氏的娘家人说，住回黄氏的房间有点不好，王氏自己也表示有点害怕，美柏的长女凤莲便去睡了那个房间。

王氏嫁过来第二天便开始做饭了，家中男人不是很懂家务活，凤莲年纪小、胆子也小，不

---

① 何氏的小名。

敢和王氏说话。人佩的媳妇喊原来的黄氏作姑姑,平日经常来找黄氏做家务,所以比较熟悉美柏家中的情况。杨家就请人佩的媳妇来教王氏干活,人佩媳妇花费大概两天时间带着王氏熟悉了杨家,然后带着王氏大致认了一下杨屋各房的姑姑嫂子,熟悉了杨屋的基本情况。政平作为感谢,给人佩抓了一只老母鸡、送了一箩米作为谢礼,人佩刚开始不收,政平说不收心里过不去,人佩这才收下来。

王氏总体来说还是比较让政平满意的,做事很勤快,带来的张忠豪虽然年纪比较小,但是很懂事,就是不太敢叫人。政平安慰王氏说,张忠豪都已经带到家里来了,就是杨屋的人了,美柏以后也会好好对张忠豪。王氏由此很感激杨家,对人春和人德都很不错,经常都会问①兄弟俩,不会故意偏心自己的儿子。

(六)婚配终止
1.杨家将罗氏小妾送回娘家
罗氏嫁进杨屋,第二天起得比黄氏还晚②,也没有去叫政平起身。吃早饭的时候政平就说,第一餐饭大家一起吃,就让黄氏和罗氏都进饭厅吃饭,说黄氏和罗氏都是自己的媳妇,黄氏先来杨家,罗氏进了杨家以后,就要多帮助黄氏分担家务活,言下之意即黄氏仍然是家里的主母,罗氏是小妾。

罗氏要跟着黄氏去田里面干活,黄氏如果照顾罗氏就自己多做一点,分少一点给罗氏。结果黄氏做完了自己的,还帮罗氏做了好多一部分,黄氏看罗氏做事情总是想着偷懒,便不喜欢罗氏。人佩的老婆何氏喊黄氏叫姑姑,经常都会来黄氏房间和黄氏一起纳鞋底,黄氏就和何氏说,觉得罗氏很懒,心里不舒服,何氏就叫黄氏回家住几天,杨家人就知道罗氏是什么样子的了。黄氏觉得有理,便答应了,和美柏说想自己的阿娘了,罗氏嫁过来,自己刚好就去看看阿娘。

黄氏回家之后,罗氏便要自己做家务,罗氏在娘家时候的就是因为太懒惰,在渔梁镇那边没留下好名声,所以没有人上门来看她;再就是罗氏长相较为普通,却又好显摆,新年买的衣服当年便穿起来,大家就说这样的行为没点计划,十分不懂得珍惜。杨家人去罗家了解情况之时,罗家主动说罗氏做事不是很好,但不是像外面说的那样不勤快,杨家觉得事态可以接受,而且娶罗氏主要为了生孩子,就没有太计较这些。

待黄氏回娘家了,罗氏的家务活水平就慢慢显示出来了,罗氏早上煮好一家人一天的米饭,但是米饭里面的红薯丝很少,大多数都是米,吃饭的时候政平就说自己喜欢吃红薯丝多一点的饭,比较甜,算是隐晦地提醒罗氏,之后罗氏煮的米饭里面红薯丝才多放了一点。美柏白天经常都要干活,中午回来吃了午饭,休息一会儿,又要回去干活,等到晚上的时候才回来。冬天干完活回到家里,政平和美柏都要用热水洗手,黄氏在家的时候,厨房的灶台里面总是会放一根细细的柴火,给后锅的水保温。黄氏不在那段时间,罗氏好几次没有放柴火,后锅里面舀起来的水是冷的,家里老的、小的晚上没有办法直接洗脚,要重新放柴火去温水。美柏不高兴地对罗氏说,这样太浪费柴火,让罗氏日子头好③的时候去多砍一点柴,但罗氏去得次

---

① 问候。
② 罗氏是在黄氏在世的时候嫁进杨屋的。
③ 天气好。

数很少。

罗氏去山里面砍柴,和政平说一声:"阿爸我去砍柴",大半天才会回家。政平一看,也没有拖着多少根柴火,要是黄氏早就回来了。罗氏如果去砍柴,家里吃饭就要晚一点,其回来之后会慢悠悠地去煮饭,在厨房里面鼓捣半天,也没见得炒几个菜。冬天清洗衣服的次数少、数量大,一家人七八天才会换一次,一次就换下一大堆,有一次美柏看到罗氏挂在后院的衣服,从水里面刚刚提前来,没有完全扭干,不停掉水,但是有的地方却还是干的,没有沾到水,政平就知道罗氏洗衣服不认真,看到脏的地方搓一下,不脏的地方就过一下水,不搓揉也不洗,直接挂起来,自此美柏对罗氏印象很不好。政平弟弟家里的媳妇刘氏来找黄氏,黄氏不在家,便叫上罗氏一起去做功夫,刘氏都站到杨家门口了,罗氏才去拿锄头,刘氏虽然本身年纪比罗氏大,但是家里的老公比美柏小,所以刘氏还是叫罗氏作嫂子。刘氏就说:"嫂子等到你来去做功夫,我种番薯都种了一列了。"

黄氏从娘家回来之后,对比越来越明显,黄氏话不多,也不喜欢打扮,不用去地里干活的时候就砍柴、劈柴、喂鸡、洗衣服,这些家务活都干完了,就会去做鞋底,那时候的鞋子都是破布做的,质量不好,穿几餐①就容易烂掉,经常要缝缝补补,黄氏有时间就多做一点,给大家存着穿。罗氏多嘴多舌,没事做的时候还想去找人聊天,但是杨屋的媳妇都很忙,一般都是一边干活一边聊天,罗氏坐着什么都不做,干说话。黄氏叫罗氏一起去搓麻绳,罗氏搓了一点,就要憩一刻,黄氏不敢批评罗氏,对罗氏的不满却更加明显。

罗氏到杨屋来了一年多,一直都没有怀上孩子,之前黄氏虽然没有带大孩子,起码也生育过几个,杨家逐渐开始对罗氏有不满的情绪。罗氏见到杨屋的各个子叔也就笑笑,也不懂得叫人,子叔们觉得罗氏比较没有规矩,讲话声音又尖又细。美柏送罗氏回家看亲戚,罗氏的哥哥就坐在一起和美柏喝茶,问罗氏的情况,美柏就说罗氏不太懂规矩,罗氏哥哥教训了罗氏一顿。等回到杨屋之后,罗氏还是没有什么变化,做事依然拖泥带水慢吞吞。

那时候人春还小,罗氏带着人春去摘猪菜,拿着一把镰刀,自己割猪菜,让人春用手去拉扯。猪菜上面有汁液,沾到衣服上洗不干净,人春穿着褐色的衣服,罗氏就说不用怕,人春那时候才三四岁,根本就不懂得猪菜汁液洗不干净会损坏衣服。回家的时候,人春的衣服脏兮兮的,十个手指全部都是黑色的,黄氏倒了温水,准备茶枯给人春洗手,根本洗不干净。吃饭的时候人春一直哭,美柏就说罗氏,干什么要人春去拉那些藤。罗氏之后便不喜欢人春,看到人春摔跤了,没有人在的时候就不管。

罗氏越来越不能和杨家人好好相相处,做事不勤快,人也不怎么讲规矩。政平等到罗氏回娘家做客时,直接说,干脆你就回去吧,我们家里没这个福气娶你。罗氏也算是比较硬气,听了政平这么说,也没有闹,就说:"阿爸,我就回去了"。罗氏再也没有回来,后来听说罗氏嫁给了崇义县县城的一个屠户②。

2.美松夫妻相继去世

刘氏③皮肤比较白,长得很文静,是很懂事的农村妇女。刘氏在娘家未出嫁的时候,有过

---

① 即几次。
② 罗氏生父就是屠夫。
③ 美松的妻子。

挺多人去刘家看女儿,刘家就说要给刘氏找一个男子,很会做功夫,也很聪明。最后是杨家的老二入了刘家的法眼,刘家人很欣赏杨家的美松,两位新人见面之后也彼此满意,便成就了这段姻缘。

刘氏和美松结婚后感情很好,婚姻十分幸福,但只生育了人春一个孩子。美松后来生病得了白喉①,病来的很急,白天刚刚有好转的趋势,到了晚上美松便开始喊刘氏。美松知道自己病情急转直下,便直接和刘氏交代,说刘氏没有岁数②,可以去改嫁,自己在地下也不会怪罪。政平看到美松躺在床上,整个人都烧得发红,就请杨家的几个子叔送美松去镇上看郎中,结果美松病情太急,人没有到过埠街便要断气了,子叔们只好将美松扛回来,凌晨时分美松便去了。

美松去世的时候,人春还很小,刚刚会走路,并不懂什么是生离死别,看到刘氏大哭也跟着哭,刘氏看到人春年幼无知,哭得更厉害,后来直接晕了过去。美柏亲眼看到弟弟去世,也哭得走不动路,一个大男儿也没有了主见。黄氏心中很伤心,但要维持家里的运行,把刘氏扶到自己房间好生安慰,让刘氏多多休息。

刘氏的小名叫阿仙,是小时候算命时,先生给取得小名,以后刘氏就一直被唤做作阿仙。美松过世之后,政平就和刘氏说:"阿仙啊,美松没有福气,早早就过身了,你做我们家的媳妇也吃了很多亏,我很看重你,但是你还没年纪,现在的人改嫁的也多,你留在我们家里就要一直都守寡了。你要是想再嫁,我们不说什么,还会送你东西让你风光出嫁,但是美松就人春一个儿子,我们家肯定就不会让你带人春过去了"。结果刘氏就说:"阿爹,我不嫁,我都嫁到杨家来了,哪里都不想去了。"政平看到刘氏坚定,也就不说什么了。

刘氏本来身体就不好,加上美松死后操心过度,身体变得更差了。春天的时候刘氏得了一场感冒,本来是没有什么问题的,但是刘氏某天用了不够热的水洗澡,感冒加重了,政平让美柏带着刘氏去镇上抓药,吃了十天半个月才略有好转。刘氏的病控制住了,但是咳嗽一直都没有好,政平劝刘氏平时不要干这么多的活,家里的事情就多让美柏和黄氏分担一些,黄氏也很贤惠,知道刘氏身体不好,大多数事情都会担待一些。但是久病伤身,刘氏最终还是没有挨过去,在冬天的时候去世了。

3.王氏本为张家寡妇

政平那代人,守寡妇女再嫁的还是少数,大家觉得再嫁不光彩,但是男丧妻之后再娶,就是比较平常的事情,家务活不能让男人操持,家里没有女性,一个家庭就是不完整的。丧妻的人娶了守寡的人,村民们认为刚好凑成一对,不会多加关注,如果是守寡的妇女做别人家里的正妻,就要被村民指指点点了。

到了美柏这一代的时候,大家的思想开明了一点,寡妇再嫁受到的指指点点要少一些,但是再嫁的地位还是完全无法与黄花闺女的地位相比。再嫁的妇女娘家收的彩礼很少,出嫁还是穿着红色衣裙,但不披盖头、不坐轿子,由送嫁的人还有接亲的人陪同,一起步行到丈夫家里。二婚不能从正门进入杨屋,而是要走侧门,也不会敲锣打鼓,完全没有初出嫁的风光。

王氏本来是张家人的媳妇,其丈夫早亡后带着孩子住在大哥家里,张家的大嫂十分厉

---

① 这是人德后来的猜测,当时并未诊断出是何种疾病。
② 年纪不大。

害,经常为难、挖苦王氏,有时候还会打骂王氏的幺儿张忠豪。王氏忍无可忍,最后把张忠豪带回了娘家,王氏的舅舅心软,接纳了王氏。杨家的人来王家说亲,王氏害怕被人指指点点,王氏的舅舅便告诉王氏,嫁到杨家不会错,只要品性好便可以找到依靠。后王氏嫁到杨家,果然受到政平的器重。

二、家户生育

(一)生育基本情况

1.黄氏算命保胎

政平心中十分痛苦,二儿子早早就去世了,留下孤儿寡母,结果二媳妇不久也过世了,政平说杨屋的细伢子里面,估计是人春的命最苦了。杨家另一个十分痛苦的人是美柏,眼睁睁看着自己生育的孩子接连过世。政平猜测,是自己帮太多的人改过风水,帮助了别人,自己这里就招来了不该来的,所以美柏的孩子养不大。

黄氏便去算命,算命先生说,杨家有邪气,黄氏身体虚弱,根本抵挡不住家里的邪气,所以生出来的孩子都养不大。黄氏听了算命先生的话,就求自己的哥哥,让自己在娘家住一个月,黄氏的哥哥答应了下来。算命先生说,美柏送黄氏回家,要走路过去,黄氏走在前面,无论美柏说什么话,黄氏都不能回头,这样邪祟就会以为黄氏已经不在了,从黄氏身上离开,而美柏走在黄氏的后面,邪祟后退的时候就会撞在美柏身上,邪祟遇到比较强壮的人气,就会散掉。黄氏回娘家就是去补自己的气,黄氏的娘家有黄氏的祖先庇护,哥哥让黄氏进门之后,黄氏便可以在家里面修养。

黄氏回到家中,母亲帮黄氏做了新的鞋子,说穿新的鞋子把不干净的东西都会踩在脚下。黄氏在娘家住了整整一个月,不能喝井水,也不能喝过夜的水,只能喝早上烧好的水,晚上睡觉的时候,也在房间放一碗水。黄氏在娘家也会帮助干农活,帮助大嫂洗干净家里的衣服,但炒菜的事情还是大嫂和母亲去做,因为黄氏毕竟是嫁出去了的,回娘家不需要做饭。

一个月之后,黄氏被美柏接回了杨家,第二年黄氏生下了人德,杨家人既宝贝这个新生儿,又害怕这个孩子会留不住,黄氏便重新请了算命师傅来。算命师傅就说,不能太宠爱,也不能让人德做太多的农活,人德便会慢慢长大。后来人德长到可以到处耍的时候,黄氏就因为操劳过度去世了。

2.非婚生育,败坏风俗

农村很注重风俗。传说有一个观音娘娘因为看了很多农民的苦事,就变化做凡人,下到村里面去做了一户很贫苦的人家的女儿,别人都不知道这个女儿有观音的厉害[①]。那时候村里面还有一户外面来的农民,借住在牛湾子,那个女儿好不正经,经常在大家面前抛头露面,去砍柴的时候也不穿草鞋,拿出自己的新的花布鞋来穿,好得意。那个女儿后来就变胖了,起先穿着宽大的衣服看不出来,有一次这个女儿的母亲,舀水的时候不小心碰到了女儿的肚子,便发现肚子大得不正常,此女编造说是村里那个贫困的农户家里的女儿害的她,把她骗到家里面,然后她家里的人害大了她的肚子。

---

① 继承有观音神的神通。

怀孕的人家就找那户贫苦人家说理,村民虽然知道这大肚子的女儿家里是什么味道①,但是也不知道实际情况,没人帮忙评理说话,那个不听话的女儿一口咬定是贫苦人家的女儿害她。最后这位观音娘娘托生的女儿显示出了自己的法相,变了一身白衣服,这下大家就知道厉害了,那个不听话的女儿只好说实话,是晚上的时候让别人进了自己的房间,大了肚子。后来这户人家就搬走了,觉得没脸在牛湾子住下去,那不听话的女儿后来如何了没有人知道。

1949 年以前,非婚先孕是要被家里打死的。长庆村算是风俗比较好的,多年都没有听过类似的事情。村子里面,除了在还是细伢子、不会烧火做饭的年纪,男伢子可以和女伢子一起玩,到六岁的时候,家里的长辈就会逐渐禁止男女的交往。家里的女儿到了成人的年纪②,做功夫可以跟着自己的哥哥走在一起,但是没有必要的事情绝对不可以抛头露面,也绝对不允许跟着别人家的男孩子到处走动。此种情况下,要是有人家的女儿没有出嫁就怀孕了,便为家庭的耻辱,甚至是整个杨屋的耻辱。长庆村大多数女性,除了小时候在家里玩耍,成年后只和亲友兄弟有交流,一直要到出嫁,才会和陌生的异性说话,平时有比较害羞的妹子,即使是到亲戚家里做客,也不敢和男子说话。

(二)生育的目的和态度

1.传宗接代,延续家户

生儿育女是杨家人的基本责任,杨家的理念是,父母把孩子抚养长大,到老了孩子就要反哺父母,这就是"天理"③的循环。农民的孩子一定要多,一堆夫妇再怎么能干,也做不了三四个人的活,生的多,家里的劳动力也多,干活的时候好分配,家里面也比较快发④起来,富裕的人家,大多数都是兄弟姐妹多的。长庆村杨屋之所以势力比较大,就是因为人多,杨屋的人再怎么样都是帮着自家人。所以农民们也普遍认同,人数上面的优势,容易转换为资源占有的优势,人多,占有的资源就多,更利于家庭的发展。

杨屋人都希望自己家里有儿子又有女儿,都说有子有女才能凑成一个"好"字。但是非要选的话,还是生儿子比较好,儿子到时候会娶老婆,可以延续家里的香火,也可以壮大家里的人口;而女儿到了年龄就要出嫁,在家里没干几年活,就要去别人家里干一辈子的活,女儿生的孩子也是别人家里的。一个家庭要存续下去,就必须要有儿子的存在,家里的女儿太多了,有时候对于农民来说就是一种负担,女儿们全部都要出嫁,没有儿子,自己老了都还要去下田,这样的日子就十分辛苦了。谁都不想自己的晚年凄惨,所以都是要生儿子的,有些家庭连续几胎都生女儿的,便会把家里的女儿送走。

2.非婚生子女得不到承认

1949 年以前,女性在家里的地位很低,妇女在厨房里面做好饭菜端出来,不能盯着来的客人看,不然就会被公公教训说是没规矩。家庭的女性不能上桌吃饭,只能是在厨房里面吃,要炒菜的时候,家长说一声,妇女就要给加菜,然后端出去给家长和客人食用。妇女还要管好家里的小孩,不能让小孩吃饭的时候跑到厅堂去,看到小孩子跑过来,家长就会骂家里的妇

---

① 德性。
② 成人年纪为 16 岁,但在长庆村,女性到了 15 岁,家长也会默认为成年。
③ 受访者杨人德的原话。
④ 即发达。

女,说没有规矩,小孩子都管不好。

在如此严格的"规矩"下,妇女非婚先育就是对家庭的莫大讽刺。非婚生子意味着女性在没有出嫁之前就接触男性,这就是传统社会的大忌。在那个年代,父母甚至可以选择和"不听话"的女儿断绝关系。男方也没有什么好下场,会被视为浪荡子,以后想找老婆就不太可能的了,除非家里很有势力,到时候还是可以娶到老婆。

非婚怀上的孩子,大多数是生不下来的,女性怀孕到一定的时期,即使穿着宽大的衣服,还是能够看出来。为了家丑不外扬,家长会授意主妇带着怀孕的女儿去堕胎,在过埠镇边上发生过怀孕堕胎导致女儿死亡的事件。那一家人的女儿肚子很大了,差不多有六七个月,其父亲和母亲说一定要堕胎,就带着去找野郎中,郎中开的是劣质打药,一吃下去那女儿就说肚子痛得要死,后来胎没有堕下来,女儿和腹中的孩子一起死去了。其父母倒是对外宣称自己的女儿是病亡了,但是很多人都知道是堕胎死了。这事情当然也和男方脱不了干系,女儿说出了男方是谁,男方也承认了,最后是私下里和解的,到底如何赔偿的也没有说出来。长庆村的人家便会私下和家里的女儿讲这个故事,不少家庭添油加醋地讲述,谁还敢犯事情?

但也有例外,有的家庭因为女儿不肯堕胎[①],家长和女儿无法达成妥协,家长于心不忍;再就是家庭中有数个待嫁女儿的,如果去堕胎,村民们便会听到消息,大家便会指指点点,认为此家的名声不好,如果选择不堕胎,村民们便可能不知道此事。家长一方面心疼女儿,一方面为了家庭的名声,就会对女儿说,你不是我们家里的人,我们就不强要你去打胎,你从此就不要住在我们家。此举等于是和女儿断绝了关系,也给了女儿一条活路。与此同时,犯了事情的男方也会被家里赶出来,让他和女方去自立门户,不可以在本村庄生活,。

3.杨家提倡早婚早育,多生多育

女子十六岁可以出嫁,男子到了十六岁也可以娶媳妇,但还是以十八岁以上结婚的为多,因为男子成熟的时间晚一点,比女子晚一些懂事。农村提倡早婚早育,家里的媳妇懂事、会生,就是好事。

邓氏十六岁嫁进杨屋,第二年就生下了心明,第四年生了女儿阿霞,政平十分高兴,觉得杨家壮大起来有希望了。政平做了曾祖父,不晓得有多开心,给心明打了一个银手圈,杨屋的子叔就说,政平这个太公当得好,对曾孙子不晓得有多宠爱。邓氏也觉得脸上有光,经常也会抱着孩子去其他嫂子家里一起做衣服、做鞋底。

廖氏也是十六岁嫁进杨屋的,二月开头进门,年底就生了心光,那时候邓氏也已经生下了三个孩子了,政平更加高兴。美柏就和政平开玩笑说:"阿爸,邓麻生的大儿子你给打了银手圈,廖麻生的儿子你也要一碗水端平吧!"政平高兴,就说:"好好好,给心光也打了一个银手圈"。杨屋里的人就更加说政平宠爱自己的曾孙子,还说政平以前吃到了苦,家里人去了[②]那么多,原来都是给儿孙留福气的。

在农村,家里的兄弟少的,容易被人欺负。和别人发生了矛盾,家里兄弟姐妹多的,就可以去说理,人多嘴就多,说起来的势力也更大,如果是和外姓的人打架,人多就更加占有优势,更能打赢。

---

① 大多数是因为害怕。
② 去世。

1949年以前国民党有征兵,农户家里有三兄弟的就要参加身体检查,身体素质合格的得去参军。杨家刚好有三个兄弟,但是人德的身体不好,人春是家里的主要劳动力,不能走,张忠豪的年纪小不符合要求,杨家便没有人被抽去当兵。杨屋有一户两个兄弟的人家,弟弟去上过埠街,被抓去了衙门,衙役说这家要抽一个当兵,便把弟弟关在衙门的房间里。有村民看到了衙役抓人,便偷偷跑去给杨屋的人报信,杨屋出动了好几个子叔,还联系了这兄弟的舅舅家里,大家带着锄头上街理论,衙门那边一看杨屋来了这么多的人,只好被迫和谈,搞清楚了情况,把人放了回来。

(三)生育过程

1.媳妇怀孕期间农活略减

夫妻结婚之后,都是住在一起的,一直到不生孩子了,才会分床睡。生孩子顺其自然,怀上了就会生下来,父母都希望一对夫妻至少要生四个孩子,在能养活的前提下是越多越好。农民也喜欢生孩子,一个两个可不够,当爹的希望孩子多,延续香火,当娘的也希望孩子多,一方面是母爱使然,另一方面是公公婆婆的压力所致。

杨家女性在出嫁之前,母亲都会教授一些生理上面的知识。妹子嫁做人妇之前,要记得自己月事[①]的日子,出嫁之后,就要学会计算自己的月事,哪一个月不来了,就说明自己可能是怀上了,有的人很快,几个月便见效了[②],有的人慢一点,一两年甚至两三年,都是正常的情况。等到两个月没有月事之后,媳妇就可以和自己的婆婆讲,说自己可能怀上了,婆婆都是过来人,会问一下情况。大户人家会请郎中来看一下,普通的农民家里,怀孕了就怀孕了,就是知道了这么回事,孕妇自己注意一下洗澡之类的问题即可,农活还是一样要干。

农村的孕妇,只要还没有临盆[③],都是要去干活的,有的人怀孕了身体不舒服,在家里做事情做得不好,公公婆婆要是厉害一点的会骂。怀孕期间,孕妇吃的东西和平时没有区别,和其他家庭成员的伙食一样,但是孕妇不能吃得太凉,所以要少吃白菜,也不要吃太多菱角,这几样是长庆村常有的食物,需要多加注意。

黄氏身体不好,怀的孩子夭折了好几个,杨家对其特别照顾,说黄氏肚子大起来的时候,可以不要去干田里面的活,只需要去种菜、放牛,因为这种活比较轻巧,方便养胎。刚刚生完孩子的妇女在前十天左右时间不可以下田干活,这些活太辛苦了,容易积劳成疾,搞坏妇女的身体,但是可以干家务活,黄氏生下孩子之后,身体不舒服都会在床上躺一两天,但是做饭等家务活是少不了的[④]。

2.廖氏孕期拔牙

廖氏怀着头胎的时候,老是牙痛,好几次牙齿痛得不能正常进食。人德被政平送去学过医,初步诊断廖氏牙疼是上火所致。孕妇不能喝太多凉茶,人德就让廖氏煮饭的时候,多煮一点米汤,中午热的时候喝一碗水,再喝半碗米汤,晚上睡觉前也喝米汤。廖氏照着做,果然牙齿没有这么痛了,但是过了一段时间,又开始牙痛了,廖氏就说自己的头胎在闹自己[⑤],人德

---

① 例假。
② 怀孕。
③ 临近分娩。
④ 当时杨家没有别的媳妇可以做饭。
⑤ 长庆村人相信肚子里的婴儿有意识,懂得与母亲进行交流,有时候也会捉弄母亲,导致母亲孕期的种种不适。

就骂廖氏乱说话。

政平得知廖氏牙痛，就叫人德逢街时带着廖氏去镇里面看郎中，人德就说没要紧，过几天便会好。结果廖氏牙痛越来越厉害，已经到了一定要去看病的地步，人德当天只好五点钟起床，和廖氏一起看病。街上何郎中的铺子刚刚开门，看了廖氏就问，是不是经常吃糖。原来廖氏在怀孕期间，会偷偷吃从娘家带来的红糖。廖氏的父亲很疼爱廖氏，在廖氏出嫁之前，让廖氏的母亲去压家里种的甘蔗，将流出来的甘蔗水用锅子烧开，做了红糖，用一个很小的陶瓷罐子装起来给廖氏，廖氏嫁过来之后将这个红罐子放在箱子里面，怀孕之后时不时晚上会吃一点糖。那时候农村没有刷牙的习惯，城市里有人会用一种洗牙齿的粉，农村不讲究这些，顶多用河边的柳树擦一下牙齿，或者用冷茶汤洗口。廖氏刚好没有洗口的习惯，晚上吃了糖直接睡觉，加之有时候孕妇在怀孕期间还喝一点酒酿，这些都是很甜的东西，吃了不洗口，便会损坏牙齿。

廖氏牙痛的根源已知，郎中拿镜子去看廖氏的牙齿，发现其一颗大板牙都是黑色的了，需要拔掉，不然边上的牙齿也会坏掉。廖氏直言自己不怕拔牙，郎中就叫廖氏自己回去拔，用一根红色的绳子，系在板牙上面，拔完牙齿之后，漱干净口里的血，喝几口酒含在嘴里，然后吐掉，重复几次，之后晚上就不要吃红糖了，改成早上的时候吃，且吃了要用水洗口。几天之后，廖氏的牙齿便不痛了。

3.廖氏生产

廖氏身体很好，怀孕之后除了闹过牙疼，没有明显的不适应，力气没有变小，就是大着肚子有时候会不方面，所以干农活的时候顾忌不大。人德心疼老婆，就让廖氏不要那么拼命，功夫做完了即可，不需要超额完成[①]。廖氏生产的前几天，王氏看到廖氏还在挑水，就对廖氏说："阿桂啊，你肚子这么大了，就不要去挑水了，恐怕这几天你就要生了。"

廖氏生产那天的上午，正好从蛇形岗担着牛粪回杨屋，卸牛粪的时候廖氏便感身体不适，只担了以前一半的量，两个簸箕都是半空半荡。回到家里，廖氏就和王氏说自己肚子好像在往下掉，王氏赶紧喊人请杨屋的一个姑婆过来，那个姑婆正在河边洗衣服，听到廖氏要生了，便让杨家人先回去烧开水。姑婆赶紧带着自己的衣服回家晒好，换了一身衣服来看廖氏。

人德被杨屋的嫂子们叫回家里，说你家的廖麻要生了，赶紧来守着。男人不可以进房间，人德就去后院打水，其他子叔家里的嫂子帮忙烧水。听到廖氏在房间里大喊大叫，人德心里也有一点害怕。人德被杨屋里的嫂子们使唤来使唤去，王氏和邓氏也忙进忙出，没有搭理他，后来有嫂子出来让人德去煮剪刀。

王氏事先就让准备了很多白布，并且洗干净、晾晒好，说廖氏生孩子的时候会用得上，各种生孩子的工具准备好，家里的床也清理好了。廖氏大概三个小时就把孩子生下来了，过程算是比较顺利的，没有忙手忙脚的，家里来帮忙的嫂子，还有大儿媳邓氏都生过孩子，比较有经验，把廖氏照顾得很好。

廖氏生孩子时候，杨屋很多嫂子都帮忙了，杨家便要准备谢礼，让王氏或者邓氏帮忙送过去。杨家送了接生姑婆十八个鸡蛋，还有两封红色的纸饼，其他帮忙的嫂子每个人家里都要送六个鸡蛋，之后王氏、邓氏、廖氏要和帮忙的姑婆和嫂子们一起吃米果，米果是在生孩子

[①] 廖氏干活喜欢超额完成，只要自己还没有筋疲力尽，便会一直干下去。

之前做好的,给姑婆家里两个,其他嫂子家一人一个。

(四)孩子取名

1.政平按字辈给家人取名

爷爷在长庆村的称呼有很多,爹爹、老爹、老爷①、阿爹,幼儿多唤爷爷作爹爹,有亲近之意,媳妇肚子显怀的时候,阿爹就要开始帮助孙子想名字。杨屋里面子孙的名字按照字辈排列,玉、文、仕、昌、生、政、美、人、心,在1949年以前,因为长庆杨氏传下来的时间不长,所以字辈差别不大,杨屋的子孙只繁衍到"心"字辈,有不少家庭家里的新生儿都还是"人"字辈。

杨屋不接受外姓,孩子都是杨姓,其中所有儿子名字里面都要带上字辈,一方面是传统上的延续,另一方面是方便子叔们分辨关系。比如说心字辈的杨姓人,遇到人字辈的杨姓人,看一下明显比自己父亲年龄大的,就要叫伯伯,比自己父亲年龄小的,就叫叔叔,而自己的同字辈的里面,只要问出生的年份,比自己年长的就叫哥,比自己年龄轻的叫老弟,或者直接叫名字。

2.杨家畏惧鬼神之说,给子孙求名字

杨家大孙②在农历四月份出生,那天日头出来得很早,当时政平在房间睡觉,听到敲门的声音,美松大声喊道大嫂③生了个儿子。政平赶紧起身去看,刚出生的婴儿用白色的细布包着,外面还罩着一层黄氏专门做好的小棉被,抱在接生姑婆的怀里。养了几天,美柏问政平,孩子要取什么名字,政平便说这个孩子是杨家的老大,要继承美柏的家业,希望他能够守得住、守得稳,因为是人字辈,就叫了人守。人守还未满一周岁,一次黄氏用盆子给人守洗澡,人守受了凉,刚开始大家都以为是小病,多穿点衣服做好保暖,辅助吃一点草药就好,结果人守越来越严重,在冬天便夭折了。

黄氏后来接连生了两个女儿,都夭折了。到1914年,黄氏生下了第二个儿子,政平对第二个孙子抱着很大希望,就说取名叫人光,光宗耀祖,结果人光未满月就死在了襁褓中。1919年正月里面,黄氏生下第三个儿子,政平十分高兴,觉得正月出生是好兆头,应该能好好养大,就取了名字叫人念,意思是念着前面四个兄弟姐妹,结果正月里异常寒冷,新生儿出生时候要洗澡,人念擦完身之后红彤彤的,当时接生婆就说不好,恐怕难带,结果人念不出三天就断了气。

新生儿的接连夭折于杨家而言,无疑是重大打击。但这时候,美松突然说,可能刘氏已经带着人④了,这给了杨家人一点希望。尽管家庭遇到了带孩子的危机,难得怀孕的刘氏还是要在家里干家务活。刘氏冬天生下了美松的大儿子,政平十分开心,但没有给孩子取名字。有姑婆对政平说,先不要给孩子取名字,这样鬼神就不知道杨家出生了新的婴儿,这个孩子就可以留下来。

政平和美松一起去思顺乡,把孩子的生辰八字带到一个算命的何先生那边,何先生就说地下⑤有人借了杨家的孩子,所以命算不得。但何先生也给出了解决的办法,说美松的孩子,

---

① "爷"做"牙"音。
② 杨家的第一个孙子,早早夭折。
③ 美柏的第一任妻子黄氏。
④ 怀孕。
⑤ 鬼神之说,地下泛指死去之人的居所。

可以借用美柏儿子人光①的身份,把人光生前用过的护身符②戴在新生儿身上,这样就不会被带走,何先生给了新生儿名字,叫人春。

3.女儿取名较为随意

杨屋的女儿不取字辈,在杨屋中通过亲兄弟的字辈来判定自己的身份和杨屋的子叔相处。女儿不取大名是长庆村的传统,因为女儿出嫁之后,一般都是跟着夫家,自己的名字也就不重要了,如果能够入族谱③,也是被称为某氏,因此取大名没有必要。但是妹子在干活,还有与人交往的过程中,还是要有一个称号的,所以家里的女儿一般会有一个比较女性化的小名,比如桂香、春香、凤香这些带着香字的小名,或者唤作梅、莲、招、英这些比较女性化的字眼。

美柏的大女儿出生时,杨家人一看是女的,就说名字随便取取的算了,便叫凤莲。在生育了人德之后,黄氏还生育了两个女儿,二女儿小名叫凤香,小女儿叫凤英,杨家人一般喊凤英为蛮凤,表示家人对小女儿的喜爱。凤莲十六岁的时候找人家④,因为凤莲十分懂事听话,也孝敬家长,杨家人都十分舍不得。出嫁的时候政平与凤莲说以后多回来过节,村里有人说出嫁的女儿要少回娘家,杨家人倒是希望凤莲能够多多回来。

4.媳妇廖氏于名字很有主见

杨家媳妇廖氏名叫桂香,杨家的长辈都喊廖氏"阿桂子"。廖氏的本名为廖中香,其大姐叫廖大香,妹妹叫廖小香,名字全部都是廖氏的爷爷取的。廖氏的娘家十分开明,送廖氏读过几年书,廖氏有一点文化了,便觉得中香不好听,首先,"中"字太像男子汉的名字,听起来不矜持;其次,廖氏觉得自家三姐妹的名字取得太随意,十分俗套。

那时候廖氏的爷爷已经去世,廖氏便和父亲说自己要改名字。廖氏父亲虽然对女儿很宠爱,但是也不理解廖氏为什么要改名字,廖氏就说自己不喜欢中香,软磨硬泡父亲终于同意廖氏改名字,廖氏以后就叫廖桂香。廖氏的母亲得知廖氏改了名字,便说廖氏以后入土了,回娘家做客要被爷爷骂死。廖氏直言自己已经想好了下地之后该如何和爷爷说,打保票⑤可以过关,这才平息了改名风波。

三、家户的分家与继承

(一)分家

1.王氏偏心导致婆媳矛盾不断

1954年政平去世,王氏便成了家里的主母。人春的妻子邓氏和王氏说:"阿娘,老二家里有两个儿子,老三也已经结婚了,我和人春生了四个孩子,心明⑥都会放牛了,现在大家还在一个灶里面吃饭。"王氏其实也早有让三兄弟分家的念头,但是看三兄弟感情好,也不好说,现在既然邓氏提出来,说明人春也有分家的念头。果然,没过多久人春便向人德、忠豪说了要

---

① 已经夭亡。
② 在长庆村,新生儿出生之后都会佩戴一个红色三角形的护身符。
③ 崇义县部分地区,家庭女性成员不入族谱。
④ 相亲。
⑤ 保证。
⑥ 人春的大儿子。

分家吃饭的想法,兄弟三人没有立即表态。

人德晚上和廖氏说了这件事,廖氏当时正大着肚子,马上就不高兴了,说邓氏没良心,自从嫁过来之后,邓氏每次怀着孩子,自己就帮着邓氏烧水劈柴,还给邓氏的孩子做衣服。但是廖氏嫁进来生了两个儿子加上一个女儿,除了头胎邓氏帮过忙,邓氏对待廖氏都比较冷漠,廖氏七八个月的时候邓氏还让其去挑水,廖氏很心寒。

廖氏生下大儿子,还没有出月子,王氏便让廖氏帮着邓氏去河背种番薯。廖氏高大,力气也大,担了满满两桶的尿水,邓氏走在后面提着一簸箕番薯藤,带着两把镰铲慢悠悠走着。王氏那时候在河边洗菜、择菜,只看到了邓氏,回来的时候便骂廖氏什么都不做,生了个孩子就和大老爷一样。廖氏脾气大,把扁担摔在地上说,你家邓麻担一点番薯叶就是劳累了,我一个人挑着两担粪水,你就什么都不说。杨屋有别的姑婆也看到了廖氏和邓氏一起去种番薯,就说王氏的确误解了廖氏,王氏便只好对廖氏说:"这次是我说错了你!"

2.杨家矛盾升级,必须分家

1949年以后,农村的很多传统习惯都还保留着,比如说"男主外,女主内"。家里的妇女都要听王氏的,但是王氏很偏心,张忠豪是王氏的亲生儿子,王氏自然很偏爱忠豪的妻子罗氏。罗氏是大门人,为人十分老实,也不怎么说话,很得家里人喜欢,王氏经常叫罗氏"欸麻"[①],把罗氏当自己的女儿一样看待。其次就是人春的妻子邓氏,王氏也比较偏爱,因此经常会帮着邓氏说话。王氏最不待见的就是人德的妻子廖氏,经常觉得廖氏干活、干事情不好。廖氏脾气大,性格比较直,加上1949年之后妇女已经翻身了,廖氏还主动去读了夜校,王氏更加看不惯廖氏的种种行为。

政平去世之后,杨家并没有确定真正的当家人,美柏管着一部分事情,但很多事情都要和三兄弟一起商量。人春这边家庭发展比较成熟,劳动力都慢慢成长起来了,便觉得自己这一房的人比较辛苦,要为整个杨家分担很多劳动,心中已经有分家之意;老二人德态度本来比较中立,但是人德的妻子廖氏分家之意坚决,廖氏说不分家就是不给活路了,自己嫁过来就是做牛做马的,迟早有一天自己要找一条白布去上吊,人德性格比较温吞,就和廖氏说"全中国就你的火气最大!"但是最后也还是传达了廖氏的意思,说分家也不是不可以,分灶吃饭比较自由;老三张忠豪那一边,夫妻俩都比较年轻,生的孩子也不多,分家也可以,张忠豪回去给罗氏说分家的事情,罗氏就说听张忠豪的。

张忠豪就分家之事表态,说王氏虽然是自己的亲生母亲,但是也抚养了两位阿哥,自己年纪小,家里负担最大,所以分家之后王氏还是要大家轮流养,一人一年轮流赡养王氏,自己这边先缓一缓,第三年开始赡养王氏,人春和人德都同意。确定了王氏的赡养方案后,三兄弟就和王氏去说了,王氏本人也表示认可。美柏上了年纪后身体比较虚弱,因人德是美柏嫡亲的儿子,人德对父亲感情很深,便主动提出赡养美柏,其他两兄弟也敬重美柏,表示自己也会出力赡养。将两位老人的养老问题安排妥善之后大家约定,在晒干晚稻,当年的农事活动基本结束之后分家。

3.三兄弟分财产,女儿没份

杨家女儿分家的时候是没有份的,因为女儿最终会嫁为人妇,所以不应该分娘家的财

[①] 亲昵称呼。

产。如果家里还有未成年的兄弟，一般都不会让兄弟分家，如果有兄弟坚持分家，会单独把要分家的那一房分出去，给的家产也不多，打发一点田土、一两间房子、拿一点生产工具，就算是尽到了人情。因为家里的其他兄弟还小，不方便分割财产，家庭的大多数财物、工具都要留给未成长起来的兄弟们。

分家需要家庭内部成员的认可，不需要请公证人，因为在农村分家是私事，即使是在杨屋内部，子叔们也不干涉其他家庭的分家事务，这些事务一旦没有处理好，得罪了任何一个兄弟，对于子叔们来说都是不划算的。所以分家只能靠兄弟们自己协商，兄弟们的伯伯叔叔有时候可以提出一点公正的看法，但是最好不要偏心，引得兄弟们不快。

人德、人春还有张忠豪分家的时候，人德分到了三间房子和厅堂，人春分到了三间房和小厅。张忠豪没有要房子，一方面是因为房子不好分了，再就是张忠豪姓张，不能住在杨屋里，迟早要搬出去。两个哥哥说要分家，自己以后也要有住的地方，因此张忠豪直接要了河背所有的土地，约定是由大哥人春和二哥人德一起帮忙修建房子，房子修好之后再搬出去住，两位哥哥都答应了。

杨家的旱地连着小山，这座小山是政平传下来的，和杨人佩家里对半分。张忠豪便在河背的旱地上面修建房子，人春夫妇和人德夫妇一起还帮忙把山脚下的土地整理平缓，然后用锄头抠干净树根杂草。那时候的房子都是泥巴建的，只需要请人修建好房子两边的夹板还有房顶，房子其他地方都是由自己修建。杨家全家出动帮助张忠豪建新房子，细伢子也来帮忙，平时长辈们上午干完农活，下午就去修房子，进度不快不慢，一直到冬天，三兄弟还是住在一起。等到来年的春天快要结束的时候，张忠豪家里的房子终于修好了，杨家就正式分家了，张忠豪的新房子耗时六个月建成。

4.口头约定分配秩序

农民大多数都不识字，但是长庆村的农民都知道"诚信"二字的重要意义，只有"诚信"的人，在农村才立得住脚。兄弟之间的分家，不需要订立契约，一方面是大家都比较"诚信"，另一方面是兄弟之间起码还是有点感情的，虽然是分灶吃饭，但也不是仇人，兄弟即使分开了，在对外的时候，其实还是一家人，因此不需要写契约，分得这么清楚。

杨家的三兄弟分家，人春、人德知道张忠豪不适合住在杨屋，不会让张忠豪分出去之后无处落脚，所以当张忠豪提出要大家帮忙修建房子的时候，两位大哥马上便答应了，之后修建房子也都是尽心尽力。人春、人德则继续居住在杨屋，人春虽然是老大，但不是美柏的亲生儿子，便把杨屋的正厅让给了人德，自己住回了美松原来的房子，但是小厨房那边的灶台几十年没有用过，一直堆放柴火，灶台已经崩了，人春家里要重新修灶台。邓氏就对廖氏说，要廖氏和人德出四十块钱，修建灶台。廖氏听了，觉得十分无理，便去找人春，人春就说灶台实在难修。廖氏对此十分气愤，人德性格好一些，劝廖氏说，人春家里没地方煮饭也不是事情，还是要修理灶台的。廖氏就和人德生气说，你不要住这个房子了，直接给你大哥，我们去要小厨房，也要他们补我们四十块钱，人德就骂廖氏是"全中国脾气最大的人"。

虽然在分家的过程中难免磕磕碰碰产生了一些矛盾，但是杨家三兄弟的感情依旧较好，分家之后逢年过节都会相互做客，兄弟家做的好吃的也会相互分享。张忠豪家里在河背，距离远一点，但清闲下来的时候，罗氏也会带着布来邓氏或者廖氏的房间做小衣服，或者做鞋底。遇到困难，三兄弟之间依旧会相互帮忙，只是在财产上不怎么牵扯。

(二)继承

1.嫡亲兄弟可继承,女儿无权

杨屋的政字辈一代人,家里的产业继承都是以嫡长子为主,其他儿子分的比较少,如果嫡妻没有儿子,家长则选一个最喜欢的儿子作为家产的主要继承者,其他的儿子分的少一点。到了美柏这一代,只要家长没有做特别的规定,都是默认兄弟之间平分,多兄弟的人家会特别照顾比较弱的那个兄弟,较弱的兄弟可以分到最多的东西。如果是从小就抱养在家里的儿子,家长喜欢的话,也可以和亲生的儿子平分家产;如果这个抱养来的儿子很不听话又好吃懒做,家长虽然还是会分家产,但是会故意分一些没有这么好的东西过去;如果这家家长过世了,其他的几个兄弟就要一起商量,不能让这个抱养来的兄弟得了太多好处。

家里的主母会有一定的私房钱,分给哪个兄弟全部凭借自己的喜好,主母一般会将私房钱分给提供最好赡养条件的兄弟。但是也有的母亲比较偏心,例如一个母亲有三个儿子,老大、老二都是轮流赡养母亲,唯独老三不养,结果母亲去世的时候,把自己所有的积蓄都给了老三。这样的事情在长庆村发生过,杨屋也发生过,虽然当事人会十分不悦,但是主母的资产一般都属于家务事,其他的人也不好过问。

杨屋的人家即便没有生儿子,或者家里面的儿子全部去世了,家里的女儿也没有资格继承家产,家里的女儿从嫁出去那一刻开始,就不是家里的人了,无权继承家里的家产。家中无子的,家长去世的时候会把自己的家产送给子侄,哪个兄弟得到多少,全凭借家长的决定,如果主母还没有去世,家长还会指定其中一位兄弟帮忙照顾主母,然后给这位兄弟最多的财产。杨屋的子侄们内部可以相互赠送财产,外姓人没有资格继承,即使家长想把自己的田土送给外姓人,杨屋的子侄们也不会答应。

2.房屋、田地、器物、技能,皆可分配

家中财产以房子为首,杨屋的房子包括厨房、卧房,还有粮仓,张忠豪的房子是在外面重新起①的,所以这些东西都是专门修建的。杨屋里面的房子是人德和人春一起分的,人德家的主卧和人春家的主卧都是 1949 年之后在杨屋外面修建起来的,和众多子侄家里的一样,并排修建在杨屋外围。新修建的卧室比较大,有两层,第一层是一个卧房,里面可以放两张床,带一个小厅,可以放一些生活资料,比如衣物被褥,房间外面是一个小院子,用来晒衣服和养鸡。第二层严格意义上不算是一层楼房,主要是用来堆放物品,当初为了节约建造成本,楼间距只有 1.8 米②,且没有修建楼梯,需要搬梯子上去。当时杨家成员在政平的授意下只修建了两间卧房,因此分家的时候人德和人春刚好一人一间。两间卧房的排水沟是在一起,人春为了方便,和邓氏在卧房外侧挖了一条排水沟,没有再通知人德夫妇一起来挖沟渠。

其次是家里的田土,杨家河背的田全部都给了张忠豪,靠着田的那半座山,也都是张忠豪的了,本来山上还有一些木子树,张忠豪要和两位哥哥分一下。人春便说,忠豪没有分家里的其他东西,虽然两个阿哥帮忙修了房子,但是粉壁③还是要张忠豪自己做,两个哥哥便不要

---

① 修建。
② 在杨人德的印象中,杨屋从来没有出现过身高达到 1.8 米的子孙,那时候村民唤身高达到 1.8 米的人作北人。
③ 即粉饰墙壁。

木子树了,全部留给了张忠豪。修房子的那年冬天,王氏带着家里几个孙子去摘木子,榨油之后,分别给了人春和人德家里各一壶。

杨家之前有两个水缸,还有五个坛子,张忠豪都没有要,说罗氏嫁过来的时候带了一个装米果的缸子,以后自己家就用那个。人春和人德家里分别得一个水缸,分坛子的时候邓氏对廖氏说,自己是老大,要多一个坛子,廖氏不服气,就说凭什么要多分,为什么不是自己家里多拿一个,邓氏骂廖氏没规矩,廖氏就说把坛子摔爆,一人一半。最后邓氏看廖氏这么难搞,把坛子给了廖氏。其他的磨篮、锄头之类的生产辅助工具都是一家一半。杨家还有一个风车,原本放在粮仓中,最后商量是放在人春家里,人德家要用的时候去借。

还有一项比较特殊的家产,便是政平的堪舆技能。政平本来想让美松学的,但是美松早早就过世了,政平便觉得自己的堪舆书没得传了。后来人德出生,政平看到人德身体不好,也比较喜欢读书,特别是人德的手指又细又长,在农村有个说法是手指细长的人就是读书的料,政平就想把堪舆的书留给人德。结果人德成年之后去学医,家里有很多"良母"留下的医书,政平又觉得人德没有精力去学风水了。政平去世时候,问三兄弟,有一箱堪舆的书,你们谁会去学,谁就拿去,人春和张忠豪表示没兴趣,人德提出想要,便拿走了,里面还有政平写的很多笔记,人德后来也常沉迷于风水之道。

3.内部无法协调则请示叔伯

继承权由家长指定,家里的所有财产都是家长的,所以家产都是家长说了算。家长的分配行为首先受到传统习俗的影响,其次则是对家庭成员的客观考量,再就是对家庭成员的情感偏好。有的家长快要去世的时候,晓得自己家里的人不团结,便会把家里的人叫到床边,对着大家一起说自己有什么东西,要分什么东西。

有的大户人家,家长是文化人,自己可以写遗嘱,部分家长在自己身体很好的时候便开始写遗嘱,之后会根据实际情况改动,但不能在上面涂涂画画,修改的内容直接添加,之后把遗嘱放好。等到自己快要不行的时候,便告诉家里的人,自己在哪里放了遗嘱,要兄弟们全部聚集到自己的床边,打开来看,按照上面写的去分配。如果家长突然死亡,没有说出遗嘱放在哪里,大家就会按照传统的习惯继承家产。

家庭成员就继承权问题起纠纷,有很多种得况。第一种是家长还在世,这种情况下如果要分家,家长会直接说哪个兄弟分多少,家长说的话就是最终决定,兄弟们要遵守,即使有意见,也不能直接反驳,而是去和母亲说,让母亲给自己说情,决定权在家长手里。第二种是家长去世,母亲在世,母亲说的话虽然没有很高的效力,但是母亲反对的事情便是禁止之事,违背母亲的意愿也会被说是不孝。兄弟俩在继承上产生了纠纷,自己私下商量处理方法,然后和母亲说,如果矛盾无法调和,就要请伯伯叔叔做公道,如果伯伯叔叔也没辙,就再把舅舅请上。第三种情况是父母都去世了,家里只有兄弟,兄弟们要分家,在继承权上产生冲突,首先是找伯伯叔叔,如果伯伯叔叔没了,就只能求助于杨屋里面的子叔,子叔们都是按理说话,不受感情因素的影响了。

4.兄弟繁多,继承方案复杂

兄弟多的最大好处就是家庭的力量十分强大,在兄弟们团结的时候,可以一致对外,产生很强的凝聚力。但是兄弟多,在分家的时候,就比较容易闹矛盾,尤其是在人多、财产也多的大户人家,这种矛盾更加激烈。农村,大多数农民家里的财产为不动产,比较难分割,兄弟多的人家在分财产的时候就会比较麻烦。

张家有一户人家的田土比较分散，后来兄弟之间要分家，一丘两分的田都被分成了六份，杨屋和王屋这边的子叔就把这件事情当成笑话来看。后来张屋人也觉得这样实在是丢脸，便有张家子叔去找那六个兄弟，说这样的分配方案不算数，要六兄弟搞清楚，不要弄得这么一点点小事都去计较，像什么兄弟！之后那丘田就给了六兄弟中的老大，剩下的五位兄弟从那丘田分别担了一担谷子回去，以后便不管那一丘田上的事情了。

小家户的兄弟少，一个、两个的，分家时候好处理，如果家中只有一个兄弟的，家里的姐妹都不分配财产，所有的东西都是这个儿子的；如果是两个兄弟，一般都是对半分，没有老大、老二的区别了。中等家户一般是三个、四个兄弟，兄弟之间会比较团结一些，遇到事情也比较好解决，一般是听老大和老二的，兄弟们也可以一起商量，分家时家庭的财产会平均分配，一些不好分配的东西就用别的东西补齐。

四世同堂的人家，只要太公或者太婆还在，一般都不会分家，因为分家之后，家里需要赡养的人比较多，上面有老人，下面有小孩，分家之后家庭的负担会很重，而且四世同堂的人家会比较有荣誉感，家里的兄弟之间的感情会比较好。等到太公太婆去世之后，家里的孩子逐渐成长，一般老大就比较容易提出分家，杨家就是这种情况。

四、家户的过继和抱养

（一）过继

1.子息单薄的家庭希望入继

1949 年以前，崇义县的医疗技术比较弱后，新生儿常常早夭，长庆村那时候每个家庭都至少有一个孩子长不到成年，而这些孩子主要都是在幼儿时期就早早夭亡。杨屋的人认为秋天出生的婴儿比较好带大，因为那个时节天气宜人，家里的农作物长得比较好，母亲能吃的好一点，奶水就多一些，孩子营养上来了就能有比较强壮的体格，但是依然很多孩子会因为照料不当而病亡。

过埠镇在库区，每年都有细伢子溺水的现象发生，老人们就说，过埠人在水里面讨生活，河里面的鬼神就要把人情讨回来。人德年幼的时候，黄氏不让去玩水，说河里面有水鬼，下水之后水鬼会拉住来人的脚，人在水里面以为自己抽筋了动不了，其实是被水鬼扯住了，要来讨命。蛇形岗边上的水库淹死过好几个王家人，且都是一些十岁出头的细伢子，王屋人家便去过埠街上请了风水先生，扎纸龙放到水里面，用以驱鬼，还在河巴里面用公鸡血献祭，之后好几年也都没有淹死人，大家便对水鬼之说笃信不已。

子息单薄的家庭，家中长辈会提出过继亲戚家里的孩子。有人家生养的孩子过多，自己家里不好养活，送到大户人家当长工、丫鬟又比较吃苦，也不愿意将孩子丢弃，遇到有入继意愿的家庭，基本上不需要什么契约、物品，直接便会把孩子送给别人家养育，只希望孩子不要受到欺负。入继家庭如果没有儿子，会把过继来的儿子当成亲生的儿子一样抚养，让其承担家庭责任、继承家业、帮助家庭延续香火。

入继的家庭倾向于挑选年纪比较小、尚未懂事的孩子。一方面，孩子如果懂事了，就会意识到自己是被亲生父母抛弃送给别人家里，孩子心里会有想法；如果孩子年龄较小，心里则不会留下不高兴的想法，只要新的父母对自己很好，孩子就会忘记原来的父母。另一方面，孩子养得比较大了,出继的家庭其实也会舍不得,特别是十几岁的儿子、女儿,已经与家庭成员有了十几年的感情,并且是家庭的成熟劳动力了,不会被送出去。

2.杨家内部进行过继

在杨家,美柏的弟弟美松去世之后,美松家里只剩下年仅一岁半的人春和其母亲刘氏。刘氏娘家在金坑乡边上,刘氏的大哥本想让刘氏把人春带回娘家,做刘家的儿子养大,政平知道之后十分不认同,说杨家的儿子和媳妇怎么可以送到刘家去。刘氏见公公很希望留下自己,就不提回娘家了,还是住在美松的那些屋子里面。政平便让刘氏和美柏家里一起吃饭,美柏也同意以后让刘氏和自己家里吃一口焗。

一方面是思念过度,一方面是操劳,美松去世后一年,刘氏的身体也变得十分不好。刘氏生病时,其大哥从家里打了鸟来看望,看到刘氏的脸颊都瘦下去,挂不住肉,走路也变慢了,估计病情难以好转。大哥便叫刘氏回娘家去住几天,顺便带人春去看公公①,刘氏便哭,说自己好不了了,身体的事情自己知道,不敢回娘家,怕死在娘家没人敢送回来②。

刘氏夜夜都会做梦,有一次梦到美松站在田埂上面,对刘氏说,自己在地下天天都要耕地,一个人好苦,问刘氏什么时候来陪她。刘氏和黄氏说了自己的梦,黄氏便告诉政平,政平开始在每个月的初一、十五给地下的美松烧纸钱,说是美松在下面拿到了纸钱,便可以去买牛,自己耕地。这样又过了几个月,刘氏的身体越来越差,后来直接卧床不起了,没多久便去世了。人春刚刚会跑会跳,对于这些事情也不懂,以为是自己的阿娘在睡觉,政平看到更是眼泪直流。

政平直接安排人春过继到美柏家里,事前问过美柏,美柏十分同意,说自己没有孩子,美松这个孩子就像自己亲生的一样,黄氏也十分喜爱这个孩子,于是人春便过继到了美柏家,从此是美柏的大儿子。杨屋的子叔们都认可这个决定,一方面是人春无父无母,虽然其舅愿意抚养,终究杨家的子嗣不能流落在外;另一方面,美柏夫妇在杨屋名声很好,就是家运不好,没有孩子,人春刚好作为他们亲儿子来养了。

3.过继行为不收银钱

村子里面的人通常都是认为孩子越多越好,除非是自己养不活这些孩子,否则都不会随意送出自己的孩子。选择出继的家庭,大多数都是出继自己的女儿,儿子不到万不得已,都不会送给别人家里养。也有儿子实在太多的情况,就把儿子送给自己的亲戚养,就算过继到亲戚家里,等到出继的儿女长大之后,入继家庭会告诉孩子们真实身份,不会影响和收养家庭之间的感情。

出继等于是父母送出自己的孩子,不会过多要求银钱和财产,父母自己养不活儿女了,送到别人家里去,自己心中还是会有不舍的,如果要银钱,就等于卖自己的儿女,以后便真的不能相见,也不能想了。如果要以钱财为目的,家里面就会将儿女卖给大户人家做长工、做丫鬟,而出继的目的是给儿女找新的父母。

兄弟和比较亲密的亲戚之间的过继行为不需要写契约,只需要在有长辈在的情况下进行口头约定。如果是送到没有这么亲近的人家,就要写下契约,大意就是某家把儿子或者女

---

① 刘氏的生父,人春的外公。
② 送回杨屋。

儿送到某家当儿女，以后儿女不用赡养自己，同时找一个中间人当见证人，双方按上手印即可。在这种过继行为中，入继的人家会送一些米粮来表示自己的感谢，之后如果入继人家有人情，过年的时候也是会送一点年货过来，这些没有硬性规定，看个人。

4.对出继者的条件筛选

出继者最大不要超过六岁，年纪太大了，对原来的家庭有记忆、有感情，对新的家庭会产生抵触情绪，比较难融入新的生活中。因此，想要入继孩子的家庭都不会选年纪太大的孩子，但如果是亲生兄弟过世后留下的孩子，只要未成年，一般都会过继过来，帮他娶媳妇。出继者不会被作为意见征求的对象，首先，其年纪也小，不懂事，很多出继者可能都不知道自己以后就要去别人家里过，其次，这种选择是家庭集体做出的，由不得出继者说话，必须要对家庭绝对服从。

张屋的媳妇朱冬英，其生母在其没有满月的时候便去世了，朱冬英在家里没有人喂奶，其父亲说养不活这么多儿女，要把朱冬英送走，刚好王屋的王新发家里有三个儿子，没有女儿，就将朱冬英接了过去。王新发为了养好朱冬英，专门去金坑乡里面买了一头羊，挤羊奶煮滚了喂给朱冬英。王新发心地善良，没有让朱冬英改姓，说以后朱冬英入土的时候姓朱才能找得到自己的祖宗。后来朱冬英出嫁，王家也是像娘家一样，给朱冬英打了新柜子，还要朱冬英多回娘家玩。

5.过继出去则不能回继

子女一旦过继出去，是不能回继的，要入继的人家就是缺儿少女才会去别人家里过继，过继过来的孩子都是当成亲生孩子一样抚养，出继的家庭如果想要回孩子，一般都是不可以的。如果出继人家由于经济状况不好送出孩子，别人帮自己把孩子养好了，便要回去，这就会乱了套，因此是否出继一个孩子，家庭要想清楚，出继就不能再要回来。

有一种情况却是例外，比如说送出去的孩子有生理障碍的或者重大疾病的，例如孩子有羊癫疯，这种病可能在儿童时期都看不出来，等到会跑会跳了，一下摔倒在地，眼珠泛白、口吐白沫、四肢抽搐不已，这样的孩子对于入继的人家也是一种负担，是可以要求退回的。如果有些疾病是到了入继的人家才染上的，便没有道理退回去，比如说在入继的家里摔断了腿，落下残疾，不能说就不抚养这个孩子，将之送回或者遗弃了。

同样是朱冬英，朱家因为没有办法抚养，就在其未满月的时候送给了王新发家。朱父本就会做木匠手艺，丧妻之后重新娶了老婆，夫妇俩持家有道，慢慢条件也好了起来。王新发家将朱冬英养到十二岁的时候，朱父想起了送出去的冬英，经常在长庆村王屋那边去看冬英，远远地看着，不敢相认。朱父后来就去和王新发说，问能不能要回冬英来，自己给米油钱粮来换，王新发心中当然不愿意，又想到朱父毕竟是冬英的亲生父亲，就说要看冬英自己的意愿。冬英便说朱父虽然生了自己，但是没有养自己，是王家养了自己，自己回朱家去是没良心，王家因此十分感动。

（二）抱养

1.缺子过继，缺女抱养

没有儿子的家庭会先选择过继亲戚家里的儿子，实在不行才会过继外姓人的儿子，而没有女儿的人家，除非是特别喜欢，否则不会选择过继女儿，而是直接抱养，从多女儿、或者养不起女儿的人家抱养过来。1949年以前,长庆村的农民虽然重男轻女思想十分严重,但是为了一个家庭更加和谐平衡,还是需要有一定数量的女性成员,一方面因为家里的成年男子、男孩子,都不被允许做家务活,做家务活被视为不务正业。从另一个方面来说,家里没有女儿,主母的负担就会十分大,家里十几个人的衣服和饭菜都要由女性准备,是十分劳累辛苦的事情。

女儿抱养过来,主要是为了平衡一下家庭人口结构,帮助主母干家务,这与丫鬟不同,抱养的女该还是当成孩子抚养,并不是单纯作为家里的劳动力而存在,有的家庭甚至会很疼爱抱养的女儿,将其当成亲生的女儿一样。

2.被抱养的家庭多贫困

只要是家里的孩子,生下来了就应该将其养大,尽管大家的家庭条件并不是很富有,但孩子生下来,不是万不得已,只要父母还有饭吃,家里的儿女就有饭吃,不会饿着。被抱养的家庭,就是连吃饭都是顾不上了。家里面的儿女多,家长首先会选择送出自己的女儿,男孩子是家里的命根子,很少有人愿意抱出去。

朱冬英的母亲去世之时,家中有六个孩子,最小的是朱冬英,被王姓人家过继了当女儿养,王家人心善,没有改变朱冬英的姓氏,按照常理,朱冬英是要跟着王家人姓王。朱冬英的父亲还带着五个孩子,其中有两个儿子和三个女儿,大女儿当时十岁有余,已经比较懂事。二女儿被过埠街上的一户钟姓人家抱走了,那户人据说有三个儿子,但是只有一个女儿,后来家里的主母没有生育了,就想要给这个女儿找一个从小一起玩到大的玩伴,便抱养了朱父家里的二女儿。

需要抱养的家庭,条件起码要达到中等水平,如果条件太差,自己再增加一个人口,压力就太大了。抱养孩子的多是因为主妇生不了了,但是家长又不再娶媳妇,所以只能抱养别人家里的孩子。

3.抱养有中间人,要求不符合可退回

有送孩子意愿的人家通常会找一个中间人,让这位中间人帮忙自己传话,说自己家里有孩子,有没有人家里需要抱养孩子的,自己这里可以出孩子。需要孩子的家庭则四处打听,找自己的亲戚到处问,这样很快就可以问到情况了,双方就会在中间人的安排下看孩子。虽然抱养孩子就是送孩子,但是还是得要双方都认可的情况下,抱养才可以达成。

看了孩子之后,抱养的家庭有意愿,就会和中间人说自己就定下来了,什么时候来接孩子,中间人把信息转告给被抱养的人家。被抱养的人家在约定的日子,就会给孩子换上新衣服,对孩子说:"你出生在我们家也是跟着父母一起受苦,现在就送你去好人家"①。然后就会准备一个麻布包裹,里面起码要准备一套换洗的衣服给孩子,有的家庭还会在包裹里面放一点吃的,表示自己的不舍之情。新人家过来的时候,往往还会带着一点小礼品,比如说带一篮子鸡蛋,或者是担着一担大米,这些都比较随意,新人家里的人情不同而有不一样的表示。

被抱养的孩子不需要特别小,需要抱养的家庭可能会希望懂事一点的孩子过来,就不用花费很多时间在教学步、教说话这些事情上面。孩子虽然抱养到了新人家,但抱养并没有过继这么正式,如果新人家不满意孩子的表现是可以退回的。比如说孩子过去之后老是哭闹,

---

① 虽然孩子不一定能听懂,但还是会这么一说。

十分不懂事,哄不好的,或者是主母让去干活的时候太懒,在家里没规矩的,都是有可能会退回的。退回的时候不会直接说,你家的孩子不听话,而是会比较委婉地说,孩子怕生,恐怕是舍不得离开家里,看来我们家里是带不得了,所以还是给你送回来。但不是轻易就可以送孩子回去,只有孩子真的很不听话的时候,才可以送回去,要不然这家人的名声就会受损,以后便没有人敢送孩子到他们家里去。

4.抱养来的孩子和家族成员不亲密

抱养孩子过来之前,家里的长辈都已经被知会过,所以孩子过来的时候,长辈们都是会有心理准备的,包括同宗族的亲戚们都心里有数,某一家人会有新的孩子过来。等到这个孩子过来之后,屋里面的子叔不会直接来看,而是家里的媳妇带着东西,比如一点花生、一点红薯干,说是要去给细伢子吃,实际上就是借送东西之便去看来的孩子到底如何。媳妇回去之后,就会和自己家里的人说,某房抱过来的孩子好不好看,机灵、老实与否,屋子内部就会形成对这个新来的孩子的一个基本的认知。

因为被抱养的孩子多数都已经有一点懂事,对自己被抱养的事情往往会有一定的概念,起码知道自己已经不是在原来的家了。孩子未离开亲生父母家的时候,父母就会教,到了新人家之后要懂事,不能像在自己家里一样不听话,人家给你吃饭,你就不要闹事了,听人家的话,以后人家还会帮你找人家出嫁。家长本意都是带一个孩子并将其养大,故不会过分苛责孩子,有的孩子懂事比较早的,抱养到别人家里之后,就知道看家长的脸色行事了。

被抱养的孩子在成长的过程中不会少吃少穿,在新家里面也比较和谐,家里的兄弟姐妹都是正常关系,父母不会太偏心。但是在整个族群里面,还是有一定的疏离感,首先被抱养的孩子不是本宗的血脉,再就是被抱养的多是女儿,迟早要嫁出去的,所以同宗的人不会太热心这件事情。如果这个孩子出嫁了,养父母家的哥哥还是会像亲哥哥一样,作为这个女儿娘家的代表,但是宗族里面基本不会响应这个出嫁的女儿的请求。

(三)买卖孩子

1.家徒四壁者出卖女儿

家里的孩子太多的时候可以过继给别人家,也可以送给他人家抚养,但也有极少数卖女儿的现象。家中实在过于贫困,揭不开锅,便将自己的女儿卖给别人家做童养媳,或者卖给大户人家做丫鬟,以此减轻家庭的人口负担,同时谋求一定的收入。卖做童养媳的不多,主要是直接卖给大户人家里做丫鬟,从此以后便不管女儿的死活,所以有人说卖女儿是造孽。

需要买孩子的人家大多数是大户人家,家大业大,家里的媳妇和儿女干不完这么多的活,就要到外面请工,成年工每天最少要有两升米的报酬,如果是请长工,年节的时候还需要给长工送新衣服。家中可以请一个厨师长期炒菜,但是厨师除了炒菜之外是不会做别的家务活的,所以家里需要有女工。这些劳动力最容易的获取方式就是买贫苦农户家里的女儿,将其养在家里做丫鬟,到时候再卖给农民做老婆,收取一定的彩礼。

家里的儿子一般都不会卖掉,长庆村在1949年以前基本上没有出现过家户出卖儿子的现象,村民从未陷入如此困境,如果遇到困难,多选择抱养和过继,因为买卖的目的是为了拿钱,购入孩子的人家只有在要拿孩子去做工的时候,才会出较高的价钱。

2.卖孩子需要进行米粮交易,签订契约

在过继和抱养的过程中,只需要口头协议和见证人,而买卖儿女,则需要签订契约,双方要按手印,把一个手掌沾了红色的染料直接印在契约上,如果没有红色的染料,用黑色墨水也行。契约签订的时候,中间人在场,因为农民基本不识字,中间人会把契约念一遍,有时候农民还会请自己同姓里面识字的子叔来看着契约签订,手印按好之后,一份给买家,一份给卖家,再一份给中间人保存。

契约上面会写明买卖双方的名字,卖家的出卖的子女的年龄,性别等要素,以及出卖的原因,还有写清楚交易的价钱,通常会折算成米粮。交易的财物要在契约约定的时间之前,买家亲自送到卖家的家中。卖女儿看年龄算钱,年纪太小的不要,起码要有七岁,这是可以去放牛的年纪,其中七岁到十岁的区间的女儿比较值钱,可以至少换到三担半稻谷,加三匹土布,还有一担红薯或者薯子。十岁到十四岁之间的女儿,价钱差一点,三担稻谷,两匹土布的样子,红薯和薯子也是一担。

女儿到了七岁就可以开始做工,至少可以洗衣服和烧火,再大一点的时候就可以去山上砍柴、放牛,还有种田。但是女儿也不能太大,太大了不好管理,而且也要出嫁,尽管是家里的丫鬟,也不会留到三四十岁。

3.妹子做丫鬟,身不由己

女儿到大户人家做了丫鬟,会有一个大姐带着,这个大姐就是大户人家的老丫鬟,老丫鬟带完小丫鬟,主人家就会安排其出嫁,这个教学期一般在一年到一年半之间。小丫鬟从最简单的洗衣烧火开始干起,和家里的其他丫鬟、长工一起共灶头吃饭,晚上和老丫鬟一起睡。小丫鬟的被子要从娘家带来,如果娘家连被子都没有给,老丫鬟就会骂小丫鬟,也会让小丫鬟多干活。

老丫鬟出嫁之后,小丫鬟还是住在原来老丫鬟的房间里,老丫鬟除了把自己的衣物被褥、还有饭盆脸巾带走之外,其他东西都要留在主人家里。小丫鬟不可以和主人家里的儿子说话,如果被主母看到,就会被骂不入流,还会被罚不能吃饭。小丫鬟可以和主人家的女儿玩,还要学会帮家里的小姐梳头发、扎辫子。在衣着方面,主人家里会保证丫鬟一年有四套衣服,两套夏天秋天穿,另两套冬天春天穿,丫鬟不可以打扮自己,不可以戴花,但是要把自己收拾整齐。

等到丫鬟年纪大了,有二十岁了,主人家里一般就不会留着丫鬟了,不然周围的人就要指指点点,说这家人很贪心,想把别人家里的女儿累死,要别人家里给他们家里做一辈子丫鬟。正常的农村妹子十六岁就会出嫁,做丫鬟的因为是卖身给主人家,所以要多干几年的活,来还自己欠下的债。丫鬟到了二十多岁的时候,主人家里就会放出消息,说家里的丫鬟可以送人家了,可以托媒婆来问。娶丫鬟的都是较为贫苦的人家,因为讨不起老婆,便来讨大户人家的丫鬟,这样的妹子年纪大一点,地位低一点,但是收的礼很少,一般一担、两担稻谷,主人家就会答应出嫁了,把之前签订的那张契约拿出来给娶老婆的这家人,表示以后就是你们家里的人了。

五、家户赡养

(一)赡养单位

给老人养老是儿子们的义务,如果儿子们尚未分家,所有的生产资料和生产成果都是全家共享,老人和大家一起吃饭,和大家一起制定新衣服;如果分家了,儿子们就要轮流赡养老人,按照一个兄弟家里住半年轮流,或者是一年轮流,儿子们先行商量,之后与家里的老人讨论。如果家里有两个老人的,也可以分开赡养,父亲跟着某个儿子居住,母亲跟着某个儿子居住。女儿们没有赡养义务,但每年都可以回家看望父母,回家之前要先和兄弟商量,女儿带着礼物来兄弟家里看望老人,不会久住。

不赡养老人的行为被视为没良心、大逆不道,杨屋的人相信,如果不赡养父亲母亲,自己老了的时候也会没有人赡养,大家都不想自己老得走不动之时,还得去地里种地犁田。如果宗族里面有家户不赡养自己的父母,其他的子叔就会说,"你不养你的老子,看你会不会天打雷劈!"从此,屋里面的子叔便会少和这家人交往,"连老子都不养的人,还会是什么好东西,大家都怕!"

(二)赡养主体

美松过世比较早,政平的赡养责任就落在了美柏身上。但总体而言,美柏的赡养压力很小,美柏继承了美松的土地之后,有四亩土地。当时杨家子息不旺,一直到1921年只有人春一个孩子,家里的劳动力有政平、美柏夫妇,那几年杨家人干活很拼命,粮食仓库里堆得满满的。但是杨家并不引以为豪,政平和美柏都希望这个家庭能够多一些孩子。之后杨家心字辈的子孙多起来,家里都是新生的劳动力,独独只有政平一个老人,赡养的压力很小。

1949年以前,老人在家户之中享有很高的地位,有的老人一直到死的时候,都还是家里说话最起作用的人。老人即便不当家长,儿子们很多事情都还是要听老人的指示,比如说借钱的时候,家长会先问老人,让老爹说该去问家里的哪些亲戚借钱。

杨家进餐时候,先要把好的吃食给政平,比如杀鸡之后,政平要吃鸡头和鸡腿,因为个人的独特口味,媳妇杀鸡后不能剁掉屁股,还要把鸡屁股留给政平。制新衣服的时候,也是先给政平做,政平便会说,自己一大把年纪了,存了很多衣服,不用年年添置。杨家娶了媳妇,媳妇要给政平洗衣服,早上的时候要去叫政平起床,还要给其打好洗脸水,晚上洗澡的时候,还要给政平提热水放在洗澡间门口。有的老人喜欢洗很烫的水,如果媳妇倒的水不够烫,老人就会骂媳妇。因此虽然说是赡养老人,但老人并非处于弱势地位,老人说话还是十分管用的,家里的人都会害怕老人。

(三)赡养形式

杨家只有一位老人,便是政平。政平年纪虽大,在1949年以前却从未成为家中的负担,一方面政平头脑清晰,可以靠堪舆之术挣钱,顺便帮助杨家整理菜园;另一方面,政平很注重保养之说,练习"五禽戏"锻炼身体,因此少病少痛,身体健朗。

政平在家里养老,吃住都和家庭成员在一起,受到极大的尊重。平时的生活琐事有媳妇服侍,美柏经常孝敬其零花钱,孙辈们也时常带着新鲜的事物逗政平开心。政平的日常生活十分安逸,有人请的时候可以帮忙看看风水,身体舒爽时可以制竹篾挣小钱,闲暇之余还可以和杨屋内部的老人们在大坪上晒太阳聊天。政平给自己用竹子制了一个躺椅,冬天太阳好的时候,就让人春把躺椅搬到大坪上,自己晒晒太阳。

(四)养老钱粮

政平的房间里面有一个抽屉,上面挂了锁头,美柏经常都会在里面放一点零花钱,有时候去上街了,还会买一点瓜子放进政平的抽屉里面。政平平时不会锁抽屉,人春和人德小的时候,经常都会去那里翻瓜子吃,每次都只敢拿一点点,怕被政平骂,但政平基本上都不会说他们。有一次人德去拿瓜子，装在荷包里面，从天井边上过时掉了出来，美柏看到了，就骂他又去拿老爹的瓜子。

政平之前看风水也还留有一点积蓄，美柏和美松兄弟俩都说不要老爹的埋身钱①，政平便自己存起来了。过年的时候，政平会去换一点零钱打发家里的小辈，平时也经常给点零花给细伢子买瓜子。政平很好喝酒，时常逢街就要人春带着人德去街上买酒，多出来的钱，会给兄弟俩一小部分，他们就拿去买瓜子、买糖泡。

人德和人春成年之后，经常在集市上换一点小钱补贴家用，部分也会放在政平的抽屉里面，政平就说，想不到自己有命享受得到孙子的零花钱。政平晚年更加好酒，又不用干农活，自己便步行走到过埠街，喝得烂醉，美柏就叫人春和人德一起去把老爹拖回来。政平长得高大，身体十分沉重，有时候兄弟俩抬不起来，还要喊上张忠豪，一起到过埠街上去接老爹。

（五）治病送终

老人家身体比青年人总是要虚弱一些，小感冒之类的病痛不会选择就医，只要和家里的媳妇说一下，自己有点伤风，需要忌口，媳妇会给老人家专门做米粥，如果喉咙痛的就用生木油加一点盐巴，冲开水喝。如果老人生了大病，请了郎中看病，花费会十分巨大，分家的兄弟就要平摊老人的治疗费用。有时候兄弟之间可能会就医疗费用问题产生争执，但是治病始终为第一，即使兄弟之间没有商量好，也要先支付了老人的药钱，事后兄弟之间再来清算。在杨家就要方便很多，人德学习过医术，政平有点病痛，都是让人德来看，人德写好方子之后自己配药，再叫廖氏煎药即可。

人有生老病死，终于有一天都要化作土。家中有了孙子之后，很多老人就会开始着手准备自己的后事，老人有一定积蓄的，会自己购买棺材，木料、款式都是自己决定，甚至还会参与设计。棺材做好之后就放在牛栏或者厕所的隔间上面，里面要放老鼠药和虫药，免得棺材被咬坏，等到自己去世的时候，这口棺材就拿出来使用。没有积蓄的老人的所有丧葬费用都由儿子们支出，老人会叫儿子们提前给自己买棺材，怕自己突然死了，没有地方"睡"。

杨家老人去世之后，身上的衣服要脱下来，叠放在棺材里，家人帮助擦拭身体之后，穿着三套白色绉纱，脚上穿着黑色布鞋，棺材底下铺放白色的布匹。葬礼则没有固定规格，家里出嫁的女儿要回来守灵守夜。葬礼是家族内部事宜，办的越大越好，其他人无权力干涉。

六、家户内部交往

（一）父子关系

1.儿子要服从父亲

父亲的主要责任是将儿子养育长大，教会儿子劳动技能。儿子的吃穿用度全部依靠父亲，即便孩子在家里很受宠，其也不能和父亲作对。儿子不听话的时候，父亲可以打、可以骂，只要不打死就没关系。父亲管着儿子，爷爷管着父亲，如果父亲打骂儿子的时候，爷爷看不下去就会说不准打，父亲也就不能打儿子。如果儿子十分不听话，不好好干活，家里的管教也不听，还敢忤逆父亲或者爷爷的意思，父亲可以将儿子赶出家门，给一点土地打发掉，叫这个儿子永不回家。

---

① 老人钱。

杨家儿子到了十七岁可以娶老婆，政平和美柏找到媒人，帮儿子物色老婆的人选，遇到比较满意的，政平会让美柏亲自带着礼物和媒婆去女方家里看妹子，如果觉得中意，便告诉家里的儿子，然后带着儿子一起去女方家与女方见面。婚事说好之后，政平会安排送彩礼，帮儿孙们把老婆娶回来。

杨集成的大儿子嗜赌成性，家里的劳动从来不干，有时候还会偷钱去抽鸦片烟。杨集成十分气愤，打过也骂过都不管事，杨集成给大儿子娶了老婆，希望能够让其收心，但还是没有管住。后来这个儿子在街上和别人赌博，输了六十个花边，这相当于一个普通农户两三年的花费，杨集成给这个儿子出了钱之后，就把儿子一家赶出家门，永不相见。

2.父亲面前，不能高声言语

杨屋很强调规矩，杨屋子叔也十分在意家里的子女、媳妇是否懂规矩，不懂规矩的会被大人训斥。杨家的人也认为，做儿女的人就要有做儿女的样子，儿子的家庭地位虽然比女儿更高，但是也要听父亲的话。儿子在未满十四岁之前，不能上桌吃饭，要和母亲还有姊妹一起在厨房里面吃饭。十四岁之后，爷爷就会说这个儿子可以上桌了，但还是受到很多规矩的限制，比如说不能挑菜，吃饭不能说话。儿子们都会很怕父亲，父亲说话的时候，不能回嘴、不能高声，仔细听，不能问太多次，要不然父亲就会骂儿子是不是没有带耳朵过来。

儿子只能和父亲商量请教生产方面的事，心里的事情，只能向母亲或者奶奶说，家里的母亲都会比较体贴，儿子们结婚之后，心事也会和媳妇说。在杨家，人德心里不高兴时，会对王氏说，王氏虽然不是亲生母亲，但也算是比较照顾人春和人德，会帮助他们梳理情绪，解决一些困难。父亲基本不会和没有成家立业的儿子一起喝酒，长辈们多在长辈们之间打交道，认为"大人的事情，细伢子不懂"。

3.父子产生冲突，母亲当和事佬

在没有产生十分激烈的矛盾之前，儿子都不能向父亲回嘴，父亲打骂都要接受，即使心里面不情愿，在父亲面前也不能够表现出来。如果儿子极度委屈，忤逆父亲的意思，父亲就会说"你大逆不道！"便不会和儿子说话。母亲通常会做和事佬，来调节父亲和儿子之间的关系，首先劝诫儿子要听父亲的话，并向儿子说明父亲的难处、儿子的不对；其次再站在儿子的角度，安慰儿子，告诉儿子要如何获取父亲的原谅。家里的姐妹也会和兄弟交流，对兄弟说不可以忤逆父亲，父亲有养育之恩，要听父亲的话。

最后都是以儿子认错告终。儿子会主动找父亲和解，并不是去说自己错了，而是去叫自己的父亲，如果父亲不应，就说明父亲还没有解气。儿子便要采取新的认错态度，比如父亲会抽烟喝酒的，就自己去弄到零花钱，到街上去给父亲打酒，父亲吃饭的时候，母亲会帮忙倒酒，说这是儿子买的，他已经知道错了，父亲喝了酒便表示父亲原谅了儿子。

(二)婆媳关系

1.婆婆管媳妇

杨家的大媳妇进门之后，婆婆第二天就会告诉媳妇，家里的米粮油等各种基本物品的摆放，以及家里吃饭的时间，还有吃饭的口味。第三天媳妇就要早起，打水之后，烧火、烧水、煮饭，之后叫爷爷起床，公公婆婆自己会起。等到晚饭做好之后，锅头洗干净，就要烧家里的洗澡水，爷爷奶奶、公公婆婆吃完饭休息一会儿，媳妇便去倒好洗澡水。家人洗澡时候，媳妇洗碗,等到媳妇洗完澡,就把全家人的衣服洗掉,衣服最迟要在第二天早饭之前洗好。

只有一个媳妇的时候,婆婆不会让媳妇做所有的事情,免得累死了媳妇,婆婆很多事情都会一起和媳妇做,但是婆婆做得少一些。待家里的第二个媳妇进门之后,婆婆会让大媳妇教会二媳妇做家务活,之后婆婆主要是监督,自己基本上可以不用干家务活,媳妇不懂的问题可以向婆婆请教,婆婆自己不知道的事情,就会去问问公公,然后再和媳妇说。

杨家媳妇怀孕之后依然要干家务活,等到肚子很大了,七八个月了,就可以不用下田干活,但是要下地干活。生孩子的东西王氏会帮忙准备,但是孩子的新衣服,王氏年纪大了,看不清针孔,帮不了忙,通常都是由媳妇自己缝制,不需要请裁缝。王氏会帮助媳妇酿酒,到集市上买糯米、酒曲回来,在厨房里面蒸熟,做黄酒。媳妇生完孩子,王氏会安排做月子,给媳妇喝暖好的黄酒①。杨家的媳妇在月子里面还是要干活,可以做饭、锄地,干些没有这么劳累的活,尽量少碰到冷水、少洗澡。

2.王氏有意为难廖氏,廖氏机智反得好评

杨家婆婆对媳妇管得十分严格。廖氏刚刚进门的时候,王氏知道廖氏读过书,廖氏心里面有傲气,便对廖氏不是很满意,但这门亲事是美柏敲定的,王氏不敢和美柏说。廖氏十月嫁过来,十一月便是杨家准备年货的时候,王氏就让廖氏去街上买糖泡、瓜子和云片,还让邓氏跟着一起去。邓氏说自己不认钱,也不会算数,不敢去,王氏便说廖氏知道算,让廖氏去买。廖氏心里知道王氏有意为难,如果算错钱,回来爹爹就要骂,但是廖氏也想气一下王氏,便答应了。结果廖氏还真的买回来了,政平就夸廖氏,说廖氏懂事又能干。

在杨屋,婆婆如果身强体健,就会干农活,如果身体不太好了,基本就种一点菜,不管其他的事情。媳妇娶进家门之后,婆婆的事情不是很多,闲下来了,婆婆有时候也会和媳妇聊天,说说家里的一些事情,或者讨论一下杨屋的八卦消息,但总体来说,婆婆和媳妇单独聊天的机会较少。

3.王氏不识廖氏好,病后方见真心

人德很尊重、疼爱廖氏,廖氏生了大儿子之后,人德去过埠街,就给廖氏买了一双时新的布鞋,上面有好几朵花。中秋节当天,大家都不用干活,政平上街还买了月饼回来一起吃。廖氏就把人德送的花布鞋拿出来穿,自己也把长长的辫子梳理整齐,还抹了茶籽油②。杨屋里面的嫂子就夸奖廖氏妥帖,穿的鞋子好看,夸奖人德很像样,廖氏很有福气。王氏对廖氏有诸多不满,经常都会故意找廖氏的不痛快,听到这事情回去之后便数落廖氏是"花溜麻",即说廖氏好显摆,会败家。廖氏也不回话,转身就进了房间,王氏从此更加讨厌廖氏。

后来三兄弟分家,王氏在人春家的时候生了病③,媳妇邓氏就嫌弃王氏麻烦,王氏很伤心,也不敢和别人说。廖氏知道了便来看望王氏,还带着人德过来给王氏抓药,王氏就说"廖麻,我都没想到,我以前最不喜欢你,还是你最有良心。"廖氏就说"你最切心④我,来啊,还是我来照顾你,还不是看不得⑤你去死!"王氏好了之后,对廖氏的态度大为改观。

---

① 1949年以前,长庆村妇女在产后十天,都不能喝冷水,每天需要三碗黄酒暖身子。
② 媳妇的娘家会送小瓶的茶籽油,给媳妇抹头发用。
③ 妇科疾病,1949年以前妇女得了妇科疾病,一般耻为人知。
④ 看不惯。
⑤ 廖氏不忍心看着王氏被病痛折磨,故出此言。

(三)夫妻关系

1.夫为妻纲,相敬如宾

妻子自从嫁进杨家,便和娘家基本上脱离了关系,从此就要为夫家着想。丈夫让妻子去做的事情,基本上都为命令,比如说嘱咐地上应该种植何种作物,去街上买回什么东西,或者执行一些临时的决定。妻子的家务活丈夫则无法干涉,主要原因是男子汉不下厨房,丈夫对厨房、后院的事情不是很明白,随意指挥只是当"牛头师傅"①,如果管得过多,还会被骂"不务正业"。

丈夫虽然可以使唤妻子,但是不能随意打骂,平时妻子做得不好的时候,丈夫可以训斥,但是不能打,尤其是不能扇耳光,如果丈夫打了妻子,妻子可以直接去婆婆或者公公那里告状。若妻子有错,公公婆婆会训斥媳妇,也会训斥儿子没有管好老婆;如果妻子没有错,公公就会骂儿子,有时候还会拿竹条打儿子,说儿子不知道爱惜。

2.夫妻小吵小闹,不能破坏家庭和谐

夫妻之间允许有一些私人空间,可以在房间里面聊天,但是不能大声说话让房间外面的人听见。在公众场合,丈夫和妻子绝对不能勾肩搭背或者牵手、并排而行,丈夫要在妻子的前面走,在路上也要尽量少讲话,除非是有关生产的事情,闲聊的话都回到家里去讲,或者回到房间去说。

廖氏的娘家人长得十分高壮,廖氏的大姐嫁得近,就在大门罗洞,大姐体型宽大,大约有140斤,而廖氏的姐夫是个身材较为瘦小的庄稼汉。据说廖氏的大姐有一次和其夫吵架,言语不和便动起了手,廖氏大姐气不过,直接把丈夫推倒在地,其夫躺在地上痛了半天,最后大姐把丈夫背起来送回卧房。后来姐夫和大姐吵架时再也不敢动手,首先是姐夫打不过大姐,口头上和动作上都不占便宜;其次是公公婆婆要这对小夫妻多多相互忍让,不要闹笑话;最后是廖氏的父亲骂了大姐,让大姐多控制火气②,不要动不动就动手,以后会被人叫作悍妇,使娘家人蒙羞。

廖氏的大姐是个特例,实际上大多数媳妇都不敢和丈夫吵架,如果媳妇在家里不受重视,和丈夫吵架了,婆婆就会训斥媳妇,说媳妇不知道体贴丈夫。屋里面的嫂子们也会过来劝说,让媳妇要懂事,体贴男人的脾气,男人的事情多,所以火气大一点正常,没有火气的男人才让人恼火。嫂子们会教媳妇和丈夫相处的"秘籍",让媳妇学会忍让,维持家里的和谐。

(四)兄弟关系

1.长兄如父

一个家庭通常有好几个孩子,父母难以管理,家里的老大就发挥着重要的作用。父母不在家里的时候,大哥就管着家里的兄弟姐妹。如果父母早早去世,同姓的子叔会帮助找到过继的人家,不会让未成年的兄弟们直接立户。父母去世之后,大哥就承担起了半个父母的职能,管着家里的兄弟,指挥兄弟们干活。如果大哥已经结婚,父亲去世,家里的其他兄弟还年幼,大哥就要帮助剩下的兄弟娶老婆,娶老婆的聘礼都是由大哥大嫂准备。兄弟们都是干农活,大哥只要教会兄弟们怎么耕田、如何做水,劳动技能方面就尽到了自己的义务。

---

① 比喻在自己不擅长的领域还要逞能。
② 脾气。

288

正常的家庭里面,大哥要带着兄弟们,杨家是美柏带着美松,后来人春就带人德和张忠豪。人春和人德同一年进的学堂,每个月有三旬,每旬兄弟俩都要带着一捆柴火送给教书的先生,虽然路程不是很远,人春每次就把书袋子给人德,自己便帮人德拿着柴火。去私塾上学要帮教书先生家的木子山除杂草,人春也是每次扛着镰铲,与人德一起去干活。

2.兄友弟恭

美柏和美松两兄弟感情十分深厚,美松比美柏小八岁。美松敬重哥哥,知道美柏定亲了,每天上午做完工夫,下午便去过埠码头上帮人搬柴,用挣来的钱买了两匹当时很好的布,一匹没有花的,一匹有花,送给哥哥做结婚的衣服。美柏也十分疼爱弟弟。美柏的前几个孩子都早夭,美松生人春的时候,美柏作为大伯给人春打了银的长命锁。这件事本来应该是由钟氏①去做,美柏十分疼爱自己的弟弟和侄子,便和政平说要自己去打,杨屋的子叔便都笑美柏和美松乃是兄弟情谊之中的典范。

美松具体得了何种疾病,当时郎中也没有诊断出来,病情来得很快,美松去世也很快。美柏在美松去世的那个晚上和妻子黄氏说,弟弟可能快不行了,结果凌晨就听到了刘氏大哭的声音,美柏穿起衣服跑过去,美松已经断气了。刘氏因为刺激过度,被黄氏扶着出去了。美柏哭了好一阵子,后来还是顶住了,之后美松下葬,政平和美柏操持得很风光。杨家里面美松吃饭的位置②就空出来了,美柏好一段时间边吃饭边掉眼泪。

到了人春这一代,人春、人德感情最为深厚,张忠豪来的时间较晚,和两兄弟没有血缘关系,没有这么亲密,但一直也比较和谐。张忠豪小的时候性格很急,人德做什么事情都很慢,有时候张忠豪就会对人德大喊大叫,王氏听到了就会骂张忠豪不懂规矩,说都是兄弟,要听哥哥们的话。

（五）妯娌关系

1.邓氏廖氏,杨屋双花

媳妇邓氏个子娇小,虽然经常干农活,但皮肤依然十分白皙,腰背很直,无论穿什么衣服都十分精神,邓氏刚进门的时候,杨屋的嫂子都说邓氏漂亮。在娘家的时候,邓氏是家里的老二,很懂得照顾弟弟妹妹。嫁到杨家来之后,邓氏很机灵,很会喊家里的长辈,长辈们对邓氏的印象都很好。在生产活动中,邓氏虽然身板小,但是干活从来不会喊累,也不怕吃苦。邓氏早上起得早,做好早饭的功夫,都可以去河背驮一根竹子回来,只要没有事情做,邓氏就会去砍柴,家里的壁外柴火总是满满的,嫂子们就说邓氏十分勤恳,是好媳妇。

人德的媳妇便是廖氏,廖氏是大门罗洞人,是家里的老三,上面有一个哥哥和一个姐姐,下面还有一个弟弟和一个妹妹。廖氏不同于邓氏的娇小,长得十分高大,和村里面很多男子汉一般高,廖氏嫁过来的时候,嫂子们便说,政平家又讨了一个靓媳妇。廖氏从九岁开始没有剪过头发,十六岁半嫁到杨家的时候,编着一根油光发亮的辫子一直打到大腿上,廖氏脸上也十分干净③,大脸盘④、大眼睛,政平不由地说,这个媳妇实在俊!

廖氏本身就高壮,干起活来十分得力,一般的男人干活根本比不过廖氏。邓氏叫廖氏去

---

① 政平的妻子。
② 美松在世的时候,有个固定的吃饭位置。
③ 即没有痘痘也没有色斑。
④ 即脸庞。

砍柴,廖氏便带着一把镰刀,从河背上去,女性手臂粗细的杂树一次砍上十几根,有时候廖氏还直接在山上把杂树砍成臂长的短段,随便扯一根藤条一绑,直接背回来。回到屋子里后就去劈柴,劈了两担柴火还可以继续去挑水、烧洗澡水。杨屋的嫂子们就说不得了,政平家里面两个媳妇抵得两个男人,长得又靓,做事又厉害,好有福气。

2.廖氏风头强盛,邓氏嫉妒讽刺

廖氏性格风风火火,说话嗓门大、喊得响,做事也要强,男子能做的农活,廖氏也就要做一做,又因为廖氏读过几年书,懂得一些知识,学起东西来有时候比男人还快。1948年,杨集成家里的树要送到赣州去卖,就请杨屋里的兄弟去自家山上砍树,放倒之后拉倒河边,再专门请了撑排子的人运送树。人德和杨屋的兄弟们一起去山上拉树,人德去了两天就说腰痛,廖氏说人德没用,便自己去拉。结果廖氏一位女流之辈,比男人干活还厉害,力气大、技巧好,很多男人都掌握不好树木倒地的方向,廖氏一说一个准,后来杨屋的兄弟们都对廖氏尊重有加。

邓氏看不惯廖氏,觉得廖氏喜欢逞强出风头,就教训廖氏,说廖氏没规矩,到处丢人现眼。廖氏哪里服气,就说不是自己出风头,而是邓氏干不了,邓氏就看不得廖氏做功夫厉害。王氏是家里的主母,本来就偏心邓氏,便也经常在言语上为难廖氏。王氏在安排农活的时候叫邓氏去蛇形岗放水,就要廖氏去河背种菜。廖氏种菜一直到中午饭,王氏就会说廖氏,自己嫂子午饭都温滚了,做弟媳妇的就等着吃。廖氏吃不得亏,就回嘴道,你要你二媳妇去种菜,还要种菜的回来做饭,人都会累病。

七、家户外部交往

(一)对外权利义务关系

1.红白喜事,全杨屋出动帮忙

杨屋是小家之外的杨屋子叔们的大家庭,不同灶吃饭,但是共同生活。杨屋内部,子叔们家中的厨房都是错开分布的,小家的多个卧房也是分布在不同的位置。因此子叔之间,日日接触、感情亲密。

只要有红白喜事,都需要杨屋所有成员一起出动,杨屋的大坪就是专门用来摆宴席的。做喜事的日子定下来,主人家就要到杨屋各个子叔家里说一声,并向子叔家借用桌子,有时候还会请子叔家里的媳妇过来帮忙洗菜。通常情况下,杨屋内部知道哪家会办宴席,子叔家里公公婆婆便会和媳妇说,到某家去帮忙。办酒席的那几天媳妇除了特别必要的农活,还有家里的饭菜一定要做,其他时间,都可以去需要办宴席的人家,帮助主人家里切菜洗菜,准备酒席的材料。

酒席用的酒水、饭食都是主人家里提供原料,其他的准备活动则可以让同屋子的子叔们帮忙。酒席用的头牲,一般都请杨人佩去蛇形岗附近的猪场宰杀。请人佩家杀猪,主人家需送一个红包,或者送三箩大米,之后的磨刀、冲洗工作,人佩家里全包干。平时子叔们家里有吃不完的红薯藤,也可以送几担去人佩家里,这样到了年节才好意思叫杨人佩帮忙杀猪。

1949年以前,杨屋中的红白喜事中,上礼使用到的礼簿主要是政平在帮忙写,政平字写得好,脑子也清醒,不会记错别人家里的数。写礼簿的人可以收三升米还有一壶酒作为谢礼,杨屋内部几乎年年有好事,杨家的人便打趣政平道:"每年都有包^①拿"。等到喜事的相关事宜都布置了当,家里后生兄弟们,就会义务帮忙三天,帮助主人家搭桌子上菜。

2.同屋最亲,外姓朋友较少

杨屋的儿子们基本上都居住在杨屋,按照辈分排列关系,同辈的互为兄弟,杨屋的女儿则全部出嫁,不能留在杨屋,遇到需要求娘家的事情,则问自家的兄弟帮忙,杨屋内部只承认兄弟之间的关系。嫁进来的媳妇,也就算是杨家的人了,媳妇娘家里的事情,只和丈夫相关,不涉及杨屋的其他子叔。自家的兄弟一起长大,且是同父亲的,往往最亲密,其次便是同屋子的兄弟,也是从小一起长大,曾经共同拥有一个祖宗,关系也比较亲密。

杨屋兄弟们的外姓的朋友比较少一些,首先大家都是农民,大多数时候都是从事农业生产活动,干农活接触的都是杨屋人。偶尔有机会遇到兄弟家的外戚来杨屋做客,便有可能结识新的朋友,或者去赶集的时候认识的新鲜的人。如果双方识字,可以依靠书信来往,如果双方不识字,那就只能托人带口信,或者亲自见面了。因此大多数长庆村人,都没有杨、张、王三姓之外的朋友。

(二)对外日常交往关系

1.邻里融洽,感情亲密

杨屋内的子叔之间经常活动,家里种植的蔬菜如果一次性收获太多,嫂子们会把多出来的小菜送到别的子叔家里。嫂子们之间有来有往,晚上活干完了,嫂子们还可以一起到壁外坐着聊天,墙壁上拨篾片^②,大伙儿拿着脚盆过来,一起搓提前几天浸泡好的粗麻。嫂子们拿着墩子,一边搓麻,一边拉家常,等到续上第四或者第五根篾片的时候,嫂子们便要回家去。子叔们坐在大坪上纳凉,也是一人一个墩子,抽着自制的卷烟,一起讨论生产活动。

杨家的细伢子晚上不用读书,用政平的话说就是浪费火光,细伢子到了晚上不怎么需要帮助家里做事,有时候可能磨一点木薯粉,磨完之后就可以去玩。男孩子在杨屋里面上蹿下跳、飞天走石,最兴的游戏是"躲人",即在不出杨屋的前提下,几个细伢子约定在杨屋的一边随便躲,不能进入房间。大家轮流猜拳,输了的细伢子便要来找人,找到一个人,游戏便结束。因为杨屋内部复杂,一盘游戏可以玩两三刻钟,"躲人"游戏经久不衰。杨家的三兄弟经常参与到这个游戏中,其中人德比较老实,每次轮到人德找人的时候,人德就要找上大半天,有的细伢子躲着累了会主动出来。

杨家的女娃子不能这样闹腾,便在房间里和姐妹们一起玩,用一根毛线翻绳子,或者用家里的废布纳鞋底。凤莲没有出嫁的时候,和家里两个妹妹经常会一起玩一个类似过家家的游戏,在杨家的天井边上,几个姐妹扮演商贩,摘一些野草、野果当东西卖。

2.外戚朋友,较少来往

外戚不是杨屋本屋的人,一年到头就来一两次,媳妇如果太过思念娘家,可以每年回娘家去住几天,但不能常住。细伢子可以同母亲一起回去,到外公外婆家里住几天,跟堂兄弟一起玩。如果细伢子跟着过去,可以带堂兄弟回杨屋玩,堂兄弟要走的时候,不能让其单独回家,而是要其家人来接,或者由做姑爷的送回去。姑爷到了丈人家里还要吃一顿饭再走,这样

---

① 红白喜事上的谢礼。
② 竹篾为当时的照明设施,村民燃烧竹篾用以照明。

一来一往的做客就算结束了。

　　出嫁的杨屋女儿，过年过节的时候也会回娘家。政平的大孙女凤莲每年回门都带着大包小包，因为公公婆婆那边很看重凤莲，就怕政平家觉得自己对凤莲不好。凤莲公婆家里的豆巴子①做得很好，经常有人来上门买，凤莲回娘家便带上几十个，喊上屋里的嫂子们来吃豆巴。凤莲回娘家之后，也不需要廖氏或者邓氏煮饭给她吃，自己会进厨房做饭，邓氏和廖氏说凤莲很懂事。

　　杨屋子叔们对外来的人有较强的戒备心理，崇义县占地面积小，人口也不多，每个乡住着哪几个姓的人，大家都十分清楚，只要稍一问，便知道来人的底细。带朋友回杨屋的，子叔们都会过来问候，和朋友打招呼，问清楚来人的家庭住址等信息。总体而言，异姓朋友之间交往的频率很低。

（三）对外冲突及调适

　　杨家人不会轻易和外姓人闹矛盾，政平家里的人不好斗，极少和别人家里的人吵架。杨屋子叔的农业生产活动全部在固定的区域，只有在河边的田地和张家人的有连接，为了防止用水产生矛盾，杨屋的人共同在连接处外部挖了一条沟，水沟直接从张家的田上面绕过，避免了矛盾的产生。

　　保长张慈飞有一次来杨屋找老一辈的子叔说事，说杨屋所占用的蛇形岗的土地，张家也应该有份，因为张家也有人住在蛇形岗边上，要杨屋分水田出来。杨屋的人自然不肯，等到张慈飞还想再来杨屋说事情，杨屋的人就把所有的门都关起来了。张慈飞进不来，就说要叫张屋的人来打架，杨屋的人就说，看是你们张家人多还是我们杨家人多，张慈飞知道张家势力不大，便不再说什么，回去了。

---

　　① 一种面粉和黄豆制作的油炸食品。

第四章　家户文化制度

杨家注重儿子们的受教育问题，所有男性成员都进过私塾，男子迟早有当家的一天，所以必须要会写会算，才能管理家庭的财物。杨家不送女儿读书，认为女儿"无才便是德"。杨家会庆祝清明节、中秋节、除夕等传统节日，过年的时候会准备丰盛年货，庆祝一年的辛劳。在信仰方面，杨家笃信观音大神，认为大神有仙术，可以保佑家中平安。

一、家户教育

（一）家户教育概况

在杨家，政平读过三年私塾，会认字会书写，算数能力也十分够用，其妻钟氏没有读过书，从小就开始裹脚，走路慢悠悠，不能干重活，只能种菜以及做家务。美柏和美松两兄弟都上过私塾，是政平送去的，老人家觉得以后儿子要当家，要能写能算才行。到了人字辈这一代，杨屋中的女儿也可以去学习一点文化，政平没有送女儿去读书，只有三兄弟在读书。

1945年以前，家里由政平说了算，从1945年以后，美柏在杨家才逐渐能够说上一点话，但是三兄弟上学堂的事情都是政平安排的。杨家的生活条件在长庆村可以说是中等水平，送三个男娃子去上学堂，也不会耽误什么，因此便都安排他们去读书。

（二）私塾教育

1.人春、人德同入学堂，张忠豪调皮挨打

老大人春因为等老二人德一起读书，十一岁才进学堂。人德比较笨一点，上学的时候老是被先生打手掌。先生每次让人德伸出手，人德怕痛，就把拳头抓起来，先生生气还打得更重。人春便经常嘲笑人德，说人德胆子小，回到家里也会和政平、美柏夫妇说人德在学堂里面被打的事情，杨家人都当成笑话来看。学堂上午上课，下午不开课，男娃子就要在下午回家干活，通常都是放牛。人春带着人德一起去，张忠豪年纪最小，还没有读书，也会跟着哥哥们一起去放牛。

等张忠豪读书的时候，人春在过埠街上读学堂，人德已经去学医，张忠豪便自己去上学。张忠豪小时候很淘气，学堂设立在蛇形岗的一座山脚下，张忠豪早上出门，便走出去玩，等到学堂放人的时候就回家。刚开始政平没有发现，后来教书的王先生来杨家告状，杨家人才知道张忠豪没有去读书。张忠豪回家之后，便被美柏拿藤条狠狠地打了一顿，一直到王氏求情才停手，此后忠豪便日日读书，不敢懈怠。

2.女儿不让读书，以免聪敏过头

杨家的凤莲很聪明，美柏便和政平商量要不要送去私塾学习一年，家里的条件尚可，可以供养得起。政平就说，凤莲本身就很聪明，送去读书，就要比家里的儿子更厉害，以后嫁出

去，老公会怕她、公婆防着她，日子不好过。美柏便和凤莲说去："你要是想学写字算数可以让阿哥教你，但是不准去私塾里读，老爹不喜欢你去读书，怕你太聪明会受气！"凤莲心中委屈，但也不再提自己想读书的事情，杨家便没有女儿读过书。

人德的妻子廖氏倒是读过书，廖氏在娘家时候，看到哥哥们都去读书，就闹父亲说自己也要去学堂。父亲就说女孩子读书干什么？廖氏便打保票，说自己一定能学的比大哥更好，廖氏父亲本当做玩笑，廖氏大哥听了便不服气，就说让阿中①去读一年书，止到她的瘾来。廖氏果然在学堂里表现很好，连先生都说，"可惜是个女子！"

廖氏舅舅看到廖氏读书，便和其父说，"阿中迟早都要嫁人，你送她读书去干什么，以后比她大哥聪明还了得！"廖氏父亲便再不支持廖氏读书，和廖氏说，阿中我不再送你上学，你要是能自己读，我也不会阻止你。廖氏只好偷偷去姑婆那里采草药，姑婆要廖氏每个月抽十天去山上帮忙采草药，就帮助廖氏付了私塾的费用，廖氏应允，这才得以上学。

（三）学校教育

人春因为学得好，先生建议让人春再去过埠街上读几年书，那边有学校，教得好。政平问人春还想不想读书，人春就说听长辈的安排，政平便还送人春去过埠街上读书一年。去过埠上学那段时间，人春每天早上五点钟就要起床，王氏给人春准备了一捆柴火和一竹筒煮好的饭，上面简单搭配一些下饭的小菜。人春将柴火和饭菜带到学堂，把柴火交给老师，老师中午就会帮忙热饭。

学校里面是礼拜制，不是每天都要去上学，而是按照星期计算，星期一到星期五要上学。人春刚开始不习惯这样的记日子方式，老师就说用毛笔在一张纸上写七列，过一天，就在一列下面打一个钩子，就知道哪天要去学堂了。学校的学费可以用钱，也可以用米抵，政平派米过去，一担就管人春一个学期的费用。上学一年之后，人春自己也觉得太麻烦，便和政平说，自己学的东西够用了，不想再学，政平便答应了。

（四）学手艺

1.政平堪舆

政平的堪舆知识是从师傅那里学习得来的。1884年，政平去过埠街上买酒，遇到了一个算命的先生，算命的就说政平第二年会生一个儿子，果然1885年美柏出生。政平便去打听这个算命的先生，原来是过埠镇麻坑村人，是有名的风水先生。政平便拜何先生做师傅，要年节服侍何先生，何先生说自己的身上有神，不需要政平供着，只是和政平有缘分，传授政平风水知识。后来何先生活到81岁高龄过世，死的时候没有一根白头发，大家都说何先生是真的神仙。

何先生的风水书大多数都给了政平，还有一些书何先生说政平悟性不够，看不懂，就不传授给他。此后政平一直笃信风水之说，在风水学上研究得很深，有崇义县的风水师傅解决不了的问题都会托人来问政平。但是政平的子孙对风水学没有兴趣，美柏和美松基本上不看这类书，政平为此略微抑郁。

2.人德学医

人德在私塾里面读完书之后，就被送到"良母"家里去学医，"良母"在过埠镇口碑挺好，

---

① 廖氏本名廖中香，读过私塾才改名字作"廖桂香"，未改名前小名为"阿中"。

比较擅长治疗妇科疾病和寒热疾病①。学医的约定达成之后,人德家过节要给"良母"送礼,比如大米、猪肉、糖块,过年的时候还要提一块肥猪肉过去给良母家里炼油用。人德学成之后,年年也要孝敬"良母",最后"良母"过世,给"良母"送终。从"良母"处学习而来的中医知识在日后给了杨家很大的帮助,首先是家庭成员的疾病治疗,基本不需要外出就医,再就是时而有村民来人德处看病,也为杨家开辟了新的经济来源。

二、家户意识

(一)自家人意识

在杨屋里面,只要是姓杨的,都是自家人。1949年以前,杨屋的人在外面,被问及家庭地址,都说长庆杨屋,而非长庆某家,长庆杨屋也是外面人对居住在长庆村杨屋内所有子叔的统一称呼。杨家作为小家户,是杨屋内部的一个生产单位,并不能脱离杨屋,因为杨屋才算是真正的"家"。

媳妇即正妻是杨屋家里的人,因为媳妇嫁到杨屋来,为杨屋生了孩子之后,只要没有休离,生死都在杨屋,媳妇的娘家人则不属于杨屋。妾不能算是杨屋人,家里娶妾多是为了延续香火,妾没有光明正大的身份,也不会被写进族谱里面,妾氏在家里的地位很低。如果妾不能生儿子,或者不能生育,便有可能被休,而正妻即使不能生孩子,家里也一般不会休掉,而是让正妻作为家里的劳动力继续为家庭服务。因此在家户单位之内,妾不算是家庭成员。

家里的女儿在没有出嫁之前算是杨屋人,杨屋会对其提供保护,但是出嫁之后,则是其夫家的人了。女儿出嫁后允许回到杨屋探亲,也允许其与兄弟保持联系,遇到困难可以求助兄弟,本家人也会热情欢迎,但女儿于杨屋人而言终究是客人。

(二)家户一体意识

兄弟之间分家自有考量,可能由于家里人口太多,容易产生矛盾,也有可能是为了独立出来比较自由。但不管兄弟怎么分家,怎么吵架,兄弟之间的感情都是要好过外人。

在杨家,邓氏和廖氏虽然经常互相看不顺眼,但是家里遇到大事的时候,邓氏和廖氏两个媳妇都很听指挥,把家里的事情都打点得很好。

杨家兄弟之间感情一直很好。人德做过一段时间的医生,曾经去过埠街边上给一户刘姓人家看病,那人家出了很多药钱。事实上人德的中药部分是买来的,成本很高,那人吃的药里面有穿山甲的壳,故而比较费钱。刘家人不懂事,病好了之后便说人德的药乱卖钱,带着人想来杨屋找麻烦。刘家人拿锄头闯进了杨屋,人德刚好在家,看到别人拿了锄头过来,以为要被打,吓得赶紧关门。廖氏在河边听到消息,赶紧回来,结果人早都已经被赶走了。原来是人春听到消息,赶紧去拿了镰刀过来,还通知子叔拿了把鸟铳,刘家人看自己打不过,便说杨屋的人蛮横,是野人,带着镰刀走了。

(三)家户意识至上

1.杨家团结至上,三兄弟服从安排

"没有家,哪里来的人,有人生没人养,怎么长得大?"对杨屋的子孙而言,自己的小家庭,还有杨屋,就是自己出生、成长、结婚生子,最后入土的地方,离开了"家",自己的生活就没有

---

① 寒热疾病即上呼吸道疾病。

了依靠。个人的意愿总是要从属于家户，举个最简单的例子，如果家中有五个男孩子，肯定不会五个都被送去读书，即使每个人都想有读书的机会，但是没有这样的条件，家里的长辈就决定哪一个儿子去读书，其他的儿子有意见可以和家长说，但如果家长没有允许，就不能依着自己的性格。

人德本来也想和人春一起去过埠街上读学校，因为人德听说那边有地理课，人德对地理知识十分向往，但政平和美柏都认为人德不适合去街上读书。一来每天都要来回走上八公里，人德身体受不了；二来于读书之道，人春明显更擅长，因此家里便决定让人春去读书，让人德去学医。人德不敢忤逆家里的意思，就只好去拜了"良母"，从此便开始了为期五年的学医生涯，一直到廖氏的大儿子出生。

2.忠豪恋李园春，杨家集体反对

张忠豪的妻子是老实勤恳的罗氏，夫妻俩十分恩爱。但是忠豪在 16 岁的时候，曾经喜欢过杰坝乡的一位妹子，这位妹子是人春在过埠街上读书时候结识的张家远房亲戚，后来机缘巧合认识了忠豪。人春上街时带着张忠豪去做客，看到了那个妹子，名字叫做李园春，长得高高瘦瘦，忠豪很喜欢。李园春的父亲是油粮商人，家里面有两个哥哥，只有李园春一个女儿。李园春也挺喜欢张忠豪，便回去和自己的母亲说，过埠镇长庆村的张忠豪很优秀。

政平知道了张忠豪的事情，就说要去看李园春如何，合适便去提亲。双方家长约定在过埠街上喝茶见面，李园春的父亲直接说，女儿可以嫁到杨家，但是女儿不下地、不种田，中秋节一定要回娘家过。回来之后王氏一听，破口大骂，"还有不下地、不下田的，我们家要不起！"杨屋的子叔们也都说要不得，政平和美柏也是连连摇头，从此禁止张忠豪和李家来往。

三、家户习俗

（一）节庆习俗概况

1.立冬做腊味，年味十足

农历十月份开始，水田里面的庄稼全都已经晒干，除了一年四季都要种植在旱地里面的小菜，杨家的基本农事生产活动逐渐停止。等到打霜了，杨家就开始杀鸡、杀鸭子、杀猪，头牲宰杀好，擦干净水后抹上盐巴，在肉上面串一个大洞，架一根竹竿，便在太阳底下晾晒。杨屋的子叔们家里的腊肉都挂在壁外，有的家庭也会挂在主卧的院子外面，到晚上下露水的时候就要收进来，次日早晨干活之前再挂出去。讲究一点的人家冬天要腊"猪五件"，腊猪五花肉、腊猪头、腊猪肝、腊猪耳朵、腊猪脚①，这样下来就是大半头猪，别人家里看到就会说"这家人真惯！"②

杨家每年都会腊"猪五件"，然后再腊六只鸭子，还有两只鸡子。政平好吃，到了冬天就要让美柏带着张忠豪去打麂子，麂子是一种类似于小鹿的动物，性格温顺，打一枪也不知道跑，在长庆村骂人的俚语中，形容人愚钝，就会说是被麂子踢晕了。麂子肉味鲜美，全部都是瘦肉，腊的麂子肉比牛肉还香，杨家打来的麂子先去市场上卖一部分，剩下的装回来，当晚会吃新鲜麂子头，之后便制作成为腊味。

---

① 此处的猪脚是猪腿，是猪的整个下肢。
② 惯，形容舍得，即这家人真大方，舍得吃好东西。

杨家还会做腊香肠，用猪五花肉，加上盐巴、黄酒，一起调味了，塞进猪的肠衣里面，然后打成一节节的，上面还要扎几个小洞，免得猪肉闷坏了。香肠塞好之后，便和各种腊味一起晒干，过年的时候，一节一节剪下来蒸着吃。杨家比较节省，香肠蒸熟之后，王氏给每个小辈碗里面夹两块，小辈们两片香肠就能伴着吃一大碗饭。

张忠豪很好吃、嘴馋，杨家管得严，即使在腊月饭菜里面也少有荤腥，那时候家家户户的竹竿上面都挂着腊味，便要让细伢子玩闹时看着，别被猫偷吃了。张忠豪有一次看到杨人俊家里的腊猪肝又大又黑，便偷偷拿小刀割了一块藏在杨家的灶台下面。晚饭时候便听到杨人俊老婆在骂猫，说杨屋进了不省事的野猫，偷了自己家一大块猪肝，见到那猫就要给它拔毛。张忠豪心中窃喜，晚上偷偷摸摸拉着人德跑到厨房烤猪肝吃，刚好被政平逮着了，政平没有呵斥，说想吃便和王氏去说，下次不要做这种不入流的事情，并答应给几兄弟保密。

2.杨屋青年轮流出力，帮助各家打黄元米果

杨家好吃①黄元米果炒白菜条这道点心②，政平尤甚。黄元米果要用新米泡发，黏性大、口感好，到农历十二月的时候，政平就会催促王氏泡当年的新米。王氏在春天的时候从山上折了很多槐花，晒干后用布袋子装起来，冬天便用槐花煮一大锅水，放凉了之后，就用这锅水浸泡大米。几天之后，大米泡得发软，槐花水的味道便浸透了大米。王氏要再制一锅槐花水，煮熟大米，把熟透的新米沥干水分之后马上搬运到杨屋的大厅堂里面。屋里面的后生马上便过来帮忙，后生们年轻力壮，个个十分有劲，"作后生那会儿有使不完的力气"③。

煮好的大米倒进大缸里面，后生们上来不停用大棍子敲打，打到大米黏性增大，一直到抽不动棍子为止，嫂子们就会过来，把米果揉成一个一个的圆饼，之后送回主人家晾晒干。杨屋的子叔们家家都会错开时间打米果，每次都是全屋子的后生出动，一人带着一根棍子，一个比一个打得带劲！

食用黄元米果的最佳时期，就是白菜抽条之时。媳妇把鲜嫩的菜薹折成一段一段的，把香料④从地里面拔起来，洗干净切碎，黄元米果和腊肉切片，倒进锅里油煎一下，大火翻炒熟，便是只有冬日才能品尝的美味。吃黄元米果的时候，是杨屋比较清闲的时候，家家户户的厨房里面都会飘出阵阵油香。

3.过年吃好，正月做客

过年那一小段时间，杨家的农活就停止了。除夕的中午饭吃的比较简单，可以随便吃一吃填饱肚子，午饭吃完之后王氏就要叫一个媳妇去烧水，另一个媳妇要去杀鸡、杀鱼。水一烧开媳妇就会安排家里的人洗澡，先洗小的，再洗老的，洗完之后就要穿上新衣服、新鞋子。家里的男人留一个专门写春联、挂春联，其他的可以出去串门。

在媳妇整理家务时候，黄氏要准备好冷盘，冷盘里面要有花生米、甜果子、瓜子、猪肝、香肠、猪耳朵，冷盘有八个格子，无论自己家里有没有八样年货都要摆满。冷盘放在饭桌上面，还要摆放一壶茶，边上就是杯子，来了人就喝茶吃冷盘。这样的冷盘一直要摆放到元宵之后，来了人就要冲滚茶水，让客人吃好喝好。

---

① 喜欢吃。
② 早点。
③ 杨人德的原话。
④ 葱姜蒜。

年夜饭在杨家是隆重的大餐了,这餐饭要吃鸡,做法多数是先炒了之后加水烧,把鸡汤炖干,装在三个碗里。一碗放进厨子里,要出了元宵才会吃;一碗除夕夜便可以吃,但是不能吃光;还有一碗要敬灶神,等到年夜饭那一碗吃完了,才吃敬奉灶神的那一碗。

杨家人初一不出门,要在家里打扫卫生,把家里的脏东西扫出去,一年才能整洁。年初二媳妇就回娘家做客,带着米果,有时候还会带着香肠腊肉,外公外婆见了外孙、外孙女都要给红包。媳妇做客的时间有时候需要调节,至少杨家要留有一个媳妇在,否则杨家正月里就无法开火①了。从年初三开始便可以随意做客,到处串门也行。到了十五,家家户户都会吃元宵,用面粉揉成团子,加一点红糖进去,便是元宵了。

4.早夭早亡者简单操办

早夭的孩子用当地话叫作"丢了",杨家的大孙子人守丢了时候,黄氏大哭一场,家里人就安慰说孩子带不大是常有的事情,不要过度伤心,以后还可以再生。人守因为是早夭,为不祥,因此不会举办葬礼,而是简单用布匹一包,之后找一个野地便下葬,不可以葬在杨家的祖坟里面。

早期长庆村有一座野山是专门用来葬"短命鬼"的,后来有的家庭不把早亡的孩子葬在那座野山之上,从此各家也就自己找地野葬了。早夭的孩子不会操办白喜事,家里的长辈会为之设置一个神台,桌子上插香,鬼节时候摆着好饭好菜,定期给底下的"孩子"送吃食。

杨家的二孙美娇出生两个月得了痢疾,喝了奶就吐出来,一直拉水,别人家里的孩子两个月都有小狗大小了,美娇才和一只猫一样瘦弱。政平就说给美娇炖一点猪肉汤喝,结果喝了肉汤,美娇腹泻反而更厉害。黄氏十分伤心,和美柏半夜便出发,抱美娇去过埠街上看病,结果走到半路美娇便咽气了,美娇身上没有肉,全都是骨头,黄氏摸着美娇冻硬的尸体一直哭。按照农村的习俗,未成年的孩子死在路上,就不能带回家,黄氏只好和美柏一起把美娇从杨屋边上带过去,草草埋在也野山里面。

(二)家户习俗单元

汤圆、元宵要用面粉做,而赣南地区没有种植小麦,杨屋人要去集市上面的粮油铺子购买面粉。面粉使用几率十分小,一人家里一整年都用不了一斤,在1949年以前长庆村没有人吃过面条。

元宵是两三家人一起做,这两三家分别准备面粉、红糖、灶头,原材料摆放到大厅堂里面,杨屋嫂子们便都一起过来,帮助包汤圆、滚粉,之后送到准备灶头的嫂子家里面,烧水煮汤圆。煮好之后,嫂子们都去家里拿大碗头,一人两大碗,带着回家去。

杨屋内部有很多小家庭,但是很多生产、生活活动都是整个杨屋的人一起进行,尤其是在年节的准备上。清明节制作艾叶米果,嫂子们一起去山里面、田头边上进行摘艾叶比赛,比比谁摘得多,摘得好,有时候摘得太多了,就直接送给没有时间去的嫂子家里。艾米果每家一次会制作100个以上,分给嫂子们吃一点,自己家里剩下的也不是太多,那段时间杨屋的细伢子们出去玩,荷包里面都装着自己家里制作的艾米果。

(三)节庆仪式及家长的支配地位

长庆村的人称七月半为"鬼节",这段时间家里的男人要在家,吃完早饭便去铲山,把祖

---

① 生灶吃饭。

宗坟地边上的杂草处理干净。杨家祖坟在很山的地方，一年才会去一次，每次去都要带上工具开路。政平的父亲新发的坟地在河背的山上，从背面的一条隐蔽的小路上去，一年到头只会去一次，杨家人每次去铲山，都要带上镰刀，路上的杂草往往有一人高，人走在山里面马上就会被杂草淹没。

杨家给新发的坟墓铲山，新发先祖的坟墓是青砖做的，如何修建已经无文献可考察，坟墓正前方有一块很大的坪，四至修建有排水沟，防止坟地积水。铲山时候，政平先用镰刀砍断周围的杂树，再放倒周围的高草，之后美柏带着孙辈们拿着镰铲把坟地周围的土地整平。山铲干净后，就要在坪上给新发先祖点香烧纸，杨家子孙们磕头拜三拜，要等到所有纸钱燃烧干净，人才能离开。

七月半下午得杀鸭子，先把鸭子血装出一小碗，鸭子烹饪好之后，专门挑出鸭头，带着杀鸭子的那碗鸭血，点上香，送到太公的坟地上面去。到了晚上就要烧"包"①，政平或者美柏要用黄纸写上收"包"的人的名字，把纸钱包好，之后一起烧了。

四、家户信仰

（一）宗教信仰概况

杨家人十分信奉神灵，政平的师傅何生②曾经有一个传说。何先生出生在 19 世纪初期，家里十分贫苦，何先生小的时候一次在水田边上捉泥鳅，看到远远的一个先生打扮的人，似乎是瞎了眼的，何先生就在边上搭着几个石头垫平道路，怕那位先生过去时摔跤。那个瞎眼的先生却没有从石头上过，而是直接跳过去，回头就问何先生说为什么要放石头，何先生说是怕他摔跤。盲眼的先生就说，你心善，遇到我要加寿，何先生果然就活到了八十多岁。

政平跟着何师傅学习手艺的时候，也见过很多匪夷所思的事件，比如何先生可以和死人说话，问他们在地下的生活。何先生还可以"通神"，何先生家的楼阁里面养着一只猫，那只猫就是何先生的通神媒介，如果村民家里有人走失了，就要求何先生"通神"找人。何先生就会问他家的黑猫，将黑猫放在四角桌子上，底下放着需要找的人的衣服，黑猫从桌子的哪一边跳下来，就顺着哪一边去找人，来者都能找到。

（二）家长、家庭成员的宗教信仰

杨家供奉观音大神，家中有一个观音画像，下面放一个小的瓷碗，专门烧香用，初一、十五的时候，就要给观音烧香，请观音保佑全家人的平安，全家人都相信观音大士真的有神力。

黄氏听算命先生回娘家辟邪，回来便带了一个蓝色的瓷碗，安放在窗户的下面，每天晚上都要给瓷碗换水。美柏问黄氏这个蓝色碗有什么神奇，黄氏便说这个碗是专门供奉给观音菩萨的，每天换水就是要给观音的玉净瓶许愿，说明自己的求子之心。王氏改嫁进入杨家之后，也一直保留着那个蓝色的瓷碗。

每个月初一、十五这两天杨家人都要早起敬神。政平点香许愿完成，王氏就会给上自己准备的贡品，有时候是萝卜菜头，有时候是稀粥一碗。如果恰逢杨家有喜事，拜神之时，就要打爆竹，政平通常会放六个散炮③，放炮之后家人才可以摆桌吃早饭。后来的媳妇邓氏、廖氏，

① 纸钱。
② 即何先生。
③ 手指粗的爆竹，单个引爆。

都十分信观音的神力,一直延续拜神的传统。

(三)家神信仰及祭祀

美柏家里的灶神是从金坑乡请过来的,金坑是杨屋的祖先所在,所以杨屋成员家里的灶神都要去金坑乡请,有时候是请画像回来,有时候是请一个小的陶土做的神像。杨家的灶头在打制的过程中,在墙壁上面留一个方形的小洞,专门用来供奉灶神王爷。

每天早饭时候,媳妇要用一个碗装小半碗的米饭,放在灶神王爷的前面,一直到晚上那半碗米饭才会被取下来家里人吃掉。如果家里做了好吃的,也要首先供奉给灶神王爷,过一段时间再吃。如果是过年的食物,则要从除夕夜一直供奉到出元宵,方可食用。

(四)祖先信仰及祭祀

杨家的祖先和所有杨屋子叔的祖先一样,都是基祖玉纯公,玉纯公的祖先则在金坑乡。杨屋的子孙们便都以玉纯公作为祖先来祭拜,玉纯公的身骨被运回了金坑乡下葬,杨屋的子叔会定期组织回金坑乡的祭祖活动。

杨屋内部修建了统一的祠堂,在大厅堂里面的墙壁上面挖了一个大洞,洞内粉饰很好,里面有彩绘,放着玉纯公以来几位先祖的牌位。平时祠堂不点香,初一、十五,杨屋内部的各家家长就轮流会来点香,大型节日时候也会给先祖供奉。在1949年以前,长庆村杨屋没有修族谱,要看族谱都是去金坑乡查看。

杨家日常祭拜的是新发太公,新发是政平的父亲,死后葬在杨家的山里面,每年到清明节、七月半两个节日,杨家的人就要去扫墓。杨家的正厅里面摆放有新发的神位,是一块黑色排位,下面还放有香炉,杨家人经常烧香拜见。

(五)庙宇信仰及祭祀

湾里坳是长庆村张屋附近的一个山坳,边上是长庆河,那处从玉纯公迁来之前就有一个菩萨庙,后来张、杨、王三姓的居民不断将其修缮,神庙一直还算妥帖。神庙里面有一尊菩萨的雕像,菩萨身边有两个童子,庙里面有一大二小三个香炉,逢年过节总有人去烧香许愿、还愿。观音庙由三姓村民轮流管理,村民自觉供奉,常常会有村民主动打扫神庙。

观音庙很有神力,神庙的香炉是黄铜做的,很美观,张屋有家不懂事的人,偷了神庙的香炉去做汤锅,回到家里用汤锅做吃食,结果全家人都肚子疼,大家一问才知道,原来是偷用了香炉。村民都说香炉的香火烧给神仙,凡人吃了香炉的东西,自然会身体消受不起。

还有一户张家人的孩子去观音庙躲雨,看到观音像,觉得很漂亮,在神庙里面玩耍,打翻了观音手里面的瓶子。村民知道之后,就说肯定第二年会有水灾,张家人便送了供品吃食到观音庙里,还要那家细伢子去观音庙里面跪拜了一天。结果第二年长庆村还是涨了大水,庆幸的是没有淹没农作物。由此家家户户都觉得观音庙很有神通,心生敬畏。

五、家户娱乐

(一)串门聊天

1.嫂子们壁外聊天

廖氏和邓氏每天晚上都要在壁外,一个洗衣服,另一个就洗碗劈柴,男人不会随意来壁外,两个媳妇便天天在讲闲话。有时候杨屋其他子叔家里的嫂子也会过来凑热闹,一般在大门口需要喊一声"阿桂"或者"阿香",这是廖氏和邓氏的小名,如果里面有人应了,嫂子们就会进来。

妇女不能在大厅聊天,所以嫂子们端着凳子坐在壁外,邓氏和廖氏都要给嫂子们泡上热茶,放在岩头上面。聊天不光是讲闲话,嫂子们还会带着针线过来做鞋子,廖氏、邓氏可以做自己的家务活,几个嫂子之间就会说自己夫家的事情,也会说自己娘家的事情。聊天中不仅可以谈论家务事,还可以相互倾诉自己的烦恼,有时候嫂子之间会帮忙解决。家里的儿子需要找媳妇,也可以和嫂子们说,嫂子们就会介绍自己外家的亲戚,也会帮忙打听。嫂子们在聊天的过程中,会交流自己的生产经验,比如如何才可以做出耐用的布鞋,如何煮饭会比较好吃,大家虽然没有血缘关系,但是亲如姐妹,相互帮助。

2.子叔们谈天说地

子叔们是杨屋的主人,因此可以随意在杨屋聊天,只要不侵占妇女的壁外或者外院即可。子叔们如果约好了说正事,就要在一家人的大厅里,家里的媳妇要伺候着,在一边泡茶加水,送一点瓜子伴着茶喝,如果在年节边上,还要给腊味。子叔们坐在桌子周围,可以高声谈论,家里的孩子不能随意进来,如果细伢子过来捣乱,家里的男人就骂,说媳妇没规矩,连细伢子都管不好。

如果只是临时的谈天说地,子叔们就只需要从自己家里拿着一张墩子过来,坐在大厅堂或者大坪上,等各家的子叔都出来一起聊天。有的子叔为了方便,直接把凳子放在了大厅堂上,一到出来乘凉时候,便把自己家里的凳子搬出来。

杨屋的后生们年纪轻、坐不住,通常不会像个大老爷天天在坪上乘凉,后生们晚上有时候出去打蛇,有时候也去放鱼,也躲在房间里面鼓捣一些玩意,偶尔也会聚在一起吹牛皮。

(二)看戏

1949年以前的长庆村乃至过埠镇都没有庙会,长庆村内部很少有三姓共同的集体活动,各姓之间比较独立。逢年过节的,过埠镇的大户人家会请人来唱戏。

过埠水库的大桥边上有一个老式的戏台,有上百年的历史,是之前衙门官人为了看戏建造的。后来戏台开放,普通的人家也可以请戏班子到台上唱戏。杨家大官人杨集成每年的中秋节都会请戏班子的成员来过埠镇唱戏,不少长庆村村民会去观看。

戏班子唱的既不是京剧也不是越剧,而是基于赣南人民生活的一种特色戏曲——赣南采茶戏,其内容专门体现生产关系、家庭关系。比如《打鞋底》《丑女报恩》《上山调子》,戏曲四句为一段,唱一段要换人,一场曲目有十几分钟。杨家的媳妇比较喜欢看戏,男子偶尔也会去看,到听戏的时候,政平会给家人放假,说可以中秋节去看戏,下午回来都没事。

(三)其他娱乐活动

1.玩水、炸鱼

过埠镇居于水库边上,家家户户的男孩都会玩水。家里的媳妇经常以河中有水鬼为由,不让男伢子去玩水,有长辈和兄弟在场,细伢子才可以跟着一起去玩水。

杨屋西南角就有水潭,政平和美柏年纪比较大,很少去玩水,杨家三兄弟水性都不错。杨屋的后生在夏天有时候会一起去炸鱼,几家的兄弟带着篓子,还有买来的雷管,跑到水潭边上。会有一个经验丰富的后生先放雷管,大家跑到一边躲开,听到轰隆几声,便可以回到水潭。水潭里面的鱼便都炸晕了,杨家的后生便脱了上衣,穿一个短裤拿篓子去捞鱼。后生们捞来的鱼子可以自己拿回家里面。这样的炸鱼活动每年不能超过两次,要不然水潭里面的鱼便会绝种。

后生们还会在水里面进行憋气比赛,看哪一个憋得时间长,张忠豪经常打渔,在憋气上是老手,常常能够拿前三名,后生们便会把自己篓子里面大鱼送给他。还有便是杨屋的"跳水"活动,后生们站在吊桥上,往水潭下面跳,有些后生胆子小,不敢跳,就会被其他的兄弟嘲笑。水潭面积不大,不足200平方米,上十个后生在水里等着,兄弟们看到有人会溺水,马上就会去救人,根本不危险,因而这些活动没有被杨屋的长辈们禁止。

2.擂茶比赛

擂茶比赛的参赛成员为杨屋的女子,可以是妇女,也可以是杨屋未出嫁的女儿。擂茶是客家人的一门技艺,但是在过埠镇内,只有部分村庄有制作擂茶的传统,其中便有长庆村。杨屋的擂茶比赛在杨屋内部举行,每个家庭选派一个参赛选手,在自己家里厨房将擂茶制作好,送到杨屋的大坪上参加比评。

杨家的擂茶技艺只能算是中等水平,有人家的媳妇有不外传的秘方,擂茶做得又浓又香。杨家的擂茶以王氏做得为最好,制作擂茶时候,王氏先会单独把茶叶用锅铲的一头压碎,在大锅里面炒一遍捞出,然后把花生压碎,混合着芝麻、葵花籽一起炒香,加入之前炒好的茶叶。等到火候差不多的时候,王氏便往炒好香料里面加水煮开,最后在茶汤里面滴几滴木油,由此擂茶便制作完成。

擂茶端到大厅之后,杨屋的长辈们便会挨个品尝参赛人家制作的擂茶,然后长辈们一起商量,谁家的擂茶做得最香,咸味最适中。评比出擂茶制作最佳的人家后,这户人家可以得到一顶草帽加上一匹花布作为奖品[1],十分具有吸引力。

---

[1] 奖品为杨屋子叔共同筹资。

第五章 家户治理制度

杨政平是杨家的"管事"，在杨家具有高度的权威，杨屋内部子叔也赞同政平在杨家的地位。家长职位依照惯例传给嫡长子，美柏是杨家的下任家长，美柏年老之后杨家分家，人春和人德分别自立门户，张忠豪搬离杨屋。杨家依附于杨屋，整个杨屋十分团结，其对内维持杨氏子孙的生产、生活秩序；对外保护每个小家不受外姓的侵犯。

一、家长当家

（一）家长的选择

1.政平管事

政平在1945年以前，一直是家里的绝对权威。人春和人德虽然早已先后成婚，但是小家庭十分不成熟，自给自足尚且做不到，再就是张忠豪还没有成婚，不能自立门户，美柏能力不足以管理众多人口，所以一直都是政平在当家，当家人即"管事的"。如果有事情要和杨家商量，杨屋的子叔一般都会通知政平。

政平当家的时候，家里新置办的物品都要写上政平的名字，比如说家里购买的新碗头，碗底就要刻上"政平"。家里的凳子、桌子等各类物品都用毛笔写上政平的名字，家庭成员还会在名字上面刷一种清漆，防止笔迹褪色。

政平一直到古稀之年都还在管理家中的事务，虽然早已头发斑白，但政平的思维一直十分清醒，算数的速度也和年轻后生没差。村中有人传言，政平的风水师傅何先生有返老还童之术，政平学了个大概，所以老了也很雄①。

2.政平年老，权力逐渐过渡给美柏

政平晚年根据何仙人的嘱咐，会练习一种叫"五禽戏"的武功，是一种模仿禽类的运动，据说有强身健体的效果。临近1949年的时候，政平已经有80岁了，但好在眼睛清晰，耳朵也不聋，腿脚什么的都还很方便。政平自觉已经享福久了，迟早有一天都要入土，一直霸着家里的权利也不是个事情。

政平逐渐将事务交给美柏，告诉美柏自家的主要亲戚，还有各种财产。杨家的可移动财产不是很多，都藏在了一个固定的地方，政平将家中的财产处置权力交给美柏，顺便把家里的银钱的钥匙也给了美柏。但是政平给自己留了一部分零花钱，说是怕以后有什么变故，自己也可以照顾自己。

杨家的家长换成美柏之后，还经历了两三年的过渡期，主要是杨屋内部很多子叔还是会

---

① 强壮，不显老态。

找政平理事。政平就说,自己年纪大了,需要休息了,以后事情要多找美柏。美柏经常也有一些拿不定主意的地方,时常都还是要问问政平。

(二)家长的权力

1.家长安排娶妻嫁女

男大当婚,女大当嫁,男子到了十七岁可以开始娶老婆,女儿到了十六岁就可以放人家[①]。人德和人春成亲的时候,是政平当家,人春的媳妇邓氏就是政平托媒人去看的。媒人去杨屋说,邓屋邓明增家里面的老二刚好到了说媒的年纪,邓家老二便是邓氏。政平就让美柏去邓家看人,美柏说自己没有经验,要政平在才能把张[②]。政平也就一起去看了妹子,看了之后觉得邓氏很合意,这门亲事就基本定下来了。后面人春去看,都只是走一个形式,除非人春要死要活地斗争说不娶邓氏,否则家长认定了的亲事,就是稳稳能行的了。

女儿到了十六岁,家里也会找媒人帮助女儿找人家,政平的女儿都嫁出了杨屋,平时一年才回一次,家里的小辈们与姑姑接触较少,不甚了解。美柏生了三个女儿,三个女儿出嫁时都是政平在当家。美柏的大女儿杨凤莲的夫家是金坑乡人,姓赖,赖姓是营前的大姓,有一部分子孙迁居到了金坑乡,凤莲的夫家便是从上犹县的营前镇迁过来的。

杨家说赖姓是大家,凤莲夫家经济状况较好,家里有三个兄弟,凤莲嫁给老大,过去不会吃亏。因为杨屋的长辈都认为屋里的女儿嫁的夫家是老大比较好,老大往往在家里的地位更高,女儿嫁过去,以后也是做大嫂的,说话更加有地位。政平说赖姓家人好,美柏不反对,黄氏便不敢发表意见了。黄氏问凤莲,凤莲就说听家里的话,这样凤莲就出嫁了。

2.兄弟代理

美松夫妇过世的时候人春还不懂事,大人哭,人春就跟着一起哭。政平在美松去世之后,安排人春和刘氏到美柏家里,和美柏家同灶吃饭,美松留下的房子都还是人春和刘氏共同居住。等到刘氏过世之后,美松家里的所有财产全部都过继到了美柏家里,人春就作美柏的大儿子。后杨家人字辈子孙分家时,人春和人德分杨屋的财产,张忠豪到杨屋外面自谋生路,人春就把之前美松的财产全部又分回去了。

如果家庭里面一个儿子都没有,家长首先会安排纳妾,如果最后纳妾了还是没有儿子,这家就叫作"断了后"。家长会意识到,如果自己去世了,家里面就没有人了,女儿全部都会出嫁,不能继承家里的财产,妻子也终于会有死去的一天,因此就要把自己的财产转送给自己的亲戚。自己的兄弟是首选,送给谁,或者每个兄弟分配多少,都由家长自己决定。

如果家长突然过世,没有办法处理自己的家产,就要家长的兄弟、父亲,内部进行商量,以父亲为主导商量出解决的办法。如果这里面遇到了矛盾,无法解决了,便求助于杨屋里面的高辈分子叔,子叔们以传统习惯来判定家庭财产的归属,同时综合考虑此位家长生前和各位兄弟的关系,子叔们给出解决办法,兄弟们都要服气,选出的兄弟以后就是去世的这位兄弟的代理人。

(三)家长的责任

家庭成员吃穿住行都要和家长汇报,家长是男性,对家务活如洗衣、做饭不甚了解,因此

---

① 即嫁人。
② 有底气。

尽管家里的食物、衣物的所有权属于家长,这部分职责还是转移给家中的妇女。家中最年长的女性便是主母,其有可能是家长的母亲,也有可能是家长的妻子,杨家的主母是政平的大儿媳。主母的主要职责是教会家里的媳妇干活,也要安排家里的女儿学习劳动的技能,以免女儿出嫁之后因为家务活做不好,挨公公婆婆的批评或者被婆家退回。

杨家的粮食种植由政平安排,其他的家庭成员可以及时提醒,政平作为家长不会忘记种田这类根本大事。制衣服是一年一次,在经济状况允许的条件下,家里的每位成员都可制作新衣服,如果经济状况较为一般,或者家长比较节俭,新衣服就要轮流制作。杨家人在1940年以前是年年制作新衣,在1940年以后,家里人口增长迅速,逐渐过渡为两年做一次新衣服,兄弟姐妹之间错开,方便制作。主母王氏十分节俭,政平请了裁缝过来,轮到黄氏做衣服,黄氏就会说,自己衣服堆满了柜子,不需要新的衣服了。

杨家的家长对所有家庭成员都要一碗水端平,政平当家的时候,人春这一辈刚刚长大,家里人员不多,矛盾也不明显。等到美柏当家了,杨家心字辈的子孙渐渐长大,家里人口壮大,长辈们对这些最小辈便不能有明显的偏心,免得小辈、媳妇产生矛盾。媳妇廖氏和邓氏一直有小矛盾,婆罗氏的时候,政平和美柏还担心状况会更坏,结果罗氏什么都不争,家里就邓氏和廖氏会吵架,因此总体而言家庭氛围还算和谐。

二、家长不当家

(一)家长不当家:长子当家

政平到八十岁,头脑依然十分清新,能写能算,也还能看大字,那时候集市上已经有放大镜卖了,美柏给政平买了一个放大镜,政平就说果然是好东西。家里的很多事情依然是政平在做决策,这有一个客观因素:美柏三十五岁时人春出生,三十七岁时人德才出生,政平家子孙走得太慢,政平当家的时间便很长。等美柏做了爷爷,杨屋的子叔便和政平说,要培养美柏去当家了。

等到1947年,人德的大儿子出生,政平便不管酒席之事,直接让美柏去操办。美柏帮着政平办过几次酒席,很快也就上手了。政平看到儿子这么能干,也就能够逐渐把家里的事情交给美柏。

(二)人德"良母"无后,协助"婆婆"当家

人德学医时拜了何先卿为"良母",学成之后服侍了"良母"好几年,何先卿与政平年龄相仿,但没有繁育后代,其妻子娘家只有一位哥哥,在何先卿过世几年后也过世了。人德喊"良母"的妻子作"婆婆"①,在"良母"去世之后,定期会去服侍婆婆。

何先生70岁的时候,由于年老力衰,和妻子便不再耕种土地,将自己家里的土地送给了侄子,侄子每年送夫妻俩四百斤脱壳的稻谷。何先生之前行医存储下来一点积蓄,也会到周围的农户家里换米粮,其妻子种植了几分旱地,上面种一点小菜,还有一点杂粮②,作为生活补充。

何先生收人德做徒弟,也认了人德做干儿子,在教授医术之前就说了,人德以后要尽到赡养师母的义务。何先生去世后,杨家人就对人德说,做人要有良心,何先生待杨家不薄,"婆

---

① 对高龄女性长辈的尊称。
② 红薯、花生、豆子。

婆"的吃食也够,以后人德要给"婆婆"送终。人德记得自己当年的话,过年过节都会去看望"婆婆",平时清闲下来,也会去婆婆家里帮忙翻地,摘花生、晒红薯干。

"婆婆"家里大多数事情都被人德承包了,比如房子捡瓦、菜园修篱笆、上集市买盐巴,有时候人德还帮助"婆婆"劈柴。杨屋的人便开玩笑,说人德都是何家的当家人了,"婆婆"便说,人德是自己的干儿子,是来给自己送终的。后来"婆婆"去世,人德作为干儿子披麻戴孝,何家的财产都是按照何先生的遗嘱,分给了夫妻俩家里的亲戚,人德分到了许多医书,还有何先生的制药工具。

三、家户决策

(一)决策主体

家里的事情,大多数都是家长说了算,如果是家务活,便是主母说了算,家长的地位不言而喻,主母也是不可或缺的。男人在家户中至关重要,是家里的主心骨,女人在家里也必不可少,没有女人操持家务,家里难以维持整洁,家里的饭菜、衣服也没有人伺候。

兄弟们在家里都是小辈,兄弟首先要服从家长的话,也有一定的自由空间。比如政平如果让人德去种番薯,人德可以自己选择一个合适的时间出去种,只要不拖太久,家长都不会责备。

(二)决策的事务

政平管理家中大小事物,忙不过来时候就需要美柏和王氏帮忙,美柏可以帮助管理家中大小事务,王氏只能管理家务事。政平如果要出门,比如说到赣州去一趟,这一去一回就要七八天,政平会提前做好计划,一般出门的日子会选在事情比较少的时候,不会在插秧、收割等重大的日子外出。政平提前对家中事务做好计划,然后会交待美柏,告诉美柏应该怎么做。如果美柏遇到难以处理的事情,便可以回复来人说政平出去了,做不了主,等政平回来再作决定。

在杨家,如果家长作了错误的决定,不能当场反驳家长,而是和家里的主母说,让主母委婉得表达意思。家长知道了后,如果要改变主意,就会和大家说新的计划,如果不改变主意,就会和有意见的家庭成员直接沟通、说理。

四、家户保护

(一)社会庇护

1.杨屋共同调节矛盾

家庭内部的小矛盾基本上可以被家庭内部消化,家长会做好家庭成员的矛盾调解工作,如果无法调解,杨屋的子叔也会帮忙。如果在杨屋外面与别人发生矛盾,则"道理第一,保人第二"。

在农村就要讲道理,以理服人。与外姓的人发生矛盾之后,如果无法私了,两家的子叔便一起坐到杨屋大厅中,吵架的当事人各自说经过,边上坐着两姓的子叔,双方不敢说谎,见证人也会直接到场。子叔们会认真听事件的经过,了解清楚之后,双方就会十分公正地判定事件的对错。

如果是外姓的有错在先,杨屋的子叔会极力护住杨屋的人,要外姓的给说话,还要外姓给杨屋的人赔礼道歉。如果外姓不松口,杨屋的子叔们就会觉得自己被看轻了,说外姓的人不懂规矩。1949年以前曾经有过杨屋的人和外姓人打架，杨屋人被抓到过埠街上去了，最后杨屋的子叔们带着镰刀锄头去把人抢了回来。

如果是杨屋的人有错在先，杨屋的子叔们就会说："都是长庆村的人，大家都让一让，是我们姓杨的有错在先。"便会和外姓商量补偿，但是会尽量避免杨屋的人吃亏太多，最终的赔偿还是要当事人自己去承担，杨屋的子叔只是起到一个判公理、调节矛盾，尽可能维护杨屋子孙的作用。

2.小妾罗氏被送回娘家

杨家为延续香火，曾经娶了崇义县渔梁村罗氏人家的女儿作小妾。罗氏接近20岁才嫁进杨家，在当时算是老姑娘了，罗氏样貌平平，嘴唇比较薄，在农村，有薄嘴唇的人比较刻薄的说法。罗氏性格倒也不算刻薄，但是十分碎嘴，很喜欢讨论家长里短、聊人八卦，杨家人私下里就用"嗲麻"①代称罗氏。

罗氏的娘家以杀猪为主业，平时能够吃到不少油荤，口味也比较刁。杨家有时候赶集会买猪板油回来，黄氏把板油切成一块块的，加点水，用小火熬猪油，每次都能有小大碗的油渣。黄氏把油渣放进柜子里面，炒菜时会挖一点出来。罗氏在厨房吃饭的时候，常常偷吃油渣，用勺子挖一两块油渣在碗头底下藏着，以为黄氏看不见。而黄氏洗碗的时候一看，只有罗氏的碗底有油腥，由此便知道了罗氏的小动作。罗氏干活疏懒、贪快，明明没有做好，就急着要走，下地除草时也常常磨洋工。黄氏对罗氏说，杨家不比你渔梁村的娘家，来了杨家就要勤恳干活，罗氏假装应承，之后又懒里懒散。

杨屋的嫂子们都知道罗氏没用，私下里也常常议论，说杨家的媳妇中，黄氏能干，却带不大孩子，罗氏懒惰，也生不了孩子。杨家对罗氏的容忍度是有限度的，但罗氏丝毫不收敛自己的行为。后来有杨屋的嫂子和黄氏告状，说罗氏行为不检点，罗氏经常把自己的小衣、小裤晒在后院里。在农村，女性的小衣小裤要藏着晒，千万不能给别人家看到，不少女性晒在卧房岩头下面，用一根很矮的杠子晾晒，这样就不会被外人看见。黄氏知道后便训斥了罗氏，罗氏回一句："就你们杨家的规矩多！"自此，黄氏对罗氏深恶痛绝。

罗氏在杨家待了一年半，肚里没有动静。杨家人看不惯罗氏，政平甚至看到罗氏就觉得丢人。政平便和美柏商量，干脆把罗氏送回娘家。等罗氏过节回娘家时，美柏便一同过去，和罗氏哥哥说了一下罗氏的情况，说杨家对不起罗氏，还送了礼品表示歉意。回到杨屋后，子叔们也不问罗氏怎么没有回来，默认罗氏已经离开了杨屋。

(二)情感支持

1.杨屋是杨屋子叔们的"老家"

长庆杨屋在1949年以前，已经存在了接近二百年，数代杨屋的子叔在杨屋中繁衍生息。杨屋落成的时候便建造得十分巨大，之后不断修缮，往外围扩建。杨家成员在外面受气了，首先是和母亲说，母亲和家长说，家户内部解决不了的问题，便和杨屋的子叔们一起讨论解决。出嫁的女儿虽然已经不是杨家人了，但是还可以找自己家里的哥哥们帮忙，兄弟们总是会念着一点姐妹情分，能帮助的就会帮助。

杨集成为方便管理过埠街上的店铺，搬到过埠街上居住，在和大儿子没有闹僵之前，杨

---

① 形容八卦，说话嗲声嗲气的人。

集成时不时还会回到杨屋看一下。杨屋子叔们会给集成泡茶，杨集成就说自己最后死了还是要回到杨屋的。杨集成也称杨屋为"老家"，还许诺只要自己在世，"老家"的人要下葬买不起棺材的，就可以上过埠街找他帮忙下葬。只要"老家"的人去集成家里借粮食，杨集成最少给三箩，粮食第二年来还就行。

2.杨屋是杨屋女儿的"娘家"

杨家的凤莲嫁与赖姓人家后，便成了赖家人，赖家人很器重凤莲，常常当着凤莲的面夸奖杨家的女儿就是懂事。凤莲也很会做人情，便说自己嫁到赖家来，就要一心一意为赖家着想，杨家是自己的娘家，自己也不会忘本。赖家姑爷年年正月会带凤莲回杨屋做客一次，每次都会拿着豆巴子还有各种油炸果子过来，请杨屋子叔、嫂子们一起吃。

平时节庆日的时候，凤莲偶尔也能回杨屋，因为生母黄氏已经不在了，凤莲便经常找王氏聊天。王氏一生没有怀过女儿，十分喜欢懂事的凤莲，王氏说杨家的女儿和媳妇中，自己最器重凤莲，然后才是自己的儿媳妇罗氏[①]。凤莲便也很尊重王氏，经常都会和王氏诉说自己在婆婆家里的事情，好在多是喜事而非烦恼。

于出嫁的女儿而言，杨屋是从小长大的地方，是所有情感记忆的出发点。女儿们每次回家，都能重温娘家的温馨情感，杨屋的嫂子们也会主动上门问候。遇到困难，虽然子叔们一般不帮忙，但是兄弟们大多会给妹子撑腰，杨家的女儿也倍感幸福。

（三）防备盗匪

1.赣南大盗张南洋，闻者色变

早在基祖时期，"镰刀头"为带头的土匪就想侵占杨屋的土地，最后被官府剿灭，此后过埠镇一直没有出现过大的盗匪。1920年以后，赣南地区出了大盗张南洋，张南洋出生于南康县，起初是一个地道的农民，后来挖钨矿挖坏了心性，开始打起了歪主意。张南洋头脑灵活，胆大心细，很快发展了一批力量，成为赣南十八县最大的土匪头子。张南洋为躲避衙役的追捕，长年居住在深山中，四周都有人放哨，一有风吹草动便马上逃跑，根本找不见人。

张为人十分残忍，衙门曾想派人剿灭，几个衙役伪装成土匪，想混进张南洋的内部，张南洋发现之后，直接把人挂在两根竹子之间，用麻绳系牢固，派人用马往两个方向用力拉弯竹子，竹子的弹性好，不会断，人挂在中间便被残忍撕裂成两半。等到衙役们的后援赶到的时候，张南洋早已逃窜得无影无踪，同僚残忍被害，大家也只能强忍眼泪收尸。从此赣南地区闻张南洋色变，只敢避祸。

2.杨屋人合伙抵抗盗匪

张南洋被衙门追捕，四处逃窜，刚好路过长庆村。因为长庆村地势复杂，山多水多，经过杨屋的时候，张南洋就派人知会杨屋。说要杨屋的人给准备一担米，一担肉，自己要带上山，杨屋的子叔听了，说"门都没有"！小卒看杨屋人态度硬，便发狠话，杨屋的人等着吃张南洋的亏！

杨屋子叔们让媳妇准备好家里几天的饭食，便把杨屋所有的门都关了，撑上一尺以上直径的木头。张南洋的人来取东西，发现杨屋根本进不来，张南洋虽然势力大，但在官府长年围追堵截之下，团队只剩十几人，没办法进入杨屋。杨屋的子叔们可以在围屋内的各种小窗口上蒙着一层纱布偷看外面，张南洋的人却看不到杨屋的人。张知道杨屋攻不破，怕时间长了

---

① 张忠豪的妻子姓罗，是过埠镇人。

过埠衙门的人会追过来,就赶紧往上犹方向逃跑了。

（四）其他保护

杨屋屋场东北面小门长年开放,有外姓的子叔想进杨屋找人,多是从东北小门进来。1940年前后,全国多地有战乱,部分百姓逃窜到崇义县,有的进入了过埠镇。

过埠镇的乞丐队伍形成了一定的组织纪律,通常几个乞丐聚在一起,便组成一个乞丐队伍,里面会选一个比较稳重的人当乞丐头子,大家便跟着乞丐头子到处乞讨。乞丐头在杨屋的东北门,不能立即进入,而是要喊门,一直到有杨姓子叔出来答应。每个乞丐手中要有一个碗,没有碗的乞丐,子叔们不会施舍吃食。

如果乞丐来乞讨,杨屋正在办酒席,乞丐头子便不能进入杨屋,而是要在杨屋外面等待。几个乞丐坐在杨屋外面的土地上,等待杨屋的人酒席结束。酒席散场时,主家便会提一袋番薯,并一壶热水出来,给每个乞丐喝一碗热水,然后再回屋给乞丐们一人打一碗酒水。杨家在娶邓氏进门的时候来过乞丐头子,杨家给吃食之后,还给每个乞丐发了一把花生。乞丐头子便带着乞丐们一起给杨家道谢,说杨家一定会兴旺发达。

五、家规家法

（一）默认家规及其主要内容

1.早安规矩

杨屋没有成文的家规家法,但是有约定俗成的习惯。媳妇是主母的助手,要帮助主母干各种家务活。媳妇早上不到六点就要起床,一个去烧火煮饭,另外的就去劈柴。早上做饭的媳妇需要先烧水,等到水烧开了,舀进水壶里,这便是杨家一天的饮用水。水壶装满后,把多的水倒进后锅里,再把后锅加满,做洗手、洗澡水用。

早饭准备好后,媳妇便要请家里的老人起床,先叫爹爹起身。如果爹爹年纪比较大,媳妇就要敲门进屋,把老人家扶起来,还帮老人家穿好衣服。家里长辈起床后,媳妇从后锅里面舀热水,兑温之后喊爷爷奶奶、公公婆婆、丈夫去洗脸。家庭成员洗漱完毕,媳妇准备好饭桌,才开始吃早饭。

2.就餐规矩

媳妇把碗筷、饭食全部摆放上桌,家里的成年男性和主母可以坐在饭桌上吃饭,媳妇和孩子们则在厨房里吃饭。菜上好之后,除非家长叫,媳妇都不会再去饭厅,而是管住细伢子,不能让其乱跑、到处窜。美柏家里的饭桌是一张方桌,等到过年过节时可以打成圆桌,饭桌的主位一直都是政平坐,左边是美柏和王氏,王氏一般都去厨房吃饭,右边是人春和人德,人豪坐在下方向。

吃饭的时候要政平先入座,剩下的家庭成员按照辈分依次入座,要先等政平动了筷子,大家才可以开始吃饭。政平的米饭都是二兄弟去帮忙添,美柏不需要帮忙添饭,都是自己去的。如果桌上有好几个菜,则不能越过别人夹菜,也不可以挑菜,一次性要少取,取的次数也要尽量少。家里的小辈吃饭不能说话,长辈说话的时候,大家要停筷子。碗里的饭一定要吃掉,吃完后用碗装一点茶水喝,说"我吃了了"①,便把碗筷留在桌子上。

_____
① 第一个"了"音,第三声;第二个"了"音,轻声。

3.议事规矩

家庭成员如果有什么事情想做,如觉得旱地上应该如何种植某种作物,一般都要先找母亲说,因为母亲对儿子比较少摆架子,会认真听儿子讲的话。等到母亲了解了,晚上就可以和父亲说,父亲没有听懂的会亲自去找儿子问清楚。如果是爷爷当家,就由父亲去请示爷爷,问爷爷这样的安排是否合理,如果爷爷不当家,父亲还是会去征询爷爷的意见,因为老人家的生产生活经验总是比年轻人要丰富一些。

如果家长觉得晚辈提出的建议不好,有的家长直接会训斥晚辈,比如家长之前安排在旱地里种植红薯,晚辈却说要种植花生,家长就会说"你懂得什么!"有的家长则会心平气和地和晚辈说,家里之前的安排是什么,以及这样安排的原因。还有的家长比较委婉,不想伤害晚辈的面子,便还是让作母亲的去和晚辈说明情况。

4.请客规矩

娶妻、生子、祝寿、丧葬都要请客。请客之前先要请先生算日子,杨屋里的日子大多是政平算的,日子定下来之后,家里的儿子就要到杨屋各个子叔家中去传口信,说自己家里的喜事在什么时候办,不需要请外姓的人参加喜事宴。

（1）上礼

吃饭之前要先送礼,有的家庭会送钱,有的家庭送粮食、送布匹,表达心意即可。杨屋的子叔做好事酒席要写礼溥,家长得记住各个子叔家里到底送了什么过来,届时子叔家办酒的时候,只能送多,不能送少。

（2）摆桌

大厅堂里面可以摆放六桌宴席,宴会的主桌设置在大厅堂里面,里面就是主家人,还有杨屋里面高辈分的子叔。大坪上面坐着的是杨屋的各房子叔,子叔和嫂子们都可以参加喜宴,男子和男子坐在一桌,女子和女子坐在一桌。细伢子们一般不上桌,主人家的厨房里面有准备细伢子的饭食,口味要清淡一些,没有那么多辣椒。

（3）上菜

屋子里的人入座之后,嫂子们开始发放花生和瓜子,每个桌子上面都是一大把,还会放几块糖泡,老人家可以拿回去吃。接着嫂子们就要给每个桌子上一壶米酒,要煮的滚烫,子叔嫂子们就开始边喝米酒边说话。上菜的人全都是男子,厨房里面媳妇和嫂子们把菜炒好,装进盘子里面,男子到厨房用托盘把菜端出去。第一个菜往往都是拼盘,里面有鸡蛋,花生米和各种腊味,只要有即可,不用很多。后面的菜有荤有素,要有猪肉,鱼肉,鸡肉三种荤腥。第一个菜开始上了就可以动筷子,通常是桌子上辈分最高的人先说话,说一句"我就不推迟了,"就可以开动。等到要去装饭的时候,要和自己同坐在一条板凳上的嫂子或者子叔说一声"我帮你装饭,你坐好",才可以去装饭。

5.房屋分配规矩

杨屋内部冬暖夏凉,各个厅堂里面都是靠中间的大天井采光,天井和饭厅之间用一种折叠门隔离开,透光性很好。其他的房间例如卧房,采光条件十分差,进去之后要好一会儿才能适应,但是很适合睡眠。媳妇每日劈柴的时候,都要破一部分篾片,这种篾片大约五尺左右长,两指宽,杨屋的每个房间上都设计有一种小木桩,专门用来插篾片,到了晚上就用篾片点火来借光,人走之后,要把篾片拿走,否则容易引起火灾。

杨家有六间卧房还有两个厨房,美松原来的厨房暂时不用,专门用来堆放柴火还有各种生产工具。在人春、人德、张忠豪三兄弟没有结婚之前,政平睡一个房间,美柏夫妇一个房间,三兄弟一个房间,家里的女娃子一个房间,三兄弟经常跑到政平的房间去睡。等到三兄弟都结婚了,便一人一个房间,之后生的孩子都带着在一个房间里面住。杨屋里面的卧房都很大,放两张床绰绰有余,三兄弟之前去政平房间睡的时候,王氏就在政平房间的地上放了一个棕垫,铺了一床烂棉被给三兄弟睡。

6.制衣、洗衣的规矩

制衣得去过埠街上请裁缝,裁缝都是男子,传男不传女,因此女性只会缝制简单的、给婴儿或者细伢子穿的衣服,大一点的衣服就要请裁缝裁剪布匹来制作了。女儿在家时,家长会定期给做新衣服,男女的衣服一般不能混着穿。女儿出嫁的时候,家长如果有人情,就会给女儿制作新衣服,以后女儿回家做客,也有可能帮助做衣服。男方家里是一定要给媳妇做衣服的,媳妇穿的好不好,就可以看出夫家人对媳妇的态度是什么样的。

在没有娶媳妇进门之前,都是由母亲或者有劳动能力的女儿洗衣服,等到媳妇进门之后,多数都是媳妇洗衣服。当天的衣服一定要在当天洗干净,除非是实在很脏,需要浸泡,或者洗澡时间太晚,晚上看不清便不洗了。洗衣服有很多规矩:第一,家里有两个脚盆,一个是放着男子的衣服,一个是放着女子的衣服,洗衣服的时候一定要先清洗男子的衣服,如果先洗了女子的衣服,一定会被骂;第二,要先洗外衣,再洗内衣,男子内衣有短裤,女子内衣有小衣服;第三,男子和女子的衣服要分开晾晒,男人一根晾衣杆,女人一根晾衣杆,女人使用的晾衣杆一定要比男人使用的晾衣杆位置更低;第四,内衣只能在卧房的外院晾晒,内衣绝对禁止出现在外面,不能让别人家里看到。

(二)家庭禁忌

1.生活上的禁忌

杨屋内部每家的厅堂上都需要挂一面镜子,作用是驱邪,镜子要保持清洁明亮,因此每年大扫除的时候,都要做清洁。镜子如果从大门上面掉下来,则意味着不祥,要拜神烧香,去观音庙里面许愿,然后买新的镜子在观音庙供奉过之后,再挂上去。

衣服忌讳反着穿,1949年以前衣服主要款式是上衣正面有扣子,裤子正面有口袋,只要稍微注意一下,就不会犯错。如果被家长看到反着穿衣服,一定会挨骂,反着穿衣服就是家里死人的意思,不吉利。同理,鞋子也要弄清楚正反,不能随便穿。

吃饭的时候不能敲碗,一边吃饭一边敲碗,就是在招魂,鬼魂在底下听得到敲碗的声音,就以为是有人找自己,会从地下面出来找人。如果没有看到贡品,便会生气,报复敲碗的人家,因此吃饭的时候不能敲碗。

在屋子里面不能打伞,在屋里打伞会遇到鬼,雨伞用了之后就要收起来,或者去天井边上撑起来晾干。家里很少能够用到雨伞,农民干活时用雨伞不方便,基本都是穿着蓑衣,或者带着斗笠。

2.生育中的禁忌

孕妇怀孕期间没有太大的禁忌,农活、家务活都一样要干,怀孕到七八个月的时候,孕妇便不能下田干活,因为田间的活动太过劳累,可能会引起孕妇的早产。孕期要注意的一点,不能用温水或者冷水洗澡,应该多用热水,而且要坚持每天用热水擦拭身体,保持身体清洁。

孕妇要在自己的房间生产,临盆之时,床上换上浆洗干净的床单和被套。家里面会准备大量的黄酒,浇在房间的地面上,用以辟邪。生孩子时,男子不能进房间,家里的老人要回避,否则容易"不好"[①]。孩子产下后,产妇要在床上躺一天,家里的婆婆嫂子或者妹子在旁边伺候。之后十天的时间便算是坐月子,产妇只要做饭,干一些轻巧的农活,不需要下地、下田。家里条件好的,婆婆会天天给产妇喝黄酒,还会吃几次红糖蒸的蛋。等到出了月子,产妇就要一边带孩子,一边干活了。

孩子满月之时,杨家人要办"姜酒"。姜酒的邪气很重,杨屋之中只有妇女才会参加,家里的爷爷辈不能参加"姜酒"。"姜酒"上酒水菜品"火气"旺,比如会用到狗肉这些热性比较大的食材,身体虚弱的人不宜食用。"姜酒"吃不完会分给各位嫂子家,嫂子们带回家里后,不能给老人们吃。

六、对家庭成员的惩罚

(一)大人犯错

1949 年以前,家长批评属于很严厉的惩罚,特别是对于成年人,被家长骂便是丢脸的事情。儿子如果犯了生产上的错误,比如应该给稻田放水的时候没有及时去放水,被家长看田的时候发现[②],回到家里会被家长训斥。挨了批评要多做事获取原谅,家长会让这个成员帮助兄弟们干活,很长一段时间都会在言语上数落这个成员。

媳妇做事不好也会挨骂,家庭厉害一点的,看到媳妇老是做错事,就会让儿子和媳妇退婚,让媳妇回到自己的娘家去。被退婚是对一个农村女人各方面最大的否定,退婚即休妻,说明这个女性即不得公公、婆婆的喜欢,也不得丈夫的喜欢,以后想再婚都难。杨屋没有休过正妻,所有的媳妇都留在了杨屋,但是曾经退婚过几个妾,其中一位便是杨家的小妾罗氏,罗氏无德,杨屋皆知,因此政平家说要休掉小妾的时候,杨屋没有人反对。

(二)细伢子犯错

细伢子出错误,是比较平常的事情,家里的长辈都可以打细伢子,可以打屁股、打手、打脚,其他的地方则不能打,因为细伢子的年纪小,下手太重容易造成肢体残疾。杨屋人都相信,细伢子是"打到大"的,所以不听话的时候,就要打到服气为止。

杨家人打孩子的时候,规定孩子不能大声哭泣。美柏很讨厌孩子的哭声,孩子哭的越大声,美柏打得越凶,所以人德三兄弟都学会了挨打的时候再痛都不要叫出来,这样美柏打几下便停手了。杨家的男孩子从小就被教育要坚强,遇到困难不能逃避,做了错事就要敢于承认,千万不能欺瞒家长,否则会受到十分严厉的惩罚。杨家的女孩子性格硬、要面子,女孩子超过 12 岁,家庭长辈便极少打骂。

七、家族公共事务

(一)杨屋成员定期到金坑乡祭祖

杨屋只在大厅堂供奉着列祖的排位,逢初一、十五或者重大节日的时候烧香祭祀,到了

---

① 沾染邪气。
② 家长只要在家,即使是布置晚辈做的事情,依旧每天会检查,以防发生意外。

过年的时候,供奉上头牲,还要在坪上打爆竹,以告慰先祖。

玉纯基祖是从金坑迁居过来的,金坑乡有比杨屋更大的杨氏聚居区,那边有修缮完好的杨氏宗祠。金坑乡的杨屋会有不定期的杨氏祭祖活动,基本上都是十年一次,届时会有金坑杨屋的人进长庆杨屋进行通知。祭祖的花费预先由金坑杨屋的人支出,从各地来的杨姓支房都摊一些。祭祖活动需要错开水稻生产的时间,因此多安排在农历十月份之后。金坑乡的杨屋人会提前准备好祭祖活动上用到的吃食、香烛,支族的杨姓子孙过去之后,把自己带来的礼物送到一位专门的账房先生处登记,这所有的礼金都归金坑乡杨屋人维持祖先祠堂所用。

长庆杨屋内的大部分家长都会去金坑乡参与祭祖活动,一是为了祭拜祖先,二是可以结识新的同脉兄弟。政平去金坑乡祭祖,会穿上自己最妥帖的衣服,有时候还会让美柏帮忙剃干净胡须,打扮好之后才和子叔们一起出发。祭祖期间,杨家可以吃比较丰盛的饭菜,早上王氏会让媳妇做草菇煎蛋①,每个杨家成员都可以分到一大块。

(二)人佩家"走水",杨屋合力救援

杨人佩在蛇形岗附近修建了猪棚,猪棚有三条凶狗看守,长庆村的人都知道没有人佩家里的人带着便不能去猪棚,否则会有凶狗撕咬。要杀猪的那几天,人佩会睡在猪棚边上的小棚子里面,里面有简易的床和灶头。

人佩有一次去猪棚守夜,从杨屋带着一笼子火屎碳②以便晚上取暖。到了猪棚人佩便睡下了,过下半夜,人佩家的三条狗突然狂吠不已。人佩半梦半醒之间,以为是有人来了猪棚,正打算跳起来找棍子,就闻到棚子外面有烟味。原来人佩进房间之前,用门口柴棚的棍子拨弄了火屎碳,没注意到棍子底下已经达到了燃点。人佩把棍子顺手丢在柴堆上,薪柴便开始缓慢燃烧,三条狗把人佩叫醒的时候,外面已经是熊熊火光。

人佩马上离开猪棚并沿着河边跑回杨屋,路程大约有十分钟,一边大声拍门一边喊"走水!走水!"杨屋中有轻睡的嫂子识得人佩声音来开门,不一会便有数子叔提着木桶出来。大家从河边跑到人佩家里的猪棚,人佩斥退恶狗不让阻挡子叔的道路。经过大半夜的扑救活动,人佩猪棚的大火总算扑灭,但是人佩休息用的小棚子烧断一根柱子,子叔们几桶水浇过去,房子便摇摇欲坠。猪棚基本抢救成功,其中只有一间烧塌了,里面一头还没有骟过的小猪被烧断的木梁砸断了腿,还烧黑了一只耳朵。

人佩十分感激杨屋各家子叔的帮忙,说如果不是杨屋人同心,自己的猪全部都要烧死。人佩的太公对人佩说要请屋里的子叔吃饭,杨屋子叔则说亲友之间不必如此客气。人佩和自己的媳妇一起去猪棚,宰了那头瘸腿的小猪,还杀了家里一只大鸡公,一起炖了,然后给每个子叔家里都送了一大碗。时值寒冬,大碗肉冻能吃上数天,杨屋的子叔们便都夸,人佩家里真是懂礼数、有情谊。

(三)杨屋帮助困难家庭

如果家庭的状况十分糟糕,无法偿还债务,也无法分出劳动力给东家做工,杨家的子叔就会出面,帮助本家谋一条活路。这种情况极其少见,因为人情很难还,借家欠下人情,很多事情便会失去主动权,此后借家的儿子、孙子都要让着子叔家里的人一直要记得这份恩情。

---

① 祭祖时节为冬季,稻田里面堆放的稻杆里面会长草菇。
② 牛粪和干柴烧成的碳。

这样的恩情对于一个普通的农户而言是一个很大的负担，虽然子叔帮助自己度过了债务难关，但是人情难关有时候也是一个巨大压力。所以长庆村的人都秉持一个原则，尽量不要欠债，万不得已时也不能多欠，赣南的山区，只要勤勤恳恳劳作，都能谋得生路，实在不行还能去大官人家里面做长工，不至于活不下去。

八、村庄公共事务

(一)筹资

1.筹资打井

杨屋东面的厨房可以从石壁上引水，但是西面的房子不适合引水，又杨屋只修建有用以排水的排水沟，没有引饮用水的管道，因此杨屋西面厨房需要修建水井。长庆村的水源十分充沛，张屋的主母朱冬英家中的厨房，有一口小的自流井，不用打钻能够直接冒水出来。杨屋周围的地下也是有水的，只是杨屋没有懂水文的师傅，只有从外面请人。

打水井的师傅到杨屋周围看一下，大概判断要在哪里打井，之后杨屋的子叔们就带着锄头和簸箕来打井，打水井师傅在一旁指导，一直打到水出来。为加固水井和防止泥沙混入水源，出水之后要在水井的壁上砌砖，之后为防止儿童坠井，师傅要和杨屋子叔一起修建围栏。打水井的支出由杨屋内所有家庭共同承担，因为这是杨屋建成之后遗留的问题，理应由大家一起分担。

2.维护观音庙

长庆村有一座观音庙，三姓子叔都可以来祭拜。观音庙里供奉有观音大神还有座下童子，村民可以个人为单位到观音庙进行许愿，也可以家族为单位，到观音庙集体拜神，但是三姓村民不会共同拜神。观音庙历来就有，并非三姓村民修建，所以不属于任何一姓，长庆村的各个家族要共同维护观音庙。

长庆村的杨姓、张姓、王姓，轮流对观音庙进行打扫，一姓负责一年。轮到杨姓打扫时候，杨姓的子叔每逢初一、十五，都要派人去观音庙上香、扫地，保证庙宇的地面整洁，没有野狗、野猪住在庙里。观音生日时候，杨屋人要准备炸果子、李子、稀粥，供奉在庙里，还要打一挂鞭炮以示庆祝。供奉的食物在晚饭时可以取回杨屋，分给子叔们一起食用，沾沾福气。

(二)筹劳

1.筹劳整路

杨屋通往河背之路原为黄泥路，一下雨路面便软烂，牛会陷进泥巴里面，杨屋的子叔就说要修整那条路，每家每户都要出人力。子叔们合计安排部分青壮年劳动力去过埠码头挑砂石，将砂石和泥巴混合在一起，压实在路面上，下雨的时候就不会溅泥了。

绕过张屋的小路有多个沟渠，路面崎岖，很不好走，子叔们去蛇形岗要通过那条路。长辈们合计修好那条路，挑选了几个后生，去山上砍大木头拖回杨屋，用斧头将圆木劈成几块厚厚的木板，不求平整只求又宽又厚，用洋钉把木头板子钉在一起，做成几个小桥，过路就方便多了。

2.修缮铁链桥

先祖如何建造铁链桥已无从得知，长庆村人无需修建新桥，但是要年年派人修缮破损的老桥。长庆村有两座铁链桥，都架在河上，村民通往河背的山路，必须经过铁链桥。铁链桥用铁索承力,上面铺设有大块木板,木板经过雨雪风吹容易腐朽,三姓村民便轮流出力维护桥体。

三姓在管理铁索桥期间,看到木板有损坏的,就要和自己家族说一声,然后家族中会派人到山上伐木,将其锯成厚厚的木板。将桥上损坏的木板撬下来,再将新的木板与桥体上的木板死死钉牢在一起。

两座铁索桥边上都有野生的桑树,长得很大很好,修桥的家族当年也要负责维护桥边的桑树,可以摘桑叶,也可以采摘桑葚,但是不能让桑树死亡。所以定期还要浇灌一点农家肥到桑树中,以保证下一姓也能用到桑树。

3.加固拦水坝

长庆村在五土岭修建有水坝,该处水坝利用丘陵地区的自然落差,围堵住向下游流淌的河水,以此进行灌溉。进入春夏季节,雷雨天气多,水潭中的水位升高,光是自然形成的河堤难以拦住河水,这就要求长庆村三姓居民共同出力休整河堤,加固拦水坝。

三姓中每姓都派出几个壮实劳动力,托着板车到过埠镇码头上拉沙袋,运送回长庆村后换一批人到山上伐木,选用直径在十五厘米以上的圆木,用锤头钉入河床中。村民们会把沙袋整齐堆在河岸和坝口,待河水涨起来,三姓村民时常都会关注河堤的状况,防止河堤崩溃淹没田地。

河堤修缮费用由三姓共同负担,王屋人在杨屋下游居住,曾经对修缮河堤的费用问题产生过质疑,王屋人认为自己不容易受到水患影响,不想出钱出力,张屋人、杨屋人便说,王屋人不修水,以后就别想用水,王屋人这才愿意出力。

九、国家事务

(一)纳税

1949 年 8 月中旬,长庆村人在过埠镇上听到消息,说是中国共产党的兵要过来了,许多村民以为要打战。结果等了十几天,一直快到九月份的时候,才开始有拿着枪的兵进来长庆村,这些兵有二三十个人,从村里走过去未做停留。事后便有人说,这是中国共产党的兵,国民党的人全跑了,当年便没有人来收税。

1949 年以前,每年的十月底,村民都要把自己家里晒干的粮食送到过埠衙门去。衙门是很早就修建好了的,那时候政平都还没有出生,后来虽然是国民政府的人接管,但是村民们还是一直叫那个地方衙门,大家认为有官的地方就是衙门。

上粮的标准是一担谷田上粮二箩[①],也有过一年上二箩半的,很多人就不服气,去衙门告状,之后又恢复了二箩的标准。上粮以家为单位,衙门有一个本子,上面写了每个人家里多少亩,交了粮食之后就会画一个小的圆圈。家里的男性挑着晒干的粮食去衙门,只能多不能少,衙门的会计十分厉害,粮食稍微有点不好,就要退回来,大家就说那会计是"老鼠精"。

(二)征兵
1.抓壮丁

抓壮丁就是征兵,规矩是"三丁抽一"。保长会带着衙役来抓人,政平家里有三个孙子,本来人春年纪达标,要去当兵一年。政平就去跟张慈飞说,人春是美松的遗子,去不得,要是被

---

① 税率大约为五分之一。

枪打死了美松会怪死他。张慈飞就说："你家的人德去不得,张忠豪又没年纪,你是要我不抓你家的人?"政平便说,我给你家里看过风水,你家什么样子我都知道,你现在不帮我,你就有现世报。张慈飞心中十分畏惧鬼神之说,知道政平有一些本事,便说念在政平家里人丁少的份上不给征兵,上报衙门人春身体有病,不能参军,这才免除了兵役。

杨屋还有一家子叔,儿子被抓去当兵了。这个儿子装作顺从的样子,被派到赣州。兵的内部管理不严格,随意分配,大家都是初次见面,这家儿子便不讲话。等到大家一起行动的时候,这个儿子便走在最前面,说自己要去探路,大家看他很积极,就由着他过去。原来此人看到前面好躲藏,便走到前面躲进林子里,其他人一直以为他在前面,哪里知道他已经在后退了。最后这个儿子逃回了杨屋,因为怕外姓人发现,就一直躲在杨屋,半年左右的时间之后才出来,外姓的就以为是他服役完了才回来。

2.资助参军

杨屋人内部十分团结,在需要对外的时候都能摒弃家庭内部的纷争,追求整个家族利益的最大化。集成仙是从长庆杨屋出来的,因为头脑聪明、善于经营发了大财,在过埠街还有崇义县都有自己的商铺,为了更好地管理财产,集成仙便搬到了过埠街上居住,杨屋的房子便给了兄弟家里住。

集成仙有时候回杨屋扫墓,就会对家里的子叔说外面的事情,说外面很多地方都在打仗,崇义县城很多大户人家的子弟都会出钱出力,也有"外面的人"①来过埠街游说集成仙帮忙。集成仙说自己生是杨家人,死是杨家鬼,自己钱财一辈子是用不完了,谷子也有很多,便说要以长庆杨屋的名字资助赣南地区的能人志士。

集成仙经常都会请杨屋的人帮忙自己运送木头,后来集成为了资助外面的人,把卖木头得来的报酬,全部都换成了花边,时常派管家给外面的人送钱、送粮食。有一次集成仙回到杨屋,请杨屋的嫂子帮忙做一种草杆打的凉鞋,那种凉鞋全部用草杆编织成,不是很耐穿,但是制作速度比较快。嫂子们打十二双草鞋就可以换五升稻谷,集成在杨屋收了一个月的草鞋,然后用麻布袋子装好,请人送给外面的人。

(三)选举

1949年以前,张慈飞是长庆村的保长。从张慈飞的父亲辈开始,张家便有很多兄弟,是张屋中的大家庭,在整个张氏家族中说话便很有份量。张慈飞的母亲来自过埠街上的何家,长得高大,说话声音洪亮,对儿子们十分宠溺。张慈飞是张家的老大,从小就很皮实。

何家有亲戚是衙门的衙役,张慈飞到过埠街上做客,张母便会带其去见识家里的亲戚。张慈飞长大后便充分利用了这一层关系,和衙门关系搞得火热。又因为张慈飞家里人多势力大,张慈飞自己脑子活络,积累了很多财富,衙门便把长庆村民的管理工作交给了张慈飞。说是管理,但张慈飞实际需要做的事情很简单,秋天时候督促收税,要征兵时帮助抓壮丁,偶尔维护村庄的治安。衙门给张慈飞派了火铳,张慈飞便用火铳在村庄里面作威作福。

村民们默认张慈飞是长庆村的保长,心中对其又惧又恨。杨屋的人放话,无论谁当保长,只要不惹上杨屋,杨屋便不管。张慈飞看不惯杨屋人嚣张的样子,便说杨屋迟早也会倒,杨屋人不予理会。

---

① 集成仙经常给共产党的人偷偷送物资,但那时候不能言明,便用"外面的人"代指。

调查小记

2017 年 8 月 17 日　晴天

特意关注了近段时期的天气预报,我挑选了多晴天的八月中旬入村进行家户制度访谈。受访者人德阿公已经是古稀之年,平日里都是在村庄内随意走走,或者看电视打发时间,幸好人德阿公的视力一直保持较好,还可以使用老花镜看看报纸新闻,偶尔阅读药理、堪舆书籍,生活怡然自得。

我入村之后居住在奶奶家中,和村中的熟人打过招呼之后,便开始着手采访人德阿公。人德阿公正睡完午觉,坐在沙发上看电视,见我过来,便聊了许多社会热点问题,顺带聊到了我的学业。今日的采访以拉家常为多,并未对家户进行深入的挖掘。

2017 年 8 月 18 日　晴天

今日的太阳尤其好,人德阿公早上六点便来到长庆村的公共设施处锻炼身体,做一些简单的伸展运动。我和人德阿公在院子里面搬着凳子进行访谈,原来在 1949 年以前,人德阿公正当年轻,家里有十几口人,其爷爷杨政平是家里的家长。杨政平年近古稀,但身体一直硬朗得很,说话中气十足,家里其他成员对他又敬又怕,杨政平在家中具有极高权威。

人德阿公回忆起 1949 年之前的事情时,刚开始还有点记忆模糊,多次提到杨政平之后,人德阿公突然开始哽咽。人德阿公说杨政平晚年时候酗酒,经常在过埠街上喝得烂醉,家里几兄弟就轮流去街上把杨政平背回来。一想来,这些事情都过去了大半个世纪了,人德阿公十分怀念以前的日子。

人德阿公要去过埠街上做客,下午我便整理了资料。快到晚饭的时候,奶奶要去菜园里面摘秋葵,我便跟着一同去,原来秋葵是长在矮树上的,鲜嫩翠绿十分可爱。奶奶说明天要杀鸡给我吃,好久没有回来了,需要补一补。

2017 年 8 月 19 日　晴天

今天去人德阿公家的时候,人德阿公拿了很多做昨日做客的零食出来,原来昨日人德阿公是去自己的小女儿家吃晚饭,小女儿送了人德阿公很多零食,还有六十个米果。人德阿公知道我今天会来,特意让媳妇蒸滚了米果,媳妇说我是小女孩,喜欢吃甜的,还给我弄了一碗红糖和一碗白糖,说边讲话边沾着吃。

虽然是按照问卷的提纲进行访问,但是人德阿公思维到一处时候,往往会发挥很多,我一边佩服人德阿公的记忆力之清晰,一边又有点担心整理会有一定的难度。但人德阿公的故事实在十分丰富,今日还和我讲了许多田间劳动的趣闻,比如杨屋的割稻子比赛,屋内媳妇的各种较劲,我瞬间就不担心整理的难度了,只想好好听人德阿公讲故事。

人德阿公说自己身体一直不算太好,年轻时也比较文弱,幸好自己的老婆比较厉害,要不然自己就要被人笑话。人德阿公的妻子也一直在世,可惜8月去广东帮助照顾曾孙子了,所以我未能谋面,没有领略到"长庆村一枝花"的风采。

2017 年 8 月 20 日　晴天

人德阿公问我从赣州到武汉要多久,我说坐火车直达需要 10 个小时,人德阿公感叹时代的巨大变化,1949 年以前,人德阿公去一趟赣州市,一来一回就要五天时间。那时候人德阿公和兄弟们帮助大户人家杨集成走水路运送木头,人德阿公会撑竹排,其妻廖氏和大哥便拉木头,之后两兄弟到赣州帮忙卸货,能挣上好几块钱。说着人德阿公拉着我去了大哥家中。

人德阿公的大哥人春阿公正坐着轮椅在院子里面晒太阳,因为做过心脏架桥和白内障手术,皮肤比较苍白,即使是夏天也戴着一顶布帽子。人春阿公的听力不好,招英伯母在一边剥着一脸盆的毛豆,一边有一搭没一搭地和我们一起聊天。人春阿公的记忆力还算不错,说了很多自己小时候上学还有放牛的事情,刚好补充了人德阿公不清楚的时间段。

人春阿公平时喜欢听歌,很喜欢听宋祖英唱歌,招英伯母说家里的音响有一点问题,让我帮忙看一下。我发现人春阿公家的音响居然是 WiFi 的,一问,原来是阿公的大孙子给阿公家里装了宽带,所以可以联网操作,但是家里的老人和媳妇们都不懂,因此一直在听老歌。我把音响收拾好之后,招英伯母已经在用高压锅压毛豆,端了一汤盆带壳毛豆给我们吃,压得特别熟,特别烂,老人吃都很轻松。

今天的访问轻松愉快,有十分生动的回忆,还有人春阿公讲的鬼神故事,保持状态,明日继续加油!

2017 年 8 月 21 日　雨天

今日早晨下了一点雨,吃早点的时候荣瑶阿公从门口经过,奶奶赶紧喊了老表进来。荣瑶阿公是我之前采访的口述史对象,年近九十,是抗美援朝的老班长,精神抖擞,经常步行去八里路外的过埠街。阿公了解了调研的主题之后,和我讲了好一会儿 1949 年以前长庆村三姓人之间的小故事,后来有人打电话要他去喝茶才走,还约定寒假还要和我聊天。我十分尊敬这位老人,他总是以最饱满的热情去面对生活,充满自信,却从来不忘初心。

下午去了人德阿公家,人德阿公兴致满满带我去看狗崽子,在路上和我念叨着之前他去学医的故事。后来便到了阿公的药房,是一栋泥巴的老房子,里面全都是木头柜子,零星装有药材。人德阿公说自己学医的时候还是个小孩子,刚开始不懂事,总闹着要回家,后来被父亲狠狠地打了一顿,说不学就不是杨家人,这才不敢造次。

2017 年 8 月 22 日　晴天

调研差不多要结束了,人德阿公差不多也被我问烦了,人德阿公的媳妇笑话我,说我快要比阿公都更清楚杨家发生的事情了。上午补充了一些问题之后,我便和阿公说基本上可以了,要回去好好整理,阿公的媳妇又给我蒸了米果。

下午和爷爷一起去了一趟祠堂，查看了人德阿公家里的谱系关系，我用本子记录了下来。阿公突然来了兴致，说自己要好好研究一下族谱，我帮阿公去家拿了老花镜过来，还把阿公的笔带了过来，阿公说自己要认真学习，我便先回去了。

　　短短几天的访谈过程，让我看到了一个老人在时代发展中的韧性，人德阿公永远处在一个不断学习的状态，无论是文化知识，还是现代生活的种种工具，他都孜孜以求。而阿公的家庭，从1949年之前延续到现在，老一代的成员不断逝去，新的成员不断补充，时间不断流逝，这个家庭的传统，却依然在新时代安居乐业历久弥新！

第四篇

以佃补农：工农并举之家的治理
——鄂东南坎子湾村奚氏家户调查

报告撰写：陈 露[*]
受访对象：奚晓东

* 陈露(1994—)，女，湖北黄冈人，华中师范大学中国农村研究院 2016 级硕士研究生。

导　语

　　奚家角村简称奚角,位于湖北省黄冈市团风县回龙山镇[①]坎子湾村。奚家自清朝光绪年间起长期以来定居在奚家角村。奚家在 1948 年分家前,奚宗玖是奚家的当家人,由于奚宗玖在兄弟间排行第九,兄弟间习惯称其为老九,后来兄弟各自分家单过,因此奚宗玖家族成员都称其为老九爹。本篇主要是对奚宗玖家庭的访谈,下文中简称为奚家。奚宗玖的妻子是家中的内当家人,奚家老九爹奚宗玖夫妇生育了三个儿子并均已娶妻生子。奚家内部人员关系丰富,家事繁杂,但是奚家当家人奚宗玖能维持好一家的生活并且使家庭成员均能得到良好的生活照顾。

　　奚角起初家户稀少,奚家属于村中人口和影响力较大的一户人家。奚家在 1948 年分家前家庭人口数为十七人,家庭内部关系丰富,如妯娌关系、夫妻关系、兄弟关系、父子关系等,且在经济、政治、社会等方面均有参与活动的迹象。奚家的社会关系丰富,与外部人员、市场等均有来往。

　　奚家自有土地较少,多数为租种土地。但是奚家与大户人家的关系和谐,在土地耕种上人地关系、劳力关系丰富。此外,奚家兼有副业,如手工业、教育业等。奚家不仅租种大户人家的土地,还居住着大户人家的房子。

　　奚家重视教育且学校教育和家庭教育并重,老九爹孙辈人口较多,奚家仍然能不顾家庭经济压力将孙儿们均送到学校接受教育。奚家在未分家之前是三代同堂的大家庭,奚宗玖老人的三个儿子主要承担对奚宗玖夫妇两位老人的赡养义务。

　　奚家在经济制度、社会制度、文化制度、治理制度等方面均有较为丰富的家户内容,在不同的制度下都有其独特的家户性。

---

　　① 回龙山镇:回龙山镇地处东经 114°54′~115°06′,北纬 30°34′~130°40′,位于黄冈市团风县东南部。东西横宽 9 千米,南北纵长 11.2 千米。镇内地势东高西低,东部为大别山余脉。这里紧靠长江,属北亚热带季风气候,四季分明,热量富余,雨量充沛,光照充足,是农作物生长的多宜地区,年平均光照 2082 小时,平均气温 167℃,平均雨量 1202 毫米,无霜期 252 天。适宜于林果种植,主要适宜马尾松、杉木、枫香、女贞、梅树、泡桐、法桐、香椿等。这里交通便利,106 国道纵贯全境,京九铁路穿镇而过,镇政府所在地距黄州火车站仅 3 千米,距古城黄州 15 千米,距武汉 80 千米,镇内通村公路网健全。

第一章 家户的由来与特性

奚家自清朝光绪年间迁居至奚家角村,现坎子湾村一组。1948年分家前,奚家自有土地较少,主要靠租种大户人家赵家的土地生活,并且奚家人因租种赵家的田地而世代居住在赵家的房屋中,因此奚家在1948年分家前并无自家房屋。奚家在奚家角村生活至今已超过七代人,一共有一门十支,在本村已繁衍了上百余人。奚家家庭人口较多,在分家前有十七口人,其中两名老人、六名中年人,其余均为未成年的孩子。奚家较少有人参与村庄、乡镇的政治生活,家族中由奚家亲房叔伯①中说话算数、有威望的亲戚来担任房长一职。从总体来看,奚家属于人口规模较大但经济条件中等的家户。

一、家户的迁徙与定居

(一)定居年代已久

奚家自清朝光绪年间起迁居至奚角。在奚家家谱中奚宗玖一辈已是第十七世,到重孙辈已是廿四世了,可见奚家祖上至今已繁衍了廿四代人,经过进一步查阅奚氏家谱可追溯到更早年的繁衍及后代发展情况,但由于奚家目前仍然在世的后辈世人对早年的奚氏祖辈记忆不详,并且家谱保留不完整,无法整理出完整的奚家历代房支后辈的人口发展概况,仅能简单罗列。

(二)人口繁衍不息

自奚宗玖的父辈起就在奚角定居,奚宗玖是老十房兄弟里排行第九,因此被后辈人称为老九爹。本文中的老九爹即指奚宗玖,也即是奚家的当家人。至今奚家在奚角已繁衍了七代人,奚家自奚宗玖的父辈起,从外地迁徙至奚角。奚家人刚到奚角村时,村里只有两户人家。老九爹父辈及兄辈间的奚家家户世系繁衍情况表详见文末附件中对奚家老十房家户世系图的补充介绍。

(三)房支人口发达

奚家在奚角至今已繁衍有七代余人,一共有一门十支,在本村已繁衍上百余人口。此外,在奚氏宗谱上也更进一步查证了本姓氏的人在本村的繁衍情况。奚家自老九爹奚宗玖老人一辈起有兄弟十人,老九爹的父辈有兄弟多个,但是只有老九爹的父亲一人在奚角落户并繁衍后代定居至此。老九爹兄弟间分家前,老九爹一辈的十房兄弟住在一个房屋里,后来十房兄弟分家,老九爹一辈具体的分家年份及分家细节已无从了解。奚家十房老兄弟住的同一个大屋子是外村姓赵的一户大户人家的房子,当时全奚角村就只有这十房兄弟在本村生活、发

---

① 亲房叔伯:对父亲一辈亲兄弟的称呼。

展,十房兄弟一起种了赵家八石二斗①田,并且住在赵家上下三重的屋子里。十房兄弟虽然住在一个房子里,但是并不同灶共财,对老九爹一辈的十房兄弟仅能从家谱中了解简要的人口情况。十房兄弟各自繁衍了后代,且十房兄弟各自开了一个大门进出房屋,各家有自家的灶台生火做饭。由此可见,奚家十房兄弟在平日生活中互不干扰,相处融洽。老九爹也不例外,老九爹夫妇二人共生育了三个儿子,三个儿子成家后就开枝散叶,人口繁衍不息。老九爹奚宗玖夫妇带着儿子、儿媳妇们和孙辈一起生活在自家分到的房子里,夫妇二人和后辈一起打理自家的家务、耕种自家的土地、抚育自家的孩子。

(四)沾染赌博恶习,家境渐衰

奚家自从定居在奚角后,在老九爹奚宗玖一辈之前祖上从未发生重大变故。奚家祖辈都是以种田为生,少有部分学手艺的人,祖上并无兴盛大业,都是靠劳动过日子的家庭。奚家老九爹的儿孙一辈时出现个别做生意、学手艺的后辈人,多是织布、做裁缝、教书等职业。

奚家的自有土地较少,老九爹的三儿媳嫁入奚家时,带来了较多的嫁妆田,当时老九爹的大儿子启告在家织布、卖布,做起了布生意;二儿子启木在家耕田种地;三儿子启富外出在唐家墩梁家咀长堤那一带教书,而且教书的水平较高,启富教书每年收的学费都是粮食,收的粮食就带回来过生活。因此,家里的生活条件较好。但是,老九爹的大儿子和三儿子年长后均染上赌博的恶习,欠下了赌债,为了还赌债不得不将田地变卖用于还债,卖地后奚家家庭衰落,生活条件变差。其后,由于家庭矛盾加深,老九爹的三个儿子于1948年分家,老九爹的三子启富自分家以后家里无人耕种田地,于是放弃教书事业回到家里依靠种田生活。

二、家户基本情况

(一)人口规模大

1948年分家前,奚家长辈是老九爹夫妇二人,奚家大儿子有三个孩子,二儿子原本有三个孩子,其中有两个孩子因病去世,三儿子有五个孩子,家中一共是三代共十七口人生活在一起。奚家仅老九爹夫妇为老年人,老九爹夫妇有三个儿子,且均已婚有孩子。奚家无收养情况但有过继情况,奚家的三子奚启富被过继出去给老九爹的六哥做嗣子。虽然奚家三子过继出去,但是当时过继仅仅是"顶门户"②,即老九爹的三子启富仍然在九房生活,仍然是九房的人,只需在六房老人去世后,为六房的两位老人送终并在家谱上列为六房的后代,这样是为了防止六房没有后代人。实质上老九爹的第三子启富虽然过继出去,但是仍然与九房在一起同居共财、共同劳动、共同生活,属于九房的家庭成员。

表 4-1　奚家 1948 年分家前家庭基本情况数据表

家庭基本情况	数据
家庭人口数	17 人
劳动力数	13 人
男性劳动力	8 人

---

① 八石二斗:约八十二亩,一石为十亩,一斗为一亩。
② 顶门户:过继的一种说法,男丁被过继后仍在原家庭生活,仅在族谱上列为过继家庭后人并为其养老送终。

家庭基本情况	数据
家庭代际数	3 代
家内夫妻数	4 对
老人数	2 人
儿童数	3 人
其他非亲属成员数	0 人

(二)家庭成员发展良好

奚家原本有十九口人,在 1948 年分家前人口有所减少。奚宗玖大儿子家有五口人,夫妻两人,子女三个。主要是奚宗玖二儿子房下人口发生了变化,二儿子家原有五口人,但是二房夫妇的两个儿子亚中和学中在年幼时因病去世,所以到 1948 年分家前二房家只剩三口人。奚宗玖三儿子房室夫妻两个,子女五人,共有七口人。三个儿子各自的家庭人口数,再加上老九爹和老九婆夫妇两人,全家共十七人。由此可见,到了 1948 年分家前的时候,奚家总共有十七口人。

老九爹名叫奚宗玖,是奚家当家人,即家长,其妻子老九婆的姓氏不详。在 1948 年分家前,奚宗玖夫妇近七旬的年纪。奚宗玖老人的长子叫启告,生于光绪廿七年,即公元 1901 年,长媳汪氏生于光绪廿二年,即公元 1896 年。次子启木生于光绪卅年,即公元 1904 年,次媳吴氏因病去世后,启木后续娶了凌氏,凌氏生于公元 1914 年。三子启富生于光绪卅二年,即公元 1907 年,三媳朱氏生于光绪卅四年,即公元 1909 年。

奚宗玖夫妇的孙辈们分别是大儿子育有两子一女,孙儿后桂生于 1924 年,孙儿后槐生于 1931 年,孙女姓名不详,生于 1937 年;二儿子育有两子一女,孙儿亚中生于 1937 年,于 1942 年因病不治逝世,孙儿学中生于 1939 年,于 1942 年因病逝世,孙女金花生于 1933 年;三儿子育有四子一女,孙儿后火生于 1928 年,孙儿后刚生于 1931 年,孙儿后东即受访者奚晓东老人生于 1937 年,孙儿后意又名和意,生于 1942 年。奚家所有家庭成员均无人参加社会组织。

奚家共十七口人,所有家庭成员身体状况良好,奚家只有老九爹的三子启富读书多,后因学识较高担任学校老师。奚宗玖的大儿子和二儿子均没有读过书,家里需要劳动力,大儿子和二儿子就去种田种地养家糊口,因此没有经济条件供大儿子和二儿子读书。到了奚宗玖的三儿子,即小儿子出生且长大以后,奚宗玖就把自己的三儿子送去私塾里读书。在奚宗玖的孙子这一辈里,属奚宗玖的三儿子启富的三子后东读书最多,孙儿后东在解放前读了 5 年书,解放后读扫盲夜校 3 年。奚宗玖其他的几个孙儿、孙女都没有读过多少书,奚宗玖大儿子启告的两个儿子读了两年书就回来干活、种田了。奚宗玖的三儿子启富的大儿子后火去了一年学堂就回来了,二儿子后刚读了三年。奚宗玖的三儿子启富在孙儿后刚到了适龄入学的时候极力送其去读书,但是其不认真读书,天天背着书袋子出去上学,实际上躲在麦地里、大树下面睡觉、玩耍,到了放学的时候再回来,不仅不认真读书,还在学堂里与教书的老师顶撞、调皮,并在家里与其父亲启富说不要送他去上学,说自己坚持不下来、不喜欢读书。启富觉得孩子读不进去书就算了就回了来,因此奚宗玖的孙儿后刚读了三年就回家里来种田了。启富的三儿子后东读书最多,奚家就属孙儿后东最喜好读书,最认真。奚家最小的一个孙儿后意在1948年分家前由于年幼,并没有去上学读书。

奚家人基本上不信仰宗教,奚宗玖夫妇会去庙里拜拜菩萨,自己的儿子、儿媳妇们也会去拜一拜土地神和财神爷。奚宗玖的孙儿、孙女们1948年以前会跟随大人去庙里玩、拜拜菩萨,但是当时孩子们小,不知道信教是怎么回事,就是跟着去凑热闹,所以基本上不能算作信教。奚家只有奚宗玖夫妇和自己的儿子、儿媳们每个月的农历初一、十五都会固定去庙里上香,同时祭拜财神爷和土地公。1948年以前,奚角村民对于宗教信仰并没有十分清晰的认知,家人去庙里烧香拜佛这就算做是信仰佛教。

奚家人的婚姻状况良好,家中有四对夫妻,分别是老九爹夫妇、长子启告夫妇、次子启木夫妇和三子启富夫妇。奚宗玖的孙儿一辈里在1948年分家前只有大儿子启告的大儿子,即孙儿后桂结婚成家,奚家也仅有奚宗玖老人的长孙结婚了。孙儿后桂生于1924年,于16岁成家,其妻吴氏生于1923年,为奚家的童养媳。吴氏12岁时来到奚家,在16岁时与大房长子后桂成亲,后桂成亲时,虽未解放但是奚家已经分家,鉴于此情况未将后桂妻子列入表中。

奚家没有常年住在自家的非亲属成员,如管家、长工、丫鬟等,只有这十七口人在1948年分家以前生活在一起。

表4-2　1948年分家前家庭成员基本信息表

序号	姓名	家庭身份	性别	年龄	受教育情况(年)	婚姻状况	宗教信仰	健康状况
1	奚宗玖	家长	男	70	2	已婚	无	良
2	妻子	内当家	女	70	0	已婚	无	良
3	奚启告	长子	男	48	2	已婚	无	优
4	汪氏	长媳	女	53	0	已婚	佛教	优
5	奚启木	次子	男	45	0	已婚	无	优
6	凌氏	次媳	女	35	0	已婚	佛教	优
7	奚启富	三子	男	42	7	已婚	无	优
8	朱氏	三媳	女	40	0	已婚	佛教	优
9	奚后桂	长孙	男	25	2	未婚	无	优
10	奚后槐	三孙	男	18	2	未婚	无	优
11	奚金花	长孙女	女	16	0	未婚	无	优
12	不详	次孙女	女	12	0	未婚	无	优
13	奚后火	次孙	男	21	2	未婚	无	优
14	奚后刚	四孙	男	18	3	未婚	无	优
15	奚聪儿	孙女	女	14	0	未婚	无	优
16	奚后东	五孙	男	11	7	未婚	无	优
17	奚后意	六孙	男	7	0	未婚	无	优

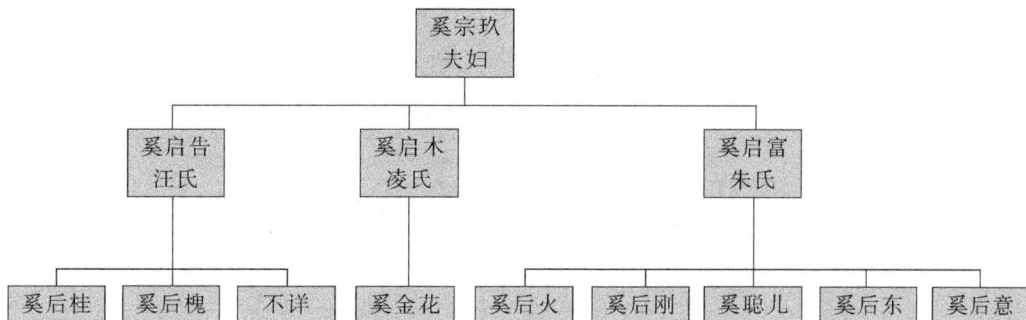

图 4-1　奚家 1948 年分家前人口谱系图

(三)房屋面朝水塘,四周空间大

奚家居住的房子在奚角的进湾口右行处,正前方有一口水塘,房屋与水塘之间有一条排水沟,同时也是灌溉沟渠。奚家门前的水塘为全湾最大的一口水塘,是全湾人生产生活用水的重要来源。奚家房屋四周平坦,房屋地基高度中等,下几十步台阶即是水塘。奚家房屋位于奚角的东南方,东北方和西北方分别是除奚家人住的房屋外其他两户人的住房。与这两家人的房屋不相连,距离在 30~50 米之间,东北方和正南方与西北方均是水田,水田面积约四十亩,西边是个水塘,但是水塘面积不如正门前南边的那口水塘面积大,房屋周边没有围墙。奚角较为和平,极少有战争在本村发生,奚家在 1948 年分家前均不兴建造院墙,也没有保护村子的寨墙、寨河等。

奚家十房兄弟均住在赵姓大户人家房屋内,房屋有上下三重,奚宗玖同辈的十房兄弟皆居住于此,但是生活独立,互不干涉。

(四)自有土地少,租种佃田

1948 年分家以前,奚家共有土地十三斗,其中十斗是租种赵姓大户人家。赵家是个大户人家,田地租给奚家人来种、房子给奚家人住,奚家老十房兄弟一起种了赵家人八石二斗田,其中老九爹家里租种了八亩田,每年田地收成以后就给赵家的大户人家上课①。奚家自己有五亩田地,自己家里的田地就给国家上课、纳粮,即己田就是完国家的粮,课田就给大户人家上课。

1948 年分家前,奚家种一斗田能有四石②谷的收成,每年上课就是将每斗田收获的四石谷里的百分之三十的收成交给赵家的大户人家,也就是说一百斤稻谷要交给大户人家三十斤,赵姓大户人家用瓠子③来印④粮食,基本上头稻都要被收走一半。"己田"需要完粮给国家的叫作交"国家税",也是收百分之三十。课田交给大户人家后不再需要交粮给国家,己田就只用交给国家。租田的时候不用写契约和田契,赵家明白自己家里的田地有多少,赵家人跟奚家人定好每年收成后来收田租即可,意即双方口头达成一致无须写字据、契约等书面材料。

---

① 上课:黄冈方言,向大户人家交地租的意思。
② 四石:四百斤,石用来衡量作物收成的重量单位时表示百斤,用来衡量田地面积是一石相当于十亩。
③ 瓠子:是一种草本植物的果实,晾干劈成两瓣可当容器。
④ 印:丈量、度量的意思。

327

奚家的劳动力十余人,奚宗玖的长子启告做布匹生意,三子启富是教师在外教书,次子启木在家里种田,奚宗玖老人也在家种田,家中的儿媳妇们在家里做家务活、种菜园等。

表4-3　奚家1948年分家前家计情况统计表

<table>
<tr><td rowspan="2">土地占有与经营情况</td><td>土地自有面积</td><td>5亩</td><td colspan="2">租入土地面积</td><td>8亩</td></tr>
<tr><td>土地耕作面积</td><td>13亩</td><td colspan="2">租出土地面积</td><td>0亩</td></tr>
<tr><td rowspan="2">生产资料情况</td><td>大型农具</td><td colspan="4">水车、犁耙、艋子、石碌等</td></tr>
<tr><td>牲畜情况</td><td colspan="4">0.25头</td></tr>
<tr><td rowspan="2">雇工情况</td><td>雇工类型</td><td>长工</td><td colspan="2">短工</td><td>其他</td></tr>
<tr><td>雇工人数</td><td>1</td><td colspan="2">0</td><td>—</td></tr>
<tr><td rowspan="6">收入</td><td colspan="4">农作物收入</td><td colspan="2">其他收入</td></tr>
<tr><td>农作物名称</td><td>耕作面积</td><td>总产量</td><td>单价</td><td>收入金额(折算)</td><td>收入来源</td><td>收入金额</td></tr>
</table>

<table>
<tr><td rowspan="7">收入</td><td>农作物名称</td><td>耕作面积</td><td>总产量</td><td>单价</td><td>收入金额(折算)</td><td>收入来源</td><td>收入金额</td></tr>
<tr><td>水稻</td><td>8</td><td>2800公斤</td><td>0.08</td><td>448</td><td>卖布</td><td>300</td></tr>
<tr><td>油菜</td><td>3</td><td>600公斤</td><td>0.1</td><td>120</td><td>教书</td><td>60</td></tr>
<tr><td>小麦</td><td>2</td><td>300公斤</td><td>0.1</td><td>60</td><td>做工</td><td>10</td></tr>
<tr><td>棉花</td><td>1</td><td>30公斤</td><td>0.3</td><td>18</td><td>—</td><td>—</td></tr>
</table>

收入总计	568

<table>
<tr><td rowspan="4">支出</td><td>食物消费</td><td>衣服鞋帽</td><td>燃料</td><td>肥料</td><td>租金</td></tr>
<tr><td>80</td><td>20</td><td>0</td><td>10</td><td>130</td></tr>
<tr><td>赋税</td><td>雇工支出</td><td>医疗</td><td>其他</td><td>支出总计</td></tr>
<tr><td>112</td><td>0</td><td>10</td><td>40</td><td>402</td></tr>
</table>

<table>
<tr><td rowspan="2">结余情况</td><td rowspan="2">结余:166元</td><td rowspan="2">资金借贷</td><td>借入金额</td><td>0</td></tr>
<tr><td>借出金额</td><td>0</td></tr>
</table>

（五）奚家内无人担任要职

1948年以前,甲长是由选举而来,甲长之上有保长,保长负责管理甲长。奚角没有人担任保甲长等职务,奚家也没有人担任过乡长、保长或甲长,保长是一位外村吴姓人担任。

1948年以前,房长不需要选举,只要是自己这一通户里房下有威信的人即可当选,房长要能管事、有狠劲、能让人服气,湾里有纠纷、打架的事情,房长就要出来调解。1948年分家前,奚家是自家人担任房长,奚家在分家前是奚宗玖的侄儿启准当房长,奚启准是奚宗玖哥哥的儿子,奚启准原是老三房的长子,后来过继给了老八房,是奚宗玖儿子们的堂哥。

奚家人有事情需要处理的就由房长出面说话,比如说奚家的祠堂有事情要人去,一般都是房长去。1948年以前,奚家的祠堂在陶店长林,每年农历十月十五都要去祭祀,去祠堂祭祖的时候那边奚姓人还需要办酒、请酒喝。去祠堂祭祀祖先的时候奚姓人里每家每户都可以去,去的人数不固定,一家一户可以去一个,也可以去几个人不等。去的时候不用带纸钱、香火、鞭炮,只要人过去就可以了。祖坟山也是在长林,奚家的十个老兄弟除了奚宗玖之外,其余几个兄弟在去世后都安葬在长林祠堂附近的祖坟山上。奚角虽离长林较远,但是1948年分家前的风俗习惯要求将奚家去世的老人安葬在奚家的祖坟山上,奚宗玖夫妇之所以没有安葬在祖坟山上,是因为奚宗玖夫妇是在1948年以后去世的,就择近安葬在奚角村的坟地里。

（六）男主外、女主内的中户家庭

1948年分家前，奚家有三代人，由老九爹奚宗玖当家。奚家的钱财、田地耕作、粮食收成等方面的事务都归老九爹来管理。老九婆为内当家人，夫妇俩一起操持儿子的婚事等，老九婆主要管理家庭内部事务，包括安排儿媳妇们做饭、做家务。奚家每日做饭都由老九婆来发米给儿媳妇，需要购买、置办的小事就由老九婆来管理。除了老九爹夫妇外，奚家再无其他当家人。

奚家人口规模适中，大家庭之下又有小家庭。老九爹夫妇的儿子、儿媳作为小家庭的父母可以管理自家的孩子等，因此奚家不需要管家，也没有经济能力请管家。奚家的当家人在1948年分家后有变动，即老九爹夫妇不再当家，而是与儿孙们分开住，三个儿子独立成家立户，独自当自己的家。在1948年分家以前，奚家一直都是老九爹当家主外事、老九婆主内事，老九爹主外事时可不需要同老九婆商量，但是老九婆主内事时，遇到拿不定主意的还需与老九爹商量、共同决定。

奚家[①]在奚角仅算中等家户，人口规模适中、三代同堂，经济条件一般，一切都处于居中水平。只有家里人丁兴旺、土地多、钱财多的家户才算得上是大家户。

小户人家的特点是人少、钱少、劳动力少。1948年以前，小户人家居多，大户人家寥寥无几。尤其是在奚角，几乎没有大户人家，都是中户、小户人家。但是奚家的人口在奚角是比较多的，老九爹有三个儿子，三儿子启富这一房有四个男孩子。民间认为，家里人口多不一定就是大家户，大家户还要看家里男丁多不多，有的家户男性多，家里人做事、说话就有些底气，外人不敢轻易欺负这样的家户。一旦有外人欺负男丁多的家户，其家人就会一同出门为自家人讨公道，用当时民间的俗语来说就是"屋里男将多、势力大，外人不敢随便欺负"。但是倘若家里没有男丁，那么这家人在湾里就要低调行事做人，万一出了事，家里没有一个能撑头的人站出来说话。

综合人口、土地、人口性别比来看，奚家在奚角算是中等水平的家户，土地不算多，而且大部分还是租来的，在奚角不算十分有影响力的家户，自有土地较少。

奚家自老九爹的父辈起就迁至奚角，至今已有百余年的历史了，从年份来看算是老户。除最开始落户到奚角的人家之外，其他家户均算新户。奚角最开始有三户人家定居在此，姓氏均为奚姓，老九爹奚宗玖所在的家庭就是其中之一，一直到1948年分家前奚角也只有这三户人及其后代居住在此。1948年以前，奚角没有新户搬迁至奚角，均为老户人家。

---

① 奚家：这里是特指老九房奚宗玖一家，下同。

第二章　家户经济制度

奚家自有田地较少且分布较分散，奚家人主要依靠租种大户人家的田地生活。奚家田地均属全体家庭成员耕种和收益，不分养老地。奚家房屋亦属于大户人家所有，自家只有使用权和居住权。奚家生产资料和生活资料齐全，自家基本能满足使用的需要，但是村民之间也可以互相借用。1948年以前，村民对于田地、房屋、生产生活资料都处于保护状态，无侵占现象。

奚家除了农业生产收入之外，还有副业生产的收入和教师职业收入，其中主要依靠农业收入维持家庭生活。奚家主要是当家人在分配中占主导地位，其他家庭人员可参与分配。而且奚家全体家庭成员均是家户消费主体，由当家人安排消费方式和消费活动，包括食物消费、衣物消费、医疗消费等方面，所有家庭成员均能参与家户消费。1948年以前，奚家家户内只有当家人有资格去进行借钱和借粮等借贷活动，而且只能由当家人还贷，但是奚家并不参与家户借贷。奚家在进行家户交换时，以市场消费为主，家庭内成年的家庭成员均可以进行家户交换。

一、家户产权

（一）多数家户土地产权归他人所有

1.奚家自有土地极少

奚家在奚角四周都有田地，1948年分家前，奚家在湾后面的山丘里有三亩田，滚子冲[①]有五亩田，徐家冲有两亩田，门儿冲有两亩田，麦家咀[②]有一点，外榜山也有一点，这些地方大致都有奚家人耕种的田。这些地方的田地有赵家的也有奚家的，其中赵家的田地有八亩，奚家的田地约五亩。外榜山的田地势较高，不便于灌溉，而且那一块水塘较少离河沟较远，耕种时粮食收成不高。家里最好的田地在滚子冲和门儿冲，这些都是属于"冲田"[③]。"冲田"在下雨的时候能蓄水，雨水多了也能排出去，天旱了方便用水车来车水灌溉。奚家原本自有十几亩土地，分家前老九爹和三个儿子在一起过生活。长子启告在家里织布，织好的布拿去汉口卖，卖布的钱就拿去赌博、押宝[④]，钱输光了再回来要钱过生活、还债，家里没有钱了就去卖田。原来老九爹的三儿媳的娘家很富有，三儿媳朱氏在嫁来奚家的时候带了十几亩的嫁妆田，后来因为家中有人好赌博输光了家产，而且老九爹长子启告做布生意要钱进纱线回来织布，家里

---

① 滚子冲:地名,徐家冲、门儿冲、外榜山均为地名。
② 麦家咀:地名,在奚角村河沟附近。
③ 冲田:指便于蓄水和排水好的田地。
④ 押宝:一种赌博方式,下同。

没有钱投资了。于是在与三儿媳妇商量后，老九爹将儿媳妇的嫁妆田卖给了别人家。虽然田地归儿媳妇一个人，但是老九爹发话说家里都是一家人，现在大儿子没有钱做生意，老九爹就跟三儿媳妇商量让儿媳把田地拿出来卖掉，后来没有办法就把三儿媳朱氏的嫁妆田拿去卖掉了。

2.大面积租种佃田

奚家的土地很大一部分是来自赵姓大户人家，没有买田地的情况，只有卖田地的情况。奚家少部分的田地是继承而来，没有获得赠与的田地和开荒的田地。奚家自有的五亩田是老九爹从其父辈那里继承而来，老九爹在与其九个兄弟分家时分到了自有的五亩田地，这五亩田地集中在滚子冲那一带，土质较好，便于耕种，靠近水源，灌溉便利。奚家后辈耕种的田地就是老一辈人当时耕种的田地，除了离家稍远之外，其他各方面条件都利于生产。

3.嫁妆田变卖后自有土地少

奚家在分家之前自有土地都是归老九爹一个人所有，不属于全家人所有，即当家人拥有全部田地。奚家的田地不是属于家里的每一个人，仅仅属于家长所有，没有与别人共有的情况。奚家租种大户人家的土地属于大户人家所有。奚家只有老九爹的三儿媳朱氏有十几亩的嫁妆田，这十几亩田是三儿媳妇的私房田，归三儿媳妇个人所有，三儿媳妇将田地租出去收粮食回来，再将粮食卖出去换回来的钱都归自己个人所有。后来老九爹的长子和三子在外面因赌博输钱了，需要钱，老九爹在与三儿媳商量后就将三儿媳妇的私房田卖掉了。由此可见，奚家有属于个人的土地产权而且产权归个人所有，在家里遇到了经济困难时，家长对个人土地产权有支配权，即通过与个人土地的拥有者进行沟通和商量后可对该土地进行买卖。除此外，奚家再无土地属于小家庭或个人，亦没有养老地。

4.奚家所有土地边界清晰

家里的田地与外人的田地区分方式就是看亩数，田与田之间有田埂。因为南方多是水田，水田四周需要田埂来拦水、蓄水，以防干旱。雨水多的时候就把田埂挖开一个口放水，以防田涝。老九爹家里有三个儿子，在分家的时候再次对自己家里的田地进行划分，即边界划分。分家的时候田地之间分为三股，不管每个儿子家里有多少口人最后都是分到一样多的田，除了长子多了一块"长子田"外，三个儿子都是分一样多的田，在旧社会都是流行这个制度，家里的长辈都是喜欢长子，会多给长子分田地。田地里种什么都是归老九爹的次子启木来管理，启木安排在田地种什么跟老九爹打个招呼然后就种什么，田地里干活的事情大多是次子启木一个人来干，有时候老九爹也去帮忙插秧。长子启告在屋里做布生意，不忙的时候也去田地里帮帮忙。唯独三子启富因为在外教书，很少有时间回家，较少参与家里的农活。在生产上，由老九爹出投资的钱，比如说田地里需要买药、买饼来做肥料压田等，这些钱都是次子启木去给老九爹汇报后再由老九爹拿钱出来去买。在购买形式和主体上，可以老九爹自己去买，老九爹也可以将钱给次子启木由儿子去买。总之，家里关于生产投资的钱都由老九爹一个人来管理。

5.家长在土地所有权中占支配地位

奚家家长在三儿媳妇的嫁妆田和租佃来的田地及自有田地的生产、管理中都发挥了重要作用。原来三兄弟在一起过生活，奚启告在家里织布，织好的布拿去汉口卖，卖布的钱就拿去赌博、押宝，钱输光了再回来要钱过生活、还债，家里没有钱了就去卖田。

（1）家长在卖田中的地位

老九爹的三儿媳朱氏的娘家人原来很富有,在嫁来奚家的时候带了十几亩的嫁妆田,后来没有办法就把田地拿去卖掉了。老九爹的三儿媳朱氏的娘家在奚家附近有十亩田地,三儿媳的娘家人当时住在洲上[①],但是由于洲上离奚家较远,娘家就把田地交给三儿媳朱氏来打理了,作为给女儿的嫁妆田。三儿媳就将田地出租出去,自己收租。当时的规矩是娘家给女儿的嫁妆田都归女儿私有,三儿媳就有了自己的私房田。再后来奚启告做布生意要钱进纱线回来织布,家里没有钱投资了,于是将田地卖给了别人家,虽然田地归三儿媳一个人,但是老九爹发话说家里都是一家人,现在大儿子没有钱做生意了,就让三儿媳把田地拿出去卖掉,奚家卖田是卖给祁家湾的人。

奚家卖田的时候要找公证人,要找中人[②]做介绍,卖田以后还要办酒席请亲戚喝酒,那时候一斗田要卖一篮子现洋。卖田的时候奚家请人来写田约,请中人来喝酒、再把买田的人请来喝酒,喝完酒之后买田的祁家湾的人就把钱给奚家,奚家把田给祁家湾买田的人,这样就算完成了卖田的流程,卖田的钱归老九爹,老九爹把卖田地的钱收着。老九爹当家的时候他说卖哪块田就卖哪块田,说把卖田的钱给谁用就给谁用,全部都听他的话,就算儿子不想卖,老九爹要卖儿子们也当不了家。在买卖田地的事情上,老九婆也不能说话,田地都属于当家人老九爹一个人的。

（2）家长在租佃田地及置换田地中的地位

家长在租田的时候不需要跟保长、甲长说,保长、甲长只负责收公粮、抽壮丁、派任务这三件事。在置换田地的时候也只由家长一人说了算,1948年分家前,奚角湾里的人都很和气,谁家里的田地跟别人家里的田地搭界了,就跟别人说换一下田地,这样方便自己耕种。换田地的时候是根据面积来换,一般找两个面积相当的田地来换,如果面积大小有出入,面积小的人家如果要换走面积大的人家的田就要补钱给对方。如果两家人要置换的田地好坏不一,其中一方可以不同意换,对方也不能有意见和想法。总之,换田地是要两家人心甘情愿地换。

置换田地的时候需要双方当家人出面谈换田地的事情,除当家人外,其他所有家庭成员均无权置换家里的田地。如果其他家庭成员有意与别家人置换田地,需要跟当家人商量并征得当家人的同意,由当家人去谈妥置换田地事宜。如果不经过当家人同意而置换了田地,当家人可把自家田地要回来而不追责。奚家没有置换田地的情况,奚角其他家户有置换的情况。

（3）家长在己田、分家中的地位

奚家没有养老田也没有养老地,只有在分家的时候单独给长子一块田,老九爹要给长子一块家里最好的田地作为"长子田"。分家的时候,房屋和农具都要分,房子也要分为三股,由家长老九爹来分,老九爹说以抓阄的方式来分那就以随机抓阄分。分家的时候家里没有钱来分,就算有钱也是归当家人。当家人分给儿子们田地后,就由儿子们自行去谋生。

6.其他家庭成员在土地所有权中参与感弱

奚家所有的事情都是老九爹一个人说了算,在土地买卖、租佃、置换、典当等活动中,除

---

① 洲上:地名,在堵城叶路河边一带,与奚角相距约十千米路程。
② 中人:中间人的简称。

家长之外的家庭成员都不能起到什么作用，儿子和老九婆都不能提意见。老九爹如果不在家，奚家其他家庭成员均不能买卖田地，也不能换田地和租佃田地。家长在卖田地的时候可以选择任意一家买得起田地的人家，即不用优先过问亲房叔伯同不同意卖田地或者要不要买自家的田地，亲房叔伯有钱买田地可以买下奚家的田地，如果亲房叔伯没有钱买就可以卖给外姓人。

除当家人之外，奚家其他家庭成员都不能够支配土地，不能够进行买卖、租佃、置换和典当等活动，这一点得到了当时所有村民的普遍认可，并且家家户户都遵照此规则。老九爹当时在卖三儿媳妇嫁妆地的时候，经儿媳妇同意后都是由老九爹一个人完成整个流程。

如果当家人不在家，那么其他家庭成员是不能够买卖土地，也不能够租佃土地和置换土地的。如果当家人是女性，那么也是能够决定买卖土地、租佃土地、置换土地和典当土地的。如果是儿子当家，儿子在买卖土地、租佃土地、置换土地、典当土地时，需要与在世的父亲商量，如果是兄弟当家，那么兄弟要同其他几位兄弟一起商量决定。

1948年分家前，奚家及附近村庄均没有代理当家人的情况，因此对于代理当家是如何买卖土地等情况不是十分了解。奚家租种的是赵姓大户人家的土地，而且是在老九爹父辈时租的，因此当家人是如何起到决定作用的也无从了解。

在土地置换中，除家长之外，其他家庭成员擅自进行土地置换均无效。只有得到双方当家人的承认，土地置换才算是有效的。奚家自有土地非常少，因此并没有进行过土地典当，只有在原先自有土地多的时候有过买卖土地。

7.奚家土地产权无被侵占的情况

奚家土地并没有出现过被外人侵占的情况，更没有被本村人侵占的情况，外村人也不敢来随便侵占本村居民的土地。总之，奚家的土地没有出现过被外人侵占的情况。本村人的田地都有明确的界限，占田、占地的情况很少见，就只有少部分人的田地共界。

1948年以前，村里另外两户人家奚强儿家和奚家共种一块大水田，两家人并没有在田中间修筑一个田埂，在插秧的时候奚强儿家里人插过去了一点，占了奚家的田，两家人就吵架、打坨子[①]。后来两家各自请了自家亲戚来评理，房长也出来说话评理，做得不对的人就往后退一点。后来想了个办法，到了插秧的时节，两家人就在田对岸各插一个木桩子，再用绳子在两个木桩子上一拉，这样就有了界限了，绳子两边就是两家的田。

8.外界认可和保护家户土地产权

本村人都知道奚家的土地分布在哪些位置。在奚角，所有人都不会随意侵占他人土地，因此可以看出其他村民是承认奚家对自己土地的所有、耕种及收益等权利。如果其他村民需要跟奚家买卖、置换、租用土地需要跟奚家的当家人商量，即跟老九爹商量，与奚家其他非当家人的家庭成员商量均无效。只有经过了当家人老九爹的同意，外人才能与奚家买卖、置换和租用土地。除此之外，不能强制性地对奚家的土地进行买卖、置换、租用等。

如果村民想要租种大家庭之下属于个人的私房土地的话，不需要经过当家人的同意，个人就可以对属于自己的私房地进行处置。老九爹的三儿媳朱氏在1948年分家前有自己的嫁妆田地，由三儿媳出租，不需要经过当家人老九爹的同意，三儿媳出租出去的土地收租

---

① 打坨子:黄冈方言,打架的意思。

回来后盈利的粮食和钱财等也不需要上交给老九爹,全部都归三儿媳所有,算作三儿媳的私房钱。

奚家的亲房叔伯,即族内人承认奚家的佃田和己田的所有、耕作、收益的权利,奚氏族人当初分家的时候都经过了十兄弟的同意才成功、顺利分家了,都认可自己和其他几位兄弟分得的土地、房屋等财产,因此不会随意侵占其他几位兄弟家里的财产。奚氏族人无权对不属于自己的田地进行买卖、置换和租用等,奚家人想要对土地进行处置只需要当家人出面说话即可,与其他亲房叔伯之间没有关系。在奚家因为家庭成员赌博输掉了钱财经济陷入窘境的时候,奚家的当家人老九爹做主卖掉了自家的田地,其他亲房叔伯对此决定也无异议,不会横加干涉。老九爹一辈的兄弟们当时已经分家了,其他族人不会插手家庭内部私事。但是一旦奚氏族人中有人遭受到外人的欺负,如奚家人被打了、奚家的田地被外人侵占了,那么奚氏族人都会一同为亲房叔伯去讨公道,出面打抱不平。

奚家无人担任保长、甲长等职务,虽然无法直接判断保长、甲长是否承认奚家对于自家土地的所有、耕作、收益的权利,但是可以从侧面了解到保长、甲长其实是对家户的土地产权持有认可与保护的态度。1948年前,保长、甲长到奚角来派发任务就是根据各户家里田地的多少来确定。那时候谁家里的田地多就会被多派一些任务,谁家里的田地少、劳动力少就会被少派一些任务。由此可见,既然保长、甲长等人在派任务的时候是依据田地的亩数,那么保长、甲长是承认奚家等其他家户对于土地的所有权、耕作权和收益权的,并且当家户与家户之间因为土地侵占而出现纠纷时,保长、甲长会出面来调解纠纷。

(二)奚家借住大户人家房屋

1.房屋居住人口较多

奚家的宅基地归属于赵姓大户人家所有,并不是奚家自有的宅基地。奚家住的房屋是上下三重,十房兄弟共有一个厢堂屋,都有自家的房间,房间中间都是连着的,且通透可走动。十房兄弟均有自家的土灶、厨房,老九爹奚宗玖家里的房屋在三重房屋的最后面一重。以前房屋主要是土砖屋和茅草屋,赵家虽然是个大户人家,但是房屋都是土砖屋。奚家住的房屋有多个大门方便十房兄弟进出,并不是只共用一个大门。但是在十房兄弟分家各自开大门之前,奚家住的房屋只有一个大门,如果以最原有的一个大门为准,奚家房屋的朝向是坐北朝南,大门对东南方向,房屋内各方向均开有窗户,朝向不固定。奚家住房里除堂屋是吃饭、做客、接待之外,其余房间主要的功能是住。

在黄冈本地,几乎每家每户都有独立做饭的地方,叫作灶屋,灶屋里搭有土灶,还摆有碗柜和桌子等。在农村土灶多是烧柴草等,因此有的家庭灶屋后面会开一个小屋,从而方便放置和取用柴火等。到1948年分家前,奚家住的房屋并没有面积上的改变,也无其他变更,奚家一直居住赵姓大户人家的房屋至土地改革运动时期,即使奚家老九爹的三个儿子在1948年前分家了,但是仍然居住在赵姓大户人家的房屋里。

2.奚家房屋来源于大户人家

奚家的房屋并不是买卖或者继承而来,而是奚家世代因为租种赵姓大户人家的田地而借住在赵家房屋中,不另外收房租,奚家人只需要给赵家交粮租即可。奚家自从落户在奚角就一直居住在赵姓大户人家房屋里,由此可推,奚家在赵姓大户人家的房屋里已居住了四代之久。

3.奚家房屋归大户人家所有

奚家人住的是赵姓大户人家的房屋,并不是奚家自己的房子,也不归属于住在房屋内的十房奚家兄弟共同所有,奚家人只有居住权、使用权而没有所有权。虽然房屋不是奚家人的,但是奚家人在此房屋内居住了近百年,除赵家人对房屋有权干涉外,其他人均无权对奚家人居住的房屋进行管理或予以干预。

虽然奚家居住的房屋并不属于奚家人所有,但是奚家人对房屋有管理和使用权,在房间分配和使用上,奚家人有自家内部的分配原则和使用方法。如老九爹一辈有十个兄弟,在分家的时候十个兄弟认为共用一个大门进出会给生活带来不便,因此大家均同意在自家分到的房间里开一个大门供自家人进出。老九房也有自己的大门,对房屋结构进行调整不需要经过赵姓大户人家的同意。在房间使用上奚家十房老兄弟共用一个公共堂屋,公共堂屋可用来议事、吃饭、聊天等。除此之外,每个兄弟分到的房间都为自家的私人空间,老九爹分到了三间厢房和一间长房,长房隔开后一半用来作为厨房,一半给老九爹和老九婆居住,另外三间厢房就给老九爹的三个已婚儿子和自家孩子居住。老九爹分给儿子们的房间属于小家庭的私人空间,仅灶屋和吃饭的地方为公共空间。由于奚家面积狭小,原来并无独立的堂屋。当老九爹的孙儿们都长大些后,老九爹家才将房屋往外扩建了一点面积,老九爹和老九婆搬到旁边的小屋里居住,原来隔开的房就设为了堂屋。堂屋放置调台[1]和桌子等家具,为全家人的公共空间,大家庭里的所有家庭成员均可使用。

1948年以前,奚角有的家庭有属于自己的房屋,一般都是从祖辈继承而来的,那么房屋就是归家庭独立所有,但是房屋是属于家里的当家人所有,只有当家人说要分家的时候才能将房屋分给儿子们,在分家以前房屋都是当家人个人的私有财产,并不是所有家庭成员的共同财产,由家长来安排房间居住的情况,谁住在哪一间都是由家长来安排,其他家庭成员可以提意见,但是基本上就是当家人说了算。

属于自家的房屋,家里的成员在分家的时候留在自家生活的都有份,即儿子有份、女儿没有份,外出打工的儿子有份,嫁出去的女儿已经成了别人家里的人,分配娘家的房屋时没有份,未嫁的女儿迟早要出嫁成为别人家里的儿媳妇,因此没有嫁出去的女儿也没有份。入赘的女婿因为要到自家来生活,分配房屋时有份;虽是一家人但是已经分家了的也没有份,比如老九爹与自己其他几位兄弟是一家人,但是已经分家了就不再分老九爹家里的房子了。分家以后除了自家分得的房屋外,不再占有和使用他人的房屋,即使是亲兄弟也无权使用。

4.家户房屋所有的边界明晰

1948年以前,一个大家户都是住在一个大屋子里,奚角就只有奚家这一个家户和其他两个家户的人,三家人相距甚远,房屋之间不相连。有谁家做屋[2]想要做宽敞一点就往别人家的地基那里做,后来有人不愿意了,说对方霸占了自己家里的地基,有的人不好说话[3],就要对方拆掉不准做。或者两家人在做屋之前会说,想要往对方家里那边挪一点,好说话的人

---

① 调台:放在堂屋的长方体桌子。
② 做屋:黄冈方言,盖房子的意思。
③ 不好说话:黄冈方言,不通情达理、刻薄的意思,下同。

就觉得占一点地基就算了,对自己没有什么大的影响,都是为了方便就同意了,但是有的人不好说话就一点也不让。如果有人对他家的房屋界限越界了就会起争执。邻居如果想要越过别人家房屋的边界修建房屋,需要经过别人家家长的同意,如果无法取得同意就不能越界修建。

奚家的房屋归奚家所有人使用,除了居住外,外人在经过奚家当家人同意后方能使用,不能不经过同意就使用。在走门串巷、串门聊天的时候,外人不经过奚家人的同意可以来奚家房屋聊天、小坐。奚家的房屋由老九爹的三个儿子来继承,其他人没有继承权,外人也不能享用,即使是已分家的家人也不能使用和继承。

奚家人对于自己居住的房屋有清晰的心理认知,即房子是赵家的,自家人只是常年住在赵家屋子里。房屋占有的土地也不归奚家人所有,但是由于世代在此生活,奚家人十分在意自家房屋的安全性和独立性,即房屋不能被外人侵占。

奚家的房屋都是由老九爹来管理,不能擅自进行买卖和拆除,只能进行修缮等。在需要对房屋进行拆除的时候,奚家人必须找赵家人商量,但是奚家居住在房屋里的几代人并没有对赵家的房屋进行过买卖和拆除等,只有扩建和修缮等。奚家要对房屋进行扩建和修缮时,需要跟与自己临近的兄弟房进行商量,看自己的修缮与扩建行为是否会对居住在与自己临近的兄弟的房屋造成影响和破坏等。除此之外,村庄和宗族不能对奚家进行扩建和修缮行为进行干涉。

5.家长在房屋所有权中占有支配地位

奚家没有祖屋,自落户在奚角就是住在赵姓大户人家的房屋里,不能对自家居住的房屋进行买卖、典当、出租等,家长可以对属于自家的房屋进行改造和分配,当家庭人员出现人口结构变动的时候,奚家当家人可以对房屋空间进行重新分配,比如奚家原来没有堂屋,在扩建了一个房间后,老九爹与老九婆夫妇就搬到新建的房间里,原来的房间改造成了堂屋。

奚家在分家以前并没有对房屋进行重新建造,在分家的时候由于人口较多才选择了修建新房子。分家的时候老九爹选了一块地基重新建造房子,在选地基修建房子的时候需要跟房长进行交涉,房长同意后,老九爹才能在新地基上盖房子。

6.其他家庭成员无权决定房屋买卖

奚家的房屋没有进行过买卖、典当等,只能修建和修缮。奚家房屋在修建过程中,其他家庭成员能够提意见,但是还是要由当家人来决定是否修建。当家人如果是男性,男性当家人决定修建就开始修建。如果当家人是女性,女性当家人需要与自己的丈夫商量决定。如果当家人是儿子,也可以自己决定修建。

7.礼让与侵占相区分

奚家的房屋没有被本村人侵占过,更没有被外村人侵占过。但是在本村其他人家有被他人侵占房屋的情况,原因是因为自己要新建房屋,没有分清楚房屋与房屋之间的界限,或者是故意想把自己家的房屋扩建到别人家房屋的边界上,那么这就算作产权侵占。出现这种情况时,双方家庭可能会出现争执纠纷,甚至是打架斗殴,但是本村人都会尽力的劝解。如果侵占外人的土地,对他人生活没有造成不好的影响,那么对方就会同意适当占用、互相礼让。如果侵占他人的土地,对他人生活造成不便的影响,那么他人就会让侵占自家房屋的人拆掉过界的房屋。

同一家族里的人承认奚家房屋的位置,奚家可以对自己的房屋进行修建修缮,但是不能够买卖、租用。如果奚家要对房屋进行买卖,那么其他家族成员就会有意见,就会出来说奚家住的房子不是自家的,不能够进行买卖和租用。如果有其他成员占用了奚家房屋,那么家族成员都会出来帮忙说话,主持公道。奚角也承认奚家房屋的所有、买卖、租用、置换权利。所以村庄不会随意侵占奚家房屋,村里也不能够买卖、租用、置换奚家房屋。如果村里要买卖租用置换奚家房屋,需要与奚家家长和赵姓大户人家商量,但是一般情况下奚家家长是不同意的。奚家所在的官府也承认奚家房屋的使用权,县乡政府也不能买卖租用置换奚家房屋。

(三)自家生产资料产权归家庭集体所有

1.家户生产资料齐全

奚家有大型农具,有犁耙、槽子、锄头、耙手、铁锹、薅锄①、水车、水礁、石礁,基本生产资料都拥有。奚家的牛是与洲上伙用②一头。奚家一般每年会养两头猪、十几只鸡和鸭子,不养其他家禽。奚家没有交通工具,1948年以前交通很不发达,出门都是走路,就算再远的距离也要步行。1948年以前,交公粮也是由自家人挑着粮食走路去团风大埠街交粮。

2.自有、借用和共用生产资料并举

奚家除耕牛外,农具没有共用的情况,只有不够用了去借用,而耕牛是共用的。农具既有购买而来的,也有制作而成的。除了铁具是购买之外,其他农具是请博士③做的,请博士做农具需要给博士工钱,工钱按天数算,做农具的木材由自家准备,老九爹给工钱。奚角没有博士,都是请外村博士。自家农具不够用就会找邻居们借,家里嘎利④不够用了就找他人借用,虽然家家户户都有农具,但是有时候不够用就需要借,尤其是水车,家家户户至少有一转水车,有的人家多的有三转,一般有两转。遇到干旱、雨水不够充足,田里粮食面临减产就需要车水,如果车水的距离较远,自家水车又不够用,就要找其他家户借用,同时还需要别人家里的劳动力帮忙出力车水。

1948年之前,经济生活条件不好的时候,就算农民家里有钱也不会买太多农具,只需备齐一套就够了。但是像镰刀、锄头这样常用的农具会准备两把,其他的大型农具不会花费额外的钱去买,只需借用就行了,因此大型农具不是常用农具,置办两套比较浪费钱财。如果家里置办样样数量足够的大型农具,在用完了就会被搁置,这样一来利用率低,对于农民来说也是不划算的,因此在忙时不够用了去互相借用一下,比起自家另外再去购买要划算得多。除了借钱、借粮食需要当家人去借之外,其他生活用具、农业用具非当家人也能去借。借钱和借粮食的时候需要写字据、打借条,借钱者在借条上签字、摁手印,将借条给放贷的人,放贷的人就把钱借给借钱者,而且有利息,而借东西则不用写字据、打借条。借钱、借粮食是找大富人家借,而借生产资料不需要看对方的家庭条件,只要对方有就能借用。

在借用农具等生产资料时,如有损坏需要当家人赔偿或者修理。一般而言,谁借了农具

---

① 薅锄:音译,农具的一种。
② 伙用:共用,伙是合伙的意思,下同。
③ 博士:黄冈本地对木匠的称呼,下同。
④ 嘎利:对农具的统称,指锄头、铁锹、犁耙等。

用完后就会还回来,而不会据为已有,都是一个湾里的人,不能干这种丢脸面的事情,而且农家人有句话说得好"有借有还、再借不难",说的就是借东西用完及时归还,方便日后有需要时再借。借东西的时候如果被借者家中正好没有人,而借者急需借用,可以先行将农具借去用,稍后碰见农具主人家里的人打声招呼即可。

3.生产资料归家庭集体所有

奚家的耕牛是与洲上的人共用,之所以与洲上共用耕牛是因为洲上的田地全部是旱地,只种麦子。与奚角这一带全部是水田种水稻不同,尤其是在农忙时节和用牛时间上洲上与奚家刚好错开,奚家一家与洲上一家一起共用一头耕牛,奚家的田地面积约为十三亩,水田居多。因此,用牛时间多集中在每年的5—9月份。共用耕牛时是按照家庭来说明共有关系的,即奚家作为一个整体与洲上的人共用耕牛,即使在1948年奚家分家的时候,奚家分为了三家,还是三家一起与洲上的人共用耕牛。因为原属于奚家的田地亩数没有变化,因此耕牛还是能完成每年双方家庭农忙时节的劳动量。

奚家的农具都是属于奚家集体所有,而不是某一个人或者某几个人所有,也不是说某样生产资料归某人所有,即所有生产资料归家中全体共用共有,奚家没有属于某个个人所有或者小家庭所有的生产资料。奚家的生产资料是除女儿外所有的家庭成员都有份,只要是奚家的人就都有份,外出打工的人有份、未成年的儿童有份、嫁进来的儿媳妇有份、入赘的女婿有份。但是奚家的女儿没有份,不论是已出嫁还是未出嫁的女儿都没有份。一家人如果已经分家了,每个分家后的家庭对属于自家的生产资料有份,不能占有和使用其他家庭的生产资料,兄弟间在分家的时候平分家里的生产资料,分家后的兄弟不可能得到全套的生产资料就由自家日后去置办。分家后父母单独吃住,如果父母耕田种地就给父母分生产资料,如果父母不种田就没有生产资料,常住在家里的其他非家庭成员对生产资料也没有份。

生产资料应该属于全家人所有,这样全家人就会对自家的生产资料更有保护欲,有利于家庭的团结和睦。当家人有权决定家里需要置办哪样农具,并且由当家人花钱置办。

4.家长并非占有绝对支配地位

奚家的生产资料在向外借的时候,即外人向奚家借用农具的时候随便找奚家谁借都可以,不一定非要找当家人借,就是说所有家庭成员都能同意借农具,也能去别人家里借农具。但是在购买和维修农具上,当家人管理得较多,因为购买和维修需要金钱支出,而当家人就是掌握着家里财权的人。因此,除借用外,家长在生产资料的购买、维修等中都占有实际支配地位。如果当家人不在家,购买和维修生产资料就无法进行,其他人无权做主。如果当家人是女性,由于女性在1948年之前不参加生产,所以不熟悉生产资料的损耗情况,因此在女性当家的家庭中,如要购买和维修生产资料需要家中的男性劳动力提建议和出劳力,需要出钱的地方就由女性当家人来出。其他儿子当家、兄弟当家等情况,可由男性当家人自行决定生产资料的购买和维修。

借用、维修、购买分有必要性和非必要性,即自家生产资料能维修好使用就不借用他人的,非常用的农具能借用就不购买,自家生产资料能维修好就不购买。总之,一切都是为了节省家庭开支。

奚家在生产资料的购买中,由家长及家庭中耕田种地的劳动力来共同商量决定,不需要告知四邻、家族、保、甲长等人。如果有时候家里需要请博士来做农具,时间不需要一整天,也就是说花不了一个工,那么就会跟湾里人过问一下有没有谁家里也要做农具,就凑个时间一起找个博士来做,这样两家人可以一起均摊博士一天的工钱。在维修中,如果自家人能够自行修理就自行修理,不能修理的则需要请博士来修理,修理由家庭中的男性来安排,男性劳动力跟家长商量再由家长来决定是否修理、请谁来修、什么时间去请人来修,不需要告知四邻、家族、保甲长,修理所需的费用由家庭共同承担,即由家长出资。

5.其他家庭成员可对生产资料自由借用

奚家在生产资料借用中,除奚家家长之外,其他家庭成员也可以决定借用与否,也有资格出去借用别家的生产资料,无须与家长商量。但是在购买、维修时,只有家庭男性劳动力能有资格提意见,但不能擅自做决定,最后由当家人做决定。如果当家人不在家,需要等当家人回家后再作决定是否维修、购买。如果当家人是女性,女性当家人可与男性劳动力共同商量决定。

6.家户生产资料不容侵占

1948年以前,很少有农户家的生产资料被外人侵占的情况,奚家的生产资料也没有被侵占的情况。村民在借用生产资料的时候需要征得被借用的家庭成员同意才能借用,不能不经过同意就拿走,更不能借用后不归还,借了不还对名声不好,老九爹也是如此教育家人的,老九爹教导奚家家庭成员不能借用了他人的东西不归还。如果家中的生产资料被侵占了,自家当家人会去要回来,其他村民也是十分厌恶侵占行为,如果有一家侵占了别家的生产资料不归还,那么日后村民都不会将自家的生产资料借用给这家人。

7.外界对家户生产资料持认可与保护的态度

其他村民承认奚家人对奚家所有的生产资料的产权,不会无故去侵占奚家的生产资料,知道该生产资料是奚家的,如果买卖需要同奚家当家人商量,如果其他村民借用,需要与奚家的家庭成员打招呼以便征得同意,如果奚家人不同意他人就不能借用。1948年之前,村民之间几乎不会买卖生产资料,借用生产资料行为较多。

奚家所在的家族承认奚家的生产资料,他们不能随意侵占奚家的生产资料,其他成员也不能不经奚家人的同意就买卖、借用奚家人的生产资料。当奚家的生产资料遭遇外人强行侵占时,家族成员会一同帮忙去要回属于自家的生产资料。

村庄不会随意侵占村民的生产资料,更不会不经村民同意买卖、借用村民的生产资料,如果村民之间因为借用别家生产资料或者恶意侵占他人生产资料而产生了矛盾和纠纷,村庄中的户长、甲长会出面调解、解决。

官府不会随意侵占奚家的生产资料,更不会不经奚家人的同意就买卖、借用奚家的生产资料,如果村民之间因为借用别家生产资料或者恶意侵占他人生产资料而产生了矛盾和纠纷,性质恶劣的可以状告到官府,请官府来评判、解决,此时县乡镇府会出面调解、解决,从而保护村民利益。

(四)多以家庭为整体独有生活资料

1.家户生活资料概况

(1)共用稻场

1948年分家前,奚家在进村口处有两个稻场,面积很大,有几处都是与其他人家共用的。稻场主要是用来打稻谷的,有时候也会用来打油菜、打绿豆等,也可以用来晒东西。奚角村民一般都是在自家门口、房屋附近晒东西,不会专门去稻场晒东西。南方以种植水稻为主,于天气晴好时打完稻谷便可以收进家里放进粮仓,不需要晾晒很久。因此,在本地没有晒场只有稻场。1948年以前,村里的稻场主要是在山后面、村头一些宽敞的地方,约有五六个,都是几家人合伙使用。平常不用的时候,稻场会长草,到了使用的时候就需要用石磙加稻草灰去碾压稻场,碾压平整后才能够使用。到了农作物播种的季节或者是收割的季节,如果谁家需要先使用稻场,谁家就会先去碾压,而不是说几家人一起碾压,主要是看谁先使用,就由谁先去收拾平整。

（2）伙用部分生活资料

奚家没有水井。1948年以前,奚角全村都没有水井,吃水、用水都是在水塘里面,水塘里面的水如果用完了,就去山后面的河沟里面挑水吃。奚家有磨子、石磙,没有碾,这些都是老祖辈置办的,用坏了就会去修,或者是去做。家里的石磨主要是用来磨小麦、磨豆子,而且石磨都是妇女用,男性也可以用。石磙是几家人合伙使用的,石磙是老祖辈传下来的,石磙的使用寿命很长,不需要经常更换,而且也不会损坏。如果石磨使用时间久就会变钝了,那么就需要请人用钻子来打孔。此外,家里还有沥子用来掖谷,沥子是两三家人合伙使用的,家户生产资料消费金额较少。

（3）独有家具等生活资料

奚家有桌、椅、板凳等家具,这些家具都是在堂屋里摆放着,所有家庭成员都能使用。堂屋里面有一张四方桌供吃饭时使用,还有四条板凳,摆在四方桌的四面。除此之外,家中还有一些小板凳,只有一张大桌子,没有小桌子,每个房间里面有几个小凳子和衣柜,但是没有桌子。家里的桌椅板凳有些是请木匠做的,有些是买的,但是大多数都是请木匠来家里做的,那个时候直接去买桌子、柜子的很少,买这些东西很少见,而且很贵,农民一般都买不起。

农家人烧火做饭,自然都要用到油盐酱醋等厨房调料,厨房用品都是做饭的妇女来使用,如果用完了,就由当天做饭的儿媳妇去跟老九婆讲,然后由老九婆给钱让儿媳妇们去买。多久置办一次没有固定的时间,只要是用完了就可以上街去买。在奚家,老九婆是内当家,掌管一些钱,如果家里面的厨房用品用完了,就由内当家给钱去买,不用告知奚家家长老九爹。1948年分家前,奚家上街买东西就是去鹞子湖街,奚家人上街不用赶集,想买鱼、买肉街上全天都有卖的,不管是上午还是下午都有人在那里卖东西。老九爹长子启告那时候是做织布生意,他在家里用一台织机织布,织好布之后就拿到汉口去卖。长子启告独自一人织布,老式织布机需要用脚来踩,用梭子来回穿线,倒织布的扦子用完了就不能再织了,需要换个扦子继续织。还有一种是叫作倒筒,倒筒是做成羊钩状的,织布的时候需要用到羊钩,羊钩用完了就去卖布,用卖布的钱再去买羊钩回来织布,一个羊钩能织出来十几、二十匹布,织好布了就把布匹拿到汉口去卖,而不是在鹞子湖街卖。

2.生活资料自给与购买形式相结合

奚家生活资料部分是自家制作的,部分是自家出钱购买而来的。如果有些东西能自己制作就自己做,自己不会做的也会请人来做,比如请木匠来做东西。家里的生活用品有些是购买的,如厨房用品油盐酱醋等。家里的桌椅板凳有些是从祖辈那里继承而来的,有些是请木匠做的。奚家还有一些是奚家娶儿媳妇,儿媳妇们带过来的嫁妆。奚家没有别人赠与的生活资料,都是自家筹备的,也没有入赘继承而来的。

3.生活资料为家户集体所有

(1)生活资料为家户所有

奚家的生活资料都是属于奚家全体所有,而不是某一个人或者某几个人所有,也没有规定某样生活资料归某人所有,即除女儿外,其他家庭成员都有份,没有属于某个人所有或者小家庭所有的生活资料。

(2)全体家庭成员均拥有所有权

奚家的生活资料除女儿以外家庭成员都有份,只要是奚家的人,外出打工的人有份、未成年的儿童有份、嫁进来的儿媳妇有份、入赘的女婿有份,但是女儿没有份,不论是已出嫁还是未出嫁的女儿都没有份。虽是一家人但是如果分家了,每个分家后的家庭对属于自家的生活资料有份,不能占有和使用其他家庭的生活资料,已经分家的兄弟在分家的时候平分家里的生活资料,分家后的兄弟如若无法得到全套的生活资料就由自家日后自行去置办。

(3)生活资料理应为家户集体所有

在奚家的家庭成员看来生活资料应该属于全家人所有,这样全家人就会对自家的生活资料更有保护欲,有利于家庭的团结和睦。当家人在生活资料的产权上更有权利,如家里需要置办某样生活资料时,需要当家人花钱置办。

4.家长在部分生活资料所有权中占主导权

(1)家长为生活资料的实际支配者

奚家在生活资料的购买、维修、借用中,家长是实际支配者。如果当家人不在,家中生活资料的购买和维修就无法进行下去,其他人无法做主。如果当家人是女性,如要购买和维修生活资料需要家中的男性劳动力提建议和出劳力,需要出钱就由女性当家人来出。其他儿子当家、兄弟当家、代理当家的情况下,可由男性当家人自行决定生活资料的购买和维修。

(2)家长在购买生活资料中居于主导地位

奚家在生活资料的购买中,由家长一人决定或由家长及家庭中成员共同商量决定是否购买,不需要告知四邻、家族、保甲长等人。如果当家人不在,家中生活资料的购买就无法进行,其他人无法做主也没有钱去购买。如果当家人是女性,要购买生活资料需要家中的男性劳动力提建议和出劳力,需要出钱就由女性当家人来出。其他儿子当家、兄弟当家、代理当家的情况下,可由男性当家人自行决定生活资料的购买。

(3)家长在维修生活资料中起决定作用

奚家由家长老九爹来安排维修生活资料,不需要告知四邻、家族、保甲长等人。有时候需要请博士来家里做家具等生活资料,但是不需要一整天时间,也就是用不了一个整工,那么就会跟湾里人过问一下有没有谁家也要做家具的,就凑个时间一起找个博士来做,这样两家人可以一起均摊博士一天的工钱。在维修中,如果自家人能够自己修理就自行修理,自家人不能修理的则需要请博士来修理,修理由家庭中的男性来安排,男性劳动力跟家长商量再由家长来决定是否修理、请谁来修、什么时间请人来修,不需要告知四邻、家族、保甲长,修理所需的费用由家庭共同承担,即由家长出资。

(4)家长在借用生活资料中不占主导地位

奚家在生活资料的借用中由家长一人决定或由家长及家庭中成员来共同商量决定,不需要告知四邻、家族、保甲长等人。如果当家人不在,家中生活资料的借用也能进行,即家庭中所有成员都能借用,能发生借用行为,能将自家生活资料借出去,也能去别人家借用生活资料回来。如果当家人是女性,如要借用生活资料可以自己去借用,也可以由家中的男性劳动力出面去借用和出劳力。其他儿子当家、兄弟当家、代理当家的情况下,可由任意家庭成员自行决定生活资料的借用与否。

5.其他家庭成员在生活资料借用行为中地位突出

奚家在生活资料的购买、维修、借用等行为中,除奚家家长之外其他家庭成员可以决定借用与否,也有资格借用别家的生活资料,无须与家长商量。但是在购买、维修时,只有家庭中男性劳动力有资格提意见,不能擅自作决定,然后由当家人作决定。如果当家人不在家,需要等当家人回家后再作决定是否维修、购买。如果当家人是女性,女性当家人可与男性劳动力共同商量决定。如果是儿子当家儿子可以自行决定是否借用、购买、维修等。兄弟当家和代理当家情况下,其他家庭成员在生活资料的购买、维修中要由当家人决定,借用可由所有家庭成员决定。

6.家户生活资料产权少有侵占情况

1948年以前,村内很少有家户的生活资料被外人侵占的情况,奚家的生活资料也没有被侵占的情况。在借用生活资料的时候,需要征得被借用的家庭成员同意才能借用,不能不经过同意就拿走,更不能借用后不归还,借了不还对名声不好。如果家中的生活资料被侵占了,自家人或当家人会去要回来,其他村民也是十分厌恶侵占行为,如果有一家侵占了别家的生活资料不归还,那么日后村民都不会将自家的生活资料借用给这家人。

7.外界对家户生活资料产权的认可与保护

(1)其他村民认可与尊重属于其他家户的生活资料产权

其他村民承认奚家人对奚家所有的生活资料的产权,不会故意去侵占奚家的生活资料,知道该生活资料是奚家的,如果需要买卖会同奚家当家人商量,如果其他村民需要借用奚家的生活资料,需要与奚家的家庭成员打招呼以便征得同意,如果奚家人不同意他人就不能进行买卖、借用。村民之间几乎不会买卖生活资料,借用生活资料行为较多。

(2)家族、宗族认可和保护家户生活资料

奚家所在的家族承认奚家的生活资料,家族成员不能随意侵占奚家的生活资料,家族里其他成员也不能不经奚家家长或其他家庭成员的同意就买卖、借用奚家人的生活资料。当奚家的生活资料遭遇外人强行侵占时,家族成员会一同帮忙去要回属于自家的生活资料。

(3)村庄对家户生活资料的认可与保护

村庄不会随意侵占村民的生活资料,更不会不经村民同意买卖、借用村民的生活资料,如果村民之间因为借用别家生活资料或者恶意侵占他人生活资料而产生了矛盾和纠纷,村庄中的户长、甲长会出面来调解、解决。

(4)政府对家户生活资料的认可与保护

官府不会随意侵占奚家的生活资料,更不会不经奚家人的同意就买卖、借用奚家的生活资料,如果村民之间因为借用别家生活资料或者恶意侵占他人生活资料而产生了矛盾和纠纷,性质恶劣的可以状告到官府,请官府来评判、解决,此时县乡镇政府会出面来调解、解决,从而保护村民利益。

二、家户经营

(一)生产资料充足

1.家户劳动力充足

(1)参与家庭生产的自家劳动力构成

奚家的劳动力共有十三人,老九爹长子启告做布匹生意,三子启富是在外教书的教师,次子启木在家里种田、种地。老九爹也在家种田,家中的已婚妇女在家里做家务活、种菜园等。长子启告的两个儿子有二十来岁了能耕田种地,三子启富的大儿子和二儿子也能种田种地,老九爹的孙女们能做家务事,也算是家中的劳动力。奚家除了老九爹三子和未成年的孩子不参加家庭生产外,其他家庭成员都参加家庭生产。老九爹在奚家分家前已年近七旬,能去田地里做一些简单的农活儿,老九婆就在家里做家务活。老九爹的孙辈中,年纪稍长的孙儿能参加农业生产。老九爹的三个儿子里,长子和三子不参加农业生产。长子主要是在家织布、做布生意,偶尔去田地里干农活。孙儿后槐在十几岁的时候去学做裁缝,跟随一位鹞子湖的黄姓裁缝学手艺。

1948年分家前,奚家的劳动力总体是够用的,除了两个劳动力不在家中进行农业生产劳动力也是够用的,长子和三子一个做生意、一个教书,家中并没有人外出打长工、做短工或出远门打工的。家里有时候会与邻里换工,奚家在农忙时节需要劳动力的时候,村里都有人来帮忙,1948年以前的村民非常热情,只要谁家需要帮忙,全村人都会来帮忙。

换工是与本村村民之间进行换工,主要由家中负责农业生产的劳动力来决定,即该劳动力不是当家人也可以决定换工,不用同家中其他家庭成员商量,也不需要告知或请示四邻、家族、保甲长等人。换工的时候优先与自家关系好、会做事的人换工,奚家由于父辈兄弟多,因此自家人比较多,所以奚家在换工的时候会优先跟自己的亲房叔伯们换工。换工不需要支付报酬,只需要管饭即可。

奚家在1948年分家前没有请工、没有雇工,大多数时候奚家自家的劳动力是足够完成生产的。那时候只有大户人家才会请工做事,请工的时候大户人家家里有管家就由管家去请,没有管家就是当家人去请。大户人家因为家中田地多、劳动力少,通常会请几个长工,农忙的时候再多请几个短工。像一般条件的家庭,如果家中田地多、劳动力少也是可以请工的,但是请的多是短工。请工不用告知或请示四邻、家族、保甲长。请工时会优先请本村的人,找本村会做事、肯吃苦、经常卖工的人去做工,不会请那些做事不麻利的人。请工的报酬由当家人支付,当家人主要掌管全家的财产,因此在金钱支出方面都是由当家人来管理和经营。如果当家人不在家,那么就等到当家人回家再支付,如工人是本村人就可以适当晚些天再支付,如果是外村的熟人也是可以晚些时间、待当家人回家了再支付。倘若既不是本村人也不是熟人,遇到当家人不在家、不能如期支付报酬,就由该家户主事的人写个字据给工人,工人可改日凭借字据来领取自己的劳动报酬。

2.土地自给程度差,以租佃为主

1948年分家前,奚家在奚角四周都有田地,一共十三亩。包括湾后面的山丘里有三亩田、滚子冲有五亩田、徐家冲有两亩田、门儿冲有两亩田、麦家咀有一点、外榜山也有一点,大致这些地方都有奚家人耕种的田,这些地方的田地有赵家的也有自家的,其中赵家的田地占

十亩，自家的田地约三亩。奚家原本自有土地十几亩，分家前三兄弟在一起过生活，老九爹长子在家里织布，织好的布拿去汉口卖，卖布的钱就拿去赌博、押宝，钱输光了再回来要钱过生活、还债，家里没有钱了就去卖田。原来三儿媳朱氏的娘家很富有，三儿媳朱氏在嫁来奚家的时候带了十几亩的嫁妆田，那时候的规矩是娘家给女儿的嫁妆田都归女儿自己私有，三儿媳就有了自己的私房田，三儿媳就将田地出租出去，自己收租，收租的粮食卖掉后就归三儿媳个人所有。但是后来因为奚家老九爹的长子和三子好赌博输了钱，而且长子做布生意要钱进纱线回来织布，家里没有钱投资了，生活难以维系下去，于是将田地卖给了别人家，那时候虽然田地归三儿媳一个人，但是老九爹发话说都是一家人，现在大房没有钱做生意了、三房又把工资输掉了没钱拿回来过生活，就劝说三儿媳把田地卖掉了。

1948年分家前，奚家共有十三亩土地，其中八亩是租种大户人家的。过去赵家是个大户人家，赵家田地就给奚家人来种、房子给奚家人住，奚家十房兄弟一起种了赵家八石二亩田，其中老九爹一家租种了八亩田，每年田地收成以后就给赵家的大户人家上课，有五亩田地是属于自己的，自己家里的田地就给国家上课、纳粮，即己田就是完国家的粮，课田就给大户人家上课。1948年以前，一亩田能有四石稻谷的收成，每年上课就是将每亩田收获的四石稻谷里的百分之三十的收成交给赵姓大户人家。也就是说一百斤稻谷要交给赵家三十斤，赵家大户人家用弧子来印粮食，基本上头稻都要收走一半；己田完粮给国家的叫国家税，也是收百分之三十。课田交给大户人家后不再需要交粮给国家了，己田就只用交给国家。租田的时候不用写契约和田契，赵家明白自己家里的田地有多少，赵家人跟奚家人定好每年收成后来收田租，意即双方口头达成一致无须写字据、契约等书面材料。赵姓大户人家是外村人，奚家租种的田地位置都较好、质量也好。奚家在租种赵姓大户人家的田地时除了每年交租，还会请大户人家家人吃饭，将自家的鸡和鸭杀了做好给大户人家享用，一来是为了维系关系；二来在收租的时候，希望大户人家手下留情。此外，在租佃期间不会再另外送礼。奚家除了早年间将三儿媳妇的嫁妆田卖掉外，再没有土地出租出售的情况。

3.与外村人伙用耕牛

奚家的耕牛是与洲上的人共用，只有一头耕牛，洲上在叶路河边那一带，与奚角相距十来千米路程，之所以与洲上共有耕牛是因为洲上的田地全部是旱地，只种麦子，与奚角这一带全部是水田、种水稻不同，尤其是在农忙时节和用牛时间上洲上与奚家刚好错开，奚家人与洲上一家人共用一头耕牛，奚家的田地面积约为十三亩，水田居多，用牛时间多集中在每年的5—9月份。共有耕牛时是按照家庭来说明共有关系，即奚家作为一个整体与洲上的人共有耕牛，即使在1948年奚家分家的时候，奚家分为了三家，还是三家一起与洲上的人共用耕牛，因为原属于奚家的田地亩数没有变化，因此耕牛还是能完成每年双方家庭农忙时节的劳动量。

4.农具基本自给，偶有借用

奚家有大型农具，有犁耙、槽子、锄头、耙手、铁锹、蕲锄、水车、水磙、石磙。在奚家，农具没有共用的情况，只有不够用了去别人家借用。农具中有买的、有做的，除了铁具是买的，其他农具是请博士做的，给博士工钱，工钱按天数算，做农具的木材由自家准备，老九爹给工钱。奚角没有人当博士，都是请外村博士。自家农具不够用就会找邻居们借，家里的嘎利不够用了就找他人借用，那时候虽然家家户户都有农具，但是有时候不够用就需要借用，尤其是水车,家家户户至少有一转水车,有的人家多的有三转,一般有两转,有时候气候干旱、雨水不够,田里粮食面临减产的情况就需要车水,如果车水的距离较远,自家水车不够用,就要找其他家里借用水车,同时还需要别人家里的劳动力帮忙车水。

1948年以前就算农民家里有钱也不会买太多农具,只需要备齐一套常用的农具就够了,但是像镰刀、锄头这样常用的会准备两把,其他的大型农具不会花费额外的钱去买,不够用时只需借用就行了。因为大型农具为非常用农具,置办两套比较浪费钱财。如果家里样样置办齐了数量足够的大型农具,在用完了就会被搁置,这样一来利用率低,对于农民来说也是不划算的,因此在忙时不够用了去互相借用一下比起自家另外再去购买要划算得多。

奚家的生产资料在借用的时候,即在借农具的时候随便找谁借都可以,不是当家人也同意借。就是说所有家庭成员都能同意借农具出去,也能去别人家里借农具拿去用。但是在购买农具和维修农具上,当家人管理得较多,因为购买和维修需要有金钱支出,而当家人就是掌握着家里财权的人。因此,除借用外,家长在生产资料的购买、维修等中都具有实际支配地位。如果当家人不在,家中的购买和维修就无法进行下去,其他人无法做主。如果当家人是女性,由于女性在1948年以前不参加生产,所以不熟悉生产资料的损耗情况,因此在女性当家的家庭中,如要购买和维修生产资料需要家中的男性劳动力提建议和出劳力,需要出钱的地方就由女性当家人来出。其他儿子当家、兄弟当家、代理当家的情况下,可由男性当家人自行决定生产资料的购买和维修。

(二)以农为主,工教兼有

1.农业耕作为主

奚家在1948年分家前主要从事农业耕作,且以农业生产为主要生活来源。奚家也饲养家畜,从事部分副业生产。老九爹的长子从事手工业生产,此外家里就无其他生产活动。奚家农业生产占据生活的重要比重,而且在农业生产中仅次子启木来负责,包括犁地、耙地等都是次子去忙活。插秧的时候家里的男性劳动力都会去帮忙,比如长子启告在家里织布的时候遇到农忙了就会去帮忙插秧、打谷等。老九爹自己也在家种田,家中的已婚妇女在家里做家务活、种菜园等。长子启告家里的两个儿子都有20多岁已能耕田种地,其他年长的孙儿也能种田种地,所以去干农活、帮忙的半劳动力较多,年长的孙女在家也能做家务事。

2.饲养少量家禽用于自食

家里养了两头猪,没有养羊,每年大概会饲养十几只鸡和鸭,由家里的妇女们喂养,养猪不用做猪圈,但是会做鸡舍。猪和鸡鸭在外面放,属于散养,不是圈养。家里谁做饭谁就喂猪及鸡鸭。把猪养大以后就叫屠户牵走,屠户把猪牵走后过一下秤,记下价钱,以后奚家人逢年过节需要吃肉的时候就去屠户那里免费拿肉回来吃,不需要另外给屠户钱。比如说家里的猪肉有两百斤值一百块钱,那么奚家人就能去找屠户秤一百块钱猪肉回来吃,一百块钱的猪肉吃完后奚家人就需要再另外花钱去买肉吃。由于屠户卖猪肉的时候每一部位的肉价钱都不一样,有高有低,虽然奚家人能在屠户那里免费拿肉回来吃,但是屠户把猪牵走时定的收购价低,卖猪肉时的销售价高于收购价,总体来看屠户还是赚钱了。

3.工农教三者兼顾

1948年分家前,奚家的家庭成员除了从事农业生产外还有人从事手工业和教育业。除此之外,家中没有出去打工的人。本村将儿[①]的哥哥在外打长工,这算外出打工的,将儿的哥哥给鹅毛山竹林湾大户人家打长工,常年住在大户人家家里种田、做事,只有过年的时候才回家。大户人家给将儿的哥哥的劳动报酬是每年两套衣服和八石稻谷。

奚家的手工业劳动者主要是老九爹的长子启告。他做布匹生意,用自己家里的一台织机织布,织好布之后就拿到汉口去卖。长子启告一个人织布,老式织布机需要用脚来踩,用梭子来回穿线,倒织布的扦子用完了就不能再继续织下去了,需要再换个扦子继续织。还有一种是叫作倒筒,倒筒是做成羊钩状的,织布的时候还需要用到羊钩,织布机的羊钩用完了就去卖布,用卖布的钱再去买羊钩回来织布,一个羊钩能织出来十几、二十匹布,织好了就把布匹拿到汉口去卖,而不是在鹞子湖街卖。学手艺的人也一样要种田,长子启告是在家里织布,有时候可以去田地里干活,但是三子启富是在唐家墩教书,离家里较远且不常回,所以很少参与家里的农业生产。学手艺的人的收入需要交给当家人管理和使用,当家人如果比较严格就会收走家中手艺人的全部收入。如果当家人较为宽松,那么会给手艺人留一点私房钱,其余的收入交给当家人。

孙儿后槐在临近解放的时候去学裁缝,那时候当学徒是前三年跟着师傅学手艺没有工钱拿,帮师傅做活,手艺学会了就可以自己去接活赚钱了。后槐去学手艺的时间较晚,是在奚家分家以前由后槐的父亲启告将后槐送去学手艺的,到了1948年分家前的时候后槐还未学出师。

4.手艺的传承

1948年分家前,奚家除了老九爹的长子有织布的手艺外,其他人均无手艺,奚家老一辈都没有织布的手艺,老九爹及其几个老一辈的兄弟们均不会织布,因此长子手艺不是祖传下来的。但是长子启告并没有将自己织布的技术传授给自己的子女,长子启告有两个儿子,大儿子后桂在家务农,二儿子后槐外出学裁缝。后槐出去学手艺是其父亲启告决定的,那时候儿子都要听父母的话,父母让干什么就干什么,父母亲商量好了就行,不需要告知或请示四邻,也不需要告知或请示家族成员及保甲长。

(三)生产结果用于家户内部消费

1.农业生产收成仅够糊口

奚家一年可以收获三季粮食,主要种植水稻和油菜、小麦、绿豆、棉花等作物。不同农作物的收成各有不同,水稻亩产在五石谷左右。1948年以前,一石谷是指一百三十斤,五石谷就有近七百斤的稻谷,种稻谷分头稻和秧食两季,头稻只能打四石谷,倘若遇到好时节,秧食也能打一石谷,所以收成好的季节能打五石谷。但是水稻的收成十分不稳定,主要看雨水下得好不好,有时候没有雨水田里就干旱了,干旱了可以车水,但是天不下雨,水塘里的水也会被用干,河沟里面也没有多少水。

水田里的稻谷收起来后就播种油菜和小麦,这也算一季,油菜用于榨油炒菜吃饭,小麦在自家磨面粉吃。奚家在山地里种了棉花,棉花的收成很低,收获的棉花用来做棉袄、打棉被等。有时候田地收成好就够吃,有时候天气不好就收成不多、不够一家人吃饱,遇上病虫害就更没有收成了。如果家里粮食不够吃了就去找人借,可以找本村人借也可以找外村人借,比

---

① 将儿:村民的小名。

如今年下半年粮食吃完了就去借,到明年上半年家里粮食有收成了就还,借谷是借一石要还两石,不管借多久都要双倍奉还。

奚家粮食生产的收成属于全家共同所有,其中家里最主要的粮食就是稻谷,每年粮食收成的时候就把稻谷放进家里的粮仓。奚家的粮仓在老九爹夫妇的房间里,要吃饭了家里的妇女就把稻谷拿去加工成米。1948年以前,机器不发达,加工米的过程十分烦琐,要经过约四道手工工序。其中第一步就是用粒子①掫谷;第二步是用风鼓吹走粗稻谷外壳;第三步是用蒂来舂米,进一步让稻谷上细小的外壳脱落;第四步是用筛子筛去细小的稻壳,将米留在筛子里,经过这四步后稻谷就加工成了稻米,但是因为工作量大,因此加工米耗时较长、体力消耗也大,奚家的妇女们只要一有空闲时间就会去掫谷等,比如下雨天了奚家的三个儿媳妇就在一起加工稻米。稻米同样也是由老九爹夫妇管理,放在布袋子里或者带有盖子的木桶中,待做饭的时候再由老九婆发放稻米给当天做饭的儿媳妇,老九婆给多少米就做多少饭,而且是一天一给,每日进行分配。除稻谷外,其他收成也是由家长统一管理和支配。在家庭成员中种田的人和当家人最关心粮食收成,其他人只要当家人给饭吃就行,不操心家里的粮食收成。

2.家禽、猪饲养均用于自食

奚家几乎每年都会在家里养一两头猪,没有养羊,每年大概会饲养十几只鸡和鸭,由家里做饭当班的妇女们喂猪和鸡鸭,家里谁做饭谁就喂。养猪不用做猪圈,但是会做鸡舍。猪和鸡鸭在外面放,属于散养,不是圈养。鸡鸭都是留给自家吃,鸡鸭生的蛋也是自家吃,到了过年过节或是招待客人的时候奚家就会杀鸡鸭来做菜。奚家饲养的鸡鸭能够满足家庭需要,不会拿去卖钱。奚家把猪养大以后就叫屠户牵走,屠户把猪牵走后过一下秤,记下价钱,以后奚家人逢年过节需要吃肉的时候就去屠户那里免费拿肉回来吃,不需要另外付钱给屠户。比如说家里的猪有两百斤值一百块钱,那么奚家人就能去找屠户秤一百块钱猪肉回来吃,一百块钱的猪肉吃完后就需要再另外花钱去买肉吃。屠户卖猪肉的时候每一个部位的价钱都不一样,有高有低,虽然奚家人能在屠户那里免费拿肉回来吃,但是屠户把猪牵走时定的收购价低,卖猪肉时的销售价高于收购价,总体来看屠户还是能够赚钱。

3.非农收入不纳入家庭总收入

奚家手工业收入的多少无从统计,但是长子启告卖布匹的收入是钱而不是粮食。三子启富外出在唐家墩梁家咀长堤那一带教书,而且教书的水平较高,每年收的学费都是粮食,收的粮食就带回来过生活。有时候也可以收钱作为学费,但是由于启富好赌博,教书的收入很少带回家里来。当时是老九爹当家,家里的一切收入都是要交给老九爹来管理,但是长子和三子经常好赌博,在外将收入都给输尽了才回来,因此家中几乎没有除种田之外的手工业收入和副业收入。

三、家长为分配核心,辐射全体家庭成员

(一)分配主体

1.家户为分配主体且占主导地位

奚家在分配时,没有以宗族为分配主体或以村庄为分配主体,而是完全以家户单元为分

---

① 粒子:音译,用来加工稻米的工具,下文中蒂也是音译,同此意。

配主体。因此,家户是最重要的分配主体,其在奚家所有家庭成员的日常分配中占百分百的比重。自家的粮食完全是自家分配,家中的稻谷、绿豆、花生、油菜等这些食物都是归家庭内部来解决,自家的衣物也是自家分配。

2.分配范围广泛

奚家在食物、衣物、住房等各方面都会进行分配,如奚家生产的稻谷每天由老九婆负责分配给当天做饭的儿媳妇来做饭,家中收获的棉花也会进行分配,家中住的房屋会进行分配,一切与奚家家庭成员生活相关的方方面面,奚家都会以家庭为单位进行内部分配,凡属奚家的家庭成员均为分配对象。虽是一家人,但已分家的兄弟及单独吃住的父母不参与本家户的分配,老九爹兄弟们已经分家,因此虽同属奚姓人,但是不参与奚家的分配。常住家里的其他非家庭成员可参与分配,奚家有一位出去打长工的本村人,在大户人家家里每年干活都会分到两套新衣服,由此可以推断,非家庭成员但是长期住在自家的人也是可以参与分配,但是参与分配的范围可能会大大缩小,即仅能在某些方面分到东西,不会在方方面面都能分到东西。

3.家长在分配中居于主导地位

奚家进行分配时,基本都由家长主导,但是家长主外事,家中的女主人主内事,老九婆负责家中吃什么、用什么等内务的分配,老九爹负责购买生产资料等。有些分配也能由内、外当家人一同商量、决定和安排。如果当家人不在,当家人的配偶可以决定。如果当家人是男性,男性当家人不在家时由男性当家人的妻子决定。如果当家人是女性,女性当家人不在家时由丈夫做主。如果是儿子、兄弟、代理当家,儿子、兄弟及代理人不在家时,其他家庭成员均不能替当家人做决定,分配必须要由兄弟当家的家长本人、儿子当家的家长本人、代理当家的代理人本人决定,因为担心其他家庭成员分配不好就需要当家人进行分配。

(二)全部家庭成员均为分配对象

奚家在分配时,除女儿外的家庭内部所有成员都是分配对象,即奚家本家户内住在同一屋檐下及在同一口锅里吃饭的人。如果家中部分生产生活资料有多余的,奚家的亲戚也能享受到,奚家的朋友、邻居等均不是分配对象。在分配时,分配物的来源部分是自己生产、部分是外部购买而来,一般是家户的农业、手工业、副业生产所得,奚家并没有家户之外的收入来源。奚家的农业收入是耕种的十几亩田地的收入,奚家的手工业收入是老九爹的长子启告织布的收入,长子启告的买卖布匹的生意收入很少拿回家给当家人,因为启告喜好赌博,三子启富也喜好赌博、押宝,在唐家墩教书的收入也很少拿回家。

(三)分配类型繁多

1.以农业收入为主要分配类型

1948年分家前,奚家共有土地十三亩,其中八亩是租种赵姓大户人家的土地。过去赵家是个大户人家,赵家的田地就租给奚家人来种、房子给奚家人住,奚家十房兄弟一起种了赵家八石二亩田,其中老九爹一家租种了赵家八亩田地。每年的农业收入中需要缴纳地租,其中田地收成以后就给赵姓大户人家上课,自己家里有五亩田地是属于自己的,自己家里的田地需要给国家上课、纳粮,即己田就是完国家的粮,课田就给大户人家上课。1948年之前,一亩田能有四石稻谷的收成,每年上课就是将每亩田收获的四石稻谷里的百分之三十的收成交给赵姓大户人家,也就是说一百斤稻谷要交给大户人家三十斤,赵家大户人家用瓠子来印粮食,基本上头稻都要给收走一半了;己田去完粮给国家的叫国家税,也是收百分之三十。课田交给大户人家后不再需要交粮给国家了,己田就只用交给国家。租田的时候不用写契约和田契,赵家明白自己家里的田地有多少,赵家人跟奚家人定好每年收成后来收田租即可,意即双方口头达成一致无须写字据、契约等书面材料。赵姓大户人家是外村人,奚家租种的田地位置都较好,质量也好。奚家在租种赵姓大户人家的田地时除了每年交租,还会请大户人家的家人吃饭,将自家的鸡和鸭杀了做吃的给大户人家吃,一来为了维系关系,二来在收租的时候,希望大户人家手下留情。此外,在租佃期间不会再另外送礼去赵姓大户人家。奚家给赵姓大户人家交租要交产量的百分之三十,地租算分成租,地租一年交一次,只交粮食不交钱,大户人家派人来收租。1948年分家前,奚家交租的压力还是相当大的,交地租的负担比较重。如果遇到灾荒年景,租种大户人家的田地可以适当地去跟大户人家说情,让大户人家减租或者免租,大户人家会视当年的情况而决定是否会减租,但是不会轻易免租。奚家自家的田地需要给国家交公粮,公粮不可减免,无论收成好坏都必须要将收成的百分之三十交给国家。地租是交粮食,收成的粮食是需要先交地租,交完地租后的收成才归自己所有,即必须先把地租交足,交不上也要交。

奚家交完地租和赋税之外的粮食收成用来作为家户内部消费,较少有多余的粮食变卖为钱财。因此,奚家的农业收入多为实物收入的形式,几乎全部用于自家食用,奚家人口众多,粮食消耗大,因此奚家当家人在粮食消费上必须有长远的规划,在此基础上才能保障一家人的基本生活需求。奚家的粮食收成主要由老九爹来管理,但是具体的日常分配是由老九婆来负责,老九婆会给做饭的儿媳妇们分配粮食,尤其是在家里粮食收成不多时,为了使家庭能度过缺粮少粮的日子,老九爹与老九婆夫妇就需要共同商量粮食消费的具体方式,比如每天分配多少稻米,每顿饭谁优先吃饱、谁次之,等等。可见,农业收入的分配由当家人管理,分配的对象为全部家庭成员。

2.原则上不许私藏和私用手工业收入

奚家仅有一人从事手工业,即老九爹的长子启告从事布匹生意——纺织业。长子启告每年的收入不清楚,从事手工业的收入不需要交一部分给外人,一人在家里织布,织好布后独自一人拿去汉口卖。长子启告已经学成织布的手艺,不需要将手工业收入交给带自己的师傅,也不需要将手工业收入交给寨主、集主、保甲长。但是在1948年分家前,徒弟刚跟师傅学手艺的时候,前三年的收入都归教手艺的师傅所有。

家庭内部收入全部由当家人掌管,其他家庭成员不能代为掌管,收入的分配也是由家长负责,家庭内的其他家庭成员不能代之。长子启告的手工业收入需要上交给奚家的家长老九爹,自己只能留下买织布所需购买羊钩和其他的材料钱,自己不能私自把赚的钱藏起来,也不能全部交给自己的妻子。这些都是家长老九爹定下来的规矩,不用告知或请示四邻、家族、保甲长。在分配手工业收入的时候应优先将收入交给当家人,即家长,家长会酌情给一小部分手工业劳动者自己留着,并不会全部收走。但是由于长子启告喜好赌博,经常将自己挣的钱输掉了,因此交给老九爹的收入很少。家中人口众多,唯一的手工业收入上交给家长的很少,因此家庭中矛盾较多,仅次子启木一个人在家务农就会有意见,因此次子启木经常抱怨说自己一个人种田养活一大家人,而自己的大哥、三弟每年出去挣钱都不拿钱回来过生活。

3.劳动者自行支配副业收入

奚家没有副业收入,奚家养殖的家禽都由家庭成员食用,不进行销售。奚家劳动力在农闲的时候可以出去卖工,给人做工的工钱归自己所有,不用在全家进行分配。奚家有一人从事教育业,即老九爹的三子启富。长子启告从事小规模纺织业,即小生意,长子和三子挣的钱需要交给当家人。奚家每年的收入约两百元,在1948年以前货币都是现洋,不是纸币。奚家的副业收入、不需要交一部分给外人。该家庭成员副业的收入,比如说出去卖工、打短工的收入归劳动者自己所有,不用统一交给当家人。1948年分家前都是男性出去做副业,女性都是待在家中做内务,男性劳动者挣得的副业收入可以交给妻子保管,也可以由男性劳动者自己保管,自由支配。副业收入由谁保管的问题由劳动者自己决定,不用跟他人商量,不用告知或请示四邻、家族、保甲长。

4.生产性及生活性分配为主

奚家的收入分配主要包括生产、生活资料,没有私房钱、地分配。奚家在卖地前只有三儿媳朱氏有私房田,分家以前都是当家人管吃管喝,一个人统筹全家人的生活状况。可供家户分配的主要是粮食,比如说每天做饭的时候内当家人就分派米,到了做衣服的时候内当家人就给每个小家庭分棉花等。在分米的时候小孩一个人二两、大人三两,老九婆每天给儿媳妇们将近二十斤的米做饭;分棉花的时候按照当年棉花的收成及家庭人数的多少来分,大人会比小孩子多分一点。由此可见,奚家的收入分配包括生产性分配和生活性分配两大类,涵盖范围较为广泛。

(四)家长在分配中的地位

1.家长是家户分配的实际支配者

奚家只有三儿媳朱氏有私房田,但是后来为还赌债被当家人卖掉了,所以奚家不涉及私房地的分配。奚家在衣物、食物分配方面由女主人来进行分配,当家人只负责农业生产的统筹、金钱开销方面的管理。

2.男性当家人在分配中的地位

(1)参与私房钱分配,不参与私房田分配

奚家的家长是老九爹奚宗玖,其一人掌管家中的财产,家中需要有钱财支出需征得老九爹的同意,并且由老九爹拿钱消费,如需要购买、维修生产资料和生活资料,需要购置衣物、看病吃药等都是由老九爹一人拿钱消费。家中分有内当家,内当家是老九婆,老九爹会给老九婆一部分钱由其掌管,家中有生活上的小事需要支出、消费则由老九婆出资。奚家没有分配私房田,家中的私房钱由老九爹分配,但是老九爹给谁私房钱其他家庭成员都不知道。家中私房钱的分配由家长来决定即可,不需要跟谁商量,不用告知或请示四邻、家族、保甲长等人。在未分家前当家的人管一大家人的生活,给饭吃、给衣服穿,家庭成员不需要另外花钱。因此,奚家当家人老九爹没有给自己的三个儿子分配私房钱和私房地。但是老九爹在过年的时候会给家中的小孩们压岁钱,家中年幼的男孩女孩都有,其他时间不会给私房钱。

奚家只有三儿媳朱氏有私房田,其他人没有私房田,三儿媳带来的是娘家人给的嫁妆田。1948年以前的规矩是娘家给女儿的嫁妆田都归女儿自己私有,三儿媳于是就有了私房田,三儿媳就将田地出租出去给他人耕种,自己收租,收租的粮食卖掉后就归三儿媳个人所有,于是三儿媳就有自己的私房钱,私房钱不用交给老九爹,三儿媳可以自己使用。有时候遇

到家中收成不好,一家人生活难以为继,三儿媳也会把自己的私房田收成的粮食拿出来吃或者把卖粮的钱拿出来过生活,后来由于奚家多人赌博输掉了钱财,家中生活难以为继,家长老九爹跟三儿媳商量将私房田卖掉顾生活,于是三儿媳的私房田就被卖给祁家湾的人了。

1948年以前,有的女儿娘家很富有,不直接给女儿嫁妆田,而是直接给女儿很多钱财带到婆家去,这也算是归女儿个人的嫁妆。女儿嫁入婆家成了婆家的儿媳妇后,自己带来的嫁妆钱也不用交给婆家的家长,即是自己的私房钱,像有钱的妇女就拿自己的私房钱出去放账,放账是借一块钱还两块钱,放账收回来的钱也归妇女自己所有。

此外,家中的男性劳动力在空闲的时候可以出去卖工,卖工的工钱就归卖工的人所有,这也算私房钱,不用给家长。

（2）不分配零花钱

奚家的家长在零花钱的安排上地位不突出,零花钱的分配方式几乎没有。奚家的家长不会给家庭成员零花钱,奚家家长管所有家庭成员的吃喝,家里有人生病了家长就拿钱出来看病,因此家长不需要再另外给家庭成员零花钱。但是奚家成员可以有自己的私房钱,比如长子启告卖布匹的钱可以留一部分自己私有,次子启木出去打短工的工钱也可以私有,三子启富在教书期间收的香火钱也可以归自己私有。此外,家长不给其他家庭成员分配零花钱,成家的儿子也没有零花钱,老人、当家的、儿媳妇、未成家的儿子都没有零花钱,只有小孩子在过年的时候会收到长辈给的压金钱作为零花钱。

3.女性当家人在分配中的地位

（1）内当家负责家中衣物消费

在衣物分配中,奚家的衣物由女性家长来分配,1948年分家前,奚家做衣物都是自己做。自家用自家的土棉织布自己做衣服,妇女在家用手工纺线子,纺出土棉布,再在街上买颜料回家自家煮,比如红色、蓝色,再用红色、蓝色的布去做衣服。家里有时候也请裁缝来做衣服,在1948年以前裁缝都是男性。奚家只要是谁没有衣服穿谁就可以去做新衣服,家里的大人或者小孩衣服穿破了、穿旧了都可以做新衣服,老九爹一般不管衣服的事情。

1948年以前,村民在街上买衣服的很少,街上有洋布卖,没有现成的衣服卖,需要将洋布买回来再去做成衣服才能穿,卖洋布是按照尺寸来计算,卖的时候算多少钱一尺,但是奚家没有买过。家中只要有棉布就可以自己做衣服,家长也不会出钱给谁去买衣服,在衣物方面都是家庭内部自给自足,不会产生外购行为。

奚家的几个孙儿经常穿自己几个哥哥的旧衣服,小孩子买衣服的时候很少,孙儿、孙女每年只有一套新衣服穿,其他衣服都是穿堂哥、堂姐的旧衣服,年长的孙子穿完了再留给年幼的孙子穿。

只有在过年的时候奚家大人才给小孩子做一套新的棉布衣服,棉布衣服里面需要塞棉花,棉花都是自家地里种出来的,家里每年收获的棉花就拿去轧,轧完后再拿去弹,弹好的棉花可以直接做棉衣。除此之外,弹好的棉花再搓成棉条就可以纺线子了,纺好线子后可以用来织布或者跟人换布匹。每年弹好的棉花拿回来后奚家三房小家庭再按照人口来分,由于每年收成的棉花产量不固定,因此每年分到各个小家庭的棉花数量也各不相等,但是当时家庭内部分棉花是按照大人、小孩人口数量来分的,并且考虑到大人衣服比小孩衣服的用料要多,因此大人会分得多,小孩子分得少。分到小家庭内部的棉花由小家庭夫妇来决定给谁做新衣服,奚家家长就不再管给谁做衣服的事宜了。

（2）内当家决定食物消费

奚家在食物分配上由老九爹的妻子老九婆来分配。老九婆作为家里的女主人,也是奚家的女当家人,家里的食物消费都是由老九婆来安排,老九婆自己就可以决定,不需要跟男当家人商量,不用告知或请示四邻、家族、保甲长。在食物分配过程中,所有家庭成员都可以进行食物分配,家里食物充足时,全部家庭成员都可以进行分配。当粮食未收成时,家里粮食不充足的情况下,米饭不够吃了,分配的顺序就是女性少吃点,男性要吃饱、小孩要吃饱,女性最后没饭吃了就喝粥。到了下半年的时候,奚家的男性劳动力出去做农活辛苦,家里的女性和小孩就吃两顿饭,男性吃三顿饭。一来是因为粮食不太够吃,二来是因为男劳动力出去干农活辛苦,女性和小孩不干重活就相对轻松一点。还是做三顿饭,早上和中午做一大家子的饭,晚上就做家里出去干活的男劳动力的饭,女性和小孩不吃米饭,富余的粥就让小孩子喝点。

（五）其他家庭成员在家户分配中的地位

1.参与度高的分配

（1）可自行决定衣物分配

在衣物分配中,奚家不完全由家长来分配,其他家庭成员可以参与甚至是直接进行衣物分配。分家前做衣物都是自己做,用自家的土棉织布做衣服,妇女在家用手工纺线子,纺出土棉布。然后再在街上买颜料回家自家煮,比如红色、蓝色,再用红色、蓝色的布去做衣服,大部分都是家里自己做衣服,有时候也请裁缝来做衣服。如果妇女们自己有布匹可以自己做衣服,如果需要购买就跟当家人商量,但是一般很少有涉及外购衣物的行为发生。1948年以前裁缝都是男性。奚家只要是谁没有衣服穿,谁就可以去做新衣服,家里的大人或者小孩衣服穿破了、穿旧了都可以做新衣服,家长不管衣服的事情。

年纪较小的孙儿经常穿自己哥哥们的旧衣服,买衣服的时候很少,孙儿后东在自己还是小孩子的时候每年只有一套新衣服穿,其他衣服都是穿后东大哥、二哥的旧衣服,大哥穿了二哥穿,二哥穿了留给后东穿。奚家只有在过年的时候才给小孩子做一套棉布衣服,棉布衣服里面需要塞棉花,棉花都是自家地里种出来的,家里每年收获的棉花就拿去轧,轧完后再拿去弹棉,弹好的棉花可以直接用来做棉衣。除此之外,弹好的棉花再搓成棉条就可以纺线子了,纺好线子后可以用来织布或者跟人换布匹。每年弹好的棉花拿回来后奚家三房小家庭再按照人口来分,由于每年收成的棉花产量不固定,因此分到各个小家庭的棉花数量也各不相等,但是当时家庭内部分棉花是按照大人、小孩人口数来分的,并且考虑到大人衣服比小孩衣服的用料要多,因此大人会分得多,小孩子分得少。分到小家庭的棉花由小家庭夫妇来决定给谁做新衣服,奚家家长就不再管给谁做衣服的事宜。

（2）内当家在食物分配中占有较高的地位

奚家在食物分配中,除了家长之外其他家庭成员也占有重要地位,比如奚家在食物分配时由老九爹的妻子老九婆来进行分配。老九婆作为家里的女主人虽不是家长,但是是奚家的内当家人,家里的食物分配都是由老九婆来进行安排,老九婆自己就可以决定,不需要跟男当家人商量。

（3）手工业收入实由劳动者自主分配

奚家仅有长子启告从事布匹生意,但他很少将自己的手工业收入交给家长老九爹,因此

352

老九爹并不清楚长子手工业的收入是多少。长子启告从事手工业的收入不需要交一部分给外人，当时长子启告已经学成织布的手艺，不需要将手工收入交给带自己的师傅，也不需要将手工业收入交给寨主、集主、保甲长。在分配手工业收入的时候应优先交给当家人，即家长，随后家长会酌情分一小部分给手工业劳动者自己留着，并不会全部收走。但是，由于老九爹的长子启告喜好赌博，经常将自己挣的钱输掉了，因此启告交给奚家家长老九爹的手工业收入很少。由此可见，在奚家，手工业收入主要是由手工业劳动者自己支配，并没有交给家长来分配，其他家庭成员更不能参与到手工业收入的分配中。

2.仅有提议权的分配

奚家在私房钱、私房田、衣物、食物、零花钱、缴纳赋税、租金的分配中，除家长之外的家庭成员发挥支配作用，比如在为家庭成员进行私房钱和衣物等分配时，其他家庭成员可以提出意见，发表自己的看法，但是不能擅自作决定。

3.无权参与的分配

（1）不能参与私房地分配

奚家只有老九爹的三儿媳有私房田，三儿媳有对自己私房田的管理权，其他家庭成员不能参与，比如奚家在将三儿媳的私房田卖掉之前，三儿媳就将自己的私房田出租出去，三儿媳自己保管租金，其他家庭成员不能参与私房地的分配，也无权参与私房田的管理，无权享用私房田的收益权。

（2）不参与零花钱分配

奚家所有的钱财基本上都是由奚家的家长来进行分配，家庭成员基本没有零花钱，但是有私房钱可以用来当作零花钱使用。长子启告从事手工业劳动，三子从事教育事业。长子启告在进行手工业生产的时候，在家长允许的前提下可以自己保留小部分私房钱，但是如果家长不允许就需要把所有收入上交给家长来保管和支配使用。三子启富在教书的时候可以将收的香火钱作为自己的私房钱，私房钱就能够拿来零花。此外，奚家家长不再给其他家庭成员另外分配零花钱，其他家庭成员也无权要求家长对其分配零花钱。

（3）不能私自决定缴纳赋税和租金

在缴纳赋税、租金时，必须要由家长来进行缴纳，其他家庭成员不能擅自当家。尤其是在缴纳赋税时，必须要经过当家人的同意和许可后，方能将家中的粮食拿出去缴纳赋税。一经过家长同意后，可由家长或其他家庭成员将粮食送至县城纳税处，缴纳赋税成员可灵活调整。奚家缴纳租金主要是缴纳田租，且田租是以上课交粮的形式交给大户人家，在大户人家派人来奚家收粮食时，奚家家长必须在场进行审核，同时家长需要在一旁监督，以防大户人家多收自家粮食，其他家庭成员不能取代家长这一地位和作用，家长也不会将此重任委托给其他家庭成员。由此可见，其他家庭成员在家庭缴纳赋税和租金时，不能避开家长单独作决定。

（六）分配统筹全家

1.考虑全家人需要，倾向长子

奚家在进行分配时，通常以全家人的需要为前提，家长尽量在各项分配中照顾到家中所有人的需要，但是家长老九爹较偏袒于长子启告，在分配时会考虑给长子多分东西，尤其是在分家的时候，老九爹会给长子启告多分田地，对此次子和三子都没有意见。

2.优先进行食物分配

奚家在消费时,先需要缴纳地租和公粮后,剩余的粮食才能自己消费,不管收成好坏、粮食是否够吃,也需要交满地租和赋税。在分配自家的产品时,也是先进行食物的分配,再进行衣物的分配,即先解决家庭成员的温饱问题,在解决了衣食住行的问题后才考虑是否有私房田和零花钱等其他方面需求的分配。

3.按需分配

在分配时并不是平均分配,比如在进行衣物分配时,奚家将每年弹好的棉花拿回来,然后由奚家三房小家庭按照人口来分。由于每年收成的棉花产量不固定,因此每年分到各个小家庭的棉花数量也各不相等。但是当时家庭内部分棉花是按照大人、小孩人口数来分的,并且考虑到大人衣服比小孩衣服的用料要多,因此大人会分得多,小孩子分得少。在食物分配时,在家里粮食不充足的情况下优先满足家中男性劳动力,随后再满足小孩的食物分配,最后再安排妇女的食物分配。由此可见,在衣物、食物等方面分配时并不是完全依照平均分配的规则来进行的。

(七)依照收成适当调整分配结果

奚家在分配过程中,因为需要将粮食收成的百分之三十拿出来交地租和赋税,因此奚家约三分之一的收成都用于地租、赋税,剩余的粮食均在家庭成员内部进行分配。除了粮食外,奚家所有的棉花收入都来进行衣物分配。在分配上,均是以家庭为单位或者以家庭成员为单位来进行分配,宗族、村庄均不干涉奚家的分配,宗族和村庄不提供分配内容且不参与分配过程。奚家每年的收成都会有变化,家长将依照收成情况来适当调整分配结果。因此,奚家所有家庭成员对于已有的分配结果均无异议,不会有不同的意见。

四、自给自足式家户消费模式

(一)家户消费自给水平高

1.自给型消费类型

（1）家户总体消费及自足程度较高

奚家在 1948 年分家前每年的花销就是自家一年的收入,几乎没有借钱、借粮食的情况。奚家一年的粮食在五十石谷左右,交完公粮及大户人家的田租后剩下约三十五石谷,当时一石谷大约一百三十斤至一百四十斤,一石谷折合后约是十多块钱,家里粮食收入换算成钱相当于三百多块钱。粮食收入占总收入的百分之八十,奚家的家庭收入在村里算中等水平勉强能够维持消费,奚家的粮食需要节约才能勉强等到下一个收成的季节。家中主要确保男人和孩子吃饱,女人可以少吃点。

1948 年以前,有人家里过不去日子了就会出去借钱、借粮食,借钱是找放贷的人借,借一块钱需要还两块钱。借粮食是找大户人家借,借粮食是借一石需要还两石,还需要写借条。有的农户家里没有饭吃了还会出去讨饭,但是不至于逃荒,奚家本村志安的母亲和将儿的二哥都出去讨过饭的,讨饭是早上出去、晚上回来,去洲上那里讨饭,一般不在近处讨饭,怕近处的熟人看见了笑话。出去讨饭的时候好心的人就给点米带回来,或者是到了中午有人家做饭了就去讨口中饭吃,那时候有人看见外村人来讨饭很可怜就给米,有时候家里没有米了就请进去吃顿饭。讨饭的时候大人会带着小孩一起,别人看见小孩这么小没有饭吃就给得多一些。

（2）粮食消费完全依靠自产

奚家在 1948 年分家前每年粮食的消费约三十五石谷，占总体消费比重的百分之八十，粮食消费是奚家的主要消费，那个年代的人只求能吃饱饭，基本上是吃不饱的，但是也不至于饿肚子，将就吃个半饱的状态。奚家的粮食都是自己家土地里生产的，包括租种大户人家的土地和自家的土地。奚家既不外购粮食也不外借粮食，因为借了粮食负担很大，还粮食的时候需要双倍奉还，因此不敢借粮食。奚家自家的粮食如果节省吃的话还是够吃的，奚家人口较多，需要通过节省吃粮的方式才能度过粮食不充足的日子。

（3）食物消费自给自足

1948 年分家之前，全家每年的食物消费是最主要的，占总体消费的比重约百分之八十。奚家吃的菜主要是自家种菜园收获的，比例占到百分之九十。1948 年以前，很少有人出去买菜吃，都是吃自家菜园里的蔬菜、瓜果。去外面购买的食物很少，不管是米、面、蔬菜、鸡蛋、肉类都是家中自己生产的，能够维持消费。奚家几乎每年都会养一两头猪，大概会饲养十几只鸡和鸭，由家里做饭当班的妇女们喂养，家里谁做饭谁就喂。鸡鸭都是留给自家吃，鸡鸭生的蛋也是自家吃，到了过年过节或是招待客人的时候奚家就会杀鸡、鸭来做菜。奚家饲养的鸡鸭能够满足家庭需要，不会拿去卖钱。奚家把猪养大以后就叫屠户牵走，屠户把猪牵走后过一下秤，记下价钱，以后奚家人逢年过节需要吃肉的时候就去屠户那里免费拿肉回来吃，不需要另外给钱。

（4）衣物消费以自产为主

1948 年以前，各家各户的衣物消费很少，衣物都是自己做，自家用自家的土棉织布自己做衣服，妇女在家用手工纺线子，织出土棉布，再在街上买颜料回家自家煮，比如红色、蓝色，再用红色、蓝色的布去做衣服，家里有时候也请裁缝来做衣服，1948 年之前裁缝都是男性。村民在街上买衣服的很少，街上有卖洋布的，没有卖现成衣服的，需要将洋布买回来再做成衣服，卖洋布是按照尺寸来计算，卖的时候算多少钱一尺。家中只要有棉布就可以自己做衣服，家长也不会出钱给谁去买衣服，在衣物方面都是家庭内部自给自足，不产生外购行为。

奚家孙子小时候经常穿年长的哥哥们的旧衣服，买衣服的时候很少，小孩子每年只有一套新衣服穿，其他衣服都是穿哥哥们的旧衣服。只有在过年的时候家里的大人才给小孩子做一套棉布衣服，棉布衣服里面需要塞棉花，棉花都是自家地里种出来的，家里每年收获的棉花就拿去轧，轧完后再拿去弹棉，弹好的棉花可以直接用来做棉衣。除此之外，弹好的棉花再搓成棉条就可以用来纺线子了，纺好线子后可以用来织布或者跟人换布匹。每年弹好的棉花拿回来后奚家三房小家庭再按照人口来分，由于每年收成的棉花产量不固定，因此每年分到各个小家庭的棉花数量也各不相等。但是当时家庭内部分棉花是按照大人、小孩人口数来分的，并且考虑到大人衣服比小孩衣服的用料要多，因此，大人会分得多，小孩子分得少。

（5）家户住房消费完全自给

奚家的房屋可以满足全家人的居住需要，但是当时家里房子小，都是挤着住，十几个人有十几个人的住法，人少就住得宽敞点，但是都不至于没有房子住。如果家里的房子不能满足一家人的居住，那么就会出去新建房子，那就是当家人跟家里几个儿子商量让一房儿子出去住，家里共同出钱给这个儿子建一间房子，这样就算分家了。奚家当时如果未分家，家里需要修建新房由家庭出钱修建,修好后再商量是哪一房分出去住。

（6）医疗开销较少

奚家没有统计过1948年分家前家庭每年的医疗支出,家里有人生病了就去请医生再由医生来抓药。那时候家里有人生病了就请医生来看病,1948年以前医疗水平低,妇女生小孩需要请产婆,很多妇女生孩子时容易发生难产死亡,月子里的妇女跟小孩也很容易生病死亡。那时候很少有因看不起病卖房子、卖地的,那时的老百姓很迷信,会去拜菩萨保平安。比如在每年正月间玩龙灯的时候,有人会给耍龙灯的一些钱,换一个红布条和财神回来,这就算为家里祈福保平安了。总之,奚家的医疗消费没有统计过,仅占家庭总消费中很少的一部分。

2.人情消费依家庭条件和亲疏关系而定

奚家1948年分家前每年人情消费主要指的是送礼物,有的年头喜事多,随礼送人情的事就多,家里亲房叔伯的喜事送礼就送一块、两块的现洋,送现洋就算非常值钱的礼物了。人情支出主要是小孩满月酒、周岁酒、结婚、老人丧葬等。经济状况不好的人家,因为得了亲戚的人情,所以就算没有钱了也要去借钱送礼。但是可以根据家里的经济状况决定人情消费的多少,经济条件不好就少送一点,经济状况较好,人情消费的支出就多一些,有的家里人爱好[1],就会多送礼。1948年以前,家里老人去世了送布就算送人情。小孩出生了就送油、面、鸡蛋、布,送了礼物就不送钱。结婚了是要送钱,不用送礼物。

3.红白喜事消费金额少

奚家在1948年分家前红白喜事的花费不算太高,葬礼费用、喜事费用都差不多,占总体消费比重的百分之五。家户内部的人情消费不可避免,就算再没钱也要送人情,别人家送了自家礼,等亲戚家办喜事的时候也要还礼。奚家没有卖房、卖地送人情的情况,经济条件虽然很一般,但还是能负担得起人情消费。

4.以实物为教育消费形式

奚家只有老九爹的三子启富读书多,三子启富后因学识较高担任学校老师,长子、次子均没有读过书,家里需要劳动力,长子启富和次子启木就去种田种地养家糊口,从事农业劳动没有经济条件供他们读书。到了三子启富出生长大以后,老九爹就把其送去私塾里读书。在老九爹的孙辈里,属孙儿后东读书最多,孙儿后东在解放前读了五年书。孙儿后东的几个哥哥姐姐都没有读过多少书,大房的两个孙子读了两年书就回来干活种田了。孙儿后火去了一年学堂就回来,后来当了个没有文化的"黑肚子光棍"[2]干部。三子启富那时候极力送自己的儿子后刚去读书,但是其不认真读书,天天背着书袋子出去上学,实际上躲在麦地里、大树下面睡觉、玩耍,到了放学的时候再回来,就这样不认真读书,还在学堂里与教书的老师顶撞、调皮,天天在家里求他的父亲说不要送他去上学,说自己坚持不下来、不喜欢读书,三子启富觉得孩子读不进去书就算了,因此孙儿后刚读了三年书后就回家种田了。解放前孙儿后东在乌龙庵读书,他是孙子辈里读书最多的,当时一年的学费是一石谷,一石谷就是现在的大水桶四桶谷,1948年以前是用瓠子来印粮食。奚家在1948年以前每年教育消费就是几石稻谷,由于家里读书的孩子不是太多,所以能负担得起就会让孩子去读书,除非孩子不想读书。

---

① 爱好:当地方言,即爱面子的意思。
② 黑肚子光棍:民间方言,指没有文化的干部。

（二）消费以家户为主体和单元

奚家在消费时,绝大部分主要都是由家户负担,宗族不负担。宗族仅在奚家老人丧葬时会负担一部分,负担形式主要是提供安葬地。除此之外,村庄和宗族不承担奚家的家户消费。因此,以家户为主体的消费负担较重,在奚家家庭消费中约占百分之百。当家户自身无法负担起本该属于本家户的消费时,会由家户之外的主体来负担,这主要是亲房叔伯之间进行接济。但是奚家一般有能力承担得起家户的消费。

奚家在粮食消费、食物消费、衣物消费、住房消费、人情消费、红白喜事消费、教育消费、医疗消费等方面均全部由家户负担,宗族和村庄一概不负担。其中,家户教育消费的形式为实物,其余均为货币消费。1948年以前读书很困难,家里有孩子上学就需要交稻谷给老师,交了稻谷家里的粮食就有可能不够吃了,所以很少有孩子能去读书。在以上所有消费中,住房消费和医疗消费所占比例最小,医疗消费主要是看病、吃药两个方面,家里有人生病了就找医生看。1948年以前,在卢子屋村有两个叫堵儿和芒儿的两兄弟擅长给小孩看病,即现在周家湾华山的两个兄弟,看病后需要抓药就去他家里的药铺,药铺和他家原来是叫卢子屋,卢子屋在抽水站那里。

（三）家长在消费中的地位

1.内当家在消费中的地位

（1）内当家人安排家庭粮食消费

奚家在粮食消费方面,由奚家当家人老九爹安排及决定,由老九婆执行管理消费,老九婆要跟老九爹商量每天吃多少粮食,不用告知或请示四邻、家族、保甲长,奚家的家长就是粮食消费的支配者。如果当家人不在,当家人的妻子可以决定。如果当家人是男性,由当家人自己决定。如果当家人是女性,女性当家人也能决定。如果是儿子当家,儿子可以与健在的父母商量粮食该如何消费。兄弟当家的话,几兄弟可以共同商量决定家里的粮食消费。代理当家需要与家中的实际当家人商量家里的粮食消费,代理当家来执行家长的决定。

（2）内当家安排家庭食物消费

奚家的食物消费方面,由老九婆全权执行管理食物消费,不需要跟老九爹商量每天吃什么食物,因为家里的内当家人是老九婆,老九婆一人掌管家里的内务即可。老九爹将一部分钱财交给老九婆来打理家庭内务,食物消费也包含在内。比如老九婆说家里需要买菜了,就给钱让做饭的儿媳妇去买菜,比如家里很久没有吃肉了,就让儿媳妇杀鸡、称肉吃。奚家的食物消费不用告知或请示四邻、家族、保甲长,奚家的家长就是食物消费管理者。如果当家人不在,当家人的妻子可以决定。如果当家人是男性,由当家人自己决定家里的食物消费。如果当家人是女性,女性当家人也能决定食物消费。如果是儿子当家,儿子可以与自己健在的父母商量食物该如何消费。兄弟当家的话,几兄弟可以共同商量决定家里的食物消费。代理当家需要与家中的实际当家人商量家里的食物消费,代理当家来执行家长的决定。

（3）内当家安排衣物消费

奚家在衣物消费中,由内当家老九婆决定,老九婆可以跟老九爹商量为家人做新衣服,也可以不用与老九爹商量。奚家在衣物消费中,不用告知或请示四邻、家族、保甲长,奚家的内当家就是实际的衣物消费支配者。如果当家人不在,当家人的妻子可以决定衣物消费。如果当家人是男性,当家人自己决定衣物消费。如果当家人是女性,女性当家人也能决定衣物消费。如果是儿子当家,儿子可以与自己健在的父母商量衣物该如何消费,也可以不用商量。兄弟当家的话,几兄弟可以共同商量决定家里的衣物消费。代理当家需要与家中的实际当家人来商量家里的衣物消费,代理当家执行家长的决定,不能擅自决定。

2.外当家在消费中的地位

（1）家长安排医疗消费

奚家在医疗消费中,由奚家家长老九爹安排,可以与其他家庭成员共同商量。奚家在医疗消费中,不用告知或请示四邻、家族、保甲长,奚家的家长就是实际的医疗消费支配者。如果当家人不在,当家人的妻子可以决定家中的医疗消费。如果当家人是男性,由当家人自己决定家里的医疗消费。如果当家人是女性,女性当家人也能决定医疗消费。如果是儿子当家,儿子能决定家里的医疗消费。兄弟当家的家庭,几兄弟可以共同商量决定家里的医疗消费。代理当家人需要与家中的实际当家人商量家里的医疗消费,代理当家执行家长的决定。

3.内外当家人协同商讨

（1）安排家户内教育投资

奚家适龄入学的孩子都去学堂读过书,家长同意并支持家里喜欢读书的孩子去读书,并支持他们一直读下去,但是奚家有些孩子不爱好读书,在读书的时候比较叛逆。因此,孩子的父母就不让孩子去读书了,当家人就不再继续为孩子支出学费。

在教育消费中,由奚家外当家老九爹安排,内当家老九婆决定家里哪个小孩去接受教育,随后老九婆要跟老九爹商量家里的经济情况是否能够负担得起家里的孩子去上学。奚家在教育消费中,不用告知或请示四邻、家族、保甲长,奚家的家长就是实际的教育消费支配者。如果当家人不在,当家人的妻子可以决定家中的教育消费。如果当家人是男性,由当家人自己决定家里的教育消费。如果当家人是女性,女性当家人也能决定教育消费。如果是儿子当家,儿子可以与自己健在的父母商量决定家里能否送小孩去受教育及家里能否负担小孩的教育支出。兄弟当家的话,几兄弟可以共同商量决定家里的教育消费。代理当家需要与家中的实际当家人商量家里的教育消费,代理当家执行家长的决定。

奚家在人情消费中,由老九爹与老九婆商量后共同决定,因为家里的内当家人是老九婆,老九婆管理家里的内务。奚家的人情消费不用告知或请示四邻、家族、保甲长,奚家的家长就是实际的人情消费支配者。如果当家人不在,当家人的妻子可以决定人情消费。如果当家人是男性,由当家人自己决定家里的人情消费。如果当家人是女性,女性当家人也能决定人情消费。如果是儿子当家,儿子可以与自己健在的父母商量该怎么支出人情消费。兄弟当家的话,几兄弟可以共同商量决定家里的人情消费。代理当家需要与家中的实际当家人商量家里的人情消费,代理当家执行家长的决定。

（2）共同决定红白喜事消费

奚家在红白喜事消费中,由老九爹决定,老九爹需要与老九婆商量,因为家里的内当家是老九婆,老九婆管理家里的内务。奚家的红白喜事消费不用告知或请示四邻、家族、保甲长,奚家的家长就是实际的支配者。如果当家人不在,当家人的妻子可以决定红白喜事消费。如果当家人是男性,由当家人自己决定家里的红白喜事消费。如果当家人是女性,女性当家人也能决定红白喜事消费。如果是儿子当家,儿子可以与自己健在的父母商量该怎么支出红白喜事消费。兄弟当家的话,几兄弟可以共同商量决定家里的红白喜事消费。代理当家需要与家中的实际当家人商量家里的红白喜事消费,代理当家执行家长的决定。

4.全家共同协商

(1)全家共同协商住房消费

奚家在住房消费中,由奚家的家长老九爹安排,例如房屋的修建和维修等,外当家可以与内当家及其他家庭成员共同商量决定住房消费,不用告知或请示四邻、家族、保甲长,奚家的家长就是实际的住房消费支配者。如果当家人不在,当家人的妻子可以决定住房消费。如果当家人是男性,由当家人自己决定家里的住房消费。如果当家人是女性,女性当家人也能决定住房消费。如果是儿子当家,儿子可以与自己健在的父母商量住房该如何消费,即要不要新建房子或者要不要花钱维修房子。兄弟当家的话,几兄弟可以共同商量决定家里的住房消费。如果是代理人当家,代理当家需要与家中的实际当家人商量家里的住房消费,代理当家执行家长的决定。

(四)家庭成员在消费中的地位

1.粮食消费兼顾全体家庭成员

奚家在粮食消费中,奚家除家长之外的家庭成员可以参与家中消费情况的商讨,其他家庭成员可以决定具体该怎么消费,除家长之外的其他家庭成员对于粮食消费有关事宜可以跟家长提意见但是不能擅自决定。如果当家人不在,可以由当家人的妻子来决定粮食消费,如果当家人是男性,男性当家人自己就能决定粮食消费。如果当家人是女性,女性当家人也能自行决定粮食消费。如果是儿子当家,儿子能自行决定粮食消费。如果当家人是兄弟,几兄弟可以共同决定粮食消费。代理当家需要跟家长请示后再决定粮食消费。在实际消费中,家里粮食充足时,家庭每个成员都能平等享受食物消费。如果家里食物不够吃了,女性就少吃点,男性要多吃、小孩要吃饱,女性最后没饭吃了就喝粥。到了下半年的时候,奚家的男性劳动力出去做农活辛苦,在粮食消费时,家里的女性和小孩就吃两顿饭,男性吃三顿饭。一来是因为家里粮食不太够吃,二来是因为男劳动力出去干农活辛苦,女性和小孩不干重活就相对轻松一点。做饭的女性还是做三顿饭,早上和中午做一大家子的饭,晚上就做家里出去干活的男劳动力的饭,女性和小孩不吃米饭,有粥就让小孩子喝点粥。

2.小孩优先享用衣物消费

在衣物消费中,奚家的衣物消费由家长及其他家庭成员共同决定消费的形式或享受衣物消费,可由家长决定也可以由其他家庭成员决定。衣物都是自己做,用自家的土棉织布自己做衣服,妇女在家用手工纺线子,织出土棉布,再在街上买颜料回家煮,比如煮了红色、蓝色,再用红色、蓝色的布做衣服。家里有时候也请裁缝来做衣服,1948年以前裁缝都是男性。家里只要是谁没有衣服穿谁就可以去做新衣服,家里的大人或者小孩衣服穿破了、穿旧了都可以做新衣服,家长不管衣服消费的具体事情。

1948年以前,村民很少在街上买衣服,街上有卖洋布,需要将洋布买回来做成衣服穿。只要家中有棉布就可以自己做衣服,家长也不会另外出钱给家人去买衣服,在衣物消费方面都是家庭内部自给自足,不产生外购行为。

老九爹的几个孙儿在小时候经常穿年长的几个哥哥的旧衣服,买衣服的时候很少,小孩子每年只有一套新衣服,其他衣服都是最小的孙儿穿大哥、二哥的旧衣服,大哥穿旧了再留给二哥穿。家中小孩子只有在过年的时候大人才给做一套棉布衣服,棉布衣服里面需要塞棉花,棉花都是自家地里种出来的,家里每年收获的棉花就拿去轧,轧完棉花后再拿去弹棉,弹好的棉花可以直接用来做棉衣。除此之外,弹好的棉花再搓成棉条就可以用来纺线子,纺好线子后可以用来织布或者跟人换布。每年弹好的棉花拿回来后奚家三房小家庭再按照人口来分,由于每年收成的棉花产量不固定,因此每年分到各个小家庭的棉花数量也各不相等,当时家庭内部分棉花是按照大人、小孩人口数来进行分配,并且考虑到大人衣服比小孩衣服的用料要多,因此大人会分得多,小孩子分得少。分到小家庭内部的棉花都由小家庭夫妇来决定给谁做新衣服,奚家家长就不再管给谁做衣服的事宜了。奚家的衣物消费多是自家内部行为,少有外部消费。

3.儿子们享有修建房屋的提议权

奚家在住房消费中,例如房屋的修建和维修等,主要由奚家的外当家老九爹与内当家及其他家庭成员共同商量决定,其他家庭成员可以向家长提意见但不能擅自决定。奚家的家长在实际的住房消费中占主导地位。如果当家人不在,当家人的妻子可以决定住房消费。如果当家人是男性,由当家人自己决定家里的住房消费。如果当家人是女性,女性当家人也能决定住房消费,其他家庭成员可以共同商量决定住房消费。如果是儿子当家,儿子可以与自己健在的父母商量住房该如何消费,即要不要新建房子或者要不要花钱维修房子,其他家庭成员共同商量决定住房消费。兄弟当家的话,几兄弟可以共同商量决定家里的住房消费,其他家庭成员共同商量决定住房消费。如果是代理人当家,代理当家需要与家中的实际当家人商量家里的住房消费,其他家庭成员共同商量决定住房消费,再由代理当家执行家长的决定。

1948年以前,建造的房子都是土砖房,砌匠是专门修建房子的人,但是奚家没有人是砌匠,自己家里住的土砖房只需要五个砌匠一天就能建好。土砖房的土砖是在田地里用石碌碡碾出来的,水田里稻谷收割后就放石碌碡去碾,碾结后就成了硬砖。然后由砌匠站在刀上,前面由牛拉着画记号,画好记号后就用像铁锹一样的东西放在做好记号的线上往里踩,然后用一个拐子一样的锹切出来,切出来的时候还要四个人一起拉,做砖是个很吃苦的力气活,整个过程非常吃力。奚家请了十三个砌匠,头天晚上就把砌匠接到家里来喝酒,饭后将工钱给砌匠,吃饭喝酒后十三个砌匠就住在奚家,奚家人到处去借被子或者送砌匠去村民家里借宿。第二天天刚亮就开始开工盖房子,十三个砌匠半天就做好,到了中饭就完工了,大半天就做完了。

到晚上便办酒请村民喝酒,盖房子的时候每家每户都有一个人来帮忙,男的就帮忙切砖、递砖,妇女就帮忙跑腿、准备饭菜,修建房子的主家晚上就宴请村民喝酒以表示感谢和庆祝新房完工。在盖房子时,有的亲戚知道自家修建房子也会过来帮忙,但是远处的亲戚因为不方便就不需要赶来帮忙,那也没有关系,外村结交的好朋友也会来帮忙。有跟外村里结干亲的情况,结成干亲后,家里有什么事情需要帮忙,干亲就会来帮忙,而且还不要工钱,以后对方家里有需要帮忙的时候自己也会去帮忙。

4.其他家庭成员不参与人情消费

奚家在人情消费中,由当家人老九爹决定,老九爹需要与老九婆商量,因为家里的内当家是老九婆,老九婆管理家里的内务。奚家的家长就是实际的人情消费支配者,其他家庭成员不参与、不干涉。如果当家人不在,当家人的妻子可以决定人情消费,其他家庭成员可适当参与商量家里的人情消费。如果当家人是男性,由当家人自己决定家里的人情消费,其他家庭成员不参与、不干涉家里的人情消费。如果当家人是女性,女性当家人可自行决定人情消费,无须与其他家庭成员商量。如果是儿子当家,儿子可以与自己健在的父母商量该怎么支出人情消费。兄弟当家的话,几兄弟可以共同商量决定家里的人情消费。代理当家需要与家中的实际当家人商量家里的人情消费,其他家庭成员不参与、不干涉家里的人情消费,代理当家执行家长的决定。

5.其他家庭成员不参与家内红白事消费

奚家在红白喜事消费中,由当家人老九爹决定,老九爹需要与内当家老九婆商量。除家长之外的其他家庭成员都不能在人情消费中提意见或擅自决定。

6.男孩优先享受教育消费

奚家在教育消费中,由奚家的家长老九爹安排,由老九婆决定谁接受教育,老九婆要跟老九爹商量家里的经济情况是否能够负担得起家里的孩子去上学。奚家在教育消费中,奚家的家长就是实际的支配者。如果当家人不在,当家人的妻子可以决定家中的教育消费。如果当家人是男性,由当家人自己决定家里的教育消费。如果当家人是女性,女性当家人也能决定教育消费。如果是儿子当家,儿子可以与自己健在的父母商量决定家里能否送小孩去受教育及家里能否负担小孩的教育支出。兄弟当家的话,几兄弟可以共同商量决定家里的教育消费。代理当家需要与家中的实际当家人商量家里的教育消费,代理当家执行家长的决定。1948年分家前,女孩子上学的很少,奚家的几个孙女都没有上过学,男孩子上学的多一点,尤其是老九爹三儿子家里的几个小孩都读了一点书,但是因为有的孙儿不爱读书就没有继续读下去。在实际教育中,长幼有序、男女有别,男孩子年长一点就先去读书,女孩子没有机会去读书。

7.老幼医疗消费突出

奚家在医疗消费中,由奚家的家长老九爹安排,其他家庭成员可以跟家长共同商量,奚家的家长就是实际的医疗消费支配者,如有紧急生病的,其他家庭成员可以不用与家长商量就能决定请医生,进行医疗方面的消费。在奚家,主要是老年人和小孩子看病较多,其他家人身体状况良好。在实际医疗消费中,不管男女老少,只要是生病了需要请医生了都会接受治疗,没有先后顺序,也很少有家人会在一起生病,需要分先后来看医生的情况。

如果当家人不在,当家人的妻子可以决定家中的医疗消费。如果当家人是男性,由当家人自己决定家里的医疗消费。如果当家人是女性,女性当家人也能决定医疗消费。如果是儿子当家,儿子能决定家里的医疗消费。兄弟当家的话,几兄弟可以共同商量决定家里的医疗消费。代理当家人需要与家中的实际当家人商量家里的医疗消费,代理当家执行家长的决定。

五、家户借贷

(一)以家户为借贷单位

1.奚家无借贷

1948年以前,家户借钱都是由当家人去借,如果小家庭里没有私房钱了就偷偷去找人借钱,私房借了钱还不敢跟当家人说,私房借了钱由私房去还。1948年之前,如果有的家庭因为生计、红白喜事等原因没有钱消费、支出,当家人就要想办法去借钱,家庭里借钱都算一家人的事情。但是当家人代表了整个家庭,因此是由当家人去进行,当家人借钱了就算这一个家庭都借钱了,家长借了钱后等家里的粮食收成了或者有现金收入了再去还钱。奚家很少出去借钱,因为赌博输掉了钱财也不会借钱去还赌债,而是卖掉了家里的田地还赌债。

借钱的时候需要当家人出面,借钱和借粮食都需要写字据、打借条,借钱者在借条上签字、摁手印,将借条给放贷的人,放贷的人就把钱借给借钱者,而且有利息。借东西则不用写字据、打借条,借钱、借粮食是找大户人家借,借钱就像借高利贷一样,借一块钱需要还两块钱,到了归还日期还未还清钱数就续借,将到期的本金和利息转为下一笔借款的本金重新计算利息,但是一般情况下家户不会轻易去借钱,因为利息太高了。到了还钱的时候,借钱者就把钱还给放贷的人,再把自己签字、摁手印的借条拿回来。

2.以家户作为基本的借贷单位

1948年以前,有的家庭需要借钱的话是以一个家庭为单位的,不会几家人一起去借,也不以村庄为单位,很少有与他人共同借贷的情况。

3.大家庭与小家庭之间借贷责任明晰

如果是家庭统一借贷,借贷的原因可能是因为家庭吃喝不够需要借钱购买,也可能是因为家里没有钱给孩子读书,或者是家里有人情、医疗消费等,总之不论是什么用途,只要是家里没有钱了就可以去借。借钱都是由家长安排,不用跟其他人商量,不需要告知或请示四邻、家族、保甲长。如果当家人不在,其他家庭成员不能代表或以家庭的名义去借钱。如果当家人是男性,男性当家人可以自己借钱。如果当家人是女性,女性也能借钱。如果是儿子当家、兄弟当家、代理当家,这些当家人都能去借钱。如果是大家庭去借,对方也能借,只要家里还得起都会有人愿意借。

奚家内的小家庭,即由本家户内的某一对夫妻及其子女构成的家庭也可以单独借贷,但是这种借贷属于私房借贷,由小家庭自行负担,奚家大家庭不管其借贷是否能还清。简而言之,小家庭自己借自己还,小家庭内部家庭成员安排和决定借贷,自行承担还款的责任。小家庭的借贷不需要跟谁商量,不用告知或请示四邻、家族、保甲长,小家庭不能让大家庭内的其他家庭成员和家长知道自己借了钱。

4.家户内无个人借贷行为发生

奚家很少有借贷行为发生,没有出现过家庭个人单独借贷的情况。奚家所有钱财都是由家长进行保管。因为借贷的利息十分高,如果以个人名义借贷将无力偿还或者偿还能力较差,因此奚家几乎没有个人去借贷。而且在奚家,家长也不允许个人不经过家长的同意私下去借贷。

(二)家长代表家庭为借贷主体

1.家长在借贷中的支配地位

奚家在借贷中,家长是实际支配者,家长老九爹在借贷中不需要跟老九婆商量,也不用跟自己的几个儿子商量,自己就能决定。无论当家人是女性、儿子、兄弟还是代理人都能借贷。除了家长之外的其他人均不能借贷。

2.家长不可委托其他家庭成员借贷

奚家在借贷中,没有家长委托家庭成员借贷的情况,一般借钱都当家人自己借,当家人不出面借钱就借不到,不能委托他人去借,就是自己的儿子也不能委托,需要由家长借贷,当家人在借钱的时候要写借条、写清楚利息、写借了多少钱且什么时候还,借条由当家人来写,落款是当家人的名字还要摁手印。

3.其他家庭成员不得以家庭名义借贷

在借贷中,奚家除了家长之外,其他家庭成员都不能代表整个家庭或者以家庭的名义去借钱。

(三)家长代表全家承担借贷责任

1.家长是家户借贷的第一责任人

如果是大家庭借贷,由家长代表全家人一起承担责任,再由家长去还,全家人的收入由家长一人掌管,其他家庭成员有责任还贷,家庭之外的人没有责任还贷,家族没有责任还贷。如果是小家庭借贷,奚家内的小家庭,即由本家户内的某一对夫妻及其子女构成的家庭也可以单独借贷,但是这种借贷属于私房借贷,由小家庭自行负担,大家庭不管其借贷是否能还清。即小家庭自己借自己还,小家庭内部家庭成员安排,小家庭内部家庭成员就能决定,不需要跟谁商量,不用告知或请示四邻、家族、保甲长,小家庭不能让大家庭的其他家庭成员和家长知道自己借了钱。

2.其他家庭成员不可代表家庭借贷

如果当家人不在,其他家庭成员不能代表当家人以家庭单位借贷,更不能以个人名义谎称是为家庭借贷,即使除家长以外的其他家庭成员去借贷了被借者也不会借,因为担心个人借贷会没有偿还的能力。

3.长辈承担借贷责任

借贷之后,家庭成员都有责任一起生产、挣收入去还债。借贷责任长辈要多一些,晚辈少一些,那时候借钱还钱都是大人的事,小孩子不用操心。

(四)借贷过程

1.家长是借贷行为的实际支配者

借钱的时候不需要抵押,但是需要打借条,打借条在当地又称为"打条子"。借钱的利息有几分息的区别,1948年以前借钱的利息很高,借一块钱明年要还两块钱,还钱的时候把钱送去,把借条拿回来。每年粮食收成了,家里有收入了就去还钱。有时候到了收成时节也没有多余的钱去还债,而且借条也到期了,借钱的人就去找被借钱的人再转一次借条,即第一次借钱的本金加上利息一起成为本金再借一次,也就是重新打个借条。比如今年借了十块钱到了期满的时候该还二十块钱,但是还不上了就再打个借条,借条上写借了二十块钱,到期了再还。在借钱的时候需要当家人出面,借钱和借粮食的时候都需要写字据、打借条,借钱者在借条上签字、摁手印,将借条给放贷的人,放贷的人就把钱借给借钱者,而且有利息。借钱不用请担保人,只需要打借条就行,借贷完成之后,也不需要办酒席。

2.家长决定借钱数额和期限

家长是借贷期限的实际决策者,可以决定借多少钱,什么时候还钱。借贷的利息由放贷的人决定,家长没有权利与放贷者进行协商,放贷者也不会因为家长的言语而放低借贷利息。1948年以前,借钱的利息很高,借一块钱明年要还两块钱,因此很少有家庭借钱,家里日子过不下去了就节俭点过。借款的期限一般是几个月到一年不等,由家长根据家里的经济条件来衡量家庭偿还借款的能力而定,但是不论借钱的期限多长都是双倍偿还,即几个月和半年及一年的利息一样,超过一年以上的利息就较高。

(五)还贷情况

1.由家长还贷

还款的时候是借钱的家长拿着钱去还给被借贷者,借钱时到对方家里去借、还钱的时将钱送到对方家里,这都是当时默认的规则。如果到期了还没有还钱,对方就会到借贷者家里去要。一般到了粮食收成的季节就可以还钱了,家里收了粮食就能卖粮食,卖粮食的钱就拿去还钱,那时候没有说借了钱要还粮食的,既然有了粮食就能够卖粮食还钱,即不存在用粮食抵钱。在本村,借粮食都是借谷,借谷是借一石还两石,跟借钱是一样的利息。

2.以工偿还或续借

如果出现借钱还不上的情况,到了归还日期还未还清钱数就续借,将到期的本金和利息转为下一笔借款的本金重新计算利息。还有一种情况是如果借钱还不上了,如果放贷的人家里田地多借贷者就去给放贷者家里打长工还钱。另外较为少见的另一种情况是借贷者家里还不起钱了,便去请人到放贷者家里去说情。奚角本村奚佑安的父亲借钱借多了,家里田地卖了也还不清,后来就去接保证[①]说话,找那些说话算数的人来喝酒、说话,保证说佑安父亲已经尽力卖田但还是还不起,家里就只有这么多田地,实在是负担不了这么重的债务,保证就给放贷者说能不能减轻一下,比如说借了十万,家里只能还八万,那么剩下的本金跟利息就算了。1948年以前只有大乡绅、绅士说话才算数,乡绅在酒桌上说话了放贷者才听得进去,放贷者认为保证说的话符合情理就把借条退给佑安的父亲了。接保证说话必须要举办酒席,办酒席的费用由借贷者自行承担,待酒席喝完了后,放贷者将借条退回来了,还贷就减免了。

3.父债子偿

父亲如果借债了,在父亲健在的时候就由父亲来还,父亲如果去世就交代儿子来还,一般父亲在病重了就会给儿子交代自己生前借了谁的钱没有还,让儿子一定要还上。父亲死了后就由这个儿子当家,儿子当家后知道父亲还有债务就肯定要帮父亲还清债务,家里有几个儿子就由几个人来共同劳动挣钱还,儿子当家就跟自己的几个兄弟来分摊父亲的债务。

4.分家之后由儿子们分割债务

家长去世后遗留的债务由新当家人处理,家长去世后一般是妻子当家或者是儿子当家,如果家长去世后家里的几个儿子还没有分家,那么就是新当家人来负责还债务。如果家长去世后,儿子们分家了,那么就是几个儿子分摊父亲生前的债务,每个儿子还一部分,就算还不起儿子也要背负着父亲生前的债务。如果借债太多了还不清,债主虽说不会来家里收走家具等物品,但是倘若儿子没有办法还清债务就会卖田、卖地给去世的家长还债。

六、家户交换

(一)大家、小家、个人均能交换

奚家在进行经济交换时,可以由家长去,也可以由其他家庭成员去,但是都需要家长

---

① 保证:对有威信的人的称呼。

安排,然后由家长出资来进行经济交换。家户交换只需要由家长安排即可,不需要告知或请示四邻、家族、保甲长。如果奚家的外当家人不在家,那么奚家的内当家人能做主安排家庭交换。

奚家大家庭内的小家庭可以单独开展经济交换,比如由本家户内的某一对夫妻及其子女构成的小家可以用小家的私房钱去进行交换。家内小家交换不需要告知家长,亦不需要告知或请示四邻、家族成员、保甲长等人。家内的小家交换只要家户内小家的家庭成员安排即可,一般是成年人来安排,小孩子不参与。

家庭内的个人也能够单独开展经济交换,但是前提条件是个人有经济能力开展独立的交换,或者得到家长授权后由个人去进行交换。个人进行交换一般要告知或请示本家户内的当家人。奚家很少出现个人单独开展的交换,多以大家庭和小家庭的形式来进行交换。

(二)全部家庭成员均可进行交换

奚家在交换中,奚家的家长是实际支配者。如果当家人不在,家里的女主人可以做主。奚家在开展经济交换时,可以由家长委托家庭成员交换,家里谁有空进行经济交换就委托谁来进行。不论是家长还是家长委托的其他家庭成员进行交换,奚家的交换费用都是由当家人老九爹出。如果家长不在家,那么可以记账,但是记账必须要经过家长的同意和许可才能进行。在奚家,除家长之外的其他家庭成员在家户交换中也能发挥作用,如奚家在与洲上的人交换粮食时,一般都是老九爹的二儿子启木去完成交换行为,但是在交换前需要请示奚家当家人老九爹,征得同意后方可进行交换,而不得擅自进行交换。

(三)交换客体

1.所有家庭成员均能与集市打交道

奚家在购置物品时会去集市上,奚家人都能去集市买东西,当家人打交道的要多一些,家里需要买东西了可以去鹞子湖买,也可以去回龙山买,还能去团风买。从奚角到鹞子湖约三里路,去回龙山八里路,去团风远一点约十五里路。家庭必需品能在鹞子湖买到就去鹞子湖买,走过去要半个小时,比其他两个集市要近一些。奚家人从自家出发步行至回龙山要一两个小时,去团风要三个小时,那时候没有车只能靠步行。

村民们去赶集一般都是赶早集,下午去的时候就只有杂货铺在卖东西。奚家需要购买的东西较多就去回龙山购买,回龙山比鹞子湖的物品要齐全一些。步行去团风有十五里路,需要走三个小时。步行去团风的路线是往罗家沟那一带走,罗家沟那里有个小堤坝,从奚角村去团风往堤上走要近一些,因此奚家人都是走近路。奚家的孙儿小时候也跟着家里大人一起去团风打年货,奚家孙儿后东当时年纪还小,手里提着两斤洋油①,走在路上七歪八扭滑倒了,把两斤洋油全都泼了,回来的时候三子启富夫妇并没有责怪自己的儿子。1948年之前,交通不发达,村民打年货全靠步行至集市,买了东西还要用扁担挑回来,那时过年十分热闹,小孩子很高兴能跟着大人们去赶集打年货。

2.当家人非与粮行打交道的唯一家户代表

1948年以前,集市上有粮行,粮行主要用于买卖粮食,此外还有鱼行、油行,等等。在河边洲上一带生活的农民全靠买米吃饭,因为洲上靠近江河边,都是旱地,种的全部是芝麻、绿

---

① 洋油:1948年前用来照明的燃料,不同于煤油。

豆、麦子这些旱地作物,不能种水稻,洲上的人就把绿豆、芝麻拿去粮行卖掉,然后再在粮行买米吃。除了直接购买外,也可以直接换粮食吃,用芝麻、绿豆、麦子换稻谷或者米,或者卖掉拿钱回来。洲上的人可以去找粮行借米吃,洲上的麦子成熟了,借米的人就拿去还粮行,一百斤麦子抵七十五斤稻谷。洲上的人也可以找奚角这边种水稻的人交换稻谷,有的家庭稻谷不够吃就拿去跟洲上的人换麦子吃,麦子换得多一些就能多吃一点。奚家小孩子也参与劳动,比如经常磨小麦等,小孩子在磨小麦的时候如果不专心,石磨就会把手指打了,一打就是一块淤血。

如果去街上买粮食,那么就要人工挑回来,奚家自己种田够自家吃,因此奚家没有去买过粮食。老九爹的三子启富跟其两个儿子为了过生活去做米生意,三子启富和孙子后火、后刚去山里买谷回来,再加工成米就挑去团风卖,那时候卖米的还要发水,以此来增加大米的体积。卖米的时候不是用秤来称,而是用瓠子来印,发过水的米体积就大一些,这样就卖得多。1948年以前,机器不发达,加工米的过程十分烦琐,要经过约四道手工工序。其中第一步就是用粒子掰谷,粒子很大,是种黄泥巴做的,用篾片钉进去;第二步是用风包、风鼓风走粗稻谷外壳,风包是几家共用的;第三步是用蒂来舂米,进一步让稻谷上细小的外壳脱落,蒂是木头做的,用铁做成蒂头,很大,奚家十房兄弟共用一个公堂屋就放公用的蒂;第四步是用筛子筛去细小的稻壳,将米留在筛子里、将外壳筛出去,经过这四步后稻谷就加工成了稻米。

3.当家人非与流动商贩打交道的唯一家户代表

1948年分家前,黄冈当地有流动商贩,奚家也会去流动商贩那里进行交易,奚家只要有人上街买东西就都能跟流动商贩打交道。解放前,有些小贩挑担去集市上卖东西,去集市上买东西的买家可以在流动商贩那里买东西,也可以去铺子里买东西。奚家在杂货铺买东西多一点,因为铺子里买东西可以赊账,在流动商贩那里买东西则不能赊账。1948年分家前,赊账的风俗就是在铺子里买东西可以赊账一年,到了年底的时候再结清,这叫作"年归年款"。当年的赊账到了腊月的时候家人就把欠款送给店家,有时候店家也来家里收账。在铺子赊账不用给利息,赊账是赊了多少到了年底就还多少,一分一厘都不多不少。

奚家每个人在铺子里买东西都能赊账,只需要报一下自己是哪家人,即报一下当家人的名字就行。奚家人去集市买猪肉的时候从来不需要给钱,因为屠户当时把自家的猪抓走去卖猪肉的时候也没有给奚家人钱,1948年分家前,鹞子湖街是个不大的集市,但是这一个集市上有三四个屠户卖肉,奚家人通常选择跟其中一家固定打交道。

(四)有赊有还,公平交易

1.所有家庭成员均能货比三家

奚家在进行交换时会货比三家,在几个地方比比价格,上街的人都可以货比三家,不仅仅只有当家人可以货比三家,也不需要得到当家人的授权。

2.所有家庭成员均能与熟人交换

奚家在进行交换的时候,在集市上有认识的人会优先在熟人那里交换,在熟人那里交换并不是因为会便宜一些,而是因为熟人在称东西的时候会给足秤,即熟人不会缺斤短两。尤其是当家人去熟人那里买东西的时候,基本上不会缺斤短两。除了当家人之外,其他家庭成员也可以和熟人交换,不需要得到当家人的授权。

3.现场交易时无法当面过秤

1948 年以前,黄冈当地并没有经纪,不存在经纪交易。奚家在进行交易时,由于是去鹞子湖街交易,交易时使用的均是店家的老式秤,因此不能现场过秤,待交易完成后回家过秤即使发现缺斤短两了也没有证据去找店家理论,所以这也是为什么会优先在熟人那里交易的原因。如果不是在熟人那里买东西,明显感觉被打秤了就要去熟人那里过一下秤,如果事实上真的被打秤了就会去找卖家扯皮①。奚家人有一次在自家门口的流动商贩那里买菜,当时商贩挑担来家门口卖新鲜白菜,奚家人买了两斤,回去自己一秤实际上只有一斤半,第二天奚家人就去找人家扯皮,卖菜的商贩就没理了。1948 年分家前,打秤事情少有发生但是也无法避免,商贩只要打秤一次,那么买家就有可能再也不在此商贩这里消费了。

老九爹的孙儿后东有一次去卖糯米,事前在家里称了一下是七十五斤,收糯米的人就说收七毛钱一斤,孙儿后东就答应了,收糯米的人就说拿去称一下然后说是六十斤,孙儿后东心里就知道店家的秤有问题,就跟店家理论说秤太隔远了,自己不同意卖。后来孙儿后东自己就把糯米挑到了回龙山去卖,到了回龙山收糯米的铺子称出来是七十斤,孙儿后东心里一想缺斤短两不是那么厉害就答应了。由此可见,在集市上进行交易时,缺斤短两是时有发生的事情,商贩就算缺斤短两了也没有人出面管,但是买家心里会清楚谁家卖东西会缺斤短两,那么日后就不再去这家铺子买东西了。

4.全员均可赊账,仅由当家人还账

在买卖时能以家庭为单位进行赊账,且一般有店面的商铺都可以赊账,摆摊的流动商贩不能赊账,只要是熟人、常客就能够在铺子赊账,奚家买东西时能有钱买就花钱买,没有钱了就可以在铺子里跟店家赊账。

奚家所有上街消费的家庭成员都能赊账,赊账时跟店家报一下当家人的名字就行,赊账是口头赊账。当天上街买东西的家庭成员如果赊账,回家后需要跟当家人说一声赊的是哪一家铺子的账,赊了多少钱,这样当家人心里也有个数。此外,店家自己也会有个记账本来记账。在铺子里买东西可以赊账一年,到了年底的时候就结清,这叫作“年归年款”。一年赊账期满后到了腊月的时候当家人就把欠款送给店家,有时候店家也来家里收账。在铺子赊账不用给利息,赊账赊多少到了年底的时候就还多少。

---

① 扯皮:黄冈方言,表示与别人理论、讲道理、争辩的意思。

第三章　家户社会制度

　　奚家所有适婚家庭成员均已婚,婚姻形式有适龄男女正常婚配和童养媳婚配两种。奚家人丁兴旺,已婚夫妇均有生育孩子的,家庭成员对孕期妇女和儿童在生活中都给予一定的照顾。奚家并无抱养和买卖孩子的情况,只是奚家家长老九爹将自己的三子过继给了自己的六哥,但是只是过继门户,为的是日后六哥能有人养老送终,在家谱上后继有人,但是老九爹的三子实际上还是与自家人常年生活在一起。奚家分家是由于家庭内部出现了矛盾和冲突才导致了分家,在分家时奚家长子可分得"长子田",剩余家产由三个儿子均分,儿子们在分家时分得家产也就意味着家户财产的继承,分家后对奚家两位老人的赡养经历了老人自行耕田养老到儿子出粮养老的过程。奚家家庭人员关系丰富,其中妯娌关系、长幼关系有序,兄弟之间虽有小吵小闹但也十分和谐。奚家人对外交往始终秉持待人友善的风尚,所有家庭成员为人处世厚道,与外部人员均能建立良好的关系。

一、家户成员正常婚配

(一)家户婚姻美满

　　奚家在 1948 年分家前有四对已婚夫妇,即奚家家长老九爹和老九婆、大儿子和大儿媳、二儿子和二儿媳、三儿子和三儿媳,夫妇感情甚好,夫妻共同操持家庭、教育子女。奚家没有到了适婚年龄的孩子打光棍的,也没有嫁不出去的闺女,更没有离婚的。

　　奚家没有同姓结婚的情况,在 1948 年分家前允许同村不同姓氏的人结婚,但是不允许同村同一个姓氏的人结婚。除了不能跟同姓氏的人结婚外,都能与外村人结婚。除此之外,同姓不同宗也能结婚,即就算是同一个姓氏,但不是同一个祖宗也能结婚。1948 年分家前,表亲之间也能结婚,姨表亲也能结婚。在婚姻的过程中,需要讲求门当户对,即大富人家要找大富人家,小户人家就只能跟小户人家结婚。有钱人家的小姐常年坐绣房也能找到对象,也是随意由媒人来介绍。但是媒人就是光捡好话说,只谈对象的优点,不谈对象的缺点。

　　家庭人口规模对结婚影响不是很大,不论家里有几个孩子结婚都是一样要举行婚礼、办酒席。子女多了就简单办酒席,子女少就办得盛大一点。

(二)父母之命,媒妁之言

1.父母全权做主

　　1948 年分家前,适龄儿子娶媳妇由家里的大人说了算,孩子就是个傻子、残疾也要结婚。家里儿子、女儿的婚姻都是大人包办,过去有句话说"嫁到猪跟猪,嫁到狗跟狗,嫁到棒槌抱到走",意思就是大人让嫁给谁就嫁给谁。男孩子 18 岁就能结婚,女孩子 16 岁就能结婚。男孩子和女孩子到了差不多的年纪,家里的大人就提出来给孩子找对象结婚的事情,儿子结婚的事情也只能是由大人提出来,大人根据家里的家庭条件让媒人给介绍一个儿媳妇。儿子要结婚的事情都是家长安排、家长来决定,不用跟谁商量,不需要告知或请示四邻、家族、保甲长。如果儿子常年在外或者离家很远,家里的大人就跟儿子通信说给儿子找了个对象,让儿子抽空回来一趟,其他的事情都是由大人做主。"做媒做不好,自谈烦恼""媳妇接到房,媒人翻过墙",媒人在做媒的时候要帮男女做个好介绍,媒人能收到红包,红包的多少由男方的家庭条件决定,有的家庭条件好就多给一点,有的家庭条件一般就给少一点,在结婚办酒席的时候还要接媒人喝酒。

2.品行兼优为首选条件

1948年分家前,对女方的要求就是会做家务、能勤俭持家,这些要求都是家里的大人提出来的,儿子找媳妇除了要求女方会做家务、持家外,对女方的名声德行也有要求,不找那些名声不好的。女儿要嫁人了,女方的大人就希望女儿能嫁一个老实人、能吃苦、干得活的男人,结婚男女双方的父母更加看重的是儿媳、女婿内在的品质,肯劳动、肯吃苦。

3.开枝散叶,繁衍后代

1948年分家前,奚家人的婚恋观认为结婚最重要的目的是生儿育女、传宗接代,人们对于爱情、感情的表达方式比较含蓄,没有强烈的愿望去追求个人的幸福。结婚后的媳妇如果没有生育,夫妻两人可以过继或者抱养,或者丈夫可以将媳妇休掉另娶媳妇,因此传统社会下,结婚多是为了繁衍后代、开枝散叶,大户跟大户之间结婚也是为了扩大影响力,有的家庭人少就希望后辈多生育几个孩子。

4.适婚男女无婚恋自由

1948年分家前,不允许孩子自由恋爱,家长完全不允许未出嫁的姑娘伢①出去玩,也不能跟同村的男孩子讲话,姑娘伢很少能出门,就算出门也只能跟同龄的未婚女伢出去玩。夏天的时候没有风扇,姑娘伢吃了晚饭出去乘凉,也只能和女伢在一块,不能跟男伢在一起乘凉。看戏、看会的时候也是几个玩得好的女伢一起去玩,一个人不准出去,也不能上街,根本就没有自由恋爱的机会,所以基本没有因为自由恋爱而要结婚的情况,女伢也不用去田畈里做事,大人不允许女伢去田畈里做事。

5."四礼八节"样样不少

适婚男女经媒人介绍后觉得合适了就可以订婚,订婚的时候是男方看日子,两方要"合准头"②,"合准头"以后男方需要给女方送礼金。订婚之后两家要走动,男方要去给女方送节,一年内男方要给女方送"四礼八节","四礼八节"就是男方在五月端午节、正月拜年、年节、八月中秋节这四个日子里要给女方送饼子、肉、钱。年节是过年前,女婿去女方家里辞年,正月拜年是女婿正月初几的时候去女方家里拜年。

男孩子、女孩子谈婚论嫁后,男方就需要送聘礼。男方在送聘礼的时候用锣呛③装着、用扁担挑着,锣呛里装着饼子、衣服、红糖这些。男孩子的父亲和媒人跟着一起去,男孩子自己

---

① 姑娘伢:伢,黄冈方言里小孩子的意思,姑娘伢就是女孩子的意思,下文女伢同此意。
② 合准头:为即将谈成婚事的男、女孩算生辰八字。
③ 锣呛:竹筐,空间很大因此适合用来装东西。

挑着聘礼或者男孩子的父亲挑。那时候挑东西专门有送礼的礼担,红色的扁担,两边还有大盒子用来放东西,一般是租来的。男方给女方送聘礼的时候还要送金银首饰,一同放在礼担里。金银首饰男方家长是专门去铺子里买的,首饰有银手镯、金耳环、金戒指等,耳环就是吊环,姑娘伢很小的时候就穿了耳洞。奚角此前有悔婚的,一般是男方、女方两边日子没有看好,双方生辰八字不合,就悔婚了。还有的男方做了官不想要家里定好的亲事就要悔婚,也是一样能够打脱离。送过聘礼后悔婚的情况一般分为两种:一种是女方悔婚,女方要把男方的聘礼送回去;另一种情况就是男方悔婚,那么男方送给女方的聘礼就不能要回来,悔婚的情况很少,几乎就是定了亲事就要结婚。

大户人家的聘礼跟中户、小户人家的聘礼有差距,有钱人家聘礼下得多一些。在三代同堂、四世同堂的家庭,儿子、女儿结婚是由男孩、女孩的父母决定的,不是由当家人决定的。

新人结婚的时候需要办酒席,办酒席的时候要请亲戚轮流来喝酒,亲戚来喝酒后就算承认了这门亲事。

(三)父母主导婚配过程

1.由父母安排子女婚事

在婚配中,奚家子女的结婚方案要由双方年轻人的父母制订,奚家由适婚年龄青年的父母来安排媒人,婚帖署家长的名字,儿子或者孙子要结婚了需要人来帮忙则由当家人去请帮忙的人。

在大户、中户、小户家庭里,家长在不同婚姻环节中的作用都是一样的,都是主导地位的人。不论是多子女家庭还是少子女家庭或者三世同堂、四世同堂的大家庭,婚姻主要由新郎、新娘的父母做主,不一定是由当家人做主。

2.其他家庭成员可参与婚配过程

在筹备婚礼过程中,奚家除家长之外的家庭成员都可以给婚礼提供帮助和出谋划策。比如大哥结婚了,弟弟就要去接嫁妆、接亲;姐姐要出嫁了,弟弟就要去送亲等,所有家庭成员均要参与到筹备婚礼的过程中。

(四)年长者优先婚嫁

1.长兄长姐优先结婚

老九爹的三个儿子年龄相差较大,因此均是按照长幼顺序结婚的。老九爹的大儿子启告最先成亲,二儿子随之,三儿子启富最后结婚。由此可见,在奚家是长兄先结婚,弟弟后结婚的。如果有的家里大哥找不到媳妇,弟弟到了结婚的年纪要说亲事了,那么弟弟可以先结婚。有的家庭哥哥没有娶亲,妹妹成人了可以先嫁人。1948年分家前,女伢一般到了18岁就要出嫁,18岁就有媒人来说亲,说亲说好了女伢就要出嫁。但是也有二十几岁也不嫁人的,这种情况较少。

2.由家庭集体承担婚嫁费用

婚礼所需花费主要在聘礼、酒席的操办等方面,结婚都是需要花钱的,花钱多少看家庭经济条件好坏。奚家老九爹的孙子在结婚时就花了几十个现大洋,婚礼费用全部由家庭成员集体承担。奚家在分家的时候除了长房多分一个好田外,三家分得都是一样多,如果分家时有儿子还未结婚,分家的时候也不会多分一点,儿子以后要结婚的事情由新家长去操持和安排。

（五）其他婚配形式

1.少有纳妾

（1）富裕男子才有条件纳妾

奚家没有纳妾的情况，纳妾的都是大户人家，大户人家的正房没有给家里生个儿子的话，就跟正房商量说能不能娶个妾室，因为大户人家家产多，需要有儿子继承家产、家业。如果有亲房叔伯就找个继子，如果亲房叔伯没有可以过继的儿子就找个妾室，即小老婆。纳妾的事情很少有，纳妾由想要纳妾的男子决定、做主即可。纳妾需要有媒人介绍，找了妾室也需要办酒席，像正式结婚一样。1948年分家前，附近村庄有个大户人家叫刘国真，他就有两个老婆，纳了一个妾。而且有钱人家纳妾是纳未婚姑娘作为妾室，纳妾就相当于出钱买个老婆，女方同意成为妾室了，男方要给女方送很多钱，女方就到男方家里做妾室，女方不需要办酒席，男方可以办酒席也可以不办酒席。

（2）纳妾由夫妻双方决定

纳妾一般是由男人提出来，男子想要纳妾需要跟自己的妻子商量，还要跟长辈商量，不需要请示保甲长。如果有人不同意就不能纳妾，像男人要纳妾，正房老婆不同意就不能纳，儿子纳妾要与父亲商量、与原配妻子商量。

（3）非契约行为，无花费支出

纳妾不需要写契约，只需要男女双方同意就能成事。纳妾不用对方粮食，也不需要举办典礼，但是要给钱。如果纳的妾室是头回出嫁的闺女，女方要求要办婚礼的话，男方可以办婚礼。如果纳的是结过婚的妇女一般就不举行婚礼、不办酒席。纳妾的花费由纳妾的男子或其家长安排，男子或其家长能决定，家庭内重要成员商量同意就能纳妾，不用告知或请示四邻、家族、保甲长。在纳妾的花费上，大户人家花费多，小户人家花费少。

2.盛行抱养"寒门媳妇"①

（1）穷的家庭更倾向于养"寒门媳妇"

在黄冈本地童养媳都是由父母包办婚姻的媳妇，童养媳也称"寒门媳妇"，是从家里条件很差的人家抱养回来的未成年的女孩。老九爹的孙媳妇到奚家来的时候只有12岁，那时候孙媳妇娘家没有人在了，生活不好过，老九爹夫妇就把孙媳妇带回来了，来的时候孙媳妇还是小女孩，在奚家生活了三四年就跟老九爹的大孙儿成亲结婚了。奚家只有大孙媳妇这一个寒门媳妇。在本湾还有一家也有寒门媳妇，牙头他娘也是"寒门媳妇"，牙头他娘到牙头他爹家里来的时候只有8岁，在他家里做家务、种菜园，什么都会干，到了16岁的时候才跟他爹成亲结婚。老九爹的长子启告给自己的二儿子后桂抱养了一个"寒门媳妇"，结婚后两人合不来，孙儿后桂去学了裁缝，在鹆子湖街上开裁缝店做生意，后来在鹆子湖村认识了一个大户人家的女儿，就跟自己的"寒门媳妇"解决②了，跟大户人家的女儿结婚成家了。

（2）由男方大人做主决定抱养童养媳

一般12岁以下女童就算童养媳，娶童养媳由男方家里的大人决定，女方也要愿意送人。一般要送女儿做"寒门媳妇"的话那说明女方的家庭条件很差，女方的家长愿意将自己的女

---

① 寒门媳妇：童养媳，下同。
② 解决：这里的意思是休掉了自己的"寒门媳妇"，常用于表达成功离婚。

儿送人。有的女孩很小就被送走做"寒门媳妇",有的女孩不愿意被父母送去别人家,即使送出去了也会偷跑回家,但是这种情况很少出现。那时候的女孩很懂事,知道自己家里条件不好养不起自己,到了男方家里做事很勤快。

娶童养媳完全由男方的家长决定,一般童养媳是很小年纪就被抱养到男方家里去,那时候男孩子也很小,都是父母决定的,父母决定好的事不需要跟谁商量,也不用请示保甲长、族长。老九爹孙媳妇的娘家一共有三个女儿,那时候孙媳妇家里条件不好,孙媳妇的父亲就把孙媳妇的第二个妹妹也送人做"寒门媳妇",那时候孙媳妇的二妹妹才8岁,孙媳妇的父亲将三女儿送走后过了几天去看自己的女儿,看见女儿在男方家里哭得很伤心,就把女儿带了回来。

如果家里娶回来了童养媳,但是家里又有好几个儿子,那么童养媳长大之后跟哪一个儿子结婚都是由父母说了算。童养媳长到了十七八岁的时候,父母就来安排跟自己的儿子举行婚礼、成亲。童养媳结婚与正常嫁娶的姑娘结婚的区别就在于童养媳结婚的时候没有聘礼、没有嫁妆,因为童养媳在很小的时候就到男方家里生活,在男方家里生活的所有生活用品都是男方家里为她置办的。童养媳跟正常嫁娶的姑娘也有一样的地方,还是会办酒席、举行婚礼仪式,一样的有娘家。当童养媳长大之后,看童养媳跟娘家的关系及自己的意愿,可以跟自己的娘家长期来往。但是有些姑娘之所以被抱养去男方家里做童养媳,那是因为姑娘认为自己是被娘家的父母扔掉的,娘家不要她了,等童养媳长大之后她不会跟自己的娘家来往,不认娘家人。

(3)抱养童养媳无须契约和支出金钱

抱养童养媳不需要写文书,也不需要署名。男方抱养童养媳不需要给女方家里粮食,也不需要给钱,女方的家庭巴不得有人把自己的女儿抱走,因为家庭条件根本养不活自己的女儿,有家庭愿意把自己家里的女儿抱走,女孩家长还高兴得不得了。男女双方父母都不用告知家族、保甲长,不用祭拜祖宗,也不需要摆酒席。抱养和娶童养媳几乎不用花费钱财,家庭内部就能决定是否要娶童养媳,不用告知或请示四邻、家族、保甲长。

3.对改嫁的认可度低

(1)丧夫或离婚的妇女可改嫁

改嫁在当地就叫改嫁,方言里也叫"再找个人家",改嫁一般是因为男子不成器,媳妇跟男子过不下去日子,于是提出要与男子离婚或者男子单方面要将媳妇休掉。另外一种情况是丈夫意外去世,媳妇也可以改嫁。受传统观念的影响,改嫁后的妇女不易被新家庭所接受,村民们对于改嫁的认可度也很低。

(2)改嫁需与婆家和娘家商量

如果媳妇与丈夫脱离了夫妻关系,那么可以提出要改嫁。在此有两种情况:一是丈夫因故去世,那么妻子可以与婆家和娘家商量自己改嫁的事情。另一种是丈夫与妻子因关系破裂等原因,丈夫将妻子休掉,那么妻子离开婆家后再改嫁就无须与婆家人商量,也无须告知婆家人,仅需与自己娘家人商量。改嫁是家户内部的事情,不管是对于女子的婆家还是娘家而言都是自己家事,不用请示保甲长、族长。女子若决定改嫁了,熟人就会将此消息散布出去,媒人打听到哪里有女性要改嫁了,就会上门说亲事,或者是再为待改嫁的女子介绍对象。

(3)改嫁不需立契约,再嫁无须办婚礼

改嫁不需要写契约、文书等证明。女方改嫁到新家庭男方可以给女方粮食或者钱,主要看男方的心意及经济能力,改嫁不需要举办婚礼,没有花费,找到合适的人家就继续过日子了,不用告知或请示四邻、家族、保甲长。

4.女招婿,男入赘

(1)家境差且多子则入赘可能性大

有的家庭儿子多,经济条件差,家里给儿子们娶不起媳妇。如果刚好遇到家里没有儿子、只有女儿,而且女方家里经济条件还可以,男方就会同意让自家儿子入赘到女方家里。女方家庭里没有儿子、只有女儿,但是又过继不到继子,就会考虑招一个上门女婿。女方招赘时,对男方的要求是要对女方家庭忠心,不能三心二意,也不能离开女方家庭。一般情况下,不招本村的女婿,男子也不会入赘到同村的女子家里,对于有无婚配没有要求,未婚的女方都会找未婚的男方。在奚角的隔壁村,有一家找丈夫回来养妻子、养儿子的情况,即女方家里有孩子但是原来的丈夫去世了,女方的公公婆婆都在世,但是家里失去了主要的男性劳动力,那么就想招一个男子到家里来照顾家中的生产及大小事,这叫作"招夫养子"①。

(2)入赘由父母与本人共同商量决定

一个家庭如果要招入赘女婿,父母要征求女儿的意见,最终由女儿的父母作决定。招赘不需要跟家族族长商量,也不用跟自家亲戚商量,不需要请示保甲长。

一个家庭如果有儿子要入赘出去,那么也由男子的父母及当家人与男子本人共同商量决定,不需要请示其他的家人,不用与族长、亲戚等商量。在男方这边,如果父母同意儿子入赘,但与儿子商量后儿子不同意,那就属于入赘不成功。如果儿子同意入赘,那么就由父母做主让儿子入赘。在女方这边,一般是很少反对父母提出的为自己招女婿的,大多数情况下都会同意。因为相对于男方而言,女方对于招赘一事较容易接受。因为与正常婚嫁相比,招赘给女方带来的各方面损失较少。

(3)入赘无须写契约

在黄冈本地,入赘不需要写契约,入赘的男子到了女方家就相当于女方家里的儿子,日后女方父母及家长年老去世后,由入赘的男子和女儿共同继承家产,其中入赘到女方家庭的男子是主要继承人。在入赘时,主要是看男方的人品如何,女方家庭中的家长认为男子人品好就去跟男方父母说情,请求将男方的男子入赘到女方家里,也可以由媒人去做介绍请男方家长允许男子入赘到女方家中。如果男女双方家长同意男子入赘到女方家中,不需要通过写契约的方式加以限制和保证。婚后,男子如果对女方家庭不上心或者不专心,那么女方家庭也无可奈何,还是要跟入赘的男子过日子,契约也无法保证男子要永远对女方家庭忠诚。因此在入赘时,没有要求写契约,当地的风俗也不需要写契约。有的家庭为了谨慎起见,可以请有文化的人来写契约,再请亲戚们来作见证。

(4)入赘的花费由女方家庭支出

入赘的时候只在女方家办婚礼,花费由女方家庭出。入赘的婚礼宴请与正常婚嫁有所不同。正常婚嫁,男女双方都需要举办酒席宴请双方的亲戚朋友来庆祝婚嫁喜事。而入赘的男方不需要举办婚礼,而且男方家里不为男子准备任何结婚物品,仅由女方家庭举办婚礼仪式及举办酒席宴请亲朋好友。因为在当时重男轻女的社会风俗之下,一般情况是男子娶女子到

---

① 招夫养子:字面意思,黄冈俗语里表示招赘夫婿,抚育子女。

男方家庭里做媳妇,而入赘是男子到女子家中做上门女婿,这在当时并不是一件很有面子的事情,对于男方家庭而言会被其他人认为将儿子送给女方家里了,以后就成了女方家里的人,要为女方家里抚育孩子、赡养老人。

（5）男子倾向于入赘到条件好的家庭

如果有男子要入赘,会倾向于入赘到家庭条件较好的家庭。女方家庭负担大、穷的话,男方一般不会选择做上门女婿。家里穷,而且只有女儿没有儿子的家庭,家长不会优先考虑为女儿招上门女婿,而是会早早地将女儿嫁人或者送给人当童养媳。只有女方家里条件好,有地产、房产等,才会考虑入赘一个女婿到家里做儿子。这样一方面可以替女儿照顾整个家庭,另一方面可以打理家里的家产,待女儿的家长老去后,入赘的女婿可以继承家产、维系家业。

（六）婚配终止

1.休妻

（1）休妻成功与否视男方家庭条件而定

休书都是由男方写,在1948年以前休妻的情况很少,一般情况下没有休妻的,只有当官的不要原配媳妇有权休掉妻子,一般的普通老百姓都没有休妻的。对于经济条件一般的家庭来说,娶妻是一个经济支出较大的行为,男方家里花费较高的成本娶回家的媳妇,只要媳妇人过得去就行,不会有休妻的想法。而普通人家,姑娘就算嫁给一个长得丑、脾气差的男人也要过一生,儿子娶了一个不持家、不勤俭的媳妇也要过一生。可见,休妻行为是否发生,不单单只看夫妻双方的感情,更重要的是取决于男方家庭条件的好坏。

（2）男女双方均可提出,由丈夫执行

休妻由丈夫提出,或者妻子觉得跟丈夫过不下去了也能提出将自己休掉,公婆很少有提出让儿子休妻的。一般情况下,公公婆婆不会掺和小夫妻的事情,夫妻之间日常吵架拌嘴公公婆婆会去劝解。如果夫妻关系破裂,儿子提出要休掉媳妇,公公婆婆会进行劝和,但是如果劝和无效,那么男子也能够将妻子休掉,不需要征得父母同意。休妻一事男方占主导地位,女方是支配地位,男方说要休掉妻子,那么即使女方反对也没有用。如果女方主动让男子休掉自己,丈夫不同意那么休妻就不成功。如果当事人不同意,就商量决定,但是如果女方坚决要离婚,男方也能休掉妻子,即使夫妻双方有孩子或者孩子已经成人,男子也能休妻。休妻不需要请示保长、族长。

（3）休妻以休书为证

休妻需要写休书,休书由男方或男方家人写,不需要给报酬,写休书的时候女方娘家人会来接女方回娘家。1948年以前,男女双方结婚是没有结婚证这一书面证明材料的,只需要通过举办酒席、宴请宾客的形式来得到大家的承认即可。但是休妻就不一样,休妻必须要写休书,即要有书面证明材料,以此来证明夫妻双方再无任何关系了。女子也能凭借休书再另谋人家,没有休书的话,男子另娶或女子改嫁都会有困难,得不到认可。因此,休妻必须写休书,只有写了休书并男女双方都签字画押才算完成。

（4）男子无须负担休妻费用

男方在休妻后,妻子可以带走一部分自己的私房钱财,妻子在结婚的时候带来的嫁妆都能带走。除了女方自己的嫁妆外,男方是否给妻子另付赔偿费可由双方协商。

（5）不同类型和人口规模的家庭在休妻时的差异性

大户人家较容易发生休妻的行为，小户人家很少有休妻的事情发生。大户家庭休妻的情况比小户人家多，休妻由夫提出，在大家户里丈夫提出休妻后需要当家人决定。因为男方家庭条件好才有资本休妻另娶，小户家庭休妻后几乎很难再另娶到一位勤俭持家的媳妇。在大户家庭里，男子想要休妻受到严格的家庭管制，因为大户人家家大业大，规矩和家风较为严苛，男子如果提出要休妻，父母和家长会发表意见，而不会任由其自行决定。

休妻后，男方会给予女子一定的补偿，即休妻的花费，这也是取决于男方的家庭条件。男方家庭条件好的话，会给女方一些钱财；如果男方家庭条件不好，那么妻子在被休掉后，男方将不花费任何钱财。

2.守寡

（1）守寡的原因和条件

奚家没有丧夫之人，也没有守寡的妇女。1948年分家前，奚角临近的一个村庄周家湾有守寡的妇女，周家湾里一位胡姓的妇女为自己的丈夫终生守寡。胡氏的丈夫姓周，叫周子明，附近的村民就喊其大明。大明为周家长子，胡氏为周家长媳。1942年，在大明三十余岁的时候得了肺病去世了。大明去世后，家中留有老父母和自己的一对子女，妻子胡氏作为家中的长媳就留在周家守寡，照顾子女和自己的公公婆婆。一般而言，丧夫的妇女假如还留在婆家，而不离开婆家的话，村民们会认为该妇女是个重情义的人，婆家也会感激儿媳妇没有离开婆家，没有带走自己的孙子孙女，会更加照顾守寡的妇女，不会任意欺负守寡的妇女，也不容许外人欺负留在家中守寡的妇女。但是婆家会要求守寡的妇女行为作风要检点，不能与其他男性成年人过分亲近。

（2）由丧夫妇女自行做主是否守寡

丧夫的妇女可以回娘家，也可以留在夫家，看其本人意愿或者倾向于在哪里生活。那时候，由于妇女在丈夫死后很难改嫁到一个幸福的新家庭，或者有的妇女在丈夫死后想要带着孩子改嫁但是婆家不同意，在这种情况下妇女舍不得孩子，所以为了孩子妇女愿意在婆家守寡，婆家也愿意让媳妇留在家里照看孩子。丧夫的妇女能安排、决定自己是回娘家还是留在婆家，去或留都需要跟婆家人和娘家人商量，不需要告知或请示四邻、家族、保甲长。如果媳妇想留在婆家但是婆家不允许，那么媳妇就要离开婆家了。但是一般情况下，丈夫离世后婆家都不会赶走儿媳妇，相反会尽力挽留儿媳妇不要离开。丧夫的妇女是回娘家还是婆家，主要决定权在妇女手中，不需要其他当家人决定。

（3）守寡者需继续照顾夫家且可享用夫家资源

不论守寡者有没有孩子，守寡者都能离开夫家，一切全凭个人意愿。但是有孩子的话，守寡者可能会更不愿意离开夫家；没有孩子的话守寡者离开夫家的可能性就大一些，也就是说没有孩子的妇女在丈夫离世后再留在夫家就没有理由了。如果丈夫去世时妻子恰逢怀孕，守寡者留在夫家日后在分家的时候可以分得一份家产，在生小孩的时候也能得到婆婆的照顾。丧夫的妇女如果不愿意留在夫家可以改嫁，由妇女自己决定。丧夫的妇女如果留在夫家守寡终老了，死后可以埋入夫家的祖坟山，但是只能安葬在祖坟山的边上，不能安葬在风水好的位置。如果守寡者生前有遗愿说死后想安葬在娘家的祖坟山，经娘家人同意后也可以回娘家安葬。

（4）大户家庭媳妇守寡情况略多

大户家庭媳妇留在婆家守寡的原因多是因为婆家在经济条件上占有优势，大户人家的家长对丧夫妇女更加宽容，会让媳妇留在婆家。在三世同堂或四世同堂这样人口较多的家庭里，妇女的丈夫去世后，婆家人较为愿意让妇女留在家中带小孩，因为在人口较多的家庭里，丧夫以后也不会缺乏劳动力，家中的劳动力较为充足。相比较而言，在小家户中，因为家庭人口少，如果家中再失去了一男性劳动力，那么小家户的生活就难以维系，婆家就会劝丧夫的儿媳妇不要再继续留在婆家了，让丧夫的儿媳妇再另谋好人家过日子。守寡与否女性自己安排，婆家和娘家都不会多加干涉，守寡的权利和义务等方面在不同规模的家庭都差不多，都要求在家守寡的妇女要一心一意地孝敬公婆、照顾子女、勤俭持家。

二、家户生育

（一）枝繁叶茂，人丁兴旺

1.男孩多于女孩

奚家在老九爹一辈有十个男丁，女丁人数不详。老九爹夫妇自己的子女中有三个男丁、一个女丁。老九爹的孙辈里有八个孙儿、三个孙女，其中两个孙儿在年幼时因为生病早逝。由此可见，奚家在村内算是人丁兴旺的家庭，仅有老九爹的曾孙女溺亡的情况。

有的父母生了多个女儿，盼着生男孩，家庭经济窘迫，若再生女儿，就会把新生儿用篮子装着送去路边丢掉，等着好心人捡去收养。若生的是男孩，便全家皆大欢喜。

2.未婚生育者易遭唾弃

奚家没有出现过未婚生育的情况。1948年分家前，外村有非婚就生育孩子的姑娘，孩子出生后产妇的父母就要把非婚子丢掉。因为在那时候，没有结婚就生孩子是一个受到非议的行为，对产妇的名声也会有恶劣的影响。奚角有个妇女是童养媳，嫁到一家去做童养媳，十七八岁的时候没有结婚就怀孕了，孩子生下来后婆家就把孩子送人了。

（二）传宗接代，后继有人

1.为延续香火而生育

生育是为了家族延续香火、繁衍后代、人丁兴旺。有的家庭没有孩子就会去抱养，家中没有儿子会到别人家过继。

在奚家人看来，多生育孩子，等孩子长大以后家中的劳动力就会增加，这对于农民来说是有利于农业生产的，而且男丁越多，家里的劳动力就会越充足。老九爹的哥哥家中没有儿子的，都会将兄弟房的侄儿们过继到自家，说明生育最重要的是要后继有人。

2.喜欢男孩甚于女孩

奚家经济条件一般，奚家人认为夫妻生育两三个孩子最好，但是旧观念根深蒂固，还是认为儿子越多越好，家中女儿多的家长都是一脸愁容。当时民间的俗语说"人多成王，狗多成墙"，意思就是说家里儿子多底气就足，外人不敢随意欺负，如果家里儿子少、女儿多，家长还需要去村里讨好其他的人。谁家里儿子多，如果在村里发生什么纠纷，别人都不敢动粗，儿子们往人面前一站就有气势。尤其是在1948年分家前，谁家里儿子多、家庭条件又好，其他村民就会纷纷去讨好巴结这家人。如果家里儿子多，但是经济条件很差，那么外人还要说这家人是穷生家，会被外人看不起。

3.杜绝非婚生育

奚家所有人非常反对没有结婚就生育,因为他们认为未婚生育是一件很丢人的事情,因此奚家人对女孩子管教得很严,不允许未婚的女孩子跟外姓男孩子过分亲近。1948年之前,不仅非婚生育的女孩家里人觉得丢尽颜面,村里村外都会有传言,村民们对此也是厌恶和摈弃的。

4.可适当早婚早育

奚家人到了18岁就可以结婚了,婚后一两年就可以生育。在奚家老九爹的孙儿后桂娶了童养媳吴氏。1948年以前,谁家里娶了童养媳都会早婚,童养媳到了16岁甚至更小就跟家里的男孩子成婚,并且童养媳通常都会比要嫁的男孩子稍微年长一点,除此之外,其他家庭成员没有早婚的情况。奚家人早婚的早育的情况很少,一般是在男孩子18岁、女孩子16岁以后家长才开始为子女谈婚论嫁,讨论婚事。

(三)妇幼保护功能

1.由夫妻决定是否生育

在奚家都是由夫妻俩决定生不生小孩和生育几个孩子。如果夫妻一方想要生育孩子,那么就需要夫妻两人一起商量。小夫妻的父母和当家人都不会干涉小夫妻生孩子,只是在婚后几年内适当提醒小夫妻该生儿育女了。但是有的夫妻过了生育年龄后其生育能力会大大降低,当家人或父母也不能再强求夫妻生育。

2.家户对妇女孕期保护

在孕期,奚家均能对孕妇予以特殊照顾。奚家的妇女在孕期可以休息,由于身体不便可以做一部分家务。奚家的经济条件一般,所以孕妇在饮食上吃的喝的与其他家庭成员一样。孕妇的丈夫和婆婆会对孕妇进行适当照顾,在紧急事故方面也会予以保护。孕妇如果不愿意做家务了,婆婆和妯娌会帮她做。

奚家有三个儿媳妇,老九爹夫妇的大儿媳、二儿媳和三儿媳三个人轮流做饭、做家务,三儿媳在怀孩子的时候,大儿媳和二儿媳及老九婆就帮着三儿媳做饭,减轻三儿媳的体力劳动。尤其是在老九婆的照顾下,不论是哪个儿媳妇怀孕初都尽量让她们休息,丈夫和婆婆及其他妯娌都帮忙干活,中间几个月孕妇可以做家务,到了临近生产的日子就要好好休息不用做家务。孕妇做不做家务纯属自愿,老九婆不会要求怀孕的儿媳妇去做家务,即使孕妇不做家务了,其他家庭成员也不会埋怨,都会体谅。孕妇在怀孕期间如果身体有不舒服的时候,奚家会去请医生来家里为其看病。

3.家户承担生育费用

请"接生婆"来接生需要给钱,随主家人给多少钱,生产的费用由家庭来承担。有的家庭提前准备好了生小孩的喜糖,那么在"接生婆"接产成功后就为接生婆送上半斤喜糖,这也是由家户来承担。

4.家户对分娩期妇女保护

奚家的妇女在分娩期能有一个月的休息时间,这也叫"坐月子",产妇在坐月子期间不能去别人家里,过去有种说法是产妇生了孩子以后有些外人不能进产妇的房门,比如说来了例假的女性或正在怀孕的女性进了刚生完小孩的妇女的房门就会踩了产妇的奶水,小孩子就没有了母乳,这样的风俗自老一辈起一直延续着。媳妇在坐月子期间,媳妇的娘家人会来照顾产妇,产妇在坐月子期间家人会给她吃一些鸡蛋、面条、鸡汤等补身子的食物。

(四)举办生育仪式庆祝添丁

1.以家庭为单位举办酒席

1948年分家前,一般经济条件的家里生育小孩会举办"九周酒"和周岁酒,不办满月酒。有的家庭经济条件好,既要办"九周酒",也要办满月酒,还要办周岁酒。办酒席的时候需要请自家亲戚,不论是近亲还是远亲只要是保持联络、平常有来往的亲戚都要请,请亲戚来喝酒需要下请帖,家长会在宴请前派代表去给亲戚送请帖。亲戚们来喝酒的时候会带礼物,比如说衣服、布、鸡蛋等,重要的亲戚还会送钱叫"见面钱"。亲戚们喝完酒后,主家人会送红鸡蛋给亲戚们吃,而且在生育头胎的时候婆家要给"毛周礼"以此算作回礼,比起送礼时候的物品,主家回礼的物品要少一些。

2.告知和庆贺

生育后举办酒席是为了给亲戚们告知喜事,庆祝家里添了人丁,同时也是为了让亲戚们认识家里新添的人口。

3.由家庭负担举行添丁仪式的费用

举行添丁仪式的费用由大家庭负担,当家人出钱,举办酒席时所收的份子钱归小家庭所有。

4.家庭经济条件决定添丁仪式

在添丁仪式上,不同类型的家庭会有所差异,大户家庭的添丁仪式盛大一些,在办酒席的时候饭菜也会丰盛一些。小家户在举行添丁仪式时会考虑到自家经济条件而不办那么多的酒席,比如说举办了"九周酒"就不举办"满月酒",或者不举办"九周酒",而等到孩子满月后举办"满月酒",或者前两个仪式都不办,等到孩子周岁举办"周岁酒",各种情况都有。

(五)孩子起名

1.小孩的亲戚为小孩起名

奚家是在孩子出生后根据孩子的生辰八字来起名字,而且还需要请专门算命的人给孩子起名字。1948年以前,一般都是眼睛看不到的人专门学算命。假如没有请算命先生来算命的话,孩子的家人也可以为小孩起名,只要是谁起名字起得好就行,但是不能给小孩起与自家长辈、祖宗同字的名字,一个人通常有两个名字,有一个是正号,另一个是绰号。当家人、族长、父亲等人都能为小孩起名字,有时候起名字要按照辈分来起,老九爹的儿子一辈是"启"字,孙子一辈是"后"字,因此老九爹的儿子的几个兄弟的名字里都有"启"字,孙子一辈的几个兄弟名字里都有"后"字。老九爹的孙儿后东上学时也是用家长给起的名字,老师没有给他另起学名。

2.依照辈分起名

奚家的家长老九爹名叫奚宗玖,因为他在同辈兄弟中排行老九,又是"宗"字辈分,因此老九爹就叫宗玖。老九爹的长子叫启告,次子叫启木,三子叫启富,长孙叫后桂,次孙叫后槐。三房启富的长子叫后火,次子叫后刚,三子叫后东(又名晓东),四子叫后意。奚家孩子的名字都是长辈们起的,多是依照辈分来起名,并没有十分特别的内涵。但是在奚家给后辈小孩起名时切不可与长辈同名,除姓氏外后辈人不可与长辈的名号同音同字。

3.小户家庭起名较为随意

在给小孩起名的时候,大户人家起名就有文化一些,在给新生儿起名时还要请算命先生和有文化的先生。小户人家起名字就随便一些,因为家里经济因素和家庭缘故,在对待小孩起名的事情上并无太多讲究。奚家小孩的名字都是自家人起的,没有找算命先生,奚家男孩子的名字大多数是按照辈分来起名,主要合适、好听、有好的寓意即可。

三、家户分家与继承

(一)分家
1.因家户内部矛盾积深而分家
(1)由儿子提出分家

奚家之所以分家是因为家庭出现了矛盾。1948 年以前,家户分家只能是当家人或者儿子提出来,儿媳妇不能提出来分家。奚家当时要分家的一个重要的导火索是老九爹的长子启告让三儿子启富的大儿子后火、二儿子后刚去挑稻谷,当时两个孙儿还年轻,挑不动。但是孙儿后火又非常逞能,一定要去挑回来,老九爹的次子启木就劝大哥启告,说孩子还小不要让他挑了,最后孙儿后火因为挑扁担压得太重了导致吐血。于是,三儿媳朱氏就开始吵闹,说启告拿自己的孩子不当孩子,让自己的孩子去干苦力还得了重病,当时三子启富在外教书,三儿媳朱氏就让丈夫回来了,与丈夫商量后由三子启富去跟老九爹提分家的要求。

当时三子启富夫妇都认为,如果再不分家,长子启告就会把自己家孩子的身体拖垮。分家以后,老九爹的三个儿子就单独生活。再后来三子启富一家与自家孩子也分家了。启富与自己的儿子们分家后,老九爹的孙媳妇们经常吵架、打架,尤其是启富的长媳和次媳两个妯娌之间关系很不好,经常拿扁担、锄头打架,启富的妻子朱氏经常去为两个儿媳妇扯架、劝架,遇到扯不开的时候,朱氏就直接拿着棍子一阵乱打把两个儿媳妇打开。三子启富一家后来因为家庭关系不和谐也分家了,启富的三儿子后东跟老九爹的三媳妇朱氏和启富的四儿子后意一起生活。

如果家庭成员之间相处得很和气就不会分家;如果家庭成员结婚生子了且家大业大,当家人管理不过来了,那样就会分家;如果家庭人多经济条件还不好,分开之后,各自的小家庭去谋生活,这样会生活得好一点。因为家庭条件一般,一大家人拖在一起,田地不够,劳动力不够,生活条件就会越来越差。分家之后,一个儿子分一点田地,每个儿子就自己去奔生活。因为分家之前,人就会懒一点,一大家人生活在一起,个人就没有生活压力。分家之后,每个小家庭都有了自己的生活压力,那么他们就会努力地去奋斗、去生产,操心自己家里的生活。一大家户人生活在一起的时候,除当家人之外,其他家庭成员不会操心有没有吃的,在这种情况下整个家里的生活条件就会越来越差。

在大户人家不缺吃不缺喝,家里的田地足、家产多,那么就不会分家。言下之意,穷的家庭更容易分家,条件好的人家就不容易分家。

(2)家庭外部成员不能影响家户分家

家庭外部成员不能影响家庭分家,保甲长也不能影响分家,其他亲戚也不能影响分家,分家只能由自家的当家人和儿子们提出来。在奚家,分家就是老九爹的三儿子启富提出来的,儿媳妇只能跟丈夫出主意,但是不能向当家人提出要分家的要求。

（3）因家庭矛盾而提出分家

奚家当时要分家的一个重要的导火索是老九爹的长子启告让三儿子启富的两个儿子，即老九爹的孙儿后火和后刚去挑稻谷，三子启富的两个儿子很年轻、挑不动。当时负责生产的是老九爹的次子启木，次子启木就劝自己的大哥启告说三弟的两个孩子还小，不要让孩子挑了，但是孙儿后火又非常的逞能，一定要去挑回来，最后因为挑扁担压得太重了吐血。于是，三子启富的媳妇朱氏就开始吵闹，说大哥拿自己的孩子不当孩子，要让孩子去干苦力，当时三子启富在外教书，于是三子启富的媳妇朱氏就让三子启富回来了，启富的媳妇朱氏跟启富商量后由启富去跟自己的父亲，即当时的家长老九爹提出来要分家。三子启富夫妇认为，如果再不分家，自家孩子在家干重农活就会把身体拖垮。于是，老九爹的儿子一辈就在老九爹的主持下分家了。

（4）人口较多且经济条件一般的家庭宜早分家

如果家庭成员之间没有矛盾就不会分家；如果家庭经济状况好，人口越来越多，一个当家人难以掌控，那样就会分家；如果家庭条件差人还多也会分家，各自生活会过得好一点。奚家人口较多，老九爹的三个儿子又生育了几个孩子，家里的劳动力虽多，但是从事农业劳动的男性劳动力较少，即使家中有人从事副业，但是收入不上交至家长手中，整个家庭的生活状况依然得不到改善，而且随着人口的继续增多，奚家不得不分家，让儿子们各自为自己的家庭谋生路。

（5）大户人家不易分家

大户人家因为不缺吃、不缺喝，家里的田地足、家产多，这样条件下大户人家的家庭成员感情团结、生活和谐，也就不会轻易分家或者分家会比较晚。反之，经济条件不好的家庭更加容易分家。而在小户人家，家里人多但是田地少，大家的生活条件及生活水平就会降低，那么家庭矛盾也会更突出，更容易分家。

2.本家户内成年男性具有分家资格

奚家在分家的时候，要给长子留出来一块比较好的田，其它的田地、房产都按照三个儿子三份来均分。1948年那时，家长一般都比较喜欢长子，那么在分家的时候长子就能够多分到田地。经济条件好的家庭在分家的时候，就会给长子多分几块田地；经济条件一般的家庭在分家的时候给长子多分一块好田。

奚家在分家的时候就只给长子分了一块田。家中未出嫁的女儿不能分得家产，已出嫁的女儿也不能分到家产。未出嫁的女儿就跟着父母一起生活，出嫁的时候家里有钱，就给她多置办一些嫁妆；家里没有钱，嫁妆就置办得少一点。过继到自己家里来的儿子也能够分到家产，像有的家庭没有儿子，才会去过继一个男孩给自己做儿子，继子就能够得到家产。如果有的家庭认了干儿子，那么在分家的时候，干儿子不能分到家产。如果家里有因为妇女改嫁带来的儿子，那么在分家的时候也能够分到一份家产。

3.分家的见证人

奚家在分家的时候没有请见证人，由当家人老九爹主持分家。如果儿子比较听父母的话，那么家长说怎么分就怎么分。如果儿子比较忤逆，不听父母的话，那么就需要请亲房叔伯来做见证人。

分家时，如果儿子们觉得分得不合理，那么也可以请亲戚们来提意见、讲道理。如果儿子们觉得分得合理,父母和儿子们都同意这样分,那么就以这种分法来分家,如果有一个人不同意那么就请亲房叔伯们来调解。分家的时候,有的家庭是按照儿子的数量来均分,有的家庭是按照每个儿子家里一共有几口人来均分。如果不考虑每个儿子家里有几个孩子都分一样多的田地的话,有的儿子家里人少最后分了一样多的田地和家产,那么这个儿子家里的生活就会变得好过一些。反之,有的儿子家里孩子多、人口多,在分家的时候也是与其他兄弟分一样多的家产,那么分家后的生活相比于家里孩子少的兄弟生活困难一些。所以分家的时候有的人生活变好了,有的人生活就变差了。分家之后,各房儿子家庭生活过的怎么样,都与原来的当家人及亲房叔伯没有关系了,家庭生活水平的高低全看个人的能力了。分家之后,如果家里的房子够大,那么三个家庭就各自开一个大门;如果三个兄弟很和气,那么分家之后还是共用一个大门。分家之后,三个儿子开三个大门,搭三口土灶,各自过各自的生活。

4.分家由家长做主

家庭外部成员不能影响家庭分家,保甲长也不能影响分家,其他亲戚也不能影响分家,分家只能由自家的当家人和儿子们提出来。在分家的时候,如果儿子比较听父母的话,那么家长说怎么分就怎么分;如果儿子比较忤逆,不听父母的话,那么就需要请亲房叔伯来做见证人。分家时,如果儿子们觉得分得不合理,那么也可以请亲戚们来提意见、讲道理。如果儿子们觉得大人分得合理,父母和儿子们都同意这样分,那么就以这种分法来分家。如果有一个人不同意,那么就请亲房叔伯们来调解。

5.无须订立契约

分家的时候不用写契约,也不用写分家单,三个儿子分家之后,拿着自己分到的一份家产和划分清楚的田地就自己去过生活,自己劳动、生产。分家的时候,由三个兄弟抓阄,家里的桌椅板凳、农具都可以分,三兄弟同意了即可分家。

6.外界对家户分家的认可与保护

外界对家户内部分家的事宜都是持认可和保护的态度。奚家家族对奚家分家的事情都是认可的,如有不合理的地方亲房叔伯都可以站出来主持公道,以帮助奚家顺利分家。另外,村庄对奚家分家也表示认可,家里如果要交税了就由甲长通知奚家分家后新的当家人去交税。奚家在分家前,老九爹是当家人,要纳税时就由甲长通知到老九爹,让老九爹按时去纳税。奚家分家后,当家人就分别是老九爹的三个儿子,老九爹就不再是奚家的当家人,那么在征税时甲长就需要通知老九爹的三个儿子去纳税。而且在征兵的时候,老九爹三子启富家中因为有四个儿子,那么按照当时的政策需要去当壮丁,甲长在此时就将老九爹三子一家视作独立的家户,即认可了奚家的分家行为。1948年以前,奚家人都不曾了解政府的户籍制度,不知官府对分家之后从户籍上是否认可。

(二)继承

1.家户内成年男子具有继承资格

家里的儿子们能继承家产,即家庭内部成员有资格继承家产,但是并不是所有的家庭内部成员都能继承家产。没有人能够继承家产的时候家庭外部成员可以继承,比如说家里没有儿子,那么就由继子继承;如果也没有继子,那么就由侄子继承,侄子负责给老人养老送终。

1948年以前,家里的儿子都能继承家产。一般只有两种情况能够分到家产:第一种是家里的家长去世了,那么家里的儿子能够继承财产;第二种是家里的老人依然在世,但是大家庭已经决定分家了,分家的时候儿子也能够继承家产。只要是儿子都能继承家产;入赘到别人家的儿子也能够继承别人家的家产,但是不能继承原生家庭的财产;抱养给别人的儿子就不能够继承自家的家产;被逐出家门的儿子也不能继承家产;未成家的儿子可以继承家产;不在家在外谋生的儿子也能分得一份家产。女儿没有继承权,未出嫁的女儿或者是已经出嫁的女儿都不能够继承家产。过继来的儿子成了家里的继子,一般过继来是因为家里没有儿子,如果家里有继子,而且只有一个继子,是能够继承家产的。妾生的儿子和妇女改嫁带来的儿子也都能够继承家产。

不同的继承人之间继承权不一定平等,比如说在多子的家庭中,年长的兄弟就比弟弟继承得要多一点,至于分多分少取决于家长。不同的人继承权没有优先次序,儿子、继子、侄子也没有优先次序。如果家里没有儿子,那么就由继子继承;如果也没有继子,那么就由侄子继承。继子、侄子就负责给老人养老送终,其他家庭外部成员一般都没有继承资格。

2.由家长决定继承条件

只要是儿子就一定能够继承家产,不孝顺也能够继承家产,只不过家长会提前分家,将不孝顺的儿子的家产提前分出去,会比其他儿子少。1948 年以前,在奚角附近村庄一般没有将儿子驱逐出家门的,如果谁家儿子实在是叛逆,那么就把他分家分出去,给其一定的生活资料让其单独生活。

除了当家人之外的其他家庭成员无权决定继承条件,除非是当家人已不在世了。如果家里的当家人去世了,但是还没有分家,那么家产就不分,再另选一个当家人,新当家人可以是去世的家长的妻子,也可以是家里的长子,由新确立的当家人来决定继承条件。

新当家人接任的顺序,如果家里的男性家长去世,那便由妻子当新家长。如果夫妻双方都去世了,那么家中长子就成为新的当家人,新当家人决定是否要分家,如果要分家,那么家中儿子都能继承家产。家庭外部成员不能影响家户内部的继承条件,也不能介入,族长、保甲长等人都不能介入。

3.全部家产均可继承

当地继承家产主要是房屋、田地、家具、农具等生产生活资料。除了家产外,还可以继承房长的身份。老九爹一辈共有十个兄弟,老九爹的父亲在世时就是房长,老九爹的父亲去世后就是老九爹的大哥当房长,即长子继承房长,待老九爹的大哥去世后,房长的职务就交给大哥的大儿子,一直都是这样由长子将房长的职务继承下去。奚家除了房长之外,族长、小地方上的官位有时候也能是长子继承。

4.继承权的确立与调解

在确定继承权时由家长做主,家长做主说谁可以继承家产谁就可以继承家产。家长作出的决定,其他家庭成员要遵从,如果不遵从、有意见了,也可以请亲房叔伯来主持公道、调解矛盾。

一般确定继承权是以默认的方式,不需要立字据。奚家在分家的时候,老九爹的三个儿子在继承家产时也没有立字据。老九爹在生前就已经分家,因此也没有留下遗嘱。在继承权问题上有时候会有纠纷,比如多给长子分家产,兄弟间有意见,或者几个兄弟之间认为家产分得不均匀,那么儿子就会有意见进而产生纠纷。纠纷产生之后可以请亲房叔伯来主持公道、调解纠纷。保甲长和宗族长不参与继承权的纠纷调解。

5.大户家庭多继承纠纷

在继承的资格、条件及做主上,不同类型的家庭都是由家长决定继承资格和条件,也是由家长来做主安排完成继承家产的事宜。大户人家在继承家产时可能会产生更多的矛盾,因为大户人家往往人口更多,在继承家产的问题上就会有更多的矛盾和纠纷。像小户人家,田地少、家产少,在确定继承权和处理家产继承时会更容易。

四、家户过继与抱养

(一)过继

1.无子家庭为延续香火

1948年以前,百姓的思想里重男轻女的观念根深蒂固,认为只有有儿子才能后继有人。如果家里有儿子了就不会再过继,如果没有儿子会选择过继。如果家里生了多个女儿,未生育儿子,那么也会过继自家亲房叔伯的儿子,即过继自己的侄儿,因为女儿将来出嫁了就是别家的人了。另外一种情况是家里有女儿,那么也可以不过继,可以找一个外姓的女婿上门做儿子,即入赘。

一个家庭之所以会选择过继儿子,主要有两个原因:一是自家生育多个儿子,但家里经济条件不好,养不起这些儿子,就会想要过继一个儿子出去。二是自家兄弟没有儿子,那么了解自家兄弟有过继儿子的想法后就会同意把儿子过继出去。亲兄弟和堂兄弟之间都能过继,如果亲兄弟没有儿子那么其他兄弟也能过继。1948年之前,老九爹的哥哥老六爹家里有些田地,但是没有儿子能继承家产、赡养老人,所以将老九爹的三子启富过继给老六爹做继子"顶门户",此类过继不需要将儿子送到六房去生活,只需要为六房老人养老并在家谱上算作六房的后人就行,此为"顶门户"。奚家的亲属关系中亲房叔伯之间的过继在奚家老九爹一辈的兄弟中至少有四例。

奚家没有入继只有出继,奚家人认为老九爹一辈的老十房兄弟都是一家人,谁家如果没有孩子了就会过继一个,一来是为了继承家业,二来是为了"顶门户"、延续香火,同时也为了有儿子给长辈养老送终。1948年以前,过继是一件十分常见的事情,如果亲兄弟之间有需要入继或者出继,自家人也会同意。一般情况下,是亲房叔伯之间的过继,因为有的家庭没有儿子想要一个儿子来"顶门户"、延续后代、继承家产,继子过继到新家庭后可以得到新家里的财产,所以在过继的时候入继家庭不需要给出继家庭钱财等,因为将来入继家庭的老人去世后家里的财产都是归继子所得,这也是在过继的时候优先找亲房叔伯的一个重要原因,即不让家里的房屋、田地等财产外流。

因为家里条件不好,不仅过继继子后没有生活来源,而且也会考虑到出继的家庭不愿意将儿子过继到自己家中。入继家庭经济条件不好,没有田地就不会考虑过继。

2.优先过继亲房叔伯的儿子

1948年以前,大户人家媳妇如果没有生育儿子,就把媳妇休掉再娶一个媳妇生孩子;一般家庭条件人家若没有孩子都会考虑过继,人们认为家里只要有一个儿子养老送终即可,自己家里只要有儿子就不需要过继了。过继时把亲房叔伯家或者外人家里的儿子接过去还需要放鞭炮,过继家庭要请酒席从而让亲戚们承认过继,过继后继子到新家庭去生活可以得到家里的财产。

3.家长在出继过程中占支配地位

过继时,由孩子的父母来决定是否出继,孩子父母不需要与其他家庭成员商量,也不用请示房长、族长等,只要出继家庭和入继家庭同意就可以,两家举办一次酒席,就算过继成功,得到了亲戚的承认。

过继后,儿子还能够在原家庭生活,老九爹的三子启富当时就过继到了六房,确定过继到六房的门户,六房的家产遗产都由启富来继承,等六房夫妇老了以后,就由三子启富去养老送终。六房老人去世之后,老人的墓碑上会将三子启富的名字刻为继子。老九爹夫妇去世后,老九爹的长子、次子就刻为孝子。过继给谁家做儿子,那么就称为继子,即老六爹夫妇去世后,在其墓碑上将刻上继子启富及其后辈的名字。

出继时,入继家庭不需要给出继家庭钱财,因为入继家庭的家产以后都是由继子来继承的。如果入继的家庭经济条件不好,没有家产,那么出继家庭就不会同意把儿子过继出去。入继家庭经济困难,出继家庭就等于是把自己的儿子送去受苦。

过继的时候也不需要写契约,只需要出继家庭和入继家庭双方都同意就可以,然后请亲戚们喝酒,这事就算成了,也不需要介绍人,因为都是在自己的亲房叔伯之间过继。

出继都是家里最小的儿子,而且都是在儿子年幼时。因此,很少有出继者不愿意过继的情况,通常都是趁着小孩子不懂事的时候把儿子过继出去,这样一来就容易培养继子与入继家庭的感情。家长不在家的情况下,要出继的儿子的父母可以决定出继。

4.由当家人安排回继

过继时有时候会出现回继的情况,原因是儿子过继出去后,入继家庭等儿子长大成人后不能给儿子找个媳妇,那么出继家庭就会去入继家庭把儿子要回来,这就是回继。回继是由出继家庭的家长安排。除了出继家庭的家长或者出继儿子的父母外,其他家庭成员不能安排回继。过继是出继家庭和入继家庭两个家庭的事情,家庭外部成员不能安排回继。一般情况下,回继的情况多发生在入继家庭长辈离世后,继子完成了养老送终的任务,那么继子就可以选择回到原生家庭生活。

5.兄弟多的大家庭极易过继成功

大家庭因为人口多、亲戚多,可以过继自己亲房叔伯的儿子,这样过继也相对容易一些。相反而言,家里儿子少的家长则不愿意将儿子过继出去。而子女多的家庭出继的情况多,子女少的家庭入继的可能性大。

6.外界对家户过继的认可和保护

除家族认可家户内部过继一事外,村庄保甲长和政府均不管家户内部过继的事情。家族对奚家的过继是认可的,老九爹的三子启富过继给了六房,三子启富及其儿子就都是六房的后代,在家谱上就列为六房的后人,奚家家族内通过修订家谱的形式来进一步承认过继的合理性。在本族内部,过继的儿子不会被区别对待,也不会被他人瞧不起,不会被认为矮人一等,继子都是自家的亲戚或者侄儿,因此不会有偏见。

(二)抱养

1.夫妻无生育能力选择抱养

家里没有生育能力的就会去抱养孩子,1948年以前没有人愿意把儿子送出去,抱养回来的通常都是女孩。如果生育了男孩就不会再去抱养;生了女孩但是没有儿子就会去过继一个儿子或者抱养一个女孩回来,等将来女孩长大了就招个女婿上门。抱养的都是女孩,没有男孩,一般家庭不管经济条件怎么样都舍不得把儿子送出去,再穷再苦也要把儿子养大。

奚家没有抱养孩子的,抱养孩子是为了延续香火、养老送终、继承家业。之所以把女孩抱养给别人是因为家里经济负担大,养不起女孩。抱养的双方通常是不认识的,有的家里会随便把女孩用篮子装着写上生辰八字丢在路边,等着人来捡回去收养。因此,这种抱养关系随机性很大。把孩子抱养出去也不看对方家庭的经济条件,如果对方家里经济过得去,就会自愿抱养,所以也没有办法判断对方家庭情况如何。一般会去抱养孩子的家庭家里条件都不会差,只要家里有一个孩子就不会去抱养孩子,抱养孩子的少,一般都是捡孩子回来养。

2.抱养女孩较多

抱养的时候只有抱养女孩,没有抱养男孩的,被抱养者通常都是家庭条件不好,养不起才会把小孩送养出去。如果要抱养,可以抱本村或者外村的,但是一般都是抱养远处的。抱养的情况有两种,一种是在路边看到谁家扔了小孩就可以抱回家养育,有的家庭生女孩生多了就会扔掉,把刚出生的女孩放到菜篮子里面,给小孩穿好衣服,在衣服里面写上小孩的生辰八字,把菜篮子放在路边,就等着人来捡走,家里的大人就在草丛里面躲着,看有没有人捡自家的小孩,如果没有人捡走,那么家长就会把小孩抱回家,选个时间再把小孩送出来,等着人去领养。小孩子被领养之后,就会在被领养家庭生活,等小孩长大之后,原生的家庭有可能会把小孩要回去,但是孩子长大之后都不愿意回到亲生父母的身边。

还有一种是家里有抱养的打算,跟远处的亲戚朋友说以后你家生了小孩养不下去就给我家养着,这样也能抱养到孩子。抱养之后孩子就不再是被抱养者家庭的成员了,就成了新家庭中的成员,被抱养回家的孩子与其他孩子一样在新家庭受到平等的待遇,如果抱养回来的是女孩,那么没有继承家产的权利。

3.家长在抱养过程中的支配地位

(1)由夫妻决定抱养及抱养的具体形式

准备抱养时,夫妻二人决定是否抱养,被抱养者还是个不记事的小孩子的时候就会被抱养,不用听从孩子的意见,只需要孩子的家长同其他家庭成员商量好再做决定就可以,不需要请示家族族长,不用跟村庄管理者打报告。通常情况下,想要抱养孩子的夫妻有了抱养决定后,其他家庭成员都会同意该夫妻抱养孩子回来。如果家长不在家,想要抱养的夫妻可以自己抱养孩子回家。通常情况下是家长在家的时候,小夫妻就会跟家长商量说两个人有想要抱养孩子的意向。

抱养的具体形式由孩子的父母决定,是直接把孩子丢掉等着人捡走还是送人,这些形式都是由孩子的父母决定,当孩子的父母不是孩子所在家庭的家长时,孩子的抱养形式不需要过问孩子所在家庭的家长,也不需要与其他家庭成员商量,不用请示家族族长,不用跟村庄管理者打报告。

(2)抱养时无钱物收入,一般不请中人立契约

抱养时,自己家有经济能力把别人家的孩子抱养回来就由自己抚育,不需要别人给钱财等。抱养时不需要写契约。抱养可以找介绍人,也可以不找,找介绍人一般都是找自己的亲戚,而且抱养成功后,介绍人要对抱养的孩子保密,也要对抱养的双方家庭保密,目的是为了防止孩子长大以后会想要找回自己的亲生父母。

（3）优先抱养年幼者

抱养会优先抱养小孩子，即刚出生的孩子，刚出生的孩子年纪小不记得事情，更容易跟新家庭成员培养感情。抱养时不用考虑孩子的意愿，而且都是趁着小孩子不记得事的时候把孩子抱养回家，只要孩子的父母同意就可以。

4.抱养后的处置

抱养一段时间以后，如果抱养孩子的家庭不满意也不能反悔，就算孩子不健康、有疾病也不能反悔，新家庭需要去给孩子看病等，不能将孩子送回原家庭。如果被抱养孩子的家庭反悔想要把自家送出去的孩子要回来，需要与新家庭商量，看对方是否同意自家反悔。

5.外界对家户抱养的认可与保护

奚家人丁兴旺，没有抱养回来的孩子。如果谁家有抱养的孩子，到了周岁的时候，新家庭会给小孩办周岁酒，宴请自家的亲戚，亲戚们都来喝酒了，那么就表示认可家里抱养回来的小孩，以后要修订族谱的时候会把小孩的名字加上去，但是会注明是养子或养女。抱养的孩子在族里不会被区别对待，不会被他人瞧不起，也不会被认为矮人一等，跟家族的其他小孩享受一样的待遇，新家庭的父母在小孩吃穿住行方面一样照顾。

村庄承认抱养回来的孩子属于新家庭成员，会对抱养的孩子一视同仁，抱养的孩子在村里不会被区别对待，不会被他人瞧不起，也不会被认为矮人一等。村里人对抱养回来的孩子都持保密态度，一是抱养家庭不希望自家抱养孩子的事情到处传开，二是为了保护孩子在新家庭健康成长，因此村庄里的人都不会揭穿孩子是抱养回来的事实。

（三）买卖孩子

1.为后继有人而买子

（1）无子且无法过继则买子

1948年以前，买卖孩子虽然很少见，但是也有发生，买卖孩子也不犯法。谁家没有儿子又过继不到，就会考虑买儿子，买儿子回来还要考虑家里的经济能力，如果没有钱、没有田地，那么就买不起孩子。家里如果生了男孩就不会买孩子，生了女孩也不会买孩子，只有没有孩子才会买孩子。买卖孩子时，只会买卖男孩子，不会买卖女孩子。

（2）无子买子，家穷卖子

买儿子的家庭是因为夫妻没有生育孩子，卖孩子的原因是家里经济条件差，是为了缓解经济困难的情况，买卖双方之前有可能认识也有可能不认识，但是通常都会选择到不认识的家庭去买儿子。有人家里儿子多了养不活了，就卖儿子。如果是独子家庭，那么不会把唯一的儿子卖掉，就算家庭再穷也要把儿子养着，用老人的话来说就是就算讨饭也要把儿子养大成人。

（3）对买卖孩子持保守态度

有的家庭没有儿子就会去买，买孩子是为了家里有个后代能够延续香火，等家里老人老了以后有人能够养老、继承家业。奚家没有买卖孩子的，奚家人如果谁家没有孩子会先选择找亲房叔伯过继或抱养，不会轻易选择买孩子。

2.经济条件和孩子多少共同作用

（1）卖孩子的家庭条件较差

1948年以前，有些家庭的经济条件非常差，儿子生多了就考虑把儿子卖掉，而且卖孩子都是卖儿子,卖女孩是没有人要的,而且卖孩子一般不卖给兄弟和同族人。通常情况下,买卖孩子双方没有关系,甚至是不认识,这样一来等孩子长大了就不会去寻找自己的原生家庭。

（2）买孩子者的家庭条件

家里没有孩子,经济条件还过得去,父母能够有能力抚养起孩子,那么就会去买孩子。买卖孩子与家里的土地状况、贫富水平都有关系,与父母的文化水平没有什么关系。

（3）买卖孩子的过程

如果要买卖孩子,一般会优先买外村远处的孩子,不会买本村的。如果买本村的孩子,孩子长大之后就会跑回原来的家庭。对买卖孩子的家庭状况没有要求,买卖孩子的过程就是,找一个介绍人,看能不能买到合适的孩子,如果找到的话,就给对方家庭送钱,对方家庭就把孩子送给要买孩子的家庭。买孩子之后,孩子就成为新家庭中的成员,不再是原家庭的成员,与其他家庭成员一视同仁,如果家里没有儿子,那么买回来的孩子就会继承家里所有的财产。

3.父母在买卖孩子过程中居于支配地位

买卖孩子的时候,由孩子的父母来决定是否买卖,不用听从孩子的意见,而且会卖掉年纪较小的幼童,而不是已经懂事、记事的孩子,不用与其他家庭成员商量,也不用请示家族族长,不需要跟村庄管理者打报告。

买卖孩子的形式都是由孩子的父母决定。买孩子需要给对方钱,给多少就由双方父母商量决定,买孩子的家庭将商量好的钱数给卖孩子的家庭后,卖孩子的钱就纳入卖孩子的家庭的收入了。

4.买卖孩子后的处置

买卖孩子一段时间以后,如果买孩子的家庭不满意不能反悔,在买孩子的时候都是经过双方家庭同意的,买孩子一方反悔的话卖孩子一方就不负责,卖孩子的家庭也不能反悔。

5.外界对家户买卖孩子的认可与保护

家族认可与保护家户买卖孩子,比如说夫妻双方没有生育能力,家里没有儿子,那么买个儿子回来,家里的其他家庭成员都承认。

五、家户赡养

(一)赡养单位

1.赡养为家户的内部事务

赡养老人是家户内部的事务,家户之外的人不能干涉,一般都是家里的儿子、女儿养老人,侄儿侄女也可以对老人进行照顾,但是没有养老的责任。

2.成年家庭成员承担赡养责任

在奚家,家里所有的成年家庭成员都有赡养老人的责任,即家里的中年人需要赡养家里的老年人,比如说老九爹的儿子们都需要赡养老九爹夫妇。家里的年轻人长大之后需要赡养自己的父亲母亲,出嫁的女儿也需要赡养自己的父母,而且女婿也有责任赡养自己的岳父岳母。女儿、女婿的孩子,即外孙也有赡养自己外公外婆的责任。如果没有亲生儿子女儿,而是抱养回来的养女或是过继来的继子,那么对家户内的老人也有赡养的责任。除此之外,老人的侄儿侄女如果有孝心的话也会赡养老人。

(二)赡养主体

1.独子家庭中儿子是唯一赡养主体

奚家不是独子的家庭,但是如果家里只有一个儿子那么就是这个儿子一个人来赡养家里的老人,赡养老人的责任就落在这个儿子身上。独子家庭赡养老人的负担较重,这也是为什么在1948年以前父母都意愿生育更多儿子的原因, 为的就是老了以后不至于由一个儿子养老。

2.多子家庭中由儿子们共同分担赡养责任

如果家里有多个儿子,那么这几个儿子都有义务赡养老人,孩子多了就可以轮流赡养。奚家在分家的时候, 家里的家长单独给老九爹和老九婆分了间房子, 也单独给老人分了田地,两位老人就自己耕作,粮食收成归两位老人自己所有,两位老人自己顾自己吃喝。

分家以后,老九爹还能自己种田,老九爹就跟老九婆两个人自己劳动、自己养老,家里的三个儿子在老人有需要的时候就去照顾老人。后来奚家的老人不能劳动了,老九爹身体不好动不得了,老人的田地就给儿子们种,三个儿子一个月要给老人送三十一斤米,即三个三十一斤,两个老人一个月能收到九十三斤米,这样来过生活。其他家庭的养老形式是几个儿子商量一年一次性给老人多少谷,等家里的粮食收成以后,几个儿子就一起给老人去送粮食,而且在给父母送养老粮时要几个儿子同时一起给,这样几个儿子就可以互相监督彼此是否尽到了养老的义务。不然有的儿子给得少、有的儿子给得多就不公平了。如果几个儿子们统一给了一次粮食后,老人的粮食仍旧不够吃,那么儿子们将会再给老人送少部分粮食。总之,即使是几个儿子同时供养老人,也会给奚家的老人送足够吃的粮食。还有的家庭养老方式是老人轮流去几个儿子家里住,一个儿子家里住一个月,多长时间轮一次由老人和儿子们商量决定。家里老人去世以后就由几个儿子共同出钱给老人买寿板①,给老人办葬礼。当然也有不孝道的儿子不赡养自己的父母,那么老人在老了以后就很可怜,但是也没有人对这种不孝顺的儿子进行惩罚。

3.无子家庭由老人自行养老

如果家里没有孩子,那么就是老人自己劳动养老,无儿又无女的老人在有劳动能力的时候则自己种田顾生活, 没有能力劳动以后就算出去讨饭也要活命。老人没有儿子但是有女儿,女儿也不是赡养主体,出嫁的女儿就是别人家的人,女儿没有能力养父母,但是女儿可以常回家照顾自己的父母,适当救济父母的生活。

(三)赡养形式

1.养老田到养老粮的转变

奚家分家以后刚开始赡养老人的方式是留养老田,老人自己劳动自己生产,田里的粮食就是老人的口粮。后来老人身体状况不好,无法再进行耕作,老人的田地就让儿子们种,三个儿子一个月要给老人送三十一斤米,即三个三十一斤,两个老人一个月能收到九十三斤米,这样来过生活。

1948年以前,有比较常见的几种养老形式,其中一种家庭养老是老人和几个儿子商量一年一次性给多少谷。如果给了粮食后,老人的粮食不够吃了,儿子们将会再给老人送粮食。

---

① 寿板:棺材。

388

还有的家庭是老人轮流去儿子家里住着养老,多长时间轮一次由老人和儿子们商量决定。

2.当家人为赡养形式的实际支配者

奚家的赡养方式由当家人安排,当家人和儿子们商量决定,不用告知或请示四邻、家族、保甲长,家庭内部共同商量决定的赡养形式一般不会出现不允许的情况。如果当家人不在,家庭的赡养形式由需要赡养老人和需要尽赡养义务的儿子做主。不论当家人是男性还是女性,或者儿子当家、兄弟当家、代理当家,赡养形式都要由需要赡养老人和需要尽赡养义务的儿子共同商量做主。

3.其他家庭成员可参与商量赡养形式

在赡养中,除家长之外的家庭成员可以跟当家人和老人商量如何对家中的老人进行赡养,所有家庭成员均能够一起商量赡养形式,也能提意见,但是不能擅自做决定。在承担养老钱粮的过程中,家长一人说了算,其他家庭成员不能提意见。

(四)养老钱粮

1.后辈人承担养老钱粮

奚家分家以后刚开始赡养老人的方式是给老人留养老田,老人自己劳动自己生产,田里的粮食就是老人的口粮。后来老人身体状况不好,无法再进行耕作,老人的田地就给儿子们种,三个儿子一个月要给老人送三十一斤米,这样一来,两个老人一个月能收到九十三斤米,能够满足老人日常生活需要。

2.大户家庭负担压力小

在养老钱粮上,因为大户人家家产雄厚,经济条件好,所以压力比较小。多子女的家庭在赡养老人上,有更多的人可以照顾老人。而三世同堂、四世同堂的大家庭里,中间一代的人既要赡养老人又要抚育小孩,养老的压力就会大一些。

(五)治病与送终

1.儿子是主要承担者

奚家是在分家以后才需要儿子们赡养老九爹夫妇,儿子们分家以后有了自己需要打理的新家庭,两位老人的治病及送终事宜就由儿子们安排。在许多家庭里,老人的儿子是老人治病照顾的直接和实际承担着,如果已经分家了,老人生病了就由儿子们分摊出钱治病。如果老人自己有私房钱,那么老人生病之后就把这笔钱拿出来看病。如果老人没有私房钱,那么老人生病以后家里的几个儿子分摊给老人看病的费用。

2.家长决定治病照顾老人的方式和途径

老人如果生病了就由几个儿子均摊出钱给老人治病,出嫁的女儿有经济条件了就出钱给老人看病,如果家庭条件一般,那么女儿不出钱给老人看病也不会受到指责。老人如果生病了需要照顾,那么儿子就负责照顾老父亲,儿媳妇就负责照顾老母亲。此外,出嫁的女儿有时间也会回来照顾老人。

3.全部家庭成员需照顾老人

除家长之外的其他家庭成员在给老人的治病照顾中能提供帮助,比如家里的老母亲生病了不能够自理,那么儿媳妇们就有责任去照顾老母亲,其他家庭成员也能一起商量决定该怎么给老人养老。

4.以家庭为集体单位承担丧葬费用

老人去世以后,如果老人生前有私房钱,那么老人丧葬的费用就先用老人留下来的这笔私房钱。如果私房钱不够用了,几个儿子再均摊丧葬费用,而且几个儿子均摊都是一样的,并没有说谁多出钱或者谁少出钱。

5.所有家庭成员参与丧葬事宜

在丧葬中,如果几个儿子已经分家了,长子与其余的儿子一样均摊丧葬费用,但长子需要在老人的丧葬仪式中出更大的力气,安排更多的事情,操心也更多,在老人出殡时长子要带领自己的弟弟给老人压棺材,即长子坐在棺材上的最前面,后面依次坐次子、三子等。奚家的老人去世以后,由三个儿子共同出钱给老人买寿板共同出钱给老人办葬礼。未出嫁的女儿在老人去世后可以出丧葬费用,也可以不出,未出嫁的女儿可以像其他亲戚一样只用挂祭就可以。如果没有分家,老人去世后,长子就是家里的新当家人,还是一样在老人的丧葬事情上需要全权打理,但是老人的丧葬费用由长子代表整个家庭来出,因为家庭的全部收入及家产都在长子一个人手里,因此长子代表整个家庭出的钱是家庭的共同财产。

(六)外界对家户赡养的认可与保护

1.家族对家户赡养的认可与保护

奚家族内都是认可家户赡养,奚家族人都认为赡养老人是以家户为单位进行的。但奚家也有不孝道的儿子不赡养自己的父母,那么老人在老了以后就很可怜,但是也没有人对这种不孝顺的儿子进行惩罚。当赡养出现问题或纠纷时,几个兄弟对赡养老人的建议达不到一致时,可以请亲房叔伯里说话有分量的人出来主持公道、评理。

2.村庄对家户赡养的认可与保护

奚家所在的村庄认可家户赡养,认为养老都是各家各户的事情,如果有的儿子不愿意承担赡养责任,其他村民就会有道德指责,但是没有惩罚,当赡养出现问题或纠纷时,村长、保甲长不会出面处置。

3.政府对家户赡养的认可与保护

奚家所在的官府对家户赡养是认可的,不干涉家庭内部赡养老人的事情。如果有的儿子不愿意承担赡养责任,县乡政府不会惩罚不尽赡养义务的儿子。当赡养出现问题或纠纷时,县乡政府也不会出面处置。

六、家户内部交往

(一)父强子弱

1.权利义务关系

父亲要抚育儿子长大,还要教给儿子们知识和耕田的技能,等儿子长大后要给儿子娶媳妇,首先是父亲养儿子,然后是儿子养父亲。父亲如果没有给儿子娶到媳妇,主要就是儿子的原因,可能是儿子没有能力、人长得不好、性格原因,或者是家里经济条件太差了,那么儿子就很难娶到媳妇。父亲在分家以后或者去世以后,家里的家产都留给儿子,即使是儿子不孝顺,最后父亲也会给儿子留家产。

很少有父亲不管儿子的。有的儿子长大后如果爱小偷小摸、好赌博,不成器,家长就管不了,尤其是父亲在教育儿子的时候,父亲教儿子做农活,教儿子去挣钱。大人说的话儿子不听了,父亲可以打骂儿子,父亲打儿子也不是很厉害的打骂,顶多就是吓唬一下。儿子实在不成器,父亲可以把儿子赶出家门或者是分家将儿子分出去。如果父亲说的话有道理,那么儿子就要听父亲的话,父亲让儿子做什么就做什么。父亲让儿子去田里做事、教儿子种田,儿子都要听。如果父亲说的话没有道理,那么儿子可以不听。父亲将家里的生活打理得好,家产经营得好,跟外面的人能结交到好朋友,能让一家人过上富足的生活,这样的父亲就是好父亲。相对而言,听话的儿子就算好儿子。比如父亲让儿子去读书儿子就去读书,父亲让儿子去种田儿子就去种田,父亲让儿子去学手艺儿子就学手艺。

2.日常交往关系

1948 年分家前,父子关系比较融洽,老九爹的三个儿子都很听老九爹的话,老九爹与孙子关系也很好。老九爹的长子启告和三子启富喜好赌博,老九爹也会教训、说教他们。

3.冲突关系及调适

在农村,一般的家庭里父子关系都很和谐,有的家庭儿子多了,就爱搞分裂,说父亲疼爱这个儿子不疼爱自己,这样父亲关系都不会好,兄弟之间也会引起不和。

父子之间会吵架但是不会打架,比如说父亲做了什么事儿子有意见,两个人各自不肯妥协,这样父子两个人就会吵架。奚家父子之间也会吵架,次子启告有时会说老九爹疼爱大儿子,不疼爱自己。老九爹的长子和次子还会为了家务事吵架,次子启告说家里就是自己一个人种田要养活一大家人,大哥自己做布生意的钱从来不交给老九爹,两个兄弟都会为了这些事吵架。两个儿子吵架的时候老九爹就出来劝解,劝一下就好了。

奚家曾有一次兄弟之间发生了严重的冲突,原因是老九爹的长子启告叫三子启富的大儿子后火去挑草头,次子启木说侄儿后火年纪还小挑不动,不要侄儿去挑。但是老九爹的孙儿后火年轻气盛非要去挑,因为草头太重了被压得吐血了。于是次子启木看不下去就去跟大哥启告两个争执,后来越吵越厉害,两个人就拿扁担打起来了。两兄弟打起来后老九爹就来劝架,这才劝开了。后来奚家因为这个事就引起了家庭矛盾,老九爹的三个儿子就分家了,分家以后每家每户就单独分了田做农活。老九爹三子启富分家后,其大儿子和二儿子刚开始做农活的时候两个人年轻,别人都是一个人驭水车去车水,三子启富的两个儿子力气小两个人就只能将水车抬到水塘边去,家里劳动力不够的时候三子启富的媳妇朱氏也会帮忙抬水车。

(二)婆媳关系

1.权利义务关系

婆婆是哪个媳妇好就疼爱哪个媳妇,儿媳妇如果不爱婆婆、对婆婆不好,婆婆就不爱媳妇。媳妇在坐月子的时候,有的婆婆喜欢儿媳妇,对儿媳妇好,就会悉心照料儿媳妇。有的儿媳妇刚嫁过来的时候,婆婆就叫儿媳妇做家务事,婆婆会教儿媳妇做饭、纺线子、看猪、看鸡,缝缝补补,还教儿媳妇做鞋子等。

2.冲突与调解

遇到不听话的儿媳妇,婆婆也会打,婆婆说了好话儿媳妇不听,而且还顶撞婆婆,婆婆就会打儿媳妇。但是不会打得很厉害,顶多教育一下儿。有的婆婆为人厉害就会拿棍子打儿媳妇,严重的时候还会扇耳光。

在婆媳吵架的时候,儿子认为自己母亲说得有道理就不会盲目维护媳妇,如果是婆婆不讲理打骂儿媳妇,丈夫就会护着媳妇。1948 年以前,儿媳妇都很听婆婆的话,有的儿媳妇脾气好,在被婆婆打骂了后,还要转身跟婆婆问好。婆婆跟儿媳妇吵架、打架的时候,隔壁邻居会来劝解,家里的男性一般不来劝架。反过来,儿媳妇遇到不讲道理、做事不合适的婆婆,也能跟婆婆讲道理,也能给婆婆指出来不合适的地方。

3.婆媳关系和谐

在奚家,婆媳关系十分和谐。奚家婆婆老九婆和三个儿媳妇关系都很好,老九婆的脾气很好,不是那种刻薄的婆婆,老九婆在给儿媳妇安排事情的时候都是很公平的,比如说几个儿媳妇做饭都是三个人轮流做,婆婆教儿媳妇纺线子的时候也是一个媳妇每天要纺多少的量。奚家三个儿媳妇都是自己洗自己小家庭的衣服,遇到婆婆身体不舒服了,儿媳妇也会帮助洗公公婆婆的衣服。家里鸡生下的鸡蛋由儿媳妇捡到的话就要交给婆婆,婆婆统一来管理或者卖掉,婆婆能够拿鸡蛋去换针换线,也能换其他的东西,当然也会把鸡蛋拿出来让儿媳妇做饭的时候炒菜吃。在众多生活细节上,均可以看出奚家老九婆与自己的三个儿媳妇关系融洽。

(三)夫妻关系

1.权利义务关系

奚家夫妻关系和谐,没有出现过丈夫妻子打骂的情况。丈夫需要爱护妻子,妻子需要关照丈夫。在妻子生病期间,丈夫要给予照顾,尤其是在妻子怀孕和分娩期间,丈夫要照顾妻子的生活起居。丈夫不能随意打骂妻子,对于丈夫说的话,妻子认为合理就要听取,如果丈夫说的话不合理,那么妻子可以提出反对意见。在过去妻子能把家操持好、养育好小孩、照顾家中的老人就算是好妻子。丈夫能够有能力养家糊口,善待妻儿子女、教育子女,这样就算是好丈夫。不同类型的家庭和不同人口规模的家庭中,夫妻关系有好有坏,有的有钱人家的丈夫喜欢出去玩,对妻子不好。生活富裕的家庭中夫妻二人不会因为家庭经济状况吵架,有些贫困家庭,虽然经济条件一般,但是夫妻之间会相互扶持、相互支持过日子。由此可见,夫妻关系与家庭规模和家庭类型有一定的关系,但是并没有绝对的关联。

2.日常交往关系

奚家已婚夫妇关系较融洽,夫妻之间什么事都可以商量、讨论。平日里,夫妻之间互相有心事了就会说出来,妻子如果有些事情不好跟丈夫说的,就会跟妯娌和婆婆讲。奚家的妻子们都能与各自的丈夫和谐相处,在妻子看来,丈夫也是平易近人的。在日常交往关系上,关系好的夫妻都是能很好地相处和交往的。

3.冲突关系及调适

夫妻之间避免不了会因为矛盾产生冲突,如果发生了冲突其他家人可以劝解,邻居也能调解,如果吵架很严重,妻子的娘家人就会派人来讲道理。但是一般情况下,夫妻之间的小打小闹都不会惊动妻子的娘家人,都是在家庭内部解决和调解。家庭内部如果调解不了,就请亲房叔伯的亲戚来进行调解。发生冲突后,家庭成员视夫妻双方吵架的事由来判断谁过错多,从而进行调解,而不是一味地站在丈夫这一方,假如是丈夫行为不端或者说话不对,家庭成员也会站出来对丈夫进行批评。

(四)兄弟关系

1.权利义务关系

兄长对弟弟要进行照顾和教育,哥哥要教弟弟种田、学知识等。如果父母不在世了,兄长就是家里的当家人,要负责养弟弟,等弟弟长大后,还要教弟弟谋生之道,要给弟弟娶媳妇、操办婚事,但不能将弟弟逐出家门。老九爹的孙儿后刚很小的时候带弟弟后东去薅秧棵①,那时候孙儿后东年纪小不太擅长薅秧棵,孙儿后刚就打孙儿后东,说弟弟后东不会做事。孙儿后东就一路哭着从田里回家,回家后孙儿后东的母亲朱氏就问后东为什么要哭,孙儿后东说自己的二哥因为自己不会薅秧棵打自己,孙儿后东的母亲朱氏后来就教训后刚说,兄弟不会做事你教他就行了,怎么能打他呢。在兄弟多的家庭里弟弟通常都会被欺负,一般情况下兄长不会随意打弟弟,但弟弟做错事了兄长才会打弟弟。如果兄弟不听哥哥的话,等弟弟成人以后可以跟弟弟分家。如果父母在世,那么分家的时候就是未成年的弟弟跟父母分在一起。比如老九爹的三子启富一家在分家的时候,启富的长子、次子已经分别结婚成家,另立门户,未婚的三子后东和四子后意,以及其母亲朱氏为一家。之所以这样分是因为孙儿后东和孙儿后意没有成家,那么分家的时候就是两个未婚的儿子和母亲朱氏在一起生活,这样母亲可以照顾未婚儿子们的起居生活。当时的风俗是如果父母已经去世,但是弟弟还没有长大成人,哥哥就不能跟弟弟分家,一定要给弟弟说好了亲事、招呼弟弟结了婚才能跟弟弟提分家。

2.好兄长的标准

好的兄长是对弟弟好,有什么东西会优先让给年幼的弟弟,遇到不会的问题会教弟弟,而弟弟会听哥哥的话。跟着哥哥去干活的弟弟就是好弟弟,兄弟俩长大以后仍然很团结,就算关系很好的兄弟。

(五)妯娌关系

1.共同合作劳动

在不同的家庭里有的妯娌关系很好,有的妯娌关系不好。关系好的妯娌在对方忙的时候都愿意去帮忙,有的兄弟媳妇不好相处的,嫂子就跟兄弟媳妇合不来。就算妯娌之间关系再不好也不能打骂,顶多就是互相不理,你不帮我、我不帮你。奚家分家以后,老九爹三儿子的孙辈有四个儿子,孙儿后东排行第三,孙儿后东的大嫂、二嫂、弟媳及孙儿后东自己的妻子,这四个妯娌相处得不好,关系很差,大嫂和二嫂经常打架,孙儿后东的弟媳和孙儿后东的妻子关系不好,四个妯娌很不团结。而老九爹的长子启告家里有两个儿子,分别是孙儿后桂和孙儿后槐,这两个媳妇之间关系很好,相处得十分和气。

奚家老九爹儿媳妇一辈的三个妯娌之间很和气,在分家前三个儿媳妇轮流做饭吃,三天一换,每个人连着做三天饭,做饭时就顺带烧水,像夏天每天要洗澡,冬天每天要洗脚需要用热水,三妯娌之间轮流做饭,轮到谁做饭就由谁家的丈夫去挑水。1948年之前,全奚角就只有一个大水塘,全湾人的用水均在大塘,由于老九爹的三子启富常年在外教书不在家里,轮到三儿媳朱氏做饭的时候就是她去挑水,有时候三子启富的长子后火帮其母亲提水回来做饭。在做饭的时候每天做饭要吃多少斤米儿媳妇要去找老九婆,由老九婆来掌管家里的生活。此外,有时候要上街买菜、买火柴或买盐等就由老九婆给钱吩咐轮班做饭的儿媳妇们去买。家里做饭的柴火都是女性来办,需要的"扭把子"②也是由女性来置办,将稻谷加工成米等事情也是由家中的女性来忙活,加工米的时候需要用粒子来掊谷,再用风鼓来风,然后用蒂

---

① 薅秧棵:音译,一种农活儿,是将水田中的野草从稻谷中锄掉。
② 扭把子:黄冈当地将柴草与"搞棍"卷在一起以便于烧火做饭。

来春,春蒂①的时候需要两三个人一起完成,春完之后再用筛子筛一遍就出来米了,这就是稻谷加工成米的大致过程,在本地也叫作"夹米"②。此外,夏天磨麦子也是女性重要的家务活之一。从家庭的集体家务活中可以看出一个家庭里的妯娌关系是否和谐。

2.冲突及调解

妯娌之间如果吵架、打架,都是婆婆和邻居去劝,丈夫都不出面。如果大嫂的丈夫维护自己的妻子,二哥又维护自己的妻子的话,亲兄弟之间就容易引发矛盾、吵架。妯娌之间关系好不好要看彼此之间如何相处,嫂子对弟媳妇好,弟媳妇就对嫂子好。老九爹的孙儿后东的妻子在改嫁来奚家的时候,跟后东的两个嫂子关系都不好,跟自己弟媳的关系也不好,跟其他家庭里的妇女关系也不好。

七、家户外部交往

(一)对外权利义务关系

1.对街坊、邻里承担的责任

1948 年以前,奚家对邻居和街坊需要提供应尽的帮助,谁家没有农具、做饭的东西都可以在街坊、四邻借用,家里缺了米、缺了盐都可以临时借用。街坊、邻里如果家里有大事需要提供人力,奚家人也会派人去帮忙。其中,最重要的关系就是街坊、邻里在农业生产上有困难时或者家里有红白喜事需要帮助,奚家人都会义不容辞地去帮助。

2.对亲戚朋友承担的责任

奚家人在与亲戚和朋友交往时,与街坊、邻里相比而言需要更加尽心尽力地去为亲戚朋友提供帮助。奚家的亲戚朋友家里有做屋、办酒等事情时,不仅需要为亲戚朋友提供帮助,还需要送人情,即与亲戚朋友之间有人情往来,关系更加密切,相互之间有更多的责任需要承担。奚家修建房屋的时候,奚家的部分亲戚朋友都来帮忙。奚家在举办结婚、生育酒席时,自家的亲戚朋友也来帮忙。

3.主佃之间的责任与义务

奚家是租种赵家田地的佃户,除了每年给赵家"上课"外,与赵家人相处来往并不多,但是与赵家能十分融洽地维系好租佃关系。奚家不会拖欠赵家的地租,赵家在奚家农业收成不好的年份也能适当为奚家免租。除此之外,赵家佃主在农忙的时候奚家不用义务性去给赵家帮忙,但是可以给赵家卖工。赵姓佃主家中举办红白喜事时,奚家也不需要去帮忙,不需要送人情。

(二)对外日常交往

1.与街坊邻里的交往

奚角本村的人关系都比较好,没有争执、打架、斗殴的现象。1948 年分家前,谁家里儿子多,其他人就不敢欺负这家人。儿子多的人在村里就算狠的人,即使不打架,儿子多的家庭几个儿子往外人面前一站就很霸气,外人就不敢说什么了。奚角与老九爹孙子同辈的吴来章的父亲和吴三儿的父亲两个人爱吵架,吵架的大部分原因是经常说对方侵占了自己的田地。吴

---

① 春蒂:音译,将稻谷加工成大米的一种农活。
② 夹米:将稻谷加工成米的过程。

来章和吴三儿的祖辈以前不是奚角人,是后来因为扩建才搬迁至奚角本村的。

2.与外村人的交往

奚角与外村人几乎没有矛盾,奚角属于小姓氏的村。1948年以前,奚角附近一带属祁家湾是最有狠的一个湾,祁家湾都是姓吴的大姓人家,附近几个村的人都不敢惹祁家湾的人。但是祁家湾里最厉害、最有狠的一个吴姓人跟奚家有亲戚关系,那个最有狠的吴姓人的姑姑嫁到了奚家老十房的兄弟之一做媳妇。过去拜年的时候,那位最有狠的吴姓人家一家兄弟四个每年都来给奚家的十房兄弟家家拜年,即给老九爹一辈的十房兄弟拜年,然后在奚角吃住玩很多天。1948年以前,附近几个村子的人都知道祁家湾厉害的人跟奚角的人关系很好,因此外村人都不敢欺负奚角人。

(三)对外冲突及调适

奚角有一小部分人关系不好,动不动就会打起来,霸道的人爱无端霸占别人家的东西,仗着自己家里人多、儿子多就很霸道,欺负那些家里没有人撑头的人。1948年以前,村西头的星儿矮子家里跟细华的伯爷因为两家田地而合不来,星儿家里有两个单身汉,细华的伯爷把他家里的人按在地上打,后来拿锹去打,当时村民就去劝架说这打不得,打下去要出人命,这样才扯开了。如果实在是吵得厉害了就请说话有分量的人来调解,房长也会来调解。

1948年以前,如果村民之间实在是打架打得严重了,重伤或者出了人命的,保长、甲长就会到村里来调解,那时候官府也会管事,情节严重的还会被送去坐牢。1948年以前还有打官司的,村民之间因为田地侵占的事情会去打官司,先在甲长这里报案,然后去保长、户长、乡政府那里打官司,国民党政府来管打官司的事情,一级一级往上面报。告到政府去了以后,政府就下传票,打官司老百姓还要出钱,在奚角本村没有人去打官司。

第四章　家户文化制度

奚家十分重视学校教育,每一个适龄接受教育的儿童都有上学的学习经历。有所不同的是孩子对于学习的兴趣浓厚与否决定了能否继续学习下去。奚家对手艺的教授主要在于种田技术与手工业技术,以及必备的生活技能的传授。奚家有强烈的自家人意识,即凡属自己同祖宗发展而来的房支都是自家人,自家人之间都会相互保护。奚家在重大节庆日时全家人都会共同庆祝,如春节、元宵节、清明节、端午节、中秋节等节日,节日期间奚家均以家庭为单位开展活动。奚家人多信仰佛教,主要体现在去庙祭拜菩萨以求家人平安健康和每年定期逛庙会等。奚家部分家庭成员有打牌、赌博的嗜好,并且涉及的规模和金额较大。

一、家户教育

(一)教育情况

奚家只有老九爹的第三个儿子启富读书多,后因学识较高担任学校老师。老九爹的长子启告和次子启木均没有读过书,家里需要劳动力,长子和次子就去种田、种地来养家糊口,没有经济条件供他们读书。到了老九爹的三子启富出生长大以后,老九爹就把他送去私塾里读书。在老九爹的孙儿这一辈里,属孙儿后东读书最多,在解放前读了五年书,之后读扫盲夜校三年。孙儿后东的几个哥哥姐姐都没有读过多少书,老九爹的长房的两个孙儿读了两年书就回来种田种地。三房的长子后火去了一年学堂就回来,后来当了个没有文化的"黑肚子光棍"干部。孙儿后东的二哥后刚读了三年,老九爹的三子启富那时候极力送二儿子后刚去读书,但是后刚不认真读书,天天背着书袋子出去上学,实际上躲在麦地里、大树下面睡觉、玩耍,到了放学的时候再回来,天天就这样不认真读书,还在学堂里与教书的老师顶撞、调皮,后刚天天在家里求父亲说不要送他去上学,说自己坚持不下来、不喜欢读书。于是三子启富觉得孩子读不进去书就算了就回来,因此后刚读了三年书就回家里来种田了。到解放前老九爹的孙儿后东读书最多。孙儿后东1948年分家前在乌龙庵读书,当时一年的学费是一石谷,1948年分家前是用瓠子来称粮食,一石谷就是大水桶四桶谷。奚家在1948年分家前每年教育消费就是几石稻谷,家里读书的孩子不是太多,所以能负担得起就会让孩子去读书,除非孩子自己不想读书。

(二)仅一人接受私塾教育

奚家老一辈里老九爹的兄弟们没有在私塾读过书,只有老九爹的三子启富小时候去过私塾读书。那时候去私塾读书需要给私塾先生送粮食,必须要当家人给粮食才能去读书。1948年分家前,奚家的女孩子没有读过书,那时候女孩子很少有机会能去读书,奚家没有人开过私塾招收学生来学习,老九爹三子启富那时候教书也是去唐家墩的学校,没有在自家开设私塾招收学生上课。

　　奚家在分家前是老九爹当家，家里小孩需要去私塾上学不仅要经过自己的父母同意，还需要经过老九爹的同意，需要老九爹拿粮食去交学费。去私塾上学的学费是一年交一石谷，学费由家庭全权承担，因此有的家庭条件不好，就不会拿粮食出来让小孩子去读书。除了交谷之外，每年过时节时还需要给老师送礼物，比如称肉、送糖等。

　　老九爹三子启富去上私塾是在老师家里，私塾里都是由那些读过书的先生来教课，学的内容也都是过去的经书。1948年分家前，像那些有钱人的家庭就把教书先生请到家里来上课，一般的家庭没有条件去请先生，都是去学校上学。

（三）以学校教育为主

　　奚家很多小孩都读过书，但是读书的时间都不长，尤其是老九爹的孙儿一辈里的男孩子在1948年分家前都读过书，孙儿后东在1948年分家前在乌龙庵的学校读了两年，后东的弟弟后意是解放后才去学校读书，孙儿后东的弟弟后来小学考初中没有考上。1948年分家前，奚角附近村庄的孩子都是去四方响塘①读书。孙儿后东到了解放后就去读夜校，那时候分田搞生产了，孙儿后东白天在田里做农活，晚上在夜校读书。老九爹的三子启富是教书的，因此都送自己的儿子去上学。

　　如果家里有多个小孩需要读书，那么家长会按照年龄排行来安排，如果家里有小孩聪明就继续让小孩读书，1948年分家前女孩也能读书，但是女孩读书读得少，老九爹的大孙女去学校读了一年后就不读了。1948年分家前，人们不重视读书，只重视种田。奚角村头的星儿他家里经济条件很好，但是不重视读书就没有孩子去读书，因此在解放前读书不读书跟家庭经济条件没有多大的关系，跟家庭对教育的重视程度有关系。

　　1948年以前，小孩子在学校读书会学到算数、语文等，语文学的是弟子规、三字经，奚家小孩会学习到人之初、孔夫子这些语文知识，数学是加减乘除和打算盘，过去的老师教书水平很高，现在住在村头的强儿的叔爷在1948年之前就是一位教书水平极高的老师。解放以后，强儿的叔爷就到团风去教高中，老九爹的三子启富是教小学语文和算数。到了初一、十五，学生家长要给老师送香钱，过时节的时候也需要给老师送肉、送酒等礼物，家长给学生老师送了礼物后，老师就会多照顾一下学生。

（四）重视家庭教育

　　奚家十分重视对家庭中的未成年孩子的教育。在孩子小的时候，所接受的教育主要来自于家庭，爷爷奶奶会教孙子认东西，会教孙女要乖巧、懂事。对于男孩子，父亲会教育自己的儿子要有责任感，能吃苦，会做农活。父亲对于女儿的教育较少，一般是管教，教育女儿不能一个人出远门，不能一个人上街。可见，不同辈分的家庭成员对子女的教育也会有所不同。奚家在老九爹一辈兄弟里，老一辈的长辈对侄儿侄女会适当进行教育，主要对自己的儿子女儿进行教育。老九爹的三个儿子成家有了孩子以后，老九爹也不会对孙儿孙女多进行管教，主要是儿子儿媳们对孙儿孙女进行教育。同时，兄弟之间也能互相教导，比如老九爹的孙儿们会互相教授如何耕田劳动。

　　在一个家庭里，父母对于子女的教育有所分工，一般母亲教女儿教得多一些，母亲会教

---

　　① 四方响塘：地名，以地名来为学校命名。

女儿纺线、做家务、洗衣服等,父亲教育儿子多一些,父母比爷爷奶奶教育孩子要教育得多一些。孩子到了18岁就成家立户了,尤其是男孩子会独立干所有农活的时候,大人就视其已长大成人了,就要给自己的儿子娶媳妇了。女儿到了16岁会做家务活、会纺线子、会做饭的时候就算成人了。家庭教育主要是家户内部的事情,其他亲戚朋友不会对自家的孩子进行教育,因为在外人看来,家户教育是别人的家事,不能横加指责。

(五)潜移默化的人格教育

父母亲及其他家庭成员的思维方式和性格会在孩子的成长过程中产生一定的影响,这其中有积极的影响也有不好的影响。例如,老九爹的长子启告和三子启富年轻时喜好赌博,长子启告的儿子后来也爱赌博、押宝,三子启富的儿子后火和后刚长大后也爱押宝、打牌。这些大人不好的行为习惯会被后代人所习得,后辈人受上辈人的影响形成了不好的习惯。家庭中的相处模式和平时的生活氛围也会对孩子的性格产生影响,老九爹的三个儿子虽有不良的赌博习惯,但是均性格温和、待人友善,这与老九爹夫妇的性格也有关系,老九爹性格温文尔雅,对待亲房叔伯的亲戚和自家的后辈人都十分的和气,尤其是在晚年,老九爹对待自己的几个孙儿态度非常宽厚。

奚家的孩子如果犯了错误,父母会对孩子进行口头的教育,错误较为严重则适当体罚。如果奚家的小孩损坏了其他村民家中的物品,奚家人需要为小孩子的错误进行赔偿,如果是小物件的话,村民表示不介意、不追究了,那么大人就不需要进行赔偿,但是回家后大人还是会教导自己的孩子不能随意损坏他人的物品。

奚家过年过节所保持的风俗习惯多是从前辈人那里习得的,比如每年正月十五、七月半需要祭祀祖先,到了端午节需要做一些食物来庆祝等。这些都是大人教家里的后辈人来做,这样一代一代地传下来。除了从家户习得外,其他亲戚邻居也能交奚家人如何举办、如何进行。奚家虽然人口较多,但是在老九爹当家时,几乎没有发生严重的争吵,老九爹夫妇一直教导后代要团结和气,踏实劳动以改善生活。在奚家有家庭成员喜欢赌博等嗜好时,老九爹夫妇都会对其进行劝导和教育。

奚家人能与本村及附近村庄的人进行良好的互动交往,积攒了较好的信誉,在奚家人遇到困难的时候,本房支的亲房叔伯及远房亲戚和附近的好友都会提供力所能及的帮助,只要家中有一人受到了外人的欺负,那么所有家庭成员及外亲都会出来撑头,家庭成员都能受到家户的庇佑和保护。

(六)家教与劳动技能

小孩子通常在很小的时候就要学会做事,女孩子要学做家务,男孩子要学做农活。老九爹的孙儿们在很小的时候就出去放牛、插秧等,长大以后就会去田里割谷、打谷,种油菜等。那时候的人都是靠种田为生,家里的大人都是从老一辈那里学来的农耕知识和技能,因此作为男孩子也要学会这些农耕技能,以后才能参加家里的农业生产。男孩子七八岁的时候就跟着大人去田里做事,那时候还小也就是去田地跟着玩,看着大人做事,很多种田技能看着看着也就学会了,等到了稍微大一点的时候父亲和家里的其他长辈就会亲自教家里的男孩子耕田种地,奚家都是老九爹的次子启木在耕田,因此都是次子启木在教家里的孙辈们如何种田。1948年以前,只有男孩子要学种田,女孩子不需要出去种田,也不能去田畈里干活,只需要待在家里做家务。

(七)手工业和商业皆学

老九爹的三子启富和他家的两个儿子在1948年分家前做米生意，那时候有东瀛人①来。有一年冬天天很冷，三子启富带着儿子们从团风卖米走回来了，在路上就碰见了东瀛人，东瀛人就叫三子启富把袄子脱掉，随后一掌把三子启富推到水里面去了，那时候的天气只有几度，后来东瀛人又把启富拉上来打一顿，最后叫三子启富喝两个小孩撒的尿才肯放他们三个人回来。那时候日子很不好过，三子启富那时候吃了很多苦。此外，奚家还有老九爹的长子启告在外做生意，他在家里织布，织好后拿去汉口卖，1948年之前都是用土机器织布，土机器用木头和铁制成，要用脚来回踩动机器，因此织布的人必须力气大，这也是为什么1948年之前织布的都是男性而不是女性的原因。老九爹长子的二儿子，即老九爹的孙儿后槐是做裁缝，长子启告那时候找到一个亲戚将自己的二儿子后槐送去学裁缝，大儿子后桂留在家里种田。但是孙儿后槐没有把自己的裁缝手艺教授给自己的儿子，因为孙儿后槐的儿子是个左撇子，算账的时候都是用左手，孙儿后槐就认为左撇子不适合学裁缝，因此孙儿后槐就只带着自己的几个女儿学裁缝了，最后孙儿后槐的大女儿学成了裁缝。1948年之前，学手艺需要一定的条件，其一就是家里要有充足的劳动力，家长才会把孩子送去学手艺，像有的家庭缺少劳动力，那么家里就不让孩子去学手艺，需要把孩子留在家里干农活。

1948年以前，有把自家孩子送去学手艺的，学手艺不需要给师傅交学费，但是刚跟师傅学手艺的时候，前三年跟着师傅做工的收入都归教手艺的师傅所有，三年后学出师了就能够自己单独去赚钱，就再不需要将做手艺的收入交给师傅，可以自己保管挣得的收入。

(八)有形教化与无形教化相结合

1948年以前，小孩子在学校读书会学到算数、语文等知识，语文学的是弟子规、三字经，奚家小孩学习到人之初、孔夫子这些语文知识，学校学习到的知识有助于小孩形成重礼行、重教化的品格，这是有形的教化方式。除此之外，还有来自家庭成员方面的无形教化，奚家的大人会给小孩子做出良好品行的榜样，如老九爹的儿子启木是家中几十年如一日勤恳劳动的有效示范，老九爹的几个孙儿都十分尊重他。

奚家的孩子如果犯了错误，那么父母会对孩子进行口头教育，错误较为严重则适当体罚。如果损坏了村民家中的物品，奚家人需要为小孩子的错误进行赔偿，如果是小物件的话，村民表示不介意、不追究了，那么大人就不需要进行赔偿，但是大人回家后还是会教导自己的孩子不能随意损坏他人的物品。

除了家庭教化外，官府和村庄没有为家庭成员提供教化的功能，家庭教化一般是来自家庭里品行修养好的家庭成员，或者家长为家庭成员提供学校教育以此来强化教化功能。

二、家户意识

(一)同宗房支皆为自家人

凡属于奚家一个老爹爹传下来的十房爹爹的后辈人都属于一家人，即自老九爹一辈的十房老兄弟及后辈子孙都属于自家人。因此，不仅是奚家的这一个小家庭算自家人，奚家的亲房叔伯即房下的后代都算自家人，已经分家的兄弟但是属于同一个祖宗繁衍下来的后代

---

① 东瀛人：指日本人。

也算做自家人。除此之外,其他人都算外人,即出嫁的姑姑和姑父不是自家人,舅舅、舅妈不是自家人,嫁出去的姨和姨夫也不算是自家人。即使是亲戚但是居住得比较远平时联系少也不是自家人。不是亲戚但是平时能够相互帮助、比较靠得住的人也不能算作是自家人。

只要是同一宗族、同一姓氏的人,即使出去打工常年不回家、不管走多远那也算是自家人。日常相处寄宿在自家的人如果没有血缘关系那也不算自家人。从亲房叔伯那里过继来的孩子算作继子,不算作自家人;家里招的上门女婿不算自家人。收养来的孩子也不算自家人。大户人家雇的长工不算自家人,长工如果在大户人家待的时间特别长也不会把他看作自家人。有钱的家庭请的管家不算自家人,做事的佣人不算自家人。嫁进来的媳妇也不叫作自家人,媳妇跟丈夫生下的孩子跟随丈夫姓,孩子算是自家人。有血缘关系的就是自家人,自家人不管做了什么事情都还是自家人了。过去亲兄弟之间有了矛盾、吵架、打架还是算一家人,血缘关系吵不断、打不断。总之,只有同一姓氏、同一老祖人的奚氏人才算是自家人,家里如果有困难了,会首先找自家人帮忙,比如说借钱、借粮食,自家人借不来了再去找外人借。

(二)强烈的家户一体意识

奚家在还没有分家的时候,老九爹的三个儿子都各自出去生产、劳动、赚钱,次子启木在家里种田的时候长子启告也会去帮忙,三个儿媳妇关系很好,经常互相帮忙。如果家庭里任何成员被欺负,所有家庭成员都会出头帮忙说话,一家人会联合起来帮助这个被欺负的人去讨个公道,就算是打架了也要一家人出头去打赢为止。

在分家时几兄弟之间如果某个人的条件不好,如有人重病,分家之后没有劳动力,丧夫丧妻等,当家人也不会给小家格外的照顾,分家都是一样分,不会给他多分东西,不会安排其他条件好的兄弟照顾他家。叔伯房分家的时候,自己家里负担最大,大伯家里生活最好过,但是大伯也不会接济一下自己家。但是有良心的兄弟看见其他兄弟生活不好过,还是会出手帮助。

(三)家户至上意识淡薄

有的家庭有小孩喜欢读书,但是没有粮食、没有钱让小孩子去读书,那么亲房叔伯看见小孩读书成绩好就会出手帮助一下,共同出资供小孩子读书,而不会因为家里经济条件不好而坐视不管。

1948年以前,有人在外打工的话,家里只有妇女管理家务事了,有许多农活女性不能做,那么男性在家里忙的时候会回来做农活。再一个就是家里的老人生病了需要人照顾,家里的儿媳妇可以照顾,在外打工的人还是可以继续打工。

在婚姻问题上,都要听当家人的安排,如果儿子不喜欢父母说的亲事,也一定要结婚,只是结婚后可能跟妻子关系不和。如果当家人不喜欢儿子的媳妇,当家人会让他们离婚。如果夫妻两个感情好的话,儿子可以不听当家人的话,不放弃自己的婚姻,仍然与妻子过日子。

老九爹的三个儿子分家以后,由于三子启富常年在外教书,家里的田地没有人耕种,于是三子启富就放弃了在唐家墩教书的工作,回家种田养家。在自己的事业与家庭成员的生活面前,奚家人会选择照顾家庭成员的生活。

(四)家户积德意识

奚家的长辈们品行端正、宽厚待人。奚家的老人是老九爹和老九婆夫妇,两位老人一直都秉持着前人栽树、后人乘凉的做人原则,长辈们都觉得自己多做好事就会为后辈人积福积德。此外,奚家人认为做人要厚道,不能做不厚道的事情,也不能待人不厚道,在此家风影响下奚家的家庭成员均养成了宽厚待人的品行,如果家中有人待人十分刻薄、欺凌他人,那么奚家的当家人就会出面教训品行不端正的家庭成员。

奚角村里谁家有困难,奚家人只要有条件都会去帮忙,奚角二德家里1946年在奚家的田地被山里的野猪踩了,当时粮食收成不好,于是奚家把自己的粮食借给二德家,还把自己的小麦送给他家里人吃。奚角村庄公共事务较少,家族内的公共事务也较少,奚家多以帮助村内村民的行为来为后辈人行善积德、造福子孙。奚家人尽管热心帮助其他村民,但是都是在常理之中进行支持和帮忙,不会被外人看来是多管闲事。奚家的老人平时会时常去坎子湾的庙里为家庭成员祈福保平安健康。奚家如果有人做官了奚家的老人就会去祖坟上说是祖人保佑的,或者奚家人有其他要祈福的也会去祖坟上烧纸钱和香火祈求保佑。

三、家户习俗

(一)节庆习俗丰富多样

1.全员参与家户内重大节日

(1)春节

春节又叫"过年",1948年以前的过年十分有意思,要杀"年猪",把家里养了一年的猪留一头自家杀着吃,一头猪差不多有两百斤,过年的时候全家人都能吃到猪肉。在黄冈有个习俗是过年前会腌制腊肉,腌制腊肉也是用自家杀的年猪的猪肉来腌制,腌制后存到过年后吃。

过年是从腊月三十到初一,从腊月廿四就开始接祖人来过年,祭祖人的时候需要准备饭菜等迎接祖先,需要准备鱼、肉、豆腐,鱼肉的含义是年年有余、有鱼有肉,豆腐的含义是度富,家里富贵的意思,三样菜的含义就是年年有余有肉有富。过年的时候需要打年货,需要买菜、买鞭炮、买红糖、买酱油等。打年货的时间只要是腊月就行,时间不固定。但是在过年前需要打扫卫生,过了农历廿四后的任意一天都可以打扫卫生,一般是过了小年就开始打扫卫生。

大年三十那天贴对联,一般是下午四五点钟,贴好对联后就开始吃年夜饭,对联都是老九爹的三子启富写的,写对联的红纸是在街上买回来的,买回来一张大红纸,然后三子启富将其裁剪成长条再写。后来老九爹的孙儿后东读过书了、识字了就由孙儿后东来写,当时是用毛笔和墨汁写,写好的对联由家里成年的男子来贴,要贴在大门、后门、房门和窗子上。在奚家一般都是老九爹的长子启告来贴,次子启木帮助长兄贴,每个房间里的窗子上的对联也是由老九爹的儿子们来贴。

过年一起吃年夜饭,有的兄弟好就算分家了也会在一起吃年夜饭,也可以接远方的亲戚一起来吃年夜饭。吃年夜饭之前要祭祖,不需要上山祭祖,祭祖是家长主持,家里的男丁参加祭祖,如果家里没有男丁在,就由女性来祭祖。祭祖的时候摆六副碗筷、六个椅子,下方不放椅子、不摆碗筷,要烧纸钱、放鞭炮,烧纸钱的时候可以祈求祖上保佑家人,祭祖完成之后就放鞭炮,然后收碗筷、开门。

所有家庭成员均能去拜年,但多以男性带着家里的小孩拜年居多,女性在家里招呼客人。奚家在拜年的时候,老九爹的三个儿子就带着孙儿孙女们去,老九婆和几个儿媳妇就在家里招呼来自家拜年的客人。初一是儿子去父母那里拜年,儿子们要跟自己的父母说新年好,说祝福语,一般会说祝长辈"越老越仙健",这就叫祝寿拜年,即使未分家,儿子也要去父母房间里给父母拜年。然后再到叔伯房里去拜年,即老九爹一辈的其余九房兄弟,奚家在分家前老九爹的三个儿子要去给老九爹一辈的几个兄弟拜年,分家以后老九爹的三个儿子除了要去给自己平辈的九个自己兄弟拜年外,也要去老九爹家里给老九爹夫妇拜年。到了初二就去走娘家、舅爷家、姨娘家,平辈人比如自己的同辈堂兄弟在初三、初四、初五任意一天去拜年都可以。拜年的时候如果是去给长辈拜年,那么就由家里的当家人去,如果是去给平辈人拜年就由家里的平辈儿子去。

过年的时候只给自己家的亲戚去拜年,不用给保长、绅士、甲长等人拜年。去给亲戚拜年的时候要带糖包,给知己的①亲戚包一斤糖,用布巾提着,不知己的亲戚就包八两糖或者七两糖。拜年的糖包一般是由当家人出资去街上打年货购买回家的,很少是自己制作的。1948年之前的红糖是用甘蔗熬成的红糖水,一锅红糖水可以熬出来十几斤红糖,用能装下三桶水的大锅熬红糖。老九爹的孙儿后东长大后跟街上的一位师傅学会了熬红糖。孙儿后东曾经去过祁家湾、苗家咀、吴家大湾、清水塘这些地方给人熬红糖,外村人都来请孙儿后东去熬红糖,孙儿后东去外村熬红糖的时候一天吃五顿饭,晚上的宵夜是汤圆。请孙儿后东去熬糖需要给工钱,工钱就是孙儿后东熬红糖的收入,都需要交给三子启富来保管。

熬红糖的时候需要烧两捆把子,煮开了就要搅拌,再起糖的时候需要放碱和小苏打,这样才能把水熬干成为一粒一粒的红糖,那时候附近村子里的人都没有孙儿后东会熬糖。一次孙儿后东跟随细德的二叔一起去熬糖,可每次熬出来的糖水没有糖,孙儿后东偷偷地包一点石灰放进红糖水里缩干了水,这样熬出来的红糖就非常好。至此,外村人都知道孙儿后东会熬红糖。

(2)庙会

1948年以前,过年的时候还会玩踩脚船和龙灯,当时乌龙庵村有庙,坎子湾村也有庙。玩龙灯、唱戏的时候很热闹,庙会也有,庙会是在回龙山,非常热闹,有人挑着东西去庙会上赶集,唱戏的人就穿成菩萨的样子、化菩萨的装。奚家所有家庭成员都会去庙会上玩,家里的小孩子要跟随着自己的大人一起去回龙山上看庙会,能跟着大人一起走好几里的路去上街看庙会。奚家未成年的女孩子也要跟着大人一起去,不能单独去。

庙会是一年一次,庙上玩龙灯的就要组织戏班子唱戏,庙会就只有一天的时间,在庙会当天玩的灯要烧掉,烧掉后就开始唱戏了。有很多人去庙会卖东西,一般都是卖一些吃的和小孩子玩的。庙会上谁家里有东西能拿出去卖,比如说甘蔗、荸荠,会做烧饼的也会去戏场上摆摊,会做油饼的也能去摆摊。1948年之前,在乌龙庵也有唱戏的,乌龙庵的庙会一年要唱两次戏,乌龙庵的庙很有钱,平常收了很多香火钱,而且庙上管事的人会把庙上的钱拿出去放贷,到了收账的时候就收两倍的钱回来,这样庙上才有钱请戏班子一年唱两次,上半年正月间到清明节之间唱一次,下半年冬月、腊月再唱一次,请的都是远处的戏班子,唱一次戏要十天半个月,乌龙庵附近村子的人都会去看戏。

女孩子都不能出门,但是女性能去庙会看戏,未出嫁的女儿也能出去,只不过只能跟未出嫁的姑娘伢一起去看戏,不能跟男性一起去看戏。已经出嫁结婚的妇女只能跟自家的丈夫

---

① 知己的:形容亲戚关系较亲近,血缘关系较近。

或者已婚的妇女一起去看戏。未出嫁的女儿也能跟已婚的妇女一起去看戏。看戏的时候男性跟女性不能坐在一起，男性坐在前面，女性坐在后面。

（3）元宵节

春节过完的第一个节日就是元宵节，祖辈传说人类最早的一个祖先是在元宵节即正月十五的时候过世的，因此元宵节是为了纪念逝去的老祖先，这是奚家人所听闻过去遗留下来的传说。有人出远门不能回家，就要等到元宵节这天回来一家团圆。元宵节当天早上要吃元宵；中饭要祭祖人，要烧纸钱送走祖人；晚上就像平常一样吃饭。元宵节的前三天，即正月十三、十四、十五这三天都需要去祖坟上给去世的祖人送灯。元宵节当天，即正月十五这天，后辈人需要去祖坟上上坟、扫墓。

（4）清明节

清明节在四月初四，清明节的时候奚家所有后辈人都需要去祖坟山上给逝去的祖先扫墓。清明节的祭祀用品都由老九爹出钱去街上购买。

（5）端午节

端午节五月初五是为了纪念屈原，需要吃粽子、划船，还要做很多小零食来庆祝。奚家的妇女们都会一起用面粉、糯米粉等做些油炸小零食供全家人享用。

（6）七月半

七月半就是农历七月十五，七月半表示一年过去了一半，晚上可以去水塘里和家里的水缸里放水灯，这表示鱼兴旺，还要在鸡舍、猪圈门前点个灯，表示牲畜兴旺。过七月半的时候主要是由家里的男子来祭祀，由家里的妇女带着小孩子去放水灯，这些都是奚家流传下来的风俗。

2.由成年男女负责家中红白喜事

（1）婚事由父母决定

男女双方结婚之前是媒人来做介绍，然后双方父母和介绍人在一起办一桌酒来看双方父母同不同意，这叫"合准头"，"合准头"后男方家庭要给女方送礼金和要求"娶媒过路"，即"合准头"的酒喝了以后就"娶媒过路"。"娶媒过路"的时候男方女方都要办酒，"娶媒过路"是男方女方第一次到对方家里去，即男方及其家长到女方家里去，然后女方及其家长到男方家里去，这叫"过路"，"过路"就代表两边认了亲，同意了这门亲事。"过路"的时候也要带饼子、金货、银货等。女方到男方家"过路"的时候请亲戚们喝酒，男方的亲戚就要给女孩子红包，同样男孩子到女方家喝酒的时候女方亲戚要给男孩子红包。订婚之后两家要走动，男方要去给女方送节，一年之内男方要给女方送"四礼八节"，"四礼八节"就是男方在五月端午节、正月拜年、年节、八月中秋节这四个日子里要给女方送饼子、送肉、送钱。年节是过年前，女婿去女方家里辞年，正月拜年是女婿正月初几的时候去女方家里拜年。

"娶媒过路"后，男女双方就可以结婚了，结婚的时候首先送聘礼，用锣呛、扁担挑着，锣呛里装着饼子、衣服、红糖这些，男孩子的父亲和媒人跟着一起去，男孩子自己挑着聘礼或者男孩子的父亲挑，那时候挑东西有专门送礼的礼担，红色的扁担，两边还有大盒子用来放东西，一般是租来的。送聘礼的时候还要送金银首饰，一同放在礼担里送给女方。首饰有银手镯、金耳环、金戒指等，耳环是吊环，1948年分家前，姑娘伢很小的时候就穿了耳洞。金银首饰男方家长是专门去铺子里买的。

（2）红白喜事均需请酒席

1948年以前，结婚没有结婚证，也没有婚书。新人结婚的时候需要办酒席，办酒席要请亲戚来喝酒，亲戚来喝酒后就算承认了这门亲事。婚礼所需花费主要在聘礼、酒席的操办等方面，结婚都是需要花钱的，花钱多少看家庭经济条件好坏，老九爹的孙儿在结婚的时候花了几十个现洋，结婚的费用由家庭集体承担。

在"娶媒过路"的时候，菜碗上要放用红线粉、红萝卜雕出来的花，其余的酒席就不需要这样。不论举办什么酒席都需要给亲戚们下请帖请亲戚们来喝酒庆贺。那时候办酒席不论是什么酒席都需要请家里妇女的娘家人，比如说老九爹的三子启富的儿子结婚，需要请老九婆娘家的人和三子启富媳妇的娘家人。1948年以前，办酒席需要请厨师，要给厨师发工资。过去外村富庭的父亲是办酒席的厨师，办酒席的时候村里的人都会来帮忙，厨房里的盘子、碗不够用了都可以去四邻借用。

结婚的时候举办酒席需要邀请家里所有的亲戚，在吃酒席的时候，知己的亲戚就坐一席，比如说在调解纠纷的时候也需要请人喝酒，喝酒的时候那些说话算数的人坐在一席。在庆贺家中喜事而举办酒席时，嘎婆①、嘎爹坐一席，舅爷坐二席，其他的亲戚坐在上席、下席。一席上坐两个人、二席上坐两个人，上席、下席各坐三个人，这样一个桌子上就正好坐下十个人。上席是姑爷、表兄这些人坐，平辈的坐上席，重要的亲戚朋友坐下席，比如出嫁的姐姐妹妹、女婿等，除了重要亲戚坐一席、二席外，其余亲戚不分辈分、不分远近上席、下席都能坐，没有特别的讲究。靠近调台和墙边的桌子主要按辈分坐席位，其余亲戚在其他桌子上可以随便坐。靠近调台的桌子坐不下，亲戚在别的桌子上也分一席、二席、上席、下席来坐。1948年以前吃酒席的时候，办酒席的主家还要委托自己的人专门负责牵席，亲戚们来家里喝酒的时候都坐在主家门前聊天，到了喝酒的时候由牵席的人一个一个地来请亲戚们去坐席。在吃酒席的时候。嘎婆、舅爷、姑爷算主客，主客就是贵客，像嘎婆、舅爷这些很少来的人就叫"贵脚客"②，亲家、表兄这些算副客。在酒席座次安排上，主客要坐在上方席，坐满为止，主客坐不满的话，副客可以坐上方席，主客坐满了的话，副客就不能坐在上方席。

请人喝酒的时候都是一样的菜品，爱好面子的人就把酒席办得很丰盛，没有钱的家庭酒席就办得一般点。开席以后，主家人需要去给客人敬酒，比如儿子结婚了新婚夫妻要去给客人敬酒，儿子的父亲要去给客人敬酒。在酒席上，本家知己的亲戚要陪来参加酒席的远处亲戚。吃酒席时，男性陪男性，女性陪女性，让客人吃好喝好就算陪客陪得好。在吃饭的时候陪客的人就让来访的客人吃好喝好。开席的时候菜肴开始上桌了就算开席了，如果来访客人看见菜已经上桌了但是没有动筷子，陪客的人就逐一请来访客人开始动筷子吃饭。一桌子客人都吃好了要等最后一个吃酒席的人吃好后，所有的人才能放筷子离席。

（3）悔婚之事少之又少

1948年以前，有悔婚的例子，但是十分少见，一般是男方女方两边日子没有看准，双方生辰八字不合，就要悔婚了。再或者男方有的做了官不想要家里定好的亲事就要悔婚，也是一样能打脱离。送了聘礼后如果悔婚了，情况分为两种，一种是女方悔婚了，女方就要把男方

---

① 嘎婆：媳妇的母亲，是娘家人的代表人物，下同。
② 贵脚客：对珍贵的客人的称呼，因为解放前去亲戚家都靠步行走过去，特此称谓。

的聘礼送回去。另一种情况就是如果男方悔婚了,那么男方送给女方的聘礼就不能要回来。但是总体来看,1948年以前悔婚的很少,几乎就是定了亲事就要结婚。

(4)家庭经济状况决定聘礼和嫁妆

大户人家的聘礼跟中户、小户人家的聘礼有差距,有钱人家下聘礼下得多一些。在三世同堂、四世同堂的家庭,结婚是由男孩女孩的父母决定的,不完全由当家人决定。

女方家庭需要为出嫁的姑娘准备嫁妆,结婚当天由男方的同辈兄弟去将嫁妆抬回来、挑回来,就算再远的路也要挑回来。离女方家里远就早点去,离得近就不用去那么早,几点钟回来没有一定的规矩,路远就晚点回,路程近就早点回。在奚家,老九爹三个儿子都是按照长幼顺序结婚的,即长兄先结婚,弟弟后结婚。但是有的家里大哥找不到媳妇的话,弟弟到了结婚的年纪说亲事了,弟弟可以先结婚。有的家庭哥哥没有娶亲,妹妹成人了可以先嫁人。1948年之前,女伢一般到了18岁就要出嫁,18岁就有媒人来说亲,说亲说好了女伢就要出嫁,但是也有过了20岁不嫁人的。

出嫁的时候一般是姑娘的母亲哭嫁。新婚当天,男方要用八人抬的大轿子将媳妇抬回家,前面有两个人举着进盆,还有两个人吹喇叭、打锣鼓,后面四个人抬轿子。

(5)红事送茶

结婚后的新媳妇第二天要给公公婆婆送茶,早上起来就去送茶,送茶也叫讨礼。老九爹的三个儿子成亲之后媳妇跟儿子一起去给老九爹夫妇送茶,老九爹夫妇就要给儿媳妇封红包,新婚夫妻只用给公公婆婆敬茶,不需要给哥哥嫂嫂敬茶。结婚后的第三天,新婚夫妻要回门,奚家的媳妇回门的时候由奚家人请小花轿来送儿媳妇回娘家。回门的时候需要带礼物,比如吃的小零食、糖果等。新婚夫妻中午在娘屋吃饭,下午再回到婆家,回婆家的时候也要带一些小吃和点心。新媳妇嫁到婆家后,娘家的兄弟姐妹会去婆家接自家出嫁的姑娘回娘家住几天。

(6)由儿子们共同安排丧葬事宜

家中有老人去世后,丧葬仪式以及所需的费用都是由老人的儿子来操办。亲戚朋友需要给逝者亲属送布、烧纸、鞭炮、扎成的菩萨像,不需要送钱。亲戚们送菩萨的原因是逝者的灵屋前需要放置菩萨,菩萨在灵屋门前守护着。一般的亲戚只送三尺布、五尺布不等,随意什么颜色的布匹都可以。老人去世后有哭灵、哭丧的人,一般都是逝者的女儿、儿媳妇。逝者在出殡以前需要由逝者的儿子们、侄儿们守夜,出殡后就安葬在祖坟山上。

不是正常死亡的人在去世以后只能安葬在祖坟山的边缘位置,不能安葬在祖坟上的正位置。非命死的大人不能抬进屋子里,从外面将尸体抬回家后只能放在门口,不能跨进大门,因为村民们相信非命死的人进门后会给家里人带来不祥兆头。十几岁的小孩去世后不能进棺材,只用几块板子钉起来将尸体安放进去送去安葬,而且不能办白事的酒席。十几岁的小孩子死后也不能抬进村子,直接从村子外面绕到山上去安葬,1948年以前的风俗是非命人死的小孩子都不能进村子,村民认为这样的逝者进村会给村民带来不吉利。

1948年以前,有老人因在外面遭遇意外而去世了,这样的老人只能从后门抬进屋子里去,然后再从大门抬出去安葬,而不能直接从大门抬进来。

(二)以家户为习俗单元

奚家在节日时均以家户为单位过节,过春节是全家人在一起吃年夜饭,有的兄弟之间感情好就算分家了也会在一起吃年夜饭。在过节时可以接远方的亲戚一起来过节,过年吃年夜饭的时候也可以请自己相好的亲戚来过节。老九爹一辈的十房兄弟之间虽然已经分家了,但是还是一起住在大户人家的房子里,由于十房兄弟均已经有了后辈且人口较多,在一起过节就会很麻烦,因此不会团聚在一起过节,仅仅只是在过节当天相互串门聊天。奚家人一般很少去别人家过节,嫁进奚家的儿媳妇、孙媳妇都是在奚家过节,不会回娘家过节,嫁出去的闺女也不会回奚家过节,而是在婆家过节。

（三）由家长主持,全员共同参与

奚家的重大节庆都由家长老九爹主持,春节前由家长老九爹出钱去街上打年货,打年货时家里的老老少少都一起去然后挑回来。春节期间,需要准备过年的食物是由老九爹嘱咐老九婆和几个儿媳妇们来做。奚家对联都是老九爹吩咐自己的三子启富写的,写对联的红纸是在街上买回来的一张大红纸,然后三子启富将其裁剪成长条,当时是用毛笔和墨汁写,写好的对联由家里成年的男子来贴,对联要贴在大门、后门、房门和窗子上。在奚家一般都是老九爹的长子启告来贴,次子启木帮助长兄贴对联,每个房间里的窗子上的对联也是由老九爹的儿子们来贴。

过年是全家人一起吃年夜饭,经过当家人老九爹的同意后已分家的兄弟可以在一起吃年夜饭,也可以邀请远方的亲戚一起来吃年夜饭。吃年夜饭之前要祭祖,不需要上山祭祖,祭祖是家长老九爹主持,家里的男丁参加祭祖,如果家里男丁不在,就由女性来参加祭祖。祭祖的时候摆六副碗筷、六把椅子,下方不放椅子,不摆碗筷,家里的女性准备祭祖的食材等,由男性来完成祭祖的仪式。春节拜年所有家庭成员均能去,但多以男性带着家里的小孩拜年居多,女性在家里面招呼客人。奚家在拜年的时候,老九爹的三个儿子就带着孙儿孙女们去拜年,老九婆和几个儿媳妇就在家里招呼来自家拜年的客人。

元宵节是一家团圆的日子,当天早上要吃元宵,元宵是家中的儿媳妇们做的。元宵节当天的中饭要祭祖人,要烧纸钱送走祖人,由家长和家中的男性来完成祭祖仪式。在元宵节的前三天,即正月十三、十四、十五这三天都需要去祖坟上给去世的祖人送灯,送灯由老九爹叮嘱自己的三个儿子去送,可以由一个儿子去送,也可以三个儿子一起去。在元宵节当天,即正月十五这天的上午,后辈人需要去祖坟上坟、扫墓,奚家多是老九爹的儿子们带着孙儿们一起去给祖辈的逝者扫墓。

端午节在农历的五月初五,要吃粽子、划船,还要做很多小零食来庆祝。端午节时,奚家男性们多去看划船,妇女们就在一起用面粉、糯米粉等做些油炸小零食供全家人享用。

七月半在农历七月十五,七月半表示一年过去了一半,晚上可以去水塘里和家里的水缸里放水灯,这表示鱼兴旺,还要在鸡舍、猪圈门前点个灯,表示牲畜兴旺。过七月半的时候主要是由家里的男子来祭祀,由家里的妇女带着小孩子去放水灯,男女之间分工不同,共同完成节日的庆祝。这些都是奚家流传下来的风俗。

四、家户信仰

（一）家户成员多信仰佛教

1948 年以前,奚家的人信仰佛教。奚家人信仰佛教不需要经过家庭内部的同意,奚家除了信仰佛教外,没有信仰基督教等其他宗教,在奚角及附近村庄,村民们多以信仰佛教为主,因此得到的认可度较高。奚家人信仰佛教属于家户内部事务,家族成员、邻居、村庄和官府都不会管教。到了腊月二十几的时候庙上的人就到奚家来送财神,送财神的时候奚家人就要给庙上的人送米。1948 年以前,乌龙庵的苗家咀的王庭将财神印在黄纸上,然后拿到村子去卖给村民,王庭去村子里卖纸钱就说自己是在卖财神,村民需要给钱才能得到黄纸财神。随后,村民拿着买来的财神贴在墙上即可,不需要供奉香火。信仰佛教会给奚家人带来心灵上的慰藉,奚家人在菩萨面前虔诚地祷告,使得家里信仰佛教的人一心向善,家人脾气、秉性皆得到了内化。

(二)重视家神信仰及祭祀

家神菩萨是画在一张纸上,把纸贴在调台的墙上,调台上摆上香碗,每逢初一、十五及过节的时候就把蜡烛插在香碗里供奉家神菩萨。初一、十五拜家神菩萨的时候烧黄纸和香,过年腊月廿四的时候一定要敬家神菩萨,敬的时候需要放鞭炮,一般都是当家人去拜家神菩萨,女性不能拜,信奉家神菩萨是保平安、保财运。

1948 年以前,小孩、大人生病了看医生看不好就去接菩萨下马[①],如星儿的爷爷病了后接了四五个道士来给菩萨念经,上下两重的堂屋里将大桌码起来把各路菩萨的像摆出来磕头大拜,后来星儿他爷爷还是没有好起来,最后还是病故了。请菩萨下马的时候,菩萨说要念几个经就去请道士来念经,念经的时候分几角经,即一角经需要念诵一天,两角经需要念诵两天,再看要接几个道士。在请菩萨下马的时候负责接菩萨下马的人就能感受到菩萨来了没有,菩萨来了堂屋的桌子就会晃动,然后负责接菩萨下马的人就赶紧让病人出来,请菩萨为病人看病。奚角本村细德他伯爷就是菩萨头,细德他伯爷就是专门请菩萨下马的菩萨头,请菩萨下马的时候就拿把扇子四处走圈,然后举起酒杯喝酒,喝了以后就开始跟病人的家人说要怎么处理。这就叫作看外窍[②]、信外窍。

在老人去世以后,家人要把灵屋放在家里供奉一年,一年期满后逝者的所有亲属都会来将逝者的灵屋送去逝者的安葬地烧掉。此外,还要将孝单放在墙上挂一年,有时候也有挂了几周年的忌日再去烧掉的情况。

(三)弱化祖先信仰及祭祀仪式

1948 年以前,奚家的祠堂在陶店长林,奚家人在每年的农历十月十五去祭拜,每家每户自愿派人去祭祖,并非强制性要去。老九爹认为长林太远了,因此没有每年派自己的儿子们去祭祀祖先。长林的祠堂是所有奚姓人的祖牌都在长林的祠堂里,不仅是奚角的奚姓人家,奚家的祖宗原来是在黄冈浠水,后来奚家的祠堂迁到了陶店长林。长林那里都是有钱的奚家人,祠堂有田出租给别人耕种,收回来的粮食就归祠堂,每年十月十五去祭拜祖先的时候,祠堂就拿粮食出来办酒席。奚家的祖坟也在长林,但是世人不知道祖坟山的面积有多少,长林一个村子,村子附近就是奚家的祠堂,解放以后祠堂就被开成田了。

长林的祠堂由附近的村民看管,祠堂有一个小堤,祠堂后面有一片竹林,那时候祠堂后面的竹林一夜之间可以长很高,也因此有了一些传说:因为祠堂得了地气,就叫竹人竹马,意思就是竹林里要出人、出马,狗和土地菩萨就守护祠堂。外姓人听说了奚家祠堂有地气

---

① 接菩萨下马:传统时期的一种法事活动。
② 外窍:迷信活动。

就不服气,到了晚上就偷偷去把祠堂前的小堤给挖了,晚上土地菩萨就把堤给填起来了。外姓人于是又想了个办法,即"铜钉定四弦",即用四个铜钉把祠堂的四周钉起来,再把堤挖掉,这样一来土地菩萨就不能再去填堤了,于是地气就跑了,祠堂后面的竹子一夜之间就死了。

奚家有家谱,一共有三本,修族谱的时候所有新出生的人都要写进家谱,奚家的家谱几十年间只修订了一次,修家谱时奚家的男孩女孩都能写进家谱。

(四)土地庙和财神庙的信仰及祭祀

1948年以前,坎子湾村的庙过去叫凉亭庙,每家人都会去庙里拜菩萨。奚角村只有土地庙和财神庙,谁家里有人生病了,家人就会去拜土地庙拜菩萨求平安,去拜菩萨的时候要买香买纸,还要给香火钱。去庙里拜菩萨的时候家里的任何人都能去,尤其是新婚的小夫妻在农历十五的半夜去庙里拜送子娘娘求早点生子。在奚家,祭拜的单位多以个人代表家户去进行祭拜,奚家的每个人都会去庙上,当家人、儿媳妇、成家和未成家的儿子、未出嫁的闺女、小孩子都可以去庙上拜菩萨。在祭拜的时候可以以家户为单位,也可以以个人为单位,一般都是自家人一起去,也可以与邻居或好友结伴而行。奚家去寺庙祭拜时会带香火、蜡烛、鞭炮,这些是家户内集体购买的,谁要去庙上祭拜菩萨就从家里拿,只需要跟家长打声招呼即可,除了带香火和鞭炮外,不用带贡品。奚家人多是从家里带香火和纸钱去庙上,也有人去庙上什么都不带直接去庙上购买,这叫给庙上的菩萨送香火钱。

五、家户娱乐

(一)与投缘的人结交朋友

1948年以前,因为在一起做事而互相帮助,而且性格合得来的人都能成为朋友,奚家的家庭成员交朋友标准是不能跟狡猾的人交朋友,家里的大人会跟后辈人说不要跟不成器的人一起玩、不能学坏了、不要被骗了。

奚家家庭内的所有成员均能交朋友,但是未成年的孩子交朋友会得到父母的管教,父母不允许未成年的孩子随意滥交朋友,尤其是未成年的女孩子。其他成年男性家庭成员则可以不经过当家人的同意自由地结交朋友。男性在外交朋友交得多,1948年以前,女性都不能出门,女性的朋友就是女方的姨娘等,即女性在娘家玩得好的姐妹。女性不能跟男性交朋友,家里的妇女不可以和外面的男性交往,女性跟外面的男性交朋友算作风不好,也不能跟男性打交道。老九爹的孙儿后东年轻的时候跟隔壁村寿儿的小叔在一起做事的时候成为朋友,寿儿小叔的侄女每次都喊孙儿后东为三叔,后来两家走动了好多年,他侄女每年都给老九爹的孙儿后东做一双鞋子。过去交朋友交得感情好的就能成为干亲、成为亲戚,不需要举办仪式,朋友之间也没有特殊的称呼,感情好的就称兄道弟,也可以直接称呼名字。

奚家的朋友多是附近村庄里的村民,与奚家人一样都是以种田为生的农民。奚家当家人老九爹的朋友如果要在奚家留宿,只需要老九爹和老九婆商量同意即可,其他家庭成员的朋友要在奚家留宿也需要征得奚家当家人老九爹的同意。除了留宿外,朋友之间可以相互串门、吃饭,家里有红白喜事了,朋友之间也要相互帮助、送礼以表心意。但是朋友是否参加对方家里的红白喜事全凭自愿,并不受道德风俗的无形影响。

（二）盛行赌博与押宝

1948年以前，打牌的少，当时不流行打牌，打牌的都是打戳儿牌①，奚家很多人爱打牌、赌博押宝。老人可以去打牌，当家人可以打牌，未成家的儿子也能打牌，女性能打牌但是很少。老九爹的孙儿们很小的时候出去放牛，把牛系在木桩子上，然后偷偷地把家里的戳儿牌拿出去打着玩，孙儿们跟几个同龄的孩子打很小的牌。

老九爹的长子启告和三子启富都很爱押宝，奚家原本自有土地有十几亩，分家前三兄弟在一起过生活，长子启告在家里织布，织好的布拿去汉口卖，卖布的钱就拿去赌博、押宝，钱输光了再回来要钱过生活、还债，家里没有钱了就去卖田。原来三子启富的媳妇朱氏的娘家很富有，嫁来奚家的时候带了十几亩的嫁妆田，后来因为家中有人好赌博，三儿媳妇朱氏在老九爹的劝说下卖掉了嫁妆田。

赌博里最多的是押宝，押宝就是拿一摞一摞的现洋押大押小。1948年以前，一个现洋就叫一个现洋，不分数额。老九爹的长子启告和三子启富都爱押宝，把田地、钱都输了，都是去外村或者在本村押宝。1948年以前的奚角，从腊月三十到二月花枝②之间两个月都有人押宝，押宝的几个"皇帝头"都是奚角人，奚角押宝的人也多，负责摇骰子的都是"皇帝头"，老九爹的孙儿后刚在1948年奚家分家前也喜欢押宝。1948年以前，没有人管押宝的事情，奚家老十房兄弟有两个大门、一个后门。解放后有官府来抓押宝的人都不容易抓到，来抓押宝的人把房门一开都找不到人。

（三）逛庙会和看戏

1948年以前有庙会，但庙会在回龙山。庙会是非常热闹的，有人挑着东西去庙会上赶集，有的唱戏的人就穿成菩萨的样子、化菩萨的装扮。奚家大人、小孩都会去庙会上玩，小孩跟着大人一起走着去回龙山上看庙会。

庙会是一年一次，庙上玩龙灯的就要组织戏班子唱戏，庙会就只有一天的时间，在庙会当天玩的灯就要烧掉，烧掉后就开始唱戏了。庙会的时候有很多人去卖东西，一般都是卖一些吃的和小孩子玩的。庙会上谁家里有东西都能拿出去卖，比如说甘蔗、荸荠，会做烧饼的也会去戏场上摆摊，会做油饼的也能去摆摊。在乌龙庵村也有唱戏的，乌龙庵的庙上一年要唱两次戏，乌龙庵的庙很有钱，平常收了很多香火钱，庙上管事的人会把庙上的钱拿出去放贷，到了收账的时候就收两倍的钱回来，这样庙上才有钱请戏班子一年唱两次。通常上半年正月间到清明节之间请戏班子唱一次，下半年冬月或腊月再唱一次，请的都是远处的戏班子，唱一次戏要十天半个月，乌龙庵附近村子的人都会去看戏。

1948年以前，女孩都不能出门，但是女性能去庙会上看戏，未出嫁的女孩也能出去看戏，只不过只能跟未出嫁的姑娘伢一路出去看戏，不能跟男性一起去看戏。已经出嫁结婚的妇女只能跟自家的丈夫或者已婚的妇女一起去看戏。未出嫁的女孩也能跟已婚的妇女一起去看戏。在看戏的时候男性跟女性不能坐在一起，一般是男性坐在前面，女性坐在后面看。

---

① 戳儿牌：音译，赌博玩的纸牌。
② 二月花枝：当地人对农历二月的叫法，农历二月迎来桃花等花草开放，特此称谓。

第五章　家户治理制度

奚家由男性长者当家,因此奚家的家长是老九爹奚宗玖。奚家一直到 1948 年分家前都由老九爹当家,并且在当家期间统领着整个家庭的生活,包括生产、分配、交换、消费等各个环节。家长所管理事务面宽泛,在奚家的权威最高,家中一切大小事务几乎全权由家长定夺,部分事务需要同其他家庭成员商量,家庭成员亦可参与家户治理。奚家在家户保护方面,主要体现在家庭成员之间的情感庇护,以及村民与村民之间的防备天灾与盗匪。奚家并没有成文的家规家法,只有内化于心的惯俗认可。奚氏宗族权威较弱,较少参与村庄宗族事务。但是奚家在纳税、征兵、摊派劳役方面参与较多,以家户为单位进行纳税,需要用人力将粮食交至县里进行纳税;在征兵时,奚家由于男丁较多,因此在抓壮丁时需要用躲的方式来回避。在摊派劳役时,奚家以田地面积来摊派劳役工期,积极参加劳役。

一、男性家长当家

(一)辈分高的成年男性为当家人

奚家是老九爹当家,老九爹是奚家最年长的长辈,老九爹留着长长的胡须和长头发,老九爹的几个孙儿在孩提时期喜欢去玩弄老九爹的胡须。老九爹的长子和三子都在外面做事赚钱,三子启富当教师的工资收入就是稻谷,有时候家里有粮食吃就不带稻谷回来,三子启富就把稻谷拿去卖钱赌博了,老九爹的长子启告和三子启富都喜好赌博,每年赚到的钱都没有拿回家,老九爹教训后还是没有改变。

奚角星儿家里是由女性当家的家庭,星儿的父亲一辈有三个兄弟,星儿的父亲排行老三,星儿的两个伯爷都是单身汉,跟星儿的父亲这一房生活在一起。星儿的父亲是个老实人、当不了家;星儿的母亲是个能干的人,家里的当家人就是星儿的母亲。星儿的大伯眼睛不好在家里种田地。星儿的二伯在外面卖壮丁,谁家里要抓壮丁就去找星儿二伯,给他现洋,星儿的二伯就去给人家顶替,星儿二伯卖壮丁的现洋都给星儿的母亲来掌管。那时候星儿屋有钱,星儿的母亲就拿钱去放账,借出去一块钱,别人还回来的时候就要收两块钱,利息翻倍,他家里因为这样才发财了。放贷是偷偷地放,奚角人都知道他家里放贷,后来划分成分的时候他家里就打了个大户人家。

奚家人对自家的家长十分信任,家里所有的家庭成员也非常尊重家长。奚家当家人老九爹的当家时间里一家人的生活都安排得很妥善,老九爹在世的时候都是由老九爹当家,老九爹分家以后由老九爹的三个儿子各自当家。一个人确定成为一个家庭的家长之后,不需要在家里的门牌上写这个人的名字,也没有其他的象征性事务,一般外人问一下你家谁是当家人就知道了,而且只用说一次全村人就都传开了,所有人就都知道了奚家是谁当家。

（二）家长的权利

1.继承而来的最高权威

家长的权利是祖先赋予的,奚家在分家的时候都是几个儿子成家了要分家,老九爹的儿子就是新的当家人,到了孙子一辈长大后结婚成家了,孙子就是新的当家人,即奚家家长的权利是祖先赋予的。家长权利被整个家庭成员所承认,家长说的话代表了全家人的意愿。

家长管理的范围是整个家庭方方面面的事务,但是一般而言男性家长管主要的事务、大事;男性当家人的妻子是家里的内当家人,主要管家里的琐碎事务。家长所管理的成员是整个家庭的成员,能够管到最远的一个人是自己的孙子,但到了孙子的结婚大事家长就不能管了。

家长遇到大事有时候与家庭其他成员商量,在奚家进行土地买卖的时候老九爹要卖掉自己儿媳妇的嫁妆田,因此在卖之前与儿媳妇商量了,儿媳妇同意后才将田地卖掉。在房屋建设方面,奚家在住房建设中,主要由奚家的家长老九爹安排,例如房屋的修建和维修等。家长可以与女当家人及其他家庭成员共同商量决定房屋建设情况,其他家庭成员可以向家长提意见但不能擅自决定。奚家的家长在实际的房屋建设中占主导地位。嫁女儿、娶媳妇等大事都是家长与配偶商量,即孩子的父母共同决定嫁女儿或儿子娶媳妇,不需要与其他人商量。

2.财产管理权

奚家的收入主要来自农业收入、手工业收入等。奚家的财产大部分是以当家人的名义全家共有,当家人有管理全家财产的权利,能对家庭财产全权进行分配。奚家的农业收入全部由当家人老九爹掌管。奚家粮食生产的收成属于全家共同所有,其中家里最主要的粮食就是稻谷,每年粮食收成的时候就把稻谷放进家里的粮仓。奚家的粮仓在老九爹夫妇的房间里,要吃饭了家里的妇女就把谷拿去加工成米,然后由奚家女性当家人老九婆来分配每日要吃多少粮食、安排每天吃什么菜,粮食供全家一起吃。除稻谷外,其他收成也是由家长统一管理和支配。在家庭成员中种田的人和当家的人人最关心收成,其他人只要当家人给饭吃就行,不用操心粮食收成。

老九爹的长子启告的手工业收入很少有全部上交给奚家当家人老九爹的时候,因此奚家一年的手工业收入无从统计。但是长子启告卖布的收入是钱而不是粮食。三子启富外出在唐家墩梁家咀长堤那一带教书,教书的水平较高,每年收的学费都是粮食,收的粮食就带回来过生活。有时候也可以收钱作为学费,但是由于三子启富好赌博,教书的收入很少带回家里来。当时是由老九爹来当家,家里的一切收入都是要交给老九爹来管理,奚家的家庭成员出去挣钱回家后要先将钱交给当家人。尽管老九爹要求长子和三子将各自非农收入上交给自己算作家庭集体的收入,来统一安排和统筹全家人的生活,但是长子启告和三子启富喜好赌博,每年上交给当家人的钱甚少,在外将收入都输尽了才回来,因此家中几乎没有除种田之外的手工业收入和副业收入。

三子启富每年教书的八石谷会拿回家之外,教书收的香火钱和学生送的礼物都归启富夫妇小家庭所有,家庭成员能有私房钱。奚家的贵重物品由家长掌管,比如奚家的粮食是放在老九爹与老九婆的房间里,奚家的现洋是老九爹挖了地洞用瓷坛装着藏起来了。奚家的门锁就挂在大门后面,钥匙也在上面,奚家人口多,家里长年不间断地有人在家里,很少有锁门的时候,于是家长一般都不管家里的钥匙。奚家的家长不会给家庭成员零花钱,老九爹管所有家庭成员的吃喝,家里有人生病了就拿钱出来看病,不需要再另外给家庭成员零花钱。

奚家娶儿媳妇的时候,给儿媳妇家里的聘礼、彩礼都由当家人来决定,儿媳妇进家门之后所带来的嫁妆归儿媳妇自己所有,或者归儿媳妇的小家庭所有,当家人不能对儿媳妇的嫁妆进行支配,而是由儿媳妇自己支配。在分家的时候,儿媳妇的嫁妆不能进行分配。

在土地买卖、租佃、置换、典当等事情中,都是由奚家的当家人老九爹做主。除家长之外的家庭成员都不能起到什么作用,儿子和老九婆都不能提意见,老九爹如果不在家,不能买卖田地,也不能换田地和租佃田地。家长在卖田地的时候可以选择任意一家买得起田地的人家,老九爹当时在卖儿媳妇嫁妆地的时候经儿媳妇同意卖出都是由老九爹一个人执行整个买卖活动,卖田的田契上也是写奚家当家人老九爹奚宗玖的名字。如果当家人不在家,那么其他家庭成员不能够买卖土地,也不能够租佃土地和置换土地等。

3.制衣分配权

在制衣分配中可由家长决定也可以由其他家庭成员决定。做衣物都是自己做,自家用自家的土棉布做衣服,妇女在家用手工纺线子,纺出土棉布,再在街上买颜料回家煮,比如红色、蓝色,再用红色、蓝色的布去做衣服。家里有时候也请裁缝来做衣服,在1948年之前裁缝都是男性。家里只要是谁没有衣服穿谁就可以去做新衣服,大人或者小孩衣服穿破了、穿旧了都可以做新衣服,家长不管衣服消费的具体事情。

家中小孩子只有在过年的时候大人才给做一套棉布衣服,棉布衣服里面需要塞棉花,棉花都是自家地里种出来的,家里每年收获的棉花就拿去轧,轧完棉花后再拿去弹棉,弹好的棉花可以直接用来做棉衣。除此之外,弹好的棉花再搓成棉条就可以用来纺线子了,纺好线子后可以用来织布或者跟人换布。每年弹好的棉花拿回来后奚家三房小家庭再按照人口来分,由于每年收成的棉花产量不固定,因此每年分到各个小家庭的棉花数量也各不相等,但是当时家庭内部分棉花是按照大人、小孩人口数来分的,而且考虑到大人衣服比小孩衣服的用料要多,因此大人会分得多,小孩子分得少。分到小家庭内部后的棉花由小家庭夫妇来决定给谁做新衣服,奚家家长就不再管小家庭内给谁做衣服的事宜了。

4.劳动分配权

老九爹夫妇作为家里的长辈和当家管理者,主要负责家中的各方面事务的管理。奚家的家庭成员在进行劳动生产时有所分工,所有家庭成员的劳动的分工由老九爹夫妇来安排。老九爹的儿子、儿媳妇们是家中的主要劳动力。

老九爹的长子启告在家织布,织完布后拿去汉口卖,从事小规模的手工业劳动。次子启木是家中最主要的从事农业生产的劳动力,家里有关农业生产的大小事务在家长老九爹的安排下都是次子负责具体的管理。三子启富是家中读书最多的儿子,常年在外村教书,从事教育业。老九爹的三个儿媳妇负责家中全部家庭成员的吃饭、做饭事宜,以及家务活,做饭、洗衣等。此外,家中每年养的家禽也是家中女性负责照看、喂养。1948年以前,女性在农忙的时候也不下田,最多就是去稻场帮忙打谷、晒谷,男性主要完成农业生产和手工业、教育业,负责赚钱养家。

奚家里年纪大的老人就属老九爹夫妇,老九爹身体好的时候也会去田里干一些较为轻松的农活,或者帮忙放牛、种菜园等。老九婆就主要在家和自己的儿媳妇们负责做衣服、加工米和小麦、纺线子、磨面粉等。老九爹的孙儿孙女较多,年长的孙儿就跟随次子启木去田地里做农活,年纪小的孙儿就跟着老九爹一起去放牛等,孙女就跟随着自己的母亲在家学习做家务活。

5.婚丧嫁娶管理权

奚家在婚嫁方面不仅要听取当家人的意见还要听取父母的意见。在奚家,是爷爷辈的老九爹当家,奚家的孙子如果要结婚了,首先需要孙子的父母来安排和决定,再请示奚家家长老九爹的意见。一般情况下,孙儿的父母只要同意了儿女的婚嫁之事,奚家家长老九爹便不会有反对意见,在孙儿的婚事上与孙儿的父母保持一致的态度。

奚家没有家庭成员离婚,在当时的习俗下家庭内假如有家庭成员要离婚则需要得到当家人的同意,如果当家人不同意离婚但是家庭成员还是坚持要离婚,那么当家人也不能强制约束,只能是发表自己的看法和作为家长的建议。在有的家庭,如果家长对儿媳妇不满意,可以私下跟儿子商量让儿子与儿媳妇离婚,但是是否要离婚不是由家长一人说了算,还是要看儿子的态度及儿子和儿媳妇的感情。

家庭内的祭祀多由家长代表家庭来进行,如在家中祭祖或去先辈坟墓前祭祀。但是在奚家,由于老九爹已经年长,老九爹将主持家庭祭祀的内容教会儿子们后,奚家的祭祀就由儿子们主持。

如果当家人在过世前有意告知后辈将自己未做成的事情继续完成,那么家长会向后辈口头交代自己的遗愿,一般不会立下书面遗嘱。孝顺的后辈人会听从家长的遗愿,尽力将其完成。如家长在生前欠下谁家的债款未结清,那么家长在将要去世之前会将此事交代给自己的儿子们,嘱咐自己的儿子务必要将自己欠下的债款还清。

6.对外交往权

家长作为整个家庭的权威代表,在对外交往中全权代表了整个家庭,可以以家庭的名义向外人借债,而且只能由家长以家庭的名义向外人借债,其他家庭成员均不能代表家庭向外人借债。在村庄的开会、投票等事宜中,也是由当家人代表家庭去参与,假如家长不在家或其他原因不能参与,家长可以委托其他家庭成员代为参加。此外,家长是家庭交税纳粮主要责任人,每年到了要交税纳税的时节,甲长等人都必须要将交税事宜通知到家长,由家长来进行纳税。奚家出去打工的人较少,只有老九爹的三子启富常年在外教书,每年有大几个月都不在家。当初,三子启富出去教书也是老九爹找人打听到了消息说有学校要老师去教书,老九爹就让三子启富去教书了。可见,如果家里有人要出去打工,需要征得家长的同意,而且只能是家里的男性出去打工,女性不能。

(三)家长的责任
1.统筹全家人生活

作为一个家长,必须管理家中的重大事务,如果一家人没有粮食吃了,家长要去借粮食,而且只有家长能出去借,家庭内除家长外的其他家庭成员出去借粮食外人都不借给。如果需要从别人家借钱,也是由家长代表整个家庭去借。在借钱借粮食上,家长要给对方打欠条,欠条上必须要由家长签字,还需要家长摁手印。如果家里没有衣服穿了,由家里的女当家人来负责缝制,需要请裁缝来缝制就需要家长负责安排和出资。家长除了要管理家庭成员的吃穿住行之外,也要保持家庭收支平衡,要保障一家人的生活,让每个人都能吃饱、穿好、身体健康,也要保证家庭和谐相处,尽量少发生矛盾,如夫妻吵架了、兄弟吵架了、妯娌吵架了,家长都要站出来说话、调解。

如果自家的小孩犯错误了,比如损坏他人东西了,一般的错误对方不计较就不需要去道歉。如果孩子犯了大错误,比如调皮烧掉了别人家的草堆,那么就要由当家人代表本家庭去给别人家道歉并赔偿。

2.能管理好家事即是好家长

当时对于家里的好家长的标准是家长能把一家人的生活打理好、经营好家里的家产,这样就算是好家长。1948年以前的家庭都是很多户人家住一起,大家庭人口多、田地少很容易出现生活水平差的情况,如果家长是个能干的人能把家里人照顾好、经济条件提高就算是很不容易了。

3.因家务繁杂而退任

在奚家是老九爹的儿子们都有了自己的儿子而且孩子们都长大组建了新家庭后,家庭内部事务繁杂,矛盾纠纷才开始出现,奚家家长老九爹无法管理好四世同堂的家庭生活而分家。奚家的家长在此情况下不能胜任家长一职,于是就在老九爹的主持下分家了,由儿子们各自当家。可见,如若因为家长年纪大了没有精力去管理家庭事务了就不能胜任家长一职,则再另选一人当家长。奚家在老九爹的儿子们提出分家之前一直都是由老九爹担任家长一职,分家之后就不再担任家长,而是由自己的三个儿子分别任自己小家庭的家长。在其他家庭里,有的家长在当家的时候当不好家,无法管理好全部家庭成员的生活,即没有能力当家,那么家长会再找个人帮自己当家,新的当家人可以是当家人的配偶或者儿子,只要是本家户内值得信任的人并且能当好家的人即可。

4.内外当家人共同当家

奚家有两个家长,男主外、女主内,奚家老九爹是外当家人,老九婆是内当家人,但是男性外当家人地位和权威比家中女性内当家人要高,内当家和外当家如果出现意见不一致时,最终还是要听外当家人的话。一般情况下,一个家庭里的家长就只有一个人或者夫妻二人,不会出现有较多个家长从而致使家庭内部发生冲突的现象。老九爹平日会放一小部分钱在老九婆那里,用于生活上的琐事支出,老九婆可以自由支配,如购买日常生活用品等。这样一来,内当家人就为外当家人分担了管理家庭事务的负担。奚家还有很多内外当家人一起处理的事务,女性当家人多是得到了男性当家人的授权来处理,并且需要与男性当家人一起商量决定。一般而言,男性当家人自己可以决定家庭内一切事务,但是奚家在老九爹当家时,遇到了许多事务仍然会与老九婆商量,听听老九婆的看法。

(四)依辈分和年龄更替家长身份

1.多因身体原因更换当家人

奚家的家长一直由老九爹担任,老九爹是奚家辈分最高的家庭成员。在奚家分家以后,老九爹才不再担任奚家的家长。1948年以前,如果家长出远门务工、经商长期不在家的话,妻子在家就是家里的女主人当家,不会让长子当家。当家长生病或者因身体其他原因无法照料家庭时,不会找一个人来代理自己当家,也是让自己的妻子来当家。如果当家人过世了,由过世的当家人的妻子当家,不会立即分家由各小家产生新的当家人。男性当家人过世后,且当家人的妻子无法担任好当家人这一角色时,不能立即由长子当家或者分家,而需要在家长去世的一年后再来进行分家并产生新的当家人。

2.依辈分依次更替

在一个大家庭里,当家人去世后就由当家人的妻子来接替家长身份,如果当家人的妻子也去世了就由长子来接替当家人。比如父辈的几个兄弟没有分家,而老大作为当家人去世了,那么就由老二来接替当家人的身份或者由家里的大嫂来接替当家人的身份,而不是老大的儿子,当家人在更替时要注重辈分的排序。

1948年以前,家庭里如果当家人有妻有妾,当家人过世后,妻子和妾室中就由妻子来当家,妻子去世后就由妾室来当家,妾室去世后就由家里的长子来当家。如果妾室的儿子比妻子的儿子有能力,那么可以由妾室的儿子来当家。若正房妻子无儿子而妾室有儿子,则由妾室的儿子来接替当家人身份。

1948年以前,几乎没有家长去世后找不到接替人的情况,在有家产、有家业、富裕的家庭里,当家人可能会在去世之前就留下遗嘱安排新的当家人。如果家庭内没有儿子继承家产,而女儿又没有资格成为当家人时,那么会采取过继侄子的方式或者招上门女婿的方式来继承家产,接替当家人的身份。新当家人可以是女性,但是仅能是男性当家人的妻子来当家,而不能是女儿。如果一个家庭没有儿子全是女儿,那么这个家庭会过继一个儿子来管理家庭或者等女儿长大后给女儿招一个上门女婿,在当家人去世后由继子或者上门女婿成为新的当家人。

3.权利的更替

家长更替后就由新当家人来管理家里的所有事务,比如生产、田地、钱财等,如果家里有地契、房契,那么家里的地契、房契要交由新的当家人来保管。如果旧当家人还在世,老人将当家人的身份交给儿子,那么家里的土地就在儿子的名下,但是儿子要买卖土地还是会与父亲商量,新的当家人在有些事务上还是会咨询旧当家人。如果老人让儿子当家,等日后家里有什么大事需要当家人出面的时候老人会告诉外人自己的新当家人是自己的儿子。

二、家长不当家

(一)家长不当家:兄弟当家

奚家没有家长不当家而由家长兄弟当家的情况。但是在奚角,有家长去世后由兄弟来当家的情况,1948年以前,本村将儿的父母都去世了,将儿的哥哥就是他家的家长,将儿的哥哥在外打长工养家,地点是在鹅毛山竹林湾大户人家。1948年之前,打长工就是种田,每年住在大户人家家里种田、做事常年不回家,过年的时候才回来。大户人家家里给将儿的哥哥的劳动报酬是每年两套衣服、八石稻谷,将儿的哥哥就把粮食带回家给自己的兄弟过日子。

(二)家长不当家:妻子当家

奚家没有家长不当家而由家长的妻子当家的情况。但是在奚角有家长不当家妻子当家的情况。奚角有一家是女性当家的家庭,即星儿他家。星儿的父亲一辈有三个兄弟,星儿自己的父亲排行老三,其他两个伯伯都是单身汉,跟星儿的父亲这一房生活在一起。星儿的父亲是个老实人,当不了家的,星儿的母亲又是个能干的人,家里的当家人就是星儿的母亲。星儿的大伯眼睛不好在家里种田地,星儿的二伯在外面卖壮丁,谁家里要抓壮丁就去找星儿二伯,给星儿二伯现洋,星儿二伯就去给人家顶替,星儿二伯卖壮丁的现洋都给星儿的母亲来掌管。那时候星儿屋里钱多,星儿的母亲就拿钱去放账,借出去一块钱,别人还回来的时候就要收两块钱,利息翻倍,星儿家里因为这样才发了财。

(三)家长不当家:长子当家

奚家没有家长在世时不当家而由长子做主的情况,一般都是家庭里父母去世后才是由长子来当家。但是也有家长因为年事已高,没有足够的能力来当家,那么家长就指定自己的长子来当家。长子当家的情况下,由长子来管理家庭一切事务,包括农业生产、家业等,长子有财产管理权,长子在当家的时候能够得到家长的看重和其他家庭成员的信任,而且长子在当家的时候能够以家长的名义向外借钱、借粮食等,在借钱、借粮的欠条上写长子的名字。长子在当家的时候,具有劳动分配权,长子在安排其他兄弟去做事的时候,其他家庭成员需要听当家人的话。通常而言,1948年以前,几乎没有家长在世不当家而由长子当家的情况,一般都是家长去世后由长子接替当家人的身份来当家。

(四)家长不当家:其他人当家

奚家没有家长不当家让其他家庭成员做主的情况。1948年分家前,女儿和儿媳妇都不能当家,如果家里没有儿子,女儿到了适婚年龄就为女儿招一个上门女婿,父母年长了之后就由女婿来当家,由女婿来继承家产、家业。

如果有嫁出去的姑娘在婆家离婚后又回到娘家后,娘家父母健在就是姑娘的父亲当家,娘家父母不适合当家后就由娘家的舅爷当家,即嫁出去的姑娘的哥哥或者弟弟当家,嫁出去的姑娘在婆家离婚后无处可去了,回到娘家后不会成为娘家的当家人。

如果家长年纪大不想当家,而家长的长子又出远门不在家,如果家里的二弟已婚了就由已婚的二弟当家,如果家里二弟未婚就由家里的长媳当家。二弟当家的时候,大嫂就没有财产管理权,由当家人负责管理财产。在二弟当家期间,大嫂可以协助二弟把家事处理好,但是最终当家的主要决定权还是二弟,大嫂能管理家庭里的内部事务,比如家里的人情往来关系,家里的做饭、洗衣等,还有看养家里的牲畜等。

三、家户决策

(一)决策的主体

1.家长居于权威地位

奚家的大小事情都是由家长老九爹说了算,家外的事情也由老九爹说了算,家庭内部的事情由老九婆说了算,老九爹的几个儿子也都有权利说话、发表自己的看法和意见,可以商量,当家人可以适当地听取儿子们的意见。如果当家人出远门,家里面的事情就是当家人的妻子说了算,当家人委托自己妻子当家的时候不用跟家里人特意说一下。

2.家庭成员必须服从家长意志

家长作出来的任何决定家庭成员都要服从,不能违背家长的意志。但是在奚家,老九爹说的话几个儿子也不是全部都听。比如老九爹的长子启告和三子启富都喜好赌博,老九爹就经常管教自己的儿子,教育自己的儿子不要出去赌博,但是儿子都不听话。如果家长在决策时出现决策不当的情况,那么其他家庭成员可以提出意见,对于家长做错的决定可以不听从。

（二）决策的事务

奚家卖田卖地的大事需要家长做主,家里需要购买粮食、借钱借粮等事情也是需要家长做主。老九爹的长子、三子赌博后,奚家家长决定将三儿媳朱氏田卖出去换钱还债,像卖田的大事就是由老九爹来决策。子女的婚嫁也是由家长决策,老九爹的三个儿子在成婚的年纪都是由奚家家长老九爹夫妇来共同决策,为儿子们安排结婚事宜。奚家的长孙年幼时,奚家家长老九爹夫妇就跟长房启告夫妇商量为长孙找一个童养媳。由此可见,家长在家庭成员的婚嫁事宜中起到了决策作用。此外,家中修建房屋、家户消费等事宜也需要由家长决策,家长作为家中管理钱财的重要角色,家户内的一切经济支出都需要经过当家人的同意,需要由家长来决策。除家户内重大事情需要家长决策外,家中的一些细小琐碎的事情可以由家户内其他家庭成员决策,比如家里需要向邻居借用东西的时候或者邻居来奚家借用东西时,不一定都需要由家长做主,其他家庭成员亦可安排、决策。

四、家户保护

（一）依靠家户获得情感支持和庇护

如果家户内家庭成员与外人在生产生活上发生矛盾了,首先是自家人出去进行调解、解决,一般都是由当家人出面调解,当家人调解不好再由亲房叔伯出面调解。如果家人与他人发生矛盾,其他成员都站在家人这一方。奚家的孩子如果犯了错误,那么父母会对孩子进行口头教育,错误较为严重则适当体罚。如果爷爷是当家人,小孩子与别人家发生矛盾,先由孩子的父亲去协调,如果小孩子因某些行为造成了别人家的经济损失则由当家人去协调。如果奚家的小孩损坏了其他村民家中的物品,奚家人需要为小孩子的错误来进行赔偿,但是如果是小物件,村民表示不介意、不追究了,那么大人就不需要进行赔偿。但是家中的大人回家后还是会教导自己的孩子不能随意损坏他人的物品,而且在日常生活中也会进行教导。

家内只要有成员受到了损害或者遇到了困难,家人都会出面帮忙,但是如果是家内成员首先挑起矛盾而受到了伤害或者因为自己的过错而遇到了困难,那么家人可以不出面帮忙。尤其是家人因为赌博而输掉了钱财,非迫不得已的时候家人是不会为家人错误的行为来承担后果的。

（二）内外联手防备天灾

奚家人所遇到的灾害多是自然灾害,如旱灾和涝灾,遇到较为严重的灾害是因为气候不好而造成的粮食减产,没有带来房屋的损害。奚家人在面对由天灾造成的粮食减产时,会动员家庭全体成员来补救。比如有时候气候干旱、雨水不够,田里粮食面临减产的情况就需要车水,如果车水的距离较远,自家水车不够用,就要找其他家里的人借用水车,同时还需要找别人家里的劳动力帮忙车水。家户内部成员在面对灾荒时,会共同面对,一起节衣缩食以渡过难关。

（三）自主防备盗匪

1948 年以前,奚角没有土匪进入,只有强盗、小偷,但是奚角本村没有强盗和小偷,强盗、小偷都是外村人。强盗中有个叫"保证"的是强盗头,"保证"叫谁去偷谁家的东西就由谁去偷,谁家里被偷了就去找"保证"要东西,"保证"知道谁家里的东西被偷了就让那家人交点钱,去帮忙把东西找还回来,"保证"就白白收钱。原来在鹞子湖的时候有个"保证"姓林,林

"保证"打听谁家里有东西可偷就让强盗去偷。1948年以前,听说强盗什么都偷,强盗从墙里挖了洞,看见别人家里有什么就偷什么,看见现洋、衣服、布匹都会偷,但是不偷粮食,偷了粮食驮不动。一般强盗都是晚上夜深了去偷东西,偷了东西以后就跑,如果主家人抓住了来偷东西的强盗也不敢重打,而且小偷小摸也没有人管,也不能报官。奚家没有被土匪抢劫过,也没有被强盗偷盗过,奚角人生活普遍较贫困因此没有人被偷过。

奚角本村没有发生过绑架事件,奚家没有人被绑票的情况。但是一般在有钱的家庭里会发生绑架事件,有一个组织是专门绑架有钱人再找有钱人的家人拿钱出来把人赎回去,家里如果没有家底,一般该家庭的成员不会遭到绑票,坏人只绑架有钱人家的家庭成员。1948年之前,在黄冈本地,村民们都没有修建围墙和院子的意识,保护自家财产不被盗窃的唯一做法就是把重要的东西放稳妥一些,1948年以前村民们都是用现洋,有的人就把现洋放在坛子里,然后在家里挖个地洞把装有现洋的坛子放在地洞里,这样就算防盗了。

五、家户仅有默认家规家法

(一)家规的形成

奚家没有成文的家规家法,只有默认的家规家法,都是不自觉默认的家规,比如小孩要听话,小孩不听话就用鞋板打屁股,在平常的家庭生活中奚家没有其他的家规。

(二)默认家规家法

1.做饭及吃饭的规矩

在奚家做饭是老九爹夫妇的三个儿媳妇,奚家的三个妯娌之间很和气,在分家前是长媳、次媳和三媳三个人轮流做饭,三天一换,每个人连着做三天饭,那时候十房共用一个公堂屋。此外,十房都有自己的厢房,吃饭的时候就在厢房里吃饭或者在公堂屋吃饭。吃饭的时候女人和小孩夹好菜后端去旁边吃,桌子上都是男性坐的位子,女性和小孩都不能坐在桌子上吃饭。盛饭的时候先给家里的劳动力盛饭,随后给其他男性盛饭,再给女性和小孩盛饭。有时候米饭不够了,女性就少吃点,男性要多吃、小孩要吃饱,女性放在最后没饭吃了就喝粥。到了下半年的时候,奚家的男性劳动力出去做农活辛苦,家里的女性和小孩就吃两顿饭,男性吃三顿饭。一来是因为家里粮食不太够吃,二来是因为男劳动力出去干农活辛苦,女性和小孩不干重活就相对轻松一点。还是做三顿饭,早上和中午做一大家人的饭,晚上就做家里出去干活的男劳动力饭,女性和小孩不吃米饭,粥多了就让小孩子喝点粥。有时候要上街买菜、买火柴或买盐等调料就由老九婆来给钱吩咐轮班做饭的儿媳妇们去买。

一家人在吃饭的时候可以有剩饭剩菜,剩饭剩菜视情况可以留到下一顿再吃或者喂猪、喂鸡、喂狗子。农忙时候不需要送饭,就算再忙也要回家吃饭,吃饭的时候可以休息一下。

2.座位规矩

奚家平常在家里的座位没有特别的规矩,就是一般女性不坐桌子。

家庭在宴客的时候有座位规矩,比如在结婚的时候需要举办酒席,办酒席的时候请家里所有的亲戚,在吃酒席的时候就要区分座位,知己的亲戚就坐一席,比如嘎婆、嘎爹坐一席,舅爷坐二席。其他的亲戚坐在上席、下席,一席坐两个人、二席坐两个人,上席、下席坐三个人,这样一席正好坐满十个人。上席是姑爷、表兄这些人,平辈的坐上席,重要的亲戚朋友坐下席,比如出嫁的姐姐妹妹、女婿等,除了重要亲戚坐一席、二席外,其余亲戚上席、下席都能坐,没有特别的讲究,主要按辈分坐,其余亲戚可以随便坐。上面的席位坐不下,亲戚在别的桌子上也分一席、二席、上席、下席。1948年以前,吃酒席的时候,办酒席的主家还要委托自己的人专门负责牵席,亲戚们来家里喝酒的时候都坐在主家门前聊天,到了喝酒的时候由牵席的人一个一个来请着去坐席位。在吃酒席的时候,嘎婆、舅爷、姑爷算主客,主客就是贵客,像嘎婆、舅爷这些很少来的人就叫"贵脚客",亲家、表兄这些算副客。在酒席座次安排上,主客要坐在上方席,坐满为止,主客坐不满的话,副客可以坐上方席,主客坐满了的话,副客就不能坐在上方席。

奚家在修房子时请砌匠吃饭喝酒时,并没有坐席的规矩,因为都是砌匠,不存在身份的和亲疏关系的区别。

在卖田的时候也要办酒席请亲戚喝酒,奚家卖田一亩田要卖一篮子现洋,卖田的时候奚家要请人来写田约,请中人来喝酒,再把买田的人请来喝酒,喝完酒之后买田人就把钱给奚家,奚家把田约给祁家湾买田的人,这样就算完成了卖田的行为。

在调解纠纷的时候也需要请人喝酒,喝酒的时候那些说话算数的人坐在一席,其他人都随意坐。

3.请示规矩

奚家在很多事务上都需要请示家长,例如家中农业生产、家户钱财消费、家中儿女婚嫁等。

(1)生产需请示家长

在生产中,对于土地的经营管理,家里由当家人老九爹和次子启木说了算,全年农业生产与种植计划,耕地、犁地、播种、收割、打谷各项农业生产环节中的分工,生产工具的使用与借用、换用,牲畜的喂养与使用,经营模式都不需要雇工。副业的选择与经营等经济生活中的事务由当家人老九爹做主。如果老人年纪较大,不直接参与生产经营,家庭成员仍旧需要请示老人。在奚家,老九爹不直接管理田地里的农业生产,一切事务都是由次子启木安排,但是次子启木在做事之前都会跟老九爹汇报一声,让当家人知晓。

(2)家庭生活事宜视情况分别请示男性或女性当家人

家庭生活中的事情不需要时刻过问当家人老九爹,奚家每餐吃饭都是由当天做饭的儿媳妇来安排,女性当家人老九婆负责统筹。家中做衣服的事情不需要请示当家人老九爹。购买生活必需品等日用物资、购田置业等大宗交易,家中小孩上学等涉及家庭经济支出的行为都需要请示家长老九爹。总的原则是家中大事请示男性当家人老九爹,琐碎小事请示家庭女性当家人老九婆。

(3)外界交往中的请示

奚家家庭成员外出时,只需要跟家里人打声招呼即可,不需要请示家长,家庭成员可自由去上街赶集或到庙宇中烧香拜佛。如果家里有人要出门去走亲戚、访朋友,也打声招呼即可。家中有家庭成员要与外姓人成为拜把子兄弟、仁兄弟需要请示家中的父母和当家人,因为这相当于结干亲,属于家户交往的大事,要由当家人来决定。家户内有关借粮借款的事情必须要请示当家人,由当家人决定是否需要借粮借款,其他家庭成员不能私自决定借粮借款的大事。

（4）口头请示居多

奚家有事情需要向当家人请示时多采用口头请示的形式，除非遇到家庭内的大事，一般很少召开家庭会议。奚家在决定卖田地的时候曾召开过家庭会议，由于老九爹希望卖掉三儿媳朱氏的嫁妆田需要征得朱氏夫妇的同意而召开了家庭会议，与家中的儿子儿媳共同商量讨论决定。

4.请客规矩

（1）请客类型多

请客的类型很多，家庭发生土地交易需要请客，土地交易中由卖方请客喝酒，请的是买方、中人、写田约的人。发生争执矛盾请人调解也需要宴请。借用别家生产工具或牲畜不需要请客。家中建房开工与上梁封顶需要请客，开工头一天请泥瓦匠，即砌匠喝酒，第二天完工后请全村帮忙的人喝酒。家里的请客都是由当家人去请或者由当家人委托自己的儿子去请，比如婚礼、小孩满月酒、小孩周岁酒、老人葬礼，需要当家人写请帖请亲戚们来喝酒，而且要提前几天去请。

（2）宴请时不需请特殊对象

在日常生产生活中宴请时，不需要邀请村内大户人家财主富户、村长、保甲长等村庄管理者、乡贤绅士与本家族长出席。

（3）宴请规矩

在吃酒席的时候，知己的亲戚就坐一席，比如说噶婆、嘎爹坐一席，舅爷坐二席，其他的亲戚坐在上席、下席，一席坐两个人，二席坐两个人，上席、下席坐三个人，这样一桌正好坐满十个人。上席是姑爷、表兄这些人坐，平辈的坐上席，重要的亲戚朋友能坐下席，比如出嫁的姐姐妹妹、女婿等，除了重要亲戚坐一席、二席外，其余亲戚上席、下席都能坐，没有特别的讲究，主要按辈分坐席位，其余亲戚可以随便坐。上面的席位坐不下，亲戚在别的桌子上也分一席、二席、上席、下席。1948年以前，吃酒席的时候，办酒席的主家还要委托自己的人专门负责牵席，亲戚们来家里喝酒的时候都坐在主家门前聊天，到了喝酒的时候由牵席的人一个一个来请着去坐席位。在吃酒席的时候，嘎婆、舅爷、姑爷算主客，主客就是贵客，嘎婆、舅爷这些很少来的人就叫"贵脚客"，亲家、表兄这些算副客。在酒席座次安排上，主客要坐在上方席，坐满为止，主客坐不满的话，副客可以坐上方席，主客坐满了的话，副客就不能坐在上方席。

在调解纠纷的时候需要请人喝酒，喝酒的时候那些说话算数的人坐在一席。请人喝酒的时候都是一样的菜品，爱好面子的人就把酒席办得很丰盛，家里没有多少钱办酒席的时候就很一般。开席以后，主家人需要去给客人敬酒，比如儿子结婚了新夫妻要去给客人敬酒，儿子的父亲要去给客人敬酒。

（4）陪客规矩

在酒席上，本家知己的亲戚要陪来参加酒席的远处亲戚，男性陪男性，女性陪女性，让客人吃好喝好就算陪客陪得好。

（5）开席与散席

菜肴开始上桌就算开席了，如果来访客人看见菜已经上桌了但是没有开始动筷子，陪客的人就逐一请客人开始动筷子吃饭，一桌子客人都吃好了但是要等最后一个吃完酒席的人吃好后，所有人才能放筷子离席。

（6）贵客

在吃酒席的时候，像嘎婆、舅爷、姑爷这些人就算主客，主客就是贵客的意思，嘎婆、舅爷这些很少来的人就叫"贵脚客"。

5.房屋及进出居室的规矩

奚家房屋的朝向是坐北朝南，大门对东南方向，没有院子，大门外就是空地。房屋内各方向均开有窗户，朝向不固定。奚家房屋分别是卧房和堂屋及灶屋，住房里除堂屋是吃饭、做客、接待之外，其余房间主要的功能是居住。在黄冈本地，几乎每家每户都有独立做饭的地方，叫灶屋，灶屋里搭有土灶和碗柜及一个桌子等，在农村，土灶多是烧柴草等，因此有的家庭灶屋后面开着一个小屋从而方便放置和取用柴火等。奚家房屋内除了堂屋和灶屋属于公共空间外，卧房均属于私人空间，就算是自家人也需要跟卧房的主人打声招呼再进去。家中没有专门为接待客人而准备的客房，奚家亲戚都是近邻，因此很少有客人居住在奚家。奚家家长夫妇单独住一间房，已婚的儿子单独住一间，年幼的孙子与孩子的父母一起居住，未婚的儿子、女儿用帘子隔开与父母住一间房。奚家的房子够住，不需要另外租住别人家的房子。

奚家家庭成员睡觉没有统一的规定，晚上休息也无先后顺序，一切是看个人是否有休息的意愿和疲劳程度。如果做事的人回家累了，那就可以早点睡觉。早上起床一般是做饭的妇女和要去田地做事的男性起得早，老人和小孩可以起晚一点，等做饭的妇女差不多快要把早饭做好后就去喊家人起来吃早饭。

如果家中有家庭成员要结婚了就需要单独为其布置一间卧房，把家里的房间进行细微的调整或者是进行扩建，这些都是由当家人来安排。奚家没有家庭成员居住在外面，都是在一起居住。家庭内部成员在经过卧房主人同意后可以进入他人的卧房，但是一般都是有所避讳，比如当儿媳妇一个人在房间的时候，公公或兄弟就不能进去。

奚家如果需要进行家庭议事，则在堂屋进行，不用去家长的房间，如果有家庭成员私下里找家长议事，那么就可以单独去家长的房里进行。

6.制衣洗衣的规矩

1948年以前，奚家的衣物都是自己做，自家用自家的土棉布做衣服，妇女在家用手工纺线子，织出土棉布，再在街上买颜料回家自家煮，比如红色、蓝色，再用红色、蓝色的布去做衣服，家里有时候也请裁缝来做衣服。家中小孩子较多，年幼的孩子经常接替年长的孩子的旧衣服穿。小孩子只有在过年的时候，大人才会考虑给小孩做新棉衣。

奚家洗衣服是以小家庭为单位，妇女给自己小家庭的丈夫和孩子洗衣服，比如说老九爹的长子、次子和三子家里都是由长媳、次媳、三媳来洗各自小家庭成员的衣服，不需要为其他房的兄弟洗衣服。

（三）家规家法的制定者

奚家的家规家法大多是从老一辈长者言传身教而来的，也有是当家人自己制定的，在制定家规家法的时候是家长跟家庭成员商议后决定下来的。这些家规家法一直会延续下去，家中的家庭成员都要遵守这些家规家法，家中没有对此进行过修订。随着时间的推移和家户的发展，家规家法逐渐被淡忘了，对于家庭成员的约束力度在逐渐减弱。

（四）家规家法的执行者

家长会给家里的家庭成员讲授要遵守哪些家规，如果有家庭成员违反了家规，家长会对其进行口头劝导,但是不会进行严厉的惩罚。家长在平日的生活中都是以身作则,不违反家规家法,家庭成员里较少有人违背家规家法。一般而言,所有家庭成员都能自觉遵守。

(五)旧俗流传的家庭禁忌

奚家的禁忌较少,一般多是旧社会风俗下的禁忌,如生育的禁忌、逢年过节时的禁忌及丧葬的禁忌等。

奚家妇女的分娩期能有休息一个月的时间,这也叫"坐月子",产妇在坐月子期间不能去别人家里,过去有种说法是妇女生了孩子以后有些外人不能进产妇的房门,比如来了例假的女性或正在怀孕的女性进了刚生完小孩的妇女的房门就会踩了产妇的奶水,小孩子就没有了母乳。

逢年过节时,各地都有些风俗。在黄冈本地,奚家人在过年的时候不能动剪刀,在拜年走亲戚的时候不能说不吉利的话。

当家中有老人去世时,去世的三天内家中扫地的垃圾不准倒出去,倒出去了就表示后代人赶逝者走,是一件不吉利的事情。

六、村庄公共事务

(一)家户为参与主体

1.村务及征税会议

1948年以前,村里开会的时候由保长、甲长来组织,保长将锣鼓一敲喊人去开会,开会一般是因为哪里要分配任务。一般此类会议都是家长去参会,如果家长不在家,就由家里的女性当家人去开会,一家人总要派一个人去接受保长、甲长派下来的任务。如果家里是女性当家,女性可以去参加这个会议。在参加村务会议时,老百姓不需要发言,只需要听保长、甲长讲话分配任务即可。

除了村务会议外,村里每年都要开征税会议,开征税会议的目的就是提醒村民去交粮、纳税,自家有土地的人都要去开会,家里没有土地就不用去开会,租种了大户人家的土地就由大户人家派人去开会,佃户不用去开会。

2.组织修路及修堤坝

村里需要修路、修堤坝的时候,村里保长、甲长就来村子里开会派任务,修桥是个大工程,需要石头、钢筋等材料。1948年以前,修桥需要木材等,因此需要保长、甲长筹钱,修桥的费用也是由农民出钱去修,所以修桥不算派任务。而像修路就是做任务,做任务的时候就是挑东西、用锄头挖石子。在修路、修堤坝的时候是按照家里田地的面积来摊派劳役,家里谁能做活家长就派谁去,家里没有壮实的男性青年,那么就需要自家出钱交给保长、甲长把自己家里缺的几个工买下来,而不用自家雇工或请工去做任务。1948年以前,修路、修堤坝都不让女性去,有些修路、修堤坝的地方很远,女性去了不方便,都是男性一起出去做任务。

3.开展集体活动

奚角没有出会、过年过节表演等村庄集体活动,只有去外村参加过村庄组织的一些集体娱乐活动,比如唱戏、玩龙灯。看戏和玩龙灯都是庙上的人组织的,奚角没有庙也就没有这些娱乐活动,这些娱乐活动女性和小孩也可以参加。

4.村费征收

村里要进行村费征收必须要找家长,钱都是家长来管理,随后由当家人将村费交给保甲长,保甲长在需要修桥、修路需要钱的时候就把收上来的钱拿出去用,保长甲长身边有记账的人,由记账的人来管理费用的收支情况。

5.灾害治理

村庄里每年都会出现干旱的现象,有的农户家里劳动力充足,自家田地在河旁边或者是在水塘旁边,那么就可以用水车来车水救田,家里的田地在山上的农户就只能眼看着自家的田地干旱、作物枯死。当奚角村子里大部分田地都干旱的时候全村人都会把自家的水车拿出来一起车水,十几转的水车需要几十人来转动,把低处的水用水车转到高处田地里再从高处田地往低处放。1948年以前,还有发大水的时候,河边的一路田地都被淹了,没有吃的年份就出去逃荒、讨饭吃,吃野菜、吃红薯。

6.维护村庄治安

1948年以前,国民党一个连的军队来到奚角,驻扎在星儿家里,他们用枪打村子里的鸡吃,村民不敢反抗,有的军官通人情的就叫自己的军人不要打,但是国民党军队不敢随便打人、杀人。

(二)筹资与筹劳

奚角没有寺庙,不需要修庙,村民只需要筹资修桥、修路。村里组织修桥、修路的时候,筹资是一家出一份,保甲长直接找家庭的家长来筹资。村里组织治理灾害都是由各家各户出人力和物力,较少涉及公共出资的情况。在筹资修桥、修路时,如果家庭交不起这笔钱,家长可以去跟村庄请求,说自己家里经济状况很差,出不起钱,那么该家户就需要多派劳动力参加修桥、修路的事务,家庭成员们也会听从家长的安排。当村庄到家户来筹资时,如果家中当家人不在家,那么可以等到当家人回家再交,在男性当家人不在家时女性当家人一般不敢当家。

奚角没有组织修桥的事情,在修路的时候不是村子组织修建,而是政府组织修建,再由保甲长来向村子要劳动力,家庭里按田地面积出劳动力,一般都是由家长来决定谁去修路,一般是每家去一个劳动力,最终要多少劳力、修建几天就要看工程量的多少及家里田地面积摊派的结果。

七、国家事务

(一)积极纳税

1.以实物形式纳税

奚角这一带是以家户为单位去纳税的,1948年以前纳税主要是交纳粮食。纳税是按照土地面积计税而不是按照家户人口单位计税,每家户有多少田地,再按照每年平均的收成来收,要交收成的百分之三十给国家。也就是说按照土地面积来算的话,一亩田能有约七百斤稻谷,交粮食就要交两百斤左右的样子。

纳税是在每年收成的时节后,一年交一次,1948年以前交公粮是由自家人挑着粮食走去团风大埠街交,从奚角到团风大埠街走去有二十多千米的路程,全部都是靠自家人走去。交税的时候是交粮食,家里粮食如果不够交就用钱来抵粮食,差多少斤粮食没有交齐就按照当时的市价来补交钱。

2.家户为纳税的主体

收税时保甲长会通知到村里,村里的人再去交粮食。1948年以前,老九爹的孙儿们还跟随老九爹的儿子一起去县里交粮,孙儿年纪尚小就自己用布袋子装一点粮食框[①]在自己颈上,两边搭在肩膀上去送粮食,那时候交粮食老九爹的长子、次子和长大成人的孙儿这些能出力的人都要去,公粮不送不行、非送不可,体现了当时国家征收粮食税的强制性。交税的时候如果家长在家,会安排家里力气大的人把稻谷挑去团风大埠街交,奚家老九爹后来年纪大了,体力不好了,交粮食的事情一般都是交给次子启木去交,老九爹的次子启木带上几个能出力气的孙儿一起去。老九爹之所以安排二儿子去交税是因为家中只有二儿子这一个主要劳动力在家,平常田地里的农活都是由二儿子去忙活,因此老九爹非常信任次子启木。

如果家长不在家,保甲长会告知家里当家人的儿子需要纳税的事情,保甲长会让被告知的这个人再转告家长,这样就不需要等家长在家的时候再亲自来告知一次了,被直接告知的这个人没有权利直接去交税,必须要等家长回来告知需要交税的这个事情了再由当家人拿出粮食来去交税,交税剩下的所有粮食放进谷仓里。

如果家长长期不在家,家长在离开家之前会交代好家里的事情由谁来临时做主,这个临时做主的人可以是当家人的妻子也可以是当家人的儿子,主要看家里谁有能力来担当起家长不在家时的临时当家人,即代理家长。

如果一个家庭是女性当家,保甲长会直接通知到这个女当家人,同时也会通知到家里的其他男性,因为女性当家人不是十分清楚交税及农业生产的事情。

3.自行将税款交至县城

奚家在收到纳税通知后,每年每次都会按时纳税,没有不纳税或者是延迟纳税的情况,在奚角也没有家庭因为交不起费用而逃跑的。1948年以前,纳税的时候有人家里粮食收成不好没有办法按时交税,既不交钱也不交粮的人就会被抓进牢里,出现这种情况就需要找保甲长做担保,给该户人家说明一下情况,去团风交税的地方做"保证",让收税的部门给这户人家通融一下,双方协商推迟交税时间。一般是家长是去向保甲长求情请求延长时间交税,家庭其他成员会想办法为家里交上粮食税,比如省吃、借粮,但是在借粮交税时,是由家长出面去借。

奚家没有请人代缴税费的情况,都是自家人亲自去交税费。奚家人把自家的粮食挑过去交粮,到了团风大埠街交粮的地方就有个册子可以看到自家要交多少,交完了以后让收税的人就给自家人开个收据,收据上面需要盖政府公章,奚家人再把收据拿回来,这样就算完成了纳粮的过程。

(二)家中无人征兵参军

1948年以前的战乱时代,没有人愿意去当兵。奚家没人参军,村内没有征兵,征兵就是抓壮丁。1948年以前,有军队到奚角村子里抓壮丁,当时的规定是家里有三个及以上的兄弟就要被抽走去当壮丁。抓壮丁的时候老九爹的三子启富一房里的几个儿子到处在外面躲,奚家只有三子启富这一房有兄弟四个,长子启告和次子启木家里都没有三个以上的儿子,因此

[①] 框:方言中表示戴的意思,框在颈上就是戴在、圈在颈上的意思。

就只有三子启富这一房的孩子们要出去躲壮丁。在抓壮丁的时候,村里人听到了一丁点动静都要跑去外榜山上躲着,坎子湾和陈家湾里的人也来奚角村这里躲壮丁,因为奚家后面山丘多、湖地多、偏僻些,容易藏身且不易被发现。有时候国民党派人晚上来抓人走,夜里就不敢睡安身觉,几个兄弟轮流值班睡觉,倘若听见狗叫声就赶紧把兄弟喊起来出去躲着。

1948年以前有人卖壮丁,卖壮丁的人拿着钱去顶替别人家的壮丁,被捉走以后就跑回来了,跑回来了就不被抓了。奚角本村的强儿父亲那一辈有兄弟好几个,他家里也要去当壮丁,就躲壮丁、卖壮丁。奚角本村的矮伯就以卖壮丁赚钱,他是一个单身汉,家里没有妻儿,就常年卖壮丁,给人打顶替,矮伯被抓去当壮丁后自己偷偷跑回来了,到了下一次又去卖壮丁给人打顶替。

老九爹的三子启富因为不想让自己的儿子们被抓去当壮丁,就自己主动去国民党政府当干事,顶替自家要被抓壮丁的名额,去四方响唐的乡政府做干事,负责统计每家有几口人要交多少粮食,自打三子启富去当干事后国民党就不再来奚家抓壮丁了。

奚家没有人自愿参军,1948年以前都没有人愿意去参军,那时候打仗多,去参军都是要送命的,老百姓都不愿意被拉去当壮丁,更不用说有自愿参军的人了。

(三)摊派劳役

1.按自家田地面积摊派劳役

1948年以前,出去做任务都是做堤坝、修路等,摊派劳役在老百姓口中就叫出去做任务。1948年以前,摊派劳役是按照家户土地面积来计算,按照家里有多少田地来算该出几个工。如果家里劳动力不够或者不愿意出去做任务,就按照家里应该出几个工来出工钱,比如说分到奚家十个工,如果不去做任务就要出十个工的工钱给甲长,甲长再把工钱给保长。出劳力的三餐饭看距离远近决定是否在自家解决,做任务一般都在家附近的地方,近处的就回家吃饭或者是家人送饭。如果在远处做任务就在别人家搭伙吃,把被子带去找人搭伙住。

2.积极参与劳役

奚家摊派劳役都是由老九爹说了算,老九爹派谁去做任务就由谁去,不管是在外面做任务还是在家里种田都是一样要劳动,因此没有说叫谁去做任务不愿意去的情况,家内的劳动力反而还喜欢出去做任务,因为在外面做任务好玩。

(四)以家户为单位进行选举

奚角村的保甲长是村民选举出来的,奚家与坎子湾、祁家湾等自然村属于一个保长管辖下的村子,1948年以前的保长姓吴,吴保长爱出苔就叫他苔保长。在选举的时候每家都去开会,乡长先决定由吴姓人任保长,随后再由村民投票选出。

1948年以前,家中没有其他男性在家可以让女性投票,家里有男性而不在家也可以由家中的女性投票。在以家庭为单位投票的时候,当家人的意见即代表了所有人的意见,当家人不需要与其他家庭成员进行商量即可投票。

附录:1948年奚家老十房家户世系图

十八世(宗)	十九世(启)	二十世(后)
宗连夫妇	长子启宏	长子后文
	次子启康	长子后康
宗得夫妇	长子启川	长子后腾
	三子启志(未婚)	继子后水
	四子启忠	
宗烈夫妇	次子启松	长子后树
		次子后海
		三子后卿
	三子启柏	子后元
宗恒夫妇	长子启默	子后青
	次子启梅	
宗玉夫妇	长子启台	
	次子启讷	子后炳
宗贤夫妇	嗣子启富(生父宗玖)	
宗本夫妇	嗣子启善(生父宗得)	三子后安
		四子后晖
宗玉夫妇	嗣子启淮(生父宗烈)	长子后谷
		次子后叶
宗玫夫妇	长子启告	长子后桂
		次子后槐
		长女(姓名不详)
	次子启木	长女金花
		长子亚中
		次子学中
	三子启富	长子后火
		次子后刚
		三子后东
		四子后意
		女儿聪儿
宗时夫妇	长子启丑	长子后谷
	次子启锋	嗣子后章(生父启日)

调查小记

2017年8月初,我结束了百村问卷调查工作,回到了老家湖北黄冈开始暑假家户制度的调查工作。8月初的几天,我苦于寻找有采访内容适合的家户采访对象,深感自身任务重大。6号我听了妈妈的建议去采访外公,于是我立刻跟着妈妈一起去外公外婆家帮他们嗑莲子,每年暑假去外公外婆家是我最爱做的事情。妈妈建议我把外公作为访谈对象,但是外公已经80多岁了,我比较担心外公对以前的事情是否还能记得清楚,我便尝试着跟外公了解了一下外公父辈、爷爷辈的情况。

虽然我小时候就知道外公兄弟辈的一些情况,但是没有完全了解过外公父辈及爷爷辈的情况。不了解不要紧,一了解居然神奇地发现外公家在解放以前竟然是个大家庭。外公的爷爷辈一共有兄弟十人,外公的父辈有兄弟三人,外公这一辈堂兄弟有八人,自己简直被外公家里的人口状况惊呆了,而且外公说自家的大伯是做生意的、二伯是种田的、自己的父亲是教书的,顿时觉得外公小时候生活的家庭可以进一步了解,而且在外公爷爷辈的几兄弟里有较多关于过继的信息,还有许多关于1948年以前的教育信息。

在外公的家庭结构下,婆媳关系、父子关系、妯娌关系、兄弟关系都有较为丰富的内容。访谈的第一天,我就花了一下午的时间跟外公厘清奚家的人物关系,还去找了外公的堂嫂,即我的大嘎,大嘎今年93岁,比外公要大十多岁,而且大嘎是奚家的童养媳,大嘎十二岁的时候就被抱养到了奚家,到了大嘎十五岁的时候就与外公的大堂哥结婚了,遗憾的是大嘎耳背,与我交谈起来甚是困难,所以我直接就将外公作为主要访谈对象。当天简单地了解了一下外公是否能作为自己的访谈对象,结论是完全可以。于是就跟外公约定好每天来外公家里帮忙嗑莲子,然后外公陪我访谈。

访谈期间,在我与外公交谈过程中回想起奚家几十年前一些不愉快的事情的时候,外婆甚至都与外公掐起架来了,当时觉得自己是这个争吵的导火索,场面一度十分尴尬,自己停止访谈还要去给两位老人进行调解,现在回想起来也是很有趣的。8月的天气十分炎热,十几天的访谈过程中还要帮助外公外婆干农活,这期间我了解了足够多的家户细节,也增进了与老人的感情。十分感谢学院给的这次家户调查的机会,让我能够耐心、细致地了解自己身边最亲近的老人的家庭生活,实在是件颇有意义的事情。

致　谢
作为参与过第一批家户制度的试调查者而言,我对家户制度调查并不陌生,对于调研提纲也比较熟悉,但是在调研对象的选取上还是有一点波折。一开始的方向是找年龄较大的受访者,因为我的第一个家户制度调查对象胡冬梅老人就是一位91岁高龄的老人,但是记事十分清楚,我想这样的老人经历会更加丰富。可是,实际情况却是高龄老人十分少,而且少有90岁老人还能思路清晰的。

就在自己因找寻合适受访对象困扰时,我的母亲奚学珍女士,也即我的受访对象奚晓东老人的女儿给我的提议是让我去找自己的外公,特别感谢母亲对我的指点和在访谈工作中为我提供的帮助。

最需要感谢的是我的受访对象,亦是我的外公——奚晓东老人,当时正值花生、莲子等作物成熟时节,外公每天要早起去干农活,而我就帮忙择花生、嗑莲子,等外公不忙的时候去找他访谈,就这样可以在外公家待一天但只能访谈一小时或两小时,外公就这样连续一个星期为我一一解答提纲上的问题,在讲述中还原奚家1948年分家前的生活场景,为我的写作提供了十分丰富的素材。

2017年9月,当时我还在学院办公室上班,所以报告的写作时间大大被压缩,感谢办公室朱敏杰老师特批我可适当延后交报告时间,才使得我有充足的时间去写好这份报告。9月底写作完成后,感谢审核小组的审核意见,让我能根据审核意见来修改完善。直到12月份定稿,再到达到出版要求之时已历时半年之久,最后感谢一路从认真调研到认真写作再到细致修改的自己。

第五篇

兄弟共生：耕读之家的分化与兴衰
——豫南三官村张氏家户调查

报告撰写：陈　雪[*]
受访对象：张雨林

---

* 陈雪(1995—　)，女，河南固始人，华中师范大学中国农村研究院 2017 级硕士研究生。

导　语

　　河南省信阳市固始县泉河乡三官村位于河南省的东南部。1949 年以前,泉河乡还未建村,"三里庙子"便是三官村的前身。在村里住着一户姓张的人家,张家在当地算是一个人口众多的大家庭,家中共计 21 口人。张家三代共生,第一代祖辈是张仲停夫妇及"张四先生"夫妇,共 4 人。第二代父辈是张民良和张刘氏、张志先和李文英、张明星和严氏、张森林、张明义及张四姑①,共 9 人。第三代子辈是张雨林及其兄弟姐妹张树惠、张树德、张树煌、张树明、张树森、张树珍、张树祥,共 8 人。兄弟共生的张家在当家人张仲停的带领下过着安稳丰足的日子。

　　张家的主要生活来源便是农业生产,在耕种自家祖田五石种的同时还租种八石种田地,共计十三石种田地。兄弟相依的张仲停一家与四弟张四先生一家共同组建成为张家这个大家庭,大哥张仲停为当家人,负责领工干活,四弟张四先生由教书先生转而从医,收入甚微。家中的适龄劳动力多在读书或者体弱多病,在这种情况下,张家的农业劳动力严重缺乏,为此家中雇有 5 个短工、2 个长工帮助干活。张家人共同享有对于家中土地、房屋和生产生活资料的使用权与所有权,并在当家人张仲停的主导下进行分配与消费。同盘而食,生生不息,大家庭的存在为张家人的嫁娶、生育提供了依赖的港湾。在文化方面,张家从不吝啬对家中晚辈们的知识教育与道德教育,且读书不分男女,举家之力为家中小辈提供优质教育。在张家人的共同努力下,这个耕读之家不断发展兴盛。

　　随着家庭成员的不断增多,人多屋少。1946 年,张仲停与张四先生两兄弟分家。张四先生家中男丁多,因此分得较多土地,所以在后来的土地改革运动中被划为"地主成分",而张仲停一家则被划为佃富农成分。由于张家的孩子们很少扎根在农村的土地上,大都在外面读书谋求前途,家里的老人们先后去世,张家自然而然也就散了。

---

　　① 张四姑:张四先生的四女儿,由于没有名字,且排行老四,故在此称其为"张四姑"。

第一章　家户的由来与特性

张家祖居"三里庙子",三代同堂,人口众多,辈分复杂,家庭成员身体状况差异明显。张家以农业生产为主,依赖着自有土地与租佃土地得以为生。由于家中农业劳动力极其匮乏,当家人张仲停带着家中的雇工一同从事农业生产,日日辛勤劳作,领工干活。虽然张家并非官宦家族,但仍受乡邻拥戴。在房屋建造方面,张家沿袭当地房屋建筑传统,以"庄子"为主要建筑格局,满足自家生产生活需要。在村里,张家属于土地中户、人口大户,经济条件总体上处于中等水平,虽说比不上富贵人家,但是张家人靠着自己的辛勤劳动,自力更生,日子也是过得风生水起。

一、祖居此地,多代共生

河南境内的张氏后人大多出自黄帝姬姓的后代,据《通志·氏族略》所载,春秋时,晋国有大夫解张,字张侯,其子孙以字命氏,也称张氏。又载,张氏世仕晋,公元前403年韩、赵、魏三家瓜分晋国后,除部分留在原地外,大部分随着三国迁都而迁移,是为山西、河北、河南之张氏。

张家祖居在河南省信阳市固始县泉河乡三官村,1949年以前,三官村也被称作"三里庙子"。张家没有记载家户代际情况的家谱,但张家的祖坟足以说明张家多代共生于三里庙子。张家祖坟位于三里庙子南边的山头上,家中世代先人的坟皆有序排列于山头,但是张家后人对于张家祖上具体代际数量并不清楚。

二、家户基本情况

(一)三世同堂,人口众多

张家三世同堂,共有二十一口人。1946年以前,由于张仲停和"张四先生"兄弟俩未分家,所以两个家庭一直共同生活,张家人口众多、辈分复杂。虽说是三世同堂,但是家庭成员年龄差距较大。张家的第一代父辈是张仲停及其妻子大张氏[①],张四先生及其妻子小张氏[②]。第二代子辈是张民良和张刘氏、张志先和李文英、张明星和严氏、张森林、张明义以及张四姑。第三代孙辈是张雨林、张树惠、张树德、张树煌、张树明、张树森、张树珍、张树祥。由于家中张四先生常年从医,张民良右手残疾,张志先和张森林年幼仍在读书,张明星自幼体弱多病,张家男性劳动力十分缺乏,张家雇有5个短工,2个长工。

---

① 大张氏:张仲停的妻子,由于没有名字,故在此称其为"大张氏"。
② 小张氏:张四先生的妻子,由于没有名字,故在此称其为"小张氏"。

表 5-1　1946 年张家家户情况表

家庭基本情况	数据
家庭人口数	21
劳动力数	14
男性劳动力	7
家庭代际数	3
家内夫妻数	5
老人数量	4
儿童数量	5
其他非亲属成员数	7

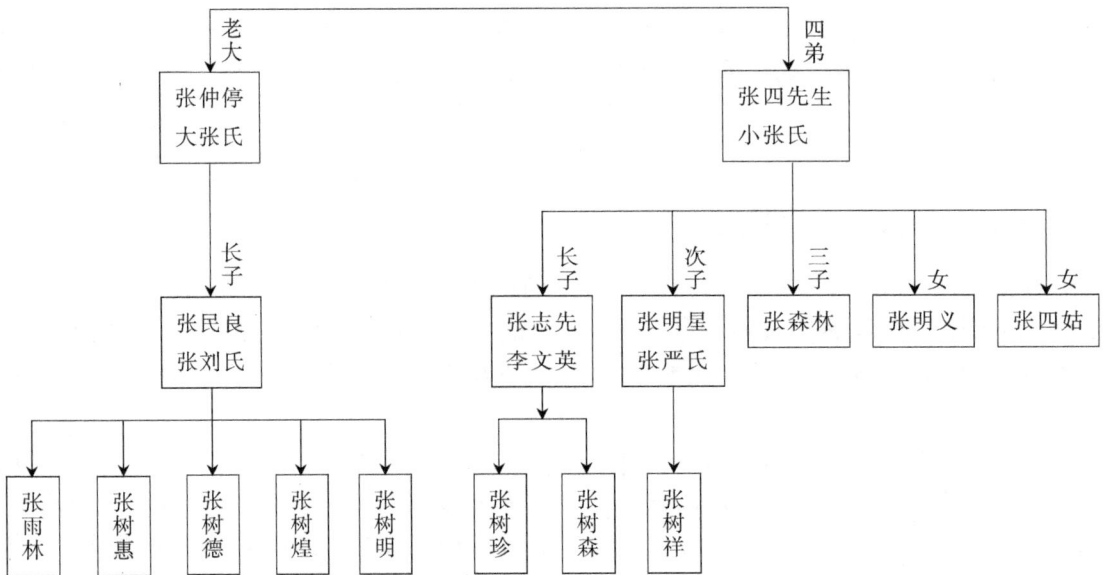

图 5-1　1946 年以前张家的家户结构图

(二)身体状况各异,农业劳动力缺乏

1.家庭成员身体状况差别大

由于张仲停和张四先生长期没有分家,张家人口数量在村里算得上是大户。张仲停夫妻二人仅育有一个儿子张民良,张民良和张刘氏结婚后育有两个女儿、四个儿子,分别是张雨林、张树惠、张树德、张树煌、张树明以及张培然[1]。1946 年,张仲停 73 岁,身体状况中等,1948 年离世。大张氏没有名字,由于张仲停在家里排行老三,因此大家大都按照辈分称其为"三奶奶""三大娘"或者"三婶子"。大张氏 70 岁,1947 年冬天去世。张民良 37 岁,身体状况中等,右手残疾,曾经读过私塾,此后又读过两年学校,1959 年过粮食关[2]去世。张民良的妻

---

① 张培然:1949 年 7 月出生,笔者主要描述 1946 年之前张家生产生活情况,故不将张培然算入张家人口数。

② 过粮食关:从 1959 年 10 月到 1960 年 4 月发生在当时的河南省信阳专区(当时的信阳专区包括今天的信阳市、驻马店市)出现大面积饥荒,大批农民饿死的事件。

子张刘氏27岁,身体状况良好,没有读过书,张民良去世以后,家中生活难以继续维持下去,便带着孩子投奔娘家。张雨林21岁,读了几年书,而后便留在外面工作。张树惠18岁,生性内向,上了两年学以后便出嫁。张树德10岁,张树煌9岁,都在读书,张树明2岁。1949年7月,张民良小儿子张培然出生,张家此时经济窘迫,张刘氏奶水匮乏,于是张刘氏便把张培然过继给自己的三妹。

张四先生夫妻二人育有三个儿子两个女儿,分别是张志先、张明星、张森林、张明义以及张四姑。分家之前,即1946年之前,张四先生63岁,身体状况良好。但在1948年,四爷因受伤和惊吓过度不幸离世。小张氏年龄60岁左右,没有具体的名字,1949年后不久便去世。张志先29岁,并与妻子李文英育有一儿一女,分别是张树森和张树珍,张树森3岁,张树珍7岁。由于张志先常年在淮滨工作,与李文英两地分居,再加上两人属于包办婚姻,张志先对这门婚事也一直心存不满,从淮滨工作回来以后,两人选择离婚,李文英改嫁到朱家。张明星25岁,与严氏结为夫妻,张明星自幼体弱多病,在结婚几年后才育有一个儿子张树祥,孩子生后不久,张明星便去世,严氏带着儿子张树祥改嫁。张森林15岁,身体状况良好,在学校读书,而后考上水利学校,分工至合肥工作。张明义19岁,没有出嫁,身体状况良好,一直在学校读书,志向比较远大,在当时男尊女卑的社会情况下,坚持用读书改变自己的命运。

2.农业劳动力缺乏

土地是农民赖以生存的基础,张家也不例外。张家的生活来源便是农业生产所得,家里的男女老少便都依赖着土地生活。张家完全从事农业生产的男性就只有当家人张仲停一人,除此之外便是张家雇的5个短工和2个长工。张家的其他适龄男性劳动力都在从事其他职业、读书或者身体状况较差,因而无法从事田间劳作。张家的四弟张四先生从不过问家里的农事,在家里开设私塾,每年教几个学生,也能混得几石粮食,后来不教学生,便转而在街上坐诊,给人看病,从医馆收取提成,虽说收入不多,但也还是能够基本满足对外交往的需要。中年的张民良由于右手的三个手指冻坏,无法在田地间耕作,便长期在街上的学校教书补贴家用,偶尔在家中帮助张仲停干一些轻松的农活。张志先在外工作,常年离家,张明星体弱多病,张森林在县里上中学也无法从事农业劳动。张家女性大多是小脚也无法下地干活只能在家里整理菜园。因此,家中农业劳动力极度缺乏,张家农活的重担几乎都压在了张仲停一个人身上。

表5-2　1949年家庭成员情况统计表

成员序号	姓名	家庭身份	性别	当时年龄	婚姻状况	职业情况	健康状况
1	张仲停	当家人	男	76	已婚	农民	良
2	大张氏	妻子	女	73	已婚	农民	良
3	张四先生	四弟	男	66	已婚	教书先生及医生	良
4	小张氏	四弟媳	女	不详	已婚	农民	良
5	张民良	儿子	男	40	已婚	教书先生	良
6	张刘氏	儿媳	女	30	已婚	农民	优
7	张志先	大侄子	男	32	已婚	公职人员	优
8	李文英	大侄媳	女	不详	已婚	农民	优

成员序号	姓名	家庭身份	性别	当时年龄	婚姻状况	职业情况	健康状况
9	张明星	二侄子	男	28	已婚	农民	
10	张严氏	二侄媳	女	不详	已婚	农民	优
11	张森林	四侄子	男	18	未婚	学生	优
12	张明义	大侄女	女	22	未婚	学生	优
13	张四姑	二侄女	女	不详	未婚	—	优
14	张雨林	孙女	女	20	未婚	学生	优
15	张树慧	孙女	女	18	未婚	学生	优
16	张树德	孙子	男	13	未婚	—	优
17	张树煌	孙子	男	12	未婚	—	优
18	张树珍	侄孙女	女	10	未婚	—	优
19	张树森	侄孙	男	6	未婚	—	优
20	王三	放牛子	男	不详	未婚	长工	优
21	—	放牛子	男	不详	未婚	长工	优

（三）"庄子"近街，四面沟渠环绕

在当地，房屋便叫作"庄子"。所谓"庄子"便是有水沟环绕的房屋，属于当地的一种特色建筑，跨过水沟，连接房屋与外面道路的便叫作"塘坝子"。泉河乡是以水田为主，所以村里的房屋四周都是由一条水沟环绕，村里栽秧都是从沟里引水浇田，河里来水，停留时间很短，如果没有沟，就留不住水。由于地多人稀少，村里各家各户都是这样的建筑格局，一来房屋外面的水沟能够满足自家用水需求，二来有水也象征着财富。张家庄子位于泉河街道附近。泉河街道是一条东西方向的长街，过了街边菜园再往西边走便是一个大衣岗①，衣岗过了就是张家庄子。在整体方位上，张家庄子位于三里庙子的西北角，房屋坐北朝南，张家庄子周围的房屋稀少，除了几户邻居之外都是大片的田地。

村里的房屋基本上都是土坯房，建筑材料都是轻便易得的泥巴，很少有砖砌筑的房屋。当然也有特例，一些非常有钱的地主家里，房屋基本上都是用砖盖的。房顶上用小小的，黑色的瓦片铺砌而成，屋脊上面还有鸽子形状的装饰物，好像每一个角落都彰显着贵气。在泉河乡街道的北边便伫立着两幢楼，分别叫作"机械楼"和"洪家楼"，都是村里难得见到的楼房。这两幢楼都很高，站在泉河乡的后面都能清楚地看到这两幢楼房。

---

① 衣岗：当地土话，意为山岗。

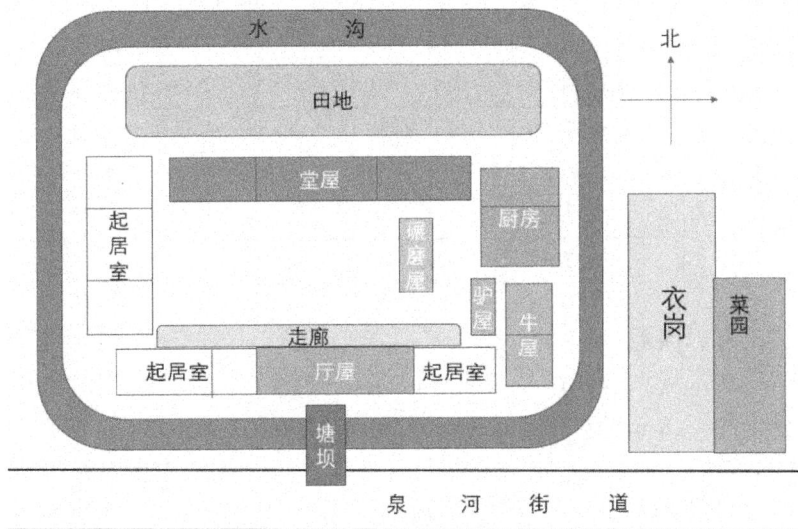

图 5-2　张家家户空间结构图

(四)兴家立业,自给自足

张家经济条件在村里属于中等水平,既不如富裕家庭那般安富尊荣,又不似贫困家庭那样赤贫如洗。家中的土地收成能够满足一大家人的生活需要,除此之外,还有粮食用来缴纳地租和税款。分家之前,张家一共种有十三石种土地,其中自有土地五石种亩,租种村里地主的土地八石种。张家有两头牛、两头驴(一头老驴和一头刚出生不久的小驴),能够帮着家里干活的就只有老驴。除此之外,张家还养了一头母猪、几只小猪、十几只鸭子、二十多只鸡。家里的猪一般不会用来食用,都是等到小猪长大以后,把猪肉卖到村里"肉架子"①,以此来换取少量现金。

分家之前,张家还雇有 5 个短工、2 个长工。长工被称作"放牛子",专门给张家放牛,一般都是十几岁的小孩,常年居住在张家,张家每年支付一定的粮食作为报酬。由于张家农业劳动力较为缺乏,在家里主要就是当家人张仲停领工干活,大张氏和小张氏一般是带着家里的女性管理家中的家务事。张家人口众多,加上在家里干活的伙计,每天都要准备二十几口人的口粮。为了储存粮食,张仲停要求家里冬天吃稀饭,秋天和春天就吃干饭。张四先生一般不过问家里的事情,从早到晚都在街上给别人看病,尤其在妇科和小儿科方面口碑较好。四爷与街上的药铺合作,从中收取提成,但是四爷的收入不上交大家庭,只是供自己对外交往或者自己的孩子使用。在当时的社会情况下,现金交易是少之又少,张家很少有现金支出。张家既有水田也有旱地,田里种植水稻,旱地里种植小麦、芝麻、棉花、绿豆、黄豆。由于年代久远,张家对于田地里种植作物的具体面积已经记不清楚了。

---

① 肉架子:当地土话,意为"卖肉的商铺"。

表 5-3　1946 年以前张家的家计状况表

土地占有与经营情况	土地自有面积	5 石种	租入土地面积	8 石种
	土地耕作面积	13 石种	租出土地面积	0
生产资料情况	大型农具	水车 1 辆、犁 1 个、耙 1 个		
	牲畜情况	牛 2 头、驴 2 匹		
雇工情况	雇工类型	长工	短工	其他
	雇工人数	2 个	5 个	0

(五)无人当官,乡邻拥戴

张家无人当官,从未有人担任过乡长或者保、甲长之类的职务。虽然如此,但是张家在村里仍受人尊重,村里的街坊邻居对张家也是十分友善,主要是因为:首先,当地人一般都是比较尊重医生和教师这两种职业的。张家虽然无人做官,但是张四先生在村里既当过教书先生,又在村里当医生,村里孩子生病,首先想到的便是张四先生。其次,在当时教育极其匮乏的情况下,张家的小辈们也都或多或少接受过教育,在待人接物方面也十分得体。最后,张家乐于助人是村里人众所周知的。农忙的时候,周围小户会经常来张家借用牲口或者石碾,张仲停与妻子也很少拒绝,十分随和。张仲停十分善良,对于那些孤苦伶仃、无依无靠的人都会伸出援手。有时候,村里邻居之间有矛盾出现,也都会找张仲停来做调解。这种与人为善的家庭作风使得张家在村里十分受街坊邻居称赞与爱戴。

(六)家户基本特点与特性

1.张仲停当家

1946 年以前,张家家中有三代人共同生活,张仲停便是张家的当家人。一家人靠田吃饭,种田在家中是重中之重的事情,家中关乎种田的大小事情基本都是由当家人张仲停安排。在家里,大张氏带着家中的女性负责家务等琐碎杂事。有时候,邻居来张家借用牲口或者农具,如果张仲停不在家,经大张氏同意也是可以借用的,但是大多数情况下,张仲停都会在家里,或者是在田里干活,所以也很少会找不到人。张家分工明确,男性负责在田间劳作,女性在家中处理家务、整理菜园。虽说张家人口众多,但是每个人也是各司其职,所以不用请外人来当管家。分家之前,张家的当家人一直都是张仲停,没有变动过。

2.地多即大户

在当地,对于大户小户的标准划分,区别就在于家里土地面积的多少。大户家中田地较多,除了自家耕种之外,还有多余的田地能够租给别人耕种。所谓的大户仅仅指代土地多的家户,土地富足自然衣食无忧,但是并不一定在当地就有较高声望、受人拥护。比如,张家有一个亲戚万家,万家属于四代同堂的大家庭,家中老一辈四个兄弟一直未分家,家中人口众多,拥有百十亩土地,在当地算是名副其实的大户,但是家中这四个兄弟横行霸道,村里人都比较惧怕他们,在村里的口碑不好;中户的田地基本能够自给自足,满足自家人生活的基本需求;小户的田地较少,且多为旱地,土质低劣,生活较为拮据。在这种划分标准下,张家属于中户,家中自有土地加上租种村中富裕人家的土地一共十三石种,每年的粮食收成除了能够满足自家基本的生活及交地租以外,还能余出一些粮食,有时候张民良会把多余的粮食拿到街上去卖,或者去"坊子"交换。

3.中等水平"肉头猴"

张家的人口数在村里是属于较多的,在人口数量方面属于大户。张家在村里经济水平属中等,在当地,这种不上不下的经济水平被称作"肉头猴"。人口的多少对于一个以农业为主的家庭是至关重要的,家中的田地再多,如若没有人耕种,那也是要荒废的。一般情况下,一个家庭种有十几石种的土地,这需要四五个精壮的劳动力才能耕作。家里的中年男性领工干活,中年女性"掌盘子"①,年轻女性洗碗烧锅,年龄稍大的男性和女性在家里干的活都稍微轻松一些。家里地多同时还需要有足够的劳动力,这样的家庭经济情况才能稍微好一些。在一定程度上,张家也面临着同样的问题,张家虽然土地数量较多,但是家中农业劳动力缺乏,家中的适龄劳动力都在外参加工作或是在学校读书,家中只有张仲停带着家中的帮工一同种地。因此,张家的经济水平在总体上来说是处于中等层次的,每年的粮食收成在满足自家的基本生活需要之外,还要交地租、留口粮,日子也是刚刚好。三里庙子有保、甲长,但是保、甲长的职责只是在每年粮食收成季节挨家挨户收取税款,并未将村里的农户划分等级。

---

① 掌盘子:当地土话,意为负责家中主要家务。

437

第二章 家户经济制度

1946年以前,张家不仅种自家的土地,还租种村中富家的土地,居于祖屋,生产、生活资料无一不备,自给自足。直至张仲停与张四先生兄弟俩分家,两个家庭按照各自小家庭的人口数划分土地和生产、生活资料。张家的土地、房屋及生产、生活资料归全家人共有,主要由张仲停进行支配。当家人主导家户分配过程,按照家中家庭成员的数量进行分配粮食、食物。大张氏具体负责棉花分配,也即张家的衣物分配。同时,当家人张仲停掌握对于家庭各类消费的决定权,张家的消费类型多样,但是先后有序,略有差别,对于粮食、食物及医疗方面的消费是必不可少的。除此之外,张家对于家中小辈的教育投入也是十分重视。同样,张家也是由张仲停掌握借贷与交换方面的主要决策权,家庭成员听从当家人的安排。

一、家户产权

(一)家户土地产权

1.土地肥沃,灌溉便利

张家在1946年分家。分家之前,张家自有五石种的土地,同时租种村里富裕人家"张霸西"八石种,一共有十三石种土地。张家所在地区地处豫南,家中土地大部分为水田,小部分为旱地,并且家中的田地都分布在离家不远的地方。一般情况下,村里的土地质量还算肥沃,除了个别穷户家里土地寥若晨星,会租种一些坟地旁边空余出来的土地,这些土地的质量就比较低劣。由于张家是以耕种水田为主,所以灌溉条件对于农业生产至关重要,各家各户房屋外围环绕着的沟渠便是灌溉农田的必不可少的条件。每到二三月份,河里就会来水,这时候便是家家户户农田灌溉的时期,张家便会和邻居家共同合作,共同使用水箱,抢河水灌溉农田。

2.耕种自有与租佃土地,分家后由盛转衰

1946年以前,张家耕种的土地既包括由祖上继承而来的土地,同时也租种村里富裕人家的土地。村里一户富家张柏西,在村中掌有土地几百亩,人称"张霸西",村中许多人家都是租种他的土地,张家也不例外,租种地主张柏西的八石种土地。不管收成好坏,每至年底,张家都要送给张柏西固定的粮食作为租种土地的地租。由于张柏西与张家同姓,便与张仲停认了自家,但是每年的地租也并没有减少,只是在收地租的时间上对张家要更加宽裕一些。张家的田地都在自家房屋周围分布,一共有两块,土质优良,灌溉便利。

分家之后,张仲停带着自己的小家庭在祖屋后面的土地上重新建屋,分到八石左右的田地。之后不久,张家老人相继去世,村里开始进行土地改革运动,张仲停一家被划为佃富农。由于张仲停四弟张四先生一家人口较多,并且有雇工,因此在土地改革运动中被划为地主。

1949年以后,张家两个家庭的劳动力十分缺乏。张民良去世,张志先在外工作,张雨林、张明义、张森林在城里上学,常年离家在外。张树德与张树煌年仅十岁左右,无法参与农业劳动。以土地为生的家庭在劳动力极其匮乏的情况下,张家经济条件与日剧下,张刘氏便带着孩子投奔娘家,张家由盛转衰。

3.土地家户共享

土地是一个家庭赖以生存的重要基础。张家的土地没有和别人共同拥有的情况,也没有属于个人的土地产权,张家的土地所有权属于全家人共同所有。分家之前,张家的农业生产一直都是由张仲停一人决定,如每块田地种的粮食品种、家中雇工的农活分配,等等。张仲停的四弟张四先生对田地里的事情从不参与,但是一家人还是享有对土地的产权,同灶共食。收获的粮食除去用于缴纳地租、各种税款的部分,剩余粮食都是供一家人生活。在张家,只要是生活在一起的一家人,就共同享有对于土地的使用及管理的权利。

对于家庭中的土地产权,嫁出去的女儿是没有份的。在传统意识里,嫁出去的女儿就像泼出去的水,已然成为别人家的人,对于家中的土地自然没有拥有权。同理而言,家中的土地对于嫁进来的媳妇是有份的。与其说是嫁进来的媳妇享有土地产权,倒不如说是儿子自己的这个小家庭共同享有对于家中土地的产权。村里有一户地主的儿子在媳妇未过门便去世了,但是媳妇仍旧嫁了进来,在家里也是享有土地的产权。

张家的雇工不享有张家的土地产权。在当地,只要有雇工的家庭,便有这样一种针对雇工划分土地的惯例:雇工的东家会从自家土地中划出一块土地分给帮工的人作为雇工的报酬。在土地耕作过程中,东家提供种子,雇工收获粮食归自己所有,若离开东家,土地自然收回。因此,张家的雇工虽然耕种张家的土地,但是并非享有张家的土地产权。

4.土地边界自己门儿清

在村里,家家户户的田地基本都是继承祖上传下来的土地,租种土地的家庭也大都租种的是村里富裕家庭的田地。各块田地之间没有明显制造出来的边界,但是各家各户对自己家的田地都是门儿清,人家的是人家的,自己的是自己的,毕竟只有清楚自己家的田地,才能正常地进行耕种、收获。土地就是农民的天,没有了土地就丧失了赖以生存的基础。自家的田地只有自家成员和雇工才能够耕作,外人不会擅自在非自家的土地上进行耕作。家中土地一般也只有自家的家庭成员能够继承,外人无法享有这种权利。张家分家的时候就按照家里儿子的人数将土地进行划分,分家以后张仲停一家和四弟张四先生一家就不在一起进行农业劳作。分家之后,虽然还是家人,但也是各家种各家的田地。之后不久,村里便开始打土豪、分田地。分到土地的各家各户便开始明确自家土地的边界,在自家的田地旁边树立一块写有姓名的牌子,以显示自己对此块田地的所有权。

张家的土地经营权归家户所有,一般都是当家人张仲停决定种植粮食品种和种植方式,四弟张四先生主要从医,对田地里的事情不懂,自然也不会过问。农忙的时候,张家都是张仲停带着家里的雇工一起干活,特别忙的时候,张家的女性和孩子也会干一些力所能及的轻便活,收获的粮食也都是归一家人共同享有。每到冬天,张家收的稻子、黄豆、绿豆、玉米、芝麻、花生等都会整整齐齐地堆放在张家前厅的过道里,粮食的处理方法也基本都是由张仲停说了算,花生、芝麻一般都会送到油坊以换来食用的花生油和香油;绿豆送到粉坊以换来粉条;黄豆就在家里用小磨做成豆腐。每一种粮食都有能够将价值发挥到最大化的做法。

5.家长支配相关土地劳作

在土地租佃中,当家人张仲停在其中起到主心骨的作用,"张霸西"常年住在城里,每到年底,张仲停便会带上家里的伙计扛着粮食去城里"张霸西"家里交地租。缴纳地租的多少及具体缴纳方式这些都是张仲停与"张霸西"商议,家庭中的其他家庭成员一般不会插手。

分家之前,张家雇有五个短工,对于短工的报酬不是以金钱进行计算,土地与粮食就是金钱的等价物。张家按照当地的规矩,每一个伙计分一块田,并享有土地的使用权与收获权。张家负责提供种子,耕种与收割粮食都由家中伙计自己决定,粮食也归其所有。具体说来,"掌线"的伙计,也即负责带牛耕地的伙计,活重时间长,张家给他们的地就要多一点,差不多5亩地。张家其他干活的伙计,只要来家里帮着干活就可以分得4亩地,这些都是张仲停具体安排支配。

6.自劳自食,无人侵占

在村里,各家各户都有自己固定的土地,家家户户都在自家土地上每日辛勤劳作,自己劳动,自己生活,谁也不会去侵占别人家的土地。分家之前,张家的土地没有出现过被外人侵占的情况,但是村里的大地主有时候会侵占贫苦人家的田地,贫苦家庭由于人口和经济条件相对弱小,根本无法与村里的大户人家抗衡,就算是被侵占了,也只能是憋一肚子苦水。村里的保、甲长只负责到了固定时间挨家挨户收取税赋,一般也不会去管村里的恶霸地主强占他人土地的恶行。冰冻三尺非一日之寒,村里存在官商勾结的现象,对于恃强凌弱的土地侵占更是束手无策。

7.外界认可

(1)乡邻认可与尊重

张家世世代代生活在三里庙子,在村里算是名副其实的老户人家,周围乡邻对于张家的土地都有比较清晰的认识,对于张家土地的所有权以及耕作、收益的权利都是十分认可的。土地是一个家庭的生活来源,家家户户对于自家及别人家的土地界限都十分清楚,更不会去随意侵占他人的土地,这种情况在当地很少发生。关乎土地方面的相关事情都由一家之主决策,若是需要买卖、租用或者置换张家的土地,都会与张家的当家人张仲停商量,因此在张家不存在强行买卖、租用与置换的现象。张家没有这种情况,村里也很少会出现这种现象。

(2)家族保护

在泉河乡,张姓属于大姓,张氏家族的各个分支也都居于泉河乡各个村落。张氏家族认可张家土地,并且保护张家对于自家土地的所有、耕作与收益的权利。若是张家土地被外人所侵占,张氏家族也必然会发挥家族的庇护作用。

(3)村庄认可与保护

村里对于家家户户的土地所有都有着明确的登记。一方面,保、甲长可以根据土地登记情况收取税款。另一方面,这也在一定程度上为村庄家户的土地提供了保护,避免恣意侵占他人土地情况的出现。保、甲长对于张家土地的所有、耕作及收益的权利予以认可并且保护。

(二)家户房屋产权

1.继住祖屋,多代共生

分家之前,张家居住的房屋一直都是从祖上继承下来的,张家祖辈世代居住于此。张家的宅基地面积在五百平方米左右,张家自己居住的房屋建筑面积三百平方米左右。房屋布局总体上方方正正的,为四合院形式,房屋的外围有一条沟渠环绕,用以日常取水和田间灌溉,居住房屋与外界由塘坝连接。由于张家人口众多,房屋面积在村中算是较大、较好的。但是由于张家居住的是祖屋,自然经受了多年的风吹雨打,因此房屋经常需要修缮,有时候家里的房屋墙壁有裂痕,张仲停就会让伙计去田里挑一些白土回来,加上水还有麻秸和成糊糊状,用以修补墙壁。张家房屋的内部设施与别家也相差无几,房屋一般都是土坯房。村里也有大户人家的房子使用砖建造的,造型考究,外形美观,但是也只限于有钱的人家才会建造。

张家人丁兴旺,房子数量自然也多。张家一个大庄子,整体房屋朝向坐北朝南,但是忌讳正北正南,这样会与求佛拜神的庙宇朝向相冲突。张家一共有十来间屋子,前面三间,后面三间。除此之外,张家还有矮屋子、磨屋、碾屋、驴屋,还有两间牛屋,前面三间屋子是厅屋,厅屋的东边便是两间牛屋,后面三间屋子是堂屋,三间厅屋中的大厅屋里面套着一个小屋,专门供家里来的客人居住。在大厅屋的前面,有一条走廊,一般都是用来储存粮食,如冬天收的稻子、黄豆、绿豆、芝麻、花生,等等,这些都是堆放在走廊上。东边两间屋子是厨房,西边有两间屋子是张仲停一大家子居住,四爷张四先生一大家子住在南边的另外两间屋子里。在当地,家家户户的走廊上面都会贴上"上边子",所谓"上边子"承载着人们的精神寄托,在纸上画上佛爷,祈求风调雨顺,家户平安。

分家之后,张仲停便带着自己一家人与四弟一家分开居住,在祖屋后面的空地上又修建起五间房屋,另起了一个庄子。旧庄子门朝西,新庄子门也朝西,虽说不住在一起,但互相还是常有往来。

2.房屋家户共同使用

张家二十一口人共同居住在祖屋,张家所有家庭成员对于房屋都享有使用权。但是未出嫁的女儿不享有对于房屋的拥有权,女儿出嫁以后就在夫家居住,成为夫家的一分子,自然也就不再有娘家房屋的拥有权。比如,已经出嫁的张仲停的两个侄女,虽然在张仲停的二弟去世以后就一直在张家生活,但是出嫁以后两个侄女就不在张家居住。张家作为娘家,两个侄女对于娘家的房屋自然没有拥有权,更不可能对娘家房屋拥有支配权。

张家世世代代居住在祖屋,不存在与别人共有的情况。分家之前,张家共有5对夫妻,分别是张仲停夫妇、张四先生夫妇、张民良夫妇、张志先夫妇以及张明星夫妇。张家庄子西边有三间房屋,供张仲停一大家子居住,南边的两间房屋及北边的三间堂屋,主要是张四先生一大家子居住。这些都属于张家内部小家庭的专属起居室。全家人共用的就是家里的厅屋、厨房等。张家虽然人口众多,但是在房屋的使用次序和使用权利方面并没有严格的等级差别。家中居住的房屋划分明确,对于那时候来说,能够吃饱喝足,有睡觉的地方就已经是最高奢求。一般情况下,家长和其他家庭成员也是不会去使用和居住其他小家庭的房屋。在同一个屋檐下,任何事情都是可以互相商量着来,所有的家庭成员都朝着一个生活目标共同努力,而不是将房屋产权划分至个人,这样一来,更能够增强家庭的向心力与凝聚力。

3.沟渠作界,清晰明朗

在当地,房屋与房屋之间有着明显的界限——沟渠。村里各家各户房屋的外沿都会有一条沟渠,一方面,沟渠里面蓄的水能够满足自家生产、生活的需要;另一方面,这也成为家家户户之间房屋的一条明晰的界限。四邻一般是不会越过他人房屋的边界修建房屋的,一是因为各家各户的庄子都是由水沟围着,他人很难越界;二是因为那时候人少地广,别人根本没有必要越过别人家的房屋边界修建房屋。张家的房屋都是归自己家的家庭成员使用。由于张家雇有长工,家中的两个负责放牛的孩子会暂住在张家,专门负责照料张家的牛。房屋一般都是由家中的长子继承,外人是无法享有房屋的继承权。张仲停一辈与四弟张四先生长期未分家,因此张仲停兄弟俩共同继承张家的祖屋。后来,由于家中人口日渐增多,张仲停与张四先生分家,分家之后的房屋也都是由各自的长子张民良和张志先继承。

房屋归所有家庭成员共同使用,这对于张家每一位家庭成员来说都是毋庸置疑。张仲停作为张家的当家人,家中房屋修缮等大事小情也都是由他决定。有时候,家中小辈们也会帮忙修缮房屋,外人不会插手一个家庭的内部事情。

4.家长支配房屋所有权

张家世世代代居住的祖屋只供自己家里人居住,并没有多余的房屋出租或者典当给他人的情况。在当时,人少地多,需要房子就可以在空地上直接盖几间。比如,张家的邻居丁家,由于家里人口日渐增多,现有房屋不能满足自家家庭成员的居住需求,因此就直接在自己家的田地里盖了几间房屋。盖房子的程序也是很简单的,大多是将干的稻草铡断以后,与土和在一起,找专业工人用模子脱坯盖房子。

对于专属于小家庭使用的房间,家长不会进行干涉,只是在整体上对家里的房屋进行安排支配。张仲停的两个侄女出嫁以后,空出的房屋就会分给家中其他的小辈居住,房屋的重新调配都是由张家的家长们共同商量决定。

张家家庭成员在分家之前所居住的房屋是张家的祖屋,所以祖屋是没有买卖过的。分家以后,张仲停一家在祖屋后面重新建造的几间房屋,这也都是张仲停带着家里的伙计和建房的工人一起修建。修建的房屋都是在自家的土地上,因此这些事情都是不用告知他人的,他人也不会干涉。分家一两年之后张仲停就去世了,家里便是他的长子张民良当家。

5.外界认可,无人侵占

张家在村里也属于世代居住的老户,街坊四邻与张家朝夕相处,张仲停向来乐于助人,平时只要街坊四邻有困难,能帮忙的情况下,张仲停就会尽全力帮助他们。比如,街坊四邻发生矛盾,大家都会来家里找张仲停主持公道,在街坊四邻的心里,张仲停是具有一定重要地位的。外界对于张家房屋产权的认可也都毫无疑问,更不会去侵占张家的房屋。1949年以前,张家的房屋没有被侵占过。除了有些贫苦人家人少地少,村里的一些恶霸地主会占用其房屋。贫苦人家实力弱,一般都无法与恶霸相抗衡。张家房屋也从未出现过被强买强卖的情况,一般人家都是自己有地,打坯盖房子。穷一些的家庭一般都是在田边沿盖一间屋烧锅,中间盖一间大屋孩子住。稍有钱的小家就盖两三间屋,这也是能够过得下去。村里各家各户的房屋都是在自己的田地上建造的,除非有的家庭在租种他人的土地上建造房屋,否则是不会被强买强卖的,但是这种情况在村里几乎没有见过。

(三)生产资料产权

1.生产工具准备齐全

作为一个以农业为生的家庭,完备的农业生产工具与牲口是重中之重。张家农具一应俱全,大型农具主要有水车、犁、耙,小农具也是十分完备,主要有洋叉、木锨、锹、筢子等。洋叉是用来打稻、打麦,使得稻壳、麦壳与大米、小麦相脱离。木锨则是用来分离粮食和稻壳等混杂物的主要工具,将收完的稻子铺在道场上,用石磙碾压稻子,将稻粒分离下来,等到风来的时候,便用木掀将稻粒扬起,稻壳及其混杂物便会分离开来。笆子便是用来将收割好的稻子或者其他农作物均匀地铺撒在地面上,充分接收阳光的照射。

有犁必有牛,犁和牛缺一不可。牛对于一个家庭来说十分重要,因为在一定程度上,牛是可以代替一个强壮劳动力的,甚至于有些人力无法干的活,也都要指望牛来干。在张家,家中被称作"掌线"的短工便是专门负责带牛犁田,"放牛子"便是专门伺候牛的生活。张家邻居家里死了一头牛,家里人哭得非常伤心,可想而知,耕牛对于一个家庭的重要性。除了耕牛之外,张家的牲口还包括两头驴,家里的驴主要负责推磨拉碾子。

2.农具大多自制

张家的农具,大部分都是自己做的,也有小部分工具制作是需要技术活的,就会请木匠或者铁匠来家里制作。用来翻整田地的犁是铁制的,所以这就需要去铁匠铺请专人打造。木制的农具一般都是由张家自己提供原材料,张家门前的两棵桑树便是家中木制农具的取材源。掌盘是木制的,水车的水箱也是木制的。做水箱的时候,先把桑树砍倒,而后放到水里泡上几个月,到了一定的时间,就把泡好的桑树捞上来放在院子里暴晒。等到第二年春天就可以请木匠来家中做农具,这种经过浸泡的木材更有耐水性,是用来做水箱的不二选择。张家的水车是四个人用的水车,水箱特别大,所以耗费的木材也较多。张家家里的小农具一般都是自己去街上的铁匠铺买,比如小农具木掀,木掀分为两部分,木掀头和手柄。木掀头一般都在街上买,木掀手柄是木制的,也会找专业的木匠制作,将桑树木头砍下并将表面整磨光滑,然后拿回家自己安装好。到春天二三月份,家里水车坏了,也会请木匠来家里换车水板。

张家的生产资料比较齐全,基本上没有和别人家共用或者共有的情况。在村里,种庄稼的家庭基本都有水车,一般也不需要向别人借。农忙的时候,每家每户都在忙着用水浇自己家的田,自然也就没有闲余的水车借给他人,但是一些小户家里基本上没有这些大型农具。在当地,大户种水田,小户种的田都是旱田,而且面积较小,一般情况下也用不到水车这些大型农具。

3.家户共享其用

张家的生产资料包括农具、牲口,这些都是全家人所共有的,是一家人集体财产,不属于某一个成员独自享有,这也是一家人劳动的重要工具,制造生活来源的重要帮手。张家的农具都是自家掌握所有权与使用权,一般不跟别人共同拥有生产资料,基本上所有种庄稼的农户家中都会备好这些农具,而且这些农具都是不借人的。小户没有水田自然也用不上所谓的大型农具,小户家里的小农具,如用来挖菜园的锹等也都是比较完备的。

张家养的牲口并不与别人家共用,但是有时也会有邻家来家里借用牲口。一般情况下,牛和犁、把是要搭配使用的,带牛犁地的伙计"掌线的"也一块去帮忙,因为牛会认生,如果不是熟悉的人带着它犁地,牛会冲撞人,这是十分危险的。邻家借牛的时候只要张家的牛在闲着,张仲停二话不说就会借给对方。一般没有人借驴,驴是用来推磨的,不过也有四周的小家小户没有磨没有碾子没有老驴,他们就会来张家借用牲口和农具。用完驴和牛以后,借用的家庭给驴和牛喂点麸子或者稻草,把牲口喂饱之后才归还回去。"掌线的"伙计去帮忙,借用的家庭也管饭。在当地,家里借用了牛或者驴以后,一般就会杀一只鸡,或者买一点肉,有鱼塘的就打鱼,用来招待干活的人。有些穷家自己舍不得吃鸡,都会留着给来帮着干活的人吃,比如平时在家里,张家一般都是干活的伙计在家的时候才会买肉招待。

张家的生产资料是全家人共同享有,共同享用其带来的劳动成果,但是对于生产资料的所有权却不是人人都有份。家中的女性很少使用大型农具下田干活,一是因为女性力气较小,二是因为那时候的女性大都是小脚,站都站不太稳,更不用说下田干活。对于家中已经出嫁的女儿,是不享有家中生产资料的所有权的。对于未出嫁的女儿,只能说是暂时享有生产资料的所有权,一旦嫁出去成为别人家的人,所有权自然也就没有了。对于嫁进来的媳妇,入赘的女婿是享有生产资料的所有权的。分家的时候,张家也是按照人头数对小家庭划分生产资料。分家以后,各家享有对各家生产资料的所有权。常住家中的长工只享有对于生产资料的使用权,不享有生产资料的所有权。

4.家长主导,家人配合

张家的生产资料在购买、维修、借用中,张家当家人张仲停为实际支配者,若当家人不在家,大张氏在借用中也可以做决定。

张家需要购买的农具都是张仲停自己去买,更换犁就到铁匠铺去换。有时候农具重量过重,张仲停就让在张家的伙计帮忙扛着。家中制作农具的事宜,比如木制的犁盘等,这些也都是张仲停具体负责。在借用生产工具方面,一般都是别人来张家借用,张家生产工具齐全,不用向他人借用。有时候邻居会来张家借牲口,一般都来家里喊"三爷"或者"三叔",即张仲停,问能不能借一下家里的牛帮家里犁地,张仲停答应之后,邻居便带着牛和犁地的伙计"掌线"一块儿去帮忙。一般情况下,张仲停是不会离家太远的,基本上都是在田埂看庄稼或者在地里领工干活,最多一时半会儿就回来了,因此有人来家里借用农具或者牲口都会等当家人回来安排。若四周的小家小户借用农具或者牲口有急用,大张氏也是可以代替张仲停做决定的。

5.产权明晰,无人侵占

张家的农具和牲口没有被侵占过。家家户户对于自家生产资料都有清楚的认识,你是你的,人家是人家的,谁也不占谁的。有时候,为了避免别人家的农具混淆,张仲停都会在自家农具的把手上面刻上名字。种庄稼的时候,各家各户会准备好必要的农具。拿耕地来说,不是各家各户在同时开工,而是有的先有的后,先开工的家户可以向晚开工的家户借农具,晚开工的也可以到先开工的家户借农具。张家同样也没有出现过生产资料强买强卖的情况,农具和牲口各家各户都有,既没有人买也没有人卖,到了春天,为了顺利开展农业生产,只要是种庄稼的家庭都会准备好这些农具。

(四)生活资料产权
1.数量满足,自给自足

分家之前,张家庄子里有1亩多地作为家里的"道场",也即晒场。道场位于张家房屋后方,其实也是家里的土地改造的。道场主要是用来打稻、打麦子。张家的道场起到"一物两用"的作用:一方面,春天的时候,张家就在道场处种一点油菜,冬天可以种青菜;另一方面,到了收麦子的时候,油菜也到了丰收的季节,张家就把这一块土地整理一番,用耙子将土地整理平整,然后洒一点水,用石磙左一道右一道地压,就变成了道场。

张家没有水井,生活用水基本都是用庄子外围沟里的水。张家附近有一处钻井,几户人家共用这口井,钻井里的水仅用于饮用,饮用水都是各家各户自己去挑。做饭一般都是用水沟里面的水,做饭之前,大张氏就会带着家里的女性去抬水。

张家有石磨、石碓、石碾,这些基本上都是继承上辈而来。在村里,只要是种庄稼的大户都有这些工具。至于家中的桌椅板凳,有时候需要请木匠来修整一下家里的长板凳。家中很少有像样的床,一般都是泥巴建起来的炕,张仲停睡的床就是在两条板凳上面放一个板子,这样简易搭建起来的床。后来,张家小辈结婚都会重新买床。

张家的食用油等生活用品也都是自给自足,家中旱地里种有芝麻、花生、黄豆、绿豆等农作物,到了收获的时节,张仲停就会把芝麻和花生送到油坊里面,芝麻可以打成香油,花生可以榨成花生油。家中没有多种多样的调味品,盐便是唯一的佐料。在当地,买盐超过2斤则要收税,泉河的街道上到处都有盐卡,卡长带着十来个盐卡在街上转悠,专门收取盐税。张家买盐都是张仲停偷着买,由于张家家里人口较多,对盐的需求量较大,所以一般都是想方设法逃避盐卡。

张家的盐基本上都是张仲停一个人去街上置办,买盐的时候,会带一个筐,上面买一点青菜豆腐盖在上面,下面放着盐,以此来逃避盐税。如果家里需要较多盐的时候,如冬天家里腌辣菜的时候,对盐的需求量就会增加,那时候盐价格较贵,一般都要先卖两挑米换取足够的现金。对于采购盐的数量较多时,张仲停都会带着两个贴心的伙计,带上笆斗到安徽察安去买盐,一次差不多会采购四五十斤的盐,回来的时候同样也是买点东西放在上面,有时候为了逃避盐卡,也会把盐放在张民良教书的学校里,然后再一点一点从学校带回家。

2.生活资料家户共享

张家的生活资料也是属于全家人共同享有,既然大家生活在一起,住在同一个屋檐下,同吃同住同劳动,那么生活资料就是大家所共有的。家里生活条件好了,那么一家人就能够共同享受;家里生活条件差强人意了,大家就节衣缩食,共同度过艰难时期。张家在秋天收获的麦子可以供一家人一年到头的生活需要,夏天吃馍馍、面疙瘩,冬天吃干饭、稀饭。张家还有一处菜园,主要种韭菜、苋菜、葱、蒜,等等,也不需要去街上买菜。冬天下雪,家里没有伙计在家里干活,张仲停就说吃稀饭,要么吃稠一点的稀饭,要么吃菜干饭。有稠吃稠,有稀吃稀,虽然生活艰苦一些,但也是乐在其中。中午如果吃干饭,基本上吃的都是素菜。到了春天和秋天,家里的伙计来家里干活,伙计中午就在老东家吃饭,张家就会割点肉回家犒劳干活的伙计,伙计在家的时候比平时自家吃的还要更好一些。

张家的生活资料属于全家人共同所有,而不是将所有权划分至个人。家长与家庭成员在生活资料的产权上是平等的。这样一来,相对于将生活资料切割划分至个人而言,家庭对于生活资料共同享有的模式更加能够展现一个家户的亲情,体现家庭的内在凝聚力与共生力。

3.当家人具体管理与支配

在生活资料的购买、借用、维修等事项中,张仲停是实际的支配者。张仲停是张家的当家人,对于张家的生活资料的管理自然具有权威的话语权。张仲停不在家的时候,大张氏也能够决定部分事情,但是作为靠地为生的农民,张仲停都是时时刻刻在田间转悠,也不会经常不在家。因此,大张氏决定家庭事务作用体现的并不充分。在生活资料的购买上,都是由当家人也就是张仲停决定并且亲自购买,如在家庭用盐方面的采购,都是张仲停亲力亲为。在生活资料的借用方面,张仲停在家的时候,都是当家人具体支配管理。张仲停不在家的时候,来借用的人家提前向张仲停打过招呼,大张氏也是可以将家中的生活资料借给他人用。在穿衣方面,则是大张氏按照家中人头数分配棉花,分到个人以后,对于棉花的具体处理方式则不

445

插手。只要干完活了,大张氏就和张刘氏在屋里纺线,张家家里没有"斛线拐子"①,这时候,大张氏就会去别人家里借用,用完以后也会完整无缺地归还。

4.时局动荡,多有侵占

1949年以前,村里有很多厉害的小土匪,只要看到哪家能吃上饭的、能穿阃阋衣裳的,就会去这户人家里把生活物品抢走。土匪特别猖獗时,种庄稼的大户都有可能会被抢,小土匪都是成群结队,十来个人组成一个土匪团伙,到了家里就把男性冬天穿的棉袍,女性穿的袄子,像样的衣裳都抢走。除了那些外形较大,不易带走的东西之外,家中凡是值钱的好东西都无一幸免。那时候如果家里遭了土匪,也没有办法,土匪人多势众,大家都不敢招惹。张家只见过别人家的东西被土匪侵占,自家并没有这种经历。

5.外界认可

虽说时局动荡,村里会出现小土匪抢劫生活物品,但是本村的村民对于乡邻的生活资料十分认可,不会随意侵占他人的生活资料,也不会出现强买强卖的情况。若是出现此类情况,并且情形较为严重,那么村庄也会出面保护。

二、家户经营

(一)生产资料

1.自家农业劳动力缺乏,无法自给

张家的农业劳动力匮乏,家中适龄男性基本不参与田间耕作,只有张家当家人张仲停带着家里的雇工参与家庭生产。张仲停是家中的主要农业劳动力,负责在田间领工干活。四弟张四先生基本上不过问家里与农业生产的有关事情,一是因为张四先生教书和给村民看病便没有参与过家中农业生产,对于田间的事情不了解,自然也就没有兴趣参与;二是因为张四先生有自己的职业,他除了给村里人看病之外,还在家里开私塾,教几个学生读书,一个学生的学费是一斗麦子,学费的收入和从医的收入足够张四先生自己在外交往的花销,无需依赖家中农业收入。虽说如此,张仲停也从未干涉张四先生。张家其余的男性小辈基本上也不参与农业生产,张民良由于右手残疾无法干重活,同时张民良也在学校教书,在家的时候也只是帮助张仲停干些力所能及的农活;张志先正值青年,理想抱负远大,常年在外上学并在外工作,很少归家,自然也无法帮忙家庭的农业生产;张明星自幼体弱多病,英年早逝;张森林也在城里上学,只有放假时候回家才能够帮助家里做些农活;余下的张家男性小辈张树德、张树煌以及张树明年龄尚小,无力帮助家里干活。大张氏和小张氏,个头矮,且沿袭着旧封建传统,一直裹着小脚,也无法下地干活。张家女性一般就是在家里帮着烧锅、捡棉花、整理菜园等之类的家务事。逢丰收的时候,张家女性会帮着收粮食。张家的小孩子们一般也不干活。

2.兼有雇工与换工

(1)雇工

1946年以前,张家雇有5个短工、2个长工,主要是帮着家里干农活,这些都是张仲停负责安排,一般不用跟家里其他人商量,这些都是自家的家务事,自然也就不用告知村里的保、

---

① 斛线拐子:当地土话,专门用来纺线的工具。

甲长。张家的短工主要是在农忙的时候,或者家里活多的时候来张家帮着干活,短工住的都离张家比较近,一是因为有活的时候,方便快速地来张家干活,短工一般不在张家居住,干完活就回自己的家,住的近对于张家和短工来说都比较方便;二是因为在当地,东家会从自家土地中划出两块地给雇工作为帮忙干活的报酬,张家提供土地、种子,并且在干活的时候,张家管饭,最后收获的粮食都放在张家的道场上,但是自己领自家的粮食,短工住得近,自然也就方便在自己作为报酬的土地上耕作,养活自家人。所谓长工就是长期居住在家里的伙计,张家有2个长工,年龄在17岁左右,被称作"放牛子"。由于张家有两头牛,于是便雇了两个长工专门负责喂牛、放牛。张仲停生性善良,张家的2个长工家庭条件不好,长工家中父亲去世,家里只剩下又矮又瘦的母亲领着四个孩子勉强度日,连父亲棺材钱都出不起。张仲停不忍心看着孩子们风餐露宿,就让两个孩子来家放牛,并在张家长期居住,每年年底给两个孩子一些粮食,让他们家能够维持基本生活。张仲停对待家里的伙计像是对自家人一样,干活的时候,有的伙计下田干活要吸烟,张仲停就会给伙计们做烟,把麻秸洗得白白的,把用水和过的青灰倒到麻秸上面,再把它们晒上几天,夏天干活,把麻秸点着,再包一包烟,提一个茶壶,带几个碗就下田去干活了。

（2）换工

张家也会和街坊四邻换工,家家户户栽秧的先后顺序各有差异,有的邻居家里秧栽得比较晚,张家栽得比较早,并且张家雇的伙计要多一些,就会喊道:"三爷,你秧栽完了,可能帮俺家忙。"一句话的工夫,张仲停就会让三五个伙计去帮着邻居家干活。换工都是张仲停决定,不用跟别人商量,也不用告知保、甲长。换工一般会优先与关系好的街坊四邻换,一方面,邻居住得近,伙计方便去;另一方面,邻里关系好,大家都是知根知底,并且换工不用报酬,就是邻里相互帮忙。分家以后不久,张仲停和张民良去世,张刘氏的身体不好,又裹着小脚,张树德、张树煌、张树明就帮人家干活。那时候虽然穷人翻身,分到田地,但是家里没有牛也是无济于事,于是三兄弟就去给人家干活,用人工换牛工。

3.兼种自家土地与租佃土地

张家分家是在1946年,分家之前,张家自有五石种土地,这些土地是无法满足张家二十多口人的生活需要的,同时张家租种村里富家张柏西家的八石种土地。张家租种张柏西家的土地年代久远,具体什么时间已经记不清楚,张柏西与张仲停认了自家,租佃土地的租金就是每年从张家地里收获的粮食里要拿出三分之一送给张柏西。种地基本是看天说话,干旱时节,没有水就没有办法救秧,只有旱庄稼能够存活。风调雨顺时候,家里水稻收成不错,留够张家二十多口人的口粮以外,至少还要送给张柏西三分之一的粮食。除此之外,每年还要送绿豆、黄豆、芝麻、棉花等,只要是土地里长出的庄稼,基本都是要送给张柏西一部分,具体数量无从得知。张家与张柏西签订契约,都是按照契约上规定的粮食与家畜数量送给张柏西。虽说张仲停与张柏西有亲戚关系,但是在地租方面是没有商量的余地,一切都是要按着契约缴纳,这层关系的存在只能是张柏西在收取地租的时间方面给予张家一定的宽裕范围。

4.牲口自给

张家有两头牛、两头驴(老驴可以干活,小驴刚出生不久,没有办法干活),家里的牲口是可以满足张家的土地耕作需要的。张家的牲口一般不跟别人家共用,也很少会去找别人家借用牲口,有时候邻家会来张家借用牲口,就会来张家找张仲停,征得张仲停的同意以后,"掌线"的伙计就带着牛还有犁一块去邻家帮忙。张家的牲口也不是谁来借就能借的,一般都是邻居与张家关系比较好,住得较近的人家,张仲停才会同意借用。对于邻居家比较知根知底,借用给邻家自然也就比较放心。耕牛借用一次一般都是当天归还,关系好的邻家借用是不用给钱的,在当地,借用牲口的农户会管饭,丰盛的菜肴便是作为犒劳干活伙计的主要方式。对于借用的牛和驴也是要喂饱以后才能归还,借用牲口的家庭负责牛的饲料,以及"掌线"的伙计的晚饭,这些就是借用的报酬。

5.农具自给

张家的农具大多都是自制的,只有少部分需要技术活的才会去街上请铁匠或者木匠来家里帮忙制作。家里木制的农具,如洋叉、木掀的手柄,这些都是可以在家里自己制作。水车的水箱也是自己准备好原材料,然后请专业的木匠来家里制作。家里铁制的农具,比如犁,一般都是在街上的铁匠铺打制的,但凡是能够自制的农具就不会选择去买。各家各户的农具基本上都是自制的或者请工匠制作,很少会去街上购置现成的农具。张家的农具是能够满足自家生产需要的,也无需向外人借用。作为依赖土地而生的家庭,配备齐全的农具是必不可少的,就像机器运转,少了任何一个零件,都不能够正常运行。在村里,家家户户都会拥有属于自家的小农具,比如铁锹、锄头、扫帚等等,这些都是必不可少的。对于小户家庭来说,家中耕种的土地类型主要是旱地,很少有水田,对于大型农具水车的需求程度自然是微乎其微。张家大小农具齐全,因此很少需要向别人家借用农具。周围的小户有时候会来张家借用农具,但是都是要等张家使用完以后空闲的时候才能借出去。由于借用的都是周围的邻居,因此农具的借用与牲口的借用一样不需要支付报酬,只要用完以后能够完整归还即可。

(二)生产过程

1.农业耕作

张家的主要生活来源便是农业耕作收获的粮食,因此种庄稼的重要性不言而喻,家里的所有家庭成员的口粮都依靠着张家的十几石种田地。张家养了一只老母猪,母猪又生了几只小猪,但是家里的小猪一般不会卖掉,而是等到长大以后,卖给村里的"肉架子"。张家家里还有十只左右的鸭子,二十只左右的鸡,有时候过年过节,家里有伙计干活,就买肉杀鸡招待他们。到了农历八月十五,家里都会杀两只鸭子,招待家中干活的伙计们。有时候家里菜园中的菜长得比较茂盛,也会拿一些到街上卖。除了农业耕作以外,张家再无副业生产。张仲停是家中的主要农业劳动力,负责张家农业生产的相关事宜,基本上都是张仲停领着家里的伙计在田间干活,家中小辈大多都在上学或者工作,因此只有在放假的时候才会在家里干一些力所能及的农活。张家的女性主要负责家内事务,如打扫房屋卫生、整理菜园,等等。总体来说,男性主外,女性主内;男性干得活重,女性干得活轻。

(1)犁地、耙地、插秧、锄草

耕牛对于一个以农业为主的家庭来说是十分重要的,犁田、耙地都要用到牛。在张家,犁地、耙地和插秧这些农活都是家中的伙计来干。张仲停年纪大了,有时候只能在旁边帮帮小忙,更多时候都是在田间领着伙计们干活。干活的时候有专门掌线的,犁田、耙地都是由掌线的伙计来做。张家所属土地都是"掌线的"带着牛犁田、耙田。等到田里水涨满,掌线的伙计把裤腿卷起来,打赤脚进入田里,耙完田以后就要栽秧,这些都是由家里的伙计负责,同时撒种子也都是由伙计来干。

锄草主要是由张家的女性负责。由于张家的女性大多裹着小脚,无法下田干重活,因此家里比较轻松的农活都会由张家的女性负责。

（2）灌溉

"春雨贵如油",这种描述对于种田的家庭来说是十分契合的。每年春天的时候,也就是二三月份,这就是灌溉的黄金时节,同时也是家家户户热火朝天地抢水插秧的时候,农作物在经历了一整个冬天的沉睡开始复苏,但是在北方地区,冬春季节雨量偏少,这对于农作物的生长极其不利,所以在当地,每到初春时节,便是家家户户抢水灌溉农田的时候。为了能够获得充沛的水源,那时候种庄稼都是夜里抢水,一晚上要抢两个水箱容量的水,虽说如此紧迫,但是邻居们都是互相帮忙的。比如今天张家打河水,邻居就会把自家的水箱拿到张家,张家的伙计、邻家都去帮忙抢水,基本上一晚上能打四五节子水箱的水,一般都是等到邻居家沟里水打满之后,张家再去打水到自己家的田里。

（3）割稻、收麦、看青、收集粪便

割稻子、收小麦这些农活是相对比较轻松的,所以这些农活一般都是由张家的女性负责。一是因为操作比较简单,没有技术含量,同样也不需要很大的力气;二是因为割稻子的时候,稻田里已经没有水了,直接就可以下田割稻。

看青就是庄稼还没有长好的时候,为了避免遭受破坏,东家在田地四周转悠检查有没有牲口糟蹋庄稼,或者人为破坏地里粮食。看青都是张仲停去看,他经常去田埂转悠,有时候他不在家,那就一定是在田埂上看庄稼。

家家户户种田没有针对农田专用的肥料,一般都是用天然粪便做农田的肥料,如驴屎、牛屎、猪屎等。张家收集粪便的一般都是家中的伙计,有时候张仲停闲来无事也会自己去街上收集粪便挑回家作为家中田地的肥料。

不同品种的粮食在不同的时节进行种植,这些都有农作物自己的生长规律,并不是想种什么就种什么。在张家,主要是张仲停决定所有关于农业生产的相关事情,有时候家里人也是可以提意见的,大家都是为了一个家庭更好的生活而共同努力,所以事情都是大家商量着来,当然最后做决定的一般都是当家人。家中的种植安排也是不用告知四邻与保、甲长的,这些都是自家的家内事情,外人也是不会插手的。

2.饲养家畜

（1）养牛

牛对于一个家庭的农业生产十分重要,这种牲口在农民的心里是最好的。如果不把家里的牛照看好,春天犁田就没了指望,种庄稼全都依赖着牛的耕作。若是家中的耕牛生病或者死去,这对于一个家庭来说无疑是一个致命的打击。一是因为重新置办一头牛对于家里是很大的一笔开支;二是因为没有了牛,第二年的田地就无法耕作,这足以看出牛的重要性。为此,张家专门雇了两个伙计负责伺候牛,被称作"放牛子"。放牛子的主要任务就是照看牛的生活,一般主要是拽牛草喂牛,饮牛,每至冬天下雪的时候,为了让牛能够有足够的能量,还要给牛加餐,一头牛每天吃一碗黄豆。到了冬天,张仲停就让妻子把黄豆泡上,然后让"放牛子"包好放到牛嘴里面。家里的牲口若是由于年纪大了而死去,一般都会把肉卖掉,很少会留着自己家里吃,张家的老牛死了,就卖给了街上卖肉的。

（2）养驴

张家有一间老驴棚，驴屋就是搭的老驴棚，家里有一头驴，后来老驴又下了一头小驴。小驴一般是没有办法干活的，只能在院子里跑来跑去。喂驴的饲料主要是稻草和麸子，这些活一般都是家中女性和小孩子负责。四周的小家小户家里没有磨、没有碾子、没有老驴，就会来张家借用，老驴用完以后会喂点麸子，把它喂饱以后再送回来。

（3）养猪

张家养了一头老母猪，还生了几头小猪，一般都是大张氏负责喂养。喂猪没有什么讲究，喂猪的主要饲料是糠。家里养的小猪一般不会变卖，等到猪长大，就会把它卖给街头上的"肉架子"。有时候，张家也会自己留一些猪肉，逢年过节能够给家里改善生活，或者农忙时节，家中干活的伙计比较多，也会把留下的猪肉用来招待伙计。

3.起染缸，做衣裳

张家在自家地里种了一些靛，这是一种天然的染料。每年冬天张家都会起染缸，给家庭成员做衣裳，有一些手艺比较好的，也会拿出一部分到街上去卖。大张氏手巧，她做的衣服上有许多花样。每到冬天，张家女性就在家里纺线，然后拿着纺好的线去街上布店换粗布。家里架起染缸，自己动手做衣裳。家里手巧的女性，会在布上面扎染小菊花、小蝴蝶，十分好看。家里人也会用剩下的布煮成绿色的、蓝色的、紫色的，然后在颜色各异的粗布上面扎花，做成花布，离远了看都是十分好看。有时候大张氏做出了一些比较好看的花样，印在花布上，就会拿到街上去卖，但这也都是很少数。

（三）生产结果

1.天气决定农业收成

在当地，农业收成一年就是一季麦子、一季水稻。同时张家还有其他的旱地作物收成，比如玉米、棉花、黄豆、绿豆、花生等。由于距今年代久远，农作物每年的收成没有具体的数字记载。天气是影响农作物收成的一个重要因素，一年之中，风调雨顺，无旱涝灾害，那么这一年的粮食收成还是比较可观的。每到秋天丰收的时候，就能差不多知道这一年的辛勤劳作有没有一个好的结果。每年的农作物收成变动不大，由于张家既有水田也有旱地，所以不管收成好坏，张家的口粮一般都是足够的，对于农业收成的好坏的年份也并没有太多记忆。每逢过年过节，张仲停就会烧香拜佛祈求来年丰收，粮食满仓。过小年也即腊月二十三的时候，张仲停都会带着家中的小辈们给灶爷爷灶奶奶烧香放炮。家中的农业收成属于全家人共同所有，同灶共食，对于张家来说，庄稼是一家人得以维持生活的最重要的保证，一年到头都是围着庄稼转，收成好了，家中吃的也就好，收成差了，大家就节衣缩食共渡难关。家庭成员对于粮食收成都是非常关心的。

1949 年以前，张家收的粮食基本能够满足一家人吃饭需要。家里收的粮食都是先交地租，然后才考虑满足自家生活需要，就算不吃饭也要把粮食交地租。每年都要按着契约的要求送粮食和家畜给地主家。碰到收成好的年头，家中粮食有剩余，张仲停就会把粮食拿到街上的粮坊卖掉。

2.家畜饲养的收益

张家一年能够饲养一头老母猪及刚下的几头小猪仔，差不多二十只鸡、十只鸭子。家中每年饲养牲畜的数量变动不大，家中小猪仔生下来以后，就会把母猪卖给村里的"肉架子"，换取的现金也能够维持一家人半年的生活。影响家畜产量的主要原因就是生病，一旦家中牲畜生病，基本上就面临着死亡，但是张家的家畜没有出现过此种情况。张家饲养的家畜只限满足自家的家庭需要，经济窘迫的时候，家里也没有钱，更不敢卖粮食，因为粮食卖了，家里口粮又不够了，所以就会把家里的牲畜卖给他人，至少能够满足一家人基本的生活需要。过年过节，张家也会杀鸡和鸭招待家中干活的伙计。

三、家户分配

（一）分配主体

1.家户为基本分配单位

张家在分配时，既不是以宗族为分配主体，也不是以村庄为分配主体，而是以家户为分配主体，分配范围就是张家的全部家庭成员，分配单位则是按照人头进行分配。1946年，张仲停一家和四弟张四先生一家分开生活，不久两家的老人都相继离世。因此，分家以后分配范围已经改变，各自进行独立分配。常住在家里的长工放牛子是不参与家庭分配的，一是因为放牛子不属于张家的家庭成员；二是每到年底，张家都会分给放牛子稻子或者麦子作为报酬，因此也不参与张家的日常分配。

2.家长在分配中居于主体地位

张家在分配的时候，张仲停及其妻子都可以决定安排。涉及粮食分配和吃饭方面，这些都是张仲停安排，大张氏决定张家的穿衣分配，在穿衣方面的分配等同于棉花分配，张家做衣裳就是分棉花，收完棉花以后，张家会按照大家庭的人头数分配，收的棉花多，一个人就多分一点，收得少就少分一点。分配过程就是先分给家庭成员固定重量的棉花，如果有剩余的，就会二次分配。分完棉花以后就是各纺各家的线，之后再拿着纺的线去换布做衣裳。在吃饭方面，一般都是当家人张仲停决定，家里收的粮食都是先交地租，然后再考虑满足自家生活需要。当家人一般情况下都是在家里的，若张仲停出去，那便是大张氏做主。分家之前，张家的分配都是以大家庭为范围进行的，不存在小家庭的分配。四弟张四先生虽然在外面从医，但是收入甚少，只够自己穿衣的花费，因此其个人收入不在大家庭内分配。张家在家户分配的时候，是不用告知他人的，别人也不会介入张家的分配过程，这些都是属于家庭内部事情，他人没有必要也没有权利插手张家的家户分配。

（二）分配对象

张家在家户分配时，分配对象就是本家户内的家庭成员，仅仅只是同一口锅里吃饭、同一个屋檐下居住的家人，其他人无法参与张家的分配。张家分配物的来源是张家一起生活的一家人共同劳动的果实，包括张家田地里长的粮食，穿衣所需的棉花，张家房屋，以及教育资源的分配。家里的亲戚、朋友、邻居不会享受到张家的分配。张家享有分配权是张家的家庭成员，包括家里的祖辈、父辈和孩子，但是对于未出嫁的女儿，当其出嫁以后，便不再享有张家家户分配权。

（三）分配类型

1.农业收成分配

张家的农业收成就是自家土地和租佃土地上的粮食作物和经济作物收成。粮食作物包括水稻、小麦、玉米，经济作物包括棉花、芝麻、黄豆、绿豆、靛等。张家租种地主家的八石种土地,每年都要交地租,至于地租的具体数额,由于年代久远,已经无从考证。每年收获完粮食以后,张仲停会把要缴纳地租的粮食先划分出来,剩余的粮食再进行家庭内部成员的划分。张家租种的土地,每年至少要拿出收成粮食的三分之一作为地租送给张柏西。张家的地租是定额租,在与张柏西签订的地租契约上,清晰地列出每年要缴纳的各种粮食作物的数量。只要签订契约,就算是自家吃不上饭,也要先把地租交了之后再考虑自家生活需求。若遇到灾荒年景,张仲停也会去找张柏西求情,由于两家同姓同祖,张柏西会考虑到这层关系,但是不会在地租的数量上有减免,只是在时间方面给予张家一定的弹性。张家的地租是一年交一次,地租就是交粮食,每到年底,张仲停就会带着家中的伙计扛着要缴纳的粮食去城里送给张柏西。

张家收完粮食也要纳税,一次缴纳两笆斗的粮食。如果不纳税,保、甲长也没有吃的。纳税一般都是交粮食,农户家里很少会有现金,张家也是如此,每到纳税时候,村里的保、甲长就会亲自到各家各户的道场收取税款。有时候,张家在道场打稻子或者打麦子,保、甲长挑着担子来了之后,就把粮食直接舀到保、甲长的挑子里面,这就算是纳税。纳税的频率是一年两次,因为一年中半年收一次粮食,上半年收麦,下半年收稻子。小户也没有钱,保、甲长就收一点粮食,小户人家宁可自己饿肚子也还是要缴纳税款。在张家,缴纳税款这些事情都是张仲停负责,后来张仲停去世,这些事情都是张民良负责。对于张家来说,税款很少有交不上的时候,正常年景,张家的粮食收成都是可以负担得起需要缴纳的税款。

2.棉花分配

张家每年的棉花分配就是一家人一年的衣物分配,这些都是大张氏对全家人按照人头数进行分配。分完棉花以后,就准备开始弹棉花,起初张家会请张仲停的大侄女来家中帮着弹,由于张家人口较多,张仲停的侄女来张家的时候就带上弓,来张家住上两天弹棉花,弹完棉花之后,张家妇女就自己搓棉条,搓完了就纺线,接着就去换布,按照当时物价几斤线就能够换来一匹布。村里有些中户家里男女都会织布,张家就直接去别人家里换布,这样就省得去街上换布。换布一般都是大张氏去换,换得的布料能够满足家人基本穿衣需求即可,夏天做白汗布褂子,冬天做蓝粗布裤子。张家的田地里种有靛,收获得靛也会按照大家庭里的小家庭的数量进行划分,一家分一点。分到靛以后,把靛在水里泡上几刻钟,而后放上石灰用竹棍使劲拍打,最后一步流程就是起染缸,把换来的布放到染缸里染上黑青的颜色,这样染出来的布质量很好,不易掉色,就算把裤子穿破了颜色也不会掉,张家的女性基本上都会这门手艺活。

3.食物分配

在吃饭方面,一般都是当家人张仲停分配,但是没有说给每个家庭成员分配到多少具体数量的食物。一个家庭的成员都在一个桌子上吃饭,吃得多就多吃一些,吃得少就少吃一些。逢年过节,张家也会准备丰富的饭菜犒劳一家人的辛勤劳动,但是在冬天,由于伙计不来家里干活,粮食有固定的储存量,张仲停就会要求家里多吃一些稀饭,吃素菜,以此保证整个家庭的口粮足够。

(四)家长实际主导家户分配

1.私房钱分配

张仲停与四弟张四先生是亲兄弟俩,两人长期没有分家。在张家,张仲停在辈分上作为大哥是张家名副其实的当家人，主要负责张家的农业生产，统一管理张家二十一口人的生活。四弟张四先生对于农业生产的事情一无所知，对于家里什么事情都不过问。张四先生有自己的个人收入，主要来源于从医和教书，并且其个人收入不上缴大家庭，一是因为张四先生虽然当医生和教书先生，但是这方面的收入甚微。张四先生的对外交往较为频繁，自己的个人收入也都花费在这方面，如给自己添置褂子、棉袍等；二是因为虽说张四先生没有上交给大家庭一定数量的金钱，但是当家里缺钱的时候，比如买盐，家里孩子交学费或者去参加葬礼，张仲停也会安排四弟张四先生出面，这些花费都是从他从医和教书的收入中支出。对于张四先生的个人收入，张仲停从来不会干涉，也不会强制要求上交。

2.衣物分配

张家的衣物分配都是大张氏安排。在张家，衣服制作有先后顺序，先做大人的衣裳，再做小孩子的衣裳。每到冬天收棉花的时候，就是张家添置衣裳的时候。张家收完棉花以后就会按照家庭人口数分配棉花和染布的錠。把棉花纺成线以后就可以去换布，接着起染缸染布做衣裳。张家家庭成员的衣服一般都是自己做，很少去集市上购买。家里孩子上学的时候，张仲停就会去上街买两匹花洋布，回到家大张氏或者小张氏自己动手做衣裳，这些衣裳都是上学或者外出的时候才会穿上，在家里是舍不得穿的，穿粗布衣服是比较平常的。

3.食物分配

在吃饭方面，张家都是吃大锅饭，大家围着桌子在一块儿吃饭。张仲停安排张家的食物分配，由于冬天张家的伙计不干活了就各回各家了，张家中午就不吃馍馍而改吃面条。一到冬天，张家基本上就吃稀的，很少吃干的，这样差不多能满足一家人的生活需要。对于这样的安排，家里人也没有怨言。家里有伙计在家干活的时候，吃饭的次序就是男性优于女性，长辈先于晚辈。在张家，干活的伙计们吃完之后，张家女性和孩子才吃饭，谁吃饭谁自己盛饭，一般吃的都是大锅稀饭、大锅干饭，家里吃的菜也都是张家自家的菜园里种的菜。

4.零花钱分配

张家的孩子们没有零花钱，家里只有卖粮食或者卖猪才能够换取一点现金，这些钱也都是用于买盐或者添置其他必需品，钱要花在刀刃上。张雨林这些小辈们没有零花钱，因为小孩子不能随便上街，也不赶集，不买东西，要零花钱也没有用。

（五）按需分配，略有差异

张家在进行家庭分配时，会根据所有的家庭成员的需求进行实际分配，基本上会照顾到所有家人的需要，但是重男轻女的心态在家庭里是根深蒂固的。对于家里的男孩子，家长要更加宠爱一些，但是在分配方面也没有明显的差异，只是会多考虑家里男孩子的需要而已，这些一般不会导致家庭不和睦。

张家收的粮食都是先交地租，而后再考虑满足自家生活需要，就算不吃饭也要把粮食交给张柏西。粮食是在租种别人的土地上生长的，每年到了粮食收成的时候，先交地租这是毫无疑问的。如果没有租种别人的土地，自家也会吃不上饭，有了土地，才有了一家人生活基础。有时候留存的口粮不够，张仲停就会要求家里多吃稀饭，少吃干饭，以此保证一个家庭生活的正常运转。张家在分配时，没有固定的规则，按需分配，需要多少就拿多少，但这些也都会控制在合理的范围之内。在吃饭方面，男性先于女性，张家的女性一般不会上桌吃饭，比如大张氏、小张氏等家里较为年长的女性基本上都是在厨房吃饭，很少会与大家坐在一起吃饭。在穿衣方面,长辈优于晚辈。在张家,做衣服都会以家中长辈为主,一是因为长辈经常需要出去办事情,需要穿着体面才能出去见人,这也是对别人的尊重。比如,每年春天,村里的亲戚就会来张家接张家的长辈们去串门,或者每逢庙会,张家女性也要出去烧香,相对于家里的晚辈们,长辈们出门次数更多;二是因为衣裳可以重复利用,家里老人的衣服破了,就会把衣服改小一些留给家里孩子穿,但是也有例外,若是家里孩子上学,就会优先给上学的孩子做新衣服。家里有孕妇或者病人的时候,这些规矩也就不存在了,都会优先给弱者提供。

(六)分配结果

在张家的实际分配过程中,粮食收成中的三分之一用于地租,剩余的就是用于缴纳赋税、食物分配和衣物分配,但是具体比例是不清楚的。张家不求每年收成能够有结余,只要能够收支平衡,维持一家人一年的正常生活需要,这就已经是非常好的结果了。对于家庭的分配结果,家庭成员也都是满足于基本的生活需求,没有什么不同的意见,每年的分配结果差异很小,因此也不需要作出调整。

四、家户消费

(一)家户消费概况

1.中上水平,基本满足家户需求

张家一年的花销并没有固定的数额,只有在花销较大的时候,张仲停会在记账本上记上一笔,如家庭中买盐的花费、参加红白喜事的花费等有明显开支的账目,至于一个家庭的吃饭、衣物等消费,都是不会特别记录下来的。对于每年的粮食收成,当家人张仲停心里是有数的,等到一年过去,除去账本上的额外开支,剩余的就是整个家庭的生活开支,通过最终消费结果与最初的收成相对比,看一年的花销大概在什么水平。一般情况下,张家的收入能够维持一家人的消费。除去地租和赋税之外,有时候还会略有盈余,相比于村里那些吃不上饭的家庭,张家至少在日常生活方面能够维持基本的温饱需求,生活水平在村里也是属于中上等水平。村里也有一些小户,生活如履薄冰,一旦遭遇灾荒,家中没有足够的能力抵挡灾害给家庭带来的冲击,就要逃荒到邻村或者投奔远房亲戚。并不是年年都是风调雨顺,总会遇到天灾人祸,遇到这样的年头,张家也是要节衣缩食,一家人共渡难关。

2.类型多样,先后有序

张家每年的消费类型多样,但是这些花费并非必须支出不可的。在张家看来,每年的粮食、食物、医疗及教育这些类型的花费是必需的,至于人情消费就是次要的。其中粮食和食物消费占据比例最大,"民以食为天",如果连家人的吃饭都维持不住,那么这个家庭是很难继续发展下去的,因此对于每年的粮食和食物消费,这些开支都是必需的,没有缩减的余地。在教育方面,张家从不吝啬这方面的花销,一是因为张家的老人们多多少少都读过书,认识几个字,因此对于家里孩子们的要求是要接受学校教育的;二是因为张四先生曾在家中开设私塾,这让家里的孩子们受到了潜移默化的影响,后来张民良在学校教书,这又为家里孩子们上学创造了良好的教育环境。在一定程度上,张家孩子接受教育要比其他家庭接受教育的条件便利得多,在家庭困难的时候,张雨林和张明义也是一直在上学。在医疗方面,张四先生从医,这方面的花费自然也是少不了。至于人情消费,在这方面的花费都是能省则省,若是家庭经济状况变差,这方面的花费都是可以舍弃的。

(二)家户消费类型

1.粮食消费:计划消费

张家每年的粮食收成除去交地租和纳税以外,剩余的都是供自家生活消费,张家每年的粮食基本上是可以收支平衡,有时候会略有盈余。由于张家人口众多,粮食盈余的这种情况也很少见。张家消费的粮食都是自家田地生产,没有向外购买,只要大家好好干活,收成的粮食是能够满足一家人的生活需要。有时候,家里若是有剩余的粮食,就会把剩余的粮食拿到村里的粮食行卖掉,从而换取现金。张家的粮食收成主要用于满足张家的吃饭需求及穿衣需求。到了冬天,张家一家人就只能靠着这一年的粮食收成来维持一家人的生活需要,这都是要计算着花费,张仲停会根据现有的粮食存量来计算着一家人度过整个冬天对于粮食的大概需求量。有时候,家里的粮食存量稍显紧张,张仲停就会要求妻子尽量地合理安排一家人的粮食消费,以保证生活的基本水平。棉花收成少的时候,做衣裳自然也就少了。需要节衣缩食的也就只有那么几年,不是每年都是如此窘迫,因此张家很少会向外借粮借钱。

2.食物消费:自给自足

张家每年的食物消费基本上来源于自家粮食收成,一家人在家里吃饭都是大锅干饭、大锅稀饭。到了丰收时节,张家就可以收获一大穴的麦子,这些食物存量就可以供给一家人的生活需要。张家根据不同时节的粮食存量具体安排食物,在夏天一般都是以吃馍馍、面疙瘩、干饭为主,冬天一般都是稀饭、菜干饭等。张家自家种有一处菜园,主要种的就是韭菜、苋菜、葱、蒜等,菜园里的菜能够满足一家人的蔬菜消费,基本上也不用去街上买菜。张家主要的农业劳动力便是家中的几个短工,到了冬天,家里的伙计就不用来家里干活,到了这个时节,张仲停就会量入为出,各餐均以稀饭为主。冬天的中午若是吃干饭,那么基本上吃的都是素菜。到了春天或者秋天,家里的伙计来家里干活,这些伙计中午就在张家吃饭,张仲停就会让张民良去集市上割点猪肉回家,用肉汤煮粉条,来犒劳家中干活的伙计们。逢年过节,张家也会宰杀鸡鸭招待家里干活的伙计。在张家,伙计在家的时候比平时自家吃的还要更好一些,因为张仲停心里十分清楚自家农业劳动人手不足,如果不好好对待家中伙计,没有他们的共同辛勤劳动,张家一家人的生活都会有问题,所以宁愿自家平时生活艰苦些。张家的食物都是自己种植所得,因此不管家里的粮食收成好抑或是差,家里的粮食都是能够维持一家人的消费的,只不过是吃得好不好的问题。

3.衣物消费:不拘小节,基本满足

家家户户的经济条件都不好,大家穿的都是粗布衣裳,张家家庭成员也是如此,每个人每季也就两件衣服轮流穿,没有多余的衣服可选择。张家家庭成员穿的衣服也都可以算是自己生产的,每年分完棉花以后,就开始各个小家庭制作自家的衣服。大张氏手巧,所以张仲停及家里孩子们的衣服都是由大张氏制作,包括换布、染色及制作成衣,这些都是大张氏负责。小张氏不会纺线,所以也就只能把棉花卖了之后再去买布做衣裳。张四先生一般不穿自己妻子做的衣服,一是因为张四先生经常外出给别人看病,在穿着方面比家里其他人都要讲究一些,妻子做的衣裳都是粗布的,在家里穿还是可以,可是出去穿就不是特别体面;二是因为张四先生有自己独立的收入来源,也有能力负担买衣裳的花费。

家里孩子上学的时候,家长也会去街上给孩子做一套新衣服表示鼓励。张雨林上学的时候,张民良就去街上给张雨林买了一条蓝丝布裤子、一件雪青洋布褂子,这些也都是上学穿,

不上学的时候在家都是穿粗布褂子、粗布裤子。但是城里的学生都穿的是丝布做的衣裳,乡里的学生穿的都是搭襟的褂子。张家都是以种庄稼为主,除了家里的张四先生以外,其他家庭成员平时也不用穿太好。干活的农民一般都穿粗布衣裳,夏天都是穿白洋布褂子、灰粗布裤子,这些布料是用烧锅的烟灰煮制而染成淡灰色,所有农民穿的都是清一色的灰色衣裳。张家年长女性夏天一般都是穿蓝色洋布汗褂子,老奶奶一般都不穿白色的。张家中年女性会穿白色褂子,下面穿蓝色粗布裤子。小孩子小时候都是穿粗布衣裳,后来孩子们上学了,就都穿花粗布褂子,最多是蓝丝布裤子,其他都没有穿过,家里没有多余的钱去穿好衣裳。张雨林有时候出去没有衣裳穿,还会借家中二婶的衣裳穿。

在衣物消费方面,张家能够满足自家人的需求。一方面,以农为生的家庭在衣服的布料色彩方面不用太讲究,能够御寒蔽体就是基本要求;另一方面,一家人在一起,有那么一件好衣服,大家就可以一起共享,所以张家在衣物消费方面没有压力,也就谈不上如何节约。

4.住房消费:独立自主

分家之前,张家二十余口人都住在张家的祖屋,这些房屋可以满足一家人的居住需求。此外,家里还有两间牛屋、驴棚、磨屋、碾屋。由于人少地广,只要家里有田地,就可以自己盖房子,因此基本上没有人会借住或者租住别人的房屋,也不存在买房子、卖房子的情况。房子都是土坯房,盖房子的程序也很简便,都是在自己的地上盖房子。若家里需要房子,一般都是自己亲自动手盖土坯房。村里家家户户都有田埂,在田埂上割的草都攒起来,用来修屋。张家也是如此,随着家里的男性小辈成家,家中人口日渐增多,张仲停决定带着孩子们出来居住,并在祖屋后面的一块田上又盖了四五间屋子,供一家人居住。房子刚刚好能够满足一家人的居住需要,因为在盖房子的时候就已经计划好房屋的用处和房间的数量,既不存在房屋多余的情况,也没有说不够家里人居住的情况。时局动荡,有时候村里会有国民党的军队或者日本人,由于张家人多,房子也比较大,张家周围的小户们就会来到张家借住,一般也都是晚上来睡觉,白天就出去干活。

5.医疗消费:家有医生,少有支出

张家每年在看病上的花费是少之又少,由于张家的张四先生本来就是看病的先生,所以家庭成员生病基本不用外出看病。张家的孩子们生病,都是张四先生给看病。买药的花费也很少,一是因为张四先生从医,与街上的医馆是有利益往来的,所以张四先生去医馆拿药很少会收钱,有时候张四先生也会自己掏腰包给家里孩子们买药,但是支出也都是少之又少的;二是因为那时候家里人生病,大家还是比较相信土方的作用。若是病得不严重,去街上买药就会被认为是花冤枉钱。

不管是男性还是女性,人们的劳动量都很大,因此身体没有那么脆弱,有个小病小灾的,基本上忍一忍也就过去了。张家有个传统的土方,每逢年三十晚上做干饭的时候,做干饭的锅里的锅巴都是不准吃的,张仲停会用绳子把锅巴吊在屋檐上,若是家里人身体不得劲,张仲停就会让妻子煮一块锅巴茶,里面放一点葱糊或者蒜糊,喝了以后身体就会好转。家里小孩子发烧,大张氏就揪一根屋檐上的草,把草洗干净以后,将其与锅巴放在一起熬制锅巴水,家里小孩子喝了以后就会好很多。过年过节的时候,家里的大骨头都攒着,也在屋檐上吊着,有时候也会把锅巴还有骨头放在一起熬制,家里有钱的就放一些糖,没糖就直接喝下去。

6.人情消费:能省则省

张家的人情消费比较少,家里不管是男性还是女性天天都围绕着农活转悠,很少有时间出去走亲戚串门,不只张家是这样,村里家家户户都是如此,自家生活都是操不完的心,更没有心思去走街串巷。张家少之又少的人情消费主要就是走亲戚,参加红白事及宴请家里伙计吃饭。

走亲戚一般都是张家媳妇回娘家或者逢年过节跟村里的自家亲戚走动串门互贺新年。家中张民良的媳妇张刘氏刚嫁过来没多久,回娘家的次数比较频繁,后来孩子们出生,再加上婆家与娘家的距离稍远张刘氏就很少再回娘家。回娘家基本不用携带礼物,若是婆家有钱,就会带两包油炸果子或者糖作为礼物回娘家,这就算级别比较高的礼物。但是一般情况,回娘家都是空手回来,在娘家住上几天也就回来了,而且回娘家没有特殊的交通工具,基本上都是靠双脚来回。逢年过节,张家也会跟邻村的自家亲戚走动串门,大年初一早上,张仲停就会带着张家男性去二哥家拜年,去拜年基本上都会带上一些礼物,或多或少都是一点心意,礼物主要是鸡、鸭或者几斤猪肉,这些都是比较好的。再过几天,张仲停二哥家的小辈们也会来张家给张家长辈们拜年,张家也会准备好酒好菜招待,若是来拜年的孩子里有新人,如家里的新媳妇或者新生儿,包个红包是必不可少的。

村里的街坊四邻办红白事,张仲停也会去贺喜或者吊唁,但是这也仅限于关系比较好的乡亲们。有时候,张仲停在地里干活脱不开身,就会让四弟张四先生代替其去,随礼的钱就是张四先生出,张仲停与张四先生不分你我,也就没什么可顾忌的。

由于张家的主要农业劳动力就是家里的伙计,因此张家对于家里的伙计照顾有加,基本上只要有伙计在家里干活,张仲停都会要求妻子准备肉菜招待伙计们,一来这样可以让大家更有力气干活,二来张家田地耕作的好坏在很大程度上都是要家里伙计用力才行,这样可以鼓舞士气。若家中没有可宰杀的家畜,张仲停也会让张民良去街上买肉回来,犒劳家里干活的伙计们。

7.红白事消费:白事必不可少

白事方面的花销,张家自家有一块专门埋葬张家人的坟茔地,家中的祖祖辈辈都埋葬在此地,因此在坟茔地的选择方面是不需要有额外花销的。家中若是有老人去世,家中白事的花销主要是三个部分:一是做棺材的费用,二是请风水先生的费用,三是做寿衣的费用。

由于张家自家种有柏树、松树,这些树的木材都是可以用来做棺材,张家自己提供原料,而后请工匠做。张仲停和妻子在没有去世的时候,就把棺材之类的做好了,一棵松树基本上能够做两口棺材,所以主要花费就集中在工匠的筹劳上。

虽说张家有自己的墓地,但是具体方位还是要选择一番的,这时候就要请"地理先生",也叫"风水先生",拿着罗镜来测定方向以此选择一个合适的墓地方位。风水先生测定方位以后,张家也要招待他,不要求饭菜的数量与质量,但是于情于理都是要招待一顿,并且支付看风水的费用。

家里老人的寿衣都是找村里专门制作寿衣的老人制作,这些物品基本上都是在老人还没有去世就着手准备,做寿衣的人根据老人的身材大概知道上衣与裤子各需要多少布料,男性与女性分别适合什么尺寸,在这些方面的花费都是必需的,即使家中经济情况不景气,这些也都是必要的,没有商量的余地。

张家的喜事主要就是娶媳妇,作为婆家,张家娶媳妇都是会宴请亲朋好友来家中吃饭。由于办喜事的那一天家里客人较多,张家的女性忙不过来,周围的邻居们都会来家里帮忙做饭。娶媳妇过门的时候还要雇人抬着轿子把新娘从娘家接到婆家,张志先娶媳妇的时候,家中也请了许多人来家里吃饭,这是张家办的比较大的喜事,自然花费也是不少的,后来张明星娶媳妇的时候,由于家里经济情况不好,就没有如此操办。

8.教育花销:不可或缺

在张家,接受过学校教育的家庭成员有张志先、张民良及张雨林、张森林和张明义。张志先和张民良是早期接受的教育,具体花费不清楚。在此主要说明张家孩子们的教育花销,在教育方面的花销主要就是家里孩子们的学费、书本费这两项。由于张民良长期在街头的小学教书,所以张家孩子们上学都是他安排,家里三个孩子上学的花费也都是由张民良负责,并且张家孩子读两三年书之后时局动荡,所以在学费方面花销是较少的。之所以张家让这三个孩子上学,一是,张雨林、张森林与张明义年龄相仿,刚好是上学的年纪,其他孩子年龄尚小。张雨林羡慕村里的孩子能够上学,于是就告诉张民良,由于张民良在街头的小学教书,就决定带着张雨林去上学,秉着对待家中孩子公平公正的原则,张民良也带上张森林和张明义去上学;二是因为张家向来比较注重对于家里孩子们的教育,虽说不是书香世家,家中长辈读书也少,但是张家还是相信接受教育还是对孩子们十分有好处的,张家不会吝啬在孩子教育方面的花费,比如早期张志先上学的时候,张仲停为了给孩子交学费,卖掉家中的许多粮食才凑够张志先的学费。由于张雨林和张明义年龄较小,张民良就让他们从一年级开始上学,为了能够跟得上学校里学生学习的进度,张民良给两个孩子各买了一个"压帖"①,让孩子们能够好好学习。后来,张雨林、张森林、张明义又接着去城里上中学,家里对于三个孩子的教育开支的负担有些力不从心,张雨林和张明义打算放弃读书,可是张仲停和张民良不同意,得幸于学校每年发放的补助粮食,张雨林和张明义才能够继续上学。

(三)消费家户负担

张家的家户消费,包括粮食消费、食物消费、衣物消费、住房消费、人情消费、红白事消费、教育消费及医疗消费,这些都是张家作为一个独立家庭自己承担的。虽说张家祖祖辈辈都生活在三官村,但是村里的乡亲们也只是与张家同祖同根而已,而且这些血缘关系代际较多,因此在消费方面,外人是不会帮助张家负担的。至于村庄更是如此,村庄作为一个治理单元,它有自己的职能,更是不会帮助家户承担花费。

(四)家长支配家户消费

在张家,家长是具体支配整个家庭的消费。具体来说,在衣物消费方面,大张氏会根据家庭人口数具体分配,家中其他的消费,都是由当家人张仲停具体安排决定,其他家庭成员也可以提意见,但是一般情况下,张仲停的考虑都比较周全,所以家庭成员也都是非常认可。

张家负责管账的就是当家人张仲停,张家其实也没有什么账,家里的钱基本都是卖粮食或者卖猪换回来的。家中需要添置物品的时候,张仲停也会让四弟张四先生去买,有时候家里需要买盐或者去参加别人家里的红白事需要随礼,四弟张四先生也会去,这也是代表老张家。由于那时候张四先生出门的次数多一点,对外交往比较频繁,而张仲停一般都是在家里

---

① 压帖:意为字帖,学习写字时摹仿的样本。

领工干活,所以当张仲停比较忙的时候,四弟张四先生也会代表张家出门。若是张四先生不在家,那就是张仲停自己去。

五、家户借贷

(一)独立自主,少有借贷

由于张家都是以种田为生,其他收入占据张家全部收入的比例微乎其微,因此张家对于金钱的需求量不大。在家里很少能够看到现金,一家人都是老老实实地干活,脚踏实地地生活,基本上没有什么地方需要用到钱,也很少会去外面借钱。张家也只是向外面借过一两次钱,都是用于买盐,但是很快就能还上。若是碰上粮食收成不景气或者遇到灾荒的时候,张家也只会在吃饭方面多省一些,很少去外面借粮食,因为农民都是靠天吃饭,若是一家粮食收成不好,那村里基本上家家户户都是如此。办红白事,若是家里有闲钱就会操办一番,若是经济条件紧张,那也就不打肿脸充胖子,简简单单地吃一顿饭也就是如此。家中孩子上学,张家也是会尽量满足,由于张雨林、张明义和张森林上学的时候,张志先已经快参加工作,对于家里的孩子上学问题,张志先也都会尽其所能,若是家里急需用钱,张家一般都会选择变卖粮食或者牲口以换取现金。村里摊派的负担对于张家来说是能够承受的。张家也没有人会赌博,也就自然不会借钱、输钱。张家很少向外界借钱,若是需要借钱,必须是当家人出面才会借到钱,大家庭内的小家庭借钱,这种情况是不存在的,只要没有分家,那就还是一个家庭,对外交往也是以一个家庭为代表,小家庭只能说是相对于大家庭在人口数量上较少而已,除此之外,再无其他意义。

(二)当家人为借贷主体

在家庭借贷中,当家人是实际支配者,若当家人不在,那么借贷就无法完成。一个家庭的当家人是作为对外交往代表而存在,即当家人在外借贷,这是整个家庭都要承担的借贷责任,而且当家人借贷要跟所有家庭成员商量,不能够私自借贷。当家人也可以委托家庭成员进行借贷,但是需要拿着署有当家人姓名的借条才是有效的,否则,别人不会同意借贷。借贷之后,所有的家庭成员共同承担连带责任,对于责任的分担没有明确划分,大家是一家人,就要同甘苦共患难,并不存在男性多一些,女性少一些的情况,但是家庭借贷一般都是家中大人商量,晚辈是插不上嘴的,更是没有发表意见的权利。

(三)无需抵押,快借快还

张家很少会到外面借钱,少有几次借钱也都是用于家中买盐,这种情况也只是在张家现金周转不过来但又十分急需使用的时候才会存在。张家在借钱的时候,不需要任何抵押物,一是因为张家借钱的对象都是关系十分要好并且很信任的自家亲戚,大家都知根知底,根本没有必要担心张家会欠钱不还;二是因为张仲停向来乐于助人,在村里的口碑很好,并且张家在村里属于中上等水平的家庭,外人更是不会担心不还钱的问题。到了还钱的时候,张仲停会带着张民良亲自把钱送到对方家里去,有时候,若是征得对方同意,也是可以用粮食代替现金还款的,张家借钱都是快借快还,基本上没有还不上钱的时候。

(四)家户还贷,共同承担

在一个家庭中,若是父亲借债而又无力偿还,那么家里的其他成员都有义务帮助其还债。在当地,家中一般都是男性当家做主,父亲去世以后,便是长子当家,若是父亲去世,这笔债务就会落到下一个当家人的头上,由其负责偿还剩下的家庭债务。家长去世以后遗留下来的债务,一般都是由下一任当家人承担,但是如果家中几个兄弟已经分家,那么这笔债务就会分摊到每一个儿子头上。这些也都是兄弟们商量着来,若是有的兄弟家里经济条件不好,也会根据各兄弟实际情况进行债务划分。由于张家很少向外借贷,因此也不存在分家之后的债务分割问题。

六、家户交换

(一)交换单位

1.家庭交换

张仲停是张家的管账人,家庭中的任何开支都需要张仲停经手。张家在经济交换时,基本上都是当家人张仲停决定,这些决定是不用跟其他人商量的,这是因为张仲停掌握着张家的财政大权,对于张家资金状况,张仲停心里很清楚,花钱也都是计划着花,因此家庭成员对于张仲停也都绝对信任,一般没有什么意见。同样,家庭发生经济交换行为,这些都是一个家庭的内部事情,自然也不用告知或者请示保、甲长。

家户之间的交换常发生于张家在为家人添置衣物的时候,周围有一些邻居会织布,由于与衣物方面的相关事情都是大张氏做主,因此大张氏会拿着纺好的线去和邻居家交换以此换来布匹,为家人做衣裳,这样一来也就不用再去街上布店买布,增加了很多便利。由于张家居住地距离集市很近,张家也会经常去集市交易,但是大多都是张家的男性去集市上交易,家里的女性很少出门。

2.小家交换

在张家,家庭内的小家庭是很少单独去经济交换的。分家之前,张家一共有5对夫妻,即张家这个大家庭内部存在5个小家庭。张家的所有家庭成员都是同吃同住同劳动,一般情况下,张仲停会根据整个家庭的人口数进行生活用品的采购。有时候,家庭成员需要东西,也可以告诉当家人,那么张仲停就会在去集市的时候帮忙买回来,但是这种情况也是少之又少的。张家在食物和衣物方面都是集体分配并且自给自足,每个小家庭的需求基本上可以满足,因此大家庭内部的小家交换少之又少。

3.个人交换

张家存在着个人单独开展经济交换这种情况,由于张仲停的四弟张四先生有自己独立的个人收入,并且这份收入不用上交张家这个大家庭,因此张四先生的收入只是用于自己的花销。由于张四先生对外交往频繁,自然在对外交往方面有很多额外支出,如为自己添置长袍马褂,或者与外界之间的人情往来,等等。对于四弟张四先生个人的经济活动,张仲停一般不会干涉,而且这也是不需要请示其他人。张四先生觉得粗布衣裳不体面,不穿家里自家人制作的衣裳,一般都是去外面买来穿。由于小张氏不会纺线,因此就没有办法拿着线去换布,这时候就会拿着分配到的棉花去集市上单独换布匹做衣裳,这些都是属于张家家庭成员独自活动的范畴。

(二)交换主体

1.当家人交换

在张家的经济交换中,当家人张仲停是实际支配者,张仲停是张家管账人,对于张家人的共同开支,只有经过张仲停的同意才能进行。一般情况下,也都是不用和其他人商量的,比如每逢秋天,张家收获的黄豆、芝麻和花生都要送到油坊榨油,这时候张仲停就会带着伙计扛着作物亲自去油坊换油,榨花生油留下的花生渣也是可以做成饼子食用。除此之外,还有买盐、去粮坊用粮食换钱等,这些都是张仲停亲力亲为。在张仲停心里,一年的粮食收成累积多少汗水与辛苦,只有他自己心里清楚,在粮食方面一点不能含糊,因此只要是涉及田地与粮食的事情,张仲停都会亲自处理。

2. 当家人委托交换

在开展经济交换时,当家人可以委托家里的其他家庭成员完成经济交换。在张家,张仲停一般都是委托四弟张四先生进行经济交换,一是因为张家除了张仲停是年长的长辈以外,家庭成员中辈分较高的男性就是四弟,委托他去买东西也比较放心;二是因为四弟张四先生有自己的收入,当张仲停手里现金不够的时候,就会让张四先生从自己的收入中拿钱去给家里添置东西,比如需要去街上买盐的时候,张仲停手里钱不够,就会安排张四先生代其去街上买盐,张仲停就会喊道:"老四,我手里钱不够了,你去街上买2斤盐回来。"之所以如此安排,因为一般情况下,去集市上买盐都会为了逃避盐卡而少买一点,一方面花费不会太多,另一方面张四先生去买也比较放心。虽然购置盐的费用都是张四先生自己的钱,但是兄弟俩情同手足,这些也没有必要顾虑。对于家中较小的开支,张家不会记账,如果没有当家人的授权,除了张四先生以外的家庭成员不会擅自进行经济交换,因为家中的现金都是由张仲停掌管,其他家庭成员并没有钱,并且家里人很少出门去集市,自然也就不会产生较多的经济交换行为。

(三)交换客体

1. 集市交换

由于张家距离泉河街头很近,基本上张家与集市就隔了一个衣岗,走路大概四五分钟就能到达,张家买东西都是去村里的集市,不去别的集市,一是因为村里集市离家很近;二是因为集市的商贩大多都是村里人,彼此之间都是非常熟悉的,买熟人的东西比较放心。但是张家需要购置的物品种类很少,在食物方面,张家不需要买菜,因为家里吃的菜都是自己家里的菜园里种的,一般都不用去街上买,除非有时候伙计、邻家在张家干活,张仲停会去集市买肉招待干活的伙计们。街坊四邻有闲人的,要是有空就会请人家来家里帮着栽秧,那时候也不要钱,中午就去买肉请人家在家里吃饭。张家买肉一般都是去买刚宰杀的猪,这样比较新鲜。村里卖肉的商户杀猪的时候都会吆喝一声,这样家家户户都知道有新鲜的猪肉。

除此之外,买东西是去集市上购买的。有时候,家里对盐的需求量不是很大,张仲停就会去集市买盐。买盐一次性还不能买多,泉河街上有盐卡,若是买盐超过两斤,那么就需要缴纳税款。张家买盐的时候都是张仲停去集市上偷偷地买,去街上买盐的时间一般都是下午接近傍晚,一方面,到了下午,集市里的盐卡会稍微松懈,这样有利于逃避盐税;二是因为天色渐晚,也就有益于掩人耳目。当家里对盐的需求量比较大的时候,由于集市上的盐比较贵,就不能选择在集市上买盐。张仲停就会选择去安徽察安那边去买盐,买的量多价格自然就会便宜一些。安徽察安距离泉河乡十几里路,那时候没有便利的交通工具,唯一的交通工具就是自己的脚。张仲停一般都是早上天刚亮就出发,带两个贴心的伙计,抬着一个笆斗,买上五十斤左右的盐回来。后来张仲停年纪大了,就是张民良去买盐。一般情况下,张家都是当家人作为代表与集市打交道,若是当家人忙的时候,也会委托其他家庭成员去买东西,但是只限于张家的年长的男性,张仲停认为这样才比较可靠,若是没有张仲停的授权,家里的成员也不会单独与集市打交道。

2."坊子"交换

当地有粮食行,张家也会经常与粮食行进行交换。粮食行在当地叫作"坊子",主要功能就是卖粮食或者收粮食。泉河乡的街上就有"坊子","坊子"门口都会摆着十个或者二十个笆斗。集市上的"坊子"数量也比较多,有"李家坊子""张家坊子"等。"坊子"里面雇的都有专门负责称粮食的伙计,可以论斗①或者论升买卖粮食。家里若是有钱的,就会论斗买粮食,若是没钱的,就是论升买粮食。张家只是去卖过粮食,没有买过粮食,一般都是当家人张仲停作为代表与"坊子"打交道,基本上都是家里需要用钱的时候,比如交孩子学费或者买盐,张家才会去"坊子"卖粮食。卖粮食的时候,张仲停就会叫上伙计用肩挑着粮食去"坊子"。需要买盐的时候,张仲停卖完粮食就会直接去集市上买盐。去卖粮食这些活一般都是张仲停自己带着伙计去集市,很少会授权让其他家庭成员去"坊子"卖粮食。

3.流动商贩

泉河街头的集市上也有流动商贩,一般都是从邻村来到三里庙子的集市贩卖东西。张家很少跟流动商贩打交道,一是因为张家很少去集市上买东西的,张家有固定购买物资的商贩,一般都是本村的人,与张家都是比较熟络的,这样购买起来比较放心;二是因为流动商贩不固定,若购买的东西有质量问题是没有办法处理的,因此张家很少购买流动商贩的东西。去集市购买东西都是张仲停一个人负责的,没有当家人的同意,其他家庭成员不会擅自与流动商贩打交道。

4.与"盐卡"打交道

由于制盐的成本较高,因此为了限制私盐的贩卖,集市里面设置了专门负责控制购买盐的数量的市场管理部门——盐卡。一般情况下,都是盐卡的卡长带着几个跟班在街上巡视,一旦买盐超过2斤就要收取盐税,所以张家买盐都是张仲停偷着买。去集市买盐的时候,张仲停一般都会带一个筐,买一点青菜豆腐盖在上面,下面放盐以逃避盐卡的管控。由于去安徽察安买盐的次数较多,张仲停一般会把盐放在张民良教书的学校,然后让张民良分批分量地带回家。有时候,盐卡的人也会假公济私,若是遇到一个人买盐买多了,就会把收取的税款装进自己的腰包。若是收了三五个人的税,税款数额较多的情况下,就会把税款交给上级。张仲停深知这种情况,为了与盐卡搞好关系,张仲停有时候会和卡长主动打交道,比如送烟之类,希望下次买盐的时候,盐卡能够放松一些管控。这些与盐卡打交道的事情都是由张仲停负责,一是因为张家采购盐基本上都是由张仲停负责,盐卡的卡长与张仲停比较熟悉;二是在这些打交道的方面,一般都是当家人才能够代表一个家庭,其他家庭成员打交道不具有代表性。

(四)购物过程

1.货比三家,价格适宜为上

张家在进行购物的时候会遵循着货比三家的原则,去购买性价比最高的商品。张仲停负

---

① 斗:计量单位,一斗等于十升。

责张家大部分的物品采购,因此这个货比三家的过程也都是由张仲停完成。有时候,张仲停去集市上买东西都是会比较各家卖的东西的质量与价格,最后挑选最合适的一家购买。比如,河南境内有很多贩卖盐的商贩,但是张仲停在反复对比以后才决定去安徽察安买盐,一是质量好,二是价格便宜,凭借这两个优势,张仲停就宁愿多跑几步路去安徽买盐。

2.熟人为主,放心购买

张家在进行购物的时候,会先考虑亲戚邻居,这样一来可以优惠,二来也不用担心质量问题,并且不用担心上当受骗。村里有很多人都会在集市上做买卖,张家买东西也一般都会考虑熟人卖的东西,比如张家在分完棉花以后就要请专门的人弹棉花,张家一般都是找自己亲戚来家里住上两天帮着家人弹棉花。到了换布的时候,张家也是会挑熟人换。村里有一些农户不在集市做生意,只是在家里织布。由于张家对这些农户比较熟悉,大张氏就会挑着纺好的线去农户家里换布。之所以选择熟人就是因为张家对这些人比较知根知底,而且知晓他们的为人比较实在,一般情况下都不会缺斤短两。

3.过斗过称

在交易的时候,只有过斗过称才能够计算出准确的价格。由于张家购买东西一般都是固定的几家商户,张家经常与其有交易往来,并且都是本村的邻居,张家对他们也都是比较信任,购买物品的时候都是过商户的秤,没有出现过缺斤短两的情况。张仲停认为只有相互信任,双方才能够持续地交往下去,对商户信任,对方才能对购买者信任。若是当家人委托其他家庭成员去集市购买东西,只要跟商户提张仲停的名字,商户也就知道张家来买东西,自然也就不会有欺骗的行为。况且集市里的商贩大多都是本村的人,若是发生缺斤短两的行为,这也是不利于生意的持续运作的。

4.少有赊账

张家在集市购物时,很少会有赊账的情况。除非家里急需某样东西,但是手里又没有足够的现金的情况下,张仲停会去集市赊账,能够赊账的都是熟人的商铺,若是不熟的商铺,老板不会同意赊账,张仲停也是不会去的。张家赊账的情况少之又少,偶而去赊账的时候,都是张仲停口头告知,商铺的老板会在账本记上,以便于还账。张家不会赊账时间太久,由于赊账的金额不会太高,基本上过个两三天手头上有闲钱的时候张仲停就会去还账。收账的时候,商铺的老板就会在账本画上对勾,这样就表示已还账了。在交易的过程中,只有当家人才有资格去赊账,这是代表一个家庭的经济行为,家里其他家庭成员不会去赊账,一方面,他们没有权利去单独赊账;另一方面,家庭成员若是以个人名义去赊账,商户也不会承认。张家的赊账一般都是张仲停去跟商户说明,其他家庭成员是没有赊账资格的。

第三章 家户社会制度

在张家,张仲停负责操持张家家庭成员的嫁娶事宜,其他家庭成员起协助作用。在婚配中,张家接受教育的女性小辈普遍结婚较晚,亲戚说媒,遵循门当户对的原则,听从家长的决定。张家人丁兴旺,生育过程、生育仪式与传统的生育习俗少有差异。除此之外,张家出现了改嫁与出继孩子的情况。后来,张家人多房少,自然要分家。由于张家仅是两兄弟分家,因此分家过程并不复杂,赡养情况在分家前后变化不大。具体来说,张家小辈承担赡养责任。分家之后,两个家庭也都是由各家的当家人决定家庭成员的继承资格,主要是由家中儿子继承,房屋继承为主。张家人口众多,家户内部关系较为多样,在对外交往方面类型多种。

一、家户婚配

(一)家户婚姻情况

1.家庭成员婚姻状态多种

分家之前,张家共有 21 口人,其中有 5 对夫妻,分别是张仲停夫妇、张四先生夫妇、张民良夫妇、张志先夫妇及张明星夫妇。除此之外,张家剩余的家庭成员都是未婚。之所以未婚皆是由于年龄尚小或者仍在上学,张家没有打光棍的家庭成员,家中的男性都陆续成家。张志先与妻子李文英是在受父母之命,媒妁之言的传统婚配思想的主导下结合的,由于社会上提倡婚姻自由,张志先便与李文英离婚,张志先再娶,李文英再嫁。张明星自幼体弱多病,在与妻子严氏结婚后不久便英年早逝,妻子严氏随后也改嫁至外家。张家家庭成员的婚姻范围一般就在附近的几个村子,很少有远距离的,一是因为张家的家庭成员的婚配都是自家亲戚在中间当介绍人牵线,介绍的对象基本上都是在本村附近;二是因为距离近就可以知根知底,一个村庄基本上都是同一个祖先,但是这也并没有影响同村婚配的范围。在婚姻的过程中,家庭一般都是更加看重门当户对,对于近亲结婚不会忌讳。

2.上学与否影响女性结婚年龄

张家的儿女到了适合年龄都会婚嫁,但是家里上学的女性一般都出嫁比较晚。1949 年以前,地方上土匪很多,家里的女孩子若是到了十八九岁还没出嫁,就会被土匪"捞票",即被土匪抢去做媳妇,所以家庭为了防止这种事情的出现,家中女孩子的出嫁年龄都不会超过十九岁。女孩子在家里大门不出二门不迈,等到了一定年龄以后就会嫁到别人家里去,根据女方家里的经济条件,家里能买个啥就买个啥,这就当作是嫁妆。

由于张家小辈中张雨林和张明义一直都在上学,自然也是她俩出嫁最晚,基本上在1949 年以后才成家。张雨林出嫁的时候已经二十多岁,这个年龄在村里算是比较大的,主要是张雨林也不愿意结婚,要是想结婚,在乡里随便就能找一个婆家。张明义出去上学的时候,家里旁边的叔叔大爷都跟大张氏说："大嫂子,不是说你,你看看这前庄子后庄子,老姑娘少姑娘,一天到晚在外面跑,你这姑姪俩以后有黑屋给你们坐的。"大张氏也不希望家里的女孩子天天在外面跑来跑去的,只希望能够赶快找个婆家安定下来。张雨林一走,张雨林的母亲就叫唤,活鬼长,活鬼短的。总的来说,在张家,只要是继续上学的女性,一般都是结婚比较晚,而对于张家的男性来说,上学与否对于其结婚的早晚影响并不大。

3.近亲结婚,门当户对

在当地,人们不会忌讳近亲结婚。一方面,两个家庭通婚,距离不会太远,而在当时的情况下,一个村的人基本是都是拥有同一个老祖先,只是血缘关系的远近问题罢了;另一方面,近亲结婚也被认为是一种亲上加亲。两家通婚的一个最基本的原则就是门当户对,大户与大户结合,小户与小户结合。

在村里,同姓结婚的比较多,很多家庭都是表侄关系通婚,张家也存在着近亲结婚的情况。张民良的二儿子张树煌娶的媳妇就是自己的大姨嫂,由于大姨哥得病去世,后来大姨嫂改嫁张树煌。张民良的小儿子张培然与自己的妻子也属于近亲结婚,张培然娶的是自己舅舅的女儿,也就是自己的表妹,后来也生了三个孩子。

在婚姻的过程中,门当户对是必须的,且结婚都是家里长辈说了算,有钱的家庭跟有钱的家庭结合,穷人一般是不会跟有钱人结婚的,主要是穷人也攀不上有钱的人家。一般情况下,女方家里的经济条件与男方家里的经济条件相当,相差不会太大,若是存在这种差距,也只能是女方家比男方家差一些。张家岁数大一点的女孩子就是张四先生的四女儿,她在17岁的时候,就有人来给她说媒,是附近的张广乡的蔡家,由于蔡家的当家人与张仲停是表兄弟关系,因此人家来家里给老四说婆家,张仲停二话不说就同意了,四姑娘也没有见过男方的样子,男方也没有见过四姑娘,结婚的时候才能见到彼此的第一面。

(二)婚前准备

1.家长做主,亲戚牵线

家里儿女的婚事都是由一个家庭的当家人做主决定,当家人有时候也会同自己的妻子商量,但是妻子也只是提建议,最终的决定权还是在当家人手里。若是家里有孩子准备结婚,不用告知其他外人,只邀请村里的亲朋好友在孩子结婚的那一天来家里共同庆贺。不管家中是几代同堂,家中孩子的婚事都是要听从当家人的决定,本人的父亲也不会插手。家里结婚的孩子是没有发言权的,要遵守父母之命。一般情况下,家中若是有适龄的男性或女性,一个家族的亲戚就会自动担当起介绍人的身份,给家里的孩子说媒。

张家儿女的婚配都是张仲停做主安排,张四先生的孩子们结婚都是听从当家人张仲停的安排。张家三世同堂,家里孩子们的婚配都听从张仲停的安排,家里儿女结婚都是自家亲戚在中间牵线搭桥。一方面,亲戚牵线介绍,这说明两家都是互相知根知底的,基本上不用考虑其他问题;另一方面,如果不是认识的人当媒婆,很容易出现问题,若是出了问题,那就相当于把自己的孩子推进了火坑。有一些有钱人家的儿子残疾或者有缺陷,很少有女方家愿意把自己的女儿嫁过去,富家就会找媒婆帮着自家儿子娶媳妇。这样一来,媒婆在中间帮着两家说媒的时候,一般都是避而不谈男方的缺陷,只提男方家里的优点。由于男女双方若是没有结婚,是不能见面的,因此很多女孩子都是在媒婆的连哄带骗下嫁过去,一旦男女双方开了八字,定下这门亲事,那就不能毁约。

张森林结婚的时候是张仲停的亲家在中间牵线搭桥，因为张仲停的母亲是他亲家的姑姑，同时两家又结为亲家，这样一来，亲家在中间说话分量自然就重得多，对于这门婚事双方家人也就放心得多。对于张森林的婚事，虽说张四先生才是张森林的亲生父亲，但是在这件事情上，张四先生是说不上话的，是只能听从当家人张仲停的安排。

2.婚配标准

一般情况下，两家结合都是门当户对，只要两家的家长谈拢，那么这门亲事就算是定下来了。有钱人家对于婚配标准较为严苛，经济条件一般的家庭的婚配标准也就自然不会太过严格。总体来说，婚配标准一般包括：年龄、生辰八字、长相、家庭条件、干活能力、脾气秉性等方面。

在年龄方面，不管是男性还是女性，年龄最好相差不大。一般情况下，都是男方要比女方年龄大一些，这也是没有上限的，有一些岁数大的富家娶小媳妇的情况很多，女性的年龄都很小。然而很少会有女方比男方年龄大的情况，虽说有"女大三，抱金砖"的说法，但是在张家从来没有出现过女性年龄比男性大的情况。适龄的男性、女性结婚年龄都在18岁左右，若是过了这个年龄还没有结婚，就会被周围人笑话以为存在缺陷，并且过了这个年龄，结婚相对来说就比较困难。

在生辰八字方面，两家在确定亲事之前都会合八字，看男女双方是否合得来，若是生辰八字不合，即使对方家里条件再好再合适，男女双方也都没有婚配的可能。

在长相方面，一般长相过得去，双方是可以忽略这一点的，但是这一方面的标准对于女性要严格一些，这也主要是为了后代着想。对于男性来说，长得不是歪瓜裂枣，只要身体健健康康就可以了。

在家庭条件方面，基本上还是遵守着门当户对的原则，媒人在说媒的时候也都是根据这一原则进行的。家庭经济条件的具体表现就是在男方的聘礼及女方的嫁妆，若是男女双方家庭经济条件不对等，这会产生很多矛盾，因此在婚配标准中，这一点也是十分重要的。

在干活能力方面，对于女方来说，主要就是一些女红活，比如纺线、织布、做衣裳等，以及对家中家务事情的料理能力。对于男方来说，主要就是男性的主要生活来源，比如下田干活或者做一些小买卖等。

在脾气秉性方面，这一标准只有在两个人真正结婚、生活在一起以后才能充分体现。一般情况下，对于女性的要求便是要贤惠，懂得三从四德，大门不出二门不迈，知道尊老爱幼这些传统美德。至于男方的标准，基本上可以忽视，在男尊女卑的社会，家中的丈夫就是家里的天，所以在说媒的时候，中间的牵线人都会多说对方的优点。

3.传宗接代，无自由恋爱

双方结婚的主要目的就是生儿育女、传宗接代，至于是否能够婚姻幸福，这就要看两个人的缘分，更不用说追求自己的个人幸福，婚姻都是父母之命，媒妁之言。在婚姻方面，自己是没有话语权和选择权的，当然也不能够自由恋爱。若是一个家庭里的孩子不听父母的话，与其他人自由恋爱，这会是件很丢人的事情，都能传遍整个村子，家里长辈们都是没脸出门见人的。不过这种现象很少见，一方面，家中女性不能够随意出门，因此也就无法接触到外人；另一方面，当家中的孩子到了一定的年龄，都会嫁娶生子，这都由不得自己做主。在张家，不管男孩女孩，结婚都是由当家人张仲停做主，结婚的时候，夫妻才能见到第一面，更不用说是否能相互了解、追求幸福。

大户之间在经济实力方面相当，若是结合，壮大家族势力是毫无疑问，因此这也是大户之间通婚的一个重要原因。子女较少的家庭对于传宗接代的愿望是更加强烈的，家里人丁兴旺，劳动力充足，一个家庭才能够更好地持续下去。不同规模的家庭，在对于婚姻的看法方面有一个基本共同点，那就是传宗接代，延续香火。

4.家长之命，不可违背

张家儿女在婚姻方面没有自己做主的权利，只要双方家长谈得拢，那么这桩婚事就算是定下来了，不会考虑儿女们的意见。张志先结婚的相关事情都是张仲停做主，由于结婚的时候，张志先已参加工作，于是张仲停便将张志先的婚事定了下来。张志先受教育的水平较高，在婚姻方面比较崇尚自由，然而奈何在传统封建社会的背景下，张志先不得不屈从于家长的决定。张志先本是不愿意结婚的，张仲停便安排家中表叔把张志先硬从外面找回来结婚，闹到了半夜张志先才肯回家，后来张志先的婚姻也没有长久。1949年以后，张志先便与李文英离婚了。

5.嫁妆、聘礼简单

在嫁妆、聘礼方面，这些没有固定的标准，都是由两家的经济条件决定的，有钱的家庭就花得多一点，贫穷的家庭就花得少一点，家中不同儿子结婚的聘礼也都是差不多的。一般情况下，男方家里下的聘礼也是要根据女方家给的嫁妆作为标准的，若是女方家里给的嫁妆较少，男方家里的聘礼自然也就少，相反亦是如此。由于都是生活在一个家庭里，并且婚配也都是保持着门当户对的原则，因此一般情况下，家里各个儿子的聘礼都没有差别。在聘礼方面，普通人家一般都是几匹布，这都是算比较好的；若是家里比较贫穷的，也可以没有聘礼，并且聘礼都是由中间介绍人带到女方家里。在张家，张志先娶李文英的时候，张家给李家的聘礼就是一丈二尺布，这个聘礼就让中间介绍人张仲停的亲家带到李家。

在嫁妆方面，家中不同女儿的嫁妆没有差别，女方陪嫁的一般都是给新娘的衣服。家庭条件好一些就会陪嫁四季的上衣和下衣，还有棉被；家庭条件不好的，也就只陪嫁一套衣服。若是在夏天出嫁，新娘一般都是红褂子、绿裤子，有钱人家嫁女儿也是有讲究的，去婆家第一天穿绿色的鞋，而且鞋上的花必须是石榴花。这都来源于一句顺口溜"绿鞋石榴花，进门就当家"。有钱人家的女儿的嫁妆一般都是丝布，贫穷家庭的女儿的嫁妆一般都是洋布。张仲停的侄女出嫁的时候，陪嫁的就是冬天的绿提格夹袄子、蓝提格夹裤子、蓝花线呢外套，还有一条黑棉裤，春夏季节穿的蓝丝布褂子、黑裤子，一套蓝洋布褂子、黑洋布裤子，还有白粗布褂子、蓝粗布裤子，剩下的都是粗布做的衣服。除此之外，嫁妆里还有两床被子，被子里子都是粗布里子，外面就是花线呢面子。

在男女双方结婚之前，是有一个订婚的程序。基本上就是男女双方合完八字以后，两家就会开亲，男方就会给女方送去婚帖，这就算是两家的婚事定下来了。订婚之后，两个家庭不会互相走动，一般都是在结完婚以后，两家才会走动。走动的时候，夫妻二人对于双方家庭来说都是新人，带礼物必不可少，带的礼物都是两包油炸果子和两包糖，礼物的数量没有明确的规定，但是于情于理都是要带礼物的。两个人的婚事一旦定了下来，不管出现什么情况，都不能毁婚，张家以及周围的家庭也都没有出现这种情况的。

(三)婚配过程

1.家长支配

在婚配过程中,家庭的当家人掌有绝对的支配权。在张家,家里孩子结婚的方案都是由当家人张仲停具体制订,如聘礼和嫁妆的安排、结婚的黄道吉日等。在媒人方面,大多数情况下都是不用具体安排媒人的,家中若是有到了结婚年龄的孩子,家族内的自家亲戚就会自发为孩子说媒,除了家中年龄稍大的孩子,当家人就会比较着急,给孩子安排媒人说媒。当家人是一个家庭的代表,在婚帖上也是署当家人的姓名。家中办喜事的时候,周围的邻居也都会自发地跑到家里帮忙,大张氏也会邀请周围的亲戚来家里一同帮忙。在喜事帮忙的人选方面也都是要挑选吉祥之人,一般都是家中子女双全的女性来家里帮忙。

当家人在不同类型的婚姻环节都是担当总体安排的角色,不管三世同堂还是四世同堂的大家庭,家中孩子的婚事都是由大家庭的家长也就是当家人做主。张家是一个三世同堂的大家庭,张仲停与四弟张四先生是亲兄弟,在张家张仲停是大家庭的当家人,家中孩子的婚事都是由张仲停决定安排。张志先是张四先生的亲生儿子,结婚的时候也都是由张仲停一手操办的,张四先生是不会干涉的。

2.家人协助

在准备婚礼的过程中,当家人无法同时顾及许多事情,对于具体的准备事情,当家人不用亲自动手,只要把任务分配下去,家人就会协助当家人把事情做好,张家操办婚礼的时候,所有家人都会一同协助。在结婚的不同程序上,也都是非常有讲究的,比如家中嫁女儿的时候,都是要找儿女双全的女性来帮着叠衣服,没有儿女的人是不能碰的,这些事情一般都是找自己家的人,不会找别人来帮忙。若是找别人来叠的话,这都要付钱,张志先的妻子李文英就是儿女双全,因此在张家的几个女性出嫁的时候,婚嫁的衣服都由她负责。

(四)婚配原则

1.婚配无顺序

在张家,家中子女结婚没有固定的先后次序,一般都是谁先提了,谁就先结婚,如果按照年龄大小规定结婚的先后顺序,就会影响家中孩子最好的婚配机会。张家作为一个三代同堂的大家庭,家中子女较多,但是子女的婚配都不会按照这种固定的长幼先后进行婚配的。若是按照长幼有序,家中老大一直不结婚的话,那么后面的孩子们都不能结婚,这样是不现实的。在张家,张四先生的四女儿年龄比小女儿的年龄要大,但是结婚却比小女儿晚得多。张雨林是张民良的大女儿,但是小女儿张树惠却早于张雨林结婚,原因就是张雨林一直在读书,再加上自己也不愿意结婚过早,还是更愿意为自己的前途拼搏一把,因此结婚较晚。

2.结婚花费

家中子女结婚的花费基本上是很少的,主要花费都是集中在聘礼或者嫁妆,以及宴请宾客这两方面。对于儿子娶媳妇的聘礼,基本上都是在街上买两匹布料,至于女儿的嫁妆,基本上是给孩子做两套衣裳,一床棉被,这些都是结婚必须要支出的花费。在宴请宾客方面,若是家中儿子结婚,在结婚当天,会有许多自家亲戚来家中帮忙、道贺,来帮忙的亲戚也都不要报酬,所以张家就会买肉准备一桌丰盛的饭菜招待亲戚们。来家里帮忙的基本上都是自家人,所以也不会很多,基本上一大桌饭菜也就足够。若是家中出嫁女儿,也是会由亲戚来帮忙,但是数量就要少得多,花费自然也就少一些。由于给张家子女说媒的都是家中亲戚,婚礼的时候也会来家里,所以也就一同答谢。这些花费都是整个大家庭共同负担,不同儿子的花费都差不多,对待每个儿子都是公平公正,不存在差别对待的情况。在婚礼花费方面,大户与小户肯定是存在差别的,大户家庭经济条件较好,对于婚礼的操办自然也就奢侈一些,在聘礼、嫁妆方面,也不是小户人家能够相比的。

(五)其他婚配形式

1.养"小么子"

当地都把小妾叫作"小么子",所以纳妾就叫作养"小么子"。养小么子一般都是出现在比较有钱的富裕人家里,普通人家是很少会有这种情况的,一来是由于普通家庭自己的生活都是问题,更不要提家里再增加一个人、再负担一个人的口粮;二来从小么子的角度看,她也不会愿意加入没有钱的家庭给别人当小老婆,若是家里的丈夫比较有本事,有经济实力或者一定的地方势力,基本上不吭声自己做主就把小妾娶回来,这是不用与其他人商量的,能够娶妾的家庭一般都是家里经济条件好的。家中的妻子一直没有生男孩,或者是妻子没有生育能力的家庭也会选择娶妾,以延续家庭的香火,一般情况下,家里养小么子是不用写契约的。

小么子一般都是财力和实力雄厚的家庭花钱买来的,能够明媒正娶的小么子是很少的,能够买过来的小么子家庭条件都是比较困难的,很多都是家庭生活无法维持下去,才会把女儿卖到有钱人家去。但是也有例外,富贵人家的闺女也有去当妾的,比如,有的姑娘家里本身就比较有钱,女方家跟城里的大世绅开亲,且男方家里已有正房,那么姑娘嫁过来就是当妾。虽说是嫁过去给别人家里做妾,但是女方家也是会有丰厚的嫁妆一起带到婆家去,一般都会陪嫁田地,陪嫁金银首饰。像这样的小么子,就是"两头大",即在家里吃饭的时候,她是能够上公桌与一家人坐在一块吃饭,正房一般坐在左边,小么子就坐在右边。家里若是还有其他用钱买来的贫穷人家的小么子就是不能上桌吃饭的,并且这样的小么子死后直接埋葬没有名分,明媒正娶娶到家里的妾就会有名份。在聘礼方面,娶过来的小么子至少是有两件衣服作为聘礼,并且也会有正规的仪式,比如磕头、入洞房,等等。在称呼方面,小么子喊正房就叫"大奶奶"或者"大姐",正房称呼妾就只有一个"小"字。有的家庭里比较强势的正房,若是没有生男孩,就会把妾生的男孩子领过来自己养,若是正房不强势的话,那就是谁生谁养。

张家没有家庭成员养过小么子,但是张家所在的乡里是有这种情况的。泉河乡里的保长家里就娶了大老婆和小老婆。虽说大老婆有儿有女,但是他也是照样娶了一个小老婆。保长家里娶的小么子是比较有本事的,来到家里以后当家立事,并且在家里还是当家掌钱的,而且他家娶的小么子还是黄花大闺女。村里人经常可以看到小么子穿着棉袍大褂子,拉着孩子上街,但是却从来没有看过保长家里的正房上街,正房的地位没有小么子高,并且家里的正房的男孩女孩都不上街,都在家里种庄稼。

2.童养媳

女方家庭经济条件十分困难,家中的口粮是没有办法养活一家人,更不要提养活孩子,这样的家庭就会很早把孩子送到男方家里去。一是因为在别人家里至少有一口饭吃,不至于会饿死;二是因为家中的闺女迟早都是要出嫁的,还不如早一点送到婆家去,也给自己家里减轻了很多负担。又或者女孩子家里的父母去世比较早,家里的孩子没有人抚养,若是家中有叔叔婶婶的,他们就会暂时作为女孩子的抚养人,然后找一个中间介绍人与男方家里约定好,把家里的女孩子送到男方家里做童养媳,若是男方家里同意,那也就可以了。张家是没有养过童养媳的,但是那时候养童养媳的家庭很多,买卖童养媳的情况很少。若是一个家庭没有生育儿子,家中生活饥寒交迫,也是会把孩子送给别人当童养媳,因为女孩子到了一定年龄就一定会嫁人,这样做也不过是时间早晚的区别。

女孩子在家中的地位比较低下,对于家中父母来说,若家中孩子较多,女孩子到了一定年龄就简单地给她说个婆家,送给人家养活。正如"童养媳"这个称呼一样,其年龄都是比较小的,基本上是在十岁左右,或者更小的情况也有。娶童养媳一般都是自己家中的父母安排,若是父母去世,便是家族中的叔叔婶婶安排,这种决定由不得当事人发表意见,如果家里的家长与其他人约定好,那这件事情就算是定下来了,是没有不同意这一说法的。嫁娶童养媳是两个家庭之间的事情,因此这也不用请示村里的保、甲长。

娶童养媳也不用写文书,只要两个家庭双方约定好就行,但是娶童养媳也同样是中间介绍人说媒的。童养媳去男方家里是没有聘礼的,一般情况下,童养媳到了男方家里就相当于男方家里的佣人一样,去了以后婆家人就会使唤她,在家里地位非常低下,基本就是负责家里的做饭、洗衣裳等这一类的家务活。对于迎娶童养媳的仪式,这些都是很随意的,仪式也是特别简单。若是家中父母去世比较早,童养媳嫁出去了以后都是跟叔叔婶婶走动,但是就没有三天回门、六天回门这个规矩了。在养童养媳这方面,对于大户、中户、小户来说是没有什么差异的。

3.改嫁

改嫁的情况一般是发生在家中丈夫去世或者夫妻双方离婚的家庭,女方会重新嫁到别人家去,但是基本上不会有离婚这种情况,若是家中丈夫去世,家里能过下去日子的,女方就不会选择再嫁。若是家里比较穷的,吃饭都揭不开锅,吃不上也喝不上,并且家中丈夫去世以后,家里又有撇下的孩子,生活压力很大,女方就会选择改嫁。接受改嫁的男方情况一般都是家中妻子去世,或者年龄较大、身体有缺陷导致的长期未娶,这时候为了能够结婚传宗接代也是会接受改嫁的妇女。男方家里的条件也大都是能够说得过去的,经济条件比较好的男方是很容易娶到老婆的。改嫁前的妇女一般都会回娘家。但是若是被夫家休了的妇女,娘家就会感到很丢人,回不了娘家的妇女就是自己独自生活。改嫁也需要媒人在男女双方间牵线搭桥,媒人一般也都是家中亲戚或者是周围邻居,很少会有外人在中间插手。改嫁没有契约,也没有嫁妆,嫁过去的时候也没有什么仪式,就是女方去了男方家以后就一起生活。若改嫁的妇女会说话、会干事情,根据个人情况,一般也是会受人尊重的,若是改嫁的女性不讲理也不会干事,那也就会受到周围人的歧视,这些都是会根据个人能力而言的。

张家存在改嫁的情况,既有改嫁到张家来的,也有张家媳妇改嫁出去的。家中张树煌娶的媳妇就是从别人家里改嫁到张家的,女方原来是张树煌的大姨嫂,由于大姨哥生病去世了,便改嫁到张家来跟着张树煌一起生活。张志先的媳妇李文英,由于是家长张仲停包办婚姻,两个人没有感情基础,结婚后不久就离婚了,李文英后来就改嫁到一个医生朱喜平家里。由于张明星向来身体孱弱,张明星在和严氏结婚以后没多久就去世了,并且俩人还有一个儿子。严氏后来改嫁到李家,还是带着和张明星的孩子一起改嫁过去的。改嫁的情况在村里也是比较普遍的,张家有一个远方亲戚,在土地改革运动以前是村里联保主任的小么子,后来打土豪,分田地,联保主任就被"炮打头",小么子也选择改嫁到村里的汪家。但是不幸的是后来汪家男人在过粮食关的时候饿死了,这个小么子又改嫁到老刘家,前前后后加起来嫁了三次。

4.招"上门女婿"

入赘在当地被叫作招"上门女婿",需要招上门女婿的家庭就是家里只有闺女没有儿子,由于只有男性才能继承一个家庭的家业,为了能够让家庭后继有人,延续香火,这样的家庭就会留一个女儿招上门女婿。一方面,能够继承女方家里的家业;另一方面,上门女婿来家里以后能够赡养女方家里两位老人。一般情况下,女方的家庭条件都是要好于男方的家庭条件。招上门女婿的时候,女方家里也是要千挑万选,这也不是自己闺女说了算。至于男方的家庭条件,基本上都是比较困难的,比如一个家里有好几个儿子,但是由于家里比较贫穷,没有钱,娶不起老婆,若是有家庭招上门女婿,那么就会把男方招成上门女婿。招上门女婿也是男女双方家庭都讲好,男方家里同意,愿意到女方家来,这样就可以定下来了,这些也都是请中间人来牵线搭桥。这些程序就是跟正常开亲一样,下个书就算是开了亲,讲好的上门女婿到了时间就会到女方家里生活。结婚以后,夫妻二人的孩子大部分也还都是随男方姓,但是也有例外的,有的女方比较强势,必须要求生的孩子随女方的姓,毕竟人在屋檐下,男方也只能妥协。也有过不好而分开的,不过像这样的情况也都是很少见的,上门女婿在家里是不能当家的,家中当家的都是女方的父亲,除非等岳父去世以后,由于上门女婿是家里唯一的男性,这个时候上门女婿就能当家做主。在一个家庭里,女儿与上门女婿地位差异都是要根据男女双方的态度,若是女方讲理的话,那么夫妻双方在家中的地位都是平等的。若是女方家里的条件比男方家里的条件好,女方的性格就会比较强势。张家家里儿女众多,都是到了合适的年龄就正常结婚,也没有招过上门女婿。

(六)婚配终止

1.休妻

在张家,家里没有发生过休妻的情况。那时候张家的家庭条件在村里也就处于中等水平,家里的孩子能够嫁出去或者娶到媳妇就已经心满意足,基本上也不会去想那么多,大家都是好好过日子,遵守父母之命,夫妻二人一起为更好的生活共同努力。虽说张志先对于和李文英的这段婚姻一直都是比较失望,但是张志先也没有把自己妻子休掉,他们也是等到1949年以后才离婚的。休妻一般都是发生在这种情况下,若是家里夫妻二人生气闹别扭,或者说媳妇顶撞公公婆婆,让家里的老人生气,女方没有经过婆家人同意,自己就跑走了,在这种情况下,婆家都会让儿子写个休书,就把媳妇休回娘家不要了。把女方休了以后,男方这边还是可以再娶的,当然这都是有钱的男方家庭的做法,只是这种情况也是很少发生的。在家里,女方一般都是会勤勤恳恳的干活,更不要提顶撞公公婆婆,若是被男方休了,男方家庭条件好,还可以再娶一个老婆,但是被休了的女性就是非常丢人的事情,那就不好再嫁了。

由于家里的公婆就是家里的当家人,因此休妻一般都是家里的公婆提出,然后让自己的儿子执行写休书,这都是不用跟别人商议的,说休就休了,也是不用请示保、甲长的。休妻一般都要写休书,这都是男方自己写,不用别人代笔。若是女方被男方家里休了,逐出家门,必然是分不到婆家的财产的。女方被休了以后就不再是男方家的人,由于女性地位比较低下,赔偿费一说更是不存的。

2.守寡

张家有丧夫的人,张明星由于自幼体弱多病,常年身体不好,在和自己的妻子严氏结婚后没几年就去世了,两人育有一个儿子。张明星去世以后,严氏带着一个儿子生活。后来由于张家已经分家,并且家中老人也已经相继去世,长大的孩子也都出去找工作,各奔东西,因此严氏在守几年寡以后就带着儿子改嫁了。

丧夫的妇女不管有没有孩子,都要留在夫家,既然嫁到了男方家里,那么就是男方家里的人。一般情况下,丧夫的妇女也都是会留在夫家的,若是回到娘家也很尴尬,家中的哥嫂也会不高兴。分家的时候,丧夫的妇女也是能够分到一份财产的,但是比较少。在家庭地位方面,若是丧夫的妇女有孩子,那么在家里的地位变化是不大的,尤其生了男孩子,地位更是稳如磐石。若是生了女孩或者没有孩子的,在家里地位就会比较低下,看别人的眼色过日子。

若是家里的丈夫去世,媳妇要改嫁,这些都是需要经过公公婆婆的同意,丧夫的妇女若是再改嫁,基本上都是改嫁到经济状况比较差的家庭。若是分家之前改嫁,女方改嫁的时候只走一个人就行了,孩子是无法带走的,孩子都是给公公婆婆领着,严氏之所以能够带着孩子改嫁,就是因为当时张家已经分家并且家中的长辈已经去世,人也是越来越少,大家都是各奔东西,因此严氏也就能够自由选择带着孩子改嫁。若是家里分家,并且夫妻双方成立一个家庭,不论是家里的财产还是孩子,都是公公婆婆来掌握,有一些婆家的家庭条件比较差,丈夫去世以后,婆家已经养活不起这个妇女,丧夫的妇女就只好选择改嫁,家中的公公婆婆分财产,媳妇就没有权利分到财产,而孩子是有权分得财产的。

二、家户生育

(一)生育基本情况:人丁兴旺

张家三世同堂,一个大家庭人口较多,人口情况在村里属于中上水平。在张家,父辈就只有弟兄两个,分别是张仲停和张四先生。张仲停的二弟以前也是住在张家的,但是后来去世早,就只留下了两个女儿在张家,由张仲停抚养长大,并顺利嫁人。子辈有四男四女,分别是张民良、张志先、张明星、张森林以及张四先生的两个女儿和张仲停二弟的两个女儿。孙辈有四男三女,分别是张树德、张树煌、张树明、张树森及张雨林、张树惠、张树珍。由于张雨林的小弟张培然和张明星的儿子张树祥都是 1949 年以后出生的,故不计入此次生育统计人数。

张家的孩子身体大多是健康的,少有子女夭折的情况,但是张志先有一个孩子夭折了,张志先和李文英在生了一儿一女以后,李文英又生了一个孩子,但是生下来以后不久就夭折了,具体也不知道是什么原因导致的死亡。张家没有丢弃孩子的情况,家里媳妇如果怀了孩子,那就会生下来。在张家看来,不管男孩女孩,这都是一条人命,若是丢弃了,这是要遭天谴的。但是在张家周围也是出现过丢弃孩子的情况,由于大多数家庭都重男轻女,家里必须有一个男孩才算是完整,许多女性都没有避孕措施,若是一直没有生男孩,那就会一直生,直到生了男孩为止。有一些家庭由于特别想要男孩,但是家中媳妇又一直生女孩,在这种情况下,由于家里孩子过多,根本负担不起养育这么多孩子的重任,就会把刚出生的女孩丢弃或者将孩子卖到别人家里去。

在当地,从来没有出现过未婚生育的情况。一般情况下,没有出嫁的女性都是大门不出二门不迈,若是没有听父母的话就出去玩,是会受到惩罚的。如果谁家的女儿没有结婚就有了孩子,这对于一个家庭来说都是非常丢脸的事情,这就会被认为是不守妇道,更不用说没有结婚就生孩子的情况,这种事情出现的概率简直是微乎其微。

(二)生育的目的与态度

1.生儿育女,传宗接代

在当时的社会背景下,家里生孩子的目的就是为了传宗接代,生儿育女对于一个家庭来说就是香火的延续,家族血脉的延续。在一个家庭里,如果妇女没有孩子,但凡家里条件过得去,男方就会娶小么子,这都是很常见的现象。若是家里经济条件一般的,没有财力能够娶小么子,一般都会从家族过继或者从外面抱养孩子。对于一个家庭来说,生孩子是非常重要的一件事情。一方面,只有不断繁衍后代,一个家庭才能够香火延续,不断地发展下去;另一方面,在以农业为主的社会条件下,家中只有拥有充足的劳动力,一个家庭才能够生存下去,才能够吃上饭活下去,所以生男孩的重要性就不言而喻。

在生育方面,所有的家庭也都是重男轻女,男孩才能够继承一个家庭的产业与血脉,生了男孩长大以后就种庄稼,在家里能够帮着干活,也算是一个劳动力,家家户户都是以种庄稼为生,家中男性的多少决定着一个家庭的生活质量,如果家里生的都是女孩,哪有力气种庄稼,而且男孩能娶媳妇传宗接代,女孩长大以后都是要嫁出去成为别人家的人。若是家里生了男孩,全家人都非常高兴,许多家庭在生了几个女孩之后,就算是家里倾家荡产也要再生个男孩,一个家庭如果没有男孩,周围的乡亲们都会嘲笑。

2.未婚生育,颜面尽失

过去很少有不结婚就生育的情况,这基本上都是没有听说过的,人们对于自由恋爱都认为是一件很丢脸的事情,更不用说没有结婚就生育的。那时候,家里若有女孩子不听父母的话自己谈恋爱,说婆家的,外面的人知道了都会嘲笑,家长都没有脸面出去见人,张家是没有出现过没有结婚就生育的情况。家中对于女孩子的管教也都是比较严厉,一般情况下,女孩子不能擅自出门,只有家中长辈领着才能出门,不过这种情况也都是很少的,天天都在家里干活,哪有时间出门。张家认为未婚生育是一件很丢脸的事情,这会让一个大家庭颜面尽失,背后都会有人议论,若是发生了这样的事情,那整个家庭也不用再生活了。

3.儿女大多适龄婚育,少有晚婚

一般情况下,家里孩子到了十七八岁就是该结婚的时候,到了这个年龄,也会有自家亲戚来家里说媒,人们都认为孩子应当是先成家后立业,因此到了年龄,家里的孩子们也都自然而然地结婚。张家的子女也不例外,都是适龄婚育,孩子基本都是十八九岁就结婚,男孩子该娶媳妇的也娶了,女孩子该嫁人的也都嫁了。

张家的子女没有早婚早育的情况,但是有结婚比较晚的情况,张森林结婚比较晚,张雨林和张明义也都是20多岁才嫁人,在当时的情况下,女孩子过了20岁结婚就算是年龄比较大的,张雨林和张明义嫁人的时候,年龄在25岁左右。之所以结婚比较晚,是因为张雨林和张明义一直在上学,后来又去城里继续读书,后来又顺应时势参加工作,因此嫁人的时候年龄也就比较大,张雨林毕业的时候差不多23岁,而后工作几年才嫁人。那时候,年轻人一般都是没有毕业就结婚,一是因为工作单位的领导不同意一边工作一边结婚,大家都是来求工作,也不是来求结婚的;二是因为那时候张雨林也不愿意结婚,若是想结婚了,在乡里随便找一个婆家就能结婚。张雨林认为若是结婚比较早,就不能够去考虑自己的前途,因此宁愿结婚晚一些,张雨林和自己的丈夫是在工作中认识的。由于张家的两个女孩子,即张雨林和张明义,在村里是一直不肯结婚的大姑娘,周围人对于张家的这种情况也是议论颇多。张森林结婚也是比较晚的,由于张森林1949年去城里上学,恰逢开封的工作单位在城里招工,张森林二话没说就报名参加,并且顺利考上了。张雨林和张明义上学走了之后没过两天张森林就出去参加工作,之后,张雨林和张森林见面也都是很少,只是分工的时候张森林回家了一趟,也仅仅只在家里待了一个晚上,后来张森林在外地就娶了媳妇。

4.多生多育,多子多福

在当时的社会情况下,对于任何一个家庭来说都是孩子越多越好,即使是家里条件很一般的,也都是认为孩子生得越多越好,很少只有一个孩子的家庭,至少也是要生两个孩子。家庭对于男孩和女孩的态度也大有差异,家里若是男孩生得多,就会认为这是一种福气,同时由于以农为生的家庭是十分看重劳动力的重要性,家中男孩越多,就越有利于家庭的农业生产。而对于生女孩来说,有和没有都是无所谓的,因为在大家的观念里,女孩子迟早都会嫁人成为别人家的人。公婆和丈夫对于生男孩和生女孩的态度也都是不一样的,若是家里的媳妇生女孩太多,公婆和丈夫就会连同大人孩子一起嫌弃,并且若是一个女人生女孩子太多,这样的女性在家里就是没有地位的,尤其是在人口多的家庭,家里弟兄多,自然家里的女性也就多,有的生男孩,有的生女孩,这样一来,家里的家庭成员对媳妇的待遇就不一样了,对于生男孩子的母亲就会更尊重一些。

就整个村庄的范围来看,儿子多的农户在村里也是比较受人尊重的,一是因为人们受"多子多福"的传统观念的影响,自然地认为家里儿子多就是一种福气;二是因为家里儿子多,也就意味着家里劳动力充足,能够耕种更多的田地,那么在村里自然也就比较受别人尊重一些。在村里,儿子多的家庭家境也没有说必然是好还是坏的,但是一般情况下,家里家庭条件若是不好,自然也就无法养得起太多的儿子。

(三)生育过程

1.怀孕即生,数量无上限

在家里,没有人干涉生孩子生多生少的问题,都是自己想多生就多生,想少生就少生。但是一般情况下,人们都是愿意多生孩子的,只要家庭能够养得起,就会生孩子。张家也是如此,家中的经济条件在村里属于中上水平,家里孩子多一点也是能够养得起的,只要家中的女性怀孕,这就是一件喜事,都会把孩子生下来。由于人们都是没有避孕措施的,因此对于家中孩子的数量也是没有限定的,正如张仲停这一辈人,也是希望家中的孩子越多越好,一来家中孩子多,也是一种有福的体现,这也会让整个家庭比较有面子;二来家中孩子多了,劳动力也就多了,不管是男孩还是女孩在家里都是能够干一些活。

2.孕期需干活

对于家家户户来说,种庄稼就是一个家庭赖以生存的基础,不论男女,人人都是干活的命,因此孕期的妇女也是要干活的,就算怀着孩子也要去干活,怀孕对于推磨拉碾子、种菜地这些活都是没有影响的。在张家看来,生儿育女都是十分自然的事情,对于怀孕的女性只是在前三个月要多加照顾,因为这段时间是比较容易流产的,前三个月一过,那就跟正常人一样,该干活就干活。对于前三个月,大张氏就会给家里的孕妇准备一些糖水,这就是一种优待,平时是没有人可以获得特殊照顾的,家里人吃什么孕妇也就吃什么,也没有那么多讲究。若是在人口少的家庭,本来劳动力就缺乏,要是怀孕了就不干活,那家里人就吃不上饭了。在村里,有一家农户家里媳妇都快生了,但是家里人也都不知道这个征兆,公公还让媳妇去磨豆腐,媳妇虽然已经感觉肚子疼,但也没有多想就去干活了,推磨的时候,孩子直接就生出来了。家里连产婆都没有请,孩子生完了洗干净包好放在床上,媳妇就又接着出去干活。

3.请产婆,家内生产

生孩子一般都是在家里生,家里孕妇快生产的几个月内,家里人就会提前去找产婆告知大概怀孕时间,而后就会跟产婆打好招呼,以便家中孕妇在生产的时候,产婆能够及时赶到家里来,若是家中孕妇要生产了,家里人就会马上去请村里的产婆来家里接生。联系产婆这些事情一般都是家中生过孩子的女性负责,在张家,就是大张氏或者张刘氏请产婆来家里给孕妇接生。家里生孩子基本上也没有什么过多的花费,基本就是在请产婆方面要花一些钱。一般情况下,家里的孩子顺利出生以后,家中就会给产婆塞一个红包或者让产婆在家里吃一顿饭,这也都是好吃好喝的招待。

4.产后少有坐月子

对于普通人家来说,家里的女性生完孩子以后基本上都是不坐月子的,最多也就是刚生完孩子的那几天,身体比较虚弱,会休息几天,之后就照常干活了。

家里要是条件好的话,女性干活较少,自然身体也就娇气一些,生完孩子以后也会坐月子,休息十天半个月,同时家里对于刚生完孩子的女性也会更加照顾,生完孩子的女性还能喝上一碗红糖水。坐月子期间也会干一些活,但是都是一些不费力气的活。有的家里条件差一点,都是把盐放在水里和一和就喝了,喝完接着去干活。张家的女性基本上都是生完孩子以后休息两天就开始干活,很少有在床上躺很久的。在饮食上,也都是同一家人吃一样的饭,没有特殊对待。

(四)生育仪式简单,三天办酒席

家里生孩子会大肆操办生育仪式的家庭少之又少,由于家里孩子很多,若是家里每次添了孩子都要操办一番,家庭负担不起,这也是不现实的。虽说如此,但是家里添丁毕竟也是一件喜事,不论是小家小户还是大家大户,基本上都会在孩子出生后三天请家里的亲戚和周围的邻居来家中共同庆祝。张家没有办过生育仪式,那时候家里条件都比较差,并且家里孩子也多,也没有什么钱去操办这些事情。家里媳妇生了孩子以后,周围的邻居都会来家里看看孩子和母亲,但是也只是来瞧瞧,没有什么特别的。一般小家庭是不会办生育仪式的,一是因为没有钱能够去操办生育仪式;二是因为家里人少,也忙不过来,周围邻居了解家里情况,一般也都是口头道贺而已。有钱的大家庭在家里生完孩子以后是会办酒席的,但这也仅限于家里生了男孩会办酒席,若是家里生了女孩都是不会办酒席的。一般情况下,家里生完男孩三天就会庆祝,家里来的都是自家亲戚。来了以后,家里人都会送红鸡蛋给来家中道贺的亲朋好友,以此来传递好的寓意。有钱的家庭会大肆操办酒席,一般都会请邻居还有亲戚来家里吃饭,并且都是请厨师来家里烧饭,也会给来家里庆祝的亲戚发红鸡蛋。

家里若是操办酒席,就会请比较近的邻居和亲戚来家中共同庆贺,亲戚邻居来了以后也是不用带礼物的,只要人来了就行。家里媳妇生完孩子以后,条件不错的娘家也是会派哥哥来婆家看看,这都是不用亲自去请的,孩子生下来以后,娘家就会派人来看。娘家人来看产妇的时候都是会带礼物的,一般都是红糖和油炸果子,还有娘家母亲早就准备好的小孩子穿的衣裳之类的,这些礼物都是最好的。若是家里比较讲究的,媳妇在婆家生完孩子以后二十八天,就可以被接回娘家住,媳妇想住多久就住多久。等到要回来的时候,丈夫再去娘家把媳妇接回来。

家里举办生育仪式的目的就是为了庆祝家中添丁，并且希望能够将这份福气一直延续下去，祝愿孩子能够健康成长。一般家庭是不会大操大办生育仪式的，因此在花费上也是比较少的。这些费用都是由大家庭负担，过去也没有什么份子钱，能够给份子钱的基本上都是比较近的亲戚，所收的份子钱也都是归大家庭所有。

（五）孩子起名

家里孩子的名字一般都是由一个家庭的当家人决定，若是家中没有有学问的人，就会请村里有学问的人给孩子起名字，若是家里孩子上学了，老师也是可以给孩子起学名的，起名字一般都是在孩子出生以后再决定。一般情况下，家里的孩子都是要按照辈分来起，并且一般都是姓氏加上辈分再加上一个有好的寓意的字，这就是孩子起名的惯用方法。张志先育有1儿1女，张树森和张树珍。张明星育有1个儿子，取名为张树祥。张民良生了4个儿子，2个女儿，分别取名为：张树德、张树煌、张树明、张培然、张树惠、张雨林。其中张雨林和张培然的名字之所以没有按照辈分来取，就是因为张民良的小儿子出生的时候，家里已经衰落，生活十分困难，张刘氏便投奔娘家，并把张培然过继给自己的三妹，因此没有按照辈分起名。张雨林在参加工作之前名字叫作张树娴，后来遇到一个比较好的工作机会，但是由于张雨林上学的时候用的就是张树娴这个名字，那时候学校招聘老师都是从学生里面招，但是张雨林不愿意当老师一心只想考卫校，因此便决定改了名字。家里孩子也是有小名儿的，但是小名一般都是家里人随便起的，也没有什么特别的含义。过去孩子都是有小名，比如叫大猫、二猫、三猫，也有叫大狗、二狗的。

在给孩子起名字方面，不同类型的家庭给孩子起名字的想法都是没有什么不同的，一般都是会在孩子的名字中加上带有美好寓意的字。有一些家庭比较讲究这方面的，也会请有威望的人来给孩子起名字，希望孩子长大以后能够有出息，这也只是仅限于有钱有实力的家庭，对于普通人家来说，起名字是没有这么烦琐的。

三、家户分家与继承

（一）分家

1.人多房少，自然分家

1946年，张家分家没有什么特别的原因，单纯只是因为家里的孩子们年龄越来越大，也都需要成家立业，随之而来的就是家里人口越来越多，而家中的房屋已容纳不下张家如此多的人口，张家也就自然而然地分家。张家分家是由当家人张仲停提出来的，于是大家便在一起商议分家事宜。由于张仲停只育有张民良一个儿子，张民良小家庭里的孩子中唯一年长一些就是张雨林，家中男孩子年龄尚小，也还未到婚娶的年龄。相比之下，张四先生一家人口较多，且家中儿子张志先与张明星已经结婚并育有下一代，小家庭里人口较多。两个家庭在一块生活，家中的房屋越来越无法满足大家庭的需求，因此张仲停跟四弟张四先生说："给你两块田，你自己去种。"分给张四先生家的土地大概80亩，张四先生家里后来又雇了两个伙计。张仲停提出在祖屋后面的田地上面重新修建几间屋子，自己一家搬出去居住，把老庄子留给四弟张四先生一家，家庭成员对此也是没有异议的。由于张家是和平分家，大家族中的其他成员也不会来插手家庭分家，保、甲长自然也不会干涉这些事情。若是家里分家的时候，一家人闹得不可开交,并且一直没有达成一致意见,那么家里人也会请家族里比较有地位的人来家里主持公道。

若是家庭人口较多,就像张家这样的大家庭,人口越来越多,家中房屋不够住,那么整个家庭自然也就会分家。对于人口比较少的家庭来说,一般能不分家就不分家,毕竟人多力量大,生活在一起能够一起干活、种庄稼,这些都是根据各个家庭不同的实际情况决定的,没有说更加倾向于分家或者不分家。在不同类型的家庭中,若是家庭和睦,自然一家人在一起生活也就更加长久一些。代际较多的家庭在家中老人去世以后,失去了维系各个小家庭的纽带,这样一来也都是会选择分家的。

2.家庭成员享有分家资格

只有自家的家庭成员才有分得家产的资格,家庭外部成员是没有资格分得家产的。由于张四先生家里有三个儿子,并且也都已经结婚,人比较多,若是张四先生分出去住的话,要准备的东西就比较多,包括各种生活用具都要重新制作,于是张仲停就决定把祖屋留给四弟一家,自己一家搬出去住,在老庄子后面的一片田上盖了四五间房子,这也就足够一个小家庭居住的。分家的时候,家里的厨具、农具都是不够分的。分家之前,张家有两头牛、两个耙、两个犁,张仲停和张四先生两家各分得了一个犁、一个耙。家里的老牛由于年龄比较大,已经没有能力再干活,于是就把牛卖给了别人,换来的钱分给了张仲停家,家里仅剩下的一头小牛,就分给了张四先生。卖牛换来的钱是不够再去买一头牛的,于是大家决定分家以后,两个家庭还是共用牛和水车。张四先生一家在前面住着,张仲停一家在后面住着,距离很近,只是分家以后大家就不在一起吃饭了,干活的时候,两家还是共用大型农具,比如水车等,小的农具比如锹、大扫帚都是各自买着用了。分家的时候家里的桌椅板凳也都已经旧了,都是谁想要就搬走。

在一个家庭中,拥有分家资格的就只有儿子,若是儿子结婚了就可以多分一些家产,未婚的儿子分得的家产就要少一些。家中的女儿是没有资格分得家产的。至于家中过继而来的儿子、改嫁带来的儿子,以及姜生的儿子也是能够分得家产的,毕竟不管怎么样都是生活在一起的一家人,但是在分到家产的数量上是有差异的,干儿子是不会分到家产的。不同类型的家庭,在分家资格上都是差不多的,都是家里的儿子能够分到家产,女儿是分不到家产的。

3.和平分家,无须见证人

张家分家的时候也没有见证人,那时候家里分家都是和平分家,张仲停根据家庭的实际情况进行家产划分,张家的家庭成员也都是表示赞同的。若是家里分家有纠纷的话,由于家里弟兄多,对于家产的分割不能达成一致意见,家里就会找自己的姑姑、姑父、叔叔,姑姑属于"公亲",叔叔属于"户长",这些亲戚就被统称为"公亲户长",比如家里的弟兄们分家,觉得家产划分不公道,就找公亲、户长来家里主持公道。一般情况下那都是当家人说怎么分就怎么分,有钱人家分家的时候都会找公亲户长,由于家里的家产较多,在分家的时候就可能相对麻烦一些。张家的家庭条件一般,在划分家产方面没有矛盾,并且分家的时候也都是和平公正分家,因此也不需要分家的见证人。

4.分家:当家人做主,公亲户长参与

分家一般都是由家庭里的当家人提出,家长做主,具体就是划分家中家产,包括土地、房屋、农具、牲口等。若是划分合理公道,家庭成员自然也就没有意见。张家分家的时候,都是张

仲停提出来的,这些都是由家长说了算,其他家庭成员只有提意见的权利,是没有办法做主的。作为家庭的家长,在分家这件事情上也都是会公平对待的,要不然不足以服众。由于张家是张仲停和四弟张四先生两家子生活在一块,家里的小家庭并没有分家。分家的时候也就是把田地、农具、伙计按照各家的实际情况一分为二,所以张家分家的时候都是很简单的。一般情况下,家里的女性都是分不到家产的,只有男性能够分到家产,对于过继来的儿子还有改嫁带来的儿子都是可以分到家产的。在分家时,如果产生分歧,都会找公亲户长来家里做主。在这种情况下,家庭的外部成员也是可以参与家庭分家的,但也只是限于在分家过程中调和矛盾、提意见。在分家的时候,最后做主的还是家里的家长当家人。

5.分家单

张家分家的时候也没有什么分家单,分家的时候也不复杂,并且分家后不久,家里的土地都被重新划分,有本事的就种田,没有能力种田的,田地在那里荒着,自然而然就被别人分走了。对于家里家产较多的大户来说,由于在家产分割方面比较繁杂,并且家庭成员的意见也都是各有各话,这时候就需要分家单来明确家产的划分。一方面,分家单能够明确每个家庭对于家产的掌握部分,不至于分家之后还会有矛盾出现;另一方面,分家单也是一种契约,体现着公平公正的原则。分家单一般都是由家里主持公道的公亲户长来执笔,分家的各个家庭的家长在分家单上署名或者摁手印,一旦签名或者摁手印就表示对于分家单上的家产划分表示同意。分家的时候,每个独立的家庭都会留存一份分家单,以防以后再次出现新的矛盾。家庭外部成员,比如公亲户长,在家中分家产生矛盾的时候就有威望可以调解矛盾,提出建议,分家的家庭一般也都会参考这些意见,毕竟公亲户长不参与分家,立场自然也就比较公正,家庭成员也都是比较信服的。

6.外界认可分家

虽说张家祖辈长期生活在三官村,村里同一姓氏也大都是有着共同的祖宗,但是并未形成宗族,只是互相以亲属关系互称,在每个家庭的内部事情方面,作为外人的其他亲戚是很少插手,也很少发表意见的。只是分家以后,一个大家庭划分成了小家庭,在相处模式上,就会确定新家庭的当家人。这也是对于家庭分家的一种认可。

村庄对于家户分家也都是表示认可的,但是分家的时候是不用特别地通知保、甲长。若是家里分家的时候,弟兄们产生矛盾打架,这时候就会找保、甲长。张家分家的时候也没有发生什么事情,因此也就不用保、甲长参与。村庄对于家户分家的认可主要体现在收税方面,每到纳税的时候,家家户户收获的稻子都放在道场上。保、甲长来到家里收税的时候,家里人就会舀稻子交税,打麦的时候就舀麦子,纳税的时候不用保、甲长特别说明。分家以后,张仲停家的塘坝在西边,张四先生家的塘坝在东边,这明显是不住在一块了,等到打稻子的时候,保、甲长来了,就会分开收税。

(二)继承

1.儿子继承

只有家庭的内部成员才有资格继承家产,家庭的外部成员便不属于家庭内部的组成部分,因此家庭外部成员是没有资格继承家产的。若是家里的老人去世,家里的财产一般都是儿子继承,女儿没有继承家产的资格。张家也是如此,家中只有儿子有资格继承家产,若是家中有儿子入赘别人家里,那么也是没有资格分到家产的。儿子入赘女方家中,自然也就住在女方家里,并继承女方家的家产。张家家里是没有儿子入赘别人家里的,只要是不在家里跟一家人共同生活,不论是抱养给别人家的儿子,还是被逐出家门的儿子,都已经不是家庭的一分子,都是没有资格继承家产的。家中没有成家的儿子也是可以继承家产的,只不过在数量上会少于已经成家的儿子,但是家中未出嫁的女儿是没有资格继承家产的。若是一个家庭里都是女儿,没有儿子,那么家里就招上门女婿,上门女婿来到家里以后,会与家中的女儿共同继承家中的家产。家中若是有过继的儿子,都是和自家儿子没有区别的,都是可以继承家产的。

在张家,由于张仲停的二弟去世较早,留下了两个女儿跟着张家一起生活。这两个女儿出嫁以后,除了嫁妆以外,是不会拿走家里任何东西的。张家分家的时候,她们也都没有资格分得家产。嫁出去的女儿就是泼出去的水,都是婆家的人,自然是没有资格继承家产的。娶进门的媳妇就不一样,嫁进来以后和儿子就是一家人,儿子有资格继承家产,媳妇自然也会有家产的享受权。在村里,有一户特别有钱的富人家里的儿子娶了一个媳妇,才15岁。女方还没嫁过来的时候,地主家的儿子就死了,但是由于亲事已经定下来便没有反悔的余地,女方来了以后就对着棺材磕头,也就算是与死去的丈夫结婚成为两口子。虽说女方的丈夫去世较早,大家庭分家的时候还是把女方作为家中的一分子,分给她的家产只不过比较少罢了,后来这个媳妇一直没有再嫁,也一直没有孩子,为了能够安享晚年,就认了一个干闺女,干闺女在城里教书,也没有什么亲人,每到寒暑假,就提着行李来她家。1949年以后,她就一直跟着认的干闺女一起生活。

2.当家人决定继承资格

一般情况下,家产都是由家里的儿子继承的,这些继承的条件也都是当家人决定。由于张家分家的时候是两兄弟分家,因此在张家只存在家产的分割,而不存在家产由儿子继承的这种情况。分家以后,张仲停只育有一个儿子张民良,因此张仲停家的家产毫无疑问是由张民良继承。而在张四先生家里,儿子众多。由于张家分家以后,村里就已经开始分田地,张家一直租种富家的土地也被分走了,同时家里的老人们也都相继去世,基本上没有什么家产可以继承,留下的也就是家里的几间房子。张四先生的三个儿子也都是各谋生路,张志先出去上学以后就直接在外面工作,后来也就很少回家,家里也都是少吃少穿的,张志先也不愿意为了家中的几间房子回来;张明星去世也比较早,家中的妻子带着孩子改嫁他人,也没有争夺家产;张森林也是在外面上学,长期不回家,家中的房屋也就只剩下他能够继承。

3.房屋继承为主

在当地,继承的主要是家里的家产,包括田地、房屋、牲口、农具等。若是家里有独一无二的手艺,这也是继承的内容之一。一般情况下,对于家产的继承都是遵循着长子继承的原则。村里保、甲长的职务是可以继承的,若是父亲是村里的保、甲长,年龄大了以后,就可以选择让自己的儿子接替自己的职务,以保证自己的权力能够延续下去。分家以后,张家被分成了两个家庭,张仲停去世了,家中的房屋和田地都是由家里唯一的儿子张民良继承。张四先生这个小家庭也是一直没有分家的,直到张四先生去世的时候,由于当时的社会背景,村里开始分田地,家中能够继承的家产就只有家中的房屋,而张四先生的儿子中张志先常年在外工作,张明星去世较早,因此就只有张森林继承了家中的房屋。

4.兄弟商议继承

一般情况下,都是应当由家庭里的家长确定家中财产的继承权,由当家人做主按照公正合理的原则确定,所以家庭成员都是会遵从支持。若是确定继承权,家里人都是默认确定,不用立下字据,如果在确定继承权的过程出现了针对家中不同的儿子差别对待的情况,这时候家中就会产生纠纷。一般情况下,就会把家里的亲戚找来进行调解。在张家,张四先生去世以后,小家庭才分家,因此家长在继承权的确认中起到的作用不大,主要是家中的几个兄弟商议决定的。

四、家户过继与抱养

(一)过继

1.家中无儿,自愿过继

过继这种情况在当地也是非常普遍的,过继一般都是发生在以下情况时:一个家庭里妻子没有生儿子,但是哥哥或者亲戚家里儿子生得比较多,无儿的家庭就会把亲戚家的儿子过继到自己家里,为自己家传宗接代。若是家中有男孩的,一般就会存在过继给别人家儿子的情况。有些家里经济条件比较差,儿子生得太多,因此承担不起养育的重负,家里也会选择把孩子过继给其他亲戚家,以减轻家庭的生活负担。过继一般都是发生于有血缘关系的两个家庭之间,若是兄弟没有儿子,那么其他兄弟就必须过继儿子的情况是不存在的,过继都是基于两个家庭自愿过继和出继的原则之上,基本上都是没有强制要求的情况。

张民良的小儿子张培然便是过继给自己的三姨家做儿子。张培然于1949年7月份出生,由于泉河乡的分田地的运动开始较早,家中租种地主的田地都已经被划分给了村里的贫下中农,再加上家里的劳动力相继减少,张家生活越来越困难。到了后期,家里就不种田、不种地,唯一存在的就只是种一处菜园。那时候,为了能够维持一家人的生活,家里都是依赖着这一块菜地卖菜吃饭。家中的张树德和张树煌也都才十来岁,根本无法承担起家中的农活,只能帮着父亲种菜园卖菜,张刘氏又是小脚,也只能在家里做家务。由于张刘氏的三妹在生一个女儿之后就无法再生育,家里没有儿子,张刘氏的哥哥便来家里在中间说话,就跟张刘氏说"俺大姐要那么多孩子干什么,也养不起,俺三姐也没有孩子,还欠孩子,不如给她一个儿子"。张民良和张刘氏觉得大哥说的也是有道理的,家中本来就是难以度日,还要承担养活几个孩子的重担,于是张民良夫妇也就同意了。后来张刘氏就把刚出生没多久的小儿子张培然用挑子挑走了,在娘家过了几天,张刘氏的哥哥就把张刘氏送回来,张培然就留在张刘氏的三妹家里了。由于张刘氏的三妹没有奶水可以喂养张培然,基本上都是张刘氏的大嫂和二嫂喂养张培然。

2.过继次序:至亲优先,年幼优先

若是需要过继,基本上都是从自己家族内的孩子中选择,一般都是优先过继自己兄弟或者姐妹的孩子。如果亲兄弟没有或者只有一个儿子,那么就会考虑从其他亲属家里,尤其是家里儿子多的亲属家里过继男孩,在选择过继的家庭的时候,都是会以最亲近的亲属优先,若是不合适,则考虑其他亲属。如果出继的家庭有几个儿子,那么就会优先出继家里年龄最小的儿子,刚出生的孩子是最好的,因为孩子年龄越小,记事也就越晚,这样有利于培养孩子与过继家庭的亲情。若是孩子年龄大了,与出继的家庭已有深厚的感情,父母不舍得,孩子也

不愿意,这样是不利于过继孩子的。张培然过继给张刘氏的三妹的时候,才刚刚出生不久,这样一来,张培然就比较容易能够接受新的家庭,有利于孩子的成长。

3.家长主导,中人牵线

过继的时候,一般都是由家中的家长决定出继,但都是会在与出继者的父母共同商量以后,根据父母的意见,由大家庭中的家长决定,这是属于家庭内部事情,是不用跟村庄管理者及其他人请示的。若是当家人不在家,那么都会等到当家人回来再做决定,过继孩子毕竟不是一件小事,还是要由家中的家长做定夺。在当地,过继就只有完全过继的情况,家中若是决定将孩子过继给他家,那么过继以后,孩子与出继的家庭便是没有关系了。过继儿子是基于两个家庭双方自愿基础之上的,因此入继的家庭是不用给钱的。

过继的时候,也不用写契约,由于过继都是发生在两个有血缘关系并且比较亲近、知根知底的家庭,自然也就不用什么证明。过继是需要中间介绍人的,这个介绍人一般是家中的亲戚,张培然过继给张刘氏三妹的时候,中间介绍人就是张刘氏的哥哥。中间介绍人一定是对于入继和出继的两个家庭知根知底,否则出继的家庭也不会放心把孩子送到别人家里去的。

过继的孩子都是年龄比较小,并且没有自我意识的新生儿,自然也无法表达自己的意愿。张培然七个月的时候就被过继去张刘氏的妹妹家里,张培然年龄尚小,连说话都不会,更不用说表达自己的意愿了。一般情况下,孩子也都是愿意去的,由于出继的家里孩子多,过继一个儿子给自己兄弟家,到了兄弟家里也就算这个家里的一分子。一个家庭的家产是固定的,出继的家若是有三个儿子把其中一个儿子过继给别人,由于入继的家庭一般都是没有儿子的,那么这个儿子到了入继的家庭就可以独享到一份家产。如果不过继一个儿子给兄弟家,出继的家里这三个儿子就要平分家产,每个儿子拿到的家产也就变少了。若是给兄弟家一个儿子,每个儿子就可以分到更多家产。因此,小孩子长大知道以后也是愿意去的,这都是双方自愿的。到了入继的家庭以后可以独自继承家产,若是在自己家里,弟兄多,分的家产也少了。村里有一户姓孙的人家,家中有四个儿子,但是娘家哥哥的媳妇没有生育,于是孙家就把自己的儿子过继给娘家哥哥一个,后来娘家的家产也都给这个孩子一个人了。

4.平等对待过继之子

家中对于过继的孩子也都是跟对待自己的亲生孩子是一样的,张刘氏的三妹去世的时候,张培然才十来岁,由于张刘氏的三妹夫也还年轻,便又娶了一个老婆,第二任媳妇又带着两个儿子过来,并且嫁过来以后又生了一个儿子,这样一来家里也有四个儿子。对于过继到家里的儿子,不同家庭对待其的态度是不一样的,都是根据家庭情况,如果人不好的话,孩子过继过去也都是受罪。张培然在张刘氏的三妹家里,家里人也都是把他看作自己孩子一样的,后来张培然娶了自己的表妹,也就是自己大舅的女儿。张培然娶媳妇的时候,张刘氏的妹夫也都是把婚礼安排得好好的,并没有差别对待。家中的第二任媳妇也是很贤惠的,逢年过节也都做一桌子菜,一家人在一块吃饭。

(二)抱养

1.外界抱养,延续香火

抱养这种情况一般都是发生于家里没有儿子,同时家中也无兄弟姐妹的孩子愿意过继,这时候,就会选择从外面抱养孩子。抱养孩子大多数都是抱养男孩。那时候也有家庭抱养小女孩的,比如有的家庭一个孩子都没有的,又没有办法抱养男孩,有的家庭小女孩多,就会给没有孩子的家里一个女孩,这对于没有孩子的家庭来说,至少家里还有一个孩子能够组成一个完整的家庭。抱养孩子与过继孩子是不同的,第一,血缘亲疏不同,抱养的孩子一般都是家族外的孩子,从一个家族抱养到另外一个家族里,并且距离越远越好;而过继孩子一般都是从家庭内部过继,血缘关系越近越好。第二,一旦孩子被抱养去别人家里,家中父母基本上就与孩子断绝联系;而过继的孩子由于一直生活在家族内部,家里的父母还是能够见得到。第三,过继孩子一般都是遵从双方自愿的原则,并不会存在交易行为,即入继的家庭是不需要付钱给出继的家庭的;而抱养的情况则不相同,抱养孩子的家庭一般都是会给钱或者一些有价值的东西作为交换孩子的等价物,这样一来,就彻底切断了被抱养的孩子与亲生父母之间的联系。同时在一定程度上,抱养与被抱养的家庭也达成了某种协议。独子的家庭由于只有一个儿子,是不会把孩子抱养给别人家的。抱养孩子的目的与过继孩子的目的相同,即都是家中无子,为了家族内部的传宗接代,香火延续,便选择从外界过继或者抱养儿子。张家家中男性还是很多的,因此没有发生过抱养孩子的情况。

2.家庭差异大

被抱养的家庭一般都是比较贫穷,但是孩子又比较多的家庭。由于家中生活难以为继,但是家里的孩子还嗷嗷待哺,家中没有足够的能力养活孩子,就会选择把自己的孩子抱养给别人。对于被抱养的孩子而言,至少还能够吃得上饭,能够活下去,抱养孩子一般都是家无子嗣,并且家里条件比较优越的家庭。若是需要抱养孩子,一般都会选择抱养外村的孩子,距离越远越好,这样一来,孩子被抱养以后,就与原来的家庭能够完全脱离联系。孩子一旦被抱养了以后,就不再是被抱养者的家庭成员,抱养的孩子在抱养家庭也是可以分得家产的。由于抱养的家庭男孩少,对于家中抱养来的男孩自然会优待,都是会与家中其他成员一视同仁,这样才能够不让孩子察觉到自己是抱养的,同样抱养的孩子在家里也都是拥有同等的继承权。

3.家长做主,无形契约

抱养的时候,一般都是由家中的家长与被抱养者的父母商量之后,由家中家长做主,抱养的孩子年龄都是很小的,因此是不用考虑孩子的意见。抱养孩子作为两个家庭之间的事情,外人在这方面是插不上手的,自然也就无法影响家中抱养孩子的具体进程。抱养孩子的具体形式也都是由家中的家长决定,不用与家中的其他家庭成员及村庄管理者商量。抱养的时候,抱养的家庭一般都是会支付给被抱养的家庭一定数量的钱财,以此表明抱养以后的孩子与原来的家庭再无联系,同时这笔钱财也是作为给原生父母的赔偿金,以此打消原生父母再回来找孩子的念头。被抱养的家庭一旦收下这笔钱,这就意味着放弃了对于孩子的抚养,因此这在一定意义上也是双方家庭的一种无形契约。

抱养也是需要介绍人在中间牵线搭桥,否则毫无干系的两个家庭也没有办法取得联系,而达成抱养孩子的约定。中间介绍人一般也都是两个家庭比较熟识的人,或者是由层层介绍而来的关系,总之,中间介绍人一定是比较靠谱的人。家长若是不在家,那么其他家庭成员是不能擅自决定抱养的,并且一般抱养的孩子都是刚出生不久或者还没有开始记事的,这样的孩子到了抱养的家庭就比较好养。如果孩子长大了再被抱养走,孩子就很难融入另一个家庭,这对抱养家庭和被抱养的家庭都是没有好处的。

4.外界认可

过去抱养孩子的家庭很多,所以这种情况在外界看来也都是司空见惯的,孩子刚被抱养至新家庭的时候,周围人也都会有些议论,毕竟这也是无可避免的,但是抱养的孩子去到新家庭时间长了,别人也就认可这孩子是家里的一分子。抱养孩子的家庭条件都是过得去的,孩子被抱养过去会比在自己家里生活好些,至少穿衣吃饭是没有问题的,有些家庭还能够供孩子上学,所以有一些贫穷家庭的孩子被抱养的家庭也是比较愿意的。家庭成员对于被抱养的孩子也都是一视同仁,一般情况下是不会被差别对待的。因为村里不是只有一户家庭会抱养孩子,这种情况很普遍,因此也就不会有什么差别对待,来到家里就是家里的一分子。

（三）买卖孩子

在当地买卖孩子的情况也是很常见的。由于张家的家庭条件在当地还算是过得去的,至少吃饭是没有问题的,无非就是多吃或少吃的区别,所以张家是没有买卖过孩子的。对于卖孩子的家庭来说,都是家里十分贫穷,连饭都吃不上,就会选择把孩子卖给别人。在一般情况下都是会优先选择卖家里的女孩,女孩卖到别人家里以后,或者做童养媳,或者在地主家里做丫鬟,总之地位都是比较低下的。若是卖男孩,一般都是在别人家里当伙计干重活。对于买孩子的家庭来说,大多都是家中比较有钱的地主家庭,把穷人家的孩子买过来在家里做苦力。有的家庭的女性无法生育,或者家里没有儿子,也会选择买孩子,有钱的人家给二斗米或者三斗米,孩子就卖给人家,这样买来的孩子在家里也是能继承家产的。张家没有发生过买卖孩子的情况,周围的邻居也没有买卖过孩子的。

五、家户赡养

（一）赡养单位：小家庭

赡养老人是家户的内部事情,家户之外的人是没有权利并且也不会干涉的。若是一个家里的子女对于家中的老人不孝顺并且经常恶言相向,这在村里是会遭受谴责的。村里的街坊邻居也都是会议论纷纷,并且都会看不起不孝顺老人的子女。在舆论压力下,家里的孩子一般都是会对家里老人比较孝顺,极尽赡养老人的责任。即使是对于赡养老人有意见,或者不孝顺的人也都是不会特别明显地表现出来,外界对于孝顺的重视在一定程度上也是干涉了家户赡养老人的态度。

分家之前,张家三世同堂,张仲停只有一个儿子张民良并且已婚育有四儿两女,都均未成家。四弟张四先生育有三儿两女,其中两个儿子张志先与张明星已经结婚,并且张志先育有一儿一女,家中的一个女儿已出嫁。家中的所有子女都是要承担赡养老人的责任,由于张家没有分家的时候,家中有四位老人,分别是张仲停夫妇和张四先生夫妇,在家里不论血缘亲疏,只要是家里的孩子,就要承担赡养老人的责任。对于嫁出去的女儿,就不用承担赡养老人的责任,嫁出去的女儿便是夫家的人,自然会和自己的丈夫共同承担起赡养夫家老人的责任。张家老大和老二,也即张仲停二弟的两个女儿,从张家出嫁以后,也是会把张家当作娘家回来看看家中的老人,虽说已经嫁出去的女儿没有必要再赡养老人,但是两个侄女每次回来也都是会带上糖之类的好东西孝顺家中老人。分家以后,张仲停一家与四弟张四先生一家分开居住,由于张仲停只有张民良这一个儿子,所以张民良夫妇便承担起了对张仲停夫妇的赡养责任,且张民良的小家庭后来也一直都未分家。张四先生在大家庭分家之后一直跟着三个儿子居住,但是在分家后不久,张四先生就去世了,家里的老人只剩下小张氏一人,并且小家庭也一直未分家,在家中主要是由三个儿子共同赡养。

(二)赡养主体:男性赡养

1.家中有儿,长子赡养

若是家中只有一个儿子,那么唯一的儿子就要承担起赡养老人的责任。若是家中有多个儿子,并且没有分家,那么家中的儿子就要共同承担赡养老人的责任;如果分家,那么赡养老人主要是由家中的长子负责。分家之前,张家儿女众多,包括张仲停的子女和张四先生的子女,那么家中的这些晚辈都是要赡养家中的老人。分家之后,张仲停只有张民良一个儿子,所以也就只能和张民良一家一块儿生活。张仲停的身体一直很好,年纪虽然大了,但是干活、种庄稼这方面都是不成问题的,张仲停在去世的前几天都还在干活,张仲停病了没几天以后就去世了,也没有受到什么痛苦。张仲停在世的时候没有生过什么大病,家中的农业生产也一直都是由张仲停负责。分家以后张民良就不在学校教书,就帮着家里种田。虽然张民良不能干重活,但是至少能够分担张仲停的压力,也能决定每一块田地都种什么,伙计邻家在旁边干重活,张民良就在旁边干轻活,也就是代替张仲停领工干活。分家以后,张四先生不久便离世,家里也就只有小张氏一个老人,张志先和张明星已经结婚,老人就跟着两个儿子一起生活,小叔在外面上学参加工作也很少回家,家中赡养老人的责任就是由张志先和张明星共同承担。

2.家中无儿,上门女婿赡养

若是家中没有儿子,那么家中就会招一个上门女婿回家,一方面,上门女婿在家中也算是一个劳动力,在家中老人年老的时候,能够与家中女儿共同赡养老人;另一方面,上门女婿来了家里以后,也有利于家中香火的延续。若是家中既没有儿子也没有女儿,那么就会根据家庭的具体条件来确定赡养老人的方式。如果家中条件比较好,不管以任何方式,或者娶小么子,或者抱养孩子,总之一定会有男孩来家里,并且担当起养老的责任;如果家中条件不好的,那就只能孤苦伶仃一人独自过完余生。

(三)赡养形式:共同赡养

由于张家在分家之前是两兄弟组成的大家庭,家中的小辈们对于家中的老人都是承担着共同的赡养责任,家中的小辈们也都是自觉承担起赡养老人的责任。分家以后,张仲停一家和张四先生一家分开居住。

张仲停家里的养老责任主要是由家中唯一的儿子张民良负责,依赖着分家时分到的几石种土地,也足够一家人的生活。由于张仲停身体比较好,也比较能干,家中的农活主要是由张仲停负责,家中也雇有伙计,张民良在旁边帮忙,日子也都还是能够过得去。大张氏去世不久,张仲停就去世了,两位老人去世的时候也没有什么征兆,就是病了几天就去世了,因此给家中带来的养老负担也不是很重。家中也主要是大家共同生活,张民良主要承担赡养责任。

分家之后,张四先生一家一起生活,主要有张四先生夫妇和家中的三个儿子及两个女儿。张家分家在1946年,正值时局动荡的年代,村子里经常跑反、跑土匪,人心惶惶。由于张四先生一家居住的庄子在马路旁边,八路军第一次来村里的时候看张家庄子比较大,就来到了张家。张四先生也不知道八路军是好是坏,心里十分害怕,就想着从老驴棚翻院墙逃出去。由于年纪大了,手脚不方便,便从院墙上面摔下来,把胯骨摔坏了,再加上受了惊吓,又得了疾病,之后就一直躺在床上不能动弹。为了方便照顾,张四先生就在西边的小屋里睡着,儿子媳妇在东边的屋里睡。那时候也没有什么吃的,小张氏每天早上就煮一碗米汤里面放一点红糖给张四先生喝,若是小张氏不得空,家中儿子儿媳就负责起照顾张四先生的责任。照顾老人是没有固定人员分配的,都是谁有空,手里没活了就去照顾张四先生。没过多久,家里儿媳妇去给张四先生送吃的没有回应,才发现张四先生在夜里就已经去世。

(四)养老钱粮:分家所得,独立赡养

在养老钱粮方面,张家的情况比较特殊,由于分家是两兄弟分家,而不是不同代际之间的分家,因此养老钱粮针对的主体便是家中的张仲停和张四先生为主的祖辈,并且家中的四位老人,即张仲停夫妇和张四先生夫妇的养老钱粮也都是从分家中所得。

张家分家的时候,主要就是针对张仲停和张四先生两兄弟各自家庭人口数量的多少划分了家里的土地。由于张四先生家里人口较多,在分家过程中分得了八石种土地,张仲停一家分得了五石种土地。在房屋划分方面,张仲停提出将祖屋留给了张四先生,自己一家从祖屋里搬出来之后在老庄子后面又盖了四五间房屋。分家之后,两个家庭的子女各自赡养自家老人,互不干涉。在承担养老钱粮的过程中,张家主要就是家中家长商议决定的,家中子女是没有参与的。

不同类型和不同规模的家庭在养老钱粮方面也是存在差异的,对于大户来说,家中土地财产自然也都是要多于常人家庭,在养老钱粮的安排上也就麻烦得多。对于多子女的家庭来说,家中更容易因为在养老钱粮的划分上产生矛盾。

(五)治病与送终

1.治病

分家之前,家中的老人们很少有生病的,每天也都是围着种庄稼转,因此家中老人们的身体都很健康,再加上家中的张四先生就是医生,在生病的时候,也是会多有照顾的。分家之后,两个小家庭的老人也都是很少会生病的。若是家中老人有个小病小灾,如果不是很严重,忍忍也就过去了,那时候的人身体都是比较皮实的。若是比较严重的情况,买药花的钱也都是从各家的家庭收入中统一支出。由于两家分家以后成为两个单独的家庭,并且各自家庭都有老人,因此在分家之后的张家家里是没有发生过因为照顾老人而产生的矛盾,若张四先生生病了,一般都是小张氏以及家中的两个儿媳李文英和严氏轮流照顾,家中老人治病的花费也都是从一个家庭的共同收入中支出,至于家中出嫁的女儿是没有义务承担家中老人治病的花费。张四先生生病以后,都是由其妻子安排照顾,家中的两个儿媳妇都是听从婆婆的安排,一般都不会擅自作决定的。

2.丧葬

一般情况下,家中的老人在去世之前自己就会提前把棺材、寿衣做好。在张家,家中老人棺材的木料都是使用自家种的树木,一棵大树能够做两口棺材。做棺材也是要专门请村里的木匠来家中做,然后刷上油漆。老人的寿衣也是找专人制作。家中老人去世的时候,周围的亲戚朋友都会来家中吊唁、帮忙,张家就会招待亲朋好友吃一顿饭以表感谢。家中老人去世后,丧葬的费用基本就是家中宴请宾客的费用和丧葬要用到的各个物件的费用。

张仲停去世的时候,家中是没有办事的,因此张仲停的丧葬花费是比较少的。棺材都是张仲停去世之前自己就找人提前做好的,也用油漆刷得好好的,颜色红彤彤的,寿衣是找乡里的老奶奶做的,做寿衣的人都知道需要多少布料,褂子多少,裤子多少,男的多少,女的多少。如果老人是八点去世的,九点就要把老人的身体洗干净,然后穿上寿衣,这都要趁着老人的身体还没有凉就把衣裳穿好,否则就会不吉利。

大张氏是1948年冬天去世的,去世的时候,家里是有一定花费的。为了清楚每一笔支出,张民良就让张雨林帮着他记账,拿一个小本子,买了什么东西,价钱多少,这些都是要记得清清楚楚的。大张氏去世的时候,村里的自家亲戚都来张家吊唁,自家亲戚来了以后,张家都是要管人家吃饭的,一般都是买肉、买萝卜、小菜等。由于张仲停只有张民良一个儿子,并且大家庭分家以后,张仲停跟自己的儿子是没有分家的,因此张仲停及其妻子的丧葬花费在一定程度上都是从家庭的共同收入中支出的。

在丧葬中,一般情况下,长子应当负责家中老人丧葬的主要事情,其余儿子协助长子处理父母的丧葬。出嫁的女儿按道理来说在丧葬的花费方面是不用承担的,主要就是参加父母的葬礼并且戴孝帽,但是在张四先生家里,却是有所不同的。张四先生在1948年春天去世,去世的时候有六十多岁。小张氏是1949年以后去世的,具体时间已经记不清楚。小张氏去世的时候,张四先生的亲生儿子张志先和张森林都在外面工作谋生路,常年不在家,张明星去世比较早,因此在家里的人很少。由于儿子们都一直在外,小张氏是跟着女儿张明义一起生活的,因此她去世的时候,张仲停的孙子张树德和张树煌帮着张明义一起将小张氏埋在南山头。

六、家户内部交往

(一)父子关系

1.“子不教,父之过”

自古就有“虎父无犬子”这样的话,由此可见家中父亲的行为对孩子的性格影响是巨大的。父亲在教育儿子的过程中是免不了责骂、惩罚的,“子不教,父之过”,一个家里的儿子不成气候,往往都是父亲的责任。父亲对于儿子的首要责任就是把孩子抚养成人。“成人”有两层含义,一是父亲要把孩子抚养长大,过去家里生活都是比较贫穷的,要想把一个孩子养大,首要就是满足儿子的生活需要,为孩子提供吃穿住。二是对家中孩子的教育,让孩子成为一个身体与心理都能健康成长的人,即教育孩子成为一个善良、勤劳、上进,并且有责任心的人。勤劳对于以农业为生的家庭也是至关重要的一个因素,家中的生活所依都是由自己的双手创造,不仅过去如此,现在也是一样的道理。因此,父亲还要教育儿子劳动技能,如何管理家中的农业生产、习得道德准则等。在张家,父亲对于孩子们的教育同样也包括接受学校教育,因此家中的张民良、张志先和张森林都读过书,接受过学校教育。在过去,家里有孩子上学是一件很有脸面的事情。在张家,虽然家庭条件一般,但也都尽最大的努力给予儿子好的教育。

此外,父亲对儿子的责任还包括儿子的婚娶。家中的家长是要负责儿子娶媳妇的,如果做父母的为自己的儿子娶不下媳妇,让自己的儿子打光棍,这就是父母的失职,并且也是一件极丢脸的事。只有成家才能立业,家中儿子的婚娶是十分重要的。父亲也负责包办家中孩子的婚娶事宜,并且儿子不能反抗,必须听从父亲的决定。张家分家之前,当家人就是张仲停,因此家里男孩子娶媳妇的事情都是由张仲停做主。家里孩子的婚娶都是遵从父母之命,都是张仲停包办的婚姻。张志先结婚的时候也是听从张仲停的安排,虽然张志先态度强硬,不愿意听从父母之命结婚,但是最终也是不能违抗家中承担着父亲角色的张仲停的命令。

婚嫁以后便是立业,在过去的家庭中基本上都是子承父业。家家户户都是以农为生,父亲教会儿子种庄稼,传授经验,这也是儿子以后能够独立自主生活的依赖。张仲停的儿子张民良在学校教书回来以后,也就跟着父亲张仲停种地,虽然干不了重活,但也总是能干一些轻活帮着家里种庄稼,这就是一家人生活的根本来源。

父亲对儿子承担一定的责任,同时儿子对父亲也有应尽的义务和职责,那便是孝敬父母,听从父母的安排及承担起对于父母的赡养与丧葬责任。在过去,儿子要是对父亲不孝敬,那就会被看作是忤逆之子。在家里,儿子要尊重父亲的家长身份,对于父亲的意见要顺从听话。在张家,父子关系很融洽,张仲停和张四先生也是比较通情达理的,没有发生过像别人家里吵吵闹闹的情况。同时儿子也要担负起对于父亲赡养和丧葬的责任,若是家中父亲生病,儿子要承担起照顾父亲的责任,让父亲安享晚年。同时父亲去世以后,儿子也要承担家中父亲丧葬的责任。

2.日常交往关系

在日常生活中,父亲与儿子的关系也都是非常融洽的。但是这种融洽并不是说父子关系犹如朋友关系一样会开玩笑等,这种融洽是建立在父子之间的一种教导与顺从的关系,即父亲对于儿子的教导,儿子必须顺从,不能有反抗,若有反抗,那么就会发展成为一种不融洽的父子关系。家中的父亲必然是一种严父的角色,并且父亲作为一个家庭的当家人,在家庭中居于主导支配地位,家中任何人对于父亲的决定都不能反对,儿子更是如此。儿子对于父亲的怕多是表现为对父亲威严的敬畏之情。若是有心里事一般都是会跟家中母亲诉说,而很少会告诉父亲。父亲与儿子之间的交流一般也都会随着儿子的长大而变得越来越少。在张家,张仲停与儿子的关系是比较融洽的,但是父子之间是不会开玩笑或者经常聊天的。家里人从早到晚都是在田间耕作,为生存奔波,根本没有时间和心情去闲聊天。并且在张家看来,严父才能出孝子,因此在家中儿子对于父亲总是怀有敬畏之心。

3.父子冲突甚少

在父子关系中,儿子对于父亲的命令是不能违抗的,因此儿子很少与父亲发生冲突。若是顶撞父亲,不管是谁在理,大家都会认为是儿子的错,是儿子不孝顺父亲,才会冲撞长辈,因此儿子基本上不会主动跟父亲产生冲突。若是家中儿子做了错事,父亲就会教育儿子,若是存在很严重的错误,那么儿子是免不了遭一顿打骂的。在张家,父子之间是很少有冲突的,但是也不可避免儿子会犯错,这时候张仲停就会对儿子进行一番教育,也很少会有打骂儿子的时候,一般情况下都是以说教为主。

(二)婆媳关系

1.权利义务关系

婆婆对家中儿媳妇的主要责任就是带领儿媳妇共同管理家庭成员的生活,并教导儿媳妇劳动技能,同时在儿媳妇怀孕及生产的时候,婆婆要以切身经验照顾儿媳妇。婆婆是可以指挥家中儿媳妇干家务活的,但是很少存在随意使唤儿媳妇的情况。在普通家庭中,家中的家务事和一家人的生活起居都是由家中的女性负责,一般也就是家中的婆婆与儿媳妇共同承担,维持一家人的共同生活,由于婆婆是长辈,在家中说话也自然是有地位的。在比较富有的大家庭中,若是婆婆的脾气不好或者对家中儿媳妇不满意,也会有对儿媳妇恶言相向的婆婆,但是打骂儿媳妇是很少的,至少在张家所在的村子里是很少见到的。儿媳妇对婆婆的话都是要无条件服从的,不能够顶撞婆婆。就算是婆婆做错了事,出于长幼尊卑的传统,儿媳妇是要听从婆婆的要求。在过去，能够正确对待儿媳妇，并且教导儿媳妇家务技能，同时在儿媳妇生产后会照顾儿媳妇的婆婆就是好婆婆。好媳妇的标准就是遵从三从四德、贤惠、干家务事井井有条，并且能够处理好与婆婆之间的关系，为婆家传宗接代延续香火的媳妇就是好媳妇。在张家，家里的婆媳关系总体上来说是比较融洽的，家里没有婆媳吵架，大张氏性格比较温和，从来也不会大吵大叫，与家中儿媳妇张刘氏之间的关系也比较好。家里就只是小张氏性格比较直爽，脾气不是特别好，有时候可能会发一些牢骚，但是也能很快就过去了。

2.日常交往关系

在过去，家中的男性是家中的主要劳动力，整天奔波于田埂之间，种庄稼，为一家人的口粮而辛勤劳作，家中的女性便是家中男性的坚强后盾。在家中，家里的女性一般都是负责家务事，如洗衣、做饭、打扫屋子、整理菜园等，这些都是婆婆与家中的儿媳妇共同负担的。在干活的时候，婆婆与媳妇也都是会互相聊天、聊家常，这些都是非常融洽，但是互相很少开玩笑，毕竟长幼尊卑，婆婆不会跟儿媳妇开玩笑，这是有失长辈的威严，儿媳妇也不会跟婆婆开玩笑，毕竟婆婆是长辈，这需要尊重婆婆。若是家中的婆婆比较厉害，那么儿媳妇还是比较惧怕婆婆的，若是婆婆比较平易近人，那么婆婆与儿媳妇之间的关系就如母女关系一般，心里事也都是会告诉婆婆。

在张家，家中的日常家务活也都是由大张氏和小张氏带着家中的儿媳妇共同负责。由于小张氏性格直爽，脾气也不小，若是家中儿媳妇做错了事情，她也会说话比较尖锐，但是这种生气也只会持续很短的时间。一般人看到小张氏那脸色，说话也不理你，就知道她生气了，也就不说话了，但是过两天也就好了，张刘氏与大张氏关系是比较融洽的。大张氏还会教儿媳妇张刘氏做鞋，教张刘氏沿着鞋底边，先比着自己的脚画一个鞋的模样，然后找了一个粗布进行固定，还教张刘氏打了一个红结子，都是特别好看的样式。在婆婆手把手的教导下，张刘氏慢慢也就学会了。除了教张刘氏做鞋之外，还教她做衣裳，以及如何染布，等等。由于张仲停只有张民良一个儿子，因此大张氏对于张刘氏也是像对待亲生女儿一般，张刘氏也从来不跟婆婆吵架。家中的小辈们都是大张氏带大的，孩子们都愿意跟着大张氏。

3.并行不悖，少有冲突

婆婆与儿媳妇共同承担家中的家务事，并且也都是朝着一个目标，即给家庭发展创造更好的条件，因此婆婆和儿媳妇努力的目标都是相同的。在家中，都是由婆婆带领儿媳妇干活，对于儿媳妇在家务活中不熟练的地方，婆婆也会指出来并且教导儿媳妇改正，而且儿媳妇对婆婆一般都是比较尊敬的，对婆婆说的话也都会听从，不会有违背婆婆的要求。在这种状态下，婆婆与儿媳妇之间的冲突都是很少的。在张家也是如此，大张氏与小张氏在张家担当着婆婆的角色，与家中儿媳妇之间的关系也都比较融洽。除了有时候家中儿媳妇做错事情或者干活让婆婆不满意，小张氏会生气，但是不会大吵大叫，也只会是责骂几句，过后也就好了。家中儿媳妇李文英和严氏也都是比较清楚婆婆的性格，因此与婆婆是很少产生冲突的。

（三）夫妻关系

1.相互照顾与扶持

女方嫁到男方家里以后，就成了夫家的一分子，也成为男方今后人生道路的陪伴者。作为丈夫，对于妻子要担负起照顾的责任，不仅是在妻子生病时予以照顾，同时在日常生活中，丈夫要担负起养育一个家庭的责任,即满足家中妻子食住方面的基本需求。除此之外,在妻子怀孕及生产的时候,丈夫也要承担起照顾妻子的责任。从妻子方面来说,妻子要负责丈夫的生活起居,处理家中的家务事,做好一个妻子分内的事情,同时也有责任为丈夫生儿育女、传宗接代。在过去,由于丈夫是家中的主要劳动力,因此丈夫在家中的地位要比妻子的地位高,妻子要顺从丈夫,不能违抗丈夫的要求。在家中,就算是丈夫做错了事情,妻子也不会批评的,要给予丈夫一定尊严。一般情况下,能够干农活、种庄稼,能够为一家老小提供足够的粮食,这就是好丈夫。能够为丈夫生儿育女,为夫家延续香火,并且遵从三从四德的女性就是好妻子。分家之前,张家有五对夫妻,关系都很融洽,家中丈夫主外,妻子主内,夫妻共同努力,生活也是过得风生水起。

2.各司其职,相敬如宾

在张家,家中夫妻的关系都是比较融洽的,丈夫负责在外面种庄稼、干农活,妻子则是在家里处理家务事,夫妻间内外结合,各司其职,因此总体上来说夫妻之间的关系也都是和谐的。夫妻之间是不会开玩笑的,一般都是相敬如宾,互相尊重。大家都是比较忙碌的,也没时间会相互开玩笑。妻子都是比较尊重丈夫的,但是也没有说到怕的程度。一般也没有什么心里事,整天都是忙着干活,有吃有喝就行。在张家,张仲停是当家人,基本上就是管着家里的农业生产和家庭日常开销,平时张仲停都是在田地里领工干活,在家里也只是安排日常生活的事情。大张氏在家里领着小张氏、张刘氏和李文英收拾菜园、做家务、烧锅这一类的事情。大家都是各忙各的,共同打理一大家子的生活,关系也都是很融洽的。有时候在春天,泉河街上有唱戏的,张仲停就会让妻子带着儿媳妇李文英、张刘氏她们去街上看戏。

3.小吵小闹在所难免

夫妻双方朝夕相处,在生活之中难免会有一些摩擦,两个人之间发生一些小吵小闹都是非常正常的,一般也就是吵嘴,很少有打架的。若是夫妻双方吵架,一般也都是在家内解决,家里的公公婆婆及兄弟姐妹也都会劝着一些。在张家,家内的夫妻关系也都是比较融洽,很少会发生冲突,若是夫妻双方发生意见不合的情况,也大多是商量着来,很少会闹得脸红脖子粗的。若是家中夫妻双方发生冲突,外人是不会介入的,一是因为在村里,很少有夫妻双方吵架十分激烈,以至于打架的,这种情况是少之又少;二是因为若是夫妻双方吵架一般都是在家内解决,也不会让别人知道,这都是比较丢脸的事情,外人不会也没有义务插手别人家的家务事。

(四)兄弟关系

1.手足之情,同舟共济

长兄如父,若是家中父母不在,那么兄长便承担起父母的责任,要照顾弟弟,抚养弟弟长大成人,教育弟弟及帮助弟弟成家立业。若是父母在身边,兄长也是要担负起对弟弟的教育责任,要做好模范带头作用。长幼有序,兄长在一定程度上是可以要求弟弟做事情的,但并不是随意役使与打骂,这只是执行兄长的权利。若是父母不在,兄弟俩就应当抱成一团,共同生活,也是不会把弟弟逐出家门,或者将弟弟卖掉的。弟弟对于兄长的话是要服从的,若是兄长说的不对,弟弟也是可以提出自己的意见,但绝不能顶撞兄长,要尊重兄长。好的兄长就是能够给弟弟起到带头作用,引领弟弟走向正道,父母不在身边的时候,要担负起大家长的责任。好的弟弟就是尊重兄长,听从兄长的话,不与兄长发生冲突。张仲停与四弟张四先生长期未分家,并且一直生活在一起,由于张四先生生性洒脱,不喜欢受约束,因此一直做着自己喜欢的事情,比如教书与从医。而张仲停作为大哥也都是宠着四弟,不让四弟考虑家中种田的事情,由张仲停一人负责,四弟的个人收入很少上交给大家庭,张仲停也是很少干涉。四弟张四先生对于大哥张仲停的话也都是十分听从的,有时候张仲停忙于干农活脱不开身,家中若是需要买什么东西,只要大哥张仲停言语一声,张四先生就会立马把事情办妥,张仲停和四弟张四先生带着各自的家庭共同生活,同舟共济。

2.兄弟关系融洽,兄长以身作则

在张家,兄弟之间的关系都是比较融洽的,家中的兄弟也都是各忙各的,很少会有时间在一起开玩笑,但是若是聚到一起,也都是有说有笑,也是会聊天的。弟弟一般是不怕兄长的,兄弟之间的年龄差距不大,并且也是从小一起长大,弟弟自然也就没什么要怕兄长的,但兄长若是要求弟弟干事情,弟弟也都是会十分听从的。张志先是家中比较早上学的男孩子,在过去是属于上学时间比较久的。为了能够让弟弟也接受好的教育,张志先经常也会在家里看书,影响家中的弟弟们,以自己的行动带头,后来弟弟张森林也去外面求学,接受高等教育。

3.各怀其志,少有冲突

张家兄弟之间也没有吵过什么架,因为他们都经常不在家里,兄弟们都在外面上学,在家里的时候就是干活,就是吃饭的时候坐在一块。张民良由于右手残疾,张明星也是自幼体弱多病,因此兄弟俩在家中不能干重活,虽然张志先和张森林经常在外面上学,但是一回到家里,也是会主动干活,帮着减轻哥哥的重担。张志先和张森林都是胸怀大志,希望能够用知识改变自己的命运,因此张志先后来考上了开封的单位,张民良家庭困难的时候,作为弟弟的张志先也是给予了许多帮助。

(五)妯娌关系

1.地位平等,互相帮助

嫂子和弟媳一样,都是嫁到夫家成为媳妇,因此在家中,嫂子和弟媳的地位是平等的,但是由于存在着长幼有序的思想,因此嫂子对于弟媳是可以有要求的。嫂子对于弟媳的主要责任就是带领弟媳在家中干活,教导弟媳劳动技能,若是有错误,便要指点出来,并帮助其改正。弟媳对于嫂子就是要尊重嫂子,配合嫂子的安排,不能顶撞嫂子,和谐相处,为家庭的生活而共同努力。在张家,妯娌关系主要有两对:大张氏与四弟媳小张氏,张刘氏与弟媳李文英。大张氏在家中主要负责带领家中女性共同处理家务事,四弟媳作为家中的长辈也是主要协助大嫂干活,大张氏性格温和,四弟媳张四先生的妻子生性直爽,两个人也是相处比较和谐。张刘氏由于嫁到张家较早,因此在李文英嫁到张家以后,就主要带着李文英干家务活,两人的年龄差距不大,因此两个人也比较能够聊得来,在一起干活的时候就是互相帮助。

在过去,好的嫂子就是能够起到模范带头的作用,带着弟媳在家中处理家务事,能够明辨是非,贤良淑德的女性;好的弟媳就是不与嫂子起冲突,能够正确处理妯娌关系的女性。

2.关系亲密,互相分享

平日里,张家的妯娌关系都是十分融洽的,大家在一起共同处理家中的家务事,忙的时候,大家都是各忙各的,一起干活;闲的时候,大家都是会在一起聊天叙家常。李文英嫁到张家几年以后张家就分家了,各走各的,妯娌之间相处的时间没有特别多,自然矛盾也就少很多,所以在家里妯娌关系也都是很好的。李文英每次见到张刘氏也都是十分亲热地喊张刘氏为大嫂子，两个人在一起聊天，聊得比较投机，在家里也没有吵过架，都是和和气气的。由于李文英娘家以前是梨花园的，李家条件比较好，李文英出嫁的时候，娘家陪送了两件好看衣裳，而张刘氏嫁到张家比较早，陪嫁的衣裳也都已经变得十分破旧。有一次，张刘氏出门喝喜酒，可是无奈一直没有体面的衣裳能够穿出去见人，李文英见状就找了自己的衣裳给张刘氏穿，那衣裳都是她娘家陪送的衣裳，一个雪青褂子，一个黑色暗花裤子。李文英还找了一双自己做的花鞋给张刘氏穿，也都是十分好看的，李文英的手比较巧[1]，张家四妹出嫁的嫁妆都是李文英亲手做的。

3.冲突甚少

在张家，妯娌之间几乎没有产生过冲突，大家在一起都是相处得比较融洽，很少会因为什么事情而大吵大闹。虽说家中小张氏脾气不是特别好，但是大家对于她的脾气也都是十分清楚，因此若是在处理事情方面产生分歧，也都会相互包容，各退一步，和谐为主。若是家中发生冲突，家中的长辈们都会在中间进行劝说。一般情况下，也就是吵两句嘴也就好了。很少会有闹得不可开交的妯娌，这在村里也都是很少见的。对家中亲人吵架，这都是一个家庭内部的家务事，外人是不会插手别人家庭内部的事情的。

(六)雇佣关系

由于张家的农业劳动力缺乏，因此张家不得不雇用伙计在家里帮忙种地、种庄稼。若是没有伙计在家里帮忙，而只靠张家自家干农活的劳动力完成十三石种土地的农业生产是十分艰难的。因此，当家人张仲停对于家中的伙计都是十分有感情的。每到下地干活的时候，张仲停就会带上自己亲手制作的烟卷，带上一个茶壶和几个茶碗放在田埂上。若是家中伙计干活干累了，张仲停就会给各个伙计发一支烟，让他们休息一会儿。只要是有伙计在家中干活，张仲停就会让张民良去街上买肉，或者在家里杀一只鸡用来犒劳家里干活的伙计。平日里伙计在家里吃饭的时候，家里吃的就会好一些。逢年过节，张仲停也会请伙计来家里吃饭。张家有一个专门放牛的伙计王二，他的家庭十分贫穷，家中父亲去世的时候，甚至都没有钱把父亲下葬。张仲停知道以后，就联系周围的几个朋友，共同帮着王家将王二的父亲安葬好。每年到了秋天的时候，张仲停还会特地多分一些粮食给王二，让王家的生活能够过得好一些。

由于东家张仲停对待家中伙计都是十分好的，因此家中伙计也都比较努力干活。在张家，伙计没有与东家产生过矛盾，大家都听从东家的安排卖力干活，不能辜负东家对自己的好。

七、家户外部交往

(一)邻里关系

张家跟周围邻居之间的关系都很好，再加上当家人张仲停平时很爱行善，所以周围的邻居也都比较尊重张家。邻里之间都是会互相帮助的，若是自己家里有困难，周围住得近的邻居们都是会来家里帮忙的。比如家中办红白事的时候，家中人手不够，忙不过来，跟旁边的邻居招呼一声，邻居就会来家里帮忙，这也都是无偿的帮助，有的邻居看到邻家比较忙，就会自动来家里帮忙。

邻居之间都是会互相帮助。农忙的时候，若是邻居家的秧都栽上了，张家的秧还没有栽，

---

[1] 巧：当地土话，意为"贤惠"。

邻居家的伙计就会来张家帮忙干活,一次有三五个的来家里帮忙。同样的,若是邻居家里栽秧时间比较紧迫,张家雇的伙计也给大家帮忙。有时候,邻居家就会来张家说:"三爷(三叔),你秧栽完了,可能帮俺家忙?"张仲停就会很爽快地回答:"可以!"然后伙计们就去邻居家帮人家干农活,这种邻居之间的互相帮助都是不要报酬的,这都是基于邻里之间的亲密关系,若是关系不好的话,也是不会去帮的。张家办白事的时候,周围的邻居也会来家里帮忙,张家的张仲停和张四先生去世了,张家就是不受礼的。那时候,由于张家家里人少,就需要找周围的邻居帮忙,一般都是需要找邻居来家里帮忙抬老人,这些事情都是很麻烦的。张家的子辈们还会给来帮忙的邻居磕头,然后跟人家说:"麻烦您明天来帮个忙,帮俺把老父亲抬出去。今晚到家里来吃饭。"张家也会准备一桌饭菜招待周围的邻居以表示感谢。

张家分家之后,邻居之间住得就比较远,由于张家的农具比较齐全,周围的小家小户们还是会来张家借用农具,但也只是说来张家推磨拉碾子。张家拉碾推磨的工具,自家都准备齐全,收庄稼都需要磨和石碾,周围的邻居都觉得老张家有这些工具而且好沟通,所以基本都来张家借用农具。一般周围的小户都在张家家里拉碾推磨,旁边邻家一般都喊大张氏为三婶子,来借用农具的时候都说:"三婶子,你家磨借俺家用一下。"大张氏就说:"好啊,今个①天晚了,推不了,明天跟别人允好了,你赶后个来。"等到后天,邻居家的人扛着麦就来了。有时候邻居家来早了若是还没吃饭,张刘氏还会盛稀饭给邻居吃。张家与周围邻居相处得很友好,很少产生冲突。

(二)街坊关系

由于张家居住的地方距离泉河街头很近,走几步路就到了泉河街上,因此张家与街坊之间交流的也就比较多,张家经常打交道的就是街上的粮坊和油坊,街坊也都是村里大家比较熟识的。有时候张家收的粮食比较多,张仲停就会带着伙计扛着粮食去街上的粮坊卖粮食,家中的黄豆、芝麻、花生等也都是张仲停负责送到油坊里换油,因此在街坊关系中,经常打交道的都是张家的男性。街坊大家都是比较熟悉的,若是家中有需要帮忙的时候,找街坊来家里帮忙,大家也都是不会推辞的。一般情况下,只要是力所能及的事情,大家都会主动帮忙。平日里得闲的时候,街坊之间也都是会在一起聊天。家里有事的时候,彼此之间才会互相打交道,因此街坊之间很少发生冲突。若是两家做生意的因为利益关系而产生冲突,周围的邻居们也会进行劝和。

张家没有跟街坊产生过冲突,毕竟街坊之间打交道没那么频繁,自然也就没那么容易产生矛盾。张家的张四先生会瞧病,若是街坊四邻来找张四先生看病,这都是不收钱的。到了过年过节,街坊四邻也是会送点东西给张四先生。若是给旁人看病,那是要收钱的。农忙的时候,街坊四邻有闲人的,要是有空是会来张家帮忙栽秧,那时候也不要钱,中午就去买点肉请街坊们在家里吃饭。

(三)地邻关系

地邻之间一般都是在种庄稼的时候才会打交道,地邻之间没有必须尽到的责任和义务,两家的田地离得近,种田的时候,大家相互帮忙看田、种庄稼,这也都是你情我愿的事情。由于早栽的秧比晚栽的秧在收成方面要好得多,因此若是对方家里栽秧的时候人手不够,张家

---

① 今个:当地土话,意为"今天"。

的秧已经栽得差不多了，就会让自家的伙计去对方家里帮忙，相反也是如此，帮忙种田也都是你来我往地互相帮忙。

以种庄稼为生的家庭都是看天吃饭，有时候会发生天灾，若是天一直不下雨，农户们都会非常着急。春天来了，河里涨水，那就是田地的救星，家家户户都会去河里抢水。家里田地数量多的，需要的河水自然也就比较多，这时候张家就会和地邻互相帮忙打河水。比如，今天张家负责打河水，对方家里的伙计、水箱就统归张家调配，然后两家的伙计和水箱齐上阵，一起打水。一般情况下，都是会先将对方家沟里的水打满，其次再给自家沟里打水。两家一起干活，一晚上都是能够打满四五节子水箱的水。等到第二天，就是由对方家负责打水，也都是一样的程序。由于河水不是一直都在的，到了一定的时节，河里的水就会淌干，因此河里一来水，家里种水田的农户们不分白天黑夜地在河水旁边守着，生怕一眨眼河里水就没了。到了晚上，大家都点个灯笼蜡烛打河水。一旦遇到灾害，大家就会相互帮忙，离得不远的种庄稼的两家相互帮忙，没有干系的人是不会帮忙的。由于村里小户一般都是旱地，没有水田，因此是不用参与抢河水的。

由于两家的土地挨得比较近，难免会产生一些矛盾，比如你家的牛踩了我家的庄稼之类的事情，这些也都是不可避免的。若是发生了这样的事情，张仲停就会亲自去给对方家赔不是，一般情况下，人们都比较通情达理，说了两句也就没事了，毕竟以后大家还是要在一块儿干活，低头不见抬头见，基本上都不会产生特别大的冲突。

（四）亲戚关系

过去，家里的亲戚一般都是在同一个村子或是在邻村居住，既是邻居又是亲戚，关系自然是很好的。若是家中有红白事，不管是帮忙还是道贺，亲戚是一定要来家中参加的，并且大多数亲戚都是会随礼的。张仲停的表哥就在隔壁村居住，那时候张仲停表哥的女儿出嫁，张家作为比较近的亲戚，是必然要去参加的，喜钱都用红纸包着，这都是张仲停去给的。由于张刘氏是儿女双全的吉祥之人，家中的张刘氏就会去帮着出嫁的闺女叠衣裳。家中准备喜事一般都是找自己家的人，不会找别人。若是找别人来帮忙，都是会收钱的，除此之外，若是家中经济比较紧张，首先想到的也都是自家亲戚。分家之后，张仲停家没有牛，于是张民良便找了几个表哥借了一些钱，凑在一块儿得以买了一头牛。

亲戚之间的关系是邻里之间的关系无法比拟的，由于亲戚之间存在了一层血缘关系，因此若是家中有困难，或者有些说不出口的事情，这些都是会选择自己家亲戚来帮忙。若是找邻居帮忙，总觉得是有碍于面子，尤其是家中若是有一些难以启齿的事情，找亲戚帮忙是最好的。

（五）医患关系

张家四弟张四先生常年从医，在村里小有名气，村里的邻居自家若是有个病灾都会来张家求助张四先生，待其诊断之后便给患者开处方去街上药铺拿药。对于比较熟悉亲近的邻居或者亲戚，张四先生一般都不会收取过多的看诊费用，因此受到乡邻爱戴。每逢过年过节，乡邻就会提着鸡蛋或者糖送给张四先生以表感谢之意。村里的孩子们大多都会患上或轻或重的皮肤传染病，有些家庭经济条件不好，对家里孩子的病情不管不顾，任其发展，若是传染性较弱，那就比较幸运，随着孩子长大，免疫力不断提高，身体自发应对病毒，孩子的传染病就会痊愈，是否看医生只是影响病情好转速度的快慢而已，若是传染性较强，却不加以治疗，这样的传染病就会危及孩子的性命。距离张家不远的地方住着一户张姓人家,属于张家同祖的自家人,家里孩子很多,老小患了天花,但是家里却没有能力给孩子医治,张四先生实在看不得孩子遭罪,便无条件为老小开药医治,奈何病情过于严重,最终孩子还是死去。虽然结果不尽如人意,但是这家人还是十分感恩张四先生的帮助,过年过节的时候,就会把家里攒起来的几个鸡蛋送给张四先生。

(六)冲突协调

不管是邻里、街坊、地邻还是亲戚之间,由于经常在一起相处,互相之间产生摩擦也都是难以避免的。重要的不是产生冲突的原因,而是处理冲突的解决方法。张家一家人向来都是以和为贵,很少与外人产生冲突,有时候双方之间产生摩擦,张家也总是会主动道歉,大家的心胸也都没有那么狭隘的,一般情况下,有一方主动退让,那么另一方也就大事化小,小事化了。虽然张家与外人产生的冲突较少,但是村里有时候也会两家由于一些鸡毛蒜皮的事情就闹得不可开交,这也是比较常见的。邻居之间吵架的原因一般情况都是因为一些鸡毛蒜皮的小事情,如一户家里的鸡丢了,就会怀疑是邻居家偷的,或者邻居家里的猪到对方家的田里了,两家就会吵架,吵得厉害就会上升到打架的层面。有时候,发生矛盾的两家住得离张家比较近,他们就来张家让张仲停评理。张仲停去了就会说:"两家别吵了,你家鸡没有了,你也没有证据证明是他偷的,这些东西不能靠想象啊,这些事情都是一把抓住才算,以后不要再吵架了,你两家都是隔邻家,互相好好相处不是很好嘛。"由于张仲停在周围邻居心中还是有一定的分量的,再加上双方若是再争执下去也是没有结果的,张仲停在中间当个和事佬,周围人在旁边劝着,一般情况下,很快也就解决了。

第四章 家户文化制度

张家的家庭成员普遍接受过教育,并且家长对于家庭成员的教育十分重视。同时张家张四先生开设私塾,对于家庭成员的教育也起到重要作用。除了知识教育以外,张家也注重培养家庭成员的家庭意识,张家人同舟共济、戮力同心、互相扶持,以家庭整体利益为主,共同促进大家庭的发展。在习俗、信仰和娱乐方面,张家与当地习俗相差无几,体现了区域文化特色。每至佳节,张家最主要的娱乐活动便是逛庙会与看戏,在娱乐活动中,也都是由当家人进行统一安排,体现了家长的权威。

一、家户教育

(一)家庭教育概况

1.家庭成员普遍接受教育

张家人或多或少都读过几年书,张家三代同堂,三代基本上都有人接受过教育。1949年以前,家中接受过教育的父辈有当家人张仲停及张四先生,子辈有张民良、张志先及其妻子李文英、张森林、张明义,孙辈有张雨林、张树惠。

张仲停具体读过几年书已记不清楚了,学过几个字。张仲停是识字的,家里买的笆斗上面,他都是亲自刻上自己的名字。一般家里的大农具,比如木掀手柄上,张仲停就会在上面刻上自己的名字,作为记号。因为干活的时候,来张家借用农具的人比较多,为了避免在干活的时候自家的农具与别人家的农具混淆,张仲停就会在自家的农具上面刻上或者写上自己的名字。张四先生也是读过书的,过去还在家里开设过私塾教学生,张家孩子们长大的时候,张四先生还在教书。后来张四先生就不教书,转而从医,一般都是在街上药铺门前坐诊,若是有人来看病,张四先生就会根据病情给病人开药单,然后病人去药铺买药,张四先生的收入大多都是来源于药单上的提成。

张民良是张家子辈中读书最早的,由于张四先生在家中开设私塾,因此张民良也就在家跟着读书。后来由于张民良右手残疾,无法在家中干重活,便去街上的学校教书。张志先也在学校读过书,而后也是一直在学校接受教育,家中的妻子李文英在娘家也是读过书的,后来嫁到张家以后,就不再读书了。张森林在家中读书时间也是比较久的,后来读完书就直接在外工作,很少回家。张明义与张雨林虽说不是一个辈分,但是两人年龄相差不多,两个人是一起上学的。当时张民良在街上的小学教书,张雨林和张明义便去了学校读书,后来在张森林的影响下,两个人也都是选择继续读书。张树惠是孙辈中读书时间比较短的,由于自己的姐姐张雨林在学校读书,还未出嫁的张树惠便也选择去父亲张民良教书的小学读书,差不多读了4年书之后到了婚嫁的年龄,就放弃读书选择嫁人。

2.家长支持上学

即使张家的劳动力如此缺乏,张仲停也从未强制要求家中的孩子们不上学,回来帮忙种庄稼。孩子只要愿意读书,家长都是非常支持的。这些都是当家人说了算,家里的其他家庭成员也都是支持当家人的决定。安排孩子们上学都是由张民良和张仲停决定的,张仲停安排张志先出去读书,而后张民良又安排张雨林、张森林、张明义及张树惠上学。在过去,若是家里有人上学,那么村里的人都会比较尊重这户人家,基本上就没人会受欺负。家里要是没有上学的人,就会出现恃强凌弱的现象,尤其是抓壮丁的时候,有时家里的男性劳动力在田里干活就被抓走了,这种情况是特别多的。有些家里种的田离自家房屋比较远,家里劳动力在田里栽秧,村里抓不着壮丁,看到有男性在田里干活,二话不说就抓走了。家里家长支持孩子上学,一方面是希望孩子能够接受教育,以后能够有所成就,光宗耀祖。那时候,读书的人是很少的,家里若是有个读书的,都是比较有面子的;另一方面,家里男性上学在一定程度上是可以逃避抓壮丁的,若是家里男性都在田里干活,就会很容易被抓走。

3.读书不分男女

在过去,女孩子是很少上学的。在村里,家里有女孩子上学的就只有张家的张雨林和张明义。张雨林和张明义之所以会去学校接受教育,主要是由于张家离乡里的街头比较近,街上小女孩大部分都在学校上学,而村里的女孩子一般都是不上学的。张雨林上街的时候看别人家的小姑娘都上学了,回到家以后就告诉自己的父亲说羡慕人家上学,于是张民良便同意让张雨林和张明义去学校读书。再加上张民良就在街头的学校里教书,这又是一个便利条件。张明义、张森林、张雨林年龄都差不多,为了公平起见,张民良便把家里的三个孩子安排在学校上学。在张家读书是不分男女的,只要想读书就可以读书,对于家中孩子要求读书的愿望,家长是不会拒绝的。在传统思想"女子无才便是德"的影响下,村里也有人经常议论张家的姑娘上学,但是张家也从未因为这些议论而放弃让家中的女孩子接受教育。有时候,旁边的街坊邻居就会跟张刘氏议论,说家里女孩子上学不好,天天在外面抛头露面,以后是很难找婆家的。张森林就会在旁边跟张刘氏说:"俺大嫂怎么这样呀,又不是当土匪上哪去,又不是做坏事,上学是好事啊,是前途问题,你让她在家弄啥,以后在家里说一个婆家,再嫁了也有好处呀。"

(二)私塾教育

在张家,接受过私塾教育的就是张四先生和张民良,张四先生读过几年私塾,后来就在家里开设私塾教学生。由于自家就有教书先生并且在家中有私塾,因此张民良就是在张四先生教的私塾里读书。私塾里教的都是《三字经》《百家姓》,学生在屋里念,张家孩子们也都在窗户外跟着念。那时候家里的孩子们小,比较顽皮,经常喜欢去捣乱,孩子们一来,张四先生就把孩子们撵走了。张四先生自己办的私塾,一年也就教了三五个学生,学费大概就是一个学生一斗麦子或者两斗大米。基本上吃过早饭以后,学生就来张家上学,到了中午张家做午饭的时候,学生们就放学了。下午也是吃过中午饭小孩子们就提着用来装书的筐或者布袋子,在手上挎着或者在背上背着就来私塾上学。那时候上私塾的没有女孩,全都是男孩,若是有女孩子能上学的话,张四先生的四女儿也就能上,所以四女儿一个字都不识。

过年的时候,也没有看学生来张家给张四先生拜年、送东西的。过去,小孩子上学时间都不会太久,若是家里比较有钱,孩子一般都是上两年就不上了,回家以后娶媳妇或者谋生路。

496

张四先生教书的时候是十分严格的,也比较认真,每天都要抽查学生背书,学生不会背书的时候,张四先生就会用棍条打学生的手心。张家教书的屋里挂有孔子的像,逢每月初一、十五的时候,张四先生就会带着学生去给孔子像磕头烧香,一般都是年龄比较大的学生先磕头,年龄小的学生后磕头,张四先生就坐在那里看着学生磕头。那时候都叫孔子为"老圣仙"。一到初一,张刘氏就说:"看那学生又在给老圣仙磕头了。"在过去,家里的家长是不会逼迫孩子上学的,家里孩子要是愿意上学就上,不愿意的话也不会有人逼。若是经济条件比较好的家庭,家里男孩子年龄小的不能下田干活,就会把孩子送到私塾里读一年或者二年书。

(三)学校教育

在张家,接受过学校教育的就是张志先、张森林、张明义、张雨林及张树惠。等到张家的孩子们长大以后,张四先生也已经不教书,由于社会上开设私塾也都少了,学校开始出现,家中孩子去上学的基本上都去上学校了。学校教育与私塾教育不同,在学校里男孩女孩都能读书。张家孩子们读书的学校就在泉河乡的街上,那时候学校里的学生人数是很多的,一个学校里差不多有三百人。泉河乡的街道是一条很长的街,虽然张家居住的地方距离泉河乡的街很近,但是离学校有点远,学校位于泉河乡街道的最东边,一条街走到头才能看到学校,再往学校那边去就没有什么人家了,张民良就是在这所学校教书,因此家里孩子到上学的时候,就是张民良带着孩子去报名。那时候家里的孩子上学也都是孩子自愿,若是不愿意上学,家里人也不会强迫。家长的要求就是好好学习,要么不上学,要上学就要好好学。上学的时候,学校里也有顽皮的学生,不过都是乡里的男孩子,由于家中经济条件比较好,家里也不依靠他们干活,自然在学校里也都是混日子。家里若是能够负担起孩子继续上中学的费用,也会把孩子送到罗集乡上中学。罗集有一个蓼东中学,那时候蓼东中学在固始县还是很有名,由于张家无力负担家中三个孩子上中学的费用,于是就只有男孩张森林去继续上中学,家中的女孩子张雨林和张明义就没有继续上中学,而只是把小学上完了,就算是五年小学毕业。

张森林小学毕业以后,就继续去罗集的蓼东中学继续读书,罗集乡距离张家所在的泉河乡大概十五里路。张森林经常在外面上学,对于外面的形势掌握得比较清楚,在县城里读了一个月书以后,有单位在城里招收学生,张森林在城里就考上了心仪的单位,也过了体检,他就直接外出工作,由于张雨林和张明义已在外面上学,张森林走之前,也都没有见一面。再后来就只是分工的时候张森林回家了一趟,也就只在家里待了一个晚上,还给每个孩子五毛钱。张志先也在学校读过书,后来和张森林一样就直接去淮滨工作了。

分家以后过了几年,张民良也去世了,张刘氏的身体不好,又裹着小脚。但是家中还有三个儿子张树德、张树煌、张树明,由于家中的经济条件已大不如从前,因为张民良的两个儿子都没有读过书,这两兄弟就帮人家干活,那时候虽然穷人翻身了,都分到了田地,但是家里没有牛,于是弟兄俩就去给人家干活,用人工换牛工。但是家中比较小的张树明也是在学校接受过教育的。那时候,上学都是比较普遍的,家里孩子上个小学也花不了什么钱。张树明比较聪明,学校里的老师都比较喜欢他,学校里的老师都知道他家里穷,于是都免费给张树明送书、买本子。张树明毕业以后,就是大集体时期,那时候可以随便迁移,张刘氏的娘家同情张刘氏,就把张刘氏和家中孩子迁到七一乡,至少大家可以相互照应着,张树明虽然上了学,但是没有参加工作,就是在家里干活。

(四)家户教育单位

在孩子接受学校教育之前,对于孩子成长影响最大的就是家庭教育。由于过去上学对于孩子的年龄是没有限制的,因此小时候孩子接受的主要教育就是来自于整个家庭的教育。家庭教育主要就是对于孩子做人和精神道德方面的塑造,家中的长辈也都会以身作则,给孩子们当榜样,教育孩子们要勤劳、善良、诚实等优秀品质。由于孩子们年龄还比较小,因此家长对于家中孩子的教育在性别方面是没有什么差异的,也没有规定教男孩什么,教女孩什么,这些差别都是在孩子长大,比较懂事以后再教育的。在张家,家中的祖辈们对于孩子们的教育也主要是在做人方面的教育,张仲停就经常教育家中的孙辈们做人要勤劳、要诚实、要能吃苦,只有吃得苦中苦,才能成为人上人。而父亲对于子女的教育则有不同,在家中,一般都是父亲承担对儿子的教育,母亲承担对于女儿的教育。父亲对于儿子教育,一方面是在做人方面的告诫;另一方面,就是教授儿子们如何掌握田间耕作的技能,如何种庄稼等,毕竟儿子以后也要成为家里的一个劳动力,对于儿子在这方面的教导,都是必不可少的。母亲对于女儿的教育,一方面,要求女儿要懂得三从四德,要贤惠,若是以后嫁人了,婆家觉得媳妇不懂规矩,这些都是家中母亲没有教导好的原因。另一方面,母亲也会教导女儿做针线活、纺线、织布等,也会带着女儿干家务活,教会女儿应该懂得的劳动技能。由于张家的孩子们都是在学校接受过教育,因此张家对于孩子的教育则主要是集中在做人和劳动技能方面。

家中祖辈的人,比如爷爷对于家中孩子的教育,一般都是集中于在精神道德方面的教育,比较侧重于做人方面。而父辈,比如父亲对于儿子的教导虽然也会包括在做人方面的引导,但是更多时候还是侧重于实际的劳动技能的教育与传授。一般情况下,男性和女性对家里孩子的教育是没有什么特别大的差异,都是包含了两个方面,即做人与劳动技能,但是在对待男孩和女孩的教育方面是有所差异的。由于男孩子长大以后是要跟着家里种庄稼,因此对于男孩的教育主要就是关于种田的技能;而女孩长大以后都是要嫁人的,因此对于女孩的教育则主要集中于如何尊敬长辈,以及如何做家务的技能方面。

对于家中孩子的教育都是各家的家长负责各家孩子的教育,外人一般不会插手别人家孩子的教育。由于同龄人经常在一起玩耍,因此同龄人对孩子的成长影响也都是比较大的。在张家,张雨林和张明义的年龄相近,两个人一起上学,若是只有张雨林一人,恐怕也不会读那么多年的书。总的来说,家庭对于孩子的影响教育才是占据孩子教育的最主要部分。在家长的心中,孩子长到14岁左右,就算是长大了。一方面,14岁的孩子已经可以独立行动;另一方面,14岁的年龄距离结婚的年龄也不远了。

(五)家教与人格形成

张家的家长和子女都或多或少地在私塾或学校里接受过不同程度的教育。除此之外,父母与家人的行为方式势必会对孩子的成长产生重要的影响。家长也会给孩子灌输这种思想,既然上学的话,就要好好上学,上学都是求功名。要是谁家有上学当官的,一溜子①人都恭维着,有什么事情都去求着,当然人家也会照顾着。在这里传递的并不是说读书就是为了得到他人的恭维,而是说能够读书是其他家里的孩子所羡慕的,所以更要珍惜能够读书的机会,并且在读书的过程要学会坚持与努力,要努力学习才能考取功名,一方面,考取了功名就会

---

① 一溜子:当地土话,意为周围。

光宗耀祖,会受到别人的尊重,家里人也会非常有面子;另一方面,学子考取了功名就不辜负家中父母对于孩子的付出。

对于种地的农村人来说,勤劳这种品质是非常重要的。张家的家长会教育孩子要勤快,能干活的就干活,不管男孩还是女孩都是如此。因此,家中不上学的孩子就在家里干一些力所能及的活,上学的孩子在家里的时候除了读书之外也要帮着家里干活。

同时还要孝顺父母,尊敬长辈,要善良,对于有困难的人要给予帮助。在过去,"孝"这个字在很大程度上就是听话,对于父母长辈不顺从就是不孝。张家孩子还都是比较孝顺的,张志先结婚的时候,虽然心里有千万个不愿意,但是最后还是顺从了张仲停的意思。张仲停也经常会以身作则,教导孩子们要善良,因此张仲停经常对周围有困难的人伸出援手。在张家旁边有一家人,家里有三个男孩、一个女孩。家中当家人是巴匠,主要就是修补盆碗一类的活儿,家里虽然也能混两个钱,但是生活过得还是很困难。家里住的房屋就在大路边,家里好几口人就只有两间屋,连门都没有,后来家中的当家人去世了。当家人去世以后,由于家里媳妇又矮又瘦,根本无法养大几个孩子。家里连棺材钱都出不起,于是张仲停就找了几个种庄稼的,跟自己关系好的邻居一起出钱给他家买了一口棺材,才把他爹抬去埋了。在张家,张仲停都是用言传身教的方式教导家中的孩子要成为一个好人,要拥有善良、勤劳的品质,有时候周围的小户、帮工的,就算是在人家家里干活的,来家里借用农具,张家从来没有说过一个不字,拉碾的、推磨的都在张家干活。张家家长的做法也对孩子们的成长形成了良好的影响,善良和勤劳是人这一辈子永远不能丢弃的品质。

"勤劳致富"与"家和万事兴"这两句话也是张家所信奉的,作为以农业为生的家庭,勤劳固然是一个不能抛弃的品质。一个家庭只有和和睦睦,才能够持续发展下去,张家的家庭成员也都是和睦相处,很少有闹矛盾的。

(六)家教与劳动技能

张家一直都是以种庄稼为生,所以家里孩子拥有会干活的本事也是必需的,只是张家的活一般都是雇人来干,家里的孩子也都是很少干重活的。对于男孩子来说,年龄小一点的男孩就可以开始放牛,但是放的一般都是小牛。张家的牛是一头大牛,那时候家里的孩子年龄也不大,所以家里就雇了一个专门放牛的。大一点的孩子都在上学,也很少学习干活的技能。但是在种地的家庭,家里的孩子多多少少都是要学会干一些农活的,男孩子一般都是会干一些简单的活。对于女孩子来说,家务劳动、纺线、织布都是要学会的,这些都是要在家里学会的,一般都是自己的母亲教导,10岁左右就可以开始在家里做一些力所能及的家务事,若是家中有妹妹,那么姐姐也是要带着妹妹一起掌握家务技能。对于女孩来说,基本的家务技能都是要掌握,若是嫁到婆家以后,不会这些家务技能,不会织布、纺线,婆家就会不满,认为是娘家没有教育到位,因此家中的女孩都是必须学会家务技能的。

在家里,张雨林12岁的时候就可以推磨,张刘氏把老驴都套好,麦子也倒好,将簸箩都准备好以后,张雨林就拉着老驴开始推磨磨面,这些步骤完成以后,张刘氏再教张雨林怎么收,等到所有程序都结束,张刘氏就把老驴卸掉,两个人一起把面粉抬回家。干完活以后还要回家烧锅,由于张雨林年龄小,也不会烧锅,就只能在底下帮着做饭的大人传火。后来张树惠长大了,传火便是张树惠负责了,张树惠学会干活比张雨林要早,张树惠九岁的时候都可以干活了,在家里都会帮着张刘氏做饭。等火苗旺盛起来了,就把火里面的柴火架空,以便进入更多的空气。蒸馍馍的时候,张刘氏在上面贴馍,张树惠就在底下帮着张刘氏烧锅传火。

分家以后,张民良的儿子们年龄大多在 10 岁左右,家里最小的儿子才 5 岁。张树德十来岁的时候可以帮着别人放牛。张民良去世以后,张刘氏的哥哥接济张家,由于张刘氏的哥哥也在种田,他们弟兄三个都分得有田有地,自己都能种地,张刘氏带着家里的几个儿子投奔娘家以后,张树德和张树煌就帮着张刘氏的哥哥家放牛。

(七)手艺

张家没有什么独门的手艺,唯一能够称得上手艺活的就是染布了。冬天收了棉花以后,大家就会纺线去换布。冬天在家里纺线,纺完以后卖,卖了以后还纺线,这样挣钱换布,给家里人做衣裳,为了能够让平时穿的粗布也能够有一些色彩,大张氏就会带着家中的女性一起染布。张家在自己家里的菜园里种了一些专门用来染布的靛,这就是染布颜色的主要来源。换了布回来以后,就把靛在水里泡着,泡上一段时间以后再在水里放上石灰,用竹棍使劲打。之后大张氏就在家里开始架起染缸,会把换来的粗布染得黑青黑青的。这些自己染的布料质量较好。在张家,大张氏和张刘氏都是会染布的。有时候也会在布上面扎染出各种各样的好看的图案,比如小菊花、小蝴蝶之类的。有时大张氏也会用人家用剩下的布,拿来煮成绿色、蓝色、紫色的布料,然后在颜色各异的彩色布料上面扎上一朵一朵的小花,这就变成花布了,不过本质上其实还是粗布,张家的这种手艺也只传给了家中的女性。

至于有些家庭里有一些用来谋生的独一无二的手艺,这都是要传给家里的孩子。若是家中的手艺是外人不知晓的,仅此一家独有的手艺,那么这种手艺就会传内不传外,传男不传女的,并且一般都是家中的长子继承这门手艺,以保证家中独一无二的手艺能够一直传承下去,继承祖先留下来的传统。若是家中只是用于谋生的手艺,并且外人也都知道是如何制作的,而仅仅是一种技能问题,那么这种手艺若是家中的孩子不愿意接受,那么也没有强制传授。总的来说,家中的手艺都是传内不传外,由于张家一家人都是靠种庄稼为生,并没有从祖先一直流传下的手艺,因此张家也没有传承孩子手艺的传统。

家家户户基本上都是被绑在了田地里,若是脱离了田地,那么家人也就失去了赖以生存的基础。有的家庭为了能让家里的孩子在没有田地的情况下也能够养活自己,就会送孩子去学习一门手艺。一般学习手艺都是去比较有名的师傅家里学习,或者村里有专门会这门手艺的人,家长也会把孩子送去学习手艺,一方面,家长把孩子送去学习手艺是为孩子以后着想,至少再没有地可以耕种的时候,还有一门手艺可以依靠;另一方面,孩子习得手艺之后,也能够为一家人带来收入。

二、家户意识

(一)自家人意识

对于张家来说,自家人就是一个姓氏的自家人。这里的一个姓氏包括家中父母的娘家人和婆家人,也就是家中姑姑、姨娘都算在自家人的范畴内。除了父母姓氏以外的姓氏,就是在外人的范畴内了,比如周围的街坊邻居。对于自家人和外人的区别主要是在血缘亲疏方面的差别,一方面,自家人都是与自己家人有着同样的血脉,身上流着同一脉血液;另一方面,自家人在关系亲疏方面较外人而言更加亲密。若是家中遇到了什么困难,比如家中缺钱或者缺粮食,一般都是求助于自家人,而很少会去找外人帮忙。一般情况下,自家人都是会生活在一起,就算已经不生活在一起,有血缘关系的存在也都是自家人。

常年在外的家人也是自家人,就像张家的张志先与张森林长期在外工作,很少有时间回家,但是在张家人的眼中,就算如此,大家有血缘关系,只是为了谋生才不得不选择外出,但是那也都还是自家人。若是日常寄宿在自家家里,比如家中的长工,这些只能算是关系比较亲近,虽然同吃、同住、同劳动,但是并没有共同的血缘关系,因此这都是不能算是自家人的。若是家中有男性娶了几个妾,那么妾在一定程度上也算是自己的妻子,妾生的孩子也都是算作自家人。若是家庭成员不听话,被家里的父亲赶出去,这样的人就不算是自家人了,在父亲把家庭成员赶出去的时候,这个家庭成员就已经与整个家庭脱离了关系,因此也就不算是自家人了。一个大家庭没有分家,但是家中有几个小家庭,同时也依然同住在一个院子里,这也算是自家人的。在张家也是有同样的情况,张家便是由许多个小家庭共同组成的,大家同吃同住共生活,因此大家都是自家人。就算是张家分家以后,张仲停一家和张四先生一家分开居住,但是两个家庭也仍旧是自家人。张家也有很多亲戚住在外村,张雨林也经常会跟着大张氏从南庄子去张仲停的哥哥家。张仲停的哥哥距离张家有几里路,但是每逢过年,正月初五初六的时候,两个家庭的孩子都会相互走动交往,这些也都是属于自家人的范畴。自家人就是身上都流着同样的血液的人,并且都是朝着同一个目标去努力,每个人都是在为家庭奋斗。

外人就是没有血缘关系的人,周围的邻居、乡亲们就属于外人的范畴。家里的亲戚若是住得比较远,常年不联系的,那么这只算是亲戚,而不能算作自家人。外人是不会介入张家的家事,就算家里发生了矛盾,由于大家都认为"家丑不可外扬",都是自己家的人处理自己家的事情。有时候自己家的事情都还没有忙过来,哪还有空去管别人家的事情。张家也是不会介入亲戚家的家事的,除非亲戚家需要张家介入并给予一些意见,张家才会去说一下,一般情况下也就是参与提意见,很少会过度干涉的。在与自家人交往的时候,是可以无话不说的,但是跟外人说话,都是要有所保留的。在礼节方面,对于自家人不是特别注意一些细节,而对外人,基本上都是会保持距离、注重礼节,毕竟这是一个家庭对外的形象。很多时候,家里若是发生矛盾了,也是可以请家中的公亲护长来家里调解,亲戚家和关系好的邻居在张家困难的时候也都是会给予帮助。

(二)家户一体意识
1.家人之间的相互扶持

张家在还没有分家的时候,主要是张仲停和四弟张四先生弟兄俩一起生活,家中张四先生从医的收入虽然不上交到大家庭,但是每当张仲停手里没钱去买盐的时候,就会让四弟去买,张四先生也都是二话不说就去了。妯娌之间也都会互相帮助,在张家,主要就是大张氏和自己的四弟媳小张氏一同操持这整个家庭成员的生活起居,共同处理张家这个大家庭的家务琐事,两个人都会互相帮忙,有序分工协作。一个家庭的一体意识不仅体现在一家人内部互相帮助的方面,也体现在一致对外的方面。若是家里的任何一个家庭成员被外人欺负了,这都会是看作对于一个家庭的蔑视,一家人都会团结一致对外,讨回公道。但是张家没有发生过这种事情,在与外人的相处方面都是比较融洽的。在张家,家里孩子生病的时候,也都是张四先生帮助给孩子看病,从街上买药回来给孩子吃。

若是家中几个兄弟之中某个人的条件不好,当家人也是会对兄弟的这个小家格外照顾。

由于张仲停的二哥二嫂去世比较早,留下了两个女儿无人照顾,张仲停就承担起了抚养两个孩子的责任。张仲停二哥的两个孩子一直跟着张家生活,张仲停也是把这两个孩子视如己出,对于二哥的两个女儿婚嫁,张仲停也都十分上心,与自家女儿出嫁没有区别。虽然张家是由张仲停两兄弟领着各自的小家庭共同在一起生活,张仲停与张四先生对待家里的所有孩子都跟自己亲生孩子没有区别。分家之后,张四先生和其妻子不久就去世了,再加上张四先生的两个儿子张志先和张森林常年在外上学工作,家中的田地也是无人照看,有时候,张民良就会去张四先生家里的田地去看看,尽自己所能提供帮助。

2.家户的共同目标

"发家致富"这种理念不是家中钱挣的多少,而是家中粮食收成的多少,只要每一个家庭成员都为了家中的经济条件得以提升而努力,那么整个家庭就会越来越好。由于种庄稼是靠天吃饭,或许在努力之后家中的粮食产量没有得到很大的提升,但是一家人在这个过程中能够更加团结,那么就算是遇到再大的挑战,也是都能迎刃而解的。农民都是以土地为生,人多的家庭更是要靠着土地才能生存下去,张家的家庭成员也是如此,虽然家里下地干活的人不多,但是每个人都在努力奋斗,为家里过上更好的生活而努力。

家家户户都希望家里的孩子能够光耀门楣。因此在张家,家里的孩子们或多或少都会接受教育,家长也会教导孩子做什么事情都要尽自己最大的努力,就像在上学这件事情上,必须要懂得上学的目的与来之不易,若是上学了,就要在学校里好好学习,才能够有更好的出路。因此,张家的孩子们都是努力学习求功名,希望能够成为一个有社会地位的人,这样才能够受人尊重、光耀门楣。

张家一家人共同的生活目标就是家庭和睦,家里的经济条件能够越来越好,家里的孩子们越来越有出息,一个家庭呈现出蒸蒸日上之势,那么家里的家庭成员也都会更加努力奋斗。

(三)家户至上意识

1.相互促进,家庭为首

若是没有家庭为个人提供良好的生活条件与教育条件,那么个人也没有机会获得更好的发展,同样若是个人没有获得更好的提升,那么也就无法带动整个家庭的共同的进步。在张家看来,个人与家庭是一种相互促进的关系,家庭与个人的发展都是同等重要的,只有个人努力学习工作求功名,才能够光宗耀祖,促进整个家庭的共同荣耀,但是若当家庭的利益与个人的利益发生冲突的时候,当然还是要以家庭利益为主。家庭是个人生长发展的基石,若是家庭的利益都不予以维护,那么就不用提个人利益了。

在张家,当家人也都是优先考虑家庭成员的整体利益,然后再考虑个人利益。家中的其他家庭成员也都是如此,家庭利益第一位,个人利益放在次要位置。每到冬天下雪的时候,家里储存的粮食就很有限,张仲停为了让整个家庭的生活能够在冬天维持下去,就会缩减家中饭菜的数量,自己也是宁愿少吃一些,留下来给家中的孩子们吃。

2.为了家庭放弃个人追求

个人为了求前途,只有努力上学求功名,才能光宗耀祖。在张雨林和张明义上完小学以后,就果断放弃了继续求学,并不是她们俩不愿意再读书,而是当时家里张森林已经在上中学,家中再无能力承担张雨林和张明义的上学费用,毕竟女孩子总是要出嫁的,读太多书也是没用的,因此张雨林和张明义就放弃了继续读书。虽然心中肯定存在遗憾,但是在当时的家庭状况下,这都是不得已的选择。在婚姻方面,张家的家庭成员也都要听从当家人的意见。张志先结婚的时候,便是为了听从张仲停的安排被迫结婚的,但是家庭第一位,不能为了自己的想法,而导致一家人不和睦。

(四)家户积德意识

张家的祖辈们也是有行善积德的意识的,每当遇到有困难的人或事,张家的人都会主动提供力所能及的帮助。张家有一个邻居,家里十分贫穷,张仲停就会接济他家,由于这一家租种的也是村里张柏西的田地,每年也都是要交地租给张柏西,但是张柏西总是会恃强凌弱,不管收成如何,每年还跟他家要钱,有时候还会变着法地欺负这一家人。每次张柏西去要钱的时候,张仲停都会帮着这家人说话,由于张家与张柏西家里有一层亲戚关系存在,因此张仲停说话也还是有一定的分量,张仲停为了帮助这个邻居家,就让他家孩子来张家帮着放牛,每年都会给孩子一定的粮食,让这一家人能够维持基本的生活。

由于张家的农具和牲口较多,因此周围的小户们都是经常会来张家借用牲口或者农具,每次有人来家里借用的时候,张家都是毫不吝啬地给予帮助。张家对于四周的小户都会照应着,如果不照应的话,那些穷人就没有办法生存。只要张家的牲口闲着,有人来借,张家从来没有拒绝过。有的家里种了一些坟茔地,家里又没有劳动力,这都是非常可怜的家庭,张家或多或少都会照顾一点,有时候有人来家里借用家里的牛,张仲停答应以后,家中"掌线"的就带着牛一起去了,去帮人家犁地,这也都是不要报酬的。周围的邻居都知道张仲停非常乐于助人,村里也有特别穷的家庭,有的家庭家里父母双亡,就只剩下几个孩子在家里孤苦伶仃地生活,家里的孩子没有衣裳穿,冬天也没有鞋;有的家里母亲去世了,就剩下父亲带着孩子,天天都是打赤脚到处跑。张仲停每次看到这些家庭都会心生怜惜,都会尽自己所能去帮助别人。张家邻居郑家,家里丈夫得病了,没过几天就去世了,连买棺材的钱都没有。那时候郑家的大儿子才八九岁,另外还有三个儿子。家中唯一的大人是个妇女,而且还是小脚,家中当家的去世以后,妇女走到哪里都哭,领着家里的孩子挨家挨户磕头乞讨凑钱安葬病故的丈夫。张仲停看他家可怜,就说:"我出大部分钱买一个小匣子,给他安葬。"在过去,基本上家家户户都是相信善有善报,恶有恶报的,若是自己多做好事,那么必然就会有回报,若是做的坏事多了,那也都是会遭报应的,家中若是有人升官发财,学有所成,家里人就会说:"祖上积德了,这都是祖上保佑啊!"

三、家户习俗

(一)节庆习俗概况

1.春节

春节都是从大年初一开始算,因为预示着新一年的到来。新一年,新气象。大年初一的前一天就是大年三十,这一天主要就是辞旧迎新。过年的时候,张家家里也不买什么年货,家里有黄豆、有磨,可以自己磨豆腐,干豆腐、水豆腐都有,家里也有自己喂的鸡鸭。除此之外,张家会提前去集市上买一点猪肉。过年的时候有的大户人家还要杀猪,但是张家杀猪一般都把肉卖了,自己家里留猪油。过年的时候,家里还会炸绿豆圆子,留着家里来客人吃。春联在当地叫作"门对子",年三十晚上就贴好门对子,门对子有时候会去街上买,有时候也会买红纸让人家写。贴完门对子以后,家里人就不能出去了,一家人就会在家中共同等待新一年的到来。若是有的家里欠别人家钱的也都会早早地把门对子贴上,要债的人就不会来了。年三十晚上一般都是做干饭的,干饭结的锅巴都不准吃。由于是新年做的第一锅米饭,结出来的锅巴,也就有着好的寓意,锅巴都挂在高处用绳子吊着,家里谁要是心口不得劲了,就煮一块锅巴茶,里面放一点葱糊、蒜糊,喝了以后就好了。在过去,这些做法都是属于单方,自己传下来的。

过年的时候也是要祭祖的,主要是在过年之前去家中祖坟祭拜祖先,去祭祖都是一大家人一起去上坟。在张家,主要就是由当家人张仲停组织一家人一起去山上的祖坟给家里的祖先烧纸钱之类的。这些仪式不会太复杂,一般也都是不用准备桌子吃饭,只是张家人会去坟地给祖先磕几个头,说几句吉祥话就可以了,不过家中的女性不能去上坟,这是不吉利的。过年吃年夜饭也都是自家人参加,过年的时候,家家户户都会团圆,外人是不会在别人家里吃年夜饭的。一般情况下,也没有说请别人来家中吃年夜饭的,每个人都有自己的家人,年夜饭都是陪着自己的家人吃的。

春节的时候,张家走亲戚主要就是去张仲停大哥家拜年。大年初一拜年,女孩子不能出去拜年,张家一般都是去南庄子张仲停的大哥家里去拜年。年年正月初一,张家的孩子们还在床上睡觉,张仲停就早早起床去叫孩子们起床去到南庄子拜年,这都是风雨无阻的。张仲停的大嫂也是早上起来就烧饭等着张家人去,等吃过饭以后,张仲停的侄子就来张家拜年,由于家中的女性都是不会出门的,所以张仲停的侄女不来张家拜年。张家人口多,去拜年的人自然也就多了,初一女孩不能出去拜年,若是去了别人家中拜年,别人家里就会不高兴。一般情况下,女孩子只有初七初八才能出门去拜年,年年过年,正月初五或者初六的时候,大张氏或者张刘氏就会带着张雨林和张明义去给张仲停大哥家拜年。

2.清明节

"清明戴杨柳,死了不会变黄狗",清明节的早上,孩子们都去折几根柳条戴在头上。泉河乡每至清明节就会举办大山会,王店子有"大奶奶""二奶奶""三奶奶",坐镇东大山,这些也都是听村里老年人说的。庙里供了许多神像,被称作"大奶奶""二奶奶""三奶奶",这些神像都是用木头做的,人们为了自己的愿望能够实现,就会去庙里给神像做鞋、做衣裳。由于来庙里上香拜佛的人很多,街上也是很热闹的。张家的女性们每逢这个时候就会去赶庙会,家里的孩子们都在后头跟着。张家女性们允愿,一般都是希望保佑自己家的小孩子平安,不发烧生病,家里人平平安安,张家女性来给大山奶奶烧香。在这个庙会结束以后就会等到正月十五再去给大山奶奶烧香。

3.端午节

五月上旬过端午节的时候,在张家干活的伙计们早上都会来张家,因为过节,张家就会炸油角子给伙计们吃。到了中午,家里也会准备丰盛的午饭,张家会买肉招待家中的伙计们。中午吃肉,晚上就吃面条,全天还会吃煮鸡蛋,早上是白鸡蛋,晚上是咸鸡蛋,还有粽子。除此之外,张家还会给每个伙计几个白鸡蛋,家里的粽子随便吃。到了端午节的前一天,张家的女性就会起很早准备一天的食物。第二天过端午节,头天晚上粽子就包好了,一个伙计给五六个白鸡蛋,有的伙计舍不得吃鸡蛋,就都带回家去吃。由于那时候,鸭蛋卖得很贵,家里比较有钱的就会买咸鸭蛋送给伙计们,张家一般送的都是咸鸡蛋。在这方面,张家是毫不吝啬的,就算张家自己家里不吃,也要给家里干活的伙计吃。

(二)红白事习俗

1.喜事习俗

在村里,家家户户庆祝的喜事主要集中于家庭成员的婚嫁和生子两方面。在婚事的筹备方面,有钱的人家对这方面是比较讲究的。穷人家结婚时候的聘礼给一块布就算是不错的了,小家小户一般送的都是小礼,大家大户一般送的都是大礼。家里若是娶了新媳妇,嫁到婆家以后,三天的时候娘家人就会来婆家看自己的女儿,这一般都是娘家的哥哥兄弟们来婆家看自己的姐姐或妹妹,这时候,婆家就要好菜好饭招待娘家人。嫁到婆家之后,六天或者九天的时候娘家人会把新媳妇接回娘家,家庭条件好的娘家就把女婿也接回家,穷人家都是只把女儿接回家吃顿饭,然后就把女儿送回来了。女儿回娘家也是要带礼物的,一般都是糖或者是油果子,娘家兄弟来看妹妹的时候都不带东西。从婆家回门的时候,新媳妇就会带四个装着礼物的包裹回娘家,从娘家回婆家的时候还带四个包裹回来,这就是不吃不赔的情况。娘家若是条件不错,回娘家的时候带四个包裹,回婆家的时候娘家就会又增加两个包裹或者四个包裹。新媳妇回家的时候,至少也是要带着四个包裹回娘家。

家里若是嫁女儿,讲究也是很多的。家中女儿的衣服是要找专门的人来家中叠。张仲停侄女出嫁的时候,张刘氏就去帮着叠衣裳,这都是有讲究的,没有儿女的不能碰,只能是有儿有女的才能碰,这就叫作"吉祥之人",叠衣服一般都是找自己家的人。家里办喜事的时候,新娘的衣裳基本上冬天都是红色大袄子、绿色大棉裤,夏天都是红褂子、绿裤子。过去都说"上穿红,下穿绿",每一个新娘子都是这样穿的。新媳妇去婆家的第一天穿绿色的鞋,而且鞋上的花必须是石榴花。"绿鞋石榴花,进门就当家",这就是顺口溜,就是说新媳妇嫁进婆家穿着带有石榴花的绿鞋子,到了婆家以后就可以当家。不管家里有钱还是没钱,新人的衣服颜色都是固定的,只不过布料不同而已,有钱人家都是丝布,穷家都是洋布的。

在生子方面,家里的媳妇生了男孩,这就是举家同庆的大喜事。无论家庭条件好坏,添丁的家庭都会准备红鸡蛋作为礼物送给周围邻居或者前来道贺的自家亲戚,以此传递美好的寓意。张家也是如此,家中添男丁的时候,张仲停也会邀请亲戚和周围邻居来家中共同庆贺。

2.白事习俗

家里老人去世之前,就会把自己的棺材和寿衣准备好,棺材找村里的木匠就可以制作,寿衣就找专门会做寿衣的老奶奶制作。制作寿衣的时候,也是有很多讲究的,做寿衣的时候,寿衣上面的针脚只能往前面走,不能往后面退,也不能打疙瘩,都是要一直缝下去,并且还要留一截,这些都是规矩。打疙瘩就是不吉利,就会预示着老人死后投胎到下辈子就会生活得不好。给老人做寿衣之前,做寿衣的人要保持手的干净,一般都是会用胰子①左一道右一道洗手,洗得干干净净的,因为去世的人不能穿带油的衣裳,如果衣裳上面有油渍,去世的人就不容易化尸,这都是不吉利的。村里有一家老奶奶去世的时候,穿的衣裳可能不是特别干净,结果家里媳妇怀的第一胎孩子就没了,第二个孩子要不是抢救得快也丢了,虽然第二个孩子没病没灾的,但是就是一直长不高,后来家里人找了一个"团帽子"②,也就是地理先生,地理先生就说:"老奶奶活不长,你掀开棺材就知道了。"家里人把家中老人的棺材掀开以后,才发现

---

① 胰子:用于清洁衣服的物品,相当于肥皂。
② 团帽子:土话,即风水先生。

老奶奶的尸体一直没有化,但是把棺材掀开一见天就好了。最后才知道原来是老奶奶走的时候,也不知道谁哭,把眼泪滴到衣裳上去了,才导致了这种情况的出现。虽然不知道这些情况到底是不是真的,但是家家户户办白事的时候,都是会十分注意这些细节的。家里老人出棺的前一天,都会请团帽子还有来家中帮忙的人吃一顿饭,并且家中请客吃饭也是有讲究的,准备的菜碗里的菜肴堆得越高越好,不能堆得太浅,否则不利于后辈人发展,而且家中办白事请客吃饭的时候,不能吃粉条,不能吃豆腐,因为那时候有种说法是说吃豆腐的话,家中的后人就会有秃子,吃粉条的话,后人就会抽筋。

(三)家长主持,家人共度节日

家中过年过节的时候,都是以家庭为单元进行庆祝。一般情况下,过年过节的时候,一家人无论多忙都会相聚在一起共度佳节。张家在分家之前,一个大家庭都会聚在一起共同过年过节;分家以后,大家庭被分成两个家庭分开居住,过年的时候都是各过各的,因为分家以后,两个小家庭就是两个独立的家庭单元,但是过节的时候,两家人为了图个热闹,也会聚在一起过节。嫁出去的女儿是不能回娘家过年的,嫁出去的女儿就是婆家的人,自然是要在婆家过年,过去都没有听说过嫁出去的女儿回娘家过年的。一般情况下,亲戚们也是都在自家过年,过完年之后亲戚才会来家里拜年串门。每到过年的时候,张仲停就会安排家里人的分工,比如让张民良去街上置办年货、买炮仗之类的东西,大张氏在家里带着家里的女性打扫屋子等。家里办红白事的时候,也都是由当家人张仲停具体安排,家庭成员听从安排具体实施。

四、家户信仰

(一)宗教信仰

1949 年以前,张家的家庭成员是没有信仰宗教的,但是村里有村民是信仰基督教的。若是家里信佛、信基督,家里就会摆上老祖先的牌位。村庄是不会干涉家户的宗教信仰的,并且一般情况下,不存在家里只有一个人信仰宗教的情况,宗教信仰都是以家庭为信仰单位的,若是家里的祖辈们信仰宗教,那么家里的后辈们也都是会信仰宗教的;若是家里的长辈们不信仰宗教,那么家里的孩子们也都是不会信教的。信仰宗教就是一种精神寄托,当现实生活中的情况不尽如人意的时候,那么宗教就会成为人们寻找精神慰藉的一种工具,因此村里是有很多老奶奶信仰基督教的,若是如此,那么整个家庭都是会信仰基督教的。在张家所在的乡里还有专门设立的福音堂,由于福音堂与乡里的小学只有一墙之隔,因此张家的孩子们每天上学放学的时候,都会遇到信仰基督教的老奶奶,她们都是一边走一边唱着歌。有一年,乡里的福音堂还来了一个美国人到村里传教。村里除了有人信仰基督教之外,还有人信仰佛教,由于村里有庙宇,信佛教的人就会经常去庙里拜佛祈祷。所以村里大多数人都是信仰基督教和佛教的。

(二)家神信仰及祭祀

1.灶神、门神

张家信仰的家神主要就是"灶老爷"和"门神爷",也即"灶神"和"门神"。在村里,基本上家家户户的厨房灶台上都贴有灶神,由于过去厨房里面的锅台都是用泥巴砌成的,像一个小屋子一样,老灶爷的画像一般都是贴在锅台上面的墙上,张家也不例外,每年腊月二十三,也就是小年的那一天，张家就会把新请的灶神的画像贴在灶台上，那天晚上张家都会准备干饭、买肉。在准备自己家里人吃的饭菜之外，张家还会用半大不大的碗装上"和工饭"送给"灶老爷"和"灶老奶"，用以祭祀灶神。在吃晚饭之前，张仲停就会先朝着灶老爷烧香磕头，嘴里还说着："灶老爷灶老奶上天，跟老天爷讲，保佑俺们庄稼丰收，风调雨顺。"张家的小辈们也会跟在张仲停的身后磕头，只不过是不用说话的。

张家信仰的另外一个家神就是"门神爷"，也即门神。门神的画像一般都是到了年三十那天才贴，张家一般是不会拜门神的，门神的画像一般都是贴在门上，贴完之后，就会贴门对子，贴完门对子以后家里所有人就不能出门了，这些都是规矩。

2.寄托美好愿望

家家户户都是出奇地信任神的力量，由于神存在神秘性，所以人们更是对神明的存在表达了一种由内而外的一种信仰。张家之所以供奉这些神，也是希望借由供奉的神明来成就自己心里对于个人及家庭的美好愿望。之所以供奉灶神，是因为在人们的思想里，灶神是主管家中吃饭的，只有把灶神照顾好了，一家人一年的吃饭问题也就没有问题，供奉灶神，以及希望一年风调雨顺，家中粮食满仓。之所以供奉门神，就是由于门神可以降妖除魔，以此保佑一家人平平安安、身体健康。那时候家家户户都是靠天吃饭，天就是家里供奉的神明。家中祭祀神明除了在小年夜和年三十晚上这两个时间点祭拜之外，若是家庭遇到困难，比如家庭粮食收成不好或者家庭成员身体不好，家里人就会去庙里拜神，希望神明能够保佑一家人平安，一切不好的事情都赶快过去。家里拜神的时候，都是一大家人一起拜的，因为一家人就是一个整体，只有一个整体共同虔诚祈祷，神明才能听见。

3.家长主持仪式

张家在拜神的时候，都是由当家人主持祭拜礼，张仲停站在前面祭拜，家中的女性和后辈们都会站在身后跟着祭拜。女性是不可以主持祭拜的，都是家中当家人才有资格主持祭拜。家里孩子小的时候，都是大人带着在后面跟着当家人一起祭拜，等到长大了，在8岁左右的时候，家长就会教导孩子祭拜神明的规矩，比如，祭拜神明的时候不要吵闹，不能乱说话，等等。教导祭拜神明的规矩时是不分男女的，家里的男孩女孩都是要教的。

(三)祖先信仰及祭祀

1.祭拜祖先,寄托哀思

张家的长辈们对于家中的祖先情况是比较清楚的，但是很少会告诉家中小孩子们。祖先是一个家庭的血脉，财产的创造者，没有祖先留下的财富，后代的家庭就无法得到延续，为了寄托整个家庭对于祖先的哀思与表达崇敬之情，张家每年也都是会祭拜祖先的。祖先在一个家庭中具有至高无上的地位，在某种意义上，家庭祭拜祖先与神明所寄托的情感都是为了整个家庭更好的发展。在祭拜祖先的时候，家人都是要参加祭拜的，否则就是对祖先的不敬。张家是有堂屋的，但是并没有摆放过世老人的牌位。张家也同样是没有家庙和祠堂的，在村里只有大户人家才会有家庙和祠堂，因此张家对于祖先的祭拜都是通过祭拜祖坟来实现的。由于张家祖辈生活在三官村，因此张家祖坟的面积比较大，但是具体面积不清楚。张家祖坟有很多都是双头的坟茔，若是一个家里的夫妻是会葬在一起的。张家一个家族的老人都在这一块坟茔地，家里人经常会说"同坟茔"的，意思就是说都是同一个祖先的家人，这都是比外人要亲的。家中人去世以后，在埋葬方面也都是很有讲究的，张仲停夫妻去世的时候，张家也都去找地理先生看,第二天出棺之前,地理先生就拿罗镜看方位。由于张仲停夫妻去世的时候,张家已经分家,因此都是张民良跟着地理先生去看祖坟的方位,哪一个方位好就埋在哪里。张家也是很重视孝道的,一方面,孝道是从古至今传承下来的传统美德,家家户户都会教育自己家的孩子要尊敬家中的老人,不能顶撞老人;另一方面,家里人都相信若是不注重孝道,就会遭受上天的惩罚,比如家中老人的话就是命令,不得违抗。家中后辈要担负起赡养老人的责任,家中老人去世的时候,家里人都要披麻戴孝等。

2.祈求祖先保佑

张家祭拜祖先的目的, 主要是为了祈求过世的祖先能够保佑家中的家庭成员能够平安健康,年年风调雨顺,粮食丰收。张家祭拜祖先都是会在阴历十月十五这一天,由于这一天乡里会有庙会,张家人在祭拜祖先之后,就会去庙会祭拜庙里供奉的神像,祈求自己的愿望。张家去祭拜祖先时候一般都是祈求两方面:一方面就是家庭成员的平安与健康,保佑老年人能够健康长寿,保佑家里的中年人能够身体强壮,没有嫁娶的能够有一个好的归宿,已经成家能够家庭和睦,保佑家里的小孩子不要生病,长大以后能够有出息等;另一方面,就是家中田地的丰收,让家中能够粮食满仓,家人吃穿不愁。去祭拜祖先的时候,张仲停也会说:"老祖先保佑,家里一切顺利,粮食丰收啊!"之类的话语,然后家庭成员手里都拿着三炷香,跪下来对着祖坟磕三个头。

3.家长主持,家庭成员陪同

家里的女性一般都是不会祭拜祖先的,家里的女性除了在嫁过来时会祭拜祖先,之后就再也不会祭拜祖坟的。若是家里的女性去祭拜祖坟,这都是不吉祥的寓意。家里的小孩子祭祀祖先的时候,都是会由大人带着,跟着家长一同祭拜祖先。家中的成员只要去祭拜祖坟的,就需要烧纸,家里的小孩子也是如此。

(四)庙宇信仰及祭拜

1.家户庙宇信仰

1949 年以前,张家所在的村子就叫作"三里庙子",之所以叫这个名字就是因为在泉河乡的西边有三座庙,这三座庙又距离泉河街上有三里路。泉河乡有很多庙会,每年的阴历三月二十八就是东岳府庙会,这个庙里面供奉的是泥巴爷爷。东岳府位于泉河乡的南边,距离泉河乡有一里多地,因此每年的庙会就叫作"东岳府庙会"。每年到了这个时候,张家的女性都会和张雨林的母亲一起去庙里烧香许愿。由于家里年龄小的孩子比较多,因此张家的女性就会来庙里祈求张家的孩子们能够少病少灾,健康成长。有时候,家里的女孩子也会跟着张刘氏一起去庙会,家里孩子一般都是七八岁,去了以后小孩子们也就只是凑个热闹,也不会去跟着大人祈求愿望,也有男孩子去烧香,这时候老和尚都会敲手里拿着的磬。除了阴历三月二十八去庙会之外,由于每年的阴历二月十九、六月十九、九月十九是南海观世音生日,村里的人们也会去庙里烧香拜佛。张家所在的村里有一座庙叫作"小南海",这也是村里人祈求许愿的去处。庙里面有和尚,小南海的门口放有一缸水,特别免费供路人饮用解渴。

2.庙宇祭拜,女性为主要参与者

祭拜庙宇供奉的神像是没有身份之分的,家中的任何家庭成员都可以参与庙宇祭拜,没有规定只有家里的当家人才能够祭拜。在张家,去庙里祭拜神明一般都是家中的女性结伴而去,比如大张氏带着张刘氏,小张氏带着李文英,以及家中的女孩子去庙里祭拜。去祭拜的时候,都是当家人同意了才能出去,若是当家人没有准许,家庭成员是不能擅自出门的。张仲停一般会要求家里的女性不能全部都出去赶庙会,若是都走了,那么家里就没有人干活了。由于庙会不止一天,一般情况下,张家的女性都是分批去庙宇祭拜。张家女性在拜神的时候也会与周围邻居家的女性结伴而行,人多毕竟热闹一些,回来的时候也能有个伴。去庙宇祭拜,一般都会带上馍馍,去不同的庙宇祭拜需要带的东西是差不多的,都是为了祭祀神明。祭拜带的东西,若是家里有的话就会从家里带上,若是没有,就会提前去街上买好,这些花费也都是从一个大家庭的共同收入中支出的。

五、家户娱乐

(一)结交朋友

张家的家庭成员成天到晚都是围着土地转悠,能够打交道的也就只有家里干活的伙计和周围的邻居、亲戚,基本上也没有什么时间去外面交朋友。家家户户都是各忙各的,也没有空闲时间去到处聊天。张仲停由于在家里领工干活,因此能够称得上朋友的也就是平时种庄稼的时候一起说话聊天的地邻,但是只有在种地的时候会聊天说话,除此之外,其他时间也都是各自忙活自家的事情,也都是很少有时间联系。在张家,朋友较多的家庭成员就是张四先生,由于张四先生在村里当医生,经常会去外面给别人看病,因此他与外界的交往比较多。平时给别人看病,若是亲戚自家或者周围关系比较好的邻居来瞧病,张四先生一般都是不收钱的,所以他的朋友比较多。基本上每天在家里吃完饭以后就出门了,有时候也会有人来家里接张四先生出去吃饭。家中的家庭成员交朋友,张仲停是不会干涉的。但是家中的女性一般是不会出门的,能够说上话打交道的也就只有周围的邻居了,因此家中的女性没有比较亲密的朋友。张志先和张森林都在学校上学,也都有朋友,但是从来也没有看到他们把朋友带回家。张雨林和张明义年龄相仿,因此两个女孩子在一起是比较容易聊得来,她们俩的关系很好,做什么事情都是一块儿去,虽说是姑姑和侄女的关系,但是两个人也都是无话不谈,像好朋友一样。分家之后,张雨林住在后庄子,有时候张明义都会站在后庄子的屋后面喊张雨林一起出来玩,后来张雨林与张明义一起去外面求学。

家庭内的家庭成员都是可以有朋友的,只是由于现实情况的限制,家里人很少能够有接触到外界的机会,家庭成员打交道最多就是种庄稼的农户和邻居。闲的时候,大家也会凑在一起聊家常,当家人不会干涉家庭成员交朋友。由于张家是以种庄稼为主,因此家里打交道的很多也都是种田的家庭,大家经常会在一起讨论种田的事情。张四先生由于在街上帮别人看病,因此他交的朋友一般都是做生意的。朋友一般都是在不断地交流接触的过程中逐渐发展而来的,因此一般情况下,朋友之间的家庭情况与职业也都是相差无几,若是差别很大,那也是很难聊得来,没有共同语言也就很难成为朋友。

(二)打牌

在当地,打牌的人一般都是家里不愁吃穿的富人家的孩子,普通农户家里都是为了生存而辛苦种田,根本没有时间和钱财能够浪费在打牌上面。若是一家有儿子在街上赌博,那么就会被认为是败家的表现。

张家没有人打牌,都是富人家里有打牌的,有的人还在街上放赌博的桌子,从中收取佣金。有的家里男性到了二八月份就想去赌博,他们都上街上去赌博,都是"勘干宝",人家搁大钱,通过猜光子还是麻子的方式来赌钱。有的人做东家,周围人来下钱,赌博桌子一个中午的时间就能收很多钱。张家也没有钱,去赌博的都是手里有多余的钱,用不着的闲钱才去赌博。有的富人家的孩子是浪荡公子,都比较有钱,他们就算是输了,人家也不敢要那么多,要是穷家孩子越是没有钱,输了更是走不掉,都是会欺负穷人家的孩子,都是家里大人去赎孩子。

(三)串门

1949年以前,家庭之间互相串门的情况也并不多,除了过年的时候,周围的亲戚邻居会来家里走动串门互相道贺新年之外,大家平时都是各忙各的,很少有时间串门叙闲话的。家家户户都忙着种庄稼,就算不是农忙的时候,那也是要锄地的。秋天到了,家里人还要砍黄豆、翻玉米、拔花生,还要去西山上砍草,砍的草能上街上去卖钱。到冬天了,早上没有事情了,三五个妇女就一块去西山上砍草,一般情况下,家中的女性是不会擅自出去跟别人聊天的,都是在家里干活,若是出去也都是比较近的邻居家里,或者是亲戚家里,很少晚上会去别人家里串门的,一般都是白天去邻居家里有事情的时候顺便聊两句。或者过年的时候,家里的女性带着孩子去亲戚家拜年,其他时间都是很少出去串门聊天的。过年过节的时候,去别人家里串门拜年,不能说不吉利的话,比如"死""倒霉""鬼"等之类不吉利的字眼都是非常忌讳。去别人家里拜年的时候,在穿着方面,衣裳的颜色都是忌讳白色,因为只有家里办丧事的才会穿白色的衣服,这是不吉利的表现。家中所有的家庭成员都是要遵守这些规定的,若是有不吉利的言语或者行为,别人就会不高兴。来家里串门一般也是周围的邻居或者亲戚,来家里以后一般都是会先跟当家人打招呼,若是当家人不在家,那就会先跟长辈打招呼,而后再与他人聊天说话。若是家中来客人了,家里人也都是会倒茶倒水,留人在家里吃饭,以尽地主之谊。若是家里人要外出串门,一般都是分批出去,必定是会留人在家里看家的。串门聊天的内容一般都是家长里短,以及种庄稼的事情,谈论村庄事情,也只限于村里这家发生什么事情了,很少会涉及村庄管理和国家层面的事情。

(四)逛庙会

1949年以前,张家所在的村子里也是有很多庙会的,因此,张家的家庭成员经常去逛庙会。一般情况下,都是家里年长的女性带着家中的后辈们去逛庙会,很少会单独一个人去,有时候也会与旁边邻居家的女性结伴去逛庙会。庙会在村内和村外都有,若是有时间,张家的女性都是会去参加的,庙会一般都是在3天左右。村外的庙会叫作"东岳府庙会",距离泉河乡有1里左右的路程,很快就能到达,东岳府庙会一般都在每年的三月二十八举办,村内的庙会就是一年举办三次,每逢阴历二月十九、六月十九、九月十九的时候,就是南海观世音生日的时候,家里人都会去庙会的。张家的女性们去庙会都是祈求许愿的,一般都是祈求家庭成员能够身体健康,家里的生活能够顺顺利利。去庙会的时候,一般都是会带一些贡品,这些花费都是由当家人张仲停出钱,当家人安排家庭成员参加庙会,若是没有张仲停的同意,家庭成员是不能够擅自出门去庙会的。

(五)看戏

在过去,乡里一般都没有什么特别的娱乐活动,也就只有看戏能称得上是娱乐活动了。每年春天的时候,泉河街上就会有戏班子在街上唱戏,家里农活不多的时候,张家的家庭成员就会去街上听戏。这些都是要听从当家人张仲停的安排的,若是家中很忙,张仲停是不会让家里人去街上听戏的。若是今天不忙,张仲停就会让妻子领着家里的媳妇和孩子去街上看戏。看戏的时候也不是说家里的人都能去的，还是要留人在家里看门，比如今天是大张氏和小张氏领着家里的孩子去看戏，明天就是张刘氏和李文英再领着孩子看戏。街上唱戏的一唱就会唱上十来天，张家也不是天天都去听，只不过是有空的时候，就会去个两三次，至少要保证家里的所有人都能去街上看一次戏。看戏一般都是每天下午去，出门看戏的时候，张家的大人们就会换上干净衣裳，也就是不上补丁的衣裳。由于家中还有未出嫁的女儿，她们都是不能随便出门的，若是想看戏了，就会让大张氏去征求张仲停的意见，大张氏就会问："孩子们想出去看戏，可能出去呀？"张仲停就会说："听戏不就听戏来，都让他大嫂子领着，你们一块去。"吃完中午饭了，孩子们都会洗脸、梳头，有新衣裳的孩子都把新衣裳穿上；若是张仲停不同意出门看戏，那也就只能作罢了。

第五章　家户治理制度

家国一体，张家在汇聚小家力量的同时也积极履行在国家公共事务中的权利与义务。1946 年以前，也即张家分家之前，张仲停为张家的当家人，大张氏为协助者，张家虽没有成文家规，但是默认的家规家法引导家庭成员的言行，奖罚分明。面对天灾人祸，村里的家家户户团结一致，星星之火成燎原之势，共同对抗困难。张家也是竭尽自家能力发挥作用，维护村庄建设发展，积极参与村庄修路、修堤坝、轮流站岗，协助维护村庄治安。同时，张家也按时缴纳税款，遵从劳役摊派。

一、家长当家

（一）家长的选择

1.辈分、年龄确定家长

各家的家长一般都是当家人，大部分家庭都是根据辈分和年龄来选择当家人，能力、学识都是次要的，年龄大的家长经历的事情比年轻人要丰富，在处理事情上也要更成熟，辈分高的人在整个家庭里也是最受尊重的，正所谓"姜还是老的辣"。张家也是如此，张仲停和四弟张四先生都是家里的家长，但由于张仲停在年龄上比张四先生大，因此张家分家之前，当家人自然也是张仲停。在一个家庭中，最有权威的人就叫作"当家的"，一个大家庭里当家的和具体管事的人基本上都是一个人，当家人是要负责管理家庭方方面面的事情，就算不是所有事情都亲力亲为，至少是在处理事情的时候，是由当家人把握着主导方向。外人对于家中的当家人的角色也都是比较认同的，一般有什么事情了都会来家里找当家人。若是处理的事情比较重要，但是当家人不在，人家也就走了，等到当家的在家里的时候再来，别的家庭成员是没有权利处理的。

在张家分家之前，张仲停是家中的当家人，主要是负责家里种田种地、生活生产花销这方面事情；大张氏则主要是负责家里衣物分配、家务活安排、整理菜园之类的事情。分家之后，张仲停和张四先生就分开居住。在两个家庭里，还是以年龄和辈分来选择当家人，在张仲停家里，张仲停仍是家中的当家人，张仲停去世以后，就由自己的儿子张民良作为家中的当家人。在张四先生家里也是由其当家，在其去世以后，由于家中的儿子张志先和张森林常年在外读书工作，张明星英年早逝，因此家中便是由小张氏当家做主。

2.女性当家

在村里，也有家庭是女性当家的，但是这都是很少存在的情况。能够当家的女性一般都是家里辈分高，有才有料，能够处理好家里各种事情的女性才能当家。女性当家的情况一般都是发生于这种情况，家里丈夫去世，儿女年龄还小，妻子有能力、会讲话，那么家里就是女

512

性当家,领着儿女一块生活;若是家中妻子无力担当当家人的角色,也会选择改嫁到别人家里;若是家中男性没有能力,或者身体残疾,迫于无奈,家中的妻子也会当家;若是家中是女性当家的话,那么村里人都会叫这个女性当家人为"带手巾出来的"或者"女光棍";若是家里父母去世,而且只有女儿,父母去世之前都是会给女儿招上门女婿,家里就是女婿当家了。周围的邻居自家都是知道一个家庭的当家人是谁,在日常生活中的行为就能看出来,也不用专门在家里的门牌上写上当家人的名字。

(二)家长的权利

1.祖先赋予家长权利,家人认可

家长是一家之主,把握着整个家庭的生产生活发展轨迹,尤其是在以农业为主的社会,家长的重要作用更是不言而喻。家长之所以能够当家,是因为其在家庭中的辈分较其他家庭成员高,由此而获得家庭成员对于其家长地位的承认与尊重。家长的权利就是祖先赋予的,因为家长之所以能够成为家长就是因为其在整个家庭中的辈分和地位,而这些都是祖先所传承下来的,而后整个家庭成员对于家长地位的认可与尊重便成就和稳固了家长的地位。在家里,家长要负责管理家中方方面面的事情,家庭成员的行为也都是要征得家长的同意才能够执行。家长能够管理的范围就只是同住一个屋檐下,同一个桌子吃饭的自家人,对于外人,家长是没有权利也是没有义务去管理的。张家是由张仲停当家,因此张仲停决定和管理着家中方方面面的事情,大到家中的土地租佃、房屋建设、儿女婚嫁,小到家庭成员的衣食住行。在土地租佃、房屋建设等大事情方面,张仲停也是会与家庭成员商量的,但是也只是听一听家人的意见,最终的决定权还是掌握在张仲停手中。

2.财产管理权

张家没有什么现金收入,主要收入都是自家地里的粮食收成。每年在交完规定的地租后,剩余的粮食便是全家人的生活来源。若是有一年粮食收成较好,那么多余的粮食就会卖到粮食行,也能换一些现金留着备用。平时家里也是没有什么需要花钱的地方,花销主要是在买盐、子女读书、嫁娶方面。张家的财产都是所有家庭成员共有的,当家人对于家里的财产有着管理权和支配权。

家庭成员的个人收入一般都是要上交当家人作为全家人共有收入。但是在张家,四弟张四先生从医的个人收入是不上交给当家人张仲停,一是因为张四先生的从医收入微乎其微,平日里给周围的街坊邻居看病,张四先生都是不收钱的,唯一的收入来源是给病人开药单而从街上药铺挣得的提成,但这也都是很少的。二是因为张四先生平时经常出门,自己的收入也都花在了自己的衣物鞋帽,以及与外界朋友往来方面,个人收入基本上都是自己挣自己花。有时候,家里没有现金买盐或者参加红白事随礼,张四先生也会从这些钱中拿出部分用于各方面的花销,因此张仲停不会干涉四弟个人收入不上交的情况。张民良在街上学校教书的收入也都是会上交给张仲停的,除了张四先生的个人收入不上交之外,家庭成员也都是很少会有私房钱。毕竟现金是很难见到的,家人更是不会有私房钱的。张家的贵重物品都是由当家人张仲停负责掌管,如地契和现金都由张仲停收着,每年到了交地租的时候,张仲停就会按照地契上的要求缴纳地租,这些事情张仲停也不会跟家庭成员说。若是家中不是特别贵重的物品,比如衣物等,都是由大张氏统一负责。

在零花钱方面,张家的孩子是没有零花钱的。自家的现金寥寥无几的,花钱的时候都是

要计算着来花费,更是没有闲钱给家里的孩子当作零花钱的。家里的聘礼、彩礼也都是由当家人掌管和决定。儿媳妇进门时带来的嫁妆由儿媳妇个人支配,嫁妆无非就是娘家陪嫁的几件衣服而已,这些都由儿媳妇自己支配。由于嫁妆归儿媳妇所有,在分家的时候,也是不用分嫁妆的。

在土地租佃方面,由于张家租种的是张柏西的土地,一直没有什么变化,也没有要与家里人商量的必要,在租佃土地的契约上签的也都是当家人的名字,但是若在这些事情上有变动,张仲停还是会首先与四弟张四先生共同商量的,最终由张仲停拿主意。家里的大事情一般不会与家里的女性商量,张家没有特定的家庭会议形式。有事情需要商量的时候,张仲停就会去找张四先生两个人坐在一起商量一下也就可以了。

在吃饭方面,家里收的粮食也都是供给整个家庭一起吃的,张仲停负责安排每天的食物分配。张家都是吃大锅饭,大家都是在一块吃饭,一到冬天了,家里干活的伙计就不在张家吃饭了,为了储存足够的粮食,张家吃饭就吃稀的,不吃干的,差不多能满足一家人的生活需要,这些也都是张仲停安排的,根据家里口粮的存量,张仲停会在不同的时间具体安排每一顿饭的主要内容。张家收的粮食放在自家房屋的走廊上,张仲停会安排家里的伙计将粮食分成两份,分别是用来交地租的粮食和自家口粮,交完地租以后,家里的粮食也就不是很多了,因此就会把家里的口粮放在厅屋里,也不用派专人看管的。若是年头好了,家里的口粮有结余,那么张仲停就会拿出一部分粮食卖到街上的粮坊换取现金,这都是张仲停自己去换,没有张仲停的同意,家里其他人是不能擅自拿家里的粮食去卖的。

3.制衣分配权

张家的衣物分配一般都是由大张氏具体安排。在冬天收完棉花以后,张家就开始分棉花,分棉花也都是按照家里人头数分配,分了棉花以后各家纺各家的线,然后拿着棉线去换布做衣裳。由于张家是按照人头数分配棉花,因此若是小家庭中人口较多,分得的棉花也就会越多,分的棉花一定会满足一家人制衣的需求。若是给小家庭分配的棉花有剩余,那么剩余的部分也是由小家庭独立支配,不用上交大家庭。张家做衣裳都是按照张仲停一家和张四先生一家进行划分的,大张氏负责自己小家庭的衣服制作,小张氏负责自己小家庭的衣服制作,两个家庭互不干涉。张仲停的衣服便是由自己妻子负责制作,小孩子的衣服一般都是由自己母亲负责制作。

张家的家庭成员在分得棉花以后,就会找周围的邻居或者亲戚来家里帮着弹棉花,弹完棉花之后就开始纺线,做衣服所用的布料便是用纺得的棉线交换而来的。大张氏只是拥有对于棉花的分配权,而不拥有对于整个家庭的制衣权。由于大张氏会纺线,因此自己小家庭的家庭成员的衣服都是用纺线换来的布制作的。小张氏不会纺线,因此她一般都会把棉花卖了换钱,然后再去买布,这都是由两个小家庭的制衣负责人独立进行分配,并且两家互不干涉。由于张四先生经常与外界产生交往,因此他是不穿自己妻子做的衣服,张四先生的衣服都是用自己从医的收入在外面购买的。若是家中有孩子上学,家里就会专门给上学的孩子准备一套新衣服。张雨林上学的时候,张仲停就让张民良去街上给张雨林做了一条蓝丝布裤子,一件雪青洋布褂子,作为上学的奖励。

4.劳动分配权

张家的小辈们都是很少下地干活的。在张家,主要参加劳动生产的就是当家人张仲停与张家雇用的伙计。张家的男性小辈们由于在上学,因此也就只是待在家里的时候会帮着干一点比较轻的农活。张仲停会负责具体的劳动分工与农活安排,干活的时候就只是说哪一块地要锄,张仲停就会让伙计们去锄地。由于张仲停年纪大了,在家里就只是干轻活,伙计们做主要的农活。有时候,家里的男性小辈在家里,张仲停就会让男孩子去干一点像扫地、推磨、挑粪这样比较轻松的活,只要张仲停安排,家庭成员就会听从家长的安排。在家里,男性主要是负责田地里的农活,比如犁田、耙田、车水、锄地等。家里的女性由于体力没有男性强,再加上张家比较年长的两位女性大张氏和小张氏个头矮,并且还是小脚,也没法下田地干活,家中的两个儿媳妇也不随便出去干活,在家里就是帮着家里人烧锅、捡棉花、收拾菜园等。到了丰收的时候,张家的女性也会帮着收粮食。农闲的时候,家里的女性还是在家里烧饭、打扫屋子,有时候也会纺线换布,或者起染缸染布做衣裳。

在过去,老人的身体都是比较壮实的,张仲停也是如此,身体很好,因此张仲停在家里也会下田跟着伙计们一块干活。张家比较年长的女性本来就是在家里做家务活,家务活也不是很重的活,基本上都是可以做得来。张仲停年纪大了以后,就不再干重活,而是指挥伙计们干活,有时候张仲停也是会干一些力所能及的轻松农活。小孩子在家里一般也不干活。若是家里孩子到了10岁左右,就可以放牛了。小男孩一般都是放牛,小女孩一般都会在家里帮着家里母亲做家务活,或者推磨拉碾子等。

5.婚丧嫁娶管理权

分家之前,张家在娶媳妇、嫁女儿方面,遵循"父母之命,媒妁之言",孩子们都是要听从当家人张仲停的安排。家里孩子的嫁娶都是要听从当家人的安排,就算是自己的父亲也是不能干涉的。在张家,也是如此。分家之前,张四先生的两个儿子张志先与张明星娶媳妇都是张仲停做主的,而他们的亲生父亲张四先生是没有权利干涉,只是能够提建议,而不具有决定的权利。若是家中出现丈夫把自己的妻子休了的情况,自然也是要听从家里当家人的安排,不能擅自行动,当家人同意了,那么男方就可以把女方休了。由于女方嫁到男方家里以后,便是婆家的一个家庭成员,因此婆家的当家人便可以决定女方的去留,因此若是男方休了女方,这都是不用征求女方娘家同意的。若是家长对家里的儿媳妇不满意,也是可以让儿子把儿媳妇休了,但是一般都是不会有这种情况发生,一来家里娶的儿媳妇都是家中父母决定的,自然都会选择心仪的女性当自家的儿媳妇;二来家家户户都是希望自己家里能够和谐、团圆和幸福的。"宁拆十座庙,不毁一桩婚",一般情况下,也不会有家长去主动拆散家中的夫妻。

家中的祭祀活动也都是由家里的当家人组织和主持的,家中的其他男性家庭成员只要配合当家人的安排即可。在张家,每年的阴历十月十五,张仲停就会带着张家的家庭成员去祭拜祖坟,这些事情都是由张仲停具体组织和安排的,其他家庭成员不能单独行动,都是要跟随张仲停的安排进行祭拜。若是家里的当家人立了遗嘱,并且嘱托了自己想要达成的愿望,那么下一任当家人就会遵照老人的遗嘱办事,不会违抗老人遗嘱的安排,若是不做的话,就会被认为是一种不孝的行为。

6.对外交往权

在对外交往中,家长是可以代表整个家庭的,当家人就是整个家庭的对外形象代表,因此一个家庭的当家人是可以以家庭的名义向外借债的。家庭向外借用的债款是用于整个家庭的生活发展,只有当家人作为家庭的代表去向外借债。张家很少有向外借钱的情况,借了钱以后也都是快借快还的。张家去借钱的时候都是由张仲停负责出面借债,若是家中的其他成员向外借债,外人是不会借给的。因为只有当家人能够代表整个家庭,若是家中其他成员向外借债,外人都是认为没有保障的。

在村庄事务方面,由于村里很少有开会和投票这些事情,因此也就不存在当家人作为家户代表参与的。村里纳税的时候,一般都是村里的保、甲长挨家挨户亲自到家里收取税款。这时候,若是张仲停在家,那么就是张仲停负责把粮食交给保、甲长;若是张仲停不在家,那么就是大张氏缴纳税款。若是家中有人外出工作,这也都是要征得当家人张仲停的同意的。张志先考上了开封的单位,便要出去工作。在出去之前,张志先就专门回了一趟家告诉张仲停和张四先生,张仲停同意了以后,张志先才出去工作的。

7.家长权力的约束

家长的权力一经确定,就无法再次更改,因为家长的权力是按照辈分和年龄进行确定的,而不是靠能力确定的,因此若是家中家长的能力不强,家长的地位还是无法撼动的。张家作为一个人口大户,家里有二十多口人需要养活,张仲停一直都是严于律己,对家庭成员也都是公平公正,心里首要惦记的事情就是如何把庄稼种好,如何能够让家庭成员过上好日子,他从来没有做过违背情理的事情。在过去,以农为生的家庭都是非常纯粹朴素的,家长在地里干活,就是盼着来年能够丰收,维持一家人的生活。家庭成员最迫切的愿望便是能够生存下去,所有家庭成员都是为了家庭发展得更好而共同努力。一旦放松下来,整个家庭就会土崩瓦解。当然也是存在着一些有钱的大地主家里的家长沉迷赌博或者是吸食鸦片成瘾,从而导致家庭衰败的情况,但是在传统思想的禁锢下,家庭成员对于家长的行为是起不到有效的约束作用的,妻子不能违背丈夫的意愿,子女不能违背父母的意愿。在这种情况下,家长的恶劣行为并不能得到有效遏制,反而是加重了整个家庭的负担,最后导致整个家族的衰败。

8.家长权力的代理

若是一个家庭的家长过世,一般都会由自家的儿子继承担任当家人的角色。若是家中的后辈都是女儿,那么家长在去世之前就会招上门女婿,如此一来,家中多了男性,便可以担任家中当家人的责任。一般情况下,是没有家庭会邀请来自本家庭之外的人作为家中的代理家长,就算是本家的亲戚,这种情况也都是很少见的。一是因为虽说是具有血缘关系的本家亲戚,但是由于这个亲戚并没有实际参加家庭的生产生活,对于家庭的实际情况并不了解,在这种情形之下,是不利于整个家庭管理的。二是因为从家庭成员的角度来说,家庭成员也是很难接受一个家庭之外的亲戚作为自家的当家人,对于当家人的角色是不会予以认可的。

家里若是存在家长年迈或者身体残疾,但是在辈分和年龄上仍是属于家长范畴,但却没有管理家庭的能力。在这种情况下,这种家长就属于名义上的家长,实际家长则是另有其人。张家也存在名义家长的情况。分家之后,张仲停年龄大了,很多事情都已经没有办法干了,家里就由张民良主要负责领工干活,张仲停虽然已经无力管理家里的事务,但是他依旧是张家的家长,只不过在他的安排下,张民良去管理家庭具体事情。在张家所在的村里也是存在名义上的家长这种情况的。在村里,有一户万家,家里很有钱,是一户有名的大地主家庭,万家的家庭情况就是家中有弟兄四个,一直没有分家。但是家中老大去世了;老二身体残疾,眼瞎了;老三没有能力担当当家人的责任;在万家,就由家里最小的老四当家。在年龄辈分上,家里在世的两个兄弟都比老四要高,但是家里却是老四实际当家,因此在万家兄长就是名义上的家长,但实际上是由弟弟当家的。

(三)家长的责任

1.家长必须要做的事情

作为一家之长,家长要管理一个大家庭方方面面的事情,包括整个家庭成员的吃穿住等,同时在确保所有家庭成员的正常生活外,还要考虑家庭的收支平衡,量入为出,适度消费,保证整个家庭的正常生活的有效运转。同时家长还要协调一个家庭的家庭成员各种需求,从而保证家庭内部的和谐,具体来说主要分为以下几个方面:

在吃饭方面,当家人要负责满足一个家庭所有成员的温饱需求。在张家,这些都是张仲停来统一安排这些事情。张家家里收的粮食都是先交地租,然后再考虑满足自家生活需要,家里就算不吃饭也要把粮食交给地主,因此张仲停就要负责在交完地租所需的粮食之外,如何分配家中剩余粮食才能够满足一家人温饱的问题。庄稼人都是夏天吃麦,冬天吃稻,一年的粮食收成都会储存起来用以度过没有粮食收成的冬天,若是当家人在粮食分配方面没有规划,那么粮食就会坐吃山空,一家人的生存就得不到应有的保障。冬天下雪的时候,张家为了能够维持一家人平稳地度过整个冬天,张仲停就让妻子具体安排一日三餐,具体来说就少干多稀,少肉多素。不仅是在冬天,只要是家中粮食比较紧迫的时候,张家就遵循这种原则安排张家一家人的粮食供给,对于粮食的消费就是量入为出,要有计划地用,慢慢扣着用。这样才能维持一家的基本粮食需求。

在穿衣方面,张家一般都是会按照家中人头数进行棉花划分,只会多不会少,家中很少有人会穿不上衣服。若是穿不上衣服,那就只能是由于这一年的棉花收成不好。每个人分的棉花不够才会导致穿不上衣服的情况。一般情况下,家中的孩子都是有衣服穿的。在过去,衣服都只是用来遮体避寒的,很少有人会注重质量和款式。张家的家庭成员都是能够穿得上衣裳,只不过是新旧的问题了。

在住房方面,家长也是要管理家中的住房问题的。分家之前,家中的房屋安排就是由张仲停具体安排每个家庭成员住室。分家之后,张仲停带着自家的小家庭搬出来住。张仲停也是主要负责新房屋的建造与修缮,当家人是要担负起为一家人提供遮风避雨的港湾,而这个港湾的具体表现就是家中的房屋。若是家中的房屋墙壁有了裂缝,张仲停就会自己找来泥土,自己用模子做泥巴砖修缮房屋。

在借用钱粮方面,一般也都是当家人作为家庭的代表向外界借用钱粮,在张家也是如此。分家之后,张仲停去世,张民良成为家庭的当家人,由于当时家中有土地,但是却没有耕地的牛,再加上自家劳动力严重缺乏,因此张民良就向外面借钱买了一头牛,以保证自家农业生产的顺利进行。

2.好家长的标准

好家长的标准就是家庭成员支持家长的决定,对家长的安排没有意见,并且能够获得家庭成员的尊重与认可。若是家长当得不好,家庭成员之间就容易出现矛盾,家里人就会容易发生冲突,同时好的家长也是要能够以身作则,作为家庭成员的榜样,在处理好整个家庭的事情的同时,也能够为家庭成员的行为作出一个好的引导。在张家,张仲停就是一个好家长。分家之前,张家是由张仲停与张四先生两兄弟共同组成的一个大家庭,张仲停从来没有与张四先生产生过冲突,一直都是和和气气地在一起生活,直到后来家中房屋不够家庭成员居住才被迫分家,这就给孩子们提供了兄弟之间要和睦相处的榜样。因此在张家,家里的后辈们也都是十分和睦的。张仲停也能够把家中的事情安排得井井有条,虽然张家的劳动力十分缺乏,但是张仲停从来没有要求家中孩子们放弃自己的学业回家种地,而是自己领工干活,维持整个家庭的正常运转。家长的地位是不可撼动的,家长就是家长,是没有人能够取代的,只是有名义上的家长和实际的家长之分而已。

3.内外无异,各司其职

一个家庭是可以有多个家长的,家中的当家人是可以存在内外之分的,但是在本质上,内当家也是在执行外当家的安排,由于当家人没有办法对家中事情事无巨细地管理,因此便会要求家中的一个家庭成员负责家中的家庭琐事, 自己则是投身于关乎家庭生存的相关事情。因此,虽然在家里有内当家和外当家之分,但是究其根本,内当家也还是要听从外当家的安排与命令。在张家不存在内、外当家之分的情况,张家的当家人就是张仲停,主要负责家里的农业生产、日常生活开销等。大张氏配合当家人张仲停的安排,主要负责家务整理,棉花分配等。在张家,妻子还是要听从丈夫的安排的,一般情况下各司其职、各管其域,也是不会发生冲突矛盾的。

(四)家长的更替

1.更替的情况及人员

若是一个家庭的当家人出远门或者长期不在家, 那么家中的妻子或者儿子就会在家中承担起当家人的责任。若是家中妻子没有能力,那么家中的长子便是家中的实际当家人。在张家,张仲停如果出门干活不在家里,周围的邻居来家中借用农具或者牲口,一般都是大张氏代替张仲停当家做主。但是一般情况下,张仲停也不会走得太远,都是在田里干活,或者是在田埂上转悠,或者是去安徽察安买盐,最长一天也就回来了,家中不会有什么特别着急的事情需要张仲停做定夺的,因此若是张仲停不在家,那么其妻子便会暂时代替行使当家人的权利。

若是家中的当家人生病或者年老体迈无法照顾家中的事情, 那么家中的儿子就会代替当家人行使管理家庭事务的权利。分家以后,张仲停夫妻二人都已经年迈,身体也大不如前,对于家中的很多事情都是心有余而力不足,因此张民良便代替张仲停在家中领工干活。在家庭内部,张刘氏带领着家中的女儿负责主要家务,在家务活方面,大张氏有时候也会干一些,只不过不能干重活。

若是当家人过世了,有的家中儿子较多,就会分散成为许多小家庭分开生活;若是家中兄弟不多,那么也还是会一直生活在一起;或者由家中妻子当家,或者由长子当家。张仲停与张四先生是亲兄弟,在祖辈们去世以后,两兄弟仍旧生活在一起,由大哥张仲停承担当家人的责任,张仲停夫妻去世以后,家中便是儿子张民良当家了。

2.更替的顺序

一般情况下,如果家庭里当家人去世了,并且家中还有兄弟在一起共同生活,那么还是会首先选择同辈人当家,而不是自己的儿子当家,因为儿子属于后辈人,而同辈的兄弟在辈分和年龄上都是符合当家人要求的。同一辈哥哥不在了，那么就是家中的弟弟当家。如果当家人有妻子又有小妾，并且妻妾都有儿子，那么一般情况下，都是由正房的儿子接替当家人，就算是妾的儿子比妻子的儿子有能力，那么当家也一定是妻子的儿子。一是因为妻子是明媒正娶娶到家里来的，在地位上，妻子的地位就比小妾的地位高，因此妻子所生的儿子自然也就比妾生的儿子更有资格接替当家人。二是因为在外界认可方面，对于正房的认可度是要高于小妾的认可度，在当家人的确定上，只会考虑辈分，对于能力的思量是次要的。新的当家人很多情况下都会是男性，而很少会是女性，因为在体力方面，男性是要远强于女性的，当家人要负责处理家庭方方面面的事情，这对体力也是有一定的要求的。在传统观念里，女性是不能抛头露面的，更不要说要以当家人的身份代表一个家庭与外界打交道，这都是很少有的情况。在村里也有女性当家的，只不过这种情况很少存在，有的家里老爷子去世了，就是家里老奶奶当家，女性出来干活处理事情，人家就会说"带手巾的"，那就是指家里当家的女性。如果当家人去世，家里只有女儿，一般都是会招上门女婿，长女的丈夫当家，家里的当家人更替是不用告诉四邻和保、甲长的，这些都是家庭内部的事情，别人也不会干涉。

二、家长不当家：长子当家

张家分家以后，张仲停就带着一家人搬出来生活，后来由于张仲停年龄大了，已经无力操持家中农业生产的事情，因此家中唯一的儿子张民良就代替张仲停行使当家人的权利。这时候，张仲停还是仍然在世的，但是家中实际的当家人已经更替。一方面，分家之后，虽然家中的男性劳动力仍旧不足，但是张仲停家里仍旧是存在雇工的情况，张民良虽然手指残疾，不能干重活，但是张民良可以领工干活，维持一家人生活的正常运转，同时张仲停还没有去世，有时候也是可以在旁边进行指点；另一方面，张民良是张仲停唯一的儿子，家中能够继承当家人的就只有张民良，没有其他选择。

虽说张民良在实际上已经代替张仲停成为家中的当家人，但是在处理一些事情的时候，张民良也还是要跟张仲停商量的。比如，家中买牛的时候，张民良手里的钱不够，这时候张民良就会跟张仲停商量，向谁借钱比较合适。张民良管理家庭的时候，只有涉及借钱借粮、租佃土地等这些比较大的事情才需要与张仲停商量，其他事情张民良是可以独立做主的。

张民良作为张家的当家人，对于整个家庭必然享有一个当家人所应当具备的权利，如财产管理权、劳动分配权等，只是说张民良在处理事情拿不定主意的时候，需要与家长张仲停商量，毕竟张仲停是一个过来人，同时又是家中的家长，于情于理，张民良都会与张仲停商量的。

三、家户决策

（一）决策的主体

家内外的事情都是由一个家庭的当家人说了算，当家人负责家庭对外事务的处理，而对于家庭内部的事情，则是由家庭的内当家说了算，基本上家中的内当家也都是家中当家人的妻子，因此家中的婆婆对于家庭的内部事情是具有发言权的，在家里只能是具有提建议的权利，但是最终决定者还是家中的当家人。若是家中当家人不在，那么家里的事情就是家中的内当家说了算。在张家，若是张仲停出门办事情，那么家里的事情就是大张氏决定，若是妻子无法拿主意的,就会等到张仲停回家以后再做定夺。一般情况下,家长做的决定都是综合考虑家庭的整体情况,不会有失偏颇,因此家庭成员对于家中家长做的决定都是会持服从的态度。张家是没有出现过家庭成员不服从张仲停的安排的情况,张家的小事情都是由张仲停说了算,大事情也是需要家庭成员在一起共同商量,最后做决定的还是当家人张仲停,但是张仲停会在综合考虑家庭成员的意见的基础上做决策。张家的女性一般不参与讨论,家里若是由男性当家,女性一般不会参与决策,家里的女性不出三门四户,什么都不懂,因此家中女性参与家庭决策的是很少的。

（二）决策的事务

家中的大事情是必须由家长做主的,比如种庄稼、修建房屋、儿女婚嫁等涉及一个家庭的生存,以及家庭成员未来的事情上,是必须由家中的家长掌握主要决策权的。家中小事情比如做家务、种菜园、借给他人农具这种事情上,家里的妻子就可以做主,是不用再特地请示当家人的。在张家,在种庄稼方面还都是依着当家人的,张仲停说这田种什么那就种什么品种的粮食。在种庄稼的时候张仲停都会具体安排每一块田地具体种的粮食类型。比如这田种花生,那田种芝麻,那田种豆子,那么家中的伙计就会按照张仲停的安排干活,家中的其他家庭成员是不会干涉的。在房屋修建方面,也都是听从张仲停的安排的,若是家中房屋需要修缮,张仲停就会让家中的小辈们比如张民良或者张志先去帮忙运送泥土来家里,然后按照张仲停说的步骤进行修缮。

在家中小辈们的嫁娶方面,张仲停拥有绝对的决策权,无论是自己的亲生儿女,还是自己的侄子姪女,张仲停都是要决定他们的嫁娶的对象及婚礼准备过程等。至于家中做家务活这些琐碎的事情,就是由大张氏具体决策,家中烧饭、做衣裳、洗衣裳等一般都是大张氏说了算,大张氏也会具体安排家中女性的劳动分工。

四、家户保护

（一）社会庇佑

如果家里人与外人发生了矛盾,一般情况下都是一个家庭的当家人出面进行解决,不过一般情况下,张家是很少会发生这些事情的。家中的小孩子也都是待在家里,很少会出去招惹是非。若是小孩在外面与别人家发生矛盾,那么张仲停就会带着家里的孩子去跟别人赔不是。一般情况下,跟别人说两句道歉的话,矛盾也就自然而然地解决了,很少有人会抓着矛盾不放手的。在张家,由于家里的孩子们年龄都比较小,未经世事,在家里一般都是家中的父母保护孩子的情况要多一些。若是家里的小孩子在外面闯祸了,那么张仲停或者张民良就会带着孩子去跟别人家说:"俺家孩子小,不懂事,您别放在心上。"由于张家在村里的口碑也一直不错,因此张家与外界没有什么特别大的矛盾。但是村里的街坊邻居,低头不见抬头见,家庭之间难免会存在摩擦,无非都是因为种庄稼的事情,有时候对方家里的牲口会跑到自家田里糟蹋粮食,张仲停都会忍让,很少会与别人发生冲突。若是自己家里的家庭成员与外人之间发生矛盾,为了避免矛盾的激化,张仲停都会先批评自家的家庭成员,而后再向别人道歉。张仲停常说:"大家住得近,你包容我一点,我包容你一点,也就不会吵架了,何必啥事情都闹起来呢!"

若是家庭成员在外面受了欺负,那么这就相当于是欺负了张家的全部家庭成员,这就是外人对自家的蔑视。如果发生了这种情况，张仲停也会充分发挥一个家长对于家人的保护作用，一定是不能让家庭成员在外受欺负的，一般都是由当家人带着自己的儿子一起去找别人讨公道，让别人道歉。若是家里人犯错了，家长是不会帮助其隐瞒的，但是在过去，家里孩子也是不会有什么大的过错的，无非就是在外面和别人打架闹矛盾，家长就会先批评惩罚自家的孩子，而后再向别人赔不是，很少会存在需要村庄管理者介入的事情。张家一般是没有这些事情的，当家人有时候不干活，就会去转田埂，密切关注各片田地上的粮食生长情况，别人家的牲口有没有来自家田里糟蹋庄稼。若是发生了自家田被糟蹋的情况，张仲停一般不会跟人家吵，都是跟人家讲以后别让牲口再乱跑了，种庄稼都不容易。

（二）情感支持

家就是所有家庭成员的避风港，家人若是在外受了委屈，那么首先想到的便是自己的父母与家人。张雨林十八九岁就出去上学了，那时候也都是很想家，虽然回家没有吃的、没有住的，家里少油断盐的，但是还是想念家中的母亲与兄弟姐妹，由于张雨林与张明义都是在一起上学，因此姑姑的陪伴让张雨林对于母亲的思念能够有所缓解。分家之后，大家庭被分成了两个小家庭，家中的经济条件，也大不如从前，但是张雨林仍旧在外面上学，经常都是吃不饱穿不暖的，在学校的生活基本上都是靠着学校发放的粮食得以度日。每次回家的时候，张刘氏都会对张雨林问长问短，虽然张雨林从来都是说自己在学校过得很好，但是张刘氏心里明白自家的孩子过的什么样的生活，因此每次张雨林从家回学校的时候，张刘氏都会偷偷地放几个鸡蛋在张雨林的包里。后来张雨林在外参加工作，张树惠嫁人，两个人基本上只能维持自己生活。张雨林在外面工作，也只能顾着自己了，每个月的收入也没有多余的，能够给母亲做的事情就是每年做几件衣裳给母亲穿，最多只能做件褂子、做条裤子。那时候参加工作一个月的工资才十几块钱，为了自己的生活都要省着钱花。张雨林一般一天就只吃两顿饭，就是为了能够节省两块钱给母亲，钱一般都是让熟悉的人帮忙带回去给母亲。

（三）防备天灾

庄稼人都是盼望着一年到头能够风调雨顺，粮食丰收，但是总有不遂人意的时候，在当地经常遇到的灾害就是旱灾和涝灾。由于张家既有水田又有旱地，同时以水田为主，因此不管是旱涝灾害对于张家的影响都是很大的。家里的粮食减产极有可能危及一家人的生存问题。在张家，若是遇到了灾害年头，一家人就会节衣缩食，同舟共济，大家只有团结起来才能够渡过难关。由于张家都会留备口粮以应对自然灾害，但是留存的数量都是很有限的，家里的粮食一般都是先让家里的老人和孩子吃。在张家，一般都是先让孩子吃，张仲停这一辈都是在孩子吃饱以后再简单填饱肚子。就算是自己不吃，也都是先让家里的小孩子们吃饭的，这些也都是张仲停决定的，他认为孩子是家庭得以延续下去的根本，所以孩子的需求是放在第一位的。

发生灾害的时候，人们面对无尽的未知，也都是会将自己的愿望寄托于神明身上。很多农户都是会对着天磕头或者去庙里烧香拜佛，希望老天爷能够睁开眼，赶快让灾害消失。张家也是如此，连续的自然灾害只能让人把希望都寄托在神明的身上，因此张仲停也会跟着村里人一起去庙里求神拜佛，求灾害赶快过去，人们的生活能够回归正常。

由于自然灾害并不是只在一个村子发生，而经常都是整片区域一起受灾，因此灾害临头，家家户户都是面临着粮食缺乏的窘境。若是家中没有存粮的，一般都会去投靠家中的亲戚,若是连亲戚都依靠不了,那就只能逃荒或者活活饿死。村庄一般都是不作为的,村庄管理者一般都是在征粮纳税的时候才会发挥自己的作用。村里发生灾害的时候,村庄管理员自己都是十分艰难的,更不会去救济村民了。若是家中发生灾害了,一家人都会听从当家人的安排度过灾害时期。张家所在的村里经常会发生旱灾,并且一般都是发生在每年的春天,因此村里人一般都会在旱灾发生之前就在自家水沟里储存足够的生产生活用水,用以度过灾害。除了家庭成员互相帮助以外,村里的家家户户也都是相互协作,共同渡过难关。由于河水来得又急又猛,因此家家户户都是在很短的时间内尽自己最大的能力去抢河水。一个家庭的劳动力往往是不够的,这时候村里的家家户户之间就会联合起来成天成夜地打河水,以保证稻田能够有足够的水分得以生长。

(四)防备盗匪

张家所在的村子里也曾盗匪猖獗。在过去不是只有三官村是如此,那时候整个社会上都是如此。1949年以前,三官村有很多土匪,村里的人们都是比较害怕土匪的。土匪一般是三个五个成群结队地来农户家里,白天晚上都会来。土匪分为抢匪和绑匪,抢匪来到家里以后,就会拿个大锹或者刨锄来家里抢东西。绑匪为了要钱就会用火燎家里人,手里还会拿着大木棍作为武器。抢匪和绑匪针对的主要就是种庄稼的大户人家,并且还没有特别大势力的人家,若是家中特别有势力的,抢匪也都不敢去,一般小家小户的家里没有钱没有粮食,土匪也是不会选择这样的家庭作为对象。

抢匪有时候会抢村里种庄稼的大户,一去就是十来个人,去到别人家里以后就把家里人的各种好衣裳、好物件都抢走。若是家里人不把值钱的东西交出来,抢匪就会使用更残忍的手段,抢匪虽然手里没有枪,但是他会用火燎人。若是有的家里人不从,抢匪就会弄点柴火,把火点着,把家里的当家人用绳子绑绑吊起来,用火燎身体,张刘氏的父亲就是土匪用火燎死的。张刘氏的娘家经济条件一般,但都是比上不足比下有余,因此张刘氏的娘家就被土匪瞄上了,这种情况在当时都是常见的。

绑匪在当地又叫作"捞票的"。捞票的一般既绑男孩也绑女孩,若是家里有姑娘的,一般都会赶快把姑娘嫁出去以防止绑匪来家里抢姑娘。若是家里的闺女被土匪捞走的话,那么这以后就成了土匪的人,还有捞票的专门捞家里的男孩,比如家里几辈没有儿子,好不容易有个儿子了,土匪就专门去人家家里把男孩抢走,然后就跟男孩的家里人要民洋[①]、布匹、纸烟和鞋,有钱人家一般都是能赎得起。有时候,学生在学校里正上课,就有老师进来说土匪来了,孩子们就一窝蜂地全都跑走了,学校是经常会发生这种情况。

时局动荡,村里经常进土匪,由于三官村的房屋都是由水沟在房屋外延围着,通往外界的只有家里的塘坝,因此村里的家家户户都不敢住在后面的屋里,一是因为房屋后面距离大门口太远了,若是土匪前门进来了,后面屋子里的人都会听不到;二是因为房屋后面都是水,若想要逃跑都很难,因此家家户户后面的房屋都是不住人的。为了防卫土匪,张家特别准备了锥子、大刀之类的武器,张仲停没事的时候就在院子里用磨刀石磨大刀,以备不时之需,家里的红锥还带着红缨,还有两个叉,这些武器都在门后放着。要是土匪来了,张家的家庭成员就会齐上阵,小孩子都拿洋叉、大扫帚、木掀、大锹等,大人拿着刀,有些富裕人家还会准备盒

---

① 民洋:指民国大洋。

子枪来应对土匪。

(五)防备战乱

在张家的记忆中,村里一共经历了两次战乱,主要就是国民党与共产党的对峙。国民党来的时候一般都是大部队浩浩荡荡的,村里家家户户看到这种阵仗就都躲起来了。1946年以后仗打得多一些,一直持续到1949年春天,这几年村子里都是不安生的。家家户户也都是随时准备逃跑的状态,因为不知道什么时候军队就进村了。那时候都是害怕国民党军队来家里,他们都比较残忍,要么抢东西,要么就是抢人。张家邻居丁家的几个媳妇都没有跑掉,家里儿媳妇长得比较漂亮,娘家条件不错,结婚的时候陪嫁了不少好衣裳,大兵来了以后把家里媳妇抢走了,陪嫁的好衣裳也都抢走了。

第一次战乱就是在1948年,有一支军队从安徽过来,这是两广队伍,但是村里人那时候也不知道解放军是好是坏,只知道看到有大兵来了就赶快跑。张家的张四先生就是在这一次战乱中摔坏了身体,再加上受到惊吓,不久就去世了。那时候张家住在马路边上,张家的庄子又大,第一次解放军来村里,看张家屋大就来了。张四先生也不知道是好人还是坏人,由于心里害怕,就想着从老驴棚翻到外面去,结果一个不小心胯骨摔坏了,再加上受到惊吓,天天就躺在床上。那时候也没有什么吃的,张四先生不久就去世了,军队进村的时候大家也都是吓得不轻。由于乡里的路都是四通八达的,张仲停就带着一家人往正北方向跑到他的大侄女家里。张仲停的大侄女嫁到臧集乡,距离泉河乡十二三里路。国民党的军队是从两广过来,解放军是从信阳过来的,由于打仗,村里有很多老人受到惊吓都去世了。两方军队就在村里开战,张仲停带着一家人躲在臧集都能听到枪打得咚咚作响。为了挖战壕,张家门口栽的几棵梨树也都被砍掉了,塘坝外面有战壕,塘坝里面也有战壕,这些都是国民党挖的。泉河乡街上有些人家舍不得家产不逃跑也都成了战争的牺牲品。第一次战乱以后,村里的人们都害怕了,每天睡觉都是惊着心,因此家家户户都联合起来应对战乱。由于小户家里房屋比较少,因此都会去人多的大庄子里睡觉。张家庄子比较大,周围的小户们都会来张家睡觉,张家也都把屋腾出来给他们睡。那时候都是晚上来睡个觉,早上起来就走了。

第二次打仗的时候,解放军也是从东边过来了,1947年到1949年这两年天天都在躲避战乱。有一次,张民良在街上挑粪水浇菜园,回来的路上就碰到了穿着灰色衣服的解放军从上面跑来了。解放军碰到了张民良就说:"你这老先生在这弄啥,不要怕,俺们不是国民党军队,俺们是解放军。"张民良说:"我是老农民,我来挑粪水回家浇菜园的。"解放军还帮着张民良挑粪水挑了一段路,把张民良送到家门口就走了。那一次以后,张民良就说解放军真好。张家为了躲避战乱一般都是带着家人跑到外村的亲戚家里,一般都是跑到张刘氏的娘家或者张仲停的大哥家里。为了应对战乱,乡里的男孩子晚上都练武,天天都在大道场上打拳练武一两个小时。在战乱时期,人多力量大,因此家家户户能住在一起的就住在一起,然后每天晚上轮流睡觉,为了及时发现军队及时逃跑。

五、家规、家法

(一)无成文家规

张家是没有成文的家规家训的,只是在口头上经常教育子女一些必须遵守的规矩,大多数家庭也都是像张家这样没有成文家规的。只有一些比较讲究的有钱人家,家里会制定成文的家规家法来约束家庭成员的行为。社会上也有约定俗成的规矩，比如子女要孝敬父母，不能顶撞父母，女孩子不能在外面到处乱逛，做事情要诚实守信等，有一些规矩即使没有体现在白纸黑字上，但是家庭成员也都是清楚的，家长也会以身作则，给家庭成员一个良好的示范。

(二)默认家规

1.家规的形成

虽说张家没有成文的家规，但是也有默认的家规家训，这些规矩都是在家长的教育下，对家庭成员进行引导，从而让家中的孩子们懂得家中的家规，若是不遵守家规，那么家长就会对孩子进行惩罚。借由惩罚和奖励的形式，从而让家庭成员记住默认的家规，恪守家规，从而一辈一辈地传承下去。家里默认的家规，家庭成员都是要无条件地遵守。一般情况下，家长会让家庭成员必须遵守，比如家里的女孩子不能外出乱跑。在张家，如果家里的女孩子没有经过家长的同意就擅自出门，那都是会受到惩罚的，要么是受到家长的责骂，要么就是挨打。在惩罚之后，家里的孩子自然也就懂得家规的存在，以后就会自觉遵守了。

2.做饭及吃饭的规矩

(1)日常做饭及吃饭的规矩

在张家，主要是张家的女性负责做饭，大张氏、小张氏、张刘氏及李文英负责烧锅做饭。家中未出嫁的女儿年龄尚小，有时候也就是帮着大人传火，其他事情也都是干不了的。张家家里做饭也不是说有一个固定的顺序，大家都是谁有空谁就烧饭。若是要具体安排做饭的人选，一般情况下都是由大张氏决定，但是在吃饭选择方面就是由当家人张仲停决定，因为张仲停需要针对家中的口粮存量来合理安排一家人的一日三餐，是不能想吃什么就吃什么的。张家做饭的时候是不用买菜的，家里吃的菜都是自家菜园种植的，有韭菜、苋菜、葱、蒜、萝卜等。一般情况下，去街上买的只有肉食，有时候伙计邻家干完活以后在张家家里吃饭，张仲停就会去街上买一些猪肉回来招待伙计们，逢年过节的时候，家里杀一只鸡或鸭款待伙计们。家中采购都是由当家人张仲停出去采买，家里钱也都是由张仲停掌管，对家里的生活进行统一支配。平时家里吃饭都是家里的男性能够在桌子上吃饭，家里的女性都很少在桌子上吃饭的，一般都是在厨房或者院子里吃饭。张家是不准浪费粮食的，所有的家庭成员都是不能剩下饭食，不过家庭成员一般都是懂得粮食的来之不易，很少有剩饭的。家中所有人吃的饭都是一样的，不会差别对待。若是家中有孕妇了，就会多给孕妇准备一碗加有鸡蛋的红糖水，平时吃的饭大家都是一样的。吃饭的时候，一般都是妻子给丈夫盛饭，晚辈给长辈盛饭。动筷子也是如此，若是家中的长辈没有动筷子，晚辈是不能先动筷子的。

(2)请客吃饭的规矩

家里若是来客人，家中的女性是不能上桌子吃饭的，小孩子也不准上桌子，因为小孩子在桌子上不懂事。女性之所以不能上桌子吃饭，一是因为家里的女性要负责家中做饭的事情，一般也是不会上桌子吃饭；二是因为在过去，家里是没有女人伸头露颈的，都是很封建的。家里要是来客人了，家中未出嫁的女儿就不出来。若是自己一家人去别人家吃饭，家里请的客人都是女性，那么家中的妻子就会去吃饭。一般情况下别人请客吃饭，家里女性都不去，那都是请家里的男性吃饭。如果别人请父亲吃饭，可是父亲不在，母亲不能代表父亲去，因为在过去，请女客都是单独请女客，请男客的都是男客，很少会有男女混搭吃饭的，比如请父亲吃饭,父亲不在家,家中儿子若是已经长大成人,可以代替父亲去吃饭。

(3)农业生产中吃饭的规矩

张家雇的长工、短工都是与张家的男性家庭成员在一块吃饭的,若是有伙计们在张家吃饭,张家一定会做好的饭菜来招待干活的伙计们,一般都比张家人平时吃得还好。张家伙计们在家里吃饭的时候,张家的女性都不会上桌吃饭,一般都是等到他们吃完之后才会吃饭。张家做饭都是自家女性亲自做饭,很少会请厨师来家里做饭的。

3.座位规矩

日常生活中,张家不会有复杂的座位制度。家里没有八仙桌,也没有太师椅,家中的家具就只是一个桌子、几个板凳,平时都是谁想坐就坐,在座位上,没有长幼尊卑之分。若是家中来客人了,那么家中的板凳都是优先给客人和当家人坐,一般家中的女性和小孩子是不会去坐的。

若是家中请客吃饭,来家中吃饭的一般都是男性,因此张家的女性不上桌吃饭,就连家中最年长的女性大张氏也不会上桌吃饭。家里的小男孩也不上桌吃饭,因为孩子太小,上桌吃饭容易捣乱,男孩子一般都是长大成人之后才上桌吃饭。小孩子一般都不让上桌吃饭,因为小孩子不会夹菜,家里要是请客吃饭的话,都是客人坐上座,所谓的上座便是正对房屋门口的座位便是上座。家里客人若是亲戚自家,那么便是辈分高的人坐在上座。一般情况,小户人家都是不会拘泥于这些形式,也都很随意。

4.请示规矩

(1)生产活动中的请示

对于土地的经营管理,在张家,都是张仲停说了算。由张仲停具体制订一年的生产计划,这块田种什么,那块田种什么,这些都是由他安排。分家之前,家中关于农业生产的事情都是由张仲停决定安排,对于农业生产的具体环节也都是张仲停安排伙计们合理分工。由于家中劳动力不足,家中雇用长工和短工也都是由张仲停决定。张家的两个主要负责放牛的孩子都是张仲停看他们家里可怜,就把这两个孩子带回来帮着张家放牛,这些都是不用向家中的其他家庭成员请示的,都是张仲停自己决定。

分家之后,张仲停年纪大了,很少会在地里领工干活,张民良就代替张仲停领着家中的伙计在地里干活。虽然张仲停已经不直接参与家中的农业生产劳动,但是在涉及每一块田地的具体种植安排方面,张民良还是会请示张仲停的意见。

(2)家庭生活的请示

在吃饭方面,都是要跟张仲停请示的,因为张家收的粮食是基本能够满足一家人吃饭需要的。家里收的粮食都是先交地租,然后才考虑满足自家生活需要。家中吃饭都是大张氏先征求张仲停的意见,看当家人如何具体安排家中吃饭事情。若是张仲停说中午吃稀饭,那中午就不能吃干饭。这些都是在请示当家人之后,才能决定安排的。

在制衣方面,做衣裳不用请示张仲停,都是大张氏决定安排的。张家做衣裳都是按人头分棉花,一个人几斤棉花,都分别称一下,要是有多余的就接着分,然后就是各纺各的线,会纺线的就自己纺了,不会的就自己想门路。小张氏就不会纺线,所以就会把他们小家庭分的棉花拿去卖,卖了以后再换布。一般请专人弹完棉花之后,就自己回家搓棉条,搓完了就纺线,纺了线就去换布。换布一般都是大张氏去,这是不用请示张仲停的,其妻子是可以独立决定的。

在购买生活物资方面,张家大部分生活物资都是自给自足,除了需要去街上买盐。由于张仲停是家中钱财的管理者,因此若是家中家庭成员需要购买东西,也都是需要请示张仲停,而后张仲停去街上购买。有时候张仲停忙得走不开,那么就会让家中的小辈们去街上买,在买之前都是要先请示张仲停,在张仲停同意之后,就会把钱给家中的小辈,花不完的钱还是要拿回来交给张仲停的。买盐占据张家购买日常生活物资的绝大部分开销,张家买盐也都是张仲停亲自去买,不管是去街上还是去远一点的地方,基本上都是张仲停独立负责。张仲停年纪大了,没有体力再去别的地方买盐,这时候买盐的事情转交给了张民良。张民良每次去买盐的时候,都是要请示张仲停,按照张仲停要求的数量把盐买回来。

在购置田业方面,张家租种了张柏西的土地,每年都会按照契约上规定的粮食数量交地租给张柏西。张柏西住在城里,每年都是张仲停挑着粮食去城里交地租。在家里孩子上学方面,也是需要跟张仲停商量的,但是张民良在学校教书,所以家里孩子们上学也都是比较方便的。

(3)交往中的请示

家里人去街上看戏或者去赶庙会都是要跟张仲停请示的,泉河街上有唱戏的,一般情况下一唱就是十几天。秋天十月份没有事,有钱人就会出钱写戏,到了春天,街上就开始唱戏。有时候张家的女性们想要出门看戏,也不是想出去就出去的,都是要经过张仲停的同意才能出去看戏。若是张仲停没有同意,那么家中成员是不能随意出门的。除了看戏之外,那时候乡里的庙会多。张家的女性也想去凑热闹,这时候大张氏就会请示当家人张仲停是否能够出门逛庙会,张仲停同意之后,大张氏就会带着张刘氏和李文英还有家里的孩子们去庙里烧香,若是没有张仲停的同意那是不能出去的。

(4)请示的形式

张家的请示形式都是口头告知当家人就行了,是不用召开家庭会议的。除非家里有一些重大事情的决策,比如家中孩子们上学或者嫁娶这些事情,张仲停会和张四先生一起商量一下,其他家庭成员也是很少参与。张雨林羡慕街上的女孩子能够去学校上学,就告诉张民良想要去读书,张民良是不能擅自决定的,就会请示张仲停的意见,张仲停就会跟家里的家庭成员商议,根据家庭成员的意见而后作出决定。

5.请客规矩

(1)生产活动中的请客类型

小户人家都是很少请客吃饭的,所以也就没有什么特别的规矩。在生产活动中,张家雇的有长工"放牛子"、短工。平时田里的活不忙的时候,家里也就是正常吃饭,放牛子是长期住在张家的,也没有什么特别对待,都是家里人吃什么,他们就吃什么了。到了农忙的时候,家里干活的伙计会在家里吃饭,张家就会早上做干饭,中午也做干饭,还会买猪肉来招待伙计们,大家都是一起吃饭,只不过张家的女性是不上桌子吃饭的,等到家里的男性和伙计们吃完饭以后,家里女性才开始吃饭。逢年过节的时候,张家都是要专门请家中的伙计们吃一顿饭,以表示对伙计们一年来的辛勤劳作的认可与奖励。

（2）生活中的请客类型

家中只要是有喜事或者白事都是会请客吃饭的，但是这也都是根据家庭当时的现实经济条件来决定。若是家中经济条件比较紧张，那是不会有闲钱来请客吃饭的。一般情况下，家中红白事宴请的主要是家中的亲戚和来家中帮忙的邻居。在过去家中办红白事都很少会下帖子，基本上就是当家人亲自对各家各户进行邀请，口头传递就行了，是不需要书面邀请的。家中女性若是生孩子了，就会请女性的娘家人来家里吃饭。一般情况下，是不用请别人吃饭的，一是因为家里人都很忙，二是因为家里也没有那么多的金钱能够花费在宴请宾客方面。家中办红白事的时候，会请亲戚邻居来家里吃饭，一般家中很少请客。家里办白事的时候，会专门请做寿衣的老人、看风水的地理先生吃一顿饭，这都是家中办丧事的规矩。有的家里比较有钱也会找厨师来家里帮忙做饭，但是在张家都是自家人做饭。

6.房屋规矩

张家的房屋都是坐南朝北。一般情况下，房屋都是坐南朝北，这样就可以获得充足的阳光，但是在修建房屋的时候是要避免房屋朝向是正南正北，这样会与庙宇的方向产生冲突，是不吉利的。分家之前，张家共有 14 间房屋，分别是 3 间堂屋、6 间厅屋、2 间厨房、2 间牲口屋、1 间磨屋。堂屋和厅屋主要是供一家人居住的。具体就是张仲停一个小家庭带着自己的小家庭在西边的几间厅屋居住，张四先生一个小家庭在后面的堂屋居住，后来张志先与张明星娶媳妇，前面的厅屋也就分给他们居住了。张家的房屋是足够一家人居住的，后来家中人口越来越多，张家自然也就分家了。张家的庄子也是有院子的，院子里面种有桑树、梨树。家中老人去世的时候，所用的棺材就是用院子里的桑树做的。

睡觉的时候没有什么固定的规矩，一般就是天黑了，大家自然也就睡觉了，这是没有先后之分的，但是早上起床一般都是家里的媳妇要先起床，准备早饭，收拾家务，而后家中的老人再起床。家中除了各个小家庭居住的房屋之外都是属于公共空间了，家庭成员可以随意出入家中的公共空间，这是没有什么讲究的。私人空间一般是指小家庭夫妻二人居住的房屋，家庭成员是不能随意出入的。

家中若是要盖房子，也都需要找团帽子，也就是地理先生来家中看风水。地理先生来的时候都会带着罗镜，镜子上面还有指南针，要是看定了，针就不动了，那就会定下来房屋的朝向。若是罗盘上的针一直在闪，那就说明那个方向不好，团帽子都懂得这些。有些家里人去世选墓地也是要选择方向的，出棺的时候，地理先生也来，先看这块地好不好，地好的话就提前把地挖好，棺材放在那里，罗镜也放在那里，指南针要是不动了就是方向稳定了，这样就好了，指南针要是一直动，那棺材方位还是要变一下。家里若是娶了新媳妇，当家人都是会提前把儿子的新房准备好，一般都会安排出一间单独的房屋供新人居住。张家是没有家庭成员在外居住的情况。

7.制衣、洗衣的规矩

张家做衣裳是没有什么规矩的，就是大张氏按照家中人头数分完棉花以后，各自拿回去就纺线换布做衣裳了。大张氏和小张氏各自负责各自家庭的大人孩子的衣服制作。家庭成员的衣服都是由家中的女性负责洗，一般都是家中儿媳妇负责洗家中所有家庭成员的衣服，未出嫁的女儿就是自己洗自己的衣服，这些都是由家中的内当家大张氏决定安排的。在洗衣时，张家长辈的衣裳都是张刘氏和李文英洗，孩子们衣裳也是由她们洗，家里孩子长大了以后就是自己洗自己的衣裳。张民良的衣服由张刘氏洗，张志先的由媳妇李文英洗，那时候洗衣裳也没有皂角或者胰子。家中洗衣服的主要用具就是用烧锅洞的青灰，把青灰掏出来以后，找一个木盆，再找两个树棍担上，再去沟里提半桶水，把青灰水沥干净倒盆里，沥完以后的清水就倒到另外的盆里，然后把要清洗的衣裳泡完拧干，再放到有青灰水的盆里洗。家家户户都是用这种沥过的青灰水洗衣裳，也都洗得很好。晾衣裳就是在院子里拴一根绳子，乡里有些农户家里种的有火麻，弄完的麻头不要了，张刘氏就搓起来，搓成一条绳，张家院子里种的树，用绳子在两棵树之间连接起来，衣服就可以晾在上面了，晒衣裳一般都没有什么讲究。

（三）家规、家法的制定与执行

1.家规、家法的制定者

张家没有成文的家规、家法，只有默认的家规、家法，这些规矩都是从祖祖辈辈传下来的，当家人习得之后再用于自家人的管理。家中的家规、家法一直都存在于每一个家庭成员的心中，日常生活生产都是在这些家规、家法的约束之下进行的，家里人也是会一直传承下去，用以约束后代人的行为。在张家，张仲停一直沿用的就是祖辈传承下来的家规、家法，是没有对家中的家规、家法进行过改动的，毕竟代代人都是在这种规矩下生产、生活的，那么家规、家法就自然有其存在的优越性。

2.家规、家法的执行者

一个家庭的家长都是会以身作则依照家中默认的家规、家法办事，因此家庭成员也会跟随家长遵从家规、家法。若是家中有人违反了家规、家法，那么当家人是会对其进行惩罚的。比如家中未出嫁的女孩子未经家人同意就擅自出门，那么家长就会对其进行惩罚。若是家长没有遵从家规、家法，家庭成员是没有权利处罚家长的。由于家中的家规、家法都是惯行的规矩，张家也没有特别制定的规矩，因此家庭成员都是可以遵守的，很少会违反家规、家法。

（四）家庭禁忌

在农业生产方面，张家是没有什么忌讳的，都是按照时节进行耕种，不违背自然规律种田就可以了。在婚嫁方面，一般都会挑双数日期结婚，六和八这两个数字最好，寓意"好事成双"，聘礼和嫁妆也都是会忌讳单数的出现，结婚的时候，新人的床是不能坐的。在丧葬方面，已经出嫁的女儿是不能回娘家上坟的，若是回家上坟，家里的哥哥嫂子会不高兴，因为出嫁的女儿回娘家上坟就会"穷娘家"。逢年过节的时候，大年初一到初三，家里的女性是不能出门的，也不能出去拜年，到了初五、初六的时候才会出去。家里倒垃圾也是要等到初三以后，如果提前倒了就意味着把新一年的财富倒出去了。

六、奖励惩罚

（一）对家庭成员的奖励

张家对于家里表现好的孩子是很少会有奖励的，顶多给孩子多做两件衣裳，这就算是不错的鼓励了。家里人都是认为孩子懂事是必须的，做的对是应该的，做的错就是要受惩罚。家中孩子去上学的时候，张家会专门给孩子做一套新衣服以示奖励，一方面，这是对孩子去外面上学的鼓励，让孩子在上学的时候会更努力，同时也会激励家中的其他孩子读书；另一方面，也是为了孩子在上学的时候穿着不会比别人差，增强孩子的自信心。奖励孩子都是当家人进行奖励,奖励的范围也都是自家孩子,别人家的孩子与自家是没有关系的,也是没有必要去奖励的。家中对于孩子的奖励只限于上学等这些别人很少能够做到的方面,对于在自己分内的事情做得很好,是不会有特殊的物质奖励,当家人也只是会口头表扬而已。

(二)对家庭成员的惩罚

在一个家庭里,能够惩罚家庭成员的就只有家中的家长,这其中包括当家人与惩罚主体的父母。家中的父母都是可以惩罚自家孩子的,一般情况下,都是长辈惩罚晚辈,很少会存在丈夫惩罚妻子的这种情况。家庭内部惩罚家庭成员的时候,外部人员是没有权利也没有义务插手别人家的事情的。若是家中儿子在外面赌博或者吸鸦片,那么家长就会惩罚孩子。若是不听从家长的安排,家长也只是会责骂几句,很少会惩罚孩子的。一个家庭的惩罚只针对本家庭的内部成员,外人有自己的家长与管理者,因此自家是没有权利对外人惩罚的。若是孩子在家里做错事情,张仲停很少会打孩子,一般都是责骂几句,而后告诉其正确的做法,也没有把家里孩子逐出家门的情况。

七、村庄公共事务

(一)参与方面

1.村庄会议

1949 年以前,泉河是没有村的,那时候张家所在地就叫作"三里庙子",三官村是在 1949 年以后才建立的。村里的保、甲长也从来没有让张仲停去开过会,1949 年以后,村里有召集村民开会,但是那时张家的老一辈人都走了。张家的张民良有时候会代表家庭出去开会,但是村里开会的次数是很少的。村里开会一般都是当家人去的,如果当家的不在,家里的女性也是可以去代表整个家庭开会的。村中的会议仅仅只有征税会议,除此之外再无其他,只要家里有地要交税的都要去开征税会议。

2.读报纸小组

村里为了让村民能够识字,便在村里设立了识字班。由于村里读过书的年轻人很少,张雨林和张明义便参加了识字班,负责教村民认字。每天早上天刚亮,张雨林和张明义就去给村里的村民读报纸。到了晚上,张雨林和张明义就教妇女写字,有的妇女没有名字,张雨林还给她们起名字。若是家里有十二三岁小崽子,不上学的,张雨林她们也教孩子识字,村里把这个组织就叫"读报纸小组"。白天小孩子没有事,地主的房子闲着,张雨林和张明义就从家里搬个破板凳坐在门口,村里的村民想识字的就坐在下面跟着张雨林学习识字。教书都是义务的,也没有工资,有时候张刘氏还不让张雨林去,害怕耽误干活,但是村里把张雨林和张明义定位社会上的积极分子,张刘氏也就不说什么了。

3.修堤坝

村里为了引水种庄稼组织村民修龙潭大坝。由于泉河乡种的庄稼都是要用龙潭大坝河水灌溉的,因此村里的各家各户都是要出劳力的。若是家里人多,那么就由家里的当家人安排一个青壮年劳动力去参加;若是家里人少,也就是当家人自己去参加了,村里也没有规定必须要当家人去。提供人力都是根据家里的土地面积来定的,家里田地少的那么就是两户人家出一个劳力。家里田地多的就是一家出一个劳力,这都是按土地面积说话,家里若是有人去修大坝,那么家里也是要出粮食让劳力带着,因为村庄是不管饭的。家里若是没有壮实的劳力去,除了出粮食之外还要交钱。到春天就要去修大坝了,家里的劳力去了之后,直到大坝修好了才能回来了。劳力修大坝的时候,就会各自带上粮食,干活吃饭的时候,就会把大家带的粮食放到一块做饭, 所有劳力一起吃饭。家里的劳力去干活的时候都扛一个装粮食的口袋,还背着大锹。年年出工的时候,张家的劳力就是家里的长工"大放牛子"去,他去打龙潭大坝的时候当家人会给他准备好粮食和工具。

4.打井

张家所在的村子是都没有打过水井的,整个村里喝的都是钻井里的水。钻井就在张家邻居老丁家的房屋后面,若是家里需要用水,都是各家各户自己去钻井挑水用。周围的好几户人家,都喝钻井里的水。家里要是做饭一般都是用自家水沟里的水,做饭之前,张刘氏和张雨林就会去围沟里抬水供做饭使用。

5.治理灾害

种庄稼都是靠天,不下雨了家家户户都会很着急。张家所在的村子是不会组织家家户户联合起来的,大家都是自动联系起来,相互帮助,抵御灾害。每到干旱来临的时候,大家都去河里打水,种庄稼的人家互相帮助,大家轮流打水,家里的劳力都投入打河水的救灾活动中。一旦遇到灾害了,大家都是相互帮忙,种庄稼跟种庄稼的相互帮忙,外面的人也不会无缘无故帮忙,能够互相帮忙的都是离得不远关系比较好的两家互相帮忙。若是要与别人家合作打河水,张仲停就会安排家里的伙计和儿子去协助邻居家,家庭成员都听从张仲停的安排。

6.维护村庄治安

1949年以前,张家所在的村子经常会有国民党的军队和解放军来村子里,日本人也来过几次。为了维护村庄治安,乡里就安排家家户户都要出一个男孩子练武。到了晚上,各家的男孩子就聚集在大道场上,每天两个小时打拳练武,以维护自家和村庄的安全,同时村里也有打更的。由于张家的房屋比较大,四周小家户都跑到张家,睡觉都是轮换着睡,比如你睡上半夜,我睡下半夜,一般都是两三个人轮换着。男性轮流站岗,听到有什么动静了就喊,那时候一夜都是要醒好几次。土匪在上半夜不敢来,因为大部分人都还没有睡着。到了下半夜一两点,土匪就会出没,所以在打更的时候,下半夜都是要两个人一起站岗。

(二)筹资、筹劳

村里组织公共活动的时候,比如修桥、修庙、修路,各家各户也都是要筹钱的,这也都是根据各个家庭的不同能力来对待了。家里要是没有钱,就是去卖一点粮食换钱交给村庄。各家各户出劳力也都是按照每个家庭的田地面积来决定的,家里田地多的就一家出一个,田地少的,就两三家共同出一个劳力。

村里也是有寨墙和炮楼的,但不是属于村庄的,而是一个家庭的,都是私人修建的。一般情况下,大地主家里有寨墙,也有炮楼,炮楼在当地就叫作"保险楼子",房屋四方四正的,还带一个顶。张家旁边的谢家,他家庄子特别大,家里比较有钱,就修建了保险楼子。保险楼子下面放的都是梯子,而不是楼梯。若是家中有土匪来了,那么家里人都爬到炮楼上面去,然后把梯子一抽,土匪就上不去了。谢家的保险楼子上面还有枪用来对付土匪。由于寨墙和炮楼是私人所有,因此,村里人是不参与巡逻和管理的。看青,在当地叫作"蹓田埂",一般都是为了关注庄稼的生长态势和情况,去田埂上看着,同时驱赶破坏庄稼的牲口。村里是没有举行过集体看青,都是各家看各家的,各种各家的庄稼,各管各的。

八、国家事务

(一)纳税

1.纳税的情况

过去纳税都是缴纳粮食税和盐税。纳税都是以家户为单位纳税,家里有多少土地就要根据这个标准来纳税。张家每年具体交多少税款,现在已记不清楚了。每年收完粮食之后,就是要缴纳粮食税了。缴纳税款都是交粮食,是不交钱款的。一年收两次税款,半年收一次粮食。上半年收麦子,下半年收稻子,在这两个时间段就是要缴纳粮食税的时候。

在盐税方面,若是家中买盐超过2斤,那么就需要缴纳税款。泉河乡的集市上会专门设置盐卡,搜查买盐超过2斤的人。若是被逮到了,那就要缴纳盐税。在张家,一般去街上买盐,都是不会超过2斤,若是超过2斤,张仲停就会拿着篮子,把菜放在买的盐上面以掩人耳目。

2.缴税的主体

由于每年纳税的时候,也都是收获粮食的时候,张家收的粮食都放在道场上。保、甲长就挨家挨户地收税,看到保、甲长来了,家里人就会主动舀粮食给他,打麦的时候就舀麦子给他。缴纳粮食税的时候,张仲停都是在家里的,因此舀粮食都是张仲停来舀,家里其他人是不会代替当家人的。若是张仲停不在家,那么就是大张氏负责缴纳税款。

3.纳税的过程

每到收粮食的时节,村里的保、甲长就亲自来收税了。税款是必须要缴纳的,就算家里不吃饭,也要缴纳税款的。若是家中实在没有足够的粮食缴纳税款,就会向别人家里借粮食用以缴纳税款。张家基本上都是能够正常缴纳税款,也没有说交不上税的时候,正常道场打稻基本都是能交得上的。保、甲长挑着挑子就来家里了,一般都是挑两巴斗的粮食走,有时候保、甲长不来,张仲停就会把税款给他送去。

(二)征兵

1.征兵

张家的家庭成员没有被国民党或者是中国共产党征兵的情况,村里征兵也都是要根据各家各户的实际条件的。1949年以后,张家的老人相继去世,家里的适龄男性张志先、张森林都在外面上学,常年不在家,张明星在新中国成立后不久就去世了。张仲停只有一个儿子张民良,但是张民良右手残疾,也不能入伍。家里张民良的儿子们也都还未成年,因此张家没有符合条件的男性去当兵。若是有的家庭不想让儿子去当兵的,也存在花钱买兵的情况,一般都是向穷家买兵。如果有一些比较穷的家里儿子比较多,就会把儿子卖给有钱家里去代替当兵。

2.抓壮丁

在张家,张民良年龄大,并且身体有残疾,不符合抓壮丁的条件,因此,张家没有人被抓去当壮丁的。抓壮丁是强制性的,若是壮丁的数量不够,那么村里就会想方设法地抓壮丁以凑够人数,若是家中男性独自在外,无缘无故就会被抓走做壮丁,这种情况特别多。当地的保、甲长都是特别厉害,抓壮丁的时候,家家户户的男孩子都不敢在家里,基本上都逃到外面去,等到晚上再回家。有的家里为了逃避抓壮丁,就把家里符合条件的男性弄残疾,比如眼睛戳瞎这种情况都是有的,一旦身体残疾了,就不会被抓走当壮丁了。

3.摊派劳役

村里摊派劳役都是按照土地面积来算的，各家各户都要出劳力，也不说必须要当家人去。出劳力基本上是两家去一个工，谁家有人谁家去。若是家里没有劳力，那么就要交钱。村里摊派劳役都是为村庄的公共事务，比如修路、修大坝，等等。修大坝一般都是在春天开始摊派劳役。家里若是出了劳力，还要出粮食，这就是劳力的口粮，村庄是不会提供摊派劳役的一日三餐的。各家各户劳力都会带粮食去干活，吃饭的时候，就把粮食上交，所有人在一起吃饭。出劳力都是义务的，村庄强制要求，没有工钱。由于张家的男性劳动力很少，张民良右手残疾，因此张家出劳力一般都是家中的长工代替张家的家庭成员，去的时候也会背上一袋大米。基本上村庄要求摊派劳役的时候，张家都会派这个长工去，在家里也是干活，去外面也是同样干活，因此他也是从来不违抗当家人的安排的。

（三）无选举

1949年以前，村庄的村民是没有参加过选举的，村里的保、甲长也都是靠关系当上的。家里有钱有势的人靠关系的就当上了。村里没有选举，更是没有投票的。村里就是保、甲长一直都是同一个人，姓孙，这个人一直干到解放，当了十来年的保、甲长，可是他也不是恶声恶语的，对待村里人也都是比较友善的。1949年以后，打土豪，分田地，村里也对这个保、甲长进行过几回斗争，由于这个保、甲长不是特别恶霸，因此村里人对他斗争得也不是特别厉害。后来张民良去世之后，张雨林与张明义出去上学。家里没有了劳动力，张刘氏便去了七一乡投奔娘家，就在七一乡生活了。张家的人都是各走各的，也都很少联系，所以对于村里的选举也都是没有参加过的。

调查小记

2017 年 7 月 27 日

之前已经试访谈了两位老人，奈何结果都不满意，要么家庭结构过于单一，要么就是老人对于过去家庭的记忆已经不清晰，但是我还是决定再挑战一下自己。今天跟着舅妈去拜访张雨林奶奶，听舅妈的描述，奶奶以前是一位医生，读过几年书，并且性格十分和蔼。见到奶奶后，果不其然，奶奶很热情地欢迎我们，更难能可贵的是奶奶今年虽然已经 89 岁的高龄，身体仍然很健康，语言表达很清楚，听觉也十分敏锐。找到这样一位奶奶，我的心里像是得了一个大宝藏一样高兴。到了奶奶家以后，我便跟奶奶说明了来意，奶奶也欣然接受了我的访谈要求。这一次，我没有像前两次那样贸然开始访谈，而是先了解奶奶家的家庭结构与大概情况，张家是一个人口众多大家庭，1949 年以前张家有 21 口人，且张家是两兄弟共同组成的家庭，于 1946 年分家，土地改革运动之后，张家被划成了佃富农成分，这样的家庭结构和家庭背景对于家户制度调查来说应该是一个不错的选择。由于采访时正值暑期高温，地面温度都已超过了 40 度，奶奶平时也不出门，于是我与奶奶约定每天上午采访两个小时，下午采访一个小时。奶奶也很高兴，因为天气太热没有办法出门也只能在家里待着，我来家里访谈刚好也可以给她解解闷。

下午我按照与奶奶约定好的时间来到奶奶家里，奶奶已经午休好了，看到我来了，便连忙招呼我进屋里。奶奶很细心，提前把屋里的空调打开，还给我准备好了凉茶，看到这些，心里真的很感动。经过第一次两个小时的访谈，由于奶奶的记忆力很好，而且说话清楚，访谈效果很好，这让我很欣喜，两个小时的访谈内容也很充实，这让我对于后期访谈有了更大的信心。

2017 年 7 月 31 日

终于在月底，我完成了家户制度访谈，这算是万里长征完美地踏出了第一步，在接下来的日子里就要开始写报告。暑假的第一个月也已经画上了句号，这段时间的家户制度采访，有欢笑也有泪水，我从中学习到了很多，一个人光有一腔热血是不够的，还要找对做事情的方式方法。整个家户制度访谈，我在经历了两次挫折以后才找对正确的方法，失败是成功之母这句话说得很正确，只有经历过失败，才能在失败中汲取经验，为下次挑战做好准备。

说实话，我觉得自己很幸运能够参与这种访谈，因为这种访谈在一定程度上拉近了我与家里老人的距离，以前总是觉得我无法理解老人的世界，老人也无法知会我的想法，老人与我之前有着巨大的鸿沟，甚至觉得我们之间无法顺畅交流。但是经过这几次的访谈，我跟着老人的叙述回到了他们的时代，那是一个动荡的年代，那也是一个纯粹的年代，我似乎慢慢地理解了他们的言行，心里总是充满着感动，我想这大概是我从调研中学习到最珍贵的东西了。

2018 年 1 月 27 日，家户补充调查

提前与张奶奶家联系了说明要补充调查，与张奶奶的孙女约定好今天上午开始访谈。到了张奶奶家，我才知道奶奶这段时间身体一直不舒服，家乡暴雪，天气寒冷，奶奶感冒一直都没有完全好起来，我很担心奶奶的身体。奶奶看到我来了，很高兴，握着我的手一直没有松开，我也感到十分亲切。考虑到了奶奶的身体状况，我陪着奶奶闲聊一会儿之后，就针对性地访问了暑假访谈过程中比较模糊以及需要补充的问题，奶奶也在尽力回忆着。聊了一个多小时以后，我便离开了奶奶家，奶奶将我送到门口，看到我走远了才回去，在这冰天雪地中，我的心里暖暖的。

致 谢

感谢中农院能够给予参与家户调研的机会与经费支持，感谢徐勇老师、邓大才老师、黄振华老师的谆谆教导与鼓励，感谢何婷师姐与张航师兄不厌其烦地给我的报告提出修改意见，同时感谢张雨林老人的讲述，感谢家人朋友的支持与帮助！

第六篇

农业奠基:手艺撑举的家户衔承

——冀中杨屯村隋氏家户调查

报告撰写:冯娟娟[*]
受访对象:隋吉良

———————————

* 冯娟娟(1986—　),女,河北沧州人,华中师范大学中国农村研究院 2016 级硕士研究生。

导　语

　　河北省沧州市任丘市长丰镇杨屯村是一个面积广阔的大村落,村庄内部由最初的冯、隋两大姓氏演变成冯、隋、刘三大姓氏共存的局面。1949年以前,村庄内有二百多户人家,人口接近一千人,地主富农仅七家,自给自足的中农和生活窘困的贫农占据绝对主体。就村庄土地的归属情况而言,地主富农一般都有几百亩田地,只有其中一户吕姓人家例外,这户人家是村庄最富有的地主,其祖上在朝中为官,获得皇帝诸多赏赐,由此得以拥有大量钱财,且购置有上千亩田地。

　　隋秋元的父辈有兄弟三人,隋秋元这一辈为一男三女,到了其子这一代为三男五女。因为大儿子隋文良有先天性羊角风,所以终身未能娶妻;二儿子隋吉良娶了寇氏生育了四个儿子和两个女儿;三儿子隋文周迎娶了李氏生育了两个儿子。隋家一直渴望人丁兴旺,尤其是喜欢男孩子,老人们认为子孙满堂是天大的福气,尽管家中经济条件不是非常优越,但是仍然希望多子多孙,总是鼓励家庭成员多生育孩子。隋家有着根深蒂固的重男轻女观念,隋家手艺的传承也秉承此观念——只传授给儿子,不传授给女儿和女婿。

　　隋家是村庄内一户普普通通的中农家庭,经济条件属中等偏上。隋家原有五十亩地,但由于隋秋元做买卖赔了钱,因此不得不变卖家里十亩地来还债,最后隋家还剩下四十亩地。隋吉良十七岁经过亲戚介绍走出家门去外地挣钱,辗转跟着亲戚学会了盖房子这门手艺,当地称作"瓦匠师傅"。在隋吉良出门干活以前,赶上风调雨顺的年份,一家人便能够维持温饱可以应付柴米油盐的花销,赶上年景稍微不好就需要掺糠掺菜来勉强度日。这种状况持续到隋吉良出去做瓦匠,依托瓦匠手艺,隋家的生活获得保障,解决了生计问题。在遭遇天灾的境遇下,村庄里的许多人被迫逃难,隋家依靠隋吉良的收入得以留在故土,逃过流离失所的劫难。此外隋家新建了两处院落,给小儿子隋文周完成娶妻大事。隋家一直维持着没分家状态的一个重要原因是秉承家户整体至上的观念,不分家可以将家庭成员的总体力量集中,使得家庭整体状态更好地延续和维系。

第一章　家户的由来与特征

据传隋氏由山西省迁居而来,村落中隋冯两个姓氏本同出一脉,但由于迁居人口过多,当地政府唯恐人群聚集造成祸乱,致使冯姓中的部分人改姓为隋,成为村落中一支独立的小姓,隋姓一族也由此诞生并在村庄世代延续。隋家在村庄中是典型的中户家庭,四代人共同生活,当家人秉承"读书无用"的观念,因此隋家人鲜有文化,多为白丁。隋家依靠农田维持温饱,倚仗隋吉良"瓦匠"手艺支托起整个家庭,得以为晚辈盖房娶妻,为长辈养老送终,于平凡中代代繁衍生生不息。

一、家户迁徙与定居

隋家居住于河北省沧州市任丘市长丰镇杨屯村,隋氏在当地人丁不旺,仅有二十家左右。据说迁居伊始也是姓冯,但是由于人口众多,当地政府害怕其聚集不易于管理,便要求他们定居于两个村落。冯氏不愿意亲族分离,便想出一个折中的办法,即族中部分人改姓隋,寓意"追随冯姓""随冯而姓",借此得以瞒过官府使得族人共同居住于同一个村庄。

(一)遥闻祖上迁居于此

隋家对于自己祖上的起源并不清楚,族中没有人提起过这个家族之人是怎么迁居到杨屯村的,或许族中长辈也不清楚自己祖先的宗源。不过,冯氏家族有着一个关于村庄姓氏由来的传说且代代口口相传,即冯隋本是一脉血统,都是从陕西省洪洞县大槐树下迁居到河北省沧州市任丘市长丰镇杨屯村的:"那个时候,咱没走哈个①脑儿,上一辈的老人也不知道,上一辈、两辈人也不是那么清楚,他们都闹不清楚是多会儿②迁来的,历史不知道延续多少年了,就是听冯姓人说我们和他们一样是从山西省洪洞县大槐树下迁到这里来的。"在隋氏家族的观念中,村庄中的冯姓是自己的亲族,心理上有着深切的认同感和亲近感,平日的交往也比较密切,但是冯姓和隋姓两大家族是不允许通婚的,根据村庄族人不许通婚的规矩,这也正好验证了冯隋两大姓氏同出于一族的说法。

(二)"随冯而姓"得以定居

隋家并未建造祠堂,族中也没有书写过族谱,毕竟隋姓是从大姓氏中分离出来的一小部分人家,在当地不是望族大姓,家族意识并不强,凝聚力薄弱,且随着代系繁衍和外姓迁入,冯隋两个姓氏的联系有所削弱,矛盾凸显,加剧了涣散境况。祠堂、族谱一般出现在团结力量强大的大家族里,隋姓不具备此条件,因此这个姓氏在杨屯村具体延续了多少代人便无从考

---

① 哈个:这个。
② 多会儿:指什么时候。

究。按照冯姓的说法，最初冯隋两个姓氏都姓冯，冯姓家族中有着"隋冯一家"的观念，两个姓氏同出一脉，当初从山西省洪洞县迁居于杨屯村。初到村庄，当地政府鉴于迁来的人口众多，唯恐他们聚众闹事，增加政府治理的难度，所以要求冯姓分开居住于不同的村庄，以便分散家族的力量，借此获取地方社会秩序的安定，但是家族不愿手足分离，最终商量出一个对策就是改姓，一部分人改姓隋，取义为"随冯而姓"，这个寓意表明了他们不愿意分开的决心和意愿。凭借此方法，族人获得当地官府的应允得以居住于此地，从此当地产生了冯隋两个姓氏。到土地改革为止，冯姓家族已经延续了十七代人，如果真是隋冯本一家的话，那隋姓亦是如此。

（三）小姓身份居于村庄

隋姓的坟地在村庄的正东方位，和村庄的其他姓氏分开而立，作为一个独立体存在，坟地是家族统一体的象征。经世代繁衍，隋家少育男丁，多育女娃。隋僧林和高氏育有一男，隋秋元育有三男五女，但是大儿子隋文良生来便有先天性羊角风，智力不健全，三十五岁就离开了人世，终生未娶妻生子；三儿子隋文周家有两个男孩；二儿子隋吉良有四个儿子和两个女儿，是三兄弟中生育男孩子最多的。总体而言，隋家男丁并不兴旺，是整个隋姓家族的缩影，整个家族大多是生育女儿，少育有男孩，当地只有人口多才可以跻身于大家族之列，于此隋姓家族一直是以小姓氏的形态存在于村庄之中。

二、家户基本情况

（一）为弟娶妻长期伙居[①]

1949 年以前，家里有隋僧林（父亲）、高氏（母亲）、隋秋元（外当家）、黄秀珍（内当家）、隋文良（大儿子）、隋文云（大女儿）、隋文淑（二女儿）、隋辫（三女儿）、隋吉良（二儿子）、寇从（二儿媳）、隋文周（三儿子）、李梦花（三儿媳）、隋玉淑（四女儿）、隋褶（五女儿），隋吉良在兄弟姐妹之中排行老五。后来隋吉良与寇氏结婚，生了隋幸华（大孙子）、隋梗（大孙女）、隋小凤（二孙女）、隋僧林（二孙子）、隋青林（三孙子）、隋福林（四孙子），一生育有四个儿子和两个女儿。整个大家庭成员共同居住在一个大院子中，同一个灶台做饭，钱财也集中到一起由作为内当家人黄秀珍保管，这样的大家庭生活一直持续到三儿子隋文周娶妻，当时大孙子隋幸华已经十一岁。随着时间的推移，父亲隋僧林和母亲高氏陆续去世，女儿们也依次出嫁了，孙子和孙女陆续出生。隋吉良兄弟姐妹八个，隋文周是家里儿子中年纪最小的，隋家之所以一直维持着不分家的状态，是为了等待隋文周娶妻生子。在农村人的传统观念之中，生育了儿子就必须给儿子把媳妇娶进门，等于给儿子安了家，这是为人父母一辈子的动力和责任，作为哥哥的隋吉良也是有责任挣钱帮衬弟弟的。

表 6-1　隋家家庭成员基本信息表

成员序号	姓名	家庭身份	性别	教育情况	职业	婚姻状况	宗教信仰	健康状况
1	隋僧林	当家人的父亲	男	0	农民	已婚	无	差
2	高氏	当家人的母亲	女	0	农民	已婚	无	差

---

① 伙居：共同居住。

538

成员序号	姓名	家庭身份	性别	教育情况	职业	婚姻状况	宗教信仰	健康状况
3	隋秋元	外当家	男	0	农民	已婚	无	优
4	黄秀珍	内当家	女	0	农民	已婚	无	优
5	隋文良	大儿子	男	0	农民	未婚	无	优
6	隋文云	大女儿	女	0	农民	已婚	无	优
7	隋文淑	二女儿	女	0	农民	已婚	无	优
8	隋辫	三女儿	女	0	农民	已婚	无	优
9	隋吉良	二儿子	男	4	农民	已婚	无	优
10	寇从	二儿媳	女	0	农民	已婚	无	优
11	隋文周	三儿子	男	5	农民	已婚	无	优
12	李梦花	三儿媳	女	0	农民	已婚	无	优
13	隋玉淑	四女儿	女	0	农民	未婚	无	优
14	隋褶	五女儿	女	4	农民	未婚	无	优
15	隋幸华	大孙子	男	8	农民	未婚	无	优
16	隋梗	大孙女	女	0	农民	未婚	无	优
17	隋小凤	二孙女	女	0	农民	未婚	无	优
18	隋僧林	二孙子	男	8	农民	未婚	无	优
19	隋青林	三孙子	男	7	农民	未婚	无	优
20	隋福林	四孙子	男	9	农民	未婚	无	优

(二)白丁家庭不涉政治

大儿子隋文良患有先天性羊角风,时不时地会发病,只有不发病的时候可以勉强和家人一起去参加农业劳动。因其身患顽疾,身体状况不佳,不如家里其他成员干活多,不能固定担任一个劳作角色,最多只能起到帮衬的作用。父亲隋僧林和母亲高氏年纪大了,平日最多在家打扫一下院子,至于农活之类的重体力活已经没有能力完成。除了患病的大儿子和年老的父母,隋家其他家庭成员都非常健康,构成家中主要的劳动集体。

在人们的观念中,上学也是种地吃饭,不上学同样是种地吃饭,再者除非是家庭经济条件特别好的人家,普通生活状况下的人家温饱都成问题,这样人家的孩子大多是不读书或者是少读书的,早早辍学回家,帮助家里干农活多挣点粮食,为的是少忍饥挨饿,改善家庭的生存状态。受到这种观念的影响,隋家并不重视教育。隋家的长辈都没有上过学,所以都不识字。因为隋家认为女孩子早晚要出嫁而成为婆家的人,所以隋家一代代的女孩子从未被允许读书识字。大儿子隋文良有病在身也不识字,只有二儿子隋吉良和三儿子隋文周上过四年学,但是效果不佳,隋吉良依旧大字不识,隋文周认识少许的简单汉字。

二儿子隋吉良上学的时候没有学堂,村庄干部看到谁家有空闲的房屋就去向该主家求助,与主家沟通协商借用其家里的房子让孩子们将就着有个地方可以上课。上课没有固定的地方,一般是这几个月借用他家的房屋上课,再过几个月借用另一家的房子上课,有时候甚至几天就需要更换上课地点。这种上课地点的不固定性给学生学习带来很多弊端,大大降低了学习成效。此外,隋吉良几乎天天被安排参加送战士和接战士的活动,根本没有多少时间上课学知识。老师是由国家安排而分配到村庄教书的。上课不分年级,不按照年龄长幼编班,所有学生一起上课,类似于"一锅糨糊",学习效果不好。一般情况下,老师的数量根据学生的数量进行委派,学生多的时候就给安排两个老师,学生少的年份就给安排一个老师。1949年之前,隋家所在的杨屯村是一个统一的大村落,因此学生比较多,国家经常给村庄安排两个老师进行教学。当时,孩子们上课没有书包、纸张、铅笔、钢笔等,书写使用的是石瓦和石笔,用石笔在石瓦上写字,然后再进行阅读和记忆,学会了就擦掉,下次继续使用,每个人都有一套这样的"学习用具"。孩子们上学也不用交学费,即免费接受教育。

隋吉良上过四年学,一共经历了12位老师,当时不知道出于何种原因老师频繁更换,几乎没有老师会在一个村庄待上三年五载。家庭对于学业的选择自主性很强,随时可以入学读书,随时也可以结束学习过程,没有人施予强制措施,决定权完全掌握在当家人手中。对于隋吉良而言,虽然接受了四年的教育,但是至今仍大字不认识一个,等于白上学了。隋吉良十二岁就停止接受教育,开始帮助家长干农活,终日牵着牲口打理田地。在村庄里当干部都要求识字,不认字干不了当官的事情,隋家属于白丁家庭,没有担任政治干部的人才。隋家人没有宗教信仰,终日为了糊口而尽力劳作,根本没有精力顾及宗教信仰。

(三)四层房套房

1949年以前,隋家人共同居住于一个院落。隋家最初的老房子位于村庄的正中央,院子极其狭窄,相当于一个小旮旯儿。老房子的周围都有人家居住,在门前有个过道①,不是两头畅通的过道,属于死过道,过道向北的一头是糊喽头②。条件好的人家一般都是把房子建成四合院,包括五间北房、五间南房,而且东西两边都有厢房。四合院是有讲究的建筑模式,是较高身份地位和经济条件优越的象征,普普通通的农户没有能力盖四合院。而且有钱的人家会花钱选择合适的庄基地③盖房子,经济条件不好的人家赶上什么样的庄基地就算什么样的,因为既省钱又有地方盖房是唯一的要求。

隋家的经济条件在村庄里算一般,可以糊口,但并不富裕,因为隋家买的庄基地不好也只能将就,赶上了一个长条状的,所以隋家的房子建成的是"四层房",包括两间北房、两间幺房和两间南房,幺房和南房之间东西两侧各自夹着一间厢房,东厢房住人,西厢房放置农用工具和饲养牲口之用,相当于一个牲口棚。院子狭窄的程度难以想象,小孩子们在厢房上玩耍,可以直接从东厢房跳跃到西厢房上去。三个房子之间靠"穿插门"连通,就是在幺房的堂屋专门留着一个可以通向北房和南房的门,用于三座房子畅通,在最短的时间内可以在房子间穿过。父亲隋僧林、母亲高氏、外当家隋秋元、内当家黄秀珍及大儿子隋文良、三儿子隋文周住在幺房中,二儿子隋吉良夫妇及其子女住在北房中,北房和幺房的两间各有用处,一间住人,另一间做饭。闺女们回娘家就住厢房里,厢房里都有个小炕。隋家还有两间南房,一间

---

① 过道:指胡同。
② 糊喽头:指胡同的一端是封闭的,一端是与外界相通的。
③ 庄基地:指宅基地。

是磨房,用于碾磨粮食;另一间用于盛放牲口草料。隋家在房屋的外边还盖了一间车棚,用于放置马车,一个以农业为主的家庭过日子所使用的东西都得备齐了。后来,隋吉良当家的时候做主把幺房扒了,厢房也扒了,改成三间西厢房,院子还是像过道一样的狭窄。那个时候,隋家的房屋都是坯质的,赶上下雨阴天就担心房子倒了,房子漏雨,"外边下大雨,屋内下小雨"。茅厕在北房和幺房之间的位置,距离老人近,老人用着方便。

隋家的房子大门就是一米的门口,而且门的方位是有讲究的,三间房走东南门,两间房和四间房走西南门,也就是说单数房子的门设置为东南门,双数房子的门设置为西南门。隋家由于都是两间房屋,所以通到街上的大门是西南门的位置。小门小户盖房子选址不请风水先生,因为看风水需要出钱,能省钱的地方就尽量省下。

(四)勉强自给

1949 年以前,隋家有五十亩地,但是由于隋秋元做买卖赔了钱,因此不得不变卖十亩地来还债,最后隋家还剩下四十亩地。土改的时候,家里被划分的成分是中农。为了还债去了三块地后,隋家就自己种这四十亩地,既没有租种别人家的土地,也没有多余的地租给别人耕种。隋家的土地属于分散状态,各个洼口都有,包括东洼①、西洼②、南洼③、北洼④。其中东洼的土地不好,地势低洼,下雨过后,周围的水都流到那里淤积起来,有时候一冬天三个月都是水,流不走,也渗不下去。这种情况导致庄稼总是涝,所以只可以种植高粱,因为和其他农作物相比较,高粱可以经受得住涝灾,让水泡着仍然能够打些粮食,换作其他庄稼只能是颗粒无收。隋家东洼有十亩地,距离家门口非常近的南洼、北洼、西洼都是上等地,有三十亩,这三十亩地一半用来种麦子,其他用来种谷子、豆子,谷子产谷草用来喂牲口。家里干活的人不多,但是劳动力还是勉强够用的,虽然人市上有专门打短的人,但是隋家条件不那么好,所以不雇人,雇人需要给工钱,雇人一般都是成分高的人家,大财主家一般都雇人干庄稼活。

赶上风调雨顺的年份,隋家一亩地最多也就打两斗粮食。1949 年以前,种地留的背儿⑤大,都是一尺二的大背儿。不仅如此,庄稼种也稀疏,也没有水井灌溉,没有化肥可以使用,产量低是毋庸置疑的。家里种地由外当家人隋秋元决定,根据家里需要什么粮食或者需要什么秸秆就种什么庄稼。隋家养着牲口,牲口吃谷草,所以为了喂养牲口就不得不种植谷子,而且每块地在不同的年份要调样儿地种植不同的农作物。也就是说今年种了小麦,明年这块地就绝对不能再种小麦了,不然会大幅减产。平日里隋家人以谷子和玉米为主食,虽然自己家种着小麦,但日常极少食用,一是小麦产量不高,每年收获不了很多的小麦,不足以满足家人食用;二是自己家条件不够富裕,所以家人不舍得吃小麦,每年地里收获的小麦都是尽量挑到集上去卖,换成现钱买柴米油盐过日子用。隋家的老人偶尔可以吃白面,而全家吃白面的日子除了过年和中秋节以外,就是麦收之前的"四大顿",即烙饼炒鸡蛋、蒸包子、擀面条和包饺子,这"四大顿"都是用纯白面做的,其他日子吃不上白面。隋家虽然做不到常年吃白面,但是地里打的粮食还是勉强能够维持温饱的,这在当时已经是非常不错的家庭了。

---

① 东洼:耕地名。
② 西洼:耕地名。
③ 南洼:耕地名。
④ 北洼:耕地名。
⑤ 背儿:指一排庄稼和另一排庄稼之间的距离。

隋家的内外当家人都是很能干的庄稼人，大儿子隋文良虽然有羊角风的疾病，干不了多少活，但是平日也不闲着，能干多少就尽量干；三儿子隋文周年纪小，平时也就是干点打草之类的活，干不了下地的重农活；家里还有五个女儿，女儿们出嫁以前都是家里的主要劳动力，都跟着下地干活，后来女儿们陆续出嫁了；二儿子隋吉良娶妻后，二儿媳妇就算是家里的新增劳动力。分家以前，二儿子隋吉良的孩子们陆续出生了，但是年纪小，分家的时候大孙子隋幸华才十一岁，其他孙子孙女年纪更幼，因此干不了庄稼活，也就是打草，晒干了让大人挑到长丰集上去卖，再有就是大点的孩子可以帮着大人看着小点的弟弟妹妹们。

1949年以前，隋家和与自己家关系好的人家共同购买了一辆马车，马车在当时算得上是大型农具了，一个普通的家庭单独买不起一辆马车，一辆马车需要三四百块钱，其他的锄、镐、犁杖、老耙、耧等工具倒是很齐全的。隋家住的房子是一个套房，因为隋家的庄基地是长条状的，所以只能盖成两间北房、两间幺房、两间厢房和两间南房的"四层房套房"。那个时候，没有地方打工，所以也没有打工的人，最多就是打短，二儿子隋吉良也给人打过短工，但是因为隋家地多，干活的人比较少，所以隋吉良给人打短工的次数少之又少。长丰集上有个很大的"人市"，每年到了农忙的时节，那些没有土地的或者土地特别少的农民就自己扛着锄和镐在长丰集上的"人市"上站着，等着雇活的人家来找短工了，商量好价钱就去跟着人家下地干活。

隋家在西厢房里养牲口，相当于一个牲口棚，开始养了一头驴子，后来换成了一头牛，因为驴干活劲头小，不怎么中用，而牛虽然慢吞吞的，但是有着干活的蛮力气，干起活来不含糊。此外，日本侵略中国的时候，有一年八路军打死了两个日本鬼子，日本人气急败坏就烧毁了北庄，隋吉良牵着一头驴和其他老百姓赶紧逃跑，可是没有跑成功，被日本人连人带驴一块儿抓了回来，然后驴子就被日本人给拿去卖钱了，隋吉良只能一个人回家了，那一年隋吉良十一岁。

1949年以前，隋家人到长丰集市上卖过柴火和粮食，人们没有地方打工，没有地方挣钱，当家里需要用钱购买用具等物品的时候，就得想办法卖点柴火或者粮食换点钱把眼前要办的事情给解决了。隋家在东洼里种高粱，高粱的秸秆就是秫秸，因为牲口只吃秫秸的叶子，所以需要把叶子捎下来留给牲口，家里再留够烧火做饭的秫秸之后便可以拿到长丰集上去卖些钱回来。因为杨屯村的地势是西高东低的走势，所以一旦降雨，雨水顺势都流入村庄的东洼大片耕地里淤积起来，高粱相对于其他农作物而言抗涝，所以杨屯村的农户每年都在东洼种植大面积的高粱，高粱具有高大且茂盛的特征，可以产出大量柴火，牲口只食用叶子，由此杨屯村的农户有大量高粱秫秸可以自用或售卖，其他村庄则没有地势低淤水的特殊情况，导致其他村庄非常缺乏柴火。每年卖柴火的多是来自隋家所在的村庄，隋家每年都把自己家产的高粱秫秸堆积在村外的晒谷场上，等到开市的时候卖钱，人们都说："杨屯里不卖柴火，其他的村子就根本没有柴火烧，长丰集上卖柴火的净是杨屯村的人。"

隋家偶尔会售卖粮食，粮食多的话就用小推车操着，粮食少的话就用人背着去长丰集市上卖掉。从隋吉良记事开始就有长丰集，四村八里的人都来这个集上买卖东西。1949年以前，没有人到家门口来买粮食，只能自己想法弄到集上摆摊卖掉。买卖粮食都是用斗量，不是用秤称重，斗既不是卖家的，也不是买家的，买卖双方不能自己带斗去，带了也没有人使用，卖家和买家在集上找专门量粮食的斗，大家使用集市上的斗可以防止作弊，这样对于买卖双方都公平。集市上有专门过斗称粮食的人,并非免费使用,使用一回斗需要缴纳二分钱。长丰集上摆设有两个摊位,人家以给买卖双方称粮食为营生,这两个摊位不属于国家,国家没有设立专门的集市管理部门。买卖粮食不限数量,多少都可以到集市上买卖,当时集上卖粮食的人特别多,长丰集上有个大粮食市,是专门买卖粮食的场所。

(五)手艺托举家庭

大户人家都有百亩地以上,拥有好几台马车,自己雇着做活的长工和短工,雇着看家护院的人,住着四合院,甚至拥有几个院落。像隋家这样的人家有个地方居住,平日不用借人家粮食,家里有几十亩地,凑合着打的粮食够吃,平日吃高粱、谷子作为主食,不吃细粮,种地的使手家伙①、牲口、磨等都基本拥有,当时买得起牲口就不错了,这样的人家就是中户家庭。还有贫穷的小户人家,高粱和谷子碾了皮就是小米,为了多点粮食,小户人家一般都不碾皮,用高粱面或者谷面贴饼子②吃,蔬菜就是自己家里种植的萝卜腌制成的咸菜,吃的时候就着饼子吃,经常吃了上顿没下顿,没有土地,没有牲口,甚至没有居住的房子,需要"猫"③房子住,有时候需要借钱借粮过日子,平日给人家打短工或者做长工,经常吃了上顿接不上下顿。

随着隋吉良渐渐长大成人,便跟随着亲戚出门学习瓦匠手艺,正好赶上国家招瓦匠工人,隋吉良一个月可以赚七十五块钱,对于普通家庭来说,这显然是非常可观的收入,彻底改变了家里的生活境况,甚至寇氏嫁给隋吉良为妻,也是看重了隋吉良的手艺可以谋生。这份手艺不仅给家人带来保障,保证了家人的温饱,还积攒了钱给弟弟盖房娶妻。隋吉良的手艺在隋家的生活中发挥了巨大的作用,当时二三百块钱就可以购买一头牲口,可想而知七十五块钱在隋家发挥着多么重要的作用。

(六)出阁女常住家

隋家的当家人格外地心疼闺女,出嫁的闺女常年带着孩子住在娘家,隋家专门留出厢房给出嫁的闺女居住,吃穿用度都由娘家供养,这对于隋家这样一个普通的家庭来说无疑是雪上加霜。后来隋吉良挣钱开始支撑家庭,生活条件得到很大的改观,内当家黄秀珍看着闺女家的经济条件都不好,日子非常窘迫,而且黄秀珍对于闺女出嫁以前为家里拼死拼活干干活儿一直感激于心,便总是偷偷地给出嫁的闺女粮食或者布料等接济。毕竟是一奶同胞,隋吉良心里虽有着不满,但还是体谅老人帮衬姐妹的做法,毕竟姐妹出嫁以前为家里付出很多,没有因为自己早晚嫁人而偷懒不为家里干活。姐妹出嫁以前是家里的主要劳动力,农忙的时候就到田地里耪地、下种、掰玉米等,农闲的时候就背着筐到处打草为的是给家里卖钱贴补家用。可后来寇氏进门便对此颇有意见,因为寇氏认为闺女出嫁了就是婆婆家的人,就是外人了,不应该再拖累娘家,自己家的东西给了她们,对于自己家而言是损伤。在那个物质极其稀缺的社会,大家都怕自家吃不上饭,为此对婆婆、大姑和小姑积怨于心,敢怒不敢言。

---

① 家伙:指农业工具。
② 贴饼子:把谷子推磨碾成粉末状,再和成面,做出长片状蒸熟了。
③ 猫:指借。

第二章　家户经济制度

隋家的生活来源主要是依靠农业收入和隋吉良做瓦匠所赚得的收入，尤其是后者可谓是整个家庭的依托和保障，使得隋家在生存方面无后顾之忧，而且隋文周也得以盖房娶妻。隋秋元当家之时，对于家庭生产、分配、交换、消费各个环节均拥有支配权和决定权，当家人换成隋吉良之后，隋吉良仅在生产、交换方面享有同父辈当家人同等的权利，而在分配和消费两个环节仍由父辈当家人全权决定，以此避免归属于大家庭的财产被小家庭占为己有。隋吉良迎娶寇氏仍然维持有十二年的共居共财状态，目的是维系整个家庭的最大利益，保障家庭的延续和发展。

一、家户产权

（一）土地产权

由于外当家隋秋元做买卖失利，隋家的土地由五十亩减少到了四十亩，从此隋家便主要倚仗这四十亩土地为生。隋家在伙着的时候，土地属于全家人所有，没有具体划分土地之归属，只有笼统的归属范围，即属于全家人所有，"谁的都是，谁的又都不是"，当家人对于家中的土地不拥有完整的所有权。

1.四十亩地但优劣不一

1949 年以前，家里有五十亩土地，在隋吉良十四岁的时候，因为隋秋元去天津做买卖赔了钱，家里没有能力偿还此债务，隋秋元不得已便做主卖了家里的十亩地，借此将欠款还清，从此家里还剩下四十亩地。

隋家土地的分布具有分散性，肥沃与贫瘠并存：东洼有十亩地，全部是胶泥地，包括大洼①、小洼②、黄里讲③等。因为东洼的土质特殊，实在算不上肥沃，且地势低洼，易于积水，所以每年均种植产量低下且抗洪涝的高粱，整个东洼几乎没有其他农作物，遍地是高粱，走入东洼就像钻入狭窄的过道一样，根本看不见村庄。后来闹日本赶上扫荡，大家便都到东洼去躲藏起来，可见东洼的高粱之茂盛所呈现的一片景象。除了距离村庄三四公里的东洼，其他的土地都位于隋家周边，这些都是"上地"，也就是品质好的土地。家门口的北洼、西洼，还有南洼的黄地④、大堤⑤等，这些土地地势也相对较高，下雨涝不了，隋家这样的好地有三十亩

---

① 大洼：耕地名。
② 小洼：耕地名。
③ 黄里讲：耕地名。
④ 黄地：耕地名。
⑤ 大堤：耕地名。

左右。1949年之前,田地里没有用于灌溉的水井、沟渠或者河流,国家不出资挖这些灌溉所用的水井等。面对家里土地分布的区域如此之多的现状,隋家根本不具备挖这么多口灌溉井的能力。至于粮食收成只能依靠天降雨来定,如雨水多,天不旱,地也不缺水,收成就会好。

2.家户土地代代传承

隋家的土地都是从祖上继承而来,一直没有再购买过土地,祖上留下来的土地,后辈人就接着耕种,一代一代地往下传承。隋家的土地位置是很分散的状况,包括距离家很远的东洼,和几乎在家门口的西洼、南洼、北洼。东洼包括大洼、小洼、黄里讲、养鱼池四处;西洼就是许家坟儿[①]、冯家坟[②]、隋家坟[③];南洼就是黄地、大堤、南轧子地[④]、刘园儿[⑤];北洼就是公园[⑥],家门口四边都有地,而且每块土地面积有大有小,很不均衡,例如南小洼[⑦]一块地就有八亩多,几乎延伸到了隔壁的高屯村[⑧]。隋家没有通过自己劳动而开荒的土地,因为隋家男性劳动力少,干繁重体力活的人少,所以自己家的土地都难以耕种得非常到位,没有多余的精力开垦和打理荒地。

3.为了"超近"归属全家

家里的土地属于全家人所有,即使是当家人也不能占有一家人的土地,这和土地的多少没有关系。家里没有养老地和贴己地,老人就是小辈养着,他们要养老地也没有用,隋家所在的村庄都没有听说过有养老地的人家,隋家自然也是没有的。听说过大家户娶媳妇,新媳妇家也是大财主,就把一些地给闺女作为嫁妆送给姑爷家。一般大财主在四村八里都有土地,闺女嫁的婆家所在的村庄也有财主的土地,财主就把这部分土地陪嫁给闺女。这种陪嫁的土地属于媳妇自己的贴己地,婆家人不可以随便处置人家的土地,比如说婆家人不经过媳妇的同意擅自做主买卖贴己地是不可以的,如卖了娘家人会找到婆家要说法,要求婆家补偿给媳妇这部分贴己地。除了这种贴己地,家里的其他土地都属于全家人所有,人人都有份。

外出打工的人也属于家里的一分子,家中的土地自然也有其一份。就像二儿子隋吉良从十七八岁就外出当瓦匠挣钱贴补家用,他和其他家庭成员一样也占有家中土地的份额。但是嫁出去的姑娘没有份,没有出嫁的姑娘也没有份,因为女孩子早晚是婆家的人。"没有出嫁的姑娘信[⑨]个主也不能带去土地,一般就是陪送[⑩]点东西,有钱的陪送点钱,没有钱就少陪送。一般人家的姑娘没有带着土地出嫁的,连这个房产什么的闺女都没有份。"未成年的男孩子有份,未完婚的男性家庭成员也占有家中土地的份额,分家的时候,家里的土地会按照儿子的个数平均分。嫁进来的媳妇有份,因为媳妇嫁进婆家就是婆家的人了,为婆家生儿育女,操劳

---

① 许家坟儿:耕地名。
② 冯家坟:耕地名。
③ 隋家坟:耕地名。
④ 南轧子地:耕地名。
⑤ 刘园儿:耕地名。
⑥ 公园:耕地名。
⑦ 南小洼:耕地名。
⑧ 高屯村:村庄的名字。
⑨ 信:指嫁、娶。
⑩ 陪送:指陪嫁。

生计。1949年以前，有招女婿儿①的人家，但极为少见，隋家所在的整个村庄都没有。因为大家对被招入的女婿儿是有看法的，甚至是带着歧视的眼光，所以没有人愿意做别人家的女婿儿。没有儿子的人家一般是过继侄子，不兴招女婿儿。在主家打短工的人或者做长工的人都不算主家的人，因此也不能分主家的土地。分了家以后，分得的土地和房屋便属于自己家所有，和任何人都没有关系，哪怕是亲兄弟或者是父母也不可以强要这部分土地和房屋。

大家在一起伙着的时候，土地属于每个家庭成员所有，不具体分到个人，因为这种归属方式超近②。对于男性劳动力少的隋家而言，分散劳动力尤为绕远③，土地伙着，全家人一块儿耕种，集聚全部劳动力共同完成耕作是最好的方式。1949年以前，科技不发达，没有农用机器，只能单纯依靠人工耕种收割庄稼，人们在一块儿伙里着干活效率高，因此村庄中的许多人家，兄弟已经分完家，土地有着明确的归属，但是依旧伙着种地。如果只有两口子干活，两个人仅仅能够拉耧，没有拉砘子的人，如果伙着种地既有拉耧的，又有拉砘子的，种地又快又好。

4.遇事卖地找"说活的人"

家中遇上困难，又缺少解决困难的经济能力就需要售卖家中的土地。二儿子隋吉良十多岁的时候，外当家隋秋元到天津做买卖失败，赔了钱，为了还上所欠债务，作为当家人的隋秋元不得不变卖家中十亩土地。土地的处置完全由当家人决定，家庭成员不可以干涉，甚至连问都不能够问一下，当家人不需要和小辈人商量。村庄有专门管着买卖土地的人，当地称其为"说活的人"，这种"说活的人"不仅管着买卖土地，买卖庄基地和房屋也可以找他们帮忙。隋家所在的村庄有一个六十多岁的老头，作为"说活的人"，大家买卖土地和房屋均和他打一声招呼，他掌握着村庄所有买方和卖方的需求信息，便于撮合双方完成交易。隋秋元用于还债而卖掉的十亩土地就是通过"说活的人"完成的，"说活的人"促成买卖双方完成交易并不收取任何费用，就是相当于白帮忙。愿意当"说活的人"的都是平日比较清闲，而且喜好和乡亲打交道、有助人为乐品性的人。如果买卖双方对于"说活的人"介绍的交易不满意或者谈不拢就可以不了了之，如果买卖双方交易成功一般要请"说活的人"吃顿饭，买方和卖方商量着谁请都可以，就是一顿饭的事情，把"说活的人"请到家中吃顿饭算是答谢。至于饭食，可以是白面馒头或者火烧④炒鸡蛋，或者是饺子。1949年以前，人们生活条件大多勉强糊口，请客吃饭所准备的饮食也就简单多了，炒菜多是自己家里种的白菜，想炒个土豆都找不着，根本没有卖土豆的。族人没有收回和重新统一分配过土地，族间不干涉属于自家土地的任何事宜，家中的事情一般都自己解决。

5.以文书、抡⑤与白灰桩为界

家里的每块地都有文书，文书是买卖土地双方找好中间人，由中间人写的，此文书作为土地归属的屏障和界限。中间人一般请的是"说活的人"，就是谁家需要买卖土地事先告知村庄中的"说活的人"给买卖双方搭个⑥，"说活的人"给人们介绍土地和房屋的买卖。文书上

---

① 招女婿儿：指入赘。
② 超近：指方便。
③ 绕远：指不方便。
④ 火烧：指白面做的烙饼。
⑤ 抡：音为lǔn，指地中的土垄。
⑥ 搭个：指给买方与卖方搭桥，促成买卖。

写得极为清楚,家中每块土地的亩数,东西南北的长度和宽度都有白纸黑字为据。土地是老百姓的命根子,对于家庭而言非同小可。家里的文书都由父亲隋僧林统一保管,后来隋僧林去世就由隋秋元保管,专门放在一个小木匣里。文书就相当于现代人的户口本一样,规定着东西属于谁,是一个凭证,是一个讲道理的证明。除了文书以外,地邻和地邻之间的边界有两种,一种是"垅","垅"就是地邻和地邻之间的界限,"垅"的宽度不固定,有宽三十来公分的"垅",也有窄十公分的"垅";另一种就是打白灰桩子,先用铁橛子楔个窝①,然后把铁橛子拔出来,再灌上白灰和水的混合物,等到其凝固成白灰桩子,以后无论何时挖也不会糟了②,有心的人家都是这么弄,无论什么时候需要找到两家土地的边界,拿着铁锹挖就会看到白灰桩。

地邻之间耕种土地时备不住③踩着彼此的庄稼,虽不会受到地邻的指责,但是要尽量避免伤到对方的庄稼,小介不严④的没有问题,要是给人家大面积的损毁庄稼或者故意糟践庄稼是绝对不允许的,对方会要求赔偿。只有实在没有办法避免的时候才可以伤到地邻的庄稼,比方牲口拐弯的时候踩了一脚,这种情况在所难免,不需要负责任。地邻之间与邻居之间是一个道理,需要彼此尽量向好里相处,不能彼此找麻烦,倘若平日小心翼翼,就是偶尔不小心找毛着⑤一点也没关系。家中的土地只许可自家人种植,家庭之外的人不可以耕种,外人种要经过家里当家人的许可。而且自己家的土地不允许别人随便占一分一厘,反之,自己家的人心里也清楚,也不能无缘无故地占其他人家的土地。如果有人抢占自己家土地,主家不干,这是个很大的事情,捏⑥也没有那么干的,彼此对于归属关系极为明晰。如果出现外人没有经过同意要家里土地的情况,村里的村长会出面管,族人要是和睦的话也会管,要是不和睦的就不一定管。隋家没有出现过这样的事情,村里人都是自己家过自己家的日子,又不是土匪乱抢乱占。

平时,隋家每块土地种植农作物的种类都由作为当家人的隋秋元决定,隋秋元常年在家专门负责照管家中的田地,自然对土地最为了解,由其做决定除其当家人的身份以外,还因为他对每块土地最为了解,作出的决定自然最为科学。关于种地的事情,隋秋元不用和儿子们商量,更不能让女人拿主意,当然问一下儿子有无更好的建议也可以,对于此没有过于严格的规定,实际生活中商量的情况少之又少,一般都是隋秋元要求种什么,家庭成员就按照隋秋元所说的跟着一起去种地。到了收获的季节,地里所生产的粮食属于全家人所有,不是属于当家人一个人所有,更不是属于家中单独一个成员所有。每年地里打的粮食也没有专门的固定的房屋存放,一般都是家里哪有空地方就放置于哪里。有钱的大地主家都有粮仓,也就是专门盛粮食的屋子,像隋家这样的中户家庭没有粮仓。隋家每年收获的粮食不具体分配到小家庭或者个人,因为家庭处于伙着的状况,家庭成员都在一个灶里吃饭,共同食用这些粮食。土地属于家庭内部的财产,外人不予以干涉,主观上没有人有意愿管这些事情,客观上

---

① 窝:指洞。

② 糟了:指腐烂。

③ 备不住:指避免不了,偶尔。

④ 小介不严:指小部分,一点。

⑤ 找毛着:指伤害,糟践。

⑥ 捏:指人家。

也没有权利管。但是如果自己家种的庄稼影响到地邻了，人家就会干涉，比方说你在地里栽树，地邻不栽树，树的影子挡住地邻的庄稼采光导致地邻的庄稼减产，人家便有权利阻止你种树。如果是单纯的种庄稼，地邻之间爱种什么庄稼都不会被妨碍和干涉。家里的地都由儿子继承，因为儿子支撑家之门庭，传宗接代，赡养老人。闺女早晚要嫁人成为婆家的媳妇，和娘家就没有多大关系了，孩子也是人家婆家的，跟人家婆家的姓。

6.老当家"身子骨"决定土地管理的干涉程度

如果遇上难事不得不变卖家中的土地，必须由当家人决定，不需要和其他家庭成员商量，当家人可以全权处置，作为小辈无权过问，父亲隋僧林和母亲高氏年纪大了没有能力主事了，因此隋秋元可以自己做主。如果老辈的当家人不是因为岁数大或者疾病在身而拿不了主意，新当家人就买卖土地的事宜就必须要和老当家人商量，征求老当家人的意见，毕竟买房置地是关系到全家人生存的大事情。如果当初隋僧林身子骨强健，隋秋元变卖家中的十亩地就得和隋僧林商量好再决定是否售卖这些土地，如果隋僧林不同意卖地，隋秋元便不可以自己做主硬卖土地。当家人说了算有一定的好处，越多人参与，尤其是越多的人掌握决定权，商量事情的难度就越大，越没有办法高效处理，最终导致任何事情都办不成，影响到家里过日子。由当家人单独作决定也有坏处，如果是父母当家，那么父母全心全意经营生活是为了孩子，这种情况比较科学合理，且长辈当家难度小，小辈人尊礼法会无条件顺从当家人作出的决定；但如果是晚辈当家，尤其是当家的晚辈已经娶妻生子，很有可能存有私心而把属于全家人的财富据为己有，比如后来由隋吉良当家且处于已经娶妻生子的状态，即使隋吉良耿直为家着想，兄弟还是对其不信任，总是防止他偏袒自己屋里，而且对隋吉良作出的决定七嘴八舌表示怀疑和不服从，极大地降低了家庭事务的处置效率，增加了当家的难度。

7.成员能力决定土地参与度

除了当家人，其他家庭成员不可以做主买卖、租佃、置换和典当土地。1949 年之前，家庭买卖土地的情况很少，不遇上无法应对的大事情不会舍得变卖家中土地，家庭重视土地的程度超越生命。如果家里的内当家，拥有很强的能力，甚至拥有比男人干活还好的本事，在关于土地这种大事情方面也可以参与，甚至可以拿主意。一般情况下，这样有着很强能力的内当家也不甘于仅仅是围着锅台转悠，她们会积极地参与家庭事务。内当家黄秀珍就是一个非常强悍的女人，虽然是小脚，但在村庄里是出了名的女强人，轧场①、赶大车、续草等等，全都干得有模有样。黄秀珍负责续草的原因是按铡刀费劲，女人按不动，所以就让隋秋元按铡刀，自己负责向铡刀里续草，铡出来的谷草都像小料瓣②似的那么大，绝大多数人都做不到这样，谷草铡得越小，牲口吃起来就越不糟践，牲口也越是喜欢吃。轧场的时候，黄秀珍一个人可以同时驱赶三头牲口前后纵列着碾压晒谷场中的麦子、谷子等，一般男人也就可以同时使用两头牲口前后纵列着轧场，黄秀珍可是了不起的好把式。"好把式全在鞭子上，有的牲口心眼多，本来它应该转大圈轧场，可是却偷懒转小圈，因此好把式不好当，一般人当不了，必须得掌握好各个牲口。"

因为黄秀珍在农业方面有着超出常人的能力，所以虽然她是内当家，但是关于土地的处

---

① 轧场：指把成熟的麦子、谷子等均匀地铺在晒谷场上，由牲口拉着石头碾子碾压，目的是使作物和壳儿分离。
② 小料瓣：一种作物。

置及其耕种等方面她也会提意见,如果她不同意,家中的土地还真的不可以随便处理。比如一块地种植农作物,黄秀珍可以提出来种植作物的种类且和隋秋元共同决定,但是黄秀珍一般都不提意见,由隋秋元全权负责。隋家当年由于隋秋元做买卖失利,需要卖掉十亩地偿还债务,因为老辈当家人上了年纪,所以就由隋秋元作出决定,黄秀珍也没有说什么,毕竟是女人不好多言语,这样名声不好听。家里的晚辈可以提意见,但是最后的决定权不在晚辈手中,仅仅是把自己认为好的想法或者观点表达出来,对于长辈已经决定的事情,小辈不同意起不了作用,必须服从长辈。

8.护住土地不被侵占

1949年以前,隋家的土地均由祖上继承而来,祖上也是花钱购买的土地,属于自家的私有财产,而且土地也是隋家谋生的重要渠道,有没有口粮就全指望地里打的粮食数量。隋家没有出现过土地被大面积侵占的情况,就是地圪作为两家的界限移动的时候不少。耕地的时候使用牲口拉着犁杖,犁杖有翻土和扣土的功能,有时候耕地,种植庄稼靠近地圪就把土翻扣到地邻的田里形成新的地圪,这样做等于地圪的界限侵到了地邻家,侵占了地邻家的土地。田地里长草是非常正常的事情,没有农药,锄草完全依靠人工耪地或者拿着刀子挖田中的草,所谓"百人百性",即每个人的性格不一样,如果遇到好意思又爱小①的地邻,当其锄草的时候,就会故意把根部带着大泥巴的草放到偏对方一边的地圪上,下雨之后看不出来就又形成结实的地圪,但是界限已经推移过了对方土地中,侵占了地邻的田地。隋家遇到过这种越界侵占土地的情况,但是因为是同族的人,关系又很不错,所以平时自己注意盯着和保护着自己家的土地就罢了,心里非常有意见,但也不好意思说出来,只要不太吃亏就算了,对方太过分会提出来,总之也是要护住自家土地不被侵占。但是如果侵占土地的是外人,那隋家的当家人就会亲自到对方家里告知且要求对方遵守界限不得跨越。

9.土地属于自家所有

人们都讲规矩,随便侵占或者强要他人的土地根本行不通。村民都认可隋家拥有的土地,没有强行侵占土地的情况。如果有村民要买卖、置换隋家的土地就必须和隋家当家人商量,得到当家人的同意后才可以买卖和置换。族人对隋家的土地同样是认可的,如果有外人侵占隋家的土地,隋姓家族的人都不答应,会出面干涉,要求对方归还土地。1949年之前,族人乐意管理家族的事情,会为族人打抱不平,因为大家尊重族中长辈,也会遵从族中长辈的要求。虽然村庄也认可隋家所拥有的土地,但是村里如果出现侵占土地的情况,村干部会给双方做思想工作设法说服,不会使用强硬手段把土地归还给被侵占者。政府对于土地同样持认可态度,也不会毫无理由地随意占用农户的土地,如果有需要占用土地的情况,会用钱购买农户的土地并和农户商量妥帖。如果有人家土地被侵占了,告知官府,官府会管理,也会强制侵占土地的一方将土地归还,当时的政府就是区政府,还没有乡镇。

(二)房屋产权

隋家的房屋是坯制的"四层房套房"结构,伙着四代人的住宅建造在狭窄的长条状的庄基地上,居住条件简陋。房屋不多,属于全家人所有,隋家的房屋不属于隋家的任何一个专属的个人,包括家长都不可以单独处理房屋,即不可以单独进行买卖或者出借房屋等。隋家对

---

① 爱小:指喜好占便宜。

于房屋的重视程度非常高,不可能容忍自己家的房屋被任何人或者机构强行占用。

1.八间屋布局为"套房"

1949年以前,隋家的宅基地长有二十多米,宽不超过八米,整个面积大概二百平方米,建筑面积占据有一百六十平方米左右,房屋都是用土坯建造而成。由于隋家的庄基地为长条状,所以建筑的房屋形式是两间北房、两间幺房、两间南房,幺房与南房之间有两间厢房,总共算下来有八间房屋,属于并列的"四层房套房"格局。

北房、幺房各为两间,均为坐北朝南,一间用于做饭,一间用于居住,父亲隋僧林、母亲高氏、外当家隋秋元、内当家黄秀珍及未婚的大儿子隋文良与三儿子隋文周都住在幺房中,二儿子隋吉良及其妻子还有孩子们住在北房中。两间南房亦坐南朝北,一间是磨房,用于碾磨粮食;另一间用于盛放牲口草料。东厢房住人,坐东朝西。西厢房放置农用工具与饲养牲口,坐西朝东,相当于一个牲口棚。院子狭窄的程度是难以想象的,小孩子们在厢房上玩耍,可以直接从东厢房跳跃到西厢房上去,两个厢房间隔最多一米。三套房子之间靠"穿插门"连通,即在幺房的堂屋专门留有一个可以通向北房和南房的门。

出嫁的闺女们回娘家就住厢房,厢房中都设有小炕。隋家在房屋的外边还盖了一间车棚,用于放置马车,庄稼人过日子所需使用的东西得尽量备齐。隋家的房屋与外界连通的大门宽度为一米,而且门的方位是有严格讲究的,三间房走东南门,两间房和四间房走西南门,也就是说单数房子的门设置为东南门,双数房子的门设置为西南门。隋家主体房屋由于都是两间,所以通到街上的大门是西南门的位置。后来隋吉良当家的时候做主把幺房和厢房都扒了,改成三间西厢房,院子还是像过道一样的狭窄。1949年以前,由于隋家的房屋都是坯质,因此赶上下雨阴天就惧怕房子倒塌,房子也漏雨,"外边下大雨,屋内下小雨"。茅厕在北房和幺房之间的位置,离老人近,为的是老人使用方便。

2.继承与自建

隋家的宅基地和房屋是父亲隋僧林传给隋秋元,然后隋秋元传给儿子们居住,房屋坏了就修建,不坏就如此代代相传循环使用。由于经济条件并不好,所以房屋完全由坯建成,一块砖头都没有。后来隋僧林和高氏相继去世,隋秋元与黄秀珍由于年长当起家来也力不从心,于是换成二儿子隋吉良当家,隋吉良当家的时候做主把幺房扒了,厢房也扒了,改建成三间西厢房,院子还是像过道一样的狭窄。当时村庄中已经出现包工盖房子的人,隋家的三间西厢房就是这样包出去而得以建成。包工的人负责打坯和脱坯,打坯不需要水,直接用土砸坯而成;脱坯就是将水、土和小麦秸秆按照一定比例混合,然后用模具脱制而成。盖房子需要"助工",所谓"助工"就是村庄中有盖房子的人家,大伙就免费去帮忙,是一种互相帮助的形式,人们没有足够的经济能力请人盖房,就用这种互助方式来解决居所建造问题。"助工"不需要给钱,负责管大伙饭吃即可,条件好的人家做的饭食就好一些,晌午管顿白面吃;条件不好的人家就吃窝头等粗粮。无论经济条件好坏,房屋到了上梁的时候都必须给"助工"做一顿上梁包子,图吉利和喜庆。此外,"抄平"①的时候也要管"助工"一顿好的吃。并非所有人家的房子都为坯房,有钱人家会建造质地坚固的青砖房,红砖还没有,经济条件更为优越的大地主家庭会建造瓦房,瓦房便是最好的屋舍了。至于房屋建材的优劣,瓦房质地最佳,稍微差点

---

① 抄平:指盖房的开始。

的就是砖房,最差的就是坯房。

家中房屋归属于全家人,每一个家庭成员均占有份额,家长对于所有房屋并不拥有所有权。家里的幺房由隋僧林、高氏、隋秋元、黄秀珍、隋文良和隋文周居住,北房由隋吉良、寇氏及其孩子们居住,隋家有个不成文的规矩:没结婚的孩子就要和老人们一起居住。厢房由出嫁的闺女们居住,厢房内专门设置了火炕。各自居住着房屋,但这并不意味着房屋属于居住者所有,大家在一起伙着就属于全家人所有,不具体指定哪个房屋归属于哪个家庭成员,只有分家的时候,老人才指定房屋的具体归属,被指认的房屋便属于固定的个人所有,无论闺女出嫁与否都不占有房屋的份额,因为闺女早晚都得出嫁而成为婆家的人,除非家里自愿把房屋陪嫁给闺女,她才可以占有房屋,否则无论家里财产多寡,闺女都没有娘家财产的继承权和所有权。按照风俗,闺女也不需要赡养老人,因此家中所有财产没有闺女的份。伙着的时候不确定具体归属人有利于家庭的团结与和睦,有利于聚集全家人的力量,有利于发家致富。

3.房屋边界明确

隋家的房屋有着明确的边界,边界为墙头,墙头以内是自家的范围,墙头以外是别家的范围,和自家无关。隋家把属于自己家宅基地的空间用坯墙头围起来,四个方位围成封闭的空间。墙头的作用,一是保障安全,二是划定界限范围,三是成全圆满之说。墙头对于小偷之类的有一定的震慑作用,如果没有墙头不够圆满,当地风俗讲究圆满。平日邻居需要到房屋上查看是否漏雨等都是踩着隋家的墙头,这样做没有关系,邻居之间断不了互帮互助。但是隋家的房屋仅有自己家的成员可以使用,外人使用必须要经过隋家当家人的同意。隋家的房屋只有家里的男丁及其妻子和儿子享有继承权,其他人没有继承的资格。

隋家人对于自家的房屋有着明确的归属认知,不容许他人侵占,自己家人也不会对别人家的房屋抱有不当想法,房屋对于一个家庭来说至关重要,是整个家庭的安身立命之根本。家人都感觉房屋属于全家人所有是合情合理的,没有人提出过异议,修葺、买卖、借用自己家的房屋等都不需要经过族人和村庄的允许,属于自己家内部的事情,任何人都没有干涉的权利。

4.房屋买卖需家长共商且有先后顺序

隋家建造房屋由隋秋元和黄秀珍共同商量着决定,即外当家和内当家共同拿主意。建屋造舍属于隋家的家务事,不需要经过族人和村庄的任何人同意,但需要告知乡邻,因为盖房子需要"助工"协助。1949年以前,经济条件勉强温饱并不宽裕,大伙"助工"帮衬着把房子盖好。房屋对于隋家来说是大事情,因此关于房屋的事情,作为外当家的隋秋元需要和作为内当家的黄秀珍商量着作出决定,如果黄秀珍不同意隋秋元的想法,隋秋元不可以单独作出关于房屋的决定。买卖房屋有着严格的顺序,如果隋家要卖自己的房屋,当家人首先要询问自己家的亲兄弟要不要购买,如果兄弟不需要就问堂兄弟,如果堂兄弟也不需要,就询问族人有没有人购买,如果族人不想买,才可以卖给外人。价位一样的情况下,必须遵循此买卖房屋的顺序;如果外人给的价位高出很多,可以不遵循此顺序而选择售卖给出价高的买家;如果价位差距很小,依旧需要遵循买卖房屋的顺序,这是大家公认的规矩。

5.家庭成员配合家长作决定

家长对于房屋的买卖、修葺等拥有决定权,但是只依靠家长也办不成这件事情,需要家庭成员配合家长共同完成。隋家的房子都是坯质,每年需要家长和其他家庭成员一起给房顶铺一层泥巴,目的是防止和抵御漏雨,因为经过一年的雨水冲刷,房顶的土层顺着雨水流走会变得很薄,以至于经常是"屋外下大雨,屋内下小雨",所以需要用泥巴重新抹屋顶。对于房屋的买卖,由隋家的家长作决定,家庭成员要守规矩,没有提出反对意见的情况,因为卖房子实属无奈之举,一般是因为欠了钱还不起,如果不卖房子也没有办法可以解决,但凡有其他办法便不会选择售卖房屋。当然如果家中的儿子有二十多岁,具备独立的成熟的思维能力,当家人卖房子也会知会晚辈一声,长辈不声不响单独就把房子卖掉不合适。面对长辈的告知,晚辈一般不会阻止,因为毕竟卖房子是不得已的事情,一家人总得想办法把所欠的债务还上。

6.侵占宅基地查看文书与"老底脚"

房屋不可以被随便侵占,也没有人不讲规矩硬要侵占别人家的房屋,村里也不会随便占农户的房屋,区政府要公粮就老老实实交公粮,户里和村里、区里打交道就是公粮的事情。不过有小范围的侵占庄基地的情况,两户相邻的人家,一户人家先盖房子经常是出于私心多占点左邻右舍的地方,但是一般都会在盖房子的时候被对方发现。面对这种情形,被侵占庄基地的一方会拿出写有自己家宅基地面积的文书或者用自己家的老底脚①作为证据以表明对方占用了自己家的庄基地,如果对方还是不肯让出庄基地,矛盾会愈演愈烈,被侵占的一方会找村长进行调解,如果调解不成功,便会告到区政府,让区政府做主,村庄中有一户人家就因为庄基地被侵占一尺而导致两家人大打出手闹出了人命。总之,农户把庄基地及房子看得特别重要,不会在房子和庄基地上让步,因为房子和宅基地是祖祖辈辈的事情,这一代人让出了宅基地或者房屋,等于是祖祖辈辈的损失。隋家的房屋得到家族、村庄、官府的广泛认可,没有隋家的同意,其他人不可以随意侵占其房屋,家族、村庄、官府要购买隋家的房屋,必须要和当家人商量且获得当家人的同意。

(三)生产资料产权

对于隋家而言,土地是最为重要的谋生方式,没有土地,全家人无以维持生计。而保障土地耕作的使手家伙便是隋家的全部生产资料。可想而知,这些生产资料在隋家人心目中的地位的重要程度。由于隋家没有分家,所以这些生产资料属于全家人共有,不具体划归到个人或者小家庭。

1.自备齐全且不喜外借

隋家有犁杖、老耙、耧、马车、锄头、铁锹、镐等使手家伙,马车不是隋家单独拥有,而是与自己家关系非常要好且居住在一个过道的一户人家搭伙购买的,属于同族远当家子②。分家之前隋家最开始养着两头驴,后来换成一头驴,再后来换成了一头牛,牲口都是和人家搭伙共同所有,使手家伙都是老辈人留下来或者由当家人隋秋元购买的。1949年以前,购置使手家伙用钱,不可以用粮食换购。家里备有绝大多数种地干活所需要的使手家伙,但是也不齐全。不单是受限于经济条件,关键是再有钱的人家也准备不齐所有的工具,断不了借用其他人家的工具。隋家的使手家伙配备得已算是很齐全,基本上不需要外借他人,而且隋家的观念是能不借就尽量不借,尽量不欠人情。隋家没有专门的交通工具,倘若赶集或者参加红白喜事等需要外出,那就步撵而行或者套着马车到达目的地。除了隋吉良干瓦匠活需要出门之

---

① 老底脚:指地基。
② 远当家子:指有血缘关系的族人。

外,隋家人极少出远门,交通不便利和经济不宽裕两个条件限制了家庭成员的活动范围。

2.集市购买且全家共有

所有使手家伙都可到集市购买,有个专门买卖使手家伙的市场。因为制造农具需要木匠和铁匠的专门技术才可以完成,所以自己无法制造使手家伙,即使勉强制造出来,待使用之时也会非常蹩脚,劳动效率低下。家里缺少使手家伙的时候就由当家人到集市购买,其他家里成员极少赶集,因为几乎没有任何东西需要购买,也规定时间多久去赶一次集。处于伙着状态,家里的所有生产资料都属于全家人所有,不具体划归到个人。但在具体使用之时,一般都是家庭成员今年使用的镐,明年还继续使用这一个,轻易不会更换。也就是说在具体使用的时候是划归到个人的,这样做是为了保障生产效率,使用熟练的生产工具重新更换的话需要适应很长一段时间,适应期间会很大程度上减慢干活的速度。但是也不会给每个成员准备一套使手家伙,隋家经济条件没有好到给每个家庭成员都准备一套自己独用的使手家伙的程度,所以尽量在经济能力允许的范围之内多配备。生产资料属于全家人所有,其中不包括闺女,无论闺女出嫁与否,因为早早晚晚是婆家的媳妇,"嫁出去的闺女泼出去的水",此观念根深蒂固,所以闺女没有生产资料所有权。出门在外工作的男性家庭成员享有所有权,外出的家庭成员是为了挣钱才出去工作的,所以理应占有份额。处于儿童阶段的男孩子也有份,至于女孩子就没有份了。嫁到隋家的媳妇是有份的,因为人家接下来的大半辈子都在婆家生活,为婆家生儿育女操持家务,属于婆婆家的人,生产资料当然应该有其一份。

3.购买维修归责到人

家里需要购买使手家伙的时候,外当家带着钱去集市上购买,内当家不赶集,1949 年以前几乎没有女人赶集,女人一般不抛头露面,集市上都是男人,因此家里需要工具都由外当家人去买。一般情况下,隋家由当家人直接处理和钱有关的事情,当家人一般都是家里的年长者,对于使手家伙也精通,懂得挑选好用的使手家伙。隋家的外当家人是隋秋元,隋秋元在庄稼地里摸爬滚打几十年,对于什么样式的锄头、镐等工具用起来顺手了如指掌,因此由隋秋元到集市挑选且购买工具最为合适,偶尔小物件可以由当家人以外的其他家庭成员购买,比如说锄头、镰刀等,家庭成员询问外当家人获得许可,再从内当家人那里取钱就可以去集市上购买了。这属于当家人授意的形式。

隋家的农具有所损坏需要修理的时候,家里的成员负责寻找村里会修的人来修理或者把使手家伙送到人家家里去修理,不一定是当家人去,家里的成员都可以送去,一般是使手家伙在谁使用的时候坏掉就由谁修理,或者告知隋秋元得到许可送到其他懂维修的人家中。家里的使手家伙不够用的时候或者是家里的使手家伙坏了用不了的时候,一时间没有办法到集市上去购买或者维修就要向与自己家关系好的人家借用,这不需要支出任何报酬,也不需要管饭,凭借的是人情关系。工具的借用一般都是家庭成员中谁用着了谁去借,家长在家就告诉家长,不在家可以自己做主借用,谁借的使手家伙要记得亲自送还人家。不过借用使手家伙都由隋家的男性成员去借,女人不去借,而做饭使用的工具需要借用一般是女人去借。借用使手家伙不是稀罕事,是一种互相帮助的方式,给别人提供便利等于给自己提供便利。

4.生产资料广得认可

生产资料属于全家人所有,隋家置办的生产资料主要用来农业生产,隋家的口粮全部依靠土地所出产的粮食得以供应,如若缺少生产资料,土地就无法耕种,生活会步履维艰,因此与土地相关的事务都极其重要。生产资料如此不可或缺,所以生产资料是绝对不允许被他人侵占的,当然也没有人随意侵占不属于自家的生产资料。如果隋家生产资料被侵占了,隋家会找到这户人家据理力争要回生产资料,如果对方拒绝归还,极有可能会导致暴力冲突。有的时候,街坊邻居借用隋家的使手家伙忘记了归还,后来由家里人亲自登门才得以讨要回来,对方没有拒绝归还,那么这便不算侵占。但是如果自家也忘记借用之事,那么这个使手家伙就成为别人家的物品,其归属关系发生了根本性的改变,实际上是一种变相的侵占。

对于家里的生产资料,村民、家族和政府持认可的态度。如果要借用、买卖家里的生产资料必须要和当家人商量,不可以强行使用或者占为己有。如果遇到有人强行占有家里的生产资料,而且索要遭拒的情况,当家人可以告知村庄,村干部会作为中间人以调解的方式来解决,但是村干部不能使用暴力的方式解决,只可以使用劝说的方式,侵占别人生产资料的人家不一定听从照做。如果村干部协调未果,被侵占生产资料的人家就需要向区政府报告,请求区政府予以解决,区政府是权力机关,一般先是用调解的方式劝说对方,如果劝说的方式收不到预期的效果,区政府会进行裁定。这是强制的方式,如果违抗裁定会被抓走,抓走之后不仅需要按照裁定赔偿当事人,而且需要用钱到区政府赎人。

(四)生活资料产权

对于隋家而言,生活资料是维系家庭生活正常运转最为基本的一些物件。屋内的桌椅板凳箱柜等生活资料都是女方嫁入婆家的陪嫁,其他的生活资料都由隋家购买或者从祖上继承而来。隋家由作为内当家的黄秀珍掌管着钱财,各屋里需要生活资料就向内当家申请,获得许可之后,黄秀珍会根据物价给钱,再由各屋安排具体购买。

1.生活资料概况

1949年以前,女人讲究大门不出二门不迈。三寸的小脚不方便下地干农活,全部归男人负责,与锅碗瓢盆相关联的做饭之类的家事则由女人负责。每餐吃什么媳妇需要事先询问婆婆,这是规矩,如果媳妇自己做主将饭做熟会招致婆婆的斥责。隋家平日有着明确的劳动分工,总的来说,男人安排家庭外边的事务,女的安排家庭内部的事务,分工主要是针对男人和女人的两性之间,打破分工的情况是存在的,比如农忙时节,男人忙不过来,女人便需要到田地里帮忙抢种抢收。

隋家把晒谷场安置在房屋附近,方便晾晒庄稼和运送粮食,晒谷场是把距离住宅最近的一块土地进行平整,年复一年地使用。每年到了收获的季节,隋家把谷子、豆子等庄稼收割运送至晒谷场晒干,然后由牲口拉着磨碾压出粮食,使得粮食和壳儿分离,粮食便拉回家中储存成为全家人的口粮。隋家的晒谷场南北为19米,东西为15米,总面积大概285平方米,位于村庄的东北方。

隋家所在的村庄有三口井,家里吃水都是从人工挖的水井里取水,雨停①家附近有一口水井,牛子②家房后有一口水井,小泥③家房后有一口水井,三口水井成分散式布局,使得每一

---

① 雨停:人名。
② 牛子:人名。
③ 小泥:人名。

片村民附近都有一口水井以保障供水,井水又苦又咸,特别难喝。水井是几百年以前由村庄统一挖掘,一代又一代人继续使用。每年村民需要淘一次井,居住在井周围且吃此口井中水的人家均算一份,以摊派轮流的方式安排淘井的劳力,每次轮到谁家就派出一个劳动力,或者出钱由村庄雇人代替,每次淘井需要七八个壮劳力。1949年以前,淘井只能使用最为原始的办法,先把井里的水淘干,把人送到井底下把栖在井底的淤泥和脏物弄上来。井底不需要用砖砌,都有泉眼,保证长年累月源源不断地供给井水。淘井主要有两个目的,一是为了人们吃的井水干净,井底的枯枝落叶、随着雨水流入井中的禽畜粪便等都需要清理出来;二是为了清理堵塞的泉眼,保障泉眼对井水的有效补充,从而保障整个村庄村民的用水需求。

隋家没有专属于自家的碾子,村庄里都是居住在一片的人家共同使用一个碾子,碾子都放置在街上,距离人家都很近,谁家使用就带着粮食过去。碾子是供给大家共同使用的,不是为了挣钱,碾子不归于任何单独的人家或者个人,归属于居住在这一片的所有人家共同所有,大家不分次数可以随便使用。碾子是由居住在这一片的人家共同商量而搭伙购买和安装,当然也由出钱的人家共同使用,隋家使用的碾子是和五户人家共同拥有和搭伙使用。隋家有一个小磨,放置在南房中,由隋家祖上购买,然后传到了隋吉良这一代,自家无法制造磨石,需要专门的石匠打造。玉米使用碾子和磨进行碾压均可,而大盐粒就需要使用碾子压成粉末,还有人们做豆瓣酱所使用的煮熟的黄豆不能用磨,也必须用碾子弄碎,小米同样必须用碾子,磨就派不上用场。总的来说,碾子用于体积小的东西,磨用于体积大的东西,碾子弄出来的粮食精致且味道好,磨弄出来的粮食粗糙且味道逊色一些。去皮的粮食需要用碾子,磨直接把粮食磨出面,没有办法去皮。推碾子踩磨一般是女人负责,女人管着和家里吃饭有关的事情。碾子和磨都属于耐用的物品,购买了以后可以使用好几代人,买个石头磨或者碾子需要二百多块钱。

隋家的桌椅板凳大多数也是从集市上购买,隋秋元偶尔在家自己钉一个小板凳,但是像模像样的都是购买,因为这些虽然看着简单零碎,但都是木匠手艺,门外汉制造不成。居家过日子,隋家油盐酱醋等生活用品都有准备,没有具体的时间多久置办一次,情况就是吃完了就买,吃不多酱油醋,一天天净吃咸菜,基本不炒菜,即便偶尔炒菜也是使用棉花籽榨出的黑油。吃咸菜的时候,一大碗咸菜仅仅放上三四滴香油,二两香油能够吃上一年。

2.购买祖传各有出处

隋家的晒谷场是自己家田地的一部分,为了使用方便而挑选距离住宅近的田地作为晒谷场。水井是村庄中多代以前的先辈挖掘的,一代代延续使用而传承下来。碾子和磨石都是可供几辈人连续使用的耐用的生活用品,隋家平日使用的碾子是和另外五户人家共同享有,大家的房屋距离挨得较近,很适宜共同使用一个碾子,这个碾子是由六家人祖上共同购买和安置而传下来的。碾子不是每天都会使用的东西,用碾子踩好一袋子面可以吃上十天半个月,所以此物适合多家共用。隋家有一个小磨,是祖上传下来的,传到了隋吉良手中继续使用着,这种东西轻易用不坏。桌椅板凳基本都是从集市购买而来,家里的小板凳偶尔也由隋秋元将就着用木头墩子简单地制作几个。每年家里都会种上一亩半亩的棉花,为的是等到棉花成熟产籽,将棉花籽炒熟,然后送到油坊将炒熟的棉花籽榨出油,此油在当地称为"黑油",因其颜色而得名。每隔十天半个月村庄便会来一些流动商贩叫卖盐酱醋,家里需要的时候就出去买一些回来,论斤售卖,七八毛钱一斤。隋家的其他生活用品,比如衣服、脸盆等都由自己屋里具体配置,即向作为内当家人的黄秀珍提出需求,获得家长许可进行购置。家庭成员不私自掌管钱财,平日当家人也不分配零花钱。1949年以前,家里的经济条件勉强算作一般,不至于饿肚子,但也富裕不到可以按照意愿随意购买物件的程度。家中孩子多,二分钱一斤的菜瓜都不轻易给孩子买,街上也有来村里卖果子①、炸糕的,买的次数屈指可数。老人和小孩的待遇不一样,一般都是老人买点东西吃,不给小孩们买吃的,尊老比爱幼重要。过年的时候,老人会给孩子们每人二毛钱作为压岁钱。这是风俗习惯。家里的人需要钱可以向家长提出要求,屋里缺少生活物品也可以告知当家人,当家人觉得应该购买就给钱允许,如果当家人觉得没有必要购买就买不成。

3.生活资料归属全家

家里的生活资料属于全家人所有,不划归于个人,也不单独属于当家人所有。有些东西即使小家庭使用,也不属于小家庭所有。就拿毛巾而言,全家人总共有两三条,基本上一个小家庭内的所有成员共同使用一条毛巾,不是一人一条,也不属于的个人,至于毛巾的归属并非是小家庭的,是家庭的共有财产,分配给小家庭具体使用。唯一属于个人的物品就是媳妇嫁进婆家带的桌、箱、柜、脸盆等陪嫁,这些属于媳妇所有,由媳妇屋里的丈夫和孩子们使用,没有其他家庭成员的份。家里的生活资料属于家中全部男丁所有,嫁出去的姑娘不占份额,所谓"嫁出去的闺女,泼出去的水",嫁出去的闺女就不属于家中之人,而是属于婆家人。嫁进来的媳妇有份,因为媳妇嫁到婆家就属于婆家的人了。没有成年的儿童也有份,但是女娃娃只有使用权,没有所有权,因为女娃娃长大了也是要嫁人的。分家的时候,按照男丁的数量对财产进行份额划定,通过分家所得财产就属于自己小家庭所有,不得再干涉或者占有其他兄弟或者父母的财产。在一定程度上,分家也意味着财产的所属权划归到个人,意味着脱离伙着的状态,这里的财产权当然包括生活资料的所有权。

隋吉良认为家里的生活资料应该属于全家人所有,这样有利于维护家庭关系的和谐,有利于当家人更好地支配家庭成员从事生产,从而保障家庭的正常运转和生活质量,保障家庭的代代延续。

4.家长允许再行安置

隋家不具体分配给家庭成员零用钱,家庭成员手里没有可以自由支配的资金,有需要用钱的地方必须告知内当家黄秀珍,经由黄秀珍许可才能够购买或者配置。隋家小家庭的桌椅板凳坏了,自己屋里能修理就修好,实在没有办法修理的就需要去集市购买,一般由屋里的男人告诉其作为内当家的母亲,向母亲要钱去集市上购买。同样的自己屋里的脸盆毛巾用坏了,需要购买新的也是由屋里的男人告诉婆婆,因为隋家的媳妇和婆婆有矛盾,所以有需求时就由儿子向作为内当家且掌管着家里钱物的黄秀珍提出,毕竟母子之间比婆媳之间容易沟通。生活资料的借用没有固定的家庭成员,如果家里的柴米油盐少了,就由作为内当家人黄秀珍负责借,毕竟做饭围着锅台转的是女人,男人不负责也不过问。如果家里的粮食不够了,需要借用几十斤,黄秀珍需要告知作为外当家的隋秋元,由其到人家家里去借用,归还之时也是隋秋元具体操作。家里待客需要借用桌椅板凳,因为桌椅板凳需要力气去搬运回家,由作为外当家人的隋秋元去借,并非作为内当家人的黄秀珍不能去借,这些在当地都习惯性

---

① 果子:指油条。

地由男人出面,而且女人力气小搬不动,即使黄秀珍去借也还得需要隋秋元搬运回家。

5.婆婆负责且儿媳不管

生活上使用的东西都是小事情用不着和家里其他人商量,黄秀珍一个人做主即可,隋家男丁不会干涉生活上的事情。1949年以前,人们心中有着根深蒂固的家外、家内事务观念,男人极少关注锅台边的事情,包括锅台边使用的东西,这是专属于女人的领地。隋家孩子小的时候就是内当家黄秀珍一个人购买、借用、维修屋内的日常生活用品,女儿们也帮助母亲,如果发现油盐酱醋不够用了或者是没有用的了,女儿们便告诉母亲,然后由母亲拿着钱去购买,或者是母亲把钱交给女儿们去购买。后来,隋家的女儿们陆续长大成人,渐渐地出嫁,隋吉良也娶妻生子,就帮不上忙了。隋家由作为内当家的黄秀珍保管钱财,由于婆婆过于精明能干,隋吉良的妻子寇氏作为儿媳妇受制于精明的婆婆,但媳妇也不是个性格温和柔弱之人,总是暗暗地与婆婆较劲,婆婆和儿媳妇的关系可谓是剑拔弩张,虽然从来没有大打出手,也没有发生过直接的正面冲突,但是始终处于暗中较量的状态。寇氏嫁过来以后就开始负责家中老小的饮食,但是锅台上缺少了使用的东西,比方说油盐酱醋柴米等,寇氏既不告知黄秀珍也不提要求,就默默地不再做饭,等着黄秀珍自己发现少了做饭使用的物品之时,由黄秀珍自己拿钱去购买,寇氏再继续做饭。平日精明的黄秀珍上心日子,也着重盯着家里的生活用品是否缺少,保障家里生活资料的供给。

隋家的闺女们出嫁以前,家里需要借碗米或者是借碗面的时候,一般是黄秀珍亲自去借,过几天自己家磨好了米或者面再还给人家。如果黄秀珍没有时间便会叮嘱闺女去邻居家借,也是以家长的名义去借,一般黄秀珍在家里就教会闺女说词:"娘,家里面不够做一顿饭了,我妈让我来借点,过两天就给您端过来。"后来随着闺女们陆续出嫁了,黄秀珍也失去了生活上的帮手。再后来隋吉良娶了寇氏,开始了黄秀珍和寇氏负责家里日常起居饮食的日子。婆媳之间的关系不佳,媳妇就是完全被动,婆婆购置食材齐全便使用,缺少做饭的食材就停止做饭,从来不主动告知婆婆。因为如果寇氏告知黄秀珍,赶上其心情好会痛痛快快地与媳妇说话,赶上其心情不佳,对寇氏可能就是一顿冷嘲热讽的语言攻击,久而久之,婆媳之间相处模式便陷入冷漠状态。此外,寇氏也有其他顾虑,担心自己借用了邻居的柴米油盐而受到婆婆的刁难,虽然她是为了家庭借用的,但是婆婆万一不还给人家,感觉是非常丢脸的事情,所以媳妇的观点是少说话,有东西就做饭吃,没有东西即使饿着也不去借,有人借就去,没有人借,一家人就都饿着。家里的生活用品在使用过程中坏了,家庭成员不会挨训,因为谁也不故意或者希望物品损坏。东西坏了可以自己修理的就自己家人修好,一般都是谁屋里的东西谁自己修理,但是区分晚辈和长辈,晚辈屋里的东西都是自己修理,老人屋里的东西坏了一般是找小辈人修理,因为年轻人心灵手巧,眼神好,容易完成修理事宜,长辈认为自己使唤晚辈是天经地义的事情,晚辈应该照顾长辈并顺从长辈的要求。

6.生活资料不容侵占

隋吉良在当瓦匠挣钱支撑家庭以前,隋家的生活比较拮据,有时候缺少粮食就需要吃糠和野菜凑合生活。对于这样的家庭而言,生活上的任何物品都极为珍贵,尚且不要说是别人侵占自己家的物品了,就是别人借东西都不太愿意,因为自己家里也不富裕,借出去,自己家的处境会更为紧张。隋家借出去生活用品完全是出于人情关系,和自己家关系好的人家开口借,自己家抹不开面子才外借。存在侵占生活资料的情况多为一种,就是有的家庭已经分家了，小家庭的丈夫去世了，留下孤儿寡母，丈夫的兄弟们为了获取丈夫一家的财产就会想尽办法挤兑守寡的女人为的是逼其改嫁。女人改嫁的时候不能够带着前夫家的财产，前夫家的财产就属于其兄弟们的，如果寡妇依旧守着家不改嫁，其他兄弟就不能强要人家的财产。除了这种侵占生活资料情况，几乎没有明抢明夺的事情发生。

村民不会随意侵占家里的生活资料，族人、官府同样也不会没有正当理由就强占家里的生活用品，即使有人要借用或者买卖自己家的东西也必须得到当家人的同意。后来隋吉良学会了瓦匠的手艺，每天挣得二块五毛钱的收入，一个月下来七十五块钱，自己留下吃饭的钱，余下的全部寄回家，家里的日常生活很大程度上依靠隋吉良的瓦匠手艺收入。在这种境况之下，如果有人侵占家里生活资料，等于自己家人要陷入饿肚子的困境，所以家里绝对不会允许侵占情况的存在。靠着隋家每个月挣的钱，即使在洪灾肆虐的年份，许多人家都被迫逃荒了，隋家依旧可以守着故土勉强不会挨饿。村民中没有明目张胆就抢别人东西的人，只有小偷、绑票人或者因得罪了人而使得自己家的东西遭到抢夺的情况。如果村里需要借用或者长期占用农户的生活资料，需要到农户家里和当家人商量，得到当家人的许可，并且商量妥当是否给报酬，才可以获得农户家中生活资料。

婚丧嫁娶需要大量的桌椅板凳，如果谁家办红白事桌椅板凳不够用，那就需要借用其他农户家的。这种情况时有发生。每当此时，对方的当家人会亲自来找隋秋元商量是否可以借用，街坊邻居借用物品不需要报酬，凭借的是乡里乡亲积累起来的人情关系，大家互相帮衬而已。农忙时节，有些人家好几个兄弟才有一小片晒谷场导致不够使用，像谷子和麦子这种粮食晚一天碾压成粮食需要承担很大的风险，如果赶上那几天下暴雨，一季庄稼就会发霉，等于颗粒无收，所以缺少晒谷场的人家会四处借用别人家的晒谷场，隋家的晒谷场几乎每年都借给别人使用，当然不需要给隋家任何报酬，但是要和隋家的当家人商量好，等隋家不用的时候才可以使用，其他人家不能够看着人家的晒谷场空着就自己做主去用。隋家的晒谷场和普通人家的晒谷场相比面积比较大，使用起来更为便捷，而且隋家的土地也不是很多，隋家收获了庄稼以后很快就可以碾成粮食拉回家，晒谷场处于闲置状态。

政府对于村民的生活资料所有权持有非常认可的态度，即使是作为权力机关也不可以随便侵占老百姓的生活资料。如果要借用、租用或者买卖老百姓的生活资料也需要和老百姓商量，得到老百姓的许可后才可以借用、租用或者买卖。如果有人侵占主家的生活资料，主家的人去区政府告状，区政府就会管。村庄里有个叫来子的人，是个好吃懒做的人，平时总是无缘无故地要亲戚的东西，有一天到他叔伯兄弟家要粮食，因为知道他的人品，所以兄弟没有给他，结果他趁着人家不在就牵走了人家的牛，然后把这头牛牵到了大局子里，状告兄弟的父亲分家不均导致他贫穷，后来大局子调解，最终以叔伯兄弟给了来子四十块钱了事。

二、家户经营

(一)生产资料

隋家的生产资料归属于全体家庭成员所有，但是女孩子除外。隋家的农业劳动力、土地亩数、牲口、农具等生产资料可以完全自给自足。对于以农业劳动作为主要生计方式的隋家，不仅是因为隋家的孩子从十二三岁开始就帮忙干农活而劳动力比较充足，而且牲口、农具等确保农业生产的生产资料会尽力准备，虽然做不到应有尽有，但是保障农业生产需要还是没有问题的。

1.劳动力充沛

父亲隋僧林年纪越来越大失去了农业劳作的能力,最多也就是干些打草之类的活,等草晒干了让隋秋元担到集市上去卖钱,二分钱一斤。母亲高氏身体一直就比较虚弱,基本上干不了什么活,而且年岁大了,佝偻着身子连饭都做不了。外当家隋秋元和内当家黄秀珍是干农活的好手也是家中主要劳动力,黄秀珍虽然是个小脚女人,但是心灵手巧,干起农活来一点都不比男人差,可以自己赶着大马车拉庄稼当把式。农忙时节,黄秀珍一个人可以赶着三头牲口拉着三盘碌碡①碾麦子,村庄中再强健的男人最多只能赶着两头牲口拉两盘碌碡。每年隋家都会种谷子,一是为了给家人提供口粮,二是因为谷草可以喂牲口。黄秀珍铡谷草在村庄是出了名的好,隋秋元负责按铡刀,黄秀珍负责续谷草,使得谷草出来就像小料豆一样小,牲口喜欢吃这样的谷草且都能吃光毫不浪费,隋秋元和黄秀珍长年累月兢兢业业地打理着家里的农田。

隋文良作为家中的长子,却患有先天性羊角风,且随着年龄的增长头脑意识越来越不清晰,所以干不了些许农活,基本就是随意地帮帮忙。隋秋元还有三个年长的女儿,这三个女儿像黄秀珍一样的能干,农忙时节就跟着隋秋元一起到地里干农活,地里农活不多的时候就打草、晒草,家长认为女孩子上学没有用途,既不需要做买卖,也不需要出远门,再说嫁人以后就是婆家的人了,读书识字毫无用处,所以隋家的女孩子一直在家干农活,没有读书识字。隋秋元还有两个年幼些的女儿,因为家里用不了这么多劳动力,长辈对年纪最小的女儿比较宠爱,所以就安排小女儿读了几年书。隋吉良从十二岁开始便赶牲口耩地,渐渐地精通农业劳作,成为农业能手。隋吉良的弟弟比较小,搭手帮衬着干点农活,但不多。后来隋吉良娶了寇氏为妻子,家里多了一个劳动力,寇氏主要在家负责看护孩子和给家庭成员做饭,不经常下地,地里干活的人已经很多了,不需要寇氏帮忙。

2.劳动力自给自足

1949 年以前,家里的劳动力足够使用,正是因为家里劳动力足够充沛,所以隋吉良才得以外出工作,做瓦匠赚钱贴补生活。隋家没有请过工,请工只有有钱人才会请,主要是富农和地主们经常请工,像隋家这样的普通人家一般是不请工的,自己凑合着能够糊口就很好了,不会再花钱雇人干活来增加额外的支出,自己家宁愿起早贪黑辛苦些也不愿意多出钱请工,能省下的开支就尽量省下来,小心翼翼地过日子。二儿子隋吉良倒是偶尔出去给人家打短,当然也是在家里的农活干得过来的情况下,隋吉良做短工事先要和当家人打招呼,经过当家人隋秋元的同意,而且隋秋元自己有空闲时间的时候也给别人家打短,打短是为了给家里赚点零花钱。

在长丰集市上专门针对打短的和雇用打短的人设置了一个市场,每天早晨,有愿意打短的人就到市场上去等着,有雇人打短的也会到市场上去找人。这是一个打短人的集合地点,不需要中间人,双方在现场商量好价钱,打短的人便可以直接去给主家干活。打短的人自己带着工具,打短的人劳动的种类一般是耪地、拔麦子等。打短的人都是出于家里没有土地或者地少的人家,或者是家里劳动力过剩,用不着如此多劳动力干家中农活的人家。打短的时

---

① 碌碡:读音为 liùzhou,指碾压用工具。

间至少是一天,没有半天,因为打短的人去半天,剩下的半天很难找到活。而且打短的人给主家干一天活,主家支付一天的工钱,哪怕主家是需要雇用打短的人干五天活,也是干一天结一天的工钱,不能积攒到最后一起结算,因为很多打短的人家生活困苦,当天赚了工钱就赶紧购买粮食来糊口。如果隋家的人出去给人打短工的话,那么这一天都可以留在主家吃饭,主家给打短的人准备的饭食也很好,一日三餐,中午至少是白面馒头,经济条件好的人家就是一天三顿全给打短的人吃白面饭食。自己村庄里的大户人家到长丰集上找打短的人不会故意挑选村子里的熟人或是认识的人,但是如果集市上打短的人中有自己认识或者熟识的人,而且这个人在村庄中享有好名声,干活是把好手,那么雇用打短的人家会尽量用这样的人,为的是方便省心,把活交给这样的人干心里踏实,而且这样的人干活大多是很认真的。

3.家户伙种与劳力调剂

隋家处于不分家的状态,农忙时节一家人一同去干农活,没有和其他人家伙种的情况。村庄内倒是存在这种情况,就是两家的土地都比较多,劳动力却比较少,两家就商量着一起搭伙干活,共同种植庄稼,共同收割。这样做可以提高劳动效率,一般这种伙着种地的情况都是发生在分了家的兄弟之间,也有族人互相伙着种地的,不过后者比较少见。因为种地就是几天的抢种抢收的时间,比如说刚刚地里下点雨可以把庄稼种上,如果不快点完成便会耽搁庄稼的种植,有时候自己家里实在忙不过来了,儿媳妇寇氏会请自己的娘家人过来帮忙,不过几年也用不上一次,只是极少数的情况,一般年份都是自己家里人干活。

在隋家,十岁以下的儿童不用干活,年纪太小也干不了农活,还有生完孩子坐月子的媳妇不需要干活。但怀孕的女人必须干活,一直要到生产的时候才可以停止劳动。父亲隋僧林和母亲高氏不用干农活,因为年纪大了,其照顾自己已经很不容易,根本没有能力帮忙干农活。外人无缘无故的不会帮助家里完成农业劳动,除非是家里人帮助了人家,人家为了还人情而给家里帮帮忙,或者是自己家的亲戚来帮忙干点农活。自己家也不会轻易地找外人帮忙,需要外人帮忙的时候一般是盖房子或者婚丧嫁娶的大事情。

4.土地实现自给

1949年以前,家里最初有五十亩土地,但是因为当家人隋秋元去天津做买卖失败而亏了钱,不仅本金没有收回来,而且还欠了外债,家里实在想不出解决办法的情况下,作为当家人的隋秋元决定卖掉家里的十亩地来还债,所以隋家自从这件事情以后便剩下四十亩土地供给口粮。这些土地都是自己家人耕作,没有雇用过劳动力,也没有刻意地请人帮过忙。种植家里这四十亩土地的劳动力完全是自家人,因为隋秋元有三个儿子和五个女儿,小辈人多,干活的人自然也多,所以隋家不缺少干农活的劳动力,完全依靠这四十亩土地获得口粮,赶上风调雨顺的年份,地里打的粮食够全家人食用。

大家主由于土地特别多,自己种不过来,租出去可以依靠收租子过生活。隋家属于不愁吃穿但也不富裕的人家,既不租种别人的土地,也不把土地租给别人种植。相对于隋家的四十亩地而言,隋家的劳动力处于过剩的状态,隋家还有富余的闲置劳动力,隋吉良偶尔可以出去打短工。直到隋吉良十七岁的时候,经过外当家隋秋元和内当家黄秀珍的应允而去城里当瓦匠打工赚钱。"穷人的孩子早当家",1949年以前,孩子们干活早,隋家的男孩子一般到了十一二岁就开始下地干农活,女孩子最多到了十三四岁也开始下地干活。很多人家的女孩子十五岁便结婚了,到了婆婆家全然不是小孩的待遇,而是当成大人来使唤,普通的人家对孩子从来不会娇生惯养,基本都是能够拿得动农具了就干活。

5.牲口满足自用

1949 年以前,隋家的牲口饲养并非固定不变,开始家里养着一头驴,后来换成了一头牛,因为牛的力气大,北方的土地非常坚硬,虽然一头壮实的驴也可以干农活,但是干着吃力,不如牛干活合适。驴的特点是干活快但力气小,干活吃力便自然不具备速度优势了。隋家的土地数量不算少,当家人也是精明而有计划的人,家里的小日子过得有声有色,没有间断过养牲口。1949 年以前,一头牲口相当于一个普通人家的半个家当,家里有牲口干农活,地里的粮食收成就有保障。地里没有水井,种地完全依靠老天爷下点雨,每年庄稼收获了便开始焦急地盼望雨水,对于有牲口的主家,一旦下雨就可以及时地把庄稼种上,趁着土地潮湿种庄稼,庄稼苗长得好,而且早种一天就比别人早熟十天,早种庄稼和晚种庄稼差别很大。没有牲口的人家,或者依靠人力完成种植劳作,或者等待有牲口的人家耕种完了再借用,不仅仅是欠人情,而且耽误庄稼的收成,稍微有钱的人家便会尽量买头牲口。

隋家有牲口,因此不需要借用别人家的牲口,但是经常有和隋家关系好的人家来到家里借牲口,牲口要等自己家用完了才可以借给别人用,毕竟不能耽误自己家种地。一般的人家也不会登别人的门来借牲口,都是和家里有人情往来才会来借用牲口。到隋家借牲口的人家需要和当家人隋秋元商量,只要自己家不用就借给人家用,不需要借牲口的人给粮食或者请客吃饭,也不需要其他报酬。一般借牲口就是借用半天或者一天,如果是借用半天到晌午就给送回来;如果是借用一天,到了晌午也给送过来,因为需要给牲口喂草料,没有牲口的人家没有地方喂养牲口,也没有可以给牲口吃的草料,做活的牲口更需要喂好的草料,等隋家把牲口喂饱了,让牲口休息一会儿,下午借牲口的人家再来牵走继续使用。一般借用牲口的人家土地数目少,借用半天或者一天的差不多就能把家里的土地全部种完,因为土地多的人家会产出较多的粮食,家里的经济条件自然会不错,自然有钱买牲口而不需要借用牲口,所以一般只有地少的穷人才会借牲口。当家人不在家,其他家庭成员看着两家的关系不错,自己家也不用牲口就可以做主把牲口借出去。借牲口分为三种,第一种是只借用牲口,第二种是借用牲口和农具,第三种是借用牲口、农具和人,后者需要借用牲口的人家管饭,前者不需要管饭。借牲口的人家一般也借用犁杖、老耙、耧等农具,没有牲口的人家一般也不会配备这些农具。但是也有的时候在一家借用牲口,而在另一家借用农具。借出去的牲口比平时要吃的草料多且好,牲口做活的时候就在谷草里添加磨好的黑豆面。

有的人家单独买不起一头牲口,也养不起一头牲口,因为一头牲口需要消费得很多,吃粮食的牲口才有劲干活,牲口才水灵且毛锃亮。牲口的口粮需要在谷草里掺上炒熟的黑豆磨成的黑豆面或者是绿豆面,养牲口并不是多么简单的一件事情,这样的人家就选择两家或者三家搭伙购买一头牲口,共同使用,这样共同买牲口且共同使用牲口的人家就需要共同饲养牲口。在农闲的时候商量着每家轮着使用牲口,争取大伙的地都不耽误种庄稼。到了农闲的时候也是轮着饲养牲口,牲口在谁家,谁家就准备草料。还有的人家没有足够的钱,买不起大牲口,就只能买小牲口,但是因为北方的土地很硬,小牲口种不了地,这个时候就出现了两家合作种地的情况,当地叫作"两家叉套用牲口",就是种地的时候,拥有小牲口的两户人家将牲口放到一起干活。两家轮换着使用两头牲口,这样可以保证两家的土地都种上,不耽误收成,平时饲养牲口的时候就自己家的牲口由自己家喂养,也就是伙用不伙养。

6.农具尚可自足

隋家对于农业极为重视,家里人在生活的方方面面都极为节俭,但是对于农具则从不小气,因此隋家的农具是比较齐全的,能够实现自给自足。隋家人的观念是:庄稼人过日子该准备的农具就是少吃点少穿点也要尽量准备,因为没有农具就种不了地,种不了地就收获不了粮食。隋家的农具都是从集市上购买而来,或者是从祖上继承而来,几乎没有自制的,因为农具都是由木头和钢铁制作而成,需要专门的铁匠和木匠来完成,普通的人家想自己制作也制不成。

自己家的农具不够用的时候,也会借用和自家关系好的人家的农具。隋家的当家人在家的话就由当家人去借用人家的农具,如果当家人不在,也可以由其他家庭成员去借用。隋家的农具基本齐备,借用别人农具的情况少之又少。一个家庭光指着借用别人的农具是不行的,毕竟借用别人家农具是会耽误别人家使用,人家不一定会借给你,等到别人家有空的时候,很有可能自己家的农活也耽搁了,甚至会导致庄稼减产,影响收成。

(二)生产过程

隋家涉及的生产过程包括农业耕作过程、牲畜饲养过程和瓦匠手艺传承方式等,属于普通而且典型的"庄稼主"。平时下地干农活的人员不是按照性别进行安排,而主要是按照年龄和身体状况来安排的,只要是能够干活的家庭成员都要参加农业劳动。牲畜的饲养也没有固定的人员负责,家庭成员都要利用空闲时间承担责任。隋家有着重男轻女的传统观念,因此隋吉良对于自己所特有的瓦匠手艺所坚持的规矩是只传男不传女,只传自家人不传外人,其中包括不传授给女婿。

1.农业耕作

家里占据重要地位的劳作就是打理农田,平日里内当家黄秀珍也下地干农活,距离中午还有一个时辰的时候会回到家中给全家人做好午饭。后来,二儿子隋吉良娶了寇氏为妻,寇氏便在家里负责给下地的成员做饭和看管家中的孩子,隋秋元、黄秀珍和其他家庭成员主要下地干活,隋家的劳动力存在分工,这样更有利于家庭的合理运转。隋家下地干活不分男性和女性,有空闲时间的家庭成员都要下地干活,尤其是农忙的时候,家里的女性同样需要下地干活。寇氏嫁入隋家以前,隋家年纪大点的孩子需要照看年纪小点的孩子,其他人闲下来都干活,赶上忙的时候,甚至四五岁的孩子就开始下地帮忙干活。父亲隋僧林和母亲高氏都六十多岁了,干不了农活,他们就在家的炕头上补袜子,或者背着筐到处捡点牲口粪当作地里的肥料,或者背着筐到地里打点草。

隋家的土地呈分散式布局,各个洼口都有地,包括东洼、西洼、南洼、北洼。其中东洼的土地不好,东洼有十亩地,地势低洼,下雨过后,周围的水都流到那里淤积起来,"有时候一冬天三个月都是水,流不走,也渗不到地下",这样的情况导致东洼的庄稼总是涝,所以只可以种植高粱,因为和其他农作物相比较,高粱让水泡着能打些粮食,其他庄稼遇到水浸泡便打不出来粮食。除了东洼,距离家门口非常近的南洼、北洼、西洼都是上等地,总共有三十亩。家门口的这三十亩地一半用来种小麦,其他的用来种谷子、豆子、玉米,谷子产的谷草用来喂牲口。"清明高粱谷雨谷",意思是说清明时节种植高粱,谷雨时节种植谷子正合适。"稀倒高粱密倒黍",意思是说高粱种植得稀疏,稍微刮风就会倒地,从而会导致减产;黍子种植密集了遭遇刮风也会倒地,同样会减产。"白露早,寒露迟,秋分麦子正当时",意思是说小麦的种植时间在秋分之时最为合适。此外,每年的芒种时节种植各类豆子和玉米,这个时候不早不晚正好合适。

家里种植庄稼的种类和亩数完全由隋家的当家人隋秋元决定,内当家黄秀珍也是一把干庄稼活的能手,所以她对土地种植有建议权,作为外当家人的隋秋元不能够忽略内当家的意见。如果黄秀珍不提出异议的话就按照隋秋元的要求去执行,如果黄秀珍提出不同的建议就需要考虑谁的意见更为合理,两个人商量出来最佳的结果才可以作出相应的决定。父亲隋僧林和母亲高氏作为上一辈当家人不参与有关家庭决定方面的事务,同时也不需要让他们知晓,不需要和他们商量。晚辈可以提出意见,至于提的建议会不会被采纳就需要当家人来决定。如果作为外当家的隋秋元不在家,地里种植的庄稼种类和亩数就由作为内当家人的黄秀珍决定,其他家庭成员有建议权,但没有决定权。

家里种植的农作物的具体操作步骤大体相同,平时家里把牲口粪和人粪及草木灰等掺和到一起,老人们说这样沤粪是为了更加有肥力。种地的时候,首先用牲口拉着马车把沤好的粪都弄到田地里铺撒开来,然后用牲口拉着犁杖耕地,这样便把粪肥翻到地表以下,再用牲口拉着老耙把大土块扒拉散了,以上两个行为的作用主要是使得表层土壤疏松。再之后,人牵着牲口拉着耧耩地,每行相隔一尺二,耧经过的地方比地表低半尺,由人拿着种子撒到这一行种下,等整块地都按照这个步骤撒好种子以后再使用牲口拉着老耙弄平整,最后由人拉着小墩子把撒过种子的每一行碾压一遍,这样做是为了保持土壤中的水分不被阳光晒干,使得种子更容易发芽,从而更有利于保障农作物的收成。家里种植农作物的相关事宜完全由自己家做主即可,不需要和家庭以外的成员商量,也不需要告知家庭以外的任何成员。

种子下地以后便只能够指望上天吃饭,天下雨就收成好些,天一直不下雨收成便会很差,地里没有专门灌溉的水井,也没有河流。到了芒种时节,麦子便成熟了,隋家所有能够干活的家庭成员都需要到地里拔麦子。收割麦子采取用手拔的方式,而不用镰刀割麦子,并不是因为没有镰刀这种农具,一是为了田地干净,没有麦根部留在地底下,方便耕地和耙地,种下一季庄稼比较容易;二是为了要麦子根部当柴火做饭,那个年代的人家经济条件恶劣,因此能够使用的东西都极其宝贵。拔的麦子弄成一捆一捆的用马车拉回家,放到晒谷场,用铡刀一分两段,再把麦子头薄厚适中地平铺到晒谷场接受阳光的暴晒,等到麦子晒得干透了,再用马车拉着石头碌碡把麦子粒碾压出来装到口袋里运回家。谷子亦是如此,唯一的区别就是谷子用镰刀砍断,就是所谓的"坎谷"。田地里留下的谷根,先是用马拉着犁杖拱一遍土地,然后人踩到老耙上,用马拉着人和老耙开始耙地,谷根便都露出来,再用专用的谷根耙子把谷根都耙到一起,用马车拉回家当柴火烧用来做饭。豆子和谷子是一样的收获过程,不同的是豆子根没有人要,丢到地里当肥料即可。玉米成熟以后,隋家的所有劳动力都到玉米地里把玉米掰下来,用马车拉回家,然后家庭成员再把玉米秸用镐子弄下来拉回家。

2.饲养牲畜

隋家大多数年份都会饲养一些鸡鸭,养十多只,不养太多,因为鸡鸭个头虽然不大,但是吃得并不少,不单是吃野菜,也要掺和着粮食喂养,不然会营养不良,影响生长或者不下蛋。隋家养鸡鸭是为了得到一些鸡蛋、鸭蛋用于老人偶尔吃和家中来了客人待客,还有就是平时把鸡蛋和鸭蛋攒下来,等到攒够一篮子就拿到集市上卖钱贴补家用。除此之外,隋家每年都会养一头猪,每到春天,隋秋元会从长丰集上买来小猪仔,小猪仔是论斤称重进行售卖,每年的价格都不一样。经过一年的饲养,到了年底便长成大猪,这个时候,隋家会把猪宰杀,宰杀好的猪肉放到家里,然后借用别人家的喇叭喊叫大伙来买猪肉,村里的人听到刚刚宰杀的新鲜猪肉,价位又不高便都来购买,整头猪的大部分猪肉都卖成钱贴补生活开支,再留下一小部分自己家过年食用。有的年份,买猪的人会赶着马车到村里来,隋家直接把整头猪在家门口卖掉即可,一般是在八月十五中秋节或者临近过年的时候,这两个大节日,家家户户需要猪肉,隋家借此可以保证卖个好价钱。不管哪种方式把猪卖掉,一般是由作为外当家的隋秋元做主,卖猪的钱都要交给作为内当家的黄秀珍保管。平日里隋家人谁有空闲时间就去地里割点野菜,把野菜用筐背回家后剁成小丁状搅拌上玉米麸和刷锅的泔水给猪吃。隋家每个男孩子快结婚的时候也会养一头猪,这头猪并非用来卖钱,而是用来给孩子娶媳妇办酒席的时候宰杀,宰杀了以后,一半用来卖钱,另一半用于结婚之时待客。

后来,父亲隋僧林和母亲高氏依次去世,当家人隋秋元的年纪也越来越大,以至于没有体力下地干农活了,于是隋秋元便买了一群羊,天天赶着出去放羊赚钱贴补生活,每年小羊羔长大了就卖掉换成钱,自己家舍不得吃一点羊肉。1949年以前,隋家算不上衣食无忧的富足人家,处在一个缺吃少穿的年代,家里成员能不歇着赚点钱就不歇。每年都有专门的人到村里来买羊,他们把羊买走再倒手卖给宰羊卖羊肉的人,以此作为营生,因此隋家的当家人不需要牵着羊到集市上去售卖,在家就可以卖掉。如果当家人愿意把羊牵到集上卖也可以,就是要经过集上的牲畜市场的经纪人,他们都是长丰集附近居住的人,给买卖双方撮合,这些都是闲人,也是爱好干经纪活的人,当然有时候也可以通过把买卖撮合成功而赚点钱。

隋家开始有五十亩地,后来因为隋秋元做买卖失败欠了人家的外债,不得不卖掉十亩地还清债务,自此隋家还剩下四十亩田地。种地最为需要的生产资料便是牲口,家中拥有一头牲口便相当于粮食收成保障了五成。隋家的经济条件还算不错,土地也比较多,一直都养牲口,或是养一头驴子,抑或是养一头牛,隋家种地全部指望牲口拉犁杖、老耙、耧等了。因为大儿子隋文良天生带着疾病,所以家里的农活承担者从二儿子隋吉良开始,隋吉良从十二岁就开始带着牲口拉着拖床、犁杖和老耙耩地。因为平时都是隋吉良用牲口,所以喂牲口也主要是隋吉良负责,每户人家亦是如此,一般谁使用牲口多谁就喂得多,当然也不是固定就隋吉良一个人管着喂牲口,当家人隋秋元和其他家庭成员谁有空谁就给牲口筛一把谷草喂一下,喂牲口不是很难的事情,大人小孩都可以做到,牲口饿了会叫唤招呼家里人喂它。不过,一般男人在家就男人喂牲口,用不着女人,如果男人出门了就需要女人喂牲口了,总不能饿着牲口。最初因为隋吉良年纪小,推车吃力,所以牲口粪由当家人隋秋元负责弄出去。隋吉良越来越年长便也负责清理牲口粪便,把牲口棚里的牲口粪首先放到猪圈里沤着,这样处理过的粪有劲①。几乎家家户户都有猪圈,平日里有烂草烂叶的就倒猪圈里当肥料。

因为相对于其他种类的牲口而言,牛的力气最大,所以生活条件好的人家喜欢买牛;骡子、马、驴比牛快,但是力气没有牛大;马、驴和骡子相比较而言,马比较容易生病且价格昂贵,而驴和骡子皮实不容易得病死掉;驴比骡子的力气小,大家中意的牲口首选是牛,其次是骡子,再次是驴,一般不会选择马。买卖牲口都由外当家人隋秋元决定,其他家庭成员可以提

---

① 有劲:指肥力效果好。

建议,至于当家人听不听就不一定了,其他家庭成员都要服从当家人的最后决定。如果牲口老死或者病死就把牲口卖给专门宰杀的人,那些人常年宰杀牲畜,以此为生,当然价格要比健康卖出的牲口低很多。病死或者老死的牲口不会被自己家吃掉,那么大牲口自己家也吃不完,当然也不舍得自己家人吃,能够卖点钱还是选择卖钱的。1949年以前,自己家的牲口就属于自己家所有,买卖牲口等完全由自己家做主,不需要外人关涉,也不需要告诉家庭成员以外的任何人。

3.家户副业

隋家以前没有副业,隋吉良当家以后安排着从梁州买来了一台织布机,隋家才开始织布的。织布机是用木头和铁制造,具体的构造是木头架子,其他的地方都是铁的,一台织布机花费二百多块钱。织布的原料是从天津纺纱厂运来的线,然后有专门以倒线为营生的人把线运送到村庄四周的各个集市去售卖,隋吉良每次赶集都从集市上买回来线用于织布。有的时候隋家织好的布由隋吉良拿到集市上去售卖,有需要布的人也会来家里购买。织好的布按照匹卖出去,一匹布是五十尺可以卖三十块钱。隋家织布有二三年的时间,这段时间里赚取了不少钱,到了后期因布的销售不畅,织布赚的钱就很少了,隋家不得以便把织布机器卖掉了。

小辈人当家不如长辈好当,因为都是平辈人,总是被怀疑新当家人不像长辈当家人一样对待整个大家庭无私奉献。因为当家人隋秋元年纪越来越大,身体状况越来越差,力不从心不得不把当家的职责移交给二儿子隋吉良,隋家人总是怀疑作为当家人的隋吉良私藏钱财。隋家的钱财在隋吉良当家以前都是由作为内当家的黄秀珍掌握着,不过等到换成隋吉良做当家人的时候,钱财不是转交到了隋吉良的妻子寇氏或者隋吉良手中,而是由隋吉良的弟弟掌握钱财,即便如此,家中的人还是怀疑隋吉良存在私藏家庭钱财的可能性。因为家人织好布以后就由隋吉良运到集市上去售卖,钱过隋吉良的手,即使隋吉良独自留下一些也是没有人知道的,而且布没有固定的价格,每次赶集的价格都有波动,所以家人的怀疑是有一定道理的。家里织好的布大多数时候是需要去集市上进行买卖的,除了长丰集以外,隋吉良还会去离家十多里地的梁州集、大城屯集卖布,隋吉良把布卖出去以后还需要把线买回来,再进行下一次织布。隋吉良负责去买卖的原因有两个,一是隋秋元岁数大了,体力不行;二是隋秋元不会骑自行车;三是隋秋元大字不识一个,岁数大了脑袋也不灵活,把织布的买卖交给隋秋元容易被人欺骗。

就织布而言,隋家没有固定的分工,不过经常的就是隋文周负责织布,黄秀珍负责打麸子,其他的就是大伙一起干,因为隋家没有足够的人去各自负责一个部分,所以全家人忙活着混着干活,谁方便干什么就抓紧干。织布是非常复杂的过程,程序很多。隋家由隋秋元、黄秀珍、大儿子隋文良、二儿子隋吉良四个人负责织布这项副业。织布的第一步就是浆线和晒线,紧接着就是捞线和经线,然后是拴机,最后开始织布。二儿媳寇氏不经常织布,偶尔有空帮忙,因为寇氏需要给全家老小做饭。1949年以前,做饭所用的玉米面和高粱面等都需要人推碾子踩磨来完成,这不是一件容易事情,耗时间又很辛苦,寇氏就专门负责打理一家十几口人的吃饭问题。隋吉良除了负责帮忙织布以外,还负责把织好的布运到各个集市上去售卖,再把售卖的钱带回家。

4.手艺传承

十七岁的二儿子隋吉良经过亲戚介绍走出家门到外地挣钱养家,辗转跟着亲戚学会了盖房子这门手艺,当地称作瓦匠师傅,从此隋吉良作为瓦匠所得工资收入成为家庭的支撑,在隋家发挥着举足轻重的作用。1949年以前,村民可以按照自己的意愿走出家门,不需要向任何人申请、汇报或者登记。隋秋元的孙辈陆续出生,隋吉良夫妇育有四男二女,总共六个孩子。隋吉良有着根深蒂固的重男轻女的观念,隋吉良的四个儿子都上学读书,可是他不允许两个女儿读书识字,因此两个女儿一字不识。隋吉良的瓦匠手艺也是这样,他只传授给儿子,不传授给女儿和女婿。隋吉良的四个儿子都会这门瓦匠的手艺,这个决定是由隋吉良作出的,二儿媳寇氏对于不让女儿们读书和不让女儿女婿学瓦匠手艺颇有怨言,但是她无能为力。隋家把手艺传授给谁完全属于家庭内部事情,是人家的家务事,家庭以外的成员没有任何权利知晓或者干预,甚至是隋吉良的兄弟和族人都没有权利干涉这件事,村庄和政府同样没有知晓权和干涉权。

5.外出偶带家眷

正常情况下,隋家人是不会带家眷长期出远门工作的。因为外出工作是为了赚钱,不是图过日子,而且带着家眷出门也会增加柴米油盐的生活支出,此外,带出去家庭减少了干农活的劳动力,对于家庭来说是很大的损失。

1949年以前,在机械化落后的时代,劳动力是农业收成的重要保障。只有遭遇天灾人祸的特殊情况下才会带着家眷外出工作。因为家里闹洪灾,庄稼歉收而吃不上饭,二儿子隋吉良曾经带着二儿媳寇氏和孩子们去了宣化,这样做是为了减轻家里的负担。因为家中的农业收成不足以维持全部家庭成员的温饱,隋吉良带出去自己小家庭的妻子和孩子,等于为大家庭节约了口粮,以此来帮助家里渡过难关。隋吉良带着妻子和孩子出门工作是不需要向外人请示的,只需要和自己的父母商量好,得到当家人的许可即可。

(三)生产结果

隋家家户生产结果覆盖范围包括土地的粮食收入、饲养牲畜的收入、织布的副业收入和隋吉良当瓦匠的收入,这些结果收入属于隋家全家人所有,当家人没有独立使用钱财的权利。而且所有的家庭收入都应该汇集到一起,隋秋元当家的时候由内当家黄秀珍掌管家庭钱财,二儿子隋吉良当家的时候就由三儿子隋文周掌管家庭钱财。隋家移交了当家人的权利,当时财产管理权并没有交给隋吉良,因为隋家害怕作为当家人的隋吉良私藏属于全家人的钱财,这种当家权利和钱财分离的情况可以有效地实现监督。

1.四十亩田打三千斤粮

隋家的东洼有十亩地,因为村庄的地势是西高东低,所以只要降雨,雨水便会顺势全部流向且聚集到东洼,而且大多的年份下雨挺多,经常赶上洪涝。相对于其他庄稼而言,高粱较为抗涝,除非水淹没高粱的头,否则高粱不会死掉。正是因为这个原因,隋家的东洼每年只能种植高粱,而且一年种植一季,每年春天撒下种子,到秋天成熟,一年收获一季。隋家的西洼、南洼、北洼都是距离家非常近的田地,聚集在家周边一公里范围内,这些土地主要用来种植小麦、谷子、玉米和豆子,种植小麦的土地,等小麦收获上来就种玉米和豆子,所以一年收获两季庄稼。喂牲口需要谷草,而且人也需要吃小米,所以隋家每年都会种植谷子,谷子一年收获一季。这些农作物每亩收获二斗,二斗是六七十斤粮食,一年全部的农作物收成也就只有三千斤。

"七月十五定旱涝,八月十五定收成",意思是说豆类、玉米到了农历七月十五根据降雨量就可以断定丰收与否。不同的年份收成变化很大,"天有不测风云",有的庄稼快成熟收获了赶上下冰雹便会大大减产,甚至颗粒无收;还有的年份遇上洪涝也是会严重影响收成;赶上风调雨顺的年份,收成便会有保障。"还是等到了粮食收到家里才算是自己的了,才算收获了,一会儿不收,心里也是没有个底儿,比方说麦子长势很好,这也快熟了,天冷不防来场冰雹都把庄稼砸了,这一季的庄稼白闹①了。赶上旱灾和涝灾,也是打不了多少粮食,庄稼主也挖不了深井,即使挖个小浅井也弄不了几桶水就干了。老天爷要让人们吃饭就吃得上,老天爷不让你吃饭就吃不了,因为老百姓都是靠天吃饭,靠地打粮。"隋家收获的粮食属于全家人所有,全家人都吃这些粮食。收获的粮食由当家人统一管理,因为粮食运到家里并不代表万事大吉了,还需要随时看管着有没有虫子咬,需要经常进行晾晒。粮食不是由当家人统一分配的,家庭成员统一在一个灶里吃饭,家里没有米面便磨米面,全家人统一食用,不存在专门具体的粮食分配。隋家的当家人最关心收成的好坏,因为一家人缺吃缺穿的时候需要当家人想法让日子过下去,当家人是需要负责的人,也是最发愁的人,赶上闹天灾,地里收成不好,困难到没有饭吃的地步,甚至处在逃难要饭的处境,隋家就依靠着掺糠掺菜勉强不挨饿,没有沦落到去外地讨饭的境地。

2.家畜数量以经济承受力为限

1949年以前,隋家几乎每年都会养十多只鸡鸭和一头猪,有时候也养一群羊,饲养牲畜的数量不一样,尤其是鸡鸭,今年可能多养几只,明年可能少养几只,但是每年养猪的数量是固定的,就是一头,隋家在院子外边修建了一个猪圈专门用于养猪。因为鸡鸭毕竟是小家禽,食量不会过大,多养几只和少养几只都在家庭承受的范围以内,不会给家庭带来多大的负担,但是也不能养太多。猪属于大的家畜,食量非常大,对于普通的家庭而言,多养猪是养不起的,平常年份只能养一头。

随着时间推移,隋秋元的岁数越来越大,失去了干繁重体力活的能力,隋家便把南房的磨拆了改建成羊棚,由隋秋元负责养着一群羊,平日天天放羊赚点钱贴补生活,因为羊仅吃草即可,所以养羊的负担不大,关键是家里需要有专门放羊的人。1949年以前,隋家饲养的牲畜不是为了满足自己家人的需要,是为了卖点钱补充生活收入,同时也是为了积攒牲畜粪便作为肥料用于土地施肥。毕竟隋家不是衣食无忧的富足人家,家庭成员整日劳作便是为了多挣一些粮食或者增加收入,所以饲养的家畜舍不得自己家庭成员食用,包括老人和孩子平日里都很少吃上点肉或者蛋。

3.副业收入颇丰

1949年以前,隋家干上了织布的副业,全部工作流程由自己家人完成,织布所获得的收入算是不错的,每次二儿子隋吉良到各大集市上去卖织好的布都可以赚到几十块钱,多则可以赚一百块钱,织布这项副业收入属于高收入了。一年下来,织布收入有三千块钱,收入是以现金的形式存在的。有的年份,国家禁止布料的售卖,这个时候只能够偷偷地买卖,当然这种情况下织布所得收入自然大为削减。同时棉花是非常害怕洪涝的农作物,一旦遇到洪涝灾害,农户收获的棉花色泽极为不佳,隋家织出的布成色不好会极大地影响到销售。棉花自身高度限制,有的年份暴雨漫过棉花,雨过天晴,棉花会全部损毁,这会导致隋家织布的收入减

---

① 白闹:指白忙活。

少甚至全无。副业所获得的收入属于隋家全家人所有和使用，不交给作为外当家的隋吉良保管，而是由三儿子隋文周掌握家庭的所有钱财，这样可以使得家庭成员对当家人起到制约和监督作用。

4.瓦匠工作贴补生活

二儿子隋吉良在十七岁的时候经由亲戚介绍而外出工作，时间久了学会了一门瓦匠的手艺。隋吉良在外当瓦匠，赶上活多且工资不错的时候，一天可以挣两块五毛钱，一个月下来能够挣七十五块钱。内当家黄秀珍每个月都会给儿子寄信催促儿子寄钱回家，隋吉良也每个月都按期把工资寄送回去，毕竟家里的生活不容易。因为隋家处于伙着的状态，所以隋吉良挣的钱需要交给作为内当家人的黄秀珍，而不是交给自己的妻子，然后由黄秀珍统一分配用于日常生活开支。钱虽然是隋吉良挣来的，但是属于全家人所有和使用，隋吉良的小家庭并不可以多占多享。1949年以前，隋吉良每个月工资收入几十块钱已经是非常可观的经济来源，这些钱不仅为整个家庭提供了生活保障，与农业收成相得益彰而使得家庭成员衣食无忧，而且倚仗隋吉良的收入，三儿子隋文周得以盖房娶妻。隋吉良的瓦匠收入是隋家生计的支柱，支撑着家庭沉重的负担，即使在洪涝年份，村庄里多数人家都无力生计而到东北逃荒，隋家依旧依靠隋吉良的瓦匠收入而渡过难关，没有背井离乡。

三、家户分配

隋家的分配只有两项是家庭以外的，一项是家族内部的吃会，另一项是国家收取的公粮，其他的分配都是以家户为分配主体。家户内部分配具有一致性，家庭成员可以提意见，但是没有决定权，决定权掌握在当家人手中。

（一）分配主体

1.团结族人组织"吃会"

隋家以家户为主要分配主体，但是不是唯一的分配主体，家族内部同样存在着一项分配。家族内有一部分坟地作为公地，族人称之为"会地"。这部分公地土壤肥沃，属于上等地，每年族长和族中其他长辈们会把族人召集起来商量由谁租种"会地"，如果大家能够协商一致而确定出最终人选就由这个人家租种"会地"。如果家族中有意愿种"会地"的人多于一家，族长和族中的长辈们便组织抓阄。"会地"一般是租给贫困的族人耕种，等到麦收和收秋时节，收获的粮食中的一部分作为地租给族人们买酒、肉、面，于寒食节气杀猪宰羊，请族人吃饭，犒劳族人，称为"吃会"。

隋氏家族有祖坟，坟地属于族人共同所有，收获的粮食除了一部分留给租种的人家食用以外，收取的租子以族人消费的方式处理。1949年以前，家家户户的生活都很困难，很多人家是吃了上顿便接不上下顿，一年到头更是吃不上白面馒头，更不要说是吃肉了，公地收获的粮食给族人换成肉、菜和酒，让族人享用，这样做可以使得族人们心连到一处，促使族人更加团结和睦，沟通族人间的感情。去"吃会"的人只有隋姓男丁才可以去，年纪长的男孩也可以去，闺女媳妇一概不可以去，但是可以由家里的男性成员给女性成员领回家饭菜在家里吃。还有一种例外的情况就是寡妇可以去现场吃会，这些是族中的规矩。每年吃会的地方不固定，多数是找族人中有空闲房子的人家，且需要足够宽敞以容纳得下全族人，族长会和人家商量着在人家"吃会"。这种占用房屋的情况不需要给报酬，大家把自己家里的桌椅板凳都搬过去,在院子里临时搭建起几口大锅,所有吃会需要的东西都是如此东拼西凑来的。

2.优先完成公粮缴纳

1949 年以前,种地需要给国家缴纳公粮,当地称为"皇粮国税"。公粮于每年麦收与秋收时节缴纳两回,家里收获了粮食,首先要交齐公粮,剩下的才属于自己家人所有。每年到了交公粮的时候,村长就拿着喇叭站到房顶上招呼村民们交公粮:"交公粮了,大伙快交公粮。"当家人隋秋元和二儿子隋吉良便把粮食筛干净,套着马车载着粮食给村里送去,等到每家每户都把公粮交齐,村干部们再套着马车送到区政府。在隋家人的观念中,吃饭就得种地,种地就得纳粮,这是天经地义的事情。村里的人没有户口,缴纳公粮按照地的亩数来计算,村里有负责记录每家粮食亩数的"先生","先生"在账本上把每家每户有多少田地都记录得清清楚楚,家家户户按照账本,根据土地的数量纳粮。1949 年以前,隋家的土地都来源于祖上购买,不是国家按照人口分配的。公粮可以缴纳粮食和钱,但是家里一般都是缴纳粮食,麦收的时候交小麦,秋收的时候交棒子①,一年需交两季公粮。国家不允许用高粱缴纳公粮,家里没有种植公粮所收的粮食就需要去别人家借粮食或者换粮食,再或者用钱交公粮,总之要自己想办法把公粮交齐,而且规定一个星期或者是两个星期,在规定期限内必须上交完毕,迟交或者不交都不允许。每亩田地征收公粮的数量不一样,上等地需要缴纳的公粮多,"郎当地"②需要缴纳的公粮少,"先生"的账本上都有关于每家每户上等地和"郎当地"的详细底③,等于说田地也是评等级的。缴纳公粮给家里带来很大的负担,家里把公粮拉到村里,村里套着大马车拉到区政府,整个村庄缴纳的公粮需要几十辆大马车拉上半拉月才可以送完。因为当家人隋秋元做生意失败,所以隋家的土地变卖掉十亩用以偿还债务,卖掉的土地便不需要再缴纳公粮,卖了多少亩土地就少交多少亩土地的公粮,村里的"先生"在账本上就给消减掉售卖的土地亩数,然后由买土地的人家负责缴纳这部分公粮,整个过程需要作为当家人的隋秋元告知村庄的"先生"即可。

3.成员伙居同等分配

隋家进行各项家庭分配的时候是以家户整体为基本分配单位,一家人处于伙着的状态,在一起生活产生的主要开销就是吃饭穿衣。隋家属于中等经济水平的家庭,一年收获的粮食仅有三千斤左右,除去缴纳的公粮,剩下的基本够自己家人食用所需。隋家的人口数相对于粮食收成而言是不能够实现衣食无忧的,每年都要掺糠掺野菜才能够维持一家人有饭吃,不至于饿肚子,等到二儿子隋吉良十七岁的时候,只要外边有活就出去当瓦匠干活挣钱贴补生活,从此隋家的生活大为好转且有了保障。这样平常的家庭比不得有钱人家,在成员之间分配相差无几。此外,就隋家而言,幺房被北房和南房双向遮挡导致采光极差,房屋很潮湿,当家人就把采光最好的北房让给二儿子隋吉良夫妇居住,自己居住幺房,因为不富裕的家庭能娶上一房媳妇不容易,长辈尽可能地迁就媳妇,害怕媳妇不和自己家过了而改嫁。隋家当家人和其他家庭成员的吃穿用度一样,其他长辈和家庭成员的吃穿用度也是一样的。只有当家庭成员生病的时候,为了让其快点康复,家里才会做点白面的热面条给他吃,因为家庭成员

---

① 棒子:指玉米。
② 郎当地:指产粮低的赖地。
③ 底:指记录。

生病轻易是不请大夫的,大夫不好找且架子大不容易请得动,家里人认为吃碗热面条出汗可以使病好得快。

4.内外事务分配存差异

关于家庭外部事务的具体分配,包括种植每种庄稼的亩数和种地所使用的牲口、犁杖、老耙、耧、锄头、镐,等等全部由外当家统一安排和布置。这些东西由当家人购买回来,家庭成员按照当家人的要求干农活和使用。关于家庭内部的衣食分配,平时家庭成员都享受统一的待遇,即吃同样的饭食,穿同样布料的衣服,能够省着不买衣服就不买,能够省着粮食就尽量省下,全家人不管长幼都是如此。"做什么饭就吃什么,唔们①不提什么意见。一家人能够吃上粮食饽饽就顶不错了,不掺糠、不掺野菜的饽饽就是好的饭食了,讲究不得那么多。"

家庭内部平日里不存在特殊的分配,没有享受特殊分配的主体。只有女人生了孩子以后在坐月子的时间段内休养身体而不用进行任何劳作,饮食也调整为鸡蛋、小米、红糖等。还有就是家庭成员生病了,比方说感冒了,实在吃不下东西了就擀碗热面条吃,基本不请医生,因为从医的人员少之又少,而且需要花钱,隋家人能省尽量省着不开销。只是有的时候隋秋元的女儿们回娘家,会给黄秀珍买一个肉火烧带回来,黄秀珍不会分给其他家庭成员,而是自己吃,黄秀珍也觉得这样做不合适,因此每次都是偷偷地把肉火烧藏到叠好的被子中,吃一口就放进去,再吃一口再放进去。隋家在家庭内部分配方面不存在特殊情况,不需要做主进行特定的分配,而面对家户外部分配时,统一由外当家做主和安排。

5.家长外出产生新决定主体

隋家的外当家有事情外出不在家的时候,有人来借用家中的牲口,如果自己家的牲口处于闲置的情况,隋家的内当家可以决定是否外借。随着隋秋元年纪越来越大,当家的精力和体力都不具备了,于是换成了二儿子隋吉良当家,从此家庭外部的事情就由隋吉良做主和安排,不需要请示上一辈的当家人,也不需要告知上一辈的当家人,隋吉良独自决定即可。儿媳寇氏嫁进隋家以前,如果内当家黄秀珍出门,比方需要到娘家住一段时间,隋家便由家中的其他家庭成员做饭,此期间做饭的人并不固定,隋秋元的五个女儿谁有空谁会做就由谁负责做饭。寇氏嫁入隋家以后,基本上都是由寇氏做饭,如果内当家黄秀珍不在家,寇氏就按照平时内当家人在的时候做饭的样式做,一般都是玉米饼子或者小米饼子搭配咸菜,不用请示其他家庭成员。作为家庭当中的一分子,心里都计划着过日子,不会出现趁着当家人不在而胡来的情况。而且家庭内部的事情不需要专门的决定和分配,衣食都是年复一年毫无改变,每个家庭成员都一视同仁,平日里没有人享受特殊待遇。如果内当家黄秀珍在家,那么家内的饮食等具体安排就需要请示内当家人,寇氏不可以单独做主。

6.兄为家长且弟管钱财

隋秋元当家的时候,晚辈一般是当家人如何吩咐就如何执行,其他成员有想法可以提意见,如果提出的建议有道理会被采纳,不合适便会被拒绝。隋家的钱财一直由作为内当家的黄秀珍保管和支出。随着隋秋元和黄秀珍的年纪越来越大以至于没有能力当家主事了,大儿子隋文良患有羊角风而头脑痴傻,所以二儿子隋吉良便成了当家人,负责打理家庭事务。隋吉良成为当家人以后就开始决定家中的大小事务,安排家庭的生活与劳作,筹划着攒钱为弟

---

① 唔们:指我们。

弟隋文周盖房娶妻。虽然隋吉良是隋家的当家人,但是钱并不由隋吉良或者寇氏掌握,而是由隋文周保管着,隋吉良花钱需要向隋文周说明开支的理由。除了隋秋元和黄秀珍以外,其他家庭成员需要用钱都先要经过当家人的同意再向掌管钱的隋文周支取,隋文周对于每一笔支出都要记账。隋家之所以将当家的权利和掌握钱财的权利分开,是为了避免当家人自己做主乱花钱或者侵吞属于整个家庭的钱归于自己的小家庭中的妻儿所有,同时保持账目清楚,维护整个家庭的发展。这是当时隋家的监督制约方式。家户内部的分配属于隋家的家务事,不需要告诉任何人,包括邻居、家族和村庄。相对于家庭内部而言,这些人都属于外人,外人不会轻易介入家庭内部,除非当家人邀请外人介入才可能出现外人干涉的情况。

(二)分配对象

隋家的分配对象局限于家户内部成员,但是特殊的家户成员在分配上享有特殊待遇。比如坐月子的妇女就是重点照顾对象,因为女人生完孩子以后,体质非常虚弱,需要哺育新生儿,所以隋家的媳妇生了孩子以后必须坐月子,隋家会给坐月子的媳妇分配好的吃食,例如鸡蛋、白面(不是整个月子里都吃)、小米、红糖等,而隋家的其他家庭成员就不能够享受这些待遇。还有老人生病了,儿媳妇会给老人做白面的热面条吃,因为生病的人没有胃口,做点好吃的饭吃进去有利于身体的痊愈。这些家庭成员在特定时期内就需要享受到超出其他家庭成员平常水平的待遇。隋家的分配是以本家户成员为分配对象的,本家户的成员只包括隋家不分家且在一个锅里吃饭的家庭成员,此外这些家庭成员的财产归于一处,由一个家庭成员须统一管理和掌握,这个家庭成员一般是当家人且为长辈,同时同一个家户的成员居住具有集中性,虽然隋家以是否婚配为单位决定是否居住于一套屋内,但是同一家户成员统一居住于同一个院落内。隋家的其他成员都不属于家户的分配范围,包括出嫁的女儿、朋友、亲戚等,当然不能享有隋家的内部家庭成员的分配。隋家是一户普通的家庭,生活维持着温饱的基本状态,算不上富裕。隋家经济来源于隋家种地所收获的粮食收成,家里养猪、养羊、养鸡鸭的收入,隋吉良出门当瓦匠的收入和后来隋吉良当家以后家里搞的织布副业的收入,隋家的全部收入主要来源于此四项,没有其他额外的经济来源。全家人维持生活的方式,一是靠着全家人兢兢业业的辛勤劳作,二是节约,能够省下的开支便尽量省下来。

(三)分配类型

隋家的分配类型包括农业收入分配、牲畜收入分配和副业收入分配,具有公粮优先,自食居后的特点。隋家的分配遵循整体性原则,即以保障隋家全家人的生活,满足全家人的需要为原则。

1.农业收入分配

隋家一年种植两季农作物,麦收可以收获一季粮食,主要是小麦;秋收可以收获一季粮食,主要是玉米、高粱、黍子和豆子。每季粮食收获了以后先要把公粮交齐,剩下的才属于家庭成员所有,归于自己家安排和分配。公粮以粮食的形式缴纳,当然也可以折合成钱缴纳,隋家没有多余的钱,所以每年选择缴纳粮食。缴纳公粮的负担不算很重,但每年缴纳的数量都不一样,风调雨顺的年份,庄稼收成好,国家收取的公粮数量便多些,赶上旱灾涝灾的年份,国家收取的公粮数目就少些。每到了缴纳公粮的时候,每家每户会把国家要求的定额公粮如期送到村里,再由村里统一送到区政府。

先是缴纳公粮之后才可以自己家食用,缴纳公粮是必须的,如果公粮缴纳不齐,村里会一遍又一遍地用大喇叭喊叫村民们缴纳公粮,村庄内还没有出现过不交齐公粮的事情,因为传统的"皇粮国税"的观念在人们的头脑中是根深蒂固的,如果无法缴纳公粮,那么当家人需要承担责任, 至于具体的处罚措施没有目睹过,因为隋家所在的村庄没有出现过拖欠的人家。涉及粮食的事情都是大事情,缴纳公粮自然也是隋家的重中之重,隋家缴纳公粮都是当家人和其他家庭成员负责,当家人一定会去,而每次跟随的家庭成员是不固定的,基本是谁有空谁就陪同当家人一起去。隋家缴纳公粮属于隋家自己家庭内部的事情,不需要告知邻居、族人等,任何人没有权利干涉隋家的内部事务,除非隋家的当家人请求别人参与,别人才可以介入而不遭受非议。

2.织布收入分配

隋吉良当家的时候,隋家购买了一台织布的机器,从此隋家人便开始有了织布这项副业。梁州集、大城屯集和长丰集都是周围的大集市,也是隋吉良卖布必须赶到的集市,隋吉良把家中织好的布用水管车①驮到集市上去卖掉,再购买织布需要使用的线回来,赶上价格不错的时候,赶一趟集市能赚上百八十块钱。在棉花丰收的年份,织布这项收入可以为隋家赚到三四千块钱,为一家人的衣食提供了保障。因为隋秋元年纪大了,头脑不灵活,行动也比较笨拙,而且隋秋元不识字容易上当受骗,所以家里织好的布都是由隋吉良去进行售卖。隋吉良每次都用水管车把布驮到集市上,然后在集市上找个空位把布摆好,有需要购买布的人就会聚集过来购买。因为不是每个集必须到的常摊位,所以在集市上摆摊不需要给任何人缴纳任何费用,找个偏僻点的地方,不妨碍其他人摆摊即可。

每次隋吉良在集市上卖布回来赚取的钱要先到弟弟隋文周房间内全部交给弟弟保管再回到自己的房间,不可以先回到自己的屋内,因为这样很难说清楚钱数的事情,家庭成员容易怀疑隋吉良是否私藏了大伙的钱,家里的人不能随便掌管着钱财。在隋秋元当家的时候,家里的钱由作为内当家的黄秀珍统一收管和支出, 当换成下一辈的隋吉良为外当家人的时候,家中所有的钱就统一交给隋文周保管,这是一种监督制约方式。隋吉良当家的时候,家中有事情需要用钱的告知上一辈当家人隋秋元和黄秀珍, 得到他们允许之后才可以向隋文周取钱。

3.畜禽收入分配

有些年份,隋家会饲养十多只鸡鸭,鸡鸭看着个头虽然不大,但是吃得并不少,不仅吃野菜,也要掺和着粮食喂养,不然鸡鸭就会营养不良影响下蛋,所以隋家只能够饲养十多只,不能过多。隋家养鸡鸭是为了得到一些鸡蛋、鸭蛋用于老人食用和家中来了客人待客,还有就是平时鸡鸭下蛋就攒着,等到有一篮子就拿到集市上卖钱贴补家用。除此之外,每年隋家都会养一头猪,春天隋秋元从长丰集上买来小猪仔,小猪仔论斤卖,每年的价格不一样,经过一年的饲养,年底便长成大猪。隋家或者把整头猪卖掉,抑或是把猪宰杀,宰杀好的猪肉放到家里,然后借用别人家的喇叭喊大伙来购买,大部分猪肉都卖成钱贴补生活开支,再留下一小部分自己家过春节食用。不管以何种方式把猪卖掉,整个过程都由作为外当家的隋秋元做主,卖猪的钱都要交给内当家黄秀珍保管。平日里隋家人谁有空闲时间就去地里割点野菜,把野菜用筐背回家后剁成小丁状搅拌上玉米麸和刷锅的泔水喂给猪吃,隋家没有指定专门

---

① 水管车:指用水管焊接的,和自行车相像的一种交通工具。

的家人负责养猪。

后来，隋僧林和高氏陆续去世，隋秋元的年纪也越来越长没有能力下地干农活了就买了一群羊，隋秋元天天出去放羊赚钱贴补生活。每年小羊羔长大了就卖掉换成钱，自己家舍不得吃肉，每年都有专门的人到村里来购买羊，当家人不用牵着羊去集市，在家便可以卖掉。如果当家人愿意把羊牵到集上去卖也可以，但要经过集市牲畜市场的经纪人，他们都是在集市附近居住的人，给买卖双方撮合，这些人都是闲人，也是爱好干这个的人，当然有时候也可以通过把买卖撮合成功而赚点钱。

隋家开始有五十亩地，后来因为外当家隋秋元做买卖失败欠了人家的外债，由此隋家不得不卖掉十亩地还债，自此以后隋家还剩四十亩地。种地最为需要的生产资料便是牲口，一个牲口便相当于粮食的收成有了五成的保障。隋家的经济条件还算不错，土地也比较多，一直都养牲口，或者是养一头驴，抑或者是养一头牛，隋家种地完全指望牲口拉犁杖、老耙、耧。隋吉良从十二岁就开始带着牲口拉着拖床、犁杖和老耙耢地，在家里也主要是隋吉良负责喂牲口，因为平日使用牲口，对牲口比较关心，当然也不是固定就隋吉良一个人喂牲口，隋秋元或者其他家庭成员抽空都会喂，牲口饿了会叫唤招呼家里人喂它。不过，一般男人在家就由男人负责，男人出门不在家才需要女人喂牲口，总不能饿着牲口。牲口粪是隋秋元负责弄出去，因为当时隋吉良年纪小，推车吃力，所以由隋秋元负责。后来隋吉良长大些也处理牲口粪，把棚里的牲口粪先放到猪圈里沤粪，这样子处理的粪有劲。家家户户都有猪圈，平日里有烂草烂叶的就倒猪圈里沤肥料。

4.分配秉持整体意识

隋家的家庭内部分配是以整体作为主要的分配对象，一般情况下不存在差异性，男女老少吃穿用度都是一样的。隋家具有先交齐公粮，剩余再为自己家食用的特点。隋家平时不特意地给家庭成员分配零花钱，需要买东西且用钱较多的时候就告诉外当家隋秋元和内当家黄秀珍，得到他们许可之后就可以使用钱财。一般情况下，家里人向当家人要钱用都是为了家庭的事务，不是为了自己的私事，没有人好意思为了自己的私事而向当家人提出用钱的要求。隋家最主要的分配就是家庭成员的粮食，粮食在隋家占据的比重最大，在隋家人心目中的地位最高，是家里的首要需求。

（四）家长在分配中的地位

隋家的家长在家庭分配中并不处于统一做主和支配的地位，属于家庭外部事务，例如给国家缴纳公粮就必须由当家人说了算，但涉及家庭内部分配的支配者需要看谁是家中当家人，如果当家人是隋秋元和黄秀珍，因为他们会毫无私心地、竭尽全力地为晚辈着想，为整个家着想，所以家庭内部的任何分配就由作为当家人的隋秋元和黄秀珍决定，家庭成员毫无异议。可是当家人换成隋吉良的时候，因为隋吉良已经娶妻生子，具有存在私心的可能性，为了避免隋吉良偏袒自己的小家庭而多分给自己小家庭东西，以至于即使后来隋吉良当家，他也不能完全决定家中的分配，还是由已经不是当家人的隋秋元和黄秀珍决定。

1.兄弟当家不具备分配权利

隋家的外当家为隋秋元、内当家为黄秀珍的时候，隋家的分配由内外当家人全权决定。当隋吉良成为外当家的时候，隋吉良却不掌握绝对的支配权，而是继续由上一辈当家人决定，隋吉良可以决定生产方面的事情，但是不可以决定分配方面的事情。因为隋吉良当家的时候已经有了家室,如果隋吉良有决定分配的权利就存在自己侵吞家庭财产的可能性,所以分配的支配权并不随着家长的改变而改变,需要根据当家人与家庭成员的关系而决定,家庭整体利益至高无上。父母或者爷爷奶奶等长辈当家要比同辈兄弟当家容易许多,管理的难度会降低许多,因为尊重长辈的观念世世代代根深蒂固,晚辈对于长辈无条件服从天经地义,但是换成同辈人当家便会去除这种观念的约束,维护自身利益的欲望凸显无遗,因此换成小辈当家就困难得多,如果当家的晚辈又娶妻生子了就更是难上加难,家庭成员都怀疑当家人偏心自己的小家庭,即使不偏心也是会招致家里人这样想,便会想尽办法刁难和避免此等情况发生。父母会和晚辈当家人不是一条心,兄弟姐妹更不和其是一条心,更多的是猜忌。当然,隋家无论是谁当家在家户分配中都要坚持一个原则:尽量考虑家庭整体的利益,尽量节约。因为在隋家人看来,对于一个共同生活的大家庭而言,"一损俱损,一荣俱荣",隋家在没有分家的情况下,全部家庭成员是一个不可切割的有机整体,分配存在偏袒或者私藏都不利于家庭的维系与延续,而且家里要尽量节约以保障家庭成员不忍饥挨饿。

2.食物分配于长幼保持一致性

1949 年以前,对于隋家而言,居于主导地位的分配是食物。大户人家经济条件优越,如果娶到的媳妇到了有钱的大户人家不对婆家言听计从,人家就轻而易举重新再娶一房媳妇。此外,因为大户人家财力雄厚,所以对于家庭成员的控制权利大,尤其讲究尊卑长幼,强调遵规守矩。其中一个重要的方面就是大户人家的食物分配存在很大差异,年长的老人吃食待遇最好。相对而言,像隋家这样的中户家庭日常的吃穿用度较为紧张,日子过得并不宽裕,娶上一房媳妇很不容易,所以隋家没有过多严苛的规矩和尊卑长幼的讲究。隋家属于普通的中等经济水平的家庭,平日衣食住行都要作出较为合理的经济计划,思量和采用最为节省的生活方式,尽量不让家庭出现收获季节前断粮的情况,因此隋家的食物分配不因成员长幼而有差异,隋家的老人、青壮年、孩子的食物分配都是一样的,秉承的观点是"吃肉都吃肉,喝粥都喝粥,吃糠都吃糠"。食物的具体分配无须家长做主和操心,大家庭的成员都住在一起,同灶吃一样的食物。

3.家长有公粮缴纳的决定作用

隋家的当家人在缴纳粮食税这项分配中拥有绝对的支配权,但凡涉及粮食的分配,尤其是粮食支出,由当家人全权决定且谨慎处理,不需要和家里的其他成员商量,当家人代表整个家庭负责完成公粮缴纳的过程,而且粮食是家庭的重中之重,当家人需要谨慎安排决定。每次缴纳公粮的时候,隋家的当家人都要亲自跟着去,这种和国家打交道的事情应该由当家人出面,且"皇粮国税"是必须缴纳的,怠慢不得。每次缴纳公粮的时候,国家会下派验粮官到各个村庄,如果验粮官觉得交上来的粮食不干净便过不了关,隋家就需要把粮食拉回家,重新把粮食筛一遍弄干净再送过去,直到验粮官觉得合格为止。等到全村的人都把公粮交齐,村干部便组织多辆马车将公粮运送到区公所。可见,公粮的缴纳是有着标准和程序要求的。

4.衣物分配能省则省

隋家的生活算是中等水平,虽然不至于食不果腹,但是也不是衣食无忧,而且二儿子隋吉良结婚以后,家中还有三儿子隋文周需要盖房娶妻,这是一笔相当大的开销。面对如此沉重的负担,隋家的做法是能够省的地方就尽量节省,而且进到家中的钱,内当家黄秀珍就尽量不再出手而是储存起来。家里人不吃饭不可以,但是衣服少几件没有多大的问题,平时隋家的大人和孩子们都尽量不添加新衣服。隋吉良小时候,作为内当家的黄秀珍会在每年春节的时候给孩子们每人添加一件新衣服。后来隋吉良娶了寇氏进门,隋文周到了娶妻年纪,家中为了节约开支,过春节与平时不过节的时候一样不再保持添加新衣服的规矩,隋吉良的女儿甚至到了四岁还没有衣服穿,因为黄秀珍掌管着全家人的钱不出手,寇氏手中没有钱给孩子买衣服,为此寇氏一直记恨婆婆,认为婆婆此等做法过于苛刻。即使是作为儿媳妇的寇氏提出要求,婆婆也极有可能拒绝,赶上婆婆心情不好还会招致一顿奚落和嘲讽,而且寇氏向丈夫隋吉良提出要求,丈夫也不会给购买,因为丈夫需要把钱交到黄秀珍手中,丈夫本心也不愿意花钱,而是希望把钱省下来。平日寇氏只能默默地不提需求方面的事情,婆婆不给孩子们买衣服就不穿,家庭成员只能将就着生活。

按照风俗习惯,作为婆婆的黄秀珍每年应该给儿媳妇寇氏"一个说",即每年八月十五给儿媳妇一些钱让儿媳妇买一套新衣服,可是黄秀珍从来没有给过寇氏,寇氏提出要求也没有任何效果,久而久之,寇氏就在心里暗暗记恨婆婆,不再发表看法和提出要求与意见了。家里人穿的衣服都到了补丁摞补丁的程度,能够节约的开支尽量节约。隋家出嫁的闺女们长期居住在娘家,因此隋秋元和黄秀珍的衣服破了就由女儿们缝补,二儿子隋吉良小家庭成员的衣服破了就由寇氏缝补。隋吉良屋里的被褥都是结婚的时候寇氏陪嫁的,一直没有添置新的被褥,夏季的被子里盖破了就盖被面儿,冬季的被子都盖到露着里边棉花的程度,即使寇氏想买新的想做新的,黄秀珍也舍不得给寇氏钱。作为婆婆的黄秀珍不给,作为丈夫的隋吉良不敢违抗母亲意愿,也只好不吭声,寇氏没有办法就只能忍耐和将就。家里为了把所有的钱节省下来给隋文周盖房娶妻,也为了保障一家人的生活能够正常维持,挣钱的人少,而吃饭消费的人多,隋家只能够节约,在衣服消费方面尽量缩减开支。

5.新年压岁钱与新衣服

1949 年以前,家里的生活条件并不富裕,大人极少给孩子买点吃的东西,二分钱一斤的菜瓜都舍不得买给孩子吃。街上时常会有卖果子、炸糕的流商,但是隋家人极少买来吃,唯一特殊的情况是隋吉良偶尔会给长辈买一些吃食,或者长辈想吃了便给自己买一点解馋。在人们的观念中,年长的老人比年幼的孩子重要,尊长比爱幼是更为重要的准则。平日老人不会给孩子们零花钱,唯独过新年的时候,老人会给孩子们一人二毛钱的压岁钱。这是当地的一种风俗习惯,寄托着长辈对晚辈的希望和宠爱。在生活宽裕的年份,无论是男孩还是女孩,黄秀珍会在过年之时允许寇氏给每个孩子添置一套新衣服。寇氏赶集买来布料和染料,染料用大锅煮开,再把新买的白色粗布染成有颜色的布,染好色以后再裁剪缝制成新衣服,黄秀珍和寇氏都是手巧之人,是裁剪和缝制衣服的好手,但是新衣服并不是每年都有,平时隋家人都是穿粗布衣裳,粗布料子的衣裳禁不住磨损,非常容易磨破,家里人的衣服穿破了就用补丁补一下,几乎每件衣服都是补丁摞补丁,如果一件粗布衣裳不带补丁便是好衣服了,隋家人平日轻易不买衣服,厉行节俭地过日子。

(五)家庭成员在分配中的地位

隋家的分配异常简单,除了国家的公粮征收以外,就是平日的衣食住行所需而已。公粮由作为外当家的隋秋元全权负责,其他分配由作为内当家的黄秀珍安排,其他家庭成员不可以提出要求和意见,更不可以擅自决定,决定权在当家人手中,即使家庭成员提出意见,其作用也不大。

1.分配地位因当家人而迥异

家庭成员很少提意见，基本都是按照当家人的吩咐而为之，即使提意见也不一定有效果，甚至会受到当家人的训斥。平日家庭成员的吃穿用度毫无差异,吃一样的东西,用一样的东西,各个方面处于公平的状态。如果家里有非常不公平的事情出现,其他成员会提出意见,但是无论当家人对于家庭成员所提出的意见是否采纳,家庭成员都要按照当家人的要求去做,不可以擅自决定和按照自己的意愿行动。

隋家平时不分配给家庭成员零花钱,隋家的分配主要是衣服、食物、公粮等,家庭成员对于分配没有支配权。隋家刚开始的当家人是隋秋元,内当家人是黄秀珍,家庭内部的分配由黄秀珍决定，家庭外部的分配就由作为外当家的隋秋元决定。隋家的当家人换成隋吉良之后,由于当家人和家庭成员的关系由父辈和子女的关系转变成父母与子女,以及兄弟姐妹同辈两种关系,鉴于关系的特殊性使得隋吉良并不具备分配权,为了避免隋吉良私藏全家人的钱财,所以隋吉良成为当家人以后并不具备家庭的分配权,分配权还是掌握在上一辈当家人的手中。

2.成员不可就食物分配提出异议

隋家的日常饮食非常简单,饮食种类毫无二致,就是腌好的咸菜切成丝,然后滴上几滴香油搅拌均匀,面食就是白高粱粥、小米窝窝头或者玉米窝窝头,偶尔会给老人买点肉火烧、油条等好吃的,家里讲究对老人好,老人是一个家庭中最为重要的人,平常的饮食中,老人、青壮年和孩子的饮食没有区别,所以大家也没有什么不同的意见可以提出,而且关于吃食,隋家没有人会多嘴提意见,因为如果讲究吃食被认为是不会过日子败家的人,会遭到家长辈的训斥,也会受到外人的嘲笑。晚辈不会擅自决定吃食的种类,儿媳妇寇氏做饭的时候都需要询问婆婆做什么,婆婆给出答案要按照婆婆的吩咐去安排具体的饮食,如果寇氏不事先问清楚而擅自决定做饭是不行的,会被婆婆训斥为不懂规矩。如果婆婆出门不在家,寇氏才可以决定做饭的种类,锅台边做饭的事情不需要男人参与。

3.分配因媳妇进门生成差异

1949年以前,隋家是经济条件普通的人家,属于常年勉强实现温饱的家庭。隋家人认为老人比较重要,孩子不如老人重要,家里偶尔给老人买点油条、肉火烧之类的好东西吃。对于孩子,即使是二分钱一斤的菜瓜,如此便宜的价格也不舍得给孩子们买,偶尔给老人买两个吃。隋家老人和小孩的待遇不一样,一般是给老人特意买点东西吃,不给小孩们买吃的,尊老比爱幼更受到重视。过年的时候,老人会给孩子们一人二毛钱的压岁钱,这是当地的风俗习惯,但只有过年给压岁钱,平日孩子们分不到零用钱。赶上风调雨顺的年份,收成不错,家里无论是男孩还是女孩,老人会在过年的时候给每个孩子置办一套新衣服,当然也不是从集市上购买现成的新衣服,而是由长辈赶集买来布料,然后买染料用大锅煮沸,再把新买的白色粗布放入大锅中染成有颜色的布料,染好色以后再裁剪缝制成新衣服,黄秀珍和寇氏都是手非常巧的人,擅于裁剪和缝制衣服。平时家里人的衣服破了就用补丁补上,每件衣服都是补丁摞补丁。家人都是穿粗布衣服,这种料子的衣服容易破损,一般轻易地不买新衣服穿,经济条件不允许奢侈。

后来,隋吉良娶了寇氏,寇氏性格刚硬,脾气不善,婆婆本就是聪慧之人,性格也属于强势类型,因此隋家的婆媳关系并不友好,经常是小矛盾不断,两个人彼此不信任和互相针对,但是明面上并不大打出手。全家人挣来钱都交到作为内当家的黄秀珍手中,由于黄秀珍对儿媳妇寇氏心怀不满,还有就是为了给小儿子隋文周攒钱盖房子和娶媳妇,黄秀珍手中的钱轻易不出手给儿媳妇小家庭用,媳妇对婆婆的诸多行为也是心生怨恨。在儿媳妇寇氏进门以前,黄秀珍负责一家人的衣食住行分配和具体安排,寇氏嫁进隋家以后,黄秀珍就负责下命令和出钱,由寇氏具体执行,面对诸多消费,黄秀珍都是能省则省。"我的婆婆可是对我不好,连件衣服都不给买,我一直都是穿自己嫁过来时陪嫁的衣服,孩子们的衣服都是用我的旧衣服和破衣服改小了做成的。我家的闺女四岁了还光着屁股到处跑呢,家里织布,婆婆就没有说过给块儿小布给孩子做个小裤衩,更没有给过一分钱让给孩子安排着买一块儿布做件衣服。不仅如此,婆婆还挖苦讽刺说闺女和我一样没有脸皮,这么大了不穿衣裳不知道丢人,可是我没有钱,也做不了主,没有办法就只能够让孩子没有衣服穿。"

衣物分配必须听从当家人的决定,当家人安排买就买,不给买也不能提出异议。寇氏对婆婆黄秀珍虽然不给买衣服意见很大,但是也不说出口,不好意思提出吃穿方面的要求,当然按照寇氏的表述是即使说出来买衣服的想法,作为内当家的婆婆也不会给钱让买,白说出口显得儿媳妇不懂事,起不到任何作用。

4.一年一度的"零用钱"

一年一度的春节在隋家人的心目中非常重要,即使生活再不济,到了过年的时候也会尽量的吃好点、穿好点、用好点,毕竟自古以来春节就是最为重要的传统节日,况且一年到头仅有一个春节。隋家的生活并不富足无忧,家中不能从事农业劳动的孩子多,成年的闺女们又陆续出嫁了,还需要给隋文周盖房娶妻,所以经济压力很大,隋家的长辈平日不会给孩子们零用钱。唯独每年的大年初一,当家人会把孩子们全叫到身边给每个孩子分配二毛钱的压岁钱,这便是一年一度的"零用钱",这部分钱并不完全属于孩子所有,他们通常会交给自己的母亲,如果母亲不收,这部分钱才归于孩子支配。新年意味着孩子们又长大了一岁,压岁钱代表着老人对孩子们的祝福和期待,希望他们快快乐乐地度过新年,健健康康地成长。当然如果当家人不给孩子们压岁钱,也没有人提出意见,给压岁钱是自愿的事情,给不给是个人的意愿。但是当家人给孩子压岁钱的风俗习惯在隋家一直延续,从无改变。

5.家庭成员配合缴纳公粮

缴纳公粮由作为外当家的隋秋元做主,其他家庭成员完全遵从,不可以提出不中听的意见,也没有什么意见可提出,其他家庭成员也不可以擅自做主,必须遵从当家人的安排且协助当家人完成缴纳公粮。当家人和其他家庭成员在听到村里的大喇叭喊叫以后,按照要求将粮食的种类和数量交上去即可。随着隋秋元年纪越来越大,身体状况也越来越力不从心,隋家便换成了隋吉良成为外当家人主持家务。在缴纳公粮的时候,隋吉良需要和老当家人隋秋元说一声,然后和兄弟共同把公粮送到村里,完成缴纳公粮的过程,其他家庭成员可以有好的想法,目的是有利于公粮顺利地缴纳完成。家里缴纳公粮按照拥有土地的亩数,而不是按照人口,村里有记账的"先生",家中四十亩地中有多少上等地,又有多少"郎当地","先生"都记录得极为清楚。缴纳公粮的时候,每亩地所需的粮食斤数并不相同,需要根据土地的品质来确定。由于隋秋元做买卖失利,所以隋家需要变卖十亩田地来偿还债务,卖掉的土地以后无须再缴纳公粮,卖了多少亩土地就少交多少亩土地的公粮,村里的"先生"在账本上会消减掉卖的土地亩数,然后由买去土地的人家缴纳这部分土地的公粮。

(六)分配统筹

隋家的分配有严格的计划和安排,尤其是在收成不好的年份,分配只集中于粮食,其他分配需要滞后,当家人要在保证全家人不挨饿的情况下才会安排其他分配。当家人考虑的具体分配要基于整体性的家庭需要和切实的分配需要。

1.家户分配存在偏袒

隋家在分配的时候以全家人的需要为前提,考虑的范围是全家人的整体利益和需要,不是某个人的利益和需求,即使是当家人也不能作为特殊的考虑对象而享受优待。隋家当家人确实存在偏心的情况,但绝不是毫无道理的偏心。二儿子隋吉良结婚以后,家里还有三儿子隋文周没有盖房娶媳妇,当家人隋秋元和黄秀珍为了给隋文周攒钱完成盖房结婚的大事情就不得不偏心了。因此,从表面来看,当家人对待隋吉良一家则比较苛刻,能够在其小家减少开支的地方就尽量减少。作为内当家的黄秀珍牢牢地把钱掌管在自己手里,家里需要的物件不达到不买不行的地步绝不购买。这些行为招致儿媳妇寇氏深深的怨恨,导致她们之间的关系屡次陷入危机,很不和谐。

大儿子隋文良有羊角风,脑子不好使,平日傻乎乎的。有一次,寇氏的衣服破损实在没有衣服穿便向婆婆开口要钱去买一身衣服,婆婆却非要同时给隋文良买衣裳,寇氏说他傻乎乎的不讲究,再者他也不需要新衣服急穿,婆婆就借此对儿媳妇不依不饶。实际上婆婆是不想给儿媳妇买衣服,也是偏心自己的儿子。隋文周结婚以后,黄秀珍还是比较偏心她的小儿子,所谓"天下的老人疼小儿",缴纳公粮的时候,当家人会偷偷地给隋文周垫付,但是不给隋吉良家垫付,后来二儿媳妇寇氏发现且抓住了现行,但是毕竟是老人只能不了了之。

2.自家分配次居公粮缴纳

"'皇粮国税'不是儿戏,老百姓种地理应给国家缴纳公粮,不然国家把土地都给老百姓种了,国家不收公粮,国家吃什么呢?"国家每年收取两次公粮,分别是麦收和秋收时节,国家收取公粮也不是毫无理由地乱定数额,赶上风调雨顺的年份,国家收取公粮的数量就多些,遇到天灾横行的年份,国家收取公粮的数目就少些。

每年家里收获的粮食需要先交齐公粮,村里接到区里的缴粮指示便用大喇叭广播给村民,然后规定一个星期或者两个星期作为缴纳公粮的期限,在此期限内农户必须将粮食交齐,哪怕是借粮食也要把公粮交够。农户给村里交够公粮,村里会筹备数辆马车把粮食送到区政府,再由区政府送到县里,逐级地送上去缴纳给国家。农户想办法把公粮交够了,剩下的粮食完全属于自家所有和支配。对于隋家而言,交够公粮剩下粮食的用途,首先是解决吃饭的问题,把肚子填饱最为重要;其次是给三儿子隋文周攒钱盖房娶媳妇;再次是穿衣服之类的分配。如果连饭都吃不饱,隋家就会省略掉其他的一切分配,因为其他的一切分配的前提是人的生存。

3.月子人与老人享有特殊照顾

隋家十岁以下的儿童不用干活,因为年纪太小没有参与劳动的能力,但是隋家的孩子们并不享受特殊的分配。有一次隋吉良的大女儿生病了,隋家的当家人并不当回事,根本没有给她找医生看病的意思,家中孩子的地位一点不重要,拿着孩子根本不当回事,哪怕是孩子去世也是无所谓的。家庭内部平日里不存在特殊的分配,没有享受特殊分配的主体,只有在女人生了孩子坐月子期间需要休养身体才不用进行任何劳作,饮食也随之调整为鸡蛋、小米、红糖等。此外家庭内部成员生病了,比方说感冒了,实在吃不下东西就擀碗热面条吃,当家人基本不会允许请医生。1949 年以前,因为从医的人员少之又少,而且需要舟车劳顿花钱去请,隋家人既不具备足够的财力,也不具备充沛的精力,所以多数情况不请医生,靠病人自己熬过去,直到痊愈。有的时候出于孝顺,出嫁的闺女们回娘家会给内当家黄秀珍特意买个肉火烧,黄秀珍不会分给其他家庭成员,而是自己享用,黄秀珍不会当着家庭成员的面食用,而是偷偷地把肉火烧藏到叠好的被子中,吃一口就放进去,再吃一口再放进去,毕竟不分给孩子们是不合适的行为。有的时候赶上吃食少了,比方说只有一碗粥,家中会选择优先给老人吃,当然如果量足够的话,家庭成员便会共同食用,不需要互相迁就。隋家在家庭内部的正式而经常性分配方面不存在特殊情况,当然也没有做主进行分配的人。

赶上年景不好的时候,隋家当家人首先维持的分配是饮食,其他一切分配都要让位于饮食,甚至隋家当家人会停止家庭成员的其他一切分配。隋家所在的村庄没有排水设施,赶上下几天暴雨便会引发涝灾,导致粮食收入大幅度减产,进而影响到家庭的生活质量和水平,影响到生产工具等的安排。比如家中的犁杖用坏了,原本打算更换一个新犁杖,但是因为赶上年景不好,只能将坏掉的犁杖尽量地修理一下将就着继续使用,这样做一定会影响到生产效率。隋家在分配过程中的规矩是:家庭成员之间的饮食毫无二致,在风调雨顺的年份,田地收获的粮食多,不分孩子、青壮年还是老人,家庭成员的生活质量会稍微提高一些,当家人会把饮食改善一些。赶上光景不济,地里出产的粮食维持不了温饱,家庭成员就只能掺糠掺菜勉强维持生存以渡过难关,此时全体家庭成员的饮食同样毫无差异,没有人毫无原因而享有特殊待遇。唯一不同的是老人嘴馋了可以做点可口的饭菜吃,其他家庭成员绝不可以擅自如此。

(七)分配结果

隋家是经济条件一般的家庭,并不属于殷实富足之列,食物分配占比最高,以其作为家中首要的分配。隋家的闺女在出嫁以前为家庭尽心尽力地劳作,出嫁以后,闺女们的婆家生活条件很是不佳,因此作为内当家的黄秀珍在分配中便偏心于出嫁的闺女们,此做法招致儿媳妇的怨恨,婆媳关系愈加紧张。

1.食物分配占比最高

隋家在实际分配过程中,食物占比最高,地位也最为重要。食物分配占据隋家所收获粮食中的百分之八十,温饱是家庭的首要需求。隋家更换当家人以前,家中没有任何买卖经营,家庭开支来源主要依靠田地收获的粮食。对于隋家当家人而言,维持家庭成员的生计已然极为不易,当家人需要做好谨慎的规划,剩下的百分之二十分配包括缴纳公粮、购买衣物和安排农具等诸多方面。隋家分配也存在特殊的情况,需要娶媳妇盖新房或者为了完成农田耕作而购买牲口,当家人就会把此项分配列居于全部家庭分配的首位,当然这是极其少有的情况,属于一种偶然存在的分配。

2.出嫁女儿加剧娘家负担

隋家的当家人很疼惜女儿,即使女儿已经出嫁,她们还是经常住娘家,因此给娘家带来负担,增加了隋家的开支。对于这件事,已经娶妻成家的隋吉良所持反对意见比尚未完婚的隋文周强烈许多。因为成家的隋吉良有了妻子和孩子,担负着撑托整个家庭的责任,本身所承载的负担很是沉重,出嫁的闺女占有家中的分配份额,消费家里的物资,无形中等于加剧了已经成家的隋吉良身上的负担。其中意见最大的是儿媳妇寇氏，因为儿媳妇与出嫁的大姑小姑毕竟没有血缘关系，只是单纯的以利益为出发点来权衡自己得失。作为内当家的黄秀珍看出儿媳妇对于帮衬出嫁女儿这件事极为反感，但是隋家出嫁闺女的婆家大多经济条件不佳，衣食住行面临困境，黄秀珍难抑心疼闺女的心情，虽然儿媳妇只能心里不满，实际生活中做不了主，因此婆婆甘愿儿媳妇怨恨也要偏心闺女帮衬闺女，家庭成员不能公然阻止，也阻止不了。

隋家每年的分配结果基本上没有变化，只有在女人生孩子，或是遇上天灾，或是家庭成员需要盖房娶媳妇等的特殊情况，当家人才会对已有的分配结果做出调整，分出轻重缓急，依此调整分配次序。

四、家户消费

(一)家户消费及自足程度

隋家的经济条件在村庄中处于中上等水平，且正常年份完全可以实现自给自足，没有外借债务用于生活的情况。隋家的消费包括粮食消费、衣物消费、住房消费、医药消费、人情消费、红白喜事消费等诸多方面，其中有一项消费占据较大比例，而且是特殊性的消费，就是出嫁的闺女拉家带口回娘家产生的衣食住行的消费。

1.勤俭节约满足需求

1949年以前，隋家一年吃三四千斤粮食，平均下来每个人每天需要消耗一斤多粮食。当然家庭成员每年食用的粮食数量取决于田地收获的粮食数量，如果获得丰收，隋家的口粮就富裕一些；如果赶上收成不好的年份，便只能在粮食中掺野菜和糠了。总之，隋家人在灾荒年份勉强能够实现自给自足，吃不上好的饮食就用粗糙食物接济以维持生存，在这样的生活方式和思想观念引导之下，隋家几乎没有出现过饿肚子的光景，赶上风调雨顺的年份保障衣食供应是毫无问题。隋家田地收获的粮食全部用来家人食用，基本上没有剩余，如果不闹天灾，地里收获的粮食是能够满足一家人的温饱需求的。二儿子隋吉良当瓦匠挣的钱一小部分用于日常开支，剩下大部分由内当家黄秀珍储存起来预留给三儿子隋文周盖房娶媳妇使用。隋吉良一个月可以赚得七十五块钱，除去必要的个人衣食消费，每个月勉强能够攒下四十五块钱邮寄给家中的当家人。隋家能够实现自给自足，不需要借用别人家的物件，在村庄内属于中等水平，收入能够维持消费，但是平日里依旧是能节省则尽量节省，毕竟家里的经济条件不允许随意消费，即使是村庄内的大地主家庭都不能想吃多少就吃多少、想用什么就用什么。

村庄内有户姓周的大地主，作为当家人的老汉平时穿着破破烂烂。有一次，在集市上看到四五个买芝麻的人吃肉火烧，老汉就捡人家掉的馍馍渣，经老汉询问得知人家是来买芝麻的便带回家中，结果这几个人从老汉家买走几千斤芝麻，就这么有钱的地主都如此节省持家才能延续家业。后来老头家娶进门了孙媳妇，孙媳妇是个铺张浪费之人，随着上一代当家人陆续去世，孙媳妇当家做主了，孙媳妇为了使家中的墙面白净就用鸡蛋清抹墙，孙媳妇的衣服都是极其昂贵的，就这样久而久之导致家户败落。因此，隋家信奉节俭持家，也是因为没有足够的经济能力保障毫无顾忌地支出。

2.土地产粮用于自家食用

1949年以前，隋家每年的粮食消费支出占到家户消费总支出的八成以上，全部粮食消费都由自家土地供给,赶上风调雨顺收成高的年份便可以满足全家人食用之需,赶上光景不好歉收的年份地里收成不佳,全家人就需要掺糠掺菜节衣缩食才可以勉强度过灾难。隋家尽量不去借别人家的粮食,因为普通的人家都很穷,粮食都不够自家食用,并没有多余的粮食借出,即使凭借深厚人情关系借出少量的粮食,也需要隋家在短期内归还,同样是为难的事情。村庄的大地主家庭比较富裕,因此会存储大量的粮食,但是大地主家庭和贫困人家鲜有来往,像隋家这种普通人家和大地主家庭素来没有交情,自然不会向人家去借钱借粮食。

3.家庭成员鲜购衣物

1949年以前,家庭成员每年几乎不添置新衣服,坏了就尽量修补,每件衣服都是补丁摞补丁。儿媳妇的衣服都是结婚的时候娘家陪嫁和婆家给置办的新衣服,总共四五身,嫁到隋家以后便年复一年地穿这几套衣服。等到隋家人的衣服破损得实在严重,连补丁都补不上去的时候,也就是衣服的旧补丁都被磨破,衣服实在是不能坚持穿了,才到集市上去购买新衣服。隋家的家庭成员都是穿粗布衣裳,布料容易坏损,布丝粗糙且样子丑陋。1949年之前,集市上有洋布衣裳,也有绸缎衣服,但是价格昂贵,普通的老百姓买不起这些布料的衣服,隋家作为普通的人家舍不得穿好衣裳。隋家平时极少借别人的衣服穿,因为总穿人家的衣服不合适。当然隋家确实出现过借用别人家衣服的情况,被借用者是与自家关系甚好的邻居,因为族人中有人娶媳妇,内当家黄秀珍需要去接新媳妇,当地叫作"接新亲",可是没有合适且体面的衣服穿,所以需要去借用别人的衣服,这种借用只持续半天,不需要给对方报酬,基本上都是为了暂时的解困才借衣服穿。

4."四层房"实现自给自足

"喃们最开始的老房子在村子的正中间,一个小旮旯里,哈①么点地方,小得不得了。那时候,三家人在一个院子里住着,喃们哥仨,还加上喃们老的②。在老房子的周围都有人家,在门前有个过道,还不是通过道的,是个死过道,过道还是向北的糊喽头呢。"村庄中经济条件好的人家都会把自家房屋建造成四合院形式,包括五间北房(又叫正房)、五间南房,而且东西两侧都有厢房。四合院是非常讲究的建筑样式,也是身份地位和经济条件的象征,普通的农户没有能力盖。有钱的人家会花钱选择庄基地合适的地方建造房子,经济条件不富裕的人家赶上自己能买得起的庄基地就买下来,采用房屋将就庄基地的方式来设计房屋结构与模式。

隋家的经济条件属于一般,绝对算不上富足,因此隋家购买庄基地同样是将就,正好赶上了一个长条状的庄基地,隋家有经济能力购买,于是买了下来且房子设计的是"四层房套房"样式,包括两间北房、两间幺房和两间南房,幺房和南房之间东西两侧各自夹着一间厢房,东厢房用于住人,西厢房用于放置农具和饲养牲口,相当于一个牲口棚。隋家院子狭窄的程度到了难以想象的地步,小孩子在厢房上玩耍,可以直接从东厢房跳跃至西厢房,东西厢房间隔不足一米,北房、幺房和南房之间依靠"穿插门"连通,即在幺房的堂屋专门留有可以通向北房和南房的门。父亲隋僧林、母亲高氏、隋秋元、黄秀珍及大儿子隋文良、三儿子隋文周均住在幺房中,二儿子隋吉良、儿媳妇寇氏及其子女住在北房中,北房和幺房两间均有用处,一间用于住人,另一间用于做饭。出嫁的闺女们回娘家就住在厢房里,厢房里建有小火

---

① 哈:指这、那。
② 老的:指老人,地方语,没有不敬之义。

炕。隋家还有两间南房，一间作为磨房，用于碾磨粮食；另一间用于盛放牲口草料。隋家在房屋的外边还盖了一间车棚，用于放置马车，隋家作为地地道道的庄稼户过日子所使用的东西都需要备齐。后来隋家更换隋吉良为当家人，隋吉良做主把幺房扒了，厢房也扒了，改成三间西厢房，但院子依旧像过道一样的狭窄。隋家的房屋都是坯质的，每遇数日连降大雨，家人便尤为担心，土坯构造抵挡不住雨水，时常是"外边下大雨，屋内下小雨"。茅厕在北房和幺房之间的位置，距离长辈房屋近，为的是老人使用方便。

隋家房屋连通外面的大门宽度为一米，而且门的方位有严格且固定的讲究，其朝向根据正房的间数而定，三间正房设置东南门，两间正房或者四间正房设置西南门。也就是说间数为单数的正房设置为东南门，间数为双数的正房设置为西南门。隋家由于是两间正房，所以通到街上的大门朝向为西南方位。风水先生给主家看宅基地会收取报酬，因此隋家这种小门小户盖房子选址不请风水先生，能省钱的地方就尽量省下，自己家觉得没有问题就可以安排盖房。隋家的房屋可以实现自给自足，房屋都由隋家自己建造，平日不需要借用房屋。不过隋家已经出嫁的闺女们经常回娘家来住，隋家的厢房就是专门给闺女们准备的，厢房里设置有暖和的小火炕。隋家的房屋虽然能够实现自给自足，但是也很勉强，基本上是没有结婚的家庭成员同父母住在同一个房屋内，结婚的家庭成员便和妻子孩子住一间房屋。

5.人情消费开支甚少

因为人情消费对于家庭生活影响甚小，因此隋家在日常的人情消费方面并不过多重视，其支出占比甚少，日常人情消费集中于走亲戚送礼品、婚丧嫁娶及生子随份子等方面。人情消费随着亲疏远近而有所不同，遇到婚丧嫁娶需要隋家随份子，一般近亲一元，远亲二毛或者五毛。1949年以前，内当家人黄秀珍的娘家父母便已经去世，家中剩下哥哥、嫂子、弟弟、弟媳，按照当地的规矩，父母不在世，出嫁的闺女就极少再回娘家了，因为出嫁的姑娘回娘家主要是为了探望父母，弟媳、嫂子对待出嫁的闺女并不友善，不欢迎已经出嫁的闺女回娘家。由此，隋家的内当家人黄秀珍很少回娘家。

儿媳妇寇氏不当家，隋家的钱财也不由寇氏执掌，每次儿媳妇寇氏想要回娘家探望，内当家黄秀珍只给少量的钱或是不给钱。因为二儿子隋吉良娶媳妇之后，家中还有三儿子隋文周未成家，给隋文周盖房娶妻则需要一大笔钱财，所以黄秀珍对金钱上的开支极其谨慎和苛刻，隋吉良也是如此，能够节省便尽量节省。隋吉良与寇氏出门在外四年，隋吉良只允许寇氏买过一双鞋子，每个月七十五块钱的工资只留下生活费，剩下的全部寄给家中的黄秀珍，寇氏四年之后返回家中想要探望娘家父母，但是隋吉良坚决不给钱，寇氏无奈便偷拿了其十五块钱回了娘家。此外，亲戚或者族人，抑或是与隋家关系好的非族人家中有生孩子的，隋家需要去给坐月子的人家随份子，一般是给半斤红糖或者二十个鸡蛋即可，表达隋家对母子平安的祝贺和对新生儿的祝福。

6.出嫁闺女住娘家开销大

隋秋元和黄秀珍一生共育有五个女儿和三个儿子，由于闺女们所嫁婆家的经济生活条件不佳，时常处于缺吃少穿的状态，而且女儿们在出嫁以前为家里勤勤恳恳劳作，承担起家庭的重担，毫无偷懒自私的表现，农忙的时候便跟随当家人一起到田地里掰玉米、拔麦子、收谷子、掐高粱等，农闲的时候便自觉地到地里割草晒干，再由当家人挑到集市上卖钱，一斤干草可以卖二分钱，每年都可以割一大垛干草，而且为了家里都没有接受过教育，所以黄秀珍

582

格外疼惜女儿，即使女儿已经出嫁，不算是隋家的人了，黄秀珍还是极力地帮衬女儿。最为重要的原因是隋家有经济能力给予帮助，隋家有四十亩土地，再加上二儿子隋吉良当瓦匠每月有七十五块钱的收入，经济条件尚且不错，正常情况下解决温饱是没有问题的。作为当家人的隋秋元和黄秀珍看着条件不好的孩子就尽量帮助，由此显得非常偏爱出嫁的闺女们。隋家建有厢房，而且在厢房中用土坯和砖特意砌制一个小火炕用于闺女回到娘家居住。

隋家的闺女带着孩子们回到娘家所产生的吃穿用度消耗均由娘家担负。"在那个一口饭都极其珍贵的年代，一个家庭多养着几口人就显出来负担沉重了。"儿媳妇的衣服破损实在严重，到了不得不买新衣服的程度，黄秀珍给钱的时候会连同出嫁的闺女的衣服一同购买。隋家处于伙居状态的时候，出嫁的闺女们、外甥男、外甥女常年在娘家居住导致家里开销巨大，负担加重。过节的时候，当家人会安排家里吃顿白面主食，如果剩下一些白面，内当家黄秀珍就会藏起来，等闺女们来了让闺女偷偷带回婆家。

7.生病少求医

1949 年以前，隋家所在的村庄没有医生，家里有人生病多是自己熬过去，很少寻医问药。比如感冒着凉了，当家人就叮嘱着用大被子让病人捂着发汗，再给病人做碗热面条吃。如果总是不见好，尤其是小孩子病了，通常会寻找村中的"相门"①给收魂来治病。医生非常少且眼高于顶，小门小户的人家请不来，也没有钱请医生，只有赶上大地主家请医生的时候，小户人家可以顺便请医生给自己家病人治病。老人病得实在厉害会请医生，如果是小孩们生病不会寻医生治病，每家每户都生育好多孩子，随处可以看见死去的孩子，人们拿孩子的生命根本不当回事，长辈都不觉得孩子珍贵。没有人家卖房子、卖地给家人治病的，因为一般人家都生活贫困，如果把房子和土地卖掉等于失去了生存的根本，隋家指望着地里收获粮食来维持生活，不敢轻易变卖土地房屋。

作为内当家的黄秀珍特别偏向于出嫁的闺女们，外甥男、外甥女生病，黄秀珍赶紧给做好吃的饭食，尽量地找医生给看病，可是孙子孙女生病了就一点不重视。黄秀珍的大孙女因为耽误病情差一点死掉，黄秀珍当家主事，她不招呼着给孙女看病，儿媳妇寇氏也不敢提要求，直到隋吉良回来同寇氏抱着孩子去寻医生才保住了性命。

8.红白事耗尽积蓄

俗语言"穷儿不可富葬"，红白事的消费数额和家庭经济条件有着密切的关系，像隋家的家庭经济条件一般，亲人去世只能尽量节约开支，因为活着的人总不能为了死去的人办丧事而忍饥挨饿，但是还是尽力办好。丧葬费用包括棺木、"出礼"人的饭钱、纸张活钱、唢呐钱等，一般人家的丧葬费用有二三百块钱。1949 年以前，家人去世办丧事的时候，亲戚朋友前来祭奠过世之人，主家需要留下这些人吃饭，大批的亲朋好友集中饮食消耗会给家庭造成巨大开支。对于家人去世，贫穷的人家处理的方式有三种：一是在坟墓中堆砌一个砖丘当作棺材，然后把去世的死人放入其中，再进行埋葬。二是把家中用于装衣服的柜子作为棺木，下葬到坟地中。三是更为贫穷的人家则直接用苇席裹住死人，然后直接下葬。

养一头猪一年到头最多能卖八十块钱，娶个媳妇最少也得二三百块钱，所以一场红白喜事对于普通家庭而言是一笔不小的开支，更是需要当家人积累多年的钱财才可以凑够。隋吉

---

① 相门：指搞迷信活动的人，到家里来跳大神儿、叫方鬼儿，据说能治好病。

良从十七岁开始出门做瓦匠,每天可以挣两块五毛钱的工资,一个月下来可以赚得七十五块钱,除去自己的吃穿用度产生的开销,每个月可以邮寄给内当家黄秀珍四五十块钱。隋家的经济能力虽然不至于贫穷到办不起葬礼的程度,也可以应付得了家中红白喜事花销,但这样的经济状况是需要日积月累、精心积攒储蓄的。在隋家人的观念中,红白喜事属于正常且应该办的事项,成家娶妻和去世葬礼所产生的开支是必须花的钱,实在办不起即便借钱也要尽量打理。

9.教育消费少

隋家有着重男轻女的传统观念,父亲隋僧林、母亲高氏、隋秋元、黄秀珍都是大字不识的白丁。到了二儿子隋吉良这一代人,只有三儿子隋文周识字,但是文化程度很低,只读了几年书,认识简单的字,等于大家常说的仅仅是"自己认识自己"。到了隋吉良的儿女出生以后,女儿们都不识字,隋吉良的妻子寇氏想要女儿们也读几年书,简单地学习一些知识,但是隋吉良有着根深蒂固的重男轻女传统观念,他认为女儿早晚是留不住的,早晚要嫁到别人家当媳妇,不能白白地投入。

1949年以前,因为读书识字也是种地吃饭,不读书识字同样也是种地吃饭,除非是家庭条件特别好的人家,家境普通的人家都不愿意让孩子去上学,孩子早点进入到家庭劳动的行列,帮助当家人干地里的农活立刻就可以提高劳动效率,即刻便可以看到成效,所以隋家对于孩子的正规教育不够重视。虽然隋吉良不识字,但是他上过学,只是没有学会老师所教的知识而已。隋吉良上学的时候,村庄内没有学堂,村干部看到谁家有空闲的房屋就找到人家,和人家沟通协商借用人家的房屋让孩子们有场所可以上课。隋吉良上学的时候,天天送战士和接战士,根本没有多少时间上课学习知识。

老师是国家直接分配到村庄的,国家根据当地学生的数量安排老师的数量。上课不分年级,全部在一起上课。隋家所在的杨屯村是一个统一的大村庄,学生比较多,国家经常会安排两个任课老师。学生上课没有书包、纸张、铅笔和钢笔等,就是用石瓦和石笔,用石笔在石瓦上写字,然后读和写,学会了便擦掉,下次接着用,每个人都有一套这样的"学习用具"。孩子们上学不用交学费,都是免费接受教育。隋吉良清楚地记得自己经历的老师有十二个,当时老师经常更换,不会在同一个村庄待上三年五载,谁也不知道什么原因导致老师频繁更换。当时没有固定的受教育年限,隋家的当家人可以随意决定自家的孩子接受教育的时间,随时开始或者结束孩子的教育,没有人干涉,更没有人强制。二儿子隋吉良十二岁便停止了读书,牵着牲口干农活。

(二)家户消费主体与单元

隋家消费的主体为全部家庭成员,家户消费所产生的费用全部由隋家自行承担。按照农村的规矩,出嫁的闺女本来不属于本家户成员,但是也存在为数甚少的出嫁闺女承担家户消费的情况。

1.消费由家户自行负担

隋家所产生的开销基本上都是由隋家自己负担,家族的人均自己过自己的日子,彼此之间互不干涉,大家对于家庭内外事务所属界限分得格外清楚。富裕的人家倾向于结交富裕的朋友,经济条件普通的人家平日多和自家实力相当的人家来往,潜意识中遵循着这条准则,因此隋家遇上困难也轻易不去向别人借钱或者借粮食,因为自己家陷入困境,朋友家也不会富裕。村庄不会负担家庭的日常开支，村庄和家庭的联系只局限于缴纳公粮或者征兵等事宜,不会涉入各家各户的内部事情。但是当家户自身没有能力负担去世老人的丧葬费用时,有和自己家有血缘关系的族人摊钱出丧的情况,但是并不多见,这种情况多是看在去世长辈的情面上,希望老人死有所葬。

2.外人分担婚丧费用

隋家有婚丧嫁娶发生费用的时候,族人和与自己家关系好的人家会给隋家随份子。1949年之前,经济发展水平尚低,家家户户都要面对婚丧嫁娶这种短期内开销巨大的事情,虽然是偶然性消费,但是产生的费用往往短期内超出一个普通家庭的承受能力。于是农村的随份子积累的钱财就是缓解农户婚丧嫁娶危机的一个有效方法。农村婚丧嫁娶的随份子实际上是众人帮助办事的人家渡过难关的一种互助协作的方式。

还有一种家户以外的成员分担丧葬费用的情况就是族人出钱。有的人家极度的贫困,家中的长辈去世以后,贫困的经济条件实在无力支撑沉重的丧葬负担,族人中与自己家关系亲近的人家就会出一部分钱财或者几户人家均摊丧葬费用。当然这种情况极少发生,只是隋家听说村庄内有过这样的事情。

3.出嫁闺女分担丧葬费用

按照农村的风俗习惯,出嫁的闺女不可以继承父母的财产,所有的家财由儿子继承,因此出嫁的闺女也不需要赡养年迈的父母。当然这并不代表出嫁的闺女就与娘家割断了一切联系,父母去世以后的丧葬费中有出嫁闺女负担的部分。如果闺女自愿多出钱孝顺死去的父母,这部分钱数是没有上限规定的,闺女可以按照自己的意愿给去世父母办理丧葬仪式。但是如果父母去世以后,出嫁的闺女不愿意承担丧葬费用也是无可厚非的,但是有一部分丧葬费用是必须承担的,就是去世父母的"纸张活钱",即父母去世以后,出于孝道,出嫁的闺女需要购买烧纸和陪葬用的纸质用品。即父母去世入殓以后需要送棺木进入祖坟,但是棺木不能裸露在外边,需要一个"罩";母亲去世需要购买一个纸糊的猪,农村流传着一种迷信的说法:"人活着的时候使用了多少水,去世了以后在阴曹地府就需要喝掉多少泔水。因为女性爱干净,按照常理,女人一生使用的水的量远远超过男人,出嫁的女儿为了让母亲在阴曹地府不受罪就需要给母亲陪葬一个猪去帮助母亲喝泔水"。除了"纸张活钱",出嫁的闺女还需要给去世的父母"摆九级转",就是给去世的人在棺木前摆放水果、米、面等各式九样物品且不得重复,经济条件好的闺女摆放的祭品样数多且东西好价格高,经济条件不好的闺女就摆放简单且价格低廉的祭品,这个没有硬性的规定,但是无论品质优劣和数量多寡,摆设祭品是毋庸置疑的。"嗰们孩子的爷爷去世的时候,出嫁的闺女给了两块钱,挂了块帐子①,摆了一桌子祭品,等到出完殡以后,闺女又把帐子带走了。"

(三)家长在消费中的地位

隋家的消费方式和数额完全由当家人决定,因为经济条件局限,当家人谨慎地计划每一项消费数额,尽量地节约和安排好各项消费。

1.家长决定家户成员的消费

隋家当家人决定家庭成员的食物消费、衣物消费、住房消费、人情消费、医疗消费等方方

---

① 帐子:指白色的布幔,用于表示对于死去亲人的祭奠。

面面的支出,这些属于家庭内部的事情,家庭外部的成员不可以干涉,隋家也不需要向四邻、家族、村长等请示,无须告知任何人,因为这些家庭内部的事情对家庭以外的成员构不成任何影响。隋家的家长对于自己家的这些方面的消费拥有绝对的支配权,当家人不在的情况下,其他家庭成员也需要按照当家人在家时候的标准和方式来进行消费。

隋家的消费围绕着节约展开,目的是使得家庭生活延续下去,不至于逃难要饭和食不果腹。"那个时候,家里的条件不行,开支稍微粗心一点都不行,能省点就省点,这里开支多一点,那里开支多一点,全家人可能就没有饭吃了,别人不会帮助的,大伙都吃饭困难,家庭以外的人谁也帮不了谁,有那个心思也没有那个能力。各家各户整体为了吃穿用奔波和发愁,喃们上文安县范围内用水管车去驮草末子,就是把豆子秸末子弄家里来烧火做饭用,每天半宿就出发,蹬一天的水管车,距离特别远,百十里地,天黑了才返回来,一天只能够打一个来回驮回来两口袋豆子末子。就这样的情况还是不错的了,至少有地方去弄东西。"在那种自己家顾及自己家都困难的岁月,隋家的消费只能自己负担且节约开销。

2.白事消费需告知"大操"

隋姓家族有理事会,就是每个家庭出一个人组成理事会,从中选出四五个有智慧、有能力的人作为主事人,当地称为"大操",这四五个"大操"负责操心和指挥整个丧事的操作过程,理事会的其他成员有着非常具体的分工,包括:通知亲戚祭奠,购买祭品,给祭奠的亲戚做饭,购买棺木……所有的一切都由理事会全权负责。大家之所以积极主动提供帮助是因为每家每户都有老人,都会面临老人去世的情况,单独的一家人没有办法完成丧葬过程,理事会就是以提供便利为目的互相帮助的一种形式。家中有成员离世需要立刻通知"大操",而且告诉"大操"家里可以支出的丧葬费用,"大操"会根据家庭的经济能力布置白事花销。

(四)家庭成员在消费中的地位

在隋家的家庭消费中,粮食消费是首要的,也是数量最多的,是隋家所有人必须考虑维持和尽量保障供应的一项消费。隋家就衣物消费、住房消费、教育消费、医疗消费而言,决定权掌握在当家人手中,其他家庭成员没有决定权和支配权,即使当家人出门不在家,其他家庭成员也不可以擅自决定,家庭成员在这些方面的消费需要严格按照当家人的决定执行,即使家庭成员有意见或者心存不满也不可以提出异议。家庭的人情消费和红白喜事消费是按照"红白礼簿"来随份子,当家人和家庭成员都按照礼簿上记录的数额给对方随礼。

1.成员不可多言饮食消费

隋家的各项消费中最为关键的是粮食消费,吃饭不仅是隋家,而且是当时家家户户最为关心和关键的消费,吃饱饭是首要的愿望。至于粮食消费,只有隋家的家长可以决定和安排,其他家庭成员不可以提出意见。平日里内当家黄秀珍偏爱于已经出嫁的闺女,家里有面粉等就偷偷地让闺女带回婆家食用,闺女给黄秀珍买来肉火烧等好吃的食物,黄秀珍都是自己藏起来偷偷食用。面对这样的情况,儿子和儿媳妇虽有意见,可是不能够提出来,提出来等于驳斥家长,等于不尊重家长。家长不在家的情况下,其他家庭成员不可以擅自决定粮食消费,平时吃什么样的粮食,当家人不在的时候,负责做饭的家庭成员还是按照平常的饮食种类进行安排。隋家日常饮食的主体就是粮食,其他食物少之又少,基本没有消费。隋家人每年都腌一大缸咸菜,基本都是自己家地里种的大萝卜,一缸咸菜正好够吃一年。一年到头,隋家人吃不上蔬菜、瓜果、肉食,基本终日为粮食饽饽或者掺野菜的饽饽就着咸菜。

2.成员提议衣物消费无用

隋家的衣物消费由作为内当家的黄秀珍决定,家庭所有收入的钱财也是由黄秀珍掌管,家里有成员需要买新衣服必须与黄秀珍商量,得到许可才可以购买。儿媳妇寇氏在结婚的时候娘家陪嫁了四五身衣服,因为黄秀珍是个手很紧的人,轻易不会支出钱财,所以即使寇氏需要购买衣服也尽量不向黄秀珍开口,因为向婆婆开口一般不仅不会给买,反而会招致婆婆的嘲讽,惹得一身晦气。寇氏的孩子们陆续出生,寇氏只能把自己的衣服裁剪,改成小衣服给孩子们穿,寇氏也不会为了孩子们需要衣服向婆婆开口。寇氏的大女儿四岁时还没有衣服穿,婆婆不仅不拿出钱给孩子置办衣服,反而说:"这么大了还光着屁股跑,不知道丢人。"隋家的家庭成员基本上不会为了买衣服而提出要求,内当家黄秀珍觉得应该购买就会主动拿出钱允许家人去买,不给钱,家庭成员也不会提意见,当然提出意见也起不到作用,最终均取决于当家人的意愿。

3.成员对住房消费无话语权

隋家的经济条件在村庄中属于一般水平,并不富裕,因此隋家购买庄基地也是将就,赶上一个庄基地为长条状且价格合理,隋家当家人根据庄基地的特征而设计成"四层房套房"布局,包括两间北房、两间幺房和两间南房,幺房和南房之间东西两侧各自夹着一间厢房,东厢房住人,西厢房放置农用工具且饲养牲口,相当于一个牲口棚。隋家的院子异常狭窄,孩子们在厢房上玩耍,可以直接从东厢房跳跃到西厢房,两个厢房之间的间隔不过一米。三间房子之间靠"穿插门"连通,就是在幺房的堂屋专门留着可以通向北房和南房的门。父亲隋僧林、母亲高氏、隋秋元、黄秀珍、大儿子隋文良及三儿子隋文周住在幺房中,二儿子隋吉良夫妇及其子女住在北房中,北房和幺房均有两间房屋且各有用处,一间用于住人,另一间用于做饭。闺女们回娘家住在厢房内,厢房有专门的小炕。隋家还有两间南房,一间是磨房,用于碾磨粮食;另一间用于盛放牲口草料。隋家在房屋的外边还盖了一间车棚,用于放置马车。

隋家的房屋分配给成员居住由当家人决定,其他家庭成员没有决定权,提意见会被认为是不孝顺,或者被冠以"容不下大姑子小姑子"的恶名。由于隋家出嫁的闺女婆家生活都不佳,日子过得清苦,所以隋家的当家人异常地偏向于已经出嫁的闺女。儿媳妇寇氏对于这种偏袒持有强烈的反对意见,不敢明面上提出不允许出嫁的闺女回来吃住出嫁的闺女在娘家吃住等于也损害了寇氏的利益。当然,即使寇氏提出意见也是没有任何作用的,白白受到婆婆和丈夫的训斥和责备。

4.小账本记录人情账

隋家的人情消费开支不大,至于走亲戚也就是回娘家,基本带不了几个钱的礼物,主要是回去看望一下娘家的父母,给父母带点好吃的食物,洗洗衣服,缝补一下被褥便返回婆家了。隋家的人情消费集中于"随礼",就是婚丧嫁娶给人家随份子,而且随份子和自己家的红白喜事紧密相关。隋姓家族内每当有人家办红白喜事了,红白理事会都会把每笔礼金的数额、出于何处记录得清清楚楚,当地称为"红白礼簿",当族人或者亲戚中有人办红白喜事的时候,主家就按照别人给自己家随份子的这个"红白礼簿"上记录的数目确定给对方的份子钱数目。当家人可以决定人情消费的数目,但是基本都按照随礼账本上的记录进行安排,人家给自己家随份子,自己家不给对方随份子或者支付给对方的份子钱少都是不合理的行为,如果常此采取这种做法,别人会和自己家断绝人情来往。

5.男女对教育消费的迥异

隋家上至隋僧林和高氏,下至隋吉良这一代的大部分人有着很深的重男轻女的传统观念,生育了男孩,举家欢腾,生育了女儿,全家不开心。隋家的隋僧林辈分和隋秋元辈分的人都是大字不识的农民,对于教育一点都不重视,他们感觉读书识字也是吃饭,不识字不读书也是吃饭;读书识字也是种地,不读书不识字也是种地;读书识字还帮家里干不了活,对家里有害处无益处。在此观念的影响之下,隋家几代人都不曾接受教育,都不识字。三儿子隋文周出生以后,社会渐渐地开放,隋家的思想观念稍有转变,而且家里的劳动力可以满足耕作需要,农活也用不上年幼的隋文周,因此就允许隋文周上学读书了。虽然隋文周接受教育的年头不多,但是勉强认识基本的汉字,日常生活用到的字基本都认识。隋秋元的女儿们都没有上学,均为一个字都不认识的文盲。隋吉良结婚生子以后,隋家的经济条件改观较大,隋吉良的儿子们都有机会读书,但是隋吉良的两个女儿和姑姑们的命运一样,被家庭的观念即"女娃娃读书没有一丁点用处,将来嫁人就是婆家的人,女人家就是围着锅台转悠的,识字没有用"所累。

隋家成员读书的决定权掌握在当家人的手中,儿媳妇寇氏曾经极力要求当家人允许自己的女儿读书,就算不多读,只读几年,让女儿们"自己认识自己"即可,况且当时读书是免费的,国家也允许女孩子读书,可是隋家的当家人不同意,隋吉良的女儿们最终没有如愿接受教育。

6.医疗消费无可奈何

1949 年以前,医疗技术不发达,从医人员的数量少之又少。隋家的孩子又多,大家尤其拿女孩不当回事。家里的老人病了也是尽量不找医生,那个时候的医生非常的难请,小门小户去请医生,医生也不愿意出诊看病。家里有人生病了,当家人决定是否给家庭成员请医生,其他家庭成员没有决定权利,更不可以擅自决定。

因为隋家的闺女出嫁以前为家里受累吃苦了,所以黄秀珍格外偏向于闺女们,即使闺女出嫁了依旧想法疼爱闺女和帮衬闺女。倘若是外甥男、外甥女生病,黄秀珍会赶紧给其做好吃的,尽量找医生来给其看病,可是换成孙子孙女生病就一点都不重视。黄秀珍当家主事的时候,有一次隋吉良的大女儿高烧不退,可是作为奶奶的黄秀珍一点都不关心,黄秀珍不发话,作为儿媳妇的寇氏也不好提要求,结果导致孩子差一点丧命,直到隋吉良回到家中说让寇氏马上穿好衣服抱着孩子去寻医生,孩子最终才救回来。

五、家户借贷

(一)借贷单位

借用物品对于居家过日子是常事,因为即使家庭条件再好,也不可能永远都不需要借用东西。日常使用的东西种类繁多,家庭不可能何时何地都准备齐全。隋家的经济条件尚可,加之隋家主观上排斥借用别人的物品,所需物品尽量自家准备。在经济条件和观念支配下,借贷在隋家是鲜有的情况。隋家建房屋之时借用过别家房屋居住,别人也有借用隋家牲口的时候。根据借用东西的性质不同,借贷的实际操作者也随之不同,不过伙着的隋家借贷单位是整个家庭。

1.家遇盖房大事需借贷

隋家盖房子之时借用过别人家的房屋居住,当地称为"猫房"。隋家盖房是把原来的老房子扒了,使用老房子的庄基地建造新的房屋。此种建房方式导致隋家成员在很长一段时间内没有房屋可以居住,于是全家人不得不借用和自己家关系好的人家的房子使用。搭屋建舍因其程序复杂和难度较大,因而是一个非常耗费时间的工程。隋家盖房子首先要完成的事项是把自家旧屋扒掉,保留旧屋拆下来的檩条等有用的物件再用于新屋搭建。搭建新房完全使用土坏,土坏都是村庄中的人一起帮忙用泥巴做出来的。新房屋建造完成后并不能马上居住,因为刚刚搭建完成的房屋湿气过重,需要一段时间的通风晾晒尚可以居住,否则会导致家庭成员生病。借给隋家房屋居住的人家和隋家关系甚好,借出的是自家闲置的房屋,不需要给任何报酬,完全是凭借人情关系。

2.家有牲口愿意出借

隋家的农用工具比较齐全,家里也一直养着牲口用于种地,自己家很少借用别人家的农具和牲口,但是每年都有和自己家关系好的人家来借用牲口用于耕作,牲口要等自己家用完了才可以借给别人使用,毕竟不能耽误自己家种地。一般的人家不会登别人的门来张口借牲口,都是和隋家沾亲带故的族人或者关系甚密的乡邻。借牲口的人家需要同外当家隋秋元商量,只要自己家不用就会把牲口借给别人家使用,不需要借去牲口的人给粮食或者请客吃饭,也不需要给予其他任何报酬。一般都是借用半天或者一天,如果借用半天到晌午会直接给送过来,如果是借用一天,到了晌午也给送过来,因为需要隋家给牲口喂草料,没有牲口的人家也就没有地方喂养牲口,当然也没有可以给牲口吃的草料。牲口干农活需要喂足草料,等隋家把牲口喂饱,让牲口休息一会儿,下午借牲口的人家会再来牵走。一般借用牲口的人家土地较少,借用半天或者一天差不多就把家里的田地都能种上。如果是家里拥有很多土地的人家,其土地便会收获可观的粮食,家里的生活水平便会不错,自然有能力购买牲口,不需要借用别人家的牲口,因此只有地少的穷人才会借牲口。隋家的当家人不在,其他家庭成员权衡着两家关系不错,自己家的牲口正好闲置就可以做主把牲口借出去。

借牲口分为两种,一种是只借牲口,另一种是需要借用牲口和人。后者需要借用的人家管饭,前者不需要管饭。借牲口的人家一般也借用犁杖、老耙、耧等农具,没有牲口的人家是不会准备这些农具的。但是有的时候会选择在一家借用牲口,而在另一家借用农具。借出去的牲口比平时要吃的草料多且好,需要在谷草里给牲口添加磨好的黑豆面以保证牲口的体力。

3.家户作为基本借贷单位

隋家的借贷是以整个家庭的名义进行的,属于家庭内部的事情,当家人考虑决定向谁家借可借到,不需要告知邻居、家族、村庄等。因为大家心里对于事务分属范围有着极其清晰的界限,所以其他人也不会毫无理由地加以干涉。二儿子隋吉良结婚之后属于伙着大家庭的一分子,虽然已经以一个小家庭的形态存在,但是不可以单独去借贷,只要关系到整个家庭的事情,以整个家庭的使用为出发点且得到当家人的许可与授意才可以借贷,因为处于伙着的家庭状态,自己不掌握钱财,家里的全部钱财都交由当家人统一掌握和支配,所以单独的小家庭借贷是没有能力偿还给对方的。如果是米、面或者锄头等农业工具的小物件借贷,当家人直接让家里的人去借即可,但是如果是借用房子或者钱等这样的大借贷就需要当家人亲自登门去借。数量多或者重要的物品借贷,如果当家人不亲自去的话,对方也不会轻易外借。

4.个人可以借贷的小物件

涉及少量的米、面、油、盐等的借贷,内当家黄秀珍或者黄秀珍的女儿们负责借用,等到自己家有了再偿还给人家即可。但是涉及十斤以上的面或者粮食的话就需要作为外当家的隋秋元亲自去对方家里借用,因为男人比女人更有威信和权威,更能得到对方的信任,更容易借到所需物品。涉及锄头、镐等小的农具,自己家里所拥有的不够使用的话,任何家庭成员都可以去借用一下,谁借用的谁负责归还对方。涉及犁杖、老耙、耧、牲口等大型农具就必须是作为外当家人隋秋元亲自去借用了。

(二)借贷主体

在借贷过程中,家长是实际支配者,如果当家人不在,其他成年家庭成员必须以整个家庭的利益为出发点,目的是保障家庭的生产生活需要,但是家庭成员不可以出于私利而擅自进行借贷。

1.家长是借贷的实际支配者

"家有千口,主事一人",隋家的当家人是借贷的实际支配者,无论是借房子或者借钱,还是借用农具米油,无论是家长授意,还是家庭成员自己去借用,所有的借贷都有一个共同点就是以家长的名义,因此家长是家庭一切借贷的实际支配者。

如果外当家不在,面对借钱、借房子等这样的大事情需要等待当家人隋秋元回家之后共同商量决定再进行借贷,如果时间需要而等不及家长,则要派家庭成员去寻找家长,等家长回到家中再做处理。如果是借少量的米、面或者锄、镐等的小事情,而且是外当家和内当家都不在家,家庭成员等待当家人回来会耽误劳动就可以自己单独决定去借用,记得归还即可。如果内当家黄秀珍在家,告知内当家一声,家庭成员对于小的借贷便可以处理。

2.委托借贷

隋家的当家人可以就小物品的借贷而对家庭成员进行口头委托,即如果家中需要借用一碗米面或者短时地借用锄头、镐等,当家人就可以委托给其他家庭成员去执行,当然要经过家长授意才可以,没有经过当家人授意且明知道不会得到当家人的授意的借贷是不合规矩的行为。如果家庭成员没有经过当家人委托,自己是不可以进行借贷的,尤其是为了私利而去借贷,而不是为了整个家庭去进行的借贷是绝对不被认可的。但是如果当家人不在家,家里又极其需要使用且借用的物品又不是贵重之物,那家庭成员可以先去借来使用而不耽误劳作,等当家人回来以后告知当家人,得到当家人的同意即可。

3.家庭成员可就借贷提意见

在借贷中,隋家的家庭成员在干活过程中可以就需要的东西提出意见,比如隋吉良干活没有镐就可以告知当家人隋秋元关于借用镐的提议,当然如果劳作确实需要借用东西,当家人会同意的。如果隋家需要借用的东西不是贵重的物品,而当家人又不在家,家庭成员可以自己擅自决定去借用,只要记住按时归还且等当家人返回告知即可。隋家的当家人开始是隋秋元,后来由二儿子隋吉良接替父亲当家人的位置,儿子当家关于家庭的借贷就可以全权负责和决定,不需要告知上一代当家人和其他兄弟。

(三)借贷责任

隋家的借贷无论谁是具体的执行者,当家人都是第一责任人,都要代表家庭进行偿还或者做出其他妥善处理。当家人不在家的情况下,家里的成年男性可以出于家庭的整体利益进行借贷,然后由全家人归还。借贷的偿还责任和任务不具体分配给家庭成员,大家一起承担责任。

1.家长是借贷的第一责任人

如果是出于整个家庭的需要进行借贷或者是家长亲自进行借贷,那么当家人是第一责任人,其他的家庭成员同样有责任还贷,整个家庭的所有人是债务的承担者,家庭以外的人没有还贷的责任和义务。如果隋家处于伙着的状态,小家庭为了自己的私立进行了借贷且没有经过当家人的许可,那么当家人会训斥借贷者,但是依旧会以整个家庭的财力进行偿还。

2.成年男性可以借贷

随着父亲隋僧林的年纪越来越大,身体状况越来越差,隋僧林便把当家人的权利和责任交给了隋秋元。1949年以前,隋吉良一代人年纪还小,隋秋元有时候出门做买卖,家里的事情就还由隋秋元的父亲隋僧林担待着处理。后来隋吉良一代人渐渐长大成人,具备了明辨是非对错和一定的处理事情的能力,当家人不在家的时候,隋吉良可以立足于家庭整体利益进行借贷,再以家庭的实力进行归还。隋家的成年男性不经过当家人的授意而进行借贷并不是毫无条件的,条件之一是以整个家庭的利益为出发点进行借贷且处于不借不行的情况下,如果是立足于单独家庭成员的个人或者小家庭利益进行借贷都是不被认可的;还有一个条件是进行借贷的成年男性要对自己的借贷行为会得到当家人的同意有充分的把握,也就是当家人返回家中之时会认可所发生的借贷行为。

3.借贷责任不分配给具体成员

因为处于伙着的状态,所以隋家借贷以后,全家人共同承担借贷责任。家里借用了的东西能够尽量归还的就尽量还回去,数量大而短时间内还不回去的就攒够了再归还,对于家庭成员承担的数量不做具体的分配,家庭成员作为一个统一体进行归还。因为借贷是为了全家人的利益,是为了全家人的生活,不是为了单独小家庭或者个人进行的借贷,所以这种还贷职责理应全家人共同担负,当家人是借贷责任的第一责任人,但不是还贷责任的独自承担者。

(四)借贷过程

因为隋家人平时很努力过日子,把生活经营得井井有条,所以很少借用过别人家的钱财,但是借用过别人家的房屋居住,这种借用是暂时性的。隋家借用别人家房屋凭借的是人情关系,是乡里彼此之间的互相帮助。

1.全凭人情借贷

隋家借钱借物全凭人情关系才得以实现,这种凭借人情关系的借贷不需要任何抵押和报酬,也不需要立字据。隋家盖房子的时候,因为需要把老房子扒①了,使用老房子的木头,再制造用于建造新房的土坯,重新在旧房子所在的庄基地上建造新房子,所以全家人需要借房子居住直到新房子修建完成。隋家借用的人家和自己家关系非常要好,又是自己家的亲族且平日里来往密切,他们家的房子闲置着,所以就借给了隋家使用,没有规定期限,也就是隋家盖好了自家的房子就搬走。隋家盖房的时候便询问村里谁家有闲置的房屋可以借住一段时

---

① 扒:指拆掉。

间,当家人隋秋元听说族人铁良哥家有住不着的房子一直空闲着,隋家和铁良家素有交情,所以隋秋元就到铁良家中说明了来意,铁良爽快答应借出房屋。

2.借钱借物不需证人

隋家盖房子的时候借用过别人家的房子用于居住,这种借用完全是出于人情关系,不需要立字据写欠条,不需要支付利息和报酬,也不需要找中间人和证人,不需要摆酒席宴请任何人,属于乡邻亲族的一种互相帮助的行为。"乡里乡亲,谁都有被难住的时候,都这么互相帮衬着度过困难呗。"隋家不需要因为此次借用住房给对方买礼物,只是以后人家需要隋家帮忙的时候,隋家也同样尽力予以帮助即可。寻找证人的借贷不会存在于这种凭借人情关系而产生的借贷,一般是出现在陌生人之间的借贷,陌生人之间借贷之所以需要证人,是为了防止出借方和入借方产生矛盾纠纷和争议。借给隋家房屋居住的人家是与隋家关系甚好且属于同村同族之人,人情关系便是诚信的基础,凭借着彼此已有的人情轻易不会出现抵赖或者发生矛盾,因此不需要证人。

(五)还贷情况

借债归还之时的最佳人选是家中谁借谁去归还,家中欠了债务即使卖房子卖地也要还清,确实存在着"父债子还,夫债妻还"的观念,但这并不是固定的规则。如果父亲欠债以后有能力就自己偿还,没有能力就由分家的儿子们均摊偿还。

1.卖房卖地如期还账

如果家里出现借债还不上的情况,即使是卖房子卖土地也要还清债务。隋秋元的闺女女婿家就有这样一件事情,妹妹家借钱没有能力偿还了,娘家的哥哥弟弟做的保人,哥哥弟弟就卖房子给妹妹婆家还清了欠款。隋家的当家人隋秋元因为在天津做买卖失败且欠了人家的债务,家里又没有足够的金钱偿还,于是隋秋元就卖掉了家中的十亩地用来还债。如果没有房子和土地欠了别人的钱还不起了也不能就此作罢,需要一代代人努力赚钱,直到还清人家的欠款为止。

借了人家的钱财或者物品最好是不等人家来家中索要,自己家使用完或者有经济能力就抓紧时间亲自送还给对方,毕竟是借来的而不是自己家的,尽量不要拖延过久的时间。家里借的钱和物可以让家里的任何人去归还,但是最好是谁借来的谁当面还给对方,这样可以避免重复归还的情况出现,避免产生不必要的误会。如果欠多人的债务,需要按照亲疏远近关系进行偿还,先还和自己家关系疏远的人家的债务,再还和自己家关系亲近的人家的债务。如果家中没有后人了,债务也就只能够不了了之,已经分家的其他兄弟没有偿还债务的责任和义务。

2.父债夫债据情况而定

父亲借了钱,如果儿子和父亲处于伙着的状态,就要以整个家庭的财力来还债,因为儿子和父亲挣的钱都属于整个家庭所有,因此债务也应该以整个家庭的财力为基础。如果父亲与儿子已经分家,父亲有劳动能力可以挣钱还清债务就由父亲偿还;如果父亲年纪大了,没有能力还清债务就需把债务平均分给儿子们偿还,女儿没有偿还的义务;如果父亲去世了,无论分家与否,其所欠债务都由儿子偿还。如果丈夫借了钱且在世,那么妻子挣钱需要偿还债务,妻子有替丈夫还债的义务;如果丈夫不在人世了,家里的经济条件很好,妻子有能力偿还债务,那么由妻子还债;如果丈夫去世了,家中上有老下有小,妻子没有能力还债,那么妻子就可以不还债,一切债务不需要偿还了;如果丈夫去世了,妻子想要改嫁就不会偿还债务,债务关系随着改嫁而消失。

六、家户交换

(一)以家为单位的交换

隋家的交换是由当家人决定的,即使执行人不是当家人,也需要经过当家人的授意才可以进行,家庭成员个人不能进行单独的交换。隋家有着重男轻女的传统观念,女孩都不允许上学识字,所以隋家未出嫁的闺女只能在家里帮忙干农活。农忙的时候,隋家的闺女就帮忙干地里的农活,农闲的时候,隋家的闺女就天天去地里打草,把草弄回家晒干,再由当家人挑到集市上去卖钱,一斤干草可以卖二分钱。隋家交换不需要和任何人商量,不需要告知四邻、家族、村长。

当家人隋秋元因为做买卖赔了钱,家中没有能力偿还债务而不得不卖掉十亩田地用以还债,这是由当家人独自作出的决定,其他家庭成员没有反对的权利。因为买卖土地非同小可,所以隋秋元在卖地的时候需要和父亲隋僧林和母亲高氏商量一下,需要经过长辈们的同意才可以卖掉土地。对于售卖房屋或者土地这种大事情,隋家要首先询问和自己家血缘关系近的兄弟或者叔伯,如果兄弟或者叔伯家不买,需要询问族人,族人不需要的情况下,隋家才可以卖给外人。关于卖房子卖田地的事情需要遵从交换顺序,卖给亲族的价格并不一定便宜。

(二)家长支配或委托交换

隋家的当家人是交换的实际支配者,交换对于隋家而言极为重要。在经济条件普通的家庭中,涉及家庭生活的事情都是大事情。隋家的家长不一定是交换的实际操作者,但一定是家庭交换的决定者或者授意者。

在交换中,隋家的家长是实际的支配者。当家人隋秋元去天津做买卖,他是以实际支配者的身份代表家庭进行的交换。家里人打草晒干由二儿子隋吉良挑到长丰集市去售卖也必须经由当家人隋秋元的同意。交换对于家庭而言是极其重要的事情,交换的进行必须要经过当家人的同意且由当家人亲自或者授意家庭中可靠的成年家庭成员进行。

当家人是家庭交换的实际决定者和支配者,交换或者需要当家人亲自进行,或者由当家人委托其他家庭成员进行。因为当家人隋秋元年纪越来越大,头脑越来越不灵活,而且不会骑自行车,所以隋家织好的布就由隋秋元委托给二儿子隋吉良到周边的各个集市上去卖,然后用卖布赚的钱再买一些织布用的线回家织布,如此循环。

(三)交换客体

隋家的交换是由当家人做主决定的,交换的场所主要是长丰集市,交换的种类众多。

1.交换由家长做主

隋家需绳子、犁杖、老耙、耧、锄头、镐子等农业工具的时候,当家人亲自到集市上去购买,隋家到集市上售卖织好的布匹也是由当家人亲自去,或者由当家人委托家里成年的男性成员去。总之,当家人是和集市打交道的实际代表。买卖东西具体要去哪个集市由当家人决定,一般情况下就是去距离村庄三里地的长丰集市,因为那里是距离村庄最近的集市,长丰集市以每个月四和九为尾的日子开市。正常的情况下,步行到长丰集市需要半个小时的时间,早上出发,中午或者下午就可以返回。

2.粮市交易

1949年以前,粮食的买卖在集市进行,就隋家所在的村庄而言,距离村庄最近的集市是位于三里地正西方位的长丰集。在那里,有一个专门进行粮食交易的粮市,粮市上摆放着各式各样的粮食,黄豆、绿豆、红豆、玉米、小米、高粱、红薯干、棉花,等等,有的小半口袋,有的一整袋,一般的人家并不是因为富裕而到集市上售卖粮食,多数是需要用钱。还有一部分人是因为合计着自己家光吃粮食接不上下季收获的粮食,于是决定卖掉自己家的粮食,用卖粮食的钱买红薯干,因为一斤粮食的钱可以买三五斤红薯干。

因为隋家每年收获的粮食并不富裕,所以一般极少卖粮食,只有家里缺钱花了,实在没有办法才卖点粮食救急。一般情况下隋家都是挑着小麦去卖,自己家里舍不得吃,种小麦能换点钱就尽量换成钱贴补生活。买卖粮食称重使用斗,斗是专门用来称粮的工具,必须用斗,每斗粮食分量不一,小麦一斗大概三十斤,高粱就轻多了,不过这并不影响交易。因为斗的特殊性,所以买卖双方进行交易必须是整斗的进行。隋家到集市上买卖粮食都是由隋秋元或者隋吉良负责完成。隋秋元当家的时候,一般都是隋秋元推着车去集市。后来随着隋秋元年纪越来越大就换成了隋吉良当家主事,家里也买了一辆大水管车,家里进行粮食交易就由隋吉良骑着大水管车去集市。

3.人市交易

长丰集上有个很大的"人市",每年到了农忙时节,那些没有土地的农民或者土地特别少的农民就扛着锄头和镐在那儿站着,等待着雇活的人,雇活的人到了"人市"倾向于选择体格健壮的人,双方商量好价钱就跟着人家下地干活,并没有固定的价格。"人市"上等待雇用的人都是打短工,他们被雇用的时间以天为单位,最少为一整天,不可以是半天,因为剩余的半天很难再找到新的雇主。雇活的人家负责打短的人吃饭,准备的饭食一般是面粉和炒菜,不可以给干活的人吃粗粮。

(四)交换过程

隋家的交易不是马马虎虎进行的,隋家是经济条件一般的人家,因此需要精打细算维持生活,隋家的当家人是交易的支配者,也是交易的主要执行人,每次进行交易都会货比三家,尽量避免与熟人交易,买卖房子、土地、牲口需要经纪中间协调得以完成。

1.货比三家

集市是隋家购买物品的主要场所,家里需要的锄头、大镐、铁锹等农业工具和箱、橱柜、板凳等生活用品都是从集市上购买的。当家人是赶集和购买物品的主要执行人,如果涉及工具的家外事务就由外当家负责,如果是有关布料等家内事务就由内当家负责。当家人在进行集市交易的时候并不是看到自己家需要的东西就赶紧购买,而是需要在集市上逛很长一段时间,比较哪家便宜,哪家的质量好,哪家的老板好说话容易讲价,哪家是集市上的长存摊位而信誉好有保障。总之,当家人要衡量出性价比最高的卖家再作出购买的决定,也就是要货比三家。隋家的外当家隋秋元赶集都会挑选农闲的时候,内当家黄秀珍极少到集市上,如果需要去也会事先把家中洗衣、做饭等家务事安排妥当再出门赶集,这样出门以后便没有后顾之忧,可以有大量的空闲时间来挑选物品,不至于时间紧张急于归家而来不及对商品进行比较。隋家也是上有老下有小的家庭,经济条件不富裕,因此购买东西的时候,尤其是需要花钱较多的时候,坚持的原则是能节省就尽量节省,过日子就是靠着精打细算来实现良好维持和运转。买东西尽量少花钱,尽量省下钱过日子,因此货比三家的购买习惯是必然的,它的产生依托隋家的物质基础。

2.尽量避免熟人交易

隋家当家人作为家户的主体,为村庄中的人所熟识,一般村庄中的人对于家里的晚辈比较陌生,但是对于每家每户的当家人却有清晰的概念,当家人是大家关注的对象,也是平日打交道的主体。对于四村八里而言,杨屯村也算得上周边的大村落,经常有人到集市上卖粮食、柴火、猪仔、羊羔等,因此在集市上碰上熟人卖家的概率非常大。隋家在集市上买东西尽量避免与熟人交易,因为熟人不好讲价格,价格高一点或者低一点就会产生怨恨和矛盾,会影响到彼此乡邻情谊,到了村庄再多生事端,在村庄中传得沸沸扬扬,甚至会损坏到名声和人际关系,所以多一事不如少一事,隋家当家人觉得和陌生人打交道更轻松与方便一些,集市交易基本都是隋家的当家人来完成。家用的生产工具和生活用品尽量选择与陌生人打交道,但是买卖房子和田地除外,买卖房子和田地都是大事,需要尽量济亲戚朋友购买,这个时候彰显的是亲情和血缘关系的重要性,而其他的小物件尽量避免和熟人进行交易。

3.与"说活"、经纪交易

售卖土地的时候,隋家会考虑先后顺序,一般先问自己的兄弟要不要,如果兄弟不要,再问其他有血缘关系的堂兄弟等要不要买,然后询问族人,如果都不购买,最后考虑卖给村庄的外人。房屋和土地的售卖价格不会因为亲缘关系而出现差异,房屋和土地属于关乎一个家庭根基的大物件,因此价格上不会让位。家里买卖土地或者房屋需要经过中间人,当地称为"说活",因为这些"说活"信息灵通,谁家买谁家卖都找他们,他们手上有买卖需求双方的信息。而且还需要立文书,防止以后有抵赖等不必要的麻烦。"说活"促成了交易,卖方需要请"说活"吃顿好的或者给点粮食,抑或给点钱。

集市上买卖牲口会有经纪,隋家一直都有牲口,种地离不开牲口,但凡家里有条件的就尽量省吃俭用买一头牲口用来干农活,隋家开始买过一头驴,后来又换成了一头牛。到集市上买卖牲口会遇到经纪,经纪是一种谋生的职业,一般都是长丰村的人当经纪,然而经纪在当地并不是一个讨喜的行当。牲口市上一旦有买卖双方正在商量着交易,经纪就会凑上去给双方撮合,买卖双方用经纪并非出于自愿,属于被迫性选择。交易成功,卖方需要支付给经纪一定的报酬。原因有两个:一是因为经纪都是长丰村的人,四村八里都到这个集市买卖东西,一般人不敢招惹他们;二是如果买卖牲口的双方不用经纪,经纪就在中间将两个人的生意搅黄。除了这种正面的撮合交易以外,经纪还有一种赚钱方法,就是先从卖方手中把牲口以低廉的价格买到手,再以较高的价格转手给卖方,从中赚取差价。

4.过秤过斗

集市上买卖粮食都是通过斗秤重来进行交易,并不是因为没有秤作为称重器具,是因为自古遗留下来的规矩:粮食要用斗量。其他的东西,像猪肉、羊肉、菜瓜、果子等都是用秤来称,只有粮食除外。斗在准确程度上有着严苛的限制,买卖粮食最低为一斗,如果不是整斗,卖家会拒绝交易。因为不是整斗不容易定义到底多少是半斗,多少是三分之一斗,多少又是四分之一斗。斗的形状是上大下小的木质量具,其形状并不规则,不好划定具体的界限,所以买卖双方都必须进行整数斗的交易。整数斗就比较容易确定,使用斗的时候把粮食装满,然后用一块专门的平板一刮顶端,斗中的粮食就是平的了,这便是一斗粮食。集市上有专门给买卖双方称粮食的人准备的斗，他们以此作为营生，买卖双方不可以自己带斗，防止作弊，使用集市上的斗是需要付费的，五斗以内算作二分钱，超出五斗，而又在十斗以内要五分钱，因为能够买得起五斗以上粮食的人家算是有钱人了，且一下称重多了对斗消耗比较大，所以收费高一些。

第三章　家户社会制度

子女婚配父母拥有决定权,子女对于自身的婚姻毫无参与权,自由恋爱更是令家人和族人蒙羞不齿的事情,"父母之命,媒妁之言"是公认且富有权威性的法则。在子女的婚嫁问题上,当家人的权利低于父母的权力和约束。无子家庭多是选择过继侄子,而不会选择让女婿入赘。隋家有着重男轻女的观念,惜子观念根深蒂固,而且具有外显性。继承财产的权利与赡养父母的义务相互依存,二者具有一致性和共存性。

一、家户婚配

(一)婚配情况

隋家处于伙着的大家庭状态时,家中已经成家的成员包括隋僧林和高氏、隋秋元和黄秀珍、隋吉良和寇氏,再后来隋文周也娶妻完婚,家里的姐妹们也陆续出嫁。大儿子隋文良患有先天性羊角风,终身未能娶上媳妇,三十多岁便去世了。1949年之前,结婚需要通过中间人介绍,这个中间人就是媒人。隋吉良所在的村庄不允许同姓结婚,同村不同姓氏可以结婚,除了姓氏限制,同村通婚的地理范围没有限制条件。

在婚姻对象的选择上讲究门当户对,大户人家一般都倾向于和大户人家通婚,大户人家一般不会和中户或者小户人家通婚,因为大户人家富裕,小户人家生活窘困,会给大户人家带来负担。而且大户人家一般具有严格的长幼尊卑观念,中户、小户人家一般顾着糊口,没有足够财力去保障家庭成员衣食无忧,因此随意性强,遵规守矩意识弱。大户人家和中户、小户人家通婚就是大户人家不再富裕,当地称为"哗啦地主",即由于一些变故而破产的地主。婚配和家庭经济条件有直接关系,和人口规模等没有关系。无论大户人家、中户人家,还是小户人家都不愿意迎娶家中没有男孩家庭的姑娘,这样的人家被人瞧不起,当地称为"绝火"。

(二)婚前准备

1949年以前,晚辈的婚配完全由父母做主和决定,结婚的当事人没有决定权,订婚了就必须结婚,极少有退婚的现象,结婚的标准和目的都是出于对实际生活考虑。

1.婚配完全由父母做主

隋家娶媳妇没有固定的提出者, 就是男丁到了二十岁左右的年纪便有说媒的人前来家中给儿子介绍媳妇,媒人会先到隋家介绍女方的情况,基本介绍的都是女方的优点,隋僧林、高氏、隋秋元、黄秀珍等长辈对姑娘满意就会替晚辈答应,然后确定时间,媒人同男孩的父亲去女方家与女方家的父母沟通,彼此满意便结为儿女亲家。婚配当事人不能互相见面,不能提出异议,没有决定权,尤其是像隋家这种小门小户的家庭经济条件不佳,能够娶上一房媳妇实属不易,需要整个家庭长年累月的积攒。隋家的晚辈娶妻属于自家的家务事,不需要告诉四邻、家族、村长等,他们也没有干涉的权利。在外工作的男孩到了娶妻的年纪,父母会全权做主,到了拜堂的时候,男孩回家完成整个仪式过程。在整个婚配过程中,父母起着决定性作用,其他长辈可以提意见,但是没有决定权。

2.婚配的标准与目的

1949 年以前,男方对于女方的要求就是人性好、性格好、针线活好、脚小。隋家的女孩子找婆家的要求就是小伙子能干活、身体壮实,父母的品行好,婆家不苛待媳妇。这些要求都是由孩子的父母提出的,且得到家中长辈一致认可。对长相没有要求,一般看得过去就行,当然最好是长得好看讨喜;隋家对于经济条件要求并不严苛,小门小户即可;隋家最看重的是对方的品行和干活的能力,因为结婚之后需要踏踏实实过日子。

对于男性而言,结婚最重要的就是传宗接代、生儿育女、经营生活、家庭兴旺。结婚不是为了个人的爱情和幸福,主动喜欢上一个人是可耻的,会被人嘲笑讥讽,没有人会把婚姻建立在爱情的基础上,都是遵循着"父母之命,媒妁之言"而结婚的。

3.自由恋爱为人不齿

自由恋爱在那个时代是被人所不容的事情,如果隋家的当家人发现孩子有喜欢的人会训斥孩子打消念头,如果孩子固执不肯悔改,当家人会把孩子赶出家门,自由恋爱的当事人会成为众人茶余饭后的谈资,而且整个家庭都会被人所不齿,会被四村八里的村民指指点点。由于观念的束缚,适婚的家庭成员应该中规中矩地等待和接受"父母之命,媒妁之言"对自己婚配的安排,自由恋爱的双方是不能结婚的,是被风俗禁止的行为,这在人们的观念中已经根深蒂固。自由恋爱对于女孩子的影响要远大于对于男孩子的影响,如果街坊邻居知道家里的闺女对别人心生情愫,这个女孩子便很难找到好婆家,很少有媒婆愿意登门给其说亲。大户人家相对于小户人家而言,对于自由恋爱更为严苛和不能容忍。

4.聘礼和嫁妆

1949 年以前,隋僧林和隋秋元娶媳妇的聘礼不是给现钱,而是男方需要把女方带到集市上让女方挑选足够裁剪四身衣服的布料,然后由男方付钱就算是支付了聘礼。女方需要陪嫁衣柜、棉被、棉褥、脸盆、饭桌、毛巾等,普通的小户人家不比大户人家,聘礼和嫁妆都比较少,小户人家给儿子盖房子办婚事几乎花费父母半辈子的心血。小门小户人家经济条件不富裕,每个儿女的年龄相差不多,所以聘礼和嫁妆的数量没有特别大的区别。家中晚辈正式完婚之前需要订婚,订婚就是男方给女方家送个用红布包裹的纸帖,上边写着男女双方的名字和生日时辰,纸帖由媒人送到女方家且被接收便完成了订婚仪式。订婚的作用是双方父母根据子女的生日时辰共同商量决定结婚的具体日期。订婚之后,男女两家是不互相拜访的,只有结婚仪式举行之后正式结为儿女亲家才算作亲戚。订婚以后,男女双方如若没有正当且充分的理由则不允许退婚,因为被退婚一方的名声极为受损,影响到以后的婚配。

(三)婚配过程

子女婚配遵循"父母之命,媒妁之言"的规矩,不允许有心仪的对象。媒人亲自到男女双方家说媒,媒人在双方了解、订婚、结婚过程中都发挥着至关重要的作用。子女的婚配个人没有决定权,完全听从父母的安排。

1.子女认可家长的选择

1949 年以前,男女婚配必须经过媒婆介绍,媒婆不用自家特意去寻找,家里的孩子到了适合婚配的年纪,媒婆便会主动上门说亲,媒婆基本都是按照门当户对的原则给双方介绍,大户人家的儿子就寻大户人家的闺女,小户人家的儿子就寻小户人家的闺女。隋吉良订婚与结婚由隋秋元和黄秀珍做主,其他长辈可以提出一些意见,但是最终的决定权掌握在隋秋元和黄秀珍手中,隋吉良不可以发表任何意见,必须听从隋秋元和黄秀珍的安排,隋吉良对于婚配安排要绝对服从,以使整个婚配过程顺利完成。结婚是非常繁杂的事情,族间有红白理事会,办喜事的时候,当家人需要请"大操"来安排整个婚礼过程,"大操"进行具体的做饭、陪客、写礼账等人员的安排。结婚的时候需要男方找好花轿和唢呐队作为迎亲队伍去女方家迎娶新娘,新娘被接到男方家以后,于中午时分拜天地,然后开席待客,婚礼的排场大小根据男方的经济条件而定。

2.媒人介绍双方同意

结婚需要通过媒人介绍,否则个人不可以自由恋爱结婚。媒人不需要专门指定,平日里喜好给人做媒、喜好撮合婚事的人便可以成为媒人。媒人不收取金钱报酬,只是成功说成一对良缘,男方需要给媒人一块崭新布料或者宴请媒人吃顿饭。媒人看到谁家的男孩和姑娘到了适合婚配的年纪便主动地给双方说媒,媒人不会直接与男女当事人沟通,而是会和双方的父母进行协商,父母觉得各方面与自家匹配就会答应,接下来媒人开始与双方商量见面的日子,然后安排男方的父母去女方家见见姑娘,女方家不会来男方家,男方父母登门可以彰显女方尊贵。男方父母过目以后如果对女孩没有意见,女方对男方的经济条件、身体状况等都满意的情况下,两三个月以后,媒人就张罗着订婚,订婚一年,双方就会正式举行婚礼,正式结为儿女亲家。

3."过四柱"完成订婚仪式

订婚的时候,男方需要托付媒人给女方家送去一张用红布包裹且写有双方名字和生辰八字的红纸,然后女方的父母便把这张红纸用一只碗压到灶王爷神像下静待三天。如果在三天之内不出任何差错和失误,也就是娘家这边不发生任何争执,没有摔盘子碎碗的情况,男女双方算是有缘人而得到了上天的应允和祝福便可以结婚。如果在这三天内出现了问题,哪怕是打碎一只碗碟,或是家庭成员发生争执吵架都得结束关系,这说明双方结合会不幸福,两家不适宜结为儿女亲家,彼此是不合适的姻缘,这种婚姻在当地称为"有破绽",终止婚配过程并不会对双方名声造成不良影响,因为这种结果是得到大家认可的。整个订婚的过程称为"过四柱",是对婚配适宜与否的检验。

(四)婚配原则

1.喜欢大媳妇

大户人家倾向于迎娶小老婆,但是像隋家这样的经济条件不是特别的优越,中等稍微偏上生活水平的家庭喜欢迎娶大媳妇,原因是年龄大点的媳妇来到婆家就可以充当一个完整的劳动力,参与到婆家的劳动过程当中,减轻婆家的生活负担。相反,如果隋家这样的小户人家迎娶的是年纪尚幼的媳妇,等于家中多了一张吃饭的嘴,而劳动力没有增加,徒增家庭的负担。对于隋家这样的小门小户人家而言,多一口人吃饭是不小的压力,尤其是干不了活的小媳妇就更是雪上加霜,如果娶上一房二十岁以上的大媳妇,来到婆家就是主要劳动力,这样年长的大媳妇干活的所得远远超过她所产生的开销,因此深受婆家喜爱。尤其是婆婆便会退出家庭劳动力之列,不再给一家人洗衣做饭,主要支配媳妇干家务活,这便是"多年的媳妇熬成婆",从身份地位到具体劳作都会做出极大的调整与改变。

2.偶需打破长幼秩序

隋家的规矩就是先哥哥结婚,再安排弟弟成家,如果没有特殊情况必须遵循这个顺序,当然这个顺序遇到特殊情况便可以被打破。大儿子隋文良患有先天性羊角风,娶不上媳妇,这种情况就得二儿子隋吉良和三儿子隋文周到了适婚年纪先办婚事,之后如果大儿子隋文良找到媳妇再给其办婚事。如果不是因为大儿子隋文良患有疾病,婚配顺序就必须按照长幼进行,父母也必须按照这样的顺序给子女筹办婚事。如果不是按照这样的先后顺序进行,街坊邻居就会议论纷纷,惹来闲话和流言蜚语。

(五)其他婚配形式

其他婚配形式主要是娶小老婆、养童养媳和改嫁,这几种都不是特别受到人们欢迎的形式。

1.纳妾

纳妾在当地称为"娶小老婆",隋家没有纳妾的人,纳妾多是发生在大户人家,这样的人家经济条件优越,有足够的经济实力迎娶和负担两个妻子。这种有钱的人家迎娶小老婆并不是由本人作决定,多是由父母提出和安排,即使是家中的晚辈想要娶小老婆也必须经过父母的应允,不可擅自完成婚配。隋家都是老实本分的人,世世代代都是娶一房媳妇。大户人家的小老婆没有地位,在家里要听从大老婆的支配,当然如果丈夫特别喜欢小老婆,那么小老婆在家里就吃香受宠,大老婆也就不敢欺负小老婆,丈夫的态度对于小老婆的家庭地位起到决定性的作用。大户人家讲究规矩,大老婆不可以轻易地无理由地挤兑小老婆,毕竟一家人在一起是为了过日子,如果整日吵得鸡犬不宁,当家人也不会允许。

2.童养媳

童养媳在当地叫"囤香着",就是女孩子在几岁甚至更小的时候就寄养到男方家中,等到了十五六岁适宜结婚的年纪就嫁给男方家当媳妇。童养媳双方家庭都是经济条件困难,男孩子到了结婚的年龄很难娶上媳妇,女孩子家也没有经济条件抚养女儿就只能采用给人家做童养媳的方式让女儿有口饭吃。成为别人家的童养媳既不收钱,也不收粮食,也就是说不能收取男方家任何东西,相当于把女儿送给人家抚养,给女儿找个可以吃饭的人家,不至于饿死。童养媳本人不会因为自己的身份而被人瞧不起,和明媒正娶的媳妇享有同等的社会和家庭地位,但是需要参加婆家所有劳作,生活很辛苦,并不是由婆家白抚养的。

3.改嫁

改嫁在当地叫"走主",意思是媳妇换了一个婆家。改嫁的原因只有一个就是丈夫去世,没有女人会在丈夫在世之时"走主",不然会被人嘲笑和轻视。1949 年以前,女人需要裹脚达到三寸的程度,干不了农活,如若再需独立抚养孩子更是雪上加霜,因此丈夫去世而改嫁也是迫不得已,家里没有男人支撑,女人和孩子生存会成为极大的困难。改嫁的女人基本也是嫁给二婚,这样的男人基本都是妻子去世了,改嫁的女人很少能够嫁给头婚①的男人。改嫁的女人基本都不太在乎年龄差距,头婚的男女双方年龄差距要在五岁以内,但二婚的男女双方年龄差距可以达到十岁或者略大于十岁。如果婆家允许女人带上孩子一起改嫁,那么女方就

---

① 头婚:指第一次结婚。

可以带走孩子;如果婆家不允许带着孩子一起离开,那么这个女人只有两个选择,或是不改嫁继续留在婆家生活,或是留下孩子而自己改嫁。

(六)婚配终止

结婚的夫妻极少会相互分离,即使感情不好、吵吵闹闹,还是会白头偕老,多数是因为去世导致夫妻分离。休妻的现象少之又少,只有女人犯了重大的、不可饶恕的错误才会被婆家休掉,这样的女人是极其可耻的,会成为人们嘲讽的对象。

1.休妻

休妻在当地叫"不要了",隋家没有出现过休妻,休妻属于不正常的事情而极少发生,即使发生也会在经济条件优越的大户人家,被休掉的妇女或是因为不能够为婆家生儿育女,抑或是做了有违妇道的事情,抑或是打骂苛待公婆。被休掉的妇女会被送到娘家,这样的女人被送回娘家会使得娘家人很没有面子,会被街坊邻居嘲笑,婆家摊上这样的媳妇脸上也不好看。

休妻都是由夫家提出来,可以是公婆,也可以是丈夫。如果是丈夫提出来,那他必须得到父母的答应,丈夫不可以擅自休掉妻子;如果是父母提出来的,丈夫基本阻止不了休妻,尊老是必须遵守的原则,这是不可逾越的规矩。休妻需要夫家写好文书,然后把妻子同休书一同送回其娘家,也就等于不要这个女人了。不可以轻易地休掉一个女人,这个女人必须是有重大的过错,而且要证据确凿才可以休掉,被休掉的女人不可以获得婆家的财产和赔偿。被休掉的女人回到娘家以后,再嫁他人是非常困难的事情,这样的女人再有人娶就不错了,而且再嫁什么人完全由娘家说了算,自己毫无决定权。

2.守寡

丈夫去世以后,选择继续留在夫家的媳妇就叫守寡,这样的女人不改嫁就一直住在去世的丈夫家,不会去娘家居住。而且守寡的女人享有和丈夫的其他兄弟同样的继承权,老人分家要分给守寡的媳妇一份,但是无论什么时候她改嫁都不能带走夫家财产,只能自己独身或者带着孩子离开。如果守寡的女人想要改嫁,夫家的任何人都不能阻拦,如果有孩子,夫家人可以阻止改嫁的女人带走孩子,如果夫家没有人提出留下孩子,女人则需要带着孩子一起改嫁。守寡的女人一般都会改嫁,如果不改嫁,生活相当困难,日子会非常艰苦,因为男人去世了,家里就等于没有劳动力,没有了依靠,族人和周围的人对于守寡的女人也是轻视的态度。而且有的兄弟会挤兑守寡的女人,希望她改嫁,因为这样兄弟就可以获得更多的财产。

二、家户生育

(一)基本情况

隋家有着重男轻女的传统观念,认为儿子是家庭传宗接代的根本,是家庭兴旺的根本,对于人丁兴旺有着深切的渴望,因此没有太多的禁忌和顾虑,女人怀孕就把孩子生下来。

1.喜欢多子且重男轻女

隋秋元和黄秀珍一生育有八个孩子,三个儿子五个女儿。因为大儿子隋文良有先天性羊角风,所以终身未能娶妻。二儿子隋吉良娶了寇氏生育了两个女儿和四个儿子。三儿子隋文周生育了两个儿子。隋家一直渴望人丁兴旺,尤其是喜欢男孩,隋秋元和黄秀珍认为子孙满堂是天大的福气,尽管家里的经济条件不宽裕,但是仍然希望多子多孙,总是鼓励家庭成员多生育孩子。

1949年以前,夫妻不实行避孕措施,只要怀孕了就会把孩子生下来,至于能否存活就看运气了,由于生活条件有限,因此孩子夭折是常有的事情。隋家没有未婚先孕的情况,家里对女孩子的管教严苛,未婚先孕是被人唾弃的,是隋家不能容许出现的事情。

2.生育为了传宗接代

隋家一直希望家族人丁兴旺、多子多孙,血脉能够一直延续下去。隋家有着根深蒂固重男轻女的传统观念,男孩被认为是隋家的根本,是血脉延续的希望。隋秋元和黄秀珍一生育有五女三男,其中多女少男,而且还有一个病儿子,所以尤其喜欢男孩子,当儿媳妇第一胎是一个男孩的时候,黄秀珍欢喜得不得了。隋秋元和黄秀珍给儿子娶媳妇结婚就是为了过日子,为了传宗接代,到了年纪就要结婚,这就是人们认知中的常态。

3.生育第一孩由娘家负担

寇氏生育第一个孩子的时候,娘家的哥哥给隋家送来了鸡蛋、面粉、红糖、孩子的衣服、尿布,等等吃食和用品。按照习俗,闺女生育第一个孩子尤其不容易,娘家人和闺女存在血缘关系,对于出嫁的闺女的生活习性和喜好母亲最为知晓,所以由母亲为生育第一胎的女人准备生活用品和吃食最为舒心与适宜,这样做也是为了母子健康着想,生育孩子的母亲用着舒心,身体恢复得迅速,也有利于婴儿的成活和身体健康。不仅是娘家要把东西送到,而且娘家人要来伺候刚刚完成生育过程的闺女和孩子,一般是娘家的母亲亲自来婆家,为的是更好地照顾自己的女儿。寇氏的母亲身体病弱,所以寇氏坐月子期间,娘家就让寇氏的妹妹过来伺候,但是娘家的妹妹在寇氏生育的第三天来到隋家伺候寇氏,第二天就哭着走了,因为婆家招不住①。

(二)女性生育需休养一个月

夫妻自己决定生育几个孩子,没有避孕措施,基本都是"一切随缘,怀孕就生",当然生育太多也是不可以的,毕竟隋家的经济条件不富裕,养育孩子的成本虽然不高,但是生育几个也要在家庭抚养能力范围以内。隋家的女人怀孕的前几个月都没有特殊照顾,和平常一样都要干活劳作。此时家里人不会计较,都会将就且照顾怀有身孕的女人。生孩子之前,孕妇的吃食和隋家其他家庭成员没有区别。因为生孩子会对女人的身体造成损伤,所以为了女人身体得到更好的恢复和确保孩子的健康,隋家的媳妇生完孩子需要坐月子,休养一个月左右的时间,前二十三天在婆家坐月子,后七天在娘家坐月子。女人在坐月子期间吃食会好很多,娘家会给女儿送芝麻、红糖、小米、鸡蛋等食物以补充营养。隋家的媳妇生孩子都是在家里由产婆接生,产婆是在媳妇临盆前一个月就安排妥当的,村里的产婆多是自己生孩子多渐渐地积累了丰富的经验便开始帮助别人接生。村里的产婆接生不需要给报酬,只是孩子出生的第三天请产婆吃顿饭,如果孩子把产婆的衣服弄脏了,儿媳妇或者婆婆需要把手上的戒指送给产婆。

(三)小门小户简单的生育仪式

隋家的经济条件虽然一般,但因为隋吉良媳妇生的第一个孩子是儿子,隋秋元和黄秀珍特别高兴,所以简单地庆祝了"十二晌",即孩子出生的第十二天全家人吃顿饺子,目的是庆

---

① 招不住:指不愿意别人留在自己家而有意驱赶,使其离开。

祝孩子没有夭折而幸存了下来，孩子平安地度过十二天基本上就差不多可以留存于人世而不会夭折。后来再出生的孩子，隋家就没有再举行过庆祝仪式，因为生的孩子多了就不重视了。尤其是隋家有着根深蒂固的重男轻女的传统观念，儿媳妇寇氏生育了男孩，隋秋元和黄秀珍还算喜欢，一旦生育了女孩则是非常不招他们待见，隋秋元和黄秀珍对于女孩极为不重视，甚至是讨厌，更不会给女孩举行任何庆祝仪式。

（四）孩子起名以不重字为原则

隋家孩子的名字都是由孩子的父母给起的，也就是说隋秋元的名字是隋僧林和高氏给起的，隋文良、隋吉良和隋文周的名字是隋秋元和黄秀珍给起的。小门小户的孩子起名字没有特殊的要求，只是不要和自家长辈及家族中长辈的名字有重叠的字即可，因为有重字代表对长辈的不尊敬。隋家的孩子没有大小名之分，大户人家一般才会给孩子分别起大名和小名，在家中就喊小名，在外边就称呼大名。

三、家户分家与继承

（一）分家

隋家的主要收入来源是隋吉良当瓦匠的收入，在三儿子隋文周没有盖房结婚的情况下，隋家的当家人是不同意分家的，当然隋吉良为了维护弟弟隋文周也不愿意分家，只有儿媳妇寇氏特别愿意分家。隋家分家之时请了族中有威信的长者作为见证人，而且隋家分家存在不公平的现象。

1.分家起于小儿完婚

隋吉良作为一个瓦匠，一个月有七十五块钱的工资，如果没有家庭成员的拖累，隋吉良和寇氏小家的生活会过得比较富裕，因此儿媳妇寇氏多次以暗示的方式表达分家的意愿，但是因为三儿子隋文周还没有结婚，而且隋秋元和黄秀珍年纪越来越大，没有能力给隋文周盖房娶妻，所以除寇氏以外的家庭成员都不同意分家，家就一直没有分成。隋文周结婚以后，隋秋元和黄秀珍提出分家，其他家庭成员也没有意见，所以隋家得以分家。如果是当家人提出分家，作为晚辈即使不愿意分也不可以阻止；如果是晚辈想分家，只能够旁敲侧击表达想法，不可以明确提出，不然会被认为是破坏家庭和睦，晚辈表达分家意愿以后能否分家全凭当家人能否同意。分家是一个家庭内部的事情，家庭以外的任何成员没有权利干涉。

2.分家资格与见证人

隋家分家只有儿子才有资格参与，出嫁的女儿不具备分家的资格，家庭以外的成员也不可以分得隋家的家产，分家实际上就是对大家庭财产的分割和小家庭单独生活。因为隋吉良和隋文周等作为儿子有赡养父亲隋秋元和母亲黄秀珍的义务，所以他们理应继承隋秋元和黄秀珍留下来的家产。隋家分家的时候请了族中的叔叔伯伯作为见证人，见证人由隋家的当家人去请，见证人不仅是年长者，而且是自己族人当中颇有威信之人。除了见证人，分家还需要有一个识字的人来写文书，"私凭文书官凭印"，立文书是怕双方反悔和抵赖，见证人的作用就是维持分家的公平性和见证家户分家的资格，而且凭借见证人的威信可以避免分家后抵赖情况的发生。隋吉良一代分家的时候，因为隋僧林、高氏、隋秋元和隋文良已经病逝，所以家产分成三份，黄秀珍占一份，隋吉良小家占一份，隋文周小家同样占一份。分家文书一式四份，黄秀珍、隋吉良、隋文周和见证人各持一份，内容就是家庭所拥有的财产平均地分给每个儿子的数量,参与分家的各方署名。

3.家长分家存在不公

隋家分家的时候,内当家黄秀珍说按照"股"分,就是把家里的财产分成三份,隋秋元已经去世,所以黄秀珍占一份,隋吉良和寇氏小家占一份,隋文周小家占一份。可是隋吉良屋里有六个孩子,隋文周夫妇只有两个孩子,隋秋元去世了就只剩下黄秀珍,而且黄秀珍跟着三儿子隋文周一起生活,按照三份来分非常不合理。负责给隋家分家的见证人对内当家黄秀珍说:"这样分家不行,粮食必须按照人头来分,你是老人可以多分一点,可是隋吉良屋里拉家带口的这么多人,如果按照三份来分家非常不公平。"更为过分的是黄秀珍计划不给隋吉良夫妇的小家分小麦,分家的见证人对于黄秀珍的做法极为不赞成,"他们要是来个亲戚没有麦子哪儿行?""来了亲戚由我招待。""不行,没有那个样子的,如果人家娘家来了人,你也招待呀?"在见证人的劝说之下,黄秀珍最终决定给隋吉良的小家每人五斤小麦,剩下的归黄秀珍和隋文周所有。当然这种分配是不公平的,但是黄秀珍毕竟是老人,尊重老人是晚辈应该遵守的孝道。因为隋吉良屋里小麦占有份额少,所以平时不舍得吃面粉,但是黄秀珍和隋文周屋里总是包饺子、擀面条、烙饼吃。

(二)儿子继承公共财产

隋家的财产都是由儿子继承,儿子们平等地享有继承权,因为儿子负责赡养老人,所以儿子拥有继承资格。未出嫁的女儿在隋家生活,隋家供给衣食住行,但是不可以继承隋家的财产,出嫁的闺女更是不可以继承家里的财产。但是如果闺女负责赡养老人,那么便可以继承老人的财产。如果儿子被家长赶出了家门,那么就不可以继承家里的财产了,家里的老人也不需要其来赡养。如果家里的老人是由侄子赡养,那么家里的财产就必须由侄子继承。总之,继承资格的一个关键性的原则就是谁赡养老人就由谁继承财产。

隋家的土地、房屋和粮食等公共财产都是儿子继承,但是黄秀珍陪嫁的东西要归其自己屋里所有。继承权的确认是人们默认的,不是由当家人主观决定的,自古以来正常的情况就是儿子赡养老人,儿子也因此享有继承老人财产的权利。就继承权而言,不同的家庭类型没有区别,内容和程序等基本相同。

四、家户过继

过继在隋家所在的村庄广泛存在,没有儿子的家庭就会选择过继兄弟家的儿子,也就是会过继自己的侄子。从此这个孩子和原来的家庭脱离抚养与赡养关系,由新的家庭抚养,孩子长大成人以后赡养叔婶或者是伯娘。

(一)家无男孩需过继

隋家没有出现过过继的现象,不过隋家所在的村庄倒是常见过继的人家,过继一般是由三种原因导致的:一是自己家只生女孩,没有生出男孩;二是自己家的男孩过世了,没有男孩了;三是夫妻没有生育能力,男人不想因此分离而另娶他人。在农村人的传统观念中,男孩子才是家庭的根本,男孩才可以传宗接代、继承家业、赡养父母、兴旺家族,所以如果一个家庭只生育女孩,始终没有生育男孩,那么媳妇是会被婆家不待见的,家庭成员也会被外人轻视,为了解决这个问题,没有男孩的家庭就会选择过继兄弟家的儿子到自己家。

过继一般发生于亲兄弟之间,过继亲兄弟家的儿子,基本上很少存在过继其他亲属关系的男孩子的情况。当然偶尔也有特殊情况,有的家庭是姐姐、妹妹、弟弟或者哥哥家没有儿子,那么经过协商,只要双方家长同意,就可以过继其他姐姐或者妹妹的男孩,也就是娘家人之间的过继,然后孩子改姓。此外,偶尔也有叔伯关系之间过继儿子的现象,不过这种情况是很少的,它的存在是因为兄弟家的儿子不能过继。村庄中有个叫连署的人,他小时候就过继给了叔伯的大伯,也就是和连署的父亲不是亲兄弟,而是叔伯的兄弟。因为连署的爷爷只生育了其父亲一个儿子,而且叔伯的大伯也是哥一个,没有其他兄弟,所以没有办法只能够过继叔伯大哥的儿子。过继的目的是为了传宗接代、继承家业、赡养父母、兴旺家族和上坟添土,上坟添土是一个重要的事情,在当地没有子孙会被别人嘲笑:"死了连个烧纸添坟的人都没有"。

(二)过继次序

过继存在次序,遵循的次序包括:一是哥哥没有结婚或者哥哥家没有生育儿子,如果哥哥要求过继侄子,会过继弟弟家的长子;二是如果弟弟没有结婚或者没有生育儿子,而且哥哥家有儿子,那么弟弟要过继哥哥家的次子,哥哥为大,需要把长子留给哥哥;三是如果兄弟三人,老二没有结婚或者没有儿子,那么他可以过继哥哥家的次子,也可以过继弟弟家的长子,但是顺序依旧按照规矩来;四是如果兄弟家也只有一个儿子,那么就可以不把儿子过继出去,这个时候对方一般也不好意思硬要过继孩子。但是可以兄弟共同抚养这个男孩,将来由男孩子继承几个兄弟的家产,等到几个兄弟年纪大了就都由这个男孩来赡养;五是对于特别受人尊重的人就可以不遵循这些过继的次序。"冯永明家就有一宗特殊的过继,冯永明的三太爷一生只有一个儿子,十七岁那年娶了媳妇。可是毕竟年纪小,又是家中独子,家里对其从小便是娇生惯养,所以总是调皮捣蛋,不听大人的管教。有一次冯永明的三太爷被气急了就追赶着打他,他本来是打算越过一口井,但是没有跨过去,不幸的是气管被井沿儿挂断去世了,从此三太爷的儿媳妇便守寡了,但是该儿媳恪守本分,终生未改嫁,因此家族对其格外的敬重。按照当地习俗,三奶奶可以过继大爷爷和二爷爷家的男孩子,但是因为三奶奶特别喜欢冯永明的大儿子,所以选择过继了他。当时冯永明的大哥已经娶了媳妇且生育了两个孩子,过继一般都是在男孩小的时候就接过去抚养,当时就是因为三奶奶终生未改嫁,所以可以按照自己的意愿随意选择过继的男丁,冯永明三奶奶的做法在当地被称为'爱子过孙'"。

(三)过继的意愿与形式

过继完全由双方的家长商量决定,其他家庭成员没有权利干涉,包括出继者本人也必须服从,即使出继者不同意也起不到任何作用。因为过继是世世代代延续下来的传统,如果出继者自己不同意会被周围的人笑话,所以出继者一般不会提出异议。出继方家长并不一定愿意把自己的孩子过继给兄弟,可是即使不愿意也不可以阻止,只有家中有好几个儿子的家庭愿意将儿子过继给他人。按照传统,家长需要给每个儿子盖房娶媳妇,这两件事需要支付巨大的花销,为了减轻负担,这样的家庭愿意把儿子过继出去。

过继存在多种形式,一种是完全过继,就是男孩和原来的家庭成员完全脱离关系,甚至称呼都改变,成为另一个家庭的孩子,从此和这个家庭建立新的抚养和赡养、继承与被继承的关系。另一种形式就是一子属于多长辈的情况。村庄里就有这么一户人家,兄弟三人只有一个男孩子,于是兄弟三人商量共同抚养这个孩子长大,然后由这个孩子继承三家的家产,当然也由这个孩子赡养兄弟三人。

(四)过继所需手续

过继家庭不需要给出继的家庭任何财物,因为过继在大家的心目中是理所应当的事情,既不是买卖交易,也不是人情往来。过继当事人需要继承对方家庭的财产和承担赡养老人的责任,而且过继的当事人和原来的家庭须解除继承与赡养的关系。过继需要签订文书,文书的落款处写着双方当家人的名字和证明人的名字,不需要给中间证明人任何报酬,至多管一顿饭即可,文书的作用是防止两个家庭出现反悔的情况,签订文书便不可以再更改过继关系了。当然也有不立字据的人家,双方就过继事宜商量妥当即可,然后过继家庭把孩子带走抚养,从此过继关系正式成立。

(五)过继者更为孝顺

过继当事人为了颜面,会对新的父母更加孝顺,生怕别人说闲话,认为不是自己的亲生父母就不孝顺。村庄中有一个姓赵的人家存在过继的现象,这个男孩长大以后当上了八路村主任[①],一次日本人抓走了村主任的母亲,没有抓住村主任,但是这个村主任选择去日本的炮楼换回母亲,因为村主任认为他是被过继给母亲的孩子,明知道自己去是九死一生也必须去,不能被村庄里的人戳脊梁骨、说不孝顺。有一次,黄秀珍生病住院,同病房住着一个七十多岁的老太太,这个老太太身体里长了个东西开刀做手术,因为年纪大了,刀口迟迟不愈合。大家都觉得这么大岁数的人不值得开刀花钱了,没有几年的寿命了,开刀没有必要的,但是这个老人的儿子回答是:"这不是我亲妈,她是我娘,我是过继的儿子,如果是我亲妈就不来看病了,这么大岁数开刀的确不合适,但是因为是过继的关系,所以怕外人笑话,认为我这个过继的儿子不孝顺。"

(六)回继

家里的亲戚家发生过一次过继完成却又回继的情况,弟弟家没有儿子,所以按照约定弟弟过继了哥哥家的一个儿子作为自己的孩子进行抚养,建立了父子关系。可是后来弟弟家又生了一个儿子,弟弟和弟媳不愿意过继的儿子分割自己亲生儿子的财产,毕竟不是亲生的儿子以至于感情淡薄,于是弟弟和弟媳越来越排斥过继来的儿子,由最初的侮辱打骂到最后不愿意再要这个男孩,最后就把男孩赶出了家门。但是哥哥家的其他儿子已经结婚且分家,家中没有留下任何公共的财产,全部由哥哥家的其他儿子均分了,由此这个男孩变成一个无家可归的人,到了"要房子没有一间,要地没有一垄"的境地。这样的情况少之又少,是极其个别的现象。隋家没有出现过过继的情况,不过隋家对于过继是认可的,认为兄弟的儿子过继给没有儿子的兄弟是合情合理的事情。

五、家户赡养

正所谓"养儿防老",家户赡养在农村社会中是一项重要的内容。儿子继承父母的所有财产,等到父母年老了就由儿子们共同赡养,等父母去世之后,儿子负责给父母办丧事。父母把女儿抚养长大,女儿出嫁以后就是婆家的人了,不能继承娘家的任何财产,同时不需要赡养娘家的父母。

[①] 八路村主任:指日本侵华以后,一个村庄一般有两个村主任,一个是八路村主任,一个是"白脖子"村主任,他们各自满足八路军和日本人提出的要求。

(一)家庭内部赡养老人

赡养老人是家庭内部的事情,一般情况下家庭以外的成员没有干涉的权利和资格。但是如果家里的儿子不孝顺,族人中的长辈会训斥这家的儿子,一般都会起到很大的作用,晚辈必须听长辈的话。如果老人有多个儿子,那么就由多个儿子共同承担赡养老人的责任。家里承担赡养责任者是老人的儿子,无论女儿出嫁与否都不需要承担赡养义务。如果一个家庭的老人没有儿子,只有女儿,那么就由女儿承担赡养老人的责任。如果一个家庭的老人既没有儿子也没有女儿,那么就由老人的侄子承担赡养的责任,家庭以外的成员不会承担赡养责任。

(二)兄弟二人共同赡养

1949 年以前,即使有晚辈不承担赡养老人的责任,国家也起不到关键性作用,国家没有法律作为武器。当然光指望国家干预也不可行,如果小辈人不孝顺,老人无论如何也享不了福。隋家的老人赡养方式是老人单独住在一个院落中,二儿子隋吉良和三儿子隋文周两个屋里轮流给老人做饭、洗衣服和照顾老人。最开始的时候是三家人共同居住在一个院落,平时由儿媳妇寇氏负责给全家老小做饭。后来二儿子隋吉良给三儿子隋文周盖好了新房,隋文周长大成人也结婚成家,随后便分家单过。分家之后,隋秋元和黄秀珍继续住在老房子中,而隋吉良和隋文周各自带着妻子和孩子搬离了原来的老院子,居住于村庄东北方位的新院落中。这样一个大家庭便分割成为三个小家庭,但是两个小家庭轮换到隋秋元和黄秀珍院中给两位老人做饭洗衣服。

(三)儿子负责治病送终

家中老人生病就由儿子去请医生,如果已经分家了,那么老人治病的费用和对于老人的照顾就由儿子们共同承担且均等承担;如果没有分家,那么老人治病的费用和照顾的责任就由伙着的家庭财力和人员来承担。老人治病的费用不需要女儿承担,但是如果老人没有儿子,那么女儿则需要承担老人治病的费用开支,而且由女儿负责照顾老人。老人去世了,有儿子的便由儿子均等承担丧葬费用,女儿出于自己的意愿可以承担,也可以不承担,无论承担与否都无权利干涉;只有女儿没有儿子的人家,老人的丧葬费用由侄子们共同承担,不需要女儿承担,除非女儿出于自愿则可以承担父母的丧葬费用。

家里的老人过世,族人中的红白理事会首先让当家人列出一个亲友名单,然后派个年轻人步行去挨家挨户报丧,报丧必须通知到娘家人,否则娘家人会找麻烦。村庄中与自己家关系亲密的人听到鞭炮声就知道有人过世便会主动出门打听和提供帮助,然后孝子披麻戴孝为过世老人守丧,葬礼持续三天,其间红白理事会起灶做饭宴请各位悼念去世者,最后出殡当天长子打幡,长媳抱罐,到祖坟埋葬过世老人,整个丧礼便得以结束。

1949 年以前,交通非常不方便,通讯也不方便,家里有着急的事情只能够拍电报。隋秋元去世的时候,二儿子隋吉良没有在家,等到快要出殡的时候,族人都抬着棺材向坟地方向出发了,隋吉良才从宣化回到家中。刚刚进村看到棺材就又哭又跑,没有赶上见老人家最后一面。隋秋元去世之后只剩下黄秀珍一个人了,隋吉良和隋文周两兄弟就把黄秀珍从老房子中接过来,不让黄秀珍单独居住了,黄秀珍轮流住到两兄弟屋里,轮到哪一家就由哪一家负责吃住,两兄弟以十天为期交替照顾黄秀珍。

六、家户内部关系

隋家的家庭内部关系主要包括父子关系、婆媳关系、夫妻关系、叔嫂关系、兄弟关系、姑嫂关系、妯娌关系等各种关系,不同类型的关系存在亲疏之别,处理方式迥异。

(一)父子关系

隋家的父子关系是家庭各类关系中一对重要的关系,在家庭生活中,如果父子关系融洽和谐,在劳作过程中配合默契得当,那么会给家庭带来莫大的好处。父子关系简单地说就是照顾与被照顾和服从与被服从的关系,父亲对儿子既疼爱照顾,又有严苛的管教,而且父亲拥有绝对的权威,儿子必须无条件地听从父亲的决定。二儿子隋吉良的农业技能都是隋秋元教授的,学会农业技能就可以进行农田劳作,田地打理得井然有序便会收获更多的粮食,从而保证家庭生活的温饱。隋秋元不善于言表,但是其自身的行为举止对于隋吉良影响颇大。隋秋元为人低调,隋吉良性格亦是如此,隋吉良极少与乡邻及族人发生争执和矛盾。隋秋元深信勤劳可以致富,隋吉良一生也是勤勤恳恳,继承了父辈的观念且身体力行。

(二)婆媳关系

按照风俗习惯,婆婆每年应该给媳妇"一个说",就是每年八月十五给儿媳妇点钱让儿媳妇去买套新衣服,可是隋家的内当家黄秀珍从来没有给过儿媳妇寇氏钱,即使寇氏表示不满且提出要求也没有收到任何效果,久而久之,寇氏便在心底暗暗记恨婆婆黄秀珍,不再表达任何看法,与黄秀珍心生隔阂。隋家人很少买新衣服,衣服破损了就贴补丁,每身衣服都到了补丁摞补丁的程度才会扔掉,家里精心维持着生活。隋秋元和黄秀珍的衣服坏了就由出嫁的女儿缝补,因为隋家出嫁的女儿长期在娘家居住,儿媳妇寇氏小家的成员衣服坏了就由寇氏缝补。寇氏的被褥是与二儿子隋吉良结婚的时候由其娘家陪嫁的,一直没有添置过新的被褥,隋吉良一家把被子里层盖破了就盖被面儿,被子都盖到露出被套中棉花,黄秀珍依旧不愿意出钱给儿媳妇买新的被褥。因为黄秀珍对待寇氏苛刻,所以寇氏对待黄秀珍素来不友善,黄秀珍不授意买新的,隋吉良不吭声,寇氏纵然委屈只能忍耐。

自从儿媳妇寇氏嫁进隋家家门的第一天开始就每天给婆婆黄秀珍倒尿盆,这样状态持续了两三年的时间,直到有一天早晨,寇氏起床晚了一些以至于没有来得及,婆婆就出口伤人辱骂寇氏,婆婆对儿媳妇苛刻,儿媳妇对婆婆有意见,婆媳关系一直不好。因为隋家的儿媳妇寇氏既不当家又不主事,婆婆对待儿媳妇又不好,所以媳妇连个钱影儿都见不着。婆婆嘴馋了就装病让儿媳妇给做白面的食物吃,媳妇需要给一家人做完了主食,再给婆婆单做一份白面食物,而隋吉良的孩子或者媳妇生病了,婆婆却不管不问。此外,内当家黄秀珍特别偏向于出嫁的闺女们,外孙子外孙女生病的时候,黄秀珍赶紧给做好吃的,尽量找医生给看病,可是孙子孙女生病了就一点不重视。黄秀珍的大孙女病情严重一直高烧不退,黄秀珍当家主事,她不发话给孙女看病,儿媳妇寇氏也不好意思提出要求,直到隋吉良回到家才让寇氏抱着孩子去寻医生。婆婆当家的时候拿着家里的钱,常年都不给儿媳妇和孙子孙女买衣服,儿媳妇提出来想买一身衣服还导致吵架。盖房的时候,家里会给盖房的人做点"馋样"[①]的,儿媳妇寇氏就去叫婆婆过来吃饭,婆婆说过不去,意思是让寇氏给端过去,因为婆婆过去吃一顿

---

① 馋样:指好的饮食。

量少,如果给送过去至少需要拿三个馒头和一碗菜,寇氏觉得是婆婆故意算计儿媳妇,占儿媳妇的便宜。

(三)夫妻关系

隋吉良是一个非常看重血缘关系的人,平时都不向着妻子寇氏,寇氏与家中成员发生矛盾的时候,隋吉良都是训斥妻子。有一次,内当家黄秀珍把钱藏起来,隋吉良反而怀疑是寇氏偷了钱,和寇氏争吵得不可开交,最后证明是隋吉良误会了寇氏。还有一次黄秀珍身体不舒服,儿媳妇寇氏便在家给婆婆黄秀珍做了好吃的热面条,可是当隋吉良回家以后询问黄秀珍,黄秀珍却说吃不下,影射作为儿媳妇在家没有给她做饭吃,结果隋吉良非常生气地训斥了寇氏,并和面给黄秀珍做饭吃,最后寇氏气愤难忍和隋吉良争执起来,说黄秀珍故意让隋吉良误解寇氏。有一年,家里闹灾荒,田地收获的粮食实在不够全家人食用,于是隋吉良决定出去干活带上寇氏和孩子们,每个月隋吉良只留下生活费,然后按时给家中的父母寄钱。在外漂泊四年的时间里,隋吉良只给寇氏买过一双鞋子。四年之后,寇氏第一次回娘家探望父母兄妹,隋吉良都没有主动给寇氏一分钱让其给娘家人买点东西,寇氏实在气不过就偷偷拿了丈夫十五块钱。寇氏怀孕的时候,孕期反应剧烈而导致吃不下饭,作为丈夫的隋吉良却说:"有人在的时候不吃,趁着没有人自己才会偷偷吃东西。"寇氏对丈夫是深深的不满和怨怼,夫妻关系不和睦。

(四)叔嫂关系

隋家有一个小儿子隋文周,二儿子隋吉良结婚成家娶了寇氏以后便出现了一种新的家庭成员关系,即嫂叔关系。因为隋吉良是瓦匠,手里有一门手艺,每天可以赚上两块五毛钱,一个月下来就是七十五块钱,这是非常可观的收入,但是隋家已经出嫁的闺女婆家经济条件都不好,基本是吃了上顿就发愁下顿。而且因为外当家隋秋元和内当家黄秀珍年纪越来越大,渐渐地失去了劳动能力,于是隋吉良必须承担起给隋文周盖房娶妻的重任,这么重的负担都指望隋吉良一个人的工资,纵使工资很高也还是力不从心,隋家日子过得也比较清苦。儿媳妇寇氏嫁入隋家以后就对婆家这种多人花隋吉良钱的情况很有意见,久而久之,寇氏和婆家人的关系相处得很不融洽,叔嫂关系是隋家日常接触频繁的关系,小叔子隋文周对嫂子寇氏也颇为厌恶,嫌弃嫂子为人小气刻薄。"哎呀,别人都说人多了沾光,咱们家人多了可是倒霉了,太吃亏了。"像这样的话小叔子隋文周时常说给嫂子寇氏听,暗指寇氏生了多个孩子给家里带来了负担,叔嫂关系异常紧张。

(五)兄弟关系

二儿子隋吉良结婚成家的时候,三儿子隋文周才十一岁,等到隋文周长大成人的时候,外当家隋秋元和内当家黄秀珍的岁数都大了,没有能力给隋文周盖房娶妻,于是不得不由当哥哥的隋吉良负担和操办隋文周的婚事。隋家的主要收入来源就是隋吉良的工资和农田的粮食收成,地里打的粮食需要交公粮和供给全家人吃饭,所以隋吉良的工资就是弟弟隋文周盖房结婚的最重要来源,隋吉良顶着来自妻子寇氏的不满和压力坚持不分家给弟弟盖房结婚,哥哥和弟弟的关系还算不错。作为哥哥的隋吉良勤勤恳恳承担起弟弟隋文周的负担,帮助隋文周盖好新房、操持完婚事,正所谓"长兄如父",隋吉良给予了弟弟隋文周如父如兄的照顾。

(六)姑嫂关系

隋家已经出嫁的闺女们在出嫁之前为家里付出了很多，嫁入的婆家经济条件又不是很好，因此内当家黄秀珍就特别偏心已经出嫁的女儿们，家里有点米或面就赶紧通知闺女带回婆家吃，平时闺女都拖家带口地来娘家长期居住，隋家安排了一间厢房专门留给闺女们回娘家居住使用，寇氏心里很是委屈，意见颇大。隋家主要是隋吉良挣钱养家，闺女们来娘家的开销相当于花的是隋吉良的钱，而且由于出嫁的闺女常年在娘家居住，给隋家带来沉重的负担，尤其是赶上年景不佳隋家便不得不掺糠吃菜度过岁月，正是因为这个原因，二儿媳寇氏对大姑、小姑的怨气很重，姑嫂关系甚是不佳。

(七)妯娌关系

隋家的妯娌关系是非常微妙的，妯娌之间表面有说有笑，但实际上并不会有表面那样的和睦，内心都算计着自己家如何占点便宜，通常会因为自身利益而发生矛盾冲突，使之处于敌视与对抗之中。当面对家庭整体利益的时候，妯娌之间是合作和团结的关系；当面对各自小家庭利益的时候，妯娌之间立刻成为互相对立的关系。

七、无暇经营外部关系

隋家成员终日埋头于生计，对于家户外部关系只有不可避免的时候才会参与，不会经常性或者刻意性地关注。居住于同一个村庄的街坊邻居打交道自然是不可避免的事情，隋家与大家共同生活在一个村落，虽然来往得不是很频繁，但是少点米缺点面也断不了互相借用。村里有盖房子的人家，和自己家关系好的，当家人隋秋元会积极地过去帮忙。村庄里有婚丧嫁娶的人家，如果有人情基础，隋家的当家人也会主动地去张罗和帮忙，因为谁家都会有婚丧嫁娶的事情，现在自己家给乡邻提供帮助，以后自己家有需要的时候，别人也来给自己家帮忙。街坊邻居发生矛盾冲突的时候，当家人隋秋元碰到或者偶尔主动过去给双方进行调解与劝和，彼此都是抬头不见低头见的乡邻。总体上，隋家与街坊邻居彼此照应且融洽共处。

第四章　家户文化制度

隋家的经济状况以隋吉良习得瓦匠手艺为转折点，隋吉良成为瓦匠之前，家中生活拮据、吃糠咽菜[1]；隋吉良成为瓦匠之后，家中实现温饱且盖房娶妻。就隋家的生活条件和人口规模而言，隋家在当地可划归于中等家庭，全家人终日勤恳务农且艰辛劳作创造财富，因此对于读书识字颇不在意，家中成员多为白丁，不涉政治领域。隋家孩子接触到的教育就是通过长辈在日常生活中的言行举止的熏染。隋吉良习得一门瓦匠手艺，规矩是只传男不传女，只传家人不传外人。隋家也有节庆习俗、婚丧习俗、家户信仰，当家人为了家人平安健康而虔诚供奉。隋家平日没有娱乐活动，为了家庭糊口终日劳作而无暇顾及。

一、家户教育

隋家的家长和长辈对于晚辈的教育并不重视，不愿意让孩子接受学校教育，隋家人认为庄稼人学习识字没有任何用处，生存的根本是种地，男孩子学会种地和手艺，女孩子学会"扎针乱线[2]"便足够。

(一)家庭成员教育情况

隋家认为上学也是种地吃饭，不上学同样是种地吃饭，再者除非是家庭经济条件特别优越的人家，一般的人家衣食住行生活困难，孩子不上学而早早从事农业劳动，田地可以收获更多粮食立刻就能看到成效，解决家庭的衣食问题，因此家里对于教育不够重视。父亲隋僧林、母亲高氏、隋秋元和寇氏没有接受过学校教育，都不识字。因为大儿子隋文良患有先天性羊角风，时不时地会犯病，所以也没有读过书。二儿子隋吉良虽然读过四年书，但是由于整日需要接送战士，帮家里干活，学校频繁更换老师等原因，仍然是一个大字都不认识，任何知识没有学会。隋吉良四年经历了 12 个老师，老师频繁更换，几乎没有老师会固定在一个村庄待三年五载，谁也不知道什么原因导致老师频繁更换。是否接受教育完全由当家人隋秋元决定，何时开始让孩子接受教育，何时结束孩子的教育，其他人无权干涉，更没有人强制。隋吉良十二岁的时候，当家人隋秋元决定不让他读书了，于是隋吉良开始牵着牲口打理田地。三儿子隋文周读书的年份相对比较多，能够"自己认识自己"。后来隋家经济条件越来越好，隋吉良的儿子们都有读数识字，但是因为隋家有着深厚的重男轻女观念，所以隋家的几代女孩子都没有接受过学校教育。

---

[1] 吃糠咽菜:指吃谷糠,吞野菜。
[2] 扎针乱线:指针线活。

（二）借房读书

村庄没有固定学堂，村干部看到谁家有空闲的房屋便去和人家沟通协商，借用其房屋让孩子们有地方将就着上课。这几个月借用他家的房屋用于上课，再过几个月借用另一家的房屋上课，有时候甚至几天就更换上课的地方。隋吉良上学的时候，天天需要接送战士，根本没有时间上课学习知识。老师是国家给村庄安排的，老师给学生讲课不区分年级，所有学生在一起听讲，"像一锅糨糊一样"。国家根据接受教育的学生数量安排老师，如果学生多就安排两个老师讲课，学生不多就安排一个老师讲课。隋家孩子上课没有书包、纸张、铅笔和钢笔等，就是使用石瓦和石笔，用石笔在石瓦上写字，然后读和写，学会了便擦掉，继续使用，每个人都有一套这样的"学习用具"。隋家孩子上学读书不需要交学费，大家都是免费接受教育。

（三）家教与劳动技能

因为隋家的几代人鲜有读书识字，所以孩子的教育基本都是日常生活中根据长辈的行为举止在潜移默化中形成的。孩子和长辈共同生活，目睹他们的性格特征和为人处世的方式，渐渐地孩子养成了吃苦耐劳和低调谦虚的性格。

平日家中要求孩子们尊重长辈，甚至是族人中的长辈都不可以忤逆；教育孩子们在街上遇到认识的人要打招呼，不可以擦肩而过，那是不礼貌的行为；教育孩子们要相亲相爱，彼此和睦共处，长兄关爱幼弟，幼弟尊重长兄，等等。隋家的孩子从六七岁开始就背着筐割草，只要是到了能干活的年纪就不会让其闲在家中，等孩子到了十二岁左右便需要到地里参加农业劳动。隋吉良都是跟着隋秋元学习的劳动技能，当家人也不会特意教给孩子，孩子看多了大人干活的步骤，然后进行模仿而习得。隋秋元也积极地带着孩子去地里干活，一方面是因为隋家的劳动力不是特别的充足，孩子会成为大人的得力帮手；另一方面将来孩子成人了也需要在自己的小家庭中独当一面，因此这些劳动技能是必需的。隋家的男孩子和女孩子都要学习劳动技能，此外女孩子还需要学会针线活和洗衣、做饭等家庭内部的事情，内当家黄秀珍还要教育女儿贤惠和恪守本分的规矩。孩子的教育问题是家户内部的事情，家庭以外的任何人，包括族人都不能干涉，孩子的伯伯、叔叔、舅舅等可以参与教育孩子，但是不能过于严苛，要把握分寸和程度。

（四）手艺传男不传女

1949 年以前，村民可以按照自己的意愿出门，不需要向任何人申请。隋吉良十七岁经过亲戚介绍走出家门去外地挣钱，辗转跟着亲戚学会了瓦匠的手艺，当地称作"瓦匠师傅"。隋吉良的孩子陆续出生且长大成人，隋吉良夫妇育有四男二女，总共六个孩子。隋吉良有着根深蒂固的重男轻女的观念，隋吉良的四个儿子都上学读书，可是他不允许两个女儿读书识字，以至于两个女儿都是文盲。隋吉良的瓦匠手艺也是这样，他只传授给儿子，不传授给女儿和女婿。隋吉良的四个儿子都会这门瓦匠的手艺，这个决定是由隋吉良作出的，寇氏对于不让女儿们读书和不让女婿学瓦匠手艺颇有怨言，但是也无能为力，因为隋吉良接管了隋秋元的职责开始当家做主。隋家把手艺传授给谁完全属于家庭内部事情，家庭以外的成员没有任何权利知晓或者干预，甚至于亲兄弟和族人都没有权利干涉这件事，村庄和政府同样没有知情权和干涉权。

二、家户意识

隋家人有着明确的家户意识,对于自家人有着清晰的界定,家庭整体利益远远高于个人利益,当二者相互矛盾的时候,个人或者小家庭的利益要无条件地让位于大家庭的整体利益,一切行为都要以维护大家庭的整体利益为着力点。

(一)自家人意识

"一家人就是一个锅里吃饭,家里的东西都属于大伙的,而不是单另地分给一个人,大伙在一个院子里住着。"在隋家人的意识当中,自家人就是财产不进行分割,而是都聚到一起,由一个家庭成员保存,家里的事情由当家人说了算,当家做主的只有一个人,其他家庭成员都必须听从当家人的决定。全家人都在一个灶里做饭,而且都在一个锅里吃饭,一家人遇到事情要相互帮助。如果和叔叔伯伯屋都没有分家,那么叔叔伯伯都算作自家人。如果分家了就只有自己屋里的大人孩子算是自家人了。亲戚不一定是自家人,二者有着严格的界限,姥姥家的亲戚都不算是自家人,都只能算作亲戚,即使是常年居住在家里的亲戚也不能够算作是自家人,自家人要有亲密的血缘关系,且分家与否是自家人的重要标准。

一般情况下,外人不能介入家庭内部的事情,但也有一些例外情况。夫妻之间吵架是经常的事情,街坊邻居知道以后到家里来劝说是可以的,自己的家人不会反感,因为外人虽然介入了自己的家务事,但是其出发点是为了平息矛盾,是善意的介入。"和自己一家子①通事儿②比较容易,不用拘束和考虑太多的事情,不用特别担心得罪人。和外人来往就不是这么回事,就要小心谨慎,别做错事情,不然人家会在心里不满和记恨。比方说家里的晚辈两口子吵架了,当长辈的训一顿或者打两下都没事儿,但是如果是外人这么做就会招致一场误会,甚至留下积怨。"

(二)家户一体意识

隋家没有分家的时候,一家人在生活和生产上相互配合互帮互助,虽然妯娌之间的关系不是特别的亲密,但是基于大家庭着想也会尽量相互配合。如果家里有人被外人欺负了,这个外人和自己家关系不错,那么家人就不会认为是故意欺负;如果这个外人和自己家一直有宿怨和矛盾,那么一家人就会觉得受了欺辱,从而气愤。隋家分家的时候存在不公平,分给二儿子隋吉良屋里的粮食少一些,这是不合理的事情,正常的情况是分家要平均分配财物,即使是有的儿子存在残疾,生活上有困难,那么分家的时候应该数量一样多,质量上存在少许优劣,但是差距不能过于明显。分家以后,兄弟之间生活水平存在差异,经济条件好的小家庭一般不会帮助经济条件差的小家庭,因为兄弟之间倒是没有关系,但是有妻子的限制,这种帮助会导致夫妻之间的争吵和矛盾。分家之前,家里的共同目标就是把日子过好,一家子吃饱饭,其他的不会过多考虑。

(三)家户至上意识

隋家人认为个人属于家庭至关重要,个人不能够脱离家庭整体而独立存在,不分家是因为大家在一起干活方便,更加有利于家庭生活的改善和富裕。当个人利益和家庭利益发生冲

---

① 一家子:指有血缘关系的族人。
② 通事儿:指打交道,来往。

突的时候,个人利益要毫无保留地服从家庭利益。隋吉良当瓦匠每个月有七十五块钱的工资收入,其他家庭成员都没有工作,可是为了维持全家人的生活,隋吉良没有提出过异议,每个月都会把工资按时寄回家中,交给内当家人黄秀珍。当家人考虑事情都会立足于全家人的整体利益,如果个人为了自己的利益有损于全家人的利益,会受到当家人的训斥和制止。

结婚以前,晚辈要听从当家人的安排,不能自己选择结婚的对象,甚至在婚前不可以见到结婚的对象,都是由双方父母之间互相见面,然后代替子女作出决定。结婚以后,如果当家人对儿媳妇不满意希望儿子离婚,儿子可以不听从当家人的安排。隋家没有出现过离婚的情况,毕竟小门小户能够娶上一房媳妇不是容易的事情,能不离婚就不离婚,因为经济上不允许。对于男女双方而言,离婚都是不光彩的事情,面子上都不好看。

(四)家户积德意识

隋家的老人有积德行善从而造福子孙的意识,信奉不做恶事就可以保佑子孙平安健康,如果老人做了伤天害理的事情就会给子孙带来不幸。隋家供奉天地爷、财神爷和灶王爷等,过年过节的时候,内当家黄秀珍便包饺子祭拜以求保佑家庭成员平安健康。平时村里有人需要帮助,隋家的人也会尽全力给予帮助,尽量在自己的能力范围内多做好事。

三、家户习俗

1949 年以前,隋家有节庆习俗和婚丧习俗,前者主要包括新年、清明节,出门在外的人会尽量赶回家,但是如果耽误到挣钱就可以由在家的成员代替,毕竟小家小户维持生存最为重要。后者涉及的婚丧嫁娶不仅需要家人参与,还需要族人的协助,规模大且仪式隆重。

(一)节庆习俗概况

1.新春辞旧迎新

过年讲究团团圆圆,因此必须全家人聚到一起共同过节,出门在外的成员也要赶回家。隋家过新年是以整个大家庭为基本单位进行庆祝,过年在全家人的心目中是最为重要的节日。从农历的腊月二十三算起便步入过年的节奏,腊月二十四要将家里里外外彻底清扫干净。此外,内当家黄秀珍和儿媳妇寇氏需要置办年货,包子、年糕、馒头、花糕,等等都需要备齐,尽量多些花样。村庄中会有人家宰猪,当家人隋秋元便买上十斤猪肉,如此一切便准备妥当充分。腊月二十四长丰集上非常热闹,当家人需要去集市买春联,家家户户大年三十午饭过后便张贴春联,如果父母或者近亲去世的人家便不再备置春联,为了表示对过世之人的尊重和祭奠到了第三年才能贴春联。

大年三十当天需要上坟祭祖,隋家的男丁一起到坟地上给去世的亲人摆贡品烧纸钱。女性不到坟地去露面,但是如果家中男人不在家就得媳妇亲自去坟地祭拜,如果一个家庭没有人去上坟就会受到街坊邻居的指指点点,认为这一家人不孝顺忘本。大年初一早上吃饺子庆祝新年,吃过早饭需要挨家挨户给族人和亲戚拜年,拜年有着固定的顺序和礼节,按照族人的辈分进行,先给长辈人拜年,再给小辈人拜年,和年龄没有关系。大年初一要给族人中的爷爷奶奶叔叔伯伯拜年,只要是成家的男人都要去给族人拜年,十五六岁的男孩也去,年龄再小的孩子不需要去,因为人家会给压岁钱,这样会被人说闲话,认为是故意带着孩子去要钱的。给族人拜年不需要买礼物,只要人到即可。族人都是血脉相连的本家,不是亲戚,不需要客气,那样就显得生分和见外了。从初二开始拜年的对象就都是亲戚了,给亲戚拜年需要带着点心包作为见面礼,如果家里的老人在世,那么亲戚就不会留下点心包,而是让带回家给老人吃;如果家里的老人不在世了,对方便会留下礼物。初二去丈母娘家拜年,初三到舅舅姑姑家拜年,初四到血缘关系远点的亲戚家拜年,即表亲家拜年。自己家的人到亲戚家拜年,亲戚家的人也会过来回礼给隋家的长辈们拜年。如果家里的父母过世了,在第一个新年的时候需要守孝,即大年三十和大年初一太阳出来以前去给近亲拜年,初二到初五不能给任何人拜年,等过了大年初五再走亲戚拜年。

2.清明上坟祭祖

清明节是中国的三大鬼节之一(另外的两个鬼节是农历七月十五和农历十月一),人们在鬼节需要悼念去世的亲人,祭祀鬼节是和祭祀天神、祭祀地神相对应的。清明节这一天,无论出门在外的人有多么脱不开身的事情都要尽量赶回家给去世的亲人上坟祭奠。清明节祭祀亲人主要是为了表达对亲人的思念和缅怀,是对去世长者尽孝的一种方式。清明节在日常生活中并不被人们称为鬼节,因为去世的都是家人,不可以视为鬼而不尊重。

对于隋家来说,清明节祭祀的场所就是隋姓的墓地,所有的族人去世都会按照族谱统一埋葬到墓地。清明节之前,家人会买好烧纸和贡品。清明节的当天,隋家的男丁会去清理墓地、挂烧纸钱、供奉祭品、清理墓地,就是把坟头上的杂草清除干净,再给去世家人的坟头添新土。经过一年的雨水冲刷,坟头高度降低,因此后人要培土,这种做法一方面表达祭祀者对去世先人的孝敬和关怀;另一方面从风水学的角度讲,人们认为祖先的坟地和后人的兴衰福祸有着重大的关系,坟地培土越多,子孙越有福气,做事情越顺利,所以培土是不可小觑的一个事项。清明节祭奠先祖是有时间界限的,必须要在太阳升起以后和落山以前完成,一般都是一大早就去,中午之前就回到家中,因为当地认为有些坟墓由于时代久远,渐渐地没有了后代供应香火和纸钱,他们心怀怨念就会在没有太阳的时候出来给前来上坟祭祖的人带来晦气和霉运。

(二)婚丧习俗概况

隋家的男孩到了十八九岁该娶媳妇的年纪,媒人便会上门说亲,等双方当家人把婚事定下来,内当家黄秀珍便选择在双数月给新人做好被褥,之所以选择双数月,是为了新人吉利,希望新人成双成对且永不分离。结婚的当天,男方和女方的送亲队伍中不能有鳏寡孤独之人,需要寻找儿女齐全且夫妻和睦之人;结婚当天倘若需要路过墓地必须放枪,当地称为"放神枪",目的是吓跑冤鬼恶神,图得新人平安;新人大婚当日,尽量不让两个同日结婚的花轿碰头,如果避不开而碰到就扔下一些钱,寓意"买路走";新人拜天地的时候,孕妇不可以在现场,这类人被称为"四眼人",按照当地的风俗,这样的人与新人相克,不吉利;女孩子出嫁的时候,不允许穿着沾有娘家土的鞋子离开,上花轿以前必须换成新鞋子出门;出嫁的女孩在结婚当天走出家门之前要吃一口饭,出娘家门之时,吐一半在娘家的锅盖上,咽下半口,传说这样做娘家人就"有饭吃"。

婚礼完成以后,婆家和娘家需要商量好姑娘回门的日子,基本都是选择在第四天或者第六天回门。回门的当天,女婿需要和闺女一块儿回去,当地称为"煮酒",女婿会被女方的族人邀请到各家去喝酒,算是认门口,以后就是亲戚了。新媳妇在结婚的第二天起床后,需要到米缸里舀米做饭,到灶膛掏锅灰,婆婆提前在米缸和锅灰中埋下两毛钱是给新媳妇的,新媳妇做好饭需要叫公公、婆婆、爷爷、奶奶等长辈吃饭和问好,这是礼数规矩,不需要向同辈人或者小辈人问好。

老人去世以后，在葬礼上，儿女需要给老人洗干净脸部，当地称为"净面"，之后将棉花塞到过世父母的耳朵里；老年人的葬礼需要晚辈们彻夜守灵；儿女要给去世的父母手里放钱和面棒，寓意"到阴间买路走"和"开路棒"，传说在通往阴间的路上有拦路人和一条凶残的大狗，想要通过就需要买路钱和打狗棒；儿女要在去世的父母脑袋前摆放灯火，一直到埋葬前不许熄灭，寓意"一路长明"，传说在去往天堂的路上是极其黑暗的，所以需要灯火照亮；去世老人的棺材里要铺上五种颜色的粮食，不可以用分瓣生长的粮食，比如小麦就不允许放入棺木；棺木抬往坟地埋葬的时候，不过儿女的门口，寓意"阴阳两隔，不许再回人间的家"，如果过非子女家的门口，就在人家门口散上草木灰，寓意"阻拦鬼魂进入"；办葬礼的时候，去世老人多少岁，儿女需要磕多少个头，称为"岁数头"，表达对死者的悼念。

如果家里有人意外死亡，在对其进行下葬的时候，需要给去世的人戴上首饰或者其他金银珠宝，根据家庭条件优劣来确定所戴首饰的种类和价格。十六岁以下且未婚的人是孩子，这样的孩子去世，不允许将其埋入祖坟，而且家长会在孩子的脸上或者身上涂抹上草木灰，寓意"做记号，来世不要再投胎到我们的家里"，大家都认为未成年孩子死去是非常晦气不吉利的一件事情。

（三）家户习俗单元

因为隋家处于伙着的状态，没有分家，所以全家人必须聚集到一起过节，小家庭不可以单独过节，一般是晚辈们共同到老人屋里去过大年初一。春节作为一年中最为重要的节日，即使出门在外做瓦匠活儿的隋吉良也需要赶回家过新年，过年过节都是以自家人为单位，过节的目的是团圆。分家的家庭就不像伙着的家庭，基本上都是自己小家单独过节，自己庆祝节日，如果兄弟之间相处得融洽也会一起过节，只要彼此亲近和愿意即可，没有固定性的约束和强制性的要求。过节的时候，媳妇不能随便回娘家，要在婆家过，因为出嫁以后就是婆家的人了，理应与丈夫、孩子共同过节。因为当地习俗是在娘家过年会影响父母的寿命，所以过节的时候娘家人也不愿意让闺女回去，尤其是过春节之时。

四、家户信仰

1949年以前，隋家没有宗教信仰，只是供奉着灶王爷和天地爷，祈求他们保佑一家人衣食无忧和平安富足，祭拜家神都是内当家黄秀珍。此外，祭拜祖先也是隋家重要的家庭信仰，每年的大年三十、清明节、农历七月十五、农历十月一是固定的必须祭拜祖先的日子，既是表达对祖先的敬仰，也希望祖先保佑子孙平平安安。正常情况下，祭拜祖先都是男丁的事情，女人不露面。

（一）家神信仰及祭祀

1.祭灶神

祭灶神是由来已久的中国民间信仰，一直延续了数千年。对于隋家这样一个普通的人家而言，每天都为吃饭劳作奔波，祭灶神更是可以理解的行为，衣食无忧是全家人心里最为深切的愿望。隋家在堂屋的锅台上年年摆设灶王爷的神位，人们尊称灶神为"灶君司命"。当地信奉灶神，因为灶神负责管理着家家户户的灶火，是一个家庭能够吃饭、能够获得温饱的保护神。隋家的灶王龛放置在灶房的灶台东面，中间供上灶王爷的神像，灶王爷神像上写着

"上天言好事,下界保平安",家中祭奠灶神是希望灶神保佑全家人的安康温饱。"二十三,祭灶官",农历腊月二十三是祭奠灶神的日子。这一天,内当家黄秀珍和儿媳妇寇氏会早早地起床,干净利索地动手把饺子包出来,家里刚出锅的第一份饺子要先给灶王爷上贡。黄秀珍把饺子摆到灶王爷的神像之下,摆上碗筷和饺子,嘴里念叨着祈祷的话语:"灶王爷请到玉皇大帝那里多给全家人说好言语,赐福给家中的孩子大人,来年让全家人衣食无忧。"

2.祭天地爷

隋家供奉着天地爷, 人们面对许多自己不能解释和不能实现的事情往往寄希望于神明的保佑,用这种方式使得家庭拥有对抗不测的能力和获取富足生活的能力,因此几乎家家户户都供着天地爷。隋家在盖新房子的时候会在由院子通向屋子门口的右边墙壁位置筑造一个长方形的天地龛,外形就像一个小房子,这个小房子专门用来供奉天地爷,当地称这个小房子叫"天堂"。天地爷顾名思义就是传说中的玉皇大帝,是天地间最大的人物。天地爷的神像顶端写着"天地三界十方万灵真宰"。在平常的日子里,家里难得吃上一顿饺子,但是为了供奉天地爷,家人会在每年的大年三十提前包好饺子,然后锁到柜子中,据说不这样饺子会自己跑掉而导致家人倒霉, 等到第二天大年初一煮出锅的第一碗饺子就需要由黄秀珍端到"天堂"的位置,然后放上一副碗筷,再点上一根香火,黄秀珍念叨一些吉利话,祈求天地爷保佑一家人平平安安,一家人衣食无忧。

(二)祖先信仰及祭祀

隋家对于祖先的信仰体现在祭祀上,每年的大年三十、清明节、七月十五、十月一是固定的且必须祭拜祖先的日子。在这四个祭拜祖先的日子中,尤属清明节最为隆重,需要带着铁锹给去世先人的坟墓培土、清理杂草、放鞭炮、摆贡品、烧纸钱来进行祭拜,以此表达对祖先的感激和敬仰之情。隋家没有祠堂,唯一祭拜祖先的地方就是埋葬着各位先人的隋姓墓地。隋姓人都埋葬在这一大块墓地里,隋家先人的埋葬方式是"排棺葬",即按照辈分把同一辈分的隋姓之人埋在一行,妻子和丈夫埋在同一个坟坑中合葬。出嫁的女儿和未娶妻的男性都不能够进入祖坟,过继和抱养的男性如果改姓隋便可以埋入祖坟。祭拜先人都是隋家的男丁去坟地,女人一般不到坟地去,除非是家里的男人去世或者常年在外,女人才代替男人到坟地祭拜先祖。一般情况下,无论多么繁忙,男人都会赶回家中,毕竟祭祖在家里人的心中极为重要,人不可以忘本。每年清明节都是隋家的当家人和家里的男丁们带上事先买的鞭炮、烧纸、贡品到坟地去祭祖,当家人念叨几句祈福的话,一般都是"给先祖送钱来了,你们在那边别省着,保佑家里子孙平安健康"之类的。

五、家户娱乐

1949 年以前,社会物质资料匮乏,隋家的娱乐活动少之又少,隋家属于小门小户能够吃饱饭已实属不易,因此很少有参加娱乐活动的时间,至多也就是打牌、串门聊天、逛庙会等。隋家外出串门的一般是男性,女性基本不可以串门、结交朋友或者打牌,不过隋家的家长允许全家人去逛庙会。

(一)结交朋友

隋家并不是每个家庭成员都可以结交朋友,平时也很少有空闲时间和朋友在一起,整日都是忙于生计。女人基本上每天都在家里带孩子、做饭和推碾子踩磨,没有时间接触到外面的人,与家庭以外的人打交道都是当家人隋秋元和黄秀珍。隋吉良也结交了些许朋友,因为他常年在外当瓦匠,拥有结交朋友的机会和条件,而且作为男性可以自由地出入家门,遇到性格相投且重情重义的人就结为拜把子兄弟,以后两个人便是兄弟,两家人便是亲戚。至于儿媳妇寇氏天天在家,大门不出,像寇氏这样年轻的女人极少出去串门聊天,原因之一是隋家属于小门小户,经济条件不佳,遇上年景稍微差一点就得吃糠咽菜,所以隋家人都非常忙碌,尽量多干点活,维持生活;原因之二是社会观念的原因,女人不可以串门,尤其是年轻女人经常串门不干活会招致街坊邻居的闲言碎语。只有上了年纪的高氏和黄秀珍偶尔出去到街坊邻居家里坐坐,但也不是经常出去。

隋家结交的朋友都是和自己家关系亲密且脾气秉性合得来、品行好的人。结交朋友的主要原因是:遇到困难可以相互帮助,出门在外彼此可以提供便利。隋家的男性都可以结交朋友,不过二十岁以前的孩子交朋友要和当家人隋秋元商量,经过当家人的同意,二十岁以后的人有自己的判断能力,结交朋友自己决定即可。寇氏不能够交朋友,女性没有社会地位,没有事情不能够出门。家庭成员的朋友如果要在家中留宿需要和当家人商量,隋秋元的朋友要和隋僧林商量决定,隋吉良的朋友要和隋秋元商量,若朋友们常住既需要和当家人商量,也要告诉其他长辈们一声。结交普通朋友不需要任何仪式,如果是拜把子兄弟,需要拜见彼此的父母,包饺子结拜,且以哥哥弟弟相称,称呼较为年长的一方父母为伯娘,称呼另一方的父母为叔婶。朋友之间会到对方家里串门,红白喜事也会相互帮忙、随礼上份子,遇到事情不需要特意邀请便会主动到家里帮忙,与距离远近没有关系。如果拜把子兄弟之间闹了矛盾且不可以调和,这种结拜的关系可以自动解除。相比于自己家的条件,家庭成员结交的朋友也都是经济条件一般的小门小户的人家,大家主的人不会和隋家这样的普通人家做朋友。

(二)打牌

打牌在当地叫"耍钱""玩钱",打牌在当地是一件很不好的事情,勤恳劳作才可以维持生活,才有希望让家人过上好日子,而打牌浪费时间,使人心智沉迷上瘾,所以在隋家人的心中,打牌是非常不好的事情,隋家的当家人也明确禁止家中成员打牌。隋家所在的村庄里有专门的牌局,打牌的人不分经济条件,有富有的,也有困难的,打牌与否并不是由经济条件所决定,打牌的人是因为无法控制自己,有些人家吃不上饭也戒不了打牌。一般在本村打牌有固定的地点,有专门的牌局。打牌的时候都需要下注,以赌钱为目的。打牌的人到了饭点就各自回家吃饭,庄家不提供饮食。有的人痴迷于打牌,甚至会输掉房子和土地,更有甚者会卖掉妻子和孩子抵债,还有的人家因为输光了家产养不起孩子就把孩子杀死,相邻的村庄就发生过一件因为打牌而招致打死人的骇人听闻的事件,族人中的一对叔侄平日关系非常好,但是在一次牌桌上侄子把家里卖猪的钱输光了,而且输给了自己的叔叔,侄子说出这部分钱的来源以后,表示回家没有办法向父母交代,希望可以先缓缓,以后再还钱,可是叔叔对其一顿责骂讥讽,最终两个人大打出手,侄子用刀砍死了叔叔,酿成不可收拾的悲剧。

(三)逛庙会

隋家所在的杨屯村没有举办过庙会,一般单独的村落不举办庙会,庙会都会选择在县里或者多个村落的集合点举行。长丰集市作为周边村庄的集合点,也是周围最大的一个村落,所以庙会经常在长丰集市举办,集市旁边有大面积成片的晒谷场,其为庙会的举办创造了有利的条件。庙会的举办地点对于隋家所在的村庄而言属于外村,隋家人赶庙会与否全凭自

618

愿。长丰每年四月举行一次庙会,因此被称为"四月庙",每次一般持续 3~5 天,表演变戏法、唱大戏、杂技、卖布料等。每年到了四月,隋家当家人允许家庭成员赶庙会,当家人会尽量抽出时间和全家人一起去赶庙会，但是隋家也不是绝对的每年都去，毕竟家里有时候非常繁忙,赶上没有空闲时间就只好放弃赶庙会的机会。举行庙会的时候,集市上的商贩一般都把东西摆到庙会去卖,集市上出摊和赶集的人非常多,隋家有需要置办的东西也愿意通过赶庙会来购买。

第五章　家户治理制度

外当家负责家外事务,内当家操劳家内事务,隋家的内外当家之间有着各自的责任和界限。与其说隋家的当家人享有的是当家人的权利和权威,还不如说当家人承担的是责任和重担。当家的难易程度因人而异,长辈当家得心应手,而晚辈当家却步履维艰,后者因为利益冲突导致父母和兄弟对当家人的猜忌在极大程度上削弱了当家的作用。当家人要承当起整个家庭生存和延续的责任,要妥善地处理家庭内外各类关系,保证家庭于内衣食无忧,于外屹立乡邻。

一、家长当家

当家人的选择并不是任意进行,需要遵循长幼顺序。家中一般都是将当家人的身份传给老大,但是如果老大智力有缺陷或者身体残疾当不了家就要传给老二当家,以此类推且不可逾越。与其说当家人是掌握着一个家庭的决定权,不如说是当家人承担着一个家庭的重大责任,把家当好并非一件容易的事情。

(一)年长为当家人

隋家的当家人是隋秋元,因为父亲隋秋元年纪越来越大,主事能力越来越力不从心,所以就换成了隋吉良当家。当家人不需要特意选择,就是按照长幼顺序一代代传递。传递当家人除了要遵照以长为先顺序之外,还要求其身体健康且智力健全能够承担当家人的责任,保障家庭的衣食住行正常运转,当家人不仅是拥有支配权利,更为重要的是劳动和责任。当家人在当地称为"当家的",隋家的当家人就是家中做主的人,家庭成员对于当家人依旧按照亲属关系称呼,家庭以外的成员中长辈人就直接称呼隋家当家人的名字,小辈也是按照辈分称呼叔或者伯等。

如果一个家庭中有男人且不呆不傻,有当家的能力,这个家庭都会是男人当家,女人尽量不当家,在当地,女人当家是不光彩的事情,所谓"女人当家瞎胡闹"已是当地根深蒂固的观念,但是如果男人去世了,只能是女人当家了,这样的家庭也不会背着①街坊邻居,只是在交往过程中大家不会重视这样的家庭。当家人都是辈分高且年纪长的人,由此当家人在家庭成员中地位最高,而且备受尊敬。当家人隋秋元决定的事情,其他家庭成员必须要听从,这是无可厚非的准则。成为家里的当家人以后,随着其与家庭以外的成员打交道次数越来越多,周围的人会渐渐地知道这个家庭的当家人是谁,不需要特意地告知或者说明。更换当家人有两种情况:一是大家庭伙着的时候,老当家人年纪越来越大,无力从事劳作和管理家庭事务,

---

① 背着:指提防。

不得不更换当家人,此时就需要老当家人渐渐地退出,让儿子来当家;二是大家庭分家成为一个个独立的小家庭,小家庭随之便会产生新的当家人。

(二)晚辈当家举步维艰

隋秋元当家比较容易,因为隋秋元即是长辈又是当家人,晚辈从潜意识中会自觉服从他的决定。后来隋家换成隋吉良当家难度很大程度上增加,因为隋吉良是家中的小辈人且娶妻生子有了自己的小家庭,隋秋元、黄秀珍和隋文周总是防着他把大家庭的东西利用当家人的便利占为己有,对他极为不信任。所谓"家有千口,主事一人",家中的的事情由当家人一个人做决定效率很高,如果全家人都不愿意听从当家人的安排,办事的难度会加大,效果会削弱。隋吉良处于极其尴尬的境地,隋秋元和黄秀珍年纪越来越大,身体状况也越来越力不从心,逐渐失去劳动能力和当家主事的能力,所以隋家不得不更换当家人。然而大儿子隋文良有先天性羊角风,神智不清,身体状况不佳,劳作和当家都是不可能的事情,所以就只能让隋吉良当家。隋吉良当家是有了家室以后的事情,有了自己的小家,和其他家庭成员之间有了利益上的冲突而很难被信任。如果是长辈当家,晚辈都是自己的儿子,父母不会过于偏心,父母和儿子之间没有利益冲突,但是哥哥弟弟之间不一样,哥哥多占有了家里的财产,弟弟就少占有一些,所以兄弟当家不好当。如果是晚辈当家,还有弟弟或者哥哥,就连老人都不太信任当家人。就拿隋家来说,隋吉良当家以后,黄秀珍按月催促隋吉良上交工资,生怕隋吉良留下给自己屋里使用,而且家里的钱不是由二儿子隋吉良或者儿媳妇寇氏掌管,而是由三儿子隋文周掌管。此外,隋家只是把外当家人的权利移交给了隋吉良,内当家人的权利没有移交,家庭内部的事情仍然由黄秀珍做主。

(三)当家人的权利

当家人的权利世世代代传承,是由上一代当家人赋予下一代当家人。当家人的权利覆盖家庭的方方面面,包括财产管理权、制衣分配权、婚丧嫁娶管理权、对外交往权,等等,家长的权利在家庭内部并非至高无上,必须以家庭的整体利益为中心。当家人不享有特殊的权益,而且需要比其他家庭成员多付出,概括为"做在前面,吃在后面"。当家人分配不公平的时候,家庭成员不会提出异议,因为表达不满只会招致当家人的训斥。不过当家人分配不公平一般都有道理,其出发点是基于全家人的最优整体利益。

1.家长权利源于祖赋

当家人的权利是一个家庭中的最高权利,家里的大小事情绝大多数都由当家人说了算,其他家庭成员不可以擅自决定,更不可以违背当家人的意愿,当家人的权利是从上一辈老当家人手中传下来的,一代代皆是如此。家长操持家中的大小事宜,尤其是家中涉及全家人利益和生存的大事情的时候必须由当家人进行决断,而且当涉及买房置地这样的大事情的时候,当家人还需要和老辈当家人进行商量。实际上当家人不享有任何特权,而且家里的所有事情都要操心,任何劳动要抢先多干,"吃在后头,做在前头"。成为当家人要根据辈分和身体素质。隋秋元年纪越来越大而没有能力继续当家,如果不是因为隋文良有羊角风神智有问题,即使隋文良能力不如隋吉良,隋秋元也会让大儿子隋文良当家,这是规矩。当家人的权利并非毫无限制,与其说当家人拥有权利,不如说当家人拥有更多的是关系家庭生计和兴旺的责任。而且当家人的权利行使要基于整个家庭的利益,凡是有损家庭利益的行为都是不可取的。

2.财产管理权

隋家的收入主要包括地里收获的粮食,隋吉良当瓦匠的工资收入,后来隋吉良辞去了瓦匠的工作回到家中,一家人经营起了织布的副业。地里收获的粮食供给一家人食用,另外所有家庭成员赚取的钱都属于全家人所有,由当家人统一支配。隋吉良当瓦匠每次出门至少三五个月,农忙时节或者过年过节的时候才回来,每个月都会定期把工资寄回家中交予内当家人黄秀珍收管,为了节约寄钱的邮费,回家之前的那个月的工资隋吉良就带回家。每次回到家中,都要先到长辈屋里慰问长辈,并且把工资交给当家人,然后再回到妻子的屋里。成员出门回到家必须先去长辈的屋里,再回到自己屋里,不然家里家外的人会说闲话。

家里的房契、地契、分家单等贵重且不常拿出来的物品就放在当家人的屋里,被当家人隋秋元锁在柜子中,由当家人保管钥匙。家里的现金都是交由内当家人黄秀珍保管,因为女人心细,在当地一般都是内当家管钱。隋家属于经济条件一般的小户人家,平时基本不给家庭成员零用钱,钱都用来支出衣食开支,剩下的就积攒存储起来。家中儿子结婚的时候给女方花的钱数需要按照当地礼俗进行,并不是由当家人所决定。当家人隋秋元曾经因为去天津做买卖失败而负债,因此不得不变卖家中的十亩田地来还债,涉及买房置地或者卖房卖地的都属于家中的大事情,虽然隋秋元是当家人,他也必须与父亲隋僧林和母亲高氏商量,得到两位长辈的同意才可以买卖房屋和土地,不需要和其他小辈人商量。在买卖土地的时候,双方需要签订字据,在字据上要写上交易双方当家人的名字,且交易要由双方的当家人共同协商决定。

3.制衣分配权

隋家的布料购买和衣服裁制由作为内当家的黄秀珍决定,家庭所有钱财也由黄秀珍统一收管,家里有人需要添置新衣服必须和黄秀珍商量,得到许可后才可以购买。二儿子隋吉良和儿媳妇寇氏结婚的时候,寇氏娘家陪嫁了四五套新衣服,因为内当家是个手很紧的人,也就是不容易把钱出手的人,所以寇氏需要购买衣服的时候也不会向内当家开口,因为向内当家开口不仅不会同意给钱,反而会招致内当家的嘲讽,惹得一身晦气。寇氏的孩子们陆续出生,寇氏就把自己的衣服裁剪,改成小衣服给孩子们穿,寇氏也不会为了孩子穿衣向内当家开口,寇氏的大女儿四岁了还没有衣服穿,内当家不仅不拿出点钱给孩子买衣服,反而挖苦嘲讽寇氏不会照管孩子。隋家的家庭成员基本上不会为了衣服而提出要求,内当家觉得应该买衣服就主动给钱去买,不给钱成员也不提意见,因为提意见没有作用且招致训斥。黄秀珍支出钱买来布料,隋吉良及其孩子们的衣服就由寇氏裁剪,寇氏是个手巧的女人。

4.劳动分配权

农忙时节,隋家全部家庭成员只要有劳动能力都要下地干农活,唯一的区别就是男人身体强壮而干重活,女人体力不够便干轻活,家庭成员都要听从外当家人的统一安排。农闲的时候,家中的女性成员不需要参加农业劳动,便由内当家黄秀珍支配,便在家中负责洗衣、做饭和看护孩子。女儿们出嫁以前赶上农忙或者田地中的农活忙不过来就需要去帮忙,农闲的时候就打草晒干卖钱贴补生活。父亲隋僧林和母亲高氏因为年纪大了而不具备参加劳动的体力,因此平日就在家里歇着。隋家的孩子一般长到十一二岁就开始帮助当家人干活,年纪小的孩子就少干点,且干轻松点的活;年纪大的孩子就多干点,干重点的活,这些都由当家人安排和决定。

5.婚丧嫁娶管理权

隋家嫁女儿和娶媳妇都是要听从当家人隋秋元和黄秀珍的安排和决定，家中其他长辈可以表达看法和意见，但是只要当家人同意孩子的婚事，其他家庭成员没有阻止的权利，包括结婚当事人也没有权利干涉。隋家属于小门小户，当家人能给晚辈盖房娶媳妇已经很不容易，即使当家人对媳妇不满意或者意见重重也不会要求晚辈离婚，因为离婚之后再娶媳妇很困难。内当家黄秀珍对儿媳妇寇氏意见非常大，两个人性格极为不合，寇氏总觉得自己吃亏，即便如此黄秀珍从来不提让儿子与儿媳妇离婚之类的要求，因为家里经济条件并不宽裕，离婚再娶非常困难，况且隋家还有三儿子隋文周到了盖房娶妻的年纪。隋家上坟祭祖都是由当家人带头且晚辈们协同完成，整个过程由当家人组织和主持。当家人如果带着没有完成的心愿离世，儿女会尽量地帮助老人实现心愿，不会让老人留下遗憾。

6.对外交往权

隋家在与街坊邻居的交往过程中，当家人是整个家庭的代表和中心，当家人及家庭成员借钱必须为了整个家庭的利益，任何家庭成员不可以为了个人用途而借钱，借钱一般都是由隋家的当家人借。此外，到村庄里开会或者到族人中商量事情都是由当家人去更为合适。二儿子隋吉良从十七岁开始出门工作，学会了瓦匠的手艺并以此养家糊口，每个月隋吉良需要按时把工资寄给内当家黄秀珍，如若自己需要用钱必须经过内当家人的同意。虽然钱是隋吉良挣来的，但是因为隋家没有分家，所以这些钱归属于整个家庭所有。

正常情况下，隋家人不会带家眷长期出远门工作。因为外出工作是为了赚钱，不是图过日子，而且带着家眷出门增加了柴米油盐的生活支出。此外，带出去家庭成员减少了干农活的劳动力数量，对于家庭来说是很大的损失，劳动力是家庭农业收成的重要保障，家庭成员只有遭遇天灾人祸的特殊情况下才会带着家眷出门。因为家里闹灾荒而庄稼歉收，家庭成员吃不上饭，越多的家庭成员在家，家庭的境况越危急。隋吉良曾经带着寇氏和孩子们去了宣化，这样做是为了减轻家庭的负担。为了逃避灾荒，隋吉良带着妻子和孩子出门不需要向外人请示，只需要和当家人商量且获得同意即可。

（四）家长的职责与标准

当家人要具备持家的能力，需要保障家庭的生活无忧，使得家庭成员心悦诚服且很好地配合，成为称职的当家人实属不易。优秀的当家人要能够妥善处理各方面的关系，使得家庭成员和谐团结；要合理安排家庭成员的劳动分工，保障家庭生计；要妥善地管理家庭的财务，积累家庭财富；要尊敬孝顺老人，对孩子教育有方。总之，当家人要具备保障家庭顺利运转和家庭成员衣食无忧的能力。

当家人需要保证全家人的口粮供应，尽量安排家庭成员最大化劳作来保证田地的粮食收成。隋家有四十亩地，因为村庄的地势是西高东低，所以雨季到来，雨水便都聚集到东洼造成此地发生洪涝。相对于其他庄稼而言，高粱不怕水，除非水淹没高粱的头，否则高粱不会死掉。正是因为高粱的这种特性优势，当家人就安排在东洼只种植高粱，高粱每年生长一季，春天下种，到秋天成熟。除了东洼离家较远以外，西洼、南洼、北洼都在家半公里范围以内，隋家的当家人根据这些土地的特点，安排在这些土地主要种植小麦、谷子、玉米和豆子。冬季种植小麦，第二年麦收就可以继续种植玉米和豆子，一年收获两季庄稼。喂牲口需要谷草，而且家里人也需要吃小米，因此每年隋家当家人都会安排种植谷子，谷子一年收获一季。这些农作物每亩收获二斗,也就六七十斤粮食,一年全部的农作物收成有三千斤。

隋家的当家人要考虑取暖问题,北方的天气到了寒冬腊月严寒难耐,因此取暖成为一个棘手的问题。隋家的主要取暖方式是烧火炕,隋家的当家人会把东洼的秫秸卖掉一部分,预留大部分供给家庭成员取暖和做饭。老人身体弱,因此冬季每天在老人的屋里做两次饭,在年轻人屋里做一次饭,轮换着做饭取暖。

当家人要保证给儿子盖房娶妻。因为大儿子隋文良患有先天性羊角风,所以终生未能娶妻生子,这是身体的缘故,也是没有办法解决的病患。二儿子隋吉良和三儿子隋文周身体健康,作为当家人就要担当责任给儿子盖房娶妻,这样当家人就算完成人生的最为重要的任务,隋秋元和黄秀珍终日劳作的就是给儿子办理好婚事,看着儿子娶妻,子孙满堂是当家人的心愿。

当家人要维持全家人的和谐团结。当家人身为家庭的中心,需要顾及成员各个方面的利益,要尽量处理好婆媳关系、叔嫂关系、兄弟关系、妯娌关系,等等各方关系。所谓"家和万事兴",只有一家人和睦相处才能有希望把日子过好。当家人隋秋元极其重视协调家庭成员之间的关系,平日要求家庭成员要相亲相爱,不可以制造矛盾;晚辈要尊敬长辈,要孝顺和服从长者;长辈要爱护晚辈,不可以故意刁难晚辈;晚辈有事情要和当家人商量,不可以擅自决定,尤其是损害到全家人利益的事情绝对不可以为之,等等。

(五)家长的更替

更换当家人有两种情况:一是大家庭伙着的时候,老当家人年纪大了,干活困难了,由此便不具备继续当家的能力,此时需要老当家人渐渐地退出,让儿子来当家;二是大家庭分家割裂为一个个单独的小家庭,小家庭随之会产生新的当家人。隋家更替当家人的表现就是原来的当家人不再做主,家中事情的处理权转移到新当家人手中,但并不一定移交地契、房契等物品的保管权。

二、家长退位,儿子当家

隋家的当家人隋秋元的年纪越来越大,身体状态越来越不佳,渐渐地不能继续打理地里的农活,不再具备承担家庭重担和当家主事的能力。于是换成了隋吉良当家。隋吉良兄弟三人,其排行老二,按照规矩和习俗应该是作为大哥的隋文良当家,但是隋文良患有先天性羊角风,随着年龄的增长,神智愈加不清楚,连基本的劳动能力都不具备,更不要说承担当家主事的重任了,所以就只能往下传让老二隋吉良当家。因为当时隋吉良已经结婚娶了寇氏且已生儿育女,虽然没有和大家庭分家,但是毕竟有了自己的小家庭,因此为了避嫌,隋吉良成为当家人的同时由三儿子隋文周管理钱财。隋吉良作为当家人在平日的各类劳作中都尽全力多干,而要尽量少分配给自己小家庭物品,为的是家庭成员之间形成团结和谐的关系,并使得自己当家主事获得家庭成员的信服。

三、家户决策

隋家的任何事情都由当家人说了算,外当家负责家庭外边的事情,内当家负责家庭内部的事情,内外当家各有明确的分工。当家人作出的决定,其他家庭成员都要服从,即使当家人处理事情存在不公平,其他人也不可以提意见,提意见表示晚辈不服从管教,而且提出异议也起不到作用,赶上当家人心情不好还要被训斥一番。不过当家人即使不公平,其出发点也是为了全家人的整体利益而损害到个别成员的利益。立足于家庭的整体利益是当家人的唯一原则。就家中的小事情而言,当家人不需要和长辈商量便可以直接决定,但是涉及买卖房屋和土地的大事情,当家人必须和长辈商量共同决定;涉及孩子嫁娶事宜,要由孩子的父母决定,即使当家人也不能单独拿主意。

四、家户保护

(一)社会保护与情感支持

家庭成员和外人发生了冲突,双方当家人需要出面进行调解。例如街坊邻居两个孩子吵架了,就由当家人去调解,如果当家人不去就由孩子的父母或者其他长辈去。总之需要长辈出面去解决,不然矛盾很可能会升级,会演变成大人之间的矛盾和冲突,影响到两家人的关系,给彼此相处造成障碍。

家庭成员对家有着很深的依恋和情感,隋吉良出门工作,对家是非常想念的。家里的人在外边有不如意的事情或者受了欺负会和家庭成员诉说,需要家人的安慰和鼓励来缓解内心的不良情绪。隋吉良遇到不顺心的事情多会和内当家黄秀珍诉说,而不愿意和外当家隋秋元倾诉,因为内当家黄秀珍作为母亲心思更为细腻,可以及时抚慰儿子,让儿子从沮丧的心境中解放出来,而作为外当家的父亲常常是严苛地批评和要求,使隋吉良的情绪更加不好。

(二)防备天灾

洪涝:1939年闹大水,隋家所在的村庄成了码头,大船都到村庄的坑①里来停靠。1963年也闹过大水,村庄到处是一丈多深的水,也就是十尺的水深,地势高处的房屋便幸免于难,地势低洼处的房屋便全部被水泡倒。房屋倒塌,人们便失去了倚仗不得不去逃难。可村庄有的房屋也位于地势低洼的地方,遇到洪水却安然无恙,那是"挑灰灌浆"材质的房屋,即垒一层砖用白灰灌满砖的缝隙,再垒一层砖再用白灰灌满砖的缝隙,依次如此。隋家的房屋位于村庄的正中心,地势较高,因此在洪水中留存下来,隋家人得以一直居住在村庄里。1949年之前,村庄经常闹洪水,大洪水次数不多,小洪水却没有间断过。洪水会慢慢流走或渗到地底下,并不会一直在一个地方停留,被洪水泡过的庄稼会大为减产。

旱灾:1949年之前,家里没有能力单独打井用于灌溉庄稼,种植庄稼完全靠雨水决定收成好坏。有的年份大旱,庄稼需水的关键时节不下雨,当家人只能够眼睁睁地看着庄稼打不出来粮食,毫无解决办法。

虫灾:赶上庄稼地里闹蚂蚱,蚂蚱铺天盖地飞到田里顷刻间便把庄稼叶子咬光,蚂蚱遇到任何庄稼都会吃,包括谷子叶、玉米叶、高粱叶,等等,庄稼一旦失去叶子就会大大减产,甚至颗粒无收。由于农业技术不发达,农户没有农药治理蚂蚱,隋家也只能用物理的方法来抵御蚂蚱:蚂蚱幼虫的时候,农户就把地里的蚂蚱从一头赶到另一头,然后用土掩埋起来。除了蚂蚱以外,有的年份会闹黏虫,黏虫是生长于谷穗上的一种虫子,整治黏虫也没有更好的办法,就是拿着簸箕去地里磕打谷子。黄豆叶子上会生手指般粗的大豆虫,整治的办法就是拿着剪刀到地里去把每一个豆虫剪成两段。

---

① 坑:指河。

冰雹："七月十五定旱涝，八月十五定收成"，"天有不测风云"，有的庄稼快到成熟收获的季节如赶上一场冰雹便会颗粒无收，地里的庄稼靠天打粮，收成毫无保障。"只有等到粮食收到家里才算是自己的了，才算收获了，一会儿不收，心里也是没有个底儿。比方说麦子长势很好，这也快熟了，天冷不防来场冰雹都把庄稼砸了，这一季的庄稼白闹了。"除了冬季，一年当中的任何时候都有可能下冰雹，但面对冰雹没有任何抵御办法，只能眼睁睁看着庄稼减产。

龙卷风：1949 年以前，有的年份偶尔会刮起龙卷风，龙卷风的灾害是局部小范围的，赶上哪一片庄稼，哪一片庄稼就要遭殃。有一年，隋家把刚刚收获上来的麦子铺匀到晒谷场里晾晒，不料一阵龙卷风袭来把粮食都卷走了，零零散散落了几里地。遇上这样的情况，家里毫无办法。

（三）防备盗匪

1949 年以前，因为糊口困难，一些人便走上了绑票或者劫道的路并以此作为谋生的方式，这些人一般都是各个村庄中不务正业之人，平日里好吃懒做。

1.绑票

绑票就是把人掳走，然后让家人交付一定金额的钱财用以赎人。为了索取大量的钱财，绑票一般都是绑极为富有的大地主家庭的成员，小门小户的人家不会被绑架。绑票的人少则五六个，多则二三十个人，他们经过周密的计划按照约定共同到一个富人家中把男人掳走，然后告诉这一家人需要多少钱来赎人和赎人的地点。对于绑票，村庄没有专门的防御措施，都是家家户户自己小心。有钱的地主平日会雇用看家护院的壮汉，有的地主家自己备有枪支，中小户只有街坊邻居都团结起来尽全力把绑票人赶走，不到万不得已绝不伤害绑票人，因为绑票人会报复，毕竟绑票人多是亡命之徒，且人数众多，他们报复的方法不仅仅是索要钱财，还会伤害到家人的身体，甚至使家人命丧黄泉。

2.劫道

劫道的人一般都是两三个人一伙，他们拦截赶集或者其他过路的人，目的是索要过路人身上带着的钱财。劫道不分穷人和富人，无论是谁都会被拦下，身上有多少钱和首饰都得留下。劫道的人一般都在比较偏僻的路上，长丰集市通往隋家所在的村庄就经常会有劫道的。劫道和绑票有着本质的区别，劫道的目的是图财，极少伤害到被劫之人的身体或者生命，而绑票的目的除了图财，还经常伤害到被绑票的人的身体和生命，且绑票人索要钱款数额大，劫道人索要钱款数额小，有多少算多少。防御劫道的唯一的办法就是尽量避免走偏僻的道路，还有就是和别人结伴而行。家里人遇到劫道的也不愿意得罪他们，毕竟他们是恶人，一是害怕把劫道人逼急了伤害到自己，二是劫道人一般品行恶劣，害怕他们追踪到自己家的住址而经常地打击报复。

五、家规家法

（一）默认家规

隋家没有成文的家规，都是默认的家规，这些家规没有专门的制定者和固定的严格要求，当家人不需要在生活中特意地教育晚辈，这些家规都是由长辈在对晚辈的潜移默化影响中形成的。

1.做饭与吃饭的规矩

二儿子隋吉良迎娶儿媳妇寇氏之前，家人的饭菜都是由内当家黄秀珍准备，后来女儿们渐渐长大便由女儿准备饭食，后来隋吉良娶妻就由儿媳妇寇氏做饭。隋家伙着的时候，无论是在老人居住的幺房中做饭，还是在隋吉良居住的北房中做饭，等到饭做熟之后必须要到长辈居住的幺房里去吃。为此，在北房和幺房之间特意留一个可以穿过的门，北房做熟饭可以很容易地端到幺房中。家庭成员在一起吃饭不能翻动或者挑拣盘中的饭菜，也不能夹别人面前的菜，只能夹靠近自己一边的菜。吃饭的时候，儿媳妇一般要坐在靠近堂屋的位置方便给公公婆婆盛碗，公公婆婆先动筷子，儿子和儿媳妇才可以动筷子。吃饭的时候，每个家庭成员吃多少便盛多少饭，自己碗中的食物要吃完，当家人不允许家庭成员浪费食物，剩饭也是不礼貌的行为，即使是小孩子剩下饭也会被训斥。吃饭的时候，大人会教育孩子遵守吃饭的规矩，例如不能够敲打碗碟，这样做是对做饭人的谴责，是一种不礼貌的行为；吃饭不许可打闹和说笑，这样做既不安全，容易将食物呛到气管里出现生命危险，也是不雅观的行为举止。隋家注重节俭，平日里在吃食上能省则省，除了过年过节，平日里多为粗粮配咸菜，每年隋家都会种一些萝卜，腌一大缸咸萝卜吃上一年，每次拌咸萝卜的时候，一大碗只弄上三四滴香油，家里二两香油能够吃上一年。

2.座次规矩

儿媳妇寇氏嫁入隋家之后便开始负责给全家老小准备饭食，每次做好饭先招呼当家人和其他长辈用餐。隋家吃饭之时都会把一个木制的桌子放到炕上，父亲隋僧林和母亲高氏坐到最里边，紧挨着的是当家人隋秋元和黄秀珍，按照长幼依次，儿媳妇寇氏坐到炕沿上，方便给长辈们盛饭。入座的时候，长辈先入，晚辈后入。夫妻可以挨着坐，妯娌可以挨着坐，小叔和嫂子可以挨着坐，但是哥哥和弟妹不能挨着坐，当地把一些关系称为"有挑"①，哥哥和弟妹就是"有挑的人"，哥哥和弟妹挨着坐是非常尴尬的事情。

当家中来客人的时候，也是有座位顺序的，一般都是长辈客人靠炕里边入座，晚辈客人靠炕外边入座。此外，家里来了尊贵或者重要的客人，隋家也会请客人坐到炕里边，一般不会让客人坐到炕沿的位置，因为这个位置一是危险，端饭端菜容易洒到客人身上；二是这个位置靠近煮饭的堂屋方便盛饭，总不会让客人盛饭。因此，一般客人都不坐到炕沿的位置。如果家里来了不同的客人，需要按照辈分和亲疏关系入座。当奶奶的娘家、母亲的娘家、姐妹的婆家、自己儿女亲家等亲戚碰到一起赶巧来到家中做客的时候，长辈的娘家亲戚会被安排到上座的位置，按照各家女儿在婆家的辈分排列座位。当客人是村子里街坊邻居的时候，座位也是按照辈分排列。如果家里需要筹办红白喜事，女方娘家来的人都属于尊贵且重要的亲戚，一都要被安排到上座的位置。

3.请示规矩

一是生产中的请示。打理田地的事情完全由作为外当家的隋秋元安排和决定，家里的成员需要到哪块地里干活必须询问隋秋元，隋秋元会根据田地的实际情况进行劳动力配置和劳作事项安排，家庭成员有不同的耕作想法也可以向隋秋元提议，但是最终决定权掌握在隋秋元手中，家庭成员不可以擅自决定。隋秋元专门负责带领大家种地干活，平日空闲的时候

---

① 有挑：指拘束，不能随意。

就到地里去转悠和查看,因此对每块田地的具体情况都非常清楚。

二是家庭生活中的请示。隋家有内当家人和外当家人,他们各自负责不同的领域,外当家人负责管理家庭以外的事情,内当家人负责管理家庭内部的事情。家里的成员谁需要做衣服,每天吃什么饭食,每天什么时候做饭,清洗衣物以及购买衣物都由内当家人做主和安排。儿媳妇寇氏做饭之前要先向婆婆黄秀珍请示,询问婆婆做什么饭食,如果不请示而自作主张,黄秀珍就会生气而训斥儿媳妇。每天早上儿媳妇要给婆婆倒尿盆,一年四季,无一例外。

三是与外界交往中的请示。家里需要购买农具的时候,当家人带着钱去集市上购买,内当家人不赶集,因为女人轻易不可以抛头露面,集市多为男人,所以隋家基本都是外当家隋秋元去赶集。当家人直接处理和钱有关的事情,当家人作为家中的年长者,熟知各种农具,知道如何挑选好用的农具。当家人隋秋元在庄稼地里摸爬滚打几十年,对什么样的锄头、镐等用起来顺手简直是了如指掌,所以家里需要购置农具的时候,隋秋元去集市挑选且购买最合适,小物件可以由当家人以外的其他家庭成员购买,比如说锄头、镰刀等,家庭成员询问外当家人获得许可,再从内当家人那里取钱便可以去集市购买,属于当家人授意的形式。

四是请示的方式。对于隋家而言,只有涉及买卖房屋、土地或者婚丧嫁娶的大事情当家人才需要与父亲隋僧林和母亲高氏等长辈坐到一起协商,意见一致再行动。家庭成员有其他事情需要请示就与当家人口头上说即可,如果得到了当家人的应允就可以做,如果当家人不许可就不能去做。

五是请示的避免对象。如果家里有伤心的事情一般是不和老人请示的,怕老人受到刺激,承受不住打击,比如说家里晚辈中或者关系亲密的亲戚去世了,家里的人一般不会告知老人,因为要照顾到老人的身体,害怕老人扛不住悲伤,这样做的目的是为了保护老人。

4.请客的规矩

一是生产中的请客规矩。隋家的农用工具比较齐全,家里也一直都饲养牲口用于农田耕作,很少借用别人家的农具和牲口,但是每年都有和隋家关系比较密切的人家来借用牲口去种地。借用牲口要等自己家牲口处于闲置状态,毕竟不能耽误自己家种地。到家里借用牲口的人都是和当家人隋秋元商量,只要自己家不用就借给人家,不需要借牲口的人给粮食或者请吃饭之类,也不需要其他报酬。多数人借用隋家的牲口为半天或者一天,如果是借用半天到晌午会直接送还,如果是借用一天到了晌午也会给送过来,因为需要给牲口添置草料,没有牲口的人家自然没有地方喂养牲口,也没有可以给牲口食用的草料,而且做农活的牲口需要比平时喂更好的草料,等隋家把牲口喂饱,让牲口休息一会儿,下午借牲口的人家会再来牵走。

借用牲口的人家的土地都比较少,因此借用半天或者一天差不多就可以完成农田的耕作。有很多土地人家,他们的土地会产出较多的粮食,家里的生活条件便会不错,自然具备购买牲口的经济能力,所以只有土地少而经济条件差的穷人才会借别人家的牲口。赶上当家人隋秋元不在家,其他家庭成员根据两家的人情关系可以做主把牲口借出或者拒绝借出,如果外借牲口,等到当家人回来要告知当家人事情的经过。借用牲口分为三种情况:第一种是只借用牲口,第二种是借用牲口和农具,第三种是借用牲口和人。最后一种情况需要借用牲口的人家管饭,前两种情况则不需要任何表示。借用牲口的人家一般也借用犁杖、老耙、耧等农具,没有牲口的人家大多也不会置办这些农具。但是也有的人家在一家借用牲口,而在另一家借用农具。

二是生活中的请客规矩。隋家不是大户人家,所以结交的朋友不多,生活中需要请客的情况也很少。最为常见的就是过年过节的时候家里来客人需要招待,家里有人去世或者生病需要宴请探望者,子女嫁娶的时候需要宴请乡邻和亲戚。前两种情况是客人主动登门,家里准备六个菜即可,不需要过于讲究和隆重;后者是由隋家上门告知,尤其是最后一种情况需要摆设隆重的酒宴。

三是请客的不同情况。隋家请客主要的招待方式就是摆席吃饭,每桌饭菜种类和分量毫无区别,只有当儿子娶媳妇的时候区分出来贵客和普通的客人,因其所招待的对象不同,其桌上的饭菜分量和种类也有所区别。因为新娘子及其娘家人都是这一天的"有挑"之人,即贵客,所以隋家给新娘子和其娘家人摆放的饭食最为丰盛。除了新娘子的主桌,其他桌位上的饭菜都是一样的,菜品没有区别,而且饭食的种类和分量少于主桌。

四是陪客规矩。过年过节的时候,家里来访的亲戚都算是普通客人,家里招待普通的客人不需要专门安排陪客之人,就是自家人和客人同坐一桌吃个便饭,当然入座的都是家中的男丁,妇女和孩子不可以上桌。当有婚丧嫁娶等大事情的时候则需要安排专门的陪客之人,多是请自己本家当中能说会道的人担任陪客。因为在宴席上男女不坐在一桌上吃饭,所以陪客也分为男陪客和女陪客,各自负责招待不同性别的客人。其中男客人一桌需要喝酒,因此要求男陪客要酒量好。

五是开席和散席规矩。隋家在准备宴请客人的时候,当家人会提前准备蔬菜和肉蛋,在客人到来之前便着手做饭,尽量保证客人上桌饭菜便跟着上桌,让客人长时间等待是非常失礼的行为。等上到五个盘子菜左右时,当家人会举杯祝酒且邀请客人先夹菜表示开席,一边吃一边继续上菜。为不同的事情摆设不同的宴席,其准备的菜品及种类也有区别。如果是娶亲这样的大事情则必须将菜碟摆满饭桌,甚至是叠盘;如果是普通的宴请,少则可以三四个菜,多则可以七八个菜。宴请基本都要有酒助兴,主人要热情地请客人喝酒表示欢迎客人的到来。宴请的结束是以客人放下碗筷不再拿起为标志,客人放下碗筷,主人也跟着放下碗筷,宴席便随之结束。

5.房屋居住规矩

隋家的经济条件勉强可以维持衣食无忧,但是并不富裕,因此隋家购置庄基地只能将就,赶上了一个长条状的,关键它的价格在自家经济承受能力范围以内,所以隋家房屋建成的是"四层房套房",包括两间北房、两间幺房和两间南房,幺房和南房之间东西两侧各自夹着一间厢房,东厢房住人,西厢房放置农用工具和饲养牲口,相当于一个牲口棚。院子非常狭窄,小孩们在厢房上玩耍,可以直接从东厢房跳跃至西厢房。三个房屋之间靠"穿插门"连通,就是在幺房的堂屋专门留有一个可以通向北房和南房的门。隋僧林、高氏、隋秋元、黄秀珍、隋文良和隋文周住在幺房中,隋吉良夫妇及其子女住在北房中,北房和幺房的两间各有用处,一间用于家人居住,另一间用于做饭洗漱。出嫁的闺女们回娘家住在厢房中,厢房里专门设有一个小火炕用于取暖。隋家还有两间南房,一间作为磨房用于碾磨粮食;另一间用于盛放牲口草料。隋家在房屋的外边还盖了一间车棚,用于放置马车,庄稼人过日子需要使用的东西都得尽量备齐。后来,隋吉良当家便做主把幺房扒了,厢房也扒了,改成三间西厢房,院子还是像过道一样的狭窄。隋家的房屋都是坏质的,赶上下雨阴天,房子便会漏雨,"外边下大雨,屋内下小雨"。茅厕在北房和幺房之间的位置,靠近幺房,为的是老人使用方便。

6.进出居室的规矩

婆婆黄秀珍可以进入儿媳妇寇氏的房间,但是尽量是儿媳妇在屋里的时候进去,屋里没有人的时候不进去,因为说不清楚。公公隋秋元绝对不可以随便进出儿媳妇的房间,尤其是儿子不在家的时候,因为公公和儿媳妇是"有挑的人"。小姑、小叔、嫂子、哥哥是"没挑的人",嫂子在屋里的时候,小叔和小姑可以随便进出嫂子房间,当然也是有事情才进入,毕竟寇氏和小姑、小叔的关系并不亲密且心怀不满。隋文良不可以随便出入弟妹寇氏的房间,这两个人的关系属于"有挑",大家平时都互相拘束着,即使有事情需要商量,也要直接找到弟弟,而不是和弟妹接触。

7.制衣洗衣的规矩

隋家的衣服全部外购,但是家庭成员极少添置新衣服,家人的衣服坏了尽量缝补,每件衣服都是补丁摞补丁。儿媳妇寇氏的衣服都是出嫁的时候娘家陪嫁的衣服,总共四五身,多年以来几乎没有添置新衣服。家里人的衣服损坏到连补丁都补不上去的程度,也就是衣服的补丁都磨破,实在不能继续穿才会到集市上去购买新衣服。隋家的家庭成员都穿粗布衣裳,布料容易坏损,布丝粗糙且样子丑陋。1949年以前,集市上有洋布衣裳,也有绸缎衣服,但是价格昂贵,隋家作为普通的人家舍不得买布料昂贵的衣裳。

平时隋家不借穿别人的衣服,"借衣服穿什么时候是个头?再说衣服也不能长久的借穿,大家生活条件都比较困难,衣服借给你穿以后,人家就没有衣服足够的穿了"。隋家借用过别人家的衣服,借的人是与自己家关系友好的邻居的衣服,因为族人娶媳妇,内当家黄秀珍需要去接新媳妇,当地叫"接新亲"。因为黄秀珍没有合适且像样的衣服,所以需要借用别人的衣服,这种借用只需要半天时间,不需要给对方报酬,都是这种暂时的解困才借衣服穿,并非经常借用。

隋家的闺女们没有出嫁以前就由闺女们负责洗全家人的衣服,闺女们陆续出嫁了就换成内当家黄秀珍洗全家人的衣服,再后来儿媳妇寇氏嫁进隋家,平日里二儿子隋吉良和孩子们的衣服主要由寇氏洗,黄秀珍负责洗其他家庭成员和自己的衣服。洗衣服没有固定不变的场所,隋家的男丁天天都会把家里的吃水缸挑满水,因此隋家女人一般在家里洗衣服,当然有时候也和邻居的媳妇一起去大坑边或者井台上洗衣服。在家里洗衣服产生的污水处理起来费力气,需要提到院子外边倒掉。在大坑边或者井台上洗衣服,把衣服洗干净,一转身就可以把洗衣服的脏水就地倒掉。

洗衣服不用洗衣粉,女人们在做饭的时候会把黄豆秸秆烧了,然后掏灰出来储存起来,每次洗衣服之时放上一点用于去除污渍。偶尔会用碱面洗衣服,但是不常用,因为碱面需要花钱购买。洗衣服需要用到洗衣盆和搓衣板,这些东西自己家制作不了,由当家人隋秋元从集市上买回家,或者由黄秀珍从村里的流商手中购买。隋家的院中系着两根绳子专门用来晾衣服,每次隋家人洗好衣服便搭到绳子上,内衣基本都是晾到自己屋里,大家不好意思晾到院子里。衣服晾干以后没有固定的人收衣服,谁有空谁顺便收进屋。家人穿的都是粗布衣服,由棉花线制成,属于很容易破损的材质。如果家庭成员不小心把衣服洗破并不会受到训斥，毕竟没有人希望衣服坏掉，衣服坏了能缝补就尽量缝补，破损实在严重就只能重新添置新衣服。

8.洗脸洗澡的规矩

隋家人洗脸共用一个脸盆，毛巾是一个屋里一条，一个屋里共用一条毛巾。平日里的洗手水或是洗脸水不是洗一次就倒掉，而是把水用得显现黑色表示水脏了才会倒掉，尤其是在天寒地冻的腊月，家里需要专门烧热水洗手洗脸，热水更舍不得倒掉，都是大人孩子共同使用一盆水洗脸。年龄大的孩子就直接洗脸，年纪小的孩子由其母亲帮助洗脸。村庄中没有专供洗澡的地方。热天①里，男人洗澡就到坑里去游一会儿，女人洗澡就在家里用毛巾蘸湿身子擦拭；到了冬季，因为天气寒冷，身体不容易出汗，所以基本不洗澡。老人身体虚弱，热天也不多出汗，因此家里上了年纪的隋僧林和高氏很少洗澡，到了冬天，老人也不洗澡。过年的时候，年轻人会在家里自己的小屋里擦净身子，上了岁数的老人不会如此。

9.上茅厕的规矩

当家人隋秋元在院子里修了一个茅厕，小门小户的人家不分男女茅厕，就是全家人共用一个茅厕，算是公共的茅厕。家庭成员进入茅厕之前都在外边咳嗽一声，茅厕内有人就答应一声，没有人吭声外边的人才会进去用茅厕。平时清理茅厕由隋秋元或者隋吉良负责，他们会将茅厕中的粪便拉到院墙外，然后经过几个月的沤粪，最后放置于自家田地里作为农作物的肥料。

(二)家规家法的制定者、执行者与影响力

隋家默认的家规家法都是从祖上传下的，一代又一代的言传身教，虽然没有固定的成文形式，但是家庭成员都严格地遵守。隋家的长辈都是按照默认的家规家法自我作为且教导晚辈的，如果晚辈做出了违背家规家法的事情，当家人会训斥和教导晚辈。平日里，当家人和孩子的父母都会负责监管孩子们的言行举止。家庭成员学习这些默认的家规家法是通过生活过程中看到长辈的做法便加以模仿然后学会成为习惯的；另一种方式就是通过长辈的指导，子女在结婚之前都算是孩子，长辈会对孩子的举止行为给予指导和纠正。孩子做错事情会受到长辈的训斥，这也是传授为人处事的方式。

(三)家庭禁忌

1.生产上的禁忌

"梨花白，种大豆"，意思是说梨花要开的时候种植大豆的时节便到了；"麦要浇芽，菜要浇花"，意思是说麦子播种以后，刚出麦芽的时候，麦芽呈现锥子状，叶片未展开，此时浇水不会灌死芽芯，有利于小麦生长，而菜在开花的时候需要充足的水分，此时浇水有利于蔬菜较好生长；"不怕天旱，就怕锄头断"，意思是不怕老天不下雨而天旱，就怕农民们不去锄地，这里强调了锄地的重要性，锄地有一个重要的功能就是保墒，天旱不下雨，如果不锄地，土地会越来越干，缺少水分，农作物受损；"八成熟十成收，十成熟二成丢"，意思是说庄稼在八成熟的时候去收割能够全收，而当庄稼熟透再去收割就会丢掉两成的收成，因为庄稼等到完全成熟以后，它的果实会自然脱落，在收割过程中，果实会掉到土地里，因此会造成两成果实的损失；"种田不施肥，等于白忙活"，"人靠饭养，地凭肥壮"和"千担肥下地，万担粮归仓"讲的都

---

① 热天：指夏天。

631

是肥料对于庄稼是非常重要的，肥料是保障庄稼丰收的一个不可缺少的条件；"冬天麦盖三层被，来年枕着馒头睡"，意思是说冬天"棉被"盖得越厚，春天麦子的长势就越好，这里雪被寓意为"棉被"，雪对于冬天的小麦有着很好的防寒作用，冬天雪下得越厚，地里的庄稼就越暖和。

2.生活中的禁忌

婚礼禁忌：如果女人不是头婚是改嫁，那么在婚礼上一般不穿大红色的衣服，而是选择橘色、粉红等代替；结婚的当天，男方和女方的送亲队伍中不能有鳏寡孤独之人，需要寻找儿女齐全且夫妻和睦之人；结婚当天倘若需要路过墓地必须放枪，当地称为"放神枪"，目的是吓跑冤鬼恶神，图得新人平安；新人大婚当日，尽量不要让两个同日结婚的花轿碰头，避不开而碰到一起当地叫"喜相冲"，是不吉利的现象，必须扔下一些钱，寓意"买路走"；新人拜天地的时候，孕妇不可以在现场出现，这类人被称为"四眼人"，按照当地的风俗，这样的人与新人相克，不吉利。女孩子出嫁的时候，不允许穿着沾有娘家土的鞋子离开，上花轿以前必须换成新鞋子出门；出嫁的女孩在结婚当天走出家门之前要吃一口饭，出娘家门之时，吐一半在娘家的锅盖上，咽下半口，传说这样做娘家人就"有饭吃"。

生孩子禁忌：一是夫妻准备要孩子的时候，不宜杀生，不宜见血，不宜醉酒，不宜吵闹；二是女人生完孩子需要坐月子来调养身子，在整个过程中不宜干体力活，不宜沾凉水，否则会落下一辈子的病根；三是新生儿在十二天之前不让外人见到，这在当地叫过"十二晌"，新生儿的前十二天是一个小满月，孩子在这十二天中安然度过就相当于过了"危险期"，此后孩子夭折的可能性会大大减少；四是孩子到了满月的时候，寡妇不可以来庆祝，体弱多病或者身体有残疾的人也不可以来庆祝。

丧葬禁忌：一是抬棺材的人不可以说"重"，农村有抬棺材的传统，说"重"是非常忌讳的，不小心说出口可能会发生变故，灵柩会变得重逾千斤，更加抬不动，或者棺木坠落，抑或大祸临头；农村有哭丧的习俗，悲痛之极的亲人在痛哭的时候一定不能把眼泪落到死者的身上，不然死者会因此不愿意离去，魂魄无法升天，而且滞留于丧宅之中；下葬死者的时候，首先要孝子们先开挖三锄，是为"开穴"，墓穴底部要平整，否则祸及儿孙，死者口中不能空着，古代帝王口中含玉，普通人家含着饭即可；严禁用动物的毛皮裹死者的尸体，这样不利于死者转世投胎，且会怨及家人。

过年禁忌：一是已经出嫁的女人不可在大年初一当天回到娘家，这样会把娘家人吃穷，只能在初二或者初三回娘家。而且嫁出去的女儿已经是人家的媳妇，过年的时候，婆家一定会有好多人来拜年，媳妇要帮忙奉茶下厨，因此初一不可以回娘家。二是大年初一吃饺子，不可以吃稀饭，这样做表示家里接下来一整年都会很富裕。另外，除了重病不得不吃以外，一般的补品补药大年初一都不要吃，表示接下来一整年都会健健康康。三是忌讳叫人姓名催人起床，否则接下来一整年都会催促别人做事情，会非常辛苦。四是忌讳给正在床上躺着睡觉的人拜年，需要等待对方起床后再拜年，因为这样做会导致对方接下来一整年都病在床上，疾病缠身。五是初一到初五白天不可以午睡，过年期间白天睡午觉，表示整年都会很懒惰，而且过年期间总有客人来访，睡午觉对人很不礼貌。六是过年期间忌讳别人从自己口袋里摸东西，这样表示来年一整年钱财都会被人家掏走。七是过年期间忌讳向人讨债，据说过年期间不管是被要债或者是跟人家要债的人都会很倒霉,因此忌讳向人讨债。

六、奖励与惩罚

当隋家的晚辈在生产生活中表现得出色,比方说闺女一天打了好多草,儿子到地里干活很卖力气,当家人或者其他长辈就会夸奖这个孩子,一般情况下不会给以物质上的奖励。长辈训斥与打骂晚辈是天经地义的事情,不只是孩子的父母和爷爷奶奶看到孩子做错事情可以训斥,包括孩子的叔、伯、婶子、大娘都可以教育孩子,只是不可以太过严苛,不然会招致孩子父母的不满和憎怨。如果孩子不听话或者做错事情,一般是训斥两句,最多是打两巴掌,没有其他过分的惩罚措施。

孩子做错事情,家里的长辈训斥或者打骂孩子的初衷是希望孩子品行端正,是在教育孩子,属于自家的家务事,外人不会插手干预,也不会过多阻拦。只是有时候街坊邻居赶上大人训斥或者打骂孩子会劝说两句,目的不是爱管闲事,而是抹不开和大人的面子,劝说两句代表和家里的大人关系好,代表两家关系亲密,正好碰到而不管不问并不是尊重和礼貌,代表两家关系不佳而有矛盾,如若关系亲密而不劝说会招致打骂孩子家庭的憎恨。

晚辈好吃懒做,不听长辈的话,与家庭成员或者家庭以外的人产生矛盾冲突等都会受到家长或者其他长辈的训斥,甚至是打骂。女孩子在十五岁以前做错事情,家长可以毫无忌惮地进行管教,但是等到女孩子十五岁成为大姑娘之后便不能再随便训斥,更不可以随便打骂。男孩子在结婚以前都可以随意训斥,等到结婚以后便不能太过严苛了,毕竟娶妻生子就要照顾其面子,给予其尊重。

七、家族公共事务:吃会

隋家以家户为主要的分配主体,但它不是唯一的分配主体,家族内部同样存在着一项分配,就是有一部分坟地作为公地,这部分公地土壤肥沃,属于上等地,每年族长和族中的长辈们都把族人聚集起来商量着由谁租种会地,如果大家能够协商一致而决定出来最终人选,就这样定下来。如果想要种会地的人多于一家,族长和族中的长辈们就组织"抓阄"把公地租给贫困的族人耕种,等到麦收和收秋时节,收取的粮食作为地租给族人们买酒、肉和菜,并于寒食节气杀猪宰羊,请大家吃饭,犒劳族人,这称为"吃会"。

隋氏家族有祖坟,坟地属于族人们共同所有,收获的粮食除了一部分留给租种"会地"的人家食用以外,剩下的作为地租上交给族里,收取的租子以族人消费的方式进行处理。1949年之前,家家户户的生活都很困难,很多人家都是吃了上顿接不上下顿,一年到头更是吃不上个白面馒头,更不要说是吃肉了。公地收获的粮食给隋姓族人换成肉、菜和酒,让族人享用,这样做可以使得族人们心连到一处,促使族人更加团结和睦,沟通族人间的感情。

隋家可以去吃会的人只有男丁,小男孩也可以去,未出嫁的闺女和媳妇一概不可以去,但是可以由家里的男性成员给女性成员领回家饭菜在家里吃,但有一种例外的情况就是寡妇可以去现场吃会,这些是族间的规定。每年吃会的地方不固定,每年族长和族中的长辈寻族人中有空闲房子的人家,地方又大,族长就和人家商量在人家吃会,占用地方不用支付报酬,族人把自己家里的桌椅板凳都搬过去,大锅是在院子里临时搭的,吃会需要的东西都是族人东拼西凑来的。

八、村庄公共事务

（一）参与主体

1.缴粮开会

1949年以前,隋家所在村庄的村干部包括村长和会计,因为会计由村庄中读书年头最多而最有文化的人担任,所以会计又被大家称为"先生"。村庄中轻视①不开会,每年基本是国家收取公粮的时候开会,还有就是征兵的年份开会,前者每年固定为麦收和秋收的时间缴纳两次公粮,后者没有固定的年份和季节。赶上自然灾害年份,国家会减少收取公粮的数量,赶上风调雨顺的年份,国家会多收取一些公粮,国家根据老百姓的收成来调整收取公粮的数量。每年到了国家收取公粮的季节,隋家都由当家人隋秋元和二儿子隋吉良先在家里把粮食筛干净再送到村里上交,国家对于缴纳粮食的品质有严格的要求,区里下派有专门的"验粮官"负责查看交上来的粮食是否筛干净,如果粮食中有土或者糠便被视为不合格,"验粮官"会要求家里把粮食拉回去,换成干净的重新送过来。隋家每年需要缴纳两次公粮,麦收的时节缴纳小麦,秋收的时节缴纳谷子和玉米,但是高粱不可以作为公粮,国家不收高粱。对于国家收取公粮的行径,人们都持认可的态度,认为交"黄粮国税"皇天经地义的事情。

2.淘井开会

隋家吃水是到村庄的水井中打水,然后挑回家灌满水缸存储。隋家所在的村庄有三口井,村中雨停家旁边有一口水井,牛子家正房后有一口水井,小泥家房后有一口水井,井水又苦又咸,极为难喝,吃饭洗衣等日常生活所需的水都由这三口井供应,当然家里每次都会选择与自家距离近的地方取水。水井均由村庄组织修建,三口井修建于几百年以前,一代代地流传使用。

每年需要淘一次井,居住在井周围且吃此口井的水的人家都算一份,以摊派轮流的方式安排淘井的劳力,每家出一个劳力,这些劳动力在一年一次淘井过程中不会全部用上,每次需要七八个人轮流淘井,该谁家出劳力就由谁家出劳力,或者出钱代替劳力,村庄年复一年地安排淘井。1949年以前,淘井只能用笨办法,先把井里的水淘干,再把人送至井底把栖在井底的淤泥和脏物弄上来,井底不是用砖石垒砌的,而是保持原始的土质,井底有泉眼,淘井才可以保障井水长年累月源源不断地供给,但是也存在弊端,即时间久了,脏东西便会堵塞泉眼而影响供水,所以要淘井。淘井主要有两个目的:一是为了人们吃的井水干净;二是为了清理被堵塞的泉眼,保障泉眼对井水的有效补充,从而保障整个村庄村民的水源供应。

3.两个村主任各有分工

隋家所在的村庄除了缴纳公粮的时候会召集大家一起开会以外,为了其他事情而开会的情况少之又少。有的时候,村主任也会为国家需要征兵或者出力的事情而和大家商量,从而需要开会。后来日本鬼子侵略中国,村庄里便设立了两个村主任,一个是八路村主任,另一个是"白脖子②"村主任。当八路军来的时候就由八路村主任出面向老百姓表达八路军的意愿和需要老百姓完成的事宜,当有日本人来向老百姓要东西的时候就由"白脖子"村主任负责

---

① 轻视:指一般,大多数情况。
② 白脖子:指为日本人办事的特务和走狗。

通知大家。村庄里开会商量出来的结果或者上级让老百姓办的事情,当家人隋秋元都必须遵从照办,即使不情愿做也毫无办法,提出意见也没有实际作用,尤其是面对日本人的时候,不仅反抗无效还会招来麻烦与苦头,甚至是杀身之祸。

(二)淘井与"白脖子"之筹劳筹资

家里的供水都来源于水井,隋家所在的村庄有三口水井,分别位于雨停家的左面,牛子家正房后面和小泥家的北房后面。为了保障全体村民都有距离自己家比较近的水井,不需要步行太远便可以挑水,三口井成分散格局。虽然井水又苦又咸,特别难喝,甚至衣服都难以用井水清洗干净,但是井水却是村中唯一的供水渠道。村庄的水井全部由以前的先辈修建,一代又一代人继承使用。三口水井足够村民们使用,不需要挖新的水井,但是每年需要淘一次井,居住在井周围的吃这一口井中水的人家都算一份,每家出一个劳力或者出钱代替,每次淘井需要七八个人,每年一次用不了这么多人,所以以摊派轮流的方式安排淘井的劳力。淘井使用最为原始的笨办法,先把井里的水淘干,再把人送到井底将栖在井底的淤泥和脏物弄上来。淘井主要有两个目的:一是为了将随着雨水流入井底的脏东西清理出来,保障井水卫生;二是防止泉眼被堵塞,保障泉眼对井水的有效补充,从而保障村民的用水需求。

当有日本人来向老百姓索要财物之时就由"白脖子"村主任负责通知老百姓备齐。日本侵略中国物资不足,经常向村里摊派,收取老百姓的钱财,老百姓招惹不起,所以都会按照日本人的要求如数如期把钱准备好交上去。隋家的当家人隋秋元是个谨慎之人,每次村庄需要出钱出物,他都不会拖延,因为隋秋元特别担心自家会招惹事端和麻烦,认为"胳膊拧不过大腿",顺从人家的要求才可以保障全家人的平安。

九、国家事务

(一)"郎当地"少纳粮

种地就需要给国家缴纳公粮,"皇粮国税"古来有之且广为认可。隋家收获了粮食,首先要交齐公粮,剩下的才属于家人所有。公粮每年需要缴纳两次,麦收时节缴纳一次,秋收时节缴纳一次。国家给村庄下达收缴公粮的通知后,村长会拿着喇叭站到房顶上喊村民们交公粮。隋家每年缴纳公粮都由隋秋元和隋吉良负责,父子二人先把粮食筛干净,然后装入麻袋,套上马车给村里送去,村长等待大家都交齐公粮便召集村中的壮汉帮忙送到区里。公粮的收取按照家中拥有土地的亩数,而不是人口的数目,村中有账本清晰地记录着每家每户拥有土地的亩数,以及其中上等地的占比和"郎当地"的占比,因为上等地和"郎当地"需缴纳公粮的数量不相同,前者因土地肥沃产量高需多交公粮,后者因土地贫瘠产量低可少交公粮,负责记录这些详情的是村庄中的"先生"。如果家中的土地进行买卖,随着缴纳公粮的数额也会相应得到调整。隋家因为隋秋元做买卖失利而负债,且家里没有偿还债务的能力,只能变卖十亩田地,土地卖掉以后,家里就不再需要为这十亩地继续缴纳公粮,而是由买去土地的人家缴纳这部分土地的粮食税,隋秋元负责把事情的经过告知"先生"即可。

(二)贫苦孩子愿当兵

1949 年以前,共产党和八路军都征兵,不是每年都有,每次名额也非固定。遇到征兵的年份就由村长召集家家户户的当家人开会商量,基本上没有任何限制条件,只要身体强壮且愿意去当兵都可以报名参军,每个村庄会被分配给一定名额,村长要负责备齐人数才算完成任务。因为不愿意去当兵的人家要拿出粮食给愿意当兵的人家,而且粮食的数额颇高,所以当兵成为贫困人家的优先选择。穷苦人家的孩子在家也是吃不饱穿不暖,经常忍饥挨饿,由此一般都是贫苦人家的孩子愿意去当兵。记得有一年,村庄让大家给去当兵的每户人家凑齐五十口袋小麦,这在当时看来可是非常庞大的数目,对于贫穷人家来说也是救命的粮食。虽然后来那些去当兵的人中有一部分人偷偷地跑回了村庄,但是村民不可以将送出去的粮食索要回来,因为当初人家确实帮助村子完成了参军任务,至于人家是否返回便和他人无关了。隋家经济条件并不优越,且大儿子隋文良身患疾病,因此隋家每次基本不用为了当兵而苦恼,村庄根据隋家的实际情况不会要求隋秋元安排家人去参军,每次家里出的粮食也不多。

(三)村干部非选举

隋家所在的村庄村干部只有村主任和会计,其他人都是临时帮忙,算不上村干部。平日村干部并没有事务需要处理,主要是国家征收粮食税和征兵的时候需要村干部出面。因为会计会算账,所以当地把会计称为“先生”。村庄的村干部不是经过选举产生,而是每家每户的当家人聚集到一起商量着谁适合当村主任,大伙觉得谁有能力谁就当,当村主任并不是一个讨喜的职位,实际上大家都不愿意当村主任,只是大家提议了,本人便不好意思拒绝。会计不像村主任一样轻易选择,会计由村里的文化人担任,村庄中读书最多的人担任会计。日本侵略中国的时候,隋家所在的村庄中设立了两个村主任,均不是由选举产生,也不知道是由谁指定,一个是八路村主任,另一个是“白脖子”村主任,当八路军来的时候就由八路村主任出面为八路军办事情,当有日本人来向老百姓索要钱物的时候就由“白脖子”村主任负责通知老百姓备齐。日本侵略中国物资不足,经常向村里摊派,收取老百姓的钱财,老百姓招惹不起日本人,所以都会按照日本人的要求如数如期把钱粮准备好交上去。

调查小记

　　暑假的调研是寻找一位合适的家户对象,仅仅一位即可,但是并不意味着轻松,这次需要完成的具体调研任务还是颇重的。为了调研工作的顺利开展与完成,我事先便和爸爸打好招呼,爸爸承诺帮助我寻找村庄中合适的调研对象。一切准备就绪,家户调研也得以按预期开始,接受访谈的对象是一位84岁的老人,身体硬朗,同时还有老人的妻子等辅助调研,调研进行得尚且顺利。这家人共同生活的时间很长,老人的妻子嫁进门共同生活了62年,是非常典型的家户。隋氏男丁不多,经济条件处于一般水平,在村庄算是小户人家,小户人家不似大户人家那样的有章有法,相反,它更倾向于些许杂乱和缺乏统一性。

　　因为平日爸爸和村里人的关系很好,能够给予的帮助从不推托,借此同大家建立了深厚情谊,所以老人很愿意接受我的访谈,老人绘声绘色地讲述将我拉入了属于他们的那个时代。隋吉良上有一个患有先天性羊角风的哥哥,下有一个尚未娶妻的弟弟,他在17岁的时候凭借亲戚帮助学会了瓦匠手艺,从此支撑起整个家庭成员的生计,出于血脉亲情,隋吉良无怨无悔地默默付出着,而隋吉良的妻子寇氏则颇有微词,她嫁入隋家伙居62年,丈夫对婆家人的付出引起寇氏极度的不满和怨怼。加之婆婆对寇氏苛责刻薄,使得寇氏与婆婆的关系剑拔弩张,与婆婆的矛盾越演越烈,成为寇氏心底的愤恨。身居礼法的社会,即使有委屈和不满,寇氏依旧配合丈夫共同维系整个大家庭的运转和延续。

　　调查顺利地进行了9天,中途因为老人身体欠佳而暂停,总体上圆满完成。我的感受是本次家户调查非常难以找到符合要求的调查对象,而且,调查需要较长的时间才能完成,需要持续1周以上,对于老人来说难度很大,身体状况是调研成功与否的关键。此外,深厚的人情关系至关重要,这就要求我们日常多帮助其他人,当我们需要帮助的时候,其他人才会竭尽全力地回馈我们。正是由于平时爸爸乐于助人和与人为善的性格,使得周围乡邻与自家关系甚好,我的调查得以完成也深受其益。

致　谢

　　首先非常感谢学院提供给我这样一个宝贵的实践机会和宽阔的平台,以及给予的调研经费支持,感谢恩师的谆谆教导和不懈指导,增添了我的学识厚度;其次非常感谢接受我访谈的隋吉良和寇从老人,他们栩栩如生的讲述将一个小户家庭鲜活地呈现于我的眼前,老人对我提出的问题知无不言且言无不尽,尽管调研任务强度很大,老人依旧极其配合,竭尽所能协助我完成这份沉甸甸的记载,使我有机会获得这份珍贵的资料;再次非常感谢我的父亲,他不仅帮助我找到合适的受访对象,最重要的是靠父亲的好人缘,我得以圆满完成调研任务。

附录　调查图片

受访者 邓崇文 1935 年生南苏村人

邓崇文妻子 80 岁 文学人

受访者邓崇文的房屋

受访老人杨人德

调研员摘果子

杨家房屋照

后 记

2016 年年末,在徐勇教授和邓大才教授的主持下,作为华中师范大学中国农村研究院的"世纪工程"之一,"家户制度调查"顺利启动。"家户制度调查"以家户制度为核心,以家户关系为重点,对 1949 年以前的传统典型家户进行全面深入的调查,其内容涵盖家户的由来与特性、家户经济制度、家户社会制度、家户文化制度、家户治理制度等诸多方面。调查者通过对传统时期典型家户的当事人进行系统访谈,搜集了大量详实、第一手的文献资料、访谈资料、录音资料和图片资料,并在此基础上完成家户制度调查报告。本卷从调查员所撰写的家户调查报告中择优选择六篇编辑而成,力求以平实客观的文风、原汁原味的笔触还原传统时期典型家户的运行与变迁。

2017 年 1 月,"家户制度调查"开始试调查,同年 7 月,"家户制度调查"项目全面启动。两批共二百余位调查员分赴全国各地,实地采访仍然健在的传统典型家户的亲历者;大量搜集有关典型家户的各类家谱、族谱、账本等文字文本材料;走进乡镇、县市政府档案部门搜集查找典型家户相关资料;整理和撰写家户调查报告……。正是调查员们前期深入的调查,中期不厌其烦的整理,后期认真仔细的写作,使本卷能收录到质量极高的调查报告。在此,感谢各位调查员们认真负责的态度、吃苦耐劳的精神以及对学术孜孜不倦的追求。

本卷的问世首先要感谢接受调查员访谈的张克举、张发友、王学礼、奚晓东、张雨林、李永池等诸位老人。

同时还要感谢为家户制度调查员提供帮助和便利的靖远县、清镇市、招远市、团风县、固始县、长葛市等七个市县朋友们。特别感谢靖远县米塬村村民张克举、张宗福、张宗为三位老人及其家人对调研员刘安宁在选点和调研中的给予的帮助和支持;感谢清镇市迎燕村张德富、张发友老人对调研员黄希鑫在选择调研对象和调研过程中给予的帮助、关心和支持;感谢招远市辛庄东南村孟繁珍老人对调研员王顺平在甄选调研对象与调研过程中的关心与支持,感谢王学礼老人的讲述;感谢奚学珍女士对调研员陈露在调研对象选取上的建议以及对调研员生活上的照顾,感谢奚晓东老人在农忙时节还能抽空为调研员陈露提供颇有价值的家户访谈;感谢固始县妇幼保健院工作人员王书琴在调研员陈雪选择调研对象中给予的帮助,感谢张雨林老人对调研员无话不谈的无私情怀。感谢长葛市石东村李永池老人对调研员李鑫在访谈中提供的关心、支持和帮助。这些提供支持和帮助者有各市、县的领导干部,也有调查员的亲友,正是在他们的支持和帮助下,我们的调查员才得以顺利完成调查并撰写出高质量的调查报告。

本卷得以顺利付梓,最为重要也是最要感谢的是徐勇教授和邓大才教授的倾力贡献。他们前瞻性、创造性的提出了"家户制度调查"这一重大调查领域,并持续推动着家户调查工作的进展。为了打造这一"学术三峡工程",徐勇教授和邓大才教授不辞辛苦、孜孜以求,为本卷内容的构思、写作、编排、出版倾注了极大的心血。从调查前的理论指导到调查提纲的设计修改,从调查培训到调研指导,从报告撰写再到报告定稿出版,两位老师全力支持、全程参与、全心投入。正是两位老师的心血倾注,才能使得本卷得以保质保量迅速完成。

本卷是《中国农村调查(总第31卷?家户类第3卷)》,分别收录了6位调查员的家户调查报告:一是刘安宁的《团结共生:长兄当家的中户传承》计13.1万字;二是黄希鑫的《内聚共生:租佃小户的存续之道》计12.2万字;三是王顺平的《贫弱家庭:世代务农的人口大户传承》计14.3万字;四是陈露的《以佃补农:工农并举之家的治理》计13.1万字;五是陈雪的《兄弟共生:耕读之家的分化与兴衰》计13.2万字;六是李鑫的《中农自足:农商结合的家户变迁》计13.1万字。感谢华中师范大学中国农村研究院黄振华老师对家户报告出版的指导和协助,同时感谢黄老师及张航、朱露、何婷对家户报告审核的倾力付出,正是他们卓有成效的工作,保证了调查报告的前期质量和水准。此外,还要感谢天津人民出版社王琤老师等对著作出版的大力支持与辛勤劳动。本卷的统稿、编辑与校对工作由何婷负责,内容核实与修改工作由各位报告的撰写者负责,在此表示感谢。

由于编者的水平有限,错漏之处难以避免,敬请专家、学者及读者批评指正,我们将在今后的编辑中不断改进和完善。

编者谨记